Jens B. Asendorpf

Psychologie der Persönlichkeit

Springer

Berlin
Heidelberg
New York
Hongkong
London
Mailand
Paris
Tokio

Jens B. Asendorpf

Psychologie der Persönlichkeit

3., überarbeitete und aktualisierte Auflage

Mit 130 Abbildungen
und 111 Tabellen

Prof. Dr. Jens B. Asendorpf
Humboldt-Universität zu Berlin
Institut für Psychologie
Rudower Chaussee 18
D-12489 Berlin

ISBN 3-540-00728-0 3. Auflage Springer-Verlag Berlin Heidelberg New York
ISBN 3-540-66230-8 2. Auflage Springer-Verlag Berlin Heidelberg New York
ISBN 3-540-61217-3 1. Auflage Springer-Verlag Berlin Heidelberg New York

Bibliografische Information Der Deutschen Bibliothek
Die Deutsche Bibliothek verzeichnet diese Publikation in der Deutschen Nationalbibliografie;
detallierte bibliografische Daten sind im Internet über <http://dnb.ddb.de> abrufbar.

Dieses Werk ist urheberrechtlich geschützt. Die dadurch begründeten Rechte, insbesondere die der Übersetzung, des Nachdrucks, des Vortrags, der Entnahme von Abbildungen und Tabellen, der Funksendung, der Mikroverfilmung oder der Vervielfältigung auf anderen Wegen und der Speicherung in Datenverarbeitungsanlagen, bleiben, auch bei nur auszugsweiser Verwertung, vorbehalten. Eine Vervielfältigung dieses Werkes oder von Teilen dieses Werkes ist auch im Einzelfall nur in den Grenzen der gesetzlichen Bestimmungen des Urheberrechtsgesetzes der Bundesrepublik Deutschland vom 9. September 1965 in der jeweils geltenden Fassung zulässig. Sie ist grundsätzlich vergütungspflichtig. Zuwiderhandlungen unterliegen den Strafbestimmungen des Urheberrechtsgesetzes.

Springer-Verlag Berlin Heidelberg New York
ein Unternehmen der BertelsmannSpringer Science+Business Media GmbH

http://www.springer.de/medic-de/buecher/index.html

© Springer-Verlag Berlin Heidelberg 1996, 1999, 2004
Printed in Germany

Die Wiedergabe von Gebrauchsnamen, Warenbezeichnungen usw. in diesem Werk berechtigt auch ohne besondere Kennzeichnung nicht zu der Annahme, daß solche Namen im Sinne der Warenzeichen- und Markenschutzgesetzgebung als frei zu betrachten wären und daher von jedermann benutzt werden dürften.

Produkthaftung: Für Angaben über Dosierungsanweisungen und Applikationsformen kann vom Verlag keine Gewähr übernommen werden. Derartige Angaben müssen vom jeweiligen Anwender im Einzelfall anhand anderer Literaturstellen auf ihre Richtigkeit überprüft werden.

Planung: Dr. Svenja Wahl, Renate Scheddin, Heidelberg
Herstellung: PRO EDIT GmbH, Heidelberg
Umschlaggestaltung: deblik Berlin
Layout: deblik Berlin
Satz: medio Technologies AG, Berlin
Gedruckt auf säurefreiem Papier   22/3160/So – 5 4 3 2 1 0

Vorwort zur 3. Auflage

Dieses Lehrbuch gibt eine Einführung und Übersicht über die Grundlagen des Faches Persönlichkeitspsychologie und differentielle Psychologie für Studierende der Psychologie im Haupt- oder Nebenfach. Das Buch baut auf der These auf, dass Persönlichkeitspsychologie die empirische Wissenschaft von der *individuellen Besonderheit* des Erlebens und Verhaltens von Menschen ist. Diese individuelle Besonderheit macht die Persönlichkeit eines Menschen aus. Im Mittelpunkt steht also die Frage, wie stark und warum sich Menschen in ihrem typischen Erleben und Verhalten *unterscheiden*. Mit dieser differentiellen Fragestellung ist die Persönlichkeitspsychologie komplementär zur allgemeinen Psychologie, die zu beschreiben und erklären sucht, was Menschen gemeinsam ist. Im Gegensatz zur klinischen Psychologie, die sich mit pathologischen Besonderheiten beschäftigt, interessieren in der Persönlichkeitspsychologie vor allem die *Normalvarianten* des Erlebens und Verhaltens.

Individuelle Besonderheiten in der sozialen Kognition und der Gestaltung der sozialen Beziehungen sind ebenso Gegenstand der Persönlichkeitspsychologie wie individuelle Besonderheiten im Kindes- und Jugendalter, die Entwicklung von Persönlichkeitsunterschieden und der Vergleich der Persönlichkeit in unterschiedlichen Kulturen. Insofern gibt es Überlappungen der Persönlichkeitspsychologie mit der Sozialpsychologie, der Entwicklungspsychologie und der kulturvergleichenden Psychologie. Ich habe nicht gezögert, diese überlappenden Bereiche einzubeziehen, um einen Blick auf die volle Breite persönlichkeitspsychologischer Fragestellungen zu ermöglichen. Die Frage nach der Persönlichkeitserklärung erzwingt ohnehin eine entwicklungspsychologische Perspektive.

Auf diese Weise wird eine vergleichsweise große Breite in der Darstellung der Persönlichkeitspsychologie erreicht. Gleichzeitig ist diese Darstellung voraussetzungslos. Das sollte aber nicht mit Plausibilität oder Einfachheit verwechselt werden; dieses Buch durchzulesen erfordert *Arbeit*. Ich habe mich bemüht, diese Arbeit durch viele konkrete Beispiele, Abbildungen und Tabellen zu erleichtern. Kernaussagen und zentrale Inhalte sind besonders hervorgehoben; Fachbegriffe werden in einem Glossar beschrieben. Strukturiert wird der Stoff noch einmal am Ende jedes Kapitels durch Verständnisfragen, deren Beantwortung durch Stichworte angedeutet wird. Ein englisch-deutsches Glossar für nicht selbstverständliche Übersetzungen von Fachbegriffen soll die Lektüre englischsprachiger Originalarbeiten erleichtern.

Trotz Voraussetzungslosigkeit und Breite habe ich versucht, eine gewisse analytische Tiefe in der Darstellung zu erreichen (z. B. Trennung von Alltagspsychologie und Psychologie, Bewertung alltagspsychologischer und psychologischer Ansätze nach wissenschaftstheoretischen Kriterien, ein eigenes Kapitel nicht nur über Methodik, sondern auch über Methodologie). Zusätzlich die historische Entwicklung und Verflechtung der einzelnen persönlichkeitspsychologischen Ansätze und Gebiete nachzuzeichnen, war mir im Rahmen dieses Buches nicht möglich. Angesichts der derzeitigen Zersplitterung der Persönlichkeitspsychologie in einzelne Teilgebiete erschien es mir wichtiger, inhaltliche Querverbindungen zwischen traditionell getrennten Gebieten herzustellen (z.B. zwischen Motiven, Handlungsüberzeugungen und Werthaltungen) und zu versuchen, einzelne in sich heterogene Gebiete zu integrieren (z. B. selbstbezogene Eigenschaften und Geschlechtsunterschiede). Nicht gelingen konnte es, den gesamten Stoff in einem übergreifenden systematischen Modell zu vereinen.

Um den Umfang des Textes trotz Voraussetzungslosigkeit, Breite und Tiefe in Grenzen zu halten, musste jeder Anspruch auf Vollständigkeit aufgegeben werden. Die Darstellung der Literatur kann im vorliegenden Lehrbuch daher immer nur *exemplarisch* erfolgen: Zentrale Methoden, Ergebnisse und Anwendungen werden an wenigen, dafür aber möglichst konkret und detailliert geschilderten Beispielen illustriert.

Diese Art der Darstellung ist für jeden Lehrbuchautor riskant, weil sie viel über seine persönlichen Vorlieben und Schwächen offenbart. Ich bin dieses Risiko bewusst eingegangen und habe es durch persönliche Wertungen von Konzepten und Methoden sogar noch erhöht, weil ich denke, dass ein Text mit persönlicher Note, in dem ein eigener Standpunkt des Autors klar erkennbar ist, dem Anfänger den Einstieg in ein Gebiet erleichtert. An einem solchen Standpunkt kann man sich reiben; es handelt sich um einen möglichen, aber nicht um den einzig möglichen Standpunkt. Eine ausgewogene Darstellung mit allem »wenn und aber« wirkt dagegen oft nicht nur ermüdend, sondern auch desorientierend.

Die vorliegende 3. Auflage enthält einen neuen Abschnitt (2.7) zum evolutionspsychologischen Paradigma der Persönlichkeitspsychologie, das sich erst in den letzten Jahren etabliert hat. Des Weiteren enthält Kap. 6 neue Abschnitte zur individuellen, universellen und differentiellen Entwicklung und zur langfristigen Vorhersagekraft von Persönlichkeitsunterschieden. Stark überarbeitet wurden die Abschnitte zum Eigenschafts-, Informationsverarbeitungs- und dynamisch-interaktionistischen Paradigma, zu Persönlichkeitsklassifikationen, zu Fähigkeiten, Werthaltungen und selbstbezogenen Dispositionen, zu Bindungsstilen, zur Stabilität und Kontinuität der Persönlichkeit, zu genetischen und Umwelteinflüssen und zu kulturellen Einflüssen. Natürlich wurde die Literatur überall auf den neuesten Stand gebracht. Fortgeführt wurden die bewährten didaktischen Elemente (Merksätze; die Kästen Unter der Lupe, Methodik, Die klassische Studie; weiterführende Literatur; Fragen mit Hinweisen zur Beantwortung; deutsch-englisches Glossar der Fachbegriffe; englisch-deutsches Wortverzeichnis). Hinzugekommen sind Hinweise auf Fachzeitschriften und einschlägige Seiten des World Wide Web.

Mein Dank gilt an erster Stelle meinen langjährigen Mitarbeitern Rainer Banse und Franz J. Neyer, den vielen anderen Kolleginnen und Kollegen aus der Persönlichkeits- und Entwicklungspsychologie und den mittlerweile neun Jahrgängen von Hörern und Hörerinnen meiner zweisemestrigen Vorlesung zur Persönlichkeitspsychologie an der Humboldt-Universität, von deren Anregungen und Kritik ich enorm profitieren konnte. Nicht zuletzt danke ich Jutta Katzer für ihr unermüdliches Kopieren und Zitieren der Berge von Literatur, die zu sichten waren, und Harald Schneider für die Erstellung der 14 neuen Abbildungen. Dank auch dem Springer-Verlag für die professionelle, reibungslose Produktion.

Jens B. Asendorpf
Berlin-Heiligensee, im Mai 2003

Inhaltsverzeichnis

1	Von der Alltagspsychologie zur Persönlichkeitspsychologie *1*
1.1	Alltagspsychologie und Psychologie *2*
1.2	Die naive Dispositionstheorie *3*
1.3	Die naive Persönlichkeitstheorie *5*
1.4	Bewertung der naiven Persönlichkeitstheorie *7*
1.5	Definition der Persönlichkeitspsychologie *11*

2	Sechs Paradigmen der Persönlichkeitspsychologie *13*
2.1	Der Begriff des Wissenschaftsparadigmas *15*
2.2	Das psychoanalytische Paradigma *16*
2.3	Das behavioristische Paradigma *29*
2.4	Das Eigenschaftsparadigma *36*
2.5	Das Informationsverarbeitungsparadigma *66*
2.6	Das dynamisch-interaktionistische Paradigma *84*
2.7	Das evolutionspsychologische Paradigma *100*

3	Methodologie und Methodik *115*
3.1	Methodologie *116*
3.2	Methodik *121*

4	Persönlichkeitsbereiche *139*
4.1	Klassifikationen der Persönlichkeit *141*
4.2	Gestalt *166*
4.3	Temperament *169*
4.4	Fähigkeiten *184*
4.5	Handlungseigenschaften *211*
4.6	Bewertungsdispositionen *239*
4.7	Selbstbezogene Dispositionen *252*

5	Umwelt und Beziehung *269*
5.1	Situationsexposition und persönliche Umwelt *270*
5.2	Umweltsysteme und Systemstatus *278*
5.3	Soziale Beziehungen und Beziehungsstatus *280*
5.4	Soziale Bindungen *287*
5.5	Soziale Unterstützung *297*
5.6	Exemplarische Anwendung: Wer ist ein guter Partner? *299*

6	Persönlichkeitsentwicklung *305*
6.1	Stabilität, Kontinuität und Vorhersagekraft *306*
6.2	Einflüsse auf die Persönlichkeitsentwicklung *323*
6.3	Wechselwirkungsprozesse zwischen Persönlichkeit und Umwelt *344*
6.4	Zufall und Notwendigkeit in der Persönlichkeitsentwicklung *369*

7	Geschlechtsunterschiede *375*
7.1	Geschlecht und Geschlechtsstereotyp *376*
7.2	Geschlechtsentwicklung *377*
7.3	Die Größe psychologischer Geschlechtsunterschiede *385*
7.4	Geschlechtsunterschiede im Kulturvergleich *395*
7.5	Erklärungsansätze für psychologische Geschlechtsunterschiede *399*
7.6	Koedukation oder Geschlechtertrennung? *411*
7.7	Diskussion *413*

8	Persönlichkeit im Kulturvergleich *415*
8.1	Persönlichkeitsunterschiede und Populationsunterschiede *416*
8.2	Ökologie, Genpool, Kultur und Persönlichkeit *419*
8.3	Ökologische Einflüsse *422*
8.4	Genetische Einflüsse *425*
8.5	Kulturelle Einflüsse *435*
8.6	Exemplarische Anwendung: Interkulturelles Training *446*
8.7	Diskussion *446*

Nachwort: Unterschiede sind menschlich *449*

Glossar *451*

Englisch-deutsches Wortverzeichnis *473*

Literaturverzeichnis *477*
Fachzeitschriften und WWW-Adressen *505*

Namensverzeichnis *507*

Sachverzeichnis *513*

Von der Alltagspsychologie zur Persönlichkeitspsychologie

1.1 Alltagspsychologie und Psychologie – 2

1.2 Die naive Dispositionstheorie – 3

1.3 Die naive Persönlichkeitstheorie – 5

1.4 Bewertung der naiven Persönlichkeitstheorie – 7

1.5 Definition der Persönlichkeitspsychologie – 11

Weiterführende Literatur – 11

Wer sich mit der Psychologie als Wissenschaft beschäftigt, tut dies immer vor dem Hintergrund der Alltagspsychologie – der von den meisten Mitgliedern einer Kultur geteilten Annahmen über das Erleben und Verhalten von Menschen. Wir alle nehmen das Verhalten anderer Menschen und unser eigenes Erleben und Verhalten durch die Brille der Alltagspsychologie wahr. Suchen wir nach Erklärungen für auffälliges Verhalten oder möchten wir das Verhalten anderer vorhersagen, weil es wichtig für uns ist, so tun wir das zunächst immer mit Hilfe unseres alltagspsychologischen Wissens. Dazu gehören auch Vorstellungen darüber, was die Persönlichkeit eines Menschen ausmacht und wie sie zu erklären ist. Wissenschaftliche Theorien der Persönlichkeit gehen über diese naiven Vorstellungen hinaus und können zu Ergebnissen führen, die dem alltagspsychologischen Vorverständnis widersprechen. Deshalb ist es wichtig, Alltagspsychologie und Psychologie klar auseinander zu halten. Diese Einführung in die Persönlichkeitspsychologie beginnt deshalb mit einer Analyse des alltagspsychologischen Persönlichkeitskonzepts.

1.1 Alltagspsychologie und Psychologie

Die einzelnen Wissenschaften emanzipieren sich im Verlauf ihrer Entwicklung nach und nach von naiven Vorstellungen, die über ihren Gegenstand herrschen. Die Vorstellung zum Beispiel, dass Blitze von einem Gott namens Zeus geschleudert würden, ist naiv, weil sie aus Sicht der heutigen Physik nicht zutrifft. Sie hatte aber in der Alltagsphysik – der in einer Kultur jeweils dominierenden Meinung über physikalische Phänomene – einen festen Platz im klassischen Griechenland. Die Alltagsphysik im heutigen Griechenland kommt ohne Zeus aus; Blitze werden durch elektrische Entladungen erklärt (wobei das alltagsphysikalische Verständnis von elektrischer Entladung aus Sicht der heutigen Physik wiederum naiv ist). Die Alltagsphysik wird also durch wissenschaftliche Erkenntnisse beeinflusst, bleibt aber immer ein Stück hinter dem aktuellen Stand der Wissenschaft zurück. Das liegt daran, dass die weite Verbreitung solcher Erkenntnisse Zeit braucht – Zeit, die nicht in Jahren, sondern in Generationen zu messen ist – und viele Ergebnisse der heutigen Physik so schwer zu verstehen sind, dass sie den Normalbürger kaum noch erreichen.

Das gilt genauso für die Psychologie. Wir alle – Nichtpsychologen und Psychologen – haben eine Alltagspsychologie im Kopf, die auf kulturell tradierten Überzeugungen beruht und die wir tagtäglich zur Beschreibung, Erklärung und Vorhersage des Erlebens und Verhaltens von Mitmenschen und von uns selbst anwenden.

 Merke
Die Alltagspsychologie ist ein System kulturell tradierter Überzeugungen über menschliches Erleben und Verhalten und dessen Ursachen.

Im Vergleich zur Alltagsphysik erscheint die Alltagspsychologie sowohl besonders differenziert als auch emotional besetzt; sie enthält nicht nur Meinungen, die wir schnell ändern könnten, sondern viele tiefsitzende Überzeugungen, die aufzugeben uns äußerst schwerfällt. Das liegt wohl vor allem daran, dass wir uns selbst kompetenter für psychologische Fragen fühlen als für physikalische Probleme. Wir sind gewohnt, die Lösung alltagsrelevanter physikalischer Probleme an Experten – Physiker und Ingenieure – zu delegieren, denen wir aufgrund der unbestreitbaren praktischen Erfolge der Physik nahezu unbegrenztes Vertrauen schenken. Von der Psychologie, die bisher keine so durchschlagenden praktischen Erfolge wie die Physik aufweisen kann, erwarten wir vergleichsweise weniger. Entsprechend skeptisch stehen wir psychologischen Erkenntnissen und psychologischen Experten gegenüber.

Diese Skepsis dürfte ein Grund dafür sein, dass es den meisten Menschen schwerfällt, Alltagspsychologie und Psychologie auseinander zu halten. Ein weiterer Grund ist sicherlich, dass psychologische Begriffe oft denselben Namen tragen wie alltagspsychologische Konzepte, obwohl sie als wissenschaftliche Begriffe eine präzisere und teilweise auch eine vom alltagspsychologischen Konzept abweichende Bedeutung haben. Bei vielen physikalischen Begriffen kommt eine solche Verwechselung schon deshalb nicht vor, weil sie keine Entsprechung in der Alltagsphysik haben; was ein Elektron oder ein Quark ist, überlassen wir ganz den Physikern. Ängstlichkeit, Aggressivität, Geselligkeit oder die Persönlichkeit eines Menschen sind dagegen alltagspsychologische Konzepte, die gleichnamigen psychologischen Begriffen entsprechen. Deshalb ist es ein Ziel dieser Einführung in die Persönlichkeitspsychologie, den Unterschied zwischen alltagspsychologischen und psychologischen Persönlichkeitskonzepten von Anfang an möglichst klar herauszuarbeiten. Dieses Kapitel beschäftigt sich deshalb noch gar nicht mit Persönlichkeitspsychologie, sondern mit dem alltagspsychologischen Persönlichkeitskonzept.

□ Tabelle 1.1. Beispiele für sechs Dispositionsarten in der Alltagspsychologie. (Nach Laucken, 1974)

Dispositionsart	Beispiele
Aktbefähigend	Intelligenz, Geschick, Einfühlungsvermögen, Kraft
Aktgestaltend	Umsicht, Vorsicht, Trägheit, Wankelmut, Humor
Wissensvorrat	Alltagsphysik, Selbstbild, Sprachkenntnisse
Neigungsdispositionen	Aggressivität, Reiselust, Geiz, Fremdenfeindlichkeit
Normdispositionen	Hilfsbereitschaft, Ehrlichkeit, Tischmanieren
Gefühlsdispositionen	Ängstlichkeit, Lustigkeit, Erregbarkeit, Schamhaftigkeit

1.2 Die naive Dispositionstheorie

Laucken (1974) unternahm einen umfassenden Versuch, die deutsche Alltagspsychologie zu analysieren. Dazu notierte und katalogisierte er eineinhalb Jahre lang alle alltagspsychologischen Erklärungen, die ihm in Gesprächen, Büchern und Filmen begegneten. Gestützt auf dieses Datenmaterial – aber sicherlich auch auf sein psychologisches Wissen – rekonstruierte Laucken die Struktur der deutschen Alltagspsychologie. Danach besteht sie aus einer naiven Prozesstheorie und einer naiven Dispositionstheorie (□ Abb. 1.1).

Alltagspsychologisch beobachtbar, vorhersage- und erklärungsbedürftig ist das Erleben und Verhalten einer Person in einer bestimmten Situation. Laucken unterschied dabei zwei Komponenten alltagspsychologischer Erklärungen:
- die naive Prozesstheorie, die aus Vorstellungen über aktuell ablaufende Prozesse der Informationsverarbeitung besteht (Wahrnehmungsprozesse, kognitive, motivationale und emotionale Prozesse bis hin zu Prozessen der Verhaltensaktivierung);
- die naive Dispositionstheorie, die aus Vorstellungen über Dispositionen besteht, d.h. überdauernden Merkmalen der Person, die für ihr Verhalten verantwortlich gemacht werden (z.B. Wissensbestände, Fähigkeiten, Temperamentsmerkmale, Interessen).

Diese beiden naiven Theorien sind Rekonstruktionen der Alltagspsychologie, d.h. alltagspsychologische Argumentationen laufen so ab, als ob sie auf diesen beiden Theorien beruhen würden. Explizit repräsentiert sind diese Theorien alltagspsychologisch nicht. Sie haben also denselben Status wie eine grammatikalische Regel der Muttersprache: Wir benutzen solche Regeln beim Sprechen intuitiv, also ohne uns dessen bewusst zu sein. Fragt uns ein Ausländer, der etwas Deutsch beherrscht, nach einer solchen Regel, geraten wir meist in Verlegenheit, weil wir sie nie explizit erlernt haben wie beim Erwerb einer Fremdsprache; wir müssen sie erst mühsam aus unserem Wissen über Einzelfälle rekonstruieren.

Zentral für das alltagspsychologische Persönlichkeitskonzept ist die Dispositionstheorie und ihr Dispositionsbegriff (s. »Unter der Lupe«).

Beispiele für naiv-prozesstheoretische Erklärungen sind: »Warum verlässt X sein Bürozimmer? – Um Zigaretten zu holen«, »Warum fiel X durch die Prüfung? – Sie hatte einen emotionalen Block«. Beispiele für naiv-dispositionstheoretische Erklärungen desselben Verhaltens von X in denselben Situationen sind: »Warum verlässt X gerade sein Bürozimmer? – Weil er immer um diese Zeit geht«, »Warum fiel X durch die Prüfung? – Weil sie prüfungsängstlich ist«. Diese Beispiele zeigen, dass dasselbe Verhalten alltagspsychologisch sowohl auf Prozesse als auch auf Dispositionen zurückgeführt werden kann. Diese beiden Erklärungsmuster schließen sich nicht wechselseitig aus, sondern sind zwei mögliche, durchaus auch kombinierbare Erklärungsansätze, z.B. in: »Warum fiel X durch die Prüfung? – Weil sie prüfungsängstlich ist und deshalb einen emotionalen Block hatte.« In der Alltagspsychologie wird ohnehin angenommen, dass Dispositionen immer über eine Einwirkung auf das Prozessgeschehen das Verhalten beeinflussen (vgl. □ Abb. 1.1); oft wird dies nur nicht ausdrücklich gesagt. So ist mit »prüfungsängstlich« die Vorstellung verbunden, dass jemand in Prüfungen besonders aufgeregt sei, was die Konzentration auf die Aufgaben behindere und dadurch zu einer Leistungsbeeinträchtigung führe.

In der naiven Prozesstheorie finden sich auf der einen Seite Akte (z.B. Wahrnehmen, Fühlen, Planen, Entscheiden) und auf der anderen Seite Inhalte, an denen sich die Akte vollziehen (z.B. Wahrnehmungsinhalte, Gefühle, Denkinhalte). Dispositionen werden in der Alltagspsychologie eingesetzt, um zu erklären, warum jemand bestimmte Akte vollzieht oder woher bestimmte aktuelle Inhalte stammen. Laucken (1974) unterschied

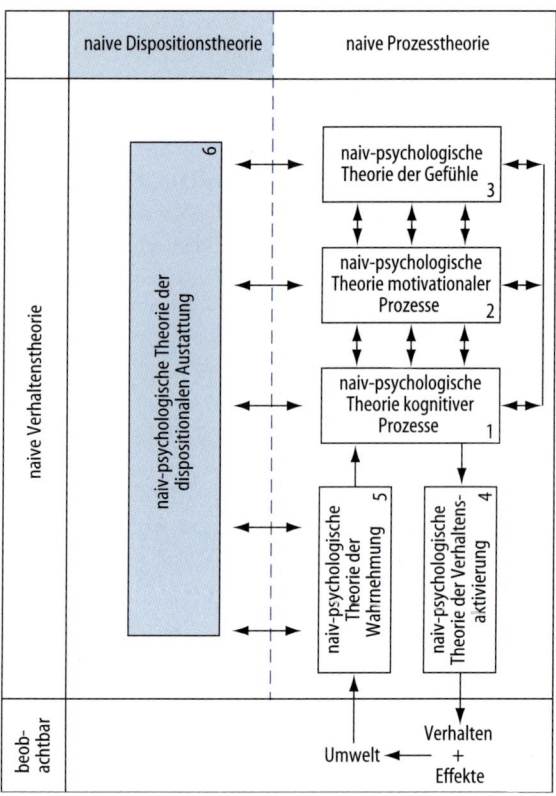

◘ Abb. 1.1. Die Struktur der Alltagspsychologie.
(Nach Laucken, 1974, Diagramm I)

dementsprechend aktbestimmende und inhaltsliefernde Dispositionen (◘ Tabelle 1.1).

> **Unter der Lupe**
> **Der Dispositionsbegriff**
> Eine Disposition ist ein Merkmal einer Person, das eine mittelfristige zeitliche Stabilität aufweist, d.h. zumindest Wochen oder Monate überdauert. Eine Disposition disponiert die Person dazu, in bestimmten Situationen ein bestimmtes Verhalten zu zeigen. Die Dispositionen einer Person müssen streng von ihrem Verhalten unterschieden werden. Verhalten fluktuiert von Sekunde zu Sekunde und ist direkt beobachtbar. Dispositionen sind zeitlich stabiler und nicht direkt beobachtbar, sondern nur aus den beobachtbaren Verhaltensregelmäßigkeiten einer Person erschließbar. In der Alltagspsychologie werden Dispositionsbegriffe intuitiv zur Beschreibung von Verhaltensregelmäßigkeiten und zur Erklärung und Vorhersage von Verhalten verwendet.

Zu den aktbefähigenden Dispositionen gehören intellektuelle, soziale und körperliche Fähigkeiten, während die aktgestaltenden Dispositionen beschreiben, wie jemand Akte vollzieht. Von diesen beiden aktbestimmenden Dispositionsarten grenzte Laucken (1974) inhaltsliefernde Dispositionen ab. Hierzu gehören der Wissensvorrat (alles erfahrene und erlernte Wissen über die Umwelt und sich selbst), Gefühlsdispositionen (die überdauernde Bereitschaft, auf bestimmte Situationen mit bestimmten Gefühlen zu reagieren), Neigungsdispositionen (individuelle Neigungen, Interessen und Einstellungen) sowie Normdispositionen. Während in der Alltagspsychologie Neigungsdispositionen spontanen individuellen Präferenzen entspringen, haben Normdispositionen einen gesellschaftlichen Charakter: Es handelt sich um die Tendenz, bestimmte kulturelle Normen zu akzeptieren und das eigene Verhalten danach auszurichten. Verbietet z.B. eine Kultur das Essen von Schweinefleisch, so ist die Disposition, Schweinefleisch zu vermeiden, eine Normdisposition. Gibt es kein solches Verbot, handelt es sich um eine Neigungsdisposition.

Wie die aktbestimmenden Dispositionen in aktuelle Prozesse der Situationsverarbeitung eingreifen, wird nach Laucken (1974) alltagspsychologisch wenig thematisiert. Im wesentlichen wird aus beobachteten Verhaltensregelmäßigkeiten direkt auf eine zugrundeliegende aktbefähigende oder aktgestaltende Disposition geschlossen. Wer z.B. ohne viel zu pauken gute Noten erzielt, gilt als intelligent; wer unter Einbeziehung vieler Kriterien ruhig und planvoll komplexe Probleme angeht, gilt als umsichtig. Die inhaltsliefernden Dispositionen lassen sich jeweils primär einem Prozesstyp der naiven Prozesstheorie in ◘ Abb. 1.1 zuordnen: Wissen den kognitiven Prozessen, Neigungs- und Normdispositionen den motivationalen Prozessen und Gefühlsdispositionen der Gefühlstheorie. Die Aktualisierung der inhaltsliefernden Dispositionen wird nach alltagspsychologischer Auffassung durch den jeweiligen Prozess gesteuert. Zum Beispiel wird beim zielgerichteten Handeln, bei der Bestimmung der aktuellen Situation und bei der Bestimmung vermuteter Effekte von Handlungsalternativen auf Wissen zurückgegriffen.

Die einzelnen Dispositionen eines Menschen stehen nach alltagspsychologischer Auffassung nicht zusammenhanglos nebeneinander, sondern sind horizontal und vertikal verknüpft. Ihre horizontale Verknüpfung kommt durch die Annahme zustande, dass bestimmte Dispositionen gekoppelt auftreten: z.B. die Tendenz, den eigenen Besitzstand um jeden Preis zu wahren (eine Neigungsdisposition) verbunden mit der Annahme, dass Menschen nur unter äußerem Druck arbeiten (einem Wissensbestand) und mit Rigidität (einer aktbestimmenden Disposition). Gekoppelte Dispositionen bilden eine Äquivalenzklasse, die wiederum als Disposition höherer Ordnung aufgefasst wird. Zum Beispiel sind die drei gerade genannten Dispositionen vertikal mit der übergeordneten Disposition »erzkonservativ« verknüpft. Die Dispositionen eines Menschen bilden also nach alltagspsychologischer Auffassung eine Dispositionshierarchie.

Nach alltagspsychologischer Meinung kommt die Dispositionshierarchie eines Menschen durch zwei Prozesse zustande: Vererbung und Lernen. Es wird angenommen, dass alle Dispositionen – außer denen im Wissensvorrat – vererbbar sind und dass vererbte Dispositionen besonders änderungsresistent sind (»dumm bleibt dumm, da helfen keine Pillen«). Ansonsten werden Dispositionen nach alltagspsychologischer Auffassung durch direkte Auseinandersetzung mit der Umwelt oder durch Instruktion erlernt.

1.3 Die naive Persönlichkeitstheorie

Nach Kluckhohn et al. (1953) gleicht das Verhalten eines Menschen
- in vielerlei Hinsicht demjenigen aller Menschen;
- in mancherlei Hinsicht demjenigen einiger, nicht aber aller Menschen;
- in bestimmter Hinsicht demjenigen keines anderen Menschen, ist also einzigartig.

Beziehen wir diesen klassischen Ausspruch auf Dispositionen, so heisst das, dass ein Mensch über viele Dispositionen verfügt, über die fast alle Menschen verfügen, zudem über manche Dispositionen verfügt, die er mit einigen, nicht aber allen Menschen teilt, er in seiner gesamten Dispositionshierarchie aber einzigartig ist.

Dies entspricht auch der alltagspsychologischen Sichtweise, wonach es zwei Arten von Dispositionen gibt:
- universelle Dispositionen, über die fast alle Menschen verfügen, z. B. die Fähigkeit zu laufen, zu sprechen, zu denken. Universelle Dispositionen kennzeichnen die allgemeine Natur des Menschen.
- Persönlichkeitsdispositionen, über die einige Menschen verfügen oder die nur einen einzigen Menschen charakterisieren, z. B. hohe, durchschnittliche oder niedrige Intelligenz; hohe, durchschnittliche oder niedrige Ängstlichkeit; die ganz bestimmte, einzigartige Form des Sadismus, die der Marquis de Sade aufwies.

In der Alltagspsychologie werden universelle Dispositionen meist nicht zur Charakterisierung der Persönlichkeit eines Menschen herangezogen, denn der alltagspsychologische Persönlichkeitsbegriff zielt auf individuelle Besonderheiten: auf Merkmale, in denen Menschen nur einigen oder gar keinen anderen Menschen ähnlich sind. Dazu zählen auch körperliche Merkmale eines Menschen, die von anderen Menschen unmittelbar wahrnehmbar sind und dadurch deren Verhalten diesem Menschen gegenüber beeinflussen, z. B. Gesichtsform, Größe, Schlankheit. Die Gesamtheit dieser Gestalteigenschaften bildet die Gestalt eines Menschen.

> **Merke**
> Unter der Persönlichkeit eines Menschen wird in der Alltagspsychologie die Gesamtheit aller seiner Eigenschaften (Dispositionen und Gestalteigenschaften) verstanden, in denen er sich von anderen Menschen unterscheidet.

Bisweilen bezieht sich das alltagspsychologische Persönlichkeitsverständnis nur auf positiv gewertete Eigenschaften, z. B. in der Aussage »Sie ist wirklich eine Persönlichkeit«. Diese eingeschränkte Bedeutung von Persönlichkeit macht systematisch wenig Sinn und wird im folgenden ignoriert.

Nach alltagspsychologischer Auffassung handelt es sich bei der Persönlichkeit nicht um ein zusammenhangloses Nebeneinander von Eigenschaften, sondern um eine Eigenschaftshierarchie: um denjenigen Teil der Dispositionshierarchie, der aus Persönlichkeitsdispositionen besteht, ergänzt um Gestalteigenschaften. Die gesamte Eigenschaftshierarchie, bestehend aus horizontalen und vertikalen Koppelungen von Eigenschaften, ist die alltagspsychologische Beschreibung der Persönlichkeitsstruktur.

Die naive Persönlichkeitstheorie ist derjenige Teil der Alltagspsychologie, der zur Beschreibung, Vorhersage und Erklärung individueller Besonderheiten dient. Sie enthält damit denjenigen Teil der naiven Dispositionstheorie, der sich auf Persönlichkeitseigenschaften bezieht, und die naive Prozesstheorie. Die naive Persönlichkeitstheorie ist also ein Teil der naiven Verhaltenstheorie.

> **Merke**
> Die naive Persönlichkeitstheorie ist derjenige Teil der naiven Verhaltenstheorie, der sich auf individuelle Besonderheiten bezieht.

In der naiven Persönlichkeitstheorie werden individuelle Besonderheiten im Erleben und Verhalten erklärt durch das Zusammenwirken von Persönlichkeitseigenschaften mit Prozessen der Wahrnehmung, der kognitiven, motivationalen und emotionalen Weiterverarbeitung bis hin zu Prozessen der Verhaltensaktivierung. Hinzu kommen Annahmen über die Koppelung von Gestalteigenschaften mit anderen Persönlichkeitseigenschaften (z.B. »Dicke sind gemütlich«), die Wirkung der Gestalt auf die soziale Umwelt (z.B. »Große können sich leichter durchsetzen als Kleine«) und die Rückwirkung von Verhalten auf die Gestalt (z.B. »Lachfältchen sind ein Zeichen von Lebensfreude«).

Die naive Persönlichkeitstheorie kann deshalb als funktionalistische Eigenschaftstheorie charakterisiert werden: Einheiten der Persönlichkeit sind überdauernde Merkmale, die Funktionen in verhaltenssteuernden Prozessen, der sozialen Interaktion oder der Gestaltbildung ausüben. Tabelle 1.2 gibt eine Übersicht über die wichtigsten Grundbegriffe der so rekonstruierten naiven Persönlichkeitstheorie.

Nach alltagspsychologischem Verständnis üben Persönlichkeitsdispositionen direkten Einfluss auf Verhalten aus, indem sie in bestimmten Situationen aktualisiert werden und auf Prozesse der aktuellen Situationsverarbeitung wirken. Individuelle Besonderheiten im Verhalten sind deshalb immer eine Funktion der Persönlichkeit und der Situation. Ängstlichkeit z.B. wird nach alltagspsychologischer Meinung nur in angsterregenden Situationen aktualisiert.

Ansonsten kann Ängstlichkeit nur indirekt durch Koppelung mit anderen Persönlichkeitsdispositionen Verhalten beeinflussen. Zum Beispiel wird in der Alltagspsychologie angenommen, dass Ängstlichkeit und offene Aggressivität weitgehend inkompatibel seien: Wer hochängstlich ist, werde kaum einmal sichtbar aggressiv reagieren (höchstens in versteckter oder indirekter Form); eine niedrige Angstschwelle erleichtere aggressives Verhalten. Ängstlichkeit beeinflusse damit nicht nur das Verhalten in angsterregenden Situationen, sondern auch das Verhalten in Situationen, die Aggression provozieren.

Zusätzlich zu diesen Annahmen über die Wirkung individueller Besonderheiten auf die Umwelt durch Verhalten und Gestalt enthält die naive Persönlichkeitstheorie Vorstellungen über die Entwicklung von Persönlichkeitseigenschaften. Gestalteigenschaften beruhen nach alltagspsychologischer Auffassung vor allem, aber nicht nur auf Vererbung (z.B. wird angenommen, dass Übergewicht auch auf erlernten Essgewohnheiten beruht). Persönlichkeitsdispositionen werden nach alltagspsychologischer Auffassung durch Vererbung und Lernen erworben.

Insgesamt ist die naive Persönlichkeitstheorie also ein komplexes System von Aussagen über individuelle Besonderheiten in Verhalten und Gestalt, über ihre Funktionen in aktuellen Situationen und über ihre Entwicklung. Ist die naive Persönlichkeitstheorie auch eine Theorie im Sinne der Wissenschaften? Wenn ja, könnte sie als Ausgangspunkt einer psychologischen Persönlichkeitstheorie dienen, die sich dann durch ein Wechselspiel von Beobachtung und hierdurch bedingter Theorieverbesserung weiterentwickeln ließe. Um diese Frage zu beantworten, muss geprüft werden, ob die naive Persönlichkeitstheorie die wesentlichen Kriterien für wissenschaftliche Theorien erfüllt.

Tabelle 1.2.	Konzepte der naiven Persönlichkeitstheorie
Konzept	Erläuterung
Persönlichkeitsdisposition	Disposition zu einem bestimmten Verhalten, in der sich Menschen unterscheiden
Gestalteigenschaft	Körperliches Merkmal, das von anderen unmittelbar wahrgenommen werden kann und in dem sich Menschen unterscheiden
Persönlichkeitseigenschaft	Überdauerndes Merkmal eines Menschen, in dem er sich von vielen anderen Menschen unterscheidet (Persönlichkeitsdisposition oder Gestalteigenschaft)
Gestalt	Gesamtheit aller Gestalteigenschaften eines Menschen
Persönlichkeit	Gesamtheit aller Persönlichkeitseigenschaften eines Menschen (Persönlichkeitsdispositionen und Gestalteigenschaften)

1.4 Bewertung der naiven Persönlichkeitstheorie

Die heutige Psychologie ist eine empirische Wissenschaft (Erfahrungswissenschaft), d.h., ihre Aussagen beziehen sich auf Beobachtungsdaten und lassen sich deshalb durch Beobachtung bestätigen oder widerlegen. Theorien in den empirischen Wissenschaften sind Systeme von Aussagen über einen bestimmten Gegenstandsbereich, die es erlauben, möglichst viele Beobachtungen zu beschreiben, vorherzusagen und zu erklären. Psychologische Theorien sind Systeme von Aussagen über menschliches Erleben und Verhalten; eine Persönlichkeitstheorie ist ein System von Aussagen über die individuelle Besonderheit von Menschen.

Nicht jedes System von Aussagen ist eine Theorie. Eine Theorie im Sinne der empirischen Wissenschaften muss verschiedene Qualitätskriterien erfüllen (vgl. z.B. Groeben & Westmeyer, 1975; Breuer, 1991). ◘ Tabelle 1.3 führt die wichtigsten Kriterien auf. Erfüllt die naive Persönlichkeitstheorie diese Kriterien?

Explizitheit. Die Begriffe von Erfahrungswissenschaften sollen explizit definiert sein, damit sie von unterschiedlichen Wissenschaftlern in gleicher Weise verstanden werden können. Explizitheit ist also eine zentrale Voraussetzung für eine einheitliche Benutzung desselben Begriffs (»intersubjektive Übereinstimmung«). Die Grundbegriffe der naiven Persönlichkeitstheorie sind eher schwammig und nur implizit repräsentiert, d.h. sie werden von unterschiedlichen Menschen in ähnlicher, aber nicht identischer Weise verwendet, und wenn Nichtpsychologen um eine Definition eines solchen Begriffs gebeten werden, müssen sie scharf nachdenken, um die Bedeutung einigermaßen zutreffend zu rekonstruieren. Was bedeutet »schüchtern« genau? Wo ist die Grenze zwischen »stark schüchtern« und »etwas schüchtern«? Was ist eine Persönlichkeitseigenschaft, was ist die Persönlichkeit eines Menschen? Die Erläuterungen der Grundbegriffe der naiven Persönlichkeitstheorie in ◘ Tabelle 1.2 beruhen auf mühsamen Rekonstruktionen der Alltagspsychologie durch Psychologen; Laien können hierzu nur bruchstückhafte Auskunft geben. Entsprechendes gilt für die Aussagen der Theorie, z.B. die Koppelungen zwischen Persönlichkeitseigenschaften.

Empirische Verankerung. Von den Grundbegriffen in den empirischen Wissenschaften wird erwartet, dass sie sich direkt oder indirekt auf Beobachtungsdaten beziehen. Die Körpergröße ist z.B. eine Eigenschaft, die sich direkt beobachten lässt. Verhaltensdispositionen dagegen sind nicht direkt beobachtbar: Es sind theoretische Konstruktionen, Konstrukte, die »hinter« dem beobachtbaren Verhalten liegen und es erklären sollen. An Konstrukte wird in den Erfahrungswissenschaften die Forderung gestellt, dass sie sich jedenfalls indirekt auf Beobachtungsdaten beziehen, indem sie durch Zuordnungsregeln mit Beobachtungsdaten verknüpft sind (den empirischen Indikatoren des Konstrukts). Diese Verknüpfung eines Konstrukts mit Beobachtungsdaten wird Operationalisierung des Konstrukts genannt.

Zum Beispiel ließe sich das Konstrukt der Prüfungsängstlichkeit dadurch definieren, dass fünf verschiedene Verhaltensweisen angegeben werden, die typisch für Prüfungsangst sind (die Indikatoren), für jede Verhaltensweise entschieden wird, ob sie während einer Prüfung auftrat oder nicht, und die Zahl aller aufgetretenen Verhaltensweisen als Operationalisierung von Prüfungs-

◘ Tabelle 1.3. Kriterien für Theorien in empirischen Wissenschaften

Kriterium	Erläuterung
Explizitheit	Die Begriffe und Aussagen der Theorie sollen explizit dargelegt sein
Empirische Verankerung	Die Begriffe der Theorie sollen sich direkt oder indirekt auf Beobachtungsdaten beziehen
Widerspruchsfreiheit	Die aus der Theorie ableitbaren Aussagen sollen sich nicht widersprechen
Prüfbarkeit	Die Aussagen der Theorie sollen sich empirisch überprüfen lassen
Vollständigkeit	Die Aussagen der Theorie sollen alle bekannten Phänomene des Gegenstandsbereichs der Theorie erklären
Sparsamkeit	Die Theorie soll mit möglichst wenigen Grundbegriffen auskommen
Produktivität	Die Theorie soll neue Fragestellungen erzeugen und dadurch die Forschung voranbringen
Anwendbarkeit	Die Theorie soll sich praktisch anwenden lassen

angst (nicht Prüfungsängstlichkeit!) betrachtet wird. Wenn Untersuchungen ergeben haben, dass diese Zahl zwar ziemlich stark zwischen verschiedenen Prüfungen schwankt, so dass man aus einer solchen Zahl alleine noch nicht auf Prüfungsängstlichkeit schließen kann, dass aber der Mittelwert von drei Prüfungen sehr gut den Mittelwert in den nächsten drei Prüfungen vorhersagt, könnte der Mittelwert der Prüfungsangst in drei Prüfungen als Operationalisierung von Prüfungsängstlichkeit betrachtet werden.

Diese Operationalisierung von Prüfungsängstlichkeit durch die mittlere Prüfungsangst in drei Prüfungen enthält einen »Bedeutungsüberschuss«: das auf empirische Untersuchungen gegründete Wissen, dass dieser Mittelwert so stabil ist, dass daraus auf die Disposition der Prüfungsängstlichkeit geschlossen werden darf. Ein Bedeutungsüberschuss kann auch auf Verknüpfungen von Konstrukten mit anderen Konstrukten (und damit auch deren Operationalisierungen) oder Annahmen über Konstrukte zustandekommen, die von der Theorie postuliert werden. Zum Beispiel können Eigenschaftskonstrukte mit Annahmen verbunden sein, in welchen Situationen sie verhaltensrelevant sind.

> **Merke**
> Empirische Verankerung bedeutet operationale Definition plus Bedeutungsüberschuss.

Sind die Eigenschaften der naiven Persönlichkeitstheorie empirisch verankerte Konstrukte? Auf den ersten Blick scheint das der Fall zu sein, denn Eigenschaften werden ja aus beobachtbarem Verhalten im Kontext beobachtbarer situativer Bedingungen erschlossen. Ein Hauptproblem der naiven Persönlichkeitstheorie besteht allerdings darin, dass nur geringe Anforderungen an die Bedingungen gestellt werden, unter denen aus Beobachtungen auf Eigenschaften geschlossen werden darf.
— Erstens sind die Anforderungen an das zu beobachtende Verhalten und seinen situativen Kontext unpräzise: Reicht die Feststellung, dass ein Prüfling mit kalten Händen zur mündlichen Prüfung erschien, mit zittriger Stimme begann und nach einer bestimmten Frage überhaupt nichts mehr zum Thema sagte, um auf einen emotionalen Block und damit auf hohe Prüfungsangst zu schließen?
— Zweitens ist der Begriff des »überdauernden Merkmals« äußerst schwammig: Wieviele Beobachtungen innerhalb welchen Zeitraums reichen aus, um aus ihnen auf eine bestimmte Eigenschaft zu schließen? Wie oft muss jemand in Prüfungen Anzeichen eines emotionalen Blocks zeigen, um als stark prüfungsängstlich zu gelten? Einmal wohl kaum, aber reichen zwei Blocks in drei Vordiplomsprüfungen innerhalb von zwei Monaten aus?

Der Eigenschaftsbegriff ist also unzureichend empirisch verankert. Insbesondere legt die unpräzise Definition der »überdauernden Eigenschaft« einen Zirkelschluss in der Definition von Eigenschaften nahe: Aus einem einmaligen Verhalten wird direkt auf eine Eigenschaft geschlossen, die dann zur Begründung des Verhaltens herhalten muss. Beispiel: »Warum hat X den Y geschlagen? Weil X aggressiv ist. Warum ist X aggressiv? Weil X den Y geschlagen hat.« Eine korrekte Begründung würde lauten »Weil X generell dazu neigt, andere zu schlagen«, und dies müsste durch Beobachtung an vielen Fällen belegbar sein.

Widerspruchsfreiheit. Die große Zahl von Eigenschaften, die zur Erklärung individueller Besonderheiten zur Verfügung stehen, erlaubt es in Verbindung mit der mangelnden Explizitheit der Eigenschaftsbegriffe und ihrer unzureichenden empirischen Verankerung sehr oft, aus denselben Verhaltensbeobachtungen auf ganz unterschiedliche Eigenschaften zu schließen. Dies führt zu widersprüchlichen Verhaltensvorhersagen. Zum Beispiel kann unsicheres Verhalten in einer Prüfung alltagspsychologisch sowohl durch starke Prüfungsängstlichkeit oder durch mangelndes Wissen aufgrund von Faulheit erklärt werden. Da ein Bewerbungsgespräch eine Situation ist, auf die Faulheit kaum Einfluss hat, wohl aber Prüfungsängstlichkeit, weil sie die Sicherheit des Auftretens beeinträchtigt, fällt die alltagspsychologische Prognose für Bewerbungssituationen widersprüchlich aus: Nach der Ängstlichkeitsinterpretation wird ein schlechteres Abschneiden erwartet als nach der Faulheitsinterpretation.

Widerspruchsvolle Theorien sind dadurch gekennzeichnet, dass sich aus ihnen logisch widersprüchliche Aussagen ableiten lassen, z.B. »gleich und gleich gesellt sich gern« (im Sinne von »ähnliche Persönlichkeiten gehen eher eine Beziehung ein als unähnliche«) und »Gegensätze ziehen sich an« (im Sinne von »unähnliche Persönlichkeiten gehen eher eine Beziehung ein als ähnliche«). Eine solche Theorie erklärt jeden beliebigen Sachverhalt und damit auch immer sein Gegenteil: Es handelt sich nur um Scheinerklärungen. Das fällt bei der Erklärung beobachteter Sachverhalte durch die

Theorie nicht unbedingt auf. Im Gegenteil: Die Theorie scheint zutreffend zu sein, denn sie liefert für alles eine Erklärung.

Prüfbarkeit. Von Theorien in empirischen Wissenschaften wird erwartet, dass sie empirisch prüfbar sind. Genauer gesagt wird erwartet, dass Aussagen der Theorie über ihren Gegenstandsbereich sich empirisch bestätigen oder widerlegen lassen. Dazu müssen sie so klar formuliert sein, dass ein solcher Test überhaupt möglich ist. Die mangelnde Explizitheit und die unzureichende empirische Verankerung des Eigenschaftsbegriffs sowie die Widersprüchlichkeit der naiven Persönlichkeitstheorie erschweren einen solchen Test, weil sie diese gegen eine Widerlegung immunisieren.

- Erstens besteht die Gefahr einer beliebigen Modifikation der Erklärung, weil es meist mehrere alltagspsychologische Erklärungen für dieselbe Beobachtung gibt. Beispiel: »Sagtest Du nicht, X werde die Prüfung wegen ihrer hohen Intelligenz leicht bestehen? Sie ist aber durchgefallen! – Ja, ja; X ist eben ganz schön faul, sie hat sich wohl nicht genug vorbereitet. – Ihr Freund ist da aber ganz anderer Meinung; er hat sich schon beklagt, dass sie nur noch gelernt hat. – Da hat X wohl einen schlechten Tag gehabt; vielleicht war sie zu aufgeregt.« Zunächst wird hier eine dispositionale Erklärung durch eine andere ersetzt; als sich das als unplausibel erweist, wird auf eine Erklärung durch aktuelle Prozesse ausgewichen (»X war aufgeregt«), ohne weiter zu begründen, warum dies der Fall war. Wegen solcher Ausweichmöglichkeiten fällt es im Alltag meist nicht auf, dass naiv-persönlichkeitspsychologische Erklärungen oft nicht zutreffen.
- Zweitens sind naiv-persönlichkeitspsychologische Vorhersagen in ähnlicher Weise gegen Widerlegung gefeit. Wenn Verhalten A aus Eigenschaft B vorhergesagt, aber statt dessen Verhalten C beobachtet wurde, wird dies dadurch begründet, dass C durch die auch vorhandene Eigenschaft D verursacht sei. Beispiel: »X wird die nächste Prüfung aber sicher bestehen – er hat ja so viel gebüffelt. – X fällt durch die Prüfung. – Da sieht man mal wieder, dass selbst soviel Büffelei nichts nützt, wenn man soviel Angst vor einer Prüfung hat wie X.«
- Drittens gibt es aufgrund der mangelnden Widerspruchsfreiheit Aussagen, die sich überhaupt nicht widerlegen lassen, weil ihr Gegenteil auch für wahr gehalten wird (z.B. »gleich und gleich gesellt sich gern« – »Gegensätze ziehen sich an«). Widerspruchsfreie Theorien sind gerade dadurch charakterisiert, dass sich bestimmte Aussagen aus ihnen nicht ableiten lassen; diese können dann zum Test der Theorie verwendet werden.

Da sowohl die Erklärungen als auch die Vorhersagen der naiven Persönlichkeitstheorie weitgehend gegen empirische Widerlegung immunisiert sind, gilt das auch für die naive Persönlichkeitstheorie als Ganzes. Dies ist aus erfahrungswissenschaftlicher Sicht die größte Schwäche der naiven Persönlichkeitstheorie, denn ein Aussagensystem, das jeden beliebigen Befund und damit auch immer sein Gegenteil erklärt und vorhersagt, erklärt letztlich nichts und produziert wertlose Vorhersagen.

Vollständigkeit. Theorien sollen alle bekannten Phänomene eines bestimmten Anwendungsbereichs der Theorie erklären. Hier liegt eine der Stärken der naiven Persönlichkeitstheorie, denn wegen des riesigen Instrumentariums von Eigenschaften, die zu einer Erklärung herangezogen werden können, können fast alle beobachtbaren individuellen Besonderheiten erklärt werden. Das wird allerdings durch eine mangelnde Widerspruchsfreiheit und Prüfbarkeit erkauft.

Sparsamkeit. Die naive Persönlichkeitstheorie ist extrem reich an Grundbegriffen, weil jede Persönlichkeitseigenschaft ein Grundbegriff ist (sie ist nicht aus anderen Grundbegriffen abgeleitet). Es gibt also mindestens soviele Grundbegriffe in der naiven Persönlichkeitstheorie, wie es Worte im Lexikon einer Sprache gibt, die Persönlichkeitseigenschaften bezeichnen. Ostendorf (1990) fand unter ca. 12 000 deutschen Adjektiven über 5 000 personenbeschreibende Adjektive. Eine solche Fülle von Grundbegriffen kann durch die Komplexität des Gegenstandsbereiches nicht unbedingt gerechtfertigt werden, wie ein Blick in die Chemie zeigt, wo die riesige Vielfalt von Stoffen auf Kombinationen weniger Elemente zurückgeführt werden kann. Auch wenn eine solch drastische Reduktion in der Psychologie nicht möglich sein mag, erscheint die Verwendung einer so großen Zahl fastsynonymer Eigenschaftsbegriffe völlig überzogen. Die naive Persönlichkeitstheorie verletzt massiv das Sparsamkeitsprinzip.

Produktivität. Wäre die naive Persönlichkeitstheorie eine wissenschaftliche Theorie, würde ihr reiches Reservoir von Eigenschaften nahezu unbegrenzte Möglichkeiten für empirische Untersuchungen über die Funktion bestimmter Eigenschaften und ihrer Koppelungen untereinander bieten. Deshalb wird oft in der Persönlichkeitspsychologie dazu aufgerufen, doch die »Weisheit der Sprache« zu nutzen (gemeint ist damit die Weisheit der Alltagspsychologie). Diese Vielfalt möglicher Fragestellungen würde aber gleichzeitig die Gefahr der Verzettelung in immer neuen, wenig aufeinander bezogenen Fragestellungen heraufbeschwören, die einen kontinuierlichen Erkenntnisfortschritt behindern würde. Insgesamt wäre eine solche Theorie damit wissenschaftlich nicht allzu produktiv.

Anwendbarkeit. Die größte Stärke der naiven Persönlichkeitstheorie liegt in ihrer einfachen, schnellen und robusten Anwendbarkeit auf alltägliche Probleme der Verhaltenserklärung und -vorhersage. Im Alltag geht es vor allem darum, das Verhalten von Mitmenschen schnell annähernd richtig einzuschätzen und vorherzusagen. Beispiele: »Kann ich mich auf sie verlassen? Wenn ich das von ihm fordere, wird er es akzeptieren, passiven Widerstand leisten oder sich aktiv widersetzen? Warum war sie plötzlich so pikiert? Wie kann ich das wiedergutmachen? Wird diese Aufgabe ihn überfordern?« Um solche Fragen beantworten zu können, muss Wissen über die Persönlichkeit des anderen abrufbar sein und handlungsleitend genutzt werden können. Das geschieht meist in der direkten sozialen Interaktion und muss deshalb sehr schnell gehen, um den Interaktionsfluss nicht zu unterbrechen. Dafür ist die naive Persönlichkeitstheorie in geradezu idealer Weise geeignet. Zu jeder individuellen Besonderheit gibt es eine passende Persönlichkeitseigenschaft. Versagt die Erklärung oder Vorhersage, sind Alternativen schnell zur Hand.

Damit verleiht die naive Persönlichkeitstheorie ihrem Nutzer ein Gefühl der Orientierung und Sicherheit: Alles hat seine Ordnung, und ich kann diese Ordnung erkennen und nutzen. Das erleichtert schnelle Entscheidungen in unübersichtlichen Situationen. Dass dieses Gefühl der Orientierung und Sicherheit letztlich trügt, weil die Erklärungen windig und die Vorhersagen oft nicht besser als der Zufall sind, spielt für den Alltag nur eine sekundäre Rolle; oft ist es wichtiger, schnell zu irgendeiner einigermaßen angemessenen Reaktion zu kommen, als die beste Lösung zu finden. Deshalb bewährt sich die naive Persönlichkeitspsychologie trotz ihrer Schwächen im Alltag recht gut.

Die naive Persönlichkeitstheorie schneidet also in vielen, wenn auch nicht allen Kriterien für erfahrungswissenschaftliche Theorien schlecht ab. Ihr Gebrauchswert für den Alltag ist aber so groß, dass sie dort durchaus von großem Nutzen ist. Die naive Persönlichkeitstheorie ist ein gutes Beispiel dafür, dass eine nützliche Theorie eine schlechte Theorie im Sinne der Erfahrungswissenschaft sein kann.

> **Merke**
> Die naive Persönlichkeitstheorie ist praktisch für die Erklärung und Vorhersage von Verhalten im Alltag, aber unbrauchbar als psychologische Theorie.

Auch wenn die naive Persönlichkeitstheorie als psychologische Theorie unbrauchbar ist, ist sie dennoch aus drei Gründen wichtig für die Psychologie.

— Erstens ist sie eine psychologische Tatsache: Wir alle haben diese Theorie im Kopf und nutzen sie ständig. Wer verstehen will, wie Menschen individuelle Besonderheiten ihrer Mitmenschen und von sich selbst wahrnehmen und damit umgehen, muss sich mit der naiven Persönlichkeitstheorie beschäftigen.

— Zweitens ist die naive Persönlichkeitstheorie ungeachtet ihrer Probleme ein möglicher Ansatzpunkt für die persönlichkeitspsychologische Theoriebildung. Viele ihrer Probleme lassen sich vermeiden, wenn Eigenschaften besser operationalisiert werden und ihre Funktion in aktuellen Prozessen der Situationsverarbeitung klarer herausgearbeitet wird. Wie in den folgenden Kapiteln deutlich werden wird, knüpfen alle persönlichkeitspsychologischen Theorien an Konzepte der naiven Persönlichkeitstheorie an. Das gilt besonders für den Begriff der Verhaltensdisposition, der in der Persönlichkeitspsychologie eine zentrale Rolle spielt.

— Drittens laufen Psychologen ständig Gefahr, alltagspsychologische Konzepte mit wissenschaftlichen Begriffen zu verwechseln, weil sie ja über beides verfügen: ihre Alltagspsychologie und ihre Psychologie. Diese Gefahr ist im Falle der Persönlichkeitspsychologie besonders groß, weil sie sich noch nicht so weit wie manche andere Gebiete der Psychologie (z. B. die Wahrnehmungspsychologie) von alltagspsychologischen Vorstellungen gelöst hat. Einer Verwechselung von Alltagspsychologie und Psychologie kann dadurch vorgebeugt werden, dass beide möglichst klar und streng getrennt voneinander konzeptualisiert werden.

1.5 Definition der Persönlichkeitspsychologie

Auf der Grundlage des alltagspsychologischen Persönlichkeitskonzepts kann nun eine erste Definition der Persönlichkeitspsychologie gegeben werden.

> **Merke**
> Persönlichkeitspsychologie ist die empirische Wissenschaft von den überdauernden, nichtpathologischen, verhaltensrelevanten individuellen Besonderheiten von Menschen innerhalb einer bestimmten Population.

»Empirische Wissenschaft« bedeutet, dass sie den Kriterien von Erfahrungswissenschaften genügen soll, die im vorigen Abschnitt erläutert wurden. »Überdauernde verhaltensrelevante individuelle Besonderheit« ist ähnlich wie in der Alltagspsychologie zu verstehen als mittelfristig stabile Persönlichkeitsdisposition oder verhaltensrelevantes körperliches Merkmal. Allerdings umfassen die verhaltensrelevanten körperlichen Merkmale mehr als nur Gestalteigenschaften; auch nicht direkt wahrnehmbare körperliche Merkmale wie z. B. das Genom (die Gesamtheit der genetischen Information eines Menschen) oder neuronale anatomische Strukturen sollen dazu gehören, weil auch sie verhaltensrelevant sind.

Eine wichtige Einschränkung gegenüber der naiven Persönlichkeitstheorie ist »nichtpathologisch«. In der Alltagspsychologie werden auch pathologische körperliche Merkmale und Dispositionen, z. B. Blindheit, hochgradiger Schwachsinn, Schizophrenie oder eine Spinnenphobie als Persönlichkeitseigenschaften betrachtet. Pathologische Eigenschaften werden aber in der Psychologie von der klinischen Psychologie untersucht, die eine eigenständige psychologische Disziplin neben der Persönlichkeitspsychologie darstellt. Dabei ist es eine der Aufgaben der klinischen Psychologie zu definieren, wo die Normalität aufhört und die Pathologie anfängt (was oft nicht einfach ist). Hier gibt es also eine Arbeitsteilung zwischen Persönlichkeitspsychologie und klinischer Psychologie: Persönlichkeitspsychologie beschäftigt sich mit Normalvarianten der Persönlichkeit, klinische Psychologie mit pathologischen Störungen.

> **Merke**
> Persönlichkeitspsychologie beschäftigt sich mit Normalvarianten der Persönlichkeit einschließlich verhaltensrelevanter genetischer und neuronaler individueller Besonderheiten.

Eine weitere wichtige Einschränkung gegenüber der naiven Persönlichkeitstheorie ist »innerhalb einer bestimmten Population«. Individuelle Besonderheiten beruhen auf einem Vergleich mit anderen Menschen. Welche anderen Menschen das sind, bleibt in der Alltagspsychologie offen. Wie in Abschn. 2.4.2 ausführlich dargelegt wird, kann das zu Problemen führen. Deshalb wird in der Persönlichkeitspsychologie die Persönlichkeit eines Menschen immer in bezug auf eine bestimmte Bezugspopulation beschrieben und erklärt; meist handelt es sich dabei um die altersgleichen Mitglieder des Landes, in dem er lebt, z. B. alle 20jährigen Deutschen.

Eine unvermeidbare Konsequenz dieser Präzisierung des Persönlichkeitsbegriffs ist, dass alle empirischen Aussagen der Persönlichkeitspsychologie populationsabhängig sind, also zunächst nur für diejenige Population gelten, für die sie empirisch bestätigt wurden. Wie weit sich persönlichkeitspsychologische Konstrukte und Befunde von einer Population auf andere übertragen lassen oder gar für alle Menschen gelten, ist eine schwierige Frage, der Kap. 8 dieses Buches gewidmet ist.

> **Merke**
> Die Aussagen der Persönlichkeitspsychologie sind zunächst immer populationsspezifisch; ob sie sich auf andere Populationen übertragen lassen, erfordert zusätzliche kulturvergleichende Studien.

Weiterführende Literatur

Breuer, F. (1991). *Wissenschaftstheorie für Psychologen* (5. Aufl.). Münster: Aschendorff.

Laucken, U. (1974). *Naive Verhaltenstheorie*. Stuttgart: Klett.

❓ Fragen

1.1 Welche Struktur weist die Alltagspsychologie nach Laucken auf?

1.2 Was versteht man unter einer Disposition, was unter einer Dispositionshierarchie?

1.3 Welche Dispositionen und körperlichen Merkmale sind aus Sicht der Alltagspsychologie keine Persönlichkeitseigenschaften?

1.4 Welchen Kriterien sollen erfahrungswissenschaftliche Theorien genügen?

1.5 Welchen Nutzen hat die naive Persönlichkeitstheorie im Alltag?

1.6 Warum ist die naive Persönlichkeitstheorie für die Persönlichkeitspsychologie wichtig?

1.7 Mit welchen individuellen Besonderheiten beschäftigt sich die Persönlichkeitspsychologie nicht?

ℹ️ Hinweise zur Beantwortung

1.1 s. Abb. 1.1

1.2 s. »Unter der Lupe«

1.3 universelle Merkmale (Beispiele angeben)

1.4 mindestens fünf Kriterien

1.5 schnelle Orientierung, Anwendbarkeit

1.6 psychologische Tatsache, Ansatzpunkt für Theorienbildung, Verwechslungsgefahr

1.7 instabile Merkmale, nicht verhaltensrelevante körperliche Merkmale, pathologische Merkmale (Beispiele)

Sechs Paradigmen der Persönlichkeitspsychologie

2.1 Der Begriff des Wissenschaftsparadigmas – 15

2.2 Das psychoanalytische Paradigma – 16
2.2.1 Allgemeines Menschenbild – 17
2.2.2 Persönlichkeitskonzept – 19
2.2.3 Methodik – 22
2.2.4 Empirische Bewährung – 23
2.2.5 Bewertung – 27
Weiterführende Literatur – 28

2.3 Das behavioristische Paradigma – 29
2.3.1 Allgemeines Menschenbild – 29
2.3.2 Persönlichkeitskonzept – 30
2.3.3 Methodik – 30
2.3.4 Empirische Bewährung – 32
2.3.5 Bewertung – 34
Weiterführende Literatur – 35

2.4 Das Eigenschaftsparadigma – 36
2.4.1 Allgemeines Menschenbild – 36
2.4.2 Persönlichkeitskonzept – 37
2.4.3 Methodik – 44
2.4.4 Empirische Bewährung – 56
2.4.5 Bewertung – 62
Weiterführende Literatur – 65

2.5 Das Informationsverarbeitungsparadigma – 66
2.5.1 Allgemeines Menschenbild – 66
2.5.2 Persönlichkeitskonzept – 71
2.5.3 Methodik – 74

2.5.4	Empirische Bewährung	– 80
2.5.5	Bewertung	– 81

Weiterführende Literatur – 83

2.6 Das dynamisch-interaktionistische Paradigma – 84

2.6.1	Allgemeines Menschenbild	– 84
2.6.2	Persönlichkeitskonzept	– 87
2.6.3	Methodik	– 90
2.6.4	Empirische Bewährung	– 96
2.6.5	Bewertung	– 98

Weiterführende Literatur – 99

2.7 Das evolutionspsychologische Paradigma – 100

2.7.1	Allgemeines Menschenbild	– 100
2.7.2	Persönlichkeitskonzept	– 104
2.7.3	Methodik	– 110
2.7.4	Empirische Bewährung	– 112
2.7.5	Bewertung	– 112

Weiterführende Literatur – 114

> Unter einem Paradigma einer Wissenschaft wird ein Bündel von theoretischen Leitsätzen, Fragestellungen und Methoden zu ihrer Beantwortung verstanden, das das Vorgehen einer größeren Zahl von Wissenschaftlern in einer bestimmten historischen Periode der Wissenschaftsentwicklung charakterisiert. In diesem Kapitel werden sechs Paradigmen der Persönlichkeitspsychologie, die die heutige Persönlichkeitspsychologie stark beeinflusst haben, in ihrer historischen Reihenfolge dargestellt. Es besteht also aus einer Übersicht über psychologische Theorien der Persönlichkeit und ihre charakteristischen Methoden.

2.1 Der Begriff des Wissenschaftsparadigmas

In den empirischen Wissenschaften besteht ein relativ präzise gefasster Theoriebegriff: Theorien müssen verschiedenen Kriterien genügen, wie im vorigen Kapitel erläutert wurde. Die naive Persönlichkeitstheorie genügt diesen Kriterien nicht. Wie in diesem Kapitel deutlich werden wird, genügen aber nicht alle theoretischen Ansätze, die in der Psychologie traditionellerweise als »Persönlichkeitstheorien« bezeichnet werden, den Ansprüchen einer erfahrungswissenschaftlichen Theorie. Meist wird deshalb in der Persönlichkeitspsychologie der Begriff der Theorie aufgeweicht, um noch von Persönlichkeitstheorien sprechen zu können. Ich möchte hier einen anderen Weg einschlagen: Ich halte am erfahrungswissenschaftlichen Theoriebegriff fest und diskutiere aus dieser Sicht die sechs wichtigsten theoretischen Ansätze der Persönlichkeitspsychologie, die ich nicht als Theorien sondern als Paradigmen der Persönlichkeitspsychologie bezeichne.

Der Begriff des Wissenschaftsparadigmas stammt von Kuhn (1967). Kuhn interessierte sich aus wissenschaftshistorischer Sicht dafür, wie sich die jeweils dominanten theoretischen Leitbilder einer Erfahrungswissenschaft verändern. Nach Kuhns Analyse durchlaufen empirische Wissenschaften wiederholt eine typische Abfolge von Phasen. Lange Zeit dominiert die Phase der »normalen Wissenschaft«, charakterisiert durch ein Bündel von theoretischen Leitsätzen, Fragestellungen und Methoden zu ihrer Beantwortung, dem Paradigma, das von einer größeren Zahl von Wissenschaftlern – der Mehrheit oder jedenfalls einer bedeutenden Minderheit des Faches – geteilt wird. Es können also auch unterschiedliche Paradigmen in einer Wissenschaft nebeneinander bestehen. Die theoretischen Leitsätze eines Paradigmas müssen nicht unbedingt eine Theorie sein. Es kann sich auch um eher diffuse, in sich widersprüchliche, empirisch nicht überprüfte oder nicht überprüfbare Aussagen handeln.

Diese Paradigmen verändern sich nach Kuhn dadurch, dass im Prozess der »normalen Wissenschaft« Anomalien auftauchen: erwartungswidrige Befunde. Das können Beobachtungen sein, die Kernannahmen des Paradigmas widersprechen, oder die Entdeckung von theoretischen Schwachstellen, z. B. Widersprüche zwischen Annahmen oder mehrdeutige Begriffe. Können diese Anomalien nicht durch eine leichte Veränderung des Paradigmas behoben werden, löst das nach Kuhn eine Krise aus, die zu einer Auseinandersetzung mit den Anomalien führt.

Anomalien können längere Zeit bestehen bleiben und die Suche nach Erklärungen anfeuern. Nach einiger Zeit erfolglosen Bemühens schwindet das Interesse an den Anomalien; sie werden als unlösbares Problem für folgende Wissenschaftlergenerationen deklariert und archiviert. So schlummern sie dann als Stachel im Fleisch der Wissenschaft vor sich hin, können aber bei Auftauchen eines neuen Paradigmas plötzlich wieder in den Mittelpunkt des Interesses rücken. Wird ein alternatives Paradigma vorgeschlagen, das die Anomalien erklärt, wird es meist nach einiger Zeit die Überhand gewinnen und das alte Paradigma verdrängen (Paradigmenwechsel).

Einen solchen Paradigmenwechsel bezeichnete Kuhn als wissenschaftliche Revolution. Ein Paradigmenwechsel, der weite Bereiche der Psychologie betraf, war z. B. der Übergang vom Behaviorismus zum Kognitivismus. Hier geht es nicht um eine Analyse der Gründe für Paradigmenwechsel und der Prozesse, die sie ermöglichen – Kuhns (1967) eigentliche Leistung –, sondern nur um die Anwendung des Begriffs »Wissenschaftsparadigma« auf die Persönlichkeitspsychologie.

> **Merke**
> Ein Wissenschaftsparadigma ist ein in sich einigermaßen kohärentes, von vielen Wissenschaftlern geteiltes Bündel aus theoretischen Leitsätzen, Fragestellungen und Methoden, das längere historische Perioden in der Entwicklung einer Wissenschaft überdauert.

Im folgenden werden sechs Paradigmen der Persönlichkeitspsychologie skizziert. Vier davon (Eigenschaftsparadigma, Informationsverarbeitungsparadigma, dynamisch-interaktionistisches Paradigma und evolutionspsychologisches Paradigma) beherrschen die heutige empirische Persönlichkeitspsychologie. Für zwei weitere Paradigmen (das psychoanalytische und das behavioristische Paradigma) gilt das nicht, aber sie werden dennoch hier aus zwei Gründen dargestellt. Zum einen haben sie die Entwicklung der modernen Persönlichkeitspsychologie stark beeinflusst; einige ihrer Konzepte erwiesen sich als fruchtbar und wurden in nachfolgende Paradigmen integriert. Zum anderen haben Psychoanalyse und Behaviorismus die heutige naive Persönlichkeitstheorie deutlich beeinflusst – in ihren Stärken wie auch in ihren Schwächen.

Diese Paradigmen werden nicht in der vollen Breite der bearbeiteten Fragestellungen und nicht in ihren wesentlichen Verästelungen im Verlauf ihrer Entwicklung geschildert; das hätte ein eigenes Buch ergeben (vgl. Pervin, 2000). Statt dessen beschränke ich mich auf eine Darstellung ihrer jeweiligen zentralen inhaltlichen und methodischen Kernannahmen und der hiermit verbundenen Probleme, soweit sie persönlichkeitspsychologische Fragestellungen betreffen und für die heutige empirische Persönlichkeitspsychologie relevant sind. Im Falle der Psychoanalyse, des Behaviorismus, der Informationsverarbeitungsansätze und der Evolutionspsychologie entsteht so ein stark verkürztes Bild des Gesamtparadigmas. Dafür werden die persönlichkeitspsychologisch relevanten Anteile aber, so hoffe ich, klar herausgearbeitet.

In nordamerikanischen Lehrbüchern werden zusätzlich meist noch »phänomenologische« oder »humanistische« Ansätze (z. B. von Rogers, 1961; Maslow, 1968; Kelly, 1955) diskutiert. Deren Substanz für heutige persönlichkeitspsychologische Fragestellungen scheint mir aber so gering, dass sie hier nicht als Paradigma dargestellt werden. Interessierte Leser seien auf Pervin (2000, Kap. 5–8) verwiesen. Im übrigen werden einige Konzepte und Methoden dieser Ansätze an anderer Stelle diskutiert (z. B. Maslows Bedürfnishierarchie in Abschn. 4.5.1, Kellys Rep-Test in Abschn. 2.4.3).

Bei jedem Paradigma wird zunächst das allgemeine Menschenbild umrissen (Annahmen im Paradigma über das Erleben und Verhalten, die für alle Menschen gelten), und dann vor dessen Hintergrund das Persönlichkeitskonzept (Annahmen über individuelle Besonderheiten) und die Methodik zur Untersuchung der Persönlichkeit dargestellt. Anschließend wird die empirische Bewährung des Paradigmas geprüft: Lassen sich aus dem Persönlichkeitskonzept empirisch prüfbare Aussagen ableiten, und wenn ja, wurden sie bestätigt oder nicht? Abschließend wird das Paradigma einer kritischen Bewertung unterzogen, wobei auch Beziehungen zwischen den Paradigmen hergestellt werden.

2.2 Das psychoanalytische Paradigma

Das psychoanalytische Paradigma der Persönlichkeitspsychologie geht auf Sigmund Freuds (1856–1939) Psychoanalyse zurück (Freud, 1982). Die Psychoanalyse war einerseits der Versuch, eine relativ umfassende Theorie des »menschlichen Seelenlebens« zu entwickeln, andererseits handelt es sich um eine bestimmte psychotherapeutische Technik. Die Psychoanalyse hat in den vergangenen 100 Jahren zahlreiche Wandlungen erfahren. Freud selbst änderte vielfach seine Betrachtungsweise. Nach seinem Tod gab es Bestrebungen, Freuds Auffassungen zu systematisieren und in eine einheitliche Theorie zu integrieren (vgl. besonders Brenner, 1982). Von dieser orthodoxen Schule grenzten sich zahllose einzelne Psychoanalytiker ab, deren Auffassung z. T. zum Kristallisationspunkt eigenständiger Strömungen wurde (z. B. Adler, Jung, Fromm, Horney, Sullivan; vgl. Pervin, 2000, für kurze Skizzen dieser Ansätze). Aus Sicht der orthodoxen Schule handelt es sich bei diesen Theorievarianten nicht um Psychoanalyse, sondern um »psychodynamische Theorien«. Andererseits gab es nach Freuds Tod mindestens zwei wesentliche Weiterentwicklungen der Psychoanalyse im engeren Sinne. Sie betrafen einerseits die Ich-Funktionen und ihre Entwicklung (»Ich-Psychologie«; Hartmann, 1958; Erikson, 1950; Kohut, 1971). Andererseits betonten sie die Bedeutung früher enger Beziehungen, vor allem zu den Eltern (Objektbeziehungen), für die Entwicklung der Persönlichkeit und der späteren sozialen Beziehungen (»Objektbeziehungstheorien«; Klein, 1971; Sandler, 1987; Mahler, Pine & Bergman, 1975); vgl. Weston & Gabbard (1999) für eine Übersicht.

Wegen dieser langen und heterogenen Entwicklungsgeschichte ist es nicht unproblematisch, von »dem psychoanalytischen Paradigma« zu sprechen. Dennoch lässt sich ein Kern von Grundannahmen über menschliches Erleben und Verhalten und ein grundlegender methodischer Ansatz ausmachen, der unter Psychoanalytikern von Freud an bis heute zumindest mehrheitsfähig war und immer noch mehrheitsfähig ist. Vor allem der methodische Ansatz ist klar abgrenzbar vom Vorgehen der empirischen Psychologie. Dieser gemeinsame Kern aller psychoanalytischen Richtungen wird hier als »das psychoanalytische Paradigma« bezeichnet.

2.2 · Das psychoanalytische Paradigma

Im folgenden wird nicht etwa das psychoanalytische Paradigma in voller Breite dargestellt, sondern nur in denjenigen Anteilen, die für die Persönlichkeitspsychologie unmittelbar von Bedeutung sind. Freud selbst interessierte sich viel mehr für pathologische Störungen, wie sie in der klinischen Psychologie untersucht werden, als für Normalvarianten der Persönlichkeit; letztere bezeichnete er als Charakter. Das lässt sich auf alle psychoanalytischen Richtungen verallgemeinern: Im Vordergrund steht immer die Erklärung pathologischer Störungen. Im folgenden interessiert aber nur derjenige Anteil des psychoanalytischen Paradigmas, der sich mit dem Charakter und seiner Entwicklung beschäftigt.

2.2.1 Allgemeines Menschenbild

Zentral für Freuds Menschenbild ist die Ansicht, dass alle menschliche Aktivität, einschließlich des Erlebens und Verhaltens, auf der Verarbeitung von Energie beruhe. Er sah den Menschen als ein energiemäßig weitgehend abgeschlossenes System an, das eine bestimmte Menge an Energie zur Verfügung habe, so dass die Energie für eine Aktivität nur auf Kosten der Energie für eine andere Aktivität verbraucht werden könne. Das »Seelenleben« (psychische Prozesse wie Wahrnehmen, Fühlen, Denken, Erinnern, Träumen) beruhe auf dem Fluss von Energie.

Gespeist werde diese Energie aus angeborenen Trieben (körperlichen Spannungszuständen). Sie drängten zur Entladung durch Triebbefriedigung an Triebobjekten. Diese Triebimpulse könnten aber oft nicht durch entsprechendes Verhalten direkt befriedigt werden. Sie würden dann in vielfältiger Weise umgeformt oder auf andere Triebobjekte umgelenkt (z.B. Befriedigung in der Phantasie oder in Träumen). Freud interessierte sich vor allem für Energie aus sexuellen Spannungszuständen (die »Libido«, lateinisch für Verlangen, Lust), später auch für aggressive Energie.

Freuds Energie- und Triebbegriff war ein Kind des 19. Jahrhunderts; ihm stand der Begriff der Information noch nicht zur Verfügung (vgl. Abschn. 2.5.1). Freud hoffte bis zu seinem Tod, dass psychische Energie und Triebimpulse sich später einmal physiologisch messen lassen würden. Inzwischen herrscht auch unter orthodoxen Psychoanalytikern die Auffassung vor, dass psychische Energie und Triebe lediglich theoretische Begriffe sind, die zur Erklärung beobachtbaren Erlebens (»Wünsche«) und motivierten Verhaltens eingeführt werden, ohne dass sie eine Entsprechung auf physiologischer Ebene haben, und Freuds Triebkonzept wird von vielen Psychoanalytikern als zu mechanistisch abgelehnt (vgl. für eine Kritik Holt, 1976).

Die Energieverarbeitung werde von drei psychischen Instanzen geregelt:
- Es,
- Ich,
- Über-Ich.

Bei der Geburt sei nur das Es vorhanden; es repräsentiere das Gesamtreservoir der Energie, die durch angeborene Instinkte verarbeitet werde, sowie angeborene Dispositionen. Das Es sei dem »Lustprinzip« unterworfen: Es sei bestrebt, Energie sofort zu entladen, indem es Lust suche und Schmerz vermeide.

Im Verlauf der Entwicklung bilde sich aus Teilen des Es durch den Kontakt zur Außenwelt das Ich heraus. Das Ich sei dem »Realitätsprinzip« unterworfen: Es vermittle zwischen den Ansprüchen des Es und der Außenwelt, indem es einerseits den Einfluss der Außenwelt zu ändern suche (durch Flucht, Anpassung oder aktive Veränderung) und andererseits die Triebansprüche des Es einzudämmen suche.

Das Über-Ich stelle eine besondere Instanz im Ich dar. Die durch die Eltern und Vorbilder vermittelten Normen der Kultur würden verinnerlicht und dadurch eine Eigendynamik im Ich entfalten: Das Über-Ich beobachte das Ich und suche es anstelle der Eltern und Vorbilder zu kontrollieren. So müsse das Ich nicht nur zwischen Es und Außenwelt, sondern zwischen Es, Außenwelt und Über-Ich vermitteln.

Freuds metaphorische Sprache verleitet zu der Vorstellung, die drei Instanzen seien drei kleine Männchen in unseren Köpfen, die miteinander um die Kontrolle der psychischen Energie ringen. Das wäre eine ebenso falsche Interpretation wie die Vorstellung, es handele sich um anatomisch oder physiologisch bestimmbare Hirnstrukturen. Es handelt sich vielmehr um theoretische Begriffe, die Freud einführte, um bestimmte beobachtbare Phänomene zu erklären, z.B. Erinnerungsblockaden, Versprecher im Alltag oder bestimmte pathologische Symptome.

Das Seelenleben finde auf drei Ebenen statt:
- unbewusste,
- vorbewusste,
- bewusste Ebene.

Auf der bewussten Ebene fänden sich Inhalte des momentanen Bewusstseins, z.B. Wahrnehmungen, Empfindungen, Gefühle, Gedanken, Vorstellungen und Erinnerungen. Auf der vorbewussten Ebene fänden sich prinzipiell dieselben Inhalte, nur dass ihre Stärke nicht ausreiche, das Bewusstsein zu erreichen. Wenn man z. B. versuche, sich an einen Namen zu erinnern und er »auf der Zunge liegt«, man ihn aber nicht nennen könne, sei die Erinnerung an den Namen vorbewusst. Inhalte des Unbewussten seien der bewussten Ebene auch bei großer Anstrengung nicht zugänglich. Die gesamten Inhalte und Aktivitäten des Es seien unbewusst, ebenso Teile des Über-Ich und des Ich. Andere Teile des Über-Ich und Ich seien vorbewusst oder bewusst.

Unbewusste Prozesse seien nicht einfach nichtbewusste Prozesse, sondern hätten eine eigene Qualität (»primärprozesshaftes Denken«; z.B. Verschmelzung von Orten, Zeitpunkten oder logischen Gegensätzen). Gegen unangenehme Wahrnehmungen, Gedanken und Erinnerungen, die auf Triebimpulsen des Es beruhen, könne sich das Ich wehren, indem es sie ins Unbewusste verdränge. Dort würden sie jedoch weiterhin motivational und affektiv wirksam sein. ◘ Abbildung 2.1 illustriert den Zusammenhang zwischen den drei psychischen Instanzen und den drei Ebenen des Seelenlebens.

Die drei psychischen Instanzen (das »Strukturmodell«) und die drei Bewusstseinsebenen (das »topographische Modell«) sind bis heute Kernannahmen aller psychoanalytischen Richtungen. Mit dem Aufkommen der Ich-Psychologie und der Objektbeziehungstheorien entstand die Frage, wo das Selbstbild und das Bild wichtiger Bezugspersonen anzusiedeln seien: Sollten diese als Komponenten des Ich betrachtet werden, des Über-Ich (das z. T. durch Internalisierung des Bildes der Eltern entstehe) oder des Es (weil sie Teile von Triebstrukturen seien)? Oder seien vielmehr Selbstbild und das Bild wichtiger Bezugspersonen Kompromisse aus Ich-, Es- und Über-Ich-Anteilen? Oder seien es eigenständige psychische Instanzen? Diese Kontroversen machen deutlich, dass der Begriff der psychischen Instanz keineswegs so klar ist, wie die Kontinuität seiner Benutzung in allen psychoanalytischen Richtungen nahezulegen scheint.

Zu den psychoanalytischen Kernannahmen wird meist auch Freuds Phasenlehre der Entwicklung gezählt. Wegen ihrer offenkundigen Schwächen wird sie heute zunehmend auch von Psychoanalytikern in wesentlichen Teilen abgelehnt. Sie wird im nächsten Abschnitt skizziert.

Das allgemeine Menschenbild des psychoanalytischen Paradigmas betont motivationale, affektive und irrationale Prozesse, die menschlichem Erleben und Verhalten zugrunde liegen. Rationale Prozesse des Denkens, Planens und Handelns werden wenig thematisiert. Wie Menschen beispielsweise systematisch Probleme lösen können, ist kein Thema der Psychoanalyse. Das ist aus der klinischen Orientierung der Psychoanalyse verständlich, stellt aber eine wesentliche Einschränkung des Anwendungsbereichs der Psychoanalyse dar.

Zudem wurden von Freud an bis heute sexuelle und aggressive Motive überbetont und andere wie z. B. Neugier oder das Kompetenzmotiv (das Streben nach Vervollkommnung der eigenen Fähigkeiten um ihrer selbst willen) vernachlässigt. Das dürfte wohl darauf zurückzuführen sein, dass sexuelle und aggressive Impulse sozial besonders konfliktträchtig sind, deshalb besonders häufig in pathologischen Störungen eine Rolle spielen und von daher in den primär klinischen Beobachtungen der Psychoanalytiker überrepräsentiert sind. Zusammen mit der Überbetonung irrationaler Prozesse ergibt sich ein verzerrtes Menschenbild, das dem heutigen Wissen über die irrationalen und rationalen Seiten menschlichen Erlebens und Verhaltens nicht entspricht.

> **! Merke**
> Das allgemeine Menschenbild des psychoanalytischen Paradigmas überbetont aufgrund seiner klinischen Orientierung irrationale auf Kosten rationaler Prozesse und sexuelle und aggressive Motive auf Kosten anderer Motive.

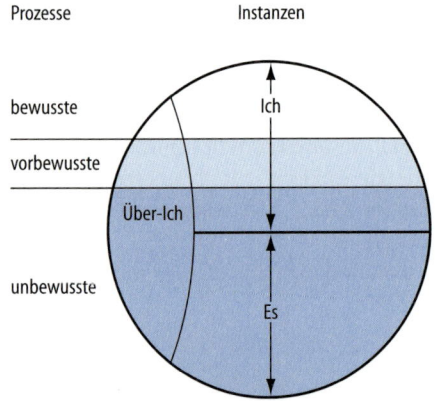

◘ Abb. 2.1. Beziehungen zwischen den drei psychischen Instanzen und den drei Ebenen psychischer Prozesse nach Freud

2.2.2 Persönlichkeitskonzept

Das alles hat allerdings noch nichts mit Persönlichkeitspsychologie zu tun; es handelt sich um Annahmen über motivationale Prozesse, die für alle Menschen in gleicher Weise gelten sollen. Diese motivationalen Prozesse stellen nach Freud aber gleichzeitig auch den Schlüssel zum Verständnis der Persönlichkeit dar. Die Stärke der Es-Ansprüche könne konstitutionell bedingt von Person zu Person unterschiedlich ausfallen, und die Stärke und Form der Ich-Funktionen und die Ansprüche des Über-Ich könnten erfahrungsbedingt variieren. Die resultierende typische Triebdynamik einer Person, ihr Charakter, sei damit eine gemeinsame Funktion von angeborener Konstitution und Erfahrung. Eine wichtige Konsequenz dieses Persönlichkeitskonzepts ist es, Motive, also individualtypische motivationale Tendenzen, nicht nur auf der bewussten Ebene zu suchen (durch Erfragen), sondern auch auf der unbewussten Ebene.

Was den Einfluss der Erfahrung auf die Persönlichkeitsentwicklung betrifft, nahm Freud an, dass es besonders die frühkindlichen Erfahrungen seien, die den späteren Charakter prägen. Nach Freud durchläuft jedes Kind drei Phasen der Entwicklung, die durch jeweils bevorzugte Körperzonen der Triebbefriedigung (»erogene Zonen«) gekennzeichnet seien:

- orale,
- anale,
- phallische Phase.

In der oralen Phase (1. Lebensjahr) finde die Triebbefriedigung vor allem mit Hilfe der Mundzone statt (Saugen, Beißen, Kauen). In der analen Phase (2. – 3. Lebensjahr) richteten sich die Triebimpulse vor allem auf den Anus. Lustvoll sei zunächst das Ausscheiden, später das Zurückhalten von Kot. In der phallischen Phase (3. – 5. Lebensjahr, von lat. Phallus = Penis) sei der Penis bzw. die Scheide die bevorzugte erogene Zone. Während der phallischen Phase richteten sich die Triebimpulse auf das gegengeschlechtliche Elternteil, verbunden mit Phantasien, es vollständig in Besitz zu nehmen. Das Kind liebe beide Elternteile und möchte von ihnen geliebt werden, befinde sich aber gleichzeitig in einer Rivalitätssituation zum gleichgeschlechtlichen Elternteil, was eine tiefgehende emotionale Ambivalenz diesem Elternteil gegenüber auslöse.

Bei Jungen löse die Rivalität mit dem Vater Angst vor Kastration durch den Vater aus. Den Konflikt zwischen Wunsch nach Besitznahme der Mutter und aggressiver Rivalität mit dem Vater bezeichnete Freud als Ödipuskonflikt (nach dem griechischen Mythos vom Königssohn Ödipus, der unwissentlich und unwillentlich seinen Vater erschlug und seine Mutter heiratete). Dieser Konflikt werde bewältigt, indem der Junge sich mit dem Vater identifiziere und seine Triebimpulse gegenüber der Mutter in Zärtlichkeit verwandle. Insbesondere übernehme er dabei die Wert- und Moralvorstellungen des Vaters.

Weniger interessierte sich Freud dafür, wie Mädchen die phallische Phase verarbeiteten. Sie hätten keine Kastrationsängste gegenüber der Mutter, sondern empfänden einen Penisneid und würden ihn der Mutter anlasten. Ein Wunsch nach Übernahme des väterlichen Penis werde später durch den Wunsch ersetzt, von ihm ein Kind zu bekommen. Gefördert werde die Zuwendung zum Vater durch Identifikation mit der Mutter und Angst vor Liebesentzug und Bestrafung durch die Mutter. Insbesondere übernehme das Mädchen dabei die Wert- und Moralvorstellungen der Mutter.

Der Charakter (die Persönlichkeit) eines Menschen werde entscheidend durch die individuelle Verarbeitung der drei frühkindlichen Entwicklungsphasen bestimmt. Ließen die Eltern in einer der drei Phasen eine zu große Triebbefriedigung zu oder schränkten sie diese zu sehr ein, komme es zu einer Fixierung der vorhandenen frühkindlichen Triebimpulse, die den Charakter fortan bestimmten.

Orale Fixierung resultiere beispielsweise in übermäßiger Abhängigkeit von anderen und übermäßigem Trinken, Essen oder Rauchen. Anale Fixierung führe zu einem zwanghaft ordentlichen, pedantischen und geizigen Charakter. Die Bedeutung der phallischen Phase für die Charakterentwicklung liege vor allem in der Verarbeitung des Ödipuskonflikts. Werde er nur unzureichend gelöst, resultiere ein Charakter, der durch einen »Ödipuskomplex« gekennzeichnet sei. Bei einer Überkompensation der Kastrationsangst resultierten Charakterzüge, die heutzutage als »machohaftes« Gehabe bezeichnet werden; übertriebenes Erfolgsstreben im Beruf sei eine Fortsetzung der frühen Rivalität zum Vater mit anderen Mitteln.

> **Merke**
>
> Freud glaubte, dass die frühkindliche Geschichte der Triebregulation in der oralen, analen und phallischen Phase den späteren Charakter forme. Ihm liege eine Sequenz *elterliches Verhalten* → *Fixierung* → *Charakter* zugrunde.

Diese Sicht der Charakterbildung leidet wie die meisten von Freuds Konzepten unter der fehlenden Operationalisierung zentraler Begriffe. Wie lässt sich die Stärke der Rivalität zum gleichgeschlechtlichen Elternteil, der sexuellen Triebimpulse gegenüber dem gegengeschlechtlichen Elternteil, der Kastrationsangst oder des Penisneides messen? Wie lässt sich nach Abschluss einer Entwicklungsphase entscheiden, ob eine Fixierung tatsächlich stattgefunden hat?

Neben der Charakterbildung durch Fixierung entwickelte Freud eine zweite Auffassung der Charakterentwicklung, die auf einer Theorie der Angstverarbeitung beruht. Danach entstehe Angst immer dann, wenn das Ich durch Reize überflutet werde, die es nicht mehr bewältigen könne. Bei Reizen aus der Umwelt, die subjektiv oder objektiv Gefahr anzeigen, resultiere »Realangst«. Könnten Triebimpulse des Es nicht ausreichend abgewehrt werden, entstehe »neurotische Angst«. Könne das Ich Ansprüchen des Über-Ich nicht genügen, handele es sich um »moralische Angst«. Die Angst signalisiere in jedem Fall eine Überforderung des Ich. Während Furcht immer ein spezifisches Objekt habe, das gefürchtet werde, sei Angst ein objektunabhängiges Alarmsignal.

Um mit der Angst fertig zu werden, wehre sich das Ich gegen die angstauslösenden Triebimpulse durch Abwehrmechanismen. Dem Ich ständen dafür vielfältige Formen der Abwehr zur Verfügung (Tabelle 2.1).

Die häufigste Form sei die Verdrängung, bei der die angsterregenden Impulse ins Unbewusste gedrängt würden. Dort würden sie jedoch weiter existieren und müssten durch weitere Abwehrmechanismen im Zaum gehalten werden. Bei Ich-Schwäche (z. B. durch Alkoholisierung oder im Schlaf) würden sie wieder ins Bewusstsein drängen. Deshalb seien Träume oder Reaktionen unter Drogen informativ über die ins Unbewusste verdrängten Triebimpulse. Aber auch bei vollständiger Verdrängung könnten sich verdrängte Impulse indirekt zeigen in Form von Versprechern, neurotischen oder somatischen Symptomen.

Bei der Projektion würden die angsterregenden Impulse anderen Personen unterstellt (auf sie »projiziert«). Zum Beispiel könnten aggressive Impulse dadurch abgewehrt werden, dass das Verhalten anderer als feindselig interpretiert werde (wodurch eigene aggressive Tendenzen wiederum gerechtfertigt würden).

Bei der Verschiebung würden die angsterregenden Impulse auf andere Objekte der Triebbefriedigung verschoben. Zum Beispiel könnten aggressive Impulse gegenüber dem Chef dadurch abgewehrt werden, dass sie zu Hause gegen die Ehefrau gewendet würden.

 Tabelle 2.1. Einige Abwehrmechanismen des Ich nach Sigmund Freud

Mechanismus	Wehrt ab	Durch
Verdrängung	Innere und äußere Reize	Verdrängung ins Unbewusste
Projektion	Innere Reize	Projektion eigener Triebimpulse auf andere
Verschiebung	Innere Reize	Verschiebung des Triebziels auf ein anderes Objekt
Reaktionsbildung	Innere Reize	Verkehrung ins Gegenteil
Verleugnung	Äußere Reize	Nicht wahrhaben wollen
Rationalisierung	Eigenes Verhalten	Umdeutung in akzeptables Verhalten
Sublimierung	Innere Reize	Befriedigung der Triebimpulse durch akzeptable Ersatzhandlungen
Regression	Trauma	Rückzug auf frühkindliche Stufe der Triebregulation

Bei der Reaktionsbildung würden die angsterregenden Impulse ins Gegenteil verkehrt, damit akzeptabel für das Ich und somit zugänglich für das Bewusstsein. Beispielsweise könne eine Mutter feindselige Impulse gegenüber ihrem Kind, die in Widerspruch zu ihrem Über-Ich stehen, durch Reaktionsbildung in überbehütendes Verhalten ummünzen.

Projektion, Verschiebung und Reaktionsbildung würden sich vor allem auf die Abwehr von neurotischer Angst beziehen. Die folgenden beiden Abwehrmechanismen würden primär zur Abwehr von Realangst eingesetzt.

Bei der Verleugnung würden reale Gefahren verleugnet. Ein Beispiel wäre eine Frau, die Knoten in ihrer Brust fühlt, aber nicht wahrhaben will, dass es sich um Krebs handeln könnte.

Bei der Rationalisierung werde inakzeptables eigenes Verhalten vor anderen oder sich selbst so umgedeutet, dass es akzeptabel erscheint. Ein Beispiel wäre ein Chef, der eine offensichtlich inkompetente, aber hochattraktive Mitarbeiterin einstellt und der Überzeugung ist, dass seine Wahl durch fachliche Gesichtspunkte begründet sei.

Schließlich würden manche Menschen bei einem Trauma (ein emotional extrem belastendes Ereignis wie z. B. der Tod eines nahen Angehörigen, Arbeitsplatzverlust, bleibende körperliche Behinderung) mit Regression reagieren. Darunter verstand Freud den Rückzug auf eine frühkindliche Entwicklungsstufe, erkennbar an entsprechendem unreifen Verhalten. Oft finde der Rückzug auf diejenige Entwicklungsphase statt, auf der eine Fixierung stattgefunden habe (s. oben). Ein Beispiel ist ein Erwachsener, der nach der Trennung von seiner Frau wieder zu rauchen anfängt, obwohl er vorher damit aufgehört hatte.

Neben diesen acht Abwehrmechanismen werden in der psychoanalytischen Literatur noch weitere diskutiert (vgl. z. B. Zimbardo & Gerrig, 1999, ◘ Tabelle 11.4). Entscheidend für die Frage nach der Charakterbildung ist Freuds Annahme, dass sich im Verlauf der Ich-Entwicklung individualtypische Bevorzugungen bestimmter Abwehrmechanismen herausbilden würden. Es gebe also z. B. typische Verdränger, Projizierer oder Verleugner. Damit sei der Charakter doppelt bestimmt: durch eine eventuelle Fixierung auf eine der drei frühkindlichen Entwicklungsphasen und die typischen Abwehrmechanismen, die das Ich bei Gefahr von innen bzw. außen bevorzugt einsetze.

Diese Auffassung der Charakterentwicklung leidet unter einer mangelhaften empirischen Verankerung der zentralen Begriffe. So plausibel es auch ist, dass es Abwehrmechanismen gibt: Unklar bleibt, nach welchem Kriterium entschieden werden soll, ob ein beobachtetes Verhalten auf Abwehr beruht oder nicht. Wenn jemand in einer Situation, die bei vielen Menschen Angst hervorruft (z. B. eine Stegreifrede vor einem unbekannten Publikum halten) über keine Angst berichtet, so könnte es sich um Nichtängstlichkeit aufgrund einer ausgeprägten Selbstsicherheit handeln oder aber um Angstverdrängung. Wie kann zwischen diesen beiden Alternativen entschieden werden?

Psychoanalytiker begegnen diesem Einwand meist mit der Erwiderung, dass sie durchaus in der Lage seien, Abwehrmechanismen im Verhalten zu erkennen. Dies gelänge aber nicht alleine aus der Beobachtung des Verhaltens im aktuellen Kontext, sondern erfordere den Einbezug vielfältiger Informationen über vergangenes Erleben und Verhalten der betreffenden Person, bis hin zur Triebdynamik in ihrer frühen Kindheit. Genaue Regeln, unter welchen Bedingungen welche Abwehrform diagnostiziert werden kann, gibt es aber in der psychoanalytischen Literatur nicht.

Kritisch für die Anwendbarkeit des Abwehrbegriffs auf die Charakterentwicklung ist vor allem das Fehlen von Kriterien dafür, warum verschiedene Menschen in derselben Situation unterschiedliche Abwehrmechanismen bevorzugen. Der spezielle Abwehrtyp kann bestenfalls diagnostiziert, nicht aber aus bestimmten Entwicklungsbedingungen vorhergesagt werden. Hier ist eine Lücke in Freuds Theorie, die auch seine Nachfolger bis heute nicht füllen konnten. »Unter der Lupe« fasst Freuds Persönlichkeitskonzept noch einmal zusammen.

Unter der Lupe

Freuds Persönlichkeitskonzept

Freud verstand unter dem Charakter die individualtypische Ausformung der weitgehend unbewusst ablaufenden Triebdynamik. Sie sei durch die frühkindliche Geschichte der Triebdynamik bestimmt. Bei zu starker Verwöhnung oder zu starker Einschränkung durch die Eltern in der oralen, analen oder phallischen Phase würden die frühkindlichen Triebimpulse fixiert und so die weitere Triebregulation prägen. Im Verlauf der Ich-Entwicklung würden sich individualtypische Abwehrmechanismen gegenüber inneren bzw. äußeren Gefahrreizen herausbilden. Fixierungen und Abwehrformen prägten gemeinsam den Charakter, der ab dem Ende der phallischen Phase weitgehend konstant sei.

Während das Konzept der Abwehrmechanismen zum Kernbestand aller psychoanalytischen Richtungen gehört, nehmen neuere Strömungen Abstand von Teilen der Phasenlehre, da diese sich als unhaltbar erwiesen hat – meist allerdings, ohne dabei das Konzept des Ödipuskonfliktes aufzugeben. Betont wird nun die Entwicklung des Selbstbildes und Selbstwertgefühls und des Bildes wichtiger Bezugspersonen und enger Beziehungen. Neben die Libido wird das Motiv nach Verbundenheit mit anderen Menschen gestellt (und z. T. für zentraler erklärt). Der spätere Charakter und die späteren sozialen Beziehungen werden auf eine Internalisierung früher Objektbeziehungen zurückzuführen versucht (ein ganz anderer Internalisierungsbegriff als bei Freud). Dabei besteht meist in dem Punkt Einigkeit mit Freud, dass es frühkindliche Erfahrungen mit den Eltern seien, die die weitere Charakterentwicklung prägten. Strittig ist dabei innerhalb der Psychoanalyse vor allem, ob diese neueren Auffassungen Freuds Annahmen ersetzen oder ergänzen sollen (während die Gültigkeit der Annahme, dass frühe Objektbeziehungen einen starken Einfluss auf die Persönlichkeits- und Beziehungsentwicklung haben, fast nie problematisiert wird; vgl. dazu Abschn. 5.4).

> **Merke**
> Neuere psychoanalytische Persönlichkeitskonzepte betonen die Rolle früher Objektbeziehungen für die Entwicklung der Persönlichkeit und der sozialen Beziehungen.

2.2.3 Methodik

Wie kamen Freud und seine Nachfolger zu ihren Persönlichkeitskonzepten? Untersuchten sie Kinder von der frühen Kindheit an und beobachteten dann viele Jahre später, was aus ihnen als Erwachsene geworden war? Keineswegs. Freud selbst arbeitete so gut wie gar nicht mit Kindern; dafür wäre seine Methodik auch gar nicht geeignet gewesen. Sie bestand im Kern aus dem Versuch, erwachsene Patienten durch freies Assoziieren dazu zu bringen, unbewusste Triebimpulse verbal zu äußern. Dazu sollte sich der Patient auf eine Couch legen und über ein problematisches Thema, einschließlich Träume und Kindheitserinnerungen, möglichst spontan reden. Freud saß neben der Couch, unsichtbar für den Patienten, und versuchte, aus dem Redefluss oder auch aus dem Stocken des Redeflusses an bestimmten Stellen Rückschlüsse auf unbewusste Prozesse des Patienten zu ziehen.

Die empirischen Daten, die Freud benutzte, um die aktuelle Triebdynamik von Patienten und deren Geschichte seit der frühesten Kindheit zu rekonstruieren, bestanden also primär aus den freien Assoziationen dieser Patienten in Therapiesitzungen (Freud deutete darüber hinaus auch faktische Erlebnisse und schriftlich niedergelegte Gedanken seiner Patienten). Er deutete dieses Material im Rahmen seiner theoretischen Annahmen und bot diese Interpretationen von Zeit zu Zeit an. Akzeptierte der Patient die Deutung nicht, vor allem nicht gefühlsmäßig, interpretierte Freud diesen »Widerstand« als Abwehr des Ich gegenüber unangenehmen Aspekten der Interpretation, was ihn darin bestätigte, an einen kritischen Punkt gekommen zu sein. Bei erfolgreichem Durcharbeiten dieser kritischen Punkte im Verlauf der Analyse akzeptierte der Patient die Interpretationen nicht nur rational, sondern auch emotional, und auch beim Analytiker stellte sich nicht nur rational, sondern auch gefühlsmäßig die Überzeugung ein, Einsicht in die tatsächlichen unbewussten Beweggründe des bewussten Erlebens und Handelns des Patienten gewonnen zu haben. Diesen Therapieerfolg hielt Freud dann für eine Bestätigung der Theorie, auf der seine Interpretationen beruhten.

Diese klassische psychoanalytische Methodik ist aus Sicht der empirischen Wissenschaften aus mehreren Gründen inakzeptabel (vgl. vor allem Grünbaum, 1988). Der kritischste Punkt ist die Gefahr der Immunisierung der theoretischen Konzepte der Analytiker gegenüber den empirischen Daten aus der Analyse. Akzeptiert der Patient die Deutung, betrachten Analytiker dies als Bestätigung der Deutung und damit auch der Theorie. Akzeptiert der Patient die Deutung nicht, neigen Analytiker dazu, dies als Widerstand aufzufassen und nach unbewussten Prozessen zu suchen, die den Widerstand hervorrufen. Das gewaltige Instrumentarium der Abwehrmechanismen und die nahezu beliebige Interpretation des symbolischen Gehalts von Aussagen erlauben es, nahezu jede beliebige Äußerung des Patienten, aber auch ihr Gegenteil, auf passende unbewusste Triebimpulse zurückzuführen.

Das fördert die Analytiker in dem Glauben, recht zu haben, und verstärkt wegen ihrer Autorität als Experten suggestive Wirkungen auf die Patienten, die sich im Laufe der Therapie schon deswegen immer konformer mit den Erwartungen der Analytiker verhalten. Diesen Erfolg verbuchen die Analytiker für sich und ihre Theorie. Der Erfolg ist aber möglicherweise nur eine scheinbare Bestätigung der Theorie, denn er könnte auf einer selbsterfüllenden Prophezeiung beruhen: Was prophezeit wird (die Theorie), wird fast immer bestätigt, weil sich fast alles und damit auch sein Gegenteil in einer für Analytiker und Patienten letztendlich akzeptablen Weise deuten lässt.

Hier gibt es eine klare Parallele zwischen Alltagspsychologie und Psychoanalyse: Beide sind sehr erklärungsmächtig. Das ist aber, wie schon in Abschn. 1.4 erläutert wurde, nicht unbedingt ein Qualitätsmerkmal einer Theorie; auch unklare Begriffsbildung und mangelnde empirische Verankerung können über widersprüchliche Aussagen die Erklärungsmächtigkeit einer Theorie fördern.

Kritisch ist deshalb das Kriterium der Vorhersagbarkeit. Schon Freud erkannte, dass seine Methode erheblich besser zur Erklärung als zur Vorhersage geeignet ist – eine Tatsache, die von Psychoanalytikern durchweg anerkannt wird. Begründet wird dies von ihnen durch die Komplexität des Gegenstandes. Die deutlich bessere Erklärbarkeit könnte aber auch Ausdruck einer unscharfen oder faktisch falschen Theorie sein, die sich dennoch hält, weil sie aufgrund ihrer Methodik gegen Widerlegung immunisiert ist.

> **Merke**
> Die klassische psychoanalytische Methodik ist aufgrund ihrer suggestiven Wirkungen auf Patient und Therapeut in Gefahr, selbsterfüllende Prophezeiungen zu produzieren und ist von daher nicht akzeptabel als Methodik einer empirischen Wissenschaft.

Freud war sich dieses Problems der Scheinbestätigung von Deutungen durch suggestive Wirkungen auf den Patienten schon früh bewusst. Seine Lösung des Problems bestand in der folgenden Argumentation (vgl. Grünbaum, 1988):
- Neurosen ließen sich nur durch Bewusstmachen der ihnen zugrundeliegenden unbewussten Konflikte dauerhaft beseitigen;
- nur die psychoanalytische Methode sei in der Lage, Patienten unbewusste Konflikte bewusst zu machen;
- insofern sei jeder Therapieerfolg eine Bestätigung, dass die Deutungen der Therapie korrekt gewesen seien.

Der Schluss von (1) und (2) auf (3) ist zwar korrekt, aber seine Voraussetzung ist falsch, weil es Spontanremissionen von Neurosen gibt, d.h. Heilung ohne jede Psychotherapie, geschweige denn Psychoanalyse. Dies wird heute von niemandem mehr ernsthaft bestritten, und Freud selbst anerkannte in späteren Jahren die Rolle von Spontanremissionen. Damit kann aber ein Therapieerfolg nicht mehr als Bestätigung korrekter Deutungen gewertet werden. Dass damit seine ganze Argumentation zur Verteidigung der psychoanalytischen Methode der Theoriebestätigung zusammenbrach, hat Freud aber in seinen Schriften nie thematisiert – er selbst hätte dies wohl als Verleugnung interpretiert.

Ein weiterer, speziell für die Frage nach der Charakterbildung kritischer Punkt ist die methodenbedingte Beschränkung auf Erwachsene. Die frühe Kindheit wird aus den Erinnerungen Erwachsener an diese Kindheit rekonstruiert. Diese Erinnerungen können aber durch Erlebnisse nach der phallischen Phase unabsichtlich verfälscht sein. Empirische Untersuchungen zur Verfälschung der Erinnerung an frühere Ereignisse durch Erwartungen, was früher wohl passiert war, nachfolgende Erlebnisse und suggestive Fragen anderer haben überzeugend zeigen können, dass Erinnerungen weit von der Realität entfernt sein können (vgl. Bjorklund, 2000). Damit sind die aus psychoanalytischen Sitzungen rekonstruierten Daten über die Kindheit äußerst zweifelhaft.

> **Merke**
> Die klassische psychoanalytische Methodik der Persönlichkeitserklärung beruht auf Erinnerungen von Erwachsenen an Kindheitserlebnisse; dies ist wegen der bekannten Erinnerungsfehler inakzeptabel als Methodik einer empirischen Wissenschaft.

Eher untergeordnet ist ein dritter Kritikpunkt zu sehen: die weitgehende Beschränkung auf neurotische Patienten. Charakterunterschiede bei neurotischen Patienten sind möglicherweise nur ein Teil der Charakterunterschiede in der gesamten Population. Von daher dürften die Daten verzerrt sein (z.B. Überrepräsentation konflikthafter Motive).

Auch wenn die klassische Psychoanalyse (definiert durch die klassische psychoanalytische Methodik der Theorienprüfung) empirische Daten nutzt, genügt ihre Methodik nicht den in Abschn. 1.4 dargelegten Kriterien einer empirischen Wissenschaft:

> **Merke**
> Die klassische Psychoanalyse ist aus methodischen Gründen keine empirische Wissenschaft.

In den letzten Jahren gibt es vielfältige Versuche, die psychoanalytische Methodik zu erweitern, indem Therapeut-Patient-Interaktionen, aber auch normale soziale Interaktionen, vor allem zwischen Müttern und ihren Kindern, systematisch beobachtet werden und diese Daten psychoanalytisch interpretiert werden, wobei zunehmend Wert auf die empirische Sicherung der Übereinstimmung der Interpretationen unabhängig arbeitender Beobachter gelegt wird. Hier nähert sich die Verfahrensweise der erfahrungswissenschaftlichen Methodik an.

2.2.4 Empirische Bewährung

Auch wenn die klassische psychoanalytische Methodik aus den genannten Gründen inakzeptabel für die empirische Persönlichkeitspsychologie ist, ist nicht auszuschließen, dass Freud und seine Nachfolger trotz inadäquater Methodik tatsächlich vorhandene Phänomene und Gesetzmäßigkeiten erkannt haben, die sich mit adäquater Methodik empirisch bestätigen lassen. Mehrere Jahrzehnte lang bemühten sich deshalb Forscher, zunächst aus Freuds Gedankengebäude Aussagen abzuleiten, die sich mit den Methoden der empirischen Wissenschaften überprüfen lassen (vgl. z. B. Eysenck & Wilson, 1973; Fisher & Greenberg, 1977; Kiener, 1978; Kline, 1981; Masling, 1983).

Was persönlichkeitspsychologisch relevante Anteile der klassischen Psychoanalyse betraf, so gingen diese Überprüfungsversuche fast immer negativ aus, und zwar in zweierlei Hinsicht. Entweder war eine Überprüfung nicht sinnvoll möglich, weil die zu überprüfenden Konzepte zu schwammig definiert waren, um einer klaren Operationalisierung zugänglich zu sein (z. B. das Konzept der Libido). Oder eine Überprüfung war möglich, bestätigte aber nicht psychoanalytische Vermutungen. Hierzu gehört insbesondere Freuds Phasenlehre der frühkindlichen Entwicklung. Die primäre Bedeutung der oralen, analen und phallischen Stimulation in den entsprechenden Phasen ließ sich nicht nachweisen, und für den Ödipuskonflikt bei Jungen bzw. den entsprechenden Konflikt bei Mädchen gibt es keine überzeugende empirische Evidenz: Weder lässt sich durch Interviewverfahren eine besondere Häufung von berichteter Kastrationsangst bzw. Penisneid im entsprechenden Alter nachweisen, noch gibt es einen klaren Beleg dafür, dass diese Emotionen in diesem Alter auf unbewusster Ebene besonders häufig wären (vgl. Roos & Greve, 1996).

Wenn sich auch manche physiologische Reaktionen, die später im Dienste der Sexualität stehen, schon sehr früh beobachten lassen (z. B. begleiten Peniserektionen regelmäßig ein bestimmtes Schlafstadium [REM-Schlaf] schon bei Säuglingen), spielen Vorformen der sexuellen Motivation bei Kindern eine viel geringere Rolle, als Freud annahm (vgl. z. B. Martinson, 1980). Theorien der Identifikation mit dem gleichgeschlechtlichen Elternteil sind unhaltbar, denn würden sie zutreffen, müssten Söhne ihrem Vater in ihrer Persönlichkeit (z. B. Werthaltungen) ähnlicher sein als ihrer Mutter, und Töchter ihrer Mutter ähnlicher sein als ihrem Vater; das ist aber nicht der Fall (vgl. Abschn. 7.5.1).

Da Freuds Auffassung von der Charakterentwicklung auf durchweg falschen entwicklungspsychologischen Annahmen beruhte, ist es nicht erstaunlich, dass auch Überprüfungsversuche der nach Freud zu erwartenden Charakterkonsequenzen bestimmter Entwicklungsbedingungen fehlschlugen (vgl. Eschenröder, 1984). Zum Beispiel sollten nach psychoanalytischer Auffassung Kinder mit ausgeprägten Lippen-, Kiefer- oder Gaumenspalten, die nicht saugen konnten, weil sie ihre Mundhöhle wegen des Spalts nicht luftdicht verschließen konnten, schwere orale Frustrationen erleiden und später entsprechend gestört sein. Das ließ sich nicht bestätigen (vgl. Hartmann et al., 1972).

Weiterhin sollten Erwachsene, die als Kinder einer besonders strengen Sauberkeitserziehung ausgesetzt waren, die entsprechenden Züge des analen Charakters zeigen (Ordnungsliebe, Sparsamkeit und Eigensinn); auch das ließ sich nicht bestätigen (vgl. Fisher & Greenberg, 1977; Kline, 1981). Insgesamt ist die Befundlage der empirischen Prüfungen von Freuds Annahmen über die Charakterentwicklung durchweg negativ. Keine der postulierten Beziehungen zwischen Bedingungen frühkindlicher Fixierungen und späterem Charakter konnten eindeutig empirisch bestätigt werden.

> **Merke**
>
> **Freuds Auffassung der Charakterformung als Konsequenz der frühkindlichen Triebregulation erwies sich entweder als empirisch nicht prüfbar oder kann in den zentralen Annahmen als widerlegt gelten. Deshalb spielt sie in der heutigen empirischen Persönlichkeitspsychologie keine Rolle mehr.**

Als fruchtbarer für die empirische Persönlichkeitspsychologie hat sich dagegen Freuds Konzept unbewusster Prozesse und Abwehrmechanismen erwiesen. Inzwischen kann kein Zweifel mehr daran bestehen, dass der weitaus größte Teil der menschlichen Informationsverarbeitung faktisch unterhalb der Bewusstseinsschwelle verläuft und auch bei größter willentlicher Anstrengung nicht ins Bewusstsein geholt werden kann (vgl. Greenwald, 1992). Nicht die Existenz unbewusster Prozesse ist heutzutage erklärungsbedürftig, sondern umgekehrt ist es eines der größten ungeklärten Probleme der Psychologie und der Neurowissenschaft, unter welchen Umständen welche Prozesse und Inhalte auf welche Weise überhaupt bewusst werden (vgl. Abschn. 2.5.1). Das gilt insbesondere für motivationale Prozesse.

Abwehrmechanismen werden nach Freud sowohl gegenüber äußeren als auch gegenüber inneren bedrohlichen Reizen angewendet, und zumindest im Erwachsenenalter sollten sich Menschen nach ihren typischen Abwehrstilen unterscheiden lassen. Tatsächlich unterscheiden sich Erwachsene deutlich und in recht stabiler Weise in ihrem Umgang mit bestimmten äußeren Bedrohungen, wobei sich die von Freud postulierten Abwehrmechanismen weitgehend wiederfinden lassen. Die Bewältigung äußerer Belastungen ist inzwischen ein bedeutendes Gebiet der empirischen Persönlichkeitsforschung geworden (vgl. Abschn. 4.5.3).

Freud selbst interessierte sich jedoch mehr für den Umgang mit inneren Bedrohungen – inakzeptablen Gedanken, Erinnerungen, Phantasien oder Handlungsimpulsen, die aus dem Es ins Bewusstsein drängten. Diese Art der Abwehr ist empirisch viel schwerer zu untersuchen, weil die Es-Inhalte, die die Abwehr auslösen sollten, im Gegensatz zu äußeren Bedrohungen nicht beobachtbar sind. Es gibt aber einige empirische Hinweise darauf, dass Abwehr innerer Bedrohungen tatsächlich stattfindet und dass sich Menschen im bevorzugten Abwehrstil inneren Bedrohungen gegenüber unterscheiden. Dies wird im folgenden exemplarisch am Beispiel der Verdrängung erläutert.

Nach Freud ist die Verdrängung ein Abwehrmechanismus, der insbesondere gegenüber sozial unerwünschten sexuellen und aggressiven Triebimpulsen angewandt wird, die unvereinbar mit dem Über-Ich sind und daher vom Ich als inakzeptabel empfunden werden. Dies sollte vor allem für Menschen gelten, die danach streben, ein idealisiertes Selbstbild als »Mensch ohne Fehl und Tadel« vor anderen und vor sich selbst aufrecht zu erhalten, um Ablehnung durch andere zu vermeiden. Sozial unerwünschte sexuelle und aggressive Impulse sind sehr bedrohlich für solche Menschen und sollten deshalb von ihnen abgewehrt werden, u.a. durch Verdrängung. Bei erfolgreicher Verdrängung sollten diese Menschen in Situationen, in denen sie Gefahr laufen, sich entgegen ihrem perfektionistischen Selbstbild zu verhalten, auf unbewusster Ebene in Konflikte geraten, bewusst aber keine Angst verspüren.

Weinberger et al. (1979) überprüften diese auf Freuds Annahmen beruhende Vorhersage empirisch. Zur Identifizierung von Menschen mit einem sozial erwünschten idealisierten Selbstbild verwendeten sie einen Fragebogen, die Soziale Erwünschtheitsskala (Social Desirability Scale; SDS) von Crowne und Marlowe (1964). Sie besteht aus einer Vielzahl von Fragen, die mit ja oder nein zu beantworten sind. Die Fragen beziehen sich entweder auf sozial erwünschtes, aber gänzlich unwahrscheinliches Verhalten (z.B. »Ich habe niemals mit Absicht etwas gesagt, was die Gefühle des anderen verletzen könnte«) oder auf sozial unerwünschtes, aber sehr wahrscheinliches Verhalten (z.B. »Ich bin manchmal ärgerlich, wenn ich meinen Willen nicht bekomme«). Je öfter die Fragen des ersten Typs bejaht und die Fragen des zweiten Typs verneint werden, desto stärker sollte die Tendenz zu einem sozial erwünschten, idealisierten Selbstbild sein.

Wie zahlreiche Experimente zeigten, streben Menschen mit hohen SDS-Werten eher danach, soziale Ablehnung zu vermeiden, als danach, soziale Anerkennung zu gewinnen (vgl. Millham & Jacobson, 1978). Zum Beispiel mogeln Personen mit hohen Werten im SDS eher als Menschen mit niedrigen SDS-Werten, um eine negative Bewertung anderer zu vermeiden, aber sie mogeln nicht stärker, wenn es darum geht, positive Anerkennung zu gewinnen.

Weinberger et al. (1979) vermuteten deshalb, dass Personen mit hohen Werten im SDS, die sich außerdem in einer Ängstlichkeitsskala als wenig ängstlich schildern (Represser), zur Verdrängung (englisch: repression) innerer Bedrohungen neigen, während Personen, die sich als wenig ängstlich schildern und niedrige Werte in der SDS haben (Niedrigängstliche), nicht zu einer solchen Verdrängung neigen. Zur weiteren Kontrolle verglichen die Autoren zudem beide Gruppen mit Personen, die sich hochängstlich schilderten und niedrige SDS-Werte hatten (Hochängstliche); vgl. ▫ Abb. 2.2 für die Operationalisierung der drei Versuchsgruppen. Selbstbeurteilte Ängstlichkeit operationalisierten Weinberger et al. (1979) durch einen klassischen Ängstlichkeitsfragebogen, die MAS (Manifest Anxiety Scale; Taylor, 1953).

Zur Überprüfung ihrer Hypothese, dass Represser innere Bedrohungen verdrängen, brachten Weinberger et al. (1979) alle Versuchspersonen in eine Situation, die eine solche Bedrohung potentiell hervorruft. Die

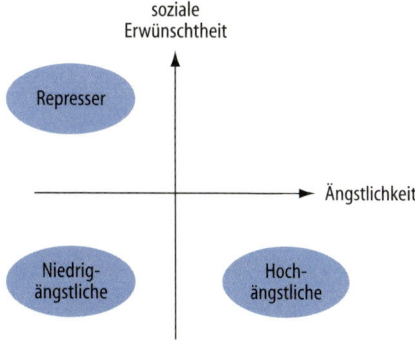

▫ Abb. 2.2. Operationalisierung von Repressern, Niedrigängstlichen und Hochängstlichen durch Werte in der SDS (Social Desirability Scale) und MAS (Manifest Anxiety Scale)

Versuchspersonen sollten auf Sätze mit teilweise sozial unerwünschtem sexuellem oder aggressivem Inhalt so schnell wie möglich mit dem ersten Satz antworten, der ihnen in den Sinn kam (»Satzassoziationstest«). Gemessen wurde bei jedem Satz u. a. die Reaktionszeit bis zur Antwort und die Erhöhung der Herzrate gegenüber einer neutralen Ruhebedingung (aufgefasst als Maße des inneren Konflikts). Wie erwartet reagierten die Represser in beiden Maßen stärker als die Niedrigängstlichen und mindestens so stark wie die Hochängstlichen, gaben aber nach dem Experiment an, weniger Angst gehabt zu haben als Hoch- und Niedrigängstliche.

Asendorpf und Scherer (1983) konnten diese Ergebnisse replizieren und weiter präzisieren. Einerseits erfragten sie die Angst ihrer Versuchspersonen nicht nur nach, sondern auch vor dem Test, so dass sie den testspezifischen Anstieg der berichteten Angst erfassen konnten. Zweitens filmten sie ohne Wissen der Versuchspersonen deren Mimik und ließen diese Aufnahmen von Beurteilern bezüglich der gezeigten Angst einschätzen. ◘ Abbildung 2.3 zeigt die Veränderung der berichteten Angst, der Herzrate und der beurteilten mimischen Angst zwischen einer Ruhebedingung vor dem Test und dem Satzergänzungstest. Diese drei Konfliktindikatoren wurden in einem einheitlichen Maßstab ausgedrückt (z-Werte; vgl. genauer dazu Abschn. 2.4.3)

und können deshalb in ihrer Stärke direkt miteinander verglichen werden. Die Represser berichteten über den geringsten Angstanstieg, zeigten aber einen leicht überdurchschnittlichen Anstieg in der Herzrate und der mimischen Angst; Niedrigängstliche hatten den geringsten Anstieg in Herzrate und Mimik; und Hochängstliche hatten einen mindestens durchschnittlichen Anstieg in allen drei Konfliktindikatoren.

Die Experimente von Weinberger et al. (1979) und Asendorpf und Scherer (1983) belegen zunächst nur, dass Represser eine Diskrepanz zeigen zwischen niedriger berichteter Angst und spontanem, unkontrolliertem Verhalten, was auf einen innerpsychischen Konflikt hinweisen könnte. Niedrig- und Hochängstliche dagegen reagieren einheitlich schwach bzw. stark in spontanem und in kontrolliertem Verhalten. Weist das Verhalten der Represser tatsächlich auf eine Verdrängung des Konflikts hin? Nicht unbedingt, denn es kann nicht ausgeschlossen werden, dass Represser in diesen Experimenten zwar den Konflikt oder die hierdurch ausgelöste Angst wahrnahmen, dies aber einfach nicht zugeben wollten. In diesem Fall hätte gar keine Verdrängung stattgefunden, sondern eine bewusste Leugnung.

Nachfolgende Studien, die Represser, Niedrigängstliche und Hochängstliche genauso operationalisierten, unterstützen die Hypothese, dass Represser defensiv mit negativen selbstbezogenen Gefühlen umgehen. So fanden Davis (1987) und Davis und Schwartz (1987), dass Represser sich schlechter an angsterregende Erlebnisse erinnerten (nicht aber ein allgemein schlechtes Gedächtnis haben), und Newton und Contrada (1992) konnten zeigen, dass Represser besonders dann defensiv reagieren, wenn sie im Mittelpunkt der Aufmerksamkeit anderer stehen. Offen bleibt aber auch in diesen Studien, ob es sich tatsächlich um Verdrängung oder nur um bewusste Leugnung negativer Gefühle handelte. Ein eindeutiger Nachweis, dass Represser verdrängen, ist bis heute nicht geliefert worden, weil es sehr schwer ist, Verdrängung von bewusster Leugnung zu unterscheiden. Fest steht jedenfalls, dass Represser mit negativen Gefühlen und Situationen, die ihr idealisiertes Selbstbild bedrohen, defensiv umgehen.

Der Ansatz von Weinberger et al. (1979) wurde hier so ausführlich geschildert, um an einem Beispiel deutlich zu machen, dass die methodische Kritik am psychoanalytischen Paradigma nicht dazu verleiten darf, das Kind mit dem Bade auszuschütten und das ganze psychoanalytische Paradigma ad acta zu legen. Gerade die Theorie der Abwehr innerer Bedrohungen scheint es wert, viel

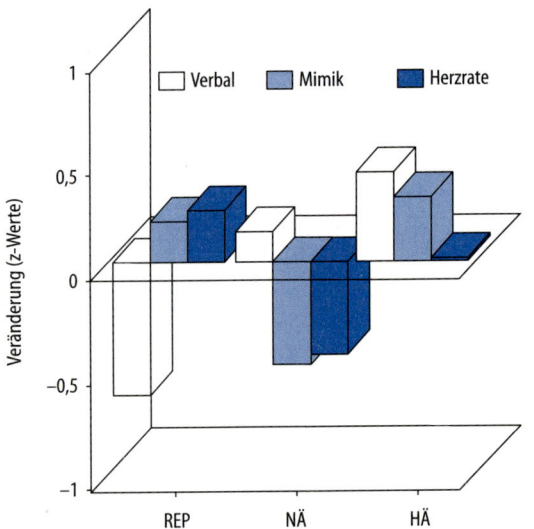

◘ Abb. 2.3. Veränderung verschiedener Konfliktindikatoren zwischen Ruhebedingung und Satzassoziationstest im Experiment von Asendorpf und Scherer (1983). *REP* Represser, *NÄ* Niedrigängstliche, *HÄ* Hochängstlich

genauer empirisch untersucht zu werden, als es bisher der Fall ist (vgl. auch Abschn. 4.5.4). Gleichzeitig illustriert das Beispiel aber auch die Schwierigkeiten, die sich bei einer empirischen Verankerung psychoanalytischer Konzepte ergeben.

Freuds Annahme unbewusster Motive hat zu einer umfangreichen empirischen Forschung zu Unterschieden zwischen unbewussten motivationalen Themen und bewusst repräsentierten motivationalen Tendenzen geführt, nachdem unbewusste Themen durch projektive Tests operationalisiert wurden (vgl. Abschn. 4.5.1). Freuds Konzept der Übertragung (emotionale Gleichsetzung des Therapeuten mit einer Bezugsperson des Patienten, z. B. dem Vater) wurde in der empirischen Sozialpsychologie aufgegriffen und inzwischen dort systematisch untersucht, wenn auch weitgehend entkleidet von seinen triebpsychologischen Komponenten (vgl. Andersen et al., 1995). Schließlich hat das Konzept, dass mentale Repräsentationen früher Objektbeziehungen die weitere Entwicklung der Persönlichkeit und Beziehungen beeinflussen, das ursprünglich im Rahmen der Objektbeziehungstheorien entwickelt wurde (vgl. Sandler & Rosenblatt, 1962), eine fruchtbare empirische Forschung zum Bindungsverhalten von der frühen Kindheit bis zum Erwachsenenalter angeregt, nachdem es gelang, Bindungsstile zu operationalisieren (vgl. Abschn. 5.4).

> **! Merke**
> Einige Konzepte des psychoanalytischen Paradigmas erwiesen sich als fruchtbar für die Persönlichkeitspsychologie – darunter das Konzept unbewusster Motive, der Abwehrmechanismen und der frühen Objektbeziehungen – nachdem es gelang, diese Konzepte ausreichend empirisch zu verankern.

Unerheblich für die empirische Bewährung der Psychoanalyse als Paradigma der Persönlichkeitspsychologie ist die Frage, ob die psychotherapeutische Technik der Psychoanalyse in empirischen Therapieerfolgsstudien Erfolge vorzuweisen hat oder nicht (Grawe et al., 1993). Therapieerfolge einer Behandlungstechnik, die auf einer bestimmten Theorie des menschlichen Erlebens und Verhaltens beruhen, könnten ja auf Behandlungskomponenten beruhen, die mit dieser Theorie gar nichts zu tun haben. Zum Beispiel könnten die psychoanalytischen Deutungen völlig falsch sein, die Tatsache aber, dass dem Patienten irgendeine plausible Deutung seiner Probleme offeriert wird oder dass ein eindrucksvolles Ritual über lange Zeit hin vollzogen wird, therapeutisch wirksam sein. Und selbst dann, wenn sich ein therapeutischer Effekt korrekter gegenüber inkorrekten Deutungen nachweisen ließe, würden dadurch bestenfalls klinisch relevante Annahmen der Psychoanalyse bestätigt, nicht aber ihre Annahmen über die in der Persönlichkeitspsychologie interessierenden nichtpathologischen individuellen Besonderheiten.

2.2.5 Bewertung

Das klassische psychoanalytische Paradigma ist von seiner Methodik her inakzeptabel für die empirische Persönlichkeitspsychologie. Viele seiner Grundbegriffe erwiesen sich als zu unscharf, um in empirischen Untersuchungen sinnvoll verwendet werden zu können, und Teile der Theorienbildung, z. B. die Phasenlehre der Entwicklung, sind empirisch unhaltbar. Andere Bestandteile des Paradigmas konnten empirisch verankert und dadurch für die empirische Persönlichkeitspsychologie fruchtbar gemacht werden. Insgesamt ist das psychoanalytische

> **Unter der Lupe**
> **Orthodoxie vs. Aufklärung**
> Freud antwortete auf Rosenzweigs Mitteilung, er habe das Verdrängungskonzept experimentell bestätigen können:
> »Ich habe Ihre experimentellen Arbeiten zur Prüfung psychoanalytischer Behauptungen mit Interesse zur Kenntnis genommen. Sehr hoch kann ich diese Bestätigungen nicht einschätzen, denn die Fülle sicherer Beobachtungen, auf denen jene Behauptungen ruhen, macht sie von der experimentellen Prüfung unabhängig. Immerhin, sie kann nicht schaden.«
> (zitiert nach Kiener, 1978, S. 1200)
> Brecht legte dem Galileo Galilei das klassische Credo des Naturwissenschaftlers in den Mund:
> »Ja, wir werden alles, alles noch einmal in Frage stellen. Und wir werden nicht mit Siebenmeilenstiefeln vorwärts gehen, sondern im Schneckentempo. Und was wir heute finden, werden wir morgen von der Tafel streichen und erst wieder anschreiben, wenn wir es noch einmal gefunden haben. Und was wir zu finden wünschen, das werden wir, gefunden, mit besonderem Misstrauen ansehen. ... *Mit einem Zwinkern*: Sollte uns dann aber jede andere Annahme als diese unter den Händen zerronnen sein, dann keine Gnade mehr mit denen, die nicht geforscht haben und doch reden.« (Brecht, 1967, S. 1311)

Paradigma deshalb als Paradigma – also als Einheit von Konzepten, Annahmen und Methoden – unbrauchbar für die empirische Persönlichkeitspsychologie, auch wenn sie Teile psychoanalytischen Gedankenguts heuristisch nutzen kann (d.h. hieraus Ideen für die Formulierung empirisch prüfbarer Hypothesen beziehen kann).

Aus dieser Bewertung darf nicht der Schluss gezogen werden, die Psychoanalyse (als psychologische Theorie) sei keine Wissenschaft. Es gibt z.B. den weiten Bereich der hermeneutischen (verstehenden) Wissenschaften (z.B. Literaturwissenschaften), die anderen Wissenschaftskriterien verpflichtet sind als die empirischen Wissenschaften. Ob die Psychoanalyse aber den Kriterien der hermeneutischen Wissenschaften genügt oder genügen sollte, lässt sich begründet bezweifeln (vgl. wieder Grünbaum, 1988). Auch würden sich viele Psychoanalytiker vehement gegen radikal-konstruktivistische Interpretationen der Psychoanalyse wehren, die in psychoanalytischen Interpretationen lediglich Konstruktionen einer fiktiven Realität von Therapeut und Patient sehen – Geschichten, auf die man sich geeinigt hat (vgl. Spence, 1982). Diese Kontroversen spielen hier aber keine Rolle, weil es um die Eignung der Psychoanalyse als Paradigma der empirischen Persönlichkeitspsychologie geht.

Überraschenderweise war Freud der Meinung, die Psychoanalyse sei eine Naturwissenschaft. Zumindest aber in seiner zweiten Lebenshälfte scheint er so überzeugt von den Grundzügen seiner Theorie gewesen zu sein, dass er nicht mehr wirklich nach der empirischen Bewährung seiner Thesen aufgrund unabhängiger Überprüfung durch andere fragte. Diese Haltung ist nicht nur bei Psychoanalytikern weit verbreitet; so soll ein in Ehren ergrauter, empirisch orientierter Psychologe auf die Mitteilung einer Mitarbeiterin, dass die Daten seiner Theorie völlig widersprechen, gesagt haben: »Umso schlimmer für die Wirklichkeit!«

Typisch für eine orthodoxe, selbstüberzeugte und von daher von vornherein gegen jede Kritik immunisierte Haltung ist Freuds Antwort auf einen Brief von Rosenzweig, der ihm schrieb, er habe Freuds Thesen zur Verdrängung experimentell erhärten können. »Unter der Lupe« kontrastiert Freuds Antwort mit dem klassischen Credo des Naturwissenschaftlers, das Bertolt Brecht dem Galileo Galilei in den Mund legte.

? Fragen

2.1 Welche Beziehungen bestehen nach Freud zwischen den drei psychischen Instanzen und den drei Bewusstseinsebenen?

2.2 Sind Es, Ich und Über-Ich Konstrukte im erfahrungswissenschaftlichen Sinn?

2.3 Welche Beziehungen bestehen nach Freud zwischen den drei frühkindlichen Entwicklungsstufen und dem Charakter von Erwachsenen?

2.4 Was wehren Abwehrmechanismen wie ab?

2.5 Ist die klassische psychoanalytische Methodik akzeptabel als Methode der Erfahrungswissenschaft?

2.6 Welche Bedeutung hat die Psychoanalyse für die heutige empirische Persönlichkeitspsychologie?

i Hinweise zur Beantwortung

2.1 s. Abb. 2.1

2.2 empirische Verankerung

2.3 Fixierung, an Beispiel erläutern

2.4 neurotische – moralische – Realangst, mindestens fünf Abwehrformen

2.5 selbsterfüllende Prophezeiung

2.6 unbewusste Motive, Abwehrstile (Beispiel), frühe Objektbeziehungen

Weiterführende Literatur

Eschenröder, C.T. (1984). *Hier irrte Freud*. München: Urban & Schwarzenberg.

Grünbaum, A. (1988). *Die Grundlagen der Psychoanalyse: Eine philosophische Kritik*. Stuttgart: Reclam. Vgl. auch Grünbaum, A. (1986). Précis of `The foundations of psychoanalysis: A philosophical critique'. *Behavioral and Brain Sciences, 9*, 217–284 (mit ausgiebigem Diskussionsteil).

Westen, D. & Gabbard, G.O. (1999). Psychoanalytic approaches to personality. In L.A. Pervin & O. John (Eds.), *Handbook of personality: Theory and research* (pp. 57–101). New York: Guilford.

2.3 Das behavioristische Paradigma

Die empirisch orientierte Psychologie zu Beginn des 20. Jahrhunderts verließ sich in vielen Bereichen auf die Introspektionsmethode: Hoch trainierte Experten versuchten, ihre Wahrnehmungen, Gefühle, Denkprozesse usw. in standardisierten Situationen möglichst detailliert verbal zu beschreiben. John B. Watson (1878-1958) kritisierte diese Methodik als zu spekulativ und forderte, die Psychologie solle sich auf die Analyse des Verhaltens (englisch: behavior) und der aktuellen Situation von Personen beschränken, so wie sie Beobachter dieser Personen direkt, d.h. ohne Zutun der beobachteten Personen, wahrnehmen können (Watson, 1913). Weder für psychoanalytisch gedeutete noch für introspektiv beschriebene innere psychische Prozesse war in diesem Ansatz Platz. Watson leugnete zwar nicht die Existenz solcher Prozesse, hielt ihre wissenschaftliche Untersuchung jedoch nicht für sinnvoll. Damit umriss Watson das Programm des Behaviorismus, der zwischen 1920 und 1970 die empirisch orientierte Psychologie in Nordamerika beherrschte.

2.3.1 Allgemeines Menschenbild

Nach behavioristischer Auffassung lässt sich das Verhalten von Menschen sinnvoll beschreiben und erklären, wenn aus dem kontinuierlichen Verhaltensstrom einer Person bestimmte Reaktionen abgegrenzt werden und deren Beziehung zu bestimmten Reizkonstellationen der Umwelt untersucht wird. Diese Reizkonstellationen bestehen aus zeitlichen Verhältnissen zwischen einzelnen Reizen (Objekten der Wahrnehmung). Behavioristische Ansätze werden deshalb auch als Reiz-Reaktions-Theorien bezeichnet. Sie suchen nach funktionalen Abhängigkeiten zwischen Reizen und Reaktionen.

Nach behavioristischer Auffassung kommt ein Neugeborenes sozusagen als unbeschriebenes Blatt zur Welt [ein Bild, das von dem englischen Philosophen John Locke (1632-1704) stammt]. Es sei nur ausgestattet mit ungerichteter Spontanaktivität sowie mit einigen Reflexen, die es ihm erlaubten, erfahrungsunabhängig auf Reize der Umwelt zu reagieren (z.B. Brustwarze – saugen). Nach und nach gerate das Verhalten dann aber unter den Einfluss der Reize aus der Umwelt; alle komplexeren Reaktionen auf Situationen seien deshalb erlernt.

Drei Lernmechanismen wurden dabei im Behaviorismus besonders ausführlich untersucht. Sie werden hier nur äußerst knapp geschildert, weil es sich dabei um Standardwissen der allgemeinen Psychologie handelt (vgl. z.B. Spada, 1992, Kap. 5). Iwan Pawlow (1849-1936) entdeckte in den 20er Jahren bei seinen Untersuchungen der Speichelsekretion von Hunden das Prinzip des klassischen Konditionierens. Hunde reagieren auf Futter (unkonditionierter Reiz) reflexartig mit der Sekretion von Speichel, die den Verdauungsprozess einleitet (unkonditionierte Reaktion). Ein neutraler Reiz wie z.B. ein Glockenton löst an sich noch keine Speichelsekretion aus. Wird jedoch eine Glocke unmittelbar vor dem Futter geläutet und dies mehrfach wiederholt, speichelt der so trainierte Hund anschließend bereits auf den Ton der Glocke hin, selbst wenn er kein Futter bekommt: Die Glocke ist zum konditionierten Reiz, das Speicheln zur konditionierten Reaktion geworden. Anschließende Studien zeigten, dass zahlreiche physiologische und emotionale Reaktionen auch beim Menschen klassisch konditionierbar sind.

Während Pawlow sich für Reaktionen als Konsequenz unmittelbar vorangehender Reize interessierte, untersuchte Burrhus Skinner (1904-1990) in den 30er Jahren Reaktionen als Konsequenz unmittelbar nachfolgender Reize (Skinner, 1938). In einem typischen Experiment zum operanten Konditionieren fällt immer dann Futter aus einer Klappe (Belohnung), wenn eine Ratte auf eine Taste drückt, oder es wird ihr ein unangenehmer elektrischer Schlag versetzt (Bestrafung), wenn sie einen markierten Teil des Versuchskäfigs aufsucht. Ratten, aber auch Menschen, lernen oft schnell, neues Verhalten bei entsprechender Belohnung zu zeigen bzw. altes Verhalten bei entsprechender Bestrafung zu unterlassen.

Ob ein bestimmter Reiz eine Belohnung oder eine Bestrafung für eine bestimmte Reaktion ist, lässt sich nach behavioristischer Auffassung nur aus seiner Wirkung auf die Reaktion erschließen. Denn sein Belohnungswert sei auch von der individuellen Lerngeschichte des Lernenden abhängig. Hier besteht die Gefahr eines Zirkelschlusses: Lernen beruht auf Belohnung; Belohnung hat stattgefunden, wenn erfolgreich gelernt wurde. Um diese Gefahr zu umgehen, müsse zunächst die Konstanz des Belohnungswertes eines Reizes über die Zeit oder verschiedene Reaktionen nachgewiesen werden; erst auf dieser Grundlage könnten dann Vorhersagen über die Reizwirkung gemacht werden.

Beim klassischen und operanten Konditionieren betreffen die Reize den Lernenden direkt. Bandura (1965) zeigte, dass manche Reaktionen auch durch stellvertretende Belohnung/Bestrafung erlernt werden können. Wenn z. B. Jungen einen aggressiv auftretenden Helden in einem Film sehen, reagieren sie nach dem Film aggressiver, wenn der Held für seine Aggressivität im Film belohnt wurde (z. B. als Rächer der Enterbten), als wenn der Held für seine Aggressivität im Film bestraft wurde (z. B. als Mörder entlarvt und verurteilt).

Lernen durch stellvertretende Belohnung/Bestrafung ist ein Spezialfall des Beobachtungslernens oder Nachahmungslernens, bei dem Reaktionen anderer durch Beobachtung erworben werden. Im Humanversuch ist es schwierig, hier einen eindeutigen Nachweis zu führen, weil ausgeschlossen werden muss, dass die nachgeahmte Reaktion schon einmal vorher gezeigt wurde. In Experimenten mit Tieren, die im Zoo aufgewachsen sind, lässt sich die Lerngeschichte vollständig kontrollieren und damit ein klarer Nachweis für Beobachtungslernen führen. Zum Beispiel fanden Mineka et al. (1984), dass im Zoo aufgewachsene Rhesusaffen auf Schlangen erst dann mit Angst reagierten, wenn sie ihre Eltern beobachten konnten, als diese mit Angst auf eine Schlange reagierten. Dann aber reichte meist bereits eine kurze Beobachtung des elterlichen Verhaltens, um dauerhaft Angst vor Schlangen zu erwerben.

Gemeinsam ist allen diesen lerntheoretischen Ansätzen die Annahme, dass letztlich die Reizbedingungen der Umwelt entscheiden, ob ein bestimmtes Verhalten erlernt wird oder nicht. Das Lernen folge dabei universellen, bereichsunspezifischen Lerngesetzen, die für alle Menschen (und viele Tierarten) in gleicher Weise gültig seien und die nur auf zeitlichen Beziehungen zwischen Reizen und Reaktionen beruhen, nicht aber auf den spezifischen Inhalten von Reiz und Reaktion. Speichel ließe sich also nicht nur auf einen Glokkenton, sondern auch auf einen Geruch oder das Bild eines Autos konditionieren, und auf einen Glockenton ließen sich nicht nur Speicheln, sondern auch ängstliche oder freudige Reaktionen konditionieren. Sei erst einmal der Belohnungswert eines Reizes etabliert, sollte er beim operanten Konditionieren beliebiger Reaktionen anwendbar sein. Die Kenntnis dieser Lerngesetze ermöglicht es nach behavioristischer Auffassung, menschliches Verhalten durch Schaffung entsprechender Umweltbedingungen beliebig zu manipulieren.

> **Merke**
> Nach behavioristischer Auffassung folgt menschliches Lernen drei universellen Lerngesetzen: dem klassischen und dem operanten Konditionieren und dem Nachahmungslernen.

2.3.2 Persönlichkeitskonzept

Individuelle Besonderheiten im Verhalten und im Belohnungswert bestimmter Reize sind damit nach behavioristischer Auffassung ausschließlich Resultat der individuellen Lerngeschichte. Wenn man die Reize kenne, denen ein Kind ausgesetzt war, könne man vorhersagen, welche Persönlichkeit es haben werde. Angst vor Hunden z. B. ist kein angeborener Reflex. Ob jemand später Hunden gegenüber mit Angst reagiert oder nicht, ist nach behavioristischer Sicht nur von der individuellen Erfahrung mit Hunden abhängig (einschließlich beobachteter Reaktionen von Mitmenschen Hunden gegenüber).

Diese Persönlichkeitsauffassung, nach der Personen vollständig Opfer ihrer Umwelt sind, ist ebenso schlicht wie weitreichend. Würde man nämlich alle Situationen kennen, in denen eine Person mit Hunden direkt oder indirekt konfrontiert war, könnte man eindeutig vorhersagen, ob diese Person im Erwachsenenalter Angst vor Hunden hat oder nicht. Mehr noch: Durch Schaffung entsprechender Umweltbedingungen könnte man in beliebiger Weise bei einem Menschen Hundeangst erzeugen oder auch beseitigen. Man müsste nur diese Umweltbedingungen genau kontrollieren und die Lerngesetze beachten. Persönlichkeitsentwicklung sei daher letztlich vollständig erklärbar, vorhersagbar und veränderbar (s. »Unter der Lupe«).

2.3.3 Methodik

Weil die behavioristischen Konzepte sich auf direkt Beobachtbares beziehen – Reize und Reaktionen – sind sie sehr leicht zu operationalisieren. Die hauptsächlich verwendete Methode ist das Lernexperiment, in dem bestimmte Reize gesetzt und ihre Konsequenzen auf Reaktionen beobachtet werden. Werden dabei zirkuläre Definitionen des Belohnungswertes von Reizen vermieden, sind Lerngesetze empirisch prüfbar.

Prüfbar ist auch die persönlichkeitspsychologisch wichtige Annahme, dass Lerneffekte das Lernexperiment überdauern und damit als Persönlichkeitsänderungen interpretiert werden können. Im Vergleich zu einer Kontrollgruppe, die das interessierende Verhalten nicht systematisch erlernt hat, sollte das von der Experimentalgruppe erlernte Verhalten auch noch lange nach Abschluss des Experiments leichter abrufbar sein. Ist das der Fall, ist eine Persönlichkeitsänderung im Verhalten erzeugt worden. Diese Prüfung ist deshalb unabdingbar, weil sehr viele im Labor erzeugte Lerneffekte nicht einmal über einige Wochen hinweg stabil bleiben.

> **Unter der Lupe**
> **Watsons Optimismus**
> Zu Beginn der behavioristischen Ära herrschte ein nahezu ungebrochener Optimismus, was die Kontrollierbarkeit (also die Therapierbarkeit und Manipulierbarkeit) der Persönlichkeitsentwicklung angeht: »Man gebe mir ein Dutzend gesunder Säuglinge und eine von mir gestaltete Umwelt, um sie aufzuziehen, und ich würde garantieren, dass ich jeden trainieren könnte zu jeder beliebigen Spezialität – Arzt, Anwalt, Künstler, Händler und, ja sogar Bettler und Dieb, unabhängig von seinen Talenten, Tendenzen, Fähigkeiten, Berufungen und der Rasse seiner Vorfahren. Ich gebe zu, dass ich hiermit mein faktisches Wissen überschreite, aber genau das tun auch die Vertreter der gegenteiligen Meinung seit vielen tausend Jahren.« (Watson, 1930, S. 104; eigene Übersetzung). Dieser Optimismus erschreckt uns heute, weil er die Missbrauchsmöglichkeiten nicht thematisiert. Er dürfte aber entscheidend zur Verbreitung des Behaviorismus in den fortschritts- und technologiegläubigen westlichen Kulturen in der ersten Hälfte des 20. Jahrhunderts beigetragen haben.

■ **Abb. 2.4.** Konditionierung des Experimentators durch die Ratte: »Boy, have I got this guy conditioned! Everytime I press the bar down he drops in a piece of food.« (Nach Skinner, 1956, Fig. 17)

Der Nachweis, dass sich tatsächlich einige mittelfristig stabile Persönlichkeitsunterschiede in Lernexperimenten erzeugen lassen, belegt jedoch noch nicht die weitergehende behavioristische Behauptung, dass faktisch vorhandene Persönlichkeitsunterschiede nach behavioristischen Lernprinzipien entstanden sind. Um das zu dokumentieren, ist es letztlich notwendig, die Lerngeschichte einer Person lückenlos zumindest ab der Geburt zu beobachten und alle Reiz-Reaktions-Beziehungen zumindest für eine umschriebene Klasse von Reaktionen zu analysieren. Das ist offensichtlich im Humanversuch praktisch undurchführbar und könnte höchstens im Tierversuch realisiert werden.

Ein strenger Nachweis, dass z.B. Unterschiede in menschlichen Angstreaktionen auf einer unterschiedlichen Lerngeschichte beruhen, konnte deshalb nicht geführt werden und wird wohl auch nie geführt werden können. Versuche, die Lerngeschichte durch Befragung der Betreffenden retrospektiv zu rekonstruieren, sind wegen Gedächtnisverzerrungen bei den Befragten äußerst problematisch (Bjorklund, 2000); hier besteht eine Parallele zur Rolle der Kindheitserinnerungen in der Psychoanalyse (vgl. Abschn. 2.2.3).

Eine weitere Schwäche der behavioristischen Methodik ist eher subtiler Natur. Behavioristische Experimente sind asymmetrisch angelegt: Der Experimentator kontrolliert die Umwelt des Lernenden. Dass das so ist, lässt sich aber letztlich behavioristisch gar nicht oder nur mit größten Verrenkungen begründen. Lernexperimente können nämlich behavioristisch auch so gedeutet werden, dass der Lernende den Experimentator kontrolliert: Wenn ich diese Taste drücke, gibt mir der Experimentator Futter. Wenn ich ihn regelmäßig durch mein Tastendrücken für das Futtergeben belohne, bringe ich ihn dazu zu lernen, wie er mir Futter gibt. Aus dieser Sicht hat hier die Ratte den Experimentator operant konditioniert, nicht umgekehrt (■ Abb. 2.4).

Diese Interpretation macht eine Schwäche der behavioristischen Methodik deutlich: Sie ist nicht in der Lage, die einfache Tatsache zu erfassen, dass der Experimentator schon vor Beginn des Experiments beabsichtigte, die Ratte für ihr Tastendrücken zu belohnen; die Ratte dagegen hatte eine solche Absicht sicherlich nicht, zumindest dann nicht, wenn sie zum ersten Mal an einem psychologischen Experiment teilnahm. Planvolles Handeln, das über die aktuelle Situation und deren Reizbedingungen hinausgeht, ist behavioristisch wenn überhaupt, dann nur sehr schwer abzubilden.

Die behavioristische Tradition, Lernsituationen asymmetrisch zu analysieren, legt im Falle alltäglicher sozialer Interaktionssituationen nahe, die dort ablaufenden wechselseitigen Belohnungen und Bestrafungen auf eine fatale Weise einseitig zu interpretieren. Dies sei hier am Beispiel der Mutter-Kind-Interaktion bei aggressiven Kindern deutlich gemacht. Die behavioristische Analyse setzte hier einseitig am Kind an, indem die Abhängigkeit der aggressiven Reaktionen des Kindes vom mütterlichen Erziehungsverhalten untersucht wurde. Gesucht wurde deshalb nach mütterlichen Verhaltensweisen, die aggressive Verhaltensweisen des Kindes belohnen oder bestrafen. Die Tatsache, dass kindliche Aggressivität oft gepaart mit einem rigide-einschränkenden Erziehungsstil der Mutter einhergeht, wurde so interpretiert, dass ein solcher Erziehungsstil Kinder aggressiv mache, d.h. dass rigide-einschränkendes Verhalten der Mutter spontan auftretendes aggressives Verhalten von Kindern verstärke. Dies musste aber eine Hypothese bleiben, weil der Lernprozess ja immer schon stattgefunden hatte.

Alternativ lässt sich die Paarung von kindlicher Aggressivität und rigide-einschränkendem Erziehungsstil der Mutter aber mindestens ebenso plausibel auf eine ganz andere Weise behavioristisch interpretieren: Aggressive Kinder belohnen durch ihr Verhalten rigide-einschränkendes Verhalten der Mutter – das Kind zwingt die Mutter zu einem solchen Erziehungsstil. Während der behavioristischen Ära wurde diese zweite Interpretation nie ernsthaft untersucht. Erst Bell und Harper (1977) bezogen Effekte des Kindes auf seine Mutter in Erklärungen der Persönlichkeitsentwicklung ein, und inzwischen konnte empirisch belegt werden, dass aggressive Kinder Einfluss auf den Erziehungsstil ihrer Mütter haben (vgl. Abschn. 6.3.4).

Dass hier Behavioristen auf einem Auge blind blieben, dürfte an ihrer generellen Tendenz liegen, das menschliche Leben sozusagen als ein ständiges Lernexperiment zu betrachten, in dem die jeweils betrachtete Person Opfer ihrer Lernumwelt ist. Dass auch Lernende unter Umständen Einfluss auf ihre Lernumwelt haben, indem sie bestimmte Reizkonstellationen aktiv auswählen, verändern oder gar herstellen, wurde dabei ignoriert. Eine entsprechende Einseitigkeit charakterisiert auch die heutige Alltagspsychologie.

> **Merke**
> Im Behaviorismus wird die Lernsituation asymmetrisch angelegt: Lernende sind Opfer ihrer Lernumwelt, nicht umgekehrt.

2.3.4 Empirische Bewährung

Der Behaviorismus erwies sich zunächst im Tierexperiment, dann im Humanexperiment und schließlich auch im Rahmen der Verhaltenstherapie als erfolgreich bei der gezielten Modifikation bestimmter Verhaltensweisen durch Belohnung und Bestrafung. Nicht nur offenes Verhalten, sondern auch manche physiologischen Funktionen erwiesen sich in bestimmten Grenzen als konditionierbar. Die Erfolge der Verhaltenstherapie bestätigen allerdings ebensowenig das behavioristische Persönlichkeitskonzept, wie die Erfolge der psychoanalytischen Therapie das psychoanalytische Persönlichkeitskonzept bestätigen (vgl. Abschn. 2.2.4). Ebenso besagt der Nachweis, dass manche Reiz-Reaktions-Verbindungen im Lernexperiment herstellbar sind, noch lange nicht, dass faktisch vorgefundene Persönlichkeitsunterschiede durch Lernen entstanden sind. Aber die Erfolge behavioristisch angelegter Experimente und Therapien wurden bis in die 70er Jahre hinein noch als Bestätigung jedenfalls eines möglichen Prozesses der Persönlichkeitsentwicklung angesehen.

Nach diesen Anfangserfolgen zeigten sich jedoch allmählich auch die Grenzen des behavioristischen Ansatzes. Entwicklungspsychologen zeigten, dass schon Neugeborene sich erheblich in ihrem Temperament unterscheiden (Thomas & Chess, 1977). Diese schon bei der Geburt vorhandenen Unterschiede betreffen nicht nur den Schlaf-Wach-Rhythmus und die motorische Aktivität, sondern auch Reizschwellen, Aufmerksamkeitsdauer, Ablenkbarkeit, Annäherungs- und Vermeidungstendenz neuen Reizen gegenüber und die allgemeine Stimmungslage. Neugeborene entsprechen in keinster Weise einem »unbeschriebenen Blatt«, sondern zeigen von der ersten Minute an deutliche Persönlichkeitszüge, die behavioristisch bestenfalls durch Annahmen über pränatales Lernen erklärt werden könnten (vgl. Asendorpf, 2003).

Viele Lerneffekte erwiesen sich als wenig stabil trotz langer Lernphasen (z.B. Verhaltenstherapie bei Rauchen, Übergewicht oder Alkoholismus), andere als hochstabil nach einmaligem Lerndurchgang (vgl. z.B. das oben geschilderte Experiment von Mineka et al., 1984). Kritischer als diese behavioristisch nicht erklärbaren Variationen in der Effektivität der Verhaltensmodifikation war für das behavioristische Paradigma seine Unfähigkeit, planvolles Verhalten zu erklären, das über die unmittelbare Reizkonstellation hinausgeht. Die meisten Menschen würden einen zehntägigen Gefängnisaufenthalt gerne in Kauf nehmen, wenn sie dafür hinterher eine

Million einstreichen könnten. Behavioristisch lässt sich das nur mit komplizierten und letztlich nicht mehr direkt prüfbaren Annahmen über eine schrittweise Entwicklung der Fähigkeit zum Belohnungsaufschub erklären.

> **Unter der Lupe**
>
> **Genetische Prädisposition zum Beobachtungslernen**
> Cook und Mineka (1989) erweiterten die schon geschilderte Studie von Mineka et al. (1984) zum Erwerb von Schlangenangst bei Rhesusaffen in mehrerer Hinsicht. Sie zeigten verschiedenen Gruppen von Rhesusaffen, die im Zoo aufgewachsen waren und nie zuvor eine Spielzeugschlange, ein Spielzeugkrokodil, einen Spielzeughasen oder eine Plastikblume gesehen hatten, mehrfach einen Videofilm, in dem ein Artgenosse unängstlich oder mit großer Angst auf einen dieser vier Reize reagierte. Durch Bildmanipulation wurde erreicht, dass die (nicht-)ängstliche Reaktion des Artgenossen bei allen Reizen identisch war. Vor und nach diesem Lernexperiment wurden die Versuchstiere mit den im Film gezeigten Reizen direkt konfrontiert. Filme, in denen der Artgenosse nichtängstlich auf Schlange, Krokodil, Hase oder Blume reagiert hatte, hinterließen keine Wirkung: Die Versuchstiere reagierten wie vor dem Experiment nichtängstlich. Auch der Hase oder die Blume ließen sie unbeeindruckt, selbst wenn sie zuvor im Film mehrfach gesehen hatten, dass ein Artgenosse diesen Reizen gegenüber hochängstlich reagiert hatte. Nur diejenigen Tiere, die ihren Artgenossen zuvor ängstlich gegenüber der Schlange oder dem Krokodil hatten reagieren sehen, reagierten nun auch selbst mit Angst. Die Angst wurde nur bestimmten Reizen gegenüber erworben. Dieses Ergebnis ist behavioristisch nicht erklärbar. Evolutionsbiologisch betrachtet macht es aber viel Sinn, weil Schlangen und Krokodile hochgefährlich für Säugetiere sind, Hasen und Blumen jedoch nicht (deshalb hatten die Autoren diese Reize so gewählt). Es scheint sich im Verlauf der Evolution eine genetische Prädisposition zum Erlernen von Angst gegenüber solchen Reizen herausgebildet zu haben, die in der evolutionären Vergangenheit Gefahr signalisierten.

Diese und zahllose andere Unfähigkeiten, behavioristisch Phänomene zu erklären, die durch Annahmen über innere, nicht direkt beobachtbare Prozesse sehr einfach erklärt werden können, brachten das behavioristische Paradigma zunächst für die allgemeine Psychologie zu Fall. Abgelöst wurde es in der allgemeinen Psychologie vom Informationsverarbeitungsparadigma, das es erlaubt, nicht direkt beobachtbare psychische Prozesse empirisch zu untersuchen (vgl. Abschn. 2.5). Infolge dieses Paradigmenwechsels verlor das behavioristische Paradigma auch schnell an Attraktivität für Persönlichkeitspsychologen, die sich vermehrt individuellen Besonderheiten in Informationsverarbeitungsprozessen jenseits einfacher Reiz-Reaktions-Beziehungen zuwandten (vgl. Abschn. 2.5).

Die Lerngesetze wurden dabei als gültig angesehen, aber ihre Bedeutung für die Erklärung zielgerichteten Handelns, das über Reaktionen auf aktuelle Reizbedingungen hinausgeht, wurde als gering eingeschätzt. Zudem wurde mehr und mehr deutlich, dass die zentrale behavioristische Annahme, dass Lerngesetze bereichsunspezifisch seien, nicht zutrifft. Es gibt artspezifische Prädispositionen, bestimmte Reaktionen auf bestimmte Reize hin sehr leicht und auf andere Reize hin schwer bis gar nicht zu erlernen (Seligman, 1970). Dies trifft auch für Beobachtungslernen zu, wie wohl am bisher klarsten von Cook und Mineka (1989) gezeigt werden konnte (s. »Die klassische Studie«).

Dies würde erklären, warum Menschen in Mitteleuropa viel öfter pathologische Angst vor Schlangen zeigen als vor Autos, obwohl für sie Autos viel gefährlicher sind als Schlangen: Das Erschrecken eines Artgenossen vor einer Schlange hat tiefergehende Wirkungen als das gleiche Erschrecken vor einem Auto, weil nur das Schema der Schlange genetisch verankert ist und sozusagen nur darauf wartet, mit Angst in Verbindung gebracht zu werden. Selbst die weite Verbreitung von Mythen über Seeschlangen fände so eine evolutionsbiologische Erklärung als Übergeneralisierung eines genetisch tief verankerten Schemas (vgl. Öhman & Mineka, 2001).

Inzwischen gibt es auch im Humanexperiment Hinweise auf genetische Prädispositionen zum reizspezifischen Erwerb von Ängsten, wenn auch noch nicht so eindeutige wie in der Studie von Cook und Mineka (vgl. Öhman und Mineka, 2001). Genetischer Einfluss und Lernen können also nicht als unabhängig betrachtet werden: Was wie leicht gelernt wird, kann genetisch vorbestimmt sein.

> **❗ Merke**
> Genetische Prädispositionen zum Erlernen bestimmter Lerninhalte widersprechen der behavioristischen Annahme, dass Lerngesetze universell seien.

Bei diesen genetischen Prädispositionen zum bereichsspezifischen Lernen dürfte es sich teilweise um universelle Dispositionen handeln, die für fast alle Mitglieder einer Art, z. B. fast alle Menschen, gültig sind, weil sie so hilfreich für das Überleben unserer Vorfahren gewesen sind, dass die entsprechenden Genvarianten sich gegenüber Alternativen klar durchgesetzt haben. Sie sind damit noch kein Thema der Persönlichkeitspsychologie. Dennoch wurden sie hier relativ ausführlich diskutiert, weil die Existenz universeller genetischer Prädispositionen zum Lernen die Annahme nahelegt, dass es zumindest bei weniger potenten Gefahrreizen auch individuelle Besonderheiten in derartigen genetischen Prädispositionen gibt: Der eine erwirbt z. B. aus genetischen Gründen leichter Ängste gegenüber Mäusen als der andere.

Tatsächlich fanden Kendler et al. (1999, 2001), dass sowohl spezifische Ängste als auch Phobien (starke Ängste gegenüber spezifischen Auslösern wie z. B. Schlangen, Spinnen) einen deutlichen genetischen Einfluss auf den Ängstlichkeitsgrad zeigten (eineiige Zwillinge waren sich wesentlich ähnlicher als zweieiige; vgl. zur Methodik Abschn. 6.2.2). Dies lässt sich im Rahmen eines Lernansatzes als genetisch bedingte Persönlichkeitsunterschiede in der Lernbereitschaft interpretieren.

Genetisch bedingte Unterschiede in der Lernbereitschaft sind nur ein Aspekt eines größeren Problems für behavioristische Ansätze der Persönlichkeitserklärung: Lernen ist generell persönlichkeitsabhängig. Unterschiedliche Menschen lernen nicht gleich schnell – eine Binsenweisheit für jeden Lehrer. Intelligenzunterschiede, Unterschiede im Vorwissen, in Lernstrategien und Unterschiede in der Lernmotivation beeinflussen die Lernleistung (vgl. Abschn. 6.3.3). Diese Persönlichkeitsunterschiede in der Lernbereitschaft müssten nach behavioristischer Auffassung vollständig durch eine unterschiedliche individuelle Lerngeschichte erklärbar sein. Da diese Lerngeschichte aber behavioristisch im nachhinein nicht rekonstruierbar ist, wurden diese Persönlichkeitsunterschiede oft dann doch ignoriert.

Damit wurde nicht nur die Vorhersagbarkeit individueller Lernverläufe unnötig eingeschränkt – der Einbezug von Persönlichkeitsvariablen verbessert diese Vorhersage wesentlich (vgl. Abschn. 6.3.3) – sondern es entstand auch ein verzerrtes Bild vom eigentlichen Lernprozess. Schüler sind kein Nürnberger Trichter, in den der Lehrer sein Wissen hineinschüttet, sondern sie nehmen – oft zum Leidwesen des Lehrers – wesentlichen Einfluss auf das Lernangebot, indem sie es in individueller Weise wahrnehmen oder nicht beachten, verstehen oder falsch interpretieren und später das erworbene Wissen anwenden oder nicht anwenden. Das gilt für den Lernprozess ganz allgemein. Der Behaviorismus wies dem Lernenden eine passive Rolle zu, die den faktisch ablaufenden Prozessen nicht entspricht.

> **Merke**
> Menschliches Lernen ist wesentlich von Persönlichkeitseigenschaften des Lernenden abhängig. Von daher nimmt die Persönlichkeit Einfluss auf den Lernprozess.

2.3.5 Bewertung

Der Vorteil des behavioristischen Paradigmas für die Persönlichkeitspsychologie liegt zunächst in der guten Operationalisierbarkeit der Grundkonzepte Reiz und Reaktion. Dieser Vorteil wird besonders deutlich, wenn man die Operationalisierbarkeit dieser Konzepte mit der Operationalisierbarkeit psychoanalytischer Begriffe vergleicht. Diese gute Operationalisierbarkeit wurde jedoch erkauft durch eine biologisch und psychologisch völlig inadäquate Vernachlässigung der verdeckten, im Organismus selbst ablaufenden Prozesse. Tiere und Menschen wurden im Behaviorismus als Black Box (»schwarzer Kasten«) betrachtet, in die man nicht direkt hineinsehen und über die man deshalb auch keine Einsicht gewinnen könne. Letzteres ist ein Fehlschluss. Würde die Physik sich auf direkt Wahrnehmbares beschränken, gäbe es weder eine Geologie des Erdinnern noch eine Atomphysik. Alle empirischen Wissenschaften arbeiten mit nicht direkt beobachtbaren Konstrukten.

Ganz im Gegenteil: Der Fortschritt der Naturwissenschaften beruht ganz wesentlich auf dem Erschließen von nicht Beobachtbarem aus Beobachtbarem. Folgt dieser Schlussprozess den Kriterien der empirischen Wissenschaften, scheinen auch äußerst indirekt vermittelte Schlüsse noch recht zuverlässig zu sein (vgl. Atomphysik). Nur wenn der Schlussprozess nicht diesen Kriterien genügt, sind Spekulationen Tür und Tor geöffnet (vgl. Psychoanalyse). Das ist jedoch kein Grund, auf empirisch begründete, indirekte Schlüsse zu verzichten (s. »Unter der Lupe«).

Neben dieser unnötigen Selbstbeschränkung auf direkt Beobachtbares erwiesen sich zwei zentrale Annahmen des Behaviorismus als falsch. Persönlichkeitsunterschiede entstehen nicht erst durch Lernen nach der Geburt, sondern sind vom Zeitpunkt der Zeugung an vorhanden. Lernen ist bereichsspezifisch und damit nicht vollständig durch universelle Lerngesetze erklärbar. Wie die Untersuchungen zu genetischen Prädispositionen zum Erlernen spezifischer Reiz-Reaktions-Verbindungen nahelegen, scheint unsere evolvierte genetische Struktur Umwelteinflüsse zu kanalisieren; unsere biologische Natur scheint ein nicht unbeträchtliches Hindernis für Watsons Manipulationsphantasien (vgl. »Unter der Lupe«, *Watsons Optimismus*) darzustellen.

Das gilt erst recht für das Lernen in natürlichen Umwelten. Schon dadurch, dass wir Reize hoch selektiv wahrnehmen, bestimmen wir zu einem gewissen Teil mit, welche Umwelteinflüsse auf uns wirken, und da wir Situationen in Grenzen aktiv aufsuchen, vermeiden, verändern und herstellen können, können wir erst recht Einfluss auf unsere Umwelt nehmen. Da diese Einflussmöglichkeiten wiederum persönlichkeitsabhängig sein können, ist unsere Persönlichkeit nicht so abhängig von Umwelteinflüssen, wie es die Behavioristen glaubten. Kinder sind nicht einfach Opfer ihrer Eltern; auch Eltern können in mancher Hinsicht Opfer ihrer Kinder sein.

Auch wenn die meisten Psychologen heute nicht mehr Watsons Glauben an die Manipulierbarkeit der menschlichen Persönlichkeit teilen: Die heutige Alltagspsychologie ist immer noch stark durch den Glauben beeinflusst, Persönlichkeit sei durch Anwendung geeigneter Erziehungsregeln, guten Unterrichts, therapeutischer Interventionen oder effizienter Werbung in großem Maße formbar. Man müsse nur das Wissen über die entscheidenden allgemeinen Regeln kennen und diese dann konsequent anwenden. Dass sich Psychologen mit dieser Anspruchshaltung von Eltern, Lehrern, Patienten und Unternehmern auseinandersetzen müssen, daran ist der Behaviorismus nicht ganz unschuldig.

> **Unter der Lupe**
>
> **Psychologie, Psychoanalyse und Behaviorismus**
> Ihr Verhältnis charakterisiert das folgende Bonmot, das natürlich übertreibt, aber dennoch den Kern der Sache trifft:
> Was ist Psychologie? – Nach einer schwarzen Katze in einem stockdunklen Zimmer suchen.
> Was ist Psychoanalyse? – Nach einer schwarzen Katze in einem stockdunklen Zimmer suchen, in dem keine schwarze Katze ist – aber trotzdem eine finden.
> Was ist Behaviorismus? – Zu glauben, in einem stockdunklen Zimmer könne man keine schwarze Katze finden.

❓ Fragen

2.7   Sind die Lerngesetze universell?

2.8   Welche Schwierigkeiten ergeben sich bei der Erklärung von Eigenschaften durch die Lerngeschichte?

2.9   Trifft Watsons Annahme zu, dass sich Prozesse in der Black Box nicht wissenschaftlich untersuchen lassen?

ℹ Hinweise zur Beantwortung

2.7   genetische Prädispositionen zum Lernen, individuelle Lernbereitschaft

2.8   Rekonstruktion der Lerngeschichte

2.9   Beobachtbarkeit – Operationalisierbarkeit

Weiterführende Literatur

Müsseler, J. & Prinz, W. (Hrsg.) (2002). *Allgemeine Psychologie*. Heidelberg: Spektrum Verlag.
Pervin, L.A. (2000). *Persönlichkeitstheorien*. Stuttgart: Universitäts-Taschenbuch, Kap. 10.

2.4 Das Eigenschaftsparadigma

Weitgehend unabhängig von Psychoanalyse und Behaviorismus entwickelte sich aus der naiven Persönlichkeitstheorie der Alltagspsychologie (vgl. Abschn. 1.3) ein Paradigma der Persönlichkeitspsychologie, das den Ansprüchen der empirischen Wissenschaften genügt: das Eigenschaftsparadigma. Es wurde vor allem durch William Stern (1871–1938) und Gordon Allport (1897–1967) begründet. Im Eigenschaftsparadigma wird versucht, den Eigenschaftsbegriff der Alltagspsychologie zu präzisieren und ihn vor allem für diagnostische Zwecke zu nutzen. Das Eigenschaftsparadigma hat die empirisch orientierte Persönlichkeitspsychologie lange Zeit dominiert und übt auch heute noch einen wesentlichen Einfluss auf die Persönlichkeitspsychologie aus. Neuere Paradigmen ergänzen es eher, als dass sie es ganz über Bord werfen. Aufgrund seiner zentralen Bedeutung nimmt das Eigenschaftsparadigma einen entsprechend breiten Raum in diesem Kapitel ein.

2.4.1 Allgemeines Menschenbild

Im Behaviorismus wird angenommen, dass Menschen auf einzelne konkrete Reize der aktuellen Umwelt mit einzelnen konkreten Reaktionen oder Reaktionsketten reagieren. Im Eigenschaftsparadigma wird dagegen davon ausgegangen, dass Menschen meist auf komplexe Reizkonstellationen reagieren: auf Situationen. Eine Situation kann einfach strukturiert sein, z. B. die Aufgabe, 1 + 1 zu berechnen. Sie kann aber auch sehr komplex sein, z. B. eine hitzige Debatte zwischen fünf Parteien an einem Tisch. Eine Situation ist derjenige Ausschnitt der aktuellen Umwelt einer Person, der Einfluss auf ihr aktuelles Verhalten ausübt.

Wie im Behaviorismus werden auch im Eigenschaftsparadigma einzelne Reaktionen im Verhaltensstrom einer Person abgegrenzt, aber der Reaktionsbegriff ist breiter gefasst. Neben konkreten Reaktionen wie Drücken einer Taste oder Lachen sind auch qualitative Aspekte komplexer Reaktionen eingeschlossen wie die Qualität der Lösung einer komplexen Aufgabe oder der Grad, in dem eine Mitteilung eine versteckte Drohung enthält.

Wie im Behaviorismus wird auch im Eigenschaftsparadigma nach funktionalen Abhängigkeiten zwischen den Situationen und Reaktionen einer Person gesucht. Diese funktionalen Abhängigkeiten werden aber nicht in der Lerngeschichte der Person, sondern in Eigenschaften der Person gesucht: Die Eigenschaften einer Person bestimmen, welche Reaktionen sie in einer bestimmten Situation zeigt. Wie aggressiv Menschen reagieren, ist danach eine Funktion der Situation und ihrer Aggressivität, wie intelligent sie handeln, ist eine Funktion der Situation und ihrer Intelligenz. Wie in der Alltagspsychologie wird angenommen, dass Eigenschaften Merkmale von Personen sind, die zumindest über mittelfristige Zeiträume stabil sind, wobei langfristige Änderungen nicht ausgeschlossen werden. Eigenschaften werden also als Verhaltensdispositionen betrachtet (vgl. »Unter der Lupe«, Kap. 1).

> **! Merke**
>
> **Nach eigenschaftspsychologischer Auffassung erzeugen Eigenschaften stabile Beziehungen zwischen den Situationen und den Reaktionen einer Person.**

Oft wird angenommen, dass Eigenschaften letztlich auf neuronalen Strukturen und Funktionen (Prozessen im Nervensystem) beruhen und deshalb im Prinzip direkt beobachtbar sein müssten (Allport, 1937; Funder, 1991). Die Neuropsychologie sei aber noch nicht weit genug, um Eigenschaften neurophysiologisch zu identifizieren. Faktisch seien deshalb Eigenschaften nur indirekt aus den beobachteten Situations-Reaktions-Beziehungen erschließbar: Es seien Konstrukte (Carr & Kingsbury, 1938; vgl. zum Konstruktbegriff Abschn. 1.4). Während im Behaviorismus der Mensch als Black Box angesehen wird, in die man keinerlei Einblick habe, stattet das Eigenschaftsparadigma diese Black Box mit Konstrukten aus.

Indem eine Eigenschaft Beziehungen zwischen den Situationen und Reaktionen einer Person erzeugt, macht sie bestimmte Situationen ähnlich und andere unähnlich; auch macht sie bestimmte Reaktionen ähnlich und andere unähnlich. Allport (1937) drückte das so aus, dass eine Eigenschaft Situationen und Reaktionen funktional äquivalent mache. Das sei hier am Beispiel der Intelligenz erläutert.

Nach eigenschaftspsychologischer Auffassung bestimmt die Intelligenz einer Person, welche Aufgaben eines Intelligenztests sie lösen kann und welche nicht (die lösbaren bilden eine Äquivalenzklasse von Situationen, die unlösbaren eine andere). Gleichzeitig lege ihre Intelligenz fest, welche Strategien die Person bei der Aufgabenbearbeitung verwendet. Die erfolgreichen Strategien (die zur Lösung führen) bilden eine Äquivalenzklasse von Reaktionen für diese Person, die nicht erfolgreichen Strategien eine andere Äquivalenzklasse.

2.4.2 Persönlichkeitskonzept

Ziel des Eigenschaftsparadigmas in der Persönlichkeitspsychologie ist es, die individuelle Besonderheit einzelner Menschen oder bestimmter Gruppen von Menschen durch Eigenschaften zu beschreiben. Unter der Persönlichkeit wird die organisierte Gesamtheit dieser Eigenschaften verstanden. Damit knüpft das Persönlichkeitskonzept des Eigenschaftsparadigmas eng an die Alltagspsychologie an.

Bei der Erfassung von Eigenschaften lassen sich zwei fundamental unterschiedliche Ansätze unterscheiden:
- der individuumzentrierte Ansatz,
- der differentielle Ansatz.

Der individuumzentrierte Ansatz

Im individuumzentrierten Ansatz werden Eigenschaften eines Individuums unabhängig von den Eigenschaften anderer Menschen beschrieben.

Alltagspsychologische Beschreibungen listen bestimmte Eigenschaften auf, z.B. dünn, Bart, Raucher, intelligent, nervös, Cineast. Liest man eine solche Liste, entsteht meist sehr schnell ein Gesamteindruck von der Person, der durch kulturelle Stereotypen (in diesem Fall: Intellektueller) oder die Ähnlichkeit zu einer Person aus dem Bekanntenkreis gefördert und gefestigt wird. Nicht in diesen Gesamteindruck gehörende Eigenschaften, z.B. dass diese Person den Beruf eines Holzfällers ausübt, wirken deshalb irritierend. Dieser Ansatz kann beliebig verfeinert werden bis hin zum Schreiben einer ganzen Biographie, in der Eigenschaften nicht nur durch direkte Benennung, sondern vor allem durch detaillierte Beschreibung des Erlebens und Verhaltens der Person in konkreten Situationen indirekt nahegelegt werden.

Dieses Vorgehen reicht für die Persönlichkeitspsychologie als empirische Wissenschaft nicht aus. Eigenschaften des Individuums müssen operationalisiert und so einer empirischen Überprüfung zugänglich gemacht werden. Insbesondere muss im Falle von Dispositionen gesichert werden, dass die beschriebenen Eigenschaften tatsächlich stabile Merkmale sind. Individuumzentrierte Eigenschaftsbeschreibungen, die diesen Ansprüchen genügen, können u.a. mit Hilfe der Tagebuchmethodik gewonnen werden. Interessieren z.B. Eigenschaften im Sozialverhalten eines Studenten, kann man ihn bitten, drei Wochen lang abends vor dem Schlafen alle sozialen Interaktionen des Tages Revue passieren zu lassen und in einem Protokollblatt zu notieren mit Angabe von Beginn und Ende, Ort, Art der Interaktionspartner, Art des Interaktionsverhaltens. Aus diesen umfangreichen Daten (Erstsemester berichten typischerweise über etwa 10 Interaktionen pro Tag; Asendorpf & Wilpers, 1999) können dann Verhaltensdispositionen abgeleitet werden, z.B. Zahl der Interaktionspartner pro Tag, Länge der Interaktionen pro Tag, Anteil der mit Interaktionen verbrachten Tageszeit, Dauer der Interaktionen mit bestimmten Typen von Interaktionspartnern (z.B. Familienangehörige versus Studierende), Anteil konfliktreicher Interaktionen unter diesen Interaktionen usw. Werden diese Verhaltensdispositionen getrennt für die ungeraden Tage der Untersuchung (1, 3, 5, ...) und die geraden Tage der Untersuchung (2, 4, 6, ...) bestimmt, entstehen so zwei getrennte Messungen der Verhaltensdispositionen, die auf Übereinstimmung geprüft werden können. Wie empirische Studien gezeigt haben, reichen für die meisten Studierenden drei Wochen Beobachtungszeit tatsächlich aus, um viele stabile Verhaltensdispositionen zu identifizieren (Asendorpf & Wilpers, 1999).

Hierbei können auch Dispositionen identifiziert werden, die differenzierter als alltagspsychologische Beschreibungen Verhaltenstendenzen beschreiben. In ◻ Abb. 2.5 sind z.B. (realistische) Daten für einen Studenten beschrieben, der mit einer Freundin schon länger

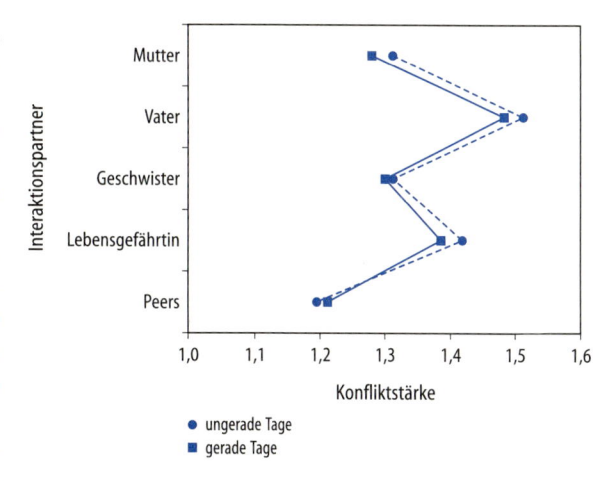

◻ Abb. 2.5. Zu geraden Tagen (*durchgezogene Linie*) und ungeraden Tagen (*gestrichelte Linie*) eines dreiwöchigen Tagebuchs berichtete mittlere Konfliktstärke eines Studenten in Interaktionen mit verschiedenen Interaktionspartnern

zusammenlebt. Angegeben ist die mittlere Konfliktstärke (für jede Interaktion beurteilt auf einer Skala von 1 (»kein Konflikt«) bis 5 (»sehr starker Konflikt«) für die Interaktionen mit verschiedenen Typen von Interaktionspartnern, getrennt für die geraden und die ungeraden Tage des dreiwöchigen Tagebuchs. Die weitgehende Ähnlichkeit der beiden »Konfliktprofile« zeigt, dass das mittlere Profil über die ganzen drei Wochen stabile Dispositionen beschreibt, nämlich wie konfliktreich die Interaktionen mit bestimmten Interaktionspartnern sind. Deutlich wird, dass die Konfliktstärke eher gering ist (ein Mittelwert über alle Interaktionen von nur 1,23 auf einer fünfstufigen Skala von 1 bis 5), dass aber trotzdem deutliche Unterschiede in der Konfliktstärke zwischen Interaktionspartnern bestehen; die Rangreihe Vater – Partnerin – Mutter – Geschwister – Peers war nahezu identisch für beide Untersuchungshälften. Peers (von engl. »peers«) ist ein psychologischer Fachbegriff für nichtverwandte Gleichaltrige, im Falle eines 20-jährigen Studenten z. B. operationalisiert als alle nichtverwandten Interaktionspartner im Alter von 18–30 Jahren. Es ist offensichtlich, dass diese Beschreibung von Konfliktdispositionen erheblich differenzierter ist als alltagspsychologische Beschreibungen wie »nicht aggressiv, hat aber manchmal Konflikte mit dem Vater und der Partnerin«.

Individuumzentrierte Beschreibungen geben nicht nur Aufschluss über einzelne Dispositionen, sondern auch über deren Zusammenhang innerhalb des Individuums, weil Vergleiche innerhalb der Person möglich sind. So ließe sich z. B. durch die obigen Tagebuchdaten die Hypothese prüfen, ob Konflikte eher mit Unsicherheit oder mit Ärger dem Interaktionspartner gegenüber gepaart sind, indem jede Interaktion hinsichtlich Unsicherheit und Ärger beurteilt wird.

Wie das folgende Beispiel zeigt, müssen empirische individuumzentrierte Untersuchungen nicht bei solchen eher oberflächlichen Beschreibungen stehen bleiben. Simonton (1998) erstellte aufgrund der vorhandenen Biografien über den britischen König George III., der während seiner Regierungszeit von 1760–1811 schubweise von bis heute unerklärlichen körperlichen und mentalen Symptomen gequält wurde, ausführliche Dossiers über seine persönlichen und politischen Belastungen sowie über seinen körperlichen und mentalen Gesundheitszustand für jeden Monat zwischen Geburt (1738) und Tod (1820). Zwei Gruppen von jeweils 11 Studierenden beurteilten aufgrund dieser Dossiers entweder nur die Belastungen oder nur den Gesundheitszustand monatsweise auf einer Skala von 0 (kein Stress

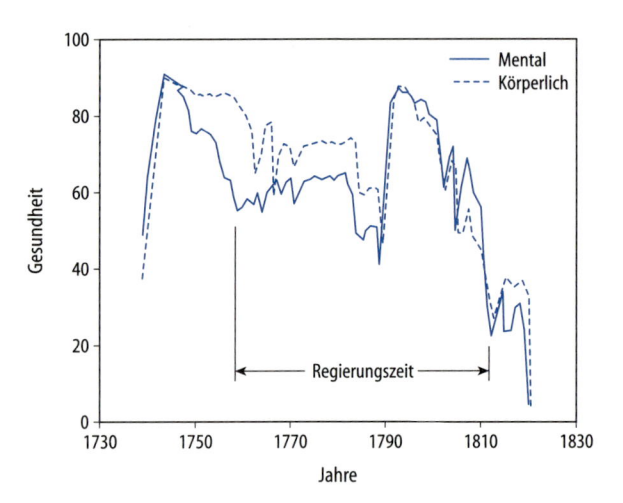

□ **Abb. 2.6.** Körperliche und mentale Belastungen im Leben König George III. (Nach Simonton, 1998, Abb. 1)

oder völlig gesund) bis 100 (maximaler Stress, maximal krank). Die jeweils 11 Urteiler zeigten eine hohe Übereinstimmung, so dass das mittlere Urteil pro Gruppe eine besonders zuverlässige Stress- bzw. Gesundheitsmessung war. □ Abbildung 2.6 zeigt den resultierenden Verlauf der körperlichen und mentalen Gesundheit; für die politische und persönliche Belastung ergaben sich entsprechende Kurven.

Aufgrund dieser ausführlichen, unabhängigen Messungen der Belastungen und der Gesundheit des Königs konnte Simonton (1998) die Hypothese prüfen, ob Veränderungen in den Belastungen Veränderungen des Gesundheitszustands nach sich zogen. Hierfür nutzte er die sog. Methode der Zeitreihenanalyse und konnte zeigen, dass sich tatsächlich aus Belastungsveränderungen von Monat zu Monat die Gesundheitsveränderungen überzufällig vorhersagen ließen, und zwar am besten bei einer Zeitverschiebung von 9 Monaten, d. h. Belastungsveränderungen sagten am besten Gesundheitsveränderungen vorher, die 9 Monate später stattfanden. Dieser Zusammenhang war etwas stärker für persönliche als für politische Belastungsveränderungen.

Das zentrale Problem des individuumzentrierten Ansatzes ist die Unmöglichkeit, nur aus Aussagen über individuelle Dispositionen Aussagen über die individuelle Besonderheit von Menschen zu machen. Der Zusammenhang zwischen Belastungs- und Gesundheitsveränderungen bei König Georg III. könnte speziell für ihn gelten, nur für Politiker gelten oder überhaupt für alle Menschen gelten, wenn »politische Belastung« durch »Belastung im Arbeitsleben« ersetzt wird. Dasselbe gilt für die Daten des Studenten in ◘ Abb. 2.5. Es ist unklar, ob diese Daten überhaupt etwas über die Persönlichkeit des Studenten aussagen; es könnte ja sein, dass die Daten nur eine universelle Disposition aller Studierenden widerspiegeln (vgl. Abschn. 1.3). Tatsächlich sind die Daten in ◘ Abb. 2.5 Mittelwerte von 144 Erstsemestern der Humboldt-Universität zu Berlin (Asendorpf & Wilpers, 1999). Wenn ein Studierender dieses Profil zeigt, lässt sich daraus lediglich der Schluss ziehen, dass es keine individuelle Besonderheit erkennen lässt.

Anhänger des individuumzentrierten Ansatzes gehen mit diesem Problem meist so um, dass sie an das alltagspsychologische Wissen appellieren. Der Einzelfall wird genauestens geschildert, und es bleibt dem Leser überlassen, mit Hilfe seines alltagspsychologischen Verständnisses die individuelle Besonderheit in dieser Schilderung zu entdecken. Wie das Beispiel des Profils in ◘ Abb. 2.5 zeigt, ist unser Alltagswissen aber sehr begrenzt; die meisten würden dieses Profil so interpretieren, dass der Student auffällig viele Probleme mit Vater und Partnerin hat.

Weiterführend sind systematischere Methoden der Interpretation von Einzelfalldaten, die sich an hermeneutischen Verfahren der Geisteswissenschaften orientieren (vgl. Fahrenberg, 2002). Beides genügt aber nicht den Ansprüchen einer empirischen Wissenschaft.

Die individuelle Besonderheit muss in der Messung des Einzelfalls selbst stecken, d.h. persönlichkeitspsychologische Aussagen müssen Vergleiche mit anderen Menschen einschließen. Wie im folgenden deutlich werden wird, schließt das individuumzentrierte Methoden nicht aus. Entscheidend ist nur, dass an irgendeiner Stelle der systematischen Analyse der Beobachtungsdaten Vergleiche zwischen Menschen angestellt werden.

> **! Merke**
> Der individuumzentrierte Ansatz kann Eigenschaften eines Menschen und ansatzweise auch die individuelle Organisation seines Verhaltens beschreiben, aber weder seine Persönlichkeitseigenschaften noch seine Persönlichkeit. Dazu muss er um Vergleiche zwischen Menschen ergänzt werden.

Populationsabhängigkeit von Persönlichkeitsaussagen

Aussagen über Persönlichkeitseigenschaften müssen also Vergleiche mit anderen Menschen einschließen. Das Ergebnis eines solchen Vergleichs hängt offensichtlich davon ab, mit wem verglichen wird. Zum Beispiel könnte das Verhalten des Studenten in ◘ Abb. 2.5 normal für alle Studenten sein, nicht aber für Studentinnen. Bei Betrachtung nur von Studierenden handelte es sich damit nicht um eine Persönlichkeitseigenschaft, bei Betrachtung von allen Studierenden männlichen und weiblichen Geschlechts dagegen handelt es sich um eine Persönlichkeitseigenschaft (nämlich eine Eigenschaft, die von allen Personen des gleichen, nicht aber des anderen Geschlechts geteilt wird, also um eine geschlechtsspezifische Eigenschaft).

In welcher Weise eine bestimmte Eigenschaft die Persönlichkeit eines Menschen charakterisiert, hängt also davon ab, mit welcher Referenzpopulation er verglichen wird. Aussagen über Persönlichkeitseigenschaften sind immer populationsabhängig. Dies widerspricht unserer alltagspsychologischen Intuition, die davon ausgeht, dass eine Persönlichkeitseigenschaft einen Menschen »an sich« charakterisiere, unabhängig davon, mit wem er verglichen wird. Das liegt daran, dass die Alltagspsychologie an diesem Punkt unscharf ist. Uns ist die Populationsabhängigkeit von Aussagen über Persönlichkeitseigenschaften nicht bewusst, weil wir im Alltag intuitiv eine angemessene Referenzpopulation wählen.

Wir vergleichen z.B. die Aggressivität eines 20jährigen deutschen Skinheads normalerweise mit der Aggressivität gleichaltriger deutscher Männer heutzutage, nicht mit der Aggressivität heutiger 80jähriger deutscher Männer oder 20jähriger Männer vom Stamme der Mundurucú-Indianer zu Beginn des 20. Jahrhunderts (berüchtigte Kopfjäger im Amazonasgebiet; vgl. Durham, 1991). Wir orientieren uns dabei an intuitiven Annahmen darüber, dass die Aggressivität mit dem Alter und der Kultur systematisch variiert.

Da dafür vieles spricht, beziehen sich auch Aussagen in der Persönlichkeitspsychologie immer nur auf individuelle Besonderheiten in der gleichen Altersgruppe und der gleichen Kultur. Warum aber vergleichen wir typischerweise einen deutschen Skinhead mit deutschen Männern, wenn es um eine Charakterisierung seiner Persönlichkeit geht, und nicht nur mit deutschen Skinheads? Und warum kaum mit weiblichen deutschen Skinheads?

Werden in der Alltagspsychologie Vergleiche zwischen Personen angestellt, wird je nach der Fragestellung, um die es geht, eine bestimmte Referenzpopulation zum Vergleich herangezogen. Geht es um Ursachen für die Aggressivität deutscher Skinheads, werden deutsche gleichaltrige Männer als Vergleich herangezogen. Geht es um die Erklärung, warum ein ehemaliger Skinhead zum Sozialarbeiter geworden ist, werden Skinheads mit Skinheads verglichen. Geht es um die besondere Rolle männlicher und weiblicher Skinheads, werden männliche mit weiblichen Skinheads verglichen.

In der Persönlichkeitspsychologie ist es genauso. Es gibt keine Aussagen über »die Eigenschaft« oder »die Persönlichkeit« eines Menschen, sondern nur Aussagen relativ zu einer bestimmten Referenzpopulation, der die Person angehört.

Hierbei handelt es sich meist um die altersgleichen Einwohner des Landes, in dem er lebt, z. B. alle 20jährigen Deutschen.

> **Merke**
> Die Messung der Persönlichkeitseigenschaften einer Person erfordert einen Vergleich mit entsprechenden Eigenschaften der Mitglieder einer Referenzpopulation, der diese Person angehört (meist die altersgleichen Einwohner ihres Landes).

Der differentielle Ansatz

Der Vergleich von Personen in Eigenschaften und ihrer Persönlichkeit wurde zuerst von Stern (1911) systematisch behandelt als differentieller Ansatz im Eigenschaftsparadigma. Dieser Ansatz zielt auf die Beschreibung von interindividuellen Differenzen, d. h. von Unterschieden zwischen den Personen einer bestimmten Population. Daher rührt die Bezeichnung »differentieller Ansatz« bzw. »differentielle Psychologie«. Betrachtet werden nicht mehr Beziehungen zwischen Situationen und Reaktionen bei einer Person, sondern die Unterschiede zwischen den Personen einer bestimmten Population in Persönlichkeitsmerkmalen.

Ein Persönlichkeitsmerkmal ist keine Persönlichkeitseigenschaft einer Person, sondern eine Variable, die eine Population charakterisiert. Jeder Person der Population wird eine bestimmte Merkmalsausprägung zugeordnet, z.B. der Grad ihrer Aggressivität oder das Ausmaß ihrer Intelligenz. Von daher sind Begriffe wie »Aggressivität« oder »Intelligenz« mehrdeutig. Einerseits können sie eine Persönlichkeitseigenschaft einer Person bezeichnen (z. B. in der Aussage »Fritz verfügt über eine hohe Intelligenz«), andererseits können sie aber auch ein Persönlichkeitsmerkmal in einer Population bezeichnen (z. B. in der Aussage »Intelligenztest X erfasst die Intelligenz deutscher Erwachsener besser als Intelligenztest Y«). Dies stiftet oft Verwirrung, zumal in der Literatur meist nicht klar zwischen Persönlichkeitseigenschaft als Variablenwert und Persönlichkeitsmerkmal als Variable unterschieden wird.

Persönlichkeitseigenschaften werden im differentiellen Ansatz durch Variablen gemessen, die jeder Person der Population einen Variablenwert zuweisen. Dieser Variablenwert charakterisiert eine Persönlichkeitseigenschaft der Person.

Variablen- und personorientierter differentieller Ansatz

Der Ansatz, aus variablenorientierter Sicht viele Personen in jeweils einem Merkmal zu unterscheiden, zielt auf die Beschreibung einzelner Persönlichkeitsmerkmale; im Mittelpunkt stehen nicht einzelne Personen, sondern Variablen in Populationen. Deshalb wird dieser Ansatz auch als variablenorientierter Ansatz bezeichnet.

Zusätzlich schlug Stern (1911) einen zweiten differentiellen Ansatz vor, der auf die Beschreibung der gesamten Persönlichkeit eines Individuums zielt. Dazu werden Personen in vielen Merkmalen miteinander verglichen. Stern (1911) hat diese beiden Perspektiven auf elegante Weise durch ein Schema beschrieben, das in Abb. 2.7 wiedergegeben ist.

Große Buchstaben kennzeichnen in diesem Schema Personen, kleine Buchstaben Merkmale, also Variablen. Die oberen beiden Graphiken illustrieren zwei Möglichkeiten des variablenorientierten Ansatzes. In der Variationsforschung wird die Variation eines einzigen Merkmals in einer Population betrachtet, z. B. die Variation des räumlichen Vorstellungsvermögens von Studenten. In der Korrelationsforschung wird die Kovariation von zwei Merkmalen über die Personen der Population hinweg betrachtet. Kovariieren z. B. räumliches Vorstellungsvermögen und sprachliche Fähigkeit miteinander? Wenn das der Fall wäre, könnten wir ein übergeordnetes Merkmal »Intelligenz« dadurch bestimmen, dass wir die Werte in beiden Merkmalen mitteln.

Diese Art der Kovariation ist eine völlig andere als die Kovariation von Reaktionen über Situationen bei einer Person (vgl. Abb. 2.6). In der Korrelationsforschung wird vielmehr die Kovariation von Merkmalen über Personen untersucht. Abbildung 2.8 macht das an dem Fall deutlich, dass die beiden kovariierenden Merkmale körperliche und mentale Belastung sind. In Abb. 2.6 sind auf der X-Achse Situationen eingetragen, in Abb. 2.8 aber Personen.

Die beiden unteren Graphiken in Abb. 2.7 illustrieren zwei Möglichkeiten des personorientierten differen-

2.4 · Das Eigenschaftsparadigma

◘ Abb. 2.7. Vier methodische Ansätze. (Nach Stern, 1911)

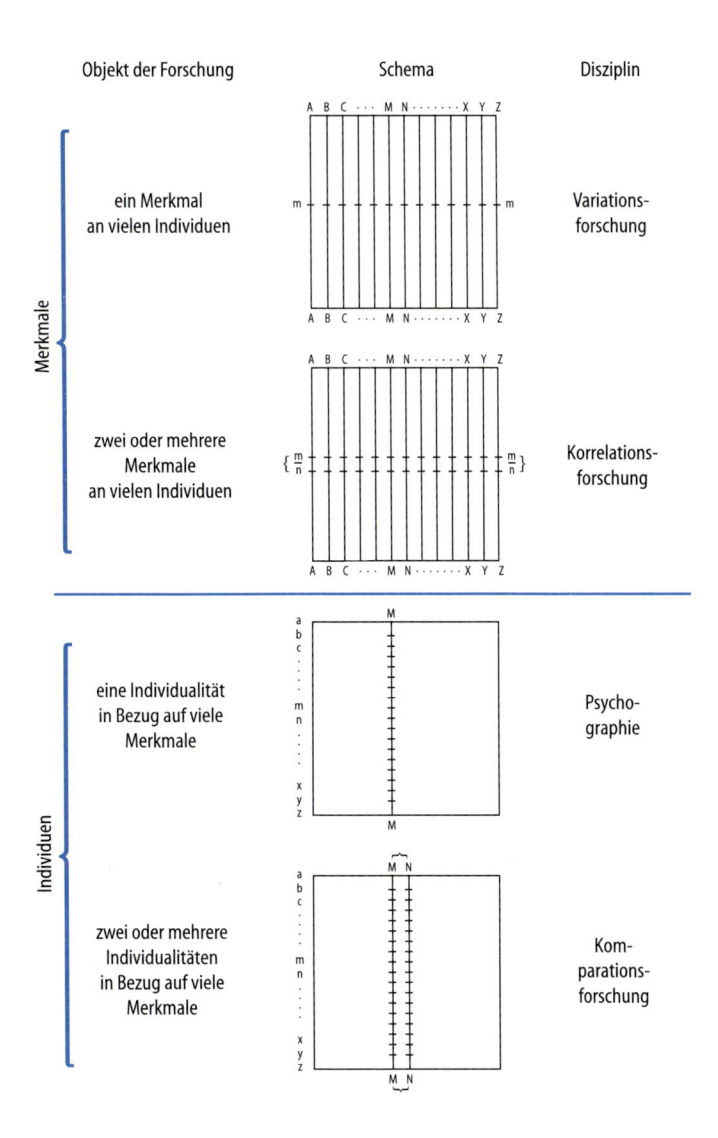

Objekt der Forschung — **Schema** — **Disziplin**

- ein Merkmal an vielen Individuen — Variationsforschung
- zwei oder mehrere Merkmale an vielen Individuen — Korrelationsforschung
- eine Individualität in Bezug auf viele Merkmale — Psychographie
- zwei oder mehrere Individualitäten in Bezug auf viele Merkmale — Komparationsforschung

tiellen Ansatzes. In der Psychographie wird eine einzige Person in vielen Merkmalen betrachtet, z. B. in ihrer Leistung in verschiedenen Tests, die spezifische Aspekte ihrer Intelligenz erfassen, wie z. B. sprachliche Fähigkeiten, rechnerische Fähigkeiten, räumliches Vorstellungsvermögen. Es entsteht dann ein Persönlichkeitsprofil, das einen Persönlichkeitsbereich beschreibt, z. B. den Intelligenzbereich. ◘ Abbildung 2.9 illustriert ein Intelligenzprofil am Beispiel von 8 Untertests des Hamburg-Wechsler-Intelligenztests für Erwachsene (HAWIE-R; Tewes, 1991).

Das Niveau dieses Persönlichkeitsprofils, d. h. die mittlere Leistung der Person in allen Intelligenztests, beschreibt die »allgemeine Intelligenz« der Person. Die Profilgestalt, d. h. Unterschiede zwischen ihren Leistungen in den einzelnen Tests, beschreibt ihre »Intelligenzstruktur«, z. B. ob ihre sprachlichen Fähigkeiten (die ersten 4 Tests in ◘ Abb. 2.9) schlechter sind als ihre nichtsprachlichen (die weiteren 4 Tests); vgl. hierzu genauer 4.4.1. Die gesamte Persönlichkeit einer Person wird im differentiellen Ansatz ganz analog verstanden als Profil in allen Merkmalen, in denen sich die Mitglieder der Referenzpopulation unterscheiden.

> **! Merke**
> Im differentiellen Ansatz versteht man unter der Persönlichkeit einer Person die Gesamtheit ihrer Merkmalsausprägungen in allen Merkmalen, in denen sich
> ▼

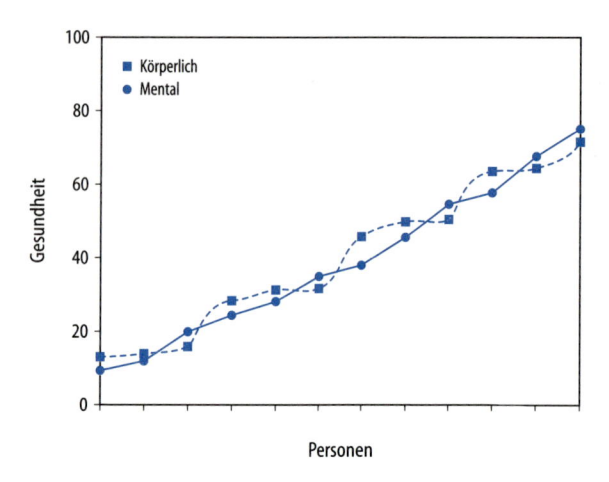

Abb. 2.8. Korrelation von körperlicher und mentaler Belastung über Personen (hypothetisches Beispiel; die Ordnung der Personen auf der X-Achse nach mentaler Gesundheit spielt für die Korrelation keine Rolle)

es sich um einen Vergleich hinsichtlich der Intelligenz, geht es bei der Komparationsforschung also um einen Vergleich der Intelligenzstruktur unabhängig vom Intelligenzniveau.

Dies eröffnet die Möglichkeit, Personen nach ähnlicher Gestalt ihres Persönlichkeitsprofils zu klassifizieren. Z.B. werden alle Personen, deren räumliches Vorstellungsvermögen schlechter ist als ihre sprachlichen Fähigkeiten, zu einem Persönlichkeitstyp zusammengefasst; die Personen, bei denen es umgekehrt ist, bilden den Antityp, und Personen, bei denen beide Fähigkeiten gleich gut oder gleich schlecht ausgeprägt sind, bilden einen dritten Typ. Diese Art der Klassifikation wird in Abschn. 4.1.2 genauer dargestellt.

> **Merke**
>
> Im personorientierten Ansatz lassen sich Personen nach Persönlichkeitstypen klassifizieren. Ein solcher Typ besteht aus Personen mit ähnlichem Persönlichkeitsprofil.

die Mitglieder der betrachteten Population voneinander unterscheiden. Die Persönlichkeit kann durch ein Persönlichkeitsprofil veranschaulicht werden.

Die Komparationsforschung schließlich betrachtet die Ähnlichkeit der Persönlichkeitsprofile zweier Personen, indem die Kovariation der Merkmalsausprägungen der beiden Personen über die Merkmale hinweg untersucht wird. Verglichen wird hier also die Profilgestalt. Handelt

Prüfung der Stabilität von Eigenschaften

Damit ist in groben Zügen skizziert, wie im differentiellen Ansatz einzelne Persönlichkeitsmerkmale oder Merkmalsprofile beschrieben werden. Zusätzlich zu dieser Beschreibung muss jedoch noch geprüft werden, ob die erfassten Merkmale oder Merkmalsprofile auch mittelfristig stabil sind. Denn nur dann handelt es sich um Aspekte der Persönlichkeit.

Abb. 2.9. Intelligenzprofil in acht Untertests des HAWIE

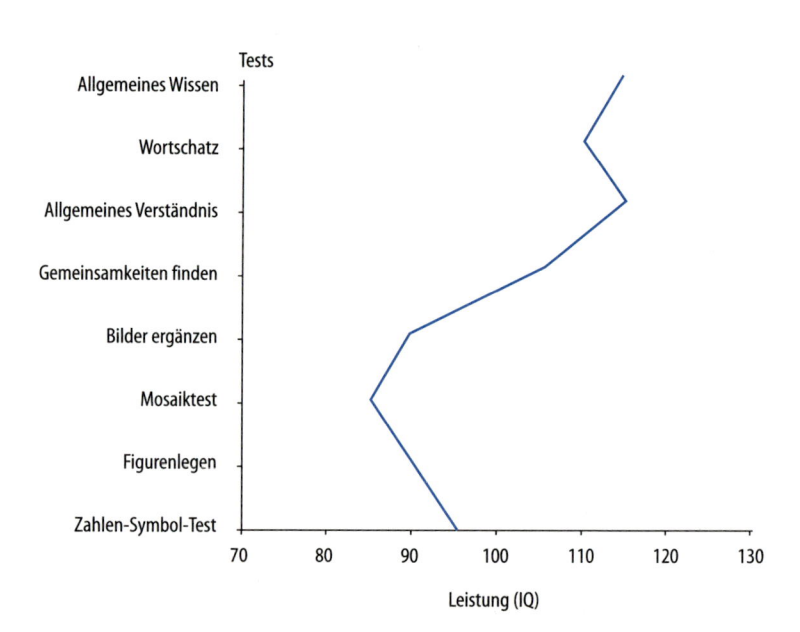

2.4 · Das Eigenschaftsparadigma

Die Prüfung erfolgt über die Kovariation von Merkmalen bzw. Merkmalsprofilen zwischen verschiedenen Zeitpunkten (vgl. Abb. 2.10a,b). Die Stabilitätsprüfung für ein einzelnes Merkmal erfolgt dadurch, dass das Merkmal an denselben Personen zweimal gemessen wird und die Kovariation der beiden Messungen über die Personen betrachtet wird. Ist sie hoch wie im Falle von Abb. 2.10a, wurde für fast alle Personen zu beiden Zeitpunkten ein sehr ähnlicher Wert gemessen. Das schließt nicht deutliche Änderungen bei einigen wenigen Personen aus (vgl. Abb. 2.10a), aber da es hier um die Stabilität einer Variable geht, nicht um die Stabilität einer einzelnen Person, ist dies unproblematisch.

> **Merke**
> Stabilität charakterisiert im variablenorientierten Ansatz Populationen, nicht einzelne Personen.

Die Stabilitätsprüfung für ein Merkmalsprofil erfolgt dagegen Person für Person; dies entspricht der Logik des personorientierten Ansatzes. Das Profil einer Person wird zweimal gemessen und die Kovariation ihrer beiden Profile über Messwerte betrachtet. Ist sie hoch wie in Abb. 2.10b, weist die Person ein stabiles Profil auf. Das schließt nicht deutliche Änderungen bei einigen wenigen Merkmalen aus (vgl. Abb. 2.10b), aber da es hier um die Stabilität eines Profils geht, nicht um die Stabilität eines einzelnen Merkmals, ist dies unproblematisch.

> **Merke**
> Stabilität charakterisiert im personorientierten Ansatz Profile, nicht einzelne Merkmale.
> Der Schluss von Merkmalen auf Eigenschaften erfordert immer einen empirischen Nachweis der Zeitstabilität dieser Merkmale, der Schluss von einem Merkmalsprofil auf die Persönlichkeit immer einen Nachweis der Zeitstabilität des Profils.

Kombination individuumzentrierter und differentieller Messungen

Das Schema von Stern (1911) hat einen Nachteil: Es suggeriert, dass Persönlichkeitsprofile und daraus abgeleitete Persönlichkeitstypen auf differentiell gemessenen Merkmalen beruhen. Das kann so sein, muss aber nicht so sein. Abbildung 2.11 illustriert eine differentielle Messung auf der Basis von Merkmalen, die individuumzentriert gemessen wurden.

Abbildung 2.11 zeigt Tagebuchdaten von zwei Studenten zur mittleren Konfliktstärke für verschiedene Typen von Interaktionspartnern. Die Profile sind iden-

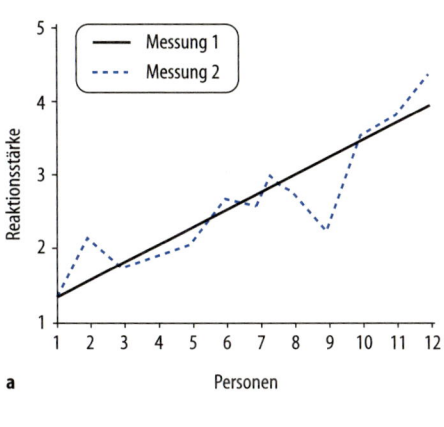

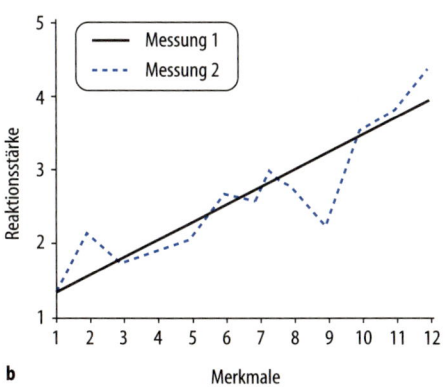

Abb. 2.10. Zeitliche Stabilität **a** eines Merkmals und **b** eines Merkmalsprofils

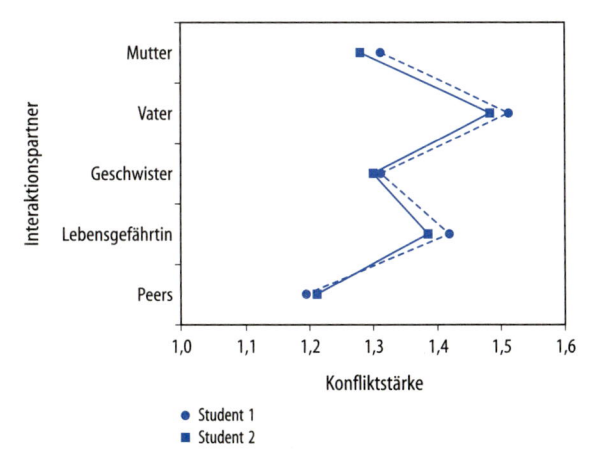

Abb. 2.11. Mittlere Stärke des Konfliktverhaltens von zwei Studenten für verschiedene Typen von Interaktionspartnern

tisch mit denen in ◘ Abb. 2.5, beziehen sich in diesem Fall aber nicht auf zwei Tagebuchanteile derselben Person, sondern auf das komplette Tagebuch von zwei Personen. Die Profile selbst wurden individuumzentriert gemessen, enthalten also keine Aussagen über individuelle Besonderheiten.

Wie stark die »individuelle Note« des Profils eines Studenten ist, kann differentiell dadurch bestimmt werden, dass die Profile für eine repräsentative Stichprobe von Studenten bestimmt und dann auf Kovariation untereinander geprüft werden (Komparationsforschung nach Stern). Dabei würde sich vermutlich zeigen, dass nicht alle Profile die gleiche Gestalt haben, sondern dass sich Gruppen von Studenten mit ähnlicher Profilgestalt bilden lassen. Diese Persönlichkeitstypen lassen sich durch das jeweils charakteristische Profil beschreiben. Dieses Beispiel zeigt, dass differentielle Messungen auf ausführlichen individuumzentrierten Messungen aufbauen können.

Methodik

Individuumzentrierter und differentieller Ansatz
Im Eigenschaftsparadigma gibt es zwei unterschiedliche Ansätze, Personen zu beschreiben. Im individuumzentrierten Ansatz werden die persönlichen Eigenschaften eines Menschen unabhängig von anderen Menschen erschlossen. Die Gesamtheit dieser persönlichen Eigenschaften beschreibt die Organisation des Verhaltens eines Menschen, nicht aber seine Persönlichkeit.
Die Persönlichkeit beruht auf individuellen Besonderheiten. Diese werden aus dem Vergleich eines Menschen mit einer Referenzpopulation deutlich. Dies leistet der differentielle Ansatz. Die Mitglieder einer bestimmten Population können variablenorientiert in einzelnen Merkmalen verglichen werden, die sich auf stabile Eigenschaften beziehen. Oder sie können personorientiert durch stabile Merkmalsprofile beschrieben werden. Diese Merkmalsprofile können auf differentiellen, aber auch auf individuumzentrierten Messungen der einzelnen Merkmale aufbauen.

❗ **Merke**
Individuumzentrierter und differentieller Ansatz im Eigenschaftsparadigma sind kein Gegensatz. Im Gegenteil ist es oft eine sinnvolle Strategie, differentielle Messungen erst nach ausführlicher individuumzentrierter Messung des Einzelfalls durchzuführen.

Im Eigenschaftsparadigma gibt es also zwei unterschiedliche, sich sinnvoll ergänzende Ansätze, die Persönlichkeit eines Menschen auf der Basis von Eigenschaften zu beschreiben: den individuumzentrierten und den differentiellen Ansatz (s. »Methodik«).

2.4.3 Methodik

Im letzten Abschnitt wurde deutlich, dass Untersuchungen im Eigenschaftsparadigma aus zwei Phasen bestehen können: einer individuumzentrierten Phase, in der der Einzelfall charakterisiert wird, und einer darauf aufbauenden differentiellen Phase, in der interindividuelle Vergleiche angestellt werden. Die Methodik in diesen beiden Phasen soll nun näher charakterisiert werden. Zunächst werden individuumzentrierte und differentielle Methoden der Datenerhebung besprochen, anschließend Verfahren der Datenanalyse.

Individuumzentrierte Datenerhebung
Individuumzentrierte Persönlichkeitsmessungen variieren auf einer Dimension, die von »weichen« freien verbalen Beschreibungen der Persönlichkeit bis hin zu »harten« quantitativen Messungen reicht. Zu den weichen Methoden zählt die qualitative Biographieforschung, die sich der detaillierten verbalen Beschreibung der Entwicklung einzelner Menschen widmet (vgl. z. B. Jäger, 1996; Thomae, 1988). Diese Methoden werden als weich bezeichnet, weil sie keine Messungen im strengen Sinne der empirischen Wissenschaften darstellen.

Eine Messung im strengen Sinne erfordert nämlich, dass den einzelnen Messungen Zahlen so zugeordnet werden können, dass Beziehungen zwischen den Zahlen auch Beziehungen zwischen den Messungen entsprechen. Handelt es sich z. B. um Reaktionsmessungen, so müssen den einzelnen Reaktionen einer Person Zahlen so zugeordnet werden, dass jedenfalls größere Zahlen stärkeren Reaktionen entsprechen als kleinere Zahlen, oder besser noch, dass gleiche Reaktionsunterschiede gleichen numerischen Differenzen entsprechen (vgl. z. B. Steyer & Eid, 1993, für eine Einführung in die Messtheorie). Diesen Anforderungen entsprechen freie verbale Beschreibungen wie z. B. »sehr intelligent« oder »wenig aggressiv« nicht.

Zwei härtere individuumzentrierte Methoden der Persönlichkeitsbeschreibung seien hier exemplarisch geschildert: Rep-Test und Q-Sort.

2.4 · Das Eigenschaftsparadigma

Kelly (1955) interessierte sich dafür, mit welchen Begriffen einzelne Individuen die Persönlichkeit von Menschen (sich selbst eingeschlossen) beschreiben. Solche Begriffe nannte er die persönlichen Konstrukte (»personal constructs«) des Individuums (»Konstrukte«, weil sie vom Individuum konstruiert werden; »persönliche«, weil sie von Individuum zu Individuum variieren können). Kelly (1955) interessierte sich also für individualtypische Aspekte der naiven Persönlichkeitstheorie einzelner Menschen. Um die persönlichen Konstrukte eines Individuums zu erfassen, entwickelte er den »Rollen-Konstrukt-Repertoire-Test« (»role construct repertory test«; abgekürzt Rep-Test).

Dazu bekommt die getestete Person eine Liste von Rollen vorgelegt, die Personentypen beschreiben, die für fast alle Menschen im Alltag eine große Bedeutung haben, z.B. Mutter, ungeliebter Lehrer, geliebter Lehrer, Ex-Freund, Chef. Für jede Rolle wird zunächst eine konkrete Person benannt, die in die Rolle passt. So werden insgesamt etwa 20–30 Rollen durch unterschiedliche Personen konkretisiert. Dann werden jeweils zwei Personen vorgegeben, und es wird gefragt, in welcher Hinsicht sich diese zwei ähnlich sind und von einer ebenfalls vorgegebenen dritten Person unterscheiden. Worin sie sich nach Meinung der Testperson ähnlich sind, wird das Ähnlichkeitskonstrukt genannt, worin sie sich unähnlich sind, das Gegensatzkonstrukt. Diese Konstrukte soll die Testperson möglichst kurz frei verbal beschreiben.
◻ Tabelle 2.2 zeigt ein typisches Testprotokoll.

Das Verfahren baut auf systematischen Vergleichen zwischen Personen durch die Testperson auf, liefert aber zunächst nur freie Beschreibungen von Konstrukten. Es ist keine Messung der Konstrukte der Testperson. Die Beschreibungen können aber in Messungen umgewandelt werden, indem die Konstrukte etwa nach Ähnlichkeit klassifiziert werden. Dann lässt sich z.B. die Zahl unterschiedlicher Konstrukte (oder Konstruktklassen) bestimmen, die etwas über die »kognitive Komplexität« der Testperson aussagt. Diese rein individuumzentrierte Messung der kognitiven Komplexität kann dann zwischen unterschiedlichen Testpersonen verglichen werden (vgl. Riemann, 1991, für eine deutsche Version des Rep-Tests und Scheer & Catina, 1993, für mögliche Anwendungen).

Beim Q-Sort-Verfahren von Stephenson (1953) wird eine bestimmte Person durch einen vorgegebenen Satz von Eigenschaftsbezeichnungen charakterisiert, indem jede Eigenschaft danach beurteilt wird, wie charakteristisch sie für die betreffende Person ist. Die Eigenschaften werden also intraindividuell verglichen. Es handelt sich um eine Psychographie im Sinne von Stern (1911), wobei die Merkmale nicht differentiell, sondern individuumzentriert gemessen werden. Es entsteht ein Eigenschaftsprofil, das die beurteilte Person individuumzentriert beschreibt (vgl. »Methodik«).

◻ Abbildung 2.12 illustriert das Q-Sort-Profil am Beispiel eines Kindes, das von seiner Erzieherin im Kindergarten mit Hilfe der deutschen Version des California Child Q-Set (CCQ) von Göttert und Asendorpf (1989) beurteilt wurde. Der deutsche CCQ enthält 54 Eigenschaftsbezeichnungen, die auf neun Kategorien gleichmäßig verteilt werden müssen (jede Kategorie muss also sechs Eigenschaften enthalten). Angegeben ist nur ein Ausschnitt aus dem Profil (zwei Eigenschaften pro Kategorie).

◻ Tabelle 2.2. Testprotokoll eines Rep-Tests. (Nach Pervin, 2000)

Nr.	Ähnlich	Ähnlichkeitskonstrukt	Unähnlich	Gegensatzkonstrukt
1	Chef erfolgreiche Person	Beziehung zu mir	begehrte Person	ohne Beziehung
2	abweisende Person bemitleidete Person	unglücklich	intelligente Person	zufrieden
3	Vater geliebter Lehrer	ruhig, unbekümmert	bemitleidete Person	nervös, überspannt
4	Mutter Schwester	überkritisch	Freund	freundlich
5	Ex-Freund bemitleidete Person	Minderwertigkeitsgefühle	Freund	selbstsicher

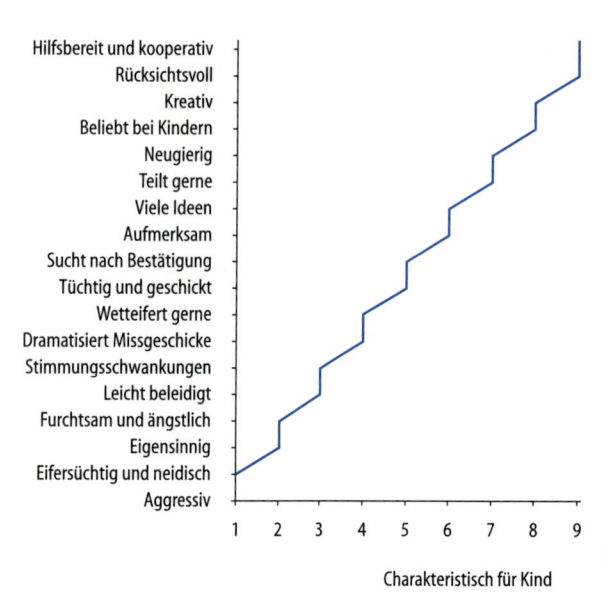

Abb. 2.12. Ausschnitt aus dem Q-Sort-Profil eines Kindes

Das Q-Sort-Verfahren ist nicht wirklich rein individuumzentriert, denn in den Beurteilungsprozess gehen natürlich Überlegungen der Urteiler darüber ein, wie extrem die beurteilte Person in den zu beurteilenden Eigenschaften im Vergleich zu anderen Personen ist. Wie sonst soll jemand z. B. entscheiden, ob seine Freundin ängstlicher als aggressiv oder hilfsbereiter als intelligent ist? Auch sind die beurteilten Eigenschaften nicht von der zu beurteilenden Person selbst erzeugt, sondern vorgegeben. Urteiler können den einzelnen Eigenschaften sozusagen eine persönliche Note geben, indem sie diese auf die charakteristischen Reaktionsweisen der Person beziehen, aber sie werden sich kaum dagegen wehren können, ihr Urteil auch von differentiellen Erwägungen leiten zu lassen.

> **Merke**
>
> Das Q-Sort-Verfahren ist eine Mischung aus individuumzentrierter und differentieller Messung.

Differentielle Datenerhebung

Im differentiellen Ansatz werden eigenschaftsrelevante Merkmalswerte erhoben. Beziehen sie sich auf Dispositionen, kann man drei verschiedene Methoden unterscheiden, diese Dispositionen zu erfassen:
- auf Persönlichkeitsskalen werden Persönlichkeitsdispositionen aufgrund alltagspsychologischer Beschreibungen dieser Eigenschaften direkt beurteilt;
- in Situations-Reaktions-Inventaren wird die Stärke hypothetischer Reaktionen in hypothetisch vorgegebenen Situationen erfragt;
- bei der Verhaltensbeobachtung werden tatsächliche Reaktionen in realen Situationen beobachtet (z. B. Leistung in Test, Prüfungsangst).

»Methodik« S. 47 erläutert den Aufbau von Persönlichkeitsskalen (vgl. ausführlicher Angleitner & Riemann, 1996). Jede solche Skala (nicht zu verwechseln mit der Antwortskala für ihre Items) soll eine einzelne Persönlichkeitseigenschaft messen. Diese Methode der Persönlichkeitsbeschreibung genügt den Anforderungen eines Messbegriffs auch in einem strengeren Sinne.

Persönlichkeitsinventare bestehen aus mehreren Persönlichkeitsskalen. Sie sollen entweder die Persönlichkeit möglichst breit erfassen oder viele unterschiedliche Eigenschaften eines engeren Persönlichkeitsbereichs (z. B. verschiedene Formen der Ängstlichkeit) messen.

Methodik

Das Q-Sort-Verfahren

Beim Q-Sort-Verfahren werden einem Urteiler viele Kärtchen zufällig gemischt vorgegeben. Jedes Kärtchen enthält eine Eigenschaftsbeschreibung, z. B. »ist ängstlich«, »aggressiv«, »hilfsbereit«, »intelligent« usw. Aufgabe des Urteilers ist es, diese Kärtchen danach zu klassifizieren, wie charakteristisch die betreffende Eigenschaft für die zu beurteilende Person ist. Urteiler kann diese Person selbst sein (Selbstbeurteilung), ein Bekannter der Person (Bekanntenbeurteilung) oder ein Experte, der die Person aufgrund verfügbarer Daten (z. B. Interviews, Lebenslauf) beurteilt (Expertenbeurteilung). Der Urteiler sortiert die Eigenschaften in vorgegebene Kategorien ein, die angeben, wie gut die enthaltenen Eigenschaften die zu beurteilende Person charakterisieren, z. B. 1 = ganz schlecht, 2 = eher schlecht, 3 = mittelmäßig, 4 = eher gut, 5 = sehr gut. Meist wird der Urteiler instruiert, in jede Kategorie eine bestimmte Zahl von Eigenschaften zu sortieren, z. B. gleich viele Eigenschaften für alle Kategorien, damit ein möglichst differenziertes Bild der Person entsteht. Faktisch beurteilt der Urteiler damit die Eigenschaften auf einer Skala (z. B. von 1–5), die angibt, wie charakteristisch die Eigenschaft für die Person ist. Damit entsteht ein Q-Sort-Profil, das die Person individuumzentriert beschreibt.

2.4 · Das Eigenschaftsparadigma

Abb. 2.13 illustriert ein Persönlichkeitsinventar am Beispiel des NEO-Fünf-Faktoren-Inventars (NEO-FFI) von Borkenau und Ostendorf (1993). Dieser Fragebogen soll 5 Eigenschaftsdimensionen anhand von jeweils 12 Items erfassen: Neurotizismus, Extraversion, Offenheit gegenüber neuen Erfahrungen, Verträglichkeit und Gewissenhaftigkeit. Er enthält also 60 Items, die insofern systematisch gemischt wurden, als die Items immer wieder in dieser Skalenreihenfolge präsentiert werden. Item 1 und 6 gehört zur Skala Neurotizismus, Item 2 und 7 zur Skala Extraversion usw. Die Items erfassen jeweils einen der beiden Pole einer Eigenschaftsdimension, z. B. niedriger Neurotizismus (Item 1) oder hoher Neurotizismus (Item 6). Abbildung 2.13 zeigt einen Ausschnitt aus dem Antwortbogen des Inventars.

Ob sich die einer Skala zugeordneten Items tatsächlich auf dieselbe Eigenschaft beziehen, wird durch die Kovariation der Items über Personen geprüft. Man wählt aus der Population, für die der Fragebogen entwickelt wurde, eine große, möglichst repräsentative Stichprobe von Personen aus und lässt sie durch sich selbst oder durch Bekannte in dem Fragebogen beurteilen. Abbildung 2.14 illustriert eine gelungene und eine misslungene Skalenkonstruktion anhand der Beurteilungen der vier Items einer »guten« Skala, deren Items dieselbe Eigenschaft erfassen, und der Beurteilungen der vier Items einer »schlechten« Skala, deren Items offensichtlich nicht dieselbe Eigenschaft erfassen, denn sie kovariieren nicht über Personen.

Methodik

Persönlichkeitsskalen

Eine Persönlichkeitsskala soll eine bestimmte Eigenschaft erfassen. Sie besteht aus vielen Eigenschaftsbeschreibungen, die sich alle auf dieselbe Eigenschaft beziehen. Jede solche Beschreibung wird als Item bezeichnet (gesprochen »aitem«, da dieser Begriff aus dem Englischen stammt).

Die Items einer Skala werden von Urteilern auf einer Antwortskala danach beurteilt, wie ausgeprägt die Eigenschaft bei der betreffenden Person ist im Vergleich zu anderen Personen. Nicht immer wird dabei die Referenzpopulation ausdrücklich benannt. Die Antwortskalen können dichotom sein (z.B. »ist ängstlich«: ja/nein) oder graduell abgestuft sein (z.B. »ist ängstlich«: gar nicht – wenig – etwas – stark – sehr stark oder nie – selten – manchmal – oft – sehr oft); den Antwortstufen werden dann Zahlen zugeordnet.

Die Antworten zu den Items derselben Persönlichkeitsskala werden gemittelt zu einem Skalenwert, der die Eigenschaft beschreibt. Durch diese mehrfache Erfragung derselben Eigenschaft durch unterschiedliche Items können Unterschiede zwischen Beurteilern im Verständnis spezieller Items und andere Fehlerquellen bei der Beurteilung verringert werden. Aus den Skalenwerten einer Person in vielen Persönlichkeitsskalen lässt sich ein Persönlichkeitsprofil erstellen.

Abb. 2.13. Ausschnitt aus einem Antwortbogen des NEO-FFI (Items 1–10). (Borkenau & Ostendorf, 1993)

	Starke Ablehnung	Ablehnung	Neutral	Zustimmung	Starke Zustimmung
1. Ich bin nicht leicht beunruhigt	SA	A	N	Z	SZ
2. Ich habe gerne viele Leute um mich herum	SA	A	N	Z	SZ
3. Ich mag meine Zeit nicht mit Tagträumereien verschwenden	SA	A	N	Z	SZ
4. Ich versuche zu jedem, dem ich begegne, freundlich zu sein	SA	A	N	Z	SZ
5. Ich halte meine Sachen ordentlich und sauber	SA	A	N	Z	SZ
6. Ich fühle mich anderen oft unterlegen	SA	A	N	Z	SZ
7. Ich bin leicht zum Lachen zu bringen	SA	A	N	Z	SZ
8. Ich finde philosophische Diskussionen langweilig	SA	A	N	Z	SZ
9. Ich bekomme häufiger Streit mit meiner Familie und meinen Kollegen	SA	A	N	Z	SZ
10. Ich kann mir meine Zeit recht gut einteilen, so daß ich meine Angelegenheiten rechtzeitig beende	SA	A	N	Z	SZ

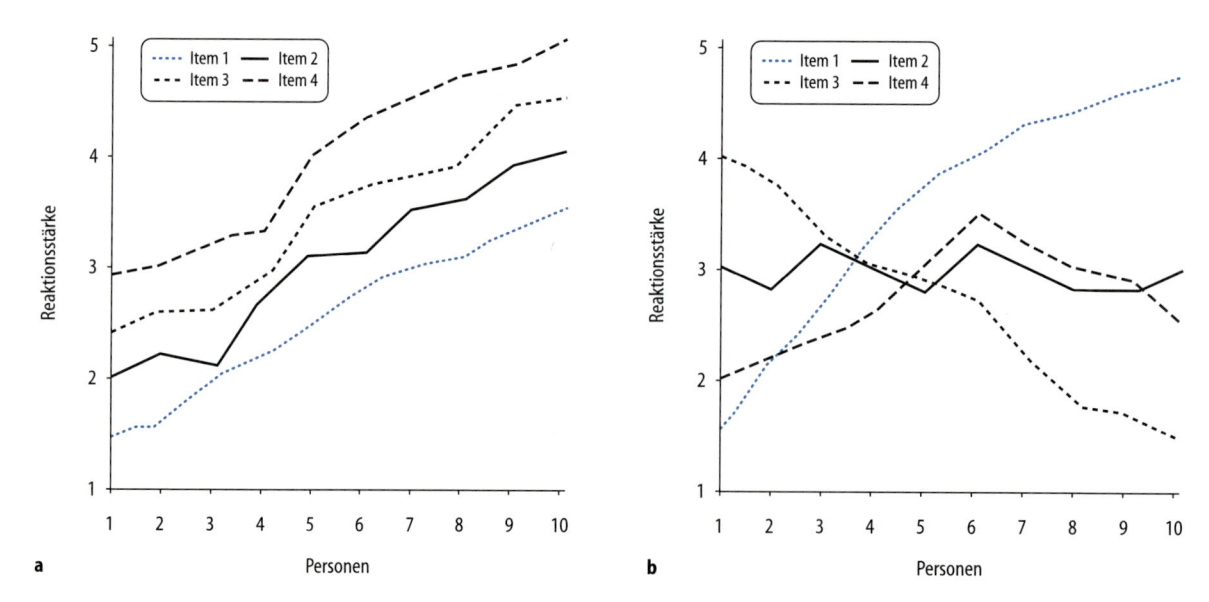

Abb. 2.14. Itemprofile bei gelungener Skalenkonstruktion (a) und misslungener Skalenkonstruktion (b)

Graphisch wird das darin sichtbar, dass die Itemprofile parallel verlaufen oder nicht. Bei guten Skalen bilden alle Items die interindividuellen Unterschiede in der Stichprobe in ähnlicher Weise ab; sie sind ähnlich, weil sie kovariieren. Zwar könnte man die Kovariation der Items verbessern, indem Item 1 umgepolt wird (d.h. am Mittelpunkt der Skala gespiegelt wird). Dennoch bliebe die Skala schlecht wegen der Items 2 und 4.

Bei Persönlichkeitsinventaren bleibt es den Urteilern überlassen, den Bezug von Eigenschaften zu bestimmten Situationen und Reaktionen herzustellen. Der Vorteil dieses Verfahrens ist, dass es wenig aufwendig ist und die Beurteiler individuelle Besonderheiten in Situationen und Reaktionen intuitiv berücksichtigen können. Zum Beispiel ist es so möglich, die Prüfungsängstlichkeit von zwei Studenten miteinander zu vergleichen, die sich bei unterschiedlich strengen Professoren prüfen lassen (Unterschiedlichkeit der Situationen) oder die unterschiedlich auf Prüfungssituationen reagieren (der eine reagiert vor allem mit Herzklopfen, die andere mit einem ängstlichen Gesichtsausdruck). Die Beurteiler bilden intuitiv Äquivalenzklassen von Situationen und Reaktionen, auf die sie ihr Urteil beziehen.

Die Nachteile dieses Verfahrens sind gravierend. Erstens bleibt sehr viel den Beurteilern überlassen, ohne dass kontrolliert werden kann, wie die Beurteiler damit umgehen: Sie können sich an konkrete Reaktionen der zu beurteilenden Person in konkreten Situationen erinnern und daraus ihr Urteil ableiten (aber wie tun sie das genau?), oder sie haben sich bereits ein alltagspsychologisches Urteil über die betreffende Person gebildet, das sie nur noch abrufen müssen (aber wie haben sie das genau getan?). Zudem müssen sie auf intuitive Weise das Problem lösen, dass die Situationen und Reaktionen unterschiedlicher Personen oft nicht unmittelbar miteinander vergleichbar sind. Das bringt alle möglichen Unwägbarkeiten ins Spiel, die dazu beitragen, dass Eigenschaftsbeurteilungen derselben Person bei unterschiedlichen Urteilern deutlich unterschiedlich ausfallen (vgl. Abschn. 2.4.4).

Zweitens bleibt die Persönlichkeitspsychologie dann, wenn sie sich ausschließlich auf Eigenschaftsbeurteilungen verlässt, letztlich in der Alltagspsychologie gefangen, denn Beurteiler geben ihr Urteil immer aufgrund alltagspsychologischer Erwägungen ab. Diese Kritikpunkte gelten genauso für das Q-Sort-Verfahren. Die Persönlichkeitspsychologie kann zwar Eigenschaftsbeurteilungen nutzen, muss aber darüber hinausgehen, indem auch Verhalten in konkreten Situationen untersucht wird.

Einen Schritt in diese Richtung stellen Fragebögen dar, in denen hypothetische Reaktionen in hypothetischen Situationen erfragt werden. Im einfachsten Fall werden viele Situationen hinsichtlich einer einzigen Reaktion beurteilt (Situationsinventar). Abbildung 2.15 illustriert ein solches Situationsinventar anhand einiger Items des Fear Survey Schedule (FSS)

2.4 · Das Eigenschaftsparadigma

Abb. 2.15. Situationsprofile von drei Personen in Items des FSS (Fear Survey Schedule)

Angst	gar nicht	ein wenig	deutlich	stark	sehr stark
Würmer					
Tote Tiere					
Versagen					
Leute mit Missbildungen					
Eine Straße überqueren					
Weite offene Räume					
Laute Stimmen					
Einem Kampf zusehen					
Menschliches Blut					
Bei einer Operation zusehen					

A · B · C

von Wolpe und Lang (1964). Im FSS werden hypothetische angsterregende Situationen vorgegeben, die nach dem Grad der vermutlich darin erlebten Angst zu beurteilen sind. In Abb. 2.15 sind die Situationsprofile von drei Personen A, B, C eingezeichnet. B und C unterscheiden sich in ihrem Profilniveau, nicht aber in ihrer Profilgestalt; A und B unterscheiden sich in ihrer Profilgestalt, nicht aber in ihrem Profilniveau.

Werden zusätzlich auch noch mehrere Reaktionen vorgegeben, die jeweils für alle Situationen hinsichtlich ihrer Stärke zu beurteilen sind, entsteht ein Situations-Reaktions-Inventar. Das erste Inventar dieser Art wurde von Endler et al. (1962) zur Messung von Ängstlichkeit entwickelt. Jedes Item beschreibt eine potentiell angsterregende Situation und wird hinsichtlich mehrerer Angstreaktionen auf einer Intensitätsskala beurteilt.

Mit Hilfe von Situations-Reaktions-Inventaren lässt sich nicht nur die allgemeine Ängstlichkeit einer Person erfassen (mittleres Niveau aller Urteile) und ein individuelles Situationsprofil erstellen, das aus Mittelwerten von Reaktionen pro Situation aufgebaut ist, sondern es lassen sich auch individuelle Reaktionsprofile erstellen, die aus Mittelwerten von Situationen pro Reaktion aufgebaut sind. Ein solches Profil könnte z. B. besagen, dass jemand stärker mit Herzklopfen auf Angstsituationen reagiert als mit Schwitzen oder belegter Stimme.

Aber auch Situations-Reaktions-Inventare können letztlich nicht Untersuchungen des tatsächlichen Verhaltens von Personen in realen Situationen ersetzen, denn Reaktionsbeurteilungen für hypothetische Situationen können in vielerlei Hinsicht verzerrt sein, z. B. durch eine verzerrte Wahrnehmung des Verhaltens, Schwierigkeiten bei der Erinnerung daran, wie sich die beurteilte Person in solchen Situationen tatsächlich verhalten hat oder Tendenzen des Urteilers, die beurteilte Person in einem günstigen Licht erscheinen zu lassen.

❗ Merke

Fragen nach Verhalten in hypothetischen Situationen ersetzen nicht die Untersuchung des tatsächlichen Verhaltens in realen Situationen.

Bei der Verhaltensbeobachtung wird tatsächliches Verhalten in realen Situationen erhoben (eingeschlossen physiologische Reaktionen wie z. B. Herzrate). Die Situationen können vom Untersucher zum Zweck der Untersuchung hergestellt sein, z. B. die Bearbeitung der Aufgaben eines Leistungstests oder soziales oder emotionales Verhalten in inszenierten Laborsituationen. Oder es handelt sich um Beobachtungen im Alltag (z. B. Beobachtung des Verhaltens von Kindern im Freispiel im Kindergarten oder von Erwachsenen am Arbeitsplatz; ganztägige kontinuierliche Messung der Herzrate oder der Sprechaktivität durch portable Messinstrumente). Hier ist die Prüfung der Stabilität der gemessenen interindividuellen Unterschiede besonders wichtig, weil Verhalten in realen Situationen meist stärker fluktuiert als Beurteilungen von Verhalten in hypothetischen Situationen.

Verhaltensbeobachtungen sind viel aufwendiger als Fragebögen, aber nur sie liefern ein ungeschminktes Bild vom Verhalten selbst. Ihr Einsatz ist in dreifacher Hinsicht begrenzt:
- Erfasst werden kann nur beobachtbares Verhalten, nicht subjektives Erleben (z.B. Angsterleben, eine politische Einstellung).
- Erfordert die Verhaltensmessung eine visuelle Beobachtung (z.B. schüchternes Verhalten in sozialen Situationen), so ist eine Messung im Alltag praktisch unmöglich (sie erforderte eine ständige Begleitung durch einen Beobachter).
- Intimes Verhalten zu beobachten wäre ein Eingriff in die Privatsphäre (z.B. bei sexuellem Verhalten).

> **Merke**
> Verhaltensbeobachtung ist die Methode der Wahl zur Messung der Persönlichkeit, kann aber nur bestimmte Persönlichkeitsbereiche erfassen.

Beschreibung der Variation von Messwerten

Die Datenanalyse im Eigenschaftsparadigma bezieht sich stets auf Variationen und Kovariationen von Messwerten. Bisher wurden diese Variationen und Kovariationen immer nur an idealisierten Beispielen illustriert, in denen eine Variation vorgegeben war und in denen es stets klar war, ob zwei Variablen kovariierten oder nicht. In Wirklichkeit variiert das Ausmaß der Variation und Kovariation aber natürlich graduell. Um den differentiellen Ansatz empirisch zu realisieren, ist es deshalb notwendig, Formen und Ausmaß der Variation und Kovariation näher zu beschreiben und zu quantifizieren.

Merkmale werden auf einer Skala gemessen (z.B. 0–1 oder 1-2-3-4-5). Jeder Skalenwert repräsentiert den Merkmalswert einer Person. Die Variation der Merkmalswerte über Personen wird durch die Verteilung der Merkmalswerte beschrieben. Man zählt für jeden möglichen Wert (oder für ein enges Intervall von graduell abgestuften Werten) aus, wieviele Personen diesen Wert (oder einen Wert in diesem Intervall) haben (◘ Abb. 2.16).

Die linke Verteilung bezieht sich auf die Extraversionswerte von 1 000 englischen Soldaten, die durch Selbstbeschreibung in einem Fragebogen auf einer Skala von 1–10 erhoben wurden (Eysenck, 1947). Es handelt sich um eine annähernde Normalverteilung, d.h., sie folgt einer Glockenform: Die meisten Personen haben Werte nahe dem Mittelwert der Stichprobe, und je stärker die Werte von diesem Mittelwert abweichen, desto seltener kommt dies vor. Normalverteilungen sind symmetrisch zum Mittelwert, d.h., Abweichungen vom Mittelwert in Richtung niedrigerer oder höherer Werte sind gleich wahrscheinlich. Annähernde Normalverteilungen kommen häufig vor. Man kann mathematisch zeigen, dass Merkmale, die auf vielen voneinander unabhängigen Ursachen beruhen, normalverteilt sind. Eigenschaftsmessungen sind deshalb so oft annähernd normalverteilt, weil die erfasste Eigenschaft auf vielen relativ unabhängigen Einflussfaktoren beruht (z.B. auf vielen genetischen Faktoren und Umweltbedingungen; das wird in Kap. 6 genauer erläutert).

Es gibt aber auch Merkmalsmessungen, bei denen sich der Mittelwert nahe dem kleinsten oder größten Wert befindet. Das bedeutet, dass sehr kleine bzw. große Werte die Norm darstellen und große Abweichungen nach unten bzw. oben weniger wahrscheinlich sind als Abweichungen in die entgegengesetzte Richtung. Dann ergibt sich eine schiefe Verteilung. Die rechte Verteilung in ◘ Abb. 2.16 ist ein solcher Fall (Asendorpf, 1999). Beobachtet wurde die Art der Kontaktaufnahme von 79 4jährigen Kindergartenkindern. Pro Kind wurde die Rate der aggressiven Kontaktinitiativen unter allen Kontaktauf-

◘ **Abb. 2.16.** Annähernde Normalverteilung (a) und schiefe Verteilung (b)

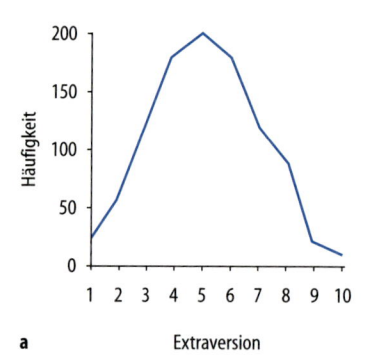

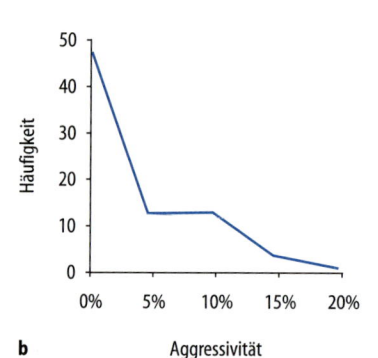

nahmeversuchen des Kindes in Prozent bestimmt (ein Aggressivitätsmaß, das unabhängig von der Zahl der beobachteten Kontaktaufnahmen ist). Diese Aggressivitätswerte waren sehr schief verteilt: 50 der 79 Kinder zeigten während der insgesamt zweistündigen Beobachtung überhaupt keine aggressiven Kontaktinitiativen, und nur wenige Kinder zeigten eine höhere Aggressionsrate.

Schiefe Verteilungen signalisieren, dass die Variabilität der Merkmalswerte im unteren bzw. oberen Bereich der Skala eingeschränkt ist. Da es das Ziel der differentiellen Eigenschaftsmessung ist, Personen voneinander gut zu unterscheiden, sind schiefe Verteilungen unerwünscht. Erwünscht sind vielmehr symmetrische Verteilungen (wie z.B. die Normalverteilung), bei denen die Eigenschaftswerte nach beiden Richtungen gleichmäßig um den Mittelwert streuen.

Die Verteilung einer Eigenschaftsmessung ist neben ihrer Form durch zwei wichtige Kennwerte charakterisiert: Mittelwert und Streuung (s. »Methodik«). Bei gegebener Skala sollte der Mittelwert nahe dem Mittelpunkt der Skala liegen (z.B. bei Prozentwerten nahe 50 %, bei einer Skala, die von 1–10 reicht, nahe 5), denn wenn er zu stark in den unteren bzw. oberen Bereich der Skala rückt, führt dies zu einer schiefen Verteilung mit eingeschränkter Variabilität der Werte im unteren bzw. oberen Bereich. Wie die Formel der Varianz in »Methodik« deutlich macht, sollte bei gleicher Skalierung der Werte die Streuung einer Verteilung groß sein, denn dadurch werden die Personen gut voneinander unterschieden. Die Skala sollte also gut ausgenutzt sein.

> **Merke**
> Bei Eigenschaftsmessungen sollten sich symmetrische Verteilungen mit großer Streuung ergeben.

Die Einschränkung »bei gleicher Skalierung der Werte« ist wichtig, denn wenn man die Skala, auf der gemessen wird, transformiert, ändert sich die Streuung entsprechend. Das sei am Beispiel der Extraversionsdaten in Abb. 2.16 illustriert. Diese Werte variieren auf einer Skala von 1–10. Abbildung 2.17 zeigt, was mit der Verteilung geschieht, wenn zu den Werten aller Personen die Zahl 10 hinzugezählt wird und wenn sie mit 2 multipliziert, also verdoppelt werden.

Hinzuzählen von 10 ändert den Mittelwert (er ist nun um 10 höher), nicht aber die Streuung, denn die bezieht sich ja auf den Mittelwert. Multiplizieren mit 2 ändert den Mittelwert (er ist nun doppelt so hoch) und die Streuung. Die Standardabweichung wird doppelt so hoch, weil die einzelnen Abweichungen vom Mittelwert nun doppelt so hoch sind. Zentral für ein tieferes Verständnis differentieller Messungen ist nun die Überlegung, dass diese Veränderungen durch Addieren oder Multiplizieren von Konstanten zwar Mittelwert oder Streuung ändern, die Differenzen zwischen den Personen aber proportional erhalten bleiben. Die interindividuellen Unterschiede werden durch lineare Transformation der Skala (Addieren oder Multiplizieren von Konstanten) nicht wesentlich verändert. Alle Abstände zwischen Personen bleiben proportional zueinander gewahrt (in diesem Beispiel: Sie werden alle verdoppelt).

> **Merke**
> Lineare Transformationen der Messskala ändern interindividuelle Unterschiede proportional und damit nicht wesentlich.

Weil das so ist, kann man durch einen »Trick« differentielle Messungen unabhängig von der ursprünglichen Ska-

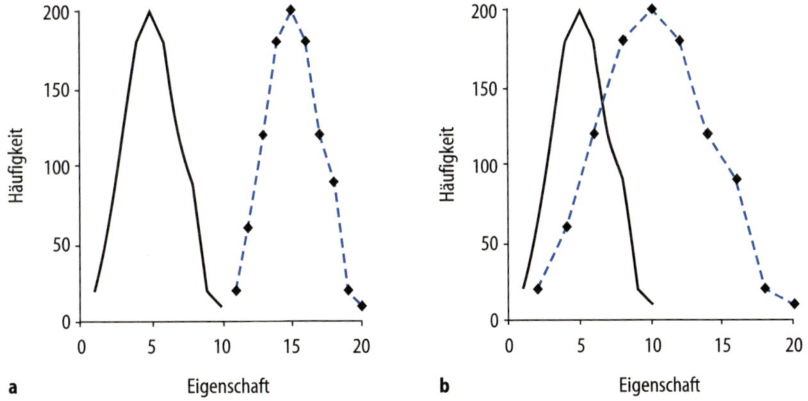

Abb. 2.17. Veränderung einer Verteilung bei Addieren einer Konstanten (a) und Multiplikation mit einer Konstanten (b)

la, auf der gemessen wurde, immer in eine Standardform bringen: Die Werte werden so linear transformiert, dass sie den Mittelwert Null und die Varianz Eins haben (s. »Methodik«).

> **Methodik**
>
> **Kennwerte von Verteilungen**
> Die Verteilung einer Merkmalsmessung in einer Population von Personen gibt an, wie viele Personen der Population bestimmte Merkmalswerte haben. Verteilungen sind durch ihre Schiefe (vgl. Abb. 2.16), durch ihren Mittelwert und ihre Streuung weitgehend charakterisiert. Der Mittelwert M einer Verteilung X ist die Summe aller Merkmalswerte x der Personen, geteilt durch die Anzahl der Personen n:
>
> $$M = \frac{\Sigma x}{n}$$
>
> Die Streuung einer Verteilung wird durch ihre Varianz gekennzeichnet. Die Varianz einer Verteilung X ist die mittlere quadrierte Abweichung der einzelnen Merkmalswerte x vom Mittelwert M:
>
> $$\text{Varianz} = \frac{\Sigma (x - M)^2}{n}$$
>
> Die Varianz ist um so größer, je weiter die Werte um den Mittelwert streuen, d.h. je breiter die Verteilung ist. Die Varianz ist Null, wenn alle Werte gleich sind. Oft wird die Streuung auch durch die Wurzel aus der Varianz beschrieben: die Standardabweichung (abgekürzt SD von englisch: standard deviation). Die Standardabweichung ist ein Maß der mittleren Abweichung der Werte vom Mittelwert.
> Wird die Varianz bzw. Standardabweichung in einer Population durch eine Stichprobe von Personen geschätzt, wird in der Varianzformel n durch $n-1$ ersetzt, da diese Art der Schätzung genauer ist.

Alle differentiellen Messungen kann man also in Form von z-Werten ausdrücken – Intelligenzmessungen, Ängstlichkeitsmessungen, Messungen der physischen Attraktivität oder auch Messungen der Schuhgröße. Damit kann man Personen zwischen ursprünglich völlig unvergleichbaren Merkmalen vergleichen. Beträgt z.B. der z-Wert einer Person für Intelligenz 0,5 und für Ängstlichkeit 1, so besagt das, dass die Person in ihrer Ängstlichkeit stärker vom Mittelwert der betrachteten Stichprobe nach oben abweicht als in ihrer Intelligenz: Im Vergleich zu anderen Personen der Stichprobe ist sie ängstlicher als intelligent.

> **Methodik**
>
> **Die z-Transformation**
> Differentielle Messungen sagen etwas über Personenunterschiede aus. Diese Unterschiede bleiben untereinander proportional erhalten, wenn die ursprünglichen Messwerte linear transformiert werden (Addition/Subtraktion einer Konstanten oder Multiplikation/Division mit einer Konstanten). Da lineare Transformationen die Resultate differentieller Messungen nicht wesentlich verändern, kann man jede differentielle Messung X standardisieren, indem auf sie die lineare Transformation
>
> $$z = \frac{x - M}{SD}$$
>
> angewandt wird, wobei M der Mittelwert und SD die Standardabweichung der ursprünglichen Messwerte x ist. Man zieht also den Mittelwert ab und teilt durch die Standardabweichung. Diese Transformation heißt z-Transformation, und die transformierten Werte heißen z-Werte. Sie haben die Eigenschaft, den Mittelwert 0 und die Varianz 1 zu haben. Positive z-Werte bedeuten, dass der Merkmalswert der Person größer als der Mittelwert der Stichprobe ist, negative Werte besagen, dass er kleiner als dieser Mittelwert ist. Durch die z-Transformation geht die ursprüngliche Information über Mittelwert und Streuung der Eigenschaftswerte verloren. Dafür wird aber etwas Entscheidendes gewonnen: Die z-Werte sind direkt zwischen verschiedenen Messverfahren oder Untersuchungen vergleichbar. Sie stellen eine »gemeinsame Sprache« dar, in der man über Merkmalsunterschiede zwischen Personen »reden« kann.

Erst dieser »Trick« erlaubt es, auf durchschaubare Weise nicht nur Personen durch ihre Situationsprofile zu charakterisieren, sondern auch durch ihre Reaktionsprofile, d.h. durch ihre individuellen Besonderheiten in mehreren Reaktionen relativ zu einer Referenzpopulation. ◘ Abbildung 2.3 in Abschn. 2.2.4 illustrierte das bereits am Beispiel des Experiments von Asendorpf und Scherer (1983), denn dort wurde berichtete Angst, Herzrate und ängstliche Mimik von Repressern, Niedrigängstlichen und Hochängstlichen in z-Werten dargestellt, die

2.4 · Das Eigenschaftsparadigma

über alle Personen der untersuchten Stichprobe gebildet worden waren.

Beschreibung der Kovariation von zwei Variablen

Gewappnet mit dem Werkzeug der z-Transformation können wir nun die Frage behandeln, wie die Stärke der Kovariation von zwei Variablen quantifiziert wird. Kovariationen variieren graduell zwischen perfekt gleichsinniger Kovariation (immer wenn der Wert der einen Variable hoch ist, ist es auch der Wert der anderen Variable; entsprechend für niedrige Werte), keiner Beziehung zwischen den beiden Variablen und perfekt gegenläufiger Kovariation (immer wenn der Wert der einen Variable hoch ist, ist der Wert der anderen Variable niedrig und umgekehrt). Ein geeignetes Maß für den Grad der Kovariation von zwei Variablen ist ihre Korrelation (s. »Methodik«).

Graphisch lässt sich die Korrelation von zwei Variablen X, Y über Personen durch ihr Korrelationsdiagramm veranschaulichen, in dem die Wertepaare (x,y) einer Person als Punkte mit den Koordinaten x,y eingetragen sind. Zum Beispiel lässt sich die Korrelation von zwei Items eines Fragebogens über 100 Personen veranschaulichen, indem man jeder Person einen Punkt mit den Koordinaten »Stärke in Item X« und »Stärke in Item Y« zuordnet. Es resultiert eine Punktwolke aus 100 Punkten. Die Form dieser Wolke gibt Auskunft über die Enge der Kovariation der beiden Items. ◘ Abbildung 2.18 zeigt vier typische Fälle.

In den beiden ersten Fällen liegen die Punkte ziemlich genau auf einer Geraden. Aus jedem X-Wert lässt sich also mit hoher Genauigkeit der zugehörige Y-Wert vorhersagen und umgekehrt: Es besteht eine enge Kovariation der beiden Variablen X und Y. Die individuellen Konsistenzen sind hoch für alle Personen. Im ersten Fall besteht eine positive Kovariation, d.h. je höher der X-Wert ist, desto höher ist der Y-Wert und umgekehrt. Im zweiten Fall besteht eine negative Kovariation, d.h. je höher der X-Wert, desto niedriger der Y-Wert. Im dritten Fall besteht eine mittelstark positive Kovariation, d.h. aus Kenntnis von X lässt sich der Y-Wert nur ungenau vorhersagen und umgekehrt. Die individuellen Konsistenzen sind nicht alle niedrig, sondern einige sind hoch, andere niedrig. Im vierten Fall kovariieren X und Y weder positiv noch negativ, d.h. aus den X-Werten lässt sich nichts über Y-Werte aussagen und umgekehrt: Die Korrelation von X und Y ist Null.

Umgekehrt kann aber aus einer Null-Korrelation von zwei Variablen nicht geschlossen werden, dass gar kein Zusammenhang zwischen ihnen besteht. Korrelationen messen nur lineare Zusammenhänge. U-förmige Zusammenhänge beispielsweise, bei denen kleine und große

◘ Abb. 2.18. Typische Fälle von Korrelationsdiagrammen.
a Hohe positive Korrelation, **b** hohe negative Korrelation, **c** mittelstark positive Korrelation, **d** Nullkorrelation

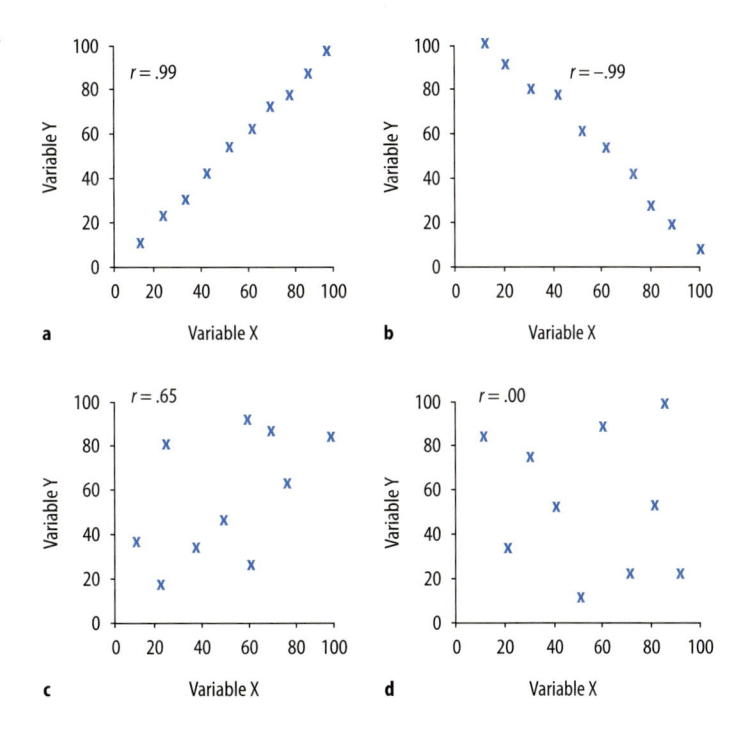

Werte der einen Variable mit großen Werten der anderen Variable zusammenhängen, führen zu einer Null-Korrelation.

Methodik

Korrelation und individuelle Konsistenz

Der Grad der Kovariation von zwei Variablen X und Y lässt sich durch eine Zahl beschreiben, die beliebige Werte von +1 bis –1 annehmen kann: die Korrelation der beiden Variablen. Die Korrelation r ist das mittlere Produkt aller einander zugeordneten z-transformierten Werte aus X und Y:

$$r = \frac{\sum [z(X) \cdot z(Y)]}{n},$$

wobei $z(X)$ und $z(Y)$ die z-Werte von X und Y sind und n die Zahl der kovariierenden Werte ist. Bei perfekt gleichsinniger Kovariation ist $r = 1$, bei keiner linearen Beziehung zwischen X und Y ist $r = 0$ und bei perfekt gegenläufiger Kovariation ist $r = -1$; die Korrelation kann beliebige Werte zwischen 1 und minus 1 annehmen. Deshalb werden Korrelationen traditionell ohne führende Null und mit Punkt als Dezimalzeichen geschrieben. Statt 0,65 schreibt man also .65, statt –0,65 schreibt man –.65. Eine plausible Interpretation einer Korrelation über Personen liefert die wenig bekannte, äquivalente Darstellung der Korrelation als mittlere individuelle Konsistenz (Asendorpf, 1991):

$$r = \frac{\sum i(X,Y)}{n},$$

$$i(X,Y) = 1 - \frac{[z(X) - z(Y)]^2}{2}.$$

Die beiden z-transformierten Variablen werden Person für Person miteinander verglichen. Wie man an der Formel für die individuelle Konsistenz sehen kann, ist sie ein Maß der Ähnlichkeit der beiden z-Werte einer Person. Der Mittelwert der individuellen Konsistenzen aller Personen ist die Korrelation der beiden Variablen X und Y. Die Korrelation ist also ein Maß der mittleren Ähnlichkeit der einander zugeordneten z-Werte der Personen.

Wird die Korrelation in einer Population durch eine Stichprobe von Personen geschätzt, wird in der Korrelationsformel n durch n – 1 ersetzt, da diese Art der Schätzung genauer ist.

Korrelationen bleiben von linearen Transformationen der Variablen X,Y unberührt, denn sie beruhen auf z-Werten. Messen Korrelationen die Ähnlichkeit von Profilen, sagen sie deshalb nur etwas über die Ähnlichkeit der Profilgestalt aus; Unterschiede im Profilniveau und in der Profilstreuung ignorieren sie. Addiert man z. B. bei einer Reaktion bei allen Personen den Wert 1 hinzu, ändert sich die Korrelation dieser Reaktion mit anderen Reaktionen nicht. Verdoppelt man alle Reaktionswerte, ändert sich die Korrelation auch nicht.

> **Merke**
>
> Korrelationen zwischen Profilen messen die Ähnlichkeit der Profilgestalt unabhängig von Profilniveau und Profilstreuung.

Beschreibung der Konsistenz vieler Messungen

Manche differentielle Fragestellungen betreffen mehr als zwei Variablen. So enthalten z. B. Persönlichkeitsskalen typischerweise viele Items, die dieselbe Persönlichkeitseigenschaft messen sollen. Zwar kann man für jeweils zwei Items deren Korrelation über Personen bestimmen und so einen Eindruck davon bekommen, ob sie tatsächlich dieselben Unterschiede zwischen den Personen erfassen, aber bei vielen Items für eine Skala gibt es so viele Item-Paare, dass das Gesamtmuster der Korrelationen schwer zu interpretieren ist, besonders wenn die Korrelationen nicht alle hoch sind.

Für diesen Fall gibt es zwei hauptsächlich angewandte Methoden. Interessiert die Qualität der einzelnen Items derselben Skala, so kann man die Korrelation zwischen jeweils einem Item und den gemittelten restlichen Items bestimmen, die sog. Trennschärfe des Items. Ist sie hoch, trennt das Item die Personen so gut wie der Rest der Skala (daher die Bezeichnung »Trennschärfe«). Trennscharfe Items sind »gute« Items, die zur Skala passen. Ist die Trennschärfe niedrig (z. B. unter .20), misst das Item hauptsächlich etwas anderes als die Skala; »gute« Skalen enthalten solche Items nicht.

Will man eine neue Skala konstruieren, beginnt man meist mit vielen Items, von denen man glaubt, dass sie das Konstrukt, das man messen möchte, auch wirklich erfassen. Dann lässt man in einer Pilotstudie viele Personen alle Items beantworten und macht eine Itemanalyse, indem man die Trennschärfe aller Items bestimmt. Items mit schlechten Trennschärfen lässt man weg und erhält so eine erste Version der Skala. Diese überprüft man an einer nun größeren Stichprobe von Personen in der Hoffnung, dass nun alle Items ausreichend hohe Trennschärfen haben. Möglicherweise muss man diesen Schritt mehrfach wiederholen, vor allem dann, wenn die Personen-Stichproben klein (z. B. unter 100 Personen) oder heterogen sind (z. B. wenn man erst mal nur Psychologiestudierende befragt und dann später eine repräsentativere Gruppe von Erwachsenen).

Die Trennschärfen sind ein Maß für die Qualität der einzelnen Items einer Skala. Man möchte aber natürlich auch einen Kennwert haben, der etwas über die Güte der Skala selbst aussagt. Hierfür kann man die Skala z. B. von denselben Personen zweimal in einem etwas größeren Abstand ausfüllen lassen, so dass sie sich nicht mehr an ihre Antworten beim ersten Mal erinnern können (z. B. nach 2 Wochen), und den Skalenmittelwert für jede Person bestimmen (also die über alle Items der Skala gemittelten Antworten der Person). Die Korrelation zwischen diesen beiden Variablen gibt dann die Retestreliabilität (Wiederholungszuverlässigkeit) der Skala an. Das ist allerdings recht aufwendig, denn man muss alle Personen ja zweimal testen.

Deshalb wird meistens lediglich die interne Konsistenz der Skala bestimmt. Dieser Reliabilitätskennwert gibt sozusagen die Korrelation der Skala mit sich selbst zum gleichen Zeitpunkt an. Genauer: die Retestreliabilität wird aus den vorhandenen Daten nur zu einem Messzeitpunkt geschätzt. Hierfür berechnet man meistens das Cronbach-Alpha (benannt nach dem berühmten Methodiker Lee Cronbach), einen statistischen Kennwert, der auf der Grundlage aller Item-Interkorrelationen eine solche Schätzung liefert. Während die mittlere Korrelation zwischen allen Items die Reliabilität eines einzelnen Items der Skala angibt, gibt das Cronbach-Alpha die Reliabilität des Skalenmittelwerts an. Es ist immer höher als die mittlere Korrelation der Items, denn der Skalenmittelwert ist weniger fehlerbehaftet als die einzelnen Items (das ist ja der Sinn der Skalenbildung). Wie das Cronbach-Alpha berechnet wird und in welcher Weise es von der Zahl der Items der Skala abhängt, wird im Methodenkapitel noch genauer ausgeführt (Abschn. 3.2.2). Bei Persönlichkeitsskalen sollte das Cronbach-Alpha (und deshalb auch die Retestreliabilität für kurze Testabstände) über .80 liegen.

Trennschärfen und interne Konsistenz sind statistische Kennwerte, die sich auch auf die Beurteilerübereinstimmung zwischen vielen Beurteilern beziehen lassen. In diesem Fall entsprechen die einzelnen Beurteiler den Items; der Mittelwert aller Beurteiler (über Beurteiler gemittelt, nicht über Personen!) entspricht dem Skalenmittelwert. Die Trennschärfe eines Beurteilers sagt dann aus, wie gut sein Urteil mit dem Urteil der anderen übereinstimmt; das Cronbach-Alpha für alle Beurteiler ist ein Gütemaß für das mittlere Urteil aller Beurteiler. Zum Beispiel beurteilten in der Studie von Simonton (1998) 11 Studierende die mentale Gesundheit von König Georg III. für alle Monate seines Lebens; die interne Konsistenz ihrer Urteile betrug α = .96, wobei die Korrelationen zwischen den einzelnen Beurteilern zwischen .29 und .93 variierten. Während also die Urteile einzelner Beurteiler nicht reliabel waren, war der Mittelwert aller Beurteiler hoch reliabel.

> **Methodik**
>
> **Trennschärfe und interne Konsistenz**
> Korrelieren mehrere inhaltlich verwandte Variablen miteinander über Personen, so ist die Trennschärfe r_{it} einer Variable die Korrelation zwischen ihr und dem Mittelwert der restlichen Variablen (gemittelt wird hier über Variablen, nicht über Personen!). Die Trennschärfe ist ein Gütemaß für einzelne Variablen. Ein Gütemaß für den Mittelwert aller Variablen ist die interne Konsistenz, oft berechnet als Cronbach-Alpha α. Es schätzt die Retestreliabilität r_{tt} bei kurzem Testabstand und sollte bei Persönlichkeitsskalen .80 oder höher sein.

> **Merke**
>
> Trennschärfen messen die Qualität von Items oder Beurteilern, Retestreliabilität und interne Konsistenz die Qualität von Skalen oder des mittleren Urteils vieler Beurteiler.

Validität von Persönlichkeitsmessungen

Retestreliabilität und interne Konsistenz sind Maße der Reliabilität (Zuverlässigkeit) von Messungen. Eine ausreichende Reliabilität ist aber nur eine notwendige Bedingung für eine »gute« Messung von Persönlichkeitsunterschieden, hinreichend ist sie nicht, weil zusätzlich gesichert werden muss, dass das Gemessene auch tatsächlich die Persönlichkeitsunterschiede erfasst, die durch die Messung erfasst werden sollen. Man kann z. B. versuchen, Ängstlichkeit durch Messung der Herzrate in angsterregenden Situationen zu erfassen. Das mag durchaus mit ausreichender Reliabilität geschehen, aber damit ist nicht gesichert, dass die Herzratenunterschiede etwas mit Unterschieden in Ängstlichkeit zu tun haben. Um das zu sichern, muss die Validität (die Gültigkeit) der Herzratenmessung als Maß der Ängstlichkeit bestimmt werden. Hierfür wird die Korrelation mit einem Außenkriterium bestimmt, von dem man annimmt, dass es Ängstlichkeit abbildet. Eine hohe Korrelation belegt dann die Validität der Herzrate als Ängstlichkeitsindikator.

Tut man das im Falle der Herzrate und nimmt als Kriterium die in einem Fragebogen berichtete Ängstlichkeit, so wird die Korrelation niedrig ausfallen, nämlich nahe Null. Das liegt nicht so sehr an der mangelnden Validität des Fragebogens, sondern an der Tatsache, dass die Herzrate tatsächlich ein schlechter Indikator für Persönlichkeitsunterschiede in Ängstlichkeit ist, weil sie nur unter anderem durch angstbegleitende physiologische Erregung beeinflusst wird. Fieber, Kaffeetrinken oder Treppensteigen kurz vor der Untersuchung treibt sie z.B. aktuell in die Höhe, regelmäßiges Jogging senkt sie chronisch.

Die Validierung von Persönlichkeitsmessungen ist meist erheblich schwieriger als die Sicherung einer ausreichenden Reliabilität. Sie gelingt nur dann relativ einfach, wenn die Erfassungsmethode gleich bleibt, indem z.B. gezeigt wird, dass ein neuer, kürzerer Fragebogen dasselbe Persönlichkeitsmerkmal ökonomischer erfasst als ein etablierter, längerer Fragebogen.

> **Merke**
> Die Validität einer Variable wird meist durch die Korrelation mit einem Außenkriterium bestimmt. Je höher die Korrelation ist, umso sicherer kann man sein, dass die Variable wirklich das misst, was sie messen soll.

2.4.4 Empirische Bewährung

Durch das Studium von Kovariationen, quantifiziert durch Korrelationen, wird im Eigenschaftsparadigma versucht, zahlreiche unterschiedliche differentielle Fragestellungen zu bearbeiten. Tabelle 2.3 gibt eine Übersicht über 10 zentrale derartige Fragestellungen.

Beurteilerübereinstimmung
Bei Persönlichkeitsbeschreibungen in Persönlichkeitsskalen oder bei Verhaltensbeobachtungen, in denen das Verhalten durch einen Beobachter beurteilt wird, ist es wichtig zu prüfen, wie weit die Messungen von dem speziellen Beurteiler unabhängig sind. Bei Verhaltensbeobachtungen wird eine hohe Korrelation von .80 oder höher gefordert und meist auch erreicht. Sofern Eigenschaften überhaupt im beobachtbaren Verhalten sicht-

Tabelle 2.3. Zehn differentielle Fragestellungen

Ansatz	Kovariation			Fragestellung
	zwischen	über	bei	
Variablenzentriert	Beurteilern	Personen	1 Eigenschaft	Beurteilerübereinstimmung für Eigenschaften
	Items	Personen	1 Eigenschaft	Interne Konsistenz
	Indikatoren	Personen	1 Eigenschaft	Validität von Eigenschaftsindikatoren
	Zeitpunkten	Personen	1 Eigenschaft	Stabilität von Eigenschaften
	Situationen	Personen	1 Reaktion	Transsituative Konsistenz des Verhaltens
	Reaktionen	Personen	1 Situation	Kohärenz des Verhaltens
Personzentriert	Beurteilern	Eigenschaften	1 Person	Beurteilerübereinstimmung für Profile
	Zeitpunkten	Situationen	1 Person	Stabilität von Situationsprofilen
	Zeitpunkten	Reaktionen	1 Person	Stabilität von Reaktionsprofilen
	Zeitpunkten	Eigenschaften	1 Person	Profilstabilität

bar werden, ist die Sicherung einer ausreichenden Beurteilerübereinstimmung letztlich ein technisches Problem; ist sie zu niedrig, kann die Beurteilerübereinstimmung durch Beobachtertraining oder Mittelung der Urteile mehrerer Beurteiler erhöht werden.

Anders ist es bei der Persönlichkeitsbeurteilung auf Persönlichkeitsskalen. Werden dieselben Personen durch unterschiedliche Urteiler beurteilt, z. B. durch sich selbst, die Mutter und zwei gute Freunde, so ist die Beurteilerübereinstimmung selten höher als .50, selbst wenn Urteiler mit ähnlicher Beziehung zur beurteilten Person verglichen werden, z. B. zwei Freunde. Dies liegt vor allem daran, dass sich die Urteile unterschiedlicher Beurteiler auf andere Situationen beziehen können, auf denen sie ihr Urteil gründen (vgl. Abschn. 3.2.4 für eine genauere Diskussion).

Persönlichkeitsbeurteilungen sind also stark beurteilerspezifisch. Das gilt nicht nur für variablenorientierte Beurteilungen auf Persönlichkeitsskalen, sondern auch für personorientierte Beurteilungen, z. B. wenn ein Q-Sort von unterschiedlichen Beurteilern durchgeführt wird. Ein Ausweg aus diesem Dilemma besteht darin, die Urteile mehrerer Beurteiler zu mitteln (vgl. hierzu Abschn. 3.2.2).

❗ Merke
Die Beurteilerübereinstimmung ist für die Verhaltensbeobachtung meist hoch, jedenfalls bei ausreichendem Beobachtertraining. Bei Persönlichkeitsskalen oder Q-Sorts ist sie jedoch nur mittelhoch, vor allem, da sich die Urteile auf unterschiedliche Situationen beziehen.

Interne Konsistenz und Validität von Fragebogenskalen

Die interne Konsistenz von Fragebogenskalen zur Erfassung von Persönlichkeitsunterschieden, bestimmt durch das Cronbach-Alpha, sollte mindestens .80 betragen; dies wird in der Praxis auch (annähernd) erreicht. Oft kann mangelnde interne Konsistenz durch Ersetzen von Items niedriger Trennschärfe durch solche höherer Trennschärfe auf ein akzeptables Niveau gebracht werden, oder die Skala wird durch Hinzunahme weiterer Items länger gemacht, wodurch ebenfalls das Alpha steigen kann (vgl. Abschn. 3.2.2 für Probleme dieses zweiten Ansatzes zur Reliabilitätserhöhung). Gelingt beides nicht, liegt dies meist an:
- unzureichender Konstruktklärung,
- Erfahrungsferne des Konstrukts,
- einem zu breiten Konstrukt.

Im ersten Fall ist das Konstrukt, d. h. die Persönlichkeitsunterschiede, die gemessen werden sollen, nicht klar genug definiert, so dass die Items mehrere unterschiedliche Konstrukte erfassen. Im zweiten Fall mag das Konstrukt zwar klar definiert sein, die Befragten können aber bei der Beantwortung der Fragen nicht eigene Erfahrungen nutzen oder haben höchstens ein diffuses Wissen darüber, was mit den Fragen gemeint ist. Interessieren z. B. bestimmte Abwehrmechanismen im psychoanalytischen Sinne, hat es wenig Sinn, direkt danach zu fragen, weil die Befragten über ihre eigenen unbewussten Prozesse (per Definition) keine Auskunft geben können.

Im letzten Fall handelt es sich um ein »breites Konstrukt«, d. h. ein eher loses Bündel nur schwach miteinander korrelierender Persönlichkeitsunterschiede. In diesem Fall kann die interne Konsistenz deutlich niedriger als die Retestreliabilität ausfallen, wenn die einzelnen Items durchaus reliabel gemessen werden, aber untereinander nur schwach korrelieren. Ein Beispiel hierfür wäre ein Fragebogen, der »emotionale Expressivität« messen soll. Zwar gibt es Unterschiede zwischen Menschen in der Stärke, mit der sie generell Gefühle ausdrücken, aber dies ist ein sehr breites Konstrukt. Empirische Untersuchungen zeigen, dass die Konsistenz der emotionalen Expressivität in bezug auf verschiedene Emotionen, z. B. Angst, Ärger, Freude, Scham, Trauer, gering ist; d. h. wer seiner Angst stark Ausdruck verleiht, muss dies nicht unbedingt auch bei Ärger tun usw. (Trierweiler et al., 2002).

Die Validität von Selbst- und Bekanntenbeurteilungen der Persönlichkeit lässt sich entweder durch Korrelation zwischen den Selbst- und Bekanntenbeurteilungen derselben Personen oder durch ihre Korrelation mit Verhaltensbeobachtungen bestimmen. Die entsprechenden Korrelationen erreichen im besten Fall .50–.60. Dass die Korrelationen nicht höher ausfallen, liegt an diversen methodischen Problemen der Beurteilungen und der Verhaltensbeobachtungen (vgl. dazu genauer Abschn. 3.2.4 und 3.2.5). Sie sind aber hoch genug, um Selbstbeurteilungen der Persönlichkeit nicht nur in der Forschung, sondern auch in der Praxis zu verwenden (vgl. z. B. bei der Personalauswahl, Abschn. 4.1.4).

❗ Merke
Für Fragebogenbeurteilungen der Persönlichkeit werden regelmäßig interne Konsistenzen um .80 und Validitäten von bestenfalls .50–.60 erreicht.

Zeitliche Stabilität

In empirischen Untersuchungen von Eigenschaften ist es essentiell, die mittelfristige Stabilität der betrachteten Eigenschaften zu sichern, denn aus instabilen Messungen kann nicht auf Eigenschaften geschlossen werden (vgl. Abschn. 2.4.2). In differentiellen Untersuchungen wird die Stabilität einer Eigenschaftsmessung durch die Korrelation zwischen zwei Messungen in kürzerem Zeitabstand bestimmt (vgl. Abschn. 2.4.2). Ist sie hoch (meist wird mindestens .80 gefordert), fallen die z-Werte der meisten (nicht unbedingt aller) Personen der untersuchten Stichprobe ähnlich aus. Instabilitäten können auf großen Differenzen weniger Personen oder auf kleinen Differenzen vieler Personen zwischen den beiden Messungen beruhen; die Korrelationshöhe unterscheidet diese Fälle nicht (vgl. Asendorpf, 1991, 1992, für eine genauere Diskussion).

Werden Eigenschaften durch Persönlichkeitsfragebögen gemessen, so liegen die mittelfristigen Stabilitäten von Selbst- und Bekanntenbeurteilungen bei .80 oder nur leicht darunter. Damit kann man zufrieden sein. Allerdings wird hier nicht wirklich die Stabilität von Eigenschaften geprüft, sondern die Stabilität des Urteils über Eigenschaften. Es könnte sein, dass dieses Urteil stabiler ist als die Eigenschaft, auf das es sich bezieht. Das gleiche gilt für die Stabilität von Q-Sort-Daten.

Unzweideutigen Aufschluss über die Stabilität von Verhaltensdispositionen geben deshalb nur Studien, in denen Verhalten direkt beobachtet oder gemessen wird. Tests für den Leistungsbereich erzielen meist Stabilitäten von .80 und mehr; bei Intelligenztests werden über .90 erreicht. Problematischer sind physiologische Messungen und Beobachtungen des sozialen oder emotionalen Verhaltens in inszenierten Situationen im Labor. Hier ist die Stabilität oft erheblich geringer. Häufig wird sie nicht überprüft; dann bleibt unklar, ob überhaupt Eigenschaften gemessen wurden. Dass sich auch mit dieser Methode annähernd ausreichende Stabilitäten erzielen lassen, zeigen z. B. Studien von Fahrenberg und Asendorpf.

Fahrenberg et al. (1986) untersuchten mehrfach bei 58 Sportstudenten unterschiedliche physiologische Parameter in verschiedenen Situationen, darunter in einer Ruhebedingung im Labor. Bei einem Testabstand von drei Wochen betrug die Stabilität für die mittlere Herzrate .64 und für die mittlere Atemfrequenz .66. Asendorpf (1990a) konfrontierte 99 Kinder im Alter von 3–4 Jahren und 2 Jahre später mit einer fremden Erwachsenen, die sich dem Kind gegenüber passiv verhielt. Die Zeit, bis das Kind die erste Äußerung an die Fremde richtete (ein Maß seiner Schüchternheit) korrelierte .68 zwischen den beiden Messzeitpunkten. Viel höhere Stabilitäten sind bei einmaliger Verhaltensmessung spezifischer Reaktionen im Labor kaum zu erzielen; insofern sind so gewonnene Daten für eine Diagnostik des Einzelfalls problematisch. Dieses Problem lässt sich aber lösen durch Mittelung über mehrere Reaktionen oder Situationen (vgl. Abschn. 3.2.2).

Felduntersuchungen tatsächlichen Verhaltens sind sehr aufwendig, so dass es hierzu noch keine allzu breite Datenbasis gibt. Die Resultate sprechen aber ebenfalls für eine ausreichende Stabilität von Verhaltensdispositionen. Zum Beispiel ließen Asendorpf und Meier (1993) 41 Zweitklässler mehrere Tage lang von 8.00–18.00 Uhr einen kleinen Computer mit sich tragen, der ihre Herzrate und über ein Kehlkopfmikrophon ihre Sprechaktivität (Sprechen ja-nein) kontinuierlich aufzeichnete. Nach Mittelung der Daten über fünf Tage ergab sich eine Stabilität von .86 für die Herzrate und .69 für die Sprechaktivität. Wieviel ein Kind pro Woche spricht, ist also eine Persönlichkeitseigenschaft des Kindes.

Insgesamt kann die alltagspsychologische Stabilitätsannahme für Eigenschaften als empirisch weitgehend bestätigt gelten, wobei man berücksichtigen muss, dass das Verhalten in einzelnen Situationen zusätzlich durch die Tagesverfassung bestimmt ist, so dass es über viele Tage gemittelt werden muss, um die zugrundeliegende Eigenschaft herauszufiltern (vgl. Abschn. 3.2.2).

> **Merke**
> Die Stabilität ist für Eigenschaftsbeurteilungen meist ausreichend hoch. Bei der Verhaltensbeobachtung muss meist über viele Situationen gemittelt werden, um eine vergleichbar hohe Stabilität zu erzielen.

Transsituative Konsistenz

Die zeitliche Stabilität von Eigenschaftsmessungen, die auf Mittelung über viele Situationen beruhen, macht also keine großen Probleme. Anders sieht es aus, wenn Eigenschaftsmessungen zwischen einzelnen ähnlichen, aber nicht identischen Situationen verglichen werden. Schon früh wurden Persönlichkeitspsychologen darauf aufmerksam, dass die Stabilität von Eigenschaftsmessungen innerhalb der gleichen Situation deutlich höher ist als ihre Kovariation zwischen unterschiedlichen Situationen. Die Kovariation von Eigenschaftsmessungen zwischen Situationen wird die transsituative Konsistenz der Messungen genannt. Die niedrige transsituative Konsis-

2.4 · Das Eigenschaftsparadigma

tenz von Eigenschaftsmessungen wurde erstmalig von Hartshorne und May (1928) überzeugend demonstriert (s. »Die klassische Studie«).

Diese Beobachtung führte zu einer jahrzehntelangen Konsistenzdebatte im Eigenschaftsparadigma der Persönlichkeitspsychologie. Zum einen wurde die Kritik geäußert, dass die Stabilitäten der einzelnen Messungen in den Situationen teilweise sehr gering waren. Wenn aber schon die Messungen in einzelnen Situationen so instabil seien, brauche man sich nicht zu wundern, dass auch die transsituative Konsistenz gering sei. Diese Kritik ist nur teilweise gerechtfertigt, denn es lässt sich abschätzen, wie hoch die transsituative Konsistenz nach Kontrolle dieses Problems wäre (wenn also alle Messungen stabil wären); sie beträgt dann nur .37, ist also immer noch sehr niedrig (vgl. Abschn. 3.2.1 für eine genauere Diskussion). Es verbleibt das Problem, dass die Stabilität von Eigenschaftsmessungen deutlich höher ist als ihre transsituative Konsistenz (vgl. Mischel & Peake, 1982).

Durch die Arbeit von Mischel (1968) flammte die Konsistenzdebatte noch einmal besonders kräftig auf. Mischel wies anhand vieler Beispiele darauf hin, dass die transsituative Konsistenz des Verhaltens gering sei, wenn Verhalten in realen Situationen untersucht werde; selten überschreite sie die »magische Grenze« von .30. Dies widerspreche der grundlegenden Annahme des Eigenschaftsparadigmas, dass eine Eigenschaft das Verhalten in vielen Situationen in vergleichbarer Weise beeinflusse. Tatsächlich seien individuelle Besonderheiten im Verhalten hoch situationsspezifisch; damit seien Eigenschaften und der ganze Persönlichkeitsbegriff des Eigenschaftsparadigmas eine Fiktion.

Dieser Angriff auf das Eigenschaftsparadigma war letztendlich heilsam für die Persönlichkeitspsychologie, weil er dazu zwang, die Beziehung zwischen Situation und Persönlichkeit genauer zu überdenken. Der Schlüssel zu dieser Beziehung ist aus differentieller Sicht das Situationsprofil einer Person. ◘ Abbildung 2.19 kontrastiert transsituative Konsistenz und Stabilität von Situationsprofilen am Beispiel der Studie von Hartshorne und May (1928).

> **Die klassische Studie**
>
> Hartshorne und May (1928) prüften die transsituative Konsistenz unehrlichen Verhaltens bei 850 Schulkindern in acht Situationen aus dem Klassenzimmer, sportlichen Wettkämpfen und der häuslichen Umwelt. Beobachtet wurde, ob sie sich unehrlich verhielten (mogeln, lügen, stehlen), wenn ihnen dazu ohne ihr Wissen Gelegenheit gegeben wurde. Zudem ließen die Autoren die Kinder eine »Lügenskala« ausfüllen, in der die Tendenz zu lügen dadurch gemessen wurde, dass erwünschtes, aber unwahrscheinliches Verhalten abgefragt wurde (z.B. »ich lüge nie«). ◘ Tabelle 2.4 zeigt die Korrelationen zwischen den einzelnen Tests und die Stabilitäten der Tests (kursive Zahlen). Die mittlere Korrelation des unehrlichen Verhaltens zwischen den acht Situationen betrug nur .19.

Gezeigt sind fiktive »Ehrlichkeitsprofile« einzelner Kinder. Die Ehrlichkeitswerte aller Kinder wurden für jede Situation einzeln z-transformiert. Links ist der Fall annä-

◘ **Tabelle 2.4.** Korrelation unehrlichen Verhaltens zwischen Situationen in der Studie von Hartshorne und May (1928)

Situation		1	2	3	4	5	6	7	8
Klassenzimmer	1	*.70*	.29	.29	.29	.15	.20	.13	.31
Klassenzimmer	2		*.44*	.22	.26	.14	.19	.13	.25
Klassenzimmer	3			*.46*	.20	.19	.06	.16	.16
Klassenzimmer	4				*.50*	–	.18	.22	.21
Hausaufgaben	5					*.24*	.09	–.01	.40
Sport	6						*.46*	.16	.00
Geld stehlen	7							–	.13
Lügenskalen	8								*.84*

Abb. 2.19a,b. Fiktive Ehrlichkeitsprofile von Kindern.
a Annähernde transsituative Konsistenz.
b Stabiles Situationsprofil eines Kindes

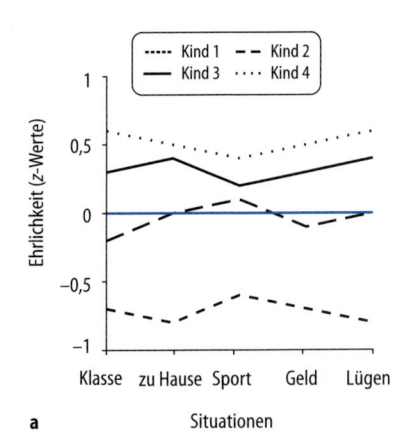

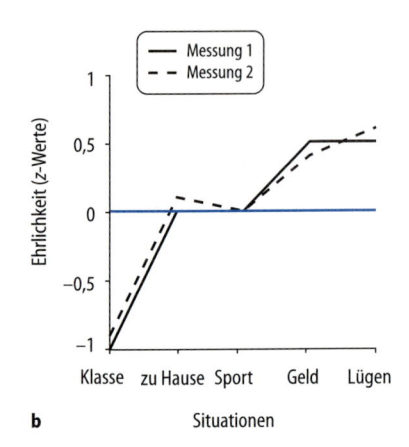

hernder transsituativer Konsistenz dargestellt, rechts der Fall der annähernden Stabilität des Situationsprofils eines Kindes. Bei transsituativer Konsistenz unterscheiden sich Kinder nur darin, ob sie weniger oder stärker ehrlich sind. Die Rangreihe der Kinder in Ehrlichkeit ist in allen Situationen dieselbe. Sie haben deshalb in allen Situationen dieselben z-Werte. Profilstabilität lässt unterschiedliche z-Werte in unterschiedlichen Situationen beim gleichen Kind zu; diese Unterschiede müssen jedoch zeitlich stabil sein. In ◘ Abbildung 2.19b ist der Fall eines Kindes gezeigt, das in stabiler Weise im Klassenzimmer unehrlicher ist als außerhalb.

Mischel (1968) hatte in seiner ursprünglichen Kritik am Eigenschaftsparadigma nicht beachtet, dass Eigenschaften sich nicht nur in einem unterschiedlichen Profilniveau (Mittelwert über viele Situationen), sondern auch in stabilen Situationsprofilen äußern können – obwohl schon Allport (1937) auf diese Möglichkeit hingewiesen hatte. Dann handelt es sich immer noch um Eigenschaften, die transsituative Konsistenz ist aber niedrig. Inzwischen hat das Mischel erkannt und selbst dazu beigetragen, empirisch nachzuweisen, dass es diesen zweiten Persönlichkeitsaspekt – stabile Situationsprofile – tatsächlich gibt.

Dazu beobachteten Shoda et al. (1994) 53 Kinder im Alter von 7–13 Jahren in einem sechswöchigen Ferienlager. Viele trainierte Mitarbeiter beobachteten die Kinder kontinuierlich in den verschiedensten Situationen; die mittlere Beobachtungsdauer pro Kind betrug 167 Stunden – also eine enorme Datenbasis für Analysen ihres Verhaltens in realen Situationen. Unter anderem wurden verbale Aggressionen der Kinder in fünf verschiedenen Situationen beobachtet, die Aggression mehr oder weniger provozieren. Die Stabilität des Situationsprofils in verbaler Aggression variierte von Kind zu Kind; die mittlere Stabilität des Profils betrug .47.

Diese mittelhohe Stabilität beschreibt eine systematische Wechselwirkung zwischen Kindern und Situationen: Unabhängig von Unterschieden in der Tendenz, generell mehr oder weniger stark aggressiv zu reagieren, lösten die fünf Situationen diese Tendenz bei unterschiedlichen Kindern unterschiedlich stark aus. Es gab z. B. Kinder, die stärker aggressiv auf Erwachsene als auf Kinder reagierten und andere Kinder, bei denen es umgekehrt war.

Es gibt also zwei zueinander komplementäre Persönlichkeitsaspekte beim Vergleich von Verhalten über Situationen: individuelle Besonderheiten in der mittleren Tendenz, das Verhalten in diesen Situationen zu zeigen, und individuelle Besonderheiten in der Tendenz, das Verhalten in bestimmten Situationen besonders stark oder besonders schwach zu zeigen (vgl. auch die Angstprofile in ◘ Abb. 2.15).

Individuelle Besonderheiten in Situationsprofilen werden subjektiv als Konsistenz erlebt. Das konnten Mischel und Shoda (1995) durch eine Reanalyse einer älteren Studie von Mischel und Peake (1982) zeigen. Mischel und Peake (1982) hatten die Gewissenhaftigkeit von 63 Studenten mehrfach in verschiedenen Situationen des Studienalltags beobachtet. Außerdem ließen sie die Studenten sich selbst danach einschätzen, ob sie glaubten, dass gewissenhaftes Verhalten bei ihnen selbst ein durchgehender Charakterzug sei oder nicht, d. h. dass ihre Gewissenhaftigkeit je nach Situation variiere. Dieser Stabilitätsbegriff ist weder identisch mit der Stabilität noch mit der transsituativen Konsistenz differentiell gemessener Eigenschaften, weil er sich aus individuumzentrierter Perspektive auf intraindividuelle Fluktuationen von Gewissenhaftigkeit bezieht.

Mischel und Shoda (1995) setzten nun die Stabilität des Situationsprofils für Gewissenhaftigkeit in Beziehung zu dieser subjektiven Wahrnehmung der Eigenschaftsstabilität. Bei Studenten, die glaubten, dass Gewissenhaftigkeit bei ihnen ein durchgehender Charakterzug sei, betrug die mittlere Profilstabilität .46, bei den anderen Studenten nur .02. Individuelle Besonderheiten in der Gestalt von Situationsprofilen unterstützen also die subjektive Wahrnehmung, dass das eigene Verhalten durch eine Eigenschaft bedingt sei.

Die transsituative Inkonsistenz des Verhaltens spricht also nicht gegen den Eigenschaftsbegriff, wie Mischel (1968) geglaubt hatte. Sie stellt aber ein Problem für eine Eigenschaftsdiagnostik dar, die den Eigenschaftswert einer Person durch eine einzige Zahl erfassen möchte. Beschränkt man sich auf das Niveau von Situationsprofilen, indem man über alle Situationen mittelt, erhält man eine solche Zahl pro Person, die dann z. B. »die Aggressivität«, »die Ängstlichkeit« oder »die Intelligenz« abbildet. Dabei werden aber alle individuellen Besonderheiten in der Profilgestalt ignoriert.

Im wesentlichen gibt es zwei Wege, dieses Problem anzugehen. Zum einen kann man personorientiert die Situationsprofile verschiedener Personen miteinander vergleichen, indem man Typen ähnlicher Situationsprofile sucht. Die Ähnlichkeit von zwei Profilen wird durch ihre Korrelation bestimmt. Es werden also Gruppen einander ähnlicher, d. h. positiv korrelierender Profile gesucht. Eine solche Gruppe von Profilen repräsentiert dann einen Profiltyp, also auch einen Persönlichkeitstyp. Zum Beispiel könnte eine Analyse der Daten von Shoda et al. (1994) möglicherweise einen Profiltyp »Verbal aggressiv gegenüber Erwachsenen – wenig aggressiv gegenüber Kindern« ergeben.

Oder man kann variablenorientiert versuchen, die Situationen in Klassen derart einzuteilen, dass die transsituative Konsistenz innerhalb der Klassen höher ist als bei Betrachtung aller Situationen. Eine solche Klasse repräsentiert dann einen Situationstyp, der wiederum eine spezifischere Eigenschaft als die ursprüngliche definiert. Zum Beispiel könnte eine solche Analyse der Daten von Shoda et al. (1994) möglicherweise zwei spezifische Eigenschaften ergeben: »verbal aggressiv gegenüber Erwachsenen« und »verbal aggressiv gegenüber Kindern«. Auf diese Weise würden Eigenschaften in untergeordnete, spezifischere Eigenschaften zerlegt. Es entstünde eine Dispositionshierarchie, gebildet aus der breiten, übergeordneten Disposition »verbale Aggressivität« und den beiden untergeordneten Dispositionen »aggressiv gegenüber Erwachsenen« und »aggressiv gegenüber Kindern«.

Bei beiden Verfahren werden letztendlich Kinder durch mehr als eine Zahl gekennzeichnet: durch ihren Mittelwert über alle Situationen und durch Zahlen, die ihren Profiltyp oder ihre Ausprägung in untergeordneten Eigenschaften angeben. Dadurch kann das Problem der transsituativen Konsistenz verringert (nicht aber immer völlig vermieden) werden.

> **Merke**
>
> Bei transsituativer Inkonsistenz treten Wechselwirkungen zwischen Personen und Situationen auf, die sich in einer unterschiedlichen Gestalt der individuellen Situationsprofile und niedrigen Korrelationen zwischen Situationen äußern. Dieses Problem kann durch Bildung von Situationsprofiltypen oder durch Bildung von Situationstypen verringert werden.

Reaktionskohärenz

Ein entsprechendes Problem tritt auf, wenn die Korrelation zwischen Reaktionen über Personen betrachtet wird, die sich auf dieselbe Eigenschaft beziehen sollten; sie wird meist als Kohärenz der Reaktionen bezeichnet. Dass die Kohärenz sehr niedrig sein kann, wurde wohl zuerst in der Psychophysiologie entdeckt, als man begann, nach physiologischen Stressreaktionen zu suchen. Zunächst wurde angenommen, dass Reaktionen, die intraindividuell Stress anzeigen wie z. B. systolischer Blutdruck, Herzfrequenz oder Schwitzen, auch eine hohe Kohärenz zeigen. Beginnend mit Lacey (1950) wurde erkannt, dass das nicht so ist. Manche Menschen reagieren unter Stress besonders mit dem systolischen Blutdruck, andere besonders mit der Herzfrequenz und andere schwitzen besonders. Ihre Reaktionsprofile korrelieren nicht hoch miteinander.

Abbildung 2.20 illustriert dies an einem fiktiven Beispiel.

So wie die transsituative Inkonsistenz des Verhaltens auf individuelle Besonderheiten in den Situationsprofilen hinweist, weist die mangelhafte Reaktionskohärenz auf individuelle Besonderheiten in den Reaktionsprofilen hin. Es handelt sich jeweils um zwei unterschiedliche Sichtweisen desselben Phänomens: einmal aus variablenorientierter Sicht (transsituative Inkonsistenz, Reaktionsinkohärenz), einmal aus personorientierter Sicht (individuelle Besonderheiten in Situations- bzw. Reaktionsprofilen).

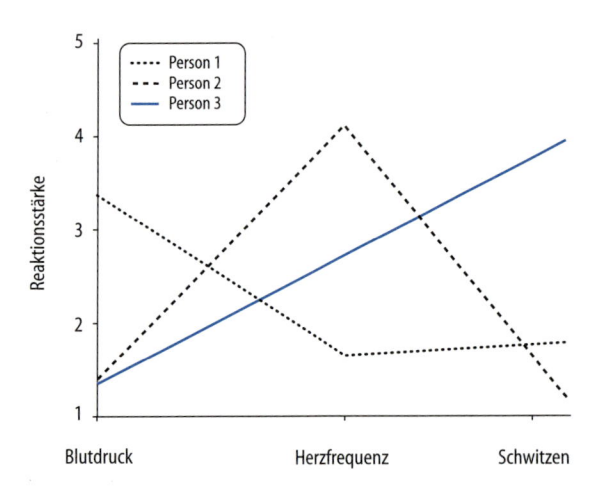

○ Abb. 2.20. Unterschiedliche individuelle Reaktionsprofile von 3 Personen unter Stress

Foerster et al. (1983) fanden in einer Laborstudie, dass 57% der 125 Versuchspersonen unter Stress ein Reaktionsprofil aufwiesen, das beim Vergleich über drei Stresssituationen überzufällig konsistent war, also die betreffende Person in stabiler Weise charakterisierte. Asendorpf (1988) untersuchte auf ähnliche Weise Reaktionsprofile im Gesprächsverhalten bei Versuchspersonen, die in leicht angsterregende soziale Situationen gebracht wurden, und fand ebenfalls bei über 50% der 66 Personen ein überzufälliges Reaktionsprofil. Einige redeten besonders wenig, andere gestikulierten besonders wenig und wieder andere schauten ihren Partner besonders wenig an, wenn eine Pause im Gespräch entstand.

Besonders deutlich sind Reaktionsprofile, wenn nicht nur Reaktionen eines Typs (z. B. physiologische Reaktionen, Gesprächsverhalten), sondern Reaktionen unterschiedlichen Typs einbezogen werden, von denen alltagspsychologisch erwartet wird, dass sie dieselbe Eigenschaft anzeigen, also hoch kohärent sein müssten. Wird z. B. Angst in realen Situationen erfasst durch Selbstbeurteilung der aktuellen Angststärke, Verhaltensbeurteilung durch Beobachter und physiologische Reaktionen, so korrelieren diese drei Angstreaktionen interindividuell gering bis gar nicht (vgl. Abschn. 4.3.3).

Auch das Ergebnis von Asendorpf und Scherer (1983) zu unterschiedlichen Konfliktindikatoren bei Repressern, Niedrigängstlichen und Hochängstlichen (vgl. ○ Abb. 2.3) kann als unterschiedliche Reaktionsprofile dieser drei Personengruppen interpretiert werden. In diesem Fall wurde nicht nur eine Inkohärenz zwischen verbalen, physiologischen und mimischen Angstreaktionen gezeigt, sondern auch durch unterschiedliche Formen der Angstabwehr erklärt.

Das Problem der mangelhaften Reaktionskohärenz ist formal identisch mit dem Problem der mangelhaften transsituativen Konsistenz: Es werden nur Situationen mit Reaktionen vertauscht. Deshalb kann es auch in gleicher Weise angegangen werden. Entweder werden Reaktionsprofiltypen gebildet und die Ähnlichkeit der individuellen Reaktionsprofile mit diesen Typen analysiert, oder es werden speziellere Eigenschaften definiert, die Klassen kohärenter Reaktionen entsprechen (vgl. z. B. Stemmler, 1992).

> **Merke**
>
> Bei Reaktionsinkohärenz treten Wechselwirkungen zwischen Personen und Reaktionen auf, die sich in einer unterschiedlichen Gestalt der individuellen Reaktionsprofile und niedrigen Korrelationen zwischen Reaktionen äußern. Dieses Problem kann durch Bildung von Reaktionsprofiltypen oder durch Bildung von Reaktionstypen verringert werden.

2.4.5 Bewertung

Das Eigenschaftsparadigma hat zur Entwicklung eines methodischen Instrumentariums geführt, das es erlaubt, Eigenschaften und auf Eigenschaftsprofilen beruhende Persönlichkeitsbeschreibungen empirisch zu untersuchen. Die Grundbegriffe des Eigenschaftsparadigmas sind explizit und operational definiert. Wird zwischen Verhalten und Eigenschaften klar unterschieden, ist der Eigenschaftsbegriff nicht zirkulär.

Individuumzentrierte Ansätze sind auf die Beschreibung einzelner Personen zugeschnitten und können das auch leisten. Rein individuumzentrierte Ansätze versagen aber bei der Beschreibung der einzelnen Persönlichkeit, weil dazu ein Vergleich mit anderen Personen einer Referenzpopulation notwendig ist. Ein solcher Vergleich ist auf der Basis individuumzentrierter Eigenschaftsdaten möglich, indem Eigenschaftsprofile verschiedener Personen nach Ähnlichkeit verglichen werden. Möglich ist auch ein Vergleich von Personen in Q-Sort-Profilen, wobei diese Profile aber nicht frei von differentiellen Erwägungen der Beurteiler sind.

Differentielle Ansätze sind auf den Vergleich von Personen einer bestimmten Population zugeschnitten. Die Vergleichsmöglichkeit wird durch das Problem erkauft, dass alle Aussagen prinzipiell populationsabhängig sind.

2.4 · Das Eigenschaftsparadigma

Beschränken sich differentielle Analysen auf Persönlichkeitsskalen, in denen Eigenschaften von Beurteilern direkt eingeschätzt werden, sind auf einfache Weise relativ umfassende Persönlichkeitsbeschreibungen in Form von Persönlichkeitsprofilen möglich. Dabei geht aber der Bezug der erhaltenen Eigenschaftsdaten zu spezifischen Situationen und Reaktionen verloren.

Wie die Untersuchungen zur transsituativen Konsistenz und zur Reaktionskohärenz gezeigt haben, ist in diesem Bezug Information über Situations- und Reaktionsprofile enthalten, die diagnostisch aufschlussreich ist. Um diese Information zu nutzen, müssen Situationen und Reaktionen durch Situations-Reaktions-Inventare oder noch besser durch Analysen des tatsächlichen Verhaltens von Personen in realen Situationen ausdrücklich in die Eigenschaftsbeschreibung einbezogen werden.

Auftretende Wechselwirkungen zwischen Personen und Situationen bzw. Reaktionen können in Form von Situations- und Reaktionsprofilen beschrieben werden. Aufgrund dieser Profildaten können dann entweder Personen direkt nach ihrem Profiltyp verglichen werden, oder breite Eigenschaften werden in untergeordnete, engere Eigenschaften aufgespalten, in denen die Personen dann verglichen werden können.

Das Eigenschaftsparadigma ist aus mindestens drei Gründen problematisch. Erstens bleibt der Bezug der Eigenschaften zu Prozessen der aktuellen Situationsverarbeitung offen. Das ist besonders deutlich, wenn Eigenschaften nur über klassische Persönlichkeitsfragebögen gemessen werden. Aber auch wenn Verhalten in realen Situationen untersucht wird, erhält man aus Situations- oder Reaktionsprofilen nur indirekte Informationen über die vermittelnden Prozesse zwischen Situation und Reaktion. Die Black Box des Behaviorismus ist zwar mit Eigenschaften gefüllt, aber diese sind letztlich nur Abstraktionen aus beobachteten Situations-Reaktions-Beziehungen.

Zweitens sind Eigenschaften statische Konzepte. Im Verlauf der Persönlichkeitsentwicklung können sich aber die Eigenschaftswerte einer Person ändern. Dies erfordert eine Erweiterung des Eigenschaftsparadigmas auf langfristige Prozesse der Persönlichkeitsveränderung.

Drittens wird die Suche nach Eigenschaften stark durch alltagspsychologische Überlegungen beschränkt. Um Eigenschaften im tatsächlichen Verhalten zu untersuchen, müssen Situationen und Reaktionen erst einmal so ausgewählt und definiert werden, dass eine reelle Chance besteht, stabile Situations-Reaktions-Beziehungen zu finden, die auch persönlichkeitspsychologisch aufschlussreich sind. Diese Auswahl orientiert sich entweder an alltagspsychologischen Überlegungen über Eigenschaften oder an Anforderungen der diagnostischen Praxis.

Wenn etwa die Fahrtüchtigkeit am Steuer interessiert, ist damit der Situations- und Reaktionsbereich schon ziemlich deutlich vorgegeben. Die genauere Definition der Situationen und Reaktionen bleibt dann aber zunächst wieder alltagspsychologischen Überlegungen überlassen – jedenfalls solange, bis genaueres Wissen über die für Fahrtüchtigkeit wichtigen Situationen und Reaktionen empirisch ermittelt werden konnte.

In beiden Fällen haben es Untersuchungen im Rahmen des Eigenschaftsparadigmas schwer, alltagspsychologische Voreingenommenheiten zu überwinden. Es ist zwar möglich, sich im Rahmen des Eigenschaftsparadigmas wie Münchhausen am eigenen Schopf aus dem Sumpf der Alltagspsychologie zu ziehen, indem alltagspsychologische Eigenschaftskonzepte empirisch untersucht und dadurch schrittweise präzisiert werden (vgl. Asendorpf, 1991). Aber die Geschichte der Persönlichkeitspsychologie zeigt, dass das ein langwieriger Prozess ist, der bisher nur selten von Erfolg gekrönt wurde (vgl. Abschn. 4.4 für die »Erfolgsgeschichte« im Falle von Intelligenz und die »Misserfolgsgeschichte« im Fall von sozialer Kompetenz).

> **❗ Merke**
>
> Im Eigenschaftsparadigma können individuelle Besonderheiten im Erleben und Verhalten gut beschrieben und vorhergesagt werden, aber es kann nur schlecht erklärt werden, wie Eigenschaften im aktuellen Erleben und Verhalten wirksam werden und wie sie sich im Verlauf der Persönlichkeitsentwicklung verändern. Da die Wahl der Situationen und Reaktionen, auf die sich Eigenschaften beziehen, zunächst alltagspsychologisch vorgegeben ist, haben Eigenschaftskonzepte eine Tendenz, in der Alltagspsychologie zu verharren. Das wirkt sich hinderlich auf die persönlichkeitspsychologische Forschung aus.

? Fragen

2.10 Warum ist der individuumzentrierte Ansatz für die Persönlichkeitspsychologie nicht ausreichend?

2.11 Was ist der Preis für die Vergleichbarkeit von Personen im differentiellen Ansatz?

2.12 Welche inhaltlichen Fragestellungen entsprechen den vier methodischen Ansätzen im Schema von Stern?

2.13 Kann ein differentiell gemessenes Merkmal stabil sein, obwohl sich die Merkmalswerte aller Personen ändern?

2.14 Setzt eine differentielle Messung der Persönlichkeit differentielle Messungen der einzelnen Eigenschaften voraus?

2.15 In welcher Beziehung ist das Q-Sort-Verfahren »differentiell verunreinigt«?

2.16 Wie ist ein Persönlichkeitsinventar aufgebaut, und welchen Anforderungen sollten die Items einer Skala genügen?

2.17 Welches sind Vor- und Nachteile von Persönlichkeitsinventaren verglichen mit der Verhaltensbeobachtung?

2.18 Wie bestimmt man in S-R-Inventaren Situations- und Reaktionsprofile?

2.19 Wie sollten differentielle Messungen verteilt sein?

2.20 Wofür kann man die *z*-Transformation gebrauchen?

2.21 Besagt eine Nullkorrelation zwischen zwei Variablen, dass es keine Beziehung zwischen ihnen gibt?

2.22 Was sind Trennschärfe und interne Konsistenz, und wofür sind es Gütekriterien?

2.23 Was versteht man unter der Validität von Eigenschaftsmessungen, und wie wird sie quantitativ gemessen?

2.24 Wie kann man das Problem einer niedrigen transsituativen Konsistenz lösen?

2.25 Welche Kritik übte Mischel (1968) am Eigenschaftsparadigma, und warum irrte er sich?

2.26 Wie kann man das Problem einer niedrigen Reaktionskohärenz lösen?

2.27 Welche Grenzen hat das Eigenschaftsparadigma?

i Hinweise zur Beantwortung

2.10 individuelle Besonderheiten sind relativ zu anderen Menschen

2.11 allgemeine Merkmale, Populationsabhängigkeit

2.12 z.B. Korrelationsforschung – transsituative Konsistenz

2.13 ja, aber dann in gleicher Weise (Beispiel Fröhlichkeit – Wetter)

2.14 nein, z.B. Q-Sort-Vergleich durch Komparationsforschung

2.15 in intraindividuelle Vergleiche gehen interindividuelle Vergleiche ein

2.16 Items – Skala; Itemprofile parallel (warum?)

2.17 z.B. Erfassung von Erleben -- unklarer Situationsbezug

2.18 Mittelung über Reaktionen bzw. Situationen

2.19 große Varianz, Symmetrie

2.20 Vergleichbarkeit von Reaktionen und Untersuchungen

2.21 nein; z.B. U-förmiger Zusammenhang

2.22 Definition; Reliabilität von Items/Beurteilern versus Skalen/Beurteiler-Mittelwerte

2.23 Definition; Korrelation mit Kriteriumsvariable

2.24 personorientiert Situationsprofile oder variablenorientiert Situationsklassen bilden

2.25 transsituative Inkonsistenz gegen Eigenschaftsbegriff – stabile Situationsprofile

2.26 personenorientiert Profiltypen oder variablenorientiert Reaktionsklassen bilden

2.27 Bezug zu aktuellen und Entwicklungsprozessen, gefangen in Alltagspsychologie

Weiterführende Literatur

Asendorpf, J. (1991). *Die differentielle Sichtweise in der Psychologie.* Göttingen: Verlag für Psychologie, Kap. 1.

Funder, D. C. (1991). Global traits: A neo-Allportian approach to personality. *Psychological Science, 2,* 31–39.

Weber, H. & Laux, L.C. (1988). Idiographische und biographische Ansätze in der Persönlichkeitspsychologie. In H. Häcker, H.-D. Schmalt & P. Schwenkmezger (Hrg.), *Handbuch der Persönlichkeitspsychologie.* Weinheim: Beltz.

2.5 Das Informationsverarbeitungsparadigma

Im Behaviorismus wurde der Mensch als Black Box angesehen. Im Eigenschaftsparadigma werden Eigenschaften der Black Box aus beobachtbarem Verhalten erschlossen, z. B. Intelligenz oder Ängstlichkeit. Dabei bleibt im Dunkeln, welche Prozesse in der Black Box Situations-Reaktions-Beziehungen erzeugen, also wie es z. B. dazu kommt, dass jemand intelligent handelt oder ängstlich reagiert. Das Informationsverarbeitungsparadigma widmet sich diesen Prozessen. Während in der Psychoanalyse der Mensch als energieverarbeitendes System angesehen wurde, wird er im Informationsverarbeitungsparadigma als informationsverarbeitendes System aufgefasst. Dabei weichen Computeranalogien zunehmend einer Orientierung an neurowissenschaftlichen Prinzipien der Informationsverarbeitung.

2.5.1 Allgemeines Menschenbild

Erleben und Verhalten beruht nach Auffassung des Informationsverarbeitungsparadigmas auf der Verarbeitung von Information. Unter Information kann man sich die Bedeutung eines bestimmten Zustandes von Materie oder Energie für ein informationsverarbeitendes System vorstellen, z. B. für einen Computer, einen Menschen oder einen Automotor. Um mich in Tokio mit dem Auto zurecht zu finden, brauche ich einen Stadtplan. Und zwar einen mit lateinischen Buchstaben, denn japanische haben für mich keine Bedeutung. Habe ich mich so informiert, drücke ich auf das Gaspedal. Jetzt übertrage ich Information an den Motor; das Auto setzt sich in Bewegung. Energie wird dabei von mir auf den Motor nur in geringem Umfang übertragen; seine Energie bezieht der Motor aus dem Tank. Zu Freuds Zeiten konnte man sich noch nicht vorstellen, dass auch menschliches Erleben und Verhalten mit minimaler Energieübertragung stattfinden kann; auch deshalb wohl benutzte Freud den Begriff der psychischen Energie.

Im Informationsverarbeitungsparadigma wird angenommen, dass menschliches Verhalten und Erleben auf Informationsübertragung im Nervensystem beruht, das über Rezeptoren Reize aus der Umwelt und dem eigenen Körper empfangen, in andere Informationen umwandeln kann, die u. a. verantwortlich für bewusstes Erleben sind, und vor allem über motorische Aktivität Informationen auf die Umwelt übertragen kann (Verhalten). Dabei nutzen diese Prozesse Informationen, die die aktuelle Situation überdauern: das Wissen. Informationsverarbeitungsprozesse werden in der allgemeinen Psychologie ausführlich behandelt (vgl. z. B. Müsseler & Prinz, 2002), so dass es hier ausreicht, einige allgemeine Modelle und Prinzipien der Informationsverarbeitung zu skizzieren.

Modelle der Informationsverarbeitung

Drei Modelle der Informationsverarbeitung spielen gegenwärtig eine größere Rolle in der Psychologie:
- klassische Modelle,
- das ACT*-Modell von Anderson (1983),
- konnektionistische Modelle.

Klassische Modelle sind stark an der Informationsverarbeitung in Computern orientiert, die sequentiell, d. h. Schritt für Schritt, von einem Input zu einem Output führt (vgl. z. B. Neisser, 1967). Danach werden physikalisch definierte Reize aus der Umwelt oder der eigenen Person in sensorischen Registern kurzzeitig festgehalten und durch Prozesse der Mustererkennung einer ersten Analyse unterzogen. Aufmerksamkeitsprozesse sorgten dann dafür, dass Informationen, die für aktuell verfolgte Ziele bedeutsam sind, in einen Kurzzeitspeicher begrenzter Kapazität gelangten, wo sie mit dem Wissen eines Langzeitspeichers in Verbindung gebracht und dadurch hinsichtlich ihrer Bedeutung bewertet würden. Währenddessen müssten sie durch Wiederholungsprozesse immer wieder »frisch gehalten« werden, sonst gingen sie verloren. Ihre Bedeutung wiederum beeinflusse die Verhaltensregulation. Inhalte des Kurzzeitspeichers, die dort lange genug verweilt hätten, gelangten in den Langzeitspeicher, wo sie permanent gespeichert würden (◘ Abb. 2.21).

Die Zweiteilung in Kurz- und Langzeitspeicher entspricht der räumlichen Aufteilung von Computerspeichern in einen kleinen Arbeitsspeicher, dessen Inhalt bei Stromausfall verloren geht, und in die Festplatte als großen, permanenten Speicher. Neuere Informationsverarbeitungsmodelle wie das ACT*-Modell von Anderson (ACT = «adaptive control of thought«, * steht für die vorletzte Variante des Modells; vgl. Anderson, 1993) gehen dagegen davon aus, dass die Inhalte des Langzeitgedächtnisses lokal aktiviert werden könnten; die aktivierten Inhalte übten Funktionen des Kurzzeitspeichers aus. Im ACT*-Modell bestehen diese Inhalte aus deklarativem und prozeduralem Wissen. Deklaratives Wissen bezieht sich auf Fakten, das »Was« des Wissens: Aussagen über Dinge, Personen und Ereignisse. Prozedura-

2.5 · Das Informationsverarbeitungsparadigma

Abb. 2.21. Ein (stark vereinfachtes) klassisches Modell der Informationsverarbeitung

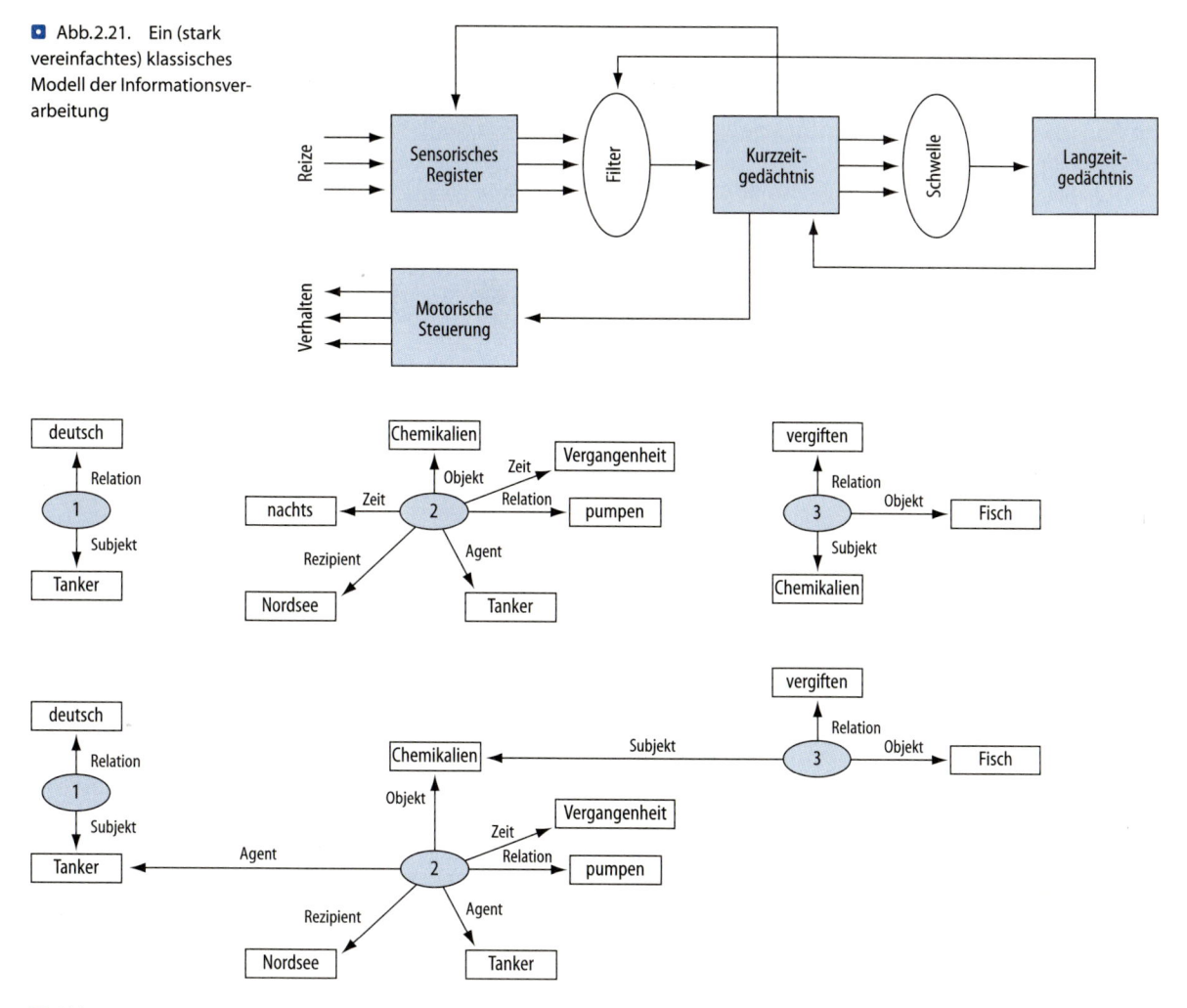

Abb. 2.22. Propositionale Darstellung des Satzes »Ein deutscher Tanker pumpte nachts Säure in die Nordsee, die Fische vergiftete«. (Nach Kluwe, 1992)

les Wissen bezieht sich auf Regeln und Strategien – das »Wie« des Wissens –, die beim Denken und Handeln auf deklaratives Wissen angewendet werden.

Deklaratives Wissen ist im ACT*-Modell repräsentiert durch ein propositionales Netzwerk aus Knoten und gerichteten Verbindungen zwischen Knoten. Die Knoten repräsentieren Begriffe, die Verbindungen Beziehungen zwischen den Begriffen. ◘ Abbildung 2.22 zeigt die propositionale Netzwerkdarstellung des Ereignisses »Ein deutscher Tanker pumpte nachts Säure in die Nordsee, die Fische vergiftete«. Prozedurales Wissen ist im Modell von Anderson repräsentiert durch Produktionsregeln. Produktionsregeln sind Wenn-dann-Anweisungen wie z.B. »Wenn der Wecker klingelt, stehe auf.«

Der Wenn-Teil besteht aus einer Bedingungskomponente, der Dann-Teil aus einer Verhaltensanweisung.

Informationsverarbeitung läuft im ACT*-Modell im wesentlichen so ab, dass bestimmte Knoten durch entsprechende Wahrnehmungen oder interne Verarbeitungsprozesse, z.B. beim Denken, aktiviert werden. Hier gibt es eine Analogie zu der physiologischen Erregung einer Nervenzelle (vgl. z.B. Birbaumer & Schmidt, 2003). Die Aktivierung breitet sich dann über die Verbindungen auf benachbarte Knoten aus, wobei sie mit zunehmender Zeit und Distanz vom ursprünglichen Knoten schwächer wird. Hier besteht eine Analogie zur Erregungsausbreitung in neuronalen Netzen. Das Aktivierungsprinzip gilt auch für Produktionsregeln; wird der

Wenn-Teil aktiviert, wird damit auch der Dann-Teil aktiviert. Die Ausbreitung wird zusätzlich durch die Stärke der Knoten bestimmt; starke Knoten werden leichter aktiviert als schwache. Hier besteht eine Analogie zur Reizschwelle für eine Nervenzelle.

Die Stärke eines Knotens wird nach dem ACT*-Modell durch häufige Aktivierung erhöht. Je öfter ein Knoten in Gebrauch ist, desto leichter ist er aktivierbar: Er bekommt eine »zentrale Stellung« im propositionalen Netzwerk. Daher lassen sich Kurzzeit- und Langzeitgedächtnis durch Netzwerkeigenschaften beschreiben. Das Kurzzeitgedächtnis besteht aus den momentan aktivierten Knoten. Das Langzeitgedächtnis besteht aus allen prinzipiell aktivierbaren Knoten und weist eine komplexe Struktur auf, die durch die Stärke der Knoten und ihre Nachbarschaft bestimmt ist.

Dieses Modell ist sehr sparsam in seinen Grundannahmen und trotzdem in der Lage, komplexe Informationsverarbeitungsprozesse in komplexen Wissenssystemen nachzubilden. Das Verhalten propositionaler Netzwerke und damit verknüpfter Produktionsregeln ist nicht mehr einfach vorhersagbar, sondern kann nur noch auf dem Computer simuliert werden. Dadurch lassen sich aus bestimmten Annahmen über Netzwerkparameter, z.B. Grad der Zunahme der Knotenstärke in Abhängigkeit von der Knotenaktivierung, Vorhersagen über die Informationsverarbeitung ableiten, die sich durch Vergleich mit dem Verhalten von Versuchspersonen empirisch überprüfen lassen. Wenn eine solche Vorhersage möglich ist, heißt das natürlich noch nicht, dass das Modell eine direkte Entsprechung auf neuronaler Ebene hat. Es sollte eher als eine bestimmte Sprache betrachtet werden, über Informationsverarbeitung zu reden (die allerdings wesentlich präziser ist als alltagspsychologische Beschreibungen).

Tatsächlich sind das ACT*-Modell und alle verwandten propositionalen Modelle dann ungeeignet, die neuronale Informationsverarbeitung zu beschreiben, wenn man eine direkte Beziehung zwischen den Knoten und einzelnen Neuronen herstellen möchte. Denn Informationen wie z.B. »Großmutter« sind keinesfalls neuronal durch ein Neuron abgebildet. Vielmehr sind komplexere Informationen über weite Gehirngebiete verteilt gespeichert (vgl. Birbaumer & Schmidt, 2003).

Verteilte Speicherung wird auch in einigen konnektionistischen Modellen (Hebb, 1949; Rumelhart & McClelland, 1986) angenommen, in denen es zwar auch noch Knoten und gerichtete Verbindungen zwischen Knoten gibt, Information aber weder durch einzelne Knoten noch durch einzelne Verbindungen, sondern durch komplexe Knotenmuster repräsentiert ist (auf neuronaler Ebene spricht man hier von Zellverbänden). Die Wechselwirkung vieler Knoten in Form gegenseitiger Aktivierung, aber auch Hemmung, erzeugt Bedeutung. Zudem wird angenommen, dass die Informationsverarbeitung nicht sequentiell Schritt für Schritt erfolgt, sondern dass viele Prozesse gleichzeitig ablaufen können, so dass die Informationsverarbeitung schneller ablaufen kann (parallele Verarbeitung). Abbildung 2.23 illustriert ein extrem vereinfachtes konnektionistisches Modell in Form einer Matrix.

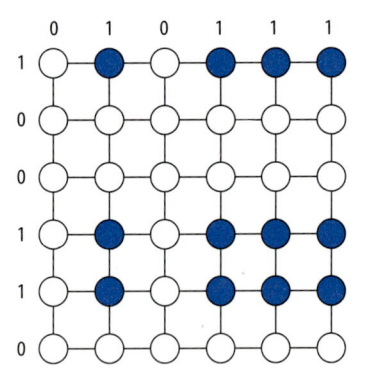

Abb. 2.23. Ein (stark vereinfachtes) konnektionistisches Informationsverarbeitungsmodell. Gefüllte Kreise repräsentieren das Gewicht 1, leere das Gewicht Null. (Nach Wender, 1992)

Diese Matrix kann zwei Reize verknüpfen, die jeweils durch einen Vektor aus sechs Reizmerkmalen repräsentiert sind, wobei jedes Merkmal nur in zwei Zuständen 0 oder 1 vorkommen kann. Auch die Verknüpfung zwischen den Knoten kann in diesem Modell nur aktiviert (1) oder nicht aktiviert (0) sein. Die Verknüpfung der beiden Reize ist dann durch das Aktivierungsmuster aller $6 \times 6 = 36$ Knoten repräsentiert. In dem Beispiel gibt das Produkt der auf einen Knoten von links und oben treffenden Aktivierung die Aktivierung des Knotens an. Das Aktivierungsmuster beschreibt die Beziehung zwischen den beiden Reizen. Trifft der Reiz 100110 ein, so antwortet das Netzwerk aufgrund seiner Verknüpfungsstruktur mit dem Reiz 010111 (vgl. genauer Wender, 1992). Viele konnektionistische Modelle nehmen darüber hinaus an, dass es auch hemmende Verknüpfungen (−1) gibt.

Parallele verteilte und sequentielle lokale Verarbeitung schließen sich nicht aus, sondern sind miteinander vereinbar. Zum Beispiel kann ein großes Wissenssystem insgesamt konnektionistisch arbeiten, lokal aber sequentiell organisiert sein. Sequentielle Modelle lassen sich konnektionistisch nachbilden und konnektionistische Modelle lassen sich (mit einiger Mühe) auf den gegenwärtig streng sequentiell konstruierten Computern simulieren (vgl. Strube, 1990, für eine genauere Diskussion). Der konnektionistische Ansatz übt gegenwärtig eine besondere Faszination aus, weil sich hier Fragestellungen der Psychologie, Neurophysiologie und Informatik (Entwicklung parallel arbeitender Computer) überschneiden und wechselseitig befruchten können. »Unter der Lupe« gibt eine Übersicht über die drei Informationsverarbeitungsmodelle.

Alle drei Modelle stimmen darin überein, dass das Wissen im Langzeitspeicher insofern zentral ist, als es nahezu alle Informationsverarbeitungsprozesse beeinflusst. Zum Beispiel beruht schon die Wahrnehmung eines Stuhls auf einem Vergleich zwischen einer Reizrepräsentation im visuellen Register und dem Langzeitspeicher. Die Wahrnehmung »Stuhl« beinhaltet nicht nur ein visuelles Muster, sondern auch den Namen »Stuhl« und die Funktionen eines Stuhls. Insofern ist jede bewusste Wahrnehmung auch ein Erkennen aufgrund von Wissen.

> **❗ Merke**
>
> In allen Informationsverarbeitungsmodellen spielt das Wissen im Langzeitgedächtnis eine zentrale Rolle; es beeinflusst nahezu alle Verarbeitungsprozesse.

Klassische Modelle, das ACT*-Modell und die konnektionistischen Modelle unterscheiden sich wesentlich in der Rolle, die dem Bewusstsein zugewiesen wird (vgl. Kihlstrom, 1987). In klassischen Modellen sind die Inhalte des Kurzzeitspeichers bewusst. Produkte früher Wahrnehmungsprozesse (z. B. Mustererkennung) sind unbewusst, und Wissen im Langzeitspeicher ist solange unbewusst, wie es nicht in den Kurzzeitspeicher überführt wird. Von daher können unbewusste Informationen keinen Einfluss auf das Bewusstsein ausüben, es sei denn, sie werden vorher ins Bewusstsein (den Kurzzeitspeicher) gehoben.

Im ACT*-Modell kann Bewusstsein mit hoher Aktivierung von Knoten gleichgesetzt werden (vgl. Kihlstrom, 1987). Bewusst werden kann damit nur deklaratives Wissen. Prozedurales Wissen ist unbewusst; bewusst werden kann nur der Wenn- und der Dann-Anteil, nicht die Wenn-dann-Regel. Prozedurales Wissen kann höchstens dadurch bewusst werden, dass es zu deklarativem Wissen wird (etwa wenn man auf dem Wege des Problemlösens eine Grammatikregel entdeckt oder sie vom Englischlehrer vermittelt bekommt). Beim natürlichen Erwerb einer Sprache, der Tischsitten oder des Fahrradfahrens wird zwar prozedurales Wissen erworben, indem neue Produktionsregeln aus Wenn- und Dann-Anteilen zusammengesetzt werden, die Regeln selbst bleiben aber unbewusst. Damit können unbewusste Prozesse Verhalten beeinflussen, ohne ins Bewusstsein gehoben zu werden.

> **Unter der Lupe**
>
> **Drei Modelle der Informationsverarbeitung**
>
> Klassische Modelle sind sequentielle, lokale Speichermodelle. Information gelangt über sensorische Register in einen Kurzzeitspeicher, von dem aus die weitere Verarbeitung durch Vergleich mit dem Wissen im Langzeitspeicher, Verhaltenskontrolle und Einspeicherung in den Langzeitspeicher erfolgt.
>
> Das ACT*-Modell ist ein lokales Speichermodell. Deklaratives Wissen ist in einem propositionalen Netzwerk, prozedurales Wissen in Produktionssystemen repräsentiert. Verarbeitung findet durch Aktivierung lokaler Netzwerkbereiche statt.
>
> Typische konnektionistische Modelle sind verteilte Speichermodelle. Verarbeitung findet durch Aktivierungsausbreitung entlang erregender und hemmender Verbindungen zwischen weit auseinanderliegenden Einheiten statt; funktionale Informationseinheiten sind über das Gesamtnetz verteilt.

Konnektionistische Modelle räumen unbewussten Prozessen einen noch größeren Raum ein. Bewusste Prozesse sind nach dieser Auffassung sequentiell und langsam und sozusagen nur die Spitze eines Eisberges ausgedehnter, schnell und parallel ablaufender, unbewusster Prozesse (Kihlstrom, 1987). Während für Freud die Existenz unbewusster Prozesse ein Problem war, das es zu erklären gelte, ist es im konnektionistischen Ansatz ein Problem zu erklären, wie es überhaupt zu bewussten Prozessen kommt.

> **❗ Merke**
>
> Je stärker Informationsverarbeitungsmodelle neurowissenschaftlich orientiert sind, desto größeren Raum geben sie unbewussten Verarbeitungsprozessen und unbewussten Ergebnissen solcher Prozesse.

Impulsive und reflektive Informationsverarbeitung

Die drei Modelle der Informationsverarbeitung sind sehr allgemein gehalten. Sie versuchen, übergreifende, allgemeingültige Prinzipien der Informationsverarbeitung zu formulieren. Dabei laufen sie Gefahr, zuviel über einen Kamm zu scheren, weil die menschliche Informationsverarbeitung in einem Nervensystem abläuft, das in viele relativ eigenständig arbeitende Teilsysteme untergliedert ist, die z.T. nach unterschiedlichen Prinzipien funktionieren. Das ist evolutionsbiologisch und neuroanatomisch verständlich. Unser Nervensystem ist in einem Jahrmillionen dauernden Entwicklungsprozess entstanden, in dessen Verlauf »alte« Strukturen modifiziert und durch »jüngere« Strukturen überlagert wurden (vgl. Birbaumer & Schmidt, 2003). Ältere und jüngere Strukturen können sich deshalb erheblich in Prinzipien der Informationsverarbeitung unterscheiden, auch wenn sie miteinander in vielfältiger Weise Informationen austauschen können.

Eine erste, grobe Unterscheidung findet sich seit Freud in vielen Theorien des menschlichen Erlebens und Verhaltens: die Unterscheidung zwischen emotionalen versus rationalen, affektiven versus kognitiven, spontanen versus willentlichen, intuitiven versus analytischen, impulsiven versus reflektiven, impliziten versus expliziten Prozessen (vgl. z.B. Lieberman, 2000; Wilson & Schooler, 2000). Diese Unterscheidungen sind nicht identisch, aber miteinander verwandt. Sie beziehen sich auf unsere alltägliche Erfahrung, dass wir manchmal gefühlsmäßig oder auch ohne besondere Gefühle intuitiv und spontan an etwas denken oder etwas tun, ohne dass wir das beabsichtigt haben. Während Freud (1901) dies auf unbewusste Motive und »primärprozesshaftes Denken« zurückführte, wird im Rahmen des Informationsverarbeitungsparadigmas davon ausgegangen, dass es unterschiedliche Modi (Arten) der Informationsverarbeitung gibt, die parallel ablaufen, aber unterschiedliche Hirnstrukturen nutzen und deshalb auch unterschiedlichen Prinzipien der Informationsverarbeitung folgen.

Im folgenden wird beispielhaft die von Strack und Deutsch (2003 getroffene Unterscheidung zwischen impulsiver und reflektiver Informationsverarbeitung vereinfacht dargestellt. Danach gibt es zwei Informationsverarbeitungssysteme, das impulsive und das reflektive System, die sich sowohl in der Repräsentation von Informationen als auch in deren Verarbeitung unterscheiden. Das impulsive System ist ständig aktiv, das reflektive System wird ab und zu »zugeschaltet« (vgl. ◘ Abb. 2.24).

Im impulsiven System breiten sich aktivierte Wahrnehmungen oder Vorstellungen in einem assoziativen Netzwerk aus, das auch Verhaltensschemata enthält, so dass sie diese direkt anregen können. Das System funktioniert nach konnektionistischen Prinzipien. Zum Beispiel wird die Assoziation zwischen Elementen des Netzwerks gestärkt, wenn beide gleichzeitig angeregt sind, und angeregte Elemente regen mit ihnen assoziierte Elemente proportional zur Assoziationsstärke an. Angeregte Elemente des Netzwerks hinterlassen eine Gedächtnisspur, so dass sie das nächste Mal leichter angeregt werden können. So bildet sich ein assoziatives Gedächtnis über früher aktivierte Wahrnehmungen, Vorstellungen und Verhalten. Wahrnehmungen und Vorstellungen können, vermittelt über dieses assoziative Netzwerk, unmittelbar verhaltensanregend wirken (vgl. ◘ Abb. 2.24).

Stärker aktivierte Wahrnehmungen oder Vorstellungen werden unabhängig davon vom reflektiven System verarbeitet, wobei die Aktivierung durch Aufmerksamkeitszuwendung (eine Leistung des reflektiven Systems) erhöht werden kann. Das reflektive System führt diese Wahrnehmungen oder Vorstellungen zunächst in ein propositionales Format über, also in Begriffe mit Merkmalen, z.B. »deutscher Tanker vergiftet Fische«; vgl. ◘ Abb. 2.22 (das impulsive System verarbeitet Informationen nicht in einem solchen propositionalen Format, sondern rein assoziativ). Dieses deklarative Wissen wird dann in rationalen Denk- und Entscheidungsprozessen genutzt und beeinflusst in Form von Intentionsbildungen das Verhalten (vgl. ◘ Abb. 2.24).

Verhalten ist also nach dieser Auffassung eine gemeinsame Endstrecke beider Systeme. Da die Systeme nicht immer dasselbe Verhalten anregen, kann es zu Interferenzen und Konflikten kommen. Wer sich das Rauchen abgewöhnen möchte und seinen Nachbarn rauchen sieht, wird versuchen, sein reflektives System zu nutzen, um den Griff zur Zigarette zu verhin-

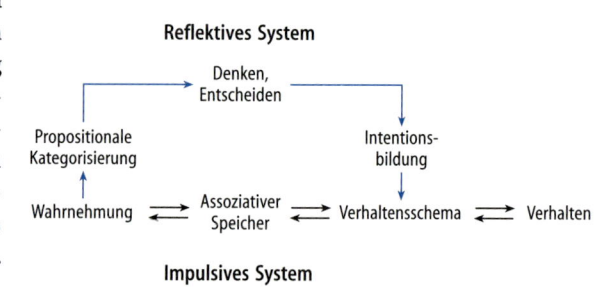

◘ Abb. 2.24. Das impulsive und das reflektive System der Informationsverarbeitung. (Mod. nach Strack und Deutsch, 2003)

dern. Aber das ist gar nicht so einfach, weil das impulsive System automatisch das motorische Schema »eine rauchen« und alle damit assoziierten Gefühle anregt, auch die positiven, gegen die man angehen möchte. Wer zum Erröten neigt, einem impulsiv vermittelten Verhalten, mag es durch Kontrollversuche des reflektiven Systems sogar noch verstärken, weil es die Aufmerksamkeit auf das Erröten lenkt und damit für das impulsive System verstärkt, das Erröten selbst aber nicht direkt reflektiv kontrollierbar ist. Das Modell in ◘ Abb. 2.24 kann so zahlreiche alltägliche und psychopathologische Phänomene erklären.

Die reflektive Informationsverarbeitung bildet eher die Ausnahme als die Regel im alltäglichen Verhalten. Sie wird dann »zugeschaltet«, wenn Hindernisse die Ausführung von Routineverhalten erschweren, oder um längerfristige Ziele zu verfolgen. Verhalten, das primär reflektiv gesteuert ist, wird in der Psychologie als »Handeln« vom sonstigen Verhalten abgegrenzt. Längerfristiges Handeln bedarf der Planung über die aktuelle Situation hinaus; das kann das impulsive System nicht leisten. Die Planung erfolgt durch Problemlöseprozesse; z. B. wie kann ich meine Stellung im Schachspiel durch den nächsten Zug oder, noch besser, durch eine Strategie aus mehreren Zügen verbessern?

Die Unterscheidung der beiden Systeme ist nur ein erster Differenzierungsschritt in Richtung komplexerer Modelle der Informationsverarbeitung. Betrachten wir z. B. die Verhaltensinitiierung genauer, können wir nicht nur impulsive und reflektive Verhaltensinitiierung unterscheiden, sondern drei Arten der Initiierung. Das Verhalten kann
- willentlich gesteuert werden (z. B. Bedienung der Gangschaltung durch einen Fahrschüler in der ersten Stunde),
- automatisiert worden sein (z. B. Schalten eines erfahrenen Autofahrers),
- spontan erfolgen, ohne dass es sich um automatisiertes Verhalten handelt (z. B. Emotionsausdruck, wenn es im Getriebe knirscht).

Viele Verhaltensweisen unterliegen allen drei Kontrolltypen. Man kann z. B. spontan über einen Scherz lächeln (impulsiv gesteuerter Emotionsausdruck), professionell als Stewardess (automatisiert) oder willentlich (reflektiv gesteuert), z. B. aus Höflichkeit. Spontane, automatisierte und willentliche Verhaltenskontrolle nutzen unterschiedliche Hirnstrukturen. Es gibt z. B. zwei verschiedene Formen der halbseitigen Lähmung der Gesichtsmuskulatur. Bei peripherer Lähmung ist der Gesichtsnerv selbst betroffen; solche Menschen können nur halbseitig lächeln. Bei zentraler Lähmung ist die für die willentliche Kontrolle der Gesichtsmuskeln zuständige Region der Hirnrinde betroffen; solche Menschen können auf Aufforderung nur halbseitig lächeln, sind aber in der Lage, spontan über einen Witz beidseitig zu lächeln (vgl. Rinn, 1984).

> **Unter der Lupe**
> **Impulsive und reflektive Prozesse**
> Informationsverarbeitungsprozesse lassen sich in impulsive und reflektive Prozesse gliedern, die parallel ablaufen und Verhalten als gemeinsame Endstrecke haben. Impulsive Prozesse nutzen assoziative Strukturen und führen ständig und automatisch zu Verhaltensimpulsen und Gedächtnisbildung über ausgeführtes Verhalten. Phasenhaft zugeschaltete reflektive Prozesse verarbeiten propositionale Strukturen und sind die Voraussetzung für die rationale Analyse und Reflektion; sie können zu willentlichem Verhalten und langanhaltenden Denk- und Handlungsprozessen führen. Die beiden Systeme können unterschiedliches, teilweise auch sich widersprechendes Verhalten anregen.

2.5.2 Persönlichkeitskonzept

Im Rahmen des Informationsverarbeitungsparadigmas können individuelle Besonderheiten im Erleben und Verhalten im Prinzip auf drei verschiedenen Quellen beruhen:
- auf der Architektur des informationsverarbeitenden Systems,
- auf Parametern informationsverarbeitender Prozesse,
- auf Wissen.

Psychologische Informationsverarbeitungsmodelle gehen grundsätzlich davon aus, dass die Architektur des Systems, also seine wesentlichen Funktionsprinzipien, universell ist, also von allen Menschen geteilt wird. Dies lässt sich auch evolutionspsychologisch gut begründen (vgl. Tooby & Cosmides, 1990; D. M. Buss, 1991). Danach ist diese Architektur das Resultat einer langen evolutionären Geschichte, genetisch festgelegt durch die Wechselwirkung zwischen sehr vielen Genen. Würde es genetisch bedingte, qualitativ unterschiedliche Architekturen der Informationsverarbeitung geben, würden bei der Vererbung Probleme entstehen, wenn Vater und Mutter eine unterschiedliche Architektur aufweisen würden. Denn bei der Vererbung werden Genabschnitte von Vater und Mutter zufällig gemischt, was zur Folge hätte, dass es zu Konflikten in den Genfunktionen des Kindes käme.

Wenn dies so ist, kann die prinzipielle Architektur des Informationsverarbeitungssystems keine Quelle individueller Besonderheiten sein. Allerdings kann es erhebliche interindividuelle Unterschiede in der anatomischen Feinstruktur des Gehirns geben. So ist es z.B. durch tierexperimentelle Studien gut belegt, dass Ratten, die in einer anregenden (informationsreichen) Umgebung aufwachsen, im Vergleich zu Ratten, die in einer wenig anregenden Umgebung aufwachsen, zwar nicht mehr Neuronen haben, aber stärker anatomisch vernetzte Neuronen (mehr Synapsen und Dendriten; Kolb & Whishaw, 1998). Der anatomische Vernetzungsgrad scheint damit Ausdruck einer differenzierteren Umweltrepräsentation und Informationsverarbeitung zu sein. Beim Menschen nimmt diese Vernetzung im Verlauf der Kindheit bis zum Jugendalter (ca. 16 Jahre) zu und bleibt dann anscheinend konstant (Huttenlocher, 1990). Die Möglichkeit des Gehirns, sich umweltabhängig in seiner anatomischen Feinstruktur zu entwickeln, wird als die neuronale Plastizität des Gehirns bezeichnet (Kolb & Whishaw, 1998).

Garlick (2002) stellte die Hypothese auf, dass Unterschiede in der allgemeinen Intelligenz auf Unterschieden in der neuronalen Plastizität beruhen. Unterschiedliche Kinder, die in derselben Lernumwelt aufwachsen, würden je nach Grad ihrer neuronalen Plastizität die gleichen Lerngelegenheiten unterschiedlich stark nutzen, was sich dann in einem unterschiedlichen Grad der neuronalen Vernetzung und damit einhergehender Effektivität der Informationsverarbeitung zeigen sollte. Allgemeine Intelligenz wäre damit eine Persönlichkeitseigenschaft, die auf dem Grad der neuronalen Vernetzung beruht. Allerdings gibt es bisher keine direkte Bestätigung dieser Hypothese durch neuroanatomische Befunde an Lebenden.

Parameter von Verarbeitungsprozessen

Alternativ werden Unterschiede in allgemeiner Intelligenz zumindest zum Teil auf Unterschiede in der Geschwindigkeit der Informationsverarbeitung im Zentralnervensystem zurückgeführt, die neuroanatomisch u.a. auf Unterschieden in der Dicke der Isolierungsschicht, die die Nervenfasern umgibt, beruhen könnten (Myelinisierungshypothese). Geschwindigkeit ist ein Parameter der Informationsverarbeitung. Persönlichkeitsunterschiede können nicht nur auf generellen Geschwindigkeitsunterschieden in der Verarbeitung von Informationen beruhen, sondern auch auf der unterschiedlichen Geschwindigkeit, mit der bestimmte einfache Aufgaben bearbeitet werden, für die nur wenig Wissen erforderlich ist; in beiden Fällen könnten solche Geschwindigkeitsunterschiede Einfluss auf Intelligenzunterschiede haben.

Ein klassisches Beispiel ist das Sternberg-Paradigma (Sternberg, 1966), das sich am Konzept des Kurzzeitspeichers orientiert. Sechs Buchstaben werden im Abstand von einer Sekunde gezeigt; dann wird nach kurzer Verzögerung ein siebter Buchstabe präsentiert, und die Versuchsperson soll so schnell wie möglich durch Tastendrücken angeben, ob dieser Buchstabe unter den anfänglichen sechs war (drücken) oder nicht (nicht drücken). Dafür brauchen studentische Versuchspersonen ungefähr 0,8 Sekunden.

Die individuell bestimmte mittlere Zeit über viele solche Aufgaben variiert im Bereich von etwa 0,6–1,0 Sekunden. Sie lässt sich im klassischen Informationsverarbeitungsmodell interpretieren als Zugriffsgeschwindigkeit zum Kurzzeitspeicher. Unterschiede in der Zugriffsgeschwindigkeit zwischen Personen sind bei Verwendung hinreichend vieler Aufgaben ausreichend stabil über die Zeit.

Im Rahmen des Eigenschaftsparadigmas lässt sich die individuelle Zugriffszeit als Eigenschaft einer jeden Versuchsperson auffassen. Im klassischen Informationsverarbeitungsparadigma erfährt diese Eigenschaft eine Interpretation als Parameter von Informationsverarbeitungsprozessen. Die Eigenschaft ist in ein Prozessmodell eingebettet.

Eine entsprechende Aufgabe, die die Zugriffsgeschwindigkeit zum Langzeitspeicher testet, ist z.B. die NI-PI-Aufgabe von Posner und Mitchell (1967). Gezeigt werden Buchstabenpaare (z.B. AA, Aa, AB), und es soll möglichst schnell entschieden werden, ob sie physikalisch identisch sind (PI-Aufgabe) oder ob sie vom Namen her identisch sind (d.h. ob sie den gleichen Buchstaben unabhängig von seiner Schreibweise bezeichnen; NI-Aufgabe). Die Differenz zwischen der mittleren Bearbeitungszeit vieler Aufgaben des NI- und PI-Typs wird als Indikator der Zugriffszeit zum Wissen (über Buchstaben) interpretiert. Interindividuelle Unterschiede in diesem Parameter sind stabil über die Zeit (Hunt,

1978). Spätere Untersuchungen zum NI-PI-Paradigma, in denen die Buchstaben nicht nur auf Gleichheit, sondern auch auf Verschiedenheit beurteilt werden sollten, zeigten allerdings, dass die physikalische Reizerkennung und ihre Bedeutungsanalyse durch Wissensvergleich sich gegenseitig behindern können, so dass die Differenz zwischen NI- und PI-Zeiten kein reines Maß des Wissenszugriffs ist (List et al., 1985).

Parameter von Informationsverarbeitungsprozessen müssen sich nicht nur auf die Geschwindigkeit der Prozesse beschränken; sie können auch in Form von Schwellen für die Wahrnehmung, Einspeicherung oder Erinnerung konzipiert werden. Ein Beispiel hierfür ist eine Studie von Asendorpf et al. (1994). Achtjährige Kinder nahmen an einer psychologischen Untersuchung teil. Ohne das besonders zu erwähnen, waren im Raum vier aggressionsrelevante Reize vorhanden (Pistole, Monster, Schwert und ein Poster mit einem aggressiv blickenden Dinosaurier). Ein Jahr später wurde die Erinnerung an diese Reize mit einem Wiedererkennungstest geprüft, indem Fotos der vier aggressionsrelevanten Reize und Fotos von acht aggressionsrelevanten Distraktoren (ähnliche, aber in der Situation nicht vorhandene Reize) zufällig gemischt jedem Kind präsentiert wurden. Gefragt wurde, ob der jeweilige Reiz damals im Zimmer vorhanden war oder nicht.

Die Wiedererkennungsgüte (wie gut die Kinder tatsächlich vorhandene von nicht vorhandenen Reizen unterscheiden konnten) variierte beträchtlich zwischen den Kindern. Gutes Wiedererkennen wird im klassischen Informationsverarbeitungsparadigma primär als niedrige Schwelle bei der Einspeicherung interpretiert (das Kind beachtet den Reiz, so dass dessen Chance groß ist, in den Langzeitspeicher zu wandern). Unterschiede im Gedächtniszugriff werden dagegen als wenig bedeutsam erachtet, da die Zugriffsgeschwindigkeit hier keine Rolle spielt.

Die Erinnerungsgüte korrelierte überzufällig, wenn auch niedrig, mit dem Aggressivitätsurteil der Erzieherinnen des Kindes im Kindergarten zwei Jahre vor dem Test. Es scheint, dass aggressive Kinder aggressionsrelevante Reize tendenziell mehr beachten als nichtaggressive (vgl. auch Dodge, 1986) und sie deshalb auch eher einspeichern. Dies scheint eine Eigenschaft des Kindes zu sein (Gedächtnisbildung und Aggressivitätsurteil lagen zwei Jahre auseinander). Diese Interpretation der Erinnerungsgüte beruht auf einer Einbettung einer Situations-Reaktions-Beziehung (Leistung beim Wiedererkennen) in ein Modell der Informationsverarbeitung.

Parameter von Informationsverarbeitungsprozessen spielen aber nicht nur im kognitiven Bereich eine Rolle; ebenso können sie für individuelle Besonderheiten im affektiven Bereich verantwortlich gemacht werden. Temperamentseigenschaften (vgl. Abschn. 4.3) und manche Motive (vgl. Abschn. 4.5.1) werden auf Parameter zurückgeführt, die die Verlaufscharakteristiken von Systemen der Verhaltensregulation bestimmen, z.B. Reizschwellen, Reiz-Reaktions-Gradienten (wie stark die Reaktion mit wachsender Reizintensität zunimmt) und die maximal erreichte Reaktionsstärke. Diese Regulationsprozesse werden auf neurophysiologischer Ebene meist in der Wechselwirkung zwischen Erregungs- und Hemmungsprozessen in bestimmten neuroanatomisch umschriebenen Hirnregionen gesucht.

Hierauf wird in den Abschnitten über Temperament und Motive noch ausführlich eingegangen.

Wissen

Die dritte Hauptquelle individueller Besonderheiten im Informationsverarbeitungsparadigma sind Unterschiede im Wissen. Sofern Wissen mittelfristig stabil ist, handelt es sich um Eigenschaften der Person, und individuelle Besonderheiten im Wissen sind Persönlichkeitseigenschaften. Damit erschließt sich der Persönlichkeitspsychologie ein weites Feld von Eigenschaften, die in Beziehung zur Informationsverarbeitung stehen. Dieses Feld kann z.B. nach dem primären Bezug dieser Eigenschaften auf deklaratives oder prozedurales Wissen geordnet werden.

Zu den deklarativen Wissensbeständen gehört das Selbstkonzept. Damit wird das Bild bezeichnet, das sich Personen von sich selbst machen, also die subjektive Wahrnehmung ihrer eigenen Person. Dies ist offensichtlich ein zentrales Konzept der Persönlichkeitspsychologie; es wird in Abschn. 4.7 ausführlich diskutiert.

Einstellungen (z.B. zu politischen Parteien, zum Ehepartner oder zu Konsumartikeln) sind eine sehr umfangreiche Klasse von Wissensbeständen, die sich dadurch auszeichnen, dass das Wissen auf einer Dimension der Präferenz (Bevorzugung) bewertet wird. Jemand kann die PDS, den Ehepartner oder eine bestimmte Kaffeemarke mehr oder weniger gut finden, und Menschen unterscheiden sich in relativ stabiler Weise in derartigen Einstellungen (vgl. Abschn. 4.6).

Problemlösestile sind individualtypische Bevorzugungen bestimmter Problemlösestrategien, einschließlich der Unfähigkeit zu bestimmten Strategien aufgrund mangelnder Intelligenz. Wie jemand typischerweise

Schach spielt oder eine Berufskarriere plant, kennzeichnet eine Eigenschaft. Handelt es sich um belastende Situationen, weil das eigene Wohlergehen betroffen ist, wird hier meist von einem Bewältigungsstil gesprochen (vgl. Abschn. 4.5.4).

Unter Handlungskontrollstil schließlich versteht man die individualtypische Art und Weise, wie Motive in Handlungen umgesetzt werden. Ist der Anreiz für eine bestimmte Handlung hoch (vgl. Abschn. 2.5.1), wird nach Heckhausen (1989) zunächst eine Intention gebildet, die Handlung auszuführen. Damit komme es aber noch nicht unbedingt zur Handlung, denn die Realisierung der Intention könne auf vielfältige Weise gestört werden, z.B. durch Verharren bei weiterer Situations- oder Zielanalyse oder durch ablenkende Wahrnehmungen, Gefühle und Gedanken (vgl. Kuhl, 1983). Es bedürfe deshalb besonderer Prozesse der Handlungskontrolle, die Handlungsrealisierung gegen konkurrierende Intentionen abzuschirmen.

Kuhl (1983) nahm an, dass individuelle Besonderheiten in der Handlungskontrolle auf einer Dimension mit den Extremen Handlungsorientierung – Lageorientierung beschrieben werden könnten. Handlungsorientierte legten nach der Intentionsbildung schnell los, richteten ihre Aufmerksamkeit kontinuierlich auf die Ausführung und ließen sich durch Misserfolge nicht so leicht abschrecken wie Lageorientierte, die lange mit der Handlungsausführung zögerten und sich bei der Ausführung leichter stören ließen.

Neben der Unterscheidung von deklarativem und prozeduralem Wissen lässt sich auch eine Unterscheidung danach treffen, ob Wissen propositional vom reflektiven System der Informationsverarbeitung oder in Form einer assoziativen Struktur vom impulsiven System genutzt wird (vgl. Abschn. 2.5.1). Ersteres ist eher bewusstseinsfähig und durch Fragebögen oder Wissenstests abfragbar. Letzteres ist schwerer zugänglich. Freud versuchte, an Assoziationsstrukturen seiner Patienten dadurch heranzukommen, dass er sie zu bestimmten Begriffen, z.B. »Vater«, frei assoziieren ließ.

In letzter Zeit gibt es Versuche, individuelle assoziative Strukturen durch Messung der Assoziationsstärken zwischen Begriffen auf der Grundlage von Reaktionszeiten zu erfassen; sie werden im nächsten Abschnitt skizziert. Da diese Assoziationsstrukturen nicht unbedingt bewusst zugänglich sind, aber nach dem in Abschn. 2.5.1 geschilderten Modell Verhalten direkt beeinflussen, könnten so Persönlichkeitsunterschiede im primär spontanen Verhalten möglicherweise besser vorhergesagt und erklärt werden als bisher durch Fragebögen. In Abgrenzung von den propositionalen Wissensbeständen, über die Befragte explizit Auskunft geben können, wird dieses impulsiv genutzte Wissen als implizites Wissen bezeichnet. Entsprechend wird dann von expliziten versus impliziten Einstellungen oder dem expliziten versus impliziten Selbstkonzept gesprochen (Asendorpf et al., 2002a; Greenwald & Banaji, 1995).

> **Merke**
>
> Im Informationsverarbeitungsparadigma wird von einer universellen Architektur des informationsverarbeitenden Systems ausgegangen. Individuelle Besonderheiten werden in der anatomischen Feinstruktur des Gehirns, Geschwindigkeit und Schwellen informationsverarbeitender Prozesse und in deklarativem und prozeduralem und in explizitem und implizitem Wissen gesucht.

2.5.3 Methodik

Da im Informationsverarbeitungsparadigma von einer universellen Architektur des informationsverarbeitenden Systems ausgegangen wird, ist die Methodik der Persönlichkeitserfassung darauf ausgerichtet, Parameter in informationsverarbeitenden Prozessen zu bestimmen und unterschiedliches Wissen zu testen. Der entscheidende Unterschied zum Eigenschaftsparadigma besteht darin, dass die Definition der Situationen und Reaktionen, auf die sich die Eigenschaften beziehen, auf einem Prozessmodell der Informationsverarbeitung beruht.

Im Falle von Persönlichkeitsinventaren sind also die Situations- und Reaktionsbeschreibungen durch ein Prozessmodell vorbestimmt, und die erfragten Eigenschaften müssen keine alltagspsychologische Entsprechung haben. Ein Beispiel für ein solches Vorgehen ist die Bestimmung von drei Aspekten der Handlungskontrolle (vgl. Abschn. 2.5.2) durch die Handlungskontrollskalen HAKEMP 90 von Kuhl (1990). Die Dimensionen Präokkupation-Disengagement, Zögern-Initiative und Unbeständigkeit-Ausdauer werden durch mehrere Items beschrieben, deren Antwortalternativen sich auf jeweils einen Pol der drei Dimensionen beziehen (◘ Tabelle 2.5).

Der Vorteil dieses Verfahrens besteht darin, dass Eigenschaftskonstrukte operationalisiert werden können, die keine Entsprechung in der Alltagspsychologie haben; damit kann das Korsett der Alltagspsychologie schneller gesprengt werden. Der Nachteil ist, dass die

2.5 · Das Informationsverarbeitungsparadigma

Tabelle 2.5. Skalen zur Erfassung von Handlungs- und Lageorientierung. (Kuhl, 1990)

Lageorientierung	Handlungsorientierung	Beispielitem
Präokkupation	Disengagement	Wenn ich etwas Wertvolles verloren habe und jede Suche vergeblich war, dann a) kann ich mich schlecht auf etwas anderes konzentrieren, b) denke ich nicht mehr lange darüber nach.
Zögern	Initiative	Wenn ich etwas Wichtiges oder Unangenehmes zu erledigen habe, dann a) kann es eine Weile dauern, bis ich mich dazu aufraffe, b) lege ich meist sofort los.
Unbeständigkeit	Ausdauer	Wenn ich für etwas für mich Wichtiges arbeite, dann a) unterbreche ich gern zwischendurch, um etwas anderes zu tun, b) gehe ich so in der Arbeit auf, dass ich lange Zeit dabei bleibe.

Fragen von Beurteilern nur dann zutreffend beantwortet werden können, wenn sie sich gezielt an ein entsprechendes Verhalten der Beurteilten erinnern. In der Praxis dürfte dies dazu führen, dass das Urteil auf der Erinnerung an wenige Situationen basiert, die noch einigermaßen frisch im Gedächtnis sind, oder aus tatsächlich oder nur scheinbar relevantem Wissen über die Beurteilten erschlossen wird. Werden hingegen alltagspsychologische Eigenschaften erhoben, haben sich die Urteiler meist schon längst ein Urteil im Verlauf ihrer Interaktionen mit den Beurteilten gebildet, das sie nur noch abrufen müssen. Von daher dürfte ein solches Urteil tatsächliches Verhalten dann besser widerspiegeln, wenn dieses Verhalten alltagspsychologisch gut erfassbar ist.

Wissen kann im Informationsverarbeitungsparadigma zum einen direkt durch Wissensinventare abgefragt werden. Das ist für deklaratives Wissen vertretbar (z.B. Selbstkonzept, Verhaltensstandards), kaum jedoch für prozedurales Wissen, das zu einem Großteil nicht bewusst ist (vgl. Abschn. 2.5.1). Dennoch können Personen auch prozedurales Wissen angeben, indem sie es aus der Erinnerung an bewusste Zwischenschritte rekonstruieren. Wie bindest du deinen Schuh morgens zu? Auf diese Frage kann man schon eine Antwort geben, aber besonders genau wird sie nicht ausfallen, es sei denn, man beobachtet sich noch einmal schnell selbst beim Schuhe binden.

Wissen lässt sich auch indirekt erfassen. So kann der Einfluss des Wissens von Experten auf einem Gebiet (z.B. erfahrenen Programmierern) dadurch geprüft werden, dass man Einflüsse ihres Wissens auf ihre Wahrnehmung, ihre Gedächtnisleistung oder ihre verwendeten Problemlösestrategien untersucht (vgl. Waldmann & Weinert, 1990). Zum Beispiel legte Adelson (1984) erfahrenen Programmierern und Anfängern eine Reihe von Computerprogrammen und zugehörige Flussdiagramme vor. Später sollten sie Fragen nach konkreten Details und nach abstrakten Programmeigenschaften beantworten. Die Experten übertrafen die Anfänger in der Erinnerung an die abstrakten Eigenschaften, waren den Anfängern aber in der Erinnerung an die konkreten Details unterlegen. Wissen auf abstrakterem Niveau scheint effizienter organisiert zu werden, verliert dafür aber an Detailreichtum.

> **Merke**
> Wissen lässt sich nicht nur durch Fragebögen abfragen, sondern auch indirekt durch seinen Einfluss auf die Informationsverarbeitung prüfen.

Insbesondere kann versucht werden, individuelle assoziative Wissensstrukturen durch Bestimmung der quantitativen Assoziationsstärke zwischen bestimmten Begriffen zu erfassen. Das gilt nicht nur für semantische Beziehungen (Begriff X wird mit Begriff Y assoziiert, z.B. im Stereotyp Türken – Döner), sondern auch für die affektive Bewertung von Begriffen. Hierbei wird zu dem Trick gegriffen, letztere dadurch zu erfassen, dass die Assoziation zwischen dem Begriff, z.B. »Türken«, und anderen Begriffen mit starker positiver oder negativer Bedeutung bestimmt wird, z.B. »gut«, »schlecht«, »Liebe«, »Hass«. Auf diese Weise lassen sich auch Einstellungen (affektive Bewertungen von Objekten der Wahrnehmung oder Vorstellung) als assoziative Wissensstrukturen behandeln. Dies ist deshalb besonders interessant, weil affektiv bewertete Begriffe bei expliziter Erfassung durch Fragebögen besonders leicht Verfälschungstendenzen unterliegen, z. B. wenn es um die Erfassung von Vorurteilen gegenüber Türken geht.

Es ist deshalb sicherlich kein Zufall, dass die ersten Bemühungen zu einer Messung individueller Assoziationsstärken auf dem Gebiet der Vorurteilsforschung gemacht wurden (insbesondere Vorurteile gegenüber Menschen anderer Hautfarbe, also Rassenvorurteile). Die Hoffnung ist, dabei an implizite Vorurteile heranzukommen, denen sich die Betreffenden gar nicht bewusst sind oder die sie verfälscht darstellen, wenn danach explizit in Fragebögen gefragt wird.

Die Messung impliziter Einstellungen ist ein schwieriges Gebiet, weil es nicht einfach ist, die bewusste Verfälschung impliziter Einstellungen auszuschalten. Ein Versuch, implizite Einstellungen zu messen, ist die Priming-Technik (vgl. »Methodik«).

Fazio et al. (1995) zeigten mit Hilfe dieser Technik, dass Weiße das Bild eines Schwarzen im Mittel negativer bewerteten als das Bild eines Weißen, während Schwarze das Bild eines Weißen im Mittel negativer bewerteten als das Bild eines Schwarzen. Die implizite Einstellung der weißen Versuchspersonen sagte zudem das von dem schwarzen Versuchsleiter eingeschätzte Vorurteil gegenüber Schwarzen vorher, während die zusätzlich durch einen Fragebogen erhobene explizite Einstellung dies nicht tat. Implizite und explizite Einstellung korrelierten nicht miteinander.

In einem weiteren Experiment konnten Fazio et al. (1995) zeigen, dass die implizite Einstellung dann von der expliziten abwich, wenn die Versuchspersonen Vorurteile hatten, gleichzeitig aber motiviert waren, keine Vorurteile anzugeben. Diese Kontrolltendenz wurde durch einen Fragebogen erhoben mit Fragen wie »Es ist heutzutage wichtig, nicht als vorurteilsbeladen zu erscheinen«. Diese Personen schilderten sich im Einstellungsfragebogen umso weniger vorurteilsbehaftet, je stärker ihre Vorurteile nach der impliziten Einstellungsmessung waren, während die Versuchspersonen mit starken Vorurteilen und geringer Kontrolltendenz diese Vorurteile auch im Fragebogen ausdrückten (vgl. ◘ Abb. 2.25).

Viele Jahre lang wurde ein für persönlichkeitspsychologische Anwendungen gravierendes Problem von Primingverfahren nicht wahrgenommen, nämlich die mangelhafte Reliabilität der Verfahren für die Erfassung interindividueller Unterschiede. Die interne Konsistenz und die Retestreliabilität erreichen kaum Werte von .50 und sind damit unzureichend für persönlichkeitspsychologische Untersuchungen. Dies wurde erst vergleichsweise spät entdeckt, weil fast alle Untersuchungen

> **Unter der Lupe**
>
> **Primingtechnik zur Messung impliziter Einstellungen**
> Bei der Primingtechnik wird untersucht, ob die Reaktion auf einen Reiz die Reaktion auf einen nachfolgenden Reiz beeinflusst. Dies kann z. B. durch eine Übertragung der Bewertung eines Einstellungsobjekts (des Primes, gesprochen »praim«, da aus dem Englischen übernommen) auf einen nachfolgenden Reiz geschehen, aber auch durch eine Erleichterung oder Erschwerung der nachfolgenden Reaktion.
> Bei einer Variante dieser Technik (Fazio et al., 1995) sollen die Versuchspersonen zunächst positiv bewertende Adjektive, z. B. attraktiv oder ekelhaft, möglichst schnell durch Drücken einer Taste als positiv oder negativ erkennen. Dann wird wiederholt das Einstellungsobjekt, z. B. das Bild eines Schwarzen, kurzzeitig gezeigt (z. B. 300 ms lang) und gleich darauf (z. B. nach 150 ms) eines der Adjektive. Wieder soll das Adjektiv so schnell wie möglich als positiv oder negativ erkannt werden. Die Veränderung der Reaktionszeit zwischen den beiden Bedingungen (ohne bzw. mit vorangehendem Bild) wird interpretiert als Einfluss der Bewertung des Bildes. Verzögerungen bei positiven Adjektiven werden interpretiert als negative Bewertung des Bildes, Verzögerungen bei negativen Adjektiven als positive Bewertung des Bildes. Da Verzögerungen schon allein durch die Erkennung des Bildes unabhängig von seiner Bewertung zustande kommen können, ist es notwendig, diesen Effekt durch das Bild eines Kontrollobjektes, z. B. des Gesichtes eines Weißen, zu kontrollieren; interpretiert wird also die relative Verzögerung gegenüber dem Kontrollobjekt. Da schließlich Gesichter unabhängig von ihrer Rasse mehr oder weniger positiv bewertet werden können, müssen die Effekte mehrerer Bilder von Schwarzen und Weißen gemittelt werden. Weitere Kontrollbedingungen führen typischerweise zu langandauernden Experimenten (100 und mehr Entscheidungen jeder Versuchsperson).
> Da die Bilder nur sehr kurz gezeigt werden, die Entscheidungen der Versuchspersonen unter großem Zeitdruck erfolgen und wegen der vielen Durchgänge eine willentliche Kontrolle der spontanen Reaktionstendenzen kaum möglich scheint, wird angenommen, dass implizite Einstellungen gemessen werden.

gar nicht interindividuelle Unterschiede, sondern Gruppenunterschiede im Visier hatten, z. B. Unterschiede von

2.5 · Das Informationsverarbeitungsparadigma

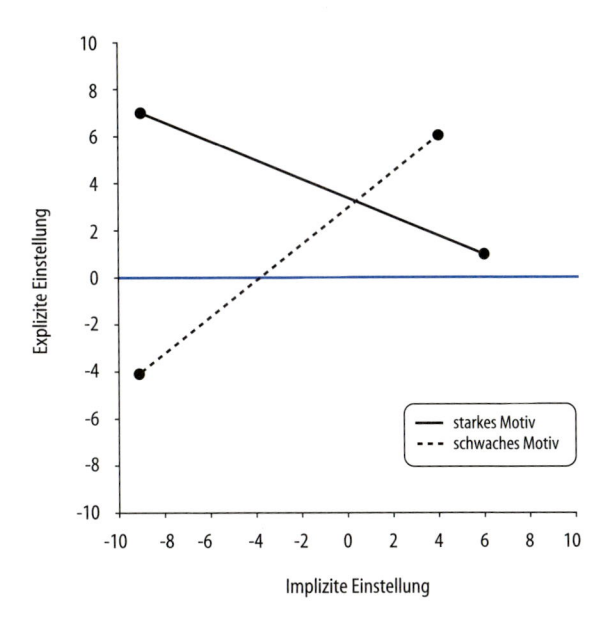

Abb. 2.25. Wirkung des Motivs, keine Vorurteile gegenüber anderen Rassen zu haben, auf den Zusammenhang zwischen impliziter und expliziter Messung der Einstellung zu anderen Rassen

Methodik

Der Implizite Assoziationstest (IAT)

Dieses von Greenwald et al. (1998) entwickelte Verfahren soll die individuelle Assoziationsstärke zwischen zwei Gegensatzpaaren erfassen, hier illustriert am Beispiel der semantischen Assoziation zwischen dem Objektpaar »ich – andere« und dem Attributpaar »schüchtern – nichtschüchtern« als Teil des impliziten Persönlichkeits-Selbstkonzepts. Eine starke Assoziation bedeutet, dass die getestete Person sich implizit für schüchtern hält, eine schwache Assoziation bedeutet, dass sie sich für weder besonders schüchtern noch für besonders nichtschüchtern hält, eine starke Assoziation zwischen »ich – andere« und dem umgekehrten Attributpaar »nichtschüchtern – schüchtern« bedeutet, dass sie sich implizit für nichtschüchtern hält.

Ein IAT läuft so ab, dass die Testperson das auf dem Bildschirm jeweils gezeigte Objekt oder Attribut durch Drücken einer Taste links bzw. rechts auf der Tastatur der links bzw. rechts oben auf dem Bildschirm angezeigten Kategorie möglichst schnell und fehlerfrei zuordnen soll. Lautet z. B. die Instruktion ‚alle Schüchternheitsworte links zuzuordnen, soll die Testperson auf das Wort »gehemmt« hin die linke Taste drücken und auf das Wort »kontaktfreudig« hin die rechte.

Wie ◘ Tabelle 2.6a zeigt, werden zunächst objektbezogene Worte (in diesem Fall auf »Ich« bzw. »Andere« bezogene Worte) zugeordnet, dann attributbezogene Worte (in diesem Fall auf »Schüchtern« bzw. »Nichtschüchtern« bezogene Worte). Die in dem Schüchternheits-IAT verwendeten Worte sind in ◘ Tabelle 2.6b gezeigt (jedes Wort wird viermal zugeordnet, wobei die Wörter in zufälliger Reihenfolge präsentiert werden). Nach dieser (für die Auswertung irrelevanten) Übung erfolgt der erste kritische Block, in dem abwechselnd objekt- und attributbezogene Wörter richtig zugeordnet werden sollen. Dann wird die Attributzuordnung umgelernt (jetzt müssen die Nichtschüchternheits-Wörter links und die Schüchternheits-Wörter rechts zugeordnet werden) und anschließend der kombinierte Block mit dieser Attributumkehrung wiederholt.

Die Annahme ist, dass die Reaktionszeit bei demjenigen kombinierten Block schneller ist, bei dem individuell assoziierte Begriffe derselben Taste zugeordnet sind. Schüchterne sollten also im ersten kombinierten Block schneller als Nichtschüchterne reagieren und im umgekehrten Block langsamer (die absoluten Reaktionszeiten in den beiden kombinierten Blöcken lassen sich nur schlecht interpretieren, weil alle Testpersonen beim umgekehrten Block aufgrund von Übungseffekten etwas schneller sein sollten). Deshalb wird die mittlere Reaktionszeit »Umgekehrter kombinierter Block minus erster kombinierter Block« als implizites Selbstkonzept in Schüchternheit interpretiert (»IAT-Effekt«). Dieser Differenzwert ist von der mittleren Reaktionszeit der Testperson in allen Aufgaben weitgehend unabhängig (wichtig, da es hierin zusätzliche Persönlichkeitsunterschiede gibt); je positiver der Differenzwert ist, desto schneller ist die Testperson in der Kombinationsaufgabe »Ich – Schüchtern« relativ zu »Ich – Nichtschüchtern«. Als Objekte und Attribute können sowohl Wörter als auch Bilder verwendet werden. Werden als Attribute stark positiv oder negativ getönte Wörter oder Bilder gezeigt, kann die affektive Bewertung der Objekte und damit die Einstellung zu den Objekten erfasst werden. Der Test unterliegt der Beschränkung, dass nicht die Assoziation zwischen einem bestimmten Objekt und einem bestimmten Attribut bestimmbar ist, sondern nur die Assoziation zwischen Objekt- und Attributpaaren. Die Testdauer beträgt 10–15 Minuten.

◼ **Tabelle 2.6a.** Ablauf eines Impliziten Assoziationstests zur Erfassung des impliziten Selbstkonzepts in Schüchternheit. (Asendorpf et al., 2002a).

Block	Trials	Inhalt	Linke Taste	Rechte Taste
1	40	Objektdiskrimination	Ich	Andere
2	40	Attributdiskrimination	Schüchtern	Nichtschüchtern
3	120	1. Kombinierter Block	Ich, Schüchtern	Andere, Nichtschüchtern
4	40	Umgekehrte Attributdiskrimination	Nichtschüchtern	Schüchtern
5	120	Umgekehrter kombinierter Block	Ich, Nichtschüchtern	Andere, Schüchtern

weißen versus schwarzen US-Amerikanern in der Einstellung gegenüber Weißen versus Schwarzen. Hierbei werden die Daten vieler Gruppenmitglieder gemittelt, so dass die Reliabilität der Gruppenunterschiede auch bei geringer Reliabilität der interindividuellen Unterschiede immer noch ausreichend groß war.

Erst mit der Entwicklung des Impliziten Assoziationstests von Greenwald et al. (1998) wurde dieses Problem zumindest im Falle der internen Konsistenz gelöst. Diese Methode ist deshalb zur Zeit die Methode der Wahl für die Erfassung individueller Assoziationsstärken (vgl. »Methodik« und ◼ Tabelle 2.6).

> **⚠ Merke**
> Zur reliablen Erfassung interindividueller Unterschiede in impliziten Einstellungen und Selbstkonzepten wurden Implizite Assoziationstests (IATs) entwickelt, die Assoziationsstärken zwischen Objekt- und Attributpaaren erfassen sollen.

Zur Erfassung individueller Besonderheiten in Emotionen, Erwartungen oder Attributionen (Erklärungen von Ergebnissen eigener Handlungen) werden vor allem Situations-Reaktions-Fragebögen eingesetzt, in denen konkrete Situationen geschildert und die vermutlichen Bewertungen in diesen Situationen erfragt werden. Aber auch dieses Verfahren lässt sich verhaltensnäher gestalten, indem Personen direkt vor realen Situationen befragt werden, welche Erwartungen sie im Moment haben (z. B. beim Warten vor einer Prüfung), oder indem ihre Attributionen für ihr Verhalten direkt nach realen Situationen erfragt werden (z. B. nachdem das Ergebnis einer Prüfung bekannt wird).

Eine interessante Variante ist hier das videounterstützte Erinnern (vgl. z. B. Otto & Schmitz, 1986). Die

◼ **Tabelle 2.6b.** Benutzte Wörter für den Schüchternheits-IAT. (Asendorpf et al., 2002a).

Ich	Andere	Schüchtern	Nichtschüchtern
ich	ihr	gehemmt	ungezwungen
selbst	andere	unsicher	sicher
meine	eure	zaghaft	wagemutig
mir	euch	zurückhaltend	freimütig
eigen	fremd	verschlossen	kontaktfreudig

Person wird in realen Situationen mit einer Videokamera gefilmt. Anschließend wird ihr der Film mit der Bitte gezeigt, ihre Gedanken oder Gefühle an bestimmten Punkten zu beschreiben oder auf vorgegebenen Skalen zu beurteilen. Diese Methode ist besonders dann angebracht, wenn verschiedene Situationen unmittelbar aufeinander folgen, so dass eine Unterbrechung des Situationsablaufs zum Zwecke einer Befragung störend wäre. Es muss allerdings damit gerechnet werden, dass Gedächtniseffekte die Erinnerung an das Erlebte verzerren (z. B. motiviertes Vergessen unangenehmer Gedanken und Gefühle).

Bei der Untersuchung des Denkens und Problemlösens wird bisweilen eine Methode verwendet, die die aktuell ablaufenden Verarbeitungsprozesse direkter als die Videorekonstruktionsmethode zu erfassen sucht: die Methode des lauten Denkens (vgl. z. B. Weidle & Wagner, 1982). Hierbei werden Versuchspersonen aufgefordert, während eines längerdauernden Problemlöseprozesses alle einzelnen Schritte, die ihnen dabei bewusst werden, sofort und fortlaufend frei zu beschreiben. Die Schwierigkeit besteht dann darin, aus diesen notwendigerweise bruchstückhaften Beschreibungen (die meisten Prozesse sind ja unbewusst) auf die zugrundeliegenden Pro-

2.5 · Das Informationsverarbeitungsparadigma

zesse zu schließen (vgl. z.B. Dörner et al., 1983). Zudem muss damit gerechnet werden, dass das Verbalisieren die Art der Problemlösung verändert. Auf soziale Interaktionssituationen lässt sich diese Methode nicht anwenden, weil sie den Interaktionsfluss zu stark stört und sozialen Normen widerspricht.

> **! Merke**
> Durch videounterstütztes Erinnern oder lautes Denken in nichtsozialen Situationen können Wissen und Prozessparameter in realen Situationen teilweise erfasst werden.

Die Messung von Prozessparametern wie Geschwindigkeiten oder Schwellen durch Verhaltensbeobachtung wurde schon in Abschn. 2.5.1 exemplarisch geschildert. Hier entsteht meist das Problem, dass die Beobachtung eines einzelnen Prozesses viel zu ungenau ist, um daraus Rückschlüsse auf stabile Eigenschaften zu ziehen. Deshalb müssen die Reaktionen über viele Durchgänge gemittelt werden. Zum Beispiel werden beim Sternberg-Paradigma (vgl. Abschn. 2.5.2) ca. 60 Durchgänge benötigt, bis stabile Eigenschaftsmessungen zustande kommen.

Im Informationsverarbeitungsparadigma gibt es eine Methode der Persönlichkeitserfassung, die im Eigenschaftsparadigma nicht verwendet wird: der Vergleich des Verhaltens mit dem Verhalten eines komplexen kognitiven Modells. Dies sei hier am Beispiel der Wissensdiagnostik durch kognitive Modellierung erläutert (vgl. Spada & Reimann, 1988). Im Eigenschaftsparadigma wird die Qualität des Wissens über einen Gegenstandsbereich, z.B. physikalisches Wissen, aus der mittleren Leistung in vielen ähnlichen Aufgaben ermittelt. Dadurch lässt sich aber lediglich das Niveau der Leistung feststellen. Unklar bleibt dabei die pädagogisch wichtige Frage, warum jemand Fehler macht: Liegt es an fehlendem Wissen oder an systematisch falschem Wissen, und welches Wissen fehlt oder ist falsch?

Um das herauszufinden, wird im Modellierungsansatz zunächst ein Modell über mögliches Wissen über einen bestimmten Gegenstandsbereich formuliert, z.B. mögliches physikalisches Wissen über Gesetzmäßigkeiten beim Stoß einer Billardkugel. In diesem Fall ist das deklarative Wissen über die Kugel und den Billardstock trivial; was interessiert, ist das prozedurale Wissen über die Wirkung von Kraft und Winkel beim Anstoß auf Masse, Richtung und Geschwindigkeit der Kugel nach dem Anstoß, und zwar sowohl richtiges als auch falsches Wissen. Opwis et al. (1994) formulierten ein solches Modell durch ein System aus 23 Produktionsregeln (vgl. Abschn. 2.5.1), die z.B. proportionale Beziehungen zwischen Kraft und Geschwindigkeit beschreiben: »Wenn beim zentralen Anstoß die Kraft um den Faktor c verändert wird, gilt für die resultierende Geschwindigkeit: Sie verändert sich um denselben Faktor c.«

Anschließend wurde eine Aufgabensequenz so konstruiert, dass sich bei systematischem Antwortverhalten der Versuchspersonen diejenigen (richtigen oder falschen) Regeln rekonstruieren lassen, die sie verwenden. Opwis et al. (1994) konstruierten eine Sequenz aus 30 Aufgaben und legten sie 132 Schülern der 5.-11. Klassenstufe vor. Das Verhalten jedes Schülers konnte dann vier Kategorien zugeordnet werden: vollständig korrektes Wissen, unvollständiges Wissen (falsche Beantwortung einiger Aufgaben wegen Nichtverwenden richtiger Regeln), fehlerhaftes Wissen (systematische Anwendung falscher Regeln), nicht identifizierbar (unsystematisches Vorgehen). ◘ Tabelle 2.7 zeigt die Ergebnisse für Aufgaben, die proportionale Beziehungen abtesteten.

Wie zu erwarten ist, nahm das vollständig korrekte Wissen mit der Klassenstufe zu. Wichtig ist, dass dieser Ansatz nicht nur falsche Lösungen, sondern abgesehen von den jüngsten Schülern bei fast allen Schülern

◘ **Tabelle 2.7.** Relative Häufigkeiten der Wissensdiagnose in der Studie von Opwis et al. (1994) für proportionale Beziehungen in Abhängigkeit von der Klassenstufe (n = 132 Schüler)

Wissensdiagnose	5. Klasse	7. Klasse	9. Klasse	11. Klasse
Vollständig korrektes Wissen	47 %	82 %	91 %	96 %
Unvollständiges Wissen	11 %	0 %	3 %	4 %
Fehlerhaftes Wissen	24 %	12 %	0 %	0 %
Nicht identifizierbar	18 %	6 %	6 %	0 %

auch die Fehlerart identifizieren kann. Wird diese Art der Wissensdiagnostik in ein Lernprogramm eingebaut, ist das Programm in der Lage, individuelle Schwächen zu identifizieren und darauf entsprechend zu reagieren, z. B. indem auf die Anwendung einer falschen Regel aufmerksam gemacht wird.

Auf ähnliche Weise kann man Wissen auch durch ein konnektionistisches Modell modellieren oder auch mehrere individuelle Prozessparameter in komplex vernetzten Informationsverarbeitungsmodellen schätzen. So lassen sich komplexe Problemlösestile durch Vergleich mit Computersimulationen eines problemlösenden Systems mit mehreren individuellen Parametern erfassen (vgl. z. B. Dörner et al., 1983). Modelliert werden kann aber auch motiviertes Verhalten in sozialen oder sozialanalogen Situationen durch computersimulierte Prozessmodelle der Motivation (vgl. Abschn. 4.5.1).

> **Merke**
> Durch den Vergleich des Verhaltens mit dem Verhalten eines Informationsverarbeitungsmodells, das komplexe Wissensstrukturen oder mehrere interindividuell variierende Parameter enthält, können im Informationsverarbeitungsparadigma komplexe Eigenschaftsmuster untersucht werden. Dazu zählen in der Wissensdiagnostik spezifische Wissenslücken und systematisch fehlerhaftes Wissen und in der Intelligenzdiagnostik komplexe Problemlösestile.

2.5.4 Empirische Bewährung

Die starke allgemeinpsychologische Orientierung im Informationsverarbeitungsparadigma ist wohl der Grund dafür, dass die für persönlichkeitspsychologische Fragestellungen unerlässliche Prüfung der zeitlichen Stabilität von Eigenschaftsmessungen (vgl. Abschn. 2.4) oft vernachlässigt wird. Das gilt vor allem für verhaltensbasierte Eigenschaftsmessungen. Das soll hier am Beispiel des komplexen Problemlösens deutlich gemacht werden.

Ein typischer Untersuchungsansatz dieser Art sind die Problemlöseaufgaben von Dörner und Mitarbeitern. Ein stark vernetztes System wie z. B. eine Gemeinde wird in vielen Parametern auf dem Computer simuliert, und die Versuchsperson soll dieses System durch einzelne Maßnahmen hinsichtlich einer Vielzahl gleichzeitig zu beachtender Variablen optimieren (z. B. als Bürgermeister der Gemeinde für ein hohes Steuereinkommen, viele Fremdenverkehrsgäste und wenig Umweltbelastung sorgen; vgl. Dörner et al., 1983). Wie im wirklichen Leben ist dabei das Systemverhalten (also die Vernetzung der einzelnen Variablen) unbekannt, und abgesehen von einem allgemeinen Oberziel (z. B. Zufriedenheit der Bürger) sind die einzelnen konkret anzustrebenden Unterziele offen (soll z. B. Industrie auf Kosten des Fremdenverkehrs oder die Umweltqualität auf Kosten von Industrieansiedlung gefördert werden?). Die Versuchspersonen müssen durch ihre Eingriffe oder Nichteingriffe erst einmal versuchen zu verstehen, wie das System funktioniert, und müssen außerdem die einzelnen Unterziele festlegen.

Maße der Problemlösegüte für diese Art von Problemen korrelieren typischerweise gering bis Null mit Intelligenztests. Daraus wurde der Schluss gezogen, Intelligenztests hätten wenig mit dem wirklichen Leben zu tun (was falsch ist; vgl. Abschn. 4.4.1) oder die Leistung in komplexen Problemlöseaufgaben sei eine persönlichkeitspsychologisch nützliche Information, die über Intelligenztestergebnisse hinausgeht. Letzteres könnte richtig sein, aber dazu müsste erst einmal nachgewiesen werden, dass diese Leistung tatsächlich eine Eigenschaft ist, also jedenfalls mittelfristig zeitstabil ist. Die Ergebnisse entsprechender Studien ergaben insgesamt ein differenziertes Bild, wobei zu beachten ist, dass ältere Studien meist eine zu geringe Zahl von Versuchspersonen (20–50) hatten, um verlässliche Korrelationsdaten liefern zu können:

- Die Stabilität der Problemlösegüte ist bei zweimaliger Versuchsdurchführung so gering (um .50), dass die Leistung bei einmaliger Versuchsdurchführung individualdiagnostisch wertlos ist (Kluwe et al., 1991; Süß et al., 1991).
- Die Stabilität der Problemlösegüte kann mit zunehmender Vertrautheit mit dem System auf ein individualdiagnostisch ausreichendes Niveau steigen (Süß et al., 1991).
- Die typischerweise verwendeten Problemlösestrategien der Personen können bei ausreichend langer Untersuchung eine hohe Konsistenz zwischen strukturell ähnlichen Problemen erreichen (so fanden Streufert et al., 1988, für 12 Strategiemaße eine mittlere Konsistenz von .80 zwischen zwei sechs Stunden dauernden Problemlöseszenarien für Manager).
- Es lassen sich Gruppen flexibler und inflexibler Personen unterscheiden. Flexible wechseln ihre Strategien anfangs eher aufgrund ihrer Erfahrungen mit dem System und sind langfristig deshalb etwas erfolgreicher als inflexible, die ihre Strategien eher beibehalten (Schmuck, 1992; Schmuck & Strohschneider, 1995).

2.5 · Das Informationsverarbeitungsparadigma

Die mangelhaften Korrelationen zwischen der Problemlösegüte in den typischerweise verwendeten komplexen Systemen und Intelligenztests könnten also möglicherweise daran liegen, dass interindividuelle Unterschiede in der Problemlösegüte bei komplexen Problemen instabil sind, weil flexible Personen anfangs oft und in einer von Person zu Person unterschiedlichen Weise ihre Strategien wechseln. Erst mit wachsender Vertrautheit mit dem System (was Versuchswiederholungen oder eine mehrere Stunden dauernde Untersuchung voraussetzt) weisen sowohl die Strategiewahl als auch die Problemlösegüte ein individualdiagnostisch ausreichend hohes Niveau auf.

Erst in den letzten Jahren wird Kognitionspsychologen zunehmend das Problem der mangelhaften Konsistenz individueller Informationsverarbeitungsparameter bewusst, die für scheinbar ähnliche Aufgaben ermittelt werden. Zum Beispiel korreliert die ermittelte Zugriffsgeschwindigkeit zum Wissen gering bis gar nicht zwischen unterschiedlichen Aufgaben, die alle zur Erfassung des Wissenszugriffs konstruiert wurden (vgl. z. B. Keating et al., 1985). Persönlichkeitspsychologen ist dieses Problem altbekannt als Problem mangelhafter transsituativer Konsistenz (vgl. Abschn. 2.4.4).

Waldmann und Weinert (1990) schlugen vor, zunächst Prozessanalysen für verschiedene Aufgaben durchzuführen und dann in einem zweiten Schritt durch »Strukturanalysen« funktional vergleichbare Parameter unterschiedlicher Aufgaben auf Konsistenz zu prüfen. Wenn es gelänge, auf diese Weise Parameter zu identifizieren, die konsistent zwischen unterschiedlichen Aufgaben wären und eine äquivalente Funktion in den entsprechenden Prozessmodellen hätten, wäre zusätzlich zum Konsistenznachweis ein Nachweis der funktionalen Äquivalenz der Eigenschaften für Informationsverarbeitungsprozesse erbracht und damit mehr, als im Eigenschaftsparadigma gefordert und erreichbar ist.

> **Merke**
> Die Stabilität und Konsistenz von Messungen der Lösungsqualität für komplexe Probleme sind bei kurzfristiger Messung oft sehr niedrig. Nur bei Mittelung des Verhaltens über sehr viele Einzelentscheidungen im Verlauf des Problemlösens wird eine individualdiagnostisch ausreichend hohe Zuverlässigkeit der Daten erreicht. Allgemein muss bei Messungen von Prozessparametern oder Wissen eine ausreichend hohe Stabilität und Konsistenz zwischen strukturell ähnlichen Aufgaben bzw. Situationen nachgewiesen werden, bevor diese Daten persönlichkeitspsychologisch interpretiert werden können.

Während die interne Konsistenz und Retestreliabilität bei Priming-Verfahren nicht ausreichend hoch für die Erfassung interindividueller Unterschiede sind, ist zumindest die interne Konsistenz bei Impliziten Assoziationstests ausreichend hoch, d. h. das Cronbach-Alpha, bestimmt auf der Basis der Aufteilung der kritischen Blöcke in mehrere Teile, die formal als Items angesehen werden können, beträgt meist .80 oder mehr (Steffens & Buchner, 2003; Asendorpf et al., 2002a, fanden bei Testung von 138 Studierenden für den geschilderten Schüchternheits-IAT eine interne Konsistenz von .89).

Allerdings liegt die Retestreliabilität von IATs in der Größenordnung von .60 und damit deutlich unter ihrer internen Konsistenz (Steffens & Buchner, 2003). Das liegt vermutlich daran, dass einige Personen bei der Testwiederholung andere Antwortstrategien nutzen als beim ersten Testdurchgang (z. B. »jetzt ist die Aufgabe umgekehrt wie vorher« oder »wähle die spontan präferierte Antworttaste gerade nicht«). Derzeit wird an alternativen Verfahren gearbeitet, die auch eine ausreichend hohe Retestreliabilität sichern; auch fehlt es noch an reliablen Verfahren zur Erfassung einfacher Objekt-Attribut-Assoziationen (z. B. »Ich« – »Schüchtern« unabhängig von der Assoziation »Andere« – »Schüchtern«). Trotz dieser Probleme zeigen die ersten Ergebnisse mit IATs, dass die Erfassung individueller Assoziationsstärken über Reaktionszeitmessungen ein vielversprechender Weg ist, um das Methodenrepertoire der Persönlichkeitspsychologie substanziell zu erweitern.

2.5.5 Bewertung

Auch im Informationsverarbeitungsparadigma der Persönlichkeitspsychologie werden letztendlich Eigenschaften bestimmt, aber diese Eigenschaften sind eingebettet in ein Prozessmodell der Informationsverarbeitung, was die Suche nach eigenschaftsrelevanten Situationen und Reaktionen erleichtert, den Eigenschaften eine präzisere Bedeutung verleiht und komplexe Eigenschaften wie z. B. komplette Wissenssysteme zu operationalisieren gestattet.

Wegen dieser Vorzüge des Informationsverarbeitungsparadigmas laufen Untersuchungen im Rahmen dieses Paradigmas aus persönlichkeitspsychologischer

Sicht Gefahr, das Eigenschaftskonzept ganz zu ignorieren. Das äußert sich typischerweise darin, dass die zeitliche Stabilität der individuellen Parameter und Systembeschreibungen nicht geprüft wird. Faktisch trifft das auf die Mehrheit der Untersuchungen zu. Für praktische Anwendungen kann das fatale Folgen haben. Zum Beispiel kommt es inzwischen nicht selten vor, dass Personalentscheidungen in Betrieben u.a. von der Problemlöseleistung in komplexen Situationen abhängig gemacht werden, obwohl die Stabilität der Leistung ungeprüft bleibt. Diese bedenkliche Art von Diagnostik konnte nicht zuletzt dadurch eine gewisse Popularität erlangen, dass das Testverfahren für den Laien völlig undurchschaubar ist, eine größere Nähe zu komplexen Arbeitsanforderungen hat als einfachere Testverfahren und mit einem besonderen wissenschaftlichen Nimbus behaftet ist.

Das Informationsverarbeitungsparadigma wird also erst dann nutzbar für die Persönlichkeitspsychologie, wenn es nicht nur Prozesse, sondern auch stabile prozessrelevante Eigenschaften berücksichtigt. Die Einbettung stabiler Eigenschaften in Prozessmodelle alleine ist aber noch kein Garant für sinnvolle Ergebnisse. Die Qualität dieses Ansatzes steht und fällt mit der Qualität des zugrundegelegten Prozessmodells. Produktiv für die Persönlichkeitspsychologie ist der Ansatz nur dann, wenn das Modell tatsächlich ablaufende Informationsverarbeitungsprozesse abbildet und wenn die von Person zu Person variierenden Parameter und Wissenssysteme wichtige Quellen individueller Besonderheiten abbilden.

Letzteres ist nicht immer der Fall, da individuelle Parameter in Untersuchungen mit allgemeinpsychologischer Zielsetzung oft nur dazu dienen, das Modell gut an die tatsächlichen Daten der Versuchspersonen anzupassen. Ab 4–5 Parametern gelingt das fast immer gut, unabhängig von der allgemeinpsychologischen und persönlichkeitspsychologischen Qualität des Modells. Die Personparameter haben dann nur die Funktion von Lückenbüßern. Persönlichkeitspsychologisch wäre aber zu fordern, dass auch in die individuellen Parameter und ihre möglichen Beziehungen untereinander Theorie investiert wird.

> **Merke**
> Informationsverarbeitungs- und Eigenschaftsparadigma sind keine Gegensätze, sondern gut miteinander vereinbar, indem Eigenschaften in ein Modell der Informationsverarbeitung eingebettet werden. Dabei muss in die Eigenschaften und ihre Beziehungen untereinander ebensoviel Überlegung gesteckt werden wie in die allgemeinpsychologischen Aspekte des Modells.

Wie kommt man zu einem guten psychologischen Modell von Informationsverarbeitungsprozessen? Als Orientierung dienten zunächst Computeranalogien, später Analogien zu neuronalen Netzen. Der Verdacht liegt nahe, dass sich hier die Psychologie zu stark außenorientiert, anstatt sich auf eigene Kriterien zu besinnen, denen ein »gutes« Modell genügen sollte. Das Eigenschaftsparadigma hat es in dieser Beziehung leichter, weil es auf der Alltagspsychologie aufbauen kann. Dem Informationsverarbeitungsparadigma ist dieser Zugang verwehrt, weil das meiste prozedurale Wissen nicht nur unbewusst bleibt, sondern dem Bewusstsein prinzipiell unzugänglich ist.

Eine prinzipielle Beschränkung ist Eigenschafts- und Informationsverarbeitungsparadigma gemeinsam: Sie liefern ein statisches Bild von Eigenschaften und ihrer Vernetzung im System der Persönlichkeit. Es ist aber eine alltagspsychologische Binsenweisheit, dass Eigenschaften und die Persönlichkeitsorganisation sich längerfristig verändern können. Menschen entwickeln sich und ihre Persönlichkeit. Dieser Prozess der Persönlichkeitsentwicklung spielt sich in einer anderen zeitlichen Größenordnung ab als der Prozess der Informationsverarbeitung in aktuellen Situationen. Der Prozess der Persönlichkeitsentwicklung steht im Mittelpunkt des nachfolgend dargestellten fünften und letzten Paradigmas der Persönlichkeitspsychologie.

? Fragen

2.28 Welche Rolle spielen unbewusste Prozesse im klassischen, ACT*- und konnektionistischen Modell?

2.29 Wodurch unterscheiden sich impulsive von reflektiven Prozessen?

2.30 Welche Quellen für Persönlichkeitsunterschiede gibt es im Informationsverarbeitungsparadigma?

i Hinweise zur Beantwortung

2.28 vor Aufmerksamkeitsfilter – prozeduales Wissen – parallele Prozesse

2.29 assoziative – propositionale Repräsentation, spontanes Verhalten – willentliches Handeln

2.30 anatomische Feinstruktur, Geschwindigkeit, Schwellen, Wissen (konkrete Beispiele)

2.5 · Das Informationsverarbeitungsparadigma

? Fragen

2.31 Wie lassen sich explizite und implizite Einstellungen erfassen?

2.32 Wie lassen sich Erwartungs- und Attributionsstile durch Persönlichkeitsfragebögen, S-R-Inventare und videounterstütztes Erinnern erfassen? Vor- und Nachteile dieser drei Methoden?

2.33 Welche Vorteile hat die kognitive Modellierung in der Wissensdiagnostik gegenüber klassischen Leistungstests?

2.34 Ist die Güte der Lösung hochkomplexer Probleme eine Eigenschaft?

2.35 Welche Vor- und Nachteile hat das Informationsverarbeitungsparadigma gegenüber dem Eigenschaftsparadigma?

ⓘ Hinweise zur Beantwortung

2.31 Fragebogen, Priming, IAT (erklären)

2.32 am Beispiel Prüfungsängstlichkeit erläutern

2.33 individuelle Lücken und Fehler im deklarativen oder prozeduralen Wissen

2.34 Abhängigkeit von der Untersuchungsdauer

2.35 Einbettung, Persönlichkeit; Nutzung von Alltagspsychologie bei Beurteilung

Weiterführende Literatur

Müsseler, J. & Prinz, W. (Hrsg.) (2002). *Allgemeine Psychologie*. Heidelberg: Spektrum Verlag.

Wilson, T., Lindsey, S. & Schooler, T.Y. (2000). A model of dual attitudes. *Psychological Review, 107*, 101–126.

2.6 Das dynamisch-interaktionistische Paradigma

Die bisher besprochenen Paradigmen sind in unterschiedlicher Weise in der Lage, die langfristige Veränderung individueller Besonderheiten, also die Persönlichkeitsentwicklung, zu erklären. Psychoanalyse und Behaviorismus waren sich darin einig, dass die Persönlichkeit eine Funktion der Umwelt sei. Freud nahm – wie auch seine Nachfolger – an, dass es die frühkindliche, familiäre Umwelt sei, die die Persönlichkeit langfristig präge, während der Behaviorismus die Lerngeschichte insgesamt betrachtete und insofern auch außerfamiliäre, späte Lernerfahrungen als Ursache für Persönlichkeitsveränderungen bis ins hohe Alter hinein zuließ.

Das Eigenschaftsparadigma, so wie es bisher geschildert wurde, liefert zunächst ein statisches Bild von Eigenschaften, denn Eigenschaften müssen ja per Definition jedenfalls mittelfristig stabil sein. Dasselbe gilt für das Informationsverarbeitungsparadigma. Es werden zwar Prozesse thematisiert, aber Prozesse der aktuellen Informationsverarbeitung. In diesem Abschnitt geht es um Modellvorstellungen, wie sich Eigenschaften langfristig ändern können. Es handelt sich damit um ein Thema im Schnittpunkt von Persönlichkeitspsychologie und Entwicklungspsychologie.

Alle Modelle der Persönlichkeitsentwicklung machen Aussagen über Einflüsse der Umwelt auf die Persönlichkeit oder Einflüsse der Persönlichkeit auf die Umwelt. Die existierenden Modelle lassen sich als Spezialfälle eines umfassenden Modells der Person-Umwelt-Wechselwirkung auffassen. Dieses umfassende Modell bildet den theoretischen Kern des dynamisch-interaktionistischen Paradigmas in der Persönlichkeitspsychologie.

2.6.1 Allgemeines Menschenbild

Das dynamisch-interaktionistische Paradigma beruht auf drei Grundannahmen:
- Die Organisation des Verhaltens einer Person und die Organisation ihrer Umwelt sind mittelfristig konstant.
- Person und Umwelt können sich langfristig ändern.
- Diese Änderungen beruhen auf Veränderungsprozessen innerhalb der Person und der Umwelt und auf Einflüssen der Umwelt auf die Person und umgekehrt.

Die erste Annahme setzt eine mittelfristig konstante individuelle Organisation des Verhaltens voraus. Das ist die Voraussetzung der Persönlichkeitspsychologie überhaupt. Nicht immer wird in Modellen der Persönlichkeitsentwicklung die komplementäre Annahme für die Umwelt formuliert: Auch die Umwelt weist eine mittelfristig konstante Organisation auf. Die soziale Umwelt z.B. erhält ihre Konstanz durch die Menschen, mit denen man regelmäßig Kontakt hat und die wiederum untereinander durch Beziehungen verknüpft sind; dieser Ausschnitt der Umwelt ist repräsentiert durch ein Netzwerk sozialer Beziehungen, in das man eingebettet ist.

Im Modell von Bronfenbrenner (1979) ist die Umwelt einer Person wie eine Zwiebel in verschiedene Schalen gegliedert (Makro-, Exo-, Meso- und Mikrosystem; ◘ Abb. 2.26). Umwelteinflüsse können von allen Schalen indirekt auf die Person wirken, wobei sie jedoch durch die dazwischenliegenden Schalen vermittelt werden; direkt auf die Person kann nur das Mikrosystem wirken. Zum Beispiel bedingt die Kultur die Existenz schichttypischer Familiensysteme, die die Struktur der Familie eines Kindes bedingen; auf das Kind selbst wirkt aber nur das Verhalten einzelner Familienmitglieder.

Die zweite Annahme ist, dass sich Person und Umwelt langfristig ändern können. Im Falle von Personen ist das offensichtlich; dies ist die Voraussetzung der Entwicklungspsychologie. Genauso offensichtlich ist, dass sich auch die Umwelt ändert – schon deshalb, weil die Mitglieder des sozialen Netzwerks einer Person sich ändern.

Die dritte Annahme schließlich ist die entscheidende, die dynamisch-interaktionistische Modelle von anderen Modellen der Persönlichkeitsentwicklung unterscheidet. Sie nimmt an, dass die Entwicklung einer Person das Resultat von vier Prozessen ist:

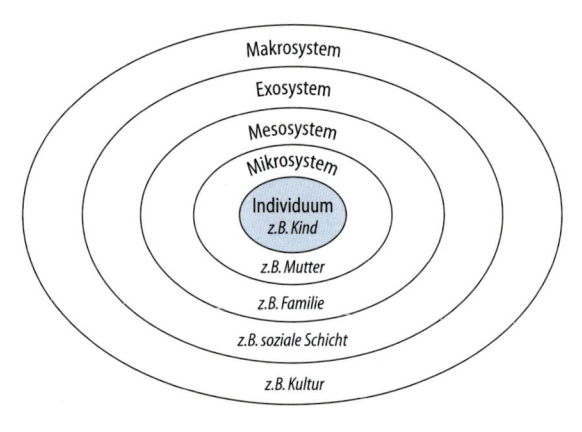

◘ Abb. 2.26. Modell der Umwelt nach Bronfenbrenner

2.6 · Das dynamisch-interaktionistische Paradigma

- Veränderungsprozesse in der Person,
- Veränderungsprozesse in der Umwelt,
- Einflüsse der Umwelt auf die Person,
- Einflüsse der Person auf die Umwelt.

Vor allem in der vierten und letzten Annahme unterscheidet sich das dynamisch-interaktionistische Paradigma von anderen Entwicklungsmodellen.

Die anderen Modelle lassen sich als Spezialfälle des dynamisch-interaktionistischen Paradigmas auffassen. Sie berücksichtigen einige dieser vier Prozesse nicht oder machen besondere Annahmen über diese Prozesse. ▫ Abbildung 2.27 kontrastiert das dynamisch-interaktionistische Modell exemplarisch mit drei anderen Modellen, die typische alternative Entwicklungsvorstellungen beinhalten.

Um die Gemeinsamkeiten und Unterschiede der Modelle möglichst deutlich zu machen, werden sie hier stark vereinfacht geschildert. Gegeben sei eine Person, die im Verlauf der Zeit verschiedene Zustände ihrer Persönlichkeit P_0, P_1, P_2, P_3 durchläuft. Die Zahlen sollen Zeitpunkte markieren, die so weit auseinanderliegen, dass sich dazwischen jeweils die Persönlichkeit geändert haben kann. P_0 ist der Anfangszustand der Persönlichkeit zum Zeitpunkt der Zeugung; hier besteht also die Person aus nicht mehr als einer befruchteten Eizelle. Verhalten im psychologischen Sinn gibt es noch nicht, wohl aber ein körperliches Merkmal, das hoch stabil und relevant für späteres Verhalten ist: das Genom im Zellkern, d.h. die Gesamtheit der genetischen Information.

Parallel zu den Zuständen der Persönlichkeit P_0 – P_3 durchläuft die Umwelt dieser Person Zustände U_0 – U_3. Je nach Modell werden kausale Wirkungen zwischen diesen Zuständen der Person bzw. Umwelt angenommen, die durch Pfeile markiert sind. Jeder Pfeil repräsentiert kumulierte Wirkungen zwischen zwei Zeitpunkten t und t + 1, d.h. die Resultante mehrerer Wirkungen, die zu unterschiedlichen Zeitpunkten zwischen t und t + 1 eingetreten sind. Um die Darstellung zu vereinfachen, sind direkte Wirkungen nicht gesondert eingezeichnet, wenn es transitive gibt. Zum Beispiel wirkt im Falle $P_0 \rightarrow P_1 \rightarrow P_2$ auch P_0 auf P_2 vermittelt über P_1 (transitive Wirkung). Besteht unabhängig davon eine direkte Wirkung $P_0 \rightarrow P_2$, so ist sie nicht eingezeichnet.

Das Modell der Umweltdetermination (im Englischen wird hier von »environmentalism« gesprochen) entspricht der behavioristischen Auffassung, dass Menschen Opfer ihrer Umwelt sind. Wie jemand auf seine aktuelle Umwelt reagiert, sei mit Ausnahme weniger Reflexe ausschließlich erklärbar durch seine Lerngeschichte, die wiederum durch die Umwelt festgelegt sei. Was bei Betrachtung der Person als Entwicklung erscheine, sei vollständig rückführbar auf diese Umwelteinflüsse. Es gebe keine davon unabhängigen Entwicklungsprozesse in der Person.

Dem Modell der Entfaltung liegen Vorstellungen zugrunde, dass es im Genom eine Art Programm gibt, das die weitere Entwicklung steuert. Die Umwelt habe nur zeitlich begrenzte Wirkungen; langfristig setze sich das Programm durch. Dadurch wirke die Entwicklung so, als würde sie auf ein Ziel hinsteuern. Es handelt sich also um ein Modell der genetischen Determination, das zeitlich begrenzte Umweltwirkungen zulässt. Dieses Modell beschreibt recht gut die Entwicklung mancher körperlicher Merkmale. Zum Beispiel lässt sich die Körpergröße eines Kindes in einem bestimmten Alter ziemlich genau schätzen aus der Körpergröße der beiden Eltern, einer Alterskonstante und einer Konstante, die den Zuwachs der mittleren Körpergröße von Generation zu Generation repräsentiert. Mangelernährung oder zu wenig Licht verlangsamen die Entwicklung relativ zu diesem vorgegebenen Pfad; bei Wegfall der hemmenden Umweltbedingungen kommt es zu einer beschleunigten Entwicklung, bis das Defizit kompensiert ist (Tanner, 1978).

Wenn auch das Entfaltungsmodell manche Entwicklungsphänomene besonders im Bereich der körperlichen Entwicklung ausreichend beschreiben mag, so ist es doch in fast allen Fällen der psychischen Entwicklung unzureichend, weil dort Umweltwirkungen langfristige Änderungen hervorrufen können. Im Modell der Kodetermination wird angenommen, dass Umweltwirkungen genetisch gesteuerte Reifungsprozesse verändern können. Die weitere Entwicklung hänge aber nicht nur von den Umweltwirkungen ab, sondern auch von den Reifungsprozessen. Direkte genetische Wirkungen auf

▫ **Abb. 2.27.** Vier Modelle der individuellen Entwicklung

spätere Zeitpunkte sind dabei berücksichtigt (vgl. dazu Abschn. 6.3.1). Das Modell enthält deshalb Umweltdetermination und Entfaltung als Grenzfälle.

Das Modell der dynamischen Interaktion unterscheidet sich von dem Modell der Kodetermination nur dadurch, dass Wirkungen von der Person auf die Umwelt zugelassen werden. Es enthält alle drei anderen Modelle als Spezialfälle. Personen können nach dieser Auffassung ihre Umwelt in mehrfacher Hinsicht beeinflussen (vgl. z. B. Buss, 1987):

- Auswahl: Sie können Umwelten auswählen, indem sie regelmäßig bestimmte Situationen aufsuchen oder vermeiden, z. B. Parties, den eigenen Garten;
- Herstellung: Sie können Umwelten herstellen, indem sie dauerhaft bestimmte Situationen schaffen, z. B. eine Beziehung zu jemandem knüpfen, einen Baum pflanzen;
- Veränderung: Sie können Umwelten verändern, indem sie längerfristig Situationen ändern, z. B. eine Freundschaft beginnen oder aufkündigen, einen Baum im Garten verpflanzen.

Da diese Wirkungen der Person auf die Umwelt künftige Umweltwirkungen auf die Person verändern, entsteht eine echte Wechselwirkung zwischen Person und Umwelt über die Zeit. Diese Wechselwirkung ist vielleicht am deutlichsten in der Entwicklung enger sozialer Beziehungen. In vielen engen Beziehungen – z. B. Partnerbeziehungen, Freundschaftsbeziehungen, Eltern-Kind-Beziehungen – üben die beiden Partner durch ihre häufige und emotional besetzte soziale Interaktion einen wechselseitigen Einfluss aufeinander aus, der langfristig zu Änderungen des typischen Interaktionsmusters führt. Die individuellen Anteile der beiden Partner am Interaktionsmuster, z. B. wer wie stark Gespräche initiiert, beendet oder den Gesprächsverlauf steuert, sind bei zeitlich konstanten Interaktionsmustern ebenfalls zeitlich konstant, können also als Eigenschaft aufgefasst werden. Diese Eigenschaft ist möglicherweise auf eine einzige Beziehung beschränkt, also hoch partnerspezifisch, kann aber auch auf ähnliche Partner generalisieren (z. B. wenn ein dreijähriges Mädchen in der Interaktion mit einer Tante entdeckt, wie man sie charmant um den Finger wickeln kann und dies dann gewohnheitsmäßig auch auf die Eltern anwendet).

Das dynamisch-interaktionistische Modell lässt sich nicht nur auf die soziale Entwicklung anwenden. Wissenserwerb läuft meist ähnlich interaktiv ab. Ein Mädchen kommt während des Urlaubs zum erstenmal mit Pferden in Kontakt. Es ist Feuer und Flamme und leiht sich ab jetzt nur noch Pferdebücher aus der Bibliothek aus. Das steigert ihr Interesse weiter, und nach langem Betteln bekommt sie Reitstunden. Dabei lernt sie eine neue Freundin kennen, die ihr Interesse teilt und weiter verstärkt; sie studiert schließlich Veterinärmedizin und wird Tierärztin. Der Wissenserwerb dieser Tierärztin ist durch vielfältige Wechselwirkungen zwischen Umweltauswahl, -herstellung und -veränderung und Rückwirkungen der so veränderten Umwelt gekennzeichnet.

> **! Merke**
> Die zentrale Annahme des dynamisch-interaktionistischen Modells ist, dass es eine kontinuierliche Wechselwirkung zwischen Person und Umwelt geben kann.

Das dynamisch-interaktionistische Modell wird manchmal auch als Modell der Transaktion bezeichnet (Pervin, 1968; Sameroff, 1983; Lazarus & Launier, 1978). Diese Bezeichnung hat sich aber nicht so recht durchsetzen können. Häufiger wird es einfach als interaktionistisches Modell bezeichnet (Endler & Magnusson, 1976; Magnusson, 1990), wobei hier aber die Gefahr einer Verwechselung besteht. Das Wort Interaktion hat nämlich in der Psychologie mehrere Bedeutungen. Insbesondere kann »Interaktion« wie hier oder wie im Falle der sozialen Interaktion eine reziproke Beziehung zwischen zwei Prozessen bezeichnen. Es kann aber auch nur gemeint sein, dass eine Variable die Wirkung einer anderen Variablen auf eine dritte Variable beeinflusst (s. »Methodik«).

Im Modell der Umweltdetermination und im Modell der Entfaltung gibt es weder eine statistische noch eine dynamische Interaktion zwischen Umwelt und Person, weil von der Person keine Wirkungen ausgehen, auf die die Umweltwirkung Einfluss haben könnte. Im Modell der Kodetermination liegt keine dynamische Interaktion zwischen Person und Umwelt vor, aber es kann zu einer statistischen Interaktion kommen, nämlich dann, wenn derselbe Umwelteinfluss zu verschiedenen Zeitpunkten der Entwicklung der Person unterschiedliche Wirkungen hat. Das ist in der individuellen Entwicklung sehr oft der Fall; hat sich z. B. das Wissen geändert, können diejenigen Reize anders wirken, deren Bedeutung sich durch die Änderung des Wissens geändert hat.

> **! Merke**
> Im Modell der Kodetermination kann es zu statistischen Interaktionen zwischen Umwelt und Person kommen, im
> ▼

2.6 · Das dynamisch-interaktionistische Paradigma

Modell der dynamischen Interaktion zusätzlich zu dynamischen Interaktionen zwischen Person und Umwelt.

> **Methodik**
>
> **Zwei Interaktionsbegriffe in der Psychologie**
> In der Psychologie wird der Begriff der Interaktion in zwei völlig verschiedenen Zusammenhängen verwendet. Unter einer statistischen Interaktion versteht man, dass zwei Variablen X,Y auf eine Variable Z nicht unabhängig voneinander wirken, sondern dass die Wirkung von X abhängig von der Wirkung von Y ist. Addieren sich die Wirkungen von X und Y, so liegt keine Interaktion vor. Eine statistische Interaktion tritt z.B. dann auf, wenn sich die Wirkungen multiplizieren oder potenzieren. Verlaufen die Situations- oder Reaktionsprofile von Personen nicht parallel, liegt eine Interaktion Person × Situation bzw. Person × Reaktion vor (vgl. Abschn. 2.4.3).
> Unter einer dynamischen Interaktion versteht man eine Wechselwirkung zwischen zwei Variablen über die Zeit: X beeinflusst Y und Y beeinflusst später X. Damit kann X künftige Wirkungen von Y verändern und umgekehrt. Soziale Interaktion ist eine Form der dynamischen Interaktion des Verhaltens von zwei Menschen. Die zentrale Annahme im dynamisch-interaktionistischen Paradigma ist, dass die Persönlichkeitsentwicklung auf einer dynamischen Interaktion zwischen Eigenschaften der Person und der Umwelt beruht.

2.6.2 Persönlichkeitskonzept

Bisher wurde die Persönlichkeitsentwicklung ausschließlich aus individuumzentrierter Sicht behandelt.

Dabei ist zunächst offen, ob die Wirkungen der Umwelt auf die Person oder umgekehrt überhaupt persönlichkeitspsychologisch relevant sind. Relevant sind sie nur dann, wenn sie bei der Entstehung oder Veränderung von individuellen Besonderheiten eine Rolle spielen. Um das zu untersuchen, nehmen wir im folgenden die differentielle Sichtweise ein (vgl. Abschn. 2.4) und betrachten zunächst am Beispiel der Aggressivität von Kindern die Entwicklung einer einzelnen Eigenschaft. Dabei bleiben wir zunächst im Eigenschaftsparadigma und beziehen erst später das Informationsverarbeitungsparadigma mit ein.

Aus differentieller Sicht ist Aggressivität eine Variable, die jedem Mitglied einer Population einen Aggressivitätswert zuweist (vgl. Abschn. 2.4.2). Aus differentiell-entwicklungspsychologischer Sicht ist Aggressivität eine Variable, die jedem Mitglied eines Geburtsjahrgangs (einer Kohorte) eine individuelle Entwicklungsfunktion zuweist. Verglichen werden also Menschen desselben Geburtsjahrgangs in ihrer individuellen Veränderung der Aggressivität. Der Entwicklungsverlauf jeder einzelnen Person wird durch ein Zeitprofil charakterisiert. ◘ Abbildung 2.28 links illustriert dies anhand der individuellen Entwicklungsfunktionen von fünf Jungen.

Bei fast allen Jungen nimmt die Aggressivität zwischen dem Alter von 10 und 14 Jahren zu und fällt dann bis zum Alter von 16 Jahren etwas ab. Handelte es sich um Lehrerurteile, wären diese Verläufe nicht untypisch. Völlig untypisch ist jedoch, dass die Profile fast alle parallel sind, d.h. dass es fast keine statistische Interaktion Alter × Person gibt. Die Stabilitäten der interindividuellen Unterschiede, bestimmt durch die Korrelationen zwischen den pro Jahr bestimmten Aggressivitätsvariablen, wären sehr hoch. So gäbe es zwar einen allgemeinen Entwicklungstrend (Zu- und Abnahme der Aggres-

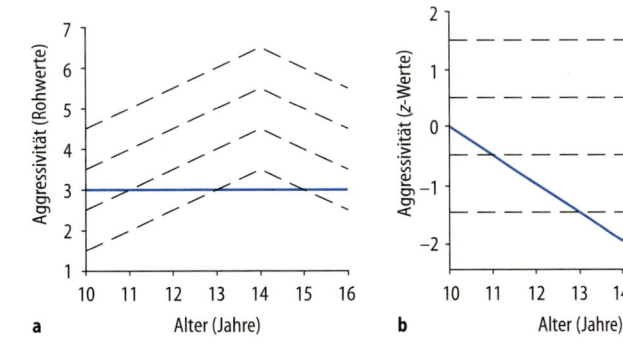

◘ Abb. 2.28. Individuelle (a) und differentielle (b) Entwicklungsfunktionen der Aggressivität von fünf Jungen sivität bei fast allen Jungen), aber kaum persönlichkeitspsychologisch interessante Information: Die Aggressivitätsunterschiede zwischen den Jungen verändern sich ja fast nicht.

Das wird besonders gut deutlich, wenn die Aggressivitätswerte pro Jahr z-transformiert werden (vgl. Abschn. 2.4.3), so dass in jedem Jahr die Aggressivität den Mittelwert 0 und die Varianz 1 hat. Die Profile beschreiben dann differentielle Entwicklungsfunktionen. Sie verlaufen fast alle parallel zur Zeitachse, d.h. die z-Werte fast aller Jungen in Aggressivität ändern sich nicht. Die z-Transformation hat den universellen Entwicklungstrend beseitigt und die Daten auf die differentiell einzig wichtige Information reduziert: die interindividuellen Unterschiede in der Aggressivität der jeweiligen Altersgruppe.

Persönlichkeitsentwicklung findet aus dieser Sicht nur statt, wenn sich die z-Werte eines Jungen ändern. Das ist hier bei einem einzigen Jungen der Fall, wobei hier der scheinbar paradoxe Fall gewählt ist, dass sich die Aggressivität individuell betrachtet nicht ändert, wohl aber differentiell betrachtet: Relativ zur Altersgruppe nimmt die Aggressivität ab, weil die anderen Mitglieder der Kohorte sich ändern. Die Herzkönigin in »Alice im Wunderland« drückte das so aus: »Du musst so schnell wie möglich rennen, um da zu bleiben, wo du bist!« Hier drückt sich wieder einmal die Populationsabhängigkeit differentieller Aussagen aus (vgl. Abschn. 2.4.2).

> **Merke**
> Individuelle Entwicklungsveränderungen relativ zur Altersgruppe können durch differentielle Entwicklungsfunktionen auf der Basis von z-transformierten Werten innerhalb der Altersgruppe beschrieben werden.

Deutlich wird hier auch, dass das Konzept der langfristigen Stabilität interindividueller Unterschiede in der Persönlichkeitspsychologie eine andere Rolle spielt als das Konzept der mittelfristigen Stabilität. Im Eigenschafts- und Informationsverarbeitungsparadigma der Persönlichkeitspsychologie ist mittelfristige Stabilität »gut«, nämlich notwendig, um überhaupt von Persönlichkeitseigenschaften reden zu können. Bei Fragestellungen der Persönlichkeitsentwicklung ist eine langfristige Stabilität jedoch »schlecht«, nämlich uninteressant: Es gibt nichts zu erklären, weil jeder relativ zu seiner Kohorte so bleibt, wie er ist. Das ist kein Widerspruch, weil der Begriff der Persönlichkeitsentwicklung auf mittelfristig stabilen Eigenschaften aufbaut.

> **Merke**
> Voraussetzungen für Persönlichkeitsentwicklung sind mittelfristige Stabilität und langfristige Instabilität von Eigenschaften.

Diese Überlegungen gelten genauso für die Umwelt. Die Umwelt ist im differentiellen Ansatz repräsentiert durch mittelfristig stabile Umwelteigenschaften von Mitgliedern einer bestimmten Kohorte. Jede Person hat nicht nur einen Eigenschaftswert, der Regelmäßigkeiten ihres Erlebens oder Verhaltens charakterisiert, sondern auch einen »Umwelteigenschaftswert«, der Regelmäßigkeiten ihrer Umwelt charakterisiert – z.B. die Zahl der Personen, mit denen sie einen regelmäßigen Kontakt pflegt, die Persönlichkeit ihrer Mutter, die Qualität des Unterrichts in der Schule, das Berufsprestige ihres Vaters, welche Bücher sie im Zimmer hat (vgl. genauer Kap. 5).

Diese Umwelteigenschaften sind differentiell repräsentiert als Variablen, die den Mitgliedern einer Kohorte eine bestimmte individuelle Umweltentwicklungsfunktion zuordnen. Die Werte dieser Funktionen können innerhalb jeder Altersgruppe z-transformiert werden. Daraus entstehen differentielle Umweltentwicklungsfunktionen. Die Stabilität einer Umwelteigenschaft in der Kohorte wird durch eine Korrelation zwischen zwei Alterszeitpunkten bestimmt. Umwelteigenschaften von Personen werden formal wie Eigenschaften der Personen behandelt, sind aber keine Eigenschaften der Personen, sondern Eigenschaften ihrer Umwelt.

> **Merke**
> Die Persönlichkeitsentwicklung findet im Kontext der Umwelt statt. Mit der Persönlichkeit entwickelt sich auch die individualtypische Umwelt, beschreibbar durch differentielle Umweltentwicklungsfunktionen.

Nach diesen Begriffsklärungen lassen sich die vier Entwicklungsmodelle in Abb. 2.27 (vgl. Abschn. 2.6.1) auch als Modelle der Persönlichkeitsentwicklung im Rahmen des Eigenschaftsparadigmas deuten. $P_0 - P_3$ sind jetzt nicht mehr Eigenschaften einer Person, sondern Variablen einer Kohorte, die die Verteilung einer Persönlichkeitseigenschaft zu vier Alterszeitpunkten beschreiben. Dasselbe gilt für $U_0 - U_3$: diese vier Variablen beschreiben die Verteilung einer Umwelteigenschaft. Die Pfeile zwischen den P-Variablen beschreiben Stabilitäten der Persönlichkeitseigenschaft, die Pfeile zwischen den U-Variablen beschreiben Stabilitäten der Umwelteigenschaft.

Die Pfeile zwischen U- und P-Variablen beschreiben Einflüsse der Umwelteigenschaft auf die Persönlichkeitseigenschaft bzw. umgekehrt. Dies wird für die vier Modelle der Persönlichkeitsentwicklung nun am Beispiel der Aggressivität von Jungen im Alter von 10–16 Jahren konkreter erläutert. Als Umwelteigenschaft diene dabei ein klassisches Erziehungsmerkmal der Mütter: die Variation des mütterlichen Erziehungsstils auf der Dimension feindselig-permissiv (»Ach mach doch, was du willst, du Idiot!«) vs. warm-restriktiv (»Komm mein Lieber, lass das!«), das mit der Aggressivität der Söhne korreliert (Baumrind, 1971).

Im Modell der Umweltdetermination wäre die Aggressivität der Jungen im Alter von 10 Jahren (P_1) vollständig durch die Umwelt seit der Zeugung bestimmt (U_0). Dazu gehört der Erziehungsstil der Mütter ab dem Zeitpunkt der Geburt. Die Lernerfahrungen der Jungen mit diesem Erziehungsstil ihrer Mütter würden sich insgesamt in einer Korrelation zwischen Erziehungsstil (U_1) und Aggressivität im Alter von 10 Jahren (P_1) niederschlagen. Der Erziehungsstil der Mütter im Alter der Jungen von 10 Jahren wäre unbeeinflusst durch die Aggressivität der Jungen vorher, und diese wäre auch nicht durch ihr Genom (P_0) beeinflusst. Das würde sich dann von Jahr zu Jahr fortpflanzen: Die Aggressivität der Jungen in einem Jahr würde keinen Einfluss auf den Erziehungsstil ihrer Mütter im nächsten Jahr haben und würde nur auf der Stabilität der Umwelt zwischen den beiden Jahren beruhen. Würde die Umwelt sich ändern (z.B. Tod der Mutter und Ersatz durch eine Stiefmutter mit anderem Erziehungsstil), würde sich dies unabhängig von der vorangehenden Lerngeschichte sofort auf das Verhalten der betreffenden Jungen auswirken.

Im Modell der Entfaltung wäre die Aggressivität der Jungen genetisch vorprogrammiert. Umweltbedingungen könnten zwar diese Aggressivität aktuell verstärken oder verringern, aber dies wäre nur ein kurzfristiger Effekt. Würde z.B. die Stiefmutter nach dem Tod einer feindselig-permissiv erziehenden Mutter einen warm-restriktiven Erziehungsstil pflegen, so würde dies die Aggressivität der Jungen nur kurzfristig vermindern.

Im Modell der Kodetermination wäre die Wirkung des Erziehungsstils abhängig von den kumulierten Wirkungen des Genoms der Jungen und aller ihrer vorangegangenen Umweltbedingungen (nicht nur des aktuellen Erziehungsstils ihrer Mütter). Von daher wäre damit zu rechnen, dass ein gänzlich anderer Erziehungsstil der Stiefmutter keine unmittelbar durchschlagenden Wirkungen hat, da diese Wirkungen von der schon etablierten Aggressivität des Kindes abhängen. Die Jungen im Alter von 10 Jahren wären nicht einfach ein Opfer ihrer Umwelt oder Gene, sondern hätten eine genetisch und umweltgeprägte Persönlichkeit, die nicht so leicht zu ändern wäre.

Im Modell der dynamischen Interaktion schließlich hätten die Jungen auf jeder Altersstufe Möglichkeiten, auf den Erziehungsstil ihrer Mutter einzuwirken. Sie könnten z.B. aufgrund hoher motorischer Unruhe, Ablenkbarkeit und der Tendenz, immer die Grenzen von Regeln auszutesten, die Mutter schon in der frühen Kindheit zunächst zur Weißglut und dann zum Resignieren bringen. So würden möglicherweise Mütter von Jungen, die schon sehr früh (aus genetischen Gründen oder wegen schwangerschaftsbedingten neurophysiologischen Störungen) aggressiv reagieren, von einem anfänglich warm-restriktiven Erziehungsstil zu einem feindselig-permissiven Stil wechseln. Darin würde ihre hilflose Ablehnung des Kindes deutlich, dessen sie nicht mehr Herr werden können. Die Kinder könnten in diesem Modell die Ursache des Erziehungsstils ihrer Mutter sein. Wie stark die Kinder auf ihre Mütter wirken und umgekehrt, ist in diesem Modell eine rein empirische Frage.

> **Merke**
>
> Die Modelle der Umweltdetermination, Entfaltung, Kodetermination und dynamischen Interaktion lassen sich auch persönlichkeitspsychologisch interpretieren als Modelle über die Wechselwirkung zwischen Persönlichkeit und Umwelt.

Diese eigenschaftsorientierte Sicht der Persönlichkeitsentwicklung lässt sich auf das Informationsverarbeitungsparadigma erweitern, indem Einflüsse von Umwelteigenschaften auf Persönlichkeitseigenschaften oder umgekehrt als Resultate von Informationsverarbeitungsprozessen aufgefasst werden. In der pädagogischen Psychologie beispielsweise interessiert, wie sich der Wissenserwerb von Schülern durch einen geeigneten Unterrichtsstil optimieren lässt. Geht es um den Erwerb bestimmter Rechenfertigkeiten im Mathematikunterricht, würde das aktuell verfügbare prozedurale Wissen durch einen Test abgefragt. Unklar bleibt dabei, auf welchen Unterrichtsstil (Umwelteigenschaft) die Testleistung bezogen werden sollte.

Im Eigenschaftsparadigma würde der Unterrichtsstil nach allgemeinen »alltagspädagogischen« Kriterien wie z.B. »strukturiert – nicht strukturiert« oder »anschaulich – abstrakt« klassifiziert und mit der Leistung der Schüler unterschiedlicher Klassen (die also einen unterschiedlichen Unterrichtsstil erfahren haben) in Beziehung gesetzt werden. Im Rahmen des Modells der Umweltdetermination würde das schon reichen. Im Modell der Kodetermination aber nicht, denn die Unterrichtswirkung würde danach auch vom Vorwissen der Schüler abhängen (vgl. ◘ Abb. 2.27). Dieses Vorwissen müsste vor dem Unterricht, dessen Wirkung geprüft werden soll, abgetestet werden.

Im Informationsverarbeitungsparadigma ließen sich aus einem Modell des Wissenserwerbs (vgl. z. B. Mandl et al., 1988) genauere Hypothesen ableiten, welche Unterrichtsmerkmale wie auf den Erwerb von Rechenfertigkeiten wirken (vgl. z. B. Resnick & Omanson, 1987). Der Vorteil dieses Ansatzes besteht darin, dass spezifischere, näher auf das Unterrichtsziel bezogene Unterrichtsmerkmale untersucht werden können, die eine direktere Beziehung zum Prozess des Wissenserwerbs haben könnten als allgemeine Unterrichtsmerkmale.

> **Merke**
> Im Informationsverarbeitungsparadigma lassen sich nicht nur Hypothesen über intraindividuelle Prozesse ableiten, sondern auch Hypothesen über Umweltmerkmale, die relevant für diese Prozesse sind.

2.6.3 Methodik

Bisher wurde alltagspsychologisch von einem »Einfluss« von Umwelteigenschaften auf Persönlichkeitseigenschaften und umgekehrt gesprochen. Das kann zu Missverständnissen führen, weil in der Alltagspsychologie unter einem Einfluss die kausale Wirkung einer Ursache bei einer einzigen Person verstanden wird. Eine bestimmte Umwelteigenschaft wirkt sich auf die Persönlichkeitsentwicklung eines Kindes aus. Ist die Mutter feindselig-permissiv, wird das Kind aggressiv.

Dieser individuumzentrierte Einflussbegriff findet sich in der Persönlichkeitspsychologie nur in wenigen Einzelfallstudien, in denen das Verhalten einer einzigen Person langfristig untersucht wird (vgl. z. B. die Studie von König Georg III. in Abschn. 2.4.2). Fast alle Studien zur Persönlichkeitsentwicklung sind dagegen differentiell orientiert. Hier interessiert nicht die Wirkung einer spezifischen Umweltänderung bei einer Person, sondern die Auswirkung der normalen interindividuellen Umweltvariation auf die Mitglieder einer Kohorte. Wenn eine Umwelteigenschaft eine Persönlichkeitseigenschaft beeinflusst, gibt es einen Zusammenhang zwischen der Umwelteigenschaft und der Persönlichkeitseigenschaft in der Kohorte. Es handelt sich dabei um einen Zusammenhang zwischen zwei Variablen, der durch eine Korrelation gemessen werden kann. ◘ Abbildung 2.29 illustriert den Unterschied zwischen einem Einfluss aus individuumzentrierter und aus differentieller Sicht.

Im individuumzentrierten Fall (◘ Abb. 2.29a) führt eine gezielte Intervention zu einer Veränderung der Merkmalsausprägung einer Person. Sofern diese Intervention nicht von der Person selbst gesteuert wird, sondern nur vom Untersucher abhängt, ist die beobachtete Merkmalsänderung sehr wahrscheinlich auf eine kausale Wirkung der Intervention zurückzuführen (nicht aber mit Sicherheit, da die Merkmalsänderung vielleicht ja auch ohne Intervention stattgefunden haben könnte).

Im differentiellen Fall entspricht diese Interventionslogik dem Ansatz, Umweltwirkungen auf die Persönlichkeit anhand gezielter Umweltveränderungen zu untersuchen. In einer Kontrollgruppe wird die Umwelt nicht verändert, in einer Experimentalgruppe wird sie zu ändern versucht; Kontrollgruppe und Experimentalgruppe sollten sich dabei vor der Veränderung weder in der Umwelt noch in der interessierenden Eigenschaft unterscheiden. Der Erfolg der Intervention wird geprüft, indem untersucht wird, ob sich die Umwelt in der Experimentalgrup-

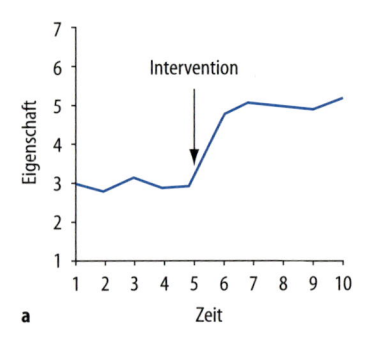

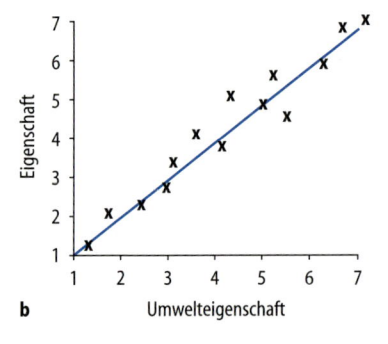

◘ Abb. 2.29. Einflussnachweis in einer Einzelfallanalyse durch Intervention (a; die Linie repräsentiert viele Messergebnisse derselben Person) und in einer korrelativen Analyse (b; die Kreuze repräsentieren die einmalige Messung von Personen)

2.6 · Das dynamisch-interaktionistische Paradigma

pe tatsächlich geändert hat, in der Kontrollgruppe aber nicht. Dann wird im letzten Schritt die entscheidende Prüfung vorgenommen, ob sich auch die Eigenschaft in der Experimentalgruppe verändert hat.

Derartige Interventionsstudien gibt es vor allem im klinischen Bereich, z. B. wenn von ihren Eltern misshandelte Kinder vom Jugendamt aus der Familie genommen werden oder wenn durch groß angelegte Interventionsprogramme in Schulen das Ausmaß an Aggressivität zwischen Schülern vermindert werden soll (vgl. z. B. das von Olweus entwickelte Programm; http://modelprograms.samhsa.gov). Für Persönlichkeitsunterschiede im Normalbereich gibt es jedoch keine vergleichbaren Interventionsprogramme, weil dort das Interesse an Veränderungen bei den Beteiligten zu gering ist. Wer würde es schon Psychologen erlauben, die eigene Persönlichkeit oder Umwelt nachhaltig zu verändern, nur um deren wissenschaftliche Neugier zu befriedigen?

Die empirische Persönlichkeitspsychologie kann allerdings »natürliche Experimente« nutzen, d. h. Umwelt- oder Persönlichkeitsveränderungen, deren Ursache relativ klar ist (vgl. »Unter der Lupe«).

Zwar kann im Falle des Eingehens einer Partnerschaft nicht ausgeschlossen werden, dass die Kausalität in der Studie von Neyer und Asendorpf (2001) gerade anders herum verlief (z. B. dass diejenigen, deren Neurotizismus aus Gründen abnahm, die in der Studie nicht erfasst wurden, deshalb fähig wurden, eine Partnerschaft einzugehen oder attraktiver auf potenzielle Partner zu wirken), aber die identischen Neurotizismuswerte der Gruppen 1 und 2 zum 1. Messzeitpunkt sprechen eher dagegen. Solche natürlichen Experimente sind keine Experimente im strengen Sinne (hierzu müsste man Partner künstlich miteinander verkuppeln oder voneinander trennen) und erlauben deshalb weniger starke Kausalaussagen.

Natürliche Experimente lassen sich auch umgekehrt für die Frage nach Umweltwirkungen von Persönlichkeitsveränderungen nutzen, wenn die Ursache der Persönlichkeitsveränderungen einigermaßen sicher ist. Man kann z. B. Austauschschüler nach Rückkehr in die

---

Unter der Lupe

Beispiel einer Nutzung natürlicher Experimente in der Persönlichkeitspsychologie

Neyer und Asendorpf (2001) untersuchten dynamische Interaktionen zwischen der Persönlichkeit und den sozialen Beziehungen an 489 deutschen Erwachsenen im Alter von anfänglich 18–30 Jahren, die in den Jahren 1995 und 1999, also im Abstand von 4 Jahren, befragt wurden. Dabei wurden u. a. zwei natürliche Experimente genutzt: das Eingehen einer ersten stabilen Partnerschaft oder das Beenden einer stabilen Partnerschaft. Folgende Gruppen wurden miteinander verglichen:
1. Dauersingles (bis 1999 noch keine Partnerschaft),
2. Beginner (Wechsel vom Singlestatus zur Partnerschaft),
3. Dauerhafte (Partnerschaft zu beiden Zeitpunkten),
4. Getrennte (Wechsel von Partnerschaft zum Singlestatus).

Der Vergleich der Gruppen 1 und 2 (blaue Linien) prüft Effekte des Eingehens der 1. Partnerschaft, der Vergleich der Gruppen 3 und 4 (schwarze Linien) Effekte einer Trennung. ◘ Abbildung 2.30 zeigt beispielhaft Ergebnisse dieser Studie zu Neurotizismus. ◘ Abbildung 2.30 legt nahe, dass das Eingehen einer ersten Partnerschaft Neurotizismus (die Tendenz, über viele Sorgen und Probleme zu berichten; vgl.

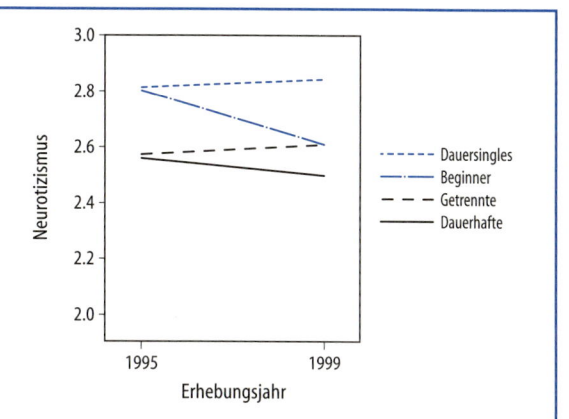

◘ Abb. 2.30. Effekte sozialer Umweltveränderungen auf die Persönlichkeit. (Nach Neyer & Asendorpf, 2001)

Abschn. 4.1.1 und 4.3.1) senkt, eine spätere Trennung dagegen Neurotizismus nicht wieder erhöht; das Eingehen der ersten Partnerschaft ist also sozusagen ein Spiel, bei dem die meisten nur gewinnen. Zwar scheinen die Getrennten gegenüber den Dauerhaften doch etwas zu »verlieren«, weil ihr Neurotizismus nicht abnahm, während er bei den Dauerhaften etwas sank, aber diese Effekte waren im Unterschied zu der Neurotizismussenkung der Beginner statistisch nicht signifikant, könnten also auf Zufall beruhen.

Heimat mit einer Kontrollgruppe von Schülern vergleichen, die zu Hause geblieben waren. Wenn sich die beiden Gruppen vor dem Austauschjahr weder in der Persönlichkeit noch in der Umwelt unterschieden, nachher aber in der Persönlichkeit, kann man Umweltunterschiede zwischen den rückgekehrten Austauschschülern und der Kontrollgruppe mit einiger Sicherheit als Effekte der im Ausland erworbenen Persönlichkeitsveränderungen interpretieren.

> **Merke**
> Durch Nutzung natürlicher Experimente lassen sich Effekte der Umwelt auf die Persönlichkeit und umgekehrt prüfen, auch wenn die Kausalaussagen nicht so stark sind wie bei echten Experimenten.

Eine zweite Methode der Kausalitätsprüfung im differentiellen Fall beruht auf der Interpretation von Korrelationen zwischen Umwelt- und Persönlichkeitseigenschaften. ◘ Abbildung 2.29b zeigt eine hohe Korrelation. Dass sich Einflüsse in Korrelationen niederschlagen, ist offensichtlich. Die praktische Fragestellung in der Persönlichkeitspsychologie ist aber umgekehrt: Man hat Korrelationen empirisch bestimmt und möchte daraus auf Einflüsse schließen. Das ist ein dorniger Weg, auf dem es zahlreiche Interpretationsfallen gibt. Die beiden häufigsten Fallen sind:

— Einseitige kausale Interpretation einer Korrelation. Wenn X und Y korrelieren, könnte X auf Y wirken, aber auch Y auf X, oder beides kann der Fall sein. Korrelieren Erziehungsstil und Aggressivität, könnte das auf einer Wirkung der Umwelt auf die Persönlichkeit, auf einer Wirkung der Persönlichkeit auf die Umwelt oder auf einer Wechselwirkung zwischen Persönlichkeit und Umwelt beruhen. Aus einer Korrelation alleine kann man niemals auf die Richtung einer Wirkung zwischen den beiden korrelierten Variablen schließen. Nur wenn eine Richtung aufgrund von Zusatzinformation ausgeschlossen werden kann, wie z.B. beim Zusammenhang zwischen Wetter und guter Laune (die gute Laune kann unmöglich das Wetter verursacht haben), ist eine gerichtete Interpretation möglich.
— Wirkung einer verborgenen Variablen. Wenn X und Y korrelieren, könnte das auf der Wirkung einer verborgenen, d.h. nicht betrachteten Variable Z beruhen, die auf X und Y wirkt. Korrelieren feindselig-permissiver Erziehungsstil und Aggressivität, so könnte das daran liegen, dass Mütter und Söh-

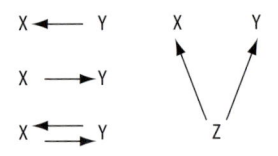

◘ **Abb. 2.31.** Vier Interpretationsmöglichkeiten für eine Korrelation zwischen zwei Variablen X und Y

ne bestimmte Gene teilen, die die Aggressivität beider fördern, wobei ein feindselig-permissiver Erziehungsstil lediglich ein spezieller Aspekt der Aggressivität von Müttern ist. Besonders leicht werden verborgene Variablen dann übersehen, wenn eine gerichtete Interpretation einer Korrelation möglich ist, z.B. beim Zusammenhang zwischen ehelicher Zufriedenheit vor der Zeugung eines Kindes und späteren Persönlichkeitseigenschaften dieses Kindes. Das Kind kann die eheliche Zufriedenheit nicht beeinflusst haben, aber Zufriedenheit und Kindmerkmale könnten durch verborgene Drittvariablen bedingt sein (z.B. genetische Faktoren, die Eltern und Kind teilen).

◘ Abbildung 2.31 illustriert vier Interpretationsmöglichkeiten einer Korrelation. Die Wirkung einer Drittvariablen kann auch gemeinsam mit einem der drei anderen Fälle auftreten; insgesamt gibt es also sieben verschiedene Interpretationsmöglichkeiten für Korrelationen.

> **Merke**
> Aus einer Korrelation alleine lässt sich wenig über kausale Wirkungen ableiten, weil es sieben verschiedene Interpretationsmöglichkeiten gibt.

In entwicklungspsychologischen Untersuchungen gibt es eine besonders tückische Falle bei der Interpretation von Korrelationen, weil es dort eine klare zeitliche Ordnung gibt. Da die Kausalität nicht aus der Zukunft in die Vergangenheit wirken kann, liegt die Annahme nahe, dass bei einer Korrelation zwischen zwei Eigenschaften zu unterschiedlichen Zeitpunkten die früher gemessene Eigenschaft die später gemessene beeinflusst haben müsse.

Diese Annahme trifft nicht zu. ◘ Abbildung 2.32 illustriert das Problem. Wirkt P_0 auf P_1 und U_1, so wird dadurch eine Korrelation zwischen P_1 und U_1 erzeugt. Aber nicht nur das: Wenn die Umwelt- und die Persönlichkeitseigenschaft einigermaßen stabil sind, pflanzt sich diese Korrelation weiter fort, und zwar nicht nur zwischen Umwelt und Persönlichkeit zum gleichen

2.6 · Das dynamisch-interaktionistische Paradigma

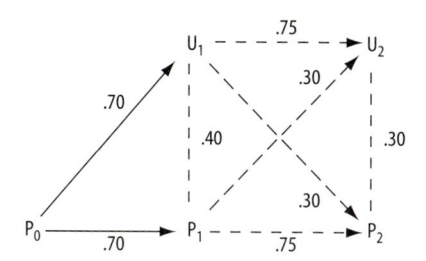

Abb. 2.32. Fortpflanzung eines Persönlichkeitseinflusses auf nachfolgende Korrelationen zwischen Umwelt und Persönlichkeit

Zeitpunkt, sondern auch zwischen Umwelt und Persönlichkeit zu verschiedenen Zeitpunkten. Wird nun in einer Untersuchung nur die Beziehung zwischen U_1 und P_2 gemessen, so scheint diese Korrelation durch eine Umweltwirkung auf die Persönlichkeit interpretierbar. Tatsächlich handelt es sich aber um Nachwirkungen einer Persönlichkeitswirkung auf die Umwelt.

Interessiert man sich z. B. für den Einfluss des mütterlichen Erziehungsstils (U) auf die Aggressivität der Kinder (P) und würde eine Korrelation von .30 zwischen einem feindselig-permissiven Erziehungsstil der Mütter im Alter der Kinder von 6 Jahren und der Aggressivität der Kinder im Alter von 10 Jahren finden (vgl. Abb. 2.32), so läge der Schluss nahe, dass die Aggressivität der Kinder im Alter von 10 Jahren durch den Erziehungsstil ihrer Mutter beeinflusst sei. Wie Abb. 2.32 zeigt, könnte das ein Fehlschluss sein; der Erziehungsstil der Mütter könnte vor der ersten Messung durch die Aggressivität der Kinder wesentlich beeinflusst worden sein. Wegen der hohen Stabilität des Erziehungsstils und der Aggressivität der Kinder pflanzte sich dieser Einfluss weiter fort.

! Merke

Aus der zeitlichen Ordnung von zwei korrelierenden Variablen kann nicht auf die Richtung des Einflusses geschlossen werden, auf der die Korrelation beruht.

Dieser Fehler hätte sich vermeiden lassen, wenn nicht nur die eine Korrelation zwischen Umwelt und Persönlichkeit, sondern alle in Abb. 2.32 gestrichelten Korrelationen betrachtet worden wären. Dann hätte sich nämlich gezeigt, dass die Korrelation zwischen Aggressivität im Alter von 6 Jahren und Erziehungsstil im Alter von 10 Jahren mit .30 genauso hoch war. In dieser Pattsituation wäre keine Entscheidung möglich über die Richtung der Kausalität im Altersbereich zwischen 6 und 10 Jahren.

Deshalb werden zunehmend Kreuzkorrelationsdesigns (englisch: cross-lagged correlation designs) verwendet, in denen beide Einflussrichtungen betrachtet werden (die Korrelationen zwischen Umwelt und Persönlichkeit überkreuzen sich). Das entspricht der Logik des dynamisch-interaktionistischen Modells.

Aber auch die Interpretation von Kreuzkorrelationen hat ihre Tücken. Das sei hier an einem etwas modifizierten Korrelationsmuster erläutert (Abb. 2.33a). In diesem Fall sieht es so aus, als würde der Erziehungsstil der Mütter stärker auf die spätere Aggressivität ihrer Kinder wirken als umgekehrt, denn die Korrelation von .68 ist höher als die von .55. Wie Rogosa (1980) in einer vernichtenden Kritik dieses Ansatzes zeigen konnte, kann man Kreuzkorrelationen nur direkt miteinander vergleichen, wenn die Stabilität der beiden verglichenen Variablen (hier: Erziehungsstil und Aggressivität) gleich hoch ist. Ist das nicht der Fall, kommt es zu Fehlschlüssen.

Das liegt daran, dass Kreuzkorrelationen aus zwei Anteilen bestehen: einem direkten Pfad und einem indirekten Pfad über die Stabilität. Die Korrelation von .68 zwischen frühem Erziehungsstil und später Aggressivität beruht auf dem indirekten Pfad $U_1 \rightarrow P_1 \rightarrow P_2$ und dem direkten Pfad $U_1 \rightarrow P_2$. Wie Wright (1934) gezeigt hat, kann man diese beiden Komponenten schätzen, indem man aus den Korrelationen Pfadkoeffizienten berechnet, die die Stärke eines Pfades charakterisieren (vgl. zur Methode z. B. Backhaus et al., 2000). Abbildung 2.33b zeigt die resultierenden Pfadkoeffizienten. Sie haben die Eigenschaft, dass die Stärke eines zusammengesetzten Pfades gleich dem Produkt der darin enthaltenen Einzelpfade ist und dass sich die Pfadstärken von einem Ausgangspunkt zu einem Ziel zur Korrelation zwischen Ausgangspunkt und Ziel ergänzen. Zum Beispiel ist die Summe des indirekten und des direkten Pfades von U_1 nach P_2 gleich der Korrelation zwischen U_1 und P_2: $.50 \times .55 + .40 = .68$.

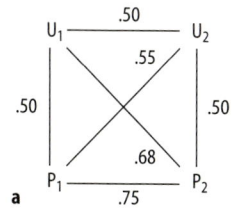

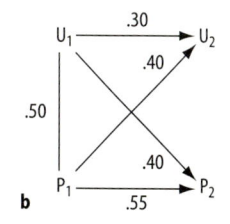

Abb. 2.33. Ein Kreuzkorrelationsdesign.
a: Korrelationen; b: Pfadkoeffizienten

Entsprechend lässt sich die Korrelation zwischen P_1 und U_2 zerlegen. Wie ◘ Abb. 2.33b zeigt, sind die direkten Pfade zwischen Umwelt und Persönlichkeit gleich stark, obwohl die Korrelationen unterschiedlich hoch sind. Das liegt daran, dass die Stabilitäten des Erziehungsstils und der Aggressivität in diesem Beispiel unterschiedlich hoch sind. Was aber für die Frage der Kausalität letztlich nur wichtig ist, sind die direkten Pfade. Und die sind gleich stark. Es gibt also in diesem fiktiven Beispiel Einflüsse vom Erziehungsstil auf die Aggressivität und umgekehrt. Warum auch nicht; aus Sicht des dynamisch-interaktionistischen Modells kann es ja beide Einflussrichtungen geben, und in Sonderfällen können sie auch gleich groß sein (das Modell nimmt ja nicht an, dass sie gleich stark sind, sondern nur, dass sie bei manchen Eigenschaften der Umwelt oder Persönlichkeit größer als Null sind).

> **❗ Merke**
>
> **Kreuzkorrelationen dürfen nicht direkt miteinander verglichen werden. Sie müssen in Pfadkoeffizienten umgerechnet werden; die Koeffizienten der direkten Pfade liefern eine Schätzung der Einflussstärke im Rahmen des betrachteten Modells.**

Analysieren wir die gestrichelten Korrelationen von ◘ Abb. 2.32 mit dieser Methode, so ergibt sich, dass die Kreuzkorrelationen nur indirekt vermittelt sind: Die direkten Pfade sind Null. Das entspricht ja auch der Logik des Gesamtmodells, wonach die gestrichelten Korrelationen letztlich auf den Pfad $P_0 \rightarrow U_1$ zurückgehen. Es gibt also in diesem Fall keine nachweisbaren Wirkungen des Erziehungsstils auf die Aggressivität der Kinder oder umgekehrt im Altersbereich zwischen 6 und 10 Jahren. Die beobachteten Beziehungen zwischen U und P in diesem Altersbereich sind vollständig durch frühere Wirkungen erklärbar.

Diese Logik der Pfadanalyse liegt auch den sogenannten Strukturgleichungsmodellen (z.B. dem LISREL-Modell) zugrunde. Hier wird manchmal auch von »Kausalmodellen« gesprochen. Das ist eine irreführende Bezeichnung. Pfadkoeffizienten geben zwar eine bessere Beschreibung der Kausalität als Korrelationen, weil sie die indirekten Pfade innerhalb des jeweiligen Modells berücksichtigen. Aber es ist niemals sicher, ob sie eine vollständige Beschreibung der Kausalität liefern. Ihre Beschreibung der Kausalität ist so gut oder so schlecht wie das Modell. Werden im Modell wesentliche Einflüsse nicht berücksichtigt, die sich als »verborgene Variablen« auf die beobachteten Korrelationen ausgewirkt haben, so können die Kausalitätsschätzungen gänzlich in die Irre führen (z.B. zu völlig falschen Schätzungen der relativen Stärke berücksichtigter Pfade).

Angewandt auf Modelle der Persönlichkeitsentwicklung heißt das: Man kann nie sicher sein, ob man nicht eine wesentliche Variable übersehen hat. Wird der Zusammenhang zwischen dem Erziehungsstil der Mutter und der Aggressivität des Kindes untersucht, könnten z.B. übersehen worden sein:

- der Erziehungsstil des Vaters, der ja nicht mit dem der Mutter übereinstimmen muss;
- das Genom der Mutter; vielleicht prädisponiert es sowohl zu einem bestimmten Ausmaß an feindselig-permissivem Erziehungsstil als auch zu Aggressivität beim genetisch ähnlichen Kind;
- die Wohnverhältnisse der Familie (das Mesosystem nach Bronfenbrenner; vgl. ◘ Abb. 2.26); Raumnot macht vielleicht Mütter eher feindselig-permissiv und Kinder aggressiv;
- die soziale Schicht der Familie (das Exosystem nach Bronfenbrenner); niedrige soziale Schicht, operationalisiert durch geringe Bildung und Berufsprestige beider Eltern, korreliert vielleicht sowohl mit einem feindselig-permissiven Stil der Mutter als auch mit aggressivem Verhalten der Kinder.

Das Makrosystem nach Bronfenbrenner (vgl. ◘ Abb. 2.26) kann nichts zur Erklärung beitragen, weil Persönlichkeitsentwicklung sich per Definition innerhalb desselben Makrosystems vollzieht. Einflüsse auf individuelle Besonderheiten können nur solche Umwelteigenschaften ausüben, die zwischen Mitgliedern desselben Makrosystems variieren.

> **❗ Merke**
>
> **Einfache Korrelationen zwischen Umwelt und Persönlichkeit, aber auch komplexe Pfadmodelle über deren Zusammenhang, können kausale Aussagen immer nur innerhalb des jeweils betrachteten Modells machen. Die Nichtbeachtung wirksamer Variablen kann zu einer Fehlinterpretation der gefundenen Zusammenhänge führen. Aussagen über Kausalität in der Persönlichkeitsentwicklung sind immer modellabhängig.**

Ob einfache Korrelationen oder komplexe LISREL-Modelle: In jedem Fall erfordert die empirische Untersuchung der Persönlichkeitsentwicklung eine Längsschnittstudie, in der viele Personen in großem Zeitabstand mindestens zweimal untersucht werden. Das bedeutet, dass eine solche Untersuchung so lange dauert wie das untersuchte Altersintervall. Eine Untersuchung zur Persönlichkeitsentwicklung zwischen 6 und 10 Jahren dauert 4 Jahre, eine zwischen Geburt und 40 Jahren dauert 40 Jahre. Das ist leicht gesagt, aber schwer getan. Kann man nach 40 Jahren überhaupt noch die Personen wiederfinden, die anfangs an der Untersuchung teilgenommen hatten? Welche sind unauffindbar, welche verstorben, welche nach Neuseeland ausgewandert?

Abgesehen von diesen praktischen Schwierigkeiten gibt es methodische Probleme (vgl. z.B. Magnusson & Bergman, 1990). Die zwei wohl größten Probleme sind:

— Selektive Schrumpfung: Wer nach einiger Zeit nicht mehr an der Untersuchung teilnimmt, ist nicht zufällig (das wäre nur ein Problem der Stichprobengröße), sondern fast immer durch systematische Faktoren bestimmt.
— Untersuchungseffekte: Die Stichprobe kann selbst dann, wenn sie zu Anfang noch einigermaßen repräsentativ für die interessierende Population war, nach einiger Zeit nicht nur durch selektive Schrumpfung, sondern auch durch die Untersuchung selbst unrepräsentativ werden. Werden z.B. viele kognitive Tests in kürzeren zeitlichen Abständen bearbeitet, können Lerneffekte resultieren, die zu insgesamt überdurchschnittlichen Leistungen der Stichprobe führen. Das wäre noch kein Problem für differentielle Fragestellungen, denn was letztlich interessiert, sind Leistungsunterschiede; würden alle Teilnehmer gleich stark von der Untersuchung profitieren, würde das nur den Mittelwert verändern. Das wäre aber unwahrscheinlich; zu rechnen wäre mit einer statistischen Interaktion zwischen Untersuchungsdauer und Leistung, d.h. einige Teilnehmer würden mehr von der Längsschnittstudie profitieren, andere weniger.

An Längsschnittstudien führt aber kein Weg vorbei, wenn es um Fragestellungen zur Persönlichkeitsentwicklung geht. Es kann deshalb nur versucht werden, die methodischen Probleme der Längsschnittmethode durch geeignete Maßnahmen zu minimieren (vgl. dazu Magnusson & Bergman, 1990).

! Merke

Untersuchungen zur Persönlichkeitsentwicklung erfordern Längsschnittstudien. Dabei treten neben praktischen auch methodische Probleme auf, die sich aber teilweise kontrollieren lassen.

2.6.4 Empirische Bewährung

Da empirische Untersuchungen zur Persönlichkeitsentwicklung auf die aufwendige Längsschnittmethodik angewiesen sind, gibt es noch nicht allzu viele solche Untersuchungen. Vor allem gibt es wenige, in denen im Rahmen des dynamisch-interaktionistischen Ansatzes die Veränderung von Persönlichkeits- und Umwelteigenschaften in einem Kreuzkorrelationsdesign über längere Zeit hinweg untersucht wurde. Exemplarisch seien hier eine Studie zur Intelligenzentwicklung in Abhängigkeit von der sozialen Schicht und eine Studie zur Entwicklung sozialer Beziehungen in Abhängigkeit von der Persönlichkeit geschildert.

Was sagt die Studie von Sameroff et al. (s. »Die klassische Studie«) über die Entwicklung von Intelligenz aus? Ist die Intelligenz von Kindern stärker von ihrer Umwelt abhängig als umgekehrt? Offenbar ja, aber nur in bescheidenem Maße, denn der Unterschied zwischen den Pfadkoeffizienten von −.31 und −.13 ist nicht allzu groß. Wie die Korrelation von −.58 zwischen Umwelt und IQ entstanden ist, bleibt in dieser Studie im Dunkeln. Zum Beispiel könnte sie wesentlich durch die Genome der Mütter bedingt sein (vgl. Abschn. 6.2.5).

In diesem Beispiel war der Einfluss der Persönlichkeit auf die Veränderung der Umwelt äußerst gering. Das umgekehrte Bild zeigte sich in einer Längsschnittstudie von Asendorpf und Wilpers (1998) an Studienanfängern, deren Persönlichkeit und soziale Beziehungen während der ersten vier Semester ihres Studiums mehrfach erhoben wurden. ◘ Abbildung 2.35 zeigt ein typisches Ergebnis dieser Studie. Bei 132 Studierenden wurden die selbstbeurteilte Schüchternheit und die Zahl der Bekannten ähnlichen Alters in den ersten Tagen des ersten und des

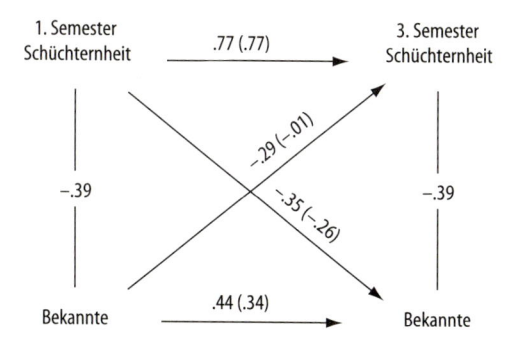

◘ Abb. 2.35. Zusammenhang zwischen Schüchternheit und Zahl der Bekannten bei Studierenden. Angegeben sind Korrelationen und in Klammern Pfadkoeffizienten. (Nach Asendorpf & Wilpers, 1998)

> **Die klassische Studie**
>
> **Studie von Sameroff et al. 1993**
> Sameroff et al. (1993) untersuchten 152 Mutter-Kind-Paare aus unterschiedlichen Familien, als die Kinder vier Jahre alt waren und noch einmal neun Jahre später. Zu beiden Zeitpunkten wurde die Intelligenz der Kinder durch einen Intelligenztest (IQ) und ihr Umweltrisiko gemessen. Das bestand aus der Summe von 10 Risikofaktoren: nichtweiße Hautfarbe; niedriges Berufsprestige des Haushaltsvorstands; niedrige Bildung der Mutter; mehr als drei Kinder in der Familie; Vater nicht in der Familie; viele kritische Lebensereignisse wie schwere Krankheit, Arbeitslosigkeit des Haushaltsvorstands, Scheidung der Eltern; konformistisch-dogmatische Erziehungshaltung, Ängstlichkeit und psychiatrische Auffälligkeit der Mutter; negative Interaktion Mutter-Kind. Alle diese Faktoren sind wechselseitig voneinander abhängig.
> ◘ Abbildung 2.34 zeigt das Ergebnis der Kreuzkorrelationsanalyse.
> Das Umweltrisiko blieb über die neun Jahre ebenso stabil wie der IQ, und zu beiden Zeitpunkten fand sich eine substantielle Korrelation zwischen IQ und Umweltrisiko. Auch die Kreuzkorrelationen waren beträchtlich. Die in Klammern angegebenen Pfadkoeffizienten zeigen, dass das Umweltrisiko im Verlauf der neun Jahre einen bescheidenen Beitrag zur Intelligenzveränderung der Kinder lieferte (Pfadkoeffizient -.31), während der IQ der Kinder praktisch nicht zur Veränderung des Umweltrisikos beitrug (-.13). Diese beiden Wirkungen verstärkten die schon anfänglich vorhandene Korrelation von -.58 zwischen IQ und Umweltrisiko, so dass der Zusammenhang nach neun Jahren noch etwas negativer wurde (-.61).
>
> ◘ Abb. 2.34. Zusammenhang zwischen Intelligenz und Umweltrisiko. Angegeben sind Korrelationen und in Klammern Pfadkoeffizienten. (Nach Sameroff et al., 1993)

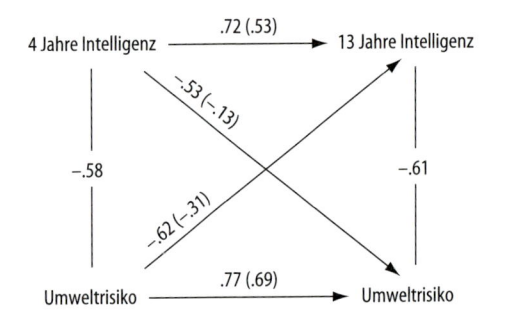

dritten Semesters in einem Kreuzkorrelationsdesign in Beziehung zueinander gesetzt.

Die Pfadkoeffizienten zeigen einen Einfluss der Schüchternheit auf die Zahl der Bekannten im sozialen Netzwerk der Studierenden. Je schüchterner sie waren, desto weniger neue Bekannte lernten sie im Verlauf des ersten Semesters kennen (alle Studierenden lernten neue Bekannte kennen, aber der Zuwachs war bei den schüchternen geringer). Umgekehrt hatte die Zahl der Bekannten zu Beginn des Studiums keinen Einfluss auf die Schüchternheit, die insgesamt sehr stabil blieb. Diese Robustheit von Persönlichkeitsselbsteinschätzungen auch in Phasen starker Umweltänderungen ist typisch für das Erwachsenenalter (vgl. Abschn. 6.1.1).

In Kapitel 6 wird die Frage nach den Ursachen der Persönlichkeitsentwicklung ausführlich diskutiert. Hier reicht die Feststellung, dass sich das dynamisch-interaktionistische Paradigma in der Persönlichkeitsentwicklung empirisch umsetzen lässt, aber Längsschnittstudien der Persönlichkeit und Umwelt über längere Zeit mit allen ihren Komplikationen erfordert. Wegen dieses großen Aufwandes sind die meisten empirischen Studien zur Persönlichkeitsentwicklung reduzierte Varianten des Kreuzkorrelationsdesigns. Zwei Ansätze kommen häufig vor:
- das Kodeterminationsmodell,
- das Katapultmodell.

Im Kodeterminationsmodell (vgl. ◘ Abb. 2.27 in Abschn. 2.6.1) wird erwartet, dass Umwelteigenschaften und Persönlichkeitseigenschaften gemeinsam auf spätere Persönlichkeitseigenschaften wirken. Diese Wirkung kann additiv sein, aber es kann auch eine statistische Interaktion zwischen Umwelt und Persönlichkeit bestehen, so dass dieselbe Umwelteigenschaft bei unterschiedlichen Personen unterschiedliche Wirkungen auf deren weitere Entwicklung hat.

Die Suche nach solchen statistischen Interaktionen zwischen Persönlichkeit und Umwelt erbrachte gemischte Befunde (vgl. Wachs, 1992). In drei Fällen konnte eine statistische Interaktion in jeweils mehreren Studien gut abgesichert werden (Wachs, 1992, nannte mehr Interaktionen, die aber z. T. nicht Persönlichkeitsentwicklung, sondern die aktuelle Person-Situations-Wechselwirkung betreffen):
- Wechselwirkung zwischen Genom und Umwelt: Bei antisozialer Persönlichkeit (Aggressivität plus Delinquenz) wurden mehrfach statistische Wechselwirkungen zwischen genetischen und Umweltrisiken

gefunden: Diese beiden Risikofaktoren addieren sich nicht, sondern multiplizieren sich (vgl. Abschn. 6.2.5).
— Wechselwirkung zwischen prä- und perinatalen Risikofaktoren und der familiären Umwelt: Bestimmte Arten von Frühgeborenen und Kindern mit perinatalen Risiken (gemessen durch niedrige Apgar-Werte) haben im späteren Kindesalter im Durchschnitt einen niedrigeren IQ. Dieser Effekt kann aber durch sehr einfühlsame Eltern verhindert werden (vgl. z.B. Beckwith & Parmelee, 1986; Breitmayer & Ramey, 1986).
— Wechselwirkung zwischen positiven engen Beziehungen und belastenden Umweltbedingungen im Kindesalter: Die Existenz zumindest einer positiven, engen Beziehung im Kindesalter (nicht notwendigerweise zur Mutter) kann sonst vorhandene negative Umweltwirkungen verhindern – vermutlich, weil das Kind dadurch Stressoren besser emotional bewältigen kann (Garmezy, 1983). So können anscheinend auch Kinder, die unter den denkbar ungünstigsten Umweltbedingungen aufwachsen, aus engen positiven Beziehungen soviel Kraft schöpfen, dass sie sich langfristig normal entwickeln (Clarke & Clarke, 1977; Werner & Smith, 1982).

Insgesamt sind aber replizierbare (d.h. von unabhängigen Forschergruppen bestätigte) statistische Umwelt-Persönlichkeits-Interaktionen in der Persönlichkeitsentwicklung selten. So wurde z.B. jahrelang nach Wirkungen von Interaktionen zwischen Unterrichtsstil und Schülerpersönlichkeit auf den Wissenserwerb gefahndet; klar replizieren ließ sich aber keine einzige der vielen in einzelnen Studien gefundenen Interaktionen (Cronbach & Snow, 1981). Dazu tragen mehrere Faktoren bei:
— Statistische Probleme: Der Nachweis statistischer Interaktionen erfordert wesentlich größere Stichproben von Personen als der Nachweis einfacher Beziehungen; deshalb können vorhandene Interaktionen nur schwer entdeckt werden (D. Wahlsten, 1990).
— Person-Umwelt-Kovarianz: Wenn eine deutliche Korrelation zwischen Umwelt- und Persönlichkeitseigenschaften besteht (vgl. z.B. die hohe Korrelation zwischen IQ und Umweltrisiko in ◻ Abb. 2.34), variieren Umwelt und Persönlichkeit nicht unabhängig genug voneinander, um Interaktionseffekte zeigen zu können (McCall, 1991).
— Altersabhängigkeit der Interaktion: Manche Interaktionen mögen nur in einer bestimmten Entwicklungsphase ihre Wirkung auf die weitere Entwicklung entfalten. Ist diese Phase nicht bekannt, werden sich die Ergebnisse der einschlägigen Studien widersprechen, weil nur diejenigen eine Interaktion finden können, die die erste Messung zum richtigen Zeitpunkt vorgenommen haben.

Im Katapultmodell (»launch model«; Kindermann & Skinner, 1992) wird die Umwelt nur beim erstenmal und die Persönlichkeit nur beim zweitenmal erfasst. Die Idee ist dabei, dass eine bestimmte Umwelteigenschaft in einer bestimmten Periode der Persönlichkeitsentwicklung einen langfristig prägenden Einfluss unabhängig von der ursprünglichen Persönlichkeit habe; die Umwelt »katapultiere« die Persönlichkeit auf einen bestimmten Entwicklungspfad. Von daher sei es ausreichend, die Umwelt in dem entsprechenden Alter zu erfassen.

Solche »sensitiven Perioden« der Entwicklung (vgl. dazu Bornstein, 1989) gibt es z.B. in der Sprachentwicklung. Japaner, die in Japan aufwachsen, verlernen nach einiger Zeit, »r« und »l« im Sprechen, aber auch im Hören, zu unterscheiden. Dass es sich hier nicht um einen genetischen Effekt handelt, kann man daran sehen, dass japanische Kinder, die in einer englischsprachigen Umgebung aufwachsen, »r« und »l« gut unterscheiden können.

Dieser Ansatz ist sehr sparsam, setzt aber voraus, dass es tatsächlich eine solche sensitive Periode gibt. In den allermeisten Fällen bleibt das aber ungeprüft. Dann ist die Sparsamkeit des Katapultmodells gefährlich, denn der Umwelteffekt könnte ja nur ein scheinbarer sein, weil er durch Einflüsse der frühen Persönlichkeit, z.B. des Genoms, auf die untersuchte Umwelt zustande gekommen sein könnte (vgl. ◻ Abb. 2.32 in Abschn. 2.6.3). Zudem wird angenommen, dass es keine statistische Interaktion zwischen Umwelt und Persönlichkeit gibt. Das Katapultmodell kann zutreffen (z.B. prägende Wirkung der Muttersprache), aber wenn es nicht zutrifft, kommt es leicht zu Fehlinterpretationen der Ergebnisse.

> **! Merke**
> **Empirisch wird das dynamisch-interaktionistische Modell wegen des großen Aufwandes selten verwendet. Häufiger werden statistische Interaktionen zwischen Umwelt und Persönlichkeit geprüft; replizierbare Interaktionen wurden dabei nur in wenigen Fällen gefunden. Das Katapultmodell setzt eine prägende Wirkung der Umwelt in einer bestimmten sensitiven Periode der Entwicklung voraus, so dass es hier besonders leicht zu Fehlinterpretationen von Umwelteffekten kommen kann.**

2.6.5 Bewertung

Das dynamisch-interaktionistische Paradigma der Persönlichkeitsentwicklung ist ein umfassendes Modell möglicher langfristiger Wechselwirkungen zwischen Persönlichkeit und Umwelt, einschließlich genetischer Wirkungen auf die Umwelt. Es hat den Vorteil, dass es keine Einflüsse ausschließt, sondern offen für alle Einflussmöglichkeiten ist. Es enthält alle anderen hier betrachteten Modelle der Persönlichkeitsentwicklung als Spezialfälle. Sein Nachteil ist, dass es sehr aufwendig in der Anwendung ist. Deshalb gibt es bisher vergleichsweise wenige Untersuchungen, die ihm folgen.

Verbreiteter sind eingeschränktere Modelle wie das Kodeterminationsmodell, das Katapultmodell oder das Entfaltungsmodell. Solche Einschränkungen sind aber nur dann gerechtfertigt, wenn zunächst empirisch nachgewiesen ist, dass für die betrachtete Umwelteigenschaft und die betrachtete Persönlichkeitseigenschaft bestimmte Pfade im dynamisch-interaktionistischen Modell tatsächlich keine Rolle spielen. Plausibilitätsüberlegungen reichen hier nicht aus, denn was alltagspsychologisch oder aufgrund von Theorien plausibel ist, muss sich nicht empirisch als richtig erweisen. Insofern ist der dynamisch-interaktionistische Ansatz ein geeigneter Rahmen für alle Untersuchungen zur Persönlichkeitsentwicklung.

Ist nachgewiesen, dass bestimmte Pfade im dynamisch-interaktionistischen Modell ignoriert werden können, können nachfolgende Untersuchungen einem eingeschränkteren Modell folgen. Das kann durchaus ein Katapultmodell oder ein Entfaltungsmodell sein, wie die vorhandenen empirischen Daten zur Sprachentwicklung (Katapultmodell) oder zur Entwicklung der Körpergröße (Entfaltungsmodell) nahelegen. Dadurch wird die Forschung erheblich vereinfacht. Das Risiko besteht darin, dass die eingeschränkte Sichtweise auf falschen Voraussetzungen beruht, z. B. einer Unterschätzung der Stärke von Pfaden aufgrund unzureichender Methodik.

Diese logisch stringente Darstellung, wie der Forschungsprozess idealerweise ablaufen könnte, spiegelt aber in keiner Weise den tatsächlich vorhandenen Wildwuchs in der Forschung zur Persönlichkeitsentwicklung wider. Weite Teile dieser Forschung sind gekennzeichnet durch Traditionen, die auf ungeprüften Vorannahmen beruhen. So wurde z. B. die klassische Sozialisationsforschung von der völlig einseitigen Vorstellung beherrscht, dass die Persönlichkeit eine Funktion der Umweltbedingungen nach der Geburt sei. Erst langsam gelangte ins Bewusstsein, dass es auch pränatale Umweltwirkungen, genetische Wirkungen auf die Persönlichkeit und genetische Wirkungen auf die Umwelt geben kann (vgl. Abschn. 6.2.5).

> **Merke**
>
> Das dynamisch-interaktionistische Paradigma ist ein weitgehend nicht realisiertes Ideal der Forschung zur Persönlichkeitsentwicklung.

Der Einbezug aller möglichen Beziehungen zwischen Persönlichkeit und Umwelt und die Abschätzung von Pfadstärken in Kreuzkorrelationsdesigns allein sind aber auch noch nicht ausreichend für ein tieferes Verständnis der Persönlichkeitsentwicklung. Was in diesen korrelativen Ansätzen fehlt, sind die Prozesse, die zwischen Persönlichkeit und Umwelt und zwischen Umwelt und Persönlichkeit vermitteln. Erst diese Prozesse können die Persönlichkeitsentwicklung erklären. Hier kommt das Informationsverarbeitungsparadigma zum Tragen. Wie die in Abschn. 2.6.2 erwähnten Studien zum Wissenserwerb zeigen, ist es möglich, im Rahmen eines Informationsverarbeitungsmodells Annahmen über solche vermittelnden Prozesse zu machen und empirisch zu überprüfen. Die Genetik und die Neurowissenschaften werden in absehbarer Zukunft wohl auch in der Lage sein, entsprechende Prozessannahmen zu formulieren.

Dann wird sich verschärft die Frage stellen, worin eigentlich der Unterschied zwischen den Wechselwirkungen zwischen Person und Umwelt im Verlauf von vielen Jahren und den Wechselwirkungen zwischen Person und Situation im Verlauf von Sekunden besteht. Handelt es sich nur um einen quantitativen Unterschied, oder sind die Wechselwirkungsprozesse qualitativ unterschiedlich? Und wenn ja, in welcher Hinsicht?

> **Merke**
>
> Eine Erklärung der Persönlichkeitsentwicklung muss über die Beschreibung von Pfadstärken hinausgehen, indem die Prozesse identifiziert werden, die Umwelten personabhängig und Personen umweltabhängig unterschiedlich machen. Hierfür ist das Informationsverarbeitungsparadigma hilfreich. Wie weit sich die Persönlichkeitsentwicklung vollständig durch Prinzipien der aktuellen Informationsverarbeitung erklären lässt, ist derzeit offen.

2.6 · Das dynamisch-interaktionistische Paradigma

? Fragen

2.36 Worin unterscheiden sich die Modelle der Umweltdetermination, der Entfaltung, der Kodetermination und der dynamischen Interaktion?

2.37 In welcher Weise können Menschen Einfluss auf ihre Umwelt nehmen?

2.38 Worin unterscheiden sich statistische, dynamische und soziale Interaktion?

2.39 Kann sich die Persönlichkeit ändern, ohne daß sich das Verhalten ändert?

2.40 Wie lassen sich Umwelteinflüsse auf die Persönlichkeit und umgekehrt empirisch bestimmen? Welche Probleme gibt es dabei?

2.41 Kann man Korrelationen zwischen Persönlichkeit und Umwelt im Kreuzkorrelationsdesign direkt miteinander vergleichen?

2.42 Wieso sind Kausalaussagen über die Persönlichkeitsentwicklung modellabhängig?

2.43 Gibt es Beispiele für statistische Interaktionen zwischen Persönlichkeit und Umwelt, und warum werden sie eher selten gefunden?

2.44 Was setzt das Katapultmodell der Persönlichkeitsentwicklung voraus, und warum ist das gefährlich?

i Hinweise zur Beantwortung

2.36 vgl. Abb. 2.27

2.37 Beispiele für Auswahl, Herstellung und Veränderung

2.38 vgl. »Unter der Lupe«, S. 87

2.39 vgl. Abb. 2.28

2.40 Natürliche Experimente und Korrelationen; Interpretationsrichtung, Drittvariable, zeitliche Ordnung

2.41 direkte und indirekte Pfade

2.42 Wirkung von verborgenen Variablen an einem Beispiel erläutern

2.43 z.B. Genom-Umwelt bei antisozialem Verhalten; statistische Probleme, Person-Umwelt-Kovarianz, Altersabhängigkeit der Interaktion

2.44 sensitive Periode (Beispiel); frühe genetische Wirkungen auf die Umwelt

Weiterführende Literatur

Caspi, A. (1998). Personality development across the life course. In N. Eisenberg (Ed.), *Handbook of child psychology.* 5th Ed. Vol. 3: Social, emotional, and personality development (pp. 311–388). New York: Wiley.

2.7 Das evolutionspsychologische Paradigma

Die bisher behandelten Paradigmen der Persönlichkeitspsychologie können individuelle Besonderheiten im Erleben und Verhalten beschreiben und dynamisch-interaktionistisch erklären – Paula ist deshalb intelligenter als Paul, weil ihre individuelle Entwicklung aufgrund andersartiger Entwicklungsbedingungen unterschiedlich verlief. Dynamisch-interaktionistische Erklärungen von Persönlichkeitsunterschieden sind alltagspsychologisch ausreichend, nicht aber ausreichend für wissenschaftlich-psychologische Erklärungen der Persönlichkeit, weil grundlegende Fragen unbeantwortet bleiben. Warum gibt es überhaupt so große Persönlichkeitsunterschiede? Handelt es sich um Zufallsvariationen, die nicht weiter erklärbar sind, oder lassen sich die Variation der Persönlichkeit, die Kovariation von Eigenschaften oder die Zusammenhänge zwischen Entwicklungsbedingungen und Persönlichkeitsentwicklung zumindest teilweise auf grundlegendere Prinzipien zurückführen? Das historisch jüngste der hier besprochenen Paradigmen, das evolutionspsychologische Paradigma, beansprucht, Persönlichkeitsunterschiede und deren Entwicklung zumindest teilweise durch Prinzipien der Evolution zu erklären – des seit vielen Millionen Jahren andauernden Prozesses der Entstehung und Veränderung von Arten, einschließlich der Art Homo sapiens sapiens, der heutigen Menschen. Dieser Prozess forme nicht nur die arttypischen körperlichen und Verhaltensmerkmale, sondern auch die Variationsbreite dieser Merkmale. Insofern könne man versuchen, die Erkenntnisse der Evolutionsbiologie zu nutzen, um die heute vorhandenen Persönlichkeitsunterschiede durch Gesetzmäßigkeiten des evolutionären Prozesses und Eigenarten der Umwelt unserer evolutionären Vorfahren zu erklären.

2.7.1 Allgemeines Menschenbild

Die Kernannahme der Evolutionspsychologie ist, dass sich heutiges menschliches Erleben und Verhalten als Resultat der Evolution verstehen lässt, also des viele Millionen Jahre andauernden Prozesses der genetischen Anpassung von Lebewesen an die jeweils vorherrschenden Umweltbedingungen. Von daher seien wir primär an die Umweltbedingungen unserer evolutionären Vorfahren angepasst, nicht unbedingt an heutige Umweltbedingungen.

Diese evolutionäre Sichtweise geht auf Darwin (1859) zurück. Darwin erklärte die Vielfalt der heutigen Arten, aber auch die Variation innerhalb von Arten, durch einen Entwicklungsprozess, der im Kern auf Variation und natürlicher Selektion beruhe. Zu Darwins Zeit war es noch nicht klar, was eigentlich variiert, von einer Generation zur nächsten vererbt und durch natürliche Selektion ausgelesen wird. Erst die Genetik füllte diese Lücke. Was variiert, sind die Gene, d. h. funktionale Einheiten des Genoms. Bestimmte Gene wiederum können in verschiedenen Varianten, den Allelen des Gens, auftreten. So beruhen z. B. die drei Blutgruppen A, B, o auf den drei Allelen eines »Blutgruppen-Gens«. Die Allele sind bis auf Mutationen das Leben hindurch konstant; sie werden an die Kinder weitergegeben. Die Gesamtheit aller Gene eines Lebewesens wird als dessen Genom bezeichnet. Während der Meiose (Reifeteilung) wird das Genom von Mutter und Vater in funktionale Einheiten zerlegt und durchmischt; diese sexuelle Rekombination stellt neben der Mutation eine zweite Variationsquelle dar.

Obwohl eine klare Trennung von Genen und ihren Allelen möglich ist, wird in der Biologie und Psychologie meist einfach von Genen gesprochen, wobei damit je nach Kontext entweder Gene oder Allele gemeint sind. Im Folgenden wird ebenfalls dieser Tradition gefolgt, obwohl sie zu Missverständnissen führen kann. Beispielsweise ist es richtig, dass Menschen über 99% ihrer Gene mit Schimpansen teilen, es ist aber auch richtig, dass Geschwister im Durchschnitt nur 50% ihrer Gene teilen. Im ersten Fall sind wirklich Gene gemeint, im zweiten Fall Allele.

Unterschiedliche Gene können als in Konkurrenz zueinander betrachtet werden. Je nach Umweltbedingungen steigt oder sinkt ihre Häufigkeit relativ zu anderen Genen, weil sie unterschiedliche Fortpflanzungschancen haben: Sie weisen eine unterschiedliche Fitness auf. Die Umwelt nimmt also Einfluss auf die Reproduktion von Genen; sie werden »natürlich ausgelesen«. Diese natürliche Selektion ist der entscheidende Mechanismus, der Gene und damit auch Lebewesen so an die Umwelt anpasst, dass sie längerfristig reproduktionsfähig sind.

Das Konzept der natürlichen Selektion wird vielfach falsch verstanden. Erstens ist Fitness kein Merkmal eines Menschen oder eines Genoms, sondern eine Funktion eines Gens und seiner Umwelt. Ändert sich die Umwelt, kann sich die Fitness des Gens ändern. Es gibt deshalb keine »guten« oder »schlechten« Gene, sondern nur Gene, die einer bestimmten Umwelt »gut« oder

2.7 · Das evolutionspsychologische Paradigma

»schlecht« angepasst sind. Zweitens beruht natürliche Selektion nur zum Teil auf der Lebenserwartung. Ein Gen, das Kindersterblichkeit begünstigt, ist zwar schlecht angepasst, aber Gene, die die Lebenserwartung erhöhen, jedoch die Zahl der Nachkommen senken, sind auch schlecht angepasst. Entscheidend ist der Reproduktionsvorteil eines Gens; statt »Survival of the fittest« (Darwin) sollte es besser heißen »Reproduction of the fittest«. Deshalb ist, drittens, der verbreitete Glaube falsch, dass die natürliche Selektion in westlichen Kulturen mit ihrer niedrigen Kindersterblichkeit und guten medizinischen Versorgung keine wesentliche Rolle mehr spiele. So dürften z. B. Gene, die Kinderwunsch oder Nachlässigkeit bei der Schwangerschaftsverhütung begünstigen, heutzutage ausgesprochen »fit« sein.

Viertens ist es irreführend, bei reproduktionsrelevanten Umweltbedingungen nur an nicht-soziale Umweltbedingungen zu denken wie Klima, Nahrungsangebot oder Krankheitserreger. Besonders wichtig für den Reproduktionserfolg sind soziale Umweltbedingungen, nämlich Rivalen des eigenen Geschlechts bei Partnersuche und Partnerschaft und die Partnerpräferenzen des anderen Geschlechts. Deshalb diskutierte schon Darwin (1871) ausführlich spezielle Selektionsmechanismen bei Arten, die sich sexuell fortpflanzen. Die intrasexuelle Selektion bezieht sich auf die Rivalität innerhalb der Geschlechter bei dem Versuch, Sexualpartner zu gewinnen und gegen Rivalen abzuschirmen. Gene, die diese Fähigkeiten fördern, haben einen Reproduktionsvorteil. Intersexuelle Selektion bezieht sich auf die sexuelle Attraktivität beim anderen Geschlecht. Gene, die körperliche oder Verhaltensmerkmale fördern, die vom anderen Geschlecht für attraktiv gehalten werden, haben einen Reproduktionsvorteil.

> **! Merke**
>
> Die genetische Variation beruht auf Mutation und sexueller Rekombination, die natürliche Selektion auf dem Reproduktionserfolg von Genen. Dieser Reproduktionserfolg hängt bei Menschen wesentlich von der intra- und intersexuellen Selektion ab.

Hamilton (1964) wies darauf hin, dass die genetische Fitness eines Individuums auf zwei Komponenten beruht: auf dem Reproduktionserfolg der eigenen Gene (deren Vorkommen in Kindern, Enkelkindern usw.) und dem Reproduktionserfolg dieser Gene bei genetisch Verwandten (dem Vorkommen bei Geschwistern, Neffen, Nichten usw.). Hilft man genetisch Verwandten, fördert

Tabelle 2.8. Erwartete genetische Verwandtschaft bei verschiedenem Verwandtschaftsgrad

Verwandtschaftsgrad	Genetischer Verwandtschaftsgrad r
Eineiige Zwillinge	100 %
Zweieiige Zwillinge	50 %
Geschwister unterschiedlichen Alters	50 %
Eltern, Kind	50 %
Halbgeschwister (nur ein gemeinsames Elternteil)	25 %
Großeltern, Enkel	25 %
Tante, Onkel, Neffen, Nichten	25 %
Cousins, Cousinen	12,5 %
Partner	0 %
Adoptivgeschwister	0 %
Adoptiveltern, Adoptivkinder	0 %

das indirekt die Verbreitung der eigenen Gene. Was also letztlich die natürliche Selektion auf genetischer Ebene treibt, ist nicht die Fitness im engeren Sinn (Häufigkeit des Gens bei direkten Nachkommen), sondern die inklusive Fitness (Häufigkeit des Gens bei direkten und indirekten Nachkommen). Die Häufigkeit des Gens bei indirekten Nachkommen wird dabei gewichtet durch die erwartete Rate dieses Gens bei den jeweiligen Verwandten (vgl. Tabelle 2.8). Diese Rate lässt sich wiederum aus der Tatsache ableiten, dass Kinder jeweils die Hälfte ihrer Gene von der Mutter und die andere Hälfte vom Vater erben. Im Gegensatz zu zweieiigen Zwillingen, die unterschiedlichen befruchteten Eizellen entstammen und von daher nicht genetisch ähnlicher sind als Geschwister unterschiedlichen Alters, entstammen eineiige Zwillinge derselben befruchteten Eizelle und sind deshalb genetisch identisch.

Hieraus lässt sich ableiten, dass Hilfe anderer trotz der damit verbundenen eigenen Kosten dann evolutionär adaptiv ist (d. h. sich langfristig im Verlauf der Evolution durchsetzen wird), wenn die inklusive Fitness dadurch gesteigert wird. Opfert sich z. B. jemand für das Überleben eines Geschwisters auf, ist das nicht adaptiv, weil Geschwister nur die Hälfte der eigenen Gene teilen (0,5f < f, wobei f die Fitness aller eigenen Gene ist). Opfert sich aber jemand für das Überleben von drei Geschwistern auf, ist das adaptiv, weil die inklusive Fitness $3 \cdot 0{,}5f = 1{,}5f$ beträgt und damit die eigene Fitness f übersteigt.

> **! Merke**
> Der Reproduktionserfolg eines Gens eines Individuums beruht auf seinem Vorkommen in den Nachkommen des Individuums und seiner Verwandten. Von daher kann es adaptiv sein, sich für genetisch Verwandte zu opfern.

Wilson (1975) wandte evolutionsbiologische Erklärungsprinzipien auf das Sozialverhalten verschiedener Tierarten an und prägte den Begriff der Soziobiologie im Sinne einer Evolutionsbiologie des Sozialverhaltens, einschließlich Sozialverhalten von Menschen. Dieser Ansatz löste starke Kontroversen mit Sozialwissenschaftlern aus, die bis dahin geglaubt hatten, biologische Zugänge zu sozialen Phänomenen ignorieren zu können. Mit gewissem Recht wurde den Soziobiologen vorgeworfen, dass ihre Überlegungen letztlich nur auf Spekulationen über optimal angepasstes Verhalten in einer hypothetischen Umwelt der Vergangenheit beruhten und der notwendigerweise angenommene genetische Einfluss auf das Verhalten nicht nachgewiesen sei.

Allerdings unterschieden zumindest einige Soziobiologen schon früh zwischen ultimaten und proximaten Erklärungen. Ultimate Erklärungen beruhen auf Überlegungen zum Selektionsdruck und beschreiben, wie sich Individuen unter den angenommenen Umweltbedingungen der evolutionären Vergangenheit hätten verhalten sollen. Aber damit sie sich tatsächlich so verhalten haben, bedurfte es proximater Mechanismen, die sie dazu gebracht hatten, sich tatsächlich so zu verhalten. Die evolutionsbiologische Erklärung ist im Grunde nur vollständig (und überzeugender), wenn zu jeder ultimaten Erklärung auch eine proximate Erklärung durch Angabe eines proximaten Mechanismus geliefert wird.

> **! Merke**
> Ultimate Erklärungen von Verhalten begründen es durch Reproduktionsvorteile in der evolutionären Vergangenheit; proximate Erklärungen geben an, wie das Verhalten konkret zustande kommt.

Von daher greifen in ernstzunehmenden evolutionären Erklärungen menschlichen Erlebens und Verhaltens immer biologische ultimate und psychologische proximate Erklärungen Hand in Hand. Evolutionsbiologen nehmen z. B. nicht an, dass es proximate Mechanismen gibt, die die Fitness in konkreten Situationen für die Optionen »helfen« und »nicht helfen« ausrechnen. Von der natürlichen Selektion werden vielmehr alle Verhaltensweisen begünstigt, die die inklusive Fitness relativ zur Fitness aufgrund direkter Nachkommen steigern. Hierbei kann es sich durchaus um wohlbekannte psychologische Mechanismen handeln, z. B. Hilfe aufgrund wahrgenommener emotionaler Nähe: Je näher ich mich jemandem fühle, umso eher bin ich bereit zur Hilfe (wobei natürlich andere Überlegungen eine zusätzliche Rolle spielen, insbesondere die wahrgenommene Hilfsbedürftigkeit des anderen).

Neyer und Lang (2003) untersuchten den Zusammenhang zwischen genetischem Verwandtschaftsgrad und emotionaler Nähe zu Bezugspersonen in drei Stichproben mit ingesamt 1365 Erwachsenen höheren Alters. Der genetische Verwandtschaftsgrad korrelierte im Mittel über alle Personen intraindividuell .50 mit der subjektiv eingeschätzten emotionalen Nähe zu den Bezugspersonen: je genetisch ähnlicher, desto emotional näher. Ein proximater Mechanismus »Hilfe aufgrund emotionaler Nähe« würde damit die inklusive Fitness fördern, ohne dass der genetische Verwandtschaftsgrad auf direkte Weise wahrgenommen werden müsste: dieser Mechanismus wäre evolutionär adaptiv. Allerdings ist damit noch nicht klar, worauf das Gefühl der emotionalen Nähe beruht.

Ein genauerer Blick auf die Daten von Neyer und Lang (2003) legt nahe, dass emotionale Nähe auf Vertrautheit beruht, d.h. der Summe der (positiven aber auch negativen) Erfahrungen mit der Bezugsperson. Innerhalb der genetisch Nichtverwandten gab es nämlich große Unterschiede in der emotionalen Nähe, wobei der Partner als besonders nah wahrgenommen wurde und Freunde als etwas näher als sonstige Nichtverwandte (vgl. ◘ Abb. 2.36). Bei älteren Menschen ist der Partner meist die vertrauteste Person überhaupt, und Freunde dürften etwas vertrauter sein als Nicht-Freunde. Auch die Unterschiede in emotionaler Nähe zwischen den drei genetischen Verwandtschaftsgraden dürften sich gut auf Unterschiede in Vertrautheit zurückführen lassen (z.B. sind Geschwister und Eltern meist vertrauter als Neffen, Nichten oder Enkel). Der proximate Mechanismus für Hilfeleistung könnte also darin bestehen, dass Vertrautheit mit einer Bezugsperson bei deren Anwesenheit das Gefühl emotionaler Nähe aktiviert, das wiederum das Ausmaß der Hilfeleistung beeinflusst.

2.7 · Das evolutionspsychologische Paradigma

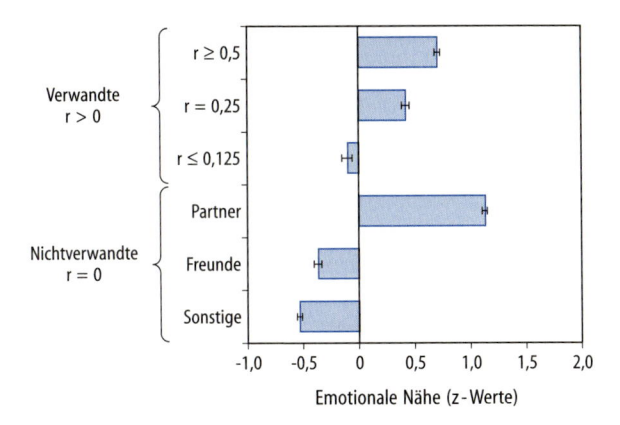

Abb. 2.36. Mittlere emotionale Nähe zu Bezugspersonen unterschiedlichen genetischen Verwandtschaftsgrades r. (Daten aus Neyer & Lang, 2003)

Dieses Beispiel macht deutlich, dass aus ultimaten Erklärungen abgeleitete Prinzipien (z. B.: hilf jemandem umso mehr, je höher die genetische Verwandtschaft ist) nicht unbedingt direkt proximaten Mechanismen entsprechen müssen. Vielleicht gibt es gar keinen proximaten Mechanismus, der nur die genetische Verwandtschaft erkennt und in eine Hilfetendenz umsetzt. Der vermutete Vertrautheit-Nähe-Hilfe-Mechanismus würde jedenfalls zu einer deutlichen Korrelation zwischen genetischer Verwandtschaft und Hilfeleistung führen und auf diese Weise so »fit« sein, dass er langfristig genetisch fixiert wird. Ein Mechanismus der Hilfeleistung, der dem ultimaten Prinzip direkt widerspricht, weil er zu einer negativen Korrelation zwischen genetischer Verwandtschaft und Hilfeleistung führt, hätte dagegen aus evolutionsbiologischer Sicht kaum eine Chance, der natürlichen Selektion zu widerstehen.

> **Merke**
> Proximate Mechanismen müssen nicht direkt Prinzipien entsprechen, die aus ultimaten Erklärungen abgeleitet werden; sie dürfen ihnen aber nicht widersprechen.

Proximate Mechanismen können deshalb (in Grenzen) ein Eigenleben jenseits ultimat abgeleiteter Prinzipien führen. Im Falle menschlichen Erlebens und Verhaltens sind proximate Mechanismen psychologische oder physiologische Mechanismen. Eine auf ultimate Erklärungen beschränkte Soziobiologie des menschlichen Erlebens und Verhaltens greift deshalb zu kurz; sie bedarf der psychologischen und physiologischen Bereicherung.

Tatsächlich scheint sich der Schwerpunkt der evolutionspsychologischen Forschung in den letzten Jahren zunehmend in Richtung proximater Erklärungen verschoben zu haben. Hierbei wurde von Cosmides et al. (1992) der Begriff des evolvierten psychologischen Mechanismus (EPM) geprägt, der von Buss (1995) zur Abgrenzung der Evolutionspsychologie von einer nur ultimaten Erklärungen verpflichteten Soziobiologie benutzt wurde. Unter einem EPM wird ein bereichs- und kontextspezifischer proximater Mechanismus verstanden, der als Anpassungsleistung an die Umwelt unserer Vorfahren (also ultimat) verständlich ist und von dem angenommen wird, dass er genetisch fixiert ist und deshalb vererbt wird.

> **Merke**
> Ultimate Erklärungen durch natürliche Selektion müssen in evolutionspsychologischen Erklärungen ergänzt werden durch Angabe proximater evolvierter psychologischer Mechanismen (EPMs).

Eine Aufgabe der Evolutionspsychologie ist es daher, universelle Mechanismen der Informationsverarbeitung, Verhaltensregulation und Individualentwicklung als EPMs zu identifizieren. Dies kann auf zwei unterschiedlichen Wegen versucht werden. Zum einen wird versucht, für bekannte Mechanismen eine besondere Fitness unter den vermuteten Umweltbedingungen unserer Vorfahren (im weitesten Sinn, also eingeschlossen Vorläufer von Homo sapiens sapiens im Stammbaum der Evolution) nachzuweisen. Ein Beispiel hierfür wäre die evolutionspsychologische Erklärung der Tatsache, dass in Mitteleuropa starke Angst vor Schlangen viel häufiger ist, als aufgrund der objektiven Gefahr durch Schlangen zu erwarten ist (vgl. »Unter der Lupe«).

Ein zweiter Weg zur Identifikation von EPMs besteht darin, eine Liste wichtiger adaptiver Probleme in der evolutionären Vergangenheit zu erstellen, Überlegungen zu möglichen EPMs anzustellen, die ein bestimmtes solches Problem vermutlich gut lösen konnten, und dann durch empirische psychologische Untersuchungen zu prüfen, ob diese EPMs tatsächlich nachweisbar sind. Buss (1999a) organisierte seine Übersicht über die Evolutionspsychologie um 8 solche adaptiven Probleme: Probleme des Überlebens, der Partnerwahl und Sexualität, der Elternschaft, der Unterstützung von Verwandten, der Kooperation, der Aggression, der sexuellen Rivalität und der sozialen Dominanz.

Besonders überzeugend ist die evolutionspsychologische Analyse dann, wenn sie auf diesem Weg vorher unbekannte psychologische Mechanismen identifiziert. Ein Beispiel hierfür sind evolutionspsychologische Vorhersagen für Konsequenzen der Vaterschaftsunsicherheit auf die Unterstützung durch Verwandte (vgl. »Unter der Lupe«).

> **Unter der Lupe**
>
> **Warum ist Angst vor Schlangen in Mitteleuropa so häufig?**
> Etwa ein Viertel aller Mitteleuropäer haben starke Angst vor Schlangen (Agras et al., 1969). Als evolutionspsychologische Erklärung kann ein EPM angenommen werden, der das Erlernen von Angst Schlangen gegenüber fördert (z.B. durch Beobachtungslernen; vgl. das Experiment von Cook & Mineka, 1989, in Abschn. 2.3.4). Ein solcher EPM ist plausibel, da in Umwelten, in denen es von Giftschlangen wimmelt und die ältere Generation entsprechend schlechte Erfahrungen mit Schlangen gemacht hat, diese Erfahrungen durch diesen EPM schnell und effizient an die nächste Generation weitergegeben werden; dagegen besteht in Umwelten, in denen Schlangen ungefährlich oder essbar sind, keine unnötige Angst vor Schlangen. Starke Schlangenangst wäre in solchen Umwelten (z.B. dem heutigen Mitteleuropa) nicht universell vorhanden, könnte aber in den Fällen auftreten, wenn der EPM ansprach, weil jemand anderes in Gegenwart einer Schlange Angst zeigte. Die Alternativen (kein leichtes Erlernen von Schlangenangst; »fest verdrahtete« Schlangenangst) dürften weniger reproduktionsförderlich gewesen sein, so dass sich im Laufe von Jahrmillionen ein EPM »leichtes Erlernen von Angst Schlangen gegenüber« bei unseren Vorfahren durchgesetzt hat.

2.7.2 Persönlichkeitskonzept

Evolutionspsychologisch sind Persönlichkeitsunterschiede schwerer zu erklären als universelle Gesetzmäßigkeiten des Erlebens und Verhaltens, weil die ultimate Begründung schwerer fällt. Dass Angst vor Schlangen von den meisten Menschen schnell gelernt werden kann, ist leichter zu begründen, als dass es Schlangenphobiker, aber auch regelrechte Schlangenliebhaber gibt.

Zunächst gibt es zwei Grundaussagen der Evolutionspsychologie zu Persönlichkeitsunterschieden. Sofern sie durch genetische Unterschiede mitbedingt sind, beruhen diese auf der Variation im Verlauf der Evolution; sofern

> **Unter der Lupe**
>
> **Konsequenzen der Vaterschaftsunsicherheit auf die Unterstützung durch Verwandte**
> Während Mütter sich sicher sein können, dass ein Kind ihr eigenes leibliches Kind ist, ist dies bei Vätern nicht der Fall. Auch heutzutage gibt es gar nicht so selten Diskrepanzen zwischen der subjektiven Überzeugung, Vater des Kindes zu sein, und der tatsächlichen genetischen Verwandtschaft (Baker, 1996). Dies tritt z.B. bei Organspenden innerhalb von Familien zu Tage, bei denen die genetische Ähnlichkeit bestimmt wird, um das Risiko von Organabstoßungen nach der Organverpflanzung zu minimieren. Diese Vaterschaftsunsicherheit verändert den Zusammenhang zwischen inklusiver Fitness und Hilfeleistung: Es ist weniger evolutionär adaptiv, Verwandte väterlicherseits zu unterstützen als Verwandte mütterlicherseits, da es in ersterem Fall nicht so sicher ist, dass sie überhaupt genetisch verwandt sind. Nach dieser Logik sollten z.B. Großeltern väterlicherseits ihre Enkel weniger stark unterstützen als Großeltern mütterlicherseits; entsprechendes lässt sich für Tanten und Onkel ableiten. Wie ◻ Tabelle 2.9 zeigt, ist dies tatsächlich der Fall.
>
> Weibliche Verwandte leisteten mehr Unterstützung als männliche, und unabhängig davon leisteten Verwandte mütterlicherseits mehr Unterstützung als Verwandte väterlicherseits desselben Verwandtschaftsgrades. Die Unterstützungswerte können nur innerhalb der Großeltern bzw. Tanten/Onkel verglichen werden, da die Unterstützung für diese beiden Verwandtschaftstypen in unterschiedlichen Kulturen (Deutschland bzw. USA) und mit unterschiedlichen Fragen erfasst wurde.
>
> ◻ **Tabelle 2.9.** Berichtete Unterstützung durch Verwandte mütterlicherseits und väterlicherseits. (Daten nach Euler & Weitzel, 1996, und Gaulin et al., 1997)
>
> | Unterstützung durch | Mütterlicherseits | Väterlicherseits |
> |---|---|---|
> | Großmutter | 5.16 | 4.09 |
> | Großvater | 4.52 | 3.70 |
> | Tante | 4.75 | 3.96 |
> | Onkel | 3.65 | 3.28 |

2.7 · Das evolutionspsychologische Paradigma

sie durch Umweltunterschiede mitbedingt sind, werden diese durch EPMs vermittelt. Im evolutionären Prozess entstehen durch Mutation und sexuelle Rekombination ständig neue genetische Varianten, von denen zumindest einige lebensfähig sind. Diese Variation innerhalb der Art erfüllt eine zentrale Aufgabe in der Evolution, indem sie ein Sicherheitsreservoir für künftige neue Umweltbedingungen aufrecht erhält, an die die vorhandenen genetischen Varianten möglicherweise nicht gut angepasst sind. Hierzu gehören z.B. genetische Unterschiede im Immunsystem, die dazu führen, dass beim Auftreten neuer lebensbedrohlicher Parasiten (z.B. Pest-Erreger) nicht gleich die ganze Art ausstirbt, sondern immer ein bestimmter Prozentsatz überlebt. Einige dieser genetischen Unterschiede können möglicherweise Persönlichkeitsunterschiede zur Folge haben. So kamen Tooby und Cosmides (1990) zu der überraschenden Feststellung, dass Persönlichkeitsunterschiede z.T. Nebeneffekte eines evolutionären Wettrennens zwischen Wirten und Parasiten seien, bei dem die Wirte ihr Immunsystem und die Parasiten ihr Angriffspotenzial durch Mutation und Selektion zu optimieren suchen.

Nach Tooby und Cosmides (1990) können genetisch bedingte Persönlichkeitsunterschiede nicht allzu groß ausfallen, da sehr große genetische Unterschiede zu Inkompatibilitäten bei der sexuellen Rekombination führten; dies begrenze die genetische Variationsbreite innerhalb von Arten. Nur die beiden Geschlechter könnten sich relativ stark genetisch unterscheiden, da ihr Zusammenspiel bei der sexuellen Rekombination genau regelbar sei. Tooby und Cosmides (1990) stellten deshalb Persönlichkeitsunterschiede, die nicht auf genetischen Unterschieden, sondern auf Umweltunterschieden beruhen, in den Mittelpunkt ihrer evolutionspsychologischen Analysen.

Aus evolutionspsychologischer Sicht wirken Umweltunterschiede immer über vermittelnde EPMs auf Persönlichkeitsunterschiede. Deshalb sind evolutionspsychologische Erklärungen umweltbedingter Persönlichkeitsunterschiede anspruchsvoller als die meisten sonstigen psychologischen Erklärungen: Umwelteffekte auf die Persönlichkeit müssen nicht nur empirisch nachgewiesen werden, sondern es müssen auch die vermittelnden EPMs spezifiziert werden.

> **! Merke**
> Genetisch bedingte Persönlichkeitsunterschiede sind evolutionär erklärbar u.a. durch Mutation und sexuelle ▼
> Rekombination. Diese Variationsquellen erfüllen eine wichtige Funktion in der Evolution, weil sie ein Sicherheitsreservoir für neue Umweltbedingungen aufrecht erhalten, insbesondere in evolutionären Wettrennen zwischen Wirt und Parasit. Umweltbedingte Persönlichkeitsunterschiede werden durch EPMs vermittelt.

Dieses evolutionspsychologische Minimalprogramm zur Erklärung von Persönlichkeitsunterschieden wäre zu bescheiden, um zu einem Paradigma der Persönlichkeitspsychologie avancieren zu können. In den letzten Jahren haben jedoch Biologen, Psychologen und Anthropologen eine ganze Reihe weiterer evolutionspsychologischer Prinzipien vorgeschlagen, die sich zur Erklärung von Persönlichkeitsunterschieden eignen und soweit über das skizzierte Minimalprogramm hinausgehen, dass es sich inzwischen rechtfertigen lässt, von einem evolutionspsychologischen Paradigma der Persönlichkeitspsychologie zu sprechen. Drei derartige Prinzipien werden in Anlehnung an Buss (1999b) im Folgenden skizziert und jeweils anhand eines Persönlichkeitsunterschieds illustriert:

- frequenzabhängige Selektion,
- konditionale Entwicklungsstrategien,
- strategische Spezialisierung.

Unter frequenzabhängiger Selektion wird verstanden, dass die Fitness eines Gens von seiner Häufigkeit in der Population abhängt. Ein Beispiel für frequenzabhängige Auslese bei Menschen ist das Geschlecht. Es ist nämlich keineswegs selbstverständlich, dass es so viele Männer wie Frauen gibt, denn prinzipiell würden wenige Männer reichen, die jeweils viele Frauen befruchten. Das Geschlechtsverhältnis beträgt aber im Alter der maximalen Fruchtbarkeit sehr genau 1:1 (vorher gibt es mehr Jungen, später mehr Frauen bedingt durch die höhere männliche Sterblichkeit in jedem Lebensalter). Wie Fisher (1958) gezeigt hat, kommt es zu diesem Verhältnis von 1:1, weil die genetische Fitness von Männern und Frauen frequenzabhängig ist. Wenn Männer seltener wären als Frauen, könnten sie ihre Gene besser an die nächste Generation weitergeben als die Frauen (da die Kinder ja zur Hälfte Gene des Vaters und zur anderen Hälfte Gene der Mutter haben). Dadurch würden langfristig Eltern begünstigt, die überproportional Jungen zur Welt bringen. Dies würde aber die Rate der Männer so lange erhöhen, bis sie genauso häufig sind wie Frauen. Die entsprechende Argumentation gilt für den umgekehrten Fall, dass Frauen seltener wären als Männer. Deshalb pegelt sich in Populationen langfristig ein 1:1-Verhältnis zwischen Männern und Frauen ein: das Geschlechterverhältnis ist »evolutionär stabil«.

> **Merke**
> Das Geschlechterverhältnis von 1:1 zum Zeitpunkt der maximalen Fruchtbarkeit beruht auf frequenzabhängiger Selektion.

Frequenzabhängige Auslese muss nicht in gleichen Proportionen der miteinander konkurrierenden Persönlichkeitstypen resultieren. Notwendig ist nur, dass zwei alternative Gene oder Genkomplexe langfristig koexistieren, weil die Fitness jeweils eines Typs mit zunehmendem Anteil dieses Typs in der Population so stark sinkt, dass sie ab einem bestimmten Punkt geringer ist als die Fitness des anderen Typs. Dieser Punkt kann ein beliebiger Anteil über 0 % und unter 100 % sein, und genau diesen Anteil wird der Typ langfristig behalten (es sei denn, die Umweltbedingungen ändern sich).

Dieses Erklärungsprinzip wandten Gangestad und Simpson (1990) an, um Unterschiede in der Soziosexualität (»sociosexuality«) von Frauen zu erklären. Unter Soziosexualität wird die Tendenz verstanden, Sex mit vielen Geschlechtspartnern zu haben. Nach ihrer Auffassung sind für die Partnerwahl von Frauen zwei Kriterien evolutionär relevant: die zu erwartende elterliche Investition (wie weit der Mann Ressourcen wie sozialer Status, Intelligenz, Ambitioniertheit oder Kraft den gemeinsamen Kindern zur Verfügung stellen kann und will) und die »genetische Qualität« des Mannes (Gene, die Gesundheit und sexuelle Attraktivität fördern und so die Fitness der gemeinsamen Kinder fördern, da sie ja diese Gene zumindest zum Teil erben werden). Allerdings dürfte es schwierig sein, Bereitschaft für elterliche Investition und »gute Gene« gleichzeitig zu erreichen, weil sexuell attraktive Männer weniger treu sind als weniger sexuell attraktive (vgl. für empirische Evidenz Simpson & Gangestad, 1991). Es gebe deshalb zwei verschiedene mögliche sexuelle Strategien von Frauen: eine restriktive und eine nicht restriktive. Bei der restriktiven Strategie würden sie auf eine langandauernde Beziehung mit einem Partner setzen, der viel in ihre Kinder investiert. Bei der nicht restriktiven Strategie würden sie auf viele kurzfristige Beziehungen mit Männern »guter genetischer Qualität« setzen.

Diese beiden sexuellen Strategien würden durch frequenzabhängige Auslese in der weiblichen Population stabilisiert. Je größer der Anteil der nicht restriktiven Frauen in der weiblichen Population werde, desto größer werde auch der Anteil ihrer sexuell attraktiven Söhne (der »sexy sons«) in der männlichen Population, was aufgrund zunehmender Rivalität dieser Söhne untereinander deren Fitness mindern sollte. Je größer umgekehrt der Anteil der restriktiven Frauen in der weiblichen Population werde, desto stärker werde ihre Rivalität untereinander um Männer mit hoher elterlicher Investitionsbereitschaft, was die Fitness dieser Frauen mindern sollte. Eine änliche Argumentation gilt auch für Männer (Gangestad & Simpson, 2000).

Die frequenzabhängige Selektion ist in diesem Fall dadurch verkompliziert, dass sexuelle Strategien bei Frauen und Männern berücksichtigt werden müssen, da sie gemeinsam evolvieren, und dass Frauen insgesamt weniger als Männer von einer nicht restriktiven Strategie profitieren können, da sie weniger Nachkommen haben können als Männer (vgl. hierzu Abschn. 7.5.5). Zudem verfolgen Frauen und Männer in der Realität nicht eindeutig nur die eine oder andere Strategie, sondern weisen nur graduell abgestufte individuelle Tendenzen in die eine oder andere Richtung auf. Letztendlich sind hier mathematische Modelle oder Computersimulationen von Strategiewahlen und deren Fitness gefragt, um nachzuweisen, dass es unter realistischen Annahmen über die Fitness verschiedener Strategien zu einer frequenzabhängigen Selektion und damit zu einer stabilen Koexistenz unterschiedlicher sexueller Strategien kommen kann.

> **Merke**
> Unterschiede in Soziosexualität können durch frequenzabhängige Selektion alternativer sexueller Strategien zustande kommen, die entweder mehr auf elterliche Investition des Partners oder eher auf dessen »genetische Qualität« setzen.

Abgesehen von diesen Komplikationen ist das Konzept der frequenzabhängigen Selektion insofern instruktiv für die Persönlichkeitspsychologie, als es naive Auffassungen von genetischer Fitness infrage stellt, nach denen es so etwas wie die absolute Fitness von Persönlichkeitseigenschaften geben könnte. Fitness ist aber grundsätzlich eine Funktion von Genen und ihrer Umwelt, insbesondere ihrer sozialen Umwelt, und dazu gehören auch die Gene der Mitmenschen. Deshalb ist es durchaus realistisch anzunehmen, dass viele reproduktionsrelevante Gene frequenzabhängig selektiert werden. Dies wiederum bedeutet, dass persönlichkeitsrelevante genetische

2.7 · Das evolutionspsychologische Paradigma

Unterschiede nicht nur zufallsgeneriertes Spielmaterial für die Evolution sind, wie es das oben skizzierte evolutionspsychologische Minimalprogramm annimmt, sondern dass darüber hinaus genetische Unterschiede innerhalb der Art durch frequenzabhängige Selektion stabilisiert werden und so trotz Mutation und sexueller Rekombination langfristig überdauern können.

> **Merke**
> Frequenzabhängige Selektion führt dazu, dass die Fitness von genetisch beeinflussten Persönlichkeitsmerkmalen von der Häufigkeit dieser Merkmale in der Population abhängt, und wirkt sich stabilisierend auf genetische Unterschiede in der Population aus.

Ein zweites evolutionspsychologisches Prinzip zur Erklärung von Persönlichkeitsunterschieden sind konditionale Entwicklungsstrategien. Hierunter werden genetisch determinierte Mechanismen verstanden, die in Abhängigkeit von typischen Umweltbedingungen unserer evolutionären Vorfahren die Individualentwicklung in unterschiedliche Richtungen lenken. Es handelt sich sozusagen um EPMs besonderer Reichweite. Die zugrunde liegende Idee dabei ist, dass es unterschiedliche genetisch bedingte Entwicklungsverläufe gibt, deren Fitness abhängig von arttypischen Umweltbedingungen ist. Es könnte z.B. in reichen Umwelten, in denen Kinder leicht überleben, eher adaptiv sein, viele Kinder zu haben und sich entsprechend wenig um sie zu kümmern (hoher Paarungsaufwand und geringe elterliche Investition), während es unter harten Umweltbedingungen, in denen Kinder nur mit massiver Unterstützung der Eltern überleben können, eher adaptiv ist, wenige Kinder zu haben und sich stark um sie zu kümmern (geringer Paarungsaufwand und starke elterliche Investition). Falls die Umwelt langfristig, d.h. im Verlauf vieler Generationen, zwischen solchen Extremen schwankt, sind konditionale Entwicklungsstrategien adaptiv, die die Individualentwicklung an die Umwelt in der Kindheit anpassen.

Besteht ein nachweislicher Zusammenhang zwischen Persönlichkeitsunterschieden im Jugend- und Erwachsenenalter und Umweltunterschieden in der Kindheit, könnte dies auf eine konditionale Entwicklungsstrategie hinweisen. Um diese Annahme zu erhärten, müsste dann vor allem der vermittelnde proximate Mechanismus gefunden werden.

Dieses Prinzip wurde von den Anthropologen Draper und Harpending (1982) genutzt, um eine überraschende Brücke zwischen väterlicher Fürsorge im Kindesalter und Persönlichkeitsmerkmalen im Jugendalter zu schlagen. Sie formulierten auf der Grundlage kulturvergleichender Studien die Hypothese, dass im Verlauf der jüngeren Evolution väterliche Fürsorge ein relativ verlässlicher Indikator für die künftige reproduktionsrelevante Umwelt der Kinder sei, da sie von Generation zu Generation relativ stabil gewesen sei. Väterliche Fürsorge eigne sich also als Bedingung für eine konditionale Entwicklungsstrategie, die dafür sorge, dass Kinder bei starker väterlicher Fürsorge sich in Richtung starker elterlicher Investition und geringen Paarungsaufwandes, bei wahrgenommener Vaterabwesenheit oder geringer väterlicher Fürsorge in Richtung starken Paarungsaufwandes und geringer elterlicher Investition hin entwickeln würden.

> **Merke**
> Nach der Hypothese von Draper und Harpending entwickelt sich das Reproduktionsverhalten individuell in Form einer konditionalen Entwicklungsstrategie; Bedingung ist die väterliche Fürsorge in der Kindheit.

Unter anderem sagt diese Hypothese vorher, dass Töchter von Vätern, die sich gar nicht oder wenig um sie in der Kindheit kümmern, früher in die Pubertät kommen, eher den ersten Geschlechtsverkehr haben, weniger stabile Partnerschaften haben und selber weniger in ihre Kinder investieren als Töchter fürsorglicher Väter. Diese Vorhersagen lassen sich empirisch weitgehend bestätigen (Geary, 2000), insbesondere die Vorhersage für das Einsetzen der Regelblutung. So fanden Ellis et al. (1999) in einer Längsschnittstudie eine Korrelation von .43 zwischen der beobachteten positiv-affektiven Qualität der Vater-Tochter-Beziehung im Alter von 4–5 Jahren und dem Alter der Tochter bei der ersten Regelblutung. Dieser Zusammenhang war deutlich stärker als der für die negativ-affektive Vater-Tochter-Beziehung und der für die positiv- und die negativ-affektive Mutter-Tochter-Beziehung. Dass die Qualität der Beziehung zum Vater mehr Vorhersagewert hat als die Qualität der Beziehung zur Mutter, ist evolutionspsychologisch zu erwarten, da die mütterliche Fürsorge weniger stark variiert und von daher nicht gut als Indikator für die künftig zu erwartende Umwelt genutzt werden kann.

Ellis et al. (1999) diskutierten verschiedene proximate Mechanismen, die der vermuteten konditionalen Entwicklungsstrategie zugrunde liegen könnten. Ein möglicher, bei verschiedenen Säugetierarten nachgewiesener Mechanismus ist die Beschleunigung der weiblichen biologischen Reifung durch Geruchsstoffe nicht verwandter männlicher Artgenossen. In Übereinstimmung damit fanden Ellis und Garber (2000), dass die Regelblutung besser durch die Dauer des Zusammenlebens mit nichtverwandten Partnern der Mutter (Stiefvätern und Freunden) vorhergesagt wurde als durch die Dauer der Abwesenheit des leiblichen Vaters. Ein zweiter, im Tierexperiment nicht so gut belegter möglicher Mechanismus ist die Hemmung der weiblichen biologischen Reifung durch Geruchsstoffe des eigenen Vaters. So fanden Ellis et al. (1999), dass bei Mädchen, die bis zur Pubertät mit ihrem leiblichen Vater zusammenlebten, diejenigen eher in die Pubertät kamen, um die sich ihr Vater bis zum Alter von 5 Jahren weniger gekümmert hatte.

> **! Merke**
> **Das weibliche Reproduktionsverhalten wird möglicherweise proximat durch Geruchsstoffe des Vaters und/oder nichtverwandter Männer in der Familie mitbestimmt.**

Neben dieser Erklärung von Persönlichkeitsunterschieden im weiblichen Reproduktionsverhalten ab der Pubertät gibt es aber noch eine zweite, ganz andere mögliche biologische Erklärung, nämlich dass die beobachteten Unterschiede bei Vätern und ihren Töchtern durch dieselben Gene bedingt sind. Genetische Unterschiede zwischen Vätern wären nach dieser Hypothese verantwortlich für ihr unterschiedliches Fürsorgeverhalten, und dieselben Gene (die die Väter in der Hälfte der Fälle an ihre Töchter weitergeben) wären für die unterschiedliche Entwicklung der Töchter verantwortlich. Diese Alternativerklärung lässt sich durch Adoptionsstudien testen, in denen die Töchter nicht mit ihren Vätern genetisch verwandt sind. Nach der Hypothese von Draper und Harpending (1982) müssten in diesen Familien dieselben Zusammenhänge zwischen väterlicher Fürsorge und Reproduktionsverhalten ihrer Töchter vorhanden sein, während nach der genetischen Erklärung keinerlei Zusammenhänge mehr zu erwarten sind. Derartige Studien scheint es aber noch nicht zu geben.

> **! Merke**
> **Die beobachtete Beziehung zwischen väterlicher Fürsorge und Reproduktionsverhalten ihrer Töchter könnte auch auf genetischen Unterschieden zwischen Vätern/Töchtern beruhen, die deren Reproduktionsverhalten beeinflussen. Dies lässt sich durch Adoptionsstudien entscheiden.**

Ein drittes evolutionspsychologisches Erklärungsprinzip für Persönlichkeitsunterschiede ist die strategische Spezialisierung. Damit ist gemeint, dass unterschiedliche Individuen zur Lösung adaptiver Probleme meist unterschiedliche Strategien verwenden. Das liegt daran, dass meist die Konkurrenz am stärksten mit denjenigen Individuen ist, die die gleiche Strategie verfolgen. Zum Beispiel konkurrieren sexuell nicht restriktive Frauen mehr mit anderen nicht restriktiven Frauen als mit sexuell restriktiven, weil sie andere Partner bevorzugen als die restriktiven Frauen. Damit fördert die natürliche Selektion die Suche nach alternativen Strategien. Frequenzabhängige Selektion kann insofern als Spezialfall einer genetisch fixierten strategischen Spezialisierung verstanden werden.

Strategische Spezialisierungen können auch in Form konditionaler Entwicklungsstrategien vorliegen, falls die Umweltbedingungen sich innerhalb von Populationen regelhaft unterscheiden. Ein Beispiel hierfür ist die Geschwisterposition (Erstgeborenes, Zweitgeborenes usw.). Geschwister konkurrieren untereinander um das Investment ihrer Eltern (Nahrung, Zuneigung usw.). Von daher befinden sich Spätergeborene in einer anderen familiären Umwelt als Erstgeborene, denn die Erstgeborenen haben bereits eine »ökologische Nische« in der Familie besetzt, und die Spätergeborenen müssen versuchen, eine andere Nische zu finden. Deshalb liegt es nahe, dass sich konditionale Entwicklungsstrategien für Erst- und Spätergeborene entwickelt haben.

Sulloway (1997) nahm an, dass Erstgeborene sich stärker mit den Eltern und später stärker mit Autoritätsfiguren identifizieren sollten als Spätergeborene und in Geschwisterkonflikten und später in interpersonalen Konflikten generell mehr auf »harte« Taktiken wie Ausspielen von Dominanz und Status setzen sollten. Spätergeborene dagegen sollten eher Autoritäten infrage stellen und in interpersonalen Konflikten mehr auf »weiche« Taktiken wie Koalitionsbildung mit Dritten oder Apellieren an moralische Normen setzen. Da sie gegenüber den Erstgeborenen grundsätzlich in der Familie benachteiligt seien, müssten sie besondere soziale Kompetenzen erwerben. Sulloway (1997) nahm an, dass diese Unterschiede nicht nur in der familiären Interaktion in der Kindheit bestehen, also aktuelle Umweltwirkungen darstellen, sondern in Form konditionaler Entwicklungsstrategien bis ins Erwachsenenalter hinein bestehen und in Form von Persönlichkeitsunterschieden auch das Verhalten in nicht-familiären Situationen betreffen.

2.7 · Das evolutionspsychologische Paradigma

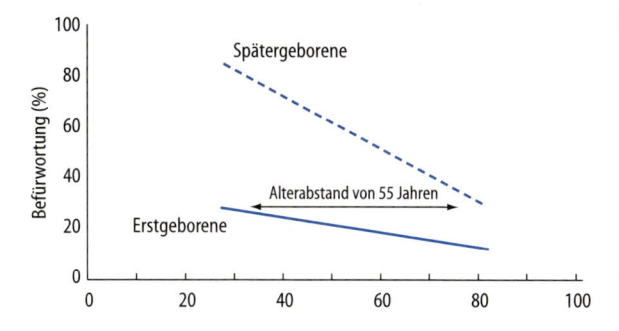

Abb. 2.37. Akzeptanz der Evolutionstheorie durch 405 Wissenschaftler in Abhängigkeit von deren Alter und Geschwisterposition. (Aus Asendorpf & Banse, 2000, Abb. 2.9)

> **Merke**
> Sulloway nahm an, dass sich Spätergeborene von Erstgeborenen durch strategische Spezialisierung in Form konditionaler Entwicklungsstrategien abgrenzen.

Als Hauptbeleg führte Sulloway (1997) historische Analysen an, wonach die Akzeptanz von 28 wissenschaftlichen Neuerungen (z. B. Darwins Evolutionstheorie, Einsteins Relativitätstheorie) bei spätergeborenen Wissenschaftlern erheblich höher war als bei erstgeborenen Wissenschaftlern. Abbildung 2.37 illustriert die Größe dieses Effekts am Beispiel der Evolutionstheorie. Es wird deutlich, dass der Geschwisterpositionseffekt in etwa so groß war wie ein Altersabstand von 55 Jahren (mit zunehmendem Alter sank die Akzeptanz wissenschaftlicher Neuerungen generell).

Weiterhin prüfte Sulloway die Annahme, dass Spätergeborene heutzutage generell offener gegenüber neuen intellektuellen Erfahrungen und weniger konservativ in ihren politischen Ansichten sind als Erstgeborene, indem er vorhandene Daten hierzu reanalysierte und selbst neue erhob. Die Ergebnisse bestätigten diese Annahme, wobei die Korrelation zwischen Geschwisterposition und Offenheit bzw. Konservatismus etwa .20 beträgt (Sulloway, 1997). Allerdings gibt es zahlreiche methodische Probleme bei der Interpretation dieser Fragebogenergebnisse, insbesondere da Selbst-, Eltern- und Geschwisterbeurteilungen der Persönlichkeit von Spätergeborenen durch den Altersunterschied in der Persönlichkeit von Später- versus Erstgeborenen beeinflusst werden, und auch die historischen Analysen von Sulloway sind mangels unabhängiger Bestätigung kontrovers (vgl. Harris, 2000).

> **Merke**
> Sulloway konnte insbesondere die Hypothese einer größeren Offenheit gegenüber neuen intellektuellen Erfahrungen bei Spätergeborenen durch historische Analysen der Akzeptanz wissenschaftlicher Neuerungen und durch Fragebogenstudien stützen, wobei diese Befunde kontrovers diskutiert werden.

Sulloway (1997) nahm an, dass die Zusammenhänge zwischen Geschwisterposition und Persönlichkeit durch mehrere proximate Mechanismen zustande kommen, darunter Bekräftigungslernen (Spätergeborene erleben beim Rivalisieren um elterliche Investitionen mehr Erfolg, wenn sie andere Strategien als die Erstgeborenen anwenden), EPMs, die das Verhalten gegenüber Ranghöheren in Dominanzhierarchien regulieren (greife z. B. Ranghöhere nicht direkt an, sondern schwäche sie indirekt, z. B. durch Koalitionen mit Dritten), und durch einen Prozess, der in der Geschwisterforschung Deidentifikation genannt wird (Schachter et al., 1978): die Unterschiede in den Interessen, Einstellungen und Werthaltungen zwischen Geschwistern mit benachbarten Geschwisterpositionen sind größer als zwischen Geschwistern, die sich um zwei oder mehr Positionen unterscheiden (z. B. sind sich Erst- und Zweitgeborene unähnlicher als Erst- und Drittgeborene). Deidentifikation könnte allerdings eher als Folge denn als Ursache einer strategischen Spezialisierung verstanden werden.

Denkbar sind neben diesen psychologischen proximaten Mechanismen auch hormonelle Mechanismen, die eine strategische Spezialisierung herbeiführen. So wird die Tatsache, dass sich unter spätergeborenen Männern mehr Homosexuelle finden als unter erstgeborenen Männern (Blanchard & Zucker, 1994) u. a. auf eine zunehmende Immunisierung von Müttern gegenüber den hormonellen Wirkungen ihrer männlichen Feten zurückgeführt, die zu einer »weiblicheren« hormonellen Umwelt der Spätergeborenen führe (Blanchard & Klassen, 1997).

Solche hormonellen oder andere Geburtspositionseffekte lassen sich von psychologischen Geschwisterpositionseffekten in Adoptionsstudien trennen, in denen die Geschwisterposition in der Adoptivfamilie unabhängig von der biologischen Geburtsposition ist (z. B. kann ein biologisch Erstgeborenes von Adoptiveltern als drittes Kind adoptiert werden). Zwei Adoptionsstudien liegen vor, in denen der Geburtspositionseffekt konstant gehalten wurde, weil nur biologisch Erstgeborene untersucht wurden, die als erstes oder späteres Kind adoptiert wurden. Sie erlauben also Aussagen über den Einfluss der

Geschwisterposition unabhängig von der Geburtsposition. In beiden Studien war der Einfluss der Geschwisterposition auf die von Sulloway diskutierten Persönlichkeitsmerkmale, insbesondere Offenheit gegenüber neuen intellektuellen Erfahrungen, minimal (Beer & Horn, 2000). Insofern sollten psychologische proximate Mechanismen für die strategische Spezialisierung von Geschwistern mit Skepsis betrachtet werden.

> **Merke**
> Proximat können Geschwisterpositionseffekte auf die Persönlichkeit durch Bekräftigungslernen und EPMs für Verhalten in Dominanzhierarchien, aber auch durch hormonelle oder andere Geburtspositionseffekte zustande kommen.

Neben diesen evolutionären Prinzipien der Erklärung beobachtbarer Persönlichkeitsunterschiede haben Evolutionspsychologen wie Buss (1999b) darauf aufmerksam gemacht, dass auch umgekehrt vorhandene Persönlichkeitsunterschiede Konsequenzen auf die weitere Evolution einer Art haben können. Zwei derartige Konsequenzen seien hier genannt:
— adaptive Persönlichkeitswahrnehmung,
— adaptive Selbstdarstellung.

Ein wesentlicher Teil unserer reproduktionsrelevanten Umwelt besteht aus anderen Menschen, z. B. Eltern, Partner, Kinder, Kooperationspartner, Rivalen. Diese Menschen variieren in ihrer Persönlichkeit, und die Nutzung dieser Information kann die Lösung adaptiver Probleme erleichtern. Werden mich meine Eltern unterstützen, wenn ich Hilfe brauche? Wird mein Partner fremdgehen? Wird er sich um unsere Kinder kümmern? Wird sie sich an Abmachungen halten, wird er das von mir geliehene Geld zurückzahlen? Antworten auf diese Fragen erfordern, das zukünftige Verhalten anderer vorhersagen zu können, und dazu können Persönlichkeitseinschätzungen nützlich sein. Von daher kann angenommen werden, dass sich EPMs zur Persönlichkeitseinschätzung zumindest für solche Merkmale entwickelt haben, deren richtige Einschätzung die eigene Reproduktion in der sozialen Umwelt unserer evolutionären Vorfahren gefördert hat.

Auf den ersten Blick könnte aus dieser Überlegung die Annahme abgeleitet werden, dass der adaptive Nutzen von Persönlichkeitseinschätzungen mit deren Korrektheit steigt. Wir müssten demnach sehr gut einschätzen können, ob jemand zuverlässig ist oder nicht, während Persönlichkeitseinschätzungen ohne erkennbaren adaptiven Vorteil, z. B. ob jemand musikalisch ist oder nicht, stärker fehlerbehaftet sein sollten. Auf den zweiten Blick ist dies jedoch nicht unbedingt so, weil zumindest Menschen fähig sind, den Eindruck anderer zu ihrem Vorteil durch strategische Selbstdarstellung zu manipulieren (vgl. Abschn. 4.7.3).

Die evolutionspsychologische Analyse muss hier auch den adaptiven Nutzen solcher Selbstdarstellungsstrategien berücksichtigen und kommt deshalb eher zu der Vorhersage, dass es ein kontinuierliches Wettrennen zwischen der Fähigkeit zur adaptiven Persönlichkeitswahrnehmung und der Fähigkeit zur Irreführung dieser Wahrnehmung durch adaptive Selbstdarstellung gibt: Je besser Unehrlichkeit erkennbar ist, desto höher ist der adaptive Nutzen für jemanden, der fähig ist, trotzdem Ehrlichkeit vorzutäuschen; je besser Ehrlichkeit vorgetäuscht werden kann, desto höher ist der adaptive Nutzen für jemanden, der fähig ist, dies trotzdem als Täuschung zu entlarven. In solchen Fällen, in denen die Fitness zweier Merkmale voneinander abhängt, spricht man auch davon, dass die Merkmale in Form eines »evolutionären Wettrennens« koevolvieren (Dawkins & Krebs, 1979).

> **Merke**
> Das evolutionspsychologische Paradigma beansprucht, nicht nur vorhandene Persönlichkeitsunterschiede oder deren Vortäuschung per Selbstdarstellung evolutionär zu erklären, sondern auch die alltagspsychologische Wahrnehmung von Persönlichkeitsunterschieden. Dabei wird angenommen, dass adaptive Persönlichkeitswahrnehmung und adaptive Selbstdarstellung in einem evolutionären Wettrennen koevolvieren.

2.7.3 Methodik

Methodisch steht und fällt die evolutionspsychologische Analyse mit der Qualität der Begründung dafür, dass ein bestimmter psychologischer Mechanismus ein EPM sein könnte. Derartige Begründungen sind nicht unproblematisch, da die Annahmen über die Umwelt in unserer evolutionären Vergangenheit oft sehr spekulativ sind und deshalb die Gefahr von Scheinerklärungen besteht (Umweltbedingungen werden so angenommen, dass sie den interessierenden Mechanismus erklären). Hier besteht eine Analogie zu psychoanalytischen Erklärungen durch Annahme passender Abwehrmechanismen (vgl. Abschn. 2.2.3). Auch dürfte es in absehbarer

Zeit noch nicht möglich sein, die genetische Steuerung von EPMs im Detail nachzuweisen.

Deshalb muss in evolutionssychologischen Erklärungen möglichst gut begründet werden, dass ein EPM zu einem wichtigen adaptiven Problem so genau passt wie ein Schlüssel in ein Schloss. Hierbei ist es überzeugender, von einem bekannten Schloss auf die Form des Schlüssels zu schließen (ausgehend von einem adaptiven Problem werden mögliche EPMs gesucht), als umgekehrt zu prüfen, ob etwas ein Schlüssel für ein noch unbekanntes Schloss sein könnte (ausgehend von einem psychologischen Mechanismus wird ein adaptives Problem gesucht, das dieser Mechanismus lösen könnte). Immerhin wurden von Evolutionsbiologen Kriterien dafür entwickelt, wann etwas ein Schlüssel sein könnte, d.h. welche Merkmale dafür sprechen, dass ein physiologischer oder psychologischer Mechanismus durch natürliche Selektion entstanden ist: Ökonomie, Effizienz, Komplexität, Präzision, Spezialisierung und Zuverlässigkeit (Williams, 1966).

Förderlich für den Nachweis eines EPMs ist es auch, wenn homologe Mechanismen bei unseren näheren Artverwandten gefunden werden, insbesondere bei Menschenaffen (Schimpansen, Bonobos, Gorillas, Orang-Utans) und anderen Primaten (z.B. Rhesus-Affen). »Homolog« bedeutet dabei mehr als nur »ähnlich« oder »analog«; gemeint ist, dass die Ähnlichkeit auf der Tatsache beruht, dass Menschen und die jeweilige Affenart einen gemeinsamen Vorfahren mit diesem Merkmal hatten. Bei psychologischen Mechanismen ist dies schwerer zu begründen als bei vielen körperlichen Merkmalen, weil die Homologie nie direkt anhand fossiler Überreste, sondern nur indirekt belegt werden kann, in fernerer Zukunft wohl vor allem durch den Nachweis, dass der psychologische Mechanismus bei den verglichenen Arten auf der Funktion derselben Gene beruht. Heutzutage muss man deshalb mit dem Nachweis zufrieden sein, dass ein psychologischer Mechanismus sich in ähnlicher Form bei möglichst vielen verwandten Arten zeigt. Notwendig ist dieser Nachweis jedoch für EPMs beim Menschen nicht, weil es artspezifische EPMs bei Menschen, aber auch bei Affen, geben kann.

Dennoch ist die Suche nach Analogien von Persönlichkeitsunterschieden zwischen Arten insofern instruktiv, als sie zu Hypothesen für Homologien in den zugrundeliegenden Mechanismen führen kann. Gosling (2001) sichtete 187 Studien zu Persönlichkeitsunterschieden innerhalb von 54 Tierarten, von Schimpansen bis zu Tintenfischen. Die Persönlichkeitsunterschiede zeigten dabei eine Beobachterübereinstimmung, die durchaus mit Beobachtungsstudien an Menschen mithalten konnte, z.B. was die Merkmale aktiv, dominant, aggressiv, ängstlich, neugierig, gesellig, ausdauernd und intelligent anging. Auch die Vorhersagbarkeit tatsächlichen Verhaltens durch die eingeschätzte Persönlichkeit brauchte den Vergleich mit Humanstudien nicht zu scheuen.

Der oft vorgebrachte Einwand, dass derartige Ergebnisse lediglich in den Köpfen der Beobachter existieren und mit der Realität des Tierverhaltens wenig zu tun haben (»Anthropomorphisierung« des Tierverhaltens) trifft sicherlich ein methodisches Problem von Tierverhaltensstudien, sollte aber nicht überbewertet werden. So wurde bei Hunden, die mit einem für Menschen entwickelten Persönlichkeitsinventar beurteilt wurden, eine andere Faktorenstruktur gefunden als bei Menschen, und die Faktorenstruktur von globalen Persönlichkeitsurteilen über Tiere entsprach in den meisten Studien gut der Faktorenstruktur detaillierter Verhaltensbeobachtungen, obwohl diese weniger stark gegenüber Anthropomorphisierung anfällig sein sollten als die Globalurteile.

> **Merke**
> **Persönlichkeitsunterschiede von Tieren lassen sich mit guter Übereinstimmung zwischen Beobachtern beschreiben und sagen beobachtetes Verhalten gut vorher. Die Beschreibungen reflektieren durchaus Unterschiede im realen Verhalten, auch wenn sie nicht frei von Tendenzen zur Anthropomorphisierung sind.**

Solche Analogien zwischen Persönlichkeitsunterschieden bei Mensch und Tier legen zwar Homologien nahe, können sie aber nicht belegen. Es gibt z.B. bei zahlreichen Säugetierarten (Mäuse, Kühe, Schweine u.a.) einen Zusammenhang zwischen dem Grad, mit dem die Jungtiere dem Geruch nichtverwandter, erwachsener männlicher Tiere ausgesetzt sind, und frühzeitiger Geschlechtsreifung (Ziegler & Bercovitch, 1990). Trotzdem könnten die Zusammenhänge bei Menschen auf anderen Mechanismen beruhen.

Unter der Lupe

Der evolutionspsychologische Nachweis eines EPM erfordert: Angabe des gelösten adaptiven Problems in unserer evolutionären Vergangenheit; Angabe des proximaten psychologischen Mechanismus, der dies leistete; Plausibilität der genetischen Fixiertheit dieses Mechanismus; Bereichsspezifität des Mechanismus; Erfüllung der allgemeinen Anforderungen an

▼

> ein adaptives Design: Ökonomie, Effizienz, Komplexität, Präzision, Spezialisierung und Zuverlässigkeit. Förderlich, wenn auch nicht notwendig, ist der Nachweis homologer EPMs bei Artverwandten, insbesondere Menschenaffen und anderen Primaten.

Nicht nachgewiesen werden muss die Ökonomie, Effizienz usw. eines EPM unter heutigen Umweltbedingungen, denn diese sind bestenfalls relevant für EPMs unserer Nachkommen. Ganz im Gegenteil führen evolutionspsychologische Erklärungen gerade dann über die sonst üblichen Optimalitätsüberlegungen in der Psychologie hinaus, wenn die Fitness eines EPM in vergangenen Umwelten höher war als in heutigen Umwelten. Es gibt z. B. einen gut belegten EPM für die Präferenz fetter und süßer Speisen (Rozin & Kalat, 1971). Dieser EPM war äußerst nützlich für das Überleben unserer evolutionären Vorfahren, führt aber zu einem Essverhalten, das dem heutigen Lebensstil in westlichen Kulturen, insbesondere dem Mangel an körperlichen Anforderungen, schlecht angepasst ist. Dass dieses Essverhalten dennoch so verbreitet und nur schwer änderbar ist, erklärt gut die evolutionspsychologische Analyse.

Was die Erklärung von Persönlichkeitsunterschieden angeht, verfügt die Evolutionspsychologie inzwischen über ein beachtliches Arsenal von Prinzipien. Hier wurden zufällige genetische Unterschiede, durch frequenzabhängige Selektion stabilisierte genetische Unterschiede, konditionale Entwicklungsstrategien, strategische Spezialisierung und nicht zuletzt Unterschiede aufgrund unterschiedlicher Umwelt-Inputs in universell vorhandene EPMs diskutiert. Die Probleme sind hier noch größer als bei evolutionspsychologischen Analysen universeller EPMs, weil interindividuelle Unterschiede adaptiv verständlich sein können (frequenzabhängige Selektion, konditionale Entwicklungsstrategien, strategische Spezialisierung) aber nicht unbedingt adaptiv sein müssen. Mindestens drei Fälle nicht adaptiver Varianten in einer Population lassen sich unterscheiden:
- selektiv neutrale Varianten,
- nicht adaptive genetische Varianten,
- nicht adaptive Ergebnisse seltener oder neuer Umweltbedingungen.

Im ersten Fall handelt es sich um Variationen, die selektiv neutral sind, also einfach keine Konsequenzen auf die Reproduktion haben. Im zweiten Fall handelt es sich um Varianten, die nicht adaptiv sind, aber dennoch in der Population vorhanden sind, weil sie durch Mutation und sexuelle Rekombination immer wieder neu entstehen. Im letzten Fall schließlich handelt es sich um EPMs, die unter Ausnahmebedingungen der evolutionären Vergangenheit oder erst kürzlich entstanden, so dass sie existieren, obwohl sie »eigentlich« (noch) nicht adaptiv sind. Zur Erklärung adaptiv neutraler oder nicht adaptiver Persönlichkeitsvarianten kann die Evolutionspsychologie wenig beisteuern.

2.7.4 Empirische Bewährung

Evolutionspsychologische Persönlichkeitsforschung wird in größerem Stil erst seit ca. 1990 betrieben und ist damit zu jung, um die empirische Bewährung dieses Paradigmas seriös einschätzen zu können. Immerhin hat das Paradigma in dieser kurzen Zeit so viele neue Konzepte und Fragestellungen in die Persönlichkeitspsychologie eingebracht (neben den hier besprochenen vgl. für weitere Bjorklund & Pellegrini, 2002; Buss, 1999a,b), dass zumindest von einem guten Start gesprochen werden kann.

2.7.5 Bewertung

Das evolutionspsychologische Paradigma der Persönlichkeitspsychologie verleiht menschlichen individuellen Besonderheiten eine Tiefendimension, die Chancen und Risiken in sich birgt. Die Chancen bestehen in der Möglichkeit, das evolutionsbiologische Wissen über die Bedeutung innerartlicher Unterschiede für die Persönlichkeitspsychologie zu nutzen und psychologiespezifisch auszubauen, um so die vorhandenen Unterschiede nicht nur als Produkte der individuellen Lebensgeschichte, sondern auch als Produkte der Geschichte unserer Art besser zu verstehen. Die Fragen nach dem ultimaten Nutzen unterschiedlicher Persönlichkeitsvarianten und nach den vermittelnden proximaten Prozessen stellen neue Anforderungen auch an vorhandene persönlichkeitspsychologische Konstrukte, da ihre alltagspsychologische Ableitung oder die Einräumung eines Stellenwerts in Informationsverarbeitungsmodellen nicht mehr als ausreichend empfunden wird. Nicht zuletzt könnte die Strategie, nach alternativen Lösungen eines adaptiven Problems der Vergangenheit zu suchen und in Form beobachtbarer Persönlichkeitsunterschiede zu identifizieren, zu überraschenden neuen Persönlichkeitskonstrukten führen, die bisher weder alltagspsychologisch noch kognitionspsychologisch beachtet wurden.

Die Risiken bestehen in der schlechten empirischen Testbarkeit evolutionspsychologischer Annahmen und Interpretationen. Da neutrale oder nicht adaptive Persönlichkeitsvarianten evolutionspsychologisch wenig hergeben, besteht die Gefahr, dass Persönlichkeitsvarianten adaptive Erfolgsgeschichten zugeschrieben werden, die sie gar nicht haben. Die Suche nach solchen Erfolgsgeschichten ist zweifellos intellektuell reizvoll, dürfte aber des öfteren zu Scheinerklärungen führen.

Kritikwürdig ist auch die derzeitige Einengung des EPM-Konzepts in der Evolutionspsychologie auf bereichsspezifische Mechanismen der Informationsverarbeitung. Obwohl diese sicherlich gerade bei unseren evolutionären Vorfahren ganz wesentlich oder ausschließlich deren Verhalten bestimmt haben, gibt es zumindest beim Menschen zusätzlich bereichsübergreifende Mechanismen, z.B. die Fähigkeit zu reflektivem Denken und Handeln nach bereichsunspezifischen Prinzipien (vgl. 2.5.1), deren Existenz durchaus evolutionär verständlich ist. Starke Umweltschwankungen, wie sie in der jüngeren evolutionären Geschichte von Homo sapiens verbreitet waren (Potts, 1998), sollten z.B. die Evolution bereichsunabhängiger Mechanismen begünstigt haben. Da es sich um eher junge evolutionäre Errungenschaften handelt, sollten Unterschiede innerhalb der Art hierin besonders ausgeprägt sein, z.B. Unterschiede in der allgemeinen Intelligenz (Parker & McKinney, 1999).

Das Verhältnis der vier Paradigmen, die die heutige empirische Persönlichkeitspsychologie beherrschen, beleuchtet schlaglichtartig (in Fortführung von »Unter der Lupe« in Abschn. 2.2.5, S. 27) das folgende Bonmot:

― **Unter der Lupe** ―

Vier heutige Paradigmen der Persönlichkeitspsychologie
- Was ist das Eigenschaftsparadigma? – In einem stockdunklen Raum eine tote schwarze Katze finden.
- Was ist das Informationsverarbeitungsparadigma? – In einem stockdunklen Raum einen schwarzen Computer finden, der eine Katze simuliert.
- Was ist das dynamisch-interaktionistische Paradigma? – In einem stockdunklen Raum 20 Jahre lang einer schwarzen Katze hinterherlaufen.
- Was ist das evolutionspsychologische Paradigma? – In einem stockdunklen Raum eine Türe finden, hinter der sich ein stockdunkler Gang verliert; dort nach den Vorfahren schwarzer Katzen suchen.

? Fragen

2.45 Was wird unter einem EPM verstanden und welchen Kriterien sollte er genügen? Beispiel für einen EPM?

2.46 Warum sollten wir genetisch Verwandten helfen, welcher EPM könnte verantwortlich sein, warum wird Verwandten väterlicherseits meist weniger geholfen als Verwandten mütterlicherseits?

2.47 Welches Geschlechterverhältnis besteht kurz nach der Pubertät und warum?

2.48 Wie können Unterschiede in der Soziosexualität innerhalb der Geschlechter evolutionär erklärt werden?

2.49 Wie kann der Zusammenhang zwischen Vaterabwesenheit und Pubertätszeitpunkt bei Mädchen erklärt werden (2 Erklärungen)?

2.50 Wie kann der Unterschied zwischen Erst- und Spätergeborenen in Offenheit erklärt werden (2 Erklärungen)?

▼

ⓘ Hinweise zur Beantwortung

2.45 bereichsspezifischer, genetisch fixierter Informationsverarbeitungsmechanismus; siehe Kasten »Methodik«; Schlangenangst

2.46 inklusive Fitness, Vertrautheit-Nähe-Hilfe, Vaterschaftsunsicherheit

2.47 1:1; Erklärung durch frequenzabhängige Selektion ausführen

2.48 Erklärung durch frequenzabhängige Selektion bei Frauen ausführen

2.49 konditionale Entwicklungsstrategie beruhend auf Geruch-EPMs; gemeinsame Gene von Vater und Tochter

2.50 psychologische und hormonelle Geburtspositionseffekte

▼

? Fragen

2.51 Lassen sich Persönlichkeitsunterschiede bei Tieren gut beobachten? Inwiefern sind sie informativ für evolutionspsychologische Erklärungen?

2.52 Zwei Probleme des evolutionspsychologischen Paradigmas?

i Hinweise zur Beantwortung

2.51 Beobachterübereinstimmung und Verhaltensvorhersage gut; Analogien legen Homologien nahe, Analogien sind aber nicht notwendig für Evolviertheit

2.52 Empirische Prüfbarkeit; EPMs nur bereichsspezifisch

Weiterführende Literatur

Bjorklund, D.F. & Pellegrini, A.D. (2002). *The origins of human nature: Evolutionary developmental psychology.* Washington, DC: American Psychological Association.

Buss, D.M. (1999). Human nature and individual differences: The evolution of human personality. In L.A. Pervin & O.P. John (Eds.), H*andbook of personality* (2 nd ed., pp. 31–56). New York: Guilford Press.

Methodologie und Methodik

3.1 Methodologie – 116
3.1.1 Universelle, spezielle und differentielle Fragestellungen – 116
3.1.2 Persönlichkeitspsychologie und differentielle Psychologie – 119
3.1.3 Idiographischer und nomothetischer Ansatz – 120

3.2 Methodik – 121
3.2.1 Reliabilität – 121
3.2.2 Das Aggregationsprinzip – 124
3.2.3 Validität – 126
3.2.4 Eigenschaftsbeurteilung – 130
3.2.5 Verhaltenserfassung – 134
3.2.6 Feld und Labor – 136

Weiterführende Literatur – 138

🛈 Drei Paradigmen dominieren die heutige Persönlichkeitspsychologie: das Eigenschafts-, das Informationsverarbeitungs- und das dynamisch-interaktionistische Paradigma. Wie im letzten Kapitel deutlich wurde, sind diese Paradigmen keine Gegensätze, sondern miteinander vereinbar. Zusammengenommen bilden sie ein übergreifendes Paradigma, dem derzeit fast die gesamte empirische Persönlichkeitsforschung folgt. In diesem Kapitel werden zunächst die methodologischen Grundzüge dieses übergreifenden Paradigmas skizziert. Dann folgt eine vertiefende Diskussion einiger methodischer Fragen, die schon bei der Diskussion der einzelnen Paradigmen angeschnitten wurden. Hier werden sie systematischer behandelt und weiter vertieft.

Dieses Kapitel kann übersprungen werden. Die folgenden, auf inhaltliche Ergebnisse zielenden Kapitel sind auch dann verständlich. Wem es genügt, einen Überblick über die Ergebnisse der Persönlichkeitspsychologie zu bekommen, der kann dieses Kapitel übergehen. Wer aber die methodologisch-methodische Fundierung der empirischen Persönlichkeitsforschung genauer nachvollziehen möchte, der sollte es durcharbeiten.

Das Kapitel gliedert sich in zwei Teile: einen methodologischen und einen methodischen. Unter der Methodologie eines Wissenschaftsparadigmas versteht man die Beschäftigung mit den grundlegenden Herangehensweisen an seinen Gegenstandsbereich: Welche Arten von Fragen werden gestellt und welche Forschungsstrategien werden verwendet, um diese Fragen zu bearbeiten. Methodologie beschäftigt sich also mit den Voraussetzungen der wissenschaftlichen Arbeit in einem Paradigma. Die Methodik eines Wissenschaftsparadigmas ist dagegen vergleichsweise handfester. Sie ist die Gesamtheit der einzelnen Methoden, die innerhalb des Paradigmas Verwendung finden.

3.1 Methodologie

3.1.1 Universelle, spezielle und differentielle Fragestellungen

Die Psychologie beschäftigt sich mit der Beschreibung, Vorhersage und Erklärung des Erlebens und Verhaltens von Menschen. Dabei lassen sich drei unterschiedliche Arten von Fragestellungen unterscheiden: universelle, spezielle und differentielle (vgl. auch Asendorpf, 1995).

Universelle Fragestellungen suchen nach psychologischen Gesetzmäßigkeiten, die für alle (oder jedenfalls fast alle) Menschen gelten. Welche Beziehung gibt es zwischen Reizstärke und Empfindungsintensität? Welche situativen Bedingungen rufen welche Emotionen hervor? Wie sind diese Emotionen physiologisch repräsentiert? Wie erlernen Kinder ihre Muttersprache? Fallen Entscheidungen nach Gruppendiskussion riskanter aus, als wenn sie alleine getroffen werden? Drücken Menschen Freude in allen Kulturen auf die gleiche Weise aus? Das sind typische universelle Fragestellungen, die von der allgemeinen Psychologie, der biologischen Psychologie, der Entwicklungspsychologie, der Sozialpsychologie und der kulturvergleichenden Psychologie bearbeitet werden. Sie sind nicht Gegenstand der klinischen Psychologie oder der Persönlichkeitspsychologie.

Spezielle Fragestellungen suchen nach psychologischen Gesetzmäßigkeiten, die für eine bestimmte Gruppe von Menschen bis hin zu einem einzigen Individuum gelten. Erhöht bei Frauen der Orgasmus die Schwangerschaftswahrscheinlichkeit? Wieviel Zeit verbringen Mädchen in Java mit der Betreuung von Geschwistern? Welche mathematischen Leistungen können Menschen mit Down-Syndrom erbringen? Welche sozialen Beziehungen bestehen in Altenheimen? Welche emotionalen Probleme können durch Hochbegabung entstehen? Konnte Einstein segeln? (Einstein konnte segeln und verbrachte in Berlin viel Zeit damit; diese Verhaltensdisposition von Einstein ist eine empirisch feststellbare Gesetzmäßigkeit seines Verhaltens; vgl. Fölsing, 1993). Das sind typische spezielle Fragestellungen, die von der biologischen Psychologie, der Kulturpsychologie, der klinischen Psychologie, der Entwicklungspsychologie, der Sozialpsychologie und der Persönlichkeitspsychologie bearbeitet werden. Sie sind nicht Gegenstand der allgemeinen Psychologie.

Differentielle Fragestellungen suchen nach psychologischen Gesetzmäßigkeiten, die sich auf Unterschiede zwischen einzelnen Menschen (interindividuelle Unterschiede), zwischen Gruppen von Menschen (z.B. Geschlechtsunterschiede) oder zwischen Kulturen (interkulturelle Unterschiede) beziehen. Gibt es Gene, die Homosexualität fördern, gibt es interkulturelle Unterschiede in der räumlichen Wahrnehmung, unterscheiden sich hyperaktive Kinder physiologisch von normalen Kindern, wie unterscheidet sich das Denken von Dreijährigen von dem von Sechsjährigen, gibt es Schichtunterschiede in der Sprache, sind mehr Männer als Frauen aggressiv, korreliert Aggressivität negativ mit Ängstlichkeit? Das sind typische differentielle Fragestellungen, die von der biologischen Psychologie, der kulturverglei-

3.1 · Methodologie

Tabelle 3.1. Fragestellungen traditioneller Disziplinen der Psychologie

Disziplin	Fragestellung		
	universell	speziell	differentiell
Allgemeine Psychologie	+	–	–
Persönlichkeitspsychologie	–	+	+
Klinische Psychologie	–	+	+
Biologische Psychologie	+	+	+
Sozialpsychologie	+	+	+
Entwicklungspsychologie	+	+	+
Kulturvergleichende Psychologie	+	+	+

chenden Psychologie, der klinischen Psychologie, der Entwicklungspsychologie, der Sozialpsychologie und der Persönlichkeitspsychologie bearbeitet werden. Sie sind nicht Gegenstand der allgemeinen Psychologie.

 Tabelle 3.1 gibt eine Übersicht, welche der drei Arten von Fragestellungen von den verschiedenen traditionellen Disziplinen der Psychologie bearbeitet werden. Drei Gruppen von Disziplinen lassen sich unterscheiden. Die allgemeine Psychologie untersucht nur universelle Fragestellungen. Persönlichkeits- und klinische Psychologie bearbeiten nur spezielle und differentielle Fragestellungen. Und biologische, kulturvergleichende, Entwicklungs- und Sozialpsychologie beschäftigen sich mit allen drei Arten von Fragestellungen. Die Fragestellungen von Persönlichkeits- und klinischer Psychologie sind also komplementär zu denen der allgemeinen Psychologie.

Bearbeitet eine Disziplin spezielle Fragestellungen, so auch differentielle und umgekehrt. Das liegt daran, dass jede spezielle Fragestellung einen Vergleich zwischen der betrachteten Gruppe/Person und den nicht betrachteten Gruppen/Personen ermöglicht und jede differentielle Fragestellung mindestens zwei Gruppen/Personen miteinander vergleicht, die sich auch einzeln speziell untersuchen lassen.

Dennoch ist eine Unterscheidung zwischen speziellen und differentiellen Fragestellungen notwendig, weil die Methodik ihrer Bearbeitung eine andere ist. Differentielle Fragestellungen erfordern die Messung von Unterschieden zwischen Personen oder Personengruppen. Spezielle Fragestellungen erfordern solche Messungen nicht; sie erfordern die Messung intraindividueller Unterschiede, also Veränderungen des Erlebens oder Verhaltens von Situation zu Situation oder Veränderungen mittelfristig stabiler Eigenschaften mit wachsendem Alter.

Wie bei der Diskussion des Eigenschaftsbegriffs schon deutlich wurde, schließen sich spezielle und differentielle Fragestellungen in der Persönlichkeitspsychologie nicht aus. Da reine spezielle Fragestellungen zwar etwas über Personen(-gruppen) aussagen, nicht aber über deren Besonderheit im Vergleich zu anderen Menschen, enthält jede persönlichkeitspsychologische Fragestellung immer auch eine differentielle. Diese kann sich aber wiederum auf eine spezielle Fragestellung beziehen, z.B. wenn in der differentiellen Entwicklungspsychologie nach interindividuellen Unterschieden in intraindividuellen Entwicklungsveränderungen gefragt wird.

Spezielle und differentielle Fragestellungen lassen sich also gut miteinander kombinieren. So kann auf eine Phase ausführlicher individuumzentrierter Analyse, in der spezielle Fragestellungen bearbeitet werden, eine Phase differentieller Vergleiche folgen. Dennoch wurde in der Geschichte der Persönlichkeitspsychologie oft ein Gegensatz zwischen individuumzentrierter und differentieller Forschung konstruiert. Hierauf wird in Abschn. 3.1.3 näher eingegangen.

> **Merke**
>
> Spezielle und differentielle Fragestellungen sind komplementäre Aspekte der Suche nach individuellen Besonderheiten. Ihre Bearbeitung erfordert eine jeweils spezifische Methodik. Ein differentieller Vergleich ist für die Persönlichkeitspsychologie unverzichtbar, aber er kann und sollte auf ausführlichen speziellen Analysen aufbauen.

Obwohl universelle Fragestellungen sich eindeutig von differentiellen Fragestellungen unterscheiden, kommt es immer wieder dann zu Verwechslungen, wenn Kovariationen zwischen intraindividuellen Veränderungen oder zwischen interindividuellen Unterschieden untersucht werden. Ein Beispiel: Die Angst von drei Studenten werde in drei verschiedenen Laborsituationen erhoben, die bei den meisten Studenten wenig, mittelhohe und hohe Angst erregen. Gemessen werde ihr mimischer Angstausdruck und die Zahl ihrer spontanen Hautwiderstandsänderungen, ein physiologisches Maß ihrer emo-

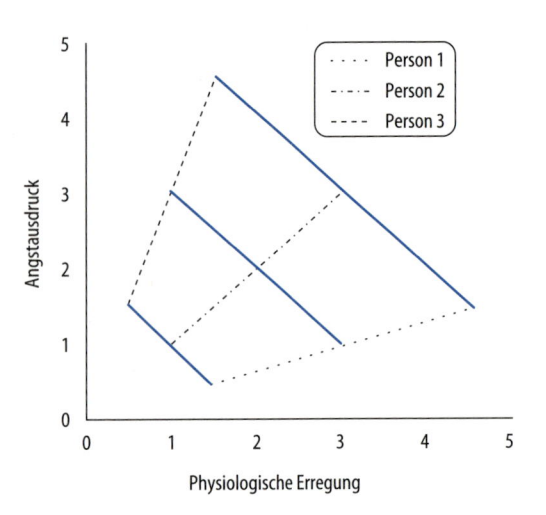

Abb. 3.1. Intraindividuell positive Kovariation von physiologischer Erregung und Angstausdruck (schwarze Linien) bei interindividuell negativer Kovariation von physiologischer Erregtheit und Ängstlichkeit im Ausdruck (blaue Linien). Angegeben sind fiktive Messungen von drei Personen in drei Situationen

tionalen Erregung. ◘ Abbildung 3.1 zeigt ein typisches Ergebnis, wie es in einschlägigen Studien gefunden wird (vgl. Cacioppo et al., 1992).

Aus individuumzentrierter Sicht zeigen die beiden Reaktionsvariablen eine positive intraindividuelle Kovariation für jeden einzelnen Studenten: Je stärker der Angstausdruck eines Studenten ist, desto stärker ist auch seine physiologische Erregung. Aus differentieller Sicht zeigen die beiden Reaktionsvariablen jedoch eine negative interindividuelle Kovariation für jede einzelne Situation: Je stärker die mimische Ängstlichkeit eines Studenten ist, desto schwächer ist seine physiologische Erregtheit.

Das scheint auf den ersten Blick paradox zu sein. Dass es sich nur um einen scheinbaren Widerspruch handelt, scheint als erster Buck (1980) erkannt zu haben. Es gibt Internalisierer, die physiologisch stärker als mimisch reagieren (Person 1 in ◘ Abb. 3.1), Externalisierer, die mimisch stärker als physiologisch reagieren (Person 3 in ◘ Abb. 3.1), und Generalisierer, die in beiden Reaktionen stark reagieren (Person 2 in ◘ Abb. 3.1). Bei allen drei Persönlichkeitstypen nehmen beide Angstreaktionen über die drei Situationen hinweg zu, aber bei Internalisierern ist die stärkste mimische Reaktion immer noch relativ schwach verglichen mit den mimischen Reaktionen der Externalisierer und selbst die schwächste physiologische Reaktion relativ stark verglichen mit den physiologischen Reaktionen der Externalisierer. Dieses Beispiel zeigt, dass es nicht möglich ist, von intraindividuellen Kovariationen zweier Reaktionen über Situationen auf interindividuelle Kovariationen der entsprechenden Eigenschaften zu schließen oder umgekehrt.

Ein zweites, alltagsnäheres Beispiel von Epstein (1983) macht das vielleicht noch klarer. Ärger und Freude sind weitgehend inkompatible Emotionen, d.h. wer sich in einer bestimmten Situation ärgert, wird sich kaum gleichzeitig freuen und umgekehrt. Individuumzentriert betrachtet werden also Ärger und Freude über verschiedene Situationen hinweg negativ kovariieren. Ärgerlichkeit und Freudigkeit als Eigenschaften, d.h. die Tendenz, im Mittel über viele Situationen Ärger bzw. Freude zu zeigen, kovariieren aber positiv, d.h. wer sich oft ärgert, freut sich auch oft (aber in anderen Situationen). Das liegt daran, dass es Menschen gibt, die oft emotional reagieren und solche, die nur selten emotional reagieren. Dieser Persönlichkeitsunterschied beeinflusst offenbar den Gefühlshaushalt mehr als der andere Persönlichkeitsunterschied, dass es Menschen gibt, die sich eher ärgern als sich zu freuen und Menschen, bei denen das umgekehrt ist.

Neben dem Problem der Populationsabhängigkeit differentieller Aussagen ist dies ein weiteres Gebiet, auf dem uns die Alltagspsychologie in die Irre führt. In der Alltagspsychologie gibt es eine starke Tendenz, differentielle Aussagen individuumzentriert zu interpretieren. Erstsemester der Psychologie neigen daher zu der Annahme, dass Freudigkeit und Ärgerlichkeit negativ kovariieren, denn ihre persönlichen Erfahrungen in verschiedenen Situationen besagen ja, dass Freude und Ärger inkompatibel sind. Dass hier Freudigkeit mit Freude und Ärgerlichkeit mit Ärger verwechselt werden, fällt alltagspsychologisch nicht weiter auf: Alltagspsychologen denken nicht so präzise. Leider gilt das nicht nur für Alltagspsychologen und Erstsemester, sondern auch für Psychologen. Die Verwechslung intra- und interindividueller Kovariationen ist ein weit verbreiteter Fehler in der psychologischen Literatur (vgl. Asendorpf, 1991, 1995; Valsiner, 1986).

❗ **Merke**

Aus intraindividuellen Kovariationen kann man nicht auf interindividuelle Kovariationen schließen und umgekehrt.

3.1.2 Persönlichkeitspsychologie und differentielle Psychologie

Dass die Persönlichkeitspsychologie spezielle und differentielle Fragestellungen bearbeitet, unterscheidet sie eindeutig nur von der allgemeinen Psychologie. Es sind also weitere Abgrenzungen nötig, um ihren Gegenstandsbereich zu bestimmen. Sie unterscheidet sich von der kulturvergleichenden Psychologie, weil sie die Frage nach individuellen Besonderheiten stets innerhalb einer Population stellt, die wiederum durch eine bestimmte Kultur gekennzeichnet ist (vgl. Kap. 8 für eine ausführliche Diskussion).

Die Persönlichkeitspsychologie unterscheidet sich von der klinischen Psychologie in der Verteilungsform und der Bewertung individueller Besonderheiten. Die klinische Psychologie untersucht eher seltene, als pathologisch gewertete individuelle Besonderheiten (und versucht zu definieren, was pathologisch ist), während die Persönlichkeitspsychologie sich für häufige Normalvarianten im Erleben und Verhalten interessiert.

Die Persönlichkeitspsychologie unterscheidet sich von der biologischen Psychologie, weil sie nicht nur physiologische Unterschiede zwischen Menschen und deren evolutionäre Wurzeln, sondern auch Unterschiede im offenen Verhalten (einschließlich Berichte über subjektives Erleben) und deren kulturelle Wurzeln behandelt. Es gibt aber überlappende Fragestellungen, z. B. nach genetischen und physiologischen Unterschieden zwischen Menschen derselben Population.

Die Persönlichkeitspsychologie unterscheidet sich von der Entwicklungspsychologie, weil sich Alter nicht sinnvoll als Eigenschaft auffassen lässt. Sofern allerdings die Frage nach der Persönlichkeitsentwicklung gestellt wird (wie entwickeln sich Eigenschaften und Persönlichkeit), überschneiden sich Persönlichkeits- und Entwicklungspsychologie.

Die Persönlichkeitspsychologie unterscheidet sich von der Sozialpsychologie, weil sie keine universellen Fragestellungen zum Erleben und Verhalten in sozialen Situationen bearbeitet und andererseits sich die Sozialpsychologie nicht für individuelle Besonderheiten des Erlebens und Verhaltens in nichtsozialen Situationen interessiert (z. B. Intelligenz). Es gibt aber einen weiten Überlappungsbereich (individuelle Besonderheiten im Erleben und Verhalten in sozialen Situationen). Insofern stehen sich Persönlichkeits- und Sozialpsychologie besonders nahe.

Im deutschsprachigen Raum existiert neben der Bezeichnung Persönlichkeitspsychologie die auf Stern (1911) zurückgehende Bezeichnung differentielle Psychologie, wobei das Verhältnis zwischen beiden nie wirklich geklärt wurde (im angloamerikanischen Raum wird »differential psychology« seit Anastasi, 1971, nicht mehr genutzt; es heißt dort immer »personality psychology«). Stern (1911) verstand unter differentieller Psychologie drei Forschungsprogramme (vgl. genauer Asendorpf, 1991): eine »differentielle Psychologie im engeren Sinne«, die sich mit Unterschieden zwischen Individuen und Gruppen beschäftigen sollte; eine »spezielle Psychologie«, die Eigenschaften von Gruppen bearbeiten sollte, und eine »individuelle Psychologie«, die sich mit einzelnen Individuen befassen sollte.

Unglücklicherweise benutzte Stern (1911) damit »differentiell« auf zwei unterschiedlichen Ebenen: einmal für den Oberbegriff »differentielle Psychologie« und ein andermal für den Unterbegriff »differentielle Psychologie im engeren Sinne«. Diese Unsauberkeit in Sterns Begriffsbildung hat viel Verwirrung gestiftet, weil »differentielle Psychologie« spezielle Fragestellungen einschließt. Die Definition Sterns eignet sich deshalb meines Erachtens nicht für eine klare Definition von differentieller Psychologie.

Alternativ könnte man differentielle Psychologie durch die Art der Fragestellung definieren. Wie ◘ Tabelle 3.1 zeigt, würde sie die ganze klinische Psychologie und Teile der Sozial-, Entwicklungs- und kulturvergleichendn Psychologie umfassen. Die Methodologie und die Methodik dieser Gebiete ist aber so heterogen, dass dies wenig sinnvoll erscheint. Tatsächlich wird differentielle Psychologie heute meist im Sinne einer nur mit differentiellen Methoden arbeitenden Persönlichkeitspsychologie verstanden. Da es ja auch noch spezielle persönlichkeitspsychologische Fragestellungen gibt, war in der früheren Rahmenprüfungsordnung für Psychologie das Fach »differentielle und Persönlichkeitspsychologie« vorgesehen. In der jetzt gültigen Rahmenordnung heißt es dagegen sinnvollerweise nur noch »Persönlichkeitspsychologie«.

> **❗ Merke**
>
> **Was unter differentieller Psychologie verstanden wurde, ist Teil der Persönlichkeitspsychologie. Da der Begriff der differentiellen Psychologie das Missverständnis nahelegt, spezielle Fragestellungen seien dabei ausgeschlossen, wird zunehmend nur noch von Persönlichkeitspsychologie gesprochen.**

Damit besteht eine weitgehende Übereinstimmung zwischen »Persönlichkeitspsychologie« und »personality psychology« im angloamerikanischen Raum. Vollständig ist diese Übereinstimmung aber auch nicht, weil dort unter »personality« traditionellerweise meist nur der sozial-emotionale Bereich der Persönlichkeit verstanden wird, also insbesondere der Intelligenzbereich im engeren Sinne ausgeschlossen wird. Deshalb gibt es Buchtitel wie »personality and intelligence« (Sternberg & Ruzgis, 1994) und sogar »personality and social intelligence« (Cantor & Kihlstrom, 1987), die aus Sicht des hier verwendeten, methodologisch stringenteren Persönlichkeitsbegriffs nicht sinnvoll sind, weil Intelligenz ein Teil der Persönlichkeit ist.

3.1.3 Idiographischer und nomothetischer Ansatz

In den »Betrachtungen im Sinne der Wanderer« fragte Goethe: »Was ist das Allgemeine? Der einzelne Fall. Was ist das Besondere? Millionen Fälle.« Das gilt für die Alltagspsychologie und die diagnostische Praxis, nicht aber für die Psychologie im allgemeinen und nicht einmal für die empirische Persönlichkeitspsychologie, obwohl sie sich mit individuellen Besonderheiten beschäftigt. Die überwältigende Zahl persönlichkeitspsychologischer Untersuchungen ist stark differentiell ausgerichtet und stellt deshalb nicht den einzelnen Fall, sondern »Millionen Fälle«, also Populationen in den Mittelpunkt.

Aus differentieller Sicht werden Eigenschaften als Variablen aufgefasst und durch die Verteilung der »Millionen Fälle« von Variablenwerten in einer Population (bzw. Stichprobe) charakterisiert. Korrelationen beschreiben Beziehungen zwischen Variablen nicht für eine Person, sondern für »Millionen Fälle«, denn sie sind Mittelwerte individueller Konsistenzen. Die differentielle Sichtweise zielt also auf Gesetzmäßigkeiten auf der Ebene von Populationen.

Stern (1911) war der Auffassung, dass dieser nomothetische (d.h. gesetzhafte) Eigenschaftsbegriff die Einzigartigkeit der Persönlichkeit nicht ausreichend erfassen könne; diese sei nur die »Asymptote der Gesetze suchenden Wissenschaft«. Der nomothetische Ansatz in der Persönlichkeitspsychologie bedürfe deshalb der idiographischen (d.h. den einzelnen beschreibenden) Ergänzung. Stern (1911) bezog sich hier auf eine Unterscheidung zwischen »nomothetisch« und »idiographisch«, die von dem Philosophen Windelband (1894) eingeführt wurde. Windelband versuchte, die nomothetischen Gesetzeswissenschaften von den idiographischen Ereigniswissenschaften abzugrenzen, die »das Einzelne in seiner geschichtlich bestimmten Gestalt« erforschen.

In Kontrast zu dem später vielfach aufgebauten Gegensatz zwischen nomothetischem und idiographischem Ansatz sah Stern (1911) hier – wie auch schon Windelband (1894) – keinen Gegensatz, sondern eine Komplementarität, die zu einer Kombination beider Ansätze einlädt. Was Stern (1911) vorschwebte, war ein Brückenschlag zwischen Psychologie und Geschichtswissenschaft: So wie diese einzelne historische Ereignisse und Personen untersuche, sollte die Psychologie einzelne Personen in ihrer historisch gewachsenen Einmaligkeit erforschen. Damit forderte Stern (1911) eine Kombination von Persönlichkeitspsychologie und Entwicklungspsychologie, die es zu seiner Zeit noch nicht gab.

Auch heute noch spricht man in der Persönlichkeitspsychologie von einem idiographischen Ansatz, wenn es um die Erforschung einzelner Personen geht (Lamiell, 1982; Runyan, 1982). Hier müssen zwei oft nicht voneinander unterschiedene Aspekte getrennt werden. Zum einen schließt die genaue Beschäftigung mit dem Einzelfall nomothetische Erklärungen nicht aus. Wie in der Diskussion von Allports (1937) Begriff der persönlichen Disposition (vgl. Abschn. 2.4.1) und in der Diskussion von Einzelfallanalysen in der Entwicklungspsychologie (vgl. Abschn. 2.6.3) deutlich wurde, lassen sich natürlich auch im Einzelfall empirische Gesetzmäßigkeiten formulieren. »Das Einzelne in seiner geschichtlich bestimmten Gestalt« (Windelband, 1894) lässt sich durchaus nomothetisch erforschen. Erst recht gilt das für Gesetzmäßigkeiten, die für Gruppen gelten.

> **❗ Merke**
>
> **Viele spezielle Fragestellungen, eingeschlossen individuumzentrierte, können nomothetisch behandelt werden.**

Das spricht nicht gegen Sterns (1911) Auffassung, dass die einzelne Person die Asymptote der nomothetischen Erklärungsversuche sei, d.h. dass bei noch so genauer nomothetischer Analyse immer noch ein Erklärungsrest verbleibe. Tatsächlich gibt es im Einzelfall immer singuläre Ereignisse, weder durch universelle noch durch individuelle nomothetische Gesetzmäßigkeiten vorhersagbare Geschehnisse, die wesentlich die Biographie eines einzelnen Menschen formen. »Wäre ich damals nicht rein zufällig X begegnet…«, »wäre mir damals nicht zufällig dieses Buch in die Hand gefallen ...« – so beginnen Erklärungen der Persönlichkeitsentwicklung, die sich auf singuläre Ereignisse beziehen (vgl. hierzu genauer Abschn. 6.4). Singuläre Ereignisse lassen sich idiographisch konstatieren, nicht aber nomothetisch vorhersagen. Insofern hatte Stern (1911) recht, wenn er von der Asymptote der nomothetischen Wissenschaft sprach.

Das ist aber keineswegs etwas, was nur für die Persönlichkeitspsychologie gilt. Wie schon Windelband (1894) erkannte, gilt dieses Prinzip für alle Wissenschaften – nur in unterschiedlich starkem Maße. Dass z.B. rechtsgedrehte Moleküle in den biochemischen Prozessen von Lebewesen eine ungleich bedeutendere Rolle spielen als linksgedrehte, ist aus keinem physikalischen oder chemischen Prinzip ableitbar; es ist vermutlich ein reiner Zufall. Singuläre Ereignisse spielen in der Erdgeschichte und Evolution des Lebens eine große, weithin unterschätzte Rolle: »unübliche Ereignisse« sind üblich (Waldrop, 1986).

Der Physiker und Nobelpreisträger Gell-Mann (1994), der nach allgemeinen Gesetzmäßigkeiten komplexer Systeme sucht, pflegt die schon von Windelband und Stern erkannte Komplementarität von idiographischen und nomothetischen Einflüssen so zu formulieren: Alles auf dieser Welt ist das Resultat von einfachen Regeln und eingefrorenen Zufällen (»frozen accidents«). Die »einfachen Regeln« erlauben es, auch den Einzelfall in Grenzen wissenschaftlich zu erklären, aber es verbleibt immer ein Erklärungsrest aufgrund »eingefrorener Zufälle«. Diese lassen sich im nachhinein feststellen, nicht aber vorhersagen.

> **! Merke**
> Der Einzelfall ist immer auch durch wissenschaftlich nicht vorhersagbare singuläre Ereignisse geprägt. Das gilt für alle Erfahrungswissenschaften, insbesondere auch für die Psychologie.

3.2 Methodik

In diesem Abschnitt werden zwei Bereiche der persönlichkeitspsychologischen Methodik systematischer behandelt, die in Kap. 2 bereits hin und wieder anklangen: Gütekriterien persönlichkeitspsychologischer Messungen (Reliabilität und Validität) und Methoden der Eigenschaftsmessung (durch Beurteilung oder Verhaltenserfassung im Feld oder im Labor).

3.2.1 Reliabilität

In diesem Abschnitt geht es um Schätzmethoden für ein zentrales Gütekriterium von Eigenschaftsmessungen: ihre Reliabilität (Zuverlässigkeit). Eigenschaftsmessungen sind Variablen, die Personen einer Stichprobe Messwerte zuweisen (vgl. Abschn. 2.4.3). Diese beobachteten Werte sind nie fehlerfrei gemessen. Damit lässt sich jede Eigenschaftsmessung zerlegen in zwei latente Variablen (nicht beobachtbare Variablen): in die wahre Variable (die die Eigenschaft auf Konstruktebene repräsentiert) und die Fehlervariable:

$$\text{Gemessene Variable} = \text{wahre Variable} + \text{Fehlervariable}$$

Der beobachtete Wert jeder Person lässt sich also additiv zerlegen in einen wahren Wert plus einen Fehler. Diese Zerlegung ist nur theoretisch möglich, weil wahrer Wert und Fehler nicht getrennt voneinander beobachtet werden können. Sie ist aber dennoch sinnvoll, weil wahrer Wert und Fehler geschätzt werden können.

Die zentrale Annahme der klassischen Testtheorie, auf der die nachfolgenden Überlegungen aufbauen, ist, dass die Fehlervariable nicht mit der wahren Variable korreliert, d.h. dass die Fehler nicht mit zunehmenden wahren Werten linear zu- oder abnehmen. Dann nämlich lassen sich nicht nur die einzelnen Messwerte additiv zerlegen, sondern auch ihre Varianzen (vgl. Abschn. 2.4.3):

$$\text{Beobachtete Varianz} = \text{wahre Varianz} + \text{Fehlervarianz}.$$

Die Varianz der Messung lässt sich also additiv zerlegen in die Varianz der wahren Variable und die Varianz der Fehlervariable. Das ist wiederum reine Theorie, da man die Varianzen auf der rechten Seite der Gleichung nicht beobachten kann. Unter der Reliabilität der Messung versteht man den Anteil der wahren Varianz an der beobachteten Varianz:

$$\text{Reliabilität} = \frac{\text{wahre Varianz}}{\text{beobachtete Varianz}}$$

Die Reliabilität ist 1, wenn beobachtete Varianz gleich wahrer Varianz ist, d.h. wenn die Fehlervarianz 0 ist. Die Reliabilität ist 0, wenn die wahre Varianz 0 ist, d.h. wenn die beobachtete Varianz nur aus Fehlervarianz besteht. Die Reliabilität ist umso größer, je geringer die Fehlerva-

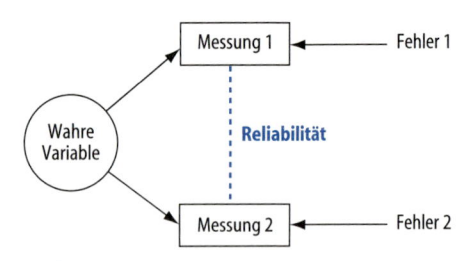

Abb. 3.2. Ansatz der Reliabilitätsbestimmung

rianz ist. Damit ist die Reliabilität ein sinnvolles Maß der Zuverlässigkeit einer Messung.

Das praktische Problem besteht darin, die Reliabilität zu schätzen. Dazu werden mindestens zwei Messungen desselben Eigenschaftskonstrukts durchgeführt, wobei angenommen wird, dass deren Korrelation ausschließlich durch die wahren Werte der Messungen bedingt ist (wobei die wahren Werte beider Messungen übereinstimmen). Das ist äquivalent mit der Forderung, dass die Fehlervariablen der beiden Messungen unkorreliert sein müssen. ◘ Abbildung 3.2 illustriert dies (wahre Variablen werden üblicherweise durch Kreise und beobachtete durch Rechtecke symbolisiert).

Man kann nun zeigen (vgl. z. B. Steyer & Eid, 1993), dass die in ◘ Abb. 3.2 gestrichelt gezeichnete Korrelation zwischen den beiden Messungen dann die Reliabilität der beiden Messungen angibt, wenn die beiden Messungen eine gleich große Varianz haben. Das lässt sich z. B. durch z-Transformation immer erreichen, ist also eher eine technische Voraussetzung. Unter dieser Bedingung sind die Fehlervarianzen und die Reliabilitäten beider Messungen gleich groß. Kritisch bleibt die Annahme der unkorrelierten Fehler. Aus ◘ Abb. 3.2 wird deutlich, dass der Ansatz der Reliabilitätsschätzung darin besteht, die Reliabilität durch die Korrelation »gleich guter« Messungen zu bestimmen (gleich gut, weil sie dieselbe wahre Varianz und dieselbe Fehlervarianz haben).

> **! Merke**
>
> Die Reliabilität einer Messung ist ein quantitatives Maß der Zuverlässigkeit dieser Messung. Die Reliabilität einer Messung wird durch die Korrelation »gleich guter« Messungen bestimmt.

Es gibt im wesentlichen drei Verfahren, »gleich gute« Messungen durchzuführen und daraus die Reliabilität abzuschätzen. Die Verfahren unterscheiden sich darin, ob die Messungen gleichzeitig durchgeführt oder wiederholt werden und ob das Messverfahren dasselbe ist oder ob möglichst ähnliche (parallele) Messverfahren verwendet werden. Daraus ergeben sich im Prinzip vier Möglichkeiten der Reliabilitätsbestimmung (◘ Tabelle 3.2). Da dasselbe Messverfahren nicht zum selben Zeitpunkt zweimal anwendbar ist, entfällt eine dieser vier Möglichkeiten.

Am häufigsten findet sich bei Eigenschaftsmessungen die Abschätzung der internen Konsistenz. Sie wird dadurch bestimmt, dass zu einem bestimmten Zeitpunkt mehrere Messungen möglichst unabhängig voneinander durchgeführt werden (damit ihre Fehler möglichst unkorreliert sind). Zum Beispiel kann man eine Persönlichkeitsskala aus 20 Items (vgl. Abschn. 2.4.3) zufällig in zwei Hälften teilen und die Korrelation der beiden Hälften bestimmen. Sie gibt die Reliabilität einer Testhälfte an, nicht des Tests, und muss entsprechend erhöht werden (die Erhöhung folgt der Spearman-Brown-Formel; vgl. Abschn. 3.2.2). Man kann auch jedes Item als parallele Messung auffassen und auf analoge Weise die mittlere Korrelation der Items zu einer Schätzung der Reliabilität des Tests erhöhen. Der so erhaltene Schätzwert ist das schon in Abschn. 2.4.3 erwähnte Cronbach-Alpha α.

Dasselbe Verfahren kann man auf die Aufgaben eines Leistungstests anwenden, indem man die Aufgaben als parallele Messungen auffasst. Schließlich kann man so auch die interne Konsistenz der Urteile unterschiedlicher Beurteiler derselben Personen bestimmen, indem man annimmt, dass die Urteiler parallele Urteile abgeben, und aus der paarweisen Beurteilerübereinstimmung Cronbachs α für die über alle Beurteiler gemittelten Urteile bestimmt.

Besteht eine Eigenschaftsmessung aus mehreren einzelnen Messungen, so ist es notwendig, die interne Konsistenz der einzelnen Messungen empirisch nachzuweisen, wenn man den Mittelwert der einzelnen Messungen als Eigenschaftsmessung interpretieren möchte. Was

Tabelle 3.2. Drei Arten der Reliabilitätsbestimmung

Messungen	Messverfahren	
	dasselbe	parallele
gleichzeitig	–	interne Konsistenz
wiederholt	Retestreliabilität	Paralleltestreliabilität

oft übersehen wird ist, dass dies nicht ausreichend ist, um von einer Eigenschaftsmessung zu sprechen. Denn Eigenschaftsmessungen müssen stabil sein (vgl. Abschn. 2.4.2). Zum Beispiel kann man die tägliche Stimmung (gute oder schlechte Laune) mit hoher interner Konsistenz erfassen, hat damit aber keine Eigenschaft gemessen, weil die interindividuellen Unterschiede in Stimmungen von Tag zu Tag große Schwankungen aufweisen (vgl. Buse & Pawlik, 1994).

Deshalb ist für Eigenschaftsmessungen immer ein Stabilitätsnachweis zu fordern. Er kann durch Nachweis einer hohen Retest- oder Paralleltestreliabilität erbracht werden (vgl. ◘ Tabelle 3.2). Die Retestreliabilität (Testwiederholungszuverlässigkeit) ist die Stabilität der Messung über mittelfristige Zeiträume (z. B. einige Wochen, wenige Monate). Der Zeitraum sollte so kurz sein, dass die Reliabilität nicht durch differentielle Entwicklungsveränderungen beeinträchtigt wird (vgl. Abschn. 2.6); er sollte andererseits zumindest an unterschiedlichen Tagen durchgeführt werden, damit Tagesverfassung und Eigenschaft getrennt werden können. Bei Beurteilungen sollten viele Tage zwischen den Messwiederholungen liegen, damit das Urteil nicht durch die Erinnerung an das vorherige Urteil beeinflusst wird.

Manchmal verhindern Lerneffekte, dass eine Retestuntersuchung durchgeführt werden kann. Wird z. B. das Fremdeln acht Monate alter Säuglinge untersucht und soll dessen mittelfristige Stabilität geprüft werden, so kann beim nächsten Mal nicht dieselbe erwachsene Person als Auslöser des Fremdelns dienen; es muss eine andere erwachsene Person auftreten, die der ursprünglichen zwar hinsichtlich Alter, Geschlecht und Auftreten möglichst ähnlich sein sollte, andererseits von den Säuglingen aber als unbekannt eingeschätzt wird (einen eineiigen Zwilling sollte man also nicht gerade verwenden). Die zweite Person stellt eine parallele situative Bedingung her, und die Korrelation der Intensität des Fremdelns der Säuglinge zwischen beiden Erwachsenen misst die Paralleltestreliabilität des Fremdelns.

Lerneffekte können auch bei kognitiven Anforderungen auftreten, z. B. in Untersuchungen zum komplexen Problemlösen, in denen Versuchspersonen im Verlauf des Experiments eine virtuelle Umwelt erkunden (vgl. die Diskussion der Studien von Dörner et al. in Abschn. 2.5.4). Nicht zuletzt muss auch in Beurteilungsuntersuchungen damit gerechnet werden, dass die Urteiler sich bei der Wiederholungsmessung nicht nur durch das aktuelle Verhalten der Versuchsperson, sondern auch durch ihr früheres Urteil über diese Versuchsperson beeinflussen lassen. Hier müssen also die Urteiler gewechselt werden.

> **Merke**
>
> Der Nachweis einer hohen internen Konsistenz ist nicht ausreichend, um von Eigenschaftsmessungen sprechen zu können. Zusätzlich muss die mittelfristige Retest- oder Paralleltestreliabilität gesichert werden.

Aus der Reliabilität einer Messung kann das Konfidenzintervall (Vertrauensintervall) für den wahren Wert einer Person bestimmt werden (vgl. Dudek, 1979). Es besteht aus einem Wertebereich, in den mit 95%iger Wahrscheinlichkeit der wahre Wert der Person fällt. Bei einer Messung x mit Mittelwert M, Standardabweichung SD und Reliabilität R beträgt das Konfidenzintervall für den wahren Wert

$$R \cdot (x - M) + M \pm 1{,}96 \cdot SD\sqrt{R \cdot (1 - R)}.$$

Bei einer Reliabilität von .80, was allgemein als Untergrenze einer vertretbaren Reliabilität gilt, ist das Konfidenzintervall für den wahren Wert also etwa 1,5 Standardabweichungen breit.

In dieser Formel ist die Regression zur Mitte mit einbezogen. Darunter versteht man die Tendenz bei nicht perfekt reliablen Messungen, dass ein stark vom Mittelwert abweichender Wert bei einer weiteren Messung näher zum Mittelwert hin verschoben ist. Deshalb ist das Konfidenzintervall nicht um den Messwert x herum zentriert, sondern um den aufgrund der Regression zur Mitte erwarteten Wert. Zum Beispiel ist bei einem Mittelwert von 100 und einer Reliabilität von .80 das Konfidenzintervall für den wahren Wert eines Messwertes von 120 um den Wert 116 herum zentriert: 116 ist gegenüber 120 in Richtung Mittelwert verschoben.

In der Literatur wird das Konfidenzintervall für wahre Werte oft verwechselt mit dem Erwartungsbereich für beobachtete Werte bei Kenntnis des wahren Werts, was allenfalls von theoretischem Interesse ist (vgl. z. B. Abschn. 6.2.2). Ist y der wahre Wert, so beträgt der Erwartungsbereich für die beobachteten Werte

$$y \pm 1{,}96 \cdot SD\sqrt{1 - R}.$$

> **Merke**
>
> Das Konfidenzintervall gibt an, wie stark der wahre Wert vom gemessenen Wert abweichen kann; der Er-

wartungsbereich gibt an, wie stark Messungen vom wahren Wert abweichen können.

Ist die Reliabilität von zwei Messungen bekannt, so kann man diese Information nutzen, um die Korrelation der beiden Messungen für die Unreliabilität der Messungen zu korrigieren. Die Korrelation r von zwei Messungen kann nämlich nicht größer als die Wurzel aus dem Produkt ihrer Reliabilitäten R_1, R_2 sein:

$$r \leq \sqrt{R_1 \cdot R_2}.$$

Man kann nun aufgrund der Beziehung zwischen Korrelation und Reliabilitäten angeben, wie groß die »wahre« Korrelation zwischen zwei Messungen ist, d.h. wie hoch die beiden gemessenen Eigenschaften auf Konstruktebene korrelieren. Die Umrechnungsformel für beobachtete Korrelationen in »wahre« Korrelationen heißt doppelte Minderungskorrektur (doppelt, weil für die Unreliabilität beider Messungen korrigiert wird):

$$r' = \frac{r}{\sqrt{R_1 \cdot R_2}}.$$

Da die Reliabilitäten kleiner als 1 sind, wird dadurch die Korrelation größer. Sind die beiden Messungen gleich reliabel, teilt man also einfach die Korrelation durch die Reliabilität. Zum Beispiel betrug die mittlere transsituative Konsistenz ehrlichen Verhaltens in der Studie von Hartshorne und May (1928) .19 (vgl. Abschn. 2.4.4). Bei doppelter Minderungskorrektur ergab sich eine mittlere »wahre« Konsistenz von immerhin .37. Das ist bereits oberhalb der von Mischel (1968) behaupteten »magischen Grenze« von .30.

Die doppelte Minderungskorrektur ist vor allem dann nützlich, wenn Korrelationen miteinander verglichen werden sollen, die unterschiedlich stark durch Messfehler gemindert sind. Wenn z.B. ein Test mit der Reliabilität .80 ein Kriterium zu .50 vorhersagt und ein anderes, scheinbar gleich gutes Kriterium nur zu .34, so entsteht ein Problem, da die zweite Vorhersage deutlich schlechter zu sein scheint. Das könnte aber einfach nur daran liegen, dass das zweite Kriterium unreliabler ist. Beträgt z.B. die Reliabilität des ersten Kriteriums .90 und die des zweiten Kriteriums .40, so beträgt die »wahre«, doppelt minderungskorrigierte Korrelation des Tests mit dem ersten Kriterium .59 und mit dem zweiten Test .60: Die unterschiedlichen Korrelationen mit den beiden Kriterien beruhten ausschließlich auf deren unterschiedlicher Reliabilität. Nicht der Test wäre in diesem Fall das Problem, sondern das zweite Kriterium.

> **Merke**
> **Durch die doppelte Minderungskorrektur wird die Minderung beobachteter Korrelationen durch Messfehler beseitigt. Sie ist u.a. nützlich, um Korrelationen miteinander zu vergleichen, die unterschiedlich stark durch Messfehler beeinträchtigt sind.**

3.2.2 Das Aggregationsprinzip

Ein Grundprinzip bei der Messung von Eigenschaften ist, dass sich die Reliabilität von Eigenschaftsmessungen erhöht, wenn mehrere Messungen gemittelt werden. Jede Eigenschaftsmessung enthält einen Messfehler, und unterschiedliche Eigenschaftsmessungen enthalten unterschiedliche Messfehler. Bei der Mittelung von Messungen kompensieren sich die einzelnen Messfehler teilweise gegenseitig, so dass die gemittelte Messung mit einem kleineren Messfehler behaftet ist als jede Einzelmessung.

Dieses Grundprinzip der Fehlerreduktion durch Aggregation (Mittelung) von Messungen gilt für jede Messung, nicht nur für die Eigenschaftsmessung. Es ist aber bei Eigenschaftsmessungen besonders wichtig, weil die Fehler hier oft sehr groß sind. Bei der Eigenschaftsbeurteilung gibt es Urteilsverzerrungen, und bei der Verhaltensbeobachtung wird das Verhalten in einer konkreten Situation nicht nur durch die interessierende Eigenschaft, sondern auch durch situative Merkmale mitbestimmt, die von Messung zu Messung fluktuieren. Was man hier durch Verhaltensbeobachtung erfassen möchte, ist nicht das einzelne Verhalten, sondern eine Verhaltensdisposition, und die zeigt sich nur als mittlere Tendenz in vielen Situationen.

Wenn man Eigenschaften empirisch erfassen möchte, muss man also darauf achten, dass die Eigenschaftsmessungen ausreichend aggregiert sind (d.h. aus ausreichend vielen Einzelmessungen zusammengesetzt sind). Dadurch erhöht sich die Reliabilität. Das sei hier am Beispiel einer Studie von Moskowitz und Schwarz (1982) zur Messung der Dominanz von Kindern im Kindergarten illustriert. Die Autoren beobachteten 56 vierjährige Kinder acht Wochen lang täglich in der Kindergartengruppe nach einem Zufallsstichprobenplan, so dass jedes Kind etwa 30 Minuten lang pro Woche beobachtet wurde. Jeweils für ein 10-Sekunden-Intervall wurde

3.2 · Methodik

◻ Tabelle 3.3. Reliabilität und Kohärenz beobachteter und beurteilter Dominanz von Kindern auf verschiedenem Aggregationsniveau. (Nach Moskowitz & Schwarz, 1982)

		Anzahl Beurteiler		
		1	2	4
Beobachtung	Reliabilität	.68	.81	.91
1 Woche	.34	.33	.36	.38
4 Wochen	.67	.46	.51	.54
8 Wochen	.76	.51	.56	.59

kodiert, ob das beobachtete Kind eine von fünf dominanten Reaktionen zeigte (z. B. anderen etwas wegnehmen oder zu etwas auffordern); dann wurde für jedes Kind die Zahl der dominanten Reaktionen pro Woche bestimmt. Außerdem beurteilten die vier in jeweils einer Gruppe tätigen Erzieherinnen die Dominanz aller Kinder ihrer Gruppe.

Wie ◻ Tabelle 3.3 zeigt, betrug die Reliabilität der Verhaltensbeobachtung bei Aggregation über eine Woche (bestimmt durch Cronbachs α auf der Basis der täglichen Messungen) nur .34, stieg dann aber auf .76 nach Aggregation über acht Wochen. Die Reliabilität der Dominanzbeurteilung einer Erzieherin war mit .68 schon fast zufriedenstellend (sie entspricht der Korrelation zwischen den Urteilen von je zwei Erzieherinnen). Bei Mittelung der Urteile aller vier Erzieherinnen war die Reliabilität von α = .91 sehr hoch. Die Kohärenz der beiden Messverfahren (die Korrelation zwischen Beobachtung und Beurteilung) war beim Vergleich von einer Woche Verhaltensbeobachtung mit dem Urteil einer Erzieherin mit .33 sehr gering; sie stieg aber auf bis zu .59, wenn die über acht Wochen aggregierten Beobachtungen und die über vier Erzieherinnen aggregierten Beurteilungen miteinander verglichen wurden.

Die Autoren konnten also durch doppelte Aggregation (über die Zeit und über Urteiler) zeigen, dass die Urteile der Erzieherinnen dann relativ verlässlich sind, wenn Urteilsverzerrungen durch Aggregation über mehrere Urteilerinnen gemildert wurden und ein reliables Außenkriterium für die externe Validierung des Erzieherurteils gewählt wurde.

Die Erhöhung der Reliabilität einer Eigenschaftsmessung durch Aggregation mehrerer paralleler Messungen folgt einer kurvilinearen Funktion, die mit zunehmender Zahl von Messungen gegen die perfekte Reliabilität von 1 strebt. Diese Funktion wird durch die Spearman-Brown-Formel beschrieben (s. »Methodik« und ◻ Abb. 3.3).

Die zentrale Voraussetzung der Spearman-Brown-Formel ist, dass die aggregierten Messungen gleiche Reliabilitäten, also gleich große Messfehler haben. Handelt es sich um Eigenschaftsbeurteilungen, so müssen die zusätzlich in den Fragebogen aufgenommenen Items die Eigenschaft genauso gut erfassen wie die schon vorhandenen. Hier ergibt sich die praktische Schwierigkeit, überhaupt genügend derartige Items zu finden. Handelt es sich um Verhaltensbeobachtungen, müssen die Situation, in der beobachtet wird, und das Beobachtungsverfahren konstant gehalten werden.

Zudem darf sich natürlich die zu messende Eigenschaft nicht ändern. Letzteres verhindert, dass jedes Verhalten als Eigenschaft interpretiert werden kann. Wenn

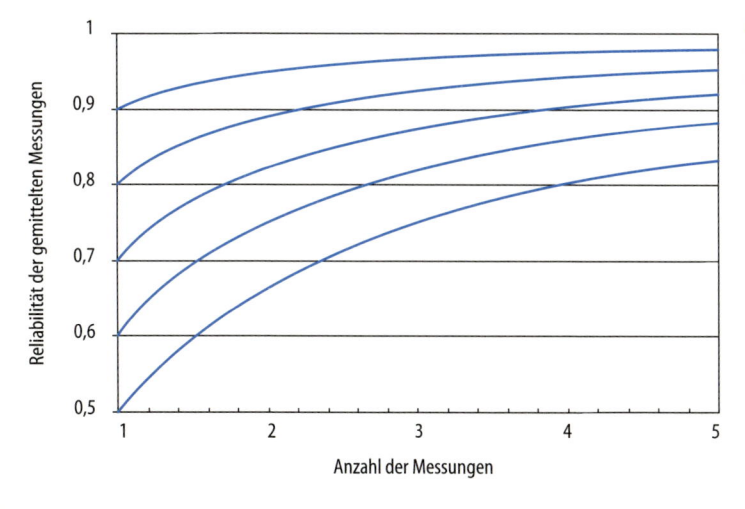

◻ Abb. 3.3. Effekt der Aggregation paralleler Messungen auf die Reliabilität des Mittelwerts dieser Messungen gemäß der Spearman-Brown-Formel. Angegeben ist die Reliabilität des Mittelwerts der Einzelmessungen in Abhängigkeit von ihrer Reliabilität

nämlich die Stabilität der Einzelmessungen nur minimal höher ist als 0, wären sehr lange Zeiträume zur Erreichung eines ausreichenden Aggregationsniveaus erforderlich, und inzwischen kann sich die Eigenschaft geändert haben. In diesem Fall würde nie ein befriedigendes Stabilitätsniveau erreicht. Schätzen wir in der Studie von Moskowitz und Schwarz (1982) die Reliabilität der Acht-Wochen-Messung aus der Reliabilität der Ein-Wochen-Messung nach der Spearman-Brown-Formel, so ergibt sich eine Reliabilität von .80, die der tatsächlich gefundenen von .76 sehr nahe kommt. Der geringfügige Unterschied zwischen vorhergesagter und tatsächlicher Reliabilität könnte auf korrelierenden Messfehlern oder auf einer leichten Veränderung der Dominanzverhältnisse in der Gruppe beruhen.

Methodik

Die Spearman-Brown-Formel

Wenn X_1 und X_2 zwei Messungen derselben Eigenschaft mit gleicher Reliabilität R sind, hat die mittlere Messung $(X_1 + X_2)/2$ die Reliabilität

$$R' = \frac{2 \cdot R}{1 + R}.$$

Allgemeiner gilt für die Aggregation von k Messungen gleicher Reliabilität: Ihr Mittelwert hat die Reliabilität

$$R' = \frac{k \cdot R}{1 + (k-1) \cdot R}.$$

Genauso lässt sich die Spearman-Brown-Formel zur Schätzung der Reliabilität der Dominanzbeurteilungen heranziehen. Beträgt die Korrelation zwischen zwei Beurteilern .68, so lässt sich schätzen, wie viele zusätzliche Beurteiler herangezogen werden müssen, um eine Reliabilität von .90 zu erreichen: zwei weitere Beurteiler. Denn die Reliabilität des Mittelwerts von vier Beurteilern beträgt in diesem Fall nach der Spearman-Brown-Formel .895. Wie ◘ Tabelle 3.3 zeigt, ist auch dies eine gute Schätzung der tatsächlichen Reliabilität.

Liegen nur zwei Messungen vor, kommt es leicht zu Verwechslungen zwischen der Retestreliabilität einer Messung und der Reliabilität des Mittelwerts beider Messungen. Die Retestreliabilität einer Messung ist die Korrelation zwischen beiden Messungen; sie gibt die Güte der ersten (aber auch der zweiten) Messung an. Die Reliabilität des Mittelwerts beider Messungen ist höher. Sie lässt sich aus der Retestreliabilität einer Messung nach der Spearman-Brown-Formel schätzen.

Das Aggregationsprinzip hat seine Grenzen nicht nur in dem großen Aufwand bei der Gewinnung der hierfür nötigen Daten, sondern auch in der Interpretierbarkeit der erfassten Eigenschaft. Je mehr Messungen aggregiert werden, desto breiter wird die Eigenschaft und desto unklarer wird deshalb auch ihre Interpretation. Aggregiert man z. B. über Beurteiler, die die beurteilte Person aus unterschiedlichen situativen Kontexten kennen (z. B. das Dominanzurteil von Erziehern und Müttern), ist die Bedeutung der resultierenden Eigenschaftsmessung weniger klar, als wenn man sich – wie in der Studie von Moskowitz und Schwarz (1982) – auf einen einzigen situativen Kontext beschränkt.

Das macht eine Studie von Lasky et al. (1959) deutlich. Sie versuchten, das Rückfallrisiko psychiatrischer Patienten nach der Entlassung aus drei Variablen vorherzusagen: Diagnose des behandelnden Psychiaters, Urteile des Pflegepersonals und Dicke der Patientenakte in Zentimetern. Am besten schnitt die Aktendicke ab. Sie ist nämlich ein hochaggregiertes Maß aller möglichen Probleme, und je mehr Probleme ein Patient schon hatte, desto geringer war die Wahrscheinlichkeit, dass er langfristig gesund blieb. Das Problem bei exzessivem Aggregieren besteht darin, dass eine gute Vorhersagbarkeit durch eine geringe Interpretierbarkeit der Vorhersagevariable erkauft wird. Zum Beispiel sagt im Falle der Studie von Lasky et al. die Aktendicke nichts über die Störungsform aus.

> **❗ Merke**
>
> **Durch Aggregieren von Eigenschaftsmessungen annähernd gleicher Reliabilität kann die Reliabilität und damit die Vorhersagekraft von Eigenschaftsmessungen erhöht werden. Das Aggregationsprinzip hat seine Grenzen in der Gewinnung gleich reliabler Messungen, im Aufwand für die Messungen und in der zunehmend unspezifischen Bedeutung der gemessenen Eigenschaft. Deshalb sollte so viel wie nötig, aber so wenig wie möglich aggregiert werden.**

3.2.3 Validität

In diesem Abschnitt geht es um ein zweites zentrales Gütekriterium von Eigenschaftsmessungen: ihre Validität (Gültigkeit). Messungen sind valide in dem Maße, wie sie das messen, was sie zu messen vorgeben. Drei Validitätsaspekte lassen sich unterscheiden:

Konstruktvalidität. Konstruktvalidität liegt vor, wenn die Messungen das Konstrukt erfassen, das erfasst werden soll. Wird das Konstrukt lediglich aus hoch korrelierenden Messungen erschlossen, sind Konstruktvalidität und Reliabilität identisch. Oft gibt es jedoch theoretische Vorannahmen über das Eigenschaftskonstrukt, aus denen sich zahlreiche empirisch prüfbare Hypothesen ableiten lassen. Dann bedeutet eine hohe Konstruktvalidität, dass sich diese Hypothesen gut empirisch bestätigen lassen. Wird z. B. Ängstlichkeit als Variable auf Konstruktebene definiert, die ängstliches Verhalten in beliebigen angstauslösenden Situationen beeinflusst, so muss man erwarten, dass Ängstlichkeitsmessungen in angsterregenden Situationen transsituativ konsistent sind (vgl. Abschn. 2.4.4). Dieses Beispiel zeigt, dass eine geringe Konstruktvalidität einer Messung nicht unbedingt gegen die Qualität dieser Messung spricht, denn das Konstrukt könnte ja falsch sein. Messungen können gerade wegen niedriger Konstruktvalidität zu einer Revision des Konstrukts führen und sich so als äußerst produktiv erweisen.

Inhaltsvalidität. Inhaltsvalidität ist ein spezieller Aspekt der Konstruktvalidität. Inhaltsvalidität liegt vor, wenn die durch die Messungen erfassten Inhalte eine repräsentative Stichprobe derjenigen Inhalte darstellen, die es zu messen gilt. Ein Wissenstest z. B. ist dann inhaltsvalide, wenn das abgefragte Wissen eine repräsentative Stichprobe des gesamten Wissensbereichs ist, um den es geht; ein S-R-Fragebogen (vgl. Abschn. 2.4.3) zur Erfassung von Ängstlichkeit ist dann inhaltsvalide, wenn die Situationen und die Reaktionen repräsentativ für alle Situationen bzw. Reaktionen sind, die zur Unterscheidung von Personen nach Ängstlichkeit geeignet sind. Formal lässt sich die Inhaltsvalidität nur dann prüfen, wenn die Gesamtheit der zu messenden Inhalte vollständig bekannt ist (z. B. wenn es um einen Test zur Beherrschung eines Textverarbeitungsprogramms geht; hier ist klar, was beherrscht werden soll). Meist sind die zu messenden Inhalte aber nur ungefähr bekannt (z. B. bei Ängstlichkeit); dann besteht die Schwierigkeit der Inhaltsvalidierung vor allem darin, diese Inhalte möglichst genau zu definieren (vgl. Klauer, 1984, für eine ausführliche Diskussion).

Kriteriumsvalidität. Kriteriumsvalidität ist ein anderer spezieller Aspekt der Konstruktvalidität. Kriteriumsvalidität liegt vor, wenn die Messungen mit einer anderen Messung hoch korrelieren, die bereits als konstruktvalide betrachtet wird (dem Kriterium). Zum Beispiel werden manchmal Kurzformen längerer Persönlichkeitsskalen oder vereinfachte Versionen komplexer Kodierungsverfahren entwickelt und deren Kriteriumsvalidität durch eine hohe Korrelation mit dem aufwendigeren Messverfahren nachgewiesen. Manchmal repräsentiert das Kriterium direkt das Konstrukt, z. B. bei Hochschulreife oder Lebensdauer – hier ist das Kriterium sogar amtlich. Meistens beruht die Konstruktvalidität des Kriteriums aber auch wieder nur auf der Kriteriumsvalidität hinsichtlich eines anderen Kriteriums oder auf Überlegungen zur Inhaltsvalidität.

Wird die Konstruktvalidität nur über die Kriteriumsvalidität definiert, besteht die Gefahr eines Zirkelschlusses: Test A ist valide, weil er mit Test B korreliert, der mit Test C korreliert, der mit Test A korreliert. Betrachtet man aber alle drei Tests gemeinsam als Validierungsversuch des Konstrukts, so sieht die Sache schon anders aus. Die Tatsache, dass alle diejenigen Tests miteinander hoch korrelieren, deren Korrelation nach dem Konstrukt zu erwarten ist, ist ein stärkerer Nachweis der Validität jeder einzelnen Messung als jede paarweise Kriteriumsvalidierung. Diese Logik liegt der Konstruktoperationalisierung durch ein nomologisches Netzwerk zugrunde (von griechisch nomos = Gesetz): Das Konstrukt wird nicht nur durch eine Messung, sondern durch ein Netzwerk vieler, untereinander korrelierender Messungen operationalisiert. ◘ Abbildung 3.4 illustriert dies anhand

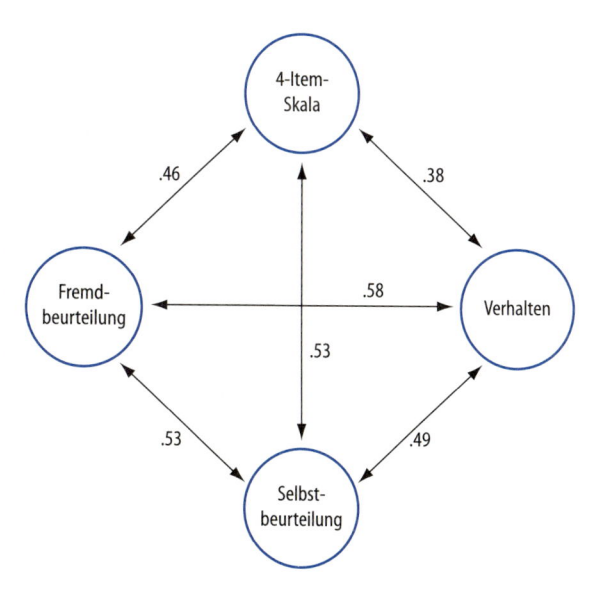

◘ **Abb. 3.4.** Nomologisches Netzwerk aus vier Schüchternheitsmessungen. (Aus Asendorpf, 1989a)

eines nomologischen Netzwerkes für Schüchternheit (Asendorpf, 1989a).

Die Schüchternheit von Studenten wurde durch vier verschiedene Messverfahren operationalisiert, die alle untereinander substantiell korrelierten: eine Vier-Item-Schüchternheitsskala, die die Studenten vor der eigentlichen Untersuchung ausgefüllt hatten, und drei Messungen ihrer Schüchternheit, die jeweils über zwei im Labor inszenierte schüchternheitserregende Situationen aggregiert wurden: Selbstbeurteilung der Schüchternheit, Fremdbeurteilung der Schüchternheit (aggregierte Urteile von drei Beurteilern der Videoaufnahmen) und schüchternes Verhalten (Mittelwert von vier z-transformierten Verhaltensindikatoren). Alle vier Verfahren der Messung von Schüchternheit konnten so wechselseitig validiert werden.

> **! Merke**
>
> Konstrukte können durch ein nomologisches Netzwerk untereinander hoch korrelierender Messverfahren besonders überzeugend validiert werden.

Ein wichtiges, aber oft nicht beachtetes Prinzip bei der Validierung ist das Symmetrieprinzip (Wittmann, 1987): Das Kriterium sollte das gleiche Aggregationsniveau haben wie die zu validierende Messung. Das Symmetrieprinzip ist z. B. verletzt, wenn versucht wird, eine Ängstlichkeitsskala aus situationsfreien Items anhand der beobachteten Ängstlichkeit in einer einzigen Situation zu validieren oder einen Test zur Erfassung des mathematischen Verständnisses anhand des Notendurchschnitts im letzten Zeugnis. Im ersten Fall ist das Kriterium zu eng; das Verhalten sollte in verschiedenen angsterregenden Situationen beobachtet und dann über die Situationen aggregiert werden. Im zweiten Fall ist das Kriterium zu breit; es sollte nur die Mathematiknote zur Validierung herangezogen werden.

> **! Merke**
>
> Das Aggregationsniveau des Kriteriums sollte dem Aggregationsniveau der zu validierenden Messung entsprechen.

Vier Formen der Kriteriumsvalidität werden üblicherweise unterschieden:
- Konkurrente Validität (von lateinisch concurrere = zugleich stattfinden) meint, dass Messung und Kriterium gleichzeitig erhoben werden.
- Prädiktive Validität (von lateinisch praedicere = vorhersagen) meint, dass das Kriterium später als die Messung erhoben wird; die Messung soll also das Kriterium vorhersagen.
- Konvergente Validität (von lateinisch convergere = sich hinbewegen) meint, dass bei mehreren alternativen Kriterien, von denen aber nur bestimmte eine hohe Konstruktvalidität haben, die Messung hoch mit den Kriterien hoher Validität korreliert.
- Diskriminante Validität (von lateinisch discriminare = unterscheiden) meint, dass bei mehreren alternativen Kriterien, von denen nur bestimmte eine hohe Konstruktvalidität haben, die Messung niedrig mit den Kriterien niedriger Validität korreliert und hoch mit den Kriterien hoher Validität.

Die Kriteriumsvalidierung durch den simultanen Nachweis von konvergenter und diskriminanter Validität ist stärker als die Validierung anhand eines einzigen Kriteriums, weil so die Spezifität von Messungen deutlich wird. Das sei hier am Beispiel einer Studie von Asendorpf und van Aken (1993) erläutert. Die Autoren untersuchten in einer Längsschnittstudie das Selbstkonzept von 166 Kindern in der 2., 3. und 4. Klasse im kognitiven, sportlichen und sozialen Bereich. Um nachzuweisen, dass das Selbstkonzept bereichsspezifisch ausdifferenziert ist, also von den Erfahrungen in dem jeweiligen Bereich abhängt, wurde es in der 2. und 4. Klasse für jeden Bereich mit 1–2 Kriterien korreliert. Wie Tabelle 3.4 zeigt, waren die konvergenten Validitäten deutlich höher als die diskriminanten. Das zeigt, dass das Selbstkonzept schon bei Kindern der 2. Klasse deutlich bereichsspezifisch ist (vgl. auch Abschn. 4.7.1).

> **! Merke**
>
> Die konvergente Validität einer Konstrukt-Operationalisierung wird durch den Nachweis ihrer diskriminanten Validität noch verstärkt.

Eine wichtige Anwendung des Ansatzes der simultanen konvergenten und diskriminanten Validierung schlugen Campbell und Fiske (1959) vor. Es werden mehrere Eigenschaften (englisch: multiple traits) betrachtet, die jeweils mit mehreren, gleichen Methoden untersucht werden (englisch: multiple methods). Korreliert man nun die einzelnen Messungen untereinander, entsteht eine Multitrait-Multimethod-Matrix. Tabelle 3.5 illustriert diesen Ansatz mit Analysen von Ostendorf et al. (1986) zur Validität der deutschen Version der Perso-

Tabelle 3.4. Korrelationen zwischen dem Selbstkonzept im kognitiven, sportlichen und sozialen Bereich und bereichsspezifischen Kriterien in der Grundschule. (Nach Asendorpf & van Aken, 1993, Tabelle 3 und 6)

Kriterium	Selbstkonzept in Klassenstufe					
	2			4		
	kognitiv	Sport	sozial	kognitiv	Sport	sozial
Note Deutsch + Mathe	**.43**	−.04	.14	**.50**	−.02	.24
Intelligenztest	**.31**	.01	.06	**.29**	.00	.12
Sportnote	.02	**.29**	.19	.01	**.48**	.28
Sportlicher Fähigkeitstest	.11	**.36**	.13	.08	**.29**	.20
Beliebtheit in der Klasse	.14	.10	**.25**	.13	.08	**.28**

Konvergente Validitäten sind fett gedruckt.

Tabelle 3.5. Multitrait-Multimethod-Analyse der Personality Research Form (Ausschnitt). (Nach Ostendorf et al. 1986, Tabellen 4–6 und Anhang, Tabelle 9)

Skala	Methode	Geselligkeit (G)			Dominanzstreben (D)			Ordnungsstreben (O)		
		I	II	III	I	II	III	I	II	III
G	I	*.81*	**.62**	**.43**	.25	.16	.20	.07	−.02	−.14
	II		*.72*	**.57**	.16	.11	.01	.01	.00	−.16
	III			*.76*	−.03	−.04	−.10	.09	.03	−.11
D	I				*.82*	**.68**	**.59**	.14	.18	.03
	II					*.80*	**.60**	.04	.15	.04
	III						*.80*	.06	.16	.13
O	I							*.83*	**.67**	**.54**
	II								*.85*	**.59**
	III									*.82*

Kursive Korrelationen sind Reliabilitäten (Cronbachs α), fettgedruckte sind konvergente Validitäten.

nality Research Form (PRF) von Jackson (Stumpf et al., 1985). Beurteilt wurden u.a. 132 berufstätige Erwachsene mit drei Methoden:
- Methode I: Selbstbeurteilung in der entsprechenden PRF-Skala,
- Methode II: Selbstbeurteilung in Kurzformen mit wenigen Items pro Skala,
- Methode III: Mittelwerte der Beurteilung durch sechs Bekannte in diesen Kurzformen.

Tabelle 3.5 zeigt einen Ausschnitt aus den Ergebnissen (nur drei von 14 Skalen).

In einer Multitrait-Multimethod-Matrix lassen sich vier Arten von Korrelationen unterscheiden:
- Monotrait-Monomethod-Korrelationen: Dies sind Korrelationen zwischen Messungen derselben Eigenschaft mit derselben Methode, also die Reliabilität der Messung.
- Monotrait-Heteromethod-Korrelationen: Dies sind Korrelationen zwischen Messungen derselben Eigenschaft mit unterschiedlichen Methoden, also die konvergenten Validitäten der Messungen.
- Heterotrait-Monomethod-Korrelationen: Dies sind Korrelationen zwischen unterschiedlichen Eigenschaften, gemessen mit derselben Methode (der

erste Fall der diskriminanten Validität der Messungen).
— Heterotrait-Heteromethod-Korrelationen: Dies sind Korrelationen zwischen unterschiedlichen Eigenschaften, gemessen mit unterschiedlichen Methoden (der zweite Fall der diskriminanten Validität der Messungen).

Bei validen Messungen sollten die Monotrait-Korrelationen (also die beiden ersten Korrelationsarten) hoch und die Heterotrait-Korrelationen (also die beiden letzten Korrelationsarten) niedrig sein. Natürlich ist zu erwarten, dass unter den Monotrait-Korrelationen die Reliabilitäten höher ausfallen als die konvergenten Validitäten. Wie ◘ Tabelle 3.5 zeigt, folgten die Ergebnisse genau dieser zu erwartenden Reihenfolge. Zudem korrelierten – wie zu erwarten – die Selbsturteile bei gleicher Eigenschaft stärker miteinander als die Selbst- mit den Bekanntenurteilen bei dieser Eigenschaft (die Methoden I und II sind sich ähnlicher als die Methoden I und III bzw. II und III). Die PRF-Skalen konnten also gut hinsichtlich der Beurteilerübereinstimmung validiert werden (was noch nicht bedeutet, dass sie Verhalten gut vorhersagen: Dieses Validitätskriterium wurde nicht untersucht).

Der Vorteil von Multitrait-Multimethod-Analysen ist vor allem, dass Methodeneinflüsse auf die Eigenschaftsmessungen systematisch untersucht werden können. Kritisch ist bei Multitrait-Multimethod-Analysen der Fall, dass die Heterotrait-Monomethod-Korrelationen höher als die Monotrait-Heteromethod-Korrelationen sind. Dann sind die Daten mehr durch die Methode als durch den Inhalt (welche Eigenschaft gemessen wird) bestimmt. Bei sehr unterschiedlicher Reliabilität der Messungen kann der direkte Vergleich von Korrelationen der Multitrait-Multimethod-Matrix in die Irre führen. Dann sollten zumindest doppelt minderungskorrigierte Korrelationen verglichen werden (vgl. Abschn. 3.2.1). Vgl. Ostendorf et al., 1986, für eine genauere Diskussion methodischer Probleme bei Multitrait-Multimethod-Analysen.

> **! Merke**
> Multitrait-Multimethod-Analysen ermöglichen es, den Einfluss der Messmethode auf die Messung von Eigenschaften systematisch zu untersuchen. Sie sind eine besonders aussagekräftige Methode der Validierung.

◘ Abbildung 3.5 fasst die diskutierten Validitätsaspekte zusammen.

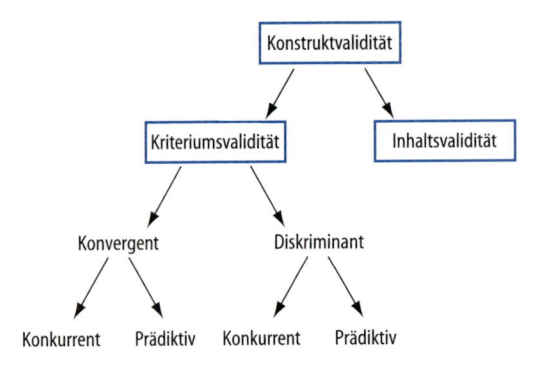

◘ Abb. 3.5. Verschiedene Arten der Validität von Eigenschaftsmessungen

3.2.4 Eigenschaftsbeurteilung

Im folgenden werden die Vor- und Nachteile verschiedener Beurteilungsmethoden für Eigenschaften diskutiert. Ihre Qualität hängt vor allem von vier Faktoren ab:
— Informiertheit der Beurteiler,
— Beobachtbarkeit und Alltagsnähe der zu beurteilenden Eigenschaft,
— Aggregationsniveau des Urteils und
— Urteilsverzerrungen.

Die Beurteilungsqualität bei der Beurteilung durch Bekannte hängt natürlich davon ab, wie lange und aus welchen Situationen die Urteiler die zu beurteilende Person kennen (Informiertheit der Beurteiler). Die für eine gute Beurteilung notwendige Dauer der Bekanntschaft mit der zu beurteilenden Person lässt sich nicht allgemein angeben, sondern hängt wesentlich von der Art der beurteilten Eigenschaft ab. Extraversion oder verbale Intelligenz z. B. lassen sich schon nach 90 Sekunden besser als der Zufall beurteilen, Liebenswürdigkeit dagegen noch nicht (Borkenau & Liebler, 1993). Mit zunehmender Dauer der Bekanntschaft nimmt die Korrelation zwischen Selbst- und Bekanntenbeurteilungen deshalb auch unterschiedlich stark zu (oft geringer, als man erwarten würde; vgl. Kenny et al., 1994).

Bei der Bekanntenbeurteilung hängt das Ergebnis wesentlich davon ab, aus welchen Situationen die Urteiler die zu beurteilende Person kennen. Arbeitskollegen wissen wenig über das Verhalten der Kollegen zu Hause, Eltern wissen wenig über das Verhalten ihrer Kinder im Kindergarten, Kindergärtnerinnen kennen kaum das Verhalten der Gruppenmitglieder gegenüber älteren oder jüngeren Geschwistern zu Hause. Beurteiler sind stets Experten für eine bestimmte, begrenzte Klasse von Situationen. Urteile können zwar durch Kommunikation wechselseitig beeinflusst werden (z.B. zwischen Ehepartnern oder zwischen Eltern und Lehrern), aber der Einfluss der unmittelbaren Beobachtung des Verhaltens dürfte meist stärker sein.

Deshalb ist es nicht erstaunlich, dass die Urteile von Beurteilern, die die zu beurteilende Person aus ähnlichen Situationen kennen, im allgemeinen höher miteinander korrelieren als mit Urteilen von Beurteilern, die dieselbe Person aus unterschiedlichen Situationen kennen. Zum Beispiel fanden Achenbach et al. (1987) in einer Analyse von 119 Studien zu Verhaltensproblemen bei Kindern und Jugendlichen eine mittlere Korrelation zwischen den Urteilen von Mutter und Vater von .59, eine ähnlich hohe mittlere Korrelation zwischen den Urteilen verschiedener Lehrer desselben Kindes von .64, aber eine mittlere Korrelation zwischen den Urteilen von Eltern und Lehrern über dasselbe Kind von nur .27. Diese Differenz geht vor allem auf eine transsituative Inkonsistenz des Verhaltens der Kinder zurück.

> **! Merke**
>
> Bei Persönlichkeitsbeurteilungen stimmen Beurteiler, die die beurteilte Person aus ähnlichen Situationen kennen, meist stärker überein als Beurteiler, die sie aus unterschiedlichen Situationen kennen.

Die Qualität der Selbst- und Bekanntenbeurteilung hängt davon ab, wie alltagsnah und beobachtbar die zu beurteilende Eigenschaft ist. Urteile über alltagsnahe Eigenschaften, also solche, die in der Alltagspsychologie häufig verwendet werden, werden von den Urteilern vermutlich immer wieder spontan generiert. Wie gesellig, gewissenhaft, ängstlich, aggressiv oder intelligent man selbst ist oder es Bekannte sind – für solche Einschätzungen gibt es immer wieder alltägliche Anlässe. Ein Urteil hierüber besteht schon, bevor danach im Rahmen einer psychologischen Untersuchung gefragt wird; es muss nur abgerufen werden.

Anders ist es, wenn Laien aufgefordert werden, Eigenschaften zu beurteilen, über die sie sich im Alltag kaum Gedanken machen, z.B. »heilkundig« oder »hitzeempfindlich«. In diesem Fall müssen sich die Urteiler mühsam an Situationen erinnern, wo das betreffende Verhalten auftrat. Oft werden sie dies jedoch gar nicht erst versuchen, sondern die Eigenschaft aus »ähnlichen«, besser wahrnehmbaren Eigenschaften abzuleiten versuchen, z.B. »hitzeempfindlich« aus »kritikempfindlich«. Die wahrgenommene Ähnlichkeit der Eigenschaft kann aber auf einer unzuverlässigen Verallgemeinerung beruhen; z.B. könnte »hitzeempfindlich« nichts mit »kritikempfindlich« zu tun haben. Dann ist das Urteil über »hitzeempfindlich« invalide. Die Beurteilerübereinstimmung ist deshalb bei alltagsnahen Eigenschaften besser als bei alltagsfernen.

Bei Bekanntenbeurteilungen spielt zudem die Beobachtbarkeit der zu beurteilenden Eigenschaft eine Rolle. Ob jemand viel redet oder pünktlich zu Verabredungen kommt, ist für andere leicht einzuschätzen; welche Ängste oder Alpträume jemand hat, wissen bestenfalls sehr nahestehende Personen wie Eltern, Partner oder gute Freunde (vgl. z.B. Funder & Colvin, 1988; Paunonen, 1989).

> **! Merke**
>
> Eine hohe Alltagsnähe und eine gute Beobachtbarkeit einer Eigenschaft erhöhen die Beurteilerübereinstimmung.

Die Überlegungen zum Aggregationsprinzip in Abschn. 3.2.2 lassen sich in zweierlei Hinsicht auf Eigenschaftsbeurteilungen anwenden. Zum einen steigt die Reliabilität der Beurteilung mit der Zahl ähnlicher abgegebener Urteile eines Beurteilers. Deshalb werden Eigenschaften in Persönlichkeitsfragebögen durch Skalen und nicht durch eine einzige Frage zu erfassen versucht (vgl. Abschn. 2.4.3). Eigenschaftsskalen sollten ein α von mindestens .80 aufweisen.

Je länger die Skalen sind, d.h. je größer die Zahl ihrer Items ist, desto höher ist nach der Spearman-Brown-Formel ihre Reliabilität – jedenfalls wenn es gelingt, die Items dabei immer noch ähnlich genug zu halten. Andererseits steigt der Beurteilungsaufwand dementsprechend. Eine Faustregel besagt, dass zu einer reliablen Erfassung einer »engen«, situationsspezifischen Eigenschaft (z.B. »Furcht vor Zurückweisung«) mindestens vier Items und einer »breiten«, situationsunspezifischen Eigenschaft (z.B. »ängstlich«) etwa 20 situationsspezifisch formulierte Items nötig sind – oder mindestens vier situationsunspezifisch formulierte Items. »Breite« Eigenschaften brauchen mehr situationsspezifisch formulierte Items zu einer reliablen Erfassung, weil ihre einzelnen Items aufgrund transsituativer Inkonsistenz weniger hoch miteinander korrelieren als bei »engen« Eigenschaften (vgl. für eine ausführlichere Diskussion Burisch, 1984, und Paunonen & Jackson, 1985).

> **! Merke**
> Zur reliablen Erfassung von Persönlichkeitseigenschaften sind meist mindestens 4 Items erforderlich. Wird eine breite Eigenschaft durch situationsspezifische Items erfasst, sind meist mindestens 20 Items nötig.

Die Qualität von Eigenschaftsbeurteilungen wird gemindert durch eine Reihe von Urteilsverzerrungen. Besonders wichtig sind:

- Halo-Effekt,
- differentielle Extremitätstendenz,
- differentielle Tendenz zu sozial erwünschten Urteilen.

So wie der Mond in dunstigen Nächten einen Hof – einen Halo – hat, bildet sich im Prozess der Personwahrnehmung um auffällige Eigenschaften ein »Bedeutungshof«: Sie färben das Urteil über andere Eigenschaften. Wer schön ist, wird eher für intelligent gehalten, wer aggressiv ist, eher für wenig ängstlich. Dieser Halo-Effekt kann Scheinkorrelationen zwischen Eigenschaften hervorrufen, also Korrelationen, die durch das tatsächliche Verhalten der Beurteilten nicht gerechtfertigt sind. Ein Halo-Effekt kann nicht nur bei der Beurteilung anderer, sondern auch bei Selbstbeurteilungen auftreten, wenn eine im Selbstkonzept (vgl. Abschn. 4.7.1) zentral verankerte Eigenschaft das Urteil über andere eigene Eigenschaften beeinflusst.

Ein vieldiskutiertes Beispiel für einen Halo-Effekt ist eine überhöhte Korrelation zwischen Schönheit und Intelligenz. Im Mittel über viele Studien wurde eine Korrelation von –.04 zwischen fremdeingeschätzter physischer Attraktivität und getestetem IQ gefunden (Feingold, 1992a). Schönheit und Intelligenz hängen also de facto nicht zusammen. Aber wenn physische Attraktivität und IQ aufgrund desselben Fotos eingeschätzt wurden, ergab sich eine Korrelation von .15 zwischen Attraktivität und IQ – ein leicht positiver Zusammenhang, der auf einen Halo-Effekt zurückgeht.

Die differentielle Extremitätstendenz bezieht sich auf die von Urteiler zu Urteiler variierende Tendenz, auf mehrstufigen Antwortskalen Extremwerte anzugeben. Manche Urteiler scheuen sich davor, sich klar festzulegen und halten sich deshalb lieber im Mittelfeld der Antwortskala auf, andere neigen zur Dramatisierung individueller Besonderheiten und vergeben deshalb oft Extremwerte. Gibt es für jeden Beurteilten einen unterschiedlichen Urteiler, kann die differentielle Extremitätstendenz nicht von tatsächlichen Eigenschaftsunterschieden getrennt werden und verfälscht die Beurteilungen dementsprechend. Beurteilen z.B. Eltern ihre Kinder, beeinflussen differentielle Extremitätstendenzen der Eltern die beurteilten Eigenschaften der Kinder. Bei Aggregation über mehrere Urteiler heben sich die verschiedenen Extremitätstendenzen der Urteiler teilweise gegenseitig auf, so dass diese Fehlerquelle weniger stark ins Gewicht fällt.

Die differentielle Tendenz zu sozial erwünschten Urteilen bezieht sich auf die von Urteiler zu Urteiler variierende Tendenz, sozial erwünschte Eigenschaften des Beurteilten besonders hervorzuheben. Persönlichkeitseigenschaften sind ja meist deutlich wertbehaftet; z.B. gelten hohe Aggressivität oder starke Ängstlichkeit als unerwünscht, dagegen hohe Intelligenz oder große Gewissenhaftigkeit als erwünscht. ◻ Tabelle 3.6 zeigt einige Eigenschaften, die in Großbritannien bzw. den USA als besonders erwünscht bzw. unerwünscht gelten (die britischen und US-amerikanischen Erwünschtheitswerte von 444 Eigenschaftsworten korrelierten .96 miteinander; Hampson et al., 1987).

Von daher besteht bei der Eigenschaftsbeurteilung immer die Gefahr, dass das Urteil in Richtung sozial erwünschter Eigenschaftsausprägungen hin verfälscht wird. So lange diese Tendenz bei allen Urteilern gleich stark ist, verfälscht sie interindividuelle Unterschiede in

◻ **Tabelle 3.6.** Soziale Erwünschtheit von Eigenschaften in Großbritannien und den USA

Eigenschaft		GB	USA
honest	ehrlich	1,90	1,62
truthful	wahrhaftig	1,82	1,47
reliable	verlässlich	1,76	1,47
kind	freundlich	1,66	1,53
happy	glücklich	1,66	1,44
bitter	böse, verbittert	–1,46	–1,34
ill-tempered	schlecht gelaunt	–1,50	–1,39
rude	rüde	–1,54	–1,51
deceitful	betrügerisch	–1,65	–1,63
cruel	grausam	–1,93	–1,72

Angegeben sind z-Werte (vgl. Abschn. 2.4.3) von Beurteilungen der sozialen Erwünschtheit.

Eigenschaften nicht, ist also kein wirkliches Problem für die Persönlichkeitspsychologie. Zum Beispiel ist es kein Problem, wenn alle Eltern ihre eigenen Kinder um den gleichen Betrag positiver beurteilen als Lehrer.

Zum Problem wird die Tendenz zur sozialen Erwünschtheit jedoch dann, wenn sie bei unterschiedlichen Urteilern unterschiedlich stark ist (differentielle Tendenz zur sozialen Erwünschtheit). Lässt man z.B. die Aggressivität von Kindern durch ihre Eltern beurteilen, so muss man damit rechnen, dass einige Eltern dazu neigen, ihre Kinder durch eine rosa Brille zu sehen und ihre Aggressivität deshalb unterschätzen, während andere ihnen besonders kritisch gegenüberstehen und ihre Aggressivität deshalb überschätzen.

Eine allgemeine, also vom speziellen Beurteilungsgegenstand unabhängige differentielle Tendenz zur sozialen Erwünschtheit lässt sich teilweise durch sogenannte Soziale Erwünschtheitsskalen oder Lügenskalen kontrollieren. Sie fragen nach der Ablehnung wahrscheinlicher, aber sozial unerwünschter Eigenschaften (z.B. »Ich habe schon mal jemanden übervorteilt«) und nach der Zustimmung zu unwahrscheinlichen, aber sozial erwünschten Eigenschaften (z.B. »Ich bin immer höflich«). Beides wird klassischerweise als eine einheitliche Persönlichkeitseigenschaft interpretiert: die Tendenz zur sozialen Erwünschtheit.

Sackeim und Gur (1978) zeigten, dass diese Eigenschaft bei genauerer Analyse aus zwei relativ unabhängigen Faktoren besteht: Tendenz zur Selbsttäuschung (self-deception) und Tendenz zur Fremdtäuschung (other-deception). Die Tendenz zur Selbsttäuschung wird durch die Ablehnung wahrscheinlicher, aber psychisch bedrohlicher Eigenschaften gemessen (z.B. »Menschen enttäuschen mich oft«) und von den Autoren als defensive Abwehrtendenzen (vgl. Abschn. 2.2.4) gedeutet. Die Tendenz zur Fremdtäuschung wird durch die Zustimmung zu unwahrscheinlichen, aber sozial erwünschten Eigenschaften erhoben (z.B. »Ich sage immer die Wahrheit«) und von den Autoren als eher bewusster Versuch, vor anderen gut dazustehen, interpretiert.

> **Merke**
> Die differentielle Tendenz zur sozialen Erwünschtheit besteht aus zwei unterschiedlichen Komponenten: Tendenz zur Selbsttäuschung und zur Fremdtäuschung.

Paulhus (1984) konnte die Unabhängigkeit dieser beiden Faktoren bestätigen und experimentell zeigen, dass nur die Tendenz zur Fremdtäuschung zu Verfälschungen von Fragebogenantworten in Richtung sozial erwünschter Antworten führt: Die mittleren Fremdtäuschungswerte fielen relativ zu einer völlig anonymen Testbedingung höher aus, wenn Versuchspersonen ihren Fragebogen einem Experimentator unter Angabe von Name und Adresse zur sofortigen Durchsicht persönlich abgeben mussten; die Selbsttäuschungswerte dagegen wurden durch diese »Entanonymisierung« der Testsituation nicht beeinflusst. Wenn es um die Kontrolle eher gezielter Verfälschungstendenzen geht, sollten deshalb Skalen verwendet werden, die eher Fremdtäuschung erfassen: das Balanced Inventory of Desirable Responding (BIDR) von Paulhus in der deutschen Fassung von Musch et al. (2002) oder die Marlowe-Crowne-Skala (deutsche Fassung von Lück & Timaeus, 1969, sowie Stöber, 1999), die überwiegend Fremdtäuschung erfasst. Tabelle 3.7 gibt eine Übersicht über die hier diskutierten Kriterien für Eigenschaftsbeurteilungen.

Bei Situations-Reaktions-Fragebögen (vgl. Abschn. 2.4.3) werden hypothetische Situationsbeschreibungen vorgegeben. Kritisch ist bei dieser Methode vor allem die Vertrautheit mit den Situationen. Versuchspersonen sind

Tabelle 3.7. Qualitätsbestimmende Faktoren für Eigenschaftsbeurteilungen

Faktor	Urteiler	
	Selbst	Bekannte
Dauer der Bekanntschaft		x
Kenntnis aus welchen Situationen		x
Alltagsnähe der Eigenschaft	x	x
Öffentlichkeit der Eigenschaft		x
Ausmaß der Aggregation über Items	x	x
Ausmaß der Aggregation über Urteiler		x
Halo-Effekt	x	x
Differentielle Extremitätstendenz	x	x
Differentielle Tendenz zur sozialen Erwünschtheit	x	x

x = Faktor ist relevant.

meist sehr kooperativ und werden deshalb auch Fragen nach ihrer Ängstlichkeit als Pilot beim Start einer Raumfähre oder nach ihrem Geselligkeitsbedürfnis nach dreiwöchigem Segeltörn mit einer zehnköpfigen Besatzung beantworten – auch dann, wenn sie keinerlei Erfahrung mit diesen Situationen haben. Ihre Antworten werden durchaus systematisch und replizierbar ausfallen, weil sie ihr Verhalten in solch exotischen Situationen aus ihrem Verhalten in vertrauten Situationen vorhersagen. Ob sie sich wirklich so verhalten würden, ist damit natürlich nicht gesagt.

Die Beurteilung unvertrauter Situationen führt damit zu einer überhöhten transsituativen Konsistenz der Urteile. Sofern hypothetische Situationen nicht nur dazu dienen, durch Aggregation über ähnliche Situationen die Reliabilität des Eigenschaftsurteils zu erhöhen, sondern dazu, Aussagen über Interaktionen zwischen Situationen und Eigenschaften zu machen, muss gesichert werden, dass alle befragten Versuchspersonen auch Erfahrung mit allen erfragten Situationen haben (was eine überhöhte transsituative Konsistenz der Verhaltensberichte mildert, aber nicht ausschließt).

> **! Merke**
> Bei S-R-Fragebögen ist es wichtig, dass die Befragten die erfragten Situationen tatsächlich erlebt haben.

3.2.5 Verhaltenserfassung

Die Eigenschaftsmessung durch Erfassung des tatsächlichen Verhaltens in realen Situationen kann die geschilderten Probleme der direkten Eigenschaftsbeurteilung teilweise umgehen, ist aber ungleich aufwendiger, da die Situationen tatsächlich hergestellt oder im Alltag identifiziert werden müssen. Zur Erfassung des Verhaltens gibt es im wesentlichen vier Verfahren:
- Selbstbeurteilung,
- Beurteilung oder Kodierung des Verhaltens durch Beobachter,
- Beurteilung durch Interaktionspartner (in sozialinteraktiven Situationen),
- direkte Verhaltensmessung.

Bei der Selbstbeurteilung des Verhaltens muss vor allem darauf geachtet werden, dass die Beurteilung nicht das zu beurteilende Verhalten stört. Deshalb wird meist um eine Beurteilung direkt nach der interessierenden Situation gebeten. Selbst dann muss mit Erinnerungseffekten gerechnet werden, z. B. dass das Verhalten zu Beginn und Ende der Situation stärker in die Beurteilung eingeht als das Verhalten dazwischen. Die Erinnerungseffekte werden um so problematischer, je länger die zu beurteilende Situation gedauert hat. Sie lassen sich minimieren, indem das Verhalten per Video aufgezeichnet und den Versuchspersonen direkt in Anschluss an die Situation vorgespielt wird (videounterstütztes Erinnern; vgl. Abschn. 2.5.3).

Die Beurteilung bis hin zur detaillierten »objektiven« Kodierung von sichtbarem Verhalten erfolgt am besten durch trainierte Beurteiler, die alle Versuchspersonen einer Untersuchungsreihe beurteilen. Selbst die scheinbar objektive Verhaltensbeurteilung trainierter Beurteiler ist aber nicht frei von Halo-Effekten. So zeigten z. B. Martin und Rovira (1982), dass Beobachter einer Person deren Blickkontakt zum Interaktionspartner überschätzten, wenn sie gleichzeitig lächelte. Bei mehreren Urteilern können differentielle Extremitätstendenzen und differentielle Tendenzen zur sozialen Erwünschtheit durch Aggregation über mehrere Urteiler minimiert werden. Zudem lassen sich so Effekte der Urteiler, der Beurteilten und der Urteilsfehler trennen (vgl. z. B. Borkenau & Liebler, 1992).

Beurteilungen durch Interaktionspartner (statt durch Beobachter) sind nur dann sinnvoll, wenn es um den subjektiven Eindruck von der Versuchsperson speziell bei Interaktionspartnern geht (z. B. für wie sympathisch sie die Versuchsperson halten) oder um Verhalten, das auf Video nicht aufgezeichnet werden kann (z. B. Erröten).

Die direkte Verhaltensmessung findet sich vor allem im Leistungsbereich, wo die Geschwindigkeit und die Qualität bei der Lösung von Aufgaben untersucht wird. Klassischerweise werden kurze Aufgaben schriftlich vorgegeben und schriftlich beantwortet. Werden die Aufgaben auf einem Computermonitor dargeboten und die Antworten über die Computertastatur eingegeben, eröffnen sich weitergehende Möglichkeiten wie die Erfassung der Lösungszeit für einzelne Aufgaben oder adaptives Testen, bei dem die Aufgabenvorgabe davon abhängt, welche Aufgaben bereits gelöst wurden.

Man kann auch Versuchspersonen Probleme lösen lassen, indem man sie in computersimulierten virtuellen Welten agieren lässt (vgl. die in Abschn. 2.6.3 schon geschilderten Untersuchungen von Dörner und Mitarbeitern); erfasst werden dabei Eingriffe der Versuchspersonen in das simulierte System, wobei meist eine Vielzahl von Eingriffsmöglichkeiten angeboten werden. Im sozial-emotionalen Bereich kann man auf entsprechende Weise Versuchspersonen in simulierten Umwelten agieren lassen, um aus Messungen ihres Verhaltens im simulierten Raum ihre Motive und emotionalen Bewertungstendenzen zu erfassen (vgl. die in Abschn. 4.5.1 geschilderten Untersuchungen von Bischof und Mitarbeitern).

Zunehmend wird das Internet zur Datenerhebung auch für persönlichkeitspsychologische Fragestellungen genutzt. Fragebögen können ins Netz gestellt werden; durch ansprechende Gestaltung der Seite, sofortige Rückmeldung der individuellen Ergebnisse am Ende des Tests in Form eines automatischen, allgemeinverständlichen Protokolls, geschickte Wahl von Worten auf den Internetseiten und Legen eines Links auf Seiten anderer Anbieter können in relativ kurzer Zeit große Stichproben von Internet-Surfern quasi mühelos zum Beantworten der Fragen gebracht werden. Natürlich stellt sich hierbei die Frage der Antwortqualität (möglich sind z.B. Unaufmerksamkeit wegen parallelen Musikhörens, Essens usw., gemeinsame Bearbeitung der Fragen durch mehrere Personen, Einholen von Zusatzinformationen während des Tests) und der Stichprobenselektivität (es surfen mehr Männer als Frauen, andererseits ist das Interesse von Frauen an den meisten psychologischen Fragen größer, insbesondere bei Fragen zu sozialen Beziehungen und Persönlichkeit).

Vergleichsuntersuchungen zwischen klassischer Fragebogenbearbeitung mit »Papier und Bleistift«, Beantwortung an einem Computer (Vorteil: Fehlerrückmeldung bei falschen Eingaben, Registrierung der Antwortzeiten und fehlerfreie Digitalisierung der Daten) und Interneterhebung ergaben überraschend ähnliche Ergebnisse für praktisch alle Kennwerte der Fragebögen (Mittelwerte, Streuungen, interne Konsistenzen), jedenfalls bei Vergleichen zwischen Internetstichproben und studentischen Stichproben (Pettit, 2002). Keinesfalls sichert jedoch die oft sehr große Internetstichprobe repräsentative Ergebnisse für die Gesamtbevölkerung; Internetnutzer sind eher jung und gebildet als Nichtnutzer (vgl. z.B. Batinic et al., 2002).

Kritischer zu betrachten ist die Durchführung von anspruchsvollen Leistungstests (z.B. IQ-Tests), weil die mangelnde Kontrolle der Testsituation hier die Validität deutlicher beeinträchtigt (Wilhelm, 2002). Vergleichsweise kurze Tests wie z.B. Implizite Assoziationstests (vgl. Abschn. 2.5.3) lassen sich dagegen recht gut Internet-basiert durchführen (vgl. z.B. http://www.yale.edu/implicit).

Zunehmende Anwendung finden Messungen physiologischer Parameter im psychophysiologischen Labor, wo Reaktionen des autonomen und zentralen Nervensystems kontinuierlich oder in kurzen Abständen gemessen werden. Dadurch können nicht nur emotionale Reaktionen (vgl. Lang, 1995), sondern auch kognitive Prozesse, z.B. aus Messungen evozierter Potentiale im EEG, erschlossen werden (vgl. z.B. Rösler & Heil, 1998). Telemetrische Messungen, bei denen die Messergebnisse drahtlos von der Versuchsperson an einen nahen Empfänger übertragen werden, oder die kontinuierliche Speicherung der Messungen in einem portablen Computer, den die Versuchsperson während des Versuchs mit sich trägt, erlauben der Versuchsperson eine größere Bewegungsfreiheit und damit naturalistischere Situationen (vgl. Fahrenberg et al., 2002).

Die direkte Verhaltensmessung umgeht das Problem von Beurteilungsverzerrungen und liefert sehr umfangreiche Prozessdaten über den Verhaltensstrom, erkauft diese Vorteile aber mit dem Problem der Interpretation der Messergebnisse: Welche psychologische Bedeutung haben Herzfrequenz, Blutdruck, eine bestimmte Frequenz im EEG, Vokalisationsrate pro Minute und ähnliche direkt messbare Verhaltensweisen? Welche physiologischen Parameter gemessen werden, ist nur z.T. durch Wissen über die Funktion psychophysiologischer Systeme begründet; zu einem nicht unbeträchtlichen anderen Teil beruht die Wahl des Messverfahrens auf praktischen Erwägungen und kaum noch hinterfragten Traditionen. Dass z.B. so oft die Herzfrequenz gemessen wird, liegt vor allem an ihrer leichten Messbarkeit und an alltagspsychologischen Annahmen über Herzfrequenzerhöhung bei Aufregung. Diese Annahmen fußen aber auf der subjektiven Wahrnehmung von »Herzklopfen« als einem physiologischen Symptom, das direkt vom Schlagvolumen des Herzens, nur aber indirekt von der Herzfrequenz abhängt.

Besonders problematisch ist die Interpretation interindividueller Unterschiede in physiologischen Parametern, weil diese meist stark durch anatomische oder funktionelle physiologische interindividuelle Unterschiede ohne psychologische Bedeutung beeinflusst werden. Zum Beispiel gibt es schon in »psychologisch neutralen« Ruhesituationen sehr große interindividuelle Unterschiede in Herzrate, Blutdruck usw., die zeitlich ziemlich stabil sind (vgl. Abschn. 2.4.4). So interessant diese Unterschiede medizinisch sein mögen – psychologisch sind sie kaum interpretierbar.

Psychologisch interessanter sind interindividuelle Unterschiede in der Reaktivität in Herzfrequenz oder Blutdruck unter Stress oder in bestimmten emotionalen Situationen. Sie lassen sich scheinbar unabhängig von den Ruhewerten analysieren, indem Differenzwerte zwischen Belastung und Ruhe gebildet und als Maß der Reaktivität interpretiert werden. Oft korrelieren aber diese Differenzwerte mit den Ruhewerten interindividuell positiv oder negativ. Die Veränderungen sind also nicht unabhängig von den Ausgangswerten; dadurch können z. B. anatomische Unterschiede Einfluss auf die Reaktivitätsvariablen nehmen. Diese Wechselwirkungen erschweren die Erfassung psychologischer Persönlichkeitsunterschiede durch physiologische Messungen (vgl. weiterführend Stemmler & Fahrenberg, 1989).

Tabelle 3.8. Vier Arten persönlichkeitspsychologischer Untersuchungen

Untersuchungs-bedingung	Situationsvariation	
	natürlich	künstlich
Feld	naturalistische Feldstudie	Feldexperiment
Labor	naturalistische Laborstudie	klassisches Experiment

> **Merke**
>
> **Verhalten in realen Situationen wird in der Persönlichkeitspsychologie durch Selbstbeurteilung, Fremdbeurteilung oder direkte Verhaltensmessung erfasst. Die direkte Verhaltensmessung kann sehr aussagekräftig sein, aber nur dann, wenn eine hohe Konstruktvalidität des erfassten Verhaltens für das untersuchte Persönlichkeitskonstrukt gesichert ist. Hier verlassen sich Psychologen zu oft auf alltagspsychologische Plausibilität oder unhinterfragte Tradition.**

3.2.6 Feld und Labor

Wenn in einer persönlichkeitspsychologischen Untersuchung Verhalten in realen Situationen untersucht wird, kann dies unter Alltagsbedingungen geschehen (Feldstudie) oder unter künstlichen, zum Zweck der Untersuchung geschaffenen Bedingungen (Laborstudie). Alltagsbedingungen sind bestimmte Tageszeiten (z. B. 8.00–18.00 Uhr), bestimmte Orte, die von den untersuchten Personen regelmäßig aufgesucht werden (z. B. Kindergartengruppe, Schulklasse, Arbeitsplatz) oder bestimmte alltägliche Ereignisse (z. B. soziale Interaktionen, Stresssituationen). Laborbedingungen sind z. B. das psychophysiologische Labor eines psychologischen Instituts, der Therapieraum eines klinischen Psychologen oder eine Erziehungsberatungsstelle.

Eng mit der Unterscheidung Feld-Labor verwandt, nicht aber hiermit identisch, ist die Art der Situationsvariation. Bei natürlicher Situationsvariation fluktuieren die situativen Bedingungen unkontrolliert, bei künstlicher Situationsvariation werden sie systematisch hergestellt. Eine Kreuzklassifizierung von Untersuchungsbedingung und Situationsvariation ergibt vier Arten persönlichkeitspsychologischer Untersuchungen (Tabelle 3.8).

Bei den meisten Feldstudien variieren die Situationen unkontrolliert, etwa wenn das Verhalten von Kindergartenkindern im »Freispiel« beobachtet wird (eine meist für den Morgen angesetzte, ca. einstündige Periode, in der die Kinder im Gruppenraum machen können, was sie wollen, ohne dass die Erzieher besondere Anleitungen geben). Man kann aber auch im Alltag eine künstliche Situationsvariation einführen (Feldexperiment), deren sich die Versuchspersonen bewusst sind oder auch nicht. Zum Beispiel gaben Buse und Pawlik (1991) Hamburger Gymnasiasten einen Taschencomputer mit, der sie zu vorprogrammierten Zeiten durch Piepsen aufforderte, drei kurze Leistungstests durchzuführen, die auf dem Bildschirm dargeboten wurden (hier war den Versuchspersonen also die systematische Situationsvariation bewusst).

Man kann unter Alltagsbedingungen auch ohne Wissen der Beteiligten gezielt eine Situation herstellen. Zum Beispiel untersuchten Bringham et al. (1982) die Genauigkeit von Augenzeugenberichten, indem sie zwei Mitarbeiter in Geschäfte schickten und sich gegenüber einem bestimmten Verkäufer auffällig verhalten ließen. Zwei Stunden später kamen zwei andere Mitarbeiter im Geschäft vorbei, gaben sich als Mitglieder eines Detektivbüros aus und fragten den Verkäufer anhand einer angeblichen Fahndungsliste nach den beiden »Kunden« aus. Die Verkäufer waren also Versuchspersonen in einem Feldexperiment zur Persönlichkeitsbeurteilung, ohne es zu wissen.

In Laborstudien liegt meist eine künstliche Situationsvariation vor. Den Versuchspersonen wird z. B. ein Intelligenztest vorgelegt, oder sie werden systematisch in bestimmte soziale Situationen gebracht. Dabei wird oft ein Komplize des Experimentators verwendet, der die Rolle einer Versuchsperson spielt und die tatsächliche Versuchsperson gezielt in bestimmte Situationen bringt, ohne dass sie sich dieser Manipulation bewusst ist (vgl. z. B. Asendorpf et al., 2002a). Es gibt aber auch Laborstudien mit natürlicher Situationsvariation, z. B. wenn Kinder im Kindergartenalter im Labor im freien Spiel mit einem unbekannten Kind beobachtet werden; was geschieht, ist hier ganz den Versuchspersonen überlassen.

Feldstudien mit natürlicher Situationsvariation haben den Vorteil, dass die Repräsentativität der Situationen für den Alltag hoch ist. Bei Laborstudien und künstlicher Situationsvariation ist die Repräsentativität für den Alltag entweder überhaupt nicht gegeben, weil vergleichbare Situationen im Alltag nicht vorkommen, oder nur schwer nachprüfbar (wie oft spielen z. B. Kinder im Kindergartenalter mit unbekannten Gleichaltrigen zusammen?).

Andererseits ist die Repräsentativität der Situationsvariation keine notwendige Bedingung für eine aufschlussreiche persönlichkeitspsychologische Untersuchung. Situationsvariationen im Alltag vermengen oft mehrere, prinzipiell trennbare Variablen miteinander, die bei künstlicher Situationsvariation getrennt voneinander untersucht werden können.

> **Merke**
>
> **Experimentelle Situationsvariation ist nicht mit Laborsituation gleichzusetzen; Feldexperimente und naturalistische Laborsituationen sind interessante Optionen für die Persönlichkeitspsychologie. Eine hohe ökologische Validität führt oft zu Interpretationsproblemen, da das Verhalten durch mehrere unterschiedliche Variablen bedingt sein kann, deren Einflüsse untrennbar vermengt sind.**

? Fragen

3.1 Was sind universelle, differentielle und spezielle Fragestellungen?

3.2 In welcher Hinsicht unterscheidet sich die Persönlichkeitspsychologie von der klinischen Psychologie, der Sozialpsychologie und der kulturvergleichenden Psychologie?

3.3 Warum kann man nicht von interindividuellen Korrelationen auf intraindividuelle Korrelationen schließen oder umgekehrt?

3.4 Was verstand Stern unter differentieller Psychologie, und warum ist dieser Begriff problematisch?

3.5 Kann man nomothetisch mit differentiell und idiographisch mit individuumzentriert gleichsetzen?

3.6 Lässt sich die Persönlichkeit ausschließlich nomothetisch beschreiben?

3.7 Ist eine hohe interne Konsistenz ausreichend für eine Eigenschaftsmessung?

3.8 Ist der Nachweis einer hohen Retestreliabilität notwendig für eine Eigenschaftsmessung?

3.9 Wozu ist die doppelte Minderungskorrektur nützlich?

3.10 Wo hat das Aggregationsprinzip seine Grenzen?

3.11 Ist es sinnvoll, Eigenschaftsmessungen mit konstruktfernen Variablen zu korrelieren?

▼

i Hinweise zur Beantwortung

3.1 an Beispielen erläutern

3.2 pathologische Merkmale, keine universellen Fragen, Unterschiede zwischen Populationen, nicht innerhalb von Populationen

3.3 am Beispiel des Zusammenhangs von Freude und Ärger erläutern

3.4 zwei Ebenen von »differentiell«

3.5 nomothetische Einzelfallstudien

3.6 singuläre Ereignisse

3.7 Stabilität ist nicht gesichert (Beispiel Stimmungen)

3.8 bei Lerneffekten besser Paralleltestreliabilität

3.9 Kontrolle der Messfehler

3.10 parallele Messungen, Aufwand, Bedeutung der aggregierten Variable

3.11 diskriminante Validität

▼

? Fragen

3.12 Wie kann man Methodeneffekte auf die Eigenschaftsmessung systematisch untersuchen?

3.13 Wodurch wird die Korrelation der Eigenschaftsurteile unterschiedlicher Beurteiler derselben Person beeinflusst?

3.14 Wie kann man differentielle Tendenzen zu sozial erwünschten Antworten kontrollieren?

3.15 Ist die Unterscheidung Feld-Labor gleichbedeutend mit der zwischen unsystematischer und systematischer Situationsvariation?

ℹ Hinweise zur Beantwortung

3.12 Multitrait-Multimethod-Analysen (Beispiel)

3.13 Informiertheit, Bekanntschaft, Situationen, Urteilsverzerrungen

3.14 Fremd- vs. Selbsttäuschung

3.15 Feldexperimente, naturalistische Laborsituationen

Weiterführende Literatur

Asendorpf, J.B. (1995). Persönlichkeitspsychologie: Das empirische Studium der individuellen Besonderheit aus spezieller und differentieller Perspektive. *Psychologische Rundschau, 46,* 235–247.

Pawlik, K. (1988). »Naturalistische« Daten für Psychodiagnostik: Zur Methodik psychodiagnostischer Felderhebungen. *Zeitschrift für Differentielle und Diagnostische Psychologie, 9,* 169–181.

Steyer, R. & Eid, M. (1993). *Messen und Testen.* Berlin: Springer.

Persönlichkeitsbereiche

4.1 **Klassifikationen der Persönlichkeit** – 141
4.1.1 Persönlichkeitsfaktoren – 141
4.1.2 Persönlichkeitstypen – 151
4.1.3 Persönlichkeitsstörungen – 157
4.1.4 Exemplarische Anwendung: Persönlichkeitsfragebögen in der Personalauswahl – 161
Weiterführende Literatur – 165

4.2 **Gestalt** – 166

4.3 **Temperament** – 169
4.3.1 Die Theorie von Eysenck – 170
4.3.2 Die Theorie von Gray – 174
4.3.3 Ängstlichkeit – 177
4.3.4 Exemplarische Anwendung: Krankheitsverhalten – 180
4.3.5 Diskussion – 182
Weiterführende Literatur – 183

4.4 **Fähigkeiten** – 184
4.4.1 Intelligenz – 184
4.4.2 Kreativität – 198
4.4.3 Soziale Kompetenz – 200
4.4.4 Exemplarische Anwendung: Assessment Center – 205
4.4.5 Diskussion – 208
Weiterführende Literatur – 210

4.5 **Handlungseigenschaften** – 211
4.5.1 Bedürfnisse, Motive und Interessen – 211
4.5.2 Handlungsüberzeugungen – 224
4.5.3 Bewältigungsstile – 230

4.5.4 Exemplarische Anwendung:
Führungspersönlichkeit und Politikvorhersage – 234

4.5.5 Diskussion – 237

Weiterführende Literatur – 238

4.6 Bewertungsdispositionen – 239

4.6.1 Werthaltungen – 239

4.6.2 Einstellungen – 244

4.6.3 Exemplarische Anwendung: Rückfallrisiko für Sexualstraftäter – 248

4.6.4 Diskussion – 250

Weiterführende Literatur – 251

4.7 Selbstbezogene Dispositionen – 252

4.7.1 Ich, Mich und Selbstkonzept – 252

4.7.2 Selbstwertgefühl – 254

4.7.3 Dispositionale Aspekte der Selbstwertdynamik – 256

4.7.4 Wohlbefinden – 264

4.7.5 Diskussion – 267

Weiterführende Literatur – 268

4.1 · Klassifikationen der Persönlichkeit

> In diesem Kapitel werden inhaltliche Ergebnisse der empirischen Persönlichkeitspsychologie zu verschiedenen Persönlichkeitsbereichen exemplarisch dargestellt. Es geht also nicht darum, eine ausgewogene Übersicht über die inzwischen gewaltige Literatur zu einzelnen Persönlichkeitsbereichen zu geben, sondern an ausgewählten Beispielen typische Konstrukte, Ergebnisse und methodische Probleme darzustellen.
>
> Zunächst werden 3 unterschiedliche Arten der Persönlichkeitsklassifikation dargestellt: Persönlichkeitsfaktoren, Persönlichkeitstypen und Persönlichkeitsstörungen. Die weiteren Abschnitte befassen sich mit Gruppen funktional verwandter Eigenschaften. Darunter verstehe ich Eigenschaften, die eine ähnliche Funktion im Erleben und Verhalten haben. Zum Beispiel werden in einem Abschnitt Gestalteigenschaften und in einem anderen Abschnitt Temperamentseigenschaften diskutiert.
>
> Bisher gibt es in der Persönlichkeitspsychologie kein funktionsorientiertes Gliederungsschema, das sich allgemein durchgesetzt hätte. Um den Einstieg in die weiterführende Literatur zu erleichtern, orientiert sich die hier vorgenommene Gliederung an traditionellen persönlichkeitspsychologischen Forschungsthemen, z. B. Gestalt, Temperament und Fähigkeiten. Ich habe aber versucht, an einigen Stellen funktional Verwandtes, aber traditionell Getrenntes, unter einem gemeinsamen Dach zusammenzubringen: Motive, Erwartungs- und Attributionsstile als Handlungsdispositionen, Werthaltungen und Einstellungen als Bewertungsdispositionen und Selbstkonzept, Selbstwertgefühl, Selbstbewusstheit, Selbstüberwachung, Narzissmus und Wohlbefinden als selbstbezogene Dispositionen.

4.1 Klassifikationen der Persönlichkeit

In diesem Abschnitt werden drei verschiedene Ansätze der Persönlichkeitsklassifikation skizziert. Die ersten beiden (Persönlichkeitsfaktoren und Persönlichkeitstypen) entsprechen der variablen- bzw. der personorientierten Sichtweise im Eigenschaftsparadigma. Die dritte Art der Klassifikation (Persönlichkeitsstörungen) hat sich relativ unabhängig davon im Rahmen der Psychiatrie und der klinischen Psychologie entwickelt. Obwohl es hierbei primär um die Klassifikation pathologischer Persönlichkeitsformen geht, wird auch dieser Klassifikationsansatz dargestellt, da der Übergang zwischen Pathologie und Normalität gerade im Falle von Persönlichkeitsstörungen graduell ist, so dass sich dieser klinische Ansatz im Prinzip auch zur Klassifikation normaler Persönlichkeitsunterschiede verwenden lässt.

4.1.1 Persönlichkeitsfaktoren

Der verbreitetste Klassifikationsansatz in der Persönlichkeitspsychologie ist der Versuch, aus variablenorientierter Sicht die Vielfalt alltagspsychologisch repräsentierter Eigenschaften auf möglichst wenige, statistisch möglichst unabhängige Dimensionen zu reduzieren. Erste Klassifikationen dieser Art wurden z. B. von Cattell (1950) und Eysenck und Eysenck (1969) entwickelt, die zu entsprechenden Persönlichkeitsinventaren führten (Sixteen Personality Factors Questionnaire, 16PF; Eysenck Personality Inventory, EPI). Jede Dimension wird durch eine Skala gemessen (vgl. Abschn. 2.4.3). Diese Skalen entsprechen also Variablen, in denen sich Personen unterscheiden. Tabelle 4.1 illustriert die 16 Skalen der deutschen Version des 16PF-R von Schneewind und Graf (1998) und die 3 Skalen der deutschen Version des EPI von Eggert (1974). Die Items des 16PF-R bestehen aus Gegensatzpaaren, die hohe bzw. niedrige Skalenwerte beschreiben; angegeben sind nur die Beschreibungen für hohe Skalenwerte. Die Lügenskala des EPI soll die Tendenz erfassen, sozial erwünschte Antworten zu geben (vgl. Abschn. 3.2.4).

Wie aus Tabelle 4.1 deutlich wird, unterscheiden sich verschiedene Klassifikationssysteme erheblich in der Breite des insgesamt erfassten Persönlichkeitsbereichs. Der 16PF-R enthält Skalen wie z. B. Regelbewusstsein, die mit keiner der drei Skalen des EPI substantiell korrelieren; von daher ist der 16PF-R umfassender. Andererseits korrelieren viele Skalen des 16PF-R stark untereinander und mit derselben EPI-Skala (z. B. emotionale Stabilität, Besorgtheit und Anspannung mit Neurotizismus). Der EPI ist von daher sparsamer.

Die Ableitung eines solchen Klassifikationssystems erfolgt in drei Schritten. Im ersten Schritt wird der Bereich eingegrenzt, der klassifiziert werden soll. Hierzu sind Vorentscheidungen nötig, was als Persönlichkeitseigenschaft betrachtet werden soll und was nicht (sollen z. B. gesundheitsbezogene Merkmale wie »gesund«, politische Überzeugungen wie »links« oder körperliche Merkmale wie »schön« einbezogen werden?). Im zweiten Schritt wird eine möglichst umfassende Liste aller Eigenschaften in dem eingegrenzten Bereich erstellt. Und in einem dritten Schritt wird dann die Vielfalt dieser Eigenschaften auf möglichst wenige, voneinander statistisch

◘ Tabelle 4.1. Skalen und Beispielitems des 16PF–R und des EPI

Inventar/Skala	Beispielitem
16PF–R Wärme	Ich gehöre eher zu den Menschen, die auf andere zugehen und den Kontakt mit anderen Menschen genießen
Emotionale Stabilität	Ich habe weniger Stimmungsschwankungen als die meisten, die ich kenne
Dominanz	Ich gehöre zu den Leuten, die sich nicht so leicht etwas gefallen lassen
Lebhaftigkeit	Ich bin gerne inmitten von Trubel und Aktivität
Regelbewusstsein	Ich halte es für wichtiger, Regeln und gute Manieren zu respektieren, als unbekümmert und sorglos zu leben
Soziale Kompetenz	Ich halte mich für kontaktfreudig und selbstsicher im Umgang mit anderen Menschen
Empfindsamkeit	Gewöhnlich schätze ich die Schönheit eines Gedichtes mehr als eine hervorragende Fußballstrategie
Impression Management	Ich bin manchmal ärgerlich, wenn ich meinen Willen nicht bekomme
Wachsamkeit	Wenn man zuviel von sich erzählt, nützen andere das häufig zu ihrem Vorteil aus
Abgehobenheit	Ich bin ein Mensch, der in den Tag hinein träumt und sich eigene Dinge ausdenkt
Privatheit	Ich bin eher zurückhaltend und behalte meine Probleme für mich
Besorgtheit	Ich neige dazu, zu empfindsam zu sein und mir zu viele Sorgen über etwas zu machen, was ich getan habe
Offenheit für Veränderung	In den meisten Fällen ist es besser, Veränderungen und neuen Ideen den Vorrang zu geben
Selbstgenügsamkeit	Ich bin im allgemeinen eher jemand, der gut für sich allein sein kann
Perfektionismus	Ich halte meine Sachen immer in bester Ordnung
Anspannung	Wenn etwas nicht nach Wunsch geht, werde ich leicht ärgerlich und ungeduldig
EPI Extraversion	Haben Sie oft Lust, etwas Aufregendes zu erleben?
Neurotizismus	Wechselt Ihre Stimmung häufig?
Lügenskala	Halten Sie stets ein Versprechen, gleichgültig wie schwierig es auch sein könnte, das zu tun, was Sie gesagt haben?

unabhängige Dimensionen reduziert. Insbesondere sollen also Skalen zur Operationalisierung dieser Dimensionen nicht untereinander korrelieren.

❗ Merke

Die Entwicklung eines variablenorientierten Klassifikationssystems für Persönlichkeitseigenschaften erfolgt in drei Schritten: Eingrenzung des Bereichs, Erstellung einer Eigenschaftsliste und Reduktion dieser Eigenschaften auf wenige Dimensionen.

Die ersten beiden Schritte sind offensichtlich zentral für das Klassifikationssystem. Werden bestimmte Persönlichkeitsbereiche von vorneherein ausgeschlossen, z.B. körperliche Merkmale, dann sind sie in dem Klassifikationssystem nicht repräsentiert. Und fehlen Eigenschaften auf der Eigenschaftsliste, so kann der Bereich verzerrt repräsentiert werden. Ältere Klassifikationssysteme wie die von Cattell oder Eysenck behandelten vor allem den zweiten Schritt in der Ableitung des Klassifikationssystems eher unsystematisch.

Erst in neuerer Zeit wurden die beiden ersten Schritte auf Grundlage der Sedimentationshypothese systematisiert (Goldberg, 1981). Danach finden diejenigen Persönlichkeitseigenschaften, die besonders wichtig für den Alltag sind, Eingang in die naive Persönlich-

4.1 · Klassifikationen der Persönlichkeit

keitstheorie. Je wichtiger sie sind, desto eher werden sie sprachlich in einem einzigen Wort – Adjektiv oder Substantiv, seltener ein Verb – abgebildet. Eigenschaftsworte sind »Sedimente« der alltäglichen Erfahrung tatsächlicher Persönlichkeitseigenschaften. Von daher sollte das Lexikon einer Sprache die im Alltag besonders wichtigen Persönlichkeitseigenschaften als Eigenschaftsworte enthalten.

Da es eine enorme Zahl solcher Eigenschaftsworte gibt (vgl. Abschn. 1.3), kann versucht werden, diese Vielfalt auf eine überschaubare Zahl möglichst unterschiedlicher Eigenschaften zu reduzieren. Dazu wird zunächst eine Vorauswahl von Eigenschaftsworten ähnlicher Bedeutung getroffen. Dann werden die so ausgewählten Eigenschaftsworte einer repräsentativen Stichprobe von Personen der interessierenden Population vorgelegt mit der Bitte, diese Items für sich selbst oder für Bekannte zu beurteilen. Die Korrelationen der Items (vgl. Abschn. 2.4.3) geben dann Auskunft über die Ähnlichkeit der Items: Zwei Items sind sich ähnlich, wenn sie hoch miteinander korrelieren, d.h. wenn sie interindividuelle Unterschiede in der Population auf ähnliche Weise abbilden.

> **Merke**
> Die Ähnlichkeit alltagspsychologisch repräsentierter Eigenschaften kann durch die Korrelation von Items bestimmt werden, die diese Eigenschaften beschreiben.

Die durch die Interkorrelationsmatrix der Items abgebildete Ähnlichkeitsstruktur kann dann auf möglichst wenige, untereinander nicht korrelierende Dimensionen reduziert werden. Hierfür wird das statistische Verfahren der Faktorenanalyse verwendet (vgl. »Methodik«).

Das Vorgehen bei der Faktorenanalyse sei hier an einem Beispiel illustriert. Studierende beurteilten sich in bezug auf 15 Eigenschaften auf einer Antwortskala von 1–5. Jede Person kreuzte also 15 Werte an. Tabelle 4.2 zeigt die Korrelationen zwischen allen Paaren von Eigenschaften (die Interkorrelationen der Eigenschaften). Die Korrelationen sind realistisch; sie basieren auf Daten von Ostendorf an über 1000 Studierenden.

Tabelle 4.2. Interkorrelationen von 15 Eigenschaften

Eigenschaft		2	3	4	5	6	7	8	9	10	11	12	13	14	15
kontaktfreudig	1	.52	–.56	–.24	–.18	.41	–.02	.14	.12	.03	.00	.03	.18	.21	–.03
lebenslustig	2		–.53	–.19	–.15	.31	.08	.20	.03	.08	.03	.02	.28	.17	.01
schüchtern	3			.29	.32	–.56	–.04	–.17	–.13	–.09	.02	–.07	–.21	–.22	.06
überempfindlich	4				.48	–.44	.10	.12	–.08	–.39	–.25	.16	–.03	–.15	.08
ängstlich	5					–.51	.05	.10	–.10	.26	–.17	.10	–.05	–.22	.15
selbstsicher	6						–.11	–.07	.21	.10	.03	.05	.15	.36	–.19
ordentlich	7							.38	–.43	–.08	–.17	.18	.01	–.15	.11
besonnen	8								–.35	–.21	–.27	.24	.03	–.14	.21
faul	9									.12	.14	–.14	.03	.22	–.18
gutmütig	10										.54	–.51	–.05	.01	–.05
friedfertig	11											–.81	–.02	.04	–.04
streitlustig	12												.03	–.01	.03
phantasievoll	13													.23	–.20
gebildet	14														–.51
gedankenlos	15														

Korrelationen mit Absolutwerten über .30 sind fett gedruckt

> **Methodik**
>
> **Die Faktorenanalyse**
>
> Die Faktorenanalyse ist ein statistisches Verfahren, mehr oder weniger korrelierende Variablen in Gruppen hoch miteinander korrelierender Variablen zusammenzufassen. Jede solche Variablengruppe wird durch einen Faktor repräsentiert, wobei man sich unter einem Faktor eine neue Variable vorstellen kann, die so gewählt ist, dass ihre Ähnlichkeit zu allen Variablen der Gruppe maximal ist. Erfassen die Variablen Eigenschaften, entsprechen die Faktoren breiteren Eigenschaften.
>
> Die korrelative Ähnlichkeit zwischen Variablen und Faktoren wird durch Faktorenladungen der Variablen beschrieben, die wie Korrelationen zwischen +1 und −1 variieren können. Die Faktoren lassen sich durch die Variablen mit hoch positiven und hoch negativen Faktorenladungen inhaltlich interpretieren. Außerdem wird jeder Person ein Faktorwert für jeden Faktor zugeordnet, der ihre Ausprägung auf dem Faktor beschreibt. Meist wird gefordert, dass die Faktoren unkorreliert sind (»orthogonale Lösung«).

Interkorrelationsmatrizen sind spiegelsymmetrisch, weil die Korrelation zwischen Eigenschaft 1 und 2 identisch mit der Korrelation zwischen Eigenschaft 2 und 1 ist. Deshalb reicht es aus, nur die Korrelationen oberhalb der Diagonalen anzugeben. Die Korrelationen auf der Diagonalen sind 1, weil die Korrelation einer Eigenschaft mit sich selbst 1 ist. Auch die Diagonale kann deshalb weggelassen werden.

Die Eigenschaften wurden bereits so sortiert, dass eine klare Struktur deutlich wird. Betrachten wir nur die fett gedruckten höheren (positiven oder negativen) Korrelationen, so lassen sich Dreiergruppen unterscheiden. Jeweils die ersten beiden Eigenschaften jeder Dreiergruppe korrelieren positiv miteinander und die dritte Eigenschaft negativ mit den beiden vorangehenden Eigenschaften. Zum Beispiel korreliert kontaktfreudig .52 mit lebenslustig, und schüchtern korreliert −.56 mit kontaktfreudig und −.53 mit lebenslustig. Dieses Korrelationsmuster weist darauf hin, dass es eine Eigenschaftsdimension gibt, die von kontaktfreudig und lebenslustig auf der einen Seite zu schüchtern auf der anderen Seite reicht. Kontaktfreudig und lebenslustig ist der eine Pol und schüchtern der entgegengesetzte Pol dieser Dimension. Bei der letzten Dreiergruppe bildet nur gebildet vs. gedankenlos eine solche Dimension; phantasievoll korreliert zwar positiv mit gebildet und negativ mit gedankenlos, aber nur geringfügig.

Mit nur 6 Ausnahmen sind alle anderen Korrelationen gering, d.h. sie variieren zwischen −.30 und +.30. Diese 6 Ausnahmen gehen auf 3 Eigenschaften zurück. Schüchtern korreliert auch mit ängstlich und negativ mit selbstsicher, selbstsicher korreliert auch mit kontaktfreudig und gebildet und gutmütig korreliert auch negativ mit überempfindlich. Im großen und ganzen scheint es also 5 verschiedene, relativ unabhängige Dimensionen zu geben, die den Dreiergruppen entsprechen.

Das wird durch die Faktorenanalyse dieser Korrelationen bestätigt (vgl. ◘ Tabelle 4.3). Gewählt wurde die am häufigsten verwendete Methode, bei der die Faktoren nicht korrelieren (orthogonale Faktoren) und die Faktoren so gewählt wurden, dass sie die Eigenschaftsunterschiede optimal wiedergeben (Varimaxrotation). Bei einer Fünffaktorenlösung zeigt jede Dreiergruppe Faktorenladungen über .55 auf einem einzigen Faktor, und alle Ladungen auf allen anderen Faktoren sind höchstens .42, also deutlich niedriger. Die 15 Eigenschaften lassen sich also auf 5 Faktoren reduzieren. Die geringste Ladung auf dem zugeordneten Faktor ist die Eigenschaft phantasievoll (Ladung nur .56); dies wurde ja auch schon in ◘ Tabelle 4.2 an den vergleichsweise geringen Korrelationen mit den beiden anderen Eigenschaften dieses Faktors deutlich (gebildet und gedankenlos).

Auch die 5 fettgedruckten höheren Ladungen auf anderen als den zugehörigen Faktoren (Querladungen) lassen sich gut durch die Interkorrelationen erklären. Zum Beispiel lädt schüchtern auch auf Faktor 3, weil schüchtern auch mit ängstlich und negativ mit selbstsicher korreliert (vgl. ◘ Tabelle 4.2), und selbstsicher lädt auch auf Faktor 1, weil selbstsicher auch mit kontaktfreudig und lebenslustig und negativ mit schüchtern korreliert.

Querladungen sprechen nur dann gegen eine gute Repräsentation der Eigenschaften durch die Faktoren, wenn sie sehr häufig sind. Vermeiden lassen sie sich nicht, wenn viele Eigenschaften durch wenige Faktoren repräsentiert werden sollen. Denn natürlich sind Eigenschaften nicht in den Köpfen der Beurteiler als sauberes orthogonales Faktorensystem organisiert. Dieses Faktorensystem soll nur die Ähnlichkeitsstruktur der Eigenschaften so effizient wie möglich beschreiben.

Die Faktorenanalyse liefert eine bestimmte Reihenfolge der Faktoren, die deren Bedeutsamkeit entspricht. Der erste Faktor ist besonders bedeutsam, weil er die meisten Unterschiede zwischen den beurteilten Perso-

4.1 · Klassifikationen der Persönlichkeit

Tabelle 4.3. Faktorenladungen der 15 Eigenschaften von Tabelle 4.2

Eigenschaft		Faktor				
		1	2	3	4	5
kontaktfreudig	1	**.79**	−.03	−.17	−.09	.02
lebenslustig	2	**.81**	.07	−.05	.11	.08
schüchtern	3	**−.75**	.07	**.37**	.00	−.07
überempfindlich	4	−.15	−.25	**.75**	.03	.01
ängstlich	5	−.08	−.11	**.81**	.00	−.12
selbstsicher	6	**.42**	−.10	**−.67**	−.18	.20
ordentlich	7	.01	−.08	.00	**.81**	−.01
besonnen	8	**.32**	−.22	.14	**.61**	−.17
faul	9	.15	.05	−.03	**−.79**	.10
gutmütig	10	.00	**.72**	**−.33**	−.03	−.05
friedfertig	11	.00	**.91**	−.07	−.13	.02
streitlustig	12	.02	**−.90**	−.04	.13	−.01
phantasievoll	13	**.39**	−.05	.19	.10	**.56**
gebildet	14	.15	−.05	−.21	−.18	**.75**
gedankenlos	15	.12	.00	.14	.12	**−.82**

Angegeben sind die Faktorenladungen nach Varimax-Rotation. Faktorenladungen mit Absolutwerten über .30 sind fett gedruckt

nen erklärt, der zweite Faktor klärt etwas weniger interindividuelle Variabilität auf usw. Die Zahl der Faktoren, die berücksichtigt werden sollen, ist relativ beliebig. Ein Kriterium ist die von einem Faktor aufgeklärte Variabilität; fällt sie deutlich gegenüber den vorangehenden Faktoren ab, sollte man diesen und die folgenden Faktoren nicht mehr berücksichtigen.

Ein anderes Kriterium ist die Replizierbarkeit der Faktoren. Wird die Stichprobe der Personen per Zufall in zwei Hälften aufgeteilt und eine Faktorenanalyse getrennt für jede Hälfte durchgeführt, sollten die Faktoren zwischen den Hälften hoch korrelieren.

Zahl, Art und Reihenfolge der Faktoren können sich ändern, wenn Eigenschaften weggelassen oder neue hinzugefügt werden oder die Population der Beurteilten verändert wird, z.B. Auszubildende statt Studierende. Denn Korrelationen zwischen Eigenschaften sind wie alle differentiellen Aussagen populationsabhängig

(vgl. Abschn. 2.4.2), und damit ist es auch die Faktorenstruktur.

Durch die Faktorenanalyse konnten also die 15 Eigenschaften auf 5 zugrundeliegende Eigenschaftsdimensionen zurückgeführt werden. Die Daten konnten also ohne großen Informationsverlust vereinfacht werden. Der Informationsverlust ist umso kleiner, je mehr Faktoren man zulässt. Lässt man genauso viele Faktoren zu wie Variablen (im vorliegenden Fall also Eigenschaften), ist der Verlust Null, aber damit wäre nichts gewonnen.

> **Merke**
>
> Die Faktorenanalyse kann genutzt werden, um viele Items in Persönlichkeitsinventaren auf möglichst wenige unabhängige Faktoren zu reduzieren, aus denen sich die Items annähernd reproduzieren lassen. Die Faktoren lassen sich als Eigenschaftsdimensionen interpretieren.

Theoretisch könnte man nun eine große Stichprobe von Personen der interessierenden Population hinsichtlich aller Eigenschaftsworte, die es in der Alltagspsychologie gibt, beurteilen lassen. Die Faktoren der sich ergebenden Interkorrelationsmatrix würden dann ein sparsames Beschreibungssystem für interindividuelle Unterschiede in der Population darstellen. Das praktische Problem bei diesem Ansatz besteht in der immensen Zahl von Eigenschaftsbegriffen. Die englische Sprache z. B. verfügt über ca. 18 000 verschiedene Dispositionsbegriffe (s. unten). Man müsste also jede Person hinsichtlich aller 18 000 Eigenschaftsbegriffe beurteilen lassen – ein Ding der Unmöglichkeit.

Dieses Problem wurde jahrzehntelang dadurch umgangen, dass kleinere, aber heterogene Itemmengen zur Beurteilung herangezogen wurden. Größere Itemzahlen ließen sich schon deshalb nicht verkraften, weil die Faktorenanalysen per Hand gerechnet werden mussten, was enorm zeitaufwendig war. Dadurch entstand das Problem, dass je nach gewählter Itemmenge etwas unterschiedliche Faktoren resultierten. Die Faktoren sind ja nur sparsame Beschreibungen der Itemmenge, und wenn die Items variieren, variieren auch die Faktoren. Die bekanntesten älteren Faktorensysteme waren die von Cattell (1946), Guilford (1964) und Eysenck und Eysenck (1969). Sie variierten erheblich in der Zahl und Art der Faktoren, und die Anhänger verschiedener Systeme stritten sich darum, welches das »richtige« sei. Dieser Streit konnte letztlich nicht befriedigend entschieden werden, weil die Itemauswahl in allen Fällen nicht ausreichend systematisch war.

In den letzten Jahren konnte dieses Problem befriedigender gelöst werden, indem das gesamte Lexikon einer Sprache systematisch nach Eigenschaftsworten durchsucht wurde und diese dann in einem mehrstufigen, schrittweisen Verfahren auf einen überschaubaren Satz von Items reduziert wurden. Aus dieser Itemmenge wurden dann durch entsprechende Beurteilungsuntersuchungen Eigenschaftsfaktoren gewonnen.

Die Stärke dieses lexikalischen Ansatzes (John et al., 1988) liegt darin, dass die Ausgangsdaten nur dadurch begrenzt sind, dass sie im Lexikon der jeweils betrachteten Sprache vorhanden sein müssen (deshalb der Name »lexikalischer Ansatz«) – eine Einschränkung, die nach der Sedimentationshypothese unwesentlich ist, da allen im Alltag wichtigen tatsächlichen Eigenschaften auch Eigenschaftsworte im Lexikon entsprechen. Der Ansatz steht und fällt mit dem Reduktionsprozess, der vom Lexikon zu den Eigenschaftsworten führt, die für die Persönlichkeitsbeurteilungen verwendet werden und damit in die Faktorenanalyse eingehen. Der Reduktionsprozess darf die Ähnlichkeitsstruktur der Ausgangsdaten nicht wesentlich verzerren.

> **Merke**
> Im lexikalischen Ansatz wird das gesamte Lexikon einer Sprache schrittweise reduziert zu einem überschaubaren Satz von Eigenschaftsbezeichnungen. Hiermit werden Selbst- oder Bekanntenbeurteilungen an vielen Personen durchgeführt; die resultierende korrelative Ähnlichkeitsstruktur wird dann durch Faktorenanalyse zu wenigen möglichst unabhängigen Faktoren verdichtet.

John et al. (1988) geben eine Übersicht über frühe lexikalische Ansätze. Die Sedimentationshypothese wurde zuerst von Galton (1884) ansatzweise formuliert. Die erste systematische Zusammenstellung lexikalischer Ausgangsdaten stammt von Allport und Odbert (1936), die die annähernd 550 000 Worte von Webster's New International Dictionary aus dem Jahre 1925 nach Adjektiven, Partizipien und Substantiven durchsuchten, die Persönlichkeitsdispositionen bezeichneten; universelle Verhaltensdispositionen und Gestalteigenschaften (vgl. Abschn. 1.3) wurden nicht berücksichtigt. Selbst nach Ausschluss von Substantiven, die identischen Adjektiven entsprachen (z. B. Ängstlichkeit – ängstlich) und Dialektvarianten ergab sich immer noch eine Liste von 17 953 Worten, darunter allerdings vielen sehr seltenen, die nur von wenigen Englischsprechenden verstanden werden.

An dieser Liste setzten verschiedene Reduktionsverfahren zur Gewinnung von Eingangsdaten für Faktorenanalysen an. Norman (1967) reduzierte diese Liste auf 2 800 gebräuchliche Eigenschaftsworte unter Ausschluss von gesundheitsbezogenen Bezeichnungen (z. B. »kränklich«) und stark bewertenden Bezeichnungen (z. B. »hervorragend«, »bösartig«). Solche Eigenschaften sind wenig sinnvoll, weil sie nicht gut zwischen Personen differenzieren. Jeweils 200 von ihnen wurden Gruppen von jeweils 100 Studenten zur Selbstbeurteilung und zur Beurteilung der Verständlichkeit des Wortes vorgelegt. Aufgrund dieser Beurteilungen entstand eine Liste von 1 566 allgemeinverständlichen Worten, die auch ausreichend zwischen den Studenten differenzierten.

Goldberg (1990) wiederum erweiterte und reduzierte diese Liste in mehreren Schritten der Klassifikation und Beurteilung durch Studenten zu 339 Adjektiven, die in 100 Gruppen fast synonymer Worte klassifiziert wurden

4.1 · Klassifikationen der Persönlichkeit

(z. B. enthielt die Gruppe »Fear« die Adjektive „anxious, fearful, nervous"). Im Verlauf dieses Reduktionsprozesses wurden Worte, die Einstellungen und Werthaltungen bezeichneten (z. B. »konservativ«, »religiös«) oder die sich auf soziale Rollen oder Sexualität bezogen, ausgeschlossen – eine weitere inhaltliche Reduktion der Eingangsvariablen für das anschließende Beurteilungsverfahren.

Bei diesem Beurteilungsverfahren beurteilten Studenten sich selbst oder Bekannte in allen diesen Eigenschaftsworten. Unabhängig von der Art der Beurteilung ergaben Faktorenanalysen fünf Faktoren, die inzwischen als Big Five bezeichnet werden (◘ Tabelle 4.4). Diese Faktoren erhielten ihre Bezeichnungen aus den untergeordneten Eigenschaften (zu erkennen an einer hohen Faktorenladung). Der Kulturfaktor ist der heterogenste von allen fünf Faktoren. Er sollte nicht mit Intelligenz bezeichnet werden, da er wesentlich breiter ist.

Diese fünf Faktoren wurden auch bei anderen Reduktionsverfahren der Listen von Allport und Odbert (1936) oder Norman (1967) gefunden. Für den deutschen Sprachraum durchsuchten Angleitner et al. (1990) Wahrigs deutsches Lexikon nach Adjektiven, die Persönlichkeitseigenschaften beschreiben. Von den gefundenen 5092 Adjektiven wurden 411 Adjektive von mindestens sechs von zehn Beurteilern als Verhaltensdispositionen klassifiziert (wieder unter Ausschluss stark bewertender Bezeichnungen), 116 als Einstellungen und Werthaltungen und 87 als Körpermerkmale. Große Gruppen von Versuchspersonen schätzten dann sich selbst und Bekannte auf 430 Verhaltensdispositionen ein (die 411 wurden um 19 weitere ergänzt). Für die Selbst- und die Bekanntenbeurteilungen ergab sich eine Fünf-Faktoren-Struktur, die den angloamerikanischen »Big Five« weitgehend entsprach (Ostendorf, 1990). Bewertende Bezeichnungen, Einstellungen, Werthaltungen und körperliche Merkmale wurden also auch hier ausgeklammert.

Ebenso ergaben sich diese fünf Faktoren in einer ähnlichen Analyse der Eigenschaftsbegriffe des holländischen Lexikons durch Hofstee et al. (1981), die aber zwei zusätzliche Faktoren fanden: Irritierbarkeit und Konservativismus. Lexikalische Analysen im Italienischen (Caprara & Perugini, 1994) und Ungarischen (Szirmák & de Raad, 1994) konnten nur einige der fünf Faktoren wiederfinden. Deshalb wird in letzter Zeit Faktorenstrukturen mit weniger als 5 Faktoren vermehrte Aufmerksamkeit geschenkt. In so unterschiedlichen Sprachen wie Englisch, Deutsch, Türkisch, Italienisch, Ungarisch und Koreanisch besteht die Dreifaktorenlösung aus den (etwas breiter gefassten) Big-Five-Faktoren Extraversion, Verträglichkeit und Gewissenhaftigkeit (Saucier & Goldberg, 2001). Diese »Big Three« sind im Kulturvergleich besser replizierbar als die Big Five, können aber wegen der geringeren Faktorenzahl weniger Persönlichkeitsunterschiede erklären als die Big Five. Das gilt auch für die drei alternativen Dimensionen positive Emotionalität, negative Emotionalität und Zurückhaltung (engl. »constraint«) im Multidimensional Personality Questionnaire von Tellegen (Patrick et al., 2002), die in etwa den (etwas breiter gefassten) Big-Five-Faktoren Extraversion, Neurotizismus und Gewissenhaftigkeit entsprechen. Zumindest im angloamerikanischen und nordeuropäischen Raum, in dem auch die Big Five gut replizierbar sind, gelten deshalb nach wie vor die Big Five als die optimale Antwort auf die Frage, wie man alltagspsychologisch beschriebene Persönlichkeitsunterschiede mit möglichst wenigen Dimensionen möglichst differenziert beschreiben kann.

Die fünf Faktoren sind auch in manchen Persönlichkeitsinventaren auffindbar, die nicht lexikalisch konstruiert wurden, z.B. im NEO-FFI von Costa und McCrae

◘ Tabelle 4.4. Gebräuchliche englische und deutsche Bezeichnungen für die Big Five sowie für einige ihnen untergeordnete Eigenschaften

Faktor		Untergeordnete Eigenschaften
Englisch	Deutsch	
Neuroticism Emotional instability	Neurotizismus Emotionale Instabilität	Nervosität Ängstlichkeit Erregbarkeit
Extraversion Surgency	Extraversion	Geselligkeit Nicht–Schüchternheit Aktivität
Agreeableness	Liebenswürdigkeit Verträglichkeit	Wärme Hilfsbereitschaft Toleranz
Conscientiousness	Gewissenhaftigkeit	Ordentlichkeit Beharrlichkeit Zuverlässigkeit
Culture Openness to experience Intellect	Kultur Offenheit für Erfahrung Intellekt	Gebildetheit Kreativität Gefühl für Kunst

(1989; deutsche Fassung von Borkenau & Ostendorf, 1993). Versuchen Sie einmal, die in ◻ Abb. 2.13 gezeigten ersten 10 Items des NEO-FFI den 5 Faktoren zuzuordnen.

Wie in der Darstellung des Reduktionsprozesses vor Durchführen der Personenbeurteilungen deutlich wurde, wurden viele Persönlichkeitsbereiche systematisch ausgeschlossen. Deshalb umfassen die Big Five nicht alle Eigenschaften der naiven Persönlichkeitstheorie, vor allem nicht Einstellungen und Werthaltungen, gesundheits- und sexualitätsbezogene Eigenschaften und Eigenschaften, die stark sozial erwünscht oder unerwünscht sind.

Almagor et al. (1995) bezogen in ihre Analyse stark positiv oder negativ bewertete Eigenschaften und einige Einstellungen und Werthaltungen ein und kamen zu einer Sieben-Faktoren-Struktur (»Big Seven«), die vier der Big Five enthielt, anstelle des »Kulturfaktors« einen Faktor »Konventionalität« und zusätzlich die Faktoren »positive Valenz« (höchstladendes Item: »outstanding« – »hervorragend«) und »negative Valenz« (höchstladendes Item: »wicked« – »bösartig«). Positive und negative Valenz bildeten also Faktoren, die nicht nur unabhängig von vier der Big Five waren, sondern auch untereinander unabhängig waren: Es gab viele Personen, die sich oder andere sowohl positiv als auch negativ oder sowohl sehr wenig positiv als auch sehr wenig negativ bewerteten. Diese Struktur wurde auch im Hebräischen und Spanischen (Benet & Waller, 1995) gefunden. Weitere Erweiterungen sind denkbar, wenn man die anderen, bisher nicht berücksichtigten Persönlichkeitsbereiche einbeziehen würde.

> **! Merke**
>
> Die Big Five sind die fünf Faktoren, die sich u.a. aus dem lexikalischen Ansatz von Norman und Goldberg ergaben. Sie beschreiben fünf unabhängige Dimensionen, aus denen sich ein wesentlicher Teil der alltagspsychologisch repräsentierten Eigenschaften im Englischen, Deutschen und Holländischen reproduzieren lässt. Ein Einbezug weiterer alltagspsychologisch repräsentierter Persönlichkeitsbereiche führt zu weiteren Faktoren (z.B. Konventionalität sowie positive und negative Valenz im Modell der Big Seven); eine Reduktion auf die Big Three (Extraversion, Verträglichkeit, Gewissenhaftigkeit) führt zu besserer Vergleichbarkeit zwischen verschiedenen Sprachen.

Die Big Five sind auch geeignet, Persönlichkeitsunterschiede von Kindern und Jugendlichen zu beschreiben. Digman (1989) fand, dass sich Lehrerurteile über Jugendliche gut durch eine Fünffaktorenstruktur beschreiben lassen, und Asendorpf und van Aken (2003, im Druck) fanden dasselbe für Elternbeurteilungen 12- und 17jähriger Kinder. John et al. (1994) zeigten, dass es möglich ist, aus den Items des California Child Q-Set, eines Q-Sort-Verfahrens, Skalen zu bilden, die die Big Five beschreiben. Asendorpf und van Aken (2003) konnten entsprechende Big-Five-Skalen für die deutsche Version dieses Q-Sort-Verfahrens konstruieren.

Kohnstamm et al. (1995) ließen Eltern die Persönlichkeit ihrer Kinder frei beschreiben und versuchten dann, die freien Beschreibungen den Big Five zuzuordnen. Dies gelang bei 3jährigen Kindern in 75% der Fälle und bei neunjährigen Kindern in 79% der Fälle. Die übrigen Fälle wurden 9 Kategorien zugeordnet, z.B. Familienbeziehungen, die jedoch jeweils nicht mehr als 5% der Fälle ausmachten. Dies stützt die Annahme, dass die Big Five auch weite Bereiche der kindlichen Persönlichkeit abdecken.

> **! Merke**
>
> Die fünf Hauptfaktoren der Persönlichkeit beschreiben auch die Persönlichkeit von Kindern.

Die Big Five sind das Resultat der Bemühungen um ein möglichst sparsames System der Beschreibung alltagspsychologisch repräsentierter Persönlichkeitsunterschiede. Dieses sparsame System reicht aber für feinere Unterscheidungen nicht aus. Solche feineren Unterscheidungen lassen sich in einer mit den Big Five konsistenten Weise dadurch erreichen, dass jeder Big-Five-Faktor in mehrere Unterfaktoren gegliedert wird (Saucier & Ostendorf, 1999). Ein Persönlichkeitsinventar, das dieser Logik folgt, ist die revidierte Form des NEO-Persönlichkeitsinventars (NEO-PI-R) von Costa und McCrae (1992) bzw. seine deutsche Fassung von Ostendorf und Angleitner (2003). In diesem Inventar werden für jeden der 5 Faktoren 6 Unterfaktoren oder »Facetten« unterschieden, die jeweils durch eine Skala aus 8 Items erhoben werden. Der gesamte Test enthält also 240 Items. ◻ Tabelle 4.5 enthält die deutschen Bezeichnungen aller Facetten.

Die 60 Items des NEO-FFI (vgl. ◻ Abb. 2.13) sind im NEO-PI-R enthalten, also auch Beispiele für NEO-PI-R Items; der NEO-FFI ist deshalb ein Untertest des NEO-PI-R. Der Vorteil des NEO-FFI ist seine Kürze. Die Vorteile des NEO-PI-R bestehen in der Möglichkeit einer differenzierteren Persönlichkeitsbeschreibung und in der reliableren Messung der Big Five durch die zugeordneten 30 Items.

4.1 · Klassifikationen der Persönlichkeit

Tabelle 4.5. Die Struktur des NEO–PI–R zur Erfassung von Unterfaktoren der Big Five

Big Five/Facetten	Englische Bezeichnungen
Neurotizismus – Ängstlichkeit – Reizbarkeit – Depression – Soziale Befangenheit – Impulsivität – Verletzlichkeit	Neuroticism – Anxiety – Angry Hostility – Depression – Self–Consciousness – Impulsiveness – Vulnerability
Extraversion – Herzlichkeit – Geselligkeit – Durchsetzungsfähigkeit – Aktivität – Erlebnishunger – Frohsinn	Extraversion – Warmth – Gregariousness – Assertiveness – Activity – Excitement-Seeking – Positive Emotions
Offenheit für Erfahrungen – Offenheit für Phantasie – Offenheit für Ästhetik – Offenheit für Gefühle – Offenheit für Handlungen – Offenheit für Ideen – Offenheit des Normen und Wertesystems	Openness to Experience – Fantasy – Aesthetics – Feelings – Actions – Ideas – Values
Verträglichkeit – Vertrauen – Freimütigkeit – Altruismus – Entgegenkommen – Bescheidenheit – Gutherzigkeit	Agreeableness – Trust – Straightforwardness – Altruism – Compliance – Modesty – Tender-Mindedness
Gewissenhaftigkeit – Kompetenz – Ordnungsliebe – Pflichtbewusstsein – Leistungsstreben – Selbstdisziplin – Besonnenheit	Conscientiousness – Competence – Order – Dutifulness – Achievement Striving – Self-Discipline – Deliberation

> **Merke**
> Die Big Five können in Unterfaktoren gegliedert werden. Eine solche hierarchische Struktur weist z.B. das Persönlichkeitsinventar NEO-PI-R auf.

Metaphorisch betrachtet stellen die Big Five so etwas wie ein Koordinatensystem für alltagspsychologische Persönlichkeitsbeschreibungen dar. Die Big Five beschreiben Achsen eines fünfdimensionalen Raumes, innerhalb dessen Persönlichkeitsbeschreibungen variieren.

Jede Person lässt sich innerhalb des Fünffaktorenmodells durch 5 Koordinaten auf diesen Achsen beschreiben, oder differenzierter durch zusätzliche Koordinaten auf Achsen, die Unterfaktoren der Big Five entsprechen. Gleichzeitig lassen sich viele andere Persönlichkeitsdimensionen als Kombinationen der Big Five (oder ihrer Unterfaktoren) darstellen. Zum Beispiel lässt sich die alltagspsychologisch gut repräsentierte Dimension Schüchternheit als Kombination der Big Five Dimensionen Extraversion und Neurotizismus darstellen, nämlich Schüchternheit = Neurotizismus – Extraversion: Schüchternheit korreliert positiv mit Neurotizismus und negativ mit Extraversion. Die Achse Schüchternheit liegt also »quer« zu zwei der 5 Big-Five-Achsen (vgl. hierzu Abschn. 4.3.2, Abb. 4.9). Die für die Personalauswahl besonders wichtige Dimension Integrität korreliert nicht nur mit zwei, sondern mit allen Big-Five-Faktoren außer dem Kulturfaktor, liegt also quer zu vier der Big Five. Das Fünffaktorenmodell sollte nicht dahingehend missverstanden werden, dass nur die 5 Faktoren oder ihre Unterfaktoren bedeutsame Persönlichkeitsdimensionen sind. Je nach den interessierenden Persönlichkeitsbereichen können Kombinationen dieser (Unter)faktoren ebenso gut oder auch besser geeignet sein, Persönlichkeitsunterschiede zu beschreiben als die (Unter)faktoren selbst.

> **Merke**
> Je nach Fragestellung sind einige der Big Five, einige Unterfaktoren der Big Five oder Kombinationen hiervon am besten geeignet, die interessierenden Persönlichkeitsunterschiede zu beschreiben.

Auch komplexere Beschreibungssysteme aus mehr als nur einer Persönlichkeitsdimension können als Teil des Fünffaktorenmodells verstanden werden. Dies sei hier am Beispiel der interpersonellen Persönlichkeitsdimensionen illustriert. Darunter werden seit Sullivan (1953) Persönlichkeitsunterschiede verstanden, die sich ausschließlich in der sozialen Interaktion mit anderen zeigen. Leary (1957) formulierte als erster die Annahme, dass diese Persönlichkeitsunterschiede durch ein Kreismodell beschreibbar seien. Die vertikale Achse repräsentiere die Dimension Status (Dominanz versus Unterwürfigkeit), die horizontale Achse die Dimension Liebe (Liebe versus Hass). Jede interpersonelle Persönlichkeitsdimension lasse sich als Kombination dieser beiden Achsen auffassen.

Dieser Ansatz wurde von Wiggins und Mitarbeitern methodisch und empirisch weiterentwickelt zu einem

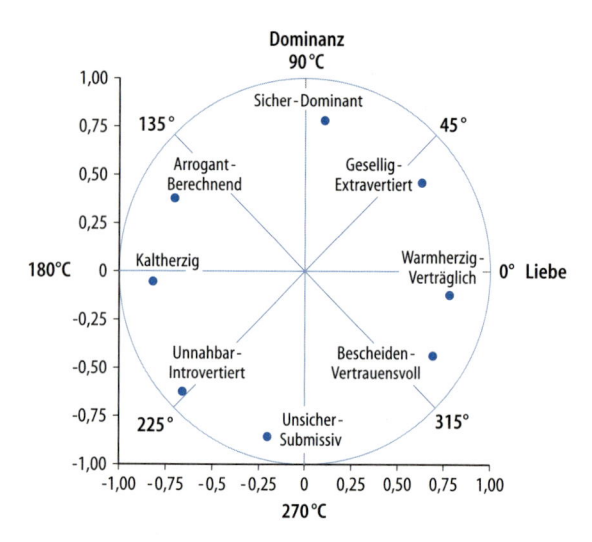

Abb. 4.1. Lage der deutschen IAS-R Skalen im Interpersonellen Zirkumplex von Wiggins (s. Text). Die *Punkte* geben die empirisch geschätzte Lage der Skalen an

Inventar zur Beschreibung interpersoneller Persönlichkeitsmerkmale, den Revised Interpersonal Adjective Scales (IAS-R; Wiggins et al., 1988; deutsche Version von Ostendorf, 2001). ◼ Abbildung 4.1 illustriert das zugrundeliegende Kreismodell, den interpersonellen Zirkumplex. Das Inventar enthält 8 Skalen mit jeweils 8 Items, insgesamt also 64 Items. Jedes Item ist ein persönlichkeitsbeschreibendes Adjektiv wie z. B. warmherzig, das auf einer mehrstufigen Zustimmungsskala (trifft auf die beurteilte Person gar nicht zu – sehr gut zu) beurteilt wird; es sind Selbstbeurteilungen oder Beurteilungen anderer möglich. Die 8 Skalen wurden so konstruiert, dass sie zeigerförmig den gesamten Kreis in 8 Kreissegmente zerlegen. Gegensatzpole wie extravertiert – introvertiert sind durch separate Skalen repräsentiert, die deshalb hoch negativ korrelieren sollten. Die Items wurden faktorenanalysiert und die ersten beiden Faktoren als Liebe und Dominanz interpretiert. ◼ Abbildung 4.1 zeigt den theoretisch erwarteten Winkel, den jede Skala zum Faktor Liebe aufweisen sollte, sowie den tatsächlichen Winkel, der sich empirisch für eine Stichprobe von 408 Deutschen im Alter von 15–81 Jahren ergab (der Winkel lässt sich aus den Korrelationen der Skala mit den beiden Faktoren Liebe und Dominanz bestimmen; vgl. z. B. Wiggins et al., 1988). Wie schon in den vorangegangenen nordamerikanischen Untersuchungen zeigte sich auch für die deutsche Version der IAS-R eine sehr gute Modellpassung und eine ausreichende Reliabilität der Skalen.

Diese gute Modellpassung wurde allerdings dadurch erreicht, dass alle Segmente des interpersonellen Kreises in möglichst gleicher Weise durch Items erfasst wurden. Das führte dazu, dass sozial extrem unerwünschte Items wie kaltherzig Verwendung fanden.

Wie schon McCrae und Costa (1989) fand auch Ostendorf (1990), dass die beiden Hauptachsen Dominanz und Liebe eng mit den Big-Five-Faktoren Extraversion und Verträglichkeit korrespondieren. Von daher können interpersonelle Kreismodelle als Differenzierungen eines Teils des Fünffaktorenmodells aufgefasst werden, nämlich des von den beiden interpersonellen Faktoren Extraversion und Verträglichkeit aufgespannten zweidimensionalen Teilraumes des fünfdimensionalen Gesamtraumes.

> **Merke**
>
> Interpersonelle Persönlichkeitsmerkmale lassen sich gut durch interpersonelle Zirkumplexmodelle beschreiben. Sie können als Differenzierungen desjenigen Teilmodells des Fünffaktorenmodells aufgefasst werden, das durch die beiden interpersonellen Big-Five-Faktoren Extraversion und Verträglichkeit definiert ist.

Der Nutzen von lexikalisch begründeten Faktorenmodellen für die Persönlichkeitspsychologie besteht zum einen darin, Grundlage für die Entwicklung ökonomischer Fragebogenverfahren zu sein, die breite Bereiche der alltagspsychologisch repräsentierten Persönlichkeit erfassen können. Kommt es nur auf eine schnelle, oberflächliche Persönlichkeitsbeschreibung an oder darauf, generelle Aussagen über Persönlichkeitsunterschiede zu machen, ohne dass deren Inhalt interessiert (z. B. um die allgemeine Frage zu untersuchen, wie stark Selbst- und Bekanntenbeurteilungen zusammenhängen), reicht eine Erfassung nur der Big Five aus. Sollen Personen differenzierter beschrieben werden, sollten auch Unterfaktoren der Big Five erfasst werden, z. B. durch den NEO-PI-R.

Zum zweiten können solche Modelle dazu dienen, die inzwischen uferlose Zahl von Persönlichkeitsskalen übersichtlich zu klassifizieren. Die meisten dort erfragten Eigenschaften lassen sich als Unterfaktoren der Faktoren eines lexikalisch abgeleiteten Modells oder als Kombination dieser Faktoren auffassen.

> **Merke**
>
> Lexikalisch begründete Faktorenmodelle können zur Klassifikation vorhandener Persönlichkeitsskalen und
> ▼

zur Konstruktion von Inventaren verwendet werden, die wichtige Bereiche alltagspsychologisch repräsentierter Eigenschaften erfassen.

Der Nutzen des lexikalischen Ansatzes für die Persönlichkeitspsychologie ist begrenzt (vgl. Block, 1995, für eine ausführliche Diskussion). Die vielleicht wichtigste und unüberwindliche Grenze liegt darin, dass es sich nur um eine Beschreibung der Ähnlichkeitsstruktur von Eigenschaften handelt, die alltagspsychologisch repräsentiert sind. Was sich nach alltagspsychologischer Wahrnehmung ähnlich sieht, muss sich aber nach wissenschaftlichen Kriterien noch lange nicht ähneln. Walfische scheinen Thunfischen ähnlicher als Menschen zu sein, obwohl nach biologischen Kriterien Walfische Menschen ähnlicher sind, denn beide sind Säugetiere, während Thunfische Fische sind. Eine noch so genaue Klassifikation von Tieren nach alltagsbiologischen Analogien wird letztlich einer wissenschaftlichen Klassifikation nach Homologien – gemeinsamen Funktionen, die auf einen gemeinsamen evolutionären Ursprung zurückzuführen sind – unterlegen sein.

Entsprechend begrenzt sind die Aussagen, die sich aus faktorenanalytischen oder anderen Klassifikationen von Daten ergeben, die auf alltagspsychologischen Eigenschaftsurteilen beruhen, und entsprechend vorsichtig muss man mit direkten Schlüssen von der alltagspsychologischen Ähnlichkeit auf die funktionale Ähnlichkeit sein. Eine Metapher mag das verdeutlichen (»Unter der Lupe«).

Wie »Unter der Lupe« deutlich macht, ist es abwegig, die Rolle der »Big Five« oder eines anderen Faktorensystems alltagspsychologisch repräsentierter Eigenschaften mit der Rolle zu vergleichen, das das Periodensystem der Elemente in der Chemie spielt. Derartige Vergleiche wurden von Verfechtern des faktorenanalytischen Ansatzes aber häufig gezogen (vgl. z.B. Goldberg, 1981). Die Persönlichkeitspsychologie kommt zwar in einer frühen Phase ihrer Entwicklung nicht umhin, mit alltagspsychologischen Konzepten zu arbeiten, muss diese aber letztlich überwinden, um in der Vorhersage und Erklärung individueller Besonderheiten besser zu werden als die Alltagspsychologie. Was immer dem Periodensystem der Elemente in der Persönlichkeitspsychologie entsprechen mag – es wird sich nicht durch Faktorenanalysen von Eigenschaftsurteilen finden lassen, sondern nur durch eine Analyse der Funktionen von Eigenschaften, z.B. im Rahmen eines Informationsverarbeitungsmodells (vgl. Abschn. 2.5).

> **Unter der Lupe**
>
> **Kritik des lexikalischen Ansatzes – eine Parabel**
> Die Faktoren alltagspsychologischer Eigenschaften werden oft mit »Elementen der Persönlichkeit« verglichen. Dass dieser Vergleich hinkt, mag die folgende Parabel zeigen (Asendorpf, 1991): Bekanntlich waren die Alchemisten im Mittelalter auf der Suche nach einer Formel, die es ihnen ermöglichte, Gold künstlich herzustellen. Annahme war, dass Gold kein Element ist, also ein nicht weiter analysierbarer Stoff, sondern sich aus anderen Elementen synthetisieren ließe (wie wir heute wissen, war das eine falsche Annahme). Die Strategie der Alchemisten war: Klassifiziere Stoffe nach ihren Eigenschaften, finde Grundeigenschaften heraus und reduziere so die Möglichkeiten der Stoffkombinationen bei den Syntheseversuchen auf ein praktikables Minimum. Man stelle sich nun vor, Alchemisten hätten auf den Märkten an lesekundige Kundschaft Fragebögen verteilt, worin jeweils ein Stoff auf Eigenschaften wie hart-weich, leicht-schwer oder glänzend-stumpf einzuschätzen gewesen wäre. Hätten die Alchemisten die chemischen Elemente durch Faktorenanalysen dieser Fragebogenantworten des Marktpublikums herausgefunden? Verrückt nach Gold, wie die Alchemisten waren, hätten sie es sicher jedenfalls versucht; ihr ausgeprägter Sinn für Zahlenmystik hätte diesen Versuch nur gefördert. So verblendet, dass sie die Faktoren von Eigenschaftsbeschreibungen für chemische Elemente gehalten hätten, wären aber wohl nicht einmal Alchemisten gewesen. Was die Faktorenanalytiker unter den Alchemisten herausgefunden hätten, wären bestimmte, sinnlich leicht wahrnehmbare Oberflächeneigenschaften von Stoffen, an denen sich die Alltagschemie ihres Marktpublikums orientierte. Das Periodensystem der Elemente wäre so nie entdeckt worden.

4.1.2 Persönlichkeitstypen

Die faktorenanalytischen Klassifikationen entsprechen der variablenorientierten Sicht im Eigenschaftsparadigma: Klassifiziert werden Eigenschaften, nicht Personen. In der Alltagspsychologie wird aber eher personorientiert gedacht; intuitiv klassifiziert man nicht Eigenschaften, sondern Personen nach ihren Eigenschaften. Personen, die sich in ihren Eigenschaften ähnlich sind, gehören demselben Persönlichkeitstyp an. Das Klassifikationsproblem besteht aus personorientierter Sicht also darin, die Vielfalt der Persönlichkeitsformen durch möglichst wenige Persönlichkeitstypen zu beschreiben.

Wie alle Begriffe lassen sich auch Persönlichkeitstypen auf zwei unterschiedliche Weisen beschreiben (vgl. Rosch, 1973): durch Auflistung kritischer Merkmale und durch Prototypen. Im ersten Falle wird ein Persönlichkeitstyp durch ein oder mehrere Eigenschaften definiert; eine Person wird dann dem Persönlichkeitstyp zugewiesen, wenn sie alle Eigenschaften aufweist. Zum Beispiel können zu jeder Eigenschaftsdimension, z. B. den Big Five (vgl. Abschn. 4.1.1), zwei Typen durch sehr hohe bzw. sehr niedrige Werte definiert werden. Dieser Extremgruppenansatz ist weit verbreitet.

Zum Beispiel können Extravertierte durch Extraversionswerte definiert werden, die höher sind als bei 66% der Population, also im oberen Drittel (»Terzil«) der Verteilung liegen, und Introvertierte durch Extraversionswerte, die niedriger sind als bei 67% der Population, die also im unteren Terzil der Verteilung liegen. Ein Drittel der Personen würde in diesem Fall nicht klassifizierbar sein. Alle Personen wären nur dann klassifizierbar, wenn die Typen durch die obere bzw. untere Hälfte der Verteilung definiert werden (»Median-Split«), aber dann sind sie nicht mehr extrem.

Komplexer sind Klassifikationssysteme, die auf zwei und mehr Eigenschaftsdimensionen beruhen. Zum Beispiel wurden von Weinberger et al. (1979) Represser durch hohe Werte in sozialer Erwünschtheit und niedrige Werte in Ängstlichkeit definiert (vgl. Abschn. 2.2.4, ◘ Abb. 2.2). Unterscheidungen durch mehr als 2 Eigenschaftsdimensionen stoßen schnell an Grenzen. Werden z. B. Typen per Median-Split der Big Five definiert, gibt es $2^5 = 32$ verschiedene Persönlichkeitstypen. Will man sie empirisch untersuchen und möchte zumindest 10 Personen pro Typ haben, um Typenunterschiede von zufälligen Unterschieden statistisch trennen zu können, braucht man hierfür nicht nur 320 Personen, sondern erheblich mehr, weil sich die Personen auf die Typen nicht gleichmäßig verteilen.

Diese ungleiche Verteilung liegt nicht nur an Zufallsschwankungen, sondern auch an systematischen Korrelationen der Eigenschaftsdimensionen. Schon geringe Korrelationen um .35 führen typischerweise zu großen Unterschieden in den Extremgruppen: Die kleinsten sind weniger als halb so groß wie die größten. Korrelationen dieser Größenordnung lassen sich praktisch nie vermeiden, wenn viele Eigenschaften durch Persönlichkeitsskalen gemessen werden.

Schwerwiegender als diese praktischen Probleme ist die Tatsache, dass die Typenbildung durch Extremgruppeneinteilung äußerst beliebig ist, weil das Kriterium der Gruppeneinteilung beliebig ist. Es bleibt unklar, wie auf diesem Wege Klassifikationen der Persönlichkeit entstehen sollen, die die Grenzlinien zwischen den Typen optimal ziehen, so dass Persönlichkeitsunterschiede innerhalb der Typen minimal und Persönlichkeitsunterschiede zwischen den Typen maximal sind.

> **Merke**
>
> **Typeneinteilungen durch Extremgruppenbildung sind äußerst beliebig und stoßen bei mehr als zwei zugrundegelegten Eigenschaften auf praktische Probleme, was die Zahl und Größe der Typen angeht.**

Alternativ können Persönlichkeitstypen durch Prototypen beschrieben werden. Ein Persönlichkeitsprototyp ist die Persönlichkeit einer fiktiven Person, die den Persönlichkeitstyp repräsentiert. Beispielsweise kann ein Prototyp durch ein Q-Sort-Profil (vgl. ◘ Abb. 2.12), ein Intelligenzprofil (vgl. ◘ Abb. 2.9) oder ein Profil aus Big-Five-Werten beschrieben werden (Methode der Psychographie nach Stern, 1911; vgl. ◘ Abb. 2.7). Personen werden demjenigen Prototyp zugeordnet, dem sie am ähnlichsten sind (Komparationsforschung nach Stern). So werden Klassen einander ähnlicher Personen gebildet – Persönlichkeitstypen.

Im Gegensatz zur Klassifikation durch kritische Merkmale, z. B. in Form des Extremgruppenansatzes, muss der Prototyp nicht tatsächlich vorhanden sein. Er entspricht einem Persönlichkeitsideal, das möglicherweise von keiner Person erfüllt wird. Wichtig ist nur, dass viele Personen diesem Ideal ähneln. Das sei hier am Beispiel der statistisch normalen Persönlichkeit illustriert.

Die statistisch normale Persönlichkeit kann als ein Persönlichkeits-Prototyp betrachtet werden. Sie kann z. B. auf Grundlage der Big Five definiert werden als das Profil der Modalwerte in diesen 5 Eigenschaftsfaktoren (der Modalwert einer Verteilung ist der häufigste Wert der Verteilung). Gibt es Personen, die diesem Profil entsprechen oder handelt es sich um eine statistische Fiktion?

Auf den ersten Blick scheint diese Frage seltsam. Dieses Profil besteht aus dem häufigsten Wert in den einzelnen Eigenschaften. Von daher sollte es nicht nur vorkommen, sondern sogar besonders häufig vorkommen. Das ist jedoch nicht so. Werden z. B. die Big Five mit dem NEO-FFI an einer großen Stichprobe von Studierenden erhoben, geben pro Skala nur etwa 7% der Befragten den Modalwert an. Das liegt u. a. daran, dass jede Skala aus 12 Items besteht, die auf einer Antwortskala mit 5 verschiedenen Alternativen beurteilt werden. Es gibt also 60 verschiedene Antwortmöglichkeiten pro Skala. Wegen dieser feinen Differenzierung der Werte gibt nur ein kleiner Prozentsatz der Befragten den häufigsten Wert an; die anderen Werte sind noch seltener.

Das Profil der Modalwerte der 5 Skalen kommt selbst bei 100 000 Personen aller Wahrscheinlichkeit nach nicht ein einziges Mal vor, denn die 5 Skalen sind weitgehend (wenn auch nicht gänzlich) statistisch unabhängig. Wären sie völlig unabhängig, betrüge die Wahrscheinlichkeit, dass eine Person dieses Profil aufweist, $0{,}7^5 = 0{,}0002\%$. Nur zwei unter einer Million Personen würden also der statistischen Normalität perfekt entsprechen. Diese Überlegungen gelten in ganz ähnlicher Weise auch für andere Bestimmungen der statistisch normalen Persönlichkeit, z. B. anhand der Skalenmittelwerte.

> **Merke**
> Abweichungen der Persönlichkeit von der statistisch normalen Persönlichkeit sind normal. Die durch und durch normale Persönlichkeit ist eine statistische Fiktion.

Diese Überlegungen zeigen gleichzeitig, dass es nicht möglich ist, Persönlichkeitstypen empirisch zu identifizieren, indem man einfach die Häufigkeit von Persönlichkeitsprofilen bestimmt, denn es ist unwahrscheinlich, dass dasselbe Profil in einer Stichprobe von Personen überhaupt mehrfach vorkommt (jedenfalls dann, wenn die Profile auf fein abgestuften Eigenschaftsmessungen beruhen).

Alternativ kann man durch statistische Methoden aber prototypische Profile bestimmen und Personen nach der Ähnlichkeit ihrer Profile mit den prototypischen Profilen klassifizieren. Persönlichkeitstypen sollten so gebildet werden, dass die Personen innerhalb der Typen sich möglichst ähnlich in ihren Eigenschaften sind, sich zwischen den Typen aber möglichst stark unterscheiden.

Eine Möglichkeit hierzu bietet wieder die Faktorenanalyse (vgl. Abschn. 4.1.1). Die Profile einer Stichprobe von Personen werden miteinander korreliert und dann Gruppen ähnlicher Profile durch Faktorenanalyse gebildet. Die statistische Technik ist dieselbe wie bei der »normalen« Faktorenanalyse (vgl. Abschn. 4.1.1). Aber diese Form der Faktorenanalyse (die »Q-Faktorenanalyse«) hat als Ausgangsdaten Korrelationen individueller Eigenschaftsprofile, nicht Korrelationen von Eigenschaftsvariablen, und erzeugt Faktoren in Form prototypischer Persönlichkeitsprofile, nicht in Form neuer Eigenschaftsvariablen.

Die Q-Faktorenanalyse ergibt Persönlichkeitsprototypen. Auf dieser Grundlage lassen sich in einem zweiten Schritt Persönlichkeitstypen (Gruppen von Personen mit ähnlicher Persönlichkeit) bilden, indem jede Person demjenigen Prototyp zugeordnet wird, mit dessen Profil ihr Profil am höchsten korreliert.

> **Merke**
> Persönlichkeitstypen lassen sich mit Hilfe der Q-Faktorenanalyse in zwei Schritten empirisch bestimmen: Q-Faktorenanalyse der Profile und Gruppierung der Personen nach ihrer Ähnlichkeit mit den Faktoren (den prototypischen Profilen).

Diese Methode sei hier anhand einer Studie von Asendorpf und van Aken (1999) geschildert. 151 Kinder wurden im Alter von 4, 5 und 6 Jahren jeweils durch ihre Erzieherin im Kindergarten mit der deutschen Version des California Child Q-Set eingeschätzt (vgl. auch ◘ Abb. 2.12). Er enthält 54 Eigenschaftsbeschreibungen für diese Altersgruppe. Die Profile zeigten eine ausreichende Stabilität zwischen den drei Messzeitpunkten und wurden deshalb pro Kind gemittelt, um den Messfehler zu reduzieren. Ausgangspunkt der Analyse waren also 151 Profile.

Q-Faktorenanalysen mit 3, 4 und 5 Faktoren ergaben, dass nur die Lösung mit 3 Faktoren eine hohe Ähnlichkeit zwischen zufällig aufgeteilten Stichprobenhälften zeigte. Die 3-Faktorenlösung wurde deshalb weiter analysiert. Die 3 Faktoren entsprechen prototypischen Persönlichkeitsprofilen. Sie können anhand der Faktorenwerte der einzelnen Q-Sort-Items charakterisiert werden. ◘ Tabelle 4.6 zeigt die 5 Items mit den höchsten und den niedrigsten Werten pro Faktor.

Die 3 Persönlichkeits-Prototypen lassen sich gut im Rahmen der Persönlichkeitstheorie von Block und Block (1980) interpretieren. Danach sind überkontrollierte Kinder emotional und motivational gehemmt, während unterkontrollierte Kinder stark impulsiv sind. Beides seien rigide und von daher unangepasste Formen der Impulskontrolle. Resiliente Kinder (von englisch »resilient« = elastisch, unverwüstlich) seien dagegen in der Lage, ihre Gefühle und Handlungsimpulse in flexibler Weise je nach Situation zu kontrollieren.

Tabelle 4.6. Drei Persönlichkeitsprototypen von Kindern

Prototyp 1: Resilient	Prototyp 2: Überkontrolliert	Prototyp 3: Unterkontrolliert
1. Aufmerksam	1. Kommt gut mit anderen aus	1. Vital, lebhaft
2. Tüchtig und geschickt	2. Rücksichtsvoll	2. Unruhig und zappelig
3. Hat Selbstvertrauen	3. Hilfsbereit	3. Hält sich an keine Grenzen
4. Immer voll bei der Sache	4. Gehorsam und gefügig	4. Äußert negative Gefühle
5. Neugierig	5. Verständig und vernünftig	5. Schiebt Schuld auf andere
50. Viele Stimmungsschwankungen	50. Hat Selbstvertrauen	50. Furchtsam und ängstlich
51. Unreifes Verhalten unter Stress	51. Hält sich an keine Grenzen	51. Gibt bei Konflikten nach
52. Verliert leicht die Kontrolle	52. Ist selbstsicher	52. Hohe Ansprüche an sich
53. Ist leicht eingeschnappt	53. Ärgert andere Kinder	53. Gehemmt
54. Fängt leicht an zu weinen	54. Aggressiv	54. Grübelt oft

Angegeben sind die Items mit den 5 höchsten und den fünf niedrigsten Faktorenwerten pro Faktor in einer Q–Faktorenanalyse der 54 Q–Sort–Items

Wenn die Kinder dem jeweils ähnlichsten Prototyp zugeordnet wurden, waren 49% resilient, 21% überkontrolliert und 31% unterkontrolliert. Dass die resiliente, unproblematische Gruppe deutlich größer war als die beiden nichtresilienten, problematischen entspricht der Erwartung.

Die Kinder wurden noch einmal im Alter von 10 Jahren von ihren Eltern mit demselben Q-Sort-Verfahren beurteilt. Wieder ergaben sich 3 Prototypen (diesmal aus Sicht der Eltern), die hoch mit den Prototypen aus Sicht der Erzieherinnen korrelierten. Die Prototypen waren also konsistent zwischen verschiedenen Urteilern und Altersgruppen. Sie korrelierten auch mittelhoch bis hoch mit Prototypen, die in vergleichbaren Untersuchungen holländischer, isländischer und US-amerikanischer Kinder gefunden wurden. Die 3 Persönlichkeitsprototypen scheinen von daher ähnlich fundamental für die personorientierte Persönlichkeitsbeschreibung im Kindesalter zu sein wie die Big Five für die variablenorientierte Persönlichkeitsbeschreibung.

Da die Kinder in dieser Studie im Alter von 12 Jahren von ihren Eltern auch in einem Big-Five-Fragebogen eingeschätzt worden waren, konnten die 3 Persönlichkeitstypen anhand ihrer mittleren Werte in den 5 Hauptfaktoren der Persönlichkeit charakterisiert werden (vgl. Abb. 4. 2a). Die Big-Five-Werte sind als z-Werte ausgedrückt, um die Abweichungen der 3 Typen vom Mittelwert direkt deutlich zu machen (der Mittelwert aller Kinder ist 0; vgl. Abschn. 2.4.3). Robins et al. (1996) fanden ein sehr ähnliches Muster für US-amerikanische Kinder.

Übereinstimmend fanden Asendorpf und van Aken (1999) und Robins et al. (1996), dass Resiliente erniedrigte Werte in Neurotizismus und leicht erhöhte Werte in allen anderen Skalen hatten, was insgesamt als sozial erwünschtes Muster gelten kann, und dass Überkontrollierte durch besonders niedrige Werte in Extraversion und Unterkontrollierte durch besonders niedrige Werte in Gewissenhaftigkeit und Verträglichkeit charakterisiert waren. Auch dieses Muster stützt die Interpretation im Sinne einer unterschiedlichen Impulskontrolle. Asendorpf und van Aken (1999) fanden zudem in Übereinstimmung mit Robins et al. (1996), dass resiliente Kinder intelligenter waren als die beiden anderen Gruppen und eine bessere Schulleistung aufwiesen. Unterkontrollierte wurden als aggressiver beurteilt.

> **Merke**
>
> Im Kindesalter lassen sich mit Hilfe von Q-Sort und Q-Faktorenanalyse drei Haupttypen der Persönlichkeit unterscheiden: resilient, überkontrolliert und unterkontrolliert. Sie zeigen ein charakteristisches Muster in den Big Five und unterscheiden sich in ihrer Intelligenz, Schulleistung und Aggressivität.

4.1 · Klassifikationen der Persönlichkeit

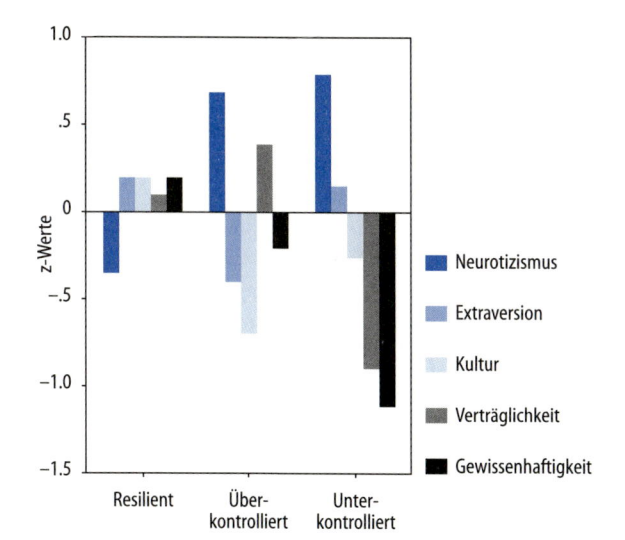

Abb. 4.2a. Mittelwerte der drei Persönlichkeitstypen im Kindesalter in den Big Five (Elternurteile)

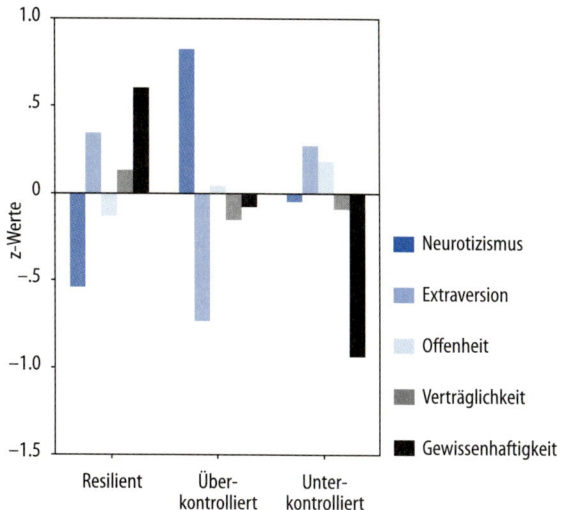

Abb. 4.2b. Mittelwerte der drei Persönlichkeitstypen im Erwachsenenalter in den Big Five (Selbstbeurteilung im NEO-FFI; Asendorpf et al., 2001)

Untersuchungen zu Persönlichkeitstypen im Erwachsenenalter wählen einen anderen methodischen Zugang. Da Q-Sorts für das Erwachsenenalter nicht so verbreitet sind wie Persönlichkeitsskalen, werden die Typen auf der Grundlage von Profilen in Persönlichkeitsskalen klassifiziert. Die Q-Faktorenanalyse ist hierfür nicht geeignet, da sie auf Korrelationen als Maß der Ähnlichkeit von Profilen basiert, die Unähnlichkeiten in den Mittelwerten und Standardabweichungen der Profile ignorieren (vgl. 2.4.3). Unterscheiden sich z.B. 2 Personen nur darin, dass die eine auf allen Big-Five-Skalen höhere Werte hat als die andere, würden ihre Profile zu 1 korrelieren, ihre Unterschiedlichkeit also nicht erkannt werden. Bei Q-Sorts ist dies kein Problem, weil die Beurteiler typischerweise aufgefordert werden, die Eigenschaften der beurteilten Person gleichmäßig auf alle Kategorien aufzuteilen (erzwungene Gleichverteilung), so dass Mittelwert und Standardabweichung aller Personen gleich sind.

Sollen also Typen aufgrund von Persönlichkeitsprofilen klassifiziert werden, muss diese Klassifikation auf einem Maß der Profilähnlichkeit beruhen, das sensitiv für Unterschiede in den Mittelwerten und Standardabweichungen der Profile ist. Ein solches Maß ist z.B. die euklidische Distanz. Das ist die Wurzel aus der Summe der Abweichungsquadrate in den einzelnen Eigenschaften. Je stärker sich 2 Personen in vielen Eigenschaften unterscheiden, desto größer ist die euklidische Distanz ihrer Profile. Ziel der Klassifikation ist es also, Personen so in Gruppen zusammenzufassen, dass die euklidischen Distanzen innerhalb der Gruppen möglichst klein, zwischen den Gruppen aber möglichst groß sind. Dies leistet die statistische Methode der Clusteranalyse (vgl. »Methodik«).

Während die Q-Faktorenanalyse prototypische Profile erzeugt, denen dann in einem zweiten Schritt Personen nach Ähnlichkeit zugeordnet werden, erzeugt die Clusteranalyse direkt Gruppen von Personen, für die dann in einem zweiten Schritt das prototypische Profil berechnet wird. Abbildung 4.2b zeigt eine Dreiclusterlösung der Clusteranalyse der NEO-FFI-Profile von 730 Erwachsenen im Alter von 18–24 Jahren (überwiegend Studierende). Für jedes Cluster ist das mittlere Profil angegeben, das die prototypische Persönlichkeit des entsprechenden Persönlichkeitstyps beschreibt. Das Profil ist in z-Werten beschrieben, so dass Abb. 4.2b direkt mit Abb. 4.2a verglichen werden kann.

Die prototypischen Profile der 3 Typen für das Erwachsenenalter entsprechen recht gut denen für das Kindesalter mit Ausnahme der Verträglichkeits- und Neurotizismuswerte des unterkontrollierten Typs. Dies scheint weniger auf das unterschiedliche Alter als auf die unterschiedliche Methode der Beurteilung zurückzuführen sein, denn es gibt Hinweise darauf, dass Unterkontrollierte sich für verträglicher und weniger neurotisch halten als sie von anderen eingeschätzt werden. Von daher erscheint es angemessen, die 3 Typen für das Erwachsenenalter genauso zu benennen wie die drei Typen für das Kindesalter. Wieder war der resiliente Typ der häufigste (43% der Personen); Überkontrollierte (30%) waren ähnlich häufig wie Unterkontrollierte (27%).

> **Methodik**
>
> **Typenbestimmung durch Clusteranalyse**
>
> In einer großen Stichprobe der interessierenden Population werden viele Persönlichkeitseigenschaften durch ein Persönlichkeitsinventar gemessen, z.B. die Big Five. Für jede Person wird das Profil ihrer Skalenwerte bestimmt, z.B. ihre Werte in den Big Five. Die Clusteranalyse gruppiert die Profile so in eine vorgegebene Zahl von Clustern (Gruppen von Profilen), dass die Unterschiede innerhalb der Cluster möglichst klein und die Unterschiede zwischen den Clustern möglichst groß sind. Die Unterschiedlichkeit der Profile wird meist durch die euklidische Distanz oder deren Quadrat bestimmt. Jedes Cluster beschreibt einen Persönlichkeitstyp. Er ist charakterisiert durch das mittlere Profil des Clusters (das Clusterzentroid) und die Zahl der Profile (die Größe des Clusters). Da jedem Profil eine Person entspricht, werden so auch die Personen in Cluster eingeteilt.

Ähnlich wie bei der Zahl der Faktoren in der Faktorenanalyse ist die Zahl der Cluster bei der Clusteranalyse nicht festgelegt. Es sind also feinere Differenzierungen in mehr als 3 Typen denkbar. Allerdings stößt dies auf methodische Probleme, weil bei mehr als 3 Typen die Ergebnisse auch bei großen Stichproben von Personen deutlich von der Stichprobenzusammensetzung abhängen. Asendorpf et al. (2001) wählten als Kriterium der Clusterzahl, dass bei Teilung der Stichprobe in zwei Hälften die resultierenden Cluster für die beiden Hälften in ihren Prototypen sehr ähnlich sein sollten. Die Typen sollten also zwischen den Hälften der Stichprobe replizierbar sein. Während die Dreiclusterlösung von ◘ Abb. 4.2b replizierbar war, waren es feinere Differenzierungen in 4 und mehr Cluster nicht mehr.

> **! Merke**
>
> Im Erwachsenenalter wurden drei ähnliche Haupttypen der Persönlichkeit wie im Kindesalter gefunden, obwohl das Alter der Personen und die Methodik der Typenbestimmung stark variierten.

Insgesamt scheint es damit eine Kontinuität der 3 Persönlichkeitstypen zwischen dem Kindes- und Erwachsenenalter zu geben (vgl. auch Caspi, 1998). Diese Kontinuität ist weniger überraschend, wenn berücksichtigt wird, dass in beiden Fällen die Beurteiler Erwachsene sind. Möglicherweise orientieren sie sich auch bei der Beurteilung von Kindern an ähnlichen alltagspsychologischen Konzepten wie bei der Beurteilung von Erwachsenen. Wie die fünf Hauptfaktoren der Persönlichkeit basieren auch die drei Haupttypen der Persönlichkeit auf der Alltagspsychologie.

Asendorpf et al. (2002b) untersuchten die Replizierbarkeit der 3 Typen (bestimmt auf der Basis von Selbstbeschreibungen im NEO-PI-R) zwischen deutschen, spanischen, italienischen, flämischen und US-amerikanischen Stichproben von Jugendlichen oder Erwachsenen. Von den 7 Stichproben zeigten 4 übereinstimmend Prototypen ähnlich wie in ◘ Abb. 4.2b, 3 wichen davon aber deutlich ab. Die Replizierbarkeit war also nur mäßig, obwohl die Big Five mit demselben Fragebogen erhoben wurden und die Personen ein ähnliches Alter hatten. Noch stärker als die Big Five selbst sind die auf ihrer Basis bestimmten Persönlichkeitstypen von den Eigenheiten der Sprache und Stichprobe abhängig.

Eine Einteilung in nur 3 Persönlichkeitstypen ist natürlich sehr grob und von daher nicht ausreichend für eine differenziertere Persönlichkeitsdiagnostik. Schnabel et al. (2002) und Boehm et al. (2002) untersuchten Untertypen der 3 Haupttypen der Persönlichkeit, indem sie jeden Typ (z.B. den resilienten) unabhängig von den anderen Personen der Stichprobe nochmals mittels Clusteranalyse in Untertypen aufteilten und deren Replizierbarkeit prüften. Deren Replizierbarkeit war insgesamt noch schlechter als die der Typen.

Da sich jedem prototypischen Profil eine Variable zuordnen lässt, die die Ähnlichkeit von Personen mit diesem Prototyp misst (die Prototypizität der Personen) und die Prototypizität als Eigenschaftsdimension aufgefasst werden kann, lassen sich die Ergebnisse personorientierter Klassifikationen immer auch variablenorientiert interpretieren. Die personorientierte Klassifikation hat aber den großen Vorteil, besser dem alltagspsychologischen Persönlichkeitskonzept zu entsprechen. Ergebnisse der Persönlichkeitspsychologie lassen sich deshalb einfacher kommunizieren, wenn sie als Aussagen über Persönlichkeitstypen formuliert sind und nicht als Aussagen über Variablen. Das ist ein nicht unerheblicher Vorteil, so dass es lohnend erscheint, dem Prototypenansatz in der Persönlichkeitspsychologie mehr Aufmerksamkeit zu widmen.

> **Merke**
> Jeder Persönlichkeits-Prototyp kann durch eine Variable beschrieben werden, die die Prototypizität misst; insofern lassen sich Persönlichkeitstypen auch variablenorientiert beschreiben. Der Typenansatz hat aber den Vorteil, besser der alltagspsychologischen Persönlichkeitsauffassung zu entsprechen.

4.1.3 Persönlichkeitsstörungen

Resiliente, überkontrollierte und unterkontrollierte Personen stellen häufig vorkommende Normalvarianten der Persönlichkeit dar. Auch Extremgruppenbildungen in bezug auf eine Eigenschaft nach Terzilen (Einteilung der Stichprobe in 3 gleich große Gruppen mit niedriger, mittlerer bzw. hoher Ausprägung der Eigenschaft) oder Quartilen (Einteilung in 4 gleich große Gruppen) liefern Normalvarianten der Persönlichkeit. Dieser Ansatz der Typenbildung kann ins Extrem getrieben werden, indem Extremgruppen durch die obersten oder untersten 5% oder 1% der Verteilung einer Eigenschaft gebildet werden oder extrem überkontrollierte Personen durch extrem hohe Werte in Neurotizismus und extrem niedrige in Extraversion definiert werden. In diesen Fällen identifiziert die persönlichkeitspsychologische Analyse möglicherweise pathologische Gruppen, wie sie in der klinischen Psychologie oder der Psychiatrie untersucht werden.

Ein Blick in die psychopathologische Literatur zeigt jedoch, dass dies dort nicht der typische Ansatz der Diagnostik ist. Es gibt in Abgrenzung von klinischen Störungen im engeren Sinne wie z. B. Neurosen, Psychosen und psychosomatischen Erkrankungen die Kategorie der Persönlichkeitsstörung. Hierunter werden im Rahmen eines Prototypenansatzes abnorme Persönlichkeitsmuster verstanden, die die betroffenen Personen seit Beginn des Erwachsenenalters charakterisieren, zeitlich stabil sind, breite Bereiche ihres Erlebens und Verhaltens und ihre sozialen Beziehungen betreffen und entweder ihre Leistungsfähigkeit beeinträchtigen oder zu subjektiven Beschwerden führen, nicht jedoch auf ein Intelligenzdefizit zurückführbar sind.

Beschrieben werden sie nicht durch einen Extremgruppenansatz oder extreme prototypische Persönlichkeitsprofile in bezug auf normale Eigenschaftsdimensionen, sondern wie die meisten medizinischen Krankheitssyndrome durch Auflistung charakteristischer Symptome (Diagnose) und Abgrenzung von ähnlichen Störungen nach zusätzlichen Kriterien (Differentialdiagnose).

Diagnostiziert werden Persönlichkeitsstörungen nach zwei eng verwandten diagnostischen Systemen: dem »Diagnostic and Statistical Manual of Mental Disorders« (DSM) der American Psychiatric Association, das derzeit in der Version IV vorliegt (DSM-IV; Saß et al., 1998), und der »International Classification of Diseases, Injuries, and Causes of Death« (ICD) der Weltgesundheitsorganisation (WHO), das derzeit in der Version 10 vorliegt (ICD-10; Dilling et al., 1993, 1994). Das ICD-10 hat inzwischen in Deutschland dadurch besondere Bedeutung erlangt, dass es in vielen Bereichen für die offizielle Dokumentation verpflichtend vorgeschrieben ist, z. B. bei der Abrechnung von Psychotherapeuten mit Krankenkassen. Deshalb werden im folgenden die Persönlichkeitsstörungen nach ICD-Auffassung dargestellt, obwohl die Kriterien für Persönlichkeitsstörungen im DSM-IV in mancher Hinsicht klarer formuliert sind.

> **Merke**
> Persönlichkeitsstörungen sind spezifische Formen abnormer Persönlichkeitstypen im Erwachsenenalter. Sie sind im DSM-IV und im ICD-10 klassifiziert.

Im ICD-10 werden einige allgemeine Kriterien formuliert, die erfüllt sein müssen, damit die Diagnose einer Persönlichkeitsstörung überhaupt vergeben werden kann (vgl. »Unter der Lupe«).

Die Art der Klassifikation (»mindestens 3 von 6 Kriterien müssen erfüllt sein«) ist typisch für medizinische Diagnosen, aber untypisch für persönlichkeitspsychologische Klassifikationen. Sie entspricht dem praktischen Bedürfnis, einen Patienten mit einem Prototyp schnell vergleichen zu können, ohne dass die Persönlichkeit des Patienten quantitativ auf Eigenschaftsdimensionen erfasst werden muss (dies ist jedoch nicht ausgeschlossen). Die Übereinstimmung mit dem Prototyp wird Kriterium für Kriterium geprüft und dann die Summe der Übereinstimmungen mit einem vorgegebenen Minumum verglichen. Überschreitet die Übereinstimmung dieses Minumum, wird eine Persönlichkeitsstörung festgestellt.

Unterschieden wird im ICD-10 zwischen 8 spezifischen Störungsformen und einer Restkategorie für sonstige Persönlichkeitsstörungen (vgl. Tabelle 4.7).

> **Unter der Lupe**
>
> **Persönlichkeitsstörung nach ICD-10**
> Eine Persönlichkeitsstörung liegt vor, wenn mindestens 3 der folgenden 6 Kriterien erfüllt sind:
> 1. Deutliche Unausgeglichenheit in den Einstellungen und im Verhalten in mehreren Funktionsbereichen wie Affektivität, Antrieb, Impulskontrolle, Wahrnehmen und Denken sowie in den Beziehungen zu anderen.
> 2. Das abnorme Verhaltensmuster ist andauernd und nicht auf Episoden psychischer Krankheiten beschränkt.
> 3. Das abnorme Verhaltensmuster ist tiefgreifend und in vielen persönlichen und sozialen Situationen eindeutig unpassend.
> 4. Die Störungen beginnen immer in der Kindheit oder Jugend und manifestieren sich auf Dauer im Erwachsenenalter.
> 5. Die Störung führt zu deutlichem subjektiven Leiden, manchmal erst im späteren Verlauf.
> 6. Die Störung ist meistens mit deutlichen Einschränkungen der beruflichen und sozialen Leistungsfähigkeit verbunden.

Die Diagnose spezifischer Persönlichkeitsstörungen erfolgt ähnlich wie die Diagnose der Persönlichkeitsstörung im allgemeinen durch Prüfung, ob eine Mindestzahl von Symptomen aus einer Symptomliste vorliegt. Dies sei hier am Beispiel der ängstlichen Persönlichkeitsstörung geschildert (vgl. »Unter der Lupe«). Die Schilderung folgt den Forschungskriterien von ICD-10 (Dilling et al., 1994), die etwas präziser sind als die klinisch-diagnostischen Leitlinien (Dilling et al., 1993).

Die Qualität dieser Art von Diagnostik hängt davon ab, wie gut die Persönlichkeit erfragt oder durch Testverfahren diagnostiziert wird (Anamnese) und wie gut aufgrund der Anamnese die Entscheidung getroffen werden kann, ob eine Persönlichkeitsstörung vorliegt oder nicht. Typischerweise wird die Anamnese aufgrund vorhandener Informationen aus der Patientenakte und einem darauf basierenden Gespräch mit dem Patienten gestellt, das teilweise standardisiert ist.

Das Gespräch kann sich z. B. an dem International Personality Disorder Examination (IPDE) von Loranger (1996) orientieren. Es besteht aus 11 Hintergrundsfragen, z. B. zu Alter, Beruf und Familienstand, und 67 Fragen zu Persönlichkeitsstörungen. Zum Beispiel werden

Tabelle 4.7. Spezifische Persönlichkeitsstörungen nach ICD-10

ICD-Nr.	Bezeichnung	Kurzbeschreibung
F60.0	Paranoide Persönlichkeitsstörung	Misstrauen und Argwohn gegenüber anderen
F60.1	Schizoide Persönlichkeitsstörung	Distanziertheit in sozialen Beziehungen und eingeschränkter emotionaler Ausdruck
F60.2	Dissoziale Persönlichkeitsstörung	Missachtung und Verletzung der Rechte anderer, keine dauerhaften Beziehungen
F60.3	Emotional-instabile Persönlichkeitsstörung	Instabilität in Gefühlen und Verhalten
F60.30	Impulsiver Typ	Impulsive Handlungen, starke Stimmungsschwankungen
F60.31	Borderline-Typ	Instabiles Selbstbild, instabile Beziehungen
F60.4	Histrionische Persönlichkeitsstörung	Heischen nach Aufmerksamkeit und übertriebener Emotionsausdruck
F60.5	Zwanghafte Persönlichkeitsstörung	Ständige Beschäftigung mit Ordnung, Perfektion und Kontrolle
F60.6	Ängstliche Persönlichkeitsstörung	Besorgtheit, Überempfindlichkeit, Minderwertigkeitsgefühle
F60.7	Abhängige Persönlichkeitsstörung	Unselbständigkeit, anklammerndes Verhalten, Angst vor Alleinsein
F60.8	Andere spezifische Persönlichkeitsstörungen	Zum Beispiel narzisstische Persönlichkeitsstörung: Selbstüberschätzung, mangelnde Empathie

> **Unter der Lupe**
>
> **Kriterien für die Diagnose einer ängstlichen Persönlichkeitsstörung nach ICD-10. (Nach Dilling et al., 1994)**
>
> A Die Kriterien einer Persönlichkeitsstörung müssen erfüllt sein (vgl. »Unter der Lupe«, S. 158).
> B Mindestens 4 der folgenden 6 Kriterien müssen erfüllt sein:
>   1. andauernde und umfassende Gefühle von Anspannung und Besorgtheit;
>   2. Überzeugung, selbst sozial unbeholfen, unattraktiv oder minderwertig im Vergleich mit anderen zu sein;
>   3. übertriebene Sorge, in sozialen Situationen kritisiert oder abgelehnt zu werden;
>   4. persönliche Kontakte nur, wenn Sicherheit besteht, gemocht zu werden;
>   5. eingeschränkter Lebensstil wegen des Bedürfnisses nach körperlicher Sicherheit;
>   6. Vermeidung beruflicher oder sozialer Aktivitäten, die intensiven zwischenmenschlichen Kontakt bedingen, aus Furcht vor Kritik, Missbilligung oder Ablehnung.

zu jedem der 6 Kriterien für eine ängstliche Persönlichkeitsstörung entsprechende Fragen gestellt. Für Kriterium 1 (andauernde und umfassende Gefühle von Anspannung und Besorgtheit) sind dies z. B. folgende Fragen:

- Fühlen Sie sich fast immer angespannt und nervös? Wenn ja: Wie stark wirkt sich dies auf Ihr Leben aus? Können Sie mir einige Beispiele nennen?
- Sind Sie jemand, der immer besorgt ist, dass etwas Schlimmes oder Unerfreuliches geschehen wird? Wenn ja: Ist es sehr schwer für Sie, diese Sorgen loszuwerden? Wenn ja: Wie sehr beeinträchtigt es Ihr Leben, ein derartig sorgenvoller Mensch zu sein?

Die Antworten des Probanden werden dann auf folgender 3-Punkte-Skala kodiert:

2 Empfindet häufig andauernde und tiefgreifende Gefühle von beidem, Anspannung und Besorgtheit, mit einer deutlichen Auswirkung auf das Leben des Probanden.
1 Empfindet häufig andauernde und tiefgreifende Gefühle von Anspannung oder Besorgtheit (aber nicht beides), mit einer deutlichen Auswirkung auf das Leben des Probanden, *oder:*

Empfindet gelegentlich andauernde und tiefgreifende Gefühle von beidem, Anspannung und Besorgtheit, mit einer deutlichen Auswirkung auf das Leben des Probanden.
0 Kriterium verneint, selten, begrenzt auf episodische Angst oder depressive Störungen, hat keine deutliche Auswirkung auf das Leben des Probanden oder wird nicht durch die Schilderung des Probanden belegt.

In einer Reliabilitätsstudie wurde geprüft, wie gut zwei unabhängig urteilende Beurteiler desselben Interviews übereinstimmen (Loranger et al., 1994). Die Übereinstimmung für das Vorliegen einer Persönlichkeitsstörung war akzeptabel ($\kappa = .64$), ebenso für die Zahl der erfüllten Kriterien für eine spezifische Störung (die Korrelationen variierten zwischen .73 für die zwanghafte Störung bis zu .91 für die Borderline-Störung). Diese Übereinstimmungen bezogen sich aber auf dasselbe Interview; es muss damit gerechnet werden, dass die Reliabilität des gesamten diagnostischen Verfahrens bedingt durch unterschiedliche Interviewstile der Beurteiler deutlich niedriger ist.

> **Merke**
>
> Die Beurteilerübereinstimmung für Persönlichkeitsstörungen ist im ICD-10 akzeptabel, wobei jedoch der Einfluss unterschiedlicher Interviewstile nicht berücksichtigt ist.

Die Prävalenz (relative Diagnosehäufigkeit innerhalb einer bestimmten Stichprobe) der Persönlichkeitsstörungen variiert mit der Art der untersuchten Personen. Werden repräsentative Stichproben von Erwachsenen betrachtet, so liegt die Prävalenz bei 10% (vgl. Fiedler, 1994). Bei klinischen Gruppen liegt sie erwartungsgemäß höher. Zum Beispiel fanden Loranger et al. (1994) eine Prävalenz von 40% bei psychiatrischen Patienten. ◘ Tabelle 4.8 zeigt die Prävalenz der spezifischen Störungen in der Studie von Loranger et al. (1994).

Dabei ist es keineswegs so, dass Personen einer spezifischen Persönlichkeitsstörung eindeutig zuzuordnen wären. Vielmehr sind Mehrfachdiagnosen die Norm, d. h. die spezifischen Störungen zeigen deutliche Überlappungen. Sie werden in der psychiatrischen Literatur unter dem Stichwort Komorbidität (gemeinsam auftretende Erkrankungen) abgehandelt. Die Komorbidität der Persönlichkeitsstörungen wird z. B. in einer Studie von Widiger et al. (1991) deutlich (vgl. ◘ Tabelle 4.8).

◻ Tabelle 4.8. Prävalenz und Komorbidität von Persönlichkeitsstörungen. (Loranger et al., 1994, und Widiger et al., 1991)

Störung	PAR	SCH	DIS	IMP	BOR	HIS	ZWA	ÄNG	ABH	NAR
Prävalenz	2,4%	1,8%	1,8%	4,5%	14,9%	4,3%	3,6%	15,2%	4,6%	1,3%
Komorbidität	100%	83v%	82%		96%	83%	69%	83%	76%	93%

Die Prävalenz bezieht sich auf 716 psychiatrische Patienten aus 11 Ländern, die Komorbidität auf 568 US-amerikanische Patienten, die nach DSM–IV klassifiziert wurden (da dort zwei zusätzliche Störungen kodiert werden, ist die Komorbidität gegenüber ICD-10 leicht überhöht)

◻ Tabelle 4.9. Vorhersage von Persönlichkeitsstörungen (Psychiaterurteil) aus den fünf Hauptfaktoren der Persönlichkeit (Selbstbeurteilung) bei ehemaligen Patienten in der Studie von Brieger et al. (2000)[a]

Störung	Big Five				
	Extraversion	Neurotizismus	Gewissenhaftigkeit	Verträglichkeit	Kultur
Paranoid		.37			
Schizoid	–.25				
Dissozial				–.30	
Impulsiv		.28		–.28	
Borderline		.30		–.22	
Histrionisch		.35			
Zwanghaft					
Ängstlich	–.25	.48			
Abhängig	–.22	.40		.20	
Alle		.42		–.16	

[a] Berichtet sind überzufällige spezifische Beiträge eines Big-Five-Faktors nach Kontrolle aller anderen Faktoren (β in multiplen Regressionen)

❗ Merke
Persönlichkeitsstörungen kommen bei etwa 10% der Erwachsenen und 30%–40% der behandelten Patienten vor. Dabei sind Mehrfachdiagnosen die Regel.

Der Übergang zwischen Persönlichkeitsstörungen und normalen Persönlichkeitsvarianten ist fließend. Jeder Persönlichkeitsstörung lässt sich eine normale Persönlichkeitsvariante zuordnen, die lediglich weniger stark ausgeprägt ist hinsichtlich der Abweichung vom statistischen Durchschnitt, des Umfangs der betroffenen Lebensbereiche und des Schweregrads der subjektiven Belastung bzw. der Funktionseinschränkung (vgl. Livesley et al., 1994). Deshalb gibt es zunehmend Versuche, Persönlichkeitsstörungen als Extremvarianten normaler Persönlichkeitsdimensionen aufzufassen und entsprechend durch Persönlichkeitsskalen zu operationalisieren. Zum Beispiel entwickelten Morey et al. (1985) solche Skalen auf der Basis des großen Itempools des MMPI (Minnesota Multiphasic Personality Inventory, Hathaway & McKinley, 1972, eines in der Psychiatrie und der klinischen Psychologie weit verbreiteten Persönlichkeitsinventars).

Beziehungen der Persönlichkeitsstörungen zu den 3 Haupttypen und 5 Hauptfaktoren der Persönlichkeit sind teilweise offensichtlich. So lassen sich die dissoziale und die emotional-instabilen Persönlichkeitsstörungen dem unterkontrollierten Typ und die ängstliche und die abhängige Persönlichkeitsstörung dem überkontrollierten Typ zuordnen. ◻ Tabelle 4.9 zeigt Zusammenhänge zwischen den Persönlichkeitsstörungen und den Big

4.1 · Klassifikationen der Persönlichkeit

Five, die Brieger et al. (2000) in einer Studie an 149 ehemaligen Patienten im jungen Erwachsenenalter fanden. Hierin wurden die Big Five im NEO-FFI von Borkenau und Ostendorf (1993) selbstbeurteilt und die Persönlichkeitsstörungen durch die IPDE von Loranger (1996) durch Psychiater oder Psychologen auf mehrstufigen Skalen beurteilt. Da die Big Five z.T. stark untereinander korrelierten, wurde der spezifische Beitrag eines Faktors zu einer bestimmten Störung bzw. der Summe aller Störungen dadurch bestimmt, dass der Beitrag der anderen Faktoren statistisch kontrolliert wurde (Verfahren der multiplen Regression).

Es wird deutlich, dass die Big-Five-Selbstbeurteilungen nur mäßig geeignet waren, spezifische Persönlichkeitsstörungen voneinander zu unterscheiden. Das liegt zum einen an der Komorbidität der Persönlichkeitsstörungen, zum anderen an der Tatsache, dass überhaupt nur 3 der Big Five spezifische Zusammenhänge mit Persönlichkeitsstörungen zeigten, und zum dritten wohl auch daran, dass die Persönlichkeit selbstbeurteilt wurde. Möglicherweise war deshalb z.B. die dissoziale Störung nicht mit verminderter Gewissenhaftigkeit assoziiert, obwohl viele andere Befunde eine solche Assoziation nahe legen (vgl. Costa & Widiger, 1994). Der Befund, dass ein vergleichsweise enger Zusammenhang zwischen dem Vorliegen von Persönlichkeitsstörungen insgesamt und erhöhtem Neurotizismus bestand, wird dadurch relativiert, dass drei spezifische Störungen einen solchen Zusammenhang gerade nicht zeigen.

> **Merke**
> Big-Five-Selbstbeurteilungen sind nur mäßig geeignet, (spezifische) Persönlichkeitsstörungen zu charakterisieren.

4.1.4 Exemplarische Anwendung: Persönlichkeitsfragebögen in der Personalauswahl

Ein wichtiger Anwendungsbereich der Persönlichkeitspsychologie ist die Personalauswahl für Arbeitsplätze in Firmen und Organisationen (vgl. Schuler, 1996). Die Personalauswahl betrifft einerseits externe Bewerber auf zu besetzende Arbeitsplätze (externe Personalauswahl), andererseits Mitarbeiter, deren Eignung für künftige Aufgaben oder für bestimmte Fortbildungsmaßnahmen abgeschätzt werden soll (interne Personalauswahl im Rahmen der Personalentwicklung).

In allen diesen Fällen erfordert eine professionelle Entscheidung eine solide Persönlichkeitsdiagnostik. Sie kann und sollte sich auf verschiedene diagnostische Verfahren stützen, weil die Kombination mehrerer Verfahren fast immer einem einzelnen Verfahren überlegen ist (vgl. Schuler, 1996). In diesem Abschnitt wird die Rolle von Persönlichkeitsfragebögen in der Personalauswahl umrissen; in Abschn. 4.4.4 werden Fähigkeitstests diskutiert.

Persönlichkeitsfragebögen wurden zuerst in den USA ab etwa 1920 zur Personalauswahl eingesetzt. Sie wurden aber schon bald in eine zweitrangige Rolle verwiesen, als Mitte der zwanziger Jahre in Berlin im Rahmen der »Psychotechnik« zahlreiche Methoden zur Fähigkeitsdiagnostik entwickelt wurden (vgl. Abschn. 4.4.4), deren Ergebnisse im Gegensatz zu den Antworten in Persönlichkeitsfragebögen weniger »geschönt« werden können. Die allgemeine Skepsis gegenüber dem Persönlichkeitskonzept in den siebziger Jahren, ausgelöst durch Mischels Kritik (vgl. Abschn. 2.4.4), trug dann dazu bei, dass Persönlichkeitsfragebögen in der Personalauswahl nur noch ein Schattendasein fristeten.

Das änderte sich schlagartig Anfang der neunziger Jahre in den USA, als Barrick und Mount (1991) für 5 verschiedene Berufsgruppen den Zusammenhang zwischen Persönlichkeitsselbstbeurteilungen in Fragebögen und Vorgesetztenurteilen hinsichtlich der Eignung für den Arbeitsplatz und für Fortbildungsmaßnahmen untersuchten. Es handelte sich also um eine Studie zur prädiktiven Validität von Persönlichkeitsskalen (vgl. Abschn. 3.2.3). Hierzu führten sie eine Analyse aller vorliegenden Studien durch, indem sie die verwendeten Persönlichkeitsskalen jeweils einem der fünf Hauptfaktoren der Persönlichkeit zuordneten und dann die Korrelationen zwischen den Big Five und den beiden Vorhersagekriterien (Eignung für Arbeitsplatz bzw. Training) über alle einschlägigen Studien mittelten. Dieses Verfahren der Metaanalyse hat gegenüber spezifischen Studien den Vorteil, aufgrund der breiten Datenbasis sehr verlässliche Werte der Vorhersagequalität zu liefern.

Barrick und Mount (1991) fanden, dass der Faktor Gewissenhaftigkeit die besten Vorhersagen lieferte. Die mittlere »wahre«, d.h. für Unreliabilität korrigierte Korrelation zwischen selbstbeurteilter Gewissenhaftigkeit und Vorgesetztenurteil betrug für beide Vorhersagekriterien .23 (sie wendeten also die doppelte Minderungskorrektur an; vgl. Abschn. 3.2.1). Diese Korrelationen sind angesichts der großen zugrundeliegenden Stichprobe weitaus besser als der Zufall. Sie erscheinen zunächst nicht groß.

Dennoch ist ihr Nutzen beträchtlich, wenn man bedenkt, dass Persönlichkeitsfragebögen in großem Stil einfach und preiswert verwendet werden können. Nutzenabschätzungen zeigen, dass bei mittleren Mitarbeiterkosten (Außendienstmitarbeiter einer Versicherungsgesellschaft) und einer Validität von .18 der Gewinn gegenüber einer Zufallsentscheidung bei 430 € pro Einstellung liegt (vgl. genauer dazu Schuler, 1996). Wenn dies auf die Millionen Arbeitsplätze hochgerechnet wird, die in den USA jährlich besetzt werden, könnten Persönlichkeitsfragebögen jährlich Milliarden Dollar erwirtschaften. Dies ist insofern irreführend, als angenommen wird, dass es keine validen alternativen Verfahren gibt. Die Überlegung soll nur zeigen, dass niedrige Korrelationen durchaus einen hohen Nutzen haben könnten.

> **Merke**
> Unter den 5 Hauptfaktoren der Persönlichkeit sagt selbstbeurteilte Gewissenhaftigkeit das Vorgesetztenurteil über den Berufserfolg am besten vorher.

Die sehr grobe Art der Metaanalyse von Barrick und Mount (1991) unterschätzt deutlich die Möglichkeiten von Persönlichkeitsfragebögen, weil über sehr heterogene Berufsarten gemittelt wurde; z. B. wurden Mechaniker der Armee mit Sozialarbeitern in einen Topf geworfen. Deshalb steigt die Validität regelmäßig, wenn die Berufsart eingegrenzt wird und die Skalen passend zu den Arbeitsanforderungen ausgewählt werden: Extraversion dürfte für den Berufserfolg von Staubsaugervertretern wichtiger sein als für den von Archivaren. So fanden z. B. McHenry et al. (1990), dass eigens für Armeeangehörige entwickelte Fragebögen deren Berufserfolg (Vorgesetztenurteil) in bezug auf nichttechnische Fähigkeiten nach doppelter Minderungskorrektur zu .33–.37 vorhersagten.

Im deutschen Sprachraum wurde eigens zur Personalauswahl das Bochumer Inventar zur berufsbezogenen Persönlichkeitsbeschreibung (BIP; Hossiep & Paschen, 1999) entwickelt. Es handelt sich um einen umfangreichen Fragebogen mit 196 Items auf 14 Skalen (vgl. Tabelle 4.10). Ihre Reliabilität (interne Kon-

Tabelle 4.10. Die Skalen des BIP: Interne Konsistenz (Reliabilität) und Korrelation mit dem Gehalt (Validität)

Skala	Beispielitem	Reliabilität	Validität
Leistungsmotivation	Ich bin ausgesprochen ehrgeizig	.81	.18
Gestaltungsmotivation	Für einige bin ich ein unbequemer Querdenker	.75	.24
Führungsmotivation	Ich trage gerne die Verantwortung für wichtige Entscheidungen	.88	.33
Gewissenhaftigkeit	Ich nehme die Dinge ganz genau	.83	–.09
Flexibilität	Wenn ich vor völlig unerwarteten Situationen stehe, fühle ich mich richtig in meinem Element	.87	.22
Handlungsorientierung	Was ich mir für den Tag vornehme, ist am Abend erledigt	.86	.14
Sensitivität	Ich bemerke mit großer Sicherheit, wie sich mein Gegenüber fühlt	.85	.05
Kontaktfähigkeit	Ich kann besser auf Menschen zugehen als viele andere	.90	.07
Soziabilität	Ich gehe mit anderen rücksichtsvoll um	.75	–.10
Teamorientierung	Wenn ich die Wahl habe, bearbeite ich Aufgaben lieber mit anderen	.89	.13
Durchsetzungsstärke	Bei Auseinandersetzungen gewinne ich andere leicht für meine Position	.85	.27
Emotionale Stabilität	Mich wirft so leicht nichts aus der Bahn	.89	.20
Belastbarkeit	Auch wenn ich sehr hart arbeiten muss, bleibe ich gelassen	.92	.27
Selbstbewusstsein	Ich bin selbstbewusst	.85	.26

sistenz) war mit mindestens .75 ausreichend (Median .85). Die Retestreliabilitäten für 8–10 Wochen waren vergleichbar hoch.

Die Korrelationen zwischen den Skalen variierten beträchtlich, zwischen .75 (Führungsmotivation und Durchsetzungsfähigkeit) und .36 (Durchsetzungsfähigkeit und Soziabilität, wobei Soziabilität nicht Geselligkeit, sondern Verträglichkeit bedeutet). Zur Validität liegen an einer großen Stichprobe von 3403 Berufstätigen u. a. die Korrelationen mit dem Gehalt vor (vgl. ◘ Tabelle 4.10). Die multiple Korrelation zwischen allen Skalen und dem Gehalt (d. h. Korrelation zwischen der optimal gewichteten Summe aller Skalenwerte und dem Gehalt) betrug .40. Ähnlich hoch waren die Beziehungen zur subjektiven Einschätzung des eigenen beruflichen Erfolges und zur Arbeitszufriedenheit. Zusammenhänge mit dem Vorgesetztenurteil wurden nicht berichtet. Wohl aufgrund der auf das Berufsleben bezogenen Iteminhalte wurde das BIP von den Teilnehmern positiv bewertet. Zum Beispiel kreuzten die meisten bei der Frage »Wenn Sie im Rahmen einer Bewerbung das BIP bearbeiten müssten, für wie angemessen würden Sie die Fragen halten?« den Wert 6 auf einer Skala von 1 (nicht angemessen) bis 7 (sehr angemessen) an.

In einer umfangreichen Metaanalyse zu Persönlichkeitsfragebögen fanden Ones et al. (1993) für 665 Korrelationen, die sich auf Untersuchungen von insgesamt über eine halbe Million Getesteten bezogen, eine mittlere wahre Validität von Integritätstests für das Vorgesetztenurteil über die allgemeine berufliche Leistung von .40 (vgl. auch Marcus et al., 1997). Integritätstests sollen die Vertrauenswürdigkeit erfassen, ein Merkmal, das immer dann sehr wichtig ist, wenn Mitarbeiter in sicherheitsempfindlichen Bereichen arbeiten. Integrität lässt sich mehr oder weniger direkt erfragen. Eine direkte Frage wäre z. B. »Haben Sie jemals daran gedacht, Geld von Ihrer Arbeitsstelle zu entwenden, ohne es dann tatsächlich zu tun?«, eine indirekte, weniger leicht zu durchschauende wäre z. B. »Sie sind eher vernünftig als abenteuerlustig«.

Die prädiktive Validität von Integritätstests war nicht nur überraschend hoch, sondern variierte auch nicht so stark zwischen verschiedenen Berufsgruppen und Untersuchungsverfahren wie in anderen Metaanalysen. Marcus et al. (1997) untersuchten den Zusammenhang zwischen Integritätstests und Big-Five-Skalen. Die wahren, für Unreliabilität korrigierten Korrelationen betrugen .48 für Verträglichkeit, .45 für Gewissenhaftigkeit, .31 für Neurotizismus und .23 für Extraversion; der Zusammenhang mit dem Kulturfaktor war gering (.14). Die Integritätsdimension liegt also »quer« zu den fünf Hauptfaktoren. Dies ist ein gutes Beispiel dafür, dass die fünf Hauptfaktoren zwar einen wichtigen Bereich von Persönlichkeitsunterschieden erfassen, wichtige Eigenschaften innerhalb dieses Bereichs aber oft nicht einem der Faktoren entsprechen, sondern Kombinationen von Faktoren.

Einschränkend muss gesagt werden, dass Integrität vermutlich auch deshalb das Vorgesetztenurteil so gut unabhängig von Arbeitsanforderungen vorhersagt, weil Personen mit hohen Integritätswerten eher angepasst und von Vorgesetzten einfach zu handhaben sind. Kreative und leistungsfähige, aber aufmüpfige Mitarbeiter dürften in ihrem Berufserfolg von ihren Vorgesetzten unterschätzt werden.

> **Merke**
>
> **Aus variablenorientierter Sicht lässt sich Berufserfolg substantiell durch Persönlichkeitsfragebögen vorhersagen, vor allem wenn die Fragebögen passend zu den Arbeitsanforderungen gewählt werden (wahre Korrelationen um .30). Eine Ausnahme sind Integritätstests, die Vertrauenswürdigkeit und Angepasstheit erfasssen und das Vorgesetztenurteil in einer breiten Palette von Berufen vergleichsweise gut vorhersagen (wahre Korrelation um .40). Sie messen eine Persönlichkeitseigenschaft, die quer zu den 5 Hauptfaktoren liegt.**

Aus personorientierter Sicht lässt sich Integrität als Persönlichkeitstyp auffassen, gekennzeichnet durch ein spezifisches Big-Five-Profil. Alternativ zur Suche nach einzelnen Prädiktoren des Berufs- und Fortbildungserfolgs kann in der Personalauswahl auch personorientiert vorgegangen werden, indem Persönlichkeitsprofile von Bewerbern mit dem Normprofil von Inhabern des zu besetzenden Arbeits- oder Fortbildungsplatzes verglichen werden (das Normprofil besteht aus den Skalenmittelwerten dieser Personen). Abweichungen von diesem typischen Profil können dann Thema eines Gesprächs sein, in dem die Abweichungen durch Rückfragen und Bitte um Konkretisierung der Selbsteinschätzung durch Beispiele validiert oder auch infrage gestellt werden können. Hierfür gibt es z. B. im Manual des BIP Normwerte für verschiedene Berufsgruppen (z. B. Sachbearbeiter, Geschäftsführer und Vorstände) und Hinweise zur Durchführung derartiger Gespräche.

Weitergehend ist der Ansatz, ein Anforderungsprofil aus den Arbeitsanforderungen abzuleiten (z. B. aufgrund einer Befragung von Vorgesetzten oder einer systematischen Arbeitsanalyse) und dann das individuelle

Profil mit einem Profil akzeptabler Werte zu vergleichen. Abweichungen von diesem Anforderungsprofil werden dann negativ gewertet. Ein Beispiel für ein derartiges personorientiertes Vorgehen ist das computerbasierte System ELIGO (Miesen et al., 1999). Aus 42 möglichen Dimensionen werden entscheidungsrelevante Dimensionen ausgewählt und für jede Dimension der Bereich akzeptabler Bewerber bestimmt. Zum Beispiel kann gefordert werden, dass nur Bewerber akzeptiert werden, deren Konzentrationsfähigkeit eine Mindestanforderung erfüllt (z. B. besser ist als bei 20% in der Normgruppe) und deren Wert auf der Dimension »arbeitet generalistisch – spezialistisch« in einem mittleren Bereich liegt. Dann werden die Bewerber auf den ausgewählten Dimensionen getestet und ihr Profil mit dem Anforderungsprofil verglichen. Erfüllen zu viele oder zu wenige Bewerber das Anforderungsprofil, kann es nach Testung aller Bewerber noch einmal so revidiert werden, dass eine gewünschte Anzahl von Kandidaten zustandekommt. Dieses Verfahren eignet sich sicherlich nicht für die Endauswahl, wohl aber für eine Zwischenauswahl, wenn eine große Anzahl von Bewerbern auf einen kleinen Kreis von Kandidaten für die engere Wahl reduziert werden soll.

> **Merke**
> Aus personorientierter Sicht lässt sich das Profil eines Bewerbers mit einem Normprofil oder einem Anforderungsprofil vergleichen (z. B. ELIGO). In die engere Wahl kommen dann Bewerber, die der Norm nahe kommen oder das Anforderungsprofil erfüllen.

Seit einigen Jahren nimmt die Personalsuche, aber auch die Personalvorauswahl durch das Internet rasant zu. So suchen inzwischen praktisch alle größeren Firmen neue Mitarbeiter gezielt über das World Wide Web, indem »Headhunter« gezielt nach Personen mit bestimmten Qualifikationen über einschlägige Homepages suchen. Das Word Wide Web eignet sich aber auch zur Personalvorauswahl, indem die internetbasierte Absolvierung bestimmter Persönlichkeits- und Leistungstests als Eingangsvoraussetzung für eine Bewerbung gefordert wird. Ein gutes Abschneiden in solchen Verfahren im Sinne der Passung zu Anforderungsprofilen spricht zwar noch nicht unbedingt für die Bewerber, weil die Testsituation weitgehend unkontrolliert ist, insbesondere die Verfahren mit fremder Hilfe absolviert werden können, aber ein schlechtes Abschneiden spricht gegen die Bewerber (wer trotz fremder Hilfe nicht den Anforderungen entspricht, entspricht ihnen mit hoher Wahrscheinlichkeit wirklich nicht; Wottawa & Woike, 2002). Internetbasierte Personalvorauswahl ist kostengünstig, weil Testung und Auswertung automatisiert erfolgen und Reisekosten der Bewerber entfallen, und ist deshalb in der Regel umso effizienter, je größer die Bewerberzahl pro Stelle ist.

? Fragen

4.1 Was sind die Big Five und wie wurden sie gefunden?

4.2 In welcher Hinsicht unterscheiden sich die Big Five von den Big Seven, und welche Persönlichkeitsbereiche erfassen beide Modelle nicht?

4.3 Welchen Nutzen haben lexikalisch begründete Faktorensysteme?

4.4 Wie lassen sich Persönlichkeitstypen definieren?

4.5 Wie lassen sich Persönlichkeitsunterschiede variablenorientiert bzw. personorientiert klassifizieren?

4.6 Wie lassen sich Persönlichkeitstypen auf der Basis von Persönlichkeitsskalen finden, und warum ist hierfür die Q-Faktorenanalyse nicht geeignet?

4.7 Welches sind 3 Haupttypen der Persönlichkeit?

ℹ Hinweise zur Beantwortung

4.1 ◘ Tabelle 4.4, lexikalischer Ansatz, Faktorenanalyse

4.2 Kultur-Konventionalität, positive/negative Valenz, gesundheits- und sexualitätsbezogene Eigenschaften, manche Einstellungen und Werthaltungen

4.3 Fragebogenentwicklung, Klassifikation von Konstrukten

4.4 Extremgruppen, Prototypen

4.5 Big Five, Q-Faktorenanalyse von Q-Sorts

4.6 Clusteranalyse von Profilen, Ignorierung von Unterschieden im Profilmittelwert

4.7 Bezug zu Theorie von Block, prototypische Big-Five-Profile

❓ Fragen

4.8	Welches sind Vor- und Nachteile des Typenansatzes?
4.9	Was ist eine Persönlichkeitsstörung nach ICD-10?
4.10	Welches sind die spezifischen Persönlichkeitsstörungen nach ICD-10? Beispiel einer Definition?
4.11	Welche Probleme bestehen bei der Diagnostik von Persönlichkeitsstörungen?
4.12	Wie gut lässt sich der Berufserfolg mit einzelnen Persönlichkeitsskalen vorhersagen?
4.13	Wie lassen sich große Bewerberzahlen durch Nutzung von Persönlichkeitsprofilen effizient auf wenige potenzielle Kandidaten einschränken?

ℹ️ Hinweise zur Beantwortung

4.8	Nähe zu Alltagspsychologie, Schwierigkeit der Feindifferenzierung
4.9	Kriterien gemäß »Unter der Lupe«, S. 158
4.10	s. »Unter der Lupe«, S. 159, und ◘ Tabelle 4.7
4.11	Reliabilität, Komorbidität
4.12	Metaanalyse zu Big Five, Berufsabhängigkeit, Integritätstests
4.13	ELIGO, Internet-Screening

Weiterführende Literatur

Block, J. (1995). A contrarian view of the five-factor approach to personality description. *Psychological Bulletin*, 117, 187–215.

John, O.P. & Srivastava, S. (1999). The Big Five taxonomy: History, measurement and theoretical perspectives. In L.A. Pervin & O.P. John (Eds.), *Handbook of personality: Theory and research* (2nd ed., pp. 102–138). New York: Guilford Press.

Fiedler, P. (2001). *Persönlichkeitsstörungen* (5. Aufl.). Weinheim: Psychologie Verlags Union.

Schuler, H. (2001). *Lehrbuch der Personalpsychologie* (Teil II). Göttingen: Hogrefe.

4.2 Gestalt

Gestalteigenschaften sind von anderen Menschen unmittelbar wahrnehmbare, sehr stabile körperliche Persönlichkeitseigenschaften wie Gesichtsform, Größe, Schlankheit. Sie sind situativ invariant und können direkt auf die soziale Umwelt wirken. In der Alltagspsychologie und der älteren persönlichkeitspsychologischen Literatur finden sich zahlreiche Annahmen über Zusammenhänge zwischen Gestalteigenschaften und Verhaltensdispositionen. So gelten Dicke als eher gesellig und gemütlich, Dünne als ungesellig und empfindlich. Diese Zusammenhänge dürften wesentlich auf sprachlichen Assoziationen beruhen (z. B. dünn – dünnhäutig – empfindlich).

Kretschmer (1921, 1961) versuchte, korrelative Zusammenhänge zwischen Körperbau (»Konstitutionstypen«) und psychiatrischer Symptomatik – später auch Temperament – zu finden. ◘ Abbildung 4.3a–c zeigt die drei Konstitutionstypen, ◘ Tabelle 4.11 ein typisches Ergebnis zum Zusammenhang zwischen Konstitutionstyp und psychiatrischer Diagnose.

Kretschmers Interpretation dieses korrelativen Zusammenhangs war, dass es einen kausalen Zusammenhang zwischen Konstitution und Anfälligkeit für bestimmte Erkrankungen gebe: Eine bestimmte Konstitution prädisponiere zu bestimmten Krankheiten. Ein Blick auf ◘ Abb. 4.3a–c legt allerdings den Verdacht nahe, dass der Zusammenhang zwischen Körperbau und psychiatrischer Diagnose altersbedingt sein könnte, denn mit zunehmendem Alter verändert sich die alterstypische Gestalt vom leptosomen über den athletischen zum pyknischen Typ, und manisch-depressive Patienten haben ein durchschnittlich höheres Alter als schi-

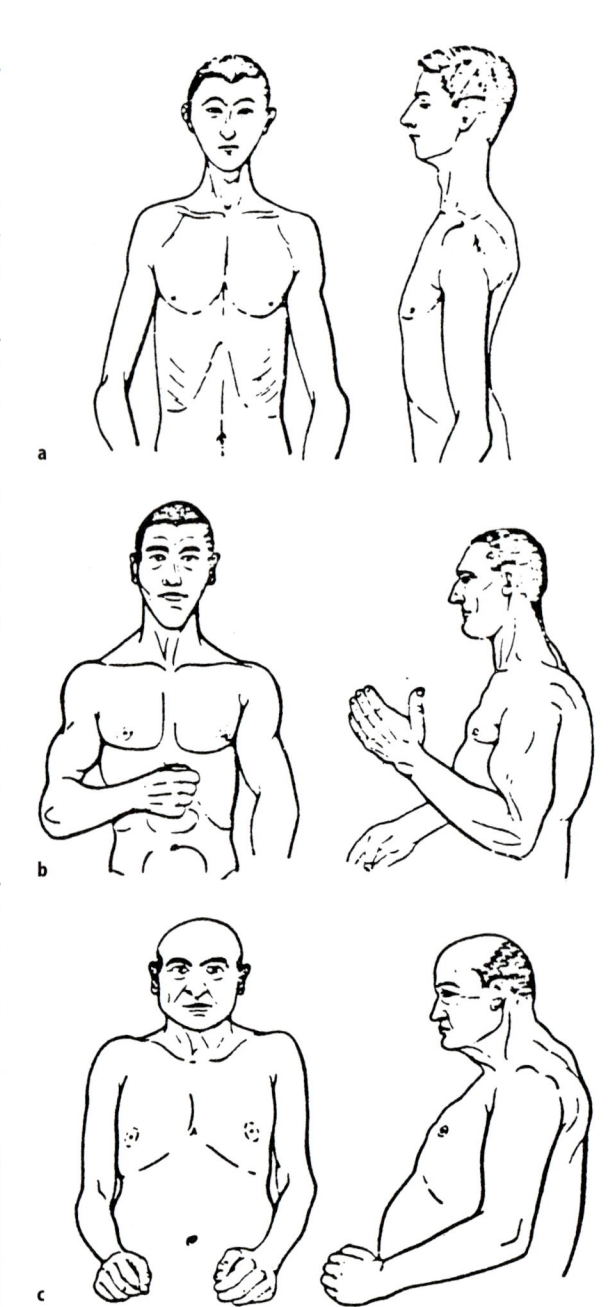

◘ Abb. 4.3. Konstitutionstypen nach Kretschmer.
a: leptosom, b: athletisch, c: pyknisch. (Aus Amelang & Bartussek, 1990)

◘ Tabelle 4.11. Zusammenhang zwischen Konstitutionstyp nach Kretschmer und psychiatrischer Diagnose. (Nach Westphal, 1931)

Typ	schizophren	epileptisch	manisch-depressiv
	n = 5233	n = 1505	n = 1361
leptosom	50,3%	25,1%	19,2%
athletisch	16,0%	28,9%	6,7%
pyknisch	13,7%	5,5%	64,6%
sonstig	20,0%	40,5%	9,5%

zophrene. Nachfolgende Untersuchungen fanden tatsächlich keine oder nur sehr schwache Zusammenhänge innerhalb bestimmter Altersstufen (vgl. Anastasi, 1971). Kretschmers Befund ist ein gutes Beispiel für eine Scheinkorrelation, die einen direkten Zusammenhang zwischen zwei Variablen vortäuscht, tatsächlich aber durch eine nicht gemessene Drittvariable bedingt ist (vgl. auch Abschn. 2.6.3).

Ähnliches gilt für die von Kretschmer und später Sheldon et al. (1940) behaupteten Zusammenhänge zwischen Konstitutionstyp und Temperament (z. B. seien leptosome Typen empfindlicher als pyknische und pyknische gemütlicher als leptosome). Die gefundenen Korrelationen erwiesen sich bei nachfolgender kritischer Prüfung weitgehend als Scheinkorrelationen, bedingt durch das Alter der Beurteilten und Urteilsverzerrungen bei den Urteilern. Meist wurde nämlich der Körperbau und das Temperament von derselben Person beurteilt, so dass das Temperamentsurteil durch das Urteil über den Konstitutionstyp beeinflusst war und umgekehrt (vgl. Anastasi, 1971).

Die Naivität, mit der Kretschmer und Sheldon den Zusammenhang zwischen Gestalt und Verhaltensdispositionen untersuchten, brachte psychologische Analysen von Gestalteigenschaften insgesamt in Verruf; gefördert wurde dies durch die gänzlich unseriösen Theorien zum Zusammenhang zwischen anatomisch definierter »Rasse« und »Charakter« während der Nazizeit (vgl. Weingart et al., 1988). Mangels solider Untersuchungen lässt es sich deshalb derzeit schlecht einschätzen, ob es nach Kontrolle des Alters substantielle Zusammenhänge zwischen Gestalteigenschaften und Verhaltensdispositionen gibt (vgl. aber Borkenau & Liebler, 1995). Zumindest schwache Zusammenhänge wären nicht erstaunlich, weil solche Zusammenhänge auf vielfältige Weise zustande kommen könnten. ◘ Abbildung 4.4 skizziert einige mögliche Zusammenhänge.

Erstens könnten Gestalteigenschaften im Prozess der Selbstwahrnehmung positiv oder negativ bewertet werden, dadurch das Selbstwertgefühl beeinflussen und so zu bestimmtem Verhalten disponieren. Wer z. B. in seiner Altersgruppe zu den Kleinsten zählt, könnte dies als Abweichung von der Norm negativ bewerten, was zur Ausbildung eines mangelnden Selbstwertgefühls, gepaart mit entsprechend unsicherem Verhalten, oder zu kompensatorischen Tendenzen (Entwicklung übertriebenen Stolzes oder Verlagerung der Interessen auf intellektuelle Gebiete) führen könnte (Pfade 1-2-3 und 1-4-5 in ◘ Abb. 4.4).

Entsprechende Zusammenhänge zwischen Gestalt und Verhaltensdispositionen könnten auch sozial vermittelt sein, indem wichtige Interaktionspartner auf die Gestalt reagieren und diese sozialen Rückmeldungen Selbstwertgefühl (Pfad 6-7-3) oder Motive und Interessen (Pfad 6-8-5) beeinflussen. Insbesondere könnten körperliche Behinderungen, die sich in der Gestalt niederschlagen, oder die Zugehörigkeit zu einer fremden Bevölkerungsgruppe soziale Ablehnung hervorrufen, die das Selbstwertgefühl beeinträchtigt.

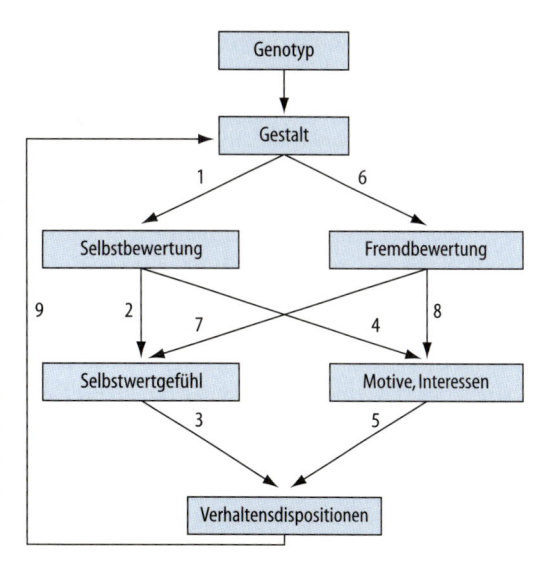

◘ Abb. 4.4. Mögliche Zusammenhänge zwischen Gestalt und Verhaltensdispositionen

Diese Prozesse sind u. a. gut untersucht worden am Beispiel von physischer Attraktivität (wie stark jemand dem Schönheitsideal seiner Kultur entspricht; vgl. Hassebrauck & Niketta, 1993, für eine Übersicht). Das Selbstwertgefühl korreliert nur minimal mit fremdeingeschätzter Attraktivität (die mittlere Korrelation in 38 Studien mit insgesamt nahezu 5 000 Versuchspersonen betrug nur .06; Feingold, 1992a). Entgegen dem landläufigen Vorurteil macht Schönheit nicht glücklich. Stärker sozial beeinflusste Merkmale zeigen aber zumindest mäßig starke Zusammenhänge zwischen fremdeingeschätzter Attraktivität und Persönlichkeit. In Feingolds Auswertung der relevanten Literatur korrelierte fremdbeurteilte Schönheit mit beobachteter sozialer Kompetenz in der Zweierinteraktion zu .25, mit Beliebtheit in sozialen Gruppen (z. B. Schulklasse) zu .31 und mit selbstbeurteilter Einsamkeit zu −.15. Schönheit macht das soziale Leben etwas einfacher, weil Interaktionspartner positiver reagieren. Das erleichtert es, Kontakte zu knüpfen, und schützt so vor Einsamkeit.

Physische Attraktivität hat auch gewisse Vorteile bei der Bewerbung für einen Arbeitsplatz. Schuler und

Berger (1979) händigten 80 mit Personaleinstellung befassten Führungskräften fiktive Bewerbungsunterlagen von Betriebswirten beiderlei Geschlechts aus. Die Unterlagen enthielten Fotos und realistische Informationen über die Qualifikation (Examensnoten, Beurteilungen). Eine Faktorenanalyse der Beurteilungen ergab einen Sympathie- und einen Leistungsfaktor. Das Sympathieurteil wurde fast vollständig durch die von anderen Beurteilern festgestellte physische Attraktivität der fiktiven Bewerber bestimmt, die Leistungsbeurteilung überwiegend durch die Qualifikation, wobei aber auch die physische Attraktivität eine etwa halb so große Rolle spielte. Die Einstellungsempfehlung wurde überwiegend durch die Qualifikation bestimmt, wobei aber auch die physische Attraktivität einen signifikanten Einfluss auf das Urteil ausübte (Verhältnis von 1:4 gegenüber der Qualifikation).

Mit dem Älterwerden kehrt sich dieser Vorteil jedoch um: Ältere Frauen, deren Jugendphotos von altersgleichen Männern beurteilt wurden (die also das ehemalige Schönheitsideal kennen sollten) und für ehemals sehr attraktiv gehalten wurden, gaben ein etwas niedrigeres Selbstwertgefühl an als gleichaltrige Frauen, die als ehemals unattraktiv eingeschätzt wurden (Berscheid & Walster, 1974). Vermutlich beruht dies darauf, dass Schönheit im Alter weniger Vorteile hat als in der Jugend, was in Form eines intraindividuellen Kontrasteffekts das Selbstwertgefühl der ehemals Schönen minderte und das Selbstwertgefühl der ehemals Hässlichen erhöhte.

Für alle diese Entwicklungspfade gilt, dass die Wirkungen der Gestalt auf Verhaltensdispositionen immer nur indirekt sind. Bei jedem Teilschritt sind vielfältige alternative Entwicklungen möglich, so dass die resultierenden korrelativen Zusammenhänge zwischen Gestalt und Verhaltensdispositionen nur schwach ausgeprägt sind. Umgekehrt können Verhaltensdispositionen direkte Rückwirkungen auf die körperliche Gestalt haben. Zum Beispiel neigen Vegetarier weniger zu Übergewicht als Eisbeinliebhaber (Pfad 9 in ◘ Abb. 4.4). Abschließend soll noch einmal betont werden, dass es sich bei den Pfaden in ◘ Abb. 4.4 meist nur um mögliche, nicht um empirisch nachgewiesene Wirkungen handelt.

? Fragen

4.14 Welche methodischen Fehler begingen Kretschmer und Sheldon?

4.15 Macht Schönheit glücklich?

🛈 Hinweise zur Beantwortung

4.14 Alterseinfluss, keine unabhängige Beurteilung

4.15 Beziehung zu Selbstwertgefühl, Altersabhängigkeit

4.3 Temperament

Ein großer Teil der Verhaltensdispositionen bezieht sich auf die Form des Verhaltens: wie jemand sich verhält. Formaspekte des Verhaltens sind z. B. die Sensitivität gegenüber Reizen, die Intensität von Reaktionen oder die Regulation von internen Zuständen (z. B. Schlaf-Wach-Rhythmus, Aufmerksamkeitssteuerung, Stimmungsschwankungen). Die individuelle Besonderheit in diesem Bereich des Verhaltens wird in der Alltagspsychologie, aber auch in der Psychologie, als Temperament bezeichnet.

Aus Sicht des Informationsverarbeitungsparadigmas handelt es sich bei Temperamentseigenschaften um Parameter von Informationsverarbeitungsprozessen, die die Verlaufscharakteristiken von Systemen der Verhaltensregulation bestimmen, z. B. Reizschwellen, Reiz-Reaktions-Gradienten (wie stark die Reaktion mit wachsender Reizintensität zunimmt) und die maximal erreichte Reaktionsstärke. Diese Regulationsprozesse werden auf neurophysiologischer Ebene meist in der Wechselwirkung zwischen Erregungs- und Hemmungsprozessen in bestimmten neuroanatomisch umschriebenen Hirnregionen gesucht.

> **Unter der Lupe**
> **Temperament**
> Unter dem Temperament einer Person werden ihre individuellen Besonderheiten in Formaspekten ihres Verhaltens verstanden (unter Ausschluss mancher Formaspekte intelligenten Handelns) nämlich Besonderheiten in den »Drei A der Persönlichkeit«: Affekt, Aktivierung, Aufmerksamkeit. Diese Formaspekte werden letztlich in Parametern von Erregungs- und Hemmungsprozessen auf neurophysiologischer Ebene gesucht, also in Parametern bestimmter Informationsverarbeitungsprozesse. Die Parameter werden als wissensunabhängig aufgefasst.

Die Prozessparameter werden als wissensunabhängig aufgefasst. Nicht alle derartigen Parameter werden allerdings als Temperamentseigenschaften betrachtet; z. B. wird die Geschwindigkeit des Gedächtniszugriffs als Merkmal von Intelligenz angesehen (vgl. Abschn. 2.5.2, Abschn. 4.4.1), nicht als Merkmal des Temperaments. Diese letztere Abgrenzung beruht auf historisch gewachsenen Traditionen, ist aus Sicht des Informationsverarbeitungsparadigmas jedoch kaum systematisch begründbar.

Es wird deutlich, dass sich Temperamentseigenschaften vor allem auf die ersten beiden Faktoren des Fünf-Faktoren-Modells von Eigenschaften beziehen: emotionale Stabilität und Extraversion (vgl. ◘ Tabelle 4.4). Die Umkehrung gilt nicht, d. h. Persönlichkeitseigenschaften, die auf den ersten beiden Faktoren hoch laden, müssen nicht unbedingt Temperamentsmerkmale im Sinne der obigen Definition sein. Geselligkeit z. B. lädt hoch auf dem Faktor Extraversion, ist aber ein Motiv (vgl. Abschn. 4.5.1). Mit Temperamentseigenschaften korrelierende Motive werden allerdings oft ebenfalls als Temperamentsmerkmale aufgefasst (vgl. z. B. A. H. Buss, 1991), auch wenn es sich dabei gar nicht um Formmerkmale des Verhaltens handelt. Das ist ein Grund dafür, warum das persönlichkeitspsychologische Temperamentskonzept bis heute nicht klar definiert ist.

Die meisten Temperamentseigenschaften beziehen sich auf dispositionale Tendenzen, bestimmte Emotionen oder Stimmungen oft oder intensiv zu erleben. Wundt (1903), Allport (1937) oder Mehrabian (1991) machten deshalb Dispositionen zu Emotionen oder Stimmungen zum Kern ihrer Temperamentsdefinition. Eigenschaften wie hyperaktiv, ausdauernd, ablenkbar oder Langschläfer, die sich auf die Regulation nichtemotionaler Zustände beziehen, werden durch eine solche Temperamentsdefinition allerdings nicht erfasst; sie erscheint deshalb als zu eng. Am ehesten scheint noch die einprägsame Definition von Rothbart und Bates (1998) geeignet, Temperament zu definieren. Danach beziehen sich Temperamentsunterschiede immer auf die »Drei A der Persönlichkeit«: Affekt, Aktivierung, Aufmerksamkeit. Einigkeit besteht in der Literatur darin, dass der Kulturfaktor im Fünf-Faktoren-Modell – also Intelligenz und kulturelle Fähigkeiten und Interessen – sowie überhaupt alle Werthaltungen, Einstellungen und Interessen nicht zum Temperament zu zählen sind.

Vielfach wird angenommen, dass Temperamentseigenschaften angeboren und kaum durch Umweltbedingungen nach der Geburt veränderbar sind. Diese Annahme erhoben Buss und Plomin (1984) zu einem Definitionsmerkmal von Temperamentseigenschaften, indem sie Temperament definierten als diejenigen Persönlichkeitseigenschaften, die

- schon im ersten Lebensjahr beobachtbar sind,
- stark genetisch bedingt sind und
- eine hohe langfristige Stabilität aufweisen.

Andere Autoren schlossen sich ihnen später an (z. B. Strelau, 1987). Diese drei Kriterien treffen aber weder auf alle Temperamentseigenschaften zu, noch sind sie geeignet, Temperamentseigenschaften von anderen Persönlichkeitseigenschaften zu unterscheiden.

Erstens genügt auch Intelligenz allen drei Kriterien; Intelligenz wird aber nicht als Temperamentseigenschaft verstanden. Zweitens gibt es dispositionale Formmerkmale des emotionalen Verhaltens, die erst lange nach dem ersten Lebensjahr beobachtbar sind, z. B. sexuelle Reaktivität (die allerdings in der Temperamentsliteratur wie auch in der Persönlichkeitsliteratur insgesamt nur selten erwähnt wird). Drittens ist bisher empirisch nicht nachgewiesen, dass Temperamentseigenschaften generell stärker genetisch mitbedingt sind als Motive oder Einstellungen (vgl. Abschn. 6.2.2). Und viertens ist die Stabilität von Temperamentseigenschaften im Kindesalter nicht sonderlich hoch (vgl. Asendorpf, 2003); wie viele andere Persönlichkeitseigenschaften auch sind individuelle Besonderheiten im Temperamentsbereich erst ab dem Erwachsenenalter wirklich stabil, wobei ihre Stabilität nicht höher zu sein scheint als die mancher Motive oder Einstellungen.

> **Merke**
> Eine Abgrenzung der Temperamentseigenschaften von anderen Persönlichkeitseigenschaften aufgrund von frühem Auftreten, starkem genetischen Einfluss und hoher langfristiger Stabilität ist nicht möglich.

Manche Autoren versuchten, Temperamentsmerkmale durch ihre Nähe zu »biologischen Prozessen« zu charakterisieren, wobei damit physiologische Prozesse gemeint sind (z. B. Eysenck, 1991; Gray, 1991; Strelau, 1987; Zuckerman, 1991). Dies liegt nahe, weil Reaktivität, Intensität und Regulation auch physiologische Konzepte sind. Wie im folgenden deutlich werden wird, konnte aber eine enge Beziehung zwischen Temperamentsbeurteilungen und physiologischen Prozessparametern bisher nicht klar belegt werden.

4.3.1 Die Theorie von Eysenck

Die Temperamentstheorie von Eysenck (1916–1997) übte einen großen Einfluss auf die Persönlichkeitspsychologie aus (vgl. besonders Eysenck, 1990, und Eysenck & Eysenck, 1985). Sie besteht im wesentlichen aus zwei Teilen. Der erste Teil beinhaltet die Behauptung, dass alle wesentlichen Temperamentseigenschaften auf zwei unabhängigen Dimensionen variieren: Extraversion mit den beiden Polen extravertiert und introvertiert sowie Neurotizismus mit den beiden Polen labil und stabil (im folgenden wird ignoriert, dass Eysenck später als dritte Dimension Psychotizismus hinzunahm, da diese Weiterentwicklung weniger einflussreich war als die ursprüngliche zweidimensionale Theorie). Eysenck verwies dabei immer wieder auf zwei historische Vorläufer.

Hippokrates (460–377 v. Chr.) war der Meinung, dass es vier Temperamentstypen gebe (Sanguiniker, Phlegmatiker, Choleriker und Melancholiker), die durch Vorherrschen eines der vier Körpersäfte (Blut, Schleim, gelbe und schwarze Galle) charakterisiert seien – eine frühe, offensichtlich auf purer sprachlicher Assoziation (schwarze Galle – trübe Stimmung) beruhende psychophysiologische »Theorie«. Wundt, der Begründer der experimentellen Psychologie in Deutschland, erweiterte diese Typenlehre zu einem zweidimensionalen Modell mit den Achsen »Stärke der Gemütsbewegungen« und »Schnelligkeit des Wechsels der Gemütsbewegungen« (Wundt, 1903).

Wie schon andere Autoren vor ihm fand Eysenck in Faktorenanalysen von Persönlichkeitsinventaren zwei Faktoren, die den beiden Dimensionen Wundts recht gut entsprechen. Eysenck (1953) bezog die erste Achse »Stärke der Gemütsbewegungen« auf die im offenen Verhalten beobachtbare Stärke von Emotionen und das Typen-Konzept Jungs von Introversion und Extraversion. Nach C. G. Jung (1921) verhalten sich Introvertierte (»nach innen Gekehrte«) abgrenzend ihrer Umwelt gegenüber; sie entziehen sich ihr oft und wirken dadurch verschlossen und schwer durchschaubar. Extravertierte (»nach außen Gekehrte«) dagegen sind offen gegenüber der Umwelt und wirken dadurch freundlich und zugänglich. Die zweite Achse »Schnelligkeit des Wechsels der Gemütsbewegungen« bezog Eysenck (1953) auf die klinische Beobachtung, dass Neurotiker oft eine labile Stimmungslage haben. So kam er zu einem zweidimensionalen Klassifikationssystem mit den beiden Dimensionen Extraversion (E) und Neurotizismus (N) (◘ Abb. 4.5).

Dieses dimensionale Klassifikationssystem war vor allem deshalb so erfolgreich, weil sich die beiden Dimensionen E und N in praktisch allen Faktorenanalysen von Eigenschaftsurteilen fanden, die auf hinreichend vielen Eigenschaften basierten. Eysenck und Mitarbeiter entwickelten verschiedene Fragebögen zur Messung von E und N, von denen das Eysenck Personality Inventory (EPI; Eysenck & Eysenck, 1968) die breiteste Anwendung fand (deutsche Version von Eggert, 1974; ◘ Tabelle 4.12). Die Übereinstimmung zwischen Selbst- und Bekannten-

4.3 · Temperament

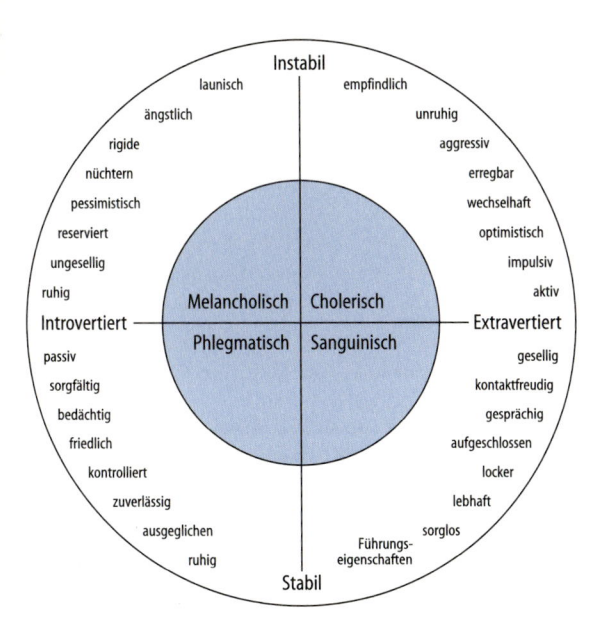

Abb. 4.5. Zweidimensionales Temperamentssystem von Eysenck. (Aus Zimbardo & Gerrig, 1999)

Tabelle 4.12. Typische Extraversions- und Neurotizismus-Items aus dem Eysenck Personality Inventory (Eggert, 1974)

Extraversion	Neurotizismus
Haben Sie oft Lust, etwas Aufregendes zu erleben?	Wechselt Ihre Stimmung häufig? Haben Sie häufig Alpträume?
Gehen Sie gern viel aus?	Machen Sie sich Sorgen um Ihre Gesundheit?
Halten andere Leute Sie für sehr lebhaft?	Haben Sie Minderwertigkeitsgefühle?

beurteilungen in E und N liegt für Erwachsene bei .50 (Amelang & Borkenau, 1982; Amelang & Ullwer, 1990; McCrae & Costa, 1987).

Diese Robustheit der beiden Dimensionen E und N ist aus Sicht des lexikalischen Ansatzes darauf zurückzuführen, dass sie zwei Faktoren des Fünf-Faktoren-Modells darstellen: Extraversion und emotionale (In-)Stabilität (s. Abschn. 4.1.1). Dieser erste Teil von Eysencks Theorie lässt sich also relativ mühelos in das Fünf-Faktoren-Modell integrieren.

Die durch Selbst- oder Bekanntenbeurteilung operationalisierten Eigenschaften E und N weisen praktisch bedeutsame Außenbeziehungen auf. Selbstbeurteilter Neurotizismus hat eine große Bedeutung für die Vorhersage von subjektiven psychischen und somatischen Beschwerden. Hohe N-Werte sagen hohe Beschwerde-Summenwerte voraus, wenn über viele Beschwerden aggregiert wird. Da viele Neurotizismusskalen Items enthalten, die nach somatischen Beschwerden fragen, ist dies nicht erstaunlich (vgl. Tabelle 4.12). Aber auch wenn Neurotizismus nur durch Items erfasst wird, die keine somatischen Beschwerden erfassen (wie in der N-Skala des Freiburger Persönlichkeitsinventars FPI; Fahrenberg & Selg, 1970), finden sich Korrelationen mit der Zahl somatischer Beschwerden um .55 (Fahrenberg, 1975).

Selbstbeurteilter Neurotizismus sagt generell negativen Affekt (Häufigkeit und Dauer negativer Emotionen) vorher und sowohl die erlebte Stressintensität in alltäglichen Belastungssituationen als auch die Häufigkeit solcher Situationen. Bolger und Schilling (1991) ließen Versuchspersonen sechs Wochen lang ein Tagebuch über belastende Situationen führen. Personen mit hohen Neurotizismuswerten berichteten häufiger solche Situationen und gaben intensivere Stressreaktionen in diesen Situationen an.

Selbstbeurteilte Extraversion sagt den Zeitanteil vorher, den Personen im Alltag mit ungezwungener Geselligkeit verbringen (Parties, Gespräche, private Telefonate, gemeinsame Unternehmungen in der Freizeit; vgl. z. B. Asendorpf & Wilpers, 1998; Diener et al., 1984). Diese Beziehung zwischen Selbsturteil und tatsächlichem Verhalten beruht vor allem auf der untergeordneten, engeren Eigenschaft »Geselligkeit« (Beispielitem: »Gehen Sie gern viel aus?«). Der »eigentliche« Temperamentsanteil von Extraversion bezieht sich auf positiven Affekt (Häufigkeit und Dauer positiver Emotionen), über den Extravertierte stärker berichten.

> **Merke**
> Selbstbeurteilter Neurotizismus sagt negativen Affekt und subjektive psychische und somatische Beschwerden vorher, selbstbeurteilte Extraversion positiven Affekt und geselliges Verhalten.

Der zweite Teil von Eysencks Temperamentstheorie bezieht sich auf die »biologischen Grundlagen« der Faktoren E und N (Eysenck, 1967, 1991). Diese vermutete er in interindividuellen Unterschieden in neurophysiologischen Erregungs- und Hemmungsprozessen. Dabei bezog er sich auf zwei funktionelle neurophysiologische Systeme:

- das aufsteigende retikuläre aktivierende System des Hirnstamms (ARAS; Moruzzi & Magoun, 1949), das eine zentrale Rolle in der Schlaf-Wach-Regulation und der Aufmerksamkeitssteuerung spielt;
- das limbische System (MacLean, 1954; LeDoux, 1998), von dem angenommen wurde, dass es emotionale Erregungsprozesse reguliert (inzwischen ist bekannt, dass dies für Teilstrukturen wie z.B. die Amygdala gilt, während andere wie z.B. der Hippocampus eher Gedächtnisfunktionen ausüben).

> **! Merke**
> Eysenck nahm an, dass interindividuelle Unterschiede in Introversion-Extraversion auf interindividuellen Unterschieden in der retikulären Aktivierung beruhten, Unterschiede in Neurotizismus dagegen auf interindividuellen Unterschieden in der limbischen Aktivierung.

Diese Persönlichkeitsunterschiede in der physiologischen Erregbarkeit bezog Eysenck (1967) auf das Aktivierungspotential von Situationen (das Aktivierungspotential einer Situation ist die mittlere Aktivierung der Personen der betrachteten Population in der Situation). Introvertierte hätten eine niedrigere Schwelle für retikuläre Aktivierung als Extravertierte, so dass ihre retikuläre Aktivierung relativ zu Extravertierten in Situationen mit niedrigem bis starkem Aktivierungspotential stärker sei. Dies gelte jedoch nicht für sehr stark aktivierende Situationen, da dort der Schutzmechanismus der »transmarginalen Hemmung« greife, der zu einer niedrigeren retikulären Aktivierung von Introvertierten relativ zu Extravertierten führe.

Aus dieser Grundannahme lassen sich zwei Klassen von testbaren Hypothesen ableiten. Erstens sollten Introvertierte in niedrig bis stark aktivierenden Situationen eine stärkere EEG-Desynchronisation zeigen (ein bestimmtes EEG-Muster, das bei ARAS-Aktivierung auftritt), in sehr stark aktivierenden Situationen jedoch eine geringere EEG-Desynchronisation als Extravertierte. Zweitens sollten aufgrund des Yerkes-Dodson-Gesetzes, nach dem die Leistung bei mittelhoher Erregung maximal ist, Introvertierte ihren Punkt maximaler Leistungsfähigkeit bei geringerer situativer Aktivierung erreichen als Extravertierte. Entsprechend sollten Introvertierte auch ihren Punkt maximalen Wohlbefindens bei geringerer situativer Stimulierung erreichen als Extravertierte.

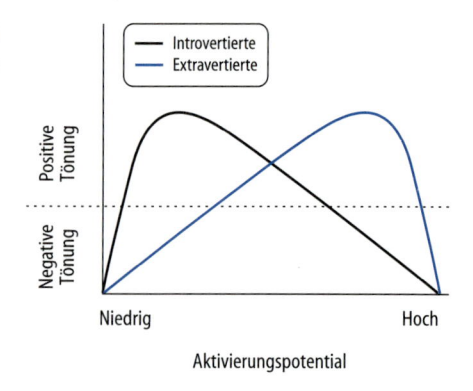

Abb. 4.6. Nichtlineare Interaktion zwischen Aktivierungspotential und Extraversion. (Nach Eysenck & Eysenck, 1985)

Zum Beispiel sollten Introvertierte bei geistiger Arbeit Hintergrundmusik weniger gut tolerieren können als Extravertierte und sich eher in kleinen als in größeren Gruppen wohlfühlen (größere Gruppen würden sie überaktivieren, während sie Extravertierte optimal aktivieren würden). Dieser zweite Teil von Eysencks Theorie sagte also nichtlineare Interaktionen zwischen Situation und Extraversion vorher (• Abb. 4.6).

Für Neurotizismus war das Argumentationsmuster sehr ähnlich, nur dass hier retikuläre Aktivierung und autonome physiologische Erregung ausgetauscht wurden. Neurotische (emotional labile) Menschen sollten also stärker mit Angst oder Stressreaktionen auf leicht bis stark angst- oder stresserregende Situationen reagieren als emotional stabile Menschen und länger brauchen, um nach autonom-physiologischer Erregung wieder in einen ausgeglichenen Zustand zurückzukehren.

Empirisch wurden diese theoretischen Vorhersagen meist so getestet, dass für eine bestimmte physiologische oder Verhaltensvariable Hypothesen über Unterschiede zwischen intro- und extravertierten bzw. emotional labilen und stabilen Personen in bestimmten Situationen hergeleitet wurden und dann an Extremgruppen von Versuchspersonen mit niedrigen bzw. hohen Werten in selbstbeurteilter Extraversion bzw. Neurotizismus überprüft wurden. Das ist bestenfalls ein indirekter Test für eine Theorie, die Aussagen über Verhaltenskonsequenzen retikulärer bzw. limbischer Erregbarkeit macht. Ein direkter Test müsste diese Erregbarkeiten neurophysiologisch messen und dann in Beziehung zum Verhalten setzen.

Die Ergebnisse dieser indirekten Tests sind insgesamt äußerst widersprüchlich. Ihre Interpretation wird durch mehrere Tatsachen erschwert (vgl. auch Brocke & Battmann, 1985):

- Die Operationalisierung der retikulären bzw. limbischen Aktivierung ist nicht einheitlich. Es wurden verschiedene physiologische Messverfahren verwendet, die nach dem heutigen Stand des Wissens nicht als äquivalent betrachtet werden können.
- Die Operationalisierung des Aktivierungspotentials der Situationen ist nicht einheitlich. In Verbindung mit der Annahme nichtlinearer Interaktionen zwischen situativem Aktivierungspotential und Extraversion bzw. Neurotizismus führt das zu schwer interpretierbaren Ergebnissen. Gibt es nämlich in stark aktivierenden Situationen keinen Unterschied zwischen den verglichenen Extremgruppen, so kann dies im nachhinein dadurch erklärt werden, dass die situative Aktivierung bereits den Punkt erreicht hatte, an dem die transmarginale Hemmung einsetzte. Nur die sehr aufwendige Variation der Situation über weite Bereiche des Aktivierungspotentials mit Nachweis einer nichtlinearen Interaktion wie in ◘ Abb. 4.6 würde ausreichend klar interpretierbare Daten liefern.
- Es handelt sich meist um den Vergleich kleiner Extremgruppen von Versuchspersonen. Solche Studien sind stark anfällig für Zufallsergebnisse.
- Die Faktoren E und N sind sehr breit, d.h. sie repräsentieren ein Bündel nur schwach korrelierender Eigenschaften. Zum Beispiel bezieht sich Extraversion auf mindestens drei untergeordnete Eigenschaften (Geselligkeit, Impulsivität und Nicht-Schüchternheit), die untereinander nur in der Größenordnung von .30 korrelieren (vgl. Asendorpf, 1989a; Briggs, 1988; Eaves & Eysenck, 1975). In kleinen Extremgruppen hängt der Anteil von Personen mit extremen Werten in diesen untergeordneten Eigenschaften stark vom Zufall ab. Repräsentieren nun die untergeordneten Eigenschaften die hypothetische, physiologisch definierte Dimension der retikulären Erregbarkeit nicht in gleichem Maße, so führen zufällig variierende Anteile von Personen mit Extremwerten in Geselligkeit, Impulsivität und Nichtschüchternheit in den Extremgruppen zu Resultaten, die zwischen Bestätigung und Nichtbestätigung der Theorie schwanken.

Myrtek (1980) untersuchte den Zusammenhang zwischen E und N (gemessen durch die entsprechenden Skalen des Freiburger Persönlichkeitsinventars, FPI; Fahrenberg & Selg, 1970) und zahlreichen psychophysiologischen Variablen, die in mehreren Situationen erhoben wurden. Es ergaben sich durchweg Null-Korrelationen mit Neurotizismus und Extraversion. Stemmler und Meinhardt (1990) erhoben 34 physiologische Parameter in 48 situativen Bedingungen und konnten weder nach Eysenck zu erwartende Beziehungen zwischen den Skalen E und N und den physiologischen Parametern noch einen Einfluss des physiologisch operationalisierten Aktivierungspotentials der Situationen auf diese Beziehungen bestätigen. Amelang und Ullwer (1990) untersuchten 18 verschiedene Verhaltensvariablen an 181 jungen Erwachsenen und konnten Eysencks Theorie anhand einer Vielzahl von Einzelhypothesen testen. Kein einziger Test verlief erfolgreich in dem Sinne, dass das erwartete Ergebnis für Männer und für Frauen eintrat (Eysencks Theorie enthält keine Aussagen über Geschlechtsunterschiede, so dass die Vorhersagen für beide Geschlechter eintreten müssten). Dieses Null-Ergebnis kann nicht auf schlechtes Experimentieren zurückgeführt werden, weil die interindividuellen Unterschiede in den Verhaltensvariablen mehrfach gemessen wurden und durchweg eine zufriedenstellende Retestreliabilität aufwiesen.

Matthews und Gilliland (1999) kamen in ihrer Übersicht über physiologische Korrelate von Extraversion und Neurotizismus zu dem Schluss, dass die Hypothese von Eysenck für Extraversion noch am ehesten für phasische Maße der Hautleitfähigkeit haltbar ist. Es handelt sich hierbei um kurzzeitige Erhöhungen der elektrischen Leitfähigkeit der Haut, die durch Sympathikusaktivierung hervorgerufen werden und typischerweise Überraschung oder positiv oder negativ getönte Gefühle begleiten (vgl. Birbaumer & Schmidt, 2003). Sie können als physiologische Korrelate der Orientierungsreaktion auf situative Veränderungen interpretiert werden.

Übereinstimmend wurde in zahlreichen Studien gefunden, dass bei niedrigem Aktivierungspotential der Situation keine Unterschiede zwischen Introvertierten und Extravertierten bestehen, bei mittlerem Potential Introvertierte stärker reagieren als Extravertierte und bei starkem Potential Extravertierte stärker als Introvertierte. Dies gilt für so unterschiedliche Aktivierungsarten wie akustische oder visuelle Stimulation (Stelmack, 1990) und Koffeingabe in verschieden starker Dosierung (Smith, 1983). Das tonische Niveau der Hautleitfähigkeit oder die Schnelligkeit der Habituation an neue Reize zeigten dagegen keine vergleichsweise klare Beziehung zu Extraversion.

Problematisch sind Analysen, in denen Zusammenhänge zwischen Extraversion und physiologischen Maßen unabhängig vom Aktivierungspotential der Situation betrachtet werden. Myrtek (1998a) fand in einer derartigen Analyse aller zwischen 1983 und 1992 publizierten Studien, dass von 22 erwarteten negativen Korrelationen zwischen Extraversion und physiologischer Aktivierung 7 überzufällig bestätigt und 15 nicht bestätigt wurden (Trefferquote 32%); für Neurotizismus betrug die Trefferquote sogar nur 13% (9 von 58 bestätigt). Diese Trefferquoten überschätzen den tatsächlichen Zusammenhang, weil eine Tendenz besteht, dass positive Befunde (in diesem Fall also überzufällige Zusammenhänge) eher publiziert werden als negative (der sog. Publikationsbias). Immerhin war die Trefferquote deutlich höher für Extraversion als für Neurotizismus; wird zusätzlich berücksichtigt, dass Nichtbestätigungen auf einem hohen Aktivierungspotential der Situationen beruhen könnten, kann mit einiger Vorsicht der Schluss gezogen werden, dass einige wenige physiologische Korrelate von Extraversion nachgewiesen wurden, nicht aber für Neurotizismus.

> **Merke**
>
> Eysencks Hypothesen über nichtlineare Zusammenhänge zwischen Extraversion-Introversion und Aktivierung konnten für phasische Hautleitfähigkeitsmaße der Sympathikusaktivierung bestätigt werden. Insgesamt konnten nur wenige physiologische Korrelate von Extraversion-Introversion nachgewiesen werden und überhaupt keine von Neurotizismus.

Dass der zweite, neurophysiologisch orientierte Teil von Eysencks Theorie nur unter äußerst spezifischen Bedingungen gültig zu sein scheint, ist aus Sicht der heutigen Neurophysiologie nicht überraschend. Eysencks Theorie von 1967 basiert auf einem Aktivierungsbegriff, der aus heutiger Sicht viel zu global ist. Inzwischen sind zahlreiche zusätzliche »Aktivierungssysteme« entdeckt worden, die untereinander in komplexer Wechselwirkung stehen (vgl. Stemmler, 1992). Fahrenberg und Mitarbeiter untersuchten in zahlreichen Studien interindividuelle Unterschiede in vielen physiologischen Variablen simultan an denselben Versuchspersonen und kamen nach über 25 Jahren skrupulöser Forschung zu dem ernüchternden Ergebnis, dass sich zwischen den einzelnen physiologischen Variablen, die nach globalen Theorien wie der von Eysenck hoch korrelieren sollten, im wesentlichen Null-Korrelationen finden. Diese Reaktionsinkohärenz verhindert, dass sich »breite«, mehrere physiologische Systeme umfassende Temperamentseigenschaften auf physiologischer Ebene identifizieren lassen (vgl. Fahrenberg, 1992). Das heißt nicht, dass es auf physiologischer Ebene überhaupt keine interindividuellen Korrelationen gibt. Es gibt sie, aber sie sind auf eng umschriebene physiologische Regulationssysteme beschränkt.

Entsprechendes gilt auch für diejenigen interindividuellen Unterschiede im Verhalten, die nach Eysencks Theorie durch die hypothetischen Dimensionen Extraversion und Neurotizismus erklärt werden sollten. In der Studie von Amelang und Ullwer (1990) fanden sich durchweg Null-Korrelationen zwischen den 18 untersuchten Verhaltensvariablen. Das widerspricht der Annahme, dass sie durch gemeinsame, zugrundeliegende interindividuelle physiologische Unterschiede beeinflusst sind.

Insgesamt verbleibt damit von Eysencks Theorie für die heutige Persönlichkeitspsychologie vor allem die Rekonstruktion alltagspsychologischer Temperamentsurteile durch den von E und N aufgespannten zweidimensionalen Eigenschaftsraum als Teil des Fünf-Faktoren-Modells. Die von Eysenck (1967) vermutete Beziehung zwischen Neurotizismus und interindividuellen Unterschieden in limbischen Erregungs- und Hemmungsprozessen ließ sich nicht bestätigen, und es ist unklar, ob diese Faktoren überhaupt mit interindividuellen Unterschieden in diesen oder anderen physiologischen Aktivierungsprozessen eng zusammenhängen.

In der Diskussion ist die Beziehung zwischen der Dimension Sensation Seeking (Zuckerman, 1979, 1991) und interindividuellen Unterschieden auf neurophysiologischer Ebene. Sensation Seeking korreliert mittelhoch positiv mit Extraversion, soll das Bedürfnis nach Stimulation messen, wird durch Selbstbeurteilung entsprechender Bedürfnisse in konkreten Situationen erfasst (Beispiel: Neigung zu schnellem Autofahren; Spaß an Drachenfliegen) und zeigt die erwarteten Beziehungen zu tatsächlichem riskanten Verhalten (Beispiel: Rennfahrer und Drachenflieger haben überdurchschnittliche Werte). Zu neurophysiologischen Korrelaten von Sensation Seeking oder dem verwandten Konstrukt Novelty Seeking gibt es eine rege Forschung (z.B. Depue & Collins, 1999), stimuliert auch durch vermutete Gene, die für hohe Ausprägungen auf diesen Persönlichkeitsdimensionen verantwortlich sein könnten (vgl. Abschn. 6.3.1).

4.3.2 Die Theorie von Gray

Gray schlug eine Modifikation beider Teile von Eysencks Theorie vor. Nach Gray (1982) lassen sich drei Verhal-

tenssysteme (behavioral systems) unterscheiden, die in emotionalen Situationen eine Rolle spielen:
- Ein Verhaltensaktivierungssystem (behavioral approach system BAS nach Gray, 1982; behavioral activation system nach Fowles, 1980) organisiere die Reaktion auf konditionierte Reize, die Belohnung oder Nichtbestrafung signalisieren (das Verhaltensaktivierungssystem soll an der Regulation klassisch konditionierter Reaktionen beteiligt sein; vgl. Abschn. 2.3.1).
- Ein Verhaltenshemmungssystem (behavioral inhibition system BIS) organisiere die Reaktion auf Reize, die unbekannt sind oder Bestrafung oder Nichtbelohnung signalisieren.
- Ein Angriff/Fluchtsystem (fight/flight system) organisiere die Reaktion auf unkonditionierte Gefahrenreize.

Ein aus Symmetriegründen zu erwartendes viertes Verhaltenssystem, das die Reaktion auf unkonditionierte Reize für Belohnung und Nichtbestrafung organisiert, gibt es nach Gray (1982) nicht; statt dessen gebe es zahlreiche verschiedene Systeme für unterschiedliche Klassen von unkonditionierten Belohnungs-/Nichtbestrafungsreizen.

Das Verhaltensaktivierungssystem führe zu Annäherungsverhalten; das Verhaltenshemmungssystem zu Verhaltenshemmung sowie Erhöhung der limbischen Erregung und Aufmerksamkeit; und das Angriff/Fluchtsystem je nach Situation zu defensiver Aggression oder zu Flucht (◘ Abb. 4.7).

Obwohl Gray (1982) zur Stützung seiner Theorie vor allem neurophysiologische Befunde anführte, war er vorsichtig, was den theoretischen Status seiner drei Systeme angeht: Er sprach ausdrücklich von Verhaltenssystemen, die nicht unbedingt eine neuroanatomische Entsprechung haben müssten. Gray (1982) bezog sich in seiner Theorie fast ausschließlich auf Tierexperimente und gab zu, dass für eine Verallgemeinerung auf emotionales Verhalten beim Menschen noch die empirische Basis fehle. Der Wert von Grays Theorie liegt also eher in ihrem heuristischen Nutzen (Nutzen für die Ableitung testbarer Hypothesen). So lässt sich z. B. die Annahme ableiten, dass konditionierte Reaktionen auf so unterschiedliche situative Merkmale wie Unbekanntheit, Strafe und Nichtbelohnung durch ein und dasselbe Verhaltenssystem organisiert werden und von daher interindividuelle Unterschiede in der Reaktion auf diese heterogenen Reize eine gewisse Konsistenz aufweisen sollten.

Für die Persönlichkeitspsychologie besteht dieser heuristische Nutzen vor allem in der Anwendung von Grays Theorie auf Temperamentseigenschaften. Interindividuelle Unterschiede in der Stärke des Verhaltenshemmungssystems (also in der Empfänglichkeit gegenüber Unbekanntheit, Strafe und Nichtbelohnung) und interindividuelle Unterschiede in der Stärke des Verhaltensaktivierungssystems (also in der Empfänglichkeit gegenüber Belohnung und Nichtbestrafung) bilden nach Gray (1987) zwei orthogonale (unkorrelierte) Dimensionen auf Konstruktebene. Man könnte sie also Gehemmtheit und Aktiviertheit nennen. Nach Gray (1987) entsprechen sie in ihrer Bedeutung recht gut den alltagspsychologischen Konzepten Ängstlichkeit und Impulsivität.

Nach Gray ist hohe Gehemmtheit durch starke Empfänglichkeit gegenüber Unbekanntheit, Strafe und Nichtbelohnung und hohe Aktiviertheit durch starke Empfänglichkeit gegenüber Belohnung und Nichtbestrafung gekennzeichnet. Gehemmtheit und Aktiviertheit spannen nach Gray denselben zweidimensionalen Raum von Temperamentseigenschaften auf wie Eysencks Faktoren E und N, nur dass Grays Dimensionen um 45° rotiert sind (◘ Abb. 4.8). Hohe Gehemmtheit im Sinne Grays wird also durch hohe Werte in Neurotizismus und Introversion und hohe Aktiviertheit durch hohe Werte in Extraversion und Neurotizismus charakterisiert.

◘ Abb. 4.7. Drei Verhaltenssysteme nach Gray

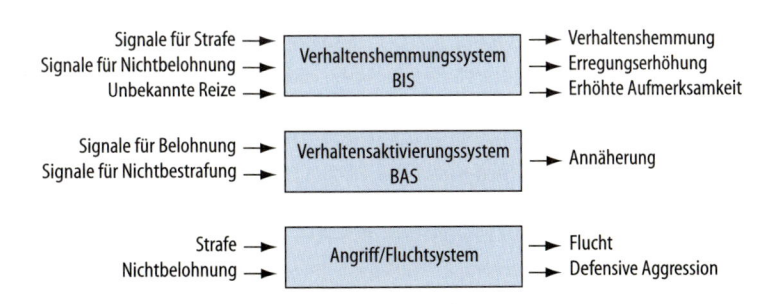

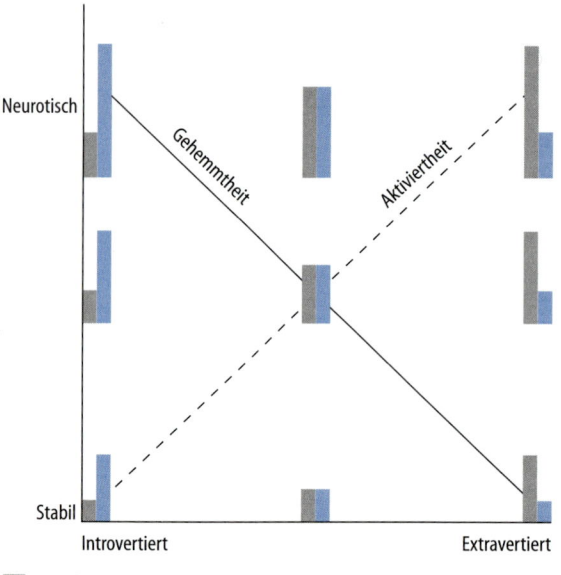

Affekt. Erwartungsgemäß berichteten Studierende mit hohen Gehemmtheitswerten mehr negativen Affekt und solche mit hohen BAS-Werten mehr positiven Affekt. Darüber hinaus berichteten Studierende mit hohen BIS-Werten negativere Reaktionen auf negative Ereignisse als solche mit niedrigen BIS-Werten. Beide Effekte wurden in früheren Studien auch für den Zusammenhang zwischen Neurotizismus und negativem Affekt und zwischen Extraversion und positivem Affekt gefunden (vgl. Abschn. 4.3.1). In der Tat korreliert BIS hoch mit Neurotizismus und BAS hoch mit Extraversion, und es fehlt derzeit der Nachweis einer diskriminanten Validität der beiden korrelierenden Dimensionen (z. B. dass BIS etwas vorhersagt, das Neurotizismus nicht so vorhersagt und umgekehrt).

> **Merke**
>
> **In Fragebögen korreliert BIS hoch mit Neurotizismus und BAS hoch mit Extraversion; der Nachweis einer diskriminanten Validität von BIS/BAS steht noch aus.**

Asendorpf (1989a) wandte Grays Gehemmtheitskonstrukt auf den Spezialfall von Gehemmtheit in sozialen Situationen an (alltagspsychologisch als Schüchternheit bezeichnet). Ebenso wie Briggs (1988) konnte Asendorpf (1989a) bestätigen, dass selbstbeurteilte Schüchternheit – wie nach Gray zu erwarten – in etwa gleicher Höhe positiv mit Neurotizismus (.43) und Introversion (.52) korrelierte. Extremgruppen hoch und niedrig Schüchterner fielen erwartungsgemäß in den linken oberen und rechten unteren Quadranten des E-N-Raumes (• Abb. 4.9).

Weiterhin konnte Asendorpf (1989b) Grays (1982) Hypothese bestätigen, dass Unbekanntheit (in sozialen Situationen: Unvertrautheit mit dem Interaktionspartner) und signalisierte Strafe oder Nichtbelohnung (in sozialen Situationen: Erwartung negativer oder unzureichend positiver sozialer Bewertung) beide unabhängig voneinander situationale Schüchternheit hervorrufen. Studenten unterhielten sich entweder mit einer völlig unbekannten Versuchsperson, einer seit zehn Minuten bekannten Versuchsperson oder einem guten Freund in einer Wartesituation, in der sie glaubten, auf das eigentliche Experiment zu warten. Andere Studenten mit entsprechenden Interaktionspartnern wurden gebeten, sich über die Persönlichkeit ihres Partners zu informieren, um ihn später zu beurteilen bzw. von ihm beurteilt zu werden (z. B. bezüglich Sympathie); dies sollte Angst vor sozialer Bewertung hervorrufen. Wie • Abb. 4.10 zeigt,

• Abb. 4.8. Zweidimensionales Temperamentssystem nach Gray

> **Merke**
>
> **Gray konzeptualisierte dieselben Temperamentsunterschiede wie Eysenck durch zwei Dimensionen der Gehemmtheit und Aktiviertheit, die gegenüber Extraversion und Neurotizismus um 45° gedreht sind.**

Gray (1987) gibt eine Übersicht über einige unterstützende empirische Untersuchungen zu diesem zweidimensionalen Temperamentsmodell. Carver und White (1994) konstruierten kurze Skalen zur Messung selbstbeurteilter Gehemmtheit (BIS) und von drei Aspekten selbstbeurteilter Aktiviertheit (BAS) und konnten experimentell zeigen, dass gehemmte Studenten sich auf die Erwartung von Bestrafung hin als nervöser beschrieben als ungehemmte und dass aktivierte Studenten sich auf die Erwartung einer Belohnung hin freudiger beschrieben als unaktivierte. Dieser BIS-/BAS-Fragebogen wurde von Strobel et al. (2001) ins Deutsche übersetzt, wobei sie die unabhängigen Faktoren Verhaltensgehemmtheit und Verhaltensaktiviertheit bestätigen konnten.

Gable et al. (2000) untersuchten in zwei Tagebuchstudien den Einfluss von Verhaltensgehemmtheit und -aktiviertheit, gemessen durch den BIS-/BAS-Fragebogen, auf den Zusammenhang zwischen positiven und negativen Ereignissen und positivem und negativem

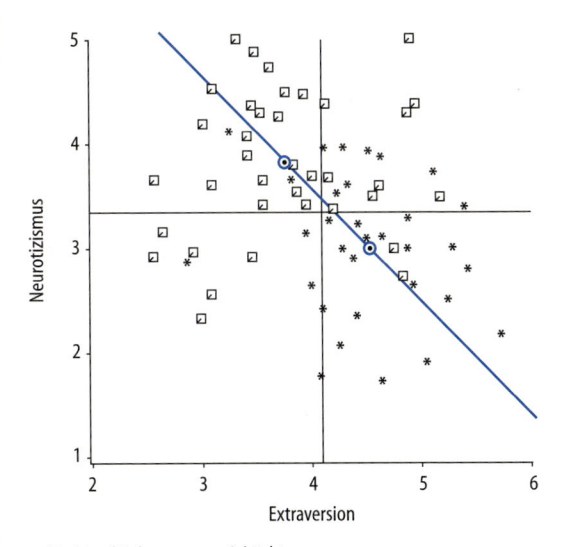

4.3 · Temperament

Abb. 4.9. Extremgruppen in Schüchternheit im Extraversions-Neurotizismus-Raum. (Aus Asendorpf, 1989a)

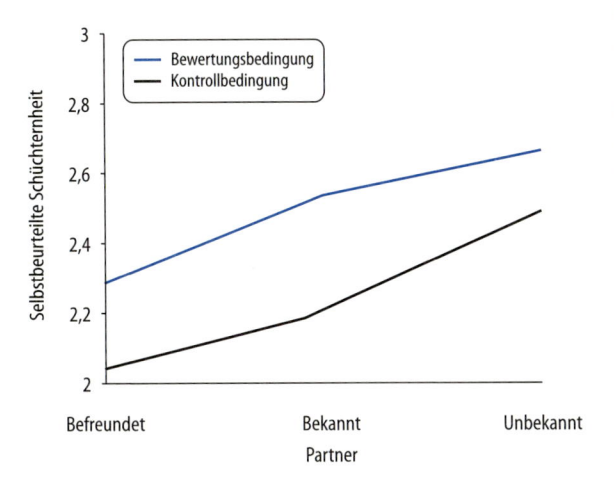

Abb. 4.10. Induktion situationaler Schüchternheit durch Unvertrautheit des Interaktionspartners und soziale Bewertung

riefen die Bewertungsbedingung und die Unvertrautheit mit dem Partner unabhängig voneinander höhere Werte in selbstbeurteilter situativer Schüchternheit hervor; für partnerbeurteilte und von Dritten beobachtete situative Schüchternheit galt dasselbe.

Analysen von Situationsinventaren für schüchternes Verhalten (Asendorpf, 1989a; Russell et al., 1986) zeigten eine hohe transsituative Konsistenz selbstbeurteilter Schüchternheit zwischen unvertrauten und Bewertungssituationen. Deshalb lassen sich Schüchternheitsskalen konstruieren, deren Items sich sowohl auf die Konfrontation mit Fremden als auch auf soziale Bewertung durch Bekannte beziehen (Asendorpf, 1989a; Jones et al., 1986). Auch dies stützt Grays Hypothese, dass Gehemmtheit eine höhere Empfänglichkeit gegenüber Unbekanntheit und Strafe/Nichtbelohnung beinhaltet.

> **Merke**
>
> Grays Annahmen für die Dimension der Gehemmtheit konnten im Falle der sozialen Gehemmtheit auf der Ebene der Selbstbeschreibung und des Verhaltens bestätigt werden.

Insgesamt bietet Grays Theorie einen zumindest heuristisch nützlichen Ansatzpunkt zu Untersuchungen von Temperamentseigenschaften, die etwas mit der Erwartung von Belohnung oder Bestrafung zu tun haben. Dass Grays Modell bisher mehr empirische Bestätigung fand als Eysencks Aktivierungstheorie, ist nicht erstaunlich, weil es näher an psychologischen Konzepten operiert als Eysencks Aktivierungstheorie. Dass in Faktorenanalysen von Eigenschaftsbeurteilungen eher Eysencks Faktoren E und N als Grays Faktoren Gehemmtheit und Aktiviertheit gefunden werden, spricht nicht gegen Grays Theorie, da es sich bei diesen Faktoren nur um die Rekonstruktion der naiven Persönlichkeitswahrnehmung handelt. Physiologische Korrelate von Grays Persönlichkeitsdimensionen erwiesen sich als mindestens so schwer nachweisbar wie für Eysencks E und N (vgl. Matthews & Gilliland, 1999).

4.3.3 Ängstlichkeit

Persönlichkeitsskalen, die Ängstlichkeit durch situationsunspezifische Items erfassen (z.B. »Ich habe fast immer Angst um irgend etwas oder irgend jemanden«), korrelieren so hoch mit Neurotizismus, dass die Eigenschaften Neurotizismus und Ängstlichkeit als identisch angesehen werden können. Zum Beispiel korreliert eine der am häufigsten verwendeten Ängstlichkeitsskalen, die Manifest Anxiety Scale (MAS; deutsche Fassung von Lück & Timaeus, 1969), etwa .75 mit Neurotizismus. Entsprechendes gilt für die Trait-Angstskala des State-Trait-Angstinventars (STAI) von Laux et al. (1981).

Anders sieht es aus, wenn konkretere angsterregende Situationen erfragt werden. Endler et al. (1962) fanden in Faktorenanalysen eines solchen Ängstlichkeitsinventars,

◘ Abb. 4.11. Ängstlichkeitshierarchie nach Becker (1982)

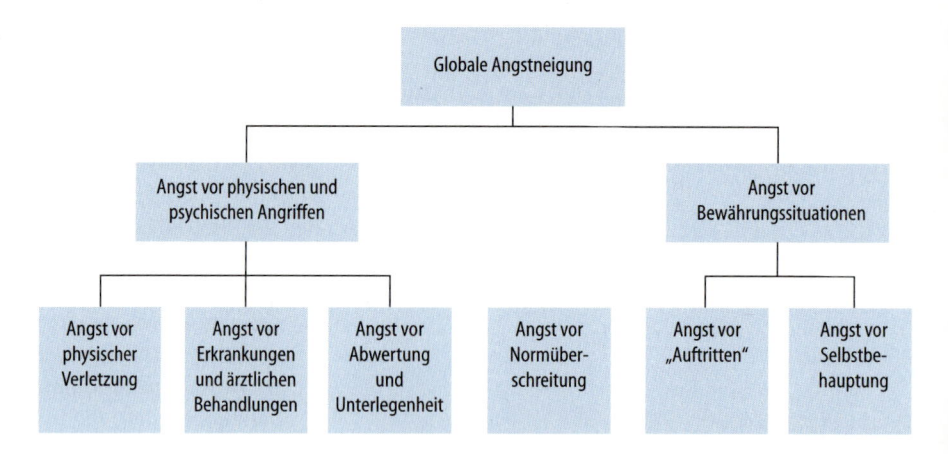

```
                          Globale Angstneigung
                         /                    \
            Angst vor physischen und      Angst vor
            psychischen Angriffen         Bewährungssituationen
           /         |         \         /         |         \
    Angst vor    Angst vor    Angst vor   Angst vor   Angst vor   Angst vor
    physischer   Erkrankungen Abwertung   Normüber-   „Auftritten"  Selbstbe-
    Verletzung   und ärztlichen und       schreitung                hauptung
                 Behandlungen  Unterlegenheit
```

dass interindividuelle Unterschiede in der Angstbereitschaft auf drei unabhängigen Dimensionen variierten:
— Ängstlichkeit in sozialen Situationen,
— Ängstlichkeit bei physischer Bedrohung und
— Ängstlichkeit in ungewissen, schlecht einschätzbaren Situationen.

Becker (1982) fand sechs niedrig bis mäßig korrelierende Ängstlichkeitsfaktoren (vgl. ◘ Abb. 4.11):
— Ängstlichkeit vor physischer Verletzung,
— Ängstlichkeit vor Erkrankungen und ärztlichen Behandlungen,
— Ängstlichkeit vor Abwertung und Unterlegenheit,
— Ängstlichkeit vor Normüberschreitung,
— Ängstlichkeit vor »Auftritten« (z. B. Bühnenangst bei Schauspielern),
— Ängstlichkeit vor Selbstbehauptung.

Ängstlichkeit zeigt also im Selbsturteil eine nur niedrige transsituative Konsistenz; entsprechend viele Faktoren gibt es. Möglicherweise wird durch diese Fragebogenergebnisse die tatsächliche transsituative Konsistenz im Verhalten sogar noch überschätzt (vgl. Abschn. 2.4.3). Insofern sollte Ängstlichkeit nicht als eine einheitliche Eigenschaft, sondern eher als eine Dispositionshierarchie aus situationsspezifischen Ängstlichkeitsfaktoren aufgefasst werden mit einem übergeordneten Faktor der allgemeinen Ängstlichkeit.

Die transsituative Inkonsistenz von Ängstlichkeit in konkreten angsterregenden Situationen wird auch deutlich, wenn man nicht hypothetische Angstsituationen erfragt, sondern die aktuell empfundene Angst in realen angsterregenden Situationen. Hierfür sind sowohl einfache Ein-Item-Urteile geeignet (z. B. »Ich fühlte mich in den letzten Minuten ängstlich«, zu beurteilen z. B. auf einer Intensitätsskala von 1 = »gar nicht« bis 7 = »sehr stark«) oder auf Angstskalen mit mehreren Items wie z. B. der State-Angstskala aus dem STAI. Letzteres ist aufwendiger und bei wiederholten Messungen in kurzem zeitlichen Abstand ermüdend für die Befragten, erhöht aber die Reliabilität der Beurteilung. Bei hinreichend starker Situationsvariation korrelieren die Angsturteile nur mäßig.

Werden dagegen Skalen zur Erfassung von Neurotizismus oder allgemeiner Ängstlichkeit (z. B. die MAS oder die Trait-Angstskala aus dem STAI) in unterschiedlichen Situationen ausgefüllt, ist die Konsistenz der Urteile erheblich höher, wenn auch nicht ganz so hoch wie bei einem Retest innerhalb derselben Situation. Das zeigt, dass diese Skalen nur geringfügig durch das aktuelle Angsterleben beeinflusst sind. Dies darf nicht fehlinterpretiert werden als hohe transsituative Konsistenz von Ängstlichkeit; die relative Situationsunabhängigkeit des Urteils über allgemeine Ängstlichkeit besagt nur, dass die Befragten eine stabile Meinung über ihre allgemeine Ängstlichkeit haben, die durch ihr aktuelles Angsterleben nicht stark beeinflusst wird.

> **Merke**
> Das Urteil über situationsunspezifische Ängstlichkeit ist weitgehend unabhängig vom aktuellen Angsterleben.

Selbstbeurteilungen der Ängstlichkeit und des Neurotizismus können durch differentielle Tendenzen zu sozial erwünschten Antworten verfälscht sein (vgl. Abschn. 2.2.4). Zudem scheinen situationsunspezifisch erfasste Ängstlichkeitsbeurteilungen nicht nur tatsächliche Angsttendenzen in bestimmten Situationen zu erfassen, sondern auch die Tendenz, besorgt über eigene Ängstlichkeitsreaktionen zu sein.

> **Merke**
> Selbstbeurteilungen von Neurotizismus oder situationsunspezifisch erfasster Ängstlichkeit erfassen eine sehr breite, transsituativ wenig konsistente Eigenschaft. Sie reflektiert nicht nur situationsspezifische Angsttendenzen, sondern auch die Tendenz, sich Sorgen über eigenes Erleben, Verhalten und körperliche Reaktionen zu machen.

Wird Ängstlichkeit durch Verhalten in realen Situationen erfasst, z. B. ängstliche Mimik, Muskelspannung oder physiologische Messungen, so ergeben sich oft Null-Korrelationen zwischen verschiedenen Verhaltensindikatoren von Ängstlichkeit (vgl. z. B. Fahrenberg, 1992). Diese Diskrepanzen können teilweise auf stabile individuelle Reaktionsprofile zurückgeführt werden (vgl. Abschn. 2.4.4), was aber letztlich noch keine befriedigende Erklärung ist: Wie kommt es zu diesen Reaktionsprofilen, und kann man sie vorhersagen? Diese Frage scheint derzeit nicht beantwortbar.

Unterschiedliche Operationalisierungen von Ängstlichkeit zeigen also nur eine geringe transsituative Konsistenz und Inkohärenzen zwischen subjektiv-verbaler Selbstbeschreibung, physiologischen Reaktionen und ängstlichem Verhalten, so dass diese drei Ebenen der Ängstlichkeit unbedingt zu trennen sind (Lang, 1971). Darüber hinaus zeigen sie auch Inkohärenzen bei Betrachtung verschiedener Ängstlichkeitsmaße innerhalb derselben Ebene. Bei näherer Analyse zerfällt also das scheinbar einheitliche alltagspsychologische Konzept der Ängstlichkeit in zahllose situative und reaktive individualtypische Besonderheiten.

> **Merke**
> Ängstlichkeit zeigt auf der Ebene der Physiologie und des Verhaltens eine sehr hohe Individualspezifität der Reaktionen.

Wenn das so ist, erscheint es wenig sinnvoll, Ängstlichkeit jenseits von Selbstbeurteilungen durch ängstliches Verhalten oder spezifische physiologische Reaktionen zu erfassen. Möglicherweise gibt es mehr interindividuelle Gemeinsamkeiten bei Ängstlichen im Vergleich zu Nichtängstlichen in Aspekten ihrer Informationsverarbeitung. In der Tat gibt es hier zahlreiche replizierbare Unterschiede zwischen Menschen, die sich für ängstlich bzw. nichtängstlich halten. Krohne (1996) und Lazarus-Mainka und Siebeneick (2000) geben einen Überblick über einschlägige Befunde. Sie betreffen die Aufmerksamkeitssteuerung, die Gedächtnisbildung und das Erinnern angstbesetzter Informationen. Beispielhaft seien hier 2 Ergebnisse zur Aufmerksamkeitssteuerung skizziert (s. »Die klassische Studie«).

Die klassische Studie

Mathews und MacLeod (1985) ließen Angstpatienten und Nichtängstliche einen Stroop-Test mit angstbesetzten Worten durchführen. Bei Stroop-Tests soll die Farbe, in der Worte gedruckt sind, möglichst schnell benannt werden; Reaktionszeitverlängerungen werden als Hinweis auf Interferenzen in der Informationsverarbeitung interpretiert (z. B. wenn die Farbe des blau gedruckten Wortes »rot« benannt werden soll). Mathews und MacLeod (1985) fanden, dass Angstpatienten generell länger brauchten als die Nichtängstlichen, besonders lang aber bei der Benennung der Farbe bedrohlicher Worte. Unklar bleibt hier jedoch, ob es sich um Aufmerksamkeitseffekte handelte (eine starke Aufmerksamkeitszuwendung zu den angstbesetzten Worten behinderte die Farbidentifikation) oder um eine Verlangsamung der Antwort aufgrund einer durch die Worte ausgelösten stärkeren Erregung.

MacLeod et al. (1986) konnten die zweite Interpretation durch ein anderes experimentelles Paradigma weitgehend ausschließen, bei dem sich der Ängstlichkeitseffekt je nach Versuchsbedingung sowohl in einer Verlangsamung als auch in einer Beschleunigung der Reaktion zeigte. Dargeboten wurden Wortpaare aus einem bedrohlichen und einem nicht bedrohlichen Wort, wobei die Position des bedrohlichen Wortes systematisch variiert wurde. Ab und zu wurde eines der Worte durch einen Punkt ersetzt; dann sollten die Versuchspersonen so schnell wie möglich eine Taste drücken. Die Hypothese war, dass Angstpatienten ihre Aufmerksamkeit übermäßig stark auf bedrohliche Worte richten, so dass sie besonders schnell reagieren, wenn der Punkt an der Stelle eines bedrohlichen Wortes erschien, und besonders langsam, wenn er ein neutrales Wort ersetzte. Dies war der Fall (vgl. Abb. 4.12). Nichtängstliche dagegen zeigten eine umgekehrte Tendenz, d. h. sie scheinen ihre

▼

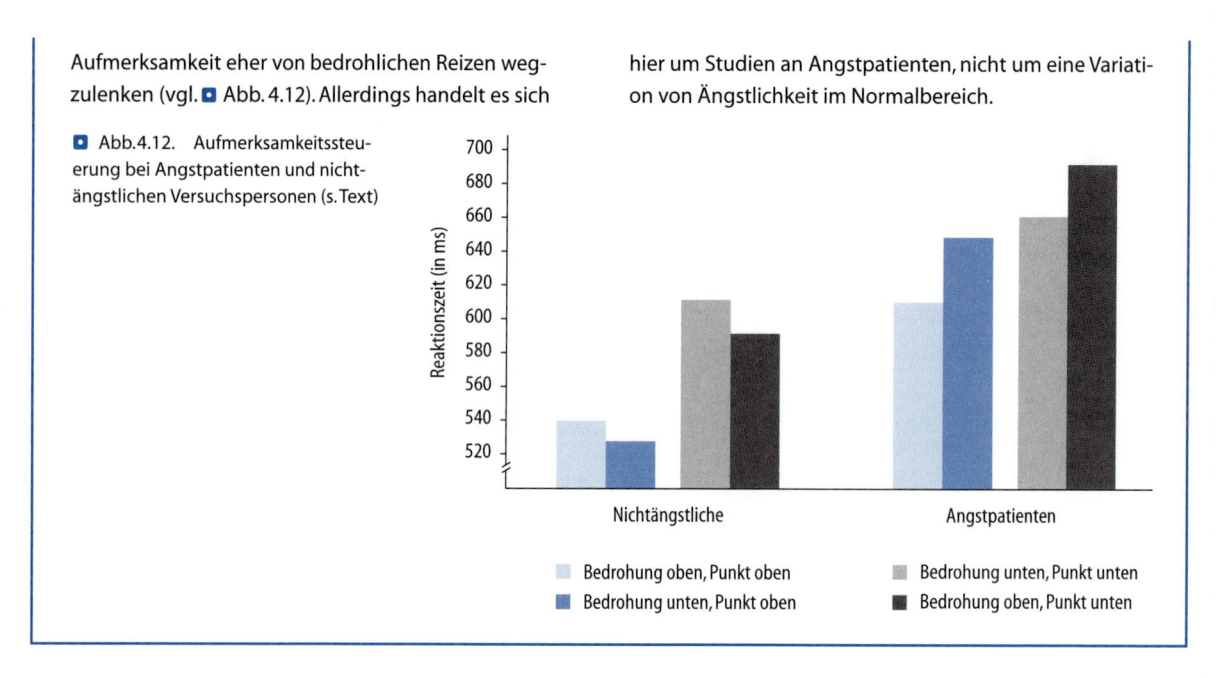

Aufmerksamkeit eher von bedrohlichen Reizen wegzulenken (vgl. ◘ Abb. 4.12). Allerdings handelt es sich hier um Studien an Angstpatienten, nicht um eine Variation von Ängstlichkeit im Normalbereich.

◘ **Abb. 4.12.** Aufmerksamkeitssteuerung bei Angstpatienten und nichtängstlichen Versuchspersonen (s. Text)

> ❗ **Merke**
> Angstpatienten unterscheiden sich systematisch von Niedrigängstlichen in der Art ihrer Informationsverarbeitung: Aufmerksamkeit, Gedächtnisbildung und Erinnerung.

4.3.4 Exemplarische Anwendung: Krankheitsverhalten

In den vorangehenden Abschnitten wurde deutlich, dass Neurotizismus und Ängstlichkeit keine klaren Beziehungen zu den bisher untersuchten physiologischen Variablen aufweisen. Dies hat erhebliche praktische Konsequenzen, weil Neurotizismus und Ängstlichkeit hoch mit der Häufigkeit geklagter körperlicher Beschwerden korrelieren (vgl. Abschn. 4.3.1), was bei starken subjektiven Beschwerden typischerweise zur Diagnose »Vegetative Dystonie« oder »Psychovegetative Labilität« des Hausarztes führt. Die Null-Korrelationen mit physiologischen Messungen besagen aber, dass diese Klagen oft keine objektive Grundlage haben. Zum Beispiel korreliert das Klagen über häufige Herzbeschwerden so gut wie nicht mit diversen messbaren Indikatoren der Herztätigkeit, insbesondere nicht mit Indikatoren von Herzerkrankungen oder physiologischen Risikofaktoren für solche Erkrankungen.

Wenn subjektive Beschwerden und objektiv nachweisbare Störungen nur unwesentlich korrelieren, sollte es nicht nur Gesunde und Kranke, sondern auch viele gesunde Kranke (subjektiv krank, objektiv gesund) und viele kranke Gesunde (subjektiv gesund, objektiv krank) geben. In diesem Fall stimmen also subjektives Erleben und objektiver Befund nicht überein. Myrtek (1998b) diskutierte diese Diskrepanzen aus Perspektive des Krankheitsverhaltens, d.h. aus der Sicht, dass Menschen bestimmte Krankenrollen einnehmen, und zwar relativ unabhängig von objektiven Krankheitssymptomen.

Der Begriff des Krankheitsverhaltens stammt ursprünglich aus der kulturvergleichenden Forschung, in der kulturelle Unterschiede in der Einnahme und Ausgestaltung von Krankheitsrollen interessieren (Parsons, 1951). In der deutschen Medizin versteht man darunter etwas spezifischeres, nämlich die »funktionellen« oder »somatoformen« Störungen: Inanspruchnahme des Gesundheitssystems, Rentenbegehren und Einnahme der Krankenrolle ohne nachweisbare objektive Krankheitssymptome. Diese »gesunden Kranken« belasten offensichtlich das Gesundheits- und Rentensystem. Myrtek (1998b) erweiterte den Begriff auf die Beziehung zwischen objektiver Erkrankung und subjektivem Befinden insgesamt, insbesondere also auf die »kranken Gesunden«, die ihre Krankheit nicht wahrnehmen (vgl. ◘ Tabelle 4.13).

Die Analysen von Myrtek (1998b) zeigten, dass ähnlich wie bei Neurotizismus und physiologischen Syptomen auch im Falle von Krankheitsbeschwerden zwischen subjektivem Krankheitserleben und objektivem Schweregrad der Erkrankung so gut wie kein Zusammenhang besteht. Er führt dies auf mehrere Faktoren zurück.

4.3 · Temperament

Tabelle 4.13. Vier Formen des Krankheitsverhaltens nach Myrtek (1998b)

		Objektiver Schweregrad der Erkrankung	
		−	+
Subjektives Krankheitsgefühl	−	Gesunde	kranke Gesunde
	+	gesunde Kranke	Kranke

Erstens ist die Wahrnehmung der eigenen Körpervorgänge (die Interozeption; Vaitl, 1995) äußerst ungenau. Zweitens gibt es einen engen Zusammenhang zwischen körperlichen Beschwerden einerseits und Neurotizismus, Ängstlichkeit, aber auch Depression andererseits. Persönlichkeitsmerkmale und weniger stabile Stimmungslagen nehmen also Einfluss auf das subjektive Krankheitsgefühl, und zwar weitgehend unabhängig von objektivierbaren Symptomen. Drittens gibt es einen engen Zusammenhang zwischen subjektiv empfundener Belastung und subjektiven Krankheitssymptomen, der sich auf Neurotizismus, Ängstlichkeit oder Depressivität zurückführen lässt, d.h. neurotische Menschen beispielsweise klagen mehr über Stress und über Krankheitssymptome als wenig neurotische. Dies wiederum liefert den Neurotikern eine plausible Erklärung für ihre Krankheitsgefühle, die sie in dem Glauben verstärkt, krank zu sein. Und viertens wird subjektives Krankheitserleben sozial verstärkt durch erhöhte Zuwendung anderer, Vermeidung unangenehmer Situationen oder finanzielle Zuwendung (z.B. Krankengeld); dieser Gewinn durch die Krankheit wird als sekundärer Krankheitsgewinn bezeichnet.

Diese Faktoren mögen nicht nur für gesunde Kranke, sondern auch für kranke Gesunde verantwortlich sein; z.B. könnte sehr niedriger Neurotizismus mit einem Herunterspielen von Symptomen assoziiert sein, und mangelhafte Zuwendung bei Erkrankungen könnte zu einer Vernachlässigung der eigenen Gesundheit (z.B. Nichtbeachten von Schmerzen) führen.

! Merke
Subjektives Leiden und objektivierbare Symptome klaffen oft auseinander: es gibt kranke Gesunde und gesunde Kranke.

Wenn das so ist, ließen sich enorme Kosten im Gesundheitswesen dadurch sparen, dass einerseits überflüssige medizinische Behandlungen »gesunder Kranker« und andererseits die teure Verschleppung von Krankheiten bei »kranken Gesunden« reduziert werden. Würden die eingesparten Mittel in psychotherapeutische Behandlungen der »gesunden Kranken« und präventive Maßnahmen für die »kranken Gesunden« gesteckt, könnte so einerseits das subjektive Leiden gemindert und andererseits die objektive Gesundheit breiter Teile der Bevölkerung erhöht werden.

Kritisch kann hiergegen eingewendet werden, dass die starken Diskrepanzen zwischen subjektivem Krankheitsgefühl und objektivierbarer Diagnose zumindest teilweise auf einer unzureichenden Erfassung körperlicher Störungen und auf der Tatsache beruhen könnte, dass es sich bei den von Myrtek (1998b) diskutierten Untersuchungen fast nur um Querschnittstudien handelte, bei denen subjektiver und objektiver Status zum selben Zeitpunkt erhoben wurden. Es könnte aber durchaus zeitliche Verzögerungen zwischen objektivierbaren Symptomen und subjektivem Leiden geben, also Sensibilisierungs- und Desensibilisierungsprozesse, die dann zu Diskrepanzen zwischen subjektiver und objektiver Ebene beitragen würden.

Aus der Tatsache, dass der Zusammenhang zwischen subjektivem Stressempfinden und Krankheitsgefühl zu einem Großteil persönlichkeitsbedingt ist, also nicht auf einen Zusammenhang zwischen objektivierbarem Stress und objektivierbaren Krankheitssymptomen zurückführbar ist, kann nicht geschlossen werden, dass es keine Zusammenhänge zwischen objektivierbarem Stress und objektivierbarer Krankheit oder zwischen Persönlichkeit und objektivierbarem Stress oder objektivierbarer Krankheit gibt. Der fehlende Zusammenhang zwischen subjektiver Ebene und objektiver Ebene besagt nur, dass man das eine nicht mit dem anderen identifizieren kann.

! Merke
Die Tatsache, dass subjektiver Stress und objektive Erkrankungssymptome oft auseinanderklaffen, besagt nicht, dass es auf objektiver Ebene keine Zusammenhänge zwischen Stress und Erkrankungssymptomen gibt oder dass es keine Zusammenhänge zwischen Persönlichkeit und der objektiven Ebene von Stress und Erkrankung gibt.

4.3.5 Diskussion

Zusammenfassend lässt sich feststellen, dass nach vielen Jahren intensiver Forschung das Konzept von physiologienahen Temperamentseigenschaften, die Selbsturteil, Verhalten und Physiologie in kohärenter Weise umfassen, nicht bestätigt werden konnte. Es gibt derzeit keine haltbare Theorie über neurophysiologische Grundlagen des Temperaments; insbesondere kann Eysencks Neurotizismushypothese als widerlegt gelten. Theorien wie Grays Theorie von Verhaltenssystemen, die näher an psychologischen Prozessen orientiert sind, scheinen mehr Substanz zu haben, wobei sich hier ein abschließendes Urteil noch verbietet.

Diese Schlussfolgerung besagt nicht, dass es auf physiologischer Ebene keine psychologisch bedeutsamen interindividuellen Unterschiede gibt. Natürlich gibt es sie, weil jede im Erleben oder Verhalten repräsentierte Eigenschaft eine neuronale Basis hat. Aber auch wenn »physiologienah« spezifischer verstanden wird, indem etwa an Parameter des hormonellen oder des autonomen Nervensystems gedacht wird oder an Prozesse der kortikalen Aktivierung (vgl. Birbaumer & Schmidt, 2003), wäre es erstaunlich, wenn es dort keine von Person zu Person variierenden Parameter gäbe, die sich in typischen Formen des Verhaltens, also im Temperament, widerspiegeln würden. Die Zusammenhänge zwischen physiologischer und psychologischer Ebene sind wohl nur erheblich komplexer als traditionell angenommen wurde, oder die entscheidenden Parameter wurden noch nicht gefunden.

Auf der Suche nach solchen physiologischen Parametern helfen Fragebogenuntersuchungen, in denen das subjektive Erleben über physiologische Erregungs- und Hemmungsprozesse erfragt wird (vgl. z.B. Strelau et al., 1990) nicht weiter. Die Genauigkeit solcher Erfassungsmethoden für die tatsächlich ablaufenden physiologischen Prozesse ist vernachlässigbar gering. Das zeigen z.B. die zahlreichen Untersuchungen zur Wahrnehmung der Herz-Kreislauf- und Atmungsreaktionen (vgl. Vaitl, 1995).

Bei geeigneten, prozessnahen Untersuchungsmethoden können Versuchspersonen bei voller Konzentration ihrer Aufmerksamkeit zwar intraindividuelle Fluktuationen in solchen Reaktionen über kurze Zeiträume relativ gut wahrnehmen, aber das gilt nicht für Schwankungen selbst großen Ausmaßes im Alltag (Myrtek et al., 1995) und erst recht nicht für interindividuelle Unterschiede im mittleren Niveau oder der Reaktivität in diesen Reaktionen, auf die Fragebogenuntersuchungen abzielen (vgl. auch schon Pennebaker, 1982).

Vielmehr gibt es hier Persönlichkeitsunterschiede in der Sensitivität gegenüber physiologischen Reaktionen, die organspezifisch zu sein scheinen (Pennebaker et al., 1985). Hinzu kommt das Problem, dass in diesem Bereich der Wahrnehmung die unterschwellige, nicht bewusste Wahrnehmung eine besonders große Rolle zu spielen scheint: Sie ist auch auf kortikaler Ebene nachweisbar und an Einflüssen auf Lernprozesse erkennbar, ist aber nicht verbalisierbar.

> **Merke**
>
> Fragebogenuntersuchungen zur subjektiven Wahrnehmung physiologischer Reaktionen sagen praktisch nichts über tatsächliche interindividuelle Unterschiede in physiologischen Reaktionen aus. Sie erfassen auch nur einen bestimmten Anteil an der tatsächlichen Sensitivität gegenüber den eigenen physiologischen Reaktionen, weil viele Wahrnehmungen unterschwellig bleiben.

So wie man zum Periodensystem der Elemente nicht durch Klassifikation von Stoffen nach Oberflächeneigenschaften kommt (vgl. die Kritik am lexikalischen Ansatz in Abschn. 4.1.1), kommt man durch Fragebogenuntersuchungen nicht zu den gesuchten physiologischen Prozessen. Es führt kein Weg daran vorbei, die komplexen Regulationsprozesse auf physiologischer Ebene zu untersuchen und interindividuell variierende Parameter dieser Prozesse mit beobachtbarem Verhalten in Beziehung zu setzen.

Diagnostisch wertvoll sind selbstbeurteilte Temperamentseigenschaften, wenn sie zur Vorhersage anderer subjektiver Wahrnehmungen (Neurotizismus sagt subjektive somatische Beschwerden gut vorher) oder tatsächlichen sozialen Verhaltens eingesetzt werden (Extraversion, insbesondere der Subfaktor Geselligkeit, sagt ungezwungene Geselligkeit gut vorher). Diese eher trivialen Anwendungen setzen aber kein spezifisches Temperamentskonzept voraus.

> **Merke**
>
> Solange keine klaren Beziehungen zwischen physiologischen Parametern und Formaspekten des Verhaltens gefunden sind, bleibt das Konzept des Temperaments ein Konzept der Alltagspsychologie, das als eigenständige persönlichkeitspsychologische Kategorie wenig Sinn ergibt.

4.3 · Temperament

❓ Fragen

4.16 Wie wird Temperament definiert?
4.17 Auf welchen beiden Ebenen und auf welche Weise konzeptualisierte Eysenck Extraversion und Neurotizismus?
4.18 Welcher Anteil an Eysencks Temperamentstheorie ließ sich bestätigen und welcher nicht?
4.19 Welche Verhaltenssysteme unterschied Gray, und durch welche situativen Reize werden sie aktiviert?
4.20 Welche Beziehungen bestehen zwischen Grays und Eysencks Temperamentsauffassung auf Beurteilungsebene?
4.21 Wird der Drei-Ebenen-Ansatz von Lang der Komplexität von Ängstlichkeit gerecht?
4.22 Warum sind Selbstbeurteilungen individueller physiologischer Besonderheiten wenig aussagekräftig?
4.23 Wie unterscheiden sich Angstpatienten von Niedrigängstlichen in ihrer Aufmerksamkeitssteuerung?
4.24 Welche praktische Bedeutung hat der Befund, dass subjektives Krankheitsgefühl und objektive Krankheitssymptome fast nicht korrelieren?

ℹ️ Hinweise zur Beantwortung

4.16 Formmerkmale, drei Kriterien problematisieren
4.17 Faktoren von Eigenschaftsbeurteilungen, physiologische Ebene
4.18 Big Five Faktoren (Validierung am sozialen Verhalten und subjektiven Beschwerden), retikuläre und limbische Aktivierung
4.19 drei Systeme, warum nicht viertes; konditionierte-unkonditionierte Reize
4.20 Drehung E-N um 45°
4.21 Reaktionsprofile innerhalb der physiologischen und Verhaltensebene, Situationsspezifität
4.22 unterschwellige Wahrnehmung und interindividuelle Unterschiede in der Sensitivität
4.23 2 Experimente von MacLeod
4.24 gesunde Kranke – kranke Gesunde

Weiterführende Literatur

Rothbart, M. K. & Bates, J. E. (1998). Temperament. In N. Eisenberg (Ed.), *Handbook of child psychology* (Band 3, 5. Aufl., pp. 105–176). New York: Wiley.
Strelau, J. & Angleitner, A. (Eds.) (1991). *Explorations in temperament.* New York: Plenum.
Krohne, H. W. (1996). *Angst und Angstbewältigung.* Stuttgart: Kohlhammer.
Myrtek, M. (1998b). *Gesunde Kranke – kranke Gesunde.* Bern: Huber.

4.4 Fähigkeiten

Fähigkeiten sind Persönlichkeitseigenschaften, die Leistungen ermöglichen. Leistungen sind Ergebnisse von Handlungen, die nach einem Gütemaßstab bewertbar sind: Das Ergebnis (also die erbrachte Leistung) ist gut oder schlecht. Die erzielte Leistung in einer bestimmten Aufgabe hängt sowohl von der Fähigkeit als auch von der Anstrengung ab (der Stärke der Leistungsmotivation beim Lösen der Aufgabe; vgl. Abschn. 4.5.1). Deshalb können Fähigkeitsunterschiede zwischen Personen nur mit Einschränkung durch ihre Leistungsunterschiede operationalisiert werden. Leistungstests bilden nur dann Fähigkeitsunterschiede ab, wenn die Probanden sich beim Test in gleicher Weise anstrengen.

Dieses Grundproblem bei der Erfassung von Fähigkeiten wird auch als Kompetenz-Performanz-Problem bezeichnet: Die Performanz (realisierte Leistung) in einer Aufgabe ist nur bei gleicher Motivationsstärke ein gutes Maß der Kompetenz (Fähigkeit). Dieses Problem lässt sich auf verschiedene Weise angehen. Besonders verbreitet ist das Verfahren, durch eine entsprechende Gestaltung der Testsituation für eine maximale Anstrengung bei den Getesteten zu sorgen, indem versucht wird, Unter- oder Überforderungen möglichst zu vermeiden und eine hohe Anstrengung durch Belohnung für gute Leistung oder auch einfach durch entsprechende Instruktion herzustellen. Ein zweites Verfahren verwendet Testwiederholungen, wobei nicht so sehr die mittlere Leistung eines Probanden interessiert, sondern seine maximale Leistung. Dabei wird angenommen, dass die intraindividuellen Leistungsschwankungen auf Schwankungen in der Anstrengung zurückgehen, so dass die maximale Leistung die bestmögliche Schätzung der Fähigkeit ist.

Mit dem Fähigkeitsbegriff verwandt ist das alltagspsychologische Konzept der Begabung. Der Begabungsbegriff hält allerdings einer näheren psychologischen Analyse nicht stand, weil er zu stark mit Vorannahmen über Entwicklungsursachen belastet ist (Begabung wird als angeboren und kaum durch Lernen veränderbar angesehen). Psychologische Konstrukte sollten tunlichst frei von solchen Vorannahmen sein; in welchem Maße Fähigkeiten durch Lernen veränderbar sind, sollte der empirischen Prüfung überlassen bleiben. Deshalb spielt der Begabungsbegriff in der heutigen Persönlichkeitspsychologie keine Rolle mehr.

Wie andere Bereiche von Persönlichkeitseigenschaften auch lassen sich verwandte Fähigkeiten in Form einer Fähigkeitshierarchie ordnen, von breiten übergeordneten Eigenschaften bis hin zu spezifischen untergeordneten Eigenschaften (vgl. Abschn. 2.4.3). Je nach Anwendungsinteresse lassen sich zahllose Fähigkeitshierarchien konstruieren, z. B. für sportliche, musikalische, literarische, soziale oder intellektuelle Fähigkeiten. Am eingehendsten wurden in der Psychologie bisher intellektuelle und – deutlich weniger häufig – soziale Fähigkeiten untersucht. Im folgenden werden zunächst intellektuelle und dann soziale Fähigkeiten diskutiert.

Intellektuelle Fähigkeiten sind im Fünf-Faktoren-Modell (vgl. Abschn. 4.1.1) durch den fünften Faktor repräsentiert, der oft als Intellekt bezeichnet wird. Faktorenanalysen der Items dieses sehr breiten Faktors ergeben meist zwei bis drei Faktoren, nämlich Kreativität, Intelligenz und Nachdenklichkeit (vgl. De Raad, 1994; Saucier, 1994; Trapnell, 1994). ◘ Tabelle 4.14 zeigt Faktorenladungen von Items, die diese drei Unterfaktoren des fünften Faktors gut repräsentieren, und Korrelationen dieser drei Unterfaktoren mit den Faktoren des Fünf-Faktoren-Modells.

Intelligenz und Kreativität entsprechen gut untersuchten psychologischen Konstrukten gleichen Namens; der Faktor Nachdenklichkeit wurde bisher kaum untersucht. Im folgenden werden deshalb nur Intelligenz und Kreativität diskutiert.

4.4.1 Intelligenz

Intelligenz ist nach alltagspsychologischer Auffassung eine relativ einheitliche Fähigkeit, intellektuelle Leistungen zu vollbringen. Dabei fällt es schwer, alltagspsychologisch zu definieren, was intellektuelle Leistungen eigentlich sind. In Verbindung mit der sehr hohen sozialen Erwünschtheit des Merkmals Intelligenz in heutigen westlichen Kulturen führt diese Unsicherheit zu einer kritischen Haltung psychologischen Intelligenzkonzepten gegenüber. Auch Psychologen können Intelligenz nicht so definieren, wie es alltagspsychologisch erwartet wird, nämlich durch eine klare Umreißung von Aufgabentypen oder spezielleren Fähigkeiten. Deshalb ziehen sie sich oft auf die zirkuläre Definition zurück »Intelligenz ist, was Intelligenztests messen«. Das wird ihnen dann zu Recht als Scheindefinition angekreidet und weckt den Verdacht, das psychologische Intelligenzkonzept sei eine windige Angelegenheit.

Das ist nicht der Fall – ganz im Gegenteil. Intelligenz ist die am besten untersuchte Persönlichkeitseigenschaft überhaupt, sowohl was die schiere Masse an Daten als

4.4 · Fähigkeiten

Tabelle 4.14. Unterfaktoren des Faktors Intellekt. (Nach Saucier, 1994)

Item	Faktorenladungen für Unterfaktor		
	Kreativität	Nachdenklichkeit	Intelligenz
creative	.79	.06	.17
imaginative	.74	.08	.09
artistic	.65	.04	.07
inventive	.65	–.03	.28
innovative	.48	.07	.21
theatrical	.44	.08	.00
uncreative	–.79	–.02	–.09
unimaginative	–.69	–.10	–.11
contemplative	.01	.67	–.02
introspective	.02	.65	.00
meditative	.14	.64	–.01
philosophical	.24	.58	.17
self-examining	–.06	.55	.04
deep	.08	.53	.17
complex	.11	.53	.22
insightful	–.06	.44	.15
unreflective	–.07	–.66	–.03
smart	.04	.07	.82
intelligent	.10	.13	.80
knowledgeable	.10	.13	.71
intellectual	.14	.14	.69
bright	.10	.03	.69
brilliant	.18	.04	.68
wise	.01	.04	.62
clever	.34	–.10	.45
unintelligent	–.14	–.16	–.56
unintellectual	–.16	–.21	–.51
Korrelation mit fünf Faktoren			
Extraversion	.15	–.28	.05
Neurotizismus	.00	–.10	–.02
Gewissenhaftigkeit	–.01	–.09	.18
Verträglichkeit	.10	–.11	.24
Intellekt	.65	.50	.46

auch was die Dauer der empirischen Forschung zu diesem Merkmal angeht. Und genau darin liegt die Schwierigkeit einer Definition von Intelligenz, denn das psychologische Intelligenzkonzept ist nur aus seiner Geschichte her verständlich. Um über die Scheindefinition »Intelligenz ist, was Intelligenztests messen« hinauszukommen, muss man sich also die Mühe machen, die historische Entwicklung des Intelligenzkonzepts nachzuvollziehen.

Historische Entwicklung der Intelligenzmessung

Diese Entwicklung begann u.a. mit den Versuchen von Francis Galton (einem Vetter von Charles Darwin), intellektuelle Fähigkeiten durch Sinnesprüfungen (z.B. Unterscheidungsvermögen für visuelle, akustische oder Tastreize) und Gedächtnistests zu bestimmen. Dazu richtete er 1884 auf der »International Health Exhibition« in London ein »anthropometrisches Labor« ein, in dem sich Ausstellungsbesucher gegen eine Gebühr von 3 Pence testen lassen konnten, wofür sie ein Blatt mit ihren Ergebnissen bekamen – eine der seltenen Studien, in denen die Versuchspersonen die Psychologen bezahlen und nicht umgekehrt.

Galton wollte vor allem überprüfen, ob intellektuelle Fähigkeiten ähnlich wie die Körpergröße normalverteilt sind (vgl. Abschn. 2.4.3) und welche Zusammenhänge zwischen ihnen bestehen. Dazu entwickelte er eine Vorform des Korrelationskoeffizienten (Galton, 1888), der später von seinem Schüler Karl Pearson zum heutigen Korrelationskoeffizienten weiterentwickelt wurde. Die Zusammenhänge zwischen den verschiedenen Tests waren jedoch äußerst gering. Das war auch das Ergebnis umfangreicherer Testungen nordamerikanischer Studenten (Cattell & Farrand, 1896), wobei die einzelnen »mental tests« keine substantiellen Beziehungen zum Studienerfolg aufwiesen (Wissler, 1901). Die erste Phase der Intelligenzforschung durch Sinnes- und Gedächtnisprüfungen war in eine Sackgasse geraten.

> **Merke**
> Spezifische Sinnes- und Gedächtnisleistungen korrelieren nur minimal untereinander und mit Schul- und Studienerfolg.

Aus dieser Sackgasse heraus führte der Ansatz von Binet und Henri (1895), intellektuelle Fähigkeiten auf einem höheren Komplexitätsniveau zu testen. Sie schlugen vor, Intelligenz durch eine Reihe von Aufgaben zu erfassen, zu deren Lösung jeweils unterschiedliche intellektuelle Fähigkeiten nötig sind (damit nutzten Binet & Henri, 1895, ohne dass ihnen das bewusst war, das Aggregationsprinzip; vgl. Abschn. 3.2.2). Eine Gelegenheit zur Überprüfung ihres Ansatzes bot sich, als das Pariser Unterrichtsministerium verfügte, dass Kinder nur noch auf der Grundlage medizinisch-pädagogischer Gutachten in eine Sonderschule eingewiesen werden durften. Binet und Simon (1905) entwickelten zur Stützung dieser Gutachten den ersten Intelligenztest im heutigen Sinne, der sich als relativ erfolgreich für die Frage nach der Sonderbeschulung erwies und bald darauf zu einem systematischen Test für Kinder und Jugendliche ausgebaut wurde (s. »Methodik«).

Das Prinzip dieser Art von Intelligenzmessung bestand also darin, die Leistung eines Kindes mit der alterstypischen Leistung zu vergleichen. Bald wurde jedoch erkannt, dass der Maßstab des Intelligenzalters nicht sinnvoll zwischen verschiedenen Altersgruppen vergleichbar war, weil gleich große Abweichungen des Intelligenzalters vom Lebensalter auf verschiedenen Altersstufen eine unterschiedliche Bedeutung haben. Zum Beispiel bewegt sich ein Intelligenzrückstand von zwei Jahren bei einem Zehnjährigen gerade noch im Bereich des Normalen, während er bei einem Vierjährigen eine extrem niedrige Intelligenz signalisieren würde. Das liegt daran, dass die Standardabweichung (vgl. Abschn. 2.4.3) des Intelligenzalters innerhalb einer Altersstufe mit zunehmendem Alter größer wird, d.h. dass die interindividuellen Unterschiede im Intelligenzalter mit wachsendem Alter zunehmen.

Deshalb schlug Stern (1912) vor, als Maß der Intelligenz den Intelligenzquotienten Intelligenzalter IA durch Lebensalter LA zu betrachten:

Methodik

Das Konzept des Intelligenzalters

Binet und Simon entwickelten für jede Altersstufe zwischen 3 und 15 Jahren fünf oder mehr mittelschwere Aufgaben (sie konnten von 50%–75% der Kinder des entsprechenden Alters gelöst werden) (Tabelle 4.15).

Um das Intelligenzalter eines Kindes, z.B. eines Siebenjährigen, zu bestimmen, wurden ihm so lange Aufgaben niedrigerer Altersstufen vorgelegt, bis es gerade noch alle Aufgaben lösen konnte, z.B. alle Aufgaben bis zur Altersstufe 6. Dann testete man so lange weiter, bis das Kind keine einzige Aufgabe einer höheren Altersstufe mehr lösen konnte (Tabelle 4.16).

Das Intelligenzalter des Kindes (in Monaten) wurde dann bestimmt als

$$IA = GA + \frac{k \cdot 12}{n},$$

wobei GA das »Grundalter« war (in Monaten), bis zu dem alle Aufgaben einer Altersstufe gelöst wurden, k die Zahl zusätzlich gelöster Aufgaben und n die Zahl der Aufgaben pro Altersstufe. Im obigen Fall ergibt sich ein Intelligenzalter von $6 \cdot 12 + \frac{10 \cdot 12}{5} = 8 \cdot 12$ Monaten, also genau 8 Jahren: Die Intelligenz dieses siebenjährigen Kindes entspricht der Intelligenz eines durchschnittlichen Achtjährigen.

Tabelle 4.15. Typische Aufgaben für zwei Altersstufen. (Nach Binet & Simon, 1905)

Altersstufe 6	Altersstufe 10
1. Erkennt das hübschere Gesicht aus jedem von drei Paaren	1. Konstruiert einen sinnvollen Satz aus den Worten Paris, Glück, Rinnstein
2. Kennt rechts und links (zeigt auf das richtige Ohr)	2. Kennt die Monate des Jahres in der richtigen Reihenfolge
3. Wiederholt einen Satz von 16 Silben	3. Erinnert sich an 9 Geldstücke

Tabelle 4.16. Mögliches Ergebnis einer Bestimmung des Intelligenzalters eines siebenjährigen Kindes

Aufgabe	Altersstufe					
	6	7	8	9	10	11
1	+	+	−	+	−	−
2	+	+	+	+	+	−
3	+	+	+	−	−	−
4	+	−	+	−	−	−
5	+	+	−	−	−	−

4.4 · Fähigkeiten

> **Merke**
> Sterns Definition des Intelligenzquotienten:
> IQ = 100 · $\frac{IA}{LA}$

Dieser Quotient zeigte nämlich eine ähnliche Standardabweichung auf unterschiedlichen Altersstufen, die bei den Binet-Aufgaben ungefähr 15 betrug. Sein Mittelwert muss, wenn die Aufgaben adäquat gewählt sind, 100 betragen, da bei einem IQ von 100 Intelligenzalter und Lebensalter identisch sind.

Allerdings bestimmt heute niemand mehr den IQ nach dem Binet-Stern-Ansatz, weil Sterns Formel voraussetzt, dass die Leistung in Intelligenztests mit wachsendem Alter linear zunimmt. Tatsächlich nimmt aber der Zuwachs pro Jahr mit wachsendem Alter ab, bis die Leistung mit etwa 17 Jahren ein Plateau erreicht (Abb. 4.13).

Deshalb brach erstmals Wechsler (1939) gänzlich mit dem Binetschen Konzept des Intelligenzalters und normierte die Testergebnisse für seinen Test innerhalb jeder Altersstufe (s. »Methodik«).

Das heutige Konzept der IQ-Werte ist also formal bestimmt durch die Verteilungseigenschaften von Intelligenztestwerten. In diesem Sinne ist es unabhängig vom Inhalt des Tests (auch die Körpergröße oder die Ängstlichkeit einer Person ließe sich in IQ-Werten ausdrücken!). Da IQ-Werte lediglich eine lineare Transformation von z-Werten sind, kann man IQ-Werte auf einfache Weise in z-Werte umrechnen und umgekehrt. Sind die IQ-Werte außerdem normalverteilt (was meist annähernd der Fall ist), lassen sich zudem IQ- und z-Werte direkt in Prozentrangwerte (auch Perzentile genannt) umrechnen. Ein Prozentrang von 80 % besagt z. B., dass 80 % der Stichprobe höchstens so hohe Werte hat wie die betreffende Person, ein Prozentrang von 20 %, dass 80 % der Stichprobe höhere Werte hat. Prozentrangwerte sind eine alternative Beschreibungsmöglichkeit für individuelle Besonderheiten. Abbildung 4.14 zeigt die direkte Entsprechung von IQ-Werten, z-Werten und Prozentrangwerten bei normalverteilten Variablen.

> **Methodik**
> **Normierung von Intelligenztests**
> Heute wird der IQ einer Person so bestimmt, dass für die Lösung jeder einzelnen Testaufgabe ein oder mehrere Punkte vergeben werden und diese Punkte dann über alle Aufgaben summiert werden. Diese Rohwerte werden dann mit der Verteilung der Rohwerte in der entsprechenden Altersgruppe verglichen. Diese Verteilung wurde von den Testentwicklern für eine große, repräsentative Stichprobe der interessierenden Population (die Normstichprobe, z. B. eine Stichprobe von deutschen Kindern im Alter von 6–7 Jahren) empirisch ermittelt, so dass Mittelwert und Standardabweichung der Rohwerte für die verschiedenen Altersgruppen bekannt sind. Der IQ-Wert einer Person mit dem Rohwert x wird dann berechnet nach der Formel
>
> $$IQ = 100 + 15 \frac{x - M}{SD},$$
>
> wobei M der Mittelwert und SD die Standardabweichung der Rohwerte in der Normstichprobe derjenigen Altersgruppe sind, der die Person angehört. IQ-Werte sind damit so normiert, dass auf allen Altersstufen ihr Mittelwert 100 und ihre Standardabweichung 15 beträgt. Die Wahl dieser Werte für Mittelwert und Standardabweichung ist relativ beliebig (man könnte die Leistung in einem Intelligenztest genauso gut z. B. in z-Werten mit Mittelwert 0 und Standardabweichung 1 messen; vgl. Abschn. 2.4.3). Dass man den IQ so misst, dass sein Mittelwert 100 und seine Standardabweichung 15 beträgt, hat rein historische Ursachen: Die Intelligenzquotienten nach Stern (1912) wiesen für die Binet-Aufgaben einen Mittelwert nahe 100 und eine Standardabweichung nahe 15 auf. Die Bezeichnung »Intelligenzquotient« wurde beibehalten, obwohl es sich nicht mehr um den Quotienten Sterns handelt.

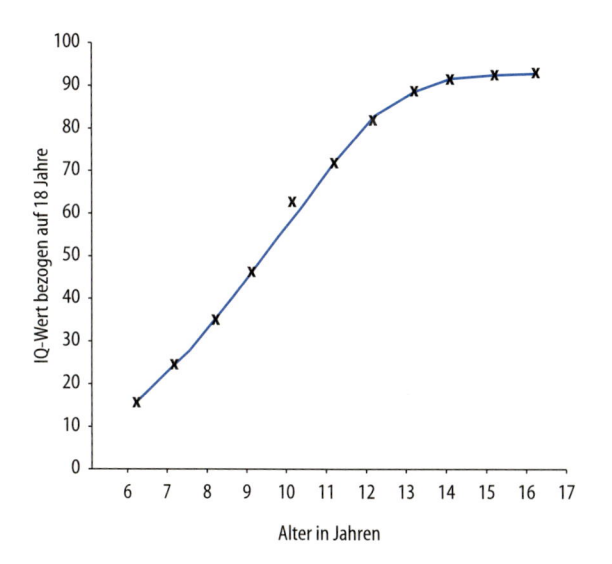

Abb. 4.13. Veränderung der Intelligenzleistung in Kindheit und Jugend

Abb. 4.14. Zusammenhang zwischen IQ-Werten, z-Werten und Prozentrangwerten bei normalverteilten Testwerten

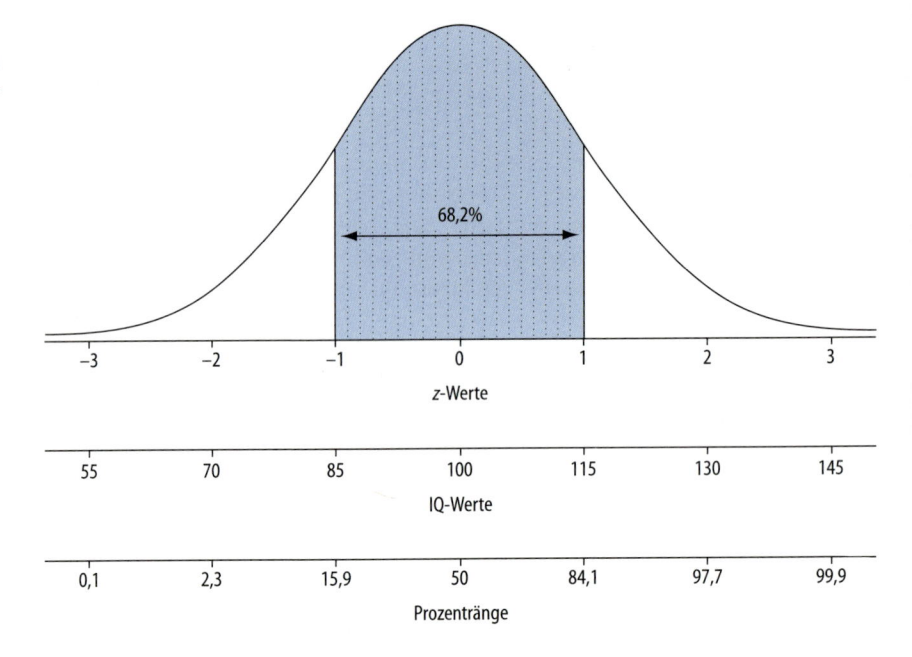

Dieses Verfahren der Intelligenzmessung setzt voraus, dass die Normstichprobe zum Zeitpunkt ihrer Erhebung wirklich repräsentativ für die interessierende Population ist (was nur ein praktisches Problem ist) und dass die Verteilung der Rohwerte keinen historischen Veränderungen unterliegt. Letzteres ist aber nicht der Fall. Die Intelligenztestrohwerte nahmen nämlich in westlichen Kulturen in den letzten Jahrzehnten ständig zu (vgl. Flynn, 1987; Neisser, 1998). Für die Schulleistung in bestimmten Fächern gilt dies jedoch nicht; in den USA beispielsweise wurde eine Schere zwischen steigendem IQ und abnehmender Schulleistung beobachtet.

Dieser säkulare Trend des IQ (von lateinisch saeculum = Zeitalter) beruht, ähnlich wie der entsprechende Trend zur Zunahme der Körpergröße, vermutlich auf den sich ständig verbessernden Lebensbedingungen von Schwangeren und Kleinkindern, denn er findet sich bereits im Vorschulalter (genetisch lässt er sich nicht erklären, weil die Veränderung viel zu schnell erfolgt). Möglicherweise sind es diese Umweltfaktoren, die auch für die Korrelation zwischen IQ und Körpergröße von ungefähr .25 verantwortlich sind, denn eine solche Korrelation findet sich nur beim Vergleich von Angehörigen verschiedener Familien; beim Vergleich innerhalb von Familien (wenn die IQ-Differenz zwischen gleichaltrigen Zwillingen mit der Differenz ihrer Körpergröße korreliert wird) verschwindet der Zusammenhang zwischen IQ und Körpergröße vollständig (Jensen, 1980). Die Umweltfaktoren, die sowohl die Körpergröße als auch den IQ beeinflussen, sind also innerhalb von Familien konstant, variieren aber zwischen Familien.

Der säkulare IQ-Trend führt dazu, dass die faktisch gefundenen IQ-Mittelwerte für einigermaßen repräsentative Stichproben einer Population um so mehr den Wert 100 überschreiten, je länger die letzte Testnormierung zurückliegt. Deshalb müssen Intelligenztests regelmäßig neu normiert werden. Wie »Unter der Lupe« zeigt, kann der säkulare Trend für Intelligenzrohwerte zu seltsamen Effekten führen, wenn psychologische Konstrukte über Differenzen zwischen IQ und Testwerten operationalisiert werden, die keinem oder einem anderen säkularen Trend unterliegen.

Das Problem des säkularen Intelligenztrends macht auf besonders plastische Weise deutlich, dass Persönlichkeitseigenschaften im Rahmen des Eigenschaftsparadigmas populationsabhängig definiert sind: Sie sind relativ zur jeweiligen Altersgruppe zu einem bestimmten historischen Zeitpunkt der Entwicklung einer Kultur bestimmt (vgl. Abschn. 2.4.3). Die Verteilung von Eigenschaftswerten ist alters- und kulturspezifisch, wobei letzteres auch historisch gemeint ist. Diese kulturell-historische Relativität der Eigenschaftsmessung ist eine notwendige Konsequenz der differentiellen Methodik, Eigenschaften durch Unterschiede innerhalb von Populationen zu bestimmen.

4.4 · Fähigkeiten

> **Unter der Lupe**
>
> **Säkularer IQ-Trend und Legasthenie**
> Legasthenie (Lese-Rechtschreib-Schwäche) ist ein stark umstrittenes Konzept, nach dem es Kinder gibt, die große Schwierigkeiten mit dem flüssigen Lesen und/oder der Rechtschreibung haben, ansonsten aber normal intelligent sind. Eine besonders kontroverse Methode der Legastheniediagnose besteht darin, die Differenz zwischen dem IQ und der Leistung in einem Lese-Rechtschreib-Test zu bestimmen. Ist der IQ mindestens durchschnittlich und die Lese-Rechtschreib-Leistung sehr viel niedriger, wird auf Legasthenie geschlossen. Da Lese-Rechtschreib-Tests und IQ nur zu etwa .50 korrelieren, muss es viele Kinder geben, deren Lese-Rechtschreib-Leistung deutlich unter ihrem IQ liegt (aber auch umgekehrt). Da der IQ, nicht aber die Lese-Rechtschreib-Leistung in den letzten Jahrzehnten säkular zunahm, führte dies dazu, dass von Jahr zu Jahr immer mehr Legastheniker »entdeckt« wurden (denn die Intelligenz wurde durch den IQ zunehmend überschätzt). Damit verdienten immer mehr Psychologen und Logopäden an der Behandlung von Legasthenikern.
> Nach Neunormierung des für diese Art der Legastheniediagnose häufig benutzten Hamburg-Wechsler-Intelligenztests für Kinder (HAWIK-R; Tewes, 1983) sank deshalb die Rate von Legasthenikern (und damit die Verdienstmöglichkeit der behandelnden Psychologen und Logopäden) schlagartig. Dies zeigt, wie problematisch es ist, psychologische Konstrukte alleine durch bestimmte (Diskrepanz-)Werte in normierten Tests zu operationalisieren: Die Werte können aufgrund säkularer Trends ihre Bedeutung verändern.

Intelligenzstruktur

Während die Methodik der Intelligenzmessung seit Wechsler (1939) nahezu unverändert ist, besteht nach wie vor Uneinigkeit bei Psychologen darüber, wie intellektuelle Fähigkeiten am besten konzeptualisiert werden sollten: als Ausdruck einer oder weniger breiter Eigenschaften oder als heterogenes Repertoire von Eigenschaften, die nur unwesentlich miteinander korrelieren. Wie andere Persönlichkeitsbereiche auch lässt sich der Bereich intellektueller Fähigkeiten als Eigenschaftshierarchie auffassen, und es hängt von der bevorzugten Hierarchieebene ab, welches Intelligenzkonzept man bevorzugt.

Spearman (1904) formulierte ein einflussreiches Intelligenzmodell, später oft Zwei-Faktoren-Theorie der Intelligenz genannt, nach dem unterschiedliche Intelligenzmessverfahren immer zwei Faktoren repräsentieren: einen gemeinsamen Faktor und einen speziellen Faktor (s. »Unter der Lupe«).

> **Unter der Lupe**
>
> **Spearmans Zwei-Faktoren-Theorie der Intelligenz**
> Nach Spearman (1904) repräsentieren unterschiedliche Intelligenzmessverfahren immer zwei Faktoren: einen gemeinsamen Faktor (den g-Faktor) und einen speziellen Faktor (den s-Faktor). Korrelationen zwischen zwei Messverfahren würden nur durch das Ausmaß bestimmt, in dem beide Verfahren den g-Faktor erfassen (◘ Abb. 4.15).

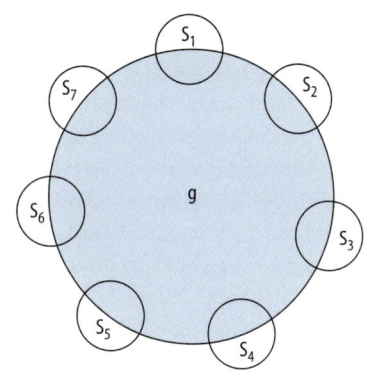

◘ Abb. 4.15. Illustration von Spearmans Zwei-Faktoren-Theorie der Intelligenz

◘ Tabelle 4.17. Beispiel einer Korrelationsmatrix, die an der Ladung auf dem g-Faktor orientiert ist

Test	2	3	4	5
1	.45	.37	.32	.29
2		.35	.28	.25
3			.26	.22
4				.20

Aus diesem Postulat folgt, dass verschiedene Intelligenzmessverfahren stets positiv korreliert sind. Bringt man sie in eine Reihenfolge, die ihrer Ladung auf dem g-Faktor entspricht (vgl. Abschn. 4.1.1), hat ihre Interkorrelationsmatrix die Eigenschaft, dass die Korrelationen von links nach rechts und von oben nach unten abnehmen (◘ Tabelle 4.17).

Empirisch ließ sich dieses strikte Modell jedoch nicht bestätigen, auch wenn man Messfehler bei den einzelnen Messverfahren berücksichtige. Zwar finden sich zwischen verschiedenen Intelligenzmessverfahren durchweg positive Korrelationen, was für einen gemeinsamen g-Faktor spricht, aber sie folgen nicht unbedingt der von der Zwei-Faktoren-Theorie vorhergesagten und in ◘ Tabelle 4.17 veranschaulichten strikt monotonen Ordnung. Vielmehr lassen sich bestimmte Verfahren zu Untergruppen zusammenfassen, die untereinander höher korrelieren, als es ihre Korrelation mit dem g-Faktor erwarten lässt.

Thurstone (1938) gab die Forderung nach nicht-überlappenden spezifischen Faktoren auf und formulierte das Modell der Primärfaktoren, nach dem die Fähigkeit zur Lösung einer bestimmten Intelligenzaufgabe immer auf mehreren Intelligenzfaktoren beruht. Diese wurden durch Faktorenanalyse zu identifizieren versucht, indem die Faktoren so gewählt wurden, dass wenige Aufgaben auf einem Faktor möglichst hoch und auf allen anderen Faktoren möglichst niedrig laden sollten. Thurstone (1938) identifizierte neun Primärfaktoren, an denen sich auch der Intelligenzstrukturtest (I-S-T 2000 von Amthauer et al., 2000) orientiert. Spätere Untersuchungen konnten eher sieben Faktoren sichern (vgl. Thurstone & Thurstone, 1941). Werden diese Faktoren durch Untertests operationalisiert, korrelieren diese typischerweise um .30 miteinander, so dass sich auch in diesem Ansatz Spearmans g-Faktor ergibt, der durch den Gesamt-IQ repräsentiert ist.

Eine wesentliche Unterscheidung in Intelligenztests betrifft die Aufteilung in sprachabhängige und sprachunabhängige Aufgaben, die z. T. separat ausgewertet werden; dann ergibt sich ein verbaler IQ und ein nichtverbaler IQ. Dieses Vorgehen findet sich z. B. beim Hamburg-Wechsler Intelligenztest, den es in Versionen für Vorschulkinder ab dem Alter von vier Jahren (HAWIVA-R; Fritz et al., 2001), für Schulkinder (HAWIK-III; Tewes et al., 2000) und für Erwachsene gibt (HAWIE-R; Tewes, 1991). ◘ Tabelle 4.18 gibt einen Eindruck von den Aufgaben des Wechsler-Tests für Erwachsene.

Typische heutige Intelligenztests bestehen aus mehreren Untertests, die alle miteinander positiv korrelieren, so dass der Gesamt-IQ eine ausreichende interne Konsistenz aufweist (vgl. Abschn. 3.2.1); die kurzfristige Stabilität von Intelligenztests ist meist sehr hoch (um .90). Die Interkorrelationen der Untertests sind andererseits nicht so hoch, dass sie austauschbar wären. Letzteres kann für eine differenziertere Intelligenzdiagnose genutzt werden, indem individuelle Intelligenzprofile auf der Grundlage der Untertestwerte gebildet werden. Jeder Untertest wird separat für die betreffende Altersgruppe normiert, so dass das Intelligenzprofil auf differentiellen Messungen aufgebaut ist (vgl. Abschn. 2.4.3). Es sagt also etwas über die individuellen Stärken und Schwächen aus: Ist z. B. das räumliche Vorstellungsvermögen stärker ausgeprägt als verbale Fähigkeiten? Da diese Profile auf Diskrepanzen zwischen normierten Werten beruhen, besteht hier im Prinzip dasselbe Problem wie bei der Legastheniediagnose durch Diskrepanzwerte (vgl. »Unter der Lupe«,

◘ Tabelle 4.18. Aufgaben aus dem Wechsler-Test für Erwachsene (HAWIE-R). (Nach Tewes, 1991)

Skala	Beispiel einer mittelschweren Aufgabe
Allgemeines Wissen	Was ist der Koran?
Zahlen nachsprechen	Die Zahlen 6-1-9-4-7-3 vorwärts und rückwärts nachsprechen
Wortschatztest	Die Bedeutung des Wortes »Parlament« erklären
Rechnerisches Denken	2 Bananen kosten 31 Pfennige. Wieviel müssen Sie für ein Dutzend Bananen bezahlen?
Allgemeines Verständnis	2 Begründungen für das gesetzliche Arbeitsverbot für Kinder geben
Gemeinsamkeiten finden	Was haben Auge und Ohr gemeinsam?
Bilderergänzen	Herausfinden, dass bei einer Brillen-Zeichnung der Nasenbügel fehlt
Bilderordnen	Bilder so ordnen, dass sich daraus eine sinnvolle Geschichte ergibt
Mosaiktest	Die Teile eines Mosaiks nach einem Vorbild richtig anordnen
Figurenlegen	Ein Puzzle aus 7 Teilen innerhalb von 35 Sekunden zusammensetzen
Zahlen-Symbol-Test	Innerhalb von 90 Sekunden möglichst viele Symbole zu Zahlen nach einer Zahl-Symbol-Liste zuordnen

4.4 · Fähigkeiten

S. 189): Bei unterschiedlichen säkularen Trends der einzelnen Untertestwerte kann es zu falschen Interpretationen der Profilgestalt kommen.

> **Merke**
> Heutige Intelligenztests bestehen aus mehreren mäßig positiv korrelierten Untertests, so dass sie zur Diagnostik sowohl der allgemeinen Intelligenz im Sinne von Spearmans g-Faktor als auch spezifischer Intelligenzfaktoren und darauf basierender individueller Intelligenzprofile genutzt werden können.

Korrelate des IQ

Die einzelnen Aufgaben sind in diesen Tests nicht aus einer Theorie über Typen kognitiver Anforderungen abgeleitet, sondern haben sich in einem langen historischen Prozess des Probierens, Verwerfens und Modifizierens aus Binets ursprünglichen Aufgabenreihen entwickelt. Wie Binets ursprünglicher Test zielen die Aufgaben letztlich auf kognitive Anforderungen des Schulunterrichts. Tatsächlich gibt es kein Außenkriterium, das in Kindheit und Jugend so hoch mit dem IQ korreliert wie der Schulerfolg (besonders wenn die Noten vieler Fächer gemittelt werden).

Die Korrelation zwischen IQ und der Durchschnittsnote in den Hauptfächern der Grundschule beträgt ungefähr .50 (Hanke et al., 1980; Matarazzo, 1972). Dass die Korrelation nicht höher ist, liegt auch an der Unzuverlässigkeit der Notengebung. Für die Abiturnote beträgt die Korrelation mit dem IQ nur etwa .30, wobei hier zu bedenken ist, dass die Varianz in der Stichprobe stark eingeschränkt ist, weil die im Mittel leistungsschwächeren Haupt- und Realschüler nicht berücksichtigt wurden (Giesen et al., 1981).

Deutlich höher ist die Korrelation zwischen IQ und Bildungsniveau (Schuldauer oder höchster erreichter Ausbildungsabschluss – vom Sonderschulabschluss bis zum Doktorgrad). Sie beträgt ungefähr .70 (Jencks et al., 1972), was vor allem darauf zurückzuführen ist, dass das Bildungsniveau zuverlässiger gemessen ist als die Noten eines einzigen Zeugnisses, weil es durch alle Zeugnisse und damit die Urteile aller Lehrer bestimmt wird (es ist weit höher aggregiert als ein einzelnes Zeugnis; vgl. Abschn. 3.2.2). Man kann deshalb das Intelligenzkonstrukt, auf dem klassische Intelligenztests beruhen, so charakterisieren: Intelligenz ist, was Intelligenztests messen, die so konstruiert wurden, dass sie das Bildungsniveau möglichst gut vorhersagen, oder kurz:

> **Merke**
> Intelligenz ist die Fähigkeit zu hoher Bildung.

Diese Art der Formulierung legt die Interpretation nahe, dass Intelligenz Bildung kausal verursache und unabhängig von der Ausbildung sei. Diese Interpretation ist durch einen korrelativen Zusammenhang zwischen Intelligenzwert und Bildungsniveau alleine nicht gerechtfertigt. Auch die Tatsache, dass die Intelligenz im Grundschulalter hoch mit dem später erreichten höchsten Bildungsabschluss korreliert, rechtfertigt diese Interpretation nicht (vgl. die Diskussion der Fallen bei der Interpretation von Korrelationen in Abschn. 2.4.6). Die Fähigkeit zu hoher Bildung kann selbst wiederum bildungsabhängig sein. Tatsächlich besteht zwischen Bildung und Intelligenz eine komplexe Beziehung, die in Kap. 6 ausführlicher erläutert wird (vgl. Abschn. 6.3.2).

Da der erreichbare Berufsstatus (z. B. gemessen als Sozialprestige eines Berufs) wesentlich vom Bildungsniveau abhängt, ist es nicht erstaunlich, dass IQ und Berufsstatus bei Berufsanfängern ebenfalls um .50 korrelieren; im Alter von 40 Jahren korreliert der IQ mit dem bis dahin erreichten Berufsstatus bei Männern um .70 und damit in vergleichbarer Höhe wie mit dem Bildungsniveau (Jensen, 1980).

Der Erfolg innerhalb bestimmter Berufssparten – z. B. als Landarbeiter, Facharbeiter oder Universitätsprofessor – ist dagegen aus zwei Gründen weniger stark mit dem IQ korreliert. Zum einen ist die Varianz des IQ innerhalb einer Berufsgruppe meist deutlich eingeschränkt, was die Korrelation zwischen IQ und Berufserfolg senkt (ein Effekt wie bei den Abiturnoten; s. oben). Zum anderen ist der Erfolg innerhalb eines Berufs nur schwer messbar; meist wird er durch das Urteil eines Vorgesetzten erfasst. Frühe Untersuchungen zum Zusammenhang zwischen Berufserfolg und IQ fanden deshalb meist nur Korrelationen zwischen .20 und .30 (Ghiselli, 1966). Wegen der o. g. beiden Probleme stellen diese Korrelationen aber eine deutliche Unterschätzung des »wahren Zusammenhangs« dar – »wahr« in dem Sinne der Validität des IQ für die gesamte Population und für fehlerfreie Messungen der Intelligenz und des Kriteriums. Wie »Unter der Lupe« zeigt, beträgt die Validität des IQ in diesem Sinne über .50 und liegt damit weit über den in älteren Studien berichteten Werten. Tatsächlich ergaben Vergleiche des IQ mit anderen Prädiktoren (Vorhersagevariablen) des Berufserfolgs wie z. B. Fachwissen, aus Interviews gewonnene Daten, biografische Daten, Interessentests usw., dass keines der alternativen Verfahren besser abschnitt als der IQ.

> **Unter der Lupe**
>
> **Validität des IQ für den Berufserfolg**
> Wie stark die Validität des IQ für den Berufserfolg durch die Korrelation zwischen IQ-Test-Ergebnissen und Vorgesetztenurteilen unterschätzt wird, zeigt das folgende Beispiel. Diese Korrelation betrage in einer Stichprobe von 1000 Angestellten des höheren Dienstes .25. Der IQ-Test habe eine Reliabilität (interne Konsistenz α) von .90 und das Vorgesetztenurteil eine Reliabilität von .50 (festgestellt durch Beurteilerübereinstimmung; vgl. Abschn. 3.2.1); die IQ-Varianz betrage 50 % der Varianz in der Population (dies sind jeweils realistische Annahmen). Nach Kontrolle der Varianzeinschränkung steigt die Validität von .25 auf .34 (vgl. hierzu Lienert & Raatz, 1994, Formel 11.32), und nach Korrektur für die Unreliabilität von Prädiktor IQ und Kriterium Berufserfolg durch doppelte Minderungskorrektur (vgl. Abschn. 3.2.1) dann noch einmal auf .51. Dies entspricht dem Wert, den Schmidt und Hunter (1998) in einer Metaanalyse aller verfügbaren Studien zum Zusammenhang zwischen IQ und Berufserfolg fanden.

Ein Vergleich der tatsächlich vorgefundenen IQ-Werte verschiedener Berufssparten ergibt eine zunehmende Varianzeinschränkung mit zunehmendem Status. So fanden Harrell und Harrell (1945) bei Bauern IQ-Werte von 24 bis 147 (Mittelwert 93) und bei Ingenieuren Werte von 100 bis 151 (Mittelwert 127), während Matarazzo (1972) bei Professoren der Cambridge University Werte von 110–141 (Mittelwert 127) berichtete. Hier zeigt sich ein Schwelleneffekt für den Zusammenhang zwischen IQ und Berufsstatus: je höher der Berufsstatus, desto höher der minimal erforderliche IQ (Ausnahmen finden sich bei medienwirksamen Berufen wie z. B. Fußballspielern oder Models). Wenig intelligente Menschen üben kaum Prestigeberufe aus, aber hochintelligente Menschen finden sich in fast allen Berufssparten.

> **Merke**
>
> Hohe Intelligenz ist notwendig für fast alle Berufe mit hohem Sozialprestige; Berufe mit niedrigem Sozialprestige werden von Menschen niedriger und hoher Intelligenz ausgeübt.

Die Fähigkeit zu Berufen mit hohem Sozialprestige wird mit wachsendem Alter zunehmend durch das bereits erworbene Wissen beeinflusst, das wiederum auch von der Qualität der Lernumwelt abhängt, die nicht nur durch die Intelligenz des Lernenden bestimmt ist (vgl. dazu genauer Abschn. 6.3.2). Um ein möglichst reines Maß der wissensunabhängigen intellektuellen Kompetenz zu gewinnen, hat es zahlreiche Ansätze gegeben, Intelligenztests wissensunabhängiger zu gestalten, als dies in den klassischen Intelligenztests der Fall war. Ein weit verbreiteter Ansatz ist es, wissensunabhängigere Fähigkeiten durch nichtverbale Intelligenztests zu erfassen. Ein Beispiel hierfür ist der progressive Matrizentest von Raven (1938), der auch in einer Form für Vorschul- und Schulkinder vorliegt (Columbia Mental Maturity Scale von Burgemeister et al., 1972), und der Culture Fair Intelligence Test (CFT; Cattell, 1960; deutsche Fassung von Weiß, 1997). ◘ Abbildung 4.16 zeigt typische Aufgaben aus diesen Tests.

Nichtverbale Tests korrelieren schwächer mit der sozialen Schicht als verbale, weswegen sie auch als »kulturell fairer« bezeichnet werden. Dennoch bestehen substantielle Korrelationen zwischen verbaler und nichtverbaler Intelligenz, was auf einen übergeordneten Faktor der allgemeinen Intelligenz im Sinne von Spearmans g-Faktor hinweist. Dies wird z. B. in der Münchner Längsschnittstudie LOGIK deutlich (Weinert & Schneider, 1999), in der eine relativ repräsentative Stichprobe von Kindern mehrfach auf verbale und nichtverbale Intelligenz getestet wurde; außerdem wurden die soziale Schicht der Kinder (gewichteter Index aus Ausbildung und Beruf beider Eltern) und ihre Schulnoten am Ende der 4. Klasse (Mittelwert aus Deutsch- und Mathematiknote) erhoben. ◘ Tabelle 4.19 zeigt die Zusammenhänge zwischen verbalem und nichtverbalem IQ, Schicht und Schulnoten auf verschiedenen Altersstufen.

Direkter auf die Wissensabhängigkeit bezogen ist die Unterscheidung zwischen fluider und kristalliner Intelligenz (Cattell, 1963). Fluide Intelligenz ist die Fähigkeit, unbekannte Probleme zu lösen und sich neuen Situationen anzupassen, ohne dass dabei auf besonderes Wissen zurückgegriffen werden muss; kristalline Intelligenz ist die Fähigkeit, erworbenes (»kristallisiertes«) Wissen auf Problemlösungen anzuwenden. Der Unterschied wird z. B. am Vergleich von zwei strukturell ähnlichen Aufgaben deutlich (verbale Analogien).

Gras verhält sich zu Kuh wie Brot zu (Mann, Butter, Wasser)? wäre eine Aufgabe, die fluide Intelligenz testet, weil sie nur Grundwissen voraussetzt, über das fast jeder verfügt.

Schüler verhält sich zu Lehrer wie Aristoteles zu (Sokrates, Plato, Homer)? dagegen testet kristalline

4.4 · Fähigkeiten

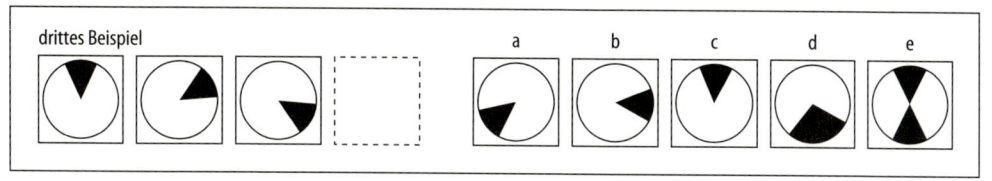

In jeder Reihe soll also immer diejenige von den 5 Figuren auf der rechten Seite ausgewählt werden, die zu den 3 Figuren auf der linken Seite am besten passt.

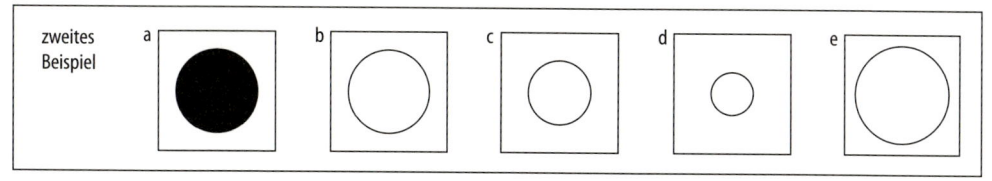

In jeder Reihe sollt ihr also herausfinden, welche der Figuren in den 5 Kästchen sich von den anderen 4 Figuren in irgendeiner Weise unterscheidet, also nicht zu den anderen Figuren passt.

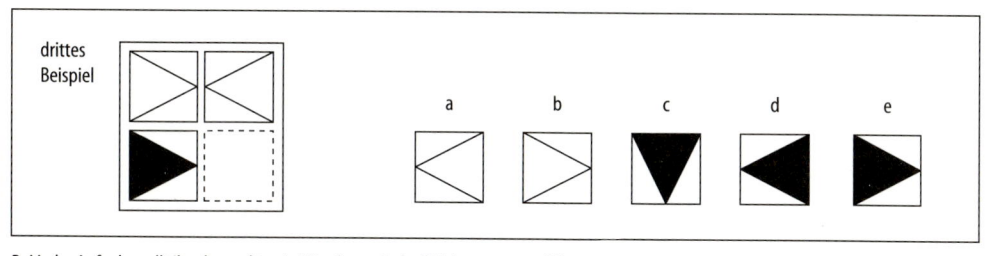

Bei jeder Aufgabe sollt ihr also rechts ein Kästchen mit der Zeichnung auswählen, die in das leere Kästchen links am besten hineinpasst, um den Kasten richtig zu vervollständigen.

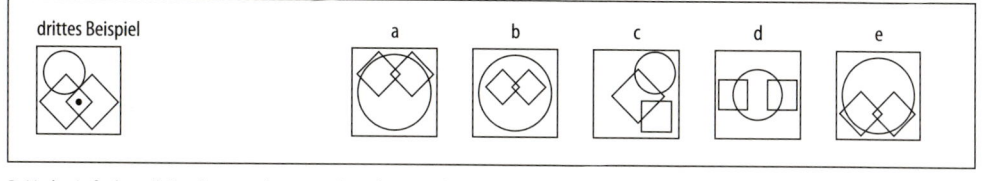

Bei jeder Aufgabe sollt ihr also zunächst genau hinsehen, wo der Punkt liegt und dann unter den 5 Auswahlfiguren diejenige heraussuchen, in der der Punkt genauso liegen könnte. Den Lösungsbuchstaben tragt ihr dann auf eurem Antwortbogen ein.

Abb. 4.16. Einige Beispielaufgaben aus dem Culture Fair Intelligence Test. (Aus Weiß, 1997; Test A)

Intelligenz, da man dazu wissen muss, dass Aristoteles ein Schüler von Plato war. Das ist natürlich nur eine relative Unterscheidung, weil die Unbekanntheit eines Problems und die Wissensunabhängigkeit seiner Lösung graduell variieren.

> **! Merke**
> Intelligenzaufgaben variieren auf den Dimensionen verbale – nichtverbale Intelligenz und kristalline – fluide Intelligenz.

Dörner und Mitarbeiter untersuchten die Fähigkeit, komplexe Probleme zu lösen, indem sie Versuchspersonen in komplexen virtuellen Welten agieren ließen (z. B. als Bürgermeister einer Stadt Entscheidungen treffen; Dörner et al., 1983). Die getroffenen Entscheidungen hatten wie in der Realität vielfache Konsequenzen auf Variablen eines hochvernetzten Systems, darunter unerwünschte Nebenwirkungen, wobei die Versuchspersonen die Systemstruktur nicht kannten, sondern erst durch ihr Handeln erproben mussten. Die Problemlöseleistung zeigte

Tabelle 4.19. Korrelationen zwischen verbaler und nichtverbaler Intelligenz, sozialer Schicht und Schulnoten auf verschiedenen Altersstufen

Alter (Jahre)	Verbal mit nichtverbal	Soziale Schicht mit		Schulnoten[e] mit	
		verbal	nichtverbal	verbal	nichtverbal
5–6[a,c]	.38	.19	.18	–	–
7–8[b,c]	.44	.36	.12	–	–
9–10[b,d]	.50	.35	.14	–.50	–.48
11–12[b,d]	.43	.33	.16	–	–

[a] HAWIVA=Hamburg-Wechsler-Intelligenztest für das Vorschulalter (Eggert, 1978).
[b] HAWIK-R=Hamburg-Wechsler-Intelligenztest für Kinder (Tewes, 1983).
[c] CMMS=Columbia Mental Maturity Scale (Burgemeister et al., 1972).
[d] CFT=Grundintelligenztest (Weiß & Osterland, 1979).
[e] Mittelwert aus Deutsch- und Mathematiknote.

nur sehr geringe Korrelationen mit dem IQ, woraus die Autoren folgerten, dass Testintelligenz wenig über die Leistung beim komplexen Problemlösen aussage. Daraus wurde wiederum gefolgert, dass Testintelligenz wenig »mit dem wirklichen Leben« zu tun habe.

Letzteres ist ein Fehlschluss, weil der IQ um .70 mit dem letztlich erreichten Bildungsniveau und Berufsstatus korreliert. Eher wäre umgekehrt zu fragen, ob das Handeln in computersimulierten Welten viel mit komplexem Problemlösen »im wirklichen Leben« zu tun hat, das meist nicht nur intellektuelle, sondern auch soziale Kompetenz erfordert. Validierungsversuche ergaben Korrelationen in der Größenordnung von .30–.40 zwischen beruflicher Leistung (Vorgesetztenurteil) und Problemlöseverhalten in virtuellen Welten (vgl. Funke, 1995). Wirklichen Aufschluss können nur empirische Studien liefern, in denen die Leistung beim Problemlösen in virtuellen Welten und der IQ an denselben Versuchspersonen gemessen und mit dem tatsächlichen Erfolg beim Lösen komplexer Probleme in der Realität korreliert wird. Kersting (2001) fand, dass bei Polizisten die Problemlöseleistung deutlich mit IQ und Wissen zusammenhing und dass das Vorgesetztenurteil über die berufliche Bewährung nach Kontrolle von IQ und Wissen nur noch minimal durch die Problemlöseleistung vorhersagbar war. Möglicherweise ist die Problemlöseleistung einfach eine Funktion von Intelligenz und Wissen, nicht aber ein davon unabhängiger Prädiktor für Problemlösen im Alltag.

Kognitive Anforderungen von Intelligenzaufgaben

Diese eher groben Unterscheidungen zwischen verbaler-nichtverbaler oder fluider-kristalliner Intelligenz sagen nur wenig darüber aus, auf welche spezifischen kognitiven Anforderungen sich eigentlich diese Intelligenzfaktoren beziehen: Welche Anforderungen muss man erfüllen, um eine Intelligenzaufgabe lösen zu können? Einen Schritt näher kommt man diesen Anforderungen, wenn man einzelne Untertests von Intelligenztests auf ihre Ähnlichkeit hin analysiert. Das soll hier am Beispiel von Untertests zu räumlichen Fähigkeiten illustriert werden. Drei Arten räumlicher Fähigkeiten können unterschieden werden (Abb. 4.17).

In Tests der räumlichen Wahrnehmung sollen räumliche Beziehungen relativ zur Orientierung des eigenen Körpers trotz ablenkender Information korrekt bestimmt werden. Abbildung 4.17 enthält als Beispiel die Wasserspiegelaufgabe von Piaget und Inhelder (1971), in dem mehrere schematisch gezeichnete Gläser mit unterschiedlichem Wasserspiegel gezeigt werden. Je stärker der als richtig ausgewählte Wasserspiegel von der Horizontalen abweicht, desto größer ist der Fehler. In Tests der mentalen Rotation werden mehrere dreidimensional gezeichnete Objekte gezeigt und gefragt, welches aus einem vorgegebenen Objekt durch Drehung im Raum hervorgegangen sein könnte. Die räumliche Visualisierung wird meist durch die von Gottschaldt (1926) stammenden, meist aber fälschlicherweise Witkin (1950)

4.4 · Fähigkeiten

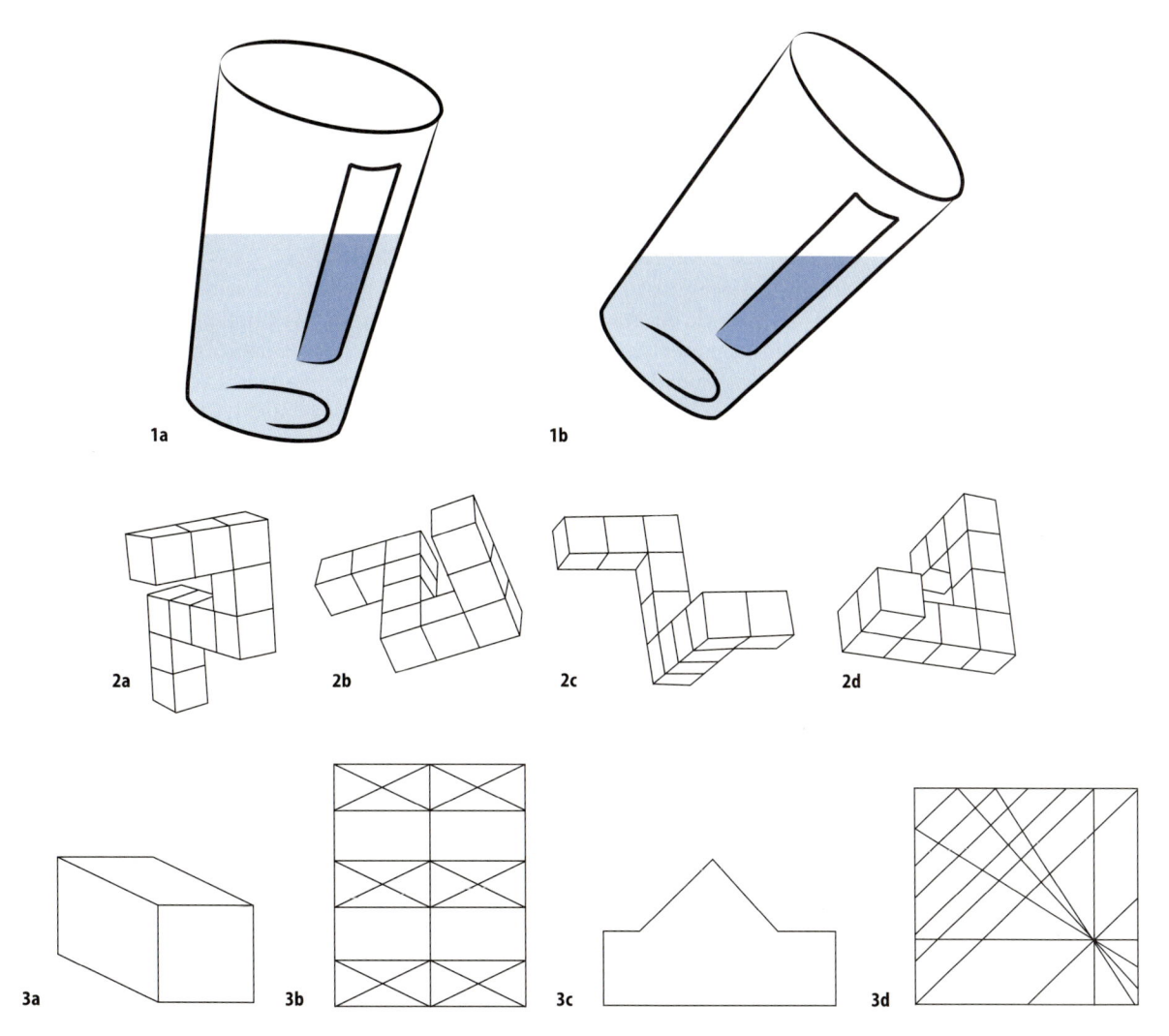

Abb. 4.17. Drei Tests für räumliche Fähigkeiten: (1) der Wasserspiegeltest nach Piaget und Inhelder, (2) mentale Rotation (geht 2d durch Drehen aus 2a, 2b oder 2c hervor?), (3) Gottschaldt-Figuren (ist 3a, 3b oder 3c in 3d enthalten?). (Aus Halpern, 1992)

zugeschriebenen Figuren getestet (Gottschaldt-Figuren bzw. »embedded figures test«). Gefragt wird, ob eine vorgegebene Figur Teil einer komplexeren Figur ist.

Diese drei Tests korrelieren nur mäßig miteinander, was auf unterschiedliche spezifische kognitive Anforderungen hinweist (aber auch an ihrer relativ zum Gesamt-IQ geringeren Reliabilität liegt; vgl. Abschn. 3.2.2). So gibt es Hinweise darauf, dass Versuchspersonen in Aufgaben zur räumlichen Wahrnehmung kinästhetische Rückmeldungen über die schwerkraftsmäßige Vertikale oder Horizontale benutzen, dass bei Tests zur mentalen Rotation die Objekte auf Vorstellungsebene tatsächlich als Ganzes rotiert werden und dann auf Passung mit dem Standard überprüft werden, und dass das schnelle Lösen von Tests zur räumlichen Visualisierung eine Anpassung der Lösungsstrategie an die Besonderheiten der jeweils vorgegebenen Figur erfordert (vgl. Waldmann & Weinert, 1990, Abschn. 2.3; Linn & Peterson, 1985; Lohaus et al., 1994). Interindividuell betrachtet dürften unterschiedliche kognitive Anforderungen unterschiedliche kognitive Fähigkeiten erfordern und dadurch unterschiedliche Intelligenzfaktoren begründen. Unterstützt wird die Unterschiedlichkeit der Fähigkeiten, die den drei Tests zugrundeliegen, durch den Befund, dass die

Größe der Geschlechtsunterschiede zwischen den drei Tests erheblich differiert (vgl. Abschn. 7.3.1).

Insgesamt ergibt eine genauere differentielle Analyse von Intelligenzaufgaben also ein komplexes Bild von denjenigen individuellen Besonderheiten, die zum IQ-Gesamtwert beitragen. Dabei orientierte sich die Analyse an korrelativen Beziehungen zwischen Faktoren, Untertests oder Aufgaben, die durch die Tests bereits vorgegeben waren. Wissenschaftlich betrachtet ist das nicht sonderlich befriedigend, weil die Auswahl der Tests nur historisch-praktisch begründet ist, nicht aber durch eine umfassende Theorie derjenigen kognitiven Anforderungen und Fertigkeiten, die individuelle Besonderheiten in der Intelligenz bedingen.

Es hat deshalb immer wieder Versuche gegeben, eine solche umfassende Intelligenztheorie zu entwerfen. Ein Ansatz besteht darin, Informationsverarbeitungsprozesse, die an der Lösung von Intelligenzaufgaben beteiligt sein könnten, sowie die von ihnen verarbeiteten Inhalte und die von ihnen erzeugten Ergebnisse zu klassifizieren und so die Aufgaben in einem mehrdimensionalen Schema zu klassifizieren. Ein solches relativ umfassendes Modell ist z. B. das Berliner Intelligenzstrukturmodell von Jäger (1984), das die Grundlage für den Berliner Intelligenzstruktur-Test (BIS) bildet (Jäger et al., 1997); siehe »Unter der Lupe«.

> **Unter der Lupe**
>
> **Das Berliner Intelligenzstrukturmodell**
> Annahme ist, dass an jeder Intelligenzleistung immer dieselben spezifischen Fähigkeiten beteiligt sind, nur in jeweils anderer Gewichtung. Diese spezifischen Fähigkeiten werden nach 4 Operationen (Bearbeitungsgeschwindigkeit, Gedächtnis, Einfallsreichtum und Verarbeitungskapazität) und 3 Inhalten (figural-bildhaft, verbal, numerisch) kreuzklassifiziert, so dass sich 12 spezifische Fähigkeiten unterscheiden lassen. Sie werden durch Testleistungen in Untertests des Berliner Intelligenzstruktur-Tests (BIS; Jäger et al., 1997) erfasst, von denen jeweils 3–5 derselben spezifischen Fähigkeit zugeordnet sind. Sie erfassen in ihrer Gesamtheit die allgemeine Intelligenz. Für jede getestete Person ergeben sich deshalb Kennwerte für die verwendeten Untertests (meist eine an der jeweiligen Fragestellung orientierte Auswahl aus den 45 verfügbaren Untertests), für die 4 Operationen und 3 Inhalte (indem über alle zugeordneten Untertests aggregiert wird) und für die allgemeine Intelligenz (Aggregation über alle Untertests).

Die Klassifikation der Untertests erfolgt im Berliner Intelligenzstrukturmodell nach allgemeinpsychologischen Kriterien, z. B. Unterscheidung von Gedächtnis und Verarbeitungskapazität. Deshalb kann es durchaus vorkommen, dass Untertests, die verschiedenen spezifischen Fähigkeiten zugeordnet sind, hoch miteinander korrelieren (vgl. Pfister & Jäger, 1992, für die korrelative Struktur der BIS-Untertests).

Gardner (1983) wirbelte mit seiner Theorie multipler Intelligenzen einigen Staub auf, indem er behauptete, dass es im alltäglichen Verhalten sieben unabhängige »Intelligenzen« gebe: die sprachliche, musikalische, logisch-mathematische, räumliche, körperlich-kinästhetische, interpersonale und intrapersonale. Verdienstvoll ist Gardners Betonung der im Alltag gezeigten Fähigkeiten, der Einbezug musikalischer, motorisch-sensorischer und sozialer Fähigkeiten und seine Sammlung neurophysiologischer, pathologischer, evolutionsbiologischer und entwicklungspsychologischer Argumente für eine Spezifik der jeweiligen »Intelligenz«. Gardner (1983, 1993) unterwarf aber seine Hypothesen nie einer ernsthaften empirischen Prüfung. Sicherlich mit gutem Grund denn, sie würde ergeben, dass Gardners »Intelligenzen« etwa so unabhängig oder abhängig sind wie die durch Untertests klassischer IQ-Tests erfassten Fähigkeiten. Die Frage der Zahl von Intelligenzfaktoren – gleich, ob durch typische Intelligenzaufgaben oder durch Beobachtung alltäglichen Verhaltens erfasst – ist immer eine Frage der Wahl der Hierarchieebene, auf der Fähigkeiten betrachtet werden. Gardners Ansatz könnte zu einer Theorie der Kompetenz ausgebaut werden, die den eher engen Intelligenzbereich als Teil enthält.

> **❗ Merke**
>
> Gardner unterschied 7 »Intelligenzarten«, von denen 4 nicht dem psychologischen Intelligenzbegriff entsprechen (musikalische, körperlich-kinästhetische, interpersonale und intrapersonale »Intelligenz«). Von daher handelt es sich nicht um eine Intelligenztheorie, sondern um eine allgemeinere Fähigkeitstheorie, die auch den Intelligenzbereich umfasst.

Sternberg (1985) stellte eine triarchische (dreiteilige) Theorie der Intelligenz vor, die sich näher als Gardner am klassischen Intelligenzkonzept hält, aber wie Gardner nicht nur die Leistung beim Lösen von Testaufgaben, sondern intelligentes Handeln im Alltag im Visier hat. Der kontextuelle Teil der Theorie („contextual subtheory") versucht, den »soziokulturellen Kontext« intelligenten Handelns anzugeben. Intelligentes Handeln liege vor, wenn jemand sich seiner gegenwärtigen Umwelt angepasst verhalte oder seine Umwelt so auswähle oder herstelle, dass sie den eigenen Fähigkeiten, Interessen oder Werten entspricht. Hier ist unschwer der Einfluss des dynamischen Interaktionismus zu erkennen (vgl. Abschn. 2.6.1); darüber hinaus wird Intelligenz nicht weiter spezifiziert.

Der Erfahrungsanteil (»experiential subtheory«) versucht, intelligentes Handeln auf zwei Phasen der Erfahrungsbildung über bestimmte Umweltbedingungen zu beziehen: auf neue (aber nicht völlig unbekannte) Situationen oder auf die Automatisierung des Umgangs mit bereits bekannten Situationen. Hier wird der Unterschied zwischen fluider und kristalliner Intelligenz thematisiert. Sternberg (1985) versuchte, diesen Unterschied in Form einer Prozessanalyse genauer herauszuarbeiten.

Der Komponententeil („componential subtheory«) versucht, drei kognitive Mechanismen intelligenten Handelns genauer zu beschreiben: »Metakomponenten«, die dem Lösungsentwurf und der Bewertung einzelner Problemlöseschritte dienen, »Ausführungskomponenten«, die der Umsetzung von Handlungsplänen in Verhalten dienen, und »Wissenserwerbskomponenten«, die neue Informationen auswählen, kombinieren und auf schon im Gedächtnis gespeicherte Informationen beziehen.

> **Merke**
> Nach Sternberg ist Intelligenz die Fähigkeit, kontextuell angemessenes Verhalten in neuen Situationen oder während der Automatisierung des Umgangs mit bekannten Situationen zu zeigen. Intelligentes Verhalten wird aufgefasst als Funktion von Meta-, Ausführungs- und Wissenserwerbskomponenten.

Intelligenzunterschiede zwischen Personen beruhen nach Sternberg (1985) nicht auf qualitativen Unterschieden in diesen Komponenten, sondern auf quantitativen Unterschieden in der Effektivität, mit der bestimmte Komponenten ausgeführt werden. Spearmans g-Faktor der Intelligenz beruhe darauf, dass vor allem die Metakomponenten, aber auch bestimmte Ausführungs- und Wissenserwerbskomponenten für die Lösung der meisten Testaufgaben gebraucht würden, so dass Unterschiede in der Effektivität ihrer Ausführung zu Korrelationen zwischen Aufgaben bzw. Untertests führten.

Spezifische, vom g-Faktor unabhängige Unterschiede in fluider Intelligenz beruhten vor allem auf Effektivitätsunterschieden in Ausführungskomponenten, entsprechende Unterschiede in kristalliner Intelligenz vor allem auf dem Ergebnis von Effektivitätsunterschieden in Wissenserwerbskomponenten. Klassische Intelligenztests sagten den Schulerfolg deswegen gut vorher, weil die Lösung der Testaufgaben den Einsatz solcher Komponenten erfordere, die auch im Schulalltag eingesetzt würden; je genauer sich Testaufgaben und Schulalltag komponentenmäßig entsprächen, desto besser sei der Test geeignet zur Vorhersage des Schulerfolgs.

Diese Theorie wurde deshalb sehr einflussreich, weil sie den testorientierten differentiellen Intelligenzbegriff mit dem allgemeinpsychologischen Informationsverarbeitungsparadigma versöhnte und es erlaubte, dieses Paradigma als Brücke zwischen Test und Kriterium zu nutzen: Dann und nur dann, wenn Tests ähnliches erfassen wie das Kriterium, sagen sie es gut vorher.

Die Allgemeinheit, mit der Sternberg (1985) die verschiedenen kognitiven Komponenten definierte, erlaubte zwar eine plausible Erklärung verschiedenster aus der Literatur bekannter Intelligenzphänomene, aber die Umsetzung in ein Forschungsprogramm, das durch eine systematische Aufgabenanalyse auf seiten von Test und Kriterium die notwendigen Komponenten identifiziert und die individuelle Effektivität ihrer Ausführung empirisch messbar macht, erwies sich als extrem schwierig (Anderson, 1992). Die Vagheit des Komponentenbegriffs in Verbindung mit der Komplexität des Gesamtansatzes lässt es unwahrscheinlich erscheinen, dass dieser Ansatz überhaupt sinnvoll empirisch umsetzbar ist.

Ein schlichterer Ansatz konzentriert sich auf die Effektivität, mit der einzelne, einfache Informationsverarbeitungsprozesse durchgeführt werden können, und versucht sie auf Testintelligenz zu beziehen. In gewisser Weise kehrt hier die Forschung zu Galtons Ansatz der Prüfung spezifischer Sinnesleistungen zurück, nur dass diese jetzt auf der Grundlage eines Informationsverarbeitungsmodells und mit verbesserter Methodik erfolgt (Mittelung über viele Einzeltests, um die Reliabilität der Messung zu erhöhen; vgl. Abschn. 3.2.2).

Gemessen wird meist die Geschwindigkeit der Informationsverarbeitung in bestimmten Aufgabentypen (vgl. Neubauer, 1993, für eine Übersicht). Bei sehr einfachen Wahrnehmungsaufgaben (z. B. Entscheidung bei sehr kurzer Darbietung zweier Linien, ob sie gleich lang sind), fanden Kranzler und Jensen (1989) in ihrer Übersicht über alle einschlägigen Studien eine mittlere Korrelation von −.30 zwischen IQ und Darbietungszeit, wobei die mittlere Korrelation für den nichtverbalen IQ mit −.45 stärker ausfiel als für den verbalen IQ mit −.18.

Umgekehrt fand Schweizer (1993) für Aufgaben, die die Schnelligkeit des Zugriffs zum verbalen Kurzzeitgedächtnis testen, eine Korrelation von −.43 mit dem Untertest »Sprachverstehen« des LPS von Horn (1983), wobei die Korrelation mit nichtverbaler Intelligenz (Ravens Matrizentest) nur −.05 betrug (vgl. auch Abschn. 2.5.3). Solche Studien der Informationsverarbeitungsgeschwindigkeit, die spezifische Beziehungen zwischen bestimmten kognitiven Anforderungen und IQ-Untertests nachweisen, können zu einem besseren Verständnis der einzelnen Untertests und der Heterogenität von Intelligenzleistungen beitragen.

Dennoch scheint es klar, dass dieser Ansatz nur einen Teil der Effektivitätsunterschiede in der Informationsverarbeitung erklären kann, denn neben der Geschwindigkeit spielt auch die Genauigkeit der Aufgabenbearbeitung eine wesentliche Rolle in vielen Situationen, die intelligentes Handeln erfordern. Je nach Aufgabentyp finden sich zwischen Geschwindigkeit und Genauigkeit positive, negative und Null-Korrelationen.

Neben der Geschwindigkeit elementarer Informationsverarbeitungsprozesse wird vor allem die Kapazität des Arbeitsgedächtnisses als Quelle von Intelligenzunterschieden diskutiert. Erfasst wird die Kapazität des Arbeitsgedächtnisses typischerweise durch Tests zur simultanen Durchführung einfacher Operationen, z.B. Kopfrechnen, während Worte gezeigt werden, an die man sich später erinnern soll. Es handelt sich also um komplexere Anforderungen an das Kurzzeitgedächtnis. Kyllonen und Christal (1990) fanden Korrelationen um .80 zwischen der Kapazität des Arbeitsgedächtnisses und der Fähigkeit zum schlussfolgernden Denken, operationalisiert durch Tests zum verbalen und mathematischen Schlussfolgern, wobei beide Fähigkeiten nur relativ niedrig mit Geschwindigkeits- und Wissenstests korrelierten. Es konnte also die konvergente und diskriminante Validität (vgl. Abschn. 3.2.3) der Gedächtnis- und Denkleistungen nachgewiesen werden.

Die Höhe der Korrelation zwischen Gedächtniskapazität und Denkfähigkeit erregte großes Aufsehen, da sie interindividuelle Unterschiede in Gedächtnis- und Denkleistungen miteinander verknüpft. Kritisch ist hierbei allerdings anzumerken, dass die Gedächtniskapazität nicht nur durch die Gedächtnisspanne, sondern auch durch zusätzliche Tests gemessen wurde, deren Bearbeitung elementares schlussfolgerndes Denken erfordert, so dass die Operationalisierungen der Gedächtnis- und der Denkfähigkeit nicht unabhängig waren. Die relativ niedrigen Korrelationen mit Geschwindigkeitstests belegen jedenfalls, dass die Kapazität des Arbeitsgedächtnisses eine wichtige zusätzliche Quelle von Intelligenzunterschieden darstellt.

> **Merke**
>
> Intelligenztests sagen deshalb Bildung, Berufsprestige und Berufserfolg so gut vorher, weil sie eine Vielzahl unterschiedlicher kognitiver und motivationaler Anforderungen erfassen. Deshalb ist es auch schwierig, alle diese Anforderungen durch Aufgabenanalysen genauer zu bestimmen. Intelligenzunterschiede beruhen wesentlich auf Unterschieden in der Geschwindigkeit elementarer Informationsverarbeitungsprozesse und in der Kapazität des Arbeitsgedächtnisses.

4.4.2 Kreativität

Kreativität ist ein schillerndes Konzept der Alltagspsychologie, von dem es unklar ist, ob es als psychologisches Konstrukt geeignet ist, oder ob mit Kreativität nicht vielmehr ein Eigenschaftsbereich bezeichnet wird, der viele relativ unabhängige Eigenschaften enthält (vgl. für eine Übersicht z.B. Sternberg, 1988). Der Unterschied zwischen Intelligenz und Kreativität besteht nach alltagspsychologischer Vorstellung darin, dass Intelligenz zur effektiven Lösung vorgegebener Probleme mit bekannter Lösung befähige, während Kreativität neue Probleme, überraschende Einsichten und originelle Problemlösungen hervorbringe. ◘ Tabelle 4.14 in Abschn. 4.4.1 listete typische Eigenschaften auf, die alltagspsychologisch mit Kreativität assoziiert werden.

Guilford (1950) übte einen langanhaltenden Einfluss auf die Kreativitätsforschung aus, indem er Intelligenz und Kreativität auf zwei Arten von Problemlöseprozessen bezog: konvergentes und divergentes Denken. Probleme erfordern konvergentes Denken, wenn sie genau eine richtige Lösung haben, die in der Regel auch bekannt ist. Aufgaben in Intelligenztests gehören überwiegend diesem Typ an. Probleme erfordern divergentes Denken, wenn die Hauptaufgabe darin besteht, die Problemstellung überhaupt erst einmal klar zu definieren, und wenn es in Abhängigkeit von den möglichen Problemstellungen unterschiedliche Lösungen gibt. Guilford (1950) verstand unter Kreativität die Fähigkeit, diese zweite Art von Denkproblemen zu lösen.

> **Merke**
>
> Nach Guilford ist Kreativität die Fähigkeit zum divergenten Denken.

Von Guilford und anderen Autoren wurden im Rahmen dieses Ansatzes zahlreiche Kreativitätstests entwickelt, die vor allem vier Komponenten der Fähigkeit zum divergenten Denken erfassen sollen:
- Sensitivität gegenüber Problemen, indem z. B. naheliegende Erklärungen von Sachverhalten geschildert werden und dann nach Alternativerklärungen gefragt wird;
- Flüssigkeit des Denkens, indem z. B. möglichst viele Verwendungsmöglichkeiten eines Ziegelsteins innerhalb von zwei Minuten aufgezählt werden sollen – vom Baustein bis zum Kopfkissen für einen asketischen Mönch;
- Originalität des Denkens, indem z. B. nach entfernt liegenden Analogien zu vorgegebenen Aussagen gefragt wird;
- Flexibilität des Denkens, getestet durch Aufgaben wie das Neun-Punkte-Problem (◘ Abb. 4.18).

In der Guilford-Tradition wird angenommen, dass diese und verwandte Merkmale des Denkens stabile Persönlichkeitseigenschaften sind und in Verbindung mit zumindest durchschnittlicher Intelligenz und einem Minimum an bereichsspezifischem Wissen kreative Leistungen ermöglichen und vorhersagen lassen. Betrachtet man den gesamten IQ-Bereich von sehr niedrigen bis sehr hohen Werten, so sollten demnach Kreativität und Intelligenz mäßig positiv korreliert sein. Betrachtet man nur mittelhohe bis sehr hohe Intelligenz, so sollten Intelligenz und Kreativität zu Null korrelieren (Schwellenmodell).

Diese Kreativitätstests korrelieren mäßig untereinander, mäßig bis gering mit IQ-Gesamtwerten und etwas höher mit spezifischen verbalen Untertests, besonders Wortflüssigkeit. Die Korrelationen mit Intelligenz-(unter-)tests sind hoch genug, um Kreativitätstests als Intelligenzfaktoren zu betrachten, zumal Kreativität auch nach Kontrolle des IQ noch einen geringen, aber signifikanten Beitrag zur Schulleistung beisteuert (vgl. Grote et al., 1969). Das Schwellenmodell für den Zusammenhang zwischen Intelligenz und Kreativität konnte nicht bestätigt werden (vgl. Ginsburg & Whittemore, 1968; Mednick & Andrews, 1967), und nach wie vor ist offen, ob viel Vorwissen über ein Gebiet kreative Leistungen auf diesem Gebiet fördert oder eher behindert (letzteres ist nicht unplausibel, da großes Vorwissen bereits bestimmte traditionelle Lösungswege nahelegt).

Breiter als der Guilfordsche Ansatz ist der Versuch von Russ (1993), Kreativität als Persönlichkeitsmerkmal zu verstehen, das nicht nur einen Denkstil umfasst, sondern auch affektive Merkmale wie Ambiguitätstoleranz (unübersichtliche Situationen ertragen können, ohne ängstlich zu werden oder die Situation vorschnell zu beenden), Offenheit gegenüber neuen Erfahrungen, breitgefächerte Interessen und geringe Tendenz zu defensiven Abwehrmechanismen wie Verdrängung und Verleugnung. Dies birgt allerdings die Gefahr in sich, dass jeder etwas anderes unter Kreativität versteht und schon deshalb das Konstrukt empirisch kaum greifbar wird (vgl. Mumford & Gustafson, 1988).

Gough (1992) schlug vor, Kreativität durch Selbstbeschreibung in ausgewählten Items eines seit langem in den USA etablierten Persönlichkeitstests zu erfassen, des California Psychological Inventory (CPI; Gough, 1987; deutsche Version von Weinert et al., 1982). Nach Gough (1992) korreliert diese Skala des »Kreativen Temperaments« nicht nur mit anderen Kreativitätstests in der Guilford-Tradition, sondern auch sinnvoll mit den Beurteilungen anderer. Wer sich für kreativ hält, wird danach von anderen als phantasievoll, neugierig, originell, fähig, geschickt, clever und kompliziert beschrieben.

Helson et al. (1995) verfolgten den Lebensweg von 128 Frauen, die 1960 eine künstlerisch orientierte Hochschule in Kalifornien absolviert hatten und damals 24 Jahre alt waren. Sie wurden nochmals befragt im Alter von 27, 43 und 52 Jahren. Da jeweils der CPI erhoben worden war, konnte die Kreativitätsskala von Gough (1992) nachträglich rekonstruiert werden. Sie wurde in Konkurrenz zu diversen Indikatoren der Kreativität im Alter von 24 Jahren gesetzt, darunter die Nominierung der Absolventinnen als besonders kreativ durch ihre Dozenten, ihr Studienerfolg (Durchschnittsnote) und ihre durch Fragebögen ermittelte Verdrängungstendenz und Ambiguitätstoleranz.

Vorhergesagt wurde die Kreativität der beruflichen Tätigkeit im Beruf 28 Jahre später, ermittelt auf der Basis der Berufstypen von Holland (1973) (vgl. Abschn. 4.5.1)

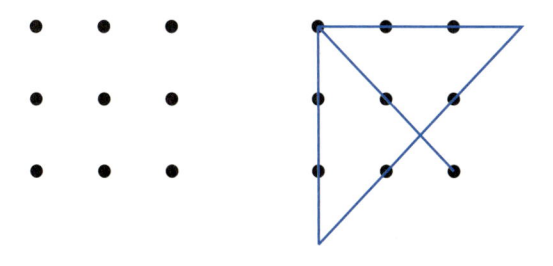

◘ Abb. 4.18. Das Neun-Punkte-Problem. Die neun Punkte müssen durch vier Linien ohne Absetzen verbunden werden

Tabelle 4.20. Korrelation der Kreativität des Berufs im Alter von 52 Jahren durch diverse Prädiktoren im Alter von 24 Jahren. (Nach Helson et al., 1995)

Prädiktor	Korrelation
Skala Kreatives Temperament (Gough, 1992)	.48
Nominierung als kreativ durch Dozenten	.41
Tendenz zur Verdrängung	-.43
Ambiguitätstoleranz	.40
Studienleistung	.31

und validiert über Expertenbeurteilungen. Besonders kreativ wären nach Helson et al. (1995) z.B. Wissenschaftler und Künstler, besonders wenig kreativ Busfahrer und Hausfrauen. Tabelle 4.20 zeigt, dass die Kreativitätsskala die Kreativität des ausgeübten Berufs am besten vorhersagte und dass die Vorhersage deutlich besser war als die aufgrund der Studienleistung.

Diese Studie ist in doppelter Hinsicht bemerkenswert. Einerseits zeigt sie deutliche Beziehungen zwischen einem Selbstbeurteilungsmaß der Kreativität mit einem lebensnahen Kriterium (Art des Berufs), andererseits überbrücken die Beziehungen einen Zeitraum von 28 Jahren, was zusätzlich für die praktische Relevanz der im jungen Erwachsenenalter erfassten Kreativität spricht.

Wichtig ist, dass nicht die Kreativität der Leistung im Beruf vorhergesagt wurde (im Vergleich zu anderen, die denselben Beruf ausüben), sondern eine Einschätzung, wie weit der Beruf Kreativität voraussetzt. Wenn der Beruf passend zur eigenen Kreativität gewählt wird, ist die Variabilität der Kreativität innerhalb der Berufe deutlich eingeschränkt, so dass eine Validierung von Kreativitätstests durch kreative Leistungen innerhalb von Berufen (z.B. Zahl der Patente bei Ingenieuren) nur schwer möglich ist (Wallach, 1976). Hier besteht eine klare Parallele zum IQ, denn auch dort ist der Zusammenhang mit dem Berufsprestige deutlich höher als mit dem Erfolg innerhalb eines Berufs (vgl. Abschn. 4.4.1).

> **Merke**
> Kreativitätstests sagen die Tendenz vorher, einen kreativen Beruf auszuüben, nicht aber kreative Leistungen innerhalb eines Berufs.

4.4.3 Soziale Kompetenz

In der Alltagspsychologie wird angenommen, dass es so etwas wie eine »soziale Kompetenz« gibt, nämlich die Fähigkeit, gut mit anderen Menschen zurecht zu kommen, und dass diese Fähigkeit klar abgrenzbar sei von den bisher diskutierten intellektuellen Fähigkeiten. Soziale Kompetenz (manchmal auch soziale Intelligenz genannt) ist ein komplexes Fähigkeitskonzept, weil es aus zwei Komponenten besteht, die miteinander wenig korreliert sind: Durchsetzungsfähigkeit, d.h. die Fähigkeit, die eigenen Interessen gegenüber anderen zu wahren, und Beziehungsfähigkeit, d.h. die Fähigkeit, positive Beziehungen mit anderen einzugehen und aufrechtzuerhalten. Sozial kompetent ist, wer beide Fähigkeiten hat und so in der Lage ist, zwischen seinen eigenen Interessen und den Interessen anderer ein balanciertes Verhältnis herzustellen. Rücksichtsloses Durchsetzen eigener Ziele geht langfristig auf Kosten positiver Beziehungen zu anderen und ist deshalb sozial inkompetent. Umgekehrt ist auch die Tendenz, es anderen immer recht machen zu wollen, kein Zeichen sozialer Kompetenz, weil sie langfristig zur Selbstaufgabe führt.

Soziale Kompetenz korreliert mit Intellekt, weil sie durch spezifische intellektuelle Fähigkeiten gefördert wird: Einfühlungsvermögen in andere (auch soziale Sensitivität oder Empathie genannt) und umsichtiges Lösen sozialer Konflikte (eine spezielle Form der Problemlösefähigkeit).

Weil soziale Kompetenz eine wichtige Dimension der Persönlichkeitsbeurteilung im Alltag ist, ist sie gut in der Alltagspsychologie repräsentiert. Amelang et al. (1989) ließen Versuchspersonen einzelne Handlungen in konkreten Situationen auflisten, die typisch für soziale Kompetenz sind, wobei soziale Kompetenz durch zehn Eigenschaften beschrieben wurde (z.B. Menschenkenntnis; Fähigkeit, mit Menschen umzugehen; andere Menschen beeinflussen können). Die erhaltenen 124 Handlungen wurden von einer zweiten Gruppe von Versuchspersonen nach Prototypizität für soziale Kompetenz beurteilt (d.h. wie gut sie soziale Kompetenz charakterisieren). Die folgenden fünf Handlungen erhielten die höchsten Prototypizitätswerte (vgl. Amelang et al., 1989).

- Er konnte seinen Vorgesetzten, der sich sonst nie etwas von seinen Mitarbeitern sagen lässt, bei einer Entscheidung umstimmen, indem er ihm zunächst vermittelte, dass er seine Autorität und Kompetenz anerkennt.

- Als er merkte, dass sein Freund sich unter den vielen, ihm unbekannten Personen unsicher fühlte, begann er mit ihm ein Gespräch und versuchte dabei, andere Personen mit einzubeziehen.
- Als jemand unfreundlich zu ihm war, lächelte er ihn an und versuchte, mit freundlichen Worten die Situation zu verändern, was ihm auch gelang.
- Er half ihr über die schwierige Situation hinweg, indem er ihr klar machte, dass sie fähig war, die Schwierigkeiten zu meistern.
- Er fand in fremder Gesellschaft sehr schnell Kontakt, indem er sich mit jedem ganz unvoreingenommen unterhielt.

Eine dritte Gruppe von 119 Versuchspersonen schätzte sich in den 40 prototypischsten Items ein und wurde von jeweils drei Bekannten auf den fünf prototypischsten Items (s. oben) eingeschätzt. Das Selbsturteil und das mittlere Bekanntenurteil korrelierten zu .40 – ein im Vergleich zu anderen Persönlichkeitsbeurteilungen noch akzeptables Ergebnis.

Darüber hinaus wurden auch Aspekte der verbalen Intelligenz und der abstrakt-theoretischen Intelligenz der Versuchspersonen beurteilt. Alle drei Fähigkeiten wurden in getrennten Faktorenanalysen für die Selbst- und Bekanntenurteile als Faktoren wiedergefunden. Tabelle 4.21 zeigt den Zusammenhang zwischen den Faktorenwerten des Selbst- bzw. Bekanntenurteils. Die drei Intelligenzaspekte wurden von den Urteilern übereinstimmend unterschieden (konvergente und diskriminante Validität; vgl. Abschn. 3.2.3).

> **Merke**
> Soziale Kompetenz ist alltagspsychologisch als komplexe Eigenschaft getrennt von Intelligenz repräsentiert.

Da soziale Kompetenz zumindest in Persönlichkeitsbeurteilungen als einheitlicher, von intellektuellen Fähigkeiten deutlich unterschiedener Faktor repräsentiert ist, hat es immer wieder Versuche gegeben, soziale Kompetenz durch geeignete Testverfahren zu erfassen. Dabei werden seit Thorndike (1920) zwei Aspekte sozialer Kompetenz unterschieden:
- soziale Sensitivität, d.h. wie gut man andere versteht;
- soziale Handlungskompetenz, d.h. wie gut man schwierige soziale Situationen meistern kann.

Die Beispiele typischer sozial kompetenter Handlungen (s. oben) machen deutlich, dass eine hohe Handlungskompetenz meist eine hohe soziale Sensitivität erfordert. Die Umkehrung gilt nicht, denn es ist durchaus denkbar, dass es Menschen mit hoher sozialer Sensitivität gibt, die diese Fähigkeit nicht in kompetentes Handeln umsetzen können (z.B. weil sie dazu zu ängstlich sind).

O'Sullivan et al. (1965) entwickelten einen Test zur Erfassung der sozialen Sensitivität, in dem es darum ging, die Fähigkeiten, Gedanken, Gefühle und Absichten anderer in sozialen Situationen korrekt zu deuten. Die Situationen wurden durch Zeichnungen, Photographien, akustisch oder verbal vorgegeben. Die Untertests korrelierten untereinander nur gering, dagegen relativ hoch mit dem IQ und zeigten nur sehr geringe Korrelationen mit anderen Tests zur Erfassung sozialer Sensitivität (vgl. Probst, 1975; Zoch, 1974). Amelang (1987) fand zudem nur geringe bis gar keine Korrelationen zwischen diesen Tests und beurteilter sozialer Kompetenz. Auch der Versuch, die soziale Sensitivität durch korrekte Beurteilung extrem kurzer Videoclips zu erfassen, ergab nur minimale Korrelationen mit anderen sozialen Sensitivitätstests (Rosenthal et al., 1979).

Diese und andere Versuche (vgl. Orlik, 1978), ein einheitliches Konstrukt der sozialen Sensitivität in der Tradition der klassischen Intelligenzforschung durch Testaufgaben zu erfassen und dadurch soziale Kompetenz unabhängig vom IQ vorherzusagen, müssen heute als fehlgeschlagen angesehen werden. Möglicherweise gibt es keine einheitliche Eigenschaft der sozialen Sensitivität, sondern mehrere relativ unabhängige Eigenschaften, die hier eine Rolle spielen und die in unterschiedlichen sozialen Situationen unterschiedlich relevant sind. Die

Tabelle 4.21. Korrelationen zwischen den Faktoren »verbale Intelligenz«, »abstrakt-theoretische Intelligenz« und »soziale Kompetenz« in Selbst- und Bekanntenbeurteilungen. (Nach Amelang et al., 1989)

Bekanntenurteil	Selbsturteil		
	verbal	abstrakt-theoretisch	sozial
verbal	**.38**	.06	–.08
abstrakt-theoretisch	.03	**.27**	.03
sozial	.04	–.11	**.28**

Korrelationen für dasselbe Konstrukt (konvergente Validität) sind fett markiert.

mangelhaften Korrelationen mit globalen Beurteilungen vor allem der fremdeingeschätzten sozialen Kompetenz können darauf zurückgeführt werden, dass eine hohe soziale Sensitivität eine notwendige, nicht aber eine hinreichende Bedingung für sozial kompetentes Handeln ist.

> **Merke**
>
> Soziale Sensitivität ist eine notwendige, aber nicht hinreichende Bedingung sozialer Kompetenz. Überzeugende Operationalisierungen liegen bisher nicht vor, vermutlich weil soziale Sensitivität keine einheitliche Eigenschaft ist.

Zur Erfassung der sozialen Handlungskompetenz werden drei ganz unterschiedliche Strategien verwendet:
- Lösen hypothetischer sozialer Probleme,
- Selbstbeurteilung sozialer Fertigkeiten,
- Beobachtung der tatsächlichen Handlungskompetenz in inszenierten sozialen Situationen.

Zum einen werden schwierige soziale Situationen verbal oder durch Videoclips gezeigt und Lösungsvorschläge der Versuchspersonen erfragt (»Was würden Sie tun, wenn Sie in Situation X wären?«). Es handelt sich also um Tests zum sozialen Problemlösen. Ähnlich wie bei Tests zur Erfassung der sozialen Sensitivität korreliert auch die Leistung in diesen Tests »zu hoch« mit Intelligenz: Die Korrelationen mit Intelligenztests sind meist genauso hoch wie die Korrelationen der Tests untereinander (vgl. z.B. Keating, 1978). Dies könnte an der Tatsache liegen, dass solche Tests ja gar nicht sozial intelligentes Handeln in realen Situationen erfassen, sondern hypothetisches Handeln in hypothetischen Situationen.

Dies wurde auch in dem Versuch deutlich, im Rahmen der Personalauswahl Videoclips zur Erfassung der verkäuferischen Fähigkeit und der Teamfähigkeit von Mitarbeitern einer Bank zu erfassen (Schuler et al., 1993). Die Clips zeigen typische Situationen, die entsprechende Anforderungen stellen. Zum Beispiel zeigt ein Clip die Beratung eines unkonventionell gekleideten jungen Mannes, der einen Kredit für seinen Urlaub aufnehmen möchte. Punkte gibt es für die Situationsbeschreibung und Vorschläge für adäquateres Verhalten, die von den Getesteten jeweils kurz frei beschrieben werden.

Zwar erwies sich das Verfahren als reliabel (mehrere Clips zur selben Fähigkeit bildeten eine intern konsistente Skala) und diskriminant valide (die Korrelation zwischen verkäuferischen Fähigkeiten und Teamfähigkeit war niedrig), aber beide Verfahren korrelierten beim Vergleich von 9 verschiedenen Kompetenzkriterien am höchsten mit Kognitionsaufgaben, und die Korrelation mit der verkäuferischen Fähigkeit in einem Rollenspiel, in dem die Getesteten ein Gespräch mit einem fiktiven Kunden führen sollten, war nahe Null.

> **Merke**
>
> Tests zum Lösen hypothetischer sozialer Probleme korrelieren untereinander nicht höher als mit Intelligenz, wenn der Problembereich variiert wird. Dies weist auf eine große Heterogenität des erfassten Konstrukts hin.

Bei einer zweiten Strategie werden soziale Fertigkeiten so wie andere Persönlichkeitseigenschaften in einem Fragebogen selbstbeurteilt. Ein Beispiel ist das Interpersonal Competence Questionnaire (ICQ; Buhrmester et al., 1988). In seiner deutschen Version von Riemann und Allgöwer (1993) werden 5 Skalen unterschieden, die niedrig bis mittelhoch positiv miteinander korrelieren. ◘ Tabelle 4.22 zeigt die Reliabilität der Skalen (interne Konsistenz α) und die Korrelationen mit den selbstbeurteilten 5 Hauptfaktoren der Persönlichkeit (NEO-FFI; vgl. Abschn. 4.1.1). Es wird eine ausreichende diskriminante Validität deutlich, d.h. die verschiedenen Kompetenzskalen zeigen unterschiedliche Beziehungen zu den Big Five.

Paulhus und Martin (1988) schlugen einen alternativen Zugang zur Erfassung sozialer Kompetenz durch Selbstbeurteilungen vor. Sie gingen von der Überlegung aus, dass hohe soziale Kompetenz die Fähigkeit erfordere, je nach Situation unterschiedliches Verhalten an den Tag zu legen. So erforderten manche Situationen z.B. dominantes Auftreten, andere hingegen große Zurückhaltung. Wer durchgehend dominant oder durchgehend submissiv auftrete, sei weniger kompetent, als wer über beide Fähigkeiten verfüge und sie situationsgerecht einsetze. Zur Messung dieser Eigenschaft der interpersonalen Flexibilität ließen sie Versuchspersonen einschätzen, wie weit sie sich für fähig hielten, 16 sehr unterschiedliche Verhaltensweisen in sozialen Situationen auszuführen (z.B. »Wie weit sind Sie fähig, dominant aufzutreten, wenn es die Situation erfordert?«).

Diese Skala korrelierte nicht mit der sozialen Erwünschtheitsskala von Crowne und Marlowe (1960), so dass eine Verfälschung der Ergebnisse durch differentielle Tendenzen zu sozial erwünschten Antworten weitgehend ausgeschlossen werden konnte. Das Selbsturteil und das mittlere Urteil von drei Bekannten über interpersonale Flexibilität korrelierten .50 miteinander, was

Tabelle 4.22. Die Skalen des Interpersonal Competence Questionnaire und ihre Korrelation mit den Skalen des NEO-FFI					
	Initiierung von Interaktionen	Durchsetzungsfähigkeit	Preisgabe persönlicher Information	Emotionale Unterstützung anderer	Regelung von Konflikten
Reliabilität	.89	.80	.78	.84	.77
Neurotizismus	−.38	−.25	.07	−.10	−.16
Extraversion	.49	.13	.17	.22	.00
Offenheit	−.01	−.11	.22	.29	.06
Verträglichkeit	.10	−.21	.22	.18	.11
Gewissenhaftigkeit	−.03	.04	−.10	.34	.18

auf eine mittelhohe Validität der Selbstbeurteilung hinweist. Aber auch dieser Ansatz kann nicht das grundsätzliche Problem umgehen, dass es sich nur um Beurteilungen und nicht um direkte Beobachtungen der sozialen Kompetenz handelt.

Die dritte Strategie der Erfassung sozialer Handlungskompetenz vermeidet diese Probleme, indem reales soziales Handeln in inszenierten Situationen im Labor oder Feld beobachtet wird. Dieser Ansatz wird zum einen in klinischen Studien verwendet, in denen es darum geht, fehlende soziale Fertigkeiten aufzubauen: Wie nehme ich Kontakt mit einem Fremden auf, wie gehe ich mit Kritik um, wie kann ich in einfachen Interessenkonflikten meine Interessen wahren. Hier gab es vor allem in den 70er und 80er Jahren eine florierende Forschung zur Entwicklung standardisierter Situationen, die Aufschluss über Defizite in derartigen sozialen Fertigkeiten geben (vgl. z.B. de Muynck & Ullrich, 1987). Für die Erfassung sozialer Handlungskompetenz im Normalbereich sind bisherige »Verhaltenstests« aber nicht gut geeignet, weil sie zwar zwischen niedriger und durchschnittlicher Kompetenz differenzieren, nicht aber zwischen durchschnittlicher und hoher Kompetenz, da die Situationen zu einfach gestaltet sind; sie erreichen bei weitem nicht den Schwierigkeitsgrad der oben aufgeführten Situationen.

> **! Merke**
> Klinisch orientierte Studien zu sozialen Fertigkeiten sind geeignet, starke Defizite in der Handlungskompetenz aufzudecken, differenzieren aber nicht ausreichend zwischen Fähigkeitsunterschieden im oberen Bereich der Handlungskompetenz.

Zum anderen werden inszenierte soziale Situationen im Rahmen der internen und externen Personalauswahl verwendet, z.B. Gruppendiskussionen, Rollenspiele und Präsentationen (vgl. hierzu auch den folgenden Abschn. 4.4.4). Bei der Gruppendiskussion wird einer Gruppe von Teilnehmern eine gemeinsam zu lösende Aufgabe gestellt, z.B. »Welcher von 5 Mitarbeitern (zu denen Informationen gegeben werden) soll in einen Fortbildungskurs geschickt werden?« Nicht die vorgeschlagene Lösung interessiert, sondern wie sich die Teilnehmer im Verlauf der Diskussion verhalten. Jeder Teilnehmer wird von mindestens zwei trainierten Beobachtern eingeschätzt (spätere Vorgesetzte, andere Führungskräfte oder Psychologen), manchmal auch von den anderen Teilnehmern. Entweder werden Globalurteile der Kompetenz abgegeben oder (besser) Urteile über spezifische Kompetenzen wie z.B. »hört zu, lässt andere ausreden«, »meldet sich häufig zu Wort«, die dann anschließend gewichtet und gemittelt werden.

In Rollenspielen werden berufsrelevante Situationen simuliert, z.B. ein Verkaufsgespräch zwischen Käufer und Kunde oder ein Gespräch eines Vorgesetzten mit einem Mitarbeiter, dessen Leistung in letzter Zeit stark abgefallen ist. In Präsentationsaufgaben soll sich der Teilnehmer den anderen vorstellen oder einen Kurzvortrag über ein vorgegebenes Thema halten.

Bei ausreichendem Training der Urteiler und Vorgabe spezifischer, situationsadäquater Urteile lassen sich Korrelationen zwischen den Beobachtern um .50 erreichen, bei Mittelung über drei Beobachter also eine Reliabilität der Beurteilung von .75 (vgl. Abschn. 3.2.2).

Das Hauptproblem dieses Ansatzes für die Untersuchung sozialer Kompetenz ist, dass die Beurteilungen innerhalb einer Situation hoch zwischen verschiedenen Beurteilungsdimensionen korrelieren, innerhalb einer Beurteilungsdimension jedoch nur gering zwischen den Situationen (Sackett & Dreher, 1982). Pro Situation lassen sich kaum mehr als zwei Faktoren unterscheiden, auf denen die Urteile variieren: Selbstvertrauen und Freundlichkeit in der Präsentation bzw. Durchsetzungsfähigkeit und Kooperativität in der sozialen Interaktion. Und selbst diese zwei Dimensionen sind durchweg positiv korreliert. Zwischen den Situationen korrelieren aber die Beurteilungsdimensionen nur gering. Hier zeigt sich wieder einmal die starke transsituative Inkonsistenz von Eigenschaftsmessungen (vgl. Abschn. 2.4.4).

Die transsituative Inkonsistenz könnte dann zur Bestimmung unterschiedlicher Komponenten der Handlungskompetenz genutzt werden, wenn die Situationen systematisch in bezug auf die gestellten Anforderungen variiert würden. Dies ist aber nicht der Fall, weil sie aus pragmatischen Gründen von der Zahl her sehr begrenzt sind und eher nach ihrer Repräsentativität für berufliche Anforderungen als nach theoretischen Gesichtspunkten (welche Komponenten sozialer Kompetenz erfassen sie?) ausgewählt werden. Das Problem der hohen Korrelationen innerhalb von Situationen ließe sich umgehen, indem das Verhalten durch trainierte Beobachter in bezug auf detaillierte, konkrete Verhaltenskategorien eingeschätzt würde. Dies ist aber sehr aufwendig und wurde deshalb kaum durchgeführt. Insofern geht auch dieser Ansatz zur Erfassung sozialer Kompetenz bisher nicht wesentlich über das alltagspsychologische Verständnis von Handlungskompetenz hinaus.

> **Merke**
>
> **Beobachtungsuntersuchungen im Rahmen der Personalauswahl führen zu zwei Faktoren der Handlungskompetenz: Selbstvertrauen/Dominanz und Freundlichkeit/Kooperativität, die transsituativ wenig konsistent sind. Da die Situationen nicht systematisch variiert und das Verhalten der Teilnehmer nicht detailliert analysiert wurde, blieb dieser Ansatz bisher theoretisch wenig ergiebig.**

Eng verwandt mit dem Konzept der sozialen Kompetenz ist das von Salovey und Mayer (1990) formulierte und von dem Journalisten Goleman (1995) propagierte Konzept der emotionalen Intelligenz. Hierunter verstanden diese Autoren »die« Fähigkeit zum Umgang mit eigenen Emotionen und den Emotionen anderer. In der neueren Fassung von Mayer et al. (2000) werden 4 Fähigkeitsbereiche unterschieden:
- Wahrnehmung von Emotionen bei sich und anderen, emotionale Expressivität,
- Förderung des Denkens durch Emotionen,
- Verstehen und Analysieren von Emotionen,
- Regulation von Emotionen.

Ganz ähnlich wie bei Gardners »multiplen Intelligenzen« ist hier kritisch einzuwenden, dass es sich bei diesen sehr heterogenen Fähigkeiten nur teilweise um Intelligenzleistungen handelt; emotionale Expressivität beispielsweise ist eher dem Temperament zuzuordnen.

Zur Erfassung dieser Fähigkeiten schlugen Mayer et al. (2000) die Multifactor Emotional Intelligence Scale (MEIS) vor. Es werden hypothetische emotionale Situationen geschildert und zu jeder Situation mehrere Antwortalternativen zu »kompetentem« Verhalten in der Situation vorgegeben, von denen die Befragten die angemessenste wählen sollen. Kritisch ist hier anzumerken, dass die Validität des abgefragten Verhaltens für die tatsächliche Emotionsverarbeitung unklar ist, die Skalen oft nicht ausreichend reliabel sind, die durch Faktorenanalyse bestimmte Struktur des Tests nicht der theoretisch postulierten Struktur entspricht und die Autoren einfach selbst festlegten, welches Verhalten als kompetent anzusehen ist und welches nicht (vgl. zur Kritik Davies et al., 1998, und Roberts et al., 2001).

Van der Zee et al. (2002) definierten emotionale Intelligenz als Fähigkeit, eigene Emotionen und die Emotionen anderer zu erkennen, angemessen zu interpretieren und mit ihnen angemessen umzugehen. Ein Itempool aus 85 Items wurde durch eine Faktorenanalyse auf 3 Faktoren reduziert, die allerdings vergleichsweise wenig Varianz erklärten (28%), was auf die Heterogenität des Kontrukts hinweist: Empathie (z. B. »nimmt sich Zeit für einen Kollegen, der ein Gespräch sucht«), emotionale Kontrolle (z. B. »reagiert gelassen auf Kritik«) und Autonomie (z. B. »arbeitet unabhängig und autonom«). Autonomie korrelierte -.70 mit Neurotizismus und ist deshalb davon kaum zu unterscheiden; auch ist unklar, warum Autonomie eine emotionale Fähigkeit sein soll.

Skalen zur Messung von Empathie und emotionaler Kontrolle korrelierten nahe Null sowohl bei Selbstbeurteilungen als auch bei Fremdbeurteilungen; es handelt sich also um völlig unterschiedliche Konstrukte. Beide Skalen korrelierten gar nicht oder überzufällig negativ mit Intelligenzuntertests. »Emotionale Intelligenz« erwies sich damit weder als einheitlicher Fähigkeitsbereich noch als ein Merkmal von Intelligenz. Bestenfalls verbleiben damit in dieser Studie zwei Fähigkeitsdimensionen, die den beiden traditionellen sozialen Kompetenzfaktoren »soziale Sensitivität« und »Handlungskompetenz« zugeordnet werden können.

Bei näherer Analyse zerfallen diese beiden Dimensionen jedoch auch in relativ unabhängige Unterfaktoren. Sie erscheinen nur deshalb in Studien wie der von van der Zee et al. (2002) als einheitlicher Faktor, weil die Items nicht systematisch Situationsinhalt und emotionale Qualität variieren. Wer eigene Ängste gut im Griff hat, kann aber erhebliche Schwierigkeiten haben, konstruktiv mit Ärger umzugehen oder umgekehrt, und wer cool beim Bungeespringen bleibt, mag dennoch eine mündliche Prüfung am nächsten Tag trotz guter Vorbereitung schweißgebadet und mit zittrigen Knien antreten. Trierweiler et al. (2002) zeigten am Beispiel der emotionalen Expressivität, die als ein wichtiger Aspekt emotionaler Kontrolle betrachtet werden kann, dass diese scheinbar einheitliche Persönlichkeitsdimension bei systematischer Variation der Emotionen in zahlreiche emotionsspezifische Unterdimensionen zerfällt, die untereinander wenig bis gar nicht korrelieren.

Das Konzept »der« emotionalen »Intelligenz« ignoriert diese Probleme und suggeriert, dass es eine einheitliche Fähigkeit zum Umgang mit Gefühlen jeder Art gibt. Da vergleichbare Probleme schon seit langem im Bereich sozialer Kompetenzen bekannt sind, müssen sich Protagonisten »der emotionalen Intelligenz« den Vorwurf gefallen lassen, ignorant zu sein (Schuler, 2002). Das sollte die Psychologie aber nicht davon abhalten, das weite und unübersichtliche Feld der emotionalen Kompetenzen zu bearbeiten, auch wenn schnelle Erträge dort nicht zu erwarten sind (Asendorpf, 2002a).

> **! Merke**
> Was derzeit unter »emotionaler Intelligenz« verstanden wird, hat mit Intelligenz wenig bis gar nichts zu tun und ist hiermit z.T. sogar negativ korreliert. Es handelt sich vielmehr um vielfältige emotionale Kompetenzen, deren Konsistenz zwischen verschiedenen Emotionen und Situationen gering ist.

Das psychologische Verständnis des alltagspsychologischen Konzepts der sozialen Kompetenz ist also nicht weit gediehen. Eine wesentliche Ursache hierfür ist die Komplexität dieses Konstrukts. Kompetentes Handeln in sozialen Situationen ist wegen der sozialen Rückkopplung zwischen den Handelnden und ihren Interaktionspartnern mindestens so komplex wie das von Dörner und Mitarbeitern untersuchte komplexe Problemlösen in virtuellen Welten (vgl. Abschn. 4.4.1). Es gibt zwar Versuche, die vielfältigen, an sozial kompetentem Handeln beteiligten kognitiven, emotionalen und motivationalen Prozesse in einzelne Komponenten zu zerlegen (vgl. z.B. Cantor & Kihlstrom, 1987), aber es ist bisher nicht gelungen, die wichtigsten Quellen interindividueller Unterschiede für sozial kompetentes Handeln zu identifizieren und in einem integrativen Modell wieder zusammenzufügen.

Es muss damit gerechnet werden, dass ein solches integratives Modell nicht nur zahlreiche kognitive Variablen, sondern auch zahlreiche emotionale und motivationale Variablen umfassen muss, um tatsächliches kompetentes Handeln in sozialen Situationen vorhersagen zu können. Ein solcher Ansatz müsste also traditionelle Schranken zwischen Intelligenz-, Temperaments- und Motivationsforschung überwinden. Hierin besteht eine große Schwierigkeit, aber auch eine große Chance für die Persönlichkeitspsychologie.

4.4.4 Exemplarische Anwendung: Assessment Center

In der Personalauswahl (vgl. Abschn. 4.1.4) wird vor allem bei der Auswahl und Fortbildung von Mitarbeitern gehobener Positionen oft ein Assessment Center als Verfahren der Eignungsdiagnostik verwendet. Ein Assessment Center ist eine Sequenz von Situationen, in denen die Teilnehmer alleine oder in Kleingruppen zusammen mit anderen Teilnehmern und Beobachtern Aufgaben bearbeiten, die Aufschluss über arbeitsbezogene Fähigkeiten, insbesondere soziale Kompetenzen, geben sollen (Fisseni & Fennekels, 1995; Hossiep, 1994). ◘ Tabelle 4.23 zeigt den Ablauf eines besonders aufwendigen Assessment Centers (es gibt auch nur eintägige).

Situationen zur Erfassung sozialer Kompetenzen wie Gruppendiskussion, Präsentation und Rollenspiel wurden schon in Abschn. 4.4.3 dargestellt. Im Beispiel von ◘ Tabelle 4.22 werden alle 3 Verfahren verwendet, darunter eine Kurzpräsentation von 3 min, für die es eine Vorbereitungszeit von 30 min gibt, eine längere Präsentation, Dispute (Konfliktlösen mit anderen), drei Gruppendiskussionen und ein Rollenspiel (Mitarbeitergespräch).

Darüber hinaus enthält ein Assessment Center typischerweise individuell auszuführende Arbeitsproben und Aufgabensimulationen, z.B. Organisations-, Pla-

Tabelle 4.23. Ablauf eines Assessment Centers (in Anlehnung an Fisseni & Fennekels, 1995)

Zeitplan für Teilnehmer	Zeitplan für Beobachter
Montag, den 4. Oktober bis 17.00 Ankunft der Teilnehmer/innen 17.00–19.00 GR: Einführung	bis 11.00 Ankunft der Beobachter ab 13.00 Einweisung
Dienstag, den 5. Oktober 9.00–9.15 Begrüßung/Vorstellung *9.15–10.15 GR: Kurzpräsentation* 10.15–10.30 Kaffeepause 10.30–11.45 IN: Vorbereitung der Unternehmenskonferenz *11.45–13.00 GR: Unternehmenskonferenz* 13.00–14.15 Mittagspause *14.15–15.30 IN: Postkorb* *15.30–16.30 GR: Vorgesetztenverhalten* 16.30–16.45 GR: Erste Teilnehmerberichte 16.45–17.00-Kaffeepause *17.00–17.30-IN: Entscheidungslabyrinth* *17.30–19.00-GR: Dispute*	9.00–9.15-Begrüßung/Vorstellung *9.15–10.15-GR: Kurzpräsentation* 10.15–11.45 Auswertung der Kurzpräsentation *11.45–13.00 GR: Unternehmenskonferenz* 13.00–14.15 Mittagspause 14.15–15.30 Auswertung der Gruppenarbeit *15.30–16.30 GR: Vorgesetztenverhalten* 16.30–17.30 Auswertung der Gruppenarbeit *17.30–19.00 Dispute* 19.00–20.00 Auswertung der Dispute
Mittwoch, den 6. Oktober *8.30–10.00 GR: Mitarbeitergespräch* IN: Vorbereitung der Präsentation 10.00–10.15 Kaffeepause 10.15–10.45-IN: Vorbereitung der Präsentation *10.45–11.45 GR: Treuhand GmbH* 11.45–12.00 GR: Zweite Teilnehmerberichte *12.00–13.00 Soziale Situationen* 13.00–14.30 Mittagessen/Mittagspause *14.30–18.00 GR: Präsentation* IN: Vorbereitung TreuhandGmbH	8.30–10.00 Mitarbeitergespräch 10.00–10.45 Auswertung des Mitarbeitergesprächs *10.45–11.45 GR: Treuhand GmbH* 11.45–13.00 Auswertung Treuhand GmbH 13.00–14.30 Mittagspause *14.30–18.00 GR: Präsentation* 18.00–19.00 Auswertung der Präsentation
Donnerstag, den 7. Oktober *8.30–9.30 GR: TreuhandGmbH* 9.30–9.45 Dritte Teilnehmerberichte 9.45–10.00 Kaffeepause 10.00–11.00 IN: Selbstprofil/Nomination 11.00–12.00 GR: Feedbackrunde 12.00–13.00 Mittagspause ab 13.00 Nachmittag frei	*8.30–9.30 GR: TreuhandGmbH* 9.30–11.00 Auswertung Treuhand GmbH 11.00–12.00 GR: Feedbackrunde 12.00–14.00 Mittagspause ab 14.00 Erstellung der Endgutachten ab 18.00 Abstimmung der Endgutachten
Freitag, den 8. Oktober ab 8.30 Rückmeldegespräche	**Freitag, den 8. Oktober** ab 8.30 Rückmeldegespräche

IN: individuelle Bearbeitung, GR: Gruppensituation, *kursiv: diagnostische Situationen*

nungs-, Entscheidungs-, Controlling- und Analyseaufgaben. Im Beispiel von ◘ Tabelle 4.23 werden Postkorb und Entscheidungslabyrinth durchgeführt. Geschildert sei hier die viel verwendete Postkorbaufgabe, bei der es darum geht, mehrere anstehende Aufgaben in eine optimale Sequenz zu bringen. ◘ Abbildung 4.19 zeigt einen Auszug aus einer Postkorbaufgabe (aus Jeserich, 1981).

Ergänzt werden können diese Aufgaben durch Leistungstests, die berufsspezifische Anforderungen abtesten sollen, und biographische Fragebögen über die bisherigen Ausbildungs- und Berufserfahrungen. Von daher bezeichnet »Assessment Center« kein einheitliches Verfahren, sondern eine heterogene Klasse diagnostischer Verfahren.

4.4 · Fähigkeiten

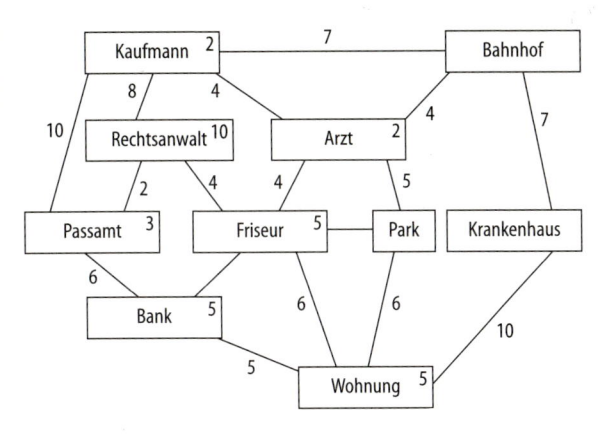

Abb. 4.19. Beispiel einer Postkorbaufgabe. Die Zahlen geben die Aufenthalts- und Wegzeiten an

Tabelle 4.24. Wahre prädiktive Validität von Assessment Centern in bezug auf verschiedene Beurteilungskriterien und Beurteilungsziele

Beurteilungskriterien		Beurteilungsziele	
Kriterium	Validität	Ziel	Validität
Leistungspotential	.53	Forschung	.48
Leistung	.36	Frühe Identifikation	.46
Karriere	.36	Personalauswahl	.41
Fortbildung	.35	Beförderung	.30

> **Merke**
> Ein Assessment Center ist eine Sequenz aus Einzel- und Gruppensituationen, die diverse Fähigkeiten, insbesondere soziale Kompetenzen, zum Zweck der internen oder externen Personalauswahl erfassen sollen.

Zur prädiktiven Validität der Assessment Center gibt es mehrere Metaanalysen. Thornton et al. (1987) analysierten den Zusammenhang des Gesamturteils im Assessment Center mit verschiedenen Kriterien des Berufs- und Fortbildungserfolgs in über 50 Studien. Die wahre, für Unreliabilität des Kriteriums (einfache Minderungskorrektur; vgl. Abschn. 3.2.1) und Stichprobenverzerrungen durch Varianzeinschränkung korrigierte prädiktive Validität betrug im Mittel über alle Studien .37. Allerdings variierte sie erheblich zwischen den Studien (Standardabweichung .13), so dass sie wenig aussagekräftig ist.

Tabelle 4.24 schlüsselt deshalb die prädiktiven Validitäten nach verschiedenen Kriterien auf. Danach ist die Validität besonders hoch, wenn das Vorgesetztenurteil über das Leistungspotential vorhergesagt wird. Es bezieht sich nicht auf die erbrachte Leistung, sondern auf die zukünftig erwartete Leistung. Dass die Vorhersage des Leistungspotentials besser gelingt als die der tatsächlichen Leistung, wurde auch in anderen Metaanalysen gefunden. Erklärt wird die Diskrepanz dadurch, dass die tatsächliche Leistung von Umständen abhängt, die teilweise außerhalb der Kontrolle der Mitarbeiter sind, z.B. Beitrag anderer Mitarbeiter, Einfluss von Kunden, Ressourcenmangel. Ob objektive Karrieremerkmale wie Gehalt und Zahl der Beförderungen oder das Vorgesetztenurteil über die Leistung als Kriterium dienen, ist offenbar gleich, zumindest nach Korrektur für die Unreliabilität des Vorgesetztenurteils.

Bei Aufschlüsselung nach den Zielen des Einsatzes des Assessment Centers schnitten Untersuchungen zur Beförderung besonders schlecht ab. Dies dürfte auch an der unterschiedlichen Qualität in der Durchführung der Assessment Center liegen. Ein Qualitätsrating der Asssessment Center, in das Kriterien wie Zahl der Situationen und Beurteilungen und Training der Beurteiler eingingen, ergab eine Korrelation von .26 zwischen der Qualität und der prädiktiven Validität der Assessment Center. Untersuchungen zu Forschungszwecken, aber auch zu Zwecken der externen Personalauswahl dürften umfangreicher und sorgfältiger durchgeführt werden als Routineanwendungen zum Zwecke der Beförderung.

Worauf beruht die prädiktive Validität der Assessment Center? Diese Frage beleuchtet eine Metaanalyse von Scholz und Schuler (1993), in der sie Zusammenhänge zwischen der Globalbeurteilung in Assessment Centern und den Beurteilungen des Verhaltens in der Gruppendiskussion und der Postkorbaufgabe mit Intelligenz- und Persönlichkeitstests untersuchten (vgl. Tabelle 4.24). Die Korrelationen wurden in diesem Fall doppelt minderungskorrigiert, d.h. für die Unreliabilität beider korrelierten Variablen korrigiert.

Die Ergebnisse zeigen, dass die Beurteilungen der Gruppendiskussion stark durch den IQ und Selbstvertrauen und Dominanz beeinflusst sind (die wiederum stark mit den sozialen Kompetenzskalen korrelieren). Paradoxerweise zeigten Selbstvertrauen und Dominanz engere Zusammenhänge mit der Leistung in der Post-

◘ Tabelle 4.25. Zusammenhänge zwischen Leistung in Assessment Centern und Intelligenztests und Persönlichkeitsskalen

Korrelat	Mittlere wahre Korrelation mit		
	Gesamturteil	Gruppendiskussion	Postkorb
IQ	.43	.46	.18
Soziale Kompetenz	.41	.39	.10
Leistungsmotiv	.40	.25	.04
Selbstvertrauen	.32	.38	.24
Dominanz	.30	.34	.23

korbaufgabe als der IQ und der IQ korrelierte stärker mit der Leistung in der Gruppendiskussion als mit der im Postkorb. Dies weckt Zweifel an dem Sinn der Postkorbaufgabe. Hauptergebnis ist, dass das Assessment-Center-Gesamturteil deutliche Beziehungen zu IQ und sozialer Kompetenz zeigte. Da beide Prädiktoren nur mittelhoch korrelieren, folgt daraus, dass es sich noch besser durch beide Prädiktoren vorhersagen lässt.

Dies wirft die Frage auf, ob das Assessment Center gegenüber IQ-Tests und Persönlichkeitsfragebögen inkrementelle Validität aufweist, d.h. ob es nach Kontrolle von IQ und Fragebogenmaßen der sozialen Kompetenz noch einen eigenständigen Beitrag zur Vorhersage des Berufserfolgs liefert. Schuler et al. (1995) führten einen solchen Vergleich durch anhand des Vorgesetztenurteils von Firmenmitarbeitern im Bereich Forschung und Entwicklung (wo also hohe Anforderungen an Intelligenz gestellt werden). Ein bemerkenswertes Nebenergebnis war, dass die Validität sich drastisch verringerte, wenn die Vorgesetzten die Mitarbeiter weniger als 2 Jahre kannten; hier waren offenbar die Vorgesetztenurteile invalide.

Bei Mitarbeiterkenntnis von mindestens 2 Jahren wurde das Vorgesetztenurteil von einer optimal gewichteten Kombination aus Assessment Center, Intelligenztests und Persönlichkeitsfragebögen zu .57 vorhergesagt (multiple Korrelation), von einer optimalen Kombination aus Intelligenztests und Persönlichkeitsfragebögen immerhin zu .46, wobei dieser Wert bei Betrachtung von Personengruppen mit größerer Variabilität in Intelligenz noch höher ausfallen könnte. Das Assessment Center liefert also einen zusätzlichen Beitrag, der allerdings nicht dramatisch war und angesichts des großen Aufwandes nur gerechtfertigt erscheint, wenn die Kosten einer Fehlplazierung hoch sind. Zu einer noch negativeren Einschätzung von Assessment Centern kamen Schmidt und Hunter (1998), die in einer umfangreichen Metaanalyse u.a. den Zuwachs an Validität untersuchten, den Assessment Center gegenüber Intelligenztests liefern. Es wurde lediglich ein Validitätszuwachs von .51 auf .53 gefunden. Wie die Studie von Schuler et al. (1995) zeigt, dürfte der Zuwachs durch das Assessment Center dann größer sein, wenn die Variabilität der Bewerber in Intelligenz eingeschränkt ist, weil ein akademischer Abschluss o.ä. Voraussetzung für die Bewerbung ist.

❗ **Merke**

Gegenüber Intelligenztests kann das Assessment Center nur dann einen bedeutsamen zusätzlichen Beitrag zu einer validen Kompetenzerfassung liefern, wenn die Intelligenzunterschiede der Bewerber eher gering sind (z.B. bei Akademikern).

4.4.5 Diskussion

Intelligenz, Kreativität und soziale Kompetenz sind drei sehr breite Eigenschaftsbegriffe, die jeweils gut in der Alltagspsychologie verankert und in Persönlichkeitsbeurteilungen auch voneinander trennbar sind. Die psychologische Erforschung dieser drei Konstrukte ist aber von höchst unterschiedlichem Erfolg gekrönt. Die Geschichte der Intelligenzforschung ist nach der Überwindung anfänglicher Schwierigkeiten im wesentlichen eine Geschichte von Erfolgen, während die persönlichkeitspsychologische Erforschung der sozialen Kompe-

tenz und vor allem die Kreativitätsforschung im wesentlichen eine Geschichte von Misserfolgen ist.
In der Intelligenzforschung entwickelte sich ausgehend von Binet und Simon (1905) und den Faktorenkonzepten von Spearman und Thurstone schon früh ein Paradigma der Testintelligenzforschung, das es erlaubte, nicht nur die allgemeine Intelligenz durch den IQ solide zu messen, sondern auch die individuelle Intelligenzstruktur durch entsprechende Profile in Intelligenzuntertests zu erfassen. Testintelligenz ist so erfolgreich in der Vorhersage des Ausbildungserfolgs und der Berufskarriere, dass heute in empirischen Untersuchungen Intelligenz standardmäßig durch Intelligenztests und nicht mehr durch Intelligenzbeurteilungen operationalisiert wird.
Ganz anders sieht es bei Untersuchungen zur sozialen Kompetenz und Kreativität aus. Es gibt keine Erfassungsmethoden, deren Überlegenheit gegenüber Beurteilungsverfahren erwiesen wäre, und es gibt so gut wie keinen kumulativen Wissensfortschritt: Im Grunde muss jede Untersuchung wieder bei Null, nämlich dem alltagspsychologischen Konzept, anfangen. Warum kam hier die psychologische Forschung nicht weiter? Die drei vielleicht wichtigsten Gründe sind:

— Unklares Kriterium für die Operationalisierung: Ein einheitliches Paradigma der Testintelligenzforschung konnte sich vor allem deshalb entwickeln, weil sich die Testkonstruktion zunächst an dem klaren Kriterium des Schulerfolgs orientierte. Im Gegensatz zu dem Urteil einzelner Lehrer beruht der Schulerfolg auf dem kumulierten Urteil vieler Lehrer in vielen Fächern und ist entsprechend zuverlässig (das Aggregationsprinzip wird exzessiv genutzt; vgl. Abschn. 3.2.2). Für Kreativität oder soziale Kompetenz gibt es kein auch nur annähernd vergleichbar klares und zuverlässiges Kriterium.
— Wenig Investition in die Forschung: Es gibt erheblich mehr Untersuchungen zur Intelligenz als zur Kreativität oder sozialen Kompetenz. Das liegt nicht nur an den handfesten Erfolgen der Intelligenzforschung, die schon dadurch mehr Interesse auf sich ziehen konnte, sondern sicherlich auch an dem großen Bedarf an Methoden zur Intelligenzdiagnostik im Bereich von Ausbildung und Beruf.
— Schwierigkeit der Situationsherstellung im Falle der sozialen Kompetenz: Intelligenz und Kreativität lassen sich direkt durch schriftlich vorgegebene Aufgaben untersuchen, soziale Kompetenz aber nur durch Beobachtung des Verhaltens in realen sozialen Situationen. Das ist ungleich aufwendiger als die Durchführung schriftlicher Tests, die zudem gruppenweise durchgeführt werden können (indem z. B. eine komplette Schulklasse denselben Test bearbeitet).

Trotz dieser Schwierigkeiten erscheinen Untersuchungen zu Kreativität, aber auch zu anderen Aspekten des Intellekts wie z. B. Nachdenklichkeit (vgl. Tabelle 4.4) oder Weisheit (vgl. Staudinger & Baltes, 1996) ebenso sinnvoll wie zu spezifischen Komponenten sozialer Kompetenz und den weithin von der empirisch orientierten Psychologie vernachlässigten künstlerischen Fähigkeiten (vgl. aber Gardner, 1993). Hier gibt es noch viel zu entdecken.

? Fragen

4.25 Auf welchen Annahmen beruhte das Konzept des Intelligenzalters von Binet und Simon, und wie versuchten diese Autoren, das Intelligenzalter zu messen?

4.26 Was verstand Stern unter dem IQ, und wie wird er heute gemessen?

4.27 Welche historischen Veränderungen lassen sich im mittleren IQ westlicher Kulturen feststellen, und welche Probleme können daraus entstehen?

4.28 In welcher Annahme unterscheiden sich die Intelligenzbegriffe von Spearman und Thurstone?

4.29 Welche Faktoren beeinflussen die Zusammenhänge zwischen IQ und Grundschulnoten, Abiturnoten, Bildungsdauer, Berufsprestige und Berufserfolg?

Hinweise zur Beantwortung

4.25 lineares Wachstum, Grundalter

4.26 Quotient, Normierung innerhalb Altersstufe

4.27 Beispiel Legasthenie

4.28 Korrelation spezifischer Faktoren

4.29 Varianzeinschränkung spezifischer Faktoren, Reliabilität des Kriteriums

❓ Fragen

4.30	Worauf beruhen Intelligenzunterschiede nach Sternberg?
4.31	Lässt sich Intelligenz durch Reaktionszeitmessungen objektivieren?
4.32	Wie wird versucht, Kreativität zu messen, und mit welchem Erfolg?
4.33	Kann man soziale Kompetenz von Intelligenz unterscheiden?
4.34	Welche Probleme gibt es bei der Operationalisierung von sozialer Sensitivität und Handlungskompetenz?
4.35	Ist emotionale Intelligenz ein sinnvolles psychologisches Konstrukt?
4.36	Was erfassen Assessment Center und wie gut sagen sie den Berufserfolg vorher?

ℹ️ Hinweise zur Beantwortung

4.30	Effektivität der Ausführung von Komponenten intelligenten Handelns
4.31	Spezifität der gemessenen Prozesse, Genauigkeit
4.32	divergentes Denken, Problem des Kriteriums
4.33	Alltagspsychologie, soziale Sensitivität, Handlungskompetenz
4.34	Uneinheitlichkeit, Abgrenzung von Intelligenz, Situationsherstellung
4.35	Kompetenz vs. Intelligenz, Heterogenität, Schwierigkeiten der Erfassung
4.36	Korrelationen mit IQ und Kompetenzeinschätzungen, Leistungspotential versus Leistung

Weiterführende Literatur

Stern, E. & Guthke, J. (Eds) (2001). *Perspektiven der Intelligenzforschung.* Lengerich: Pabst Science Publishers.

Cropley, A. (1996). Kreativität. In M. Amelang (Ed.), *Verhaltens- und Leistungsunterschiede.* Enzyklopädie der Psychologie. Band C/VIII/2 (pp. 329–373). Göttingen: Hogrefe.

Höft, F. & Funke, U. (2001). Simulationsorientierte Verfahren in der Personalauswahl. In H. Schuler (Ed.), *Lehrbuch der Personalpsychologie* (pp. 136–173). Göttingen: Hogrefe.

4.5 Handlungseigenschaften

In diesem Abschnitt werden Persönlichkeitseigenschaften behandelt, die in direktem Zusammenhang mit zielgerichtetem Handeln stehen: Bedürfnisse, Motive und Interessen, Handlungsüberzeugungen (bewusst repräsentierte Erwartungsstile, Handlungskontrollstile und Attributionsstile) und Bewältigungsstile. Die einzelnen Eigenschaften werden nach und nach eingeführt und aufeinander bezogen.

4.5.1 Bedürfnisse, Motive und Interessen

Während Temperamentseigenschaften sich primär auf die Form des Verhaltens beziehen, beziehen sich Bedürfnisse, Motive und Interessen primär auf die Richtung des Verhaltens, also auf Verhaltensziele. Jedem Bedürfnis, Motiv oder Interesse entspricht eine bestimmte Inhaltsklasse von Verhaltenszielen. Alltagspsychologisch wird auch von Neigungen, Strebungen oder Antrieben gesprochen (vgl. Lauckens Kategorie der Neigungsdispositionen in ◘ Tabelle 1.1), die auf Bedürfnisse zurückgeführt werden.

Bedürfnisse

Die Vorstellung, dass es individuelle Besonderheiten in der Stärke von Bedürfnissen gibt, die sich direkt auf die Verhaltensrichtung auswirken, beherrschte die klassische Psychoanalyse, ethologische Ansätze der Verhaltenserklärung und die ältere Motivationspsychologie. Personen unterschieden sich in der Stärke der verschiedenen Bedürfnisse; dadurch ließen sich interindividuelle Unterschiede in den typischerweise verfolgten Handlungszielen erklären.

Das Bedürfniskonzept ist geeignet, die motivierende Wirkung von physiologischen Ungleichgewichten wie z.B. Hunger oder Durst zu beschreiben. Ein bestimmter Sollwert ist physiologisch vorgegeben und wird ständig mit dem aktuellen Ist-Zustand verglichen. Weicht der Ist-Zustand zu stark vom Sollwert ab, wird Verhalten motiviert, ihn wieder ins Lot zu bringen. Die Stärke eines Bedürfnisses (im Sinne einer Persönlichkeitseigenschaft, nicht der situativen Bedürfnisspannung) ist in diesem Regelkreismodell identisch mit dem Sollwert des Systems.

Im Falle von Hunger oder Durst wird die Abweichung intern produziert. Regelkreismodelle der Motivation können sich aber auch auf extern produzierte

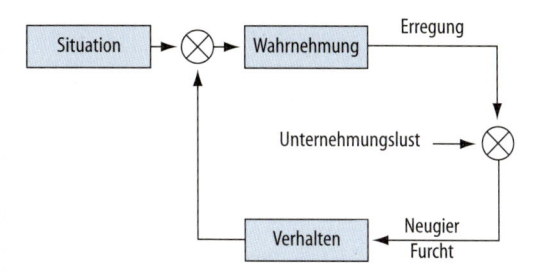

◘ Abb. 4.20. Ein Regelkreismodell für die Regulierung des Neugierverhaltens in Abhängigkeit von der Unternehmungslust

Abweichungen beziehen, etwa Abweichungen der erregenden Wirkung einer Situation von einem Sollwert der Unternehmungslust. Bei zu geringer Erregung resultiere Neugier, bei zu starker Erregung Furcht. In diesem Fall ist Unternehmungslust ein Bedürfnis (◘ Abb. 4.20).

Bischof (1985) schlug ein Prozessmodell vor, das verschiedene Formen sozialer Motivation durch mehrere ineinander verschachtelte Regelkreise zu beschreiben versucht. Darin werden individuelle Besonderheiten in der sozialen Motivation durch Sollwerte beschrieben. Eine empirische Umsetzung dieses Ansatzes wird weiter unten besprochen.

> **❗ Merke**
>
> **Die Regulierung physiologischer Ungleichgewichte und grundlegender sozialer Bedürfnisse kann durch Regelkreismodelle beschrieben werden, in denen Bedürfnisse als Sollwerte operationalisiert sind.**

In der älteren Literatur finden sich Versuche, die gesamte Motivation auf wenige Grundbedürfnisse zurückzuführen. Der wohl letzte Versuch dieser Art stammte von Maslow (1954). Er schlug eine fünfstufige Hierarchie von Bedürfnisgruppen vor, die er entwicklungspsychologisch und allgemeinpsychologisch (nicht aber persönlichkeitspsychologisch, also im Sinne interindividueller Unterschiede innerhalb derselben Altersstufe) interpretierte (◘ Abb. 4.21).

Nach Maslow (1954) lassen sich alle Bedürfnisse einer dieser fünf Gruppen zuordnen. Im Verlauf der individuellen Entwicklung überlagerten neue sich entwickelnde Gruppen von Bedürfnissen die schon vorhandenen. Diese blieben zwar alle bestehen, nähmen aber in ihrer absoluten Stärke ab und damit auch in ihrer relativen Stärke zueinander. Im Säuglingsalter gebe es nur physiologische Bedürfnisse (z.B. Hunger und Durst); sie würden im Kleinkindalter überlagert durch Sicher-

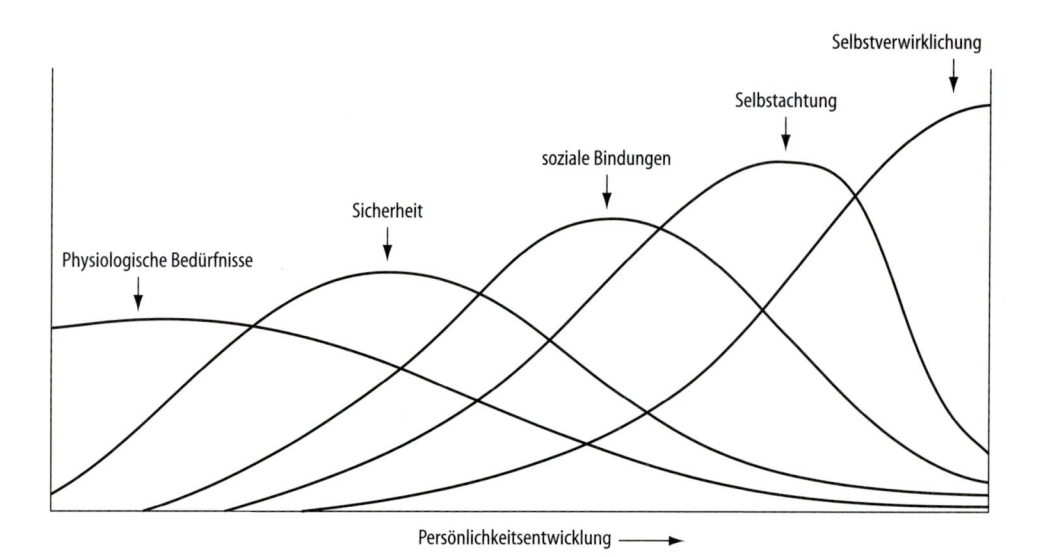

Abb. 4.21. Hierarchie der Bedürfnisse nach Maslow. (Aus Heckhausen, 1989)

heitsbedürfnisse (z. B. Schutz vor Schmerz, Furcht und Ungeordnetheit), später durch soziale Bindungsbedürfnisse (z. B. nach Geselligkeit, Geborgenheit und Liebe) und dann durch Selbstachtungsbedürfnisse (z. B. nach Geltung, Anerkennung und Zustimmung); erst ab der Pubertät entstünden Selbstverwirklichungsbedürfnisse (z. B. nach Realisierung der eigenen Fähigkeiten, Verstehen und Einsicht).

Auf jeder Altersstufe erfordere die Befriedigung von Bedürfnissen einer erreichbaren Stufe die weitgehende Befriedigung aller untergeordneten Bedürfnisse. Um soziale Anerkennung sorge man sich also nur dann, wenn Hunger und Durst befriedigt und Sicherheit und sozialer Anschluss gewährleistet seien. Die Bedürfnisse unten in der Hierarchie bezeichnete Maslow (1955) als Mangelbedürfnisse. Sie würden nur verhaltenswirksam, wenn ein Mangel auftrete; nach der Bedürfnisbefriedigung ruhten sie wieder. Diese Vorstellung kann durch ein Regelkreismodell präzisiert werden, in dem es auch Übersättigungseffekte gibt, wenn Ist-Zustände den Sollwert übersteigen. Zum Beispiel würde zuviel Essen Ekel auslösen oder zu große Erregung im Modell von ◘ Abb. 4.20 Furcht.

Die Bedürfnisse oben in der Hierarchie bezeichnete Maslow (1955) als Wachstumsbedürfnisse (im psychologischen Sinn). Sie würden dauerhafter das Verhalten bestimmen, weil sie sozusagen unersättlich seien: Sie ließen sich nie ganz befriedigen. Das gelte besonders für die oberste Gruppe der Selbstverwirklichungsbedürf-

nisse: Selbstverwirklichung sei ein Ziel, das nie ganz erreicht werden könne.

Merke

Nach Maslow überlagern im Verlauf der Persönlichkeitsentwicklung Wachstumsbedürfnisse die anfänglich ausschließlich vorhandenen Mangelbedürfnisse; früher entstandene Bedürfnisse behielten aber eine Priorität gegenüber später entstandenen.

Diese Auffassung wurde von Maslow selbst nur anhand von Interviews und Biographien (z. B. US-amerikanischer Präsidenten) illustriert. Sie übte aber großen Einfluss auf spätere Verfahren der Messung von Bedürfnissen im Jugend- und Erwachsenenalter aus, die es ermöglichen, Entwicklungssequenzen dominanter Bedürfnisse empirisch zu untersuchen (z. B. die von Loevinger, 1976, vorgeschlagene Sequenz der »Ich-Entwicklung«).

Das Leistungsmotiv

In der neueren Motivationspsychologie sind die Bedürfnisse etwas aus dem Blickfeld geraten, weil sich der Schwerpunkt des Interesses, gefördert durch die »kognitive Wende« in der Psychologie, hin zu mehr rationalen Zielbildungsprozessen verschoben hat, die dem Erwartungs-mal-Wert-Modell folgen: Handeln richte sich nach einer Bewertung der erwarteten Handlungsfolgen; die Bewertung der Folgen wiederum werde durch ein von Person zu Person variierendes Motiv bestimmt (vgl. Abschn. 2.5.1). Von daher definierte Heckhausen (1989) Motive als Bewertungsdispositionen für Handlungsfolgen. Dieser Motivbegriff beherrscht vor allem die Untersuchungen zur Leistungsmotivation. Atkinson (1957) formulierte ein einflussreiches Modell, nach dem das Leistungsmotiv aus einer Annäherungskomponente und einer Vermeidungskomponente bestehe, die die Bewertung des Erfolgs bzw. Misserfolgs in einer Aufgabe repräsentieren. Im Sinne des Handlungsmodells von Abschn. 2.5.1 (vgl. ◘ Abb. 2.24) ist hier die Aufgabe die Situation, die Aufgabenbearbeitung die Handlung und Erfolg/Misserfolg das Ergebnis der Handlung. »Unter der Lupe« erläutert, wie sich Atkinson (1957) die Verknüpfung der beiden personabhängigen Motivkomponenten mit der situationsabhängigen Erfolgserwartung vorstellte.

◘ Abbildung 4.22 illustriert die Abhängigkeit der Leistungsmotivation von Erfolgsmotiv, Misserfolgsmotiv und Erfolgswahrscheinlichkeit im Risikowahlmodell von Atkinson.

Persönlichkeitspsychologisch ergibt sich daraus die Hypothese, dass Erfolgsmotivierte (Überwiegen des Erfolgsmotivs) maximal durch Aufgaben mittlerer Schwierigkeit motiviert werden, während Misserfolgsmotivierte durch solche Aufgaben gerade am wenigsten motiviert werden (dort ist ihre Meidungstendenz ja am stärksten). Empirisch lässt sich diese Hypothese im wesentlichen bestätigen (vgl. Heckhausen, 1980). So wählen Erfolgsmotivierte eher Aufgaben mittlerer subjektiver Schwierigkeit und bearbeiten sie besonders effizient und ausdauernd, während Misserfolgsmotivierte vergleichsweise häufiger sehr leichte oder sehr schwere Aufgaben wählen und diese vergleichsweise besser und ausdauernder bearbeiten.

> **Merke**
> **Erfolgsmotivierte sind höher motiviert bei Aufgaben mittlerer subjektiver Schwierigkeit, Misserfolgsmotivierte bei sehr leichten und sehr schweren Aufgaben.**

Projektive Motivmessung

In den Untersuchungen zur Leistungsmotivation wurden Erfolgs- und Misserfolgsmotiv oft durch einen projektiven Test gemessen. Dieses Messverfahren für Motive beruht auf der psychoanalytisch inspirierten Annahme, dass viele Bedürfnisse nicht bewusst, sondern durch Abwehrmechanismen ins Unbewusste verbannt seien (vgl. Abschn. 2.1); sie äußerten sich dann höchstens indirekt in Träumen, Tagträumen oder Phantasien. Murray (1938) unterschied dementsprechend latente Bedürfnisse, die dem Bewusstsein und der Verhaltensbeobachtung nicht direkt zugänglich seien, und manifeste Bedürfnisse, die im Erleben und Verhalten direkt repräsentiert sei-

---

Unter der Lupe

Das Risikowahlmodell von Atkinson

Atkinson (1957) schlug in seinem Risikowahlmodell der Leistungsmotivation vor, dass die Stärke der Leistungsmotivation L in einer bestimmten Situation eine Funktion von zwei Größen sei: Leistungsmotiv M und subjektive Erfolgswahrscheinlichkeit W (bzw. Risiko 1 − W):

$$L = M \cdot (1-W) \cdot W.$$

Dabei repräsentiert das Produkt M · (1 − W) die Wertkomponente und W die Erwartungskomponente im Erwartungs-mal-Wert-Ansatz. Das Risiko 1 − W in der Wertkomponente repräsentiert die Attraktivität des Erfolgs: Ein Erfolg sei um so attraktiver und von daher motivierender, je riskanter er sei. Das ist im Falle des Leistungsmotivs plausibel und lässt sich auch empirisch gut belegen: Je schwieriger eine Aufgabe ist, desto attraktiver ist es, sie zu meistern.

Atkinson (1957) nahm zusätzlich an, dass das Leistungsmotiv aus zwei nicht notwendigerweise hoch negativ korrelierenden Anteilen bestehe: dem Erfolgsmotiv M_e und dem Misserfolgsmotiv M_m. Das Erfolgsmotiv beschreibe die interindividuell variierende Tendenz, Erfolg anzustreben, das Misserfolgsmotiv die Tendenz, Misserfolg zu meiden. Erfolgs- und Misserfolgsmotivation würden ebenfalls der obigen Gleichung genügen, nur dass beim Misserfolg die Erfolgswahrscheinlichkeit W durch die Misserfolgswahrscheinlichkeit 1 − W ersetzt werde. Die resultierende Leistungsmotivationsstärke sei die Differenz zwischen der Stärke der Erfolgs- und der Misserfolgsmotivation:

$$L = M_e \cdot (1-W) \cdot W - M_m \cdot W \cdot (1-W).$$

Das lässt sich weiter zusammenfassen zu

$$L = (M_e - M_m) \cdot (W - W^2).$$

Die Leistungsmotivation steigt also, je stärker das individuelle Erfolgsmotiv das Misserfolgsmotiv übersteigt und je näher die Erfolgswahrscheinlichkeit am maximal motivierenden Wert 0,5 liegt.

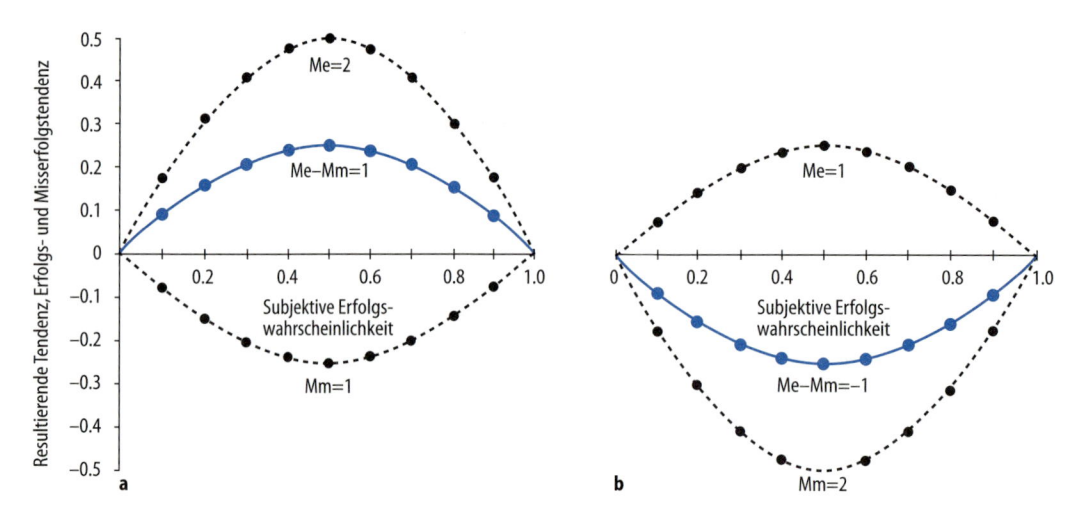

Abb. 4.22. Stärke der Leistungsmotivation (und – gestrichelt – der Erfolgs- und Misserfolgstendenz) in Abhängigkeit von der subjektiven Erfolgswahrscheinlichkeit. **a** Erfolgsmotiv ist stärker als Misserfolgsmotiv. **b** Misserfolgsmotiv ist stärker als Erfolgsmotiv. (Nach Heckhausen, 1989)

en. Zur Erfassung latenter Bedürfnisse entwickelte Murray einen projektiven Test (s. »Methodik«), den Thematischen Apperzeptionstest (TAT; Murray, 1943).

> **Methodik**
> **Projektive Tests**
> Projektive Tests sind eine äußerst umstrittene Methode der Persönlichkeitsmessung, die besonders zur Erfassung unbewusster Motive eingesetzt wird. Den Versuchspersonen werden mehrdeutige Bilder vorgegeben; ihre Aufgabe ist es, dazu eine kurze Bildbeschreibung zu geben. Die Beschreibungen werden dann für das Vorkommen bestimmter Themen kodiert; aus der Nennung eines Themas wird auf ein entsprechendes Motiv beim Erzähler rückgeschlossen. Die Idee ist dabei, dass sich in der Wahl der Themen Persönlichkeitseigenschaften ausdrücken, und zwar auch solche, die dem Erzähler gar nicht bewusst sind: Er »projiziert« sie unabsichtlich in die Bildbeschreibung.

Der TAT besteht aus 20 Bildern (eines davon einfach ein weißes Blatt), wobei es für Männer, Frauen und Kinder spezielle Bildersätze gibt. Die Bilder sollen Motive mäßig anregen, d.h. mehrdeutig genug sein, damit große interindividuelle Unterschiede in den berichteten Themen auftreten. Revers und Allesch (1985) entwickelten eine neuere Version des TAT mit z.T. farbigen, zeitgemäßeren Bildern.

Der TAT besteht aus relativ vielen Bildern, weil er für eine umfassende Motivdiagnostik entwickelt wurde. Später wurden kürzere TAT-ähnliche Verfahren zur Erfassung spezifischer Motive entwickelt, z.B. zur Erfassung des Leistungsmotivs (Heckhausen, 1963), des Machtmotivs (Winter, 1973), des Intimitätsmotivs (Motiv nach engen Beziehungen; McAdams, 1980), oder des Aggressionsmotivs (Kornadt, 1982). ◘ Abbildung 4.23 zeigt ein Bild aus dem Leistungsmotiv-TAT von Heckhausen (1963).

Ausgewertet werden projektive Tests zur Motiverfassung durch inhaltsanalytische Kodierung: Die Bildbeschreibung einer Person wird nach bestimmten Inhalten durchsucht; werden sie gefunden, erhält die Person einen entsprechenden Punktwert. Am Ende werden alle Punkte pro Motiv summiert. ◘ Tabelle 4.26 zeigt die Inhalte, die für die Bestimmung des Erfolgsmotivs (Hoffnung auf Erfolg) und des Misserfolgsmotivs (Furcht vor Misserfolg) berücksichtigt werden, und Beispiele zu diesen Inhalten, die aus einer Geschichte zu ◘ Abb. 4.23 stammen könnten.

Die Kritik an projektiven Verfahren zur Motivmessung entzündet sich meist an drei Punkten:
- Mäßige interne Konsistenz: Die Korrelation zwischen den Motivwerten verschiedener Bilder ist zwar positiv, aber durchweg sehr gering. Im Prinzip könnte dieses Problem dadurch behoben werden, dass viele Bilder vorgegeben und die Motivwerte dann gemittelt werden. Das geht aber deshalb nicht, weil nach einigen Geschichten zum selben motivati-

4.5 · Handlungseigenschaften

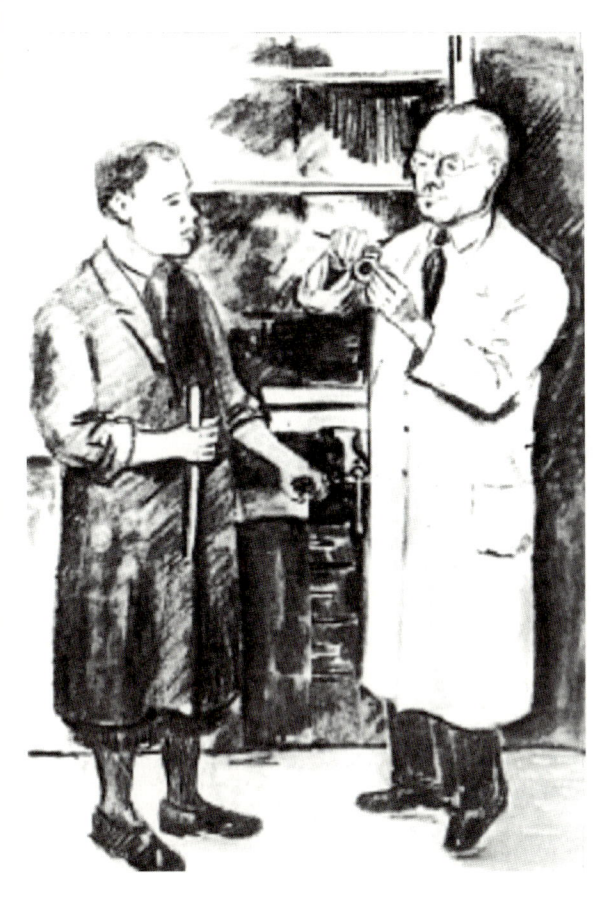

Abb. 4.23. Ein Bild des Leistungsmotiv-TAT von Heckhausen. (Aus Heckhausen, 1963)

Tabelle 4.26. Leistungsthematische Inhalte. (Nach Heckhausen, 1963)

Inhalt	Beispiel
Hoffnung auf Erfolg	
Bedürfnis nach Leistung und Erfolg	Er will einen neuen Apparat konstruieren
Tätigkeit zur Zielerreichung	Er denkt über die Aufgabe nach
Erfolgserwartung	Er ist sicher, dass er erfolgreich sein wird
Lob infolge guter Leistung	Der Meister anerkennt die Konstruktion
Positiver Gefühlszustand	Die Arbeit macht ihm Spaß
Erfolgsthema	Wenn die Geschichte insgesamt einen überwiegend erfolgsgetönten Gehalt hat
Furcht vor Misserfolg	
Bedürfnis nach Misserfolgsmeidung	Er hofft, dass der Meister den Fehler nicht bemerkt
Tätigkeit zur Misserfolgsmeidung	Er gibt vor, dass die Konstruktion noch in Arbeit ist (obwohl sie schon fertig ist)
Erfolgsungewissheit	Er zweifelt an seinem Erfolg
Tadel infolge schlechter Leistung	Der Meister kritisiert die Konstruktion
Negativer Gefühlszustand	Er ärgert sich über seinen Fehler
Misserfolg	Die Konstruktion enthält einen Fehler
Misserfolgsthema	Wenn die Geschichte insgesamt einen überwiegend misserfolgsgetönten Gehalt hat.

onalen Thema die Erzähler beginnen, das Thema zu wechseln (es treten Sättigungseffekte auf). Die Motivationsdynamik während des Tests verhindert also die Nutzung des Aggregationsprinzips (vgl. Abschn. 3.2.2). In den genannten Tests werden deshalb nur etwa fünf Bilder verwendet, und ihre interne Konsistenz (Cronbachs α vgl. Abschn. 3.2.1) liegt meist bei nur etwa .50.

- Mäßige zeitliche Stabilität: Bei Testwiederholung wurden für die genannten Tests durchweg Retestreliabilitäten von nur etwa .50 gefunden (vgl. Heckhausen, 1963; McAdams, 1980; Winter & Stewart, 1977).
- Unklare Interpretation der Testergebnisse: Ist das Thema einer erzählten Geschichte tatsächlich immer ein projiziertes eigenes Motiv des Erzählers? Menschen könnten für bestimmte Motivthemen sensitiv sein und deshalb entsprechende Geschichten erzählen, ohne in ihrem eigenen Handeln durch diese Motive geleitet zu werden.

Letzteres legen z. B. Ergebnisse der schon in Abschn. 2.5.3 geschilderten Studie von Asendorpf et al. (1994) zur Aggressivität bei Kindern nahe. Dort wurde nicht nur das Erzieherurteil über Aggressivität und die Erinnerungsgüte für aggressionsrelevante Reize durch einen Wiedererkennungstest erhoben, sondern auch die Aggressionshaltigkeit von sechs Geschichten in einem TAT-ähnlichen projektiven Test. Hohe Werte im projektiven Test wurden einerseits von Kindern erzielt, die von der Erzieherin als hoch aggressiv beurteilt worden waren, andererseits aber auch von Kindern, die nicht als aggressiv beurteilt worden waren, aber eine hohe Aggressionssensitivität aufwiesen (gute Erinnerung an aggressionsrelevante Objekte). Dies waren also Kinder, die sensibel gegenüber dem Thema Aggressivität waren, aber keine offene Aggressivität zeigten.

Möglicherweise waren diese Kinder oft mit der Aggression anderer konfrontiert und deswegen sensibel für das Thema Aggression. Es ist damit zu rechnen, dass nicht nur die Täter, sondern auch die Opfer von Aggression und Menschen, die häufig mit der Aggression anderer konfrontiert sind (z. B. Kriminalbeamte), hohe Aggressivitätswerte in projektiven Tests erzielen (vgl. unterstützend hierzu Toch & Schulte, 1961). Projektive Tests messen also die Sensitivität gegenüber einem Thema, nicht aber unbedingt motivationale Tendenzen zu entsprechendem Verhalten bei den Getesteten. Insofern ist »thematischer Apperzeptionstest« eine durchaus zutreffende Bezeichnung; sie muss nur wörtlicher genommen werden als üblich.

Während die mangelhafte interne Konsistenz projektiver Tests durch die Motivationsdynamik in der Testsituation plausibel erklärt werden kann und kein wirklich kritisches Problem darstellt (die zeitliche Stabilität könnte trotzdem hoch sein; Reuman, 1982), ist die mangelhafte mittelfristige Stabilität der Testergebnisse fatal. Sie wird bisweilen damit gerechtfertigt, dass die Getesteten sich beim zweitenmal noch erinnerten, was sie beim erstenmal erzählt hatten und deshalb das Thema – und damit teilweise auch das Motiv – wechselten. Zuverlässig sei deshalb nur die erste Testung. Unterstützt wird diese Annahme durch die Studie von Winter und Stewart (1977), die die Wiederholung eines TAT zum Machtmotiv nach einer Woche unter drei Bedingungen durchführen ließen: Möglichst ähnliche Geschichten schreiben, sich nicht um die früheren Geschichten kümmern oder möglichst andersartige Geschichten schreiben. Die Stabilität zwischen den beiden Tests betrug für diese drei Bedingungen .62, .58 und .27.

Dieses Problem lässt sich umgehen, indem die Paralleltestzuverlässigkeit bestimmt wird, also die Korrelation zwischen zwei Bilderserien aus unterschiedlichen Bildern, die das Motiv auf äquivalente Weise erfassen und die zu unterschiedlichen Zeitpunkten denselben Personen vorgelegt werden. Hier jedenfalls müssten ausreichend hohe Korrelationen (um .80) nachweisbar sein. Dieser kritische Test wurde aber meines Wissens noch nicht durchgeführt. Solange er nicht durchgeführt ist, bleibt der Verdacht, dass projektive Tests ein schlechtes Verfahren der Motiverfassung sind, weil die Antworten zu den Bildern zu stark von aktuellen Erlebnissen und Stimmungen abhängen. Projektive Tests würden aus dieser Sicht nicht stabile Persönlichkeitseigenschaften erfassen, sondern Themen, die für den Getesteten aktuell von hoher persönlicher Bedeutung sind (Klinger, 1971, spricht von »current concerns«). Sie hätten damit einen Status, der mit dem von Stimmungen vergleichbar ist.

> **Merke**
>
> Es ist unklar, ob projektive Motivtests überhaupt stabile Eigenschaften erfassen. Aus den Testergebnissen lassen sich aktuell bedeutsame Themen einer Person erschließen, nicht jedoch Motive; es kann sich auch nur um Sensitivitäten für bestimmte Themen handeln.

Im Falle des Leistungsmotivs dürften sich allerdings Themasensitivität und Motiv nicht stark unterscheiden. Zudem lassen sich auch mit Tests einer Reliabilität von nur .50 empirische Untersuchungen sinnvoll durchführen, wenn nicht einzelne Personen, sondern Gruppen von Personen verglichen werden (die Gruppenmittelwerte sind zuverlässiger als die Einzelwerte; vgl. Abschn. 3.2.2). Für eine Individualdiagnostik zur Erfassung stabiler Motive sind projektive Tests aber ungeeignet.

Projektive Tests vs. Persönlichkeitsskalen für Motive

Alternativ lassen sich Motive natürlich auch durch Persönlichkeitsskalen erfassen. Zum Beispiel entwickelte Jackson (1974) zur Erfassung von 20 der 27 von Murray (1938) diskutierten Bedürfnisse ein Persönlichkeitsinventar, in dem jedes Bedürfnis durch viele Items erfragt wird: die Personality Research Form (PRF; die deutsche Fassung von Stumpf et al. 1985, bezieht sich auf 14 Bedürfnisse). Dieses Verfahren erfasst manifeste Bedürfnisse im Sinne von Murray (1938), also solche, über die die Befragten selbst Auskunft geben können. In Tabelle 4.27 sind die Bedürfnisse aufgelistet, die in der deutschen Version des PRF erfragt werden.

Projektive Tests und Persönlichkeitsskalen zur Erfassung desselben Motivs korrelieren meist nur äußerst gering. Das könnte an der größeren Unzuverlässigkeit der projektiven Motivmessung liegen (die meisten Skalen des PRF haben eine ausreichende interne Konsis-

4.5 · Handlungseigenschaften

Tabelle 4.27. Die 14 Bedürfnisse von Murray (1938), die den Skalen der deutschen Version des PRF (Stumpf et al., 1985) zugrunde liegen

Bedürfnis	Skala
Achievement	Leistungsstreben
Affiliation	Geselligkeit
Aggression	Aggressivität
Dominance	Dominanzstreben
Endurance	Ausdauer
Exhibition	Bedürfnis nach Beachtung
Harmavoidance	Risikomeidung
Impulsivity	Impulsivität
Nurturance	Hilfsbereitschaft
Order	Ordnungsstreben
Play	Spielerische Grundhaltung
Social recognition	Soziales Anerkennungsbedürfnis
Succorance	Anlehnungsbedürfnis
Understanding	Allgemeine Interessiertheit

Tabelle 4.28. Mittlere Korrelationen zwischen projektiv bzw. durch Selbsturteil erfassten Motiven und operantem bzw. respondentem Leistungsverhalten in 105 Studien. (Nach Spangler, 1992)

Motivmessung	Leistungsverhalten			
	respondent		operant	
	n	r	n	r
Selbsturteil	89	.15	12	.13
projektiv	108	.19	37	.22

n = Anzahl untersuchter Stichproben.
r = mittlere Korrelation in diesen Stichproben.

tenz und Retestreliabilität). Alternativ ist aber auch daran zu denken, dass die beiden Verfahren unterschiedliche Motivarten erfassen, die an unterschiedlichen Korrelationen mit Verhaltenskriterien erkennbar sind. Dies sei hier wieder am Beispiel des Leistungsmotivs erläutert.

Nach der Auffassung von McClelland et al. (1989) sagen projektiv gemessene, latente Motive eher operantes Leistungsverhalten vorher, d.h. selbstgeneriertes, spontanes Leistungsverhalten, das nicht unter direkter situativer Kontrolle steht (z.B. unaufgefordert unbezahlte Überstunden machen; die Leistung mancher Wissenschaftler). Durch Persönlichkeitsskalen gemessene Motive sollten dagegen eher respondentes Leistungsverhalten vorhersagen, d.h. durch situative Anreize ausgelöstes Leistungsverhalten (z.B. Überstunden gegen Bezahlung machen; Schulleistungen erbringen, um eine gute Note zu bekommen).

Spangler (1992) konnte in einer Analyse von 105 einschlägigen Studien diese Hypothesen teilweise bestätigen (◘ Tabelle 4.28). Projektiv und durch Selbstbeurteilung gemessenes Leistungsmotiv korrelierten nur schwach positiv; im Mittel über alle einschlägigen Studien betrug die Korrelation nur .09. Projektive Verfahren sagten operantes Leistungsverhalten etwas besser vorher als selbstbeurteilte Motive, wobei sie aber bei respondentem Leistungsverhalten nicht schlechter abschnitten. Die Korrelationen waren allerdings insgesamt äußerst niedrig.

Die niedrigen Korrelationen zwischen Motivmessung und Leistungsverhalten sprechen nicht unbedingt gegen die Validität der Messverfahren, denn tatsächliches Leistungshandeln und seine Ergebnisse im Alltag hängen sicherlich nicht nur vom Leistungsmotiv, sondern auch von anderen Eigenschaften ab (z.B. Intelligenz, spezielle Fähigkeiten, Wissen, inhaltliches Interesse an den Aufgaben, konkurrierende individuelle Motive).

> **Merke**
>
> Das Leistungsmotiv – wie auch immer gemessen – ist als alleiniger Prädiktor ungeeignet zur Vorhersage tatsächlichen Leistungsverhaltens.

Wenn das Leistungsmotiv nur eine von mehreren Eigenschaften ist, die individuelle Besonderheiten im Leistungsverhalten mitbedingen, ist es umgekehrt auch nur begrenzt möglich, aus tatsächlich gezeigtem Leistungsverhalten auf ein Leistungsmotiv zu schließen. Zumindest müssten dabei Fähigkeiten, Wissen und Interesse an der Sache selbst kontrolliert werden. Diese Schwierigkeit des Rückschlusses von Verhalten auf Motive gilt nicht nur für das Leistungsmotiv, sondern allgemein für jedes Motiv. Sie sei hier am Beispiel des Anschlussbedürfnisses näher erläutert.

Das Anschlussbedürfnis

Murray (1938) verstand unter dem Anschlussbedürfnis das Bedürfnis nach der Aufnahme und Aufrechterhaltung sozialer Beziehungen unabhängig von dem Grad der erreichten Vertrautheit. Atkinson et al. (1954) und Heyns et al. (1958) entwickelten ein TAT-ähnliches, projektives Verfahren der Messung des Anschlussbedürfnisses. Die verwendeten Bilder und das Auswertungssystem trennen zwar relativ klar zwischen einer Annäherungs- und einer Vermeidungskomponente, die man in Analogie zu den entsprechenden Komponenten des Leistungsmotivs Hoffnung auf Anschluss und Furcht vor Zurückweisung nennen könnte, aber diese beiden Komponenten werden bis heute meist nicht getrennt mit dem Argument, dass Furcht vor Zurückweisung nur eine bestimmte Form einer kontaktsuchenden Tendenz sei (vgl. kritisch dazu Heckhausen, 1989). Möglicherweise ist deshalb die Aussagekraft dieses Verfahrens im Vergleich zum Leistungsmotiv-TAT noch geringer; es fanden sich nur schwache Beziehungen zwischen Anschlussbedürfnis und tatsächlich realisiertem geselligen Verhalten (Boyatzis, 1973).

Die fehlende Trennung zwischen Hoffnung auf Anschluss und Furcht vor Zurückweisung in projektiven Tests des Anschlussbedürfnisses erschwert auch die Interpretation der nahe bei Null liegenden Korrelation zwischen selbstbeurteilter Extraversion und dem Anschlussbedürfnis (vgl. Winter et al., 1998), weil Diskrepanzen sowohl auf die Hoffnungskomponente als auch auf die Vermeidungskomponente zurückgehen können. Zum Beispiel kann es Menschen geben, die sich introvertiert schildern und ein hohes Anschlussbedürfnis haben, weil sie aufgrund schlechter Erfahrungen mit anderen eine starke Furcht vor Zurückweisung haben und deshalb sozial zurückgezogen leben, und es kann Menschen geben, die sich für extravertiert halten (und von anderen auch so gesehen werden), aber ein niedriges Anschlussbedürfnis haben, weil für sie sozialer Kontakt problemlos und normal ist, so dass ihren TAT-Geschichten keine Hoffnung auf Anschluss entnommen werden kann. Im ersten Fall würde die Diskrepanz auf die Vermeidungskomponente, im zweiten Fall auf die Annäherungskomponente zurückgehen.

Schwer zu interpretieren sind deshalb auch die Ergebnisse von Winter et al. (1998) zu statistischen Interaktionen zwischen Anschlussbedürfnis und selbstbeurteilter Extraversion bei der Vorhersage sozialen Verhaltens. Sie fanden vier solche Interaktionen, die in gleicher Form in 2 unterschiedlichen Längsschnittstudien von Frauen auftraten (die Replizierbarkeit der Interaktionen ist wichtig, da statistische Interaktionen oft nicht replizierbar sind; vgl. Abschn. 2.6.4). Abbildung 4.24 zeigt exemplarisch 2 dieser 4 Interaktionen.

In beiden Fällen unterschieden sich Extravertierte von Introvertierten nur dann deutlich voneinander, wenn ihr Anschlussbedürfnis hoch war. In diesem Fall gaben Extravertierte mehr ehrenamtliche Tätigkeiten an als Introvertierte und stabilere Partnerschaften (eine geringere Summe von Heiraten und Trennungen). Im ersten Fall könnte der Unterschied darauf beruhen, dass Extravertierte mit starker Hoffnung auf Erfolg sich mehr für andere engagieren als Introvertierte mit starker Furcht vor Misserfolg, im zweiten Fall darauf, dass Introvertierte mit starker Furcht vor Misserfolg in partnerschaftlichen Konflikten überempfindlich reagieren und dadurch die Konflikte verstärken bis hin zur Auflösung der Partnerschaft durch sie oder ihren Partner.

Abgesehen davon, dass diese Interpretationen plausibel aber spekulativ sind, weil nicht zwischen Hoffnung auf Anschluss und Furcht vor Zurückweisung getrennt

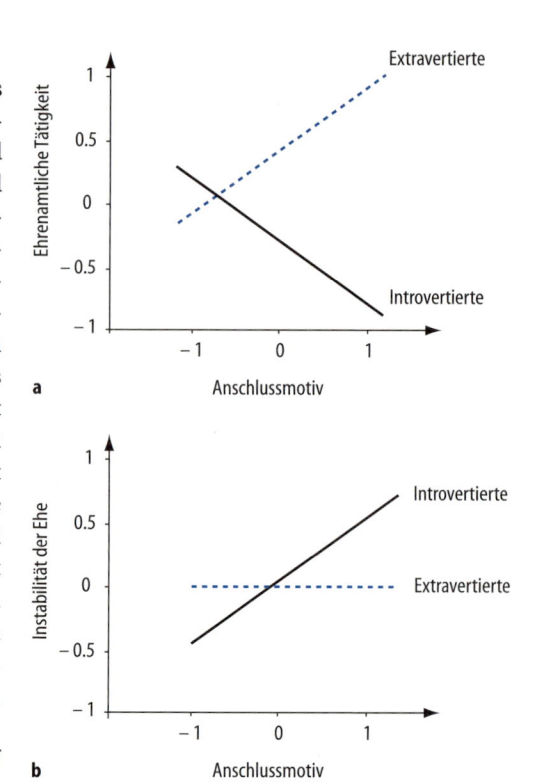

Abb. 4.24. Statistische Interaktionen zwischen Anschlussmotiv und Extraversion in der Studie von Winter et al. (1998)

wurde, besteht in diesen Längsschnittstudien das Problem, dass die projektive Messung im jungen Erwachsenenalter erfolgte, die Fragebogenmessung der Extraversion und das soziale Verhalten jedoch 20 Jahre später. Von daher könnten Diskrepanzen zwischen latentem und manifestem Motiv auch auf Erfahrungen beruhen, die beide Motivarten gleichsinnig beeinflussten, jedoch nur in den Fragebogenantworten sichtbar wurden, weil der projektive Test vorher durchgeführt worden war. Es handelte sich dann also nicht um Interaktionen zwischen latenten und manifesten Motiven, sondern um Motivänderungen aufgrund sozialer Erfahrungen.

Alternativ können die beiden Komponenten des Anschlussbedürfnisses auch direkt durch Selbstbeurteilung in einem Fragebogen gemessen werden (Mehrabian, 1970); dabei zeigt sich, dass sie nahe Null miteinander korrelieren. Es handelt sich also zumindest auf der Ebene manifester Bedürfnisse um unabhängige Persönlichkeitsdimensionen. Hinzu kommt das Problem, dass die Vermeidungskomponente des Anschlussbedürfnisses nicht nur auf Furcht vor Zurückweisung aufgrund entsprechender Erfahrungen beruhen kann, sondern auch auf dem Temperamentsmerkmal der Gehemmtheit (vgl. Abschn. 4.3.2). Nach Asendorpf (1989a) lassen sich damit vier Persönlichkeitstypen unterscheiden, die durch hohe bzw. niedrige Werte auf den beiden Komponenten des Anschlussbedürfnisses charakterisiert sind (◘ Tabelle 4.29).

Wird die Vermeidungstendenz als Furcht vor Zurückweisung interpretiert, führt das zu folgender Charakterisierung der vier Persönlichkeitstypen:

- Ungesellige Personen haben nur ein geringes Bedürfnis nach Anschluss und fürchten auch keine Ablehnung; sie haben einfach andere Interessen. Sie lesen z. B. lieber ein Buch, als dass sie auf eine Party gehen.
- Gesellige Personen haben ein starkes Bedürfnis nach sozialem Anschluss und keine Angst davor, abgelehnt zu werden; deshalb realisieren sie ihr Anschlussbedürfnis auch im Verhalten. Sie sind häufig auf Parties zu finden.
- Schüchterne Personen sind durch einen Annäherungs-Vermeidungs-Konflikt gekennzeichnet: Sie suchen nach Anschluss, fürchten aber gleichzeitig Ablehnung. Auf Parties stehen sie oft beobachtend in der Ecke. Ihr Verhalten wird leicht fehlinterpretiert als mangelndes soziales Interesse.
- Vermeidende Personen schließlich haben kein Bedürfnis nach sozialem Anschluss (vielleicht hatten sie es früher, haben inzwischen aber die Hoffnung aufgegeben) und fürchten sich vor Zurückweisung (vgl. Asendorpf, 1989a, für eine ausführliche Diskussion).

Diese Charakterisierung deckt sich recht gut mit zahlreichen Untersuchungen zu Geselligkeit und Schüchternheit. So korreliert Geselligkeit nur gering negativ mit Schüchternheit, wenn beide Eigenschaften durch Persönlichkeitsskalen aus Items erfasst werden, die diese beiden Eigenschaften möglichst unabhängig voneinander erfragen (Cheek & Buss, 1981; Asendorpf, 1989a). Studenten, die sich für schüchtern halten, haben eine stärkere Furcht vor Zurückweisung als nichtschüchterne (Asendorpf, 1987). Und Grundschulkinder, die von ihren Eltern für gesellig gehalten werden, spielen nachmittags mehr mit anderen Kindern als ungesellige, während Altersgenossen, die von ihren Eltern für schüchtern gehalten werden, nachmittags nicht weniger Kontakt haben als nichtschüchterne, aber in größeren Gruppen oder im Beisein von Fremden weniger reden als nichtschüchterne: Sie reagieren gehemmt (Asendorpf & Meier, 1993).

Von daher sind die Häufigkeit oder die Dauer sozialer Interaktion nicht ausreichend, um daraus auf ein Bedürfnis nach Geselligkeit (die Annäherungskomponente des Anschlussbedürfnisses) zu schließen. Geringe Interaktionshäufigkeit und -dauer können auch auf Schüchternheit zurückgehen, bei der ein starkes Bedürfnis nach Geselligkeit mit starker Furcht vor Zurückweisung oder starker Gehemmtheit gepaart vorkommt.

Man kann deshalb nur versuchen, die beiden Komponenten des Anschlussbedürfnisses möglichst unabhängig voneinander zu erfassen, etwa indem Geselligkeitsunterschiede gegenüber guten Bekannten untersucht werden, die keine Furcht vor Zurückweisung erre-

◘ Tabelle 4.29. Vier Persönlichkeitstypen, klassifiziert nach der Stärke der beiden Komponenten des Anschlussbedürfnisses

Annäherungstendenz	Vermeidungstendenz	
	niedrig	hoch
niedrig	ungesellig	vermeidend
hoch	gesellig	schüchtern

gen, oder indem die Furcht vor Fremden untersucht wird, die so interessant gemacht werden, dass auch Ungesellige motiviert sind, mit ihnen ins Gespräch zu kommen (vgl. Asendorpf, 1990a). Dies erfordert eine genaue Kontrolle der motivationsanregenden Situationen.

> **Merke**
> In konkreten Situationen werden meist mehrere Bedürfnisse simultan angeregt; deshalb ist es schwer, aus Verhaltenstendenzen in einer Situationsklasse auf ein Bedürfnis zu schließen. Konkurrierende Bedürfnisse sollten durch geeignete situative Variation kontrolliert werden. Dasselbe gilt für Motive.

Motivationsmodellierung

Der Schluss vom Verhalten auf ein zugrundeliegendes Bedürfnis oder Motiv wird zusätzlich erschwert durch die Motivationsdynamik innerhalb der Situation. Vielleicht am deutlichsten lässt sich diese Dynamik bei Kleinkindern im zweiten Lebensjahr beobachten, die sich zusammen mit ihrer Mutter in einem unbekannten Raum voll interessanten Spielzeugs befinden. Die Mutter dient ihnen als Sicherheit spendende »Basisstation« für ihre Erkundungszüge ins Unbekannte. Nur in Extremfällen werden die Kinder ständig an der Mutter kleben oder sich voll und ganz dem Spielzeug widmen. Meist werden sie einen Wechsel zwischen Erkundung des Spielzeugs und Aufenthalt bei der Mutter zeigen. Ihr Verhalten wirkt so, als müssten sie immer wieder »Sicherheit tanken«, um sich dann erneut in die Fremde wagen zu können (Jones, 1985).

Persönlichkeitspsychologisch betrachtet spielen hier zwei interindividuell variierende, stabile Parameter eine Rolle: die Abhängigkeit von der Mutter und die Unternehmungslust des Kindes (auch als Bindungsbedürfnis und Explorationsbedürfnis bezeichnet). Die Schwierigkeit besteht darin, diese Parameter aus der Verhaltensdynamik des Kindes herauszufiltern. Meist werden diese Parameter einfach durch den Zeitanteil geschätzt, den das Kind bei der Mutter bzw. beim Erkunden des Spielzeugs verbringt. Dadurch wird aber die Beziehung zwischen den beiden Parametern nicht ausreichend beschrieben, denn ein schnelles Oszillieren zwischen Mutter und Spielzeug, das auf starke Unternehmungslust und Abhängigkeit hinweist, wird bei dieser Schätzmethode nicht unterschieden von einem einmaligen Wechsel, der auf geringe Unternehmungslust und Abhängigkeit hinweist.

Alternativ kann man versuchen, Abhängigkeit und Unternehmungslust in ein Prozessmodell einzubetten, das die tatsächliche Motivationsdynamik modelliert. Bischof (1993) ging diesen Weg (◘ Abb. 4.25), wobei das »Zürcher Modell der sozialen Motivation« den weitergehenden Anspruch erhebt, wesentliche Aspekte der sozialen Distanzregulation in beliebigem Alter zu modellieren.

Nach diesem Modell wird die soziale Distanz zu einem Interaktionspartner durch die Situationsparameter eigener Ort sowie Aussehen und Ort des Partners in Abhängigkeit von drei Persönlichkeitseigenschaften geregelt: den Bedürfnissen Abhängigkeit, Unternehmungslust und Autonomieanspruch. Das Modell, dessen allgemeinpsychologische Details hier nicht weiter interessieren, beschreibt die Wechselwirkung zwischen diesen Situations- und Personvariablen. Diese Wechselwirkung ist so komplex, dass sie nur durch Computersimulation beschrieben werden kann. Das simulierte Verhalten lässt sich dann zum Verhalten einer Versuchsperson in Beziehung setzen, und die im Modell vorhandenen Persönlichkeitsparameter können dem tatsächlichen Verhalten der Versuchsperson optimal angepasst werden. So entstehen individuumzentrierte Schätzungen von Persönlichkeitseigenschaften aufgrund beobachteter Situations-Reaktions-Beziehungen.

Gubler et al. (1994) führten solche Parameterschätzungen durch. Hierfür benutzten die Autoren einen in Gubler und Bischof (1993) beschriebenen Weltraumflugsimulator. Die Versuchsperson wurde in eine »Raumkapsel« gesetzt, die einen Weltraumflug weg von einem »Mutterschiff« simulierte. Dabei wurden Ereignisse experimentell induziert, die u.a. die Abhängigkeit vom Sicherheit spendenden Mutterschiff auf die Probe stellen sollten (es entfernte sich plötzlich weit weg oder näherte sich stark an) und die Unternehmungslust wecken sollten (ein unbekannter, interessant wirkender Planet tauchte auf). Die Versuchsperson konnte durch entsprechende Maßnahmen ihre Distanz vom Mutterschiff bzw. Planeten verändern.

Neben diesen beiden zentralen Parametern (Autonomieanspruch wurde nicht zu messen versucht) erwies es sich als notwendig, vier weitere Parameter individuell zu bestimmen: die individualtypische Abnahme der Erregung und Sicherheit mit wachsender Entfernung vom Objekt und die Veränderung (»Akklimatisation«) von Abhängigkeit und Unternehmungslust zwischen zwei Situationen: vor bzw. nach Auftauchen des Planeten. Weitere 17 Modellparameter wurden als personunabhängige Konstanten »intuitiv abgeschätzt«. Dagegen

4.5 · Handlungseigenschaften

Abb. 4.25. Zürcher Modell der sozialen Motivation. (Aus Bischof, 1993)

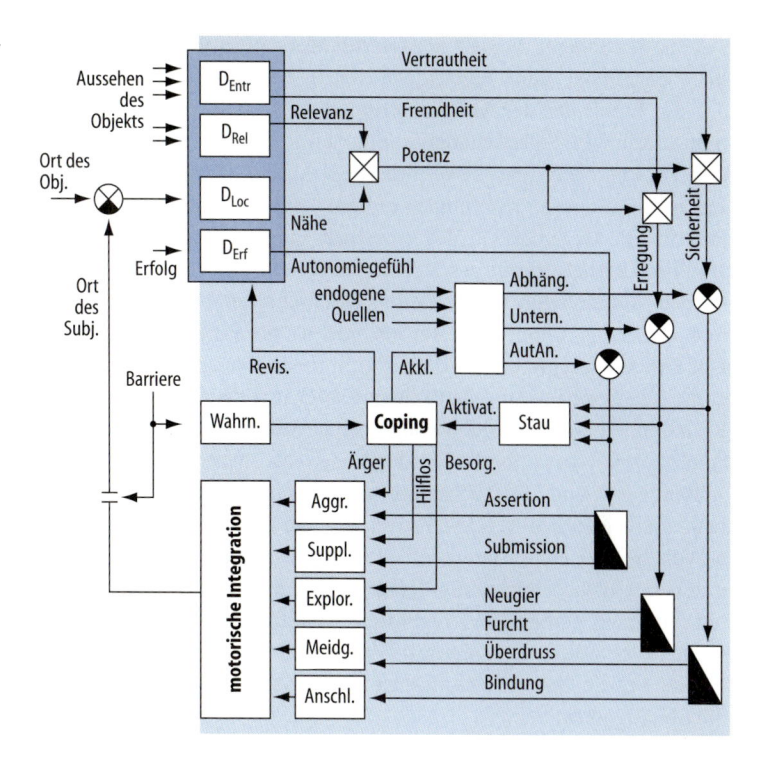

Abb. 4.26. Typische Genauigkeit der Approximation des Verhaltens einer Versuchsperson durch ihre Modellparameter. (Aus Gubler et al., 1994)

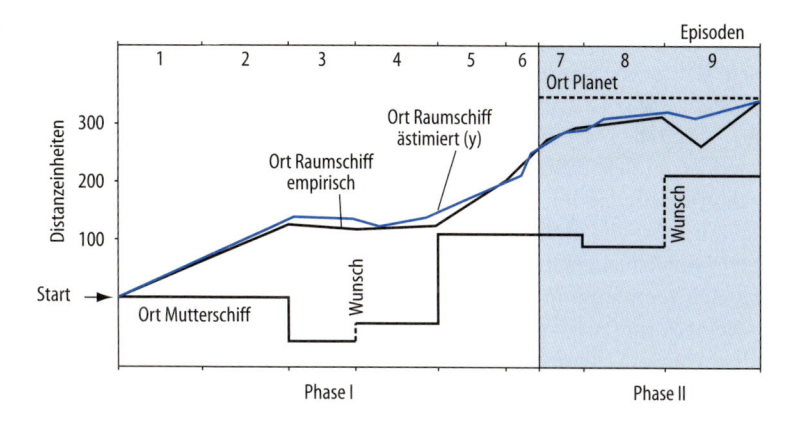

wurden die sechs individuellen Parameter einzeln für jede der 32 Versuchspersonen aufgrund der Daten ihres ca. 35minütigen »Fluges« so empirisch geschätzt, dass die jeweils eingehaltene Entfernung zu Mutterschiff und Planet optimal approximiert wurde. Abbildung 4.26 zeigt die Genauigkeit der Approximation des tatsächlichen Verhaltens einer typischen Versuchsperson durch ihre Modellparameter.

Unklar bleibt in dieser Untersuchung, wie stabil die individuellen Parameter sind, d.h. ob die interindividuellen Unterschiede bei einem weiteren Flug unter strukturell ähnlichen, aber nicht identischen Versuchsbedingungen (um schlichte Erinnerungs- und Lerneffekte auszuschließen) ähnlich ausfallen. Erst ein solcher Nachweis sichert die persönlichkeitspsychologische Interpretierbarkeit der Parameter. Die psychologische Bedeutung der individuellen Parameter wurde durch Vergleiche zwischen männlichen und weiblichen und zwischen jungen und alten Versuchspersonen abzuschätzen versucht. Das erlaubt aber nur indirekte Aussagen. Wünschenswert wären direktere Vergleiche mit lebensnahen Messungen von Abhängigkeit und Unternehmungslust.

Ein besonderer Vorteil komplexer Motivationsmodelle gegenüber dem Eigenschaftsansatz bezieht sich auf die Erfassung der individualtypischen Verhaltensorganisation. Im Eigenschaftsparadigma werden bestenfalls Persönlichkeitsprofile gebildet (vgl. Abschn. 2.4.3). Im Informationsverarbeitungsparadigma ergibt sich die individuelle Organisation der einzelnen Eigenschaften aus ihrer Einbettung in das zugrundeliegende Prozessmodell. Beziehungen zwischen den Eigenschaften können empirisch untersucht werden, indem die einzelnen Eigenschaftsparameter Individuum für Individuum empirisch geschätzt und dann lineare oder nichtlineare Beziehungen zwischen den Parametern gesucht werden. Gubler et al. (1994) überließen die Beziehung zwischen Abhängigkeit und Unternehmungslust der Empirie und fanden eine deutlich negative Korrelation, die sie im Sinne von Bischof (1985) interpretierten als Resultat einer unterschiedlichen Beziehung dieser beiden Eigenschaften zur nicht gemessenen Eigenschaft »Autonomieanspruch«: Je höher der Autonomieanspruch sei, desto stärker sei die Unternehmungslust und desto geringer die Abhängigkeit.

Dieses Beispiel illustriert, wie sich in komplexen Informationsverarbeitungsmodellen Eigenschaften und Beziehungen zwischen ihnen empirisch untersuchen lassen. Gefundene Beziehungen könnten sich dann in die Modelle explizit als Modellannahmen aufnehmen lassen. So entständen »persönlichkeitspsychologisch reiche« Modelle, in denen in die Beziehungen zwischen Eigenschaften mindestens soviel Überlegung und Empirie investiert ist wie in die Prozesse der situationsabhängigen Verhaltensregulation. Bei den meisten derzeit vorliegenden komplexen Informationsverarbeitungsmodellen scheint es mir jedoch umgekehrt zu sein: Es ist weit mehr Überlegung in allgemeinpsychologische Annahmen über die Verhaltensregulation gesteckt als in persönlichkeitspsychologische Annahmen über interindividuell variierende Prozessparameter und deren Koppelung.

Das spricht aber nicht gegen komplexe Informationsverarbeitungsmodelle als Methode der Persönlichkeitspsychologie. Möglicherweise ließen sich diese Modelle bei primär persönlichkeitspsychologischer Zielsetzung auch in ihren allgemeinpsychologischen Annahmen vereinfachen (in der Studie von Gubler et al., 1994, mussten 17 persönlichkeitspsychologisch irrelevante Parameter geschätzt werden). Sparsamere Modelle wären nicht nur ökonomischer, sondern auch besser kommunizierbar.

Interessant erscheint mir der Ansatz von Bischof nicht nur wegen der möglichen Modellierung von Eigenschaftskoppelungen, sondern auch wegen der Methodik der Situationsgestaltung: Die Versuchspersonen agieren in einer virtuellen Welt, die symbolisch sozial ist (die Raumstation symbolisiert die Mutter, der Planet das Unbekannte). In absehbarer Zukunft dürfte die Simulationstechnik so weit fortgeschritten sein, dass mit Standardprogrammen realistischere soziale Umwelten simuliert werden können, die sich durch virtuelle Mütter, Fremde und Geliebte bevölkern lassen. Sofern es gelänge, die Versuchspersonen genügend stark emotional in diese Welten einzubinden, könnte so soziales Verhalten in ungleich flexiblerer Weise untersucht werden, als es derzeit in den räumlich und personell beschränkten Laborsituationen der psychologischen Forschung möglich ist. Persönlichkeitspsychologie im Cyberspace – warum nicht?

> **Merke**
>
> **Das Problem der simultanen Abhängigkeit des Verhaltens von mehreren Bedürfnissen oder Motiven und das Problem der Motivationsdynamik innerhalb von Testsituationen lässt sich durch Modellierung motivationaler Prozesse angehen. Solche Modellierungen könnten sich als fruchtbar für die Persönlichkeitspsychologie erweisen, wenn die Modelle reiche Annahmen über Eigenschaften und ihre Koppelung enthalten. Als Methode kommt dabei die Beobachtung des Verhaltens in realen oder realistisch simulierten Situationen in Frage.**

Interessen

Während Motive sich auf die Bewertung von Handlungsfolgen beziehen, beziehen sich Interessen direkt auf die Bewertung von Handlungen: Menschen unterscheiden sich darin, ob sie bestimmte Tätigkeiten als anziehend vs. abstoßend empfinden. Hinter dieser Dimension der Anziehung verbergen sich zwei ähnliche, nicht aber identische Aspekte, die im alltagspsychologischen, aber auch im psychologischen Interessenkonzept nicht klar getrennt werden: das Ausmaß, in dem eine Tätigkeit das Neugiermotiv weckt, also als interessant empfunden wird, und das Ausmaß, in dem eine Tätigkeit als angenehm vs. unangenehm empfunden wird.

In beiden Fällen handelt es sich um eine Bewertung von Handlungen, aber die Bewertung ist eine unterschiedliche. Da die Ausführung interessanter Tätigkeiten meist als angenehm empfunden wird und die Ausführung uninteressanter Tätigkeiten als langweilig, also eher unangenehm, werden Interessantheit und Angenehm-

4.5 · Handlungseigenschaften

heit einer Tätigkeit leicht identifiziert. Aber die Alltagserfahrung zeigt, dass interessante Tätigkeiten zumindest phasenhaft unangenehm sein können – z. B. quält man sich lange mit der Lösung eines interessanten Problems herum, bis man es geschafft hat – und dass uninteressante Tätigkeiten bisweilen ganz angenehm sein können, weil sie beruhigend oder entlastend wirken, z. B. der Vollzug von Ritualen wie Beten oder Rauchen.

Die Psychologie der Interessen gehört zu den unterentwickeltsten Gebieten der Persönlichkeitspsychologie, obwohl (oder gerade weil) sie unmittelbare Anwendungen in der Berufsberatung (Berufsinteressen), der pädagogischen Psychologie (Interesse an bestimmten Schul- oder Studienfächern) und der Psychologie der Freizeit hat (Interesse an Hobbys, Sportarten, Urlaubsarten). Es gibt so gut wie keine Theorie und nur wenige empirische Ergebnisse, die über die Alltagspsychologie hinausgehen.

Noch am besten untersucht ist das Interesse an Unterrichtsgegenständen und an bestimmten Berufen. Ersteres wird in Abschn. 6.3.2 über die Entwicklung intellektueller Leistungen diskutiert; im folgenden werden zentrale Ergebnisse zur Klassifikation und Funktion von Berufsinteressen dargestellt. Für Freizeitinteressen sei auf Opaschowski (1997) und Stangl (1991) verwiesen.

Das bekannteste Beispiel eines Berufsinteressentests ist das Strong Vocational Interest Blank (Campbell, 1971), das erstmals 1927 publiziert wurde. Für 54 Berufsgruppen wurde je eine Skala so entwickelt, dass sie die Angehörigen der entsprechenden Berufsgruppe möglichst gut von Nichtangehörigen der Berufsgruppe unterscheidet. Im deutschsprachigen Bereich ist der wohl bekannteste Test der Berufsinteressentest von Irle und Allehoff (1988).

Empirisch gut bestätigt wurde der Ansatz von Holland (1973), nach dem sich 6 Faktoren des beruflichen Interesses unterscheiden lassen (vgl. Tabelle 4.30). Entsprechende Tests sind das Vocational Preference Inventory (Holland, 1975) und das Self-Directed Search (Holland, 1979). Nach Holland (1973) weisen die 6 Faktoren eine Sechseckstruktur auf derart, dass ihre Korrelation mit anderen Faktoren abnimmt, je weiter sie in Tabelle 4.30 auseinanderliegen, wobei der letzte Faktor (Büroberufe) dem ersten Faktor (praktische Berufe) benachbart ist. Unabhängig voneinander sein sollten also z. B. praktisches und soziales Interesse oder wissenschaftliches und künstlerisches Interesse.

Diese Annahme wurde von Prediger (1982) anhand von 24 verschiedenen Studien geprüft, indem die 6 Interessen durch Faktorenanalyse ihrer Interkorrelationen jeweils auf 3 Faktoren reduziert wurden. Der erste Faktor repräsentiert das Ausmaß des Interesses überhaupt (sozusagen den g-Faktor des Interesses, denn in Interessentests korrelieren üblicherweise alle Interessen positiv miteinander). Die beiden anderen Faktoren können als sozialer Faktor (Interesse an Menschen vs. Dingen) und konkreter Faktor (Interesse an Daten vs. Ideen) interpretiert werden. In 23 der 24 Studien wurde die sechseckförmige Anordnung der Interessen bestätigt. Abbildung 4.27 zeigt sie anhand der Daten von 1247 Schü-

Tabelle 4.30. Sechs Faktoren des beruflichen Interesses nach Holland

Faktor	Berufsarten z. B.
Praktisches Interesse	Landwirt, Ingenieur, Kfz-Mechaniker
Wissenschaftliches Interesse	Physiker, Biologe, Mathematiker, Soziologe
Künstlerisches Interesse	Musiker, Bildhauer, Schriftsteller, Schauspieler
Soziales Interesse	Sozialarbeiter, Krankenpfleger, Erzieher, Lehrer
Unternehmerisches Interesse	Geschäftsführer, Manager, Anwalt, Politiker
Interesse an Büroberufen	Buchhalter, Verwaltungsangestellter, Verkäufer

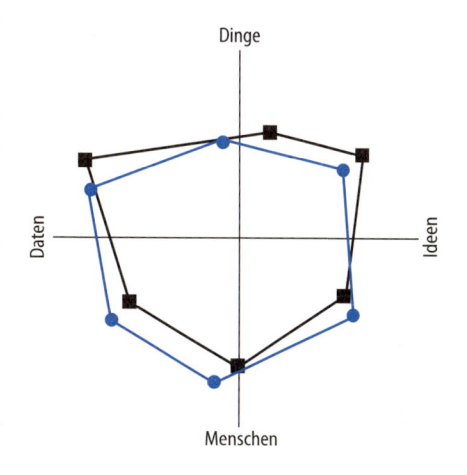

Abb. 4.27. Sechseckförmige Interessenstruktur; blau Schüler, schwarz Schülerinnen. (Mod. nach Prediger, 1982)

lern und 1693 Schülerinnen. Die Struktur ist also auch geschlechtsunabhängig.

> **! Merke**
> In Industrienationen variieren die Berufe auf den zwei Dimensionen Menschen – Dinge und Daten – Ideen, die 6 verschiedene Berufstypen definieren.

Die Bedeutung der Berufsinteressen für die Arbeitszufriedenheit wurde in zahlreichen Studien belegt, die fanden, dass die Übereinstimmung zwischen Interessen und tatsächlicher Tätigkeit am Arbeitsplatz mit der Arbeitszufriedenheit korreliert (vgl. Buse, 1998). Diese Querschnittsstudien können allerdings nicht die kausale Frage beantworten, ob die Passung zwischen Arbeit und Interessen die Zufriedenheit erhöht oder ob eine aus anderen Gründen zufriedenstellende Arbeit Interesse an den Arbeitsinhalten weckt. In einer Längsschnittstudie fanden jedenfalls Bartling und Hood (1981), dass die Passung zwischen Berufsinteressen zu Studiumsbeginn und der Arbeit 12 Jahre später nicht mit der Arbeitszufriedenheit korrelierte.

Möglicherweise hatten sich die Interessen bei vielen Studierenden im Verlauf des Studiums oder den ersten Berufsjahren geändert, weil sie nicht den tatsächlichen Kompetenzen entsprachen. So fanden z.B. Austin und Hanisch (1990), dass die in der 10. Klasse gemessenen Kompetenzen besser als die zeitgleich erfassten Interessen den später ausgeübten Beruf vorhersagten. Dies zeigt Grenzen einer Berufsberatung, die sich nur auf Berufsinteressen bezieht, nicht auf berufsrelevante Fähigkeiten.

> **! Merke**
> Die Passung zwischen Berufsinteressen und Arbeitsinhalten korreliert mit der Arbeitszufriedenheit, wobei die Kausalfrage nicht geklärt ist. Fähigkeiten scheinen wichtiger als Interessen bei der Vorhersage der Berufswahl zu sein.

Persönliche Ziele

Unter persönlichen Zielen (Brunstein & Maier, 1996) oder persönlichen Strebungen (Emmons, 1986) werden individuelle, für wichtig gehaltene, bewusst repräsentierte, mittel- oder langfristige Ziele verstanden, nach denen jemand strebt. Zum Beispiel möchte der eine Psychologiestudent ein gutes Vordiplom machen, sich besser mit seiner Mutter verstehen und Chopin wirklich gut spielen können; ein anderer möchte sich unsterblich verlieben, einen lukrativen Nebenjob finden und Basketball wirklich gut spielen können. Persönliche Ziele lassen sich auf Motive beziehen (z.B. Chopin oder Basketball spielen auf das Leistungsmotiv), aber die Zielklasse ist erheblich spezifischer als bei Motiven, und in die Wahl der Ziele gehen auch spezifische Kompetenzen und Interessen ein: Wer unmusikalisch oder sportlich besonders interessiert ist, wird sein Leistungsmotiv eher über Basketball als über Klavierspiel befriedigen. Persönliche Ziele können von daher als inhaltlich »personalisierte« Motive aufgefasst werden (Wurf & Marcus, 1991). Pöhlmann und Brunstein (1997) entwickelten einen Fragebogen zur Erfassung persönlicher Ziele in 6 Bereichen: Macht ausüben, Leistung vollbringen, Abwechslung erleben, Intimität fühlen, sozialen Anschluss finden und Hilfe leisten.

Weichen persönliche Ziele und Motive stark oder dauerhaft voneinander ab, so scheint das negative emotionale Konsequenzen zu haben. So fanden Brunstein et al. (1995) in einer Querschnittsstudie an Studierenden, dass sie sich besser fühlten, wenn ihre persönlichen Ziele im Bereich Macht und Intimität mit ihren entsprechenden projektiv gemessenen Motiven übereinstimmten. In einer längsschnittlich angelegten Tagebuchstudie konnten Brunstein et al. (1998) darüber hinaus zeigen, dass ein Fortschritt in der Verwirklichung persönlicher Ziele, die mit ihren Motiven übereinstimmten, daraufhin ihre Stimmung verbesserte, nicht jedoch ein Fortschritt in der Verwirklichung persönlicher Ziele, die mit ihren Motiven nicht übereinstimmten. Da die Motive projektiv gemessen wurden, die persönlichen Ziele aber durch einen Fragebogen, zeigen diese Ergebnisse, dass das emotionale Wohlbefinden eine Funktion der Kongruenz zwischen latenten und manifesten motivationalen Faktoren ist.

4.5.2 Handlungsüberzeugungen

In den Erwartungs-mal-Wert-Theorien der Motivation sind Motive Bewertungsdispositionen für Handlungsfolgen. Sie werden verknüpft mit Erwartungen, z.B. mit Erfolgserwartungen im Risikowahlmodell von Atkinson (1957). Diese Erwartungen sind nicht nur situations-, sondern auch personabhängig, denn es handelt sich um subjektive Erwartungen, die pessimistische Unterschätzungen oder optimistische Überschätzungen der tatsächlichen Erfolgswahrscheinlichkeit sein können. Es kann also Erwartungsstile geben, individuelle Besonderheiten in der Erwartungsbildung. In der Alltagspsychologie ist »pessimistisch« oder »optimistisch« ein solcher Erwartungsstil.

In klassischen Erwartungs-mal-Wert-Modellen wird die jeweils stärkste motivationale Tendenz aller in einer Situation angeregten Motive direkt in eine Handlung umgesetzt. In neueren Handlungstheorien (z. B. Kuhl, 1983; Heckhausen, 1989) wird diese Umsetzung wiederum als ein mehrstufiger Prozess der Intentionsbildung und Handlungskontrolle angesehen, die die Handlungsrealisierung gegen konkurrierende Intentionen abschirmt (vgl. Abschn. 2.5.1). Hier können Handlungskontrollstile wirksam werden, die Kuhl (1983) als Handlungsorientierung bzw. Lageorientierung bezeichnete (vgl. Abschn. 2.5.2). Alltagspsychologisch würde hier von »zupackend« und »zögerlich« gesprochen.

Ist ein Handlungsergebnis eingetreten, so kann es unter bestimmten Umständen zu Attributionen kommen, also Bewertungen des Ergebnisses hinsichtlich seiner Ursachen (vgl. Abschn. 2.5.1). Auch Attributionen sind personabhängig, denn es handelt sich um eine subjektive Ursachenwahrnehmung, die für das Ergebnis z. B. eher die eigene Person oder äußere Umstände verantwortlich machen kann. Es kann also Attributionsstile geben, individuelle Besonderheiten in der Attributionsbildung. In der Alltagspsychologie ist »immer die Schuld auf andere schieben« ein solcher Attributionsstil.

Es gibt also neben Motiven drei weitere Klassen individueller Besonderheiten, die sich auf den Handlungsprozess beziehen: Erwartungsstile, Handlungskontrollstile und Attributionsstile. Sie werden normalerweise nicht aus dem Verhalten erschlossen, sondern durch Fragebogenverfahren erfragt – entweder situationsfern für hypothetische Situationen oder situationsnah direkt vor, in oder direkt nach tatsächlichen Situationen. Bisher hat sich keine zusammenfassende Bezeichnung für diese drei Klassen von Eigenschaften eingebürgert. Da es bewusst repräsentierte Überzeugungen über das eigene Handeln sind, bezeichne ich sie hier als Handlungsüberzeugungen. ◘ Abbildung 4.28 zeigt die Zuordnung der Motive und Handlungsüberzeugungen zum Handlungsprozess.

Wie im folgenden deutlich werden wird, gibt es bei geeigneter Operationalisierung von Erwartungsstil, Handlungskontrollstil und Attributionsstil deutliche korrelative Zusammenhänge zwischen allen drei Stilen innerhalb ein und derselben Situationsklasse. Faktorenanalytisch betrachtet gibt es also einen gemeinsamen Faktor der drei Handlungsüberzeugungen. Er soll im folgenden als Handlungsoptimismus bezeichnet werden. Dieser Faktor darf nicht mit dem Konstrukt »Optimis-

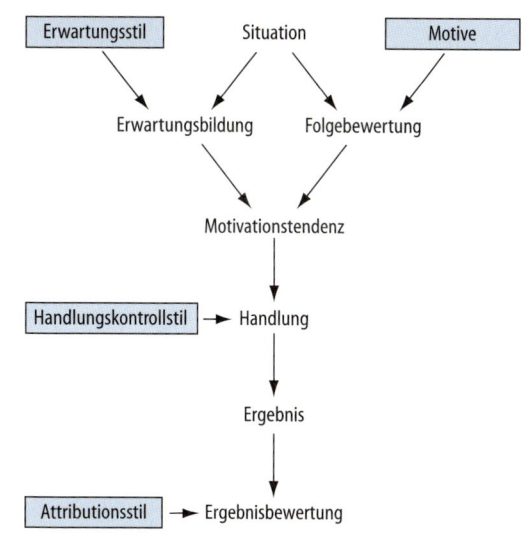

◘ Abb. 4.28. Motive und Handlungsüberzeugungen im Kontext eines einfachen Handlungsmodells

mus-Pessimismus« von Scheier und Carver (1987) verwechselt werden, die darunter eine bestimmte Art der Handlungsüberzeugung verstanden. Missverständnisse lassen sich auf dem Gebiet der Handlungsüberzeugungen nur schwer vermeiden, weil es eine geradezu inflationäre Konstruktbildung gibt, so dass inzwischen praktisch alle einschlägigen alltagspsychologischen Begriffe bereits Konstrukte bezeichnen.

> **Merke**
>
> Unter Handlungsüberzeugungen werden hier bewusst repräsentierte Erwartungs-, Handlungskontroll- und Attributionsstile verstanden, unter Handlungsoptimismus ein gemeinsamer Faktor dieser Handlungsüberzeugungen.

◘ Tabelle 4.31 gibt eine Übersicht über die Zuordnung von Erwartungs-, Handlungskontroll- und Attributionsstil zum Handlungsoptimismus.

Je geringer z. B. der Handlungsoptimismus für den Leistungsbereich bei Studenten ist, desto weniger sollten sie vor Prüfungen eine gute Note erwarten, desto eher sollten sie erwarten durchzufallen und desto eher sollten sie über mögliche Lücken bei der Vorbereitung grübeln, nach gut bestandener Prüfung das Ergebnis durch Glück oder eine gute Laune beim Prüfer erklären und eine schlecht bestandene Prüfung auf eigene Unfähigkeit zurückführen.

Tabelle 4.31. Zuordnung von Erwartungs-, Handlungskontroll- und Attributionsstil zum Grad des Handlungsoptimismus

Handlungsoptimismus	Subjektive Wahrscheinlichkeit von		Handlungskontrollstil	Attributionsstil für	
	Erfolg	Misserfolg		Erfolg	Misserfolg
gering	niedrig	hoch	lageorientiert	Umstände	Unfähigkeit
stark	hoch	niedrig	handlungsorientiert	Fähigkeit	Umstände

Die Zuordnung in Tabelle 4.31 kann nur als erste Orientierung dienen. Sie muss in dreifacher Hinsicht qualifiziert und differenziert werden:
- Differentielle Interpretation: Die Bezeichnungen in der Tabelle sind differentiell zu verstehen. Wenn z. B. die subjektive Erfolgswahrscheinlichkeit bei geringem Handlungsoptimismus als »niedrig« bezeichnet wird, soll das nicht heißen, dass sie niedriger als die objektive Erfolgswahrscheinlichkeit ist. Es soll nur heißen, dass die Erfolgswahrscheinlichkeit relativ zu optimistischeren Menschen niedriger eingeschätzt wird. Es kann sich also durchaus um eine Überschätzung der tatsächlichen Wahrscheinlichkeit handeln, aber um eine geringere. Es handelt sich also immer um populationsabhängige, relative Aussagen. Dadurch ergibt sich das symmetrische Bild in Tabelle 4.31.
- Korrelative Zusammenhänge: Alle Spalten der Tabelle sollen Eigenschaften beschreiben, die graduell variieren; ein Vergleich zwischen zwei Spalten entspricht damit einer Korrelation zwischen zwei Eigenschaften. Zum Beispiel sollte Erfolgsüberschätzung mit Handlungsorientierung korrelieren. Diese Korrelationen können quantitativ variieren. Tabelle 4.31 sagt nur die Richtung der Korrelationen vorher – positive oder negative Korrelationen. Es soll nicht behauptet werden, dass die Korrelationen sehr hoch sind; sie sollen nur überzufällig von Null abweichen.
- Bereichsspezifische Eigenschaften: Es soll nicht behauptet werden, dass diese Eigenschaften transsituativ konsistent sind. Handlungsüberzeugungen zeigen tatsächlich eine nur geringe Konsistenz zwischen inhaltlich inhomogenen Situationsbereichen.

Tabelle 4.31 beschreibt also zu erwartende, bereichsspezifische Korrelationen zwischen Erwartungs-, Handlungskontroll- und Attributionsstilen. In diesem Sinne lässt sich Tabelle 4.31 in wesentlichen Zügen empirisch untermauern. Dies sei hier an zwei unterschiedlichen Bereichen interindividueller Unterschiede exemplarisch etwas näher ausgeführt: Leistungsverhalten und sozial ängstliches Verhalten.

Im Leistungsbereich ist starker Handlungsoptimismus mit dem Erfolgsmotiv »Hoffnung auf Erfolg« und geringer Optimismus mit dem Misserfolgsmotiv »Furcht vor Misserfolg« assoziiert. Erfolgsmotivierte überschätzen die Erfolgswahrscheinlichkeit bei schweren unbekannten Aufgaben stärker als Misserfolgsmotivierte; dieser Unterschied verschwindet mit zunehmender Erfahrung mit dem Aufgabentyp (Feather, 1965). Die Erfolgsmotivierten haben also einen »Anfangsvorteil«, der sich immer wieder bei neuen Aufgabenarten wiederholt und von daher die Chance erhöht, auch schwierige Aufgaben lösen zu können. Hinzu kommt: Erfolgsmotivierte erhöhen ihr Anspruchsniveau nach Erfolg stärker als Misserfolgsmotivierte; Misserfolgsmotivierte wiederum senken ihr Anspruchsniveau nach Misserfolg stärker als Erfolgsmotivierte (Feather, 1966). Das führt zu einer Divergenz des Anspruchsniveaus. Auf beiden Wegen fördert der subjektive Glaube an den eigenen Erfolg auch den objektiven Erfolg.

Ein besonderer Erwartungsstil bezieht sich auf die Selbstwirksamkeitserwartung (Bandura, 1986; Schwarzer, 1992). Darunter wird die Erwartung verstanden, zu bestimmtem Verhalten fähig zu sein – z. B. in einer Prüfung das Erlernte auch wiedergeben zu können. Man spricht deshalb auch von (subjektiven) Kompetenzerwartungen (Schwarzer, 1992). Der Unterschied zur einfachen Situations-Ergebnis-Erwartung (vgl. Abschn. 2.5.1) besteht darin, dass das eigene Handeln und nicht sein Ergebnis thematisiert wird. Selbstwirksamkeitserwartung und Situations-Ergebnis-Erwartung korrelieren deshalb interindividuell nicht perfekt, wenn auch hoch. Optimistische Fatalisten können eine hohe subjektive Erfolgswahrscheinlichkeit bei niedriger Selbstwirksam-

4.5 · Handlungseigenschaften

keitserwartung haben (»es wird schon irgendwie klappen«); umgekehrt geht jedoch eine hohe Selbstwirksamkeitserwartung meist auch mit einer hohen Situations-Ergebnis-Erwartung einher. Die folgende Übersicht illustriert das Konstrukt der Selbstwirksamkeitserwartung anhand einiger Items aus der Skala zur situationsunspezifischen Erfassung von Selbstwirksamkeit von Schwarzer und Jerusalem (1989):

— Wenn mir jemand Widerstand leistet, finde ich Mittel und Wege, mich durchzusetzen.
— Die Lösung schwieriger Probleme gelingt mir immer, wenn ich mich darum bemühe.
— Es bereitet mir keine Schwierigkeiten, meine Absichten und Ziele zu verwirklichen.
— In unerwarteten Situationen weiß ich immer, wie ich mich verhalten soll.
— Auch bei überraschenden Ereignissen glaube ich, dass ich gut damit zurecht kommen kann.

Verwandt mit der Selbstwirksamkeitserwartung ist der Begriff der Kontrollüberzeugung, der ursprünglich von Rotter (1954) eingeführt wurde als generalisierte Erwartung, Handlungsfolgen selbst unter Kontrolle zu haben (internale Kontrolle) bzw. Opfer der Situation zu sein (externale Kontrolle). Der »Ort der Kontrolle« (»locus of control«) werde eher in der eigenen Person oder in äußeren Bedingungen gesehen. Das Problem dieses Konstrukts ist vor allem, dass die Kontrollüberzeugung als generalisierter Erwartungsstil aufgefasst wurde. Dem widersprechen aber zahlreiche empirische Befunde. So korrelieren z.B. die Kontrollüberzeugungen für Erfolg und Misserfolg in Leistungssituationen nahe Null (Weiner, 1980). Selbstwirksamkeitserwartungen dagegen beziehen sich von vornherein auf Erfolg und werden meist auch bereichsspezifisch aufgefasst.

Der Handlungskontrollstil Handlungsorientierung – Lageorientierung wurde schon in Abschn. 2.5.3 skizziert (vgl. Tabelle 2.6). Die Beziehung zu Selbstwirksamkeitserwartungen ist offensichtlich: Wer eine niedrige Selbstwirksamkeitserwartung hat, wird eher zögerlich handeln, also lageorientiert sein. Wer andererseits eine hohe Selbstwirksamkeitserwartung hat, muss nicht unbedingt handlungsorientiert sein, wenn das auch eher wahrscheinlich ist. Es ist also zumindest eine positive interindividuelle Korrelation zwischen Selbstwirksamkeitserwartung und Handlungsorientierung zu erwarten. Das wurde ebenso empirisch bestätigt (Schröder, 1993) wie eine positive Korrelation zwischen Erfolgsmotiv im Leistungsbereich und Handlungsorientierung (Kuhl, 1983).

Tabelle 4.32. Beispiele für Attributionen von Erfolg und Misserfolg in Leistungssituationen

Stabilität	internal		external
	kontrollierbar	nicht kontrollierbar	
stabil	Fleiß	Fähigkeit	Aufgabenschwierigkeit
variabel	Anstrengung	Müdigkeit	Zufall

Besonders gut wurden die Attributionsstile beim Leistungshandeln untersucht. Tabelle 4.32 gibt eine Übersicht über die wichtigsten untersuchten Attributionsarten.

Die Ergebnisse zu Unterschieden zwischen Erfolgs- und Misserfolgsmotivierten lassen sich wie folgt zusammenfassen (vgl. Heckhausen, 1989): Relativ zu Misserfolgsmotivierten führen Erfolgsmotivierte Erfolge eher auf internal stabile Ursachen, vor allem die eigene Fähigkeit, zurück und Misserfolge eher auf internal variable Ursachen, vor allem mangelnde Anstrengung, sowie auf externale Ursachen wie Aufgabenschwierigkeit und Pech. Abbildung 4.29 illustriert das anhand einer Studie, in der das Erwartungsniveau für alle Versuchspersonen erfragt wurde und dann eine Leistungsrückmeldung gegeben wurde, die höher oder niedriger als die subjektive Erwartung lag (Meyer, 1973).

Der Unterschied in dem Attributionsmuster – Fleiß und Fähigkeit bei Erfolg, sonstige Umstände bei Misserfolg bzw. umgekehrt – lässt sich interpretieren als selbstwertdienliches Attributionsmuster (vgl. auch Abschn. 4.7.2) bei Erfolgsmotivierten: Erfolge werden für die eigene Person verbucht, Misserfolge den Umständen zugeschrieben. Das erlaubt es, ein positives Selbstwertgefühl auch bei Misserfolg aufrecht zu erhalten. Entsprechend schädlich ist das Attributionsmuster der Misserfolgsmotivierten.

Ein selbstwertdienlicher Attributionsstil im Leistungsbereich findet sich ebenso bei hoher Selbstwirksamkeitserwartung (Bandura, 1986; Schwarzer, 1992) und Handlungsorientierung (Schröder, 1993). Insgesamt können damit die Hypothesen in Tabelle 4.31 für den Leistungsbereich als bestätigt gelten.

Analoge Ergebnisse wurden auch für den sozialen Bereich im Falle von Schüchternheit oder (nicht-

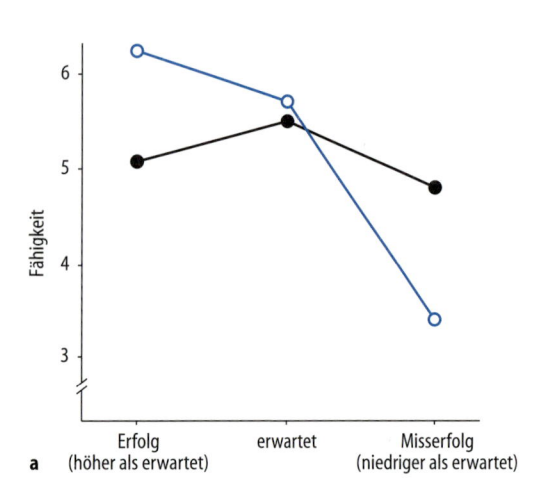

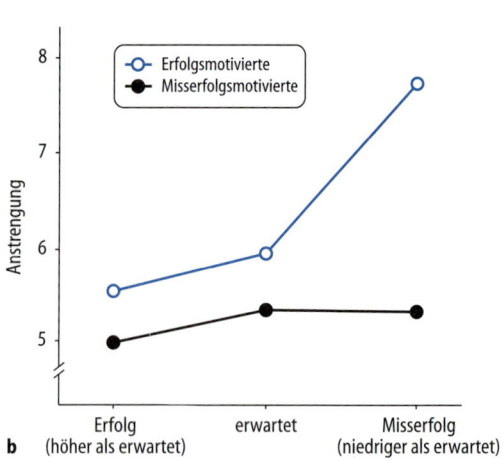

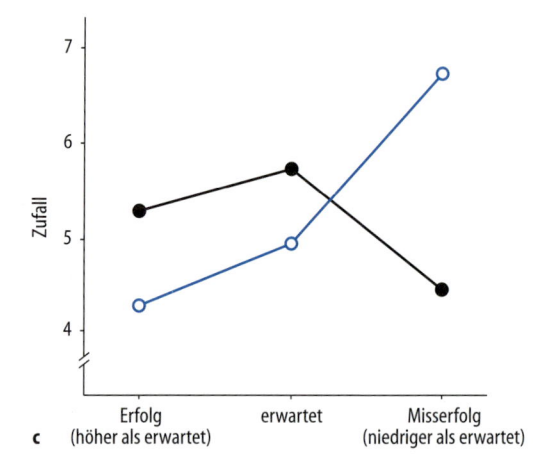

Abb. 4.29. Attributionstendenz von Erfolgs- und Misserfolgsmotivierten bei Kontrolle der Erfolgserwartung. (Aus Heckhausen, 1989)

klinischer) sozialer Ängstlichkeit gefunden. Relativ zu einer Kontrollgruppe weisen Schüchterne eine niedrigere Selbstwirksamkeitserwartung auf (Leary & Atherton, 1986). Entsprechend niedrig ist ihre Erfolgserwartung für Kontakte mit fremden Personen (Asendorpf, 1989a). Sie berichten beim videounterstützten Erinnern mehr selbstbezogene Ängste und Befürchtungen (Asendorpf, 1987, 1989b), was auf eine mehr lageorientierte Art der Handlungskontrolle hinweist (vgl. auch Schröder, 1993). Und sie führen Misserfolg in sozialen Situationen eher auf die eigene Unfähigkeit und weniger auf die situativen Umstände, insbesondere das Verhalten der Interaktionspartner, zurück; Erfolg dagegen attribuieren sie weniger auf eigene Fähigkeiten (Teglasi & Hoffman, 1982). Sie weisen also dasselbe selbstwertschädliche Attributionsmuster auf wie Misserfolgsmotivierte im Falle von Leistungssituationen.

> **Merke**
> Geringer Handlungsoptimismus ist im sozialen und im Leistungsbereich gekennzeichnet durch eine Unterschätzung der Erfolgswahrscheinlichkeit, eine niedrige Selbstwirksamkeitserwartung, Lageorientierung und ein selbstwertschädliches Attributionsmuster relativ zu starkem Optimismus.

Diese Übereinstimmung in den Beziehungen zwischen Erwartungs-, Handlungskontroll- und Attributionsstilen innerhalb eines bestimmten Situationsbereichs darf nicht verwechselt werden mit einer Übereinstimmung zwischen verschiedenen Bereichen, also einer transsituativen Konsistenz (vgl. Abschn. 2.4.4) dieser Eigenschaften. Tatsächlich ist diese transsituative Konsistenz äußerst gering. Das wird dann deutlich, wenn z.B. Attributionsstile simultan für unterschiedliche Bereiche erhoben werden wie im Attributionsstilfragebogen von Peterson et al. (1982; deutsche Fassung von Stiensmeier et al., 1985). Dort werden erfolgreiche und erfolglose Situationen unterschiedlicher Bereiche durch jeweils einen kurzen Satz beschrieben (z. B. »Sie gehen auf eine Party und lernen keine neuen Freunde kennen«); die Versuchsperson soll dann die Ursachen beurteilen bezüglich Ort (internal-external), Stabilität (stabil-variabel) und Globalität (wie breit die Situationsklasse ist, auf die sich die Ursache bezieht). Im Partybeispiel wäre mangelnde soziale Kompetenz eine globale Fähigkeitsattribution und mangelnde Fähigkeit, mit Fremden in Kontakt zu kommen, eine spezifische Fähigkeitsattribution. Die Attributionsstile weisen keine bedeutsame transsituative Konsistenz über sehr unterschiedliche Situationen auf (Cutrona et al., 1984), durchaus aber innerhalb spezifischer Situationsklassen wie z. B. Erfolg in nichtsozialen Situationen oder Misserfolg in sozialen Situationen (Anderson et al., 1988). Das gilt auch für Erfolgs- und Selbstwirksamkeitserwartungen.

> **Merke**
> Handlungsüberzeugungen sind bereichsspezifisch, d.h. zeigen eine transsituative Konsistenz nur innerhalb inhaltlich homogener Situationsklassen.

Geht es um Untersuchungen zum Verhalten innerhalb inhaltlich homogener Situationsklassen, z. B. zum Leistungsverhalten in der Schule oder zum sozialen Verhalten, so ist es nicht sinnvoll, globale Summenwerte über verschiedene Situationsklassen zu bilden, wie es im Attributionsstilfragebogen meist getan wird. Geht es aber um die Vorhersage sehr globaler Kriterien wie z. B. Lebenszufriedenheit, Gesundheit oder Depressivität, in denen Erleben und Verhalten in allen Situationsbereichen eine Rolle spielen kann, so sind globale Summenwerte schon eher geeignet. So sagte die Tendenz, Misserfolge auf internale, stabile und globale Ursachen zu attribuieren, längerfristige depressive Reaktionen auf schlechte Prüfungsergebnisse (Metalsky et al., 1987) und Gesundheit im höheren Erwachsenenalter (Peterson et al., 1988) vorher (vgl. auch das Prinzip der symmetrischen Validierung; Abschn. 3.2.3).

Handlungsüberzeugungen sind also mehr oder weniger selbstwertdienlich ausgeprägt, und wie stark sie in einem bestimmten Bereich selbstwertdienlichen Charakter haben, charakterisiert die Persönlichkeit. Dies spiegelt sich in verschiedenen Eigenschaften wider: Erwartungsstil, Handlungskontrollstil und Attributionsstil. Unklar bleibt dabei, in welcher Weise diese Eigenschaften voneinander abhängig sind. Ist z. B. der Erwartungsstil eine Funktion des Attributionsstils, gilt das umgekehrte oder sind beide von einer dritten Variable abhängig, und welche ist es? In der Literatur wird meist so vorgegangen, dass die jeweils hauptsächlich untersuchte Variable als zentral erklärt und die anderen als Konsequenzen angesehen werden. So lassen sich jeweils plausible, mit den Daten verträgliche, aber uneinheitliche Modelle des Handlungsprozesses entwerfen.

Die Schwierigkeit besteht vor allem darin, dass jede Eigenschaft sich einem Teilprozess eines übergreifenden Prozesses der Handlung zuordnen lässt. Insofern sind alle Eigenschaften untereinander eng vernetzt. Bei querschnittlicher Betrachtungsweise wie in ◘ Tabelle 4.31, bei der korrelative Beziehungen der einzelnen Eigenschaften zum selben Zeitpunkt betrachtet werden, ist deshalb die Frage nach einer kausalen Priorität der einen Eigenschaft vor einer anderen so sinnvoll wie die Frage, was eher dagewesen sei: die Henne oder das Ei. Denkbar ist aber auch, dass bei entwicklungspsychologischer Betrachtung bestimmte Eigenschaften eine Führungsrolle im Verlauf der individuellen Entwicklung selbstwertdienlicher oder selbstwertschädlicher Kognitionen übernehmen. Darüber ist aber bisher kaum etwas bekannt.

> **Merke**
> Motive und Handlungsüberzeugungen sind innerhalb inhaltlich homogener Situationsbereiche korrelativ eng miteinander vernetzt. Eine kausale Priorität einer dieser Eigenschaften vor einer anderen lässt sich nicht nachweisen.

Die bisherige Darstellung versuchte, etwas Übersichtlichkeit in das Gebiet der Handlungsüberzeugungen zu bringen, das sich heute als äußerst unübersichtlich darstellt, weil es zu einer Inflation von Konstrukten gekommen ist: Ständig werden neue Konstrukte eingeführt, die bereits eingeführten ähneln, aber mit ihnen nicht identisch sind, weil sie sich auf etwas andere Phasen des Handlungsprozesses beziehen (vgl. z. B. die Darstellungen in Krampen, 1987; Kuhl & Beckmann, 1994; Schwarzer, 1992). Persönlichkeitspsychologisch betrachtet ist damit aber noch nicht klar, ob die interindividuellen Unterschiede, die durch das Konstrukt aufgeklärt werden, sich zwischen ähnlichen Konstrukten überhaupt unterscheiden.

Innerhalb bestimmter Situationsklassen korrelieren die Operationalisierungen der Konstrukte alle untereinander mäßig hoch. Es gibt also einen gemeinsamen Faktor dieser Konstrukte, der hier als Handlungsoptimismus bezeichnet wird. Unklar ist, was jenseits dieses gemeinsamen Faktors bei den einzelnen Konstrukten noch an Erklärungskraft für stabile interindividuelle Unterschiede im Handeln verbleibt. Sagen z. B. Selbstwirksamkeitserwartungen besser als internal stabile Attributionen interindividuelle Unterschiede in bestimmten Phasen des tatsächlichen Leistungshandelns vorher, und internal stabile Attributionen besser als Selbstwirksamkeitserwartungen interindividuelle Unterschiede in anderen Phasen des Leistungshandelns?

Nur ein klarer Nachweis systematischer Wechselwirkungen zwischen der Vorhersagegüte unterschiedlicher Konstrukte für tatsächliches Verhalten und der Handlungsphase würde es überhaupt rechtfertigen, persönlichkeitspsychologisch mehr als ein einziges Konstrukt des Handlungsoptimismus einzuführen (das zwar eine geringe transsituative Konsistenz, wohl aber eine hohe Kohärenz zwischen Erwartungs-, Handlungskontroll- und Attributionsaspekten aufweisen würde). Ein strenger Nachweis, dass mehr als ein einziges derartiges Konstrukt sinnvoll ist, konnte aber meines Wissens noch nicht erbracht werden. Solange das so bleibt, sollte die Begriffsvielfalt auf dem Gebiet der Handlungsüberzeugungen Anlass zur Skepsis sein; möglicherweise ist sie eher ein Zeichen unzureichender Konstruktklärung als ein Hinweis auf ein besonders ergiebiges Gebiet der Persönlichkeitspsychologie.

4.5.3 Bewältigungsstile

Der Begriff des Bewältigungsstils stammt aus der psychologischen Stressforschung (Lazarus, 1966). Wird eine Situation durch einen Prozess der primären Bewertung (vgl. Abschn. 2.5.1) als bedrohlich eingeschätzt, werde ein Prozess der sekundären Bewertung in Gang gesetzt, in dessen Verlauf Bewältigungsstrategien gesucht und nach ihren erwarteten Effekten bewertet würden. Je nach Ausgang dieses zweiten Bewertungsprozesses würden dann entweder erfolgversprechende Handlungen zur Veränderung der Situation, insbesondere Flucht vor der Situation, eingeleitet (problemorientierte Bewältigung) oder die Aufmerksamkeit gegenüber den bedrohlichen Aspekten der Situation werde erhöht oder vermindert (intrapsychische Bewältigung). In jedem Fall werde die Situation neu bewertet. Die drei Stufen des Bewertungsprozesses – primäre, sekundäre und Neubewertung – würden solange durchlaufen, bis die Situation nicht mehr bedrohlich erscheine und damit bewältigt sei. Bis zu diesem Punkt würde die Situation als Stress empfunden.

Dieser Ansatz bezieht sich auf den Begriff des Stress. Unter Stress wurden ursprünglich Regulations- und Dysregulationsprozesse im autonomen und hormonellen System verstanden, die durch somatische Stressoren, z. B. Viruserkrankungen, ausgelöst werden (Selye, 1950). Später erfuhr der Begriff der Stressreaktion eine enorme Erweiterung auf alle nur denkbaren Reaktionen auf somatische und psychosoziale Belastungen, wozu vor allem Psychologen beitrugen, die sich naturgemäß mehr für subjektive Belastungen als für somatische Stressoren interessierten. Dabei ging die ursprüngliche Idee einer einheitlichen physiologischen Stressreaktion als zentraler Belastungsindikator verloren; Belastungen wurden nun vor allem durch subjektiv erlebte Überforderung operationalisiert.

Subjektive Belastungen sind stets von negativen Emotionen begleitet. Da die Belastungsverarbeitung bei spezifischen negativen Emotionen wie z. B. Angst, Ärger, Scham und Trauer unterschiedlich verläuft, rückte in den letzten Jahren ein emotionsspezifischer Belastungsbegriff in den Vordergrund. Bewältigt werden danach Situationen negativer emotionaler Qualität (vgl. Smith & Lazarus, 1990; Laux & Weber, 1990). In die Bewältigungsbemühung einbezogen werden kann auch der Emotionsausdruck (Ausdruckskontrolle).

Individuelle Besonderheiten in der Belastungsbewältigung können damit auf zwei Stufen des Bewältigungsprozesses wirksam werden: bei der Bewertung der Situation (vgl. auch Abschn. 2.5.1) und bei der Bewältigung der durch die Bewertung ausgelösten Belastung. In diesem Abschnitt geht es um letztere Eigenschaften, die als Bewältigungsstile bezeichnet werden. Sie lassen sich auf die drei schon genannten Arten der Bewältigung beziehen (◘ Abb. 4.30).

– Intrapsychische Bewältigungsstile beeinflussen die Bewertung der Situation durch Neubewertung (z. B. indem der Situation positive Seiten abgewonnen werden) oder die durch die Bewertung ausgelösten Gefühle (indem z. B. versucht wird, sie zu dämpfen). Besonders intensiv wurden hier individuelle Besonderheiten in der Aufmerksamkeitszuwendung zu bestimmten Emotionen untersucht. Sie können zwischen starker Aufmerksamkeitszuwendung (Vigilanz) und Aufmerksamkeitsabwendung variieren (vgl. Krohne, 1993, und das Konzept der defensiven Aufmerksamkeitsvermeidung in Abschn. 2.2.4).

4.5 · Handlungseigenschaften

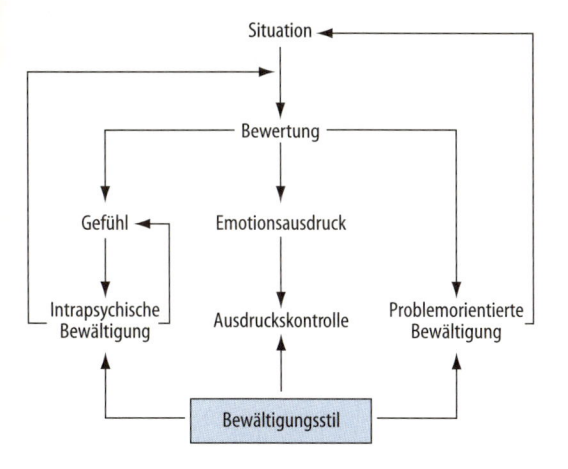

Abb. 4.30. Drei Arten von Bewältigungsstilen im Kontext eines einfachen Modells der Emotionsbewältigung

- Problemorientierte Bewältigungsstile beeinflussen die emotionale Bewertung der Situation durch problemorientierte Bewältigung. Hierzu gehören Tendenzen, aus der Situation zu fliehen oder sie zu meiden, sie umzugestalten oder soziale Unterstützung zu suchen. Oft werden hierzu auch die Benutzung von Drogen oder Entspannungstechniken gezählt, obwohl es sich primär um intrapsychische Bewältigung handelt. Dies ist ein weites Feld von Bewältigungsstilen, das nur teilweise psychologisch bearbeitet wurde. Die Suche nach sozialer Unterstützung wird in Abschn. 5.5 näher behandelt.
- Ausdruckskontrollstile (auch expressive Stile genannt) sind Tendenzen, nicht die Emotion als Gefühl, sondern ihren Ausdruck im Verhalten zu beeinflussen. Da der Emotionsausdruck ein wesentlicher Teil der Selbstdarstellung ist, können Ausdruckskontrollstile als Aspekt der Selbstdarstellung betrachtet werden (vgl. Abschn. 4.7.3 und Laux & Weber, 1993).

! Merke
Bewältigungsstile können die intrapsychische Bewältigung, die problemorientierte Bewältigung und die Ausdruckskontrolle betreffen.

Es gibt also eine Vielzahl von möglichen Bewältigungsstilen für Belastungen und die sie begleitenden Emotionen. Zu ihrer Erfassung existieren viele Fragebogenverfahren, von pragmatischen Sammlungen alltagspsychologisch gut repräsentierter Bewältigungsstile wie z.B.

Tabelle 4.33. Fünf Bewältigungsstile für Krankheiten, erfasst durch die Trierer Skalen zur Krankheitsbewältigung (TSK) (Klauer & Filipp, 1994)

Stil	Höchstladendes Item
Rumination (Grübeln)	Ich habe darüber gegrübelt, ob andere mir gegenüber auch wirklich ehrlich und offen sind
Suche nach sozialer Einbindung	Ich bin mit Freunden ausgegangen
Bedrohungsabwehr	Ich sagte mir, dass ich einfach eine schlechte Zeit durchmache und in Zukunft wieder Glück haben kann
Suche nach Information	Ich informierte mich im Gespräch mit anderen über meine Erkrankung und mögliche Behandlungen
Suche nach Halt in der Religion	Ich betete und suchte Trost im Glauben

den Berner Bewältigungsformen (BEFO; Heim et al., 1991) bis zu stark theoriegeleiteten Verfahren wie z.B. dem Angstbewältigungsinventar (ABI; Krohne et al., 1992) und dem verlaufsorientierten Verfahren von Reicherts und Perrez (1993); vgl. für eine Übersicht Laux und Weber (1990).

Speziell für die Bewältigung von schweren Krankheiten schlugen Filipp und Klauer (1988) ein dreidimensionales Klassifikationsmodell für Bewältigungsstile mit den Dimensionen Aufmerksamkeitsorientierung (Abkehr vs. Zuwendung), Soziabilität (Abkapselung vs. Suche nach Kontakt) und Kontrollebene (problemorientiert vs. intrapsychisch) vor und entwickelten zur Messung die Trierer Skalen zur Krankheitsbewältigung (TSK; Klauer & Filipp, 1994), welche die $2 \times 2 \times 2 = 8$ Bewältigungsstile ihres Modells durch jeweils acht Items erfragen. Faktorenanalysen ergaben jedoch nur fünf unterscheidbare Stile (Tabelle 4.33).

Stabilität und transsituative Konsistenz

Diese Stile weisen bei Gesunden und Krebspatienten eine recht hohe zeitliche Stabilität auf. So ergaben sich bei Krebspatienten über ein Jahr Stabilitäten von .61 (Suche nach sozialer Einbindung) bis .83 (Suche nach Halt in der Religion); vgl. Filipp et al. (1990). Die Stabilität bei den Krebspatienten erscheint überraschend hoch, da es sich bei ihnen um eine sehr heterogene Gruppe handelte, was die Dauer und den Verlauf der Erkrankung anging (im untersuchten Zeitraum hatten z. B. einige positive, andere negative Befunde bei Nachuntersuchungen; einige Patienten starben wenige Monate nach dem zweiten Messzeitpunkt). Die Patienten waren also in unterschiedlichen Belastungsphasen. Von daher besagt die hohe Stabilität nicht nur, dass die interindividuellen Unterschiede bei vergleichbarer Belastungsphase stabil blieben, sondern auch, dass sie relativ unempfindlich gegenüber einem Wechsel der Belastungsphase waren.

Das spricht gegen die verbreitete Auffassung, dass Bewältigungsstile generell phasenspezifisch betrachtet werden müssten (vgl. z. B. Lazarus & Folkman, 1984). Begründet wird dies vor allem damit, dass die gleiche Bewältigungsstrategie in unterschiedlichen Phasen des Bewältigungsprozesses unterschiedlich gut zur Bewältigung der auslösenden Belastung geeignet ist. Wer sich z. B. einer schweren Operation unterziehen muss, sollte vor der Operation eher Informationen meiden, da dies zu unnötiger Beunruhigung führen könne; an der Operation selbst könne dies nichts ändern. In der Rehabilitationsphase nach der Operation jedoch sei Informationsmeidung eher abträglich, weil sie die Wiedereingliederung in den Alltag und vorbeugende Maßnahmen behindern würde.

Diese Optimalitätsüberlegung besagt aber nicht, dass Menschen sich auch so optimal verhalten. Traut man Fragebogenselbsteinschätzungen des Bewältigungsstils, so besagen die Befunde von Filipp et al. (1990), dass viele Krebspatienten sich eher rigide an ein bestimmtes individualtypisches Muster von Bewältigungsstrategien halten. Das scheint auch für die Bewältigungsstile Gesunder bei alltäglichen Belastungen zu gelten (vgl. z. B. Stone & Neale, 1984). Der »flexible Bewältiger«, der seine Bewältigungsstrategie jeweils ganz nach den Anforderungen der aktuellen Situation richtet, scheint eher ein Ideal von Bewältigungsforschern zu sein, als die Realität widerzuspiegeln.

Dieses Bild des flexiblen Bewältigers beruht teilweise auch auf einer Verwechslung von transsituativer Konsistenz und zeitlicher Stabilität von Bewältigungsstilen. So beriefen sich Lazarus und Folkman (1984) z. B. auf eine Untersuchung von Folkman und Lazarus (1980), in der gefunden wurde, dass die meisten untersuchten Personen beim Vergleich aller Belastungssituationen eines Jahres eine hohe Variabilität in der Tendenz zeigten, diese Situationen eher intrapsychisch oder eher problemorientiert zu bewältigen. Untersucht wurde hier die transsituative Konsistenz von Bewältigungsstilen, nicht ihre zeitliche Stabilität für eine einheitliche Situationsklasse.

Compas et al. (1988) kontrastierten die Konsistenz und die Stabilität des Bewältigungsstils für Leistungssituationen und soziale Situationen in derselben Stichprobe und fanden eine relativ hohe Stabilität innerhalb der Situationen und eine niedrige Konsistenz zwischen den Situationen. Dieses Ergebnis ist aus Sicht des Eigenschaftsparadigmas genau das, was zu erwarten ist, wenn Bewältigungsstile bereichsspezifische Persönlichkeitsdispositionen sind (vgl. Abschn. 2.4.4).

Die Situationsspezifität von Bewältigungsstilen zeigt sich auch in eher subtilen Unterschieden, die in der Bewältigungsforschung nicht immer beachtet werden. So konnte ein defensiver intrapsychischer Bewältigungsstil für die Gruppe der Represser, operationalisiert durch niedrige Werte in selbstberichteter Ängstlichkeit und hohe in der Tendenz zu sozial erwünschten Antworten, nur für Situationen klar belegt werden, die eine intrapsychische Bedrohung darstellten (vgl. Abschn. 2.2.4). Zum Beispiel fanden Asendorpf et al. (1985) bei denselben Versuchspersonen, bei denen Asendorpf und Scherer (1983) defensive Reaktionen bei intrapsychischer Bedrohung gefunden hatten, keine defensive Reaktionen, wenn ihnen äußerst unangenehme Filme über Unfälle und Operationen gezeigt wurden (äußere Bedrohung). Zu demselben Negativbefund kam Kohlmann (1990), als er Represser mit unangenehm lauten Tönen belastete. Nicht nur die Intensität der Belastungs- und Angstreaktionen selbst ist stark bereichsspezifisch (vgl. Abschn. 4.3.3), sondern auch der Bewältigungsstil für Belastungen.

! **Merke**
Bewältigungsstile sind Persönlichkeitseigenschaften. Wie die meisten Persönlichkeitseigenschaften sind sie transsituativ wenig konsistent.

Angemessenheit von Bewältigungsstilen

Ein strittiges Thema der Bewältigungsforschung ist, ob es »gesund« sei, Belastungen intrapsychisch oder problemorientiert zu bewältigen. Psychoanalytisch inspirierte, empirisch orientierte Autoren wie Haan (1977) fassen defensive intrapsychische Bewältigungsformen wie Affektvermeidung oder -verdrängung als problematisch auf, weil sie eine echte Auseinandersetzung mit der Emotion und dem durch die Emotion signalisierten Problem verhinderten.

Defensive intrapsychische Bewältigung wird in dieser Kontroverse oft fälschlicherweise mit intrapsychischer Bewältigung überhaupt gleichgesetzt. Es gibt aber auch nichtdefensive Formen intrapsychischer Bewältigung wie z. B. die Suche und Erkenntnis positiver Seiten einer zunächst als ausschließlich negativ erlebten Situation (ohne dabei die negativen Seiten zu leugnen). Nichtdefensive positive Neubewertungen von Belastungssituationen wurden in der Bewältigungsforschung bisher nur stiefmütterlich behandelt (vgl. Laux & Weber, 1990).

Dass eine offensive Auseinandersetzung mit starken Belastungen wie Scheidung, Vergewaltigung oder Tod eines Kindes positive Konsequenzen hat, konnte Pennebaker in mehreren Studien nahelegen. Menschen, die sich mit anderen intensiv über ihre Belastung austauschten, wurden nach der Belastung weit weniger häufig somatisch krank als solche, die es vermieden. Selbst die Aufforderung, sich mit der letzten erlebten starken Belastung schriftlich auseinanderzusetzen, hatte positive Konsequenzen auf die Gesundheit in den folgenden Monaten (Pennebaker, 1989). Hier wird problemorientierte Bewältigung in Gegensatz zu intrapsychischen Formen gesetzt.

Andere Autoren wie Lazarus (1983) wiesen auf Ergebnisse hin, die dafür sprechen, dass intrapsychische Bewältigung, eingeschlossen defensive Affektvermeidung, in manchen Situationen angemessen sein kann. So wurde wiederholt gefunden, dass Patienten, die sich vor einem chirurgischen Eingriff wenig Sorgen machten, relativ zu Patienten, die sich viele Gedanken über einen Eingriff vergleichbarer Schwere machten, nach dem Eingriff weniger Schmerzmittel verbrauchten und eher entlassen werden konnten. Aufgrund der korrelativen Natur dieser Studien ist ein Kausalschluss vom Bewältigungsstil auf das Bewältigungsergebnis hier allerdings nicht zwingend.

Die Ergebnisse dieser Studien stehen nicht in Gegensatz zu den Befunden von Pennebaker (1989), da es sich um eine Differenzierung innerhalb der intrapsychischen Bewältigung handelt und eine andere Belastungsphase betrifft: Pennebaker (1989) bezog sich auf die Verarbeitung einer bereits eingetretenen Belastung, während die Operationsstudien die Bewältigung von Angst vor einer zu erwartenden Belastung untersuchten.

Insgesamt ergibt sich ein differenziertes Bild für die Angemessenheit von Bewältigungsstilen: Sie sind von der Belastungsphase, aber auch von der Kontrollierbarkeit der Belastung abhängig. Letztlich gibt es zu jedem Bewältigungsstil bestimmte Situationen, zu denen er passt.

> **Merke**
> Jeder Bewältigungsstil hat eine situative Nische, wo er angemessen ist.

Das Urteil, ob ein Bewältigungsstil angemessen ist oder nicht, hängt zudem davon ab, was man unter einer erfolgreichen Bewältigung versteht. So mag das Leugnen einer Krebserkrankung zu einer höheren Lebensqualität führen, gleichzeitig aber zu einer kürzeren Lebenserwartung, weil eine lebensverlängernde, aber auch extrem belastende Chemotherapie vermieden wird. Letztlich beruhen Aussagen zur Angemessenheit von Bewältigungsstilen wie auch zur Angemessenheit von Persönlichkeitseigenschaften im allgemeinen auf subjektiven Wertungen unterschiedlicher Aspekte der Lebensqualität, und Menschen können sich stark darin unterscheiden, welche Aspekte sie für besonders wichtig halten.

Da Bewältigungsstile bei den meisten Menschen stabil sind, so dass sie ihre Bewältigungsstrategie nicht einfach der aktuellen Situation anpassen können, ergibt sich oft eine Diskrepanz zwischen dem, was prinzipiell möglich und wünschenswert wäre und dem, wozu der einzelne in der Lage ist. Ein wichtiges Ergebnis der neueren Bewältigungsforschung ist, dass es bei solchen Diskrepanzen falsch sein kann, durch Druck von außen eine scheinbar optimale Bewältigungsstrategie zu erzwingen. Denn so kann eine sekundäre Belastung dadurch entstehen, dass die primäre Belastung nicht auf die individualtypische Art und Weise verarbeitet werden kann. Konfrontiert man z. B. einen Represser in einer Situation, die er durch Angstvermeidung eigentlich bewältigen kann, mit der unangenehmen Wahrheit, dass er eigentlich stark ängstlich reagiert, wirkt das zusätzlich belastend.

So wurde in mehreren Studien zur Operationsvorbereitung gefunden, dass weder eine generelle Aufklärung noch eine generelle Nichtaufklärung hilfreich für die Patienten ist, sondern eine Passung zwischen Aufklärungsangebot und Bewältigungsstil: Sorglosen ist mit Aufklärung über etwas, was sie ohnehin nicht kontrollieren können, nicht gedient, während Besorgte, die alles genau wissen wollen, durch Verweigerung der Aufklärung in zusätzliche Besorgnis gestürzt werden (vgl. Miller, 1990). Auch wenn es langfristig nötig sein mag: Kurzfristig jedenfalls ist Menschen meist nicht geholfen, wenn man sie zwingt, sich gegen ihre Persönlichkeit zu verhalten.

> **Merke**
> Belastungen können aktuell erhöht werden, wenn der individualtypische Bewältigungsstil erschwert oder
> ▼

unmöglich gemacht wird. Eine Passung zwischen Bewältigungsstil und Bewältigungsstrategie fördert die aktuelle Bewältigung.

Aus der aktuell förderlichen Wirkung einer Passung zwischen Bewältigungsstil und Bewältigungsverhalten folgt nicht, dass alle Bewältigungsstile gleichwertig sind, wenn sie auf langfristige Kriterien wie Gesundheit oder Lebensdauer bezogen werden. Zu diesem Thema gibt es eine stark zunehmende gesundheitspsychologische Forschung, die nach Risikofaktoren für Erkrankungen oder frühzeitigen Tod in bestimmten Persönlichkeitsfaktoren, einschließlich Bewältigungsstilen, sucht (vgl. Schwarzer, 1992). Dies sei hier am Beispiel der Ärgerverarbeitung illustriert.

Traditionellerweise werden hierbei zwei Bewältigungsstile kontrastiert: die Tendenz, Ärger im offenen Verhalten auszuagieren (Anger-Out) und die Tendenz, Ärger »in sich hineinzufressen« (Anger-In; Funkenstein et al., 1954). Es handelt sich also um Ausdruckskontrollstile (vgl. zur Erfassung das State-Trait-Ärgerausdrucksinventar STAXI; Schwenkmezger et al., 1992). Oft werden dabei falsche Bezüge zur allgemeinpsychologischen Aggressionsforschung hergestellt, in der mögliche »kathartische Wirkungen« von Ärgerausdruck untersucht werden (führt im intraindividuellen Vergleich das Ausagieren zu einem physiologischen Erregungsabbau?). Intraindividuelle Korrelate der Ärgerverarbeitung sagen aber nicht notwendigerweise etwas über interindividuelle Korrelate der Ärgerverarbeitung aus und umgekehrt (vgl. die ausführliche Diskussion in Abschn. 3.1.1). Selbst wenn kathartische Wirkungen intraindividuell nachweisbar wären, könnten dennoch im interindividuellen Vergleich »Ausagierer« insgesamt stärker physiologisch belastet sein als Menschen, die dazu neigen, den Ausdruck ihres Ärgers zu unterdrücken oder den Ärger durch Neubewertung der Situation abzubauen.

Wenn auch die Befundlage zu interindividuellen Korrelaten von Ärgerverarbeitungsstilen keineswegs klar ist, sprechen doch die Befunde überwiegend dafür, dass sowohl ungebremstes Ausagieren als auch Unterdrücken des Ärgerausdrucks problematisch sind, weil sie Risikofaktoren für (unterschiedliche) Erkrankungen sind (vgl. Schwenkmezger, 1990; methodenkritisch dazu Stemmler et al., 1992). Am besten scheinen in diesen Risikostudien Menschen abzuschneiden, die es verstehen, ihren Ärger konstruktiv auszudrücken, indem sie ihn anderen gegenüber klar ausdrücken, ohne diese dabei zu verletzen, und so Wege eröffnen, die Ursache des Ärgers offen anzugehen.

> **Merke**
>
> Das Unterdrücken und das unkontrollierte Ausagieren von Ärger scheinen relativ zum konstruktiven Umgang mit Ärger Risikofaktoren für Erkrankungen zu sein.

Aus diesen korrelativen Befunden darf nicht ohne weiteres der Schluss gezogen werden, dass durch eine Änderung des Ärgerverarbeitungsstils durch therapeutische Intervention das mit dem ursprünglichen Ärgerverarbeitungsstil assoziierte Erkrankungsrisiko verändert wird. Denn das könnte auf Variablen beruhen, die durch die Intervention nicht verändert werden, auch wenn sie ursprünglich kausal für den Ärgerverarbeitungsstil verantwortlich waren. Aber mit diesem Problem befinden wir uns schon mitten in der klinischen Psychologie, nicht mehr in der Persönlichkeitspsychologie.

4.5.4 Exemplarische Anwendung: Führungspersönlichkeit und Politikvorhersage

Gibt es eine Führungspersönlichkeit, die Präsidenten, Päpste, Mafiabosse, Vorstandsvorsitzende und Gewerkschaftsführer charakterisiert, also Menschen, die in einer sozialen Organisation eine Führungsposition einnehmen? Es ist offenkundig, dass es bestimmter Führungsqualitäten bedarf, um diese Position im Interesse der Organisation auszufüllen, und es ist offenkundig, dass es innerhalb jeder Organisation Selektionsmechanismen gibt, die dafür sorgen, dass nur bestimmte Personen in diese Positionen gelangen. Machtinstinkt, Sitzfleisch, diplomatisches Geschick, Kompromissfähigkeit und Kaltblütigkeit werden z.B. häufig von Journalisten genannt, wenn es darum geht, die Karriere eines solchen Führers zu begründen.

Schließlich ist damit zu rechnen, dass es eine Sozialisation zum Führer gibt, d.h. im Verlauf der Karriere kann sich die Persönlichkeit aufgrund der Erfahrungen verändern. Zum Beispiel mag sich die Fähigkeit zum Kaltstellen von Rivalen, dem Aussitzen von Konflikten oder dem austarierten Befriedigen konkurrierender Lobbyisten erst allmählich entwickeln.

Selektion und Sozialisation legen nahe, dass es bestimmte Persönlichkeitseigenschaften gibt, die Führer auszeichnen. Andererseits ist es ebenso offensichtlich, dass sich Organisationen in ihren Selektionsmechanismen und Sozialisationsbedingungen für Führer unterscheiden, so dass von daher kaum mit einer einheitlichen Führungspersönlichkeit zu rechnen ist.

Die empirisch geleitete Suche nach der Führungspersönlichkeit hat eine wechselvolle Geschichte. Sie begann mit der Beobachtung von Terman (1904), dass Schulkinder, die in einer Gruppe zu Führern gemacht wurden, z. B. zum Klassensprecher, auch in anderen Gruppen eher eine Führungsposition einnahmen, z. B. in einer Sportgruppe, und dass sie sich in einigen Persönlichkeitseigenschaften von Gleichaltrigen unterschieden, z. B. Flüssigkeit des Sprechens. In einer ersten Übersicht über die Literatur zum Zusammenhang zwischen der von Gruppenmitgliedern eingeschätzten Führungsqualität und Persönlichkeitseigenschaften kam Stogdill (1948) zu dem ernüchternden Schluss, dass die Befunde der 124 relevanten Studien äußerst heterogen waren und die Zusammenhänge schwach. Der beste Prädiktor war der IQ mit einer mittleren Korrelation von .28; daneben spielten noch Verantwortungsgefühl und soziale Aktivität eine bescheidene Rolle. Auch die Konsistenz der in verschiedenen Gruppen eingeschätzten Führungsqualität derselben Personen schien verschwindend gering zu sein, und Mischels (1968) Verdikt über das Eigenschaftsparadigma (vgl. Abschn. 2.4.4) führte dazu, dass in den siebziger Jahren die Frage nach der Führungspersönlichkeit als sinnlos erschien.

Ab Mitte der achtziger Jahre wandelte sich das Blatt. Lord et al. (1986) führten eine Metaanalyse zum Zusammenhang zwischen Persönlichkeit und eingeschätzter Führungsqualität durch die Gruppenmitglieder durch und kamen aufgrund der verbesserten Methodik, insbesondere des Einbezugs der Unreliabilität der Persönlichkeits- und Führungsvariablen zu einer deutlich besseren Einschätzung als Stogdill (1948). Zum Beispiel schätzten sie den wahren Zusammenhang zwischen Intelligenz und Führungsqualität auf .52 (vgl. Tabelle 4.34).

Auch verschiedene Variablen der sozialen Kompetenz wie Fähigkeit zu situationsangemessenem Verhalten und Empathie konnten erfolgreich auf die eingeschätzte Führungsqualität bezogen werden (Zaccaro et al., 1991). Schließlich konnten Kenny und Zaccaro (1983) zeigen, dass bei Berücksichtigung der Unreliabilität der Messungen die Konsistenz von Führungsqualitäten zwischen Gruppen weitaus höher ausfiel als früher vermutet worden war. Dies führte zu einer Renaissance des Konzepts der Führungspersönlichkeit. Heute werden Führungsqualitäten als ein Unterbereich des weiten Bereiches der sozialen Kompetenz betrachtet (vgl. Abschn. 4.4.3, 4.4.4).

In diesen Untersuchungen wurde allerdings meist die Führungsqualität von Schülern oder Studenten in Klassen oder Arbeitsgruppen untersucht, was nicht gerade aufschlussreich für die eingangs gestellte Frage nach der Führungsqualität von Päpsten oder Präsidenten erscheint. Hierzu gibt es eine methodisch gänzlich unterschiedliche Tradition, nämlich aus biographischen Daten bedeutender Führungspersonen bestimmte Persönlichkeitseigenschaften quantitativ zu bestimmen und sie einerseits mit dem Mittelwert einer Referenzgruppe, z. B. aller Gleichaltrigen derselben Kultur, zu vergleichen und andererseits Unterschiede zwischen Personen, die dieselbe Führungsposition innehatten, auf deren historischen Einfluss, Effizienz der Amtsausübung und Merkmale der Politik in ihrer Amtszeit zu beziehen.

Diese mehr personorientierte Biographieforschung, die historische Daten einzelner Personen quantitativ analysiert, wurde von Woods (1911) als Historiometrie bezeichnet und hat in letzter Zeit vor allem durch die Arbeiten von Simonton an Einfluss zugenommen (Simonton, 1990, 1998). Am besten untersucht sind die Persönlichkeitseigenschaften der Präsidenten der USA (Simonton, 1987). Diese Analysen stützen sich nicht auf Testung oder Selbstbeurteilungen der Persönlichkeit der Präsidenten, sondern auf Beurteilungen ihrer Fähigkeiten, Motive, Einstellungen und Temperamentsmerkmale durch Experten, die sich mit jedem einzelnen Präsidenten aufgrund der vorliegenden Biographien und historischen Werke vertraut gemacht haben. Die Reliabilität der Urteile wird typischerweise durch die Urteilerübereinstimmung zwischen unabhängig arbeitenden Experten bestimmt. Selbst wenn sie unterschiedliche Informa-

Tabelle 4.34. Zusammenhang zwischen Führungsqualität und Persönlichkeit. (Nach Lord et al., 1986)

Persönlichkeitseigenschaft	Korrelation[a]
IQ	.52
Maskulinität (MMPI)	.34
Neurotizismus	–.21
Dominanz	.17
Extraversion	.15

[a] Korrigiert für Unreliabilität (doppelte Minderungskorrektur).

tionsquellen benutzten, konnten auf diese Weise durch Mittelung des Urteils mehrerer Experten Reliabilitäten von .80 bis .95 für Merkmale wie z.B. Intelligenz oder Dogmatismus gesichert werden (Simonton, 1987).

Interessant ist der wiederholte Befund, dass einige Beziehungen zwischen Persönlichkeitseigenschaften politischer Führer und der Politik in ihrer Amtszeit nichtlinear sind. So wurde immer wieder eine umgekehrt U-förmige Beziehung zwischen Intelligenz und Führungseffektivität gefunden: Zu hohe Intelligenz scheint ebenso abträglich zu sein wie zu niedrige (Hollander & Julian, 1970). Simonton (1985) kam zu dem Schluss, dass der Einfluss eines Führers auf die ihn tragende Gruppe maximal ist, wenn sein IQ etwa 18 Punkte über dem Gruppendurchschnitt liegt; ein höherer IQ führt möglicherweise zu Schwierigkeiten in der Kommunikation, weil die anderen den Höhenflügen ihres Führers nicht mehr folgen können. Andere Beispiele für nichtlineare Beziehungen sind, dass bei absolutistischen europäischen Königen und Königinnen diejenigen mit sehr hoher politischer Effizienz entweder besonders hohe moralische Standards hatten oder besonders skrupellos waren (Simonton, 1984) und dass historisch besonders einflussreiche US-amerikanische Präsidenten entweder besonders inflexibel-idealistisch oder besonders flexibel-pragmatisch waren (Simonton, 1987).

> **Merke**
> Zusammenhänge zwischen Einflussstärke politischer Führer und Persönlichkeitseigenschaften sind oft nichtlinear, z.B. bei Intelligenz, moralischem Anspruch und Pragmatismus.

Da die Präsidenten in vielen Persönlichkeitseigenschaften variieren, ergibt sich die Möglichkeit, ihre Persönlichkeit auf ihre Tätigkeit als Präsidenten im besonderen und die Politik der USA im Verlauf ihrer Amtszeit im allgemeinen zu beziehen. Das ist nicht nur von akademischem Interesse, weil systematische Zusammenhänge eine Vorhersage ihrer Politik durch Wähler, Wirtschaft, Opposition und andere Regierungen ermöglichen würden.

Eine klassische Studie dieser Art stammt von Winter (1987), der Motive in den Antrittsreden US-amerikanischer Präsidenten analysierte. Motive lassen sich nämlich nicht nur aus Geschichten kodieren, die in projektiven Tests zu mehrdeutigen Bildern erzählt werden, sondern auch aus Texten, in denen jemand persönliche Überzeugungen darlegt. Winter (1987) kodierte nun anhand der Inhaltsschlüssel entsprechender projektiver Verfahren die Stärke des Intimitätsmotivs und des Machtbedürfnisses in den Antrittsreden aller US-amerikanischer Präsidenten zwischen 1789 und 1981.

Das Intimitätsmotiv ist eine Einschränkung des Anschlussmotivs auf enge, persönliche Beziehungen (Suche nach guten Freunden und Partnerschaft); das Machtbedürfnis bezieht sich auf die Tendenz, innerhalb einer sozialen Beziehung den eigenen Willen auch gegen den Willen anderer durchzusetzen. Hierzu entwickelten Winter (1973) und McAdams (1980) projektive TAT-ähnliche Verfahren (vgl. Abschn. 4.5.1). Winter (1987) benutzte nun die Inhaltsschlüssel für das Intimitäts- und das Machtmotiv aus diesen Verfahren, um die Antrittsreden zu kodieren, und setzte die Motivstärken in Beziehung zu Merkmalen der US-amerikanischen Politik in der Amtszeit des jeweiligen Präsidenten. Die Differenz zwischen Macht- und Intimitätsmotiv erwies sich dabei als aufschlussreicher als das Intimitätsmotiv alleine (vgl. Tabelle 4.35).

Wichtig ist hier anzumerken, dass diese Korrelationen, so plausibel sie auch erscheinen mögen, nicht allein auf die Persönlichkeit der Präsidenten zurückzuführen sind. Antrittsreden werden selten selbst verfasst, sondern eher von Ghostwritern und inzwischen von ganzen Stäben von psychologischen Beratern zumindest vorformuliert. Sie spiegeln damit nicht nur ein individuelles Motiv der jeweiligen Präsidenten, sondern auch die

Tabelle 4.35. Vorhersage der US-amerikanischen Politik aus motivationalen Themen in den Antrittsreden der Präsidenten 1789–1981. (Nach Winter, 1987)

Politikmerkmal	Korrelation mit	
	Machtmotiv	Macht- minus Intimitätsmotiv
Historischer Einfluss (Urteil von Historikern)	.40	.35
Zahl historisch bedeutsamer Entscheidungen	.51	.27
Zahl rüstungsbegrenzender Verträge[a]	–.05	–.55
Beginn von Krieg	.52	.36
Vermeidung von Krieg	.34	.16

[a] Nur für 14 Präsidenten kodierbar, da historisch neuere Erscheinung

zum Zeitpunkt der Antrittsrede allgemein herrschende Stimmung wieder (den Zeitgeist, eines der wenigen häufig verwendeten deutschen Fremdworte im angelsächsischen Raum). Spürt ein Beraterstab eine »Vorkriegsstimmung« oder ist der Meinung, nach außen hin Stärke demonstrieren zu müssen, um potentielle Gegner abzuschrecken, und hat der Präsident keine abweichende eigene Meinung dazu, wird er sich in seiner Antrittsrede entsprechend äußern und dadurch zu der Korrelation zwischen Machtbedürfnis und Kriegsbeginn beitragen. Hier zeigt sich verschärft das Problem der Interpretation projektiver Verfahren: Sie geben Aufschluss über Themen, nicht unbedingt jedoch über individuelle handlungsleitende Motive (vgl. Abschn. 4.5.1).

> **Merke**
> Aus Themen in den Antrittsreden US-amerikanischer Präsidenten lassen sich einige Aspekte der Politik ihrer Amtszeit vorhersagen. Diese Vorhersage beruht auf Einflüssen ihrer Persönlichkeit und des Zeitgeistes auf die Politik.

4.5.5 Diskussion

Motive, Handlungsüberzeugungen und Bewältigungsstile werden meist unabhängig voneinander behandelt. Wie in Abschn. 4.5.2 schon deutlich wurde, gibt es aber enge Beziehungen zwischen aufsuchenden und meidenden Motivkomponenten und Handlungsüberzeugungen. Handlungsüberzeugungen bestimmen weniger den Bewältigungsstil als den Grad der Belastung und die Effektivität der Bewältigung eingetretener Belastungen. Das ist besonders deutlich im Falle der Selbstwirksamkeitserwartung. Eine hohe Selbstwirksamkeitserwartung führt bereits zu einer geringeren subjektiven Belastung, weil bei der sekundären Bewertung die Situation als weniger bedrohlich eingeschätzt wird. Zudem fördert sie eine (nicht notwendig problemorientierte) Bewältigung dadurch, dass Bewältigungsmaßnahmen schnell eingeleitet werden. Bei der Durchführung der Bewältigung ist eine hohe Handlungsorientierung hilfreich. Und die Art der Attribution erfolgreicher oder nicht erfolgreicher Bewältigung hat Konsequenzen für die Bewältigung späterer Belastungen. Diese Zusammenhänge sind nur Spezialfälle der schon in Abschn. 4.5.2 diskutierten Beziehungen zwischen verschiedenen Arten von Handlungsüberzeugungen, weil Bewältigung ja eine spezielle Form des Handelns ist.

Motive, Handlungsüberzeugungen und intrapsychische Bewältigungsstile sind interne, nicht direkt beobachtbare, sondern nur indirekt aus dem Verhalten erschließbare Persönlichkeitseigenschaften. Deshalb werden sie meist durch Selbstbeurteilung erhoben. Ein fundamentales Problem dieser Art der Operationalisierung besteht darin, dass unklar ist, in welchem Maße die Selbstbeurteilungen tatsächlich ablaufende Informationsverarbeitungsprozesse widerspiegeln. Werden z. B. Erfolgserwartungen und Selbstwirksamkeitserwartungen bei der Bewältigung von Belastungen überhaupt wirklich gebildet und suchen Menschen überhaupt nach Ursachen für ihre Erfolge und Misserfolge, wenn sie nicht von Psychologen danach gefragt werden?

Sicherlich lässt sich nicht bestreiten, dass Handlungseigenschaften manchmal bewusst werden. Aber unter welchen Bedingungen? Hinweise darüber geben Studien, in denen Versuchspersonen während des Lösens von Aufgaben ihre Gedanken unmittelbar und fortlaufend verbalisieren (Diener & Dweck, 1978) oder in denen schriftliche Berichte über Erfolg oder Misserfolg ausgewertet werden (z. B. Zeitungsartikel über sportliche Wettkämpfe; Lau & Russell, 1980). Erwartungen und Attributionen werden danach vor allem dann spontan berichtet, wenn ein unerwarteter Erfolg oder Misserfolg eingetreten ist oder ein Misserfolg zu weiteren Problemen führt.

Unklar muss auch in diesen verhaltensnahen Studien bleiben, ob Erwartungen und Attributionen tatsächlich nur in solchen Situationen gebildet werden, oder ob sie nur in solchen Situationen bewusst werden, aber Handeln immer auf unbewusster Ebene begleiten. Dieses Problem ist besonders gravierend bei Bewältigungsstrategien, weil es sich hier um prozedurales Wissen handelt, das nach neueren Informationsverarbeitungstheorien prinzipiell nicht bewusst ist, sondern nur aus dem hiermit verbundenen, teilweise bewussten deklarativen Wissen bewusst rekonstruiert werden kann (vgl. Abschn. 2.5.1).

Diese allgemeinpsychologischen Überlegungen sind auch für die Persönlichkeitspsychologie bedeutsam, weil es offenbar sehr große interindividuelle Unterschiede in dem Grad gibt, in dem Handlungseigenschaften bewusst sind, und zwar auch in vergleichbaren Situationen (z. B. bei erwartungswidrigem Erfolg; vgl. Diener & Dweck, 1978; Heckhausen, 1982).

> **Merke**
> Selbstbeurteilte Handlungseigenschaften haben immer den Filter des Bewusstseins der Befragten passiert. Da dieser Filter von Person zu Person variiert und z. T. sehr
> ▼

undurchlässig ist, reflektieren Ergebnisse zu selbstbeurteilten Handlungseigenschaften immer auch interindividuelle Unterschiede in der Filterwirkung des Bewusstseins der Befragten.

Wenn das so ist, ist besonders situationsfernen Selbstbeurteilungen von Handlungseigenschaften mit besonderer Skepsis zu begegnen, weil sie bei einem Teil der Urteiler eher auf bewusstem Erleben, bei einem anderen Teil aber eher auf alltagspsychologischen Überlegungen beruhen: »Da ich Erfolg hatte, muss ich mich wohl angestrengt haben« oder gar »Ich kann mich an nichts erinnern, da werde ich wohl mit Vermeidung reagiert haben«. Die Methode gaukelt hier eine Einheitlichkeit der Daten vor, die möglicherweise nicht gegeben ist. Entsprechend skeptisch müssen die Ergebnisse vor allem zu Handlungsüberzeugungen und intrapsychischen Bewältigungsstilen betrachtet werden, denn sie beruhen zum überwältigenden Teil auf situationsfernen Selbstbeurteilungen.

? Fragen

4.37 In welcher Hinsicht unterscheiden sich Mangelbedürfnisse und Wachstumsbedürfnisse nach Maslow?

4.38 Wie ist im Risikowahlmodell von Atkinson die Wertkomponente definiert und warum?

4.39 Welche methodischen Probleme gibt es bei projektiven Tests?

4.40 Welche zwei Komponenten des Leistungs- und des Anschlussmotivs lassen sich unterscheiden, und welche Persönlichkeitstypen resultieren daraus?

4.41 Warum ist es sinnvoll, motiviertes Verhalten wie im Zürcher Modell der sozialen Motivation zu modellieren?

4.42 Wie lassen sich Berufsinteressen klassifizieren?

4.43 Was passiert, wenn persönliche Ziele und Motive in Konflikt stehen?

4.44 Wie drückt sich Handlungsoptimismus in Erwartungs-, Handlungskontroll- und Attributionsstilen aus?

4.45 Welcher Unterschied besteht zwischen Situations-Ergebnis-Erwartung und Selbstwirksamkeitserwartung?

4.46 Ist eine intrapsychische Bewältigung von Belastungen schlechter als eine problemorientierte?

4.47 Welche methodischen Probleme entstehen bei der Erfassung von Handlungseigenschaften durch Selbstbeurteilung?

4.48 Lässt sich die Politik eines Präsidenten durch seine Persönlichkeit vorhersagen?

i Hinweise zur Beantwortung

4.37 Sollwert wird bei Wachstumsbedürfnissen nicht erreicht

4.38 Attraktivität des Erfolgs hängt vom Erfolgsrisiko ab

4.39 mäßige Stabilität, Motiv vs. Thema-Sensitivität

4.40 jeweils vier Typen bei Kreuzklassifikationen von Annäherungs-/Vermeidungstendenz

4.41 simultane Wirkung mehrerer Motive, Motivationsdynamik, Motivkoppelung

4.42 6 Typen, 2 Dimensionen

4.43 Abgrenzung, Ziele/Motive, Einfluss auf Wohlbefinden

4.44 Tabellen 4.31 und 4.32

4.45 Abhängigkeit der Ergebnisse vom eigenen Handeln

4.46 defensive vs. nichtdefensive Formen, Kontrollierbarkeit der Belastung

4.47 unbewusst/nicht vorhandene Erwartungen/Attributionen, interindividuelle Unterschiede im Zugang zu diesen Prozessen

4.48 Studie von Winter, Interpretationsproblem

Weiterführende Literatur

Bischof, N. (1985). *Das Rätsel Ödipus: Die biologischen Wurzeln des Urkonfliktes von Intimität und Autonomie*. München: Piper.

Heckhausen, H. (1989). *Motivation und Handeln* (2. Aufl.). Berlin: Springer.

Schwarzer, R. (2000). *Stress, Angst und Handlungsregulation* (4. Aufl.). Stuttgart: Kohlhammer.

4.6 Bewertungsdispositionen

Temperament, Fähigkeiten und Handlungseigenschaften beziehen sich auf individuelle Besonderheiten des Verhaltens. In diesem Abschnitt geht es um individuelle Besonderheiten in der Bewertung. Bewerten bedeutet, bestimmten Objekten der Wahrnehmung oder der Vorstellung einen Wert zuzuweisen. Unterschiedliche Objekte können unterschiedliche Werte bekommen und sind damit unterschiedlich wertvoll. Diese Wertungsunterschiede führen zu Präferenzen (Bevorzugung eines Objekts vor einem anderen) und können – müssen aber nicht – verhaltenswirksam werden. Sofern interindividuelle Unterschiede in der Bewertung von Objekten bestehen, die zeitlich ausreichend stabil sind, handelt es sich um Persönlichkeitseigenschaften. Sie sollen hier Bewertungsdispositionen genannt werden.

Der Begriff der Bewertungsdisposition ist in der psychologischen Literatur zu individuellen Besonderheiten der Bewertung nicht etabliert. Statt dessen wird von Werthaltungen oder Einstellungen gesprochen. In beiden Fällen handelt es sich um bestimmte Formen von Bewertungsdispositionen, wobei Werthaltungen sich auf breit definierte Objektklassen und Einstellungen auf spezifische Objekte der Bewertung beziehen (s. »Unter der Lupe«). Was fehlt, ist ihre Einordnung in ein übergreifendes Ordnungssystem. Ein solches System wird hier mit dem Konzept der Bewertungsdisposition vorgeschlagen.

Werthaltungen sind keine Verhaltensdispositionen (es sei denn, der Akt des Bewertens würde als Verhalten betrachtet). Folgt man Heckhausens (1989) Auffassung, dass Motive Bewertungsdispositionen für Handlungsfolgen sind (vgl. Abschn. 4.5.1), kann man auch Motive als Bewertungsdispositionen auffassen: Die bewerteten Objekte sind Handlungsfolgen. Der Unterschied zwischen Motiven und Werthaltungen besteht dann hauptsächlich darin, dass Werthaltungen sich nicht nur auf das eigene Verhalten beziehen, sondern auch auf das Verhalten anderer: Werthaltungen sind breiter in der Anwendung. Wer z.B. Leistung hoch bewertet (Werthaltung), sollte die Folgen eigenen Handelns entsprechend bewerten (Motiv), aber auch die Folgen des Handelns anderer, z.B. von Mitarbeitern. So können z.B. Unterschiede in der Werthaltung von Vorgesetzten, nicht aber Unterschiede in ihren Motiven, erklären, warum sie eher leistungsorientierte oder eher gesprächsfreudige Mitarbeiter bevorzugen: Im ersten Fall würden sie im Vergleich zu anderen Vorgesetzten Leistung höher als Geselligkeit bewerten, im zweiten Fall umgekehrt.

> **Unter der Lupe**
> **Bewertungsdispositionen**
> Je nach Art der bewerteten Objekte der Wahrnehmung oder Vorstellung werden in der psychologischen Literatur zwei Formen von Bewertungsdispositionen unterschieden: Werthaltungen und Einstellungen. Werthaltungen sind individuelle Besonderheiten in der Bewertung wünschenswerter Ziele wie Freiheit vs. Gleichheit oder in der Bewertung von Handlungsdispositionen wie Ehrlichkeit vs. Hilfsbereitschaft. Im Englischen wird meist sowohl der Wert eines Objekts als auch die zugehörige Bewertungsdisposition als »value« bezeichnet, was zu Missverständnissen führen kann. Einstellungen sind individuelle Besonderheiten in der Bewertung spezifischer Objekte der Wahrnehmung oder Vorstellung wie CDU vs. SPD oder Pulverkaffee vs. Bohnenkaffee.

> **❗ Merke**
> **Motive sind spezielle Bewertungsdispositionen, und Werthaltungen implizieren immer bestimmte Motive.**

Trotz dieser engen konzeptuellen Beziehung zwischen Werthaltungen und Motiven haben sich Motivationspsychologie und Wertepsychologie in den letzten Jahrzehnten weitgehend unabhängig voneinander entwickelt, bis hin zu unterschiedlichen Methoden der Datenerhebung und Datenanalyse (vgl. aber McClelland, 1985, für den Versuch einer Integration, der allerdings auf einem sehr engen Wertebegriff beruht). Da Motive in Abschn. 4.5.1 schon ausführlich diskutiert wurden, werden im folgenden nur Werthaltungen und Einstellungen behandelt.

4.6.1 Werthaltungen

Werthaltungen sind individuelle Besonderheiten in der Bewertung wünschenswerter Ziele oder Handlungsdispositionen (vgl. »Unter der Lupe«); sie beschreiben, wie Menschen sich aus Sicht des Befragten verhalten sollten. Wie aus der vergleichenden Diskussion von Motiven und Werthaltungen deutlich wurde, sind Werthaltungen Standards, an denen eigenes und fremdes Verhalten gemessen wird. Menschen, die »Brüderlichkeit« besonders hoch bewerten, sollten im Vergleich zu Menschen, die »Freiheit« höher bewerten, nicht nur eher einem Nachbarn in Not helfen, sondern auch eher von

Tabelle 4.36. Items des Rokeach Value Survey (RVS). (Aus Rokeach, 1973; deutsche Übersetzung nach Günther, 1975)

Endziele		Instrumentelle Ziele	
Englisch	Deutsch	Englisch	Deutsch
comfortable life	ein angenehmes Leben	ambitious	ehrgeizig
exciting life	ein aufregendes Leben	broadminded	tolerant
a sense of accomplishment	das Gefühl, etwas erreicht zu haben	capable	fähig
a world at peace	eine friedliche Welt	cheerful	munter
a world of beauty	eine schöne Welt	clean	sauber
equality	Gleichheit	courageous	mutig
family security	Sicherheit für die Familie	forgiving	nachsichtig
freedom	Freiheit	helpful	hilfreich
happiness	Glück	honest	ehrlich
inner harmony	Innere Harmonie	imaginative	phantasievoll
mature love	reife Liebe	independent	unabhängig
national security	staatliche Sicherheit	intellectual	intellektuell
pleasure	Genuss	logical	logisch
salvation (belief in God)	Erlösung (zum ewigen Leben)	loving	liebevoll
self-respect	Selbstachtung	obedient	gehorsam
social recognition	gesellschaftliche Anerkennung	polite	höflich
true friendship	wahre Freundschaft	responsible	verantwortlich
wisdom	Weisheit	self-controlled	beherrscht

einem Nachbarn erwarten, dass er ihnen hilft, wenn sie selbst in Not sind.

Eine klassische Unterscheidung in der Werteforschung betrifft Endziele und instrumentelle Ziele: Instrumentelle Ziele dienen dazu, Endziele zu erreichen (Lovejoy, 1950; Rokeach, 1973). Beispielsweise dient Hilfsbereitschaft dazu, das Endziel Brüderlichkeit zu erreichen. Diese Unterscheidung ist aber relativ, weil auch Ziele sich als Zielhierarchie aus vielen Ebenen auffassen lassen, so dass sich z. B. Hilfsbereitschaft sowohl als instrumentelles Ziel für das Endziel Brüderlichkeit als auch als Endziel des untergeordneten instrumentellen Ziels Selbstkontrolle auffassen lässt. Deshalb ist der Befund von Heath und Fogel (1978) nicht überraschend, dass Versuchspersonen Schwierigkeiten haben, vorgegebene Werte in die Kategorien Endziel und instrumentelles Ziel einzuordnen.

Rokeach (1973) schlug nach Durchsicht der Werteliteratur eine Liste von 2 × 18 zentralen Werten vor (Rokeach Value Survey; RVS). 18 Endziele, beschrieben durch Substantive, und 18 instrumentelle Ziele, beschrieben durch Adjektive, sollen jeweils in eine individuelle Rangfolge nach Wünschbarkeit für sich selbst und andere gebracht werden. Tabelle 4.36 zeigt die Werte des RVS. Es wird deutlich, dass instrumentelle Ziele vom Abstraktionsniveau her sehr genau Verhaltensdispositionen entsprechen (aber damit nicht identisch sind, weil es sich ja um Verhaltensnormen handelt), während Endziele auf höherem Abstraktionsniveau angesiedelt sind: Sie können durch ganz unterschiedliche Verhaltensweisen angestrebt werden. Zum Beispiel kann man gesellschaftliche Anerkennung (Endziel) durch instrumentelle Ziele wie tolerant, fähig, munter, mutig, hilfreich, liebevoll, höflich oder verantwortlich erreichen.

Braithwaite und Law (1985) entwickelten auf der Grundlage des RVS eine Fragebogenversion (Social Values Inventory; SVI), in der die einzelnen Werte jeweils durch mehrere Fragen erfasst und nicht nach Präferenz geordnet, sondern auf einer Zustimmungsskala beurteilt werden.

Der RVS wurde inzwischen in zahlreichen Studien in verschiedenen Kulturen angewendet (vgl. Rokeach, 1979). Ähnlich wie bei Motiven können nicht nur die Werte von Personen direkt abgefragt werden, sondern auch aufgrund ihrer Äußerungen, z.B. in Büchern, inhaltsanalytisch erfasst werden. Zum Beispiel ergab eine inhaltsanalytische Untersuchung an jeweils 25 000 Wörter umfassenden Stichproben der politischen Schriften von Hitler, Goldwater (als reaktionär angesehener früherer Präsidentschaftskandidat der Republikaner in den USA), Lenin und »Sozialisten« wie Erich Fromm die in ◘ Tabelle 4.37 gezeigten Rangplätze für die Endziele Freiheit und Gleichheit (vgl. Graumann & Willig, 1983). Danach rangierten bei den Sozialisten Freiheit und Gleichheit ganz oben und bei Hitler ganz unten; Goldwater bevorzugte Freiheit bei weitem vor Gleichheit, während Lenin Gleichheit auf Kosten von Freiheit hoch bewertete.

> **Merke**
> Die Werthaltungen eines Menschen lassen sich nicht nur direkt durch Selbstbeurteilung, sondern auch indirekt durch Inhaltsanalyse von Reden und Schriften erfassen.

Schwartz und Bilsky (1987, 1990) analysierten den RVS in sieben verschiedenen Kulturen mit teilweise variierenden Methoden. Die Ähnlichkeit der individuellen Rangfolgen wurde innerhalb jeder Kultur durch Korrelationen gemessen; anschließend wurden die Werthaltungen durch nichtmetrische multidimensionale Skalierung auf zweidimensionale Ähnlichkeitsräume projiziert. Es entstanden so Regionen homogener (interindividuell kovariierender) Werthaltungen, die auf einer Fläche geometrisch veranschaulicht werden können.

Mit Hilfe dieser Methode konnte gezeigt werden, dass sich in allen sieben Kulturen sieben homogene Bereiche von Werthaltungen unterscheiden ließen, die jeweils als zusammenhängende Ähnlichkeitsregionen abgebildet wurden. Zum Beispiel bildeten »comfortable life«, »happiness«, »pleasure« und »cheerful« den Bereich »Vergnügen« (enjoyment). Schließlich ergab eine Analyse theoretisch erwarteter Kompatibilitäten und Konflikte zwischen diesen Bereichen (z.B. wurden Vergnügen und Leistung als kompatibel, Vergnügen und Altruismus als konflikthaft angesehen) eine weitgehende Bestätigung der Hypothesen in sechs der sieben Kulturen (als kompatibel angesehene Bereiche von Werthaltungen erwiesen sich als benachbart, als konflikthaft angesehene als durch mindestens zwei andere Bereiche getrennt).

Abweichend von den anderen westlichen Kulturen wurde in Hongkong Konformität mit gesellschaftlichen Normen als kompatibel mit Reife angesehen. Dieser Befund ist mit der in China vorherrschenden konfuzianischen Philosophie gut vereinbar, nach der sich Menschen immer als Teil einer sozialen Gemeinschaft (Familie, Betrieb) verstehen. Nach konfuzianischer Auffassung ist Selbstbescheidung und die Unterordnung unter soziale Normen ein Zeichen der persönlichen Reife, während nach der heutigen, stark individualistisch geprägten westlichen Auffassung sozialer Konformismus eher als Zeichen von Unreife angesehen wird.

Schwartz (1992) erweiterte aufgrund dieser Ergebnisse die Zahl der Wertebereiche von sieben auf 11, entwickelte zu ihrer Messung ein neues Werteinventar aus 56 Items und ließ die Werte von 40 Stichproben in 20 Kulturen nach individueller Bedeutsamkeit beurteilen (Beurteiler waren meist Studenten und Lehrer). Zehn der 11 Wertebereiche bildeten in fast allen Kulturen homogene Regionen von Werthaltungen; nur die Items von »Spiritualität« erwiesen sich als heterogen. ◘ Abbildung 4.31 zeigt die 10 homogenen Wertebereiche. Eine Analyse der theoretisch erwarteten Kompatibilitäten und Konflikte ergab wie in der Studie von Schwartz und Bilsky (1990) eine weitgehende Bestätigung der Wertestruktur. Die theoretisch zu erwartende höhere Ähnlichkeit von Endzielen und instrumentellen Zielen untereinander konnte nicht bestätigt werden, obwohl diese beiden Wertetypen getrennt erfragt wurden. Eine Klassifikation

◘ Tabelle 4.37. Rangplätze der Werte Freiheit und Gleichheit in politischen Schriften verschiedener Autoren

Wert	Sozialisten	Goldwater	Lenin	Hitler
Freiheit	1	1	17	16
Gleichheit	2	16	1	17

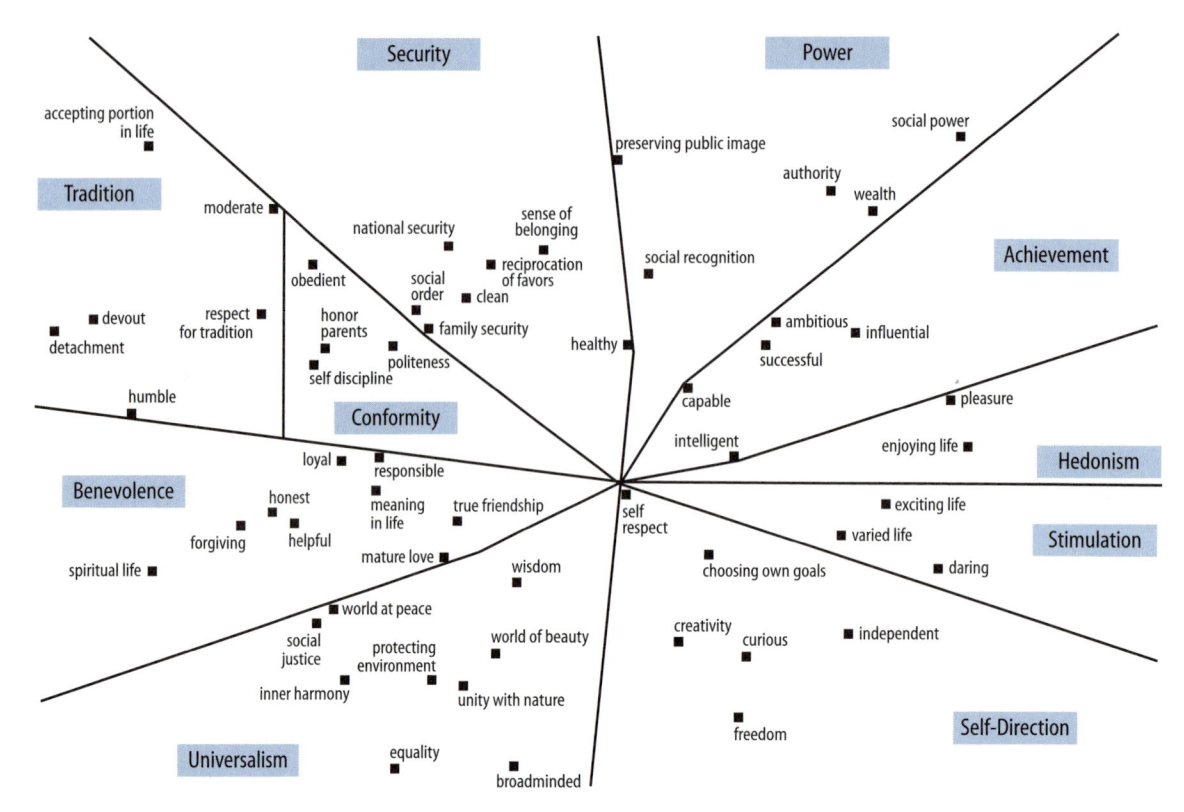

Abb. 4.31. Zehn Wertebereiche mit den zugehörigen Werten. Der Abstand zwischen den einzelnen Werten gibt ihre mittlere Ähnlichkeit im Mittel über alle befragten Personen an. (Aus Schwartz, 1992)

von Werten in Endziele und instrumentelle Ziele scheint also zumindest für die Analyse von Werthaltungen nicht sinnvoll zu sein.

> **Merke**
> Kulturvergleichende Studien fanden eine ähnliche Struktur von Werthaltungen mit wenigen, interpretierbaren kulturellen Unterschieden in der Beziehung zwischen Werthaltungen.

Die Studie von Schwartz (1992) geht über die Anwendungen des RVS hinaus, weil sie weitere Wertebereiche einschließt, kann aber das Hauptproblem des RVS – die relativ beliebige Auswahl der Werte – auch nicht lösen. Im RVS fehlt z. B. derjenige Wert, der in vielen deutschen Untersuchungen am erstrebenswertesten überhaupt beurteilt wird: Gesundheit (vgl. z. B. Stiksrud, 1976). Inzwischen gibt es in Analogie zum lexikalischen Ansatz der Klassifikation von Eigenschaftswörtern (Abschn. 4.1.1) auch eine systematische Klassifikation der im Lexikon der deutschen Sprache vorhandenen Werte (Renner, 2002). Es wurden 621 Substantive gefunden, die von 6 Beurteilerinnen und Beurteilern für geeignet zur Beschreibung von Werten gehalten wurden. Aus dieser Liste wurden 238 Wörter entfernt, die eher Persönlichkeitseigenschaften beschreiben (z. B. Attraktivität, Aufrichtigkeit, Disziplin). Die verbleibenden 383 Substantive wurden dann von einer hinsichtlich Alter, Geschlecht und Bildungsniveau repräsentativen österreichischen Stichprobe von 1160 Personen auf einer elfstufigen Skala danach beurteilt, wie stark sie den entsprechenden Begriff als persönliches Leitmotiv ihres Lebens befürworten versus ablehnen.

Faktorenanalysen ergaben 5 Dimensionen von Werthaltungen (Unterfaktoren in Klammern):
- Intellektualität (Weltoffenheit, Kultur),
- Harmonie (Gemeinschaft, Familie, Liebe zum Leben),
- Religiosität (Glaube, Gnade),
- Materialismus (Eigentum, Erfolg, Genuss),
- Konservatismus (Nationalismus, Verteidigung, Pflichtbewusstsein).

> **Merke**
> Ein lexikalischer Ansatz für die deutsche Sprache ergab fünf Hauptfaktoren, in denen sich Österreicher unterscheiden: Intellektualität, Harmonie, Religiosität, Materialismus, Konservatismus.

Werthaltungen und Verhaltensdispositionen

Beziehungen zwischen Werthaltungen und Verhaltensdispositionen wurden bisher nur selten systematisch untersucht. Dabei gibt es ein offensichtliches Verbindungsglied: die Motive. Werthaltungen implizieren Motive, und Motive Verhaltensdispositionen. Bilsky und Schwartz (1994) analysierten den Zusammenhang zwischen der relativen Bedeutsamkeit von Werten im RVS und Persönlichkeitsskalen des revidierten Freiburger Persönlichkeitsinventars (FPI-R; Fahrenberg et al., 1989). Sie bezogen sich dabei auf die Unterscheidung zwischen Mangelbedürfnissen und Wachstumsbedürfnissen von Maslow (vgl. Abschn. 4.5.1).

Bilsky und Schwartz (1994) gingen von der Hypothese aus, dass Verhaltensdispositionen, die auf einem Wachstumsbedürfnis beruhen, positiv mit entsprechenden Werthaltungen korrelieren (z. B. korreliert die Verhaltensdisposition Neugierigkeit mit hoher Wertschätzung von Neuheit), und dass Verhaltensdispositionen, die auf einem Mangelbedürfnis beruhen, mit Werthaltungen positiv korrelieren, die eine Befriedigung des zugehörigen Bedürfnisses signalisieren (z. B. korreliert die Verhaltensdisposition Ängstlichkeit mit hoher Wertschätzung von Sicherheit).

Durch gemeinsame multidimensionale Skalierung von Werthaltungen und Verhaltensdispositionen konnten sie diese Hypothesen weitgehend bestätigen. So kovariierten prosoziale Werte mit sozialer Orientierung, Wertschätzung von Leistung und Macht mit Aggressivität und Wertschätzung von Sicherheit und Konformität mit Gehemmtheit, während emotionale Stabilität keine klaren Beziehungen zu Werthaltungen aufwies.

> **Merke**
> Zwischen Werthaltungen und Verhaltensdispositionen gibt es korrelative Zusammenhänge, die durch Motive vermittelt sind.

Ein Eigenschaftskonstrukt, das die traditionelle Kluft zwischen Werthaltungen und Verhaltensdispositionen überbrückt, ist das Konstrukt der »autoritären Persönlichkeit« (authoritarian personality; Adorno et al., 1950), das besser als autoritätshörige Persönlichkeit bezeichnet werden sollte. Unter dem Einfluss der Frankfurter Schule wurde es im deutschsprachigen Raum fälschlicherweise Adorno zugeschrieben, obwohl er unter den Autoren nur eine untergeordnete Rolle spielte, zufälligerweise aber in der αbetischen Reihung der Autoren Erstautor war (vgl. Stone et al., 1993a).

Nach Adorno et al. (1950) korrelieren die Bevorzugung konventioneller Werte, die Tendenz zu gesellschaftlich legitimierten aggressiven Gefühlen gegenüber Minderheiten (z. B. im Deutschland der Nazizeit Juden oder auch Homosexuelle) und die kritiklose Unterordnung unter Autoritäten so stark miteinander, dass diese Melange aus Bewertungs- und Verhaltensdispositionen als einheitliche Persönlichkeitseigenschaft angesehen werden kann. Politische Brisanz bekam dieses Konstrukt dadurch, dass es zur Erklärung faschistischer Tendenzen in Deutschland und anderswo herangezogen wurde.

Zur Messung des Konstrukts entwickelten die Autoren zahlreiche Versionen einer Faschismusskala (auch kurz F-Skala genannt). Die F-Skala geriet aufgrund methodischer Unzulänglichkeiten in Verruf, insbesondere wegen der Polung aller Items in eine Richtung, so dass die Tendenz, »ja« anzukreuzen, als Tendenz zu einer autoritätshörigen Persönlichkeit interpretiert wurde. Die empirischen Untersuchungen mit »der« F-Skala wurden kritisiert, weil verschiedenste Formen koexistierten, von Drei-Item-Versionen bis zu 38-Item-Versionen (die ursprüngliche California F-Scale, Form 40/45, enthielt 30 Items zur Messung faschistischer Tendenzen). Auch das Konstrukt der autoritätshörigen Persönlichkeit wurde kritisiert, weil frühe Untersuchungen von einer quasi unveränderlichen individuellen oder gar nationalen Disposition zum Faschismus (Mittelwert einer repräsentativen Stichprobe der Nation) ausgingen.

Stone et al. (1993b) gaben einen Überblick über die einschlägige Literatur zur autoritätshörigen Persönlichkeit und kamen zu dem Ergebnis, dass diese Forschung eher unterbewertet wird. Trotz der oben erwähnten Schwächen gibt es genügend Hinweise auf die Validität vieler Versionen der F-Skala, wenn berücksichtigt wird, dass die Verbreitung der Autoritätshörigkeit innerhalb einer Kultur einem schnellen historischen Wandel unterliegt, so dass bei Vergleichen der historische Zeitpunkt der Datenerhebung berücksichtigt werden muss.

So erhielten Steiner und Fahrenberg (1970) über einen ehemaligen SS-Offizier Zugang zu einer Gruppe von ehemaligen SS-Angehörigen, die sie mit einer Kontrollgruppe von ehemaligen Wehrmachtsangehöri-

Tabelle 4.38. Werte verschiedener Stichproben in der F-Skala. (Die Daten stammen aus Meloen, 1993, Lederer, 1993, und Steiner & Fahrenberg, 1970)

Stichprobe	n	M	SD
Ehemalige deutsche SS-Angehörige, um 1965	229	5,23	0,73
Rechtsradikale niederländische Studenten, um 1980	57	4,71	0,89
Ehemalige deutsche Wehrmachtsangehörige, um 1965	201	4,52	1,11
Zufallsstichprobe Südstaaten der USA, 1953	288	4,50	nb
Zufallsstichprobe Nicht-Südstaaten der USA, 1953	886	3,65	nb
US-Studenten, 1978	661	3,37	1,16
Westdeutsche Studenten, 1979	919	3,27	1,05
Linksradikale niederländische Studenten, um 1980	866	2,55	0,91

n, M, SD: vgl. Abschn. 2.4.3. nb = nicht berichtet.

gen verglichen. Die SS-Angehörigen hatten auf der Skala von eins bis sieben einen im Vergleich zur Kontrollgruppe und anderen Stichproben sehr hohen Mittelwert (Tabelle 4.38). Deutsche Studenten haben heutzutage sehr ähnliche Werte wie andere europäische oder nordamerikanische Studenten; niedrige Werte weisen nicht nur auf die Abwesenheit von Autoritätshörigkeit hin, sondern darüber hinaus auf eine antiautoritäre Einstellung (vgl. Tabelle 4.38).

Ein Problem der F-Skala besteht darin, dass sie Items enthält, die direkt Rassismus, Ethnozentrismus oder Rechtsextremismus erfassen. Soll die Skala zur Vorhersage dieser Einstellungen genutzt werden, entsteht das Problem, dass die Korrelationen zum Teil »intrinsisch« sind, d.h. einfach durch inhaltliche Überlappung der Items entstehen. Oesterreich (1998) entwickelte eine neue Autoritarismus-Skala, die dieses Problem vermeidet, weil die Items diese drei Korrelate von Autoritätshörigkeit nicht erfassen, sondern Merkmale wie Unflexibilität, Abwehr von Neuem, Konformität mit Autoritäten, Identifikation mit Stärke und Feindseligkeit. Dass diese Skala trotzdem Rechtsextremismus von Berliner Jugendlichen in der Größenordnung von .40 – .60 vorhersagte, ist deshalb ein besonders starker Beleg für die These, dass Autoritätshörigkeit in den heutigen westlichen Kulturen eine zentrale Persönlichkeitsvoraussetzung für rechtsextreme Einstellungen ist.

Hohe Werte in der F-Skala oder in neueren Autoritätshörigkeitsskalen wie der von Altemeyer (1988) implizieren die Ablehnung bestimmter sozialer Gruppen, wobei die Art der abgelehnten Gruppen von Kultur zu Kultur variiert. So korrelierte Altemeyers Skala in einer US-Stichprobe zu .55 mit antikommunistischer Einstellung (Altemeyer, 1988), während eine russische Version derselben Skala 1989 in ähnlicher Höhe mit antikapitalistischer Einstellung korrelierte (McFarland, 2000). In beiden Nationen korrelierte Autoritätshörigkeit positiv mit dem Alter und negativ mit dem Bildungsgrad (Altemeyer, 1988; McFarland, 2000). Was bei Autoritätshörigkeit invariant ist von Kultur zu Kultur, scheint die Ablehnung bestimmter sozialer Gruppen zu sein. Welche Gruppe abgelehnt wird, ist nicht durch Eigenschaften der Gruppe bestimmt, sondern durch die jeweils dominierenden Vorurteile in der Kultur, der Autoritätshörige angehören.

Merke
Autoritätshörigkeit ist ein bildungsabhängiges Mischkonstrukt aus konservativer Werthaltung, feindseliger Einstellung gegenüber Minderheiten und Bereitschaft, sich Autoritäten unterzuordnen. Die Verbreitung von Autoritätshörigkeit und ihre spezifischen Inhalte unterliegen einem starken historischen Wandel.

4.6.2 Einstellungen

Einstellungen sind individuelle Besonderheiten in der Bewertung konkreter Objekte der Wahrnehmung und Vorstellung (vgl. »Unter der Lupe«, S. 239). Sie unterschei-

4.6 · Bewertungsdispositionen

den sich von Werthaltungen durch die größere Konkretheit der bewerteten Objekte, wenn auch der Übergang zu Werthaltungen fließend ist. Die Grundlagenforschung zu Einstellungen wird hauptsächlich in der Sozialpsychologie betrieben, wo Untersuchungen zur Einstellungsänderung dominieren (vgl. z. B. Eagly & Chaiken, 1993). Anwendungen der Einstellungsforschung finden sich vor allem in der politischen Psychologie (Einstellung zu politischen Programmen und Parteien), in der Werbepsychologie (Einstellung zu Konsumgütern) und in der Gesundheitspsychologie (Einstellung zu gesundheitsförderlichem Verhalten).

Ähnlich wie in der Werteforschung gibt es bisher keinen systematischen Ansatz, eine Taxonomie aller Einstellungen zu entwerfen. Dazu sind die Einstellungsobjekte zu heterogen und spezifisch. Für die Persönlichkeitspsychologie ist vor allem interessant, welche Vorstellungen in der Einstellungsforschung über das Verhältnis zwischen Einstellung und Verhalten existieren und wie Einstellungen in Abhängigkeit von diesen Annahmen gemessen werden.

Die ältere Einstellungsforschung war dominiert von der Vorstellung eines bewusst handelnden Akteurs: die Einstellung zu einem Objekt ergibt sich aus der Bewertung seiner einzelnen Merkmale, diese Bewertung läuft bewusstseinsnah ab und lässt sich deshalb abfragen. Entsprechend dieser Vorstellung wurden Einstellungen meist durch Beurteilungen auf Ratingskalen zu messen versucht.

Versuche, Verhalten durch so gemessene Einstellungen direkt vorherzusagen, erwiesen sich als wenig erfolgreich. In einer klassischen Studie sandte LaPiere (1934) Briefe an 250 Hotels und Restaurants in den USA und fragte, ob dort chinesische Gäste bedient würden. In der Mehrheit der Fälle erhielt LaPiere eine Antwort, wobei 92 % der Antwortenden angaben, chinesische Gäste nicht zu bedienen (zu dieser Zeit gab es in den USA ein starkes Vorurteil gegenüber Chinesen). LaPiere hatte aber in den sechs Monaten vor Verschickung der Briefe zusammen mit einem chinesischen Paar alle 250 Etablissements aufgesucht, und dabei wurde das Paar in 249 der 250 Fälle bedient. Offensichtlich überwog der Geschäftssinn der Inhaber ihr Vorurteil bei weitem; sie fühlten sich ihrem Vorurteil nicht verpflichtet.

Wicker (1969) analysierte 42 Studien zur Einstellungs-Verhaltens-Kohärenz, in denen meist einstellungsrelevantes Verhalten in einer einzigen experimentell induzierten Laborsituation beobachtet wurde. Zum Beispiel wurde bei weißen Studenten die Einstellung gegenüber Schwarzen erhoben und mit ihrer Bereitschaft korreliert, ein Bild, das sie zusammen mit einem schwarzen Studenten zeigte, ihren Studienkollegen bekannt zu machen. Die mittlere Einstellungs-Verhaltens-Korrelation betrug nur etwa .15. Ähnlich wie schon Mischel (1968; vgl. Abschn. 2.4.4) schloss Wicker (1969) aus dieser niedrigen Korrelation, dass individuelle Besonderheiten im Verhalten hoch situationsspezifisch seien und kaum durch situationsübergreifende Einstellungen vorhergesagt werden könnten.

> **Merke**
>
> **Zwischen Einstellungen und dem tatsächlichen Verhalten in einzelnen Situationen besteht nur ein geringer Zusammenhang.**

Später wurde diese Argumentation ähnlich wie die von Mischel (1968) kritisiert, weil sie das Aggregationsprinzip nicht berücksichtigte (vgl. Abschn. 3.2.2): Das Verhalten wurde meist nur in einer einzigen Situation erfasst. Fishbein und Ajzen (1974) zeigten in einer klassischen Studie zu religiöser Einstellung, dass ein einziges Verhaltensmaß (z. B. den Gottesdienst zu Weihnachten besuchen) nur geringfügig mit der religiösen Einstellung korrelierte (im Mittel über 100 erfragte Verhaltensweisen betrug die Korrelation nur .14), während der Mittelwert von 100 erfragten Verhaltensweisen zu .64 mit der religiösen Einstellung korrelierte. Bei der Kontrastierung eines einzigen Verhaltens mit einer breiten Einstellung wird das Symmetrieprinzip der Validierung nicht beachtet: Verhalten und Einstellung beziehen sich auf ein unterschiedliches Aggregationsniveau (vgl. Abschn. 3.2.3). Allerdings handelte es sich hier nur um erfragtes Verhalten.

Während es sich in der Studie von Fishbein und Ajzen (1974) nur um erfragtes Verhalten handelte, konnten Weigel und Newman (1976) anhand der Einstellung zur Ökologie und beobachtetem tatsächlichen umweltbewussten Verhalten (z. B. einen Aufruf gegen Atomkraftwerke unterschreiben; Müll auf einem Parkplatz in die Abfalltonne werfen) zeigen, dass individuelle Besonderheiten in einzelnen Verhaltensweisen zu etwa .30 mit der erfragten Einstellung zur Umwelt korrelierten, der Mittelwert von 14 Verhaltensweisen jedoch zu .62. Wissenschaftshistorisch ist es interessant zu sehen, dass hier die Bedeutung des Aggregationsprinzips, das schon Hartshorne und May (1928) thematisiert hatten, nahezu zeitgleich für Verhaltensdispositionen und Einstellungen wiederentdeckt wurde (vgl. die Kritik von Mischel, 1968; Abschn. 2.4.4).

> **! Merke**
> Der Zusammenhang zwischen Einstellungen und Verhalten kann höher ausfallen, wenn das Verhalten über viele einstellungsrelevante Situationen gemittelt wird.

Fishbein und Ajzen (1975) weisen darüber hinaus darauf hin, dass zusätzlich zu einer Einstellung die subjektive Norm für ein Verhalten berücksichtigt werden müsse: der Glaube, dass andere Menschen, auf deren Urteil man Wert lege (die Bezugsgruppe), der Meinung seien, dass man selbst das Verhalten ausführen solle. Die subjektive Norm ist damit so etwas wie die subjektiv erlebte Verpflichtung, das Verhalten auszuführen. Ein guter Verhaltensprädiktor sei die Verhaltensintention, die sich als gewichtete Summe aus der Einstellung gegenüber dem betreffenden Objekt und der subjektiven Norm ergebe.

Zum Beispiel sollten sich nach Fishbein und Ajzen (1975) Menschen, die Ausländern gegenüber positiv eingestellt sind, ihnen gegenüber um so hilfsbereiter zeigen, je mehr sie sich zu solchem Verhalten verpflichtet fühlen. Eine positive Einstellung alleine führe noch nicht unbedingt zu Hilfeleistung. Dieser Ansatz ermöglicht dann recht gute Verhaltensvorhersagen, wenn das Verhalten erfragt wird (z.B. »Würden Sie einem Ausländer zu Hilfe eilen, wenn er in der S-Bahn angepöbelt wird?«). Sheppard et al. (1988) fanden in einer Metaanalyse von 85 einschlägigen Studien eine mittlere Korrelation zwischen Verhaltensintention und erfragtem Verhalten von .67.

Wenn allerdings tatsächliches Verhalten beobachtet wird, ist auch dieser Ansatz nicht ausreichend. Zum Beispiel fanden Hessing et al. (1988), dass Einstellungen und subjektive Normen zwar die selbsteingeschätzte Unehrlichkeit gegenüber dem Finanzamt vorhersagten, nicht aber die vom Finanzamt festgestellte Steuerunehrlichkeit. Diese korrelierte vielmehr (mäßig hoch) mit Persönlichkeitsmerkmalen wie negative Zukunftsperspektive, Konkurrenzstreben und Toleranz gegenüber illegalem Verhalten. Zumindest bei Verhalten, das einer starken sozialen Bewertung unterliegt wie Steuerehrlichkeit oder Hilfeleistung, führt der Ansatz von Fishbein und Ajzen (1975) nicht allzu weit, weil die Beurteilungen der Einstellungen und subjektiven Normen durch differentielle Tendenzen zu sozial erwünschten Antworten (vgl. Abschn. 3.2.4) stark verfälscht werden. Dasselbe gilt für Erweiterungen um eine Einschätzung der persönlichen Kontrollierbarkeit des Verhaltens (Ajzen & Madden, 1986).

> **! Merke**
> Erfragte Einstellungen sagen tatsächliches Verhalten schlecht vorher, wenn das Verhalten stark sozial erwünscht oder unerwünscht ist.

Um dieses Problem zu umgehen, schlugen Jones und Sigall (1971) ein trickreiches Verfahren vor, durch das Versuchspersonen dazu gebracht werden können zu glauben, dass der Wahrheitsgehalt ihrer Antworten durch eine Art Lügendetektor überprüft werden könne (die sogenannte Bogus-Pipeline-Technik; s. »Methodik«).

Methodik

Die Bogus-Pipeline-Technik
Die Versuchsperson (Vp) erhält zunächst einen Fragebogen zur Erfassung von Einstellungen zu unverfänglichen Gegenständen (z.B. aus den Bereichen Musik, Autos, Sport). Der Versuchsleiter kann die Antworten nicht sehen, ein Komplize kann sie jedoch unbemerkt kopieren, wenn der Versuchsleiter die Vp in einen anderen Raum bringt. Dort schließt er sie an eine physiologische Messapparatur an, die angeblich die »wahre Einstellung« der Vp erkennen kann. Dies wird der Vp überzeugend dadurch demonstriert, dass die anfangs erhobenen Einstellungen nochmals abgefragt werden, wobei die Vp aufgefordert wird, die Apparatur auf die Probe zu stellen, indem sie ihre Antwort bei einem Item bewusst verfälscht. Die Antworten der Vp werden dann mit einem vom Komplizen erstellten angeblichen Ausdruck der Messapparatur verglichen, der mit den ursprünglichen Antworten übereinstimmt und dadurch die bewusste Verfälschungstendenz der Vp scheinbar »entlarvt«. Anschließend wird die eigentliche Einstellungsmessung durchgeführt; zum Abschluss wird die Vp über die Manipulation aufgeklärt.

In zahlreichen Studien konnte gezeigt werden, dass dieses Verfahren tatsächlich Fremdtäuschungstendenzen vermindert (vgl. Brackwede, 1980). Es ist wohl dem großen technischen Aufwand zu verdanken, dass es nicht häufiger genutzt wurde. Wäre es andererseits häufiger genutzt worden, wäre dieses Täuschungsverfahren schnell öffentlich bekannt und dadurch für die Praxis untauglich geworden.

Wie schon in Abschn. 2.5.3 dargestellt wurde, wird in der neueren Einstellungsforschung ein anderer Ansatz verfolgt, Einstellungen valider zu messen, indem implizite Einstellungen z. B. durch die Primingtechnik erfasst werden (vgl. »Methodik«, S. 76). Eine erste Untersuchung dieser Art wurde von Fazio et al. (1986) vorgelegt. Sie konnten zeigen, dass sich implizite Einstellungen durch die Primingtechnik erfassen ließen, allerdings nur überzeugend für starke Einstellungen, bei denen die Versuchspersonen sehr schnell entscheiden konnten, ob sie diese positiv oder negativ bewerten.

Spätere Untersuchungen legten allerdings nahe, dass diese Beschränkung auf starke Einstellungen auf Probleme der Versuchsanordnung von Fazio et al. (1986) zurückzuführen sein dürfte; bei veränderter Versuchsdurchführung ließen sich auch schwache Einstellungen primen (Bargh et al., 1992).

> **Merke**
> Je nachdem wie schnell Einstellungsfragen beantwortet werden, lassen sich starke von schwachen expliziten Einstellungen unterscheiden. Beide Einstellungsarten lassen sich durch Priming implizit erfassen.

In einer weiteren bahnbrechenden Untersuchung zur Einstellungsmessung durch Priming konnte Devine (1989) nachweisen, dass sich implizite Vorurteile durch Priming erfassen lassen. Sie zeigte weißen Versuchspersonen äußerst kurz Adjektive, die Vorurteile über Schwarze beschreiben wie z. B. faul, athletisch. Dann wurde ihnen ein Verhalten beschrieben, das als feindselig gedeutet werden konnte, aber nicht musste. Die geprimten Versuchspersonen deuteten dieses Verhalten eher als feindselig als eine nicht geprimte Kontrollgruppe.

Zudem konnte Devine (1989) zeigen, dass die Primingprozedur bei Versuchspersonen, die darauf Wert legten, keine Vorurteile zu haben, nicht wirkte. Sie interpretierte ihre Ergebnisse als Hinweis darauf, dass alle Versuchspersonen über ein implizites Vorurteil über Schwarze verfügten, dieses aber nur dann verhaltenswirksam werde, wenn die Personen nicht motiviert seien, ihr Vorurteil zu kontrollieren. Explizite Vorurteile, wie sie in Fragebögen oder Verhalten deutlich werden, seien also eine Funktion automatischer und willentlich kontrollierter Informationsverarbeitungsprozesse, wobei Persönlichkeitsunterschiede nur die Kontrollprozesse betreffen.

Wie schon in Abschn. 2.5.3 dargelegt wurde, konnten hingegen Fazio et al. (1995) zeigen, dass Personen auch in der Stärke der impliziten Vorurteile variieren. Nach Auffassung dieser Autoren gibt es also Persönlichkeitsunterschiede sowohl in impliziten Einstellungen als auch in den Kontrollprozessen für diese impliziten Einstellungen.

> **Merke**
> Nach Devine (1989) beruhen Persönlichkeitsunterschiede in expliziten Vorurteilen auf unterschiedlich starken Motiven, universell vorhandene implizite Vorurteile zu kontrollieren. Nach Fazio et al. (1995) hingegen gibt es auch Persönlichkeitsunterschiede in impliziten Vorurteilen.

Gute Evidenz dafür, dass sich Menschen in impliziten Vorurteilen unterscheiden und dies auch verhaltensrelevant ist, ergaben Studien, die interindividuelle Unterschiede in impliziten Rassenvorurteilen mit dem Verhalten gegenüber Angehörigen anderer versus der eigenen Rasse korrelierten. Die impliziten Vorurteile wurden dabei durch Priming oder den Impliziten Assoziationstest gemessen (vgl. Abschn. 2.5.3). Übereinstimmend ergab sich in mehreren Studien (mit allerdings eher kleinen Stichproben), dass implizite Vorurteile gegenüber Schwarzen bei US-amerikanischen weißen Studierenden negativeres nichtverbales Verhalten schwarzen Versuchspersonen oder Versuchsleitern gegenüber vorhersagte (z. B. weniger Lächeln, Blickkontakt, Offenheit der Körperhaltung), und zwar relativ zu ihrem Verhalten weißen Versuchspersonen bzw. Versuchsleitern gegenüber. Implizite Vorurteile gegenüber Schwarzen führten also nicht generell zu negativerem Verhalten anderen gegenüber, sondern zu negativerem Verhalten speziell gegenüber Schwarzen. Explizite Vorurteile, erfasst durch Fragebögen, ermöglichten solche Verhaltensvorhersagen nicht oder weniger gut (z. B. Dovidio et al., 2002; Fazio et al., 1995; McConnell & Leibold, 2001).

Fazio et al. (1986) formulierten die naheliegende Hypothese, dass starke explizite Einstellungen stärkere Beziehungen zu tatsächlichem Verhalten haben als schwache, was in mehreren Studien bestätigt werden konnte. Zum Beispiel erhoben Fazio und Williams (1986) drei Monate vor den Präsidentschaftswahlen in den USA 1984 die Einstellung von Wählern zum später gewählten Präsidenten Ronald Reagan und die Zeit, die sie für ihr Urteil benötigten. Bei den schnell urteilenden Wählern ließ sich das tatsächliche spätere Wahlverhalten besser vorhersagen als bei den langsam urteilenden (was auch auf eine höhere zeitliche Stabilität starker Einstellungen hindeutet, alternativ allerdings auch durch nicht erfasste Persönlichkeitsunterschiede zwischen den schnell und langsam urteilenden Wählern, etwa im Intelligenzbereich, erklärt werden könnte). Tesser (1993) zeigte durch intraindividuelle Analysen, dass schneller beantwortete Einstellungsfragen resistenter gegenüber Konformitätsdruck sind und eine stärkere genetische Komponente aufweisen als langsamer beantwortete Fragen.

> **! Merke**
> Unter den expliziten Einstellungen ermöglichen noch am ehesten starke Einstellungen Vorhersagen tatsächlichen Verhaltens.

Einstellungen weisen enge Beziehungen zu Werthaltungen auf. Das wird besonders dann deutlich, wenn man Bewertungsdispositionen nach ihrer Breite (Grad ihrer situativen Allgemeinheit) in Form einer Dispositionshierarchie ordnet. Weil sich Werthaltungen auf abstraktere Objekte beziehen als Einstellungen, sind sie diesen übergeordnet. In theoretischen Diskussionen wird deshalb auch immer wieder betont, dass es wesentlich von den Werthaltungen abhängt, welche Einstellungen jemand hat (Eagly & Chaiken, 1993; Rokeach, 1973). Zum Beispiel impliziert die Bevorzugung von Gleichheit vor Freiheit eher eine positive Einstellung zu linken Parteien; dies sollte sich in entsprechenden positiven Korrelationen zwischen Werthaltung und politischer Einstellung äußern.

Rokeach (1985) konnte in mehreren Studien in den USA zeigen, dass die Position des Wertes »Gleichheit« in der individuellen Wertehierarchie mit der Einstellung zu Personen anderer Hautfarbe korrelierte. Eine einzige Fernsehproduktion zu diesem Thema (»The Great American Values Test«) erhöhte bei Zuschauern der Sendung die relative Bedeutsamkeit des Wertes »Gleichheit«, führte zu positiveren Einstellungen antirassistischen Gruppen gegenüber und hatte auch nachweisliche Verhaltenskonsequenzen (Spenden an antirassistische Gruppen erhöhten sich zwei bis drei Monate nach der Sendung; Ball-Rokeach et al., 1984).

> **! Merke**
> Werthaltungen sind breitere Eigenschaften als Einstellungen; Werthaltungen implizieren immer bestimmte Einstellungen.

4.6.3 Exemplarische Anwendung: Rückfallrisiko für Sexualstraftäter

Sexuelle Vergehen wie Vergewaltigung, Kindesmissbrauch und Exhibitionismus betreffen in westlichen Kulturen viele Kinder und Frauen. Nach Schätzungen für Nordamerika werden etwa 20% aller Mädchen, 15% aller Frauen und 10% aller Jungen Opfer eines strafrechtlich relevanten sexuellen Vergehens. Umgekehrt ergaben anonyme Befragungen normaler Stichproben (z.B. Studierende, Belegschaft von Krankenhäusern), dass etwa 20% der Männer angaben, Frauen oder Kinder sexuell belästigt zu haben (Hanson & Bussière, 1998).

Diese Zahlen sind wegen einer hohen Dunkelziffer nicht erfasster Straftaten und der weiten Grauzone zwischen Belästigung und echtem sexuellen Vergehen nicht sehr zuverlässig. Kein Zweifel kann aber daran bestehen, dass sexuelle Belästigung und sexuelle Vergehen häufig sind und wie alle sexuellen Themen auf besonderes Interesse in der Öffentlichkeit stoßen.

Im Falle sexueller Vergehen ist dieses Interesse zusätzlich erhöht durch die reale Angst von Frauen und Eltern, dass sie bzw. ihre Kinder Opfer werden könnten. Von daher ist das öffentliche Interesse an der Verhinderung von Sexualstraftaten extrem groß, wie die immer wieder neu entflammende Diskussion nach Sexualmorden an Kindern durch rückfällig gewordene Täter zeigt. In dieser Diskussion finden sich regelmäßig zwei unterschiedliche Positionen wieder. Die einen setzen auf Therapie und Resozialisation, die anderen auf lebenslange Inhaftierung oder gar Todesstrafe. Wenig zur Kenntnis genommen werden dabei die vorliegenden Fakten über die Rückfallquote von Sexualstraftätern und die Rolle, die Therapien dabei spielen, und fast nie wird die Frage diskutiert, wie denn die beiden möglichen Fehler – Freilassung eines rückfällig werdenden Täters und Haft eines nicht rückfällig werdenden Täters – relativ zueinander zu gewichten seien. Denn nur eine solche Gewichtung der Fehler erlaubt in Verbindung mit dem Wissen über das Rückfallrisiko eine rationale Entscheidung darüber, ob und unter welchen Umständen Sexualstraftäter entlassen werden können.

Die Persönlichkeitspsychologie kann zu diesen Kriterien einen wichtigen Beitrag liefern, indem untersucht wird, in welchen Merkmalen sich Sexualstraftäter, die rückfällig werden, von anderen Sexualstraftätern unterscheiden und mit welcher Wahrscheinlichkeit ein Rückfall aufgrund dieser Eigenschaften vorhergesagt werden kann. Bei diesen Eigenschaften ist neben der antisozialen Persönlichkeitsstörung vor allem an abnorme sexuelle Bedürfnisse zu denken (sexuelle Erregung durch Kinder oder die Erniedrigung von Frauen), die wiederum an abnorme Einstellungen zu Kindern, Frauen und der männlichen Geschlechtsrolle gekoppelt sind. Natür-

4.6 · Bewertungsdispositionen

Tabelle 4.39. Vorhersage der Rückfallrate von Sexualstraftätern

Guter Prädiktor		Schlechter Prädiktor	
Prädiktor	r	Prädiktor	r
Phallometrie, Kindesmissbrauch	.32	Rasse (weiß – nicht weiß)	.00
Maskulinität (MMPI)	.27	Gewalttätig gegen Opfer	.01
Sexuelle Abweichung	.22	Wurde als Kind missbraucht	–.01
Frühere sexuelle Vergehen	.19	Therapiemotivation	.01
Abbruch einer Therapie	.17	Negative Beziehung zu Vater	.02
Persönlichkeitsstörung	.16	Therapiedauer	.03
Negative Beziehung zu Mutter	.16	Bildung	.03
Opfer war unbekannt	.15	Empathie für Opfer	.03
Antisoziale Persönlichkeitsstörung	.14	Strafmaß	.04
Alter	–.13	Soziale Schicht	–.05

lich muss bei der Beantwortung dieser Frage berücksichtigt werden, dass die Rückfallquote deutlich mit der Art der Tat, die zur Verurteilung führte, variieren kann und dass solche Untersuchungen nur Aufschluss über aktenkundige Rückfälle geben. Das ist nicht nur eine akademische Überlegung, weil bei Sexualstraftaten die Aufklärungsquote eher gering ist.

Hanson und Bussière (1998) analysierten in einer Metaanalyse den Beitrag von 56 Variablen zur Vorhersage der Rückfallquote in 61 Studien (fast nur aus Nordamerika) mit insgesamt über 23 000 Sexualstraftätern. Die Rückfallquote innerhalb eines Intervalls von typischerweise 4–5 Jahren betrug insgesamt 13% (insbesondere 19% bei Vergewaltigung und 13% bei Kindesmissbrauch). Dabei wurden nur sexuelle Straftaten einbezogen. Die Rate nichtsexueller Straftaten war ähnlich hoch (insgesamt 12%, insbesondere 22% bei Vergewaltigung und 10% bei Kindesmissbrauch). Das Gesamtrisiko für erneute Straffälligkeit war also erheblich; für Vergewaltiger betrug es 46%. Egg (1999) fand für deutsche Sexualstraftäter Rückfallquoten von 20% für Kindesmissbrauch und 14% für Vergewaltigung innerhalb von 10 Jahren.

Tabelle 4.39 kontrastiert die mittlere Korrelation zwischen Rückfall (ja/nein) und Prädiktoren, die sich als besonders erfolgreich erwiesen oder auf die in der öffentlichen Diskussion häufig Bezug genommen wird, die sich aber als wenig erfolgreich erwiesen. Dabei wurden die Korrelationen in den einzelnen Studien mit der Stichprobengröße gewichtet und dann gemittelt.

Tabelle 4.39 zeigt, dass Faktoren, die Straftaten und das Rückfallrisiko insgesamt vorhersagen (in den USA vor allem Rasse, soziale Schicht und Bildung; Gendreau et al., 1996) keine Beziehung zur Rückfallwahrscheinlichkeit von Sexualstraftätern hatten. Auch das Strafmaß, ob die Tat gewalttätig war oder nicht, ob der Täter behauptete, als Kind missbraucht worden zu sein und Therapiemotivation und -dauer sagten das Rückfallrisiko nicht vorher. Ob der Täter in späteren Interviews viel oder wenig Einfühlungsvermögen in sein Opfer zeigte, war ebenfalls ungeeignet zur Rückfallvorhersage.

Die vier besten Prädiktoren waren Variablen, die sich auf die Einstellung des Täters zu Sexualpartnern und die männliche Geschlechtsrolle beziehen: frühere sexuelle Vergehen, sexuelle Abweichungen (z.B. Präferenz für Kinder oder brutalen Geschlechtsverkehr), eine besondere Betonung der traditionellen männlichen Rolle (»Macho-Typ«) in der Selbstbeschreibung im MMPI und im Falle von Kindesmissbrauch eine phallometrisch gemessene Tendenz, durch Kinder sexuell erregt zu werden. Bei der Phallometrie wird der Umfang des Penis als Indikator der sexuellen Erregung kontinuierlich gemessen, wobei eine sexuelle Präferenz für Kinder durch eine größere Erregung bei der Betrachtung von Bildern leicht bekleideter Kinder relativ zur Betrachtung von Bildern leicht bekleideter junger Frauen oder beim Anhören verbaler Schilderungen entsprechender sexueller Situationen angezeigt wird.

> **! Merke**
> Für Sexualstraftäter ist das Rückfallrisiko mit etwa 13% eher gering. Am besten wird es durch bestimmte sexuelle Einstellungen vorhergesagt, die sich auch physiologisch erfassen lassen.

Andere Persönlichkeitseigenschaften, darunter die Diagnose einer antisozialen Persönlichkeitsstörung, waren weniger prädiktiv. Als weitere Risiken erwiesen sich der Abbruch einer Therapie, eine erinnerte negative Beziehung zur Mutter (nicht aber zum Vater) und der Missbrauch eines unbekannten Opfers (nicht nur bei Kindesmissbrauch, sondern auch bei Vergewaltigung sind die Opfer überwiegend bekannt oder verwandt). Dass der Abbruch einer Therapie mit dem Rückfallrisiko zusammenhing, ist insofern interessant, als der Therapieerfolg bei Sexualstraftätern umstritten ist (Hall, 1995; Hanson, 1997); unabhängig davon ist zumindest der Therapieabbruch diagnostisch nutzbar.

Interessant ist der Befund, dass die Phallometrie bei Kindesmissbrauch unter den 56 geprüften Prädiktoren die beste Rückfallvorhersage erlaubte. Im Gegensatz zu Befragungen ist diese physiologische Einstellungsmessung weniger leicht verfälschbar; wohl deshalb lieferte sie die beste Vorhersage der Rückfallrate. Allerdings galt dies nicht für Vergewaltiger; hier sagte die phallometrische Messung die Rückfallquote nur zu .05 vorher. Dies ist insofern verwunderlich, als sich Vergewaltiger von altersgleichen Kontrollpersonen phallometrisch gut unterscheiden lassen. Harris et al. (1992) fanden eine Korrelation von .67 zwischen der Personengruppe und der Erregungsdifferenz zwischen Vergewaltigungs- und Kontrollszenen; für Kindesmissbrauch wurden ähnlich hohe Korrelationen gefunden.

Zur praktischen Vorhersage des Rückfallrisikos sind in jedem Fall einzelne Prädiktoren nicht gut geeignet. Viel besser ist die Prognose durch Aggregation optimal gewichteter Prädiktoren (multiple Korrelation). Hanson und Bussière (1998) fanden in ihrer Metaanalyse 6 derartige Studien; die mittlere Prognosegüte betrug .46. Dies ist angesichts des eher geringen Rückfallrisikos ein durchaus respektables Ergebnis, vor allem wenn es mit der mittleren Prognosegüte des klinischen Urteils (Prognose aufgrund der Aktenlage) verglichen wird: Sie betrug nur .10.

> **! Merke**
> Das Rückfallrisiko von Sexualstraftätern kann am besten durch eine optimale Kombination mehrerer Prädiktoren vorhergesagt werden; die Validität dieser Prognose ist vergleichsweise gut.

Es gibt also durchaus Möglichkeiten, die Prognose des Rückfalls von Sexualstraftätern deutlich über das klinische Urteil hinaus zu verbessern. Hierzu liefert die psychologische Erfassung sexueller Einstellungen einen wesentlichen Beitrag. Im Interesse der Opfer, aber auch zum Schutz der Täter vor sich selbst, wäre zu fordern, dass diese Erkenntnisse in die Praxis umgesetzt werden, indem das Rückfallrisiko nicht intuitiv aufgrund der Akten, sondern aufgrund mehrerer optimal kombinierter konkreter Kriterien abgeschätzt wird.

Es bleibt das Problem der Bewertung der beiden möglichen Prognosefehler: Unter welche Schwelle soll das individuell ermittelte Rückfallrisiko sinken, damit der Betroffene freigelassen wird, sofern dies mit dem Strafmaß vereinbar ist? Eine zu hohe Schwelle würde zuviele Opfer kosten, eine zu niedrige Schwelle wäre ungerecht den einmaligen Tätern gegenüber. Letztlich muss hierbei das Leid eines Opfers mit dem Leid eines Täters verglichen werden: Wieviele Täter dürfen ungerechtfertigt in Unfreiheit bleiben, damit ein Opfer vermieden wird? Diese Wertentscheidung kann wissenschaftlich nicht weiter begründet werden. Die Psychologie kann die Vorhersage des Rückfallrisikos von Straftätern optimieren, nicht aber die ethische Entscheidung abnehmen, welches Rückfallrisiko ausreichend klein für die Freilassung ist.

4.6.4 Diskussion

Denkt man sich Bewertungsdispositionen nach ihrer situativen Breite hierarchisch geordnet, so nehmen Werthaltungen die obersten Plätze ein. Ihnen untergeordnet sind Motive und Einstellungen. Trotz der offensichtlichen Beziehungen zwischen Werthaltungen, Motiven und Einstellungen sind diese Beziehungen bisher nur unzureichend empirisch untersucht. So gibt es kaum Untersuchungen zum Zusammenhang zwischen Motiven und Einstellungen.

Es liegt wohl auch an der stark getrennten Entwicklung der Werte-, Einstellungs- und Motivationsforschung, dass ihre Erfassungsmethoden und infolgedessen auch ihre Methoden der Datenanalyse stark diffe-

4.6 · Bewertungsdispositionen

rieren. In der Werteforschung ist die personorientierte Erhebung von Wertehierarchien durch Bilden von Rangordnungen oder Q-Sorts weit verbreitet, während Einstellungen eher variablenorientiert durch Beurteilung eines Objekts auf einer Ratingskala erhoben werden; Einstellungshierarchien werden dann aus diesen Urteilen sekundär abgeleitet. Projektive Verfahren wiederum werden häufig zur Erfassung von Motiven, kaum aber zur Erfassung von Werten oder Einstellungen verwendet. Zur Ähnlichkeitsbestimmung von Dispositionen wird in der Werteforschung das Verfahren der multidimensionalen Skalierung, in der Einstellungs- und Motivforschung die Faktorenanalyse häufiger angewendet. Diese Unterschiede im methodischen Zugang lassen sich nicht durch die Art der bewerteten Objekte rechtfertigen. Wie für den person- vs. variablenorientierten Zugang zu Persönlichkeitseigenschaften allgemein gilt auch hier das Prinzip, dass es sich um komplementäre, durchaus miteinander vereinbare methodische Ansätze handelt (vgl. Abschn. 2.4.3).

Merke

Werthaltungen werden traditionellerweise eher personorientiert, Einstellungen und Motive eher variablenorientiert erfasst. Dieser Unterschied ist nicht sachlich begründet.

? Fragen

4.49 Worin unterscheiden sich Werthaltungen, Einstellungen und Motive?

4.50 Gibt es eine interkulturell gesehen universale Struktur von Werthaltungen?

4.51 Was verstanden Adorno et al. unter der autoritätshörigen Persönlichkeit, wie wird sie gemessen und welche Gruppenunterschiede wurden in diesem Konstrukt gefunden?

4.52 Welche Versuche gibt es, die Vorhersage von Verhalten durch Einstellungen zu verbessern?

4.53 Wie gut lässt sich das Rückfallrisiko von Sexualstraftätern vorhersagen und welche Konsequenzen hat das für die Praxis?

Hinweise zur Beantwortung

4.49 Art der bewerteten Objekte, Verhaltensnähe

4.50 methodischer Ansatz, Ausnahme Hongkong

4.51 Mischkonstrukt, F-Skala, Tabelle 4.38, historische Relativität

4.52 viele Situationen, subjektive Norm, Bogus-Pipeline, Priming, IAT

4.53 Aggregation mehrerer Prädiktoren, insbesondere sexuelle Einstellungen, Problem der Fehlergewichtung

Weiterführende Literatur

Graumann, C.F. & Willig, R. (1983). Wert, Wertung, Werthaltung. In H. Thomae (Hrsg.), *Enzyklopädie der Psychologie. Band C/IV/1: Theorien und Formen der Motivation* (S. 312–396). Göttingen: Hogrefe.

Eagly, A.H. & Chaiken, S. (1993). *The psychology of attitudes.* Orlando, FL: Harcourt Brace Jovanovich.

Andrews, D.A. & Bonta, J. (1994). *The psychology of criminal conduct.* Cincinnati, OH: Anderson.

4.7 Selbstbezogene Dispositionen

Psychologische Aspekte der eigenen Person werden in der Psychologie als *das Selbst* bezeichnet. Dazu gehört vor allem das subjektive Bild von der eigenen Person (das Selbstkonzept) und die Bewertung der eigenen Person (das Selbstwertgefühl). Handelt es sich hierbei um Eigenschaften im Sinne des Eigenschaftsparadigmas? Verändern sich Selbstkonzept und Selbstwertgefühl in Abhängigkeit von selbstbezogenen Erfahrungen, und wie weit sind diese Erfahrungen bereits durch das Selbstkonzept und Selbstwertgefühl gefiltert? Welche sonstigen Persönlichkeitseigenschaften beeinflussen selbstbezogene Erfahrungen? Diese Fragen stehen im Mittelpunkt des folgenden Kapitels.

4.7.1 Ich, Mich und Selbstkonzept

William James führte eine fundamentale Unterscheidung zwischen zwei Aspekten des Selbst ein. In Sätzen wie »I recognized her« (»Ich erkannte sie«) fungiert die eigene Person als Subjekt und wird mit »I« bezeichnet. In Sätzen wie »She recognized me« (»Sie erkannte mich«) fungiert die eigene Person als Objekt und wird mit »me« bezeichnet. James (1890) unterschied entsprechend zwei Aspekte des Selbst: »I« und »Me« (das *Ich* und das *Mich*). Das Ich ist nach James der Akteur, der Urheber der eigenen Handlungen und des eigenen Wissens (»self as knower«). Das Mich ist nach James das Objekt des eigenen Wissens (»self as known«).

Das Selbstkonzept ist der dispositionale (also zeitlich mittelfristig stabile) Anteil des Mich im Sinne von James. Das Selbstkonzept lässt sich als ein komplexes Wissenssystem auffassen, in dem das Wissen über die eigene Person geordnet ist. Dieses Wissen enthält universelle Anteile, in denen viele Menschen derselben Kultur übereinstimmen, z. B. das Wissen, ein Mensch zu sein oder Staatsbürger desselben Staates zu sein, und es enthält individuell charakteristisches Wissen, z. B. über den eigenen Namen und Ort und Tag der Geburt, aber auch über Persönlichkeitseigenschaften.

> **Merke**
> Das Selbstkonzept ist der dispositionale Anteil des Mich. Es besteht aus universellem und individualtypischem Wissen über die eigene Person.

Zu den universellen Aspekten des Selbstkonzepts gehören auch Wissensbestände, von denen wir fälschlicherweise glauben, dass sie uns persönlich charakterisieren, obwohl dies gar nicht der Fall ist. Die folgende Auflistung enthält Persönlichkeitseigenschaften, die von über 90 % US-amerikanischer Studenten für »besonders charakteristisch für mich selbst« gehalten werden (Forer, 1949; Snyder & Shenkel, 1975):
- Sie sind eher selbstkritisch;
- Sie sind sensibler, als die meisten Menschen glauben;
- Sie haben bisweilen sexuelle Probleme gehabt;
- Sie haben die Erfahrung gemacht, dass es nicht klug ist, ihre privaten Gefühle öffentlich zu machen;
- Sie haben überdurchschnittlich viel Humor.

Mit solchen Pseudovorhersagen von Eigenschaften, die von den meisten Menschen als erstaunlich treffsichere Diagnosen wahrgenommen werden, machen Wahrsager, Astrologen und Horoskopeschreiber gute Geschäfte. Der weitaus größte Teil des Selbstkonzepts besteht jedoch aus individuell charakteristischem Wissen. Dieser Anteil ist der persönlichkeitspsychologisch interessante, denn er kann als Persönlichkeitseigenschaft betrachtet werden.

> **Merke**
> Manche Aspekte unseres Selbstkonzepts erscheinen uns individualtypisch zu sein, obwohl sie von fast allen anderen Menschen geteilt werden.

Wie andere Wissensbestände auch übt das Selbstkonzept die Funktion eines kognitiven Schemas aus: Es beeinflusst die Verarbeitung selbstbezogener Informationen (vgl. Rumelhart, 1980, zum allgemeinen Begriff des kognitiven Schemas, und Markus, 1977, zum Begriff des Selbstschemas). Dies lässt sich empirisch demonstrieren, indem man untersucht, wie Menschen Informationen über zentrale Aspekte ihres Selbstkonzepts verarbeiten. In einer klassischen Studie verglich Markus (1977) Studentinnen, die sich als extrem unkonformistisch oder extrem konformistisch beschrieben und diesen Aspekt ihres Selbstkonzepts für sehr wichtig hielten, mit einer Kontrollgruppe von Studentinnen, die mittelhohe Werte in Konformismus angaben und den Grad ihres Konformismus für nicht persönlich bedeutsam hielten. Die beiden Gruppen mit Extremwerten in Konformismus verarbeiteten Wörter, deren Bedeutung mit ihrem Selbstkonzept konsistent war, schneller als die Kontrollgruppe.

Markus (1977) interpretierte dies durch die schematisierende Wirkung des – interindividuell betrachtet – besonders klar ausgeprägten Selbstkonzepts der Studentinnen mit extremen und subjektiv als wichtig angesehenen Werten in Konformismus.

Das Problem dieser Operationalisierung von Selbstschemata ist, dass sie mit Extremwerten in Eigenschaften konfundiert ist. Es ist ja zumindest vorstellbar, dass jemand ein sehr ausgeprägtes Selbstschema für einen interindividuell betrachtet mittelstarken Eigenschaftswert hat – z.B. weder geizig noch verschwenderisch zu sein, sondern hinsichtlich dieser Eigenschaft genau die goldene Mitte einzuhalten. Deutsch et al. (1988) versuchten dieses Problem zu umgehen, indem sie das Selbstkonzept individuumzentriert erhoben. Sie baten 62 Studentinnen, sieben Eigenschaften zu nennen, die sie besonders gut charakterisierten; anschließend beurteilten die Studentinnen auf einer Ratingskala, wie charakteristisch die von allen 62 Versuchspersonen insgesamt genannten Eigenschaften für sie selbst seien.

Die spontan genannten Eigenschaften wurden für charakteristischer gehalten, schneller erkannt und besser erinnert als die von anderen Versuchspersonen genannten Eigenschaften. Um die Konfundierung mit der Eigenschaftsextremität zu vermeiden, wurden in einer weiteren Analyse die spontan genannten Eigenschaften nur mit solchen Eigenschaften verglichen, die die Versuchspersonen für genauso charakteristisch hielten, nicht aber spontan genannt hatten. Auch bei diesem Vergleich wurden die spontan genannten Eigenschaften schneller erkannt und besser erinnert. Damit konnte ein schematisierender Effekt für die spontan genannten Eigenschaften nachgewiesen werden, der nicht auf der Extremität der Eigenschaftswerte beruhte. Deutsch et al. (1988) fanden denselben Schemaeffekt auch für spontan genannte Eigenschaften, die das Ideal-Selbst beschreiben (die Vorstellung davon, wie man sein möchte, nicht wie man tatsächlich ist).

> **Merke**
> Das Selbstkonzept und das Ideal-Selbst üben einen schematisierenden Effekt auf die Informationsverarbeitung aus.

Verglichen mit dem rein individuumzentrierten Vorgehen bei der Erfassung des spontan genannten Selbstkonzepts bei Deutsch et al. (1988) ist die Erfassung des Selbstkonzepts durch einen Q-Sort (vgl. Abschn. 2.4.3) schon differenzierter, weil die Eigenschaften vorgegeben werden und sich die Beurteilung zumindest indirekt nach der interindividuellen Extremität richtet. Ähnliche Ergebnisse erhält man durch das weniger zeitraubende Verfahren, die einzelnen Eigenschaften auf einer Zustimmungsskala getrennt beurteilen zu lassen und die Urteile dann intraindividuell zu normieren durch z-Transformation der Werte je einer Person (hier werden also der Mittelwert und die Standardabweichung aller Werte einer einzigen Person gebildet und ihre Werte dann so transformiert, dass sie den Mittelwert 0 und die Standardabweichung 1 haben).

Das verbreitetste Verfahren der Selbstkonzepterfassung ist das rein differenzielle, variablenorientierte Verfahren der Selbstbeurteilung von Eigenschaftswerten (einzelne Eigenschaften werden unabhängig von anderen Eigenschaften daraufhin beurteilt, wie typisch sie für die eigene Person sind, wodurch die Urteiler zu interindividuellen Vergleichen gezwungen werden). Pelham (1993) untersuchte die Frage, ob die Übereinstimmung des Selbstkonzepts mit dem Urteil von Freunden höher aus variablenorientierter oder aus personorientierter Sicht ist. Dazu ließ er 639 Studenten durch sich selbst und einen Bekannten (der mit ihnen ein Zimmer im Wohnheim teilte oder sie mindestens zwei Monate kannte) bezüglich fünf Selbstkonzeptbereichen beurteilen. Für jeden Bereich wurde die Korrelation zwischen Selbst- und Bekanntenurteil berechnet (variablenorientierter Ansatz) und für jede Person ebenfalls die Korrelation zwischen den selbstbeurteilten und von Bekannten beurteilten Selbstkonzeptprofilen der Person (personorientierter Ansatz). ◘ Tabelle 4.40 zeigt die Ergebnisse. Sie besagen, dass die mittlere Übereinstimmung zwischen Selbst- und Bekanntenurteil für das Selbstkonzeptprofil mit .69 wesentlich höher ausfiel als für die fünf Selbstkonzeptbereiche mit .36.

Die höhere Übereinstimmung für die personorientierte Analyse kann nicht darauf zurückgeführt werden, dass die Unterschiede zwischen den einzelnen Selbstkonzeptbereichen größer waren als die zwischen den Studenten: Die mittlere intraindividuelle Varianz war geringer als die interindividuelle Varianz in allen Bereichen (vgl. ◘ Tabelle 4.40).

Allerdings muss berücksichtigt werden, dass eine Übereinstimmung zwischen den selbstbeurteilten und den durch Bekannte beurteilten Profilen schon alleine aufgrund der Kenntnis über das alterstypische Selbstkonzept zustandekommen kann. Dieses würde sich in einem typischen Muster der Skalenmittelwerte ausdrücken, und wenn die Bekannten ihre Urteile nur an die-

Tabelle 4.40. Inter- und intraindividuelle Korrelationen zwischen Selbst- und Bekannteneinschätzungen des Selbstkonzepts. (Nach Pelham, 1993)

Übereinstimmung für	Interindividuell			Übereinstimmung für	Intraindividuell		
	n	SD	r		n	SD	r[a]
Urteil »intellektuell«	639	1,38	.36	Individuelles Profil	639	1,33	.69
Urteil »sozial«	639	1,41	.18	– Zufallspaarung	639	1,33	.19
Urteil »künstlerisch«	639	2,13	.42	Atypische Gruppe	329	nb	.59
Urteil »sportlich«	639	2,01	.53	– Zufallspaarung	329	nb	.02
Urteil »Aussehen«	639	1,40	.27				
Median fünf Urteile	639	–	.36				
– für atypische Gruppe	329	–	.29				

n, SD: vgl. Abschn. 2.4.3. r: Korrelation.
[a] Median der intraindividuellen Korrelationen. nb = nicht berichtet.

sem Muster orientieren würden, würden ihre Profile bereits eine gewisse Übereinstimmung mit den selbstbeurteilten Profilen aufweisen. Um diesen Effekt zu kontrollieren, berechnete Pelham (1993) den Median der Übereinstimmung zwischen dem Profil eines Studenten mit dem Profil, das auf den Urteilen eines zufällig ausgewählten Freundes eines anderen Studenten beruhte; er betrug .19 (vgl. Tabelle 4.40). Dass er größer als Null war, zeigt, dass es ein alterstypisches Profil gibt, aber die Korrelation ist nicht so groß, dass sie den Unterschied zwischen inter- und intraindividueller Übereinstimmung vollständig erklären könnte.

Als zweite Kontrolle wählte Pelham (1993) eine atypische Gruppe von 329 Studenten aus, die sich als besonders fähig in Kunst oder Sport oder als besonders wenig intellektuell oder sozial kompetent einschätzten. Für diese Gruppe betrug der Median der Übereinstimmung ihres Profils mit der Einschätzung eines zufällig ausgewählten Freundes eines anderen Studenten nur .02, aber die Übereinstimmung zwischen den selbstbeurteilten und durch Bekannte beurteilten Profilen betrug immer noch .59, während die variablenorientiert bestimmte Übereinstimmung für diese atypische Gruppe im Mittel über die fünf Selbstkonzeptbereiche nur .29 betrug (vgl. Tabelle 4.40). Die Kenntnis des alterstypischen Selbstkonzepts kann also die höhere Übereinstimmung bei der personorientierten Analyse nicht erklären. Es scheint eher so zu sein, dass intraindividuelle Unterschiede in Stärken und Schwächen besser einschätzbar sind als interindividuelle Unterschiede in Stärken und Schwächen. Von daher scheint die Analyse von Selbstbildprofilen besonders fruchtbar zu sein.

> **Merke**
>
> Intraindividuelle Unterschiede zwischen verschiedenen Selbstkonzeptbereichen lassen sich mit höherer Übereinstimmung zwischen Selbst und Bekannten beurteilen als interindividuelle Unterschiede in einem bestimmten Selbstkonzeptbereich.

4.7.2 Selbstwertgefühl

Das Selbstwertgefühl ist die subjektive Bewertung der eigenen Persönlichkeit, die Zufriedenheit mit sich selbst. Das Selbstwertgefühl kann als eine besondere Einstellung angesehen werden: als Einstellung gegenüber sich selbst (vgl. Abschn. 4.6.2). Das Selbstwertgefühl ist zeitlich etwas weniger stabil als das Selbstkonzept, weil es auch durch allgemeine Stimmungsschwankungen beeinflusst wird. Seine Stabilität ist aber dennoch so hoch, dass es meist als Persönlichkeitseigenschaft angesehen wird.

Frühe Ansätze fassten das Selbstwertgefühl als eindimensionales Konstrukt auf und versuchten, es durch Selbstbeurteilung auf einer entsprechenden Skala zu messen. Die folgende Auflistung zeigt die Items der wohl verbreitetsten Skala (Rosenberg Self-Esteem Scale;

Rosenberg, 1965) in der deutschen Fassung von Ferring und Filipp (1996). Die interne Konsistenz der Skala liegt bei .80 und die Retestreliabilität über ein halbes Jahr bei .70 (Wylie, 1989; Ferring & Filipp, 1996). (Antwortformat: *Trifft voll und ganz zu – trifft eher zu – trifft eher nicht zu – trifft eher gar nicht zu.*)

- Alles in allem bin ich mit mir selbst zufrieden.
- Hin und wieder denke ich, dass ich gar nichts tauge (–).
- Ich besitze eine Reihe guter Eigenschaften.
- Ich besitze die gleichen Fähigkeiten wie die meisten anderen Menschen auch.
- Ich fürchte, es gibt nicht viel, worauf ich stolz sein kann (–).
- Ich fühle mich von Zeit zu Zeit richtig nutzlos (–).
- Ich halte mich für einen wertvollen Menschen, jedenfalls bin ich nicht weniger wertvoll als andere auch.
- Ich wünschte, ich könnte vor mir selbst mehr Achtung haben (–).
- Alles in allem neige ich dazu, mich für einen Versager zu halten (–).
- Ich habe eine positive Einstellung zu mir selbst gefunden.

Die Bedeutung dieses bereichsunspezifisch gemessenen allgemeinen Selbstwertgefühls besteht vor allem darin, dass es eine zentrale Komponente der allgemeinen Lebenszufriedenheit (Grob, 1995) und ein wichtiger Indikator für psychische Gesundheit ist. So fand Rosenberg (1965) in einer Studie an über 5 000 Oberschülern, dass unter den Schülern mit sehr hohem Selbstwertgefühl nur 4 % zu Depression neigten, während über 80 % der Schüler mit einem sehr niedrigen Selbstwertgefühl eine vergleichbar starke depressive Tendenz zeigten.

Shavelson et al. (1976) kritisierten die Annahme eines eindimensionalen Selbstwertgefühls und schlugen als Alternativhypothese vor, dass das Selbstwertgefühl besser als Eigenschaftshierarchie angesehen werden solle. Bei Schülern und Studenten seien einem allgemeinen Selbstwertgefühl (analog zu Spearmans g-Faktor der Intelligenz) vier spezifischere Selbstwertfaktoren untergeordnet (intellektuelles, soziales, emotionales und physisches Selbstwertgefühl), die wiederum in noch spezifischere zerfielen (z. B. intellektuelles Selbstwertgefühl in Selbstwertgefühl für verschiedene Fächer). Die Annahme eines hierarchisch organisierten Selbstwertgefühls wurde später vielfach bestätigt, am deutlichsten vielleicht durch die Studien von Marsh an Kindern (Marsh et al., 1991; Marsh et al., 1983) und Erwachsenen (Marsh & O'Neill, 1984) und die Studien von Harter (1982) und Harter und Pike (1984) an Kindern.

Asendorpf und van Aken (1993) untersuchten in einer Längsschnittstudie das Selbstwertgefühl von 166 Kindern in der 2., 3. und 4. Klasse mit den Skalen von Harter und konnten durch (konfirmatorische) Faktorenanalysen zeigen, dass sich auf jeder Altersstufe kognitive, sportliche und soziale Faktoren des Selbstwertgefühls unterscheiden lassen, die spezifische Beziehungen zu Persönlichkeitseigenschaften in diesen Bereichen aufweisen (vgl. Abschn. 3.2.3, ◘ Tabelle 3.4). Die Struktur des Selbstwertgefühls zeigte eine deutliche zeitliche Kontinuität, d.h. beim Vergleich von zwei Zeitpunkten korrelierten die einzelnen Selbstwertbereiche höher miteinander als mit dem Selbstwertgefühl in anderen Bereichen (◘ Tabelle 4.41).

> **! Merke**
> Das Selbstwertgefühl ist bereichsspezifisch organisiert.

Während die mehrdimensionale Struktur des Selbstwertgefühls inzwischen unumstritten ist, wird die Beziehung zwischen den bereichsspezifischen Faktoren und dem bereichsunspezifischen allgemeinen Selbstwertgefühl kontrovers diskutiert. Entstehen die bereichsspezifischen Faktoren durch erfahrungsabhängige Ausdifferenzierung eines anfangs diffusen allgemeinen Selbstwertgefühls (Coopersmith, 1967) oder bildet sich das allgemeine Selbstwertgefühl umgekehrt erst auf der Grundlage bereichsspezifischer Selbstwertgefühle durch Generalisierungsprozesse heraus (Harter, 1990)? Klar ist nur, dass sowohl Coopersmith als auch Harter die entsprechenden Entwicklungsprozesse zu spät ansetzten; Marsh et al. (1991) fanden schon im Kindergartenalter ein klar bereichsspezifisch organisiertes und ein davon unabhängig durch bereichsunspezifische Fragen reliabel erfassbares allgemeines Selbstwertgefühl.

Dass das allgemeine Selbstwertgefühl nicht einfach der intuitiv gebildete Mittelwert des Selbstwertgefühls in spezifischen Bereichen ist, wird u.a. daran deutlich, dass das allgemeine Selbstwertgefühl zeitlich weniger stabil ist als die einzelnen bereichsspezifischen Faktoren. Marsh et al. (1991) fanden bei Erst- und Zweitklässlern eine Stabilität des allgemeinen Selbstwertgefühls von nur .19 über zwei Wochen trotz ausreichender interner Konsistenz, während die bereichsspezifischen Skalen eine mittlere Stabilität von .42 aufwiesen. Asendorpf und van Aken (1993) fanden zwischen 3. und 4. Klasse eine ähnli-

□ Tabelle 4.41. Korrelationen zwischen verschiedenen Aspekten des Selbstwertgefühls bei Kindern der 3. und 4. Klasse. (Nach Asendorpf & van Aken, 1993)

3. Klasse	4. Klasse			
	Kognitiv	Sport	Sozial	Allgemein
Kognitiv	**.60**	.23	.35	.21
Sport	.27	**.58**	.28	.08
Sozial	.23	.20	**.61**	.15
Allgemein	.17	.18	.19	**.43**

Stabilitäten sind fett gedruckt.

che Diskrepanz zwischen der Stabilität des allgemeinen Selbstwertgefühls über neun Monate von .43 und der mittleren Stabilität der drei bereichsspezifischen Skalen von .60 (vgl. □ Tabelle 4.41).

Ähnliche Diskrepanzen finden sich auch in Untersuchungen zur Lebenszufriedenheit (vgl. Schwarz & Strack, 1991): Interindividuelle Unterschiede in der allgemeinen Lebenszufriedenheit sind weniger zeitstabil als solche in der Zufriedenheit mit bestimmten Lebensbereichen wie soziale Beziehungen, Beruf oder finanzielle Situation. Es konnte gezeigt werden, dass Urteile über die allgemeine Lebenszufriedenheit stärker von Stimmungsschwankungen und selbst vom Wetter beeinflusst sind, weil die Fragen weniger konkret gestellt werden und deshalb diesen Einfluss eher zulassen.

Ähnliches könnte auch für das allgemeine Selbstwertgefühl gelten. Damit ist sein Nutzen zur Vorhersage depressiver Tendenzen geringer, als früher vielfach angenommen wurde. So finden sich zwar Korrelationen bis zu .50 zwischen allgemeinem Selbstwertgefühl und Depression zum selben Zeitpunkt, aber in prospektiven Studien ist der Vorhersagewert des allgemeinen Selbstwertgefühls für spätere Depression minimal (Andrews & Brown, 1993). Die Erhebung des Selbstwertgefühls für konkrete, individuell bedeutsame Selbstkonzeptbereiche durch strukturierte Interviewtechniken erwies sich dagegen als besser geeignet für die Vorhersage späterer Depression (Brown et al., 1986), was Andrews und Brown (1993) u.a. durch den stärkeren Einfluss der aktuellen Stimmungslage auf die abstrakten Items der Rosenberg-Skala erklärten. Dieses Problem betrifft jede Anwendung von Selbstwertskalen aus bereichsunspezifisch formulierten Items.

> **Merke**
> Das allgemeine Selbstwertgefühl ist weniger zeitlich stabil als bereichsspezifische Selbstwertaspekte, vermutlich weil seine Erfassung stärker durch die aktuelle Stimmungslage beeinflusst ist.

Die Frage, welchen Einfluss die bereichsspezifischen Selbstwertgefühle auf das allgemeine Selbstwertgefühl zum selben Zeitpunkt haben, ist umstritten. Die meisten Autoren nehmen an, dass die einzelnen Bereiche eine unterschiedlich starke Bedeutung für das allgemeine Selbstwertgefühl haben können, so dass es besser durch eine gewichtete Summe der bereichsspezifischen Faktoren vorhergesagt werden kann als durch ihren einfachen Mittelwert. Die Geister scheiden sich jedoch an der Frage, ob die Gewichtung für alle Personen gleich sein solle oder ob die Gewichte von Person zu Person variieren sollten.

Marsh (1993) verglich beide Ansätze empirisch für den Bereich der Schule und fand, dass eine gleiche Gewichtung der Unterbereiche (Schulfächer) verschiedenen individuellen Gewichtungsformen überlegen war. Es ist allerdings denkbar, dass das Ergebnis anders ausfallen könnte, wenn nicht nur der relativ enge Schulbereich (für den die Bedeutsamkeit der einzelnen Unterbereiche durch das Schulsystem stark normiert ist), sondern das allgemeine Selbstwertgefühl mit seinen sozial weniger stark normierten Bereichen betrachtet wird.

4.7.3 Dispositionale Aspekte der Selbstwertdynamik

Um individuelle Besonderheiten im Selbstwertgefühl zu verstehen, ist es sinnvoll, das Selbstwertgefühl aus dynamisch-interaktionistischer Sicht zu betrachten (vgl. Abschn. 2.6): Welche Wechselwirkung besteht zwischen Selbstwertgefühl und selbstwertrelevanten Situationen? Hierzu liegen zahlreiche sozialpsychologische Studien vor, die für die Persönlichkeitspsychologie höchst bedeutsam sind. Da es sich um eine ausgesprochen komplexe Wechselwirkung handelt, ist es sinnvoll, zunächst einzelne Prozesse isoliert zu betrachten und sie erst anschließend zu einem Gesamtbild der Selbstwertdynamik zusammenzufügen. Die Darstellung ist dabei an allgemeinpsychologisch definierten Prozessen orientiert, aber die Diskussion dieser Prozesse erfolgt aus persönlichkeitspsychologischer Perspektive: Welche individuellen Besonderheiten gibt es in den Prozessen?

Selbstwahrnehmung

Eine Quelle selbstwertrelevanter Informationen ist die Wahrnehmung des eigenen Körpers, physiologischer Prozesse und eigenen Verhaltens. Eine Vielzahl von Sinnesmodalitäten (z.B. kinästhetische, visuelle, akustische) liefern ständig Information darüber, wie wir aussehen und uns verhalten; durch Hilfsmittel wie einen Spiegel, Videofeedback oder Biofeedback können wir den Erfahrungsraum für die Selbstwahrnehmung noch erweitern. Dennoch ist unsere Selbstwahrnehmung keineswegs sehr akkurat; selbst im visuellen Bereich gibt es Wahrnehmungstäuschungen, und erst recht ungenau ist unsere Wahrnehmung physiologischer Vorgänge – zu den meisten haben wir überhaupt keinen direkten sensorischen Zugang. Von daher ist das auf Selbstwahrnehmung gegründete Selbstkonzept abhängig von der Genauigkeit der Selbstwahrnehmung, und diese kann von Person zu Person variieren. Persönlichkeitsunterschiede in der Genauigkeit der Selbstwahrnehmung wurden bisher allerdings nicht systematisch erforscht mit Ausnahme der schon in Abschn. 4.3 erwähnten Untersuchungen zur Selbstwahrnehmung physiologischer Prozesse.

Hinzu kommt, dass unsere Selbstwahrnehmung wie jede Wahrnehmung nicht ein passives Abbilden der Wirklichkeit ist, sondern erwartungsgesteuert erfolgt, also durch den Vergleich zwischen sensorischen Informationen und Erwartungen über diese Informationen: Jede Wahrnehmung beginnt schon mit einer Hypothese. Im Falle der Selbstwahrnehmung ist diese Hypothese das Selbstkonzept. Von daher neigen wir dazu, ständig unser Selbstbild zu bestätigen, weil wir uns selbst immer nur im Licht unseres schon vorhandenen Selbstkonzepts wahrnehmen können.

> **Merke**
> Wir tendieren dazu, uns so zu sehen, wie wir zu sein glauben.

Diese Tendenz wird in der Sozialpsychologie meist als selbstkonsistenzerhöhende Verzerrung (self-consistency bias) bezeichnet und lässt sich in vielen Studien nachweisen (vgl. z.B. Swann, 1983). Die schon weiter oben diskutierten schematisierenden Effekte des Selbstkonzepts auf die Wahrnehmung selbstbezogener Information gehören hierzu. Persönlichkeitspsychologisch betrachtet führt die selbstkonsistenzerhöhende Tendenz dazu, vorhandene Unterschiede im Selbstkonzept zu stabilisieren, weil leicht bis mäßig diskrepante Informationen im Prozess der Selbstwahrnehmung dem Selbstkonzept angepasst werden.

Selbsterinnerung

Eine weitere Quelle selbstkonzeptrelevanter Informationen ist die Erinnerung an die eigene Person und an eigenes Erleben und Verhalten in früheren Situationen. Der Inhalt solcher Erinnerungen nimmt ähnlich wie der Inhalt der aktuellen Selbstwahrnehmung Einfluss auf das Selbstkonzept. Da Erinnern in gleicher Weise wie die Wahrnehmung durch Erwartungshaltungen und schematisierende Effekte verzerrt wird, gibt es auch eine selbstkonsistenzerhöhende Tendenz beim Erinnern. Sie trägt dazu bei, einerseits stabile Selbstkonzeptunterschiede weiter zu stabilisieren, andererseits aber auch die Erinnerung an früheres eigenes Erleben und Verhalten dem aktuellen Selbstkonzept anzupassen. Dies erhöht das Gefühl der Identität, d.h. das Gefühl einer Kontinuität zwischen früherem und jetzigem Mich (vgl. Abschn. 4.7.1). Selbsterinnern wird gedächtnispsychologisch unter dem Thema »autobiographisches Gedächtnis« behandelt.

> **Merke**
> Dadurch, dass wir in unserer Erinnerung eher konsistent mit unserem aktuellen Selbstkonzept erscheinen, glauben wir zu wissen, wer wir sind.

Soziales Spiegeln

Selbstwahrnehmung und Selbsterinnerung sind Prozesse, die ganz im Privaten ablaufen können. Durch soziale Interaktion kommt eine weitere selbstkonzeptrelevante Informationsquelle ins Spiel: die Meinung anderer von uns selbst. Cooley (1902) verglich die Rolle anderer bei der Entwicklung des Selbstkonzepts mit einem Spiegel: »Each to each a looking glass, reflects the other that doth pass«. Danach sehen wir uns selbst so, wie wir uns im Spiegel der anderen sehen (dieser Prozess soll hier soziales Spiegeln genannt werden). Wir halten uns z.B. für hilfsbereit, wenn wir aus den Reaktionen anderer schließen, dass sie uns für hilfsbereit halten (ob sie diese Meinung wirklich haben oder nicht, ist eine andere Sache). Verkürzte Darstellungen des sozialen Spiegelns gehen davon aus, dass wir uns so sehen, wie andere uns tatsächlich sehen. Wir würden uns sozusagen objektiv aus der Perspektive anderer betrachten. Aber das geht natürlich nicht; wir können nur aus unserer Perspektive vermuten, wie andere uns sehen.

> **Merke**
> Wir tendieren dazu, uns so zu sehen, wie wir glauben, dass andere uns sehen.

Diese Betonung der subjektiven Komponente im sozialen Spiegeln ist deshalb wichtig, weil sie deutlich macht, dass das soziale Spiegeln derselben selbstkonsistenzerhöhenden Verzerrung ausgesetzt ist wie die Selbstwahrnehmung. In mehreren Studien konnte gezeigt werden, dass Personen mit sehr niedrigen Einschätzungen ihrer kognitiven oder sozialen Kompetenz oder depressiven Tendenzen Rückmeldungen über ihre Leistungen relativ zu einer Kontrollgruppe mit positiverer Selbsteinschätzung eher unterschätzen, auf negative Rückmeldungen eher achten, sie besser erinnern und geradezu nach ihnen zu suchen scheinen (vgl. Swann, 1983; Swann et al., 1992).

Wie ungenau letztlich unsere Wahrnehmung des Spiegelbilds ist, das uns andere vorhalten, wird in einer Reanalyse von Kenny und DePaulo (1993) von acht Studien mit insgesamt 569 Versuchspersonen deutlich. Die Versuchspersonen sollten beurteilen, wie verschiedene Bekannte sie hinsichtlich mehrerer Eigenschaften einschätzten; gleichzeitig wurde das tatsächliche Urteil dieser Bekannten erhoben. Die Versuchspersonen überschätzten die Konsistenz des Urteils anderer über sie. Sie konnten zwar deren mittleres Urteil relativ gut vorhersagen, waren aber nicht fähig, Unterschiede zwischen den Urteilen der Bekannten vorherzusagen. Sie nahmen also sozusagen in unterschiedlichen sozialen Spiegeln immer dasselbe Bild wahr. Da die Übereinstimmung zwischen ihrem Selbstkonzept und ihrem Bild vom mittleren Eindruck anderer über sie selbst sehr hoch war (nach Kontrolle der Unreliabilität der Urteile .87 im Mittel über die acht Studien), folgerten die Autoren, dass unser Bild vom Eindruck anderer über uns im Grunde nichts anderes ist als eine Projektion unseres Selbstbildes auf andere.

> **Merke**
> Wir tendieren zu der Annahme, dass andere uns so sehen, wie wir uns selbst sehen.

Ein Problem dieser Studie ist allerdings, dass das Urteil nur von eher oberflächlich Bekannten vorherzusagen war. Die vor allem vom Soziologen Mead (1934) begründete Schule des symbolischen Interaktionismus geht davon aus, dass unser Bild von uns selbst durch zwei Arten von Bildern im Spiegel anderer geprägt wird: die Bilder, die uns wichtige konkrete Bezugspersonen (»significant others«) vorhalten, und das daraus durch Generalisierung entstehende verallgemeinerte Bild (das Bild des »generalized other«). Letzteres basiere nicht auf dem statistischen Durchschnitt aller uns vorgehaltenen Bilder, sondern beruhe überwiegend auf den Bildern, die uns wichtige Bezugspersonen vorhalten. Der Befund von Kenny und De Paulo (1993) schließt nicht aus, dass Menschen Unterschiede im Urteil wichtiger Bezugspersonen (z. B. Vater, Mutter und aktueller Partner) wahrnehmen können. Andererseits sprechen zahlreiche andere Befunde dafür, dass die Bedeutung des sozialen Spiegelns für das Selbstkonzept zumindest geringer ist, als es im symbolischen Interaktionismus angenommen wird (vgl. Shrauger & Schoenemann, 1979).

> **Merke**
> Der Eindruck anderer über uns bestimmt nur insofern unser Selbstkonzept, als wir Abweichungen zwischen diesem Eindruck und unserem Selbstkonzept wahrnehmen können. Diese Fähigkeit scheint jedoch nur gering entwickelt zu sein. Das begrenzt den Einfluss des sozialen Spiegelns auf das Selbstkonzept.

Sozialer Vergleich

Selbstwahrnehmung, Selbsterinnerung und soziales Spiegeln können das Selbstkonzept beeinflussen. Führen sie zu Veränderungen des Selbstkonzepts, kann das Konsequenzen auf das Selbstwertgefühl haben, wenn die Veränderungen positiv oder negativ bewertet werden. Zumindest ab der mittleren Kindheit ist dabei zu berücksichtigen, dass wir uns immer relativ zu einer Bezugsgruppe bewerten – einer Gruppe von Menschen, mit denen wir uns vergleichen, weil sie sich in einer ähnlichen Lage befinden. Das Selbstwertgefühl entspringt also nicht einer absoluten Bewertung, sondern einem sozialen Vergleich. Soziale Vergleichseffekte werden insbesondere dann deutlich, wenn Menschen ihre Bezugsgruppe wechseln.

So haben z. B. im klassischen deutschen Schulsystem spätere Gymnasiasten gegen Ende der Grundschulzeit ein positiveres Selbstwertgefühl im schulischen Bereich als spätere Hauptschüler, weil sie in ihrer Klasse überdurchschnittliche Noten haben. Nach dem Übergang ins Gymnasium wechseln sie jedoch in eine Bezugsgruppe, in der sie im Vergleich zu ihren Klassenkameraden nicht mehr besser sind, so dass ihr Selbstwertgefühl relativ zu den Hauptschülern zwischen der 4. und 5. Klasse sinkt. ◘ Abbildung 4.32 demonstriert diesen Effekt anhand der Längsschnittstudie, auf die sich schon ◘ Tabelle 4.41

Abb. 4.32. Bezugsgruppeneffekt auf das kognitive Selbstwertgefühl von Schülern beim Übergang zum Gymnasium. (Daten nach Asendorpf & van Aken, 1994)

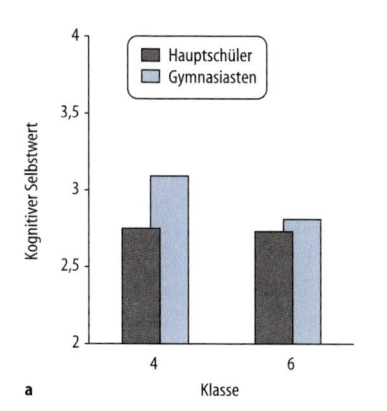

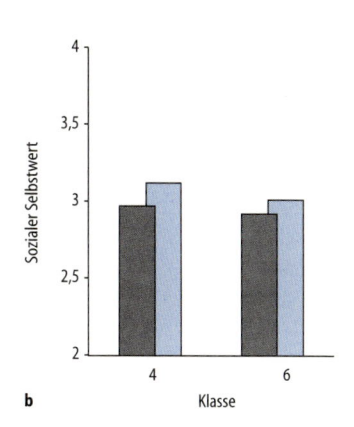

bezog (vgl. auch schon Schwarzer et al., 1982). Der Effekt ist recht stark und spezifisch für das Selbstwertgefühl im intellektuellen Bereich (wie ◘ Abb. 4.32 zeigt, bleibt z. B. das soziale Selbstwertgefühl unbeeinflusst). Hauptschüler haben also in der 6. Klasse im Durchschnitt ein genauso positives schulisches Selbstwertgefühl wie Gymnasiasten, weil sich die Schüler eines Typs nur noch untereinander in ihren Leistungen vergleichen. Dies ist einer der positiv zu bewertenden Effekte eines mehrgliedrigen Schulsystems.

Derartige Bezugsgruppeneffekte können also interindividuelle Unterschiede im Selbstwertgefühl hervorrufen, die nicht auf Unterschieden in tatsächlichen Eigenschaften beruhen, sondern auf dem Vergleich derselben Eigenschaften mit unterschiedlichen Bezugsgruppen.

> **Merke**
> Das Selbstwertgefühl wird beim sozialen Vergleich dadurch bestimmt, wie wir glauben, uns von unserer Bezugsgruppe zu unterscheiden.

Selbstüberschätzung und Narzissmus

Wahrnehmungen sind nicht nur hypothesengesteuert – die rationale Sichtweise – sondern auch motivationsgesteuert: Wir nehmen besonders leicht das wahr, was wir wahrnehmen möchten. Übertragen auf das Selbstwertgefühl bedeutet dies, dass Selbstwahrnehmung, Selbsterinnerung, soziales Spiegeln und soziale Vergleiche (im folgenden kurz selbstbezogene Kognitionen genannt) durch selbstwertbezogene Motive beeinflusst werden können. Ein Motiv, das sich wie ein roter Faden durch die einschlägige sozialpsychologische Literatur zieht, ist das Motiv nach Selbstwerterhöhung: Wir streben nach einem positiven Selbstwertgefühl. Dieses universelle Motiv hat zur Folge, dass eine Tendenz besteht, selbstbezogene Informationen selbstwertdienlich zu verzerren.

Selbstwertdienliche Verzerrungen konnten in zahllosen Studien empirisch bestätigt werden. Werden z. B. Schüler aufgefordert, ihre Leistung in einem Fach relativ zu der ihrer Klassenkameraden einzuschätzen, so überschätzen fast alle ihre Leistung. Diese Selbstüberschätzung ist um so stärker, je jünger die Schüler sind (Helmke, 1992). Aber auch noch bei Erwachsenen findet sich eine mäßige Selbstüberschätzung (vgl. Taylor & Brown, 1988). Allerdings kann es hier zum Konflikt zwischen Tendenzen zur Selbstwerterhöhung und zur Selbstkonsistenz kommen, wenn das Selbstwertgefühl sehr niedrig ist: Eine Erhöhung wäre ja selbstinkonsistent. Tatsächlich wird in diesen Fällen sogar manchmal das Gegenteil von Selbstwerterhöhung gefunden: eine Selbstabwertung. So unterschätzen z. B. sozial ängstliche Menschen ihre eigene soziale Kompetenz, während sie die soziale Kompetenz anderer genauso einschätzen wie wenig ängstliche (vgl. z. B. Clark & Arkowitz, 1975). Mit Baumeister et al. (1989) kann angenommen werden, dass Personen mit niedrigem Selbstwertgefühl deshalb keine Selbstwerterhöhung anstreben, weil sie bezweifeln, dass ein positiveres Selbstkonzept der Realität standhalten würde.

Ähnliches gilt für Menschen mit depressiven Tendenzen; auch sie unterschätzen sich oder sind gnadenlose Realisten, die ihre negativen Seiten ungeschminkt wahrnehmen (Taylor & Brown, 1988).

> **Merke**
> Eine mäßige Selbstüberschätzung ist normal. Gnadenloser Realismus oder Selbstunterschätzung findet sich bei depressiven Tendenzen oder niedrigem Selbstwertgefühl.

Hieraus wurde des öfteren geschlossen, dass die Tendenz zur Selbstüberschätzung gesund sei (Taylor & Brown, 1988). Diese Schlussfolgerung ist aber nur dann gerechtfertigt, wenn unter Selbstüberschätzung die normale mäßige Selbstüberschätzung gemeint ist. Wird dagegen Selbstüberschätzung als Persönlichkeitsdimension mit dem einen Pol der Selbstunterschätzung und dem anderen Pol der starken Selbstüberschätzung verstanden, ist die Schlussfolgerung falsch.

Im Gegenteil fanden Colvin et al. (1995), dass dispositionale Selbstüberschätzung, operationalisiert durch eine sozial erwünschtere Selbstbeurteilung der eigenen Persönlichkeit relativ zum Urteil von Bekannten, mit zahlreichen sozial unerwünschten Eigenschaften positiv korreliert und mit zahlreichen sozial erwünschten Eigenschaften negativ. Je stärker sich also Menschen überschätzen, desto sozial unerwünschter ist ihre Persönlichkeit.

Asendorpf und Ostendorf (1998) bestätigten diesen Zusammenhang in einer Analyse von Selbst- und Bekannteneinschätzungen in bezug auf 830 Eigenschaftsworte und konnten darüber hinaus zeigen, dass zumindest im Falle sozial stark erwünschter oder stark unerwünschter Eigenschaften die Tendenz zur Selbstüberschätzung in diesen Eigenschaften konsistent zwischen Eigenschaften ist. Die Tendenz zur Selbstüberschätzung scheint demnach stark generalisiert zu sein, zumindest dann, wenn das Selbstwertgefühl davon profitiert, weil sozial Erwünschtes überschätzt und sozial Unerwünschtes unterschätzt wird.

> **Merke**
> Interindividuelle Unterschiede in der Tendenz, sich selbst positiver einzuschätzen als Bekannte es tun, sind im Falle sozial erwünschter Eigenschaften konsistent über diese Eigenschaften. Diese dispositionale Selbstüberschätzung korreliert negativ mit vielen erwünschten und positiv mit vielen unerwünschten Eigenschaften.

Asendorpf und Ostendorf (1998) weisen darauf hin, dass die negative Korrelation zwischen Selbstüberschätzung und sozial erwünschter Persönlichkeit nicht unbedingt den Befunden von Taylor und Brown (1988) widerspricht, da diese sich nur auf Abweichungen von Personen mit depressiven Tendenzen oder einem niedrigen Selbstwertgefühl vom statistischen Durchschnitt bezogen. Die von Colvin et al. (1995) gefundene globale Korrelation zwischen Selbstüberschätzung und unerwünschter Persönlichkeit mag dagegen auf 2 vergleichsweise großen Gruppen beruhen: Personen, die sozial erwünschte Formen einer nur geringen Selbstüberschätzung oder einer Selbstunterschätzung zeigen (z.B. Bescheidenheit) und Personen, die sozial unerwünschte Formen einer überdurchschnittlich starken Selbstüberschätzung zeigen. Hierzu zählt insbesondere der Narzissmus.

Beginnend mit Sigmund Freud (1914) haben sich viele Psychoanalytiker gerade in neuerer Zeit mit dem narzisstischen Charakter und den ihn begleitenden Störungen beschäftigt (vgl. besonders Kernberg, 1989; und Kohut, 1971). Im Kern liege dem narzisstischen Charakter eine übermäßig starke libidinöse Zuwendung zur eigenen Person zugrunde, die auf mangelhafter Zuwendung vor allem seitens der Mutter beruhe. Es resultiere ein grandioses Selbstbild einzigartiger Kompetenzen und Qualitäten. Da dieses Selbstbild unrealistisch sei, sei es entsprechend fragil und müsse deshalb mit großem Aufwand gegenüber Bedrohungen der Außenwelt verteidigt werden. Dies führe zu mangelhafter Empathie, einer Überempfindlichkeit gegenüber Kritik bis hin zu aggressiven Ausbrüchen und zu starken Stimmungsschwankungen. Narzissmus ist damit eine sozial unerwünschte Form der Selbstüberschätzung.

Das Narzissmuskonzept fand zunächst Eingang in die Klassifikation von Persönlichkeitsstörungen (vgl. Abschn. 4.1.2). In DSM-IV wird die narzisstische Persönlichkeitsstörung charakterisiert durch »ein tiefgreifendes Muster von Großartigkeit (in Phantasie und Verhalten), Bedürfnis nach Bewunderung und Mangel an Empathie«. Im ICD-10 fällt die narzisstische Persönlichkeitsstörung unter »andere spezifische Persönlichkeitsstörungen«.

Auf der Grundlage des DSM-Konzepts der narzisstischen Störung wurden verschiedene Persönlichkeitsskalen zur Erfassung von narzisstischen Normalvarianten entwickelt, von denen das Narcissistic Personality Inventory (NPI) am verbreitetsten ist. Es erfasst narzisstische Tendenzen je nach Variante durch Selbstbeurteilung von 37–54 Items (vgl. Raskin & Terry, 1988).

> **Merke**
> Narzissmus bezeichnet eine Persönlichkeitsstörung aber auch eine Dimension der normalen Persönlichkeit, gekennzeichnet durch Selbstüberschätzung, mangelnde Empathie, Überempfindlichkeit gegenüber Kritik und Stimmungsschwankungen.

Inzwischen gibt es zahlreiche Hinweise auf die Validität des NPI. Eine Gruppe von Untersuchungen bestätigte, dass Narzissten zur Selbstüberschätzung neigen. So fanden Gabriel et al. (1994), dass Narzissmus bei Studierenden mit der Überschätzung der eigenen Intelligenz und physischen Attraktivität korrelierte. John und Robins (1994) ließen Betriebswirtschaftsstudenten in Kleingruppen Managementprobleme einer fiktiven Firma lösen. Je narzisstischer die Teilnehmer waren, desto stärker überschätzten sie ihre Leistung in der Gruppe relativ zur Einschätzung trainierter Beobachter. Farwell und Wohlwend-Lloyd (1998) ließen Studierende ihre Noten am Ende des Jahres vorhersagen und verglichen die tatsächlich erhaltenen Noten mit den vorhergesagten. Studierende mit hohen NPI-Werten überschätzten ihre Noten besonders stark.

Eine andere Gruppe von Untersuchungen bestätigte die Annahme, dass das Selbstwertgefühl bei Narzissten besonders labil ist. Emmons (1987) fand in einer Tagebuchstudie über 42 Tage, dass hohe Narzissmuswerte mit größerer intraindividueller Variabilität in positiven und in negativen Emotionen einhergeht; Rhodewalt et al. (1998) fanden dasselbe für Schwankungen des Selbstwertgefühls von Tag zu Tag. Rhodewalt und Morf (1998) induzierten bei Studierenden experimentell wiederholt Erfolge und Misserfolge bei der Bearbeitung von Intelligenzaufgaben. Narzisstische Personen reagierten am stärksten auf Erfolg mit positiven Gefühlen, wenn er nach einem Misserfolg auftrat (also nach einer Bedrohung des Selbstwertgefühls durch Misserfolg). Bei Misserfolg reagierten sie primär mit Ärger, vor allem wenn er nach einem Erfolg auftrat, wobei das Ausmaß ihres Ärgers mit einer Verminderung ihres Selbstwertgefühls durch den Misserfolg korrelierte. Narzisstische Personen sprachen also besonders auf deutliche Veränderungen ihrer Erfolgs-Misserfolgs-Bilanz an. Bushman und Baumeister (1998) konnten zeigen, dass dies nicht nur für das Gefühl des Ärgers zutrifft, sondern auch für aggressives Verhalten.

> **Merke**
> Narzissmus, gemessen durch den NPI, geht mit Selbstüberschätzung und starken Schwankungen des Selbstwertgefühls und der Stimmungslage einher, die auf einer besonderen Sensitivität gegenüber Lob und Kritik beruhen. Das Selbstwertgefühl ist bei Narzissten also positiv aber fragil.

Selbstdarstellung

Die Tendenzen zur Selbstwerterhöhung und Selbstkonsistenz betreffen nicht nur Prozesse des Wahrnehmens und Erinnerns, sondern auch das eigene Verhalten. Das Wort »Person« geht auf das lateinische Wort »persona« zurück, das im antiken Theater die Maske bezeichnete, die die Schauspieler zur Symbolisierung ihrer Rolle trugen. Der Soziologe Goffman übertrug dieses Bild auf soziales Verhalten ganz allgemein. Danach spielen wir alle in der Öffentlichkeit Theater, nur dass wir nicht eine Rolle spielen, sondern uns *selbst* darstellen: Soziales Verhalten sei im wesentlichen Selbstdarstellung (Goffman, 1956).

Wir stellten uns selbst so dar, wie wir zu sein glauben, um soziale Rückmeldungen zu bekommen, die unser Selbstkonzept bestätigen – der Konsistenzaspekt der Selbstdarstellung – oder wir setzten uns so in Szene, dass wir Rückmeldungen von anderen bekommen, die uns schmeicheln – der selbstwertdienliche Aspekt der Selbstdarstellung. In beiden Fällen diene die Selbstdarstellung dem Eindrucksmanagement: Wir versuchten, den Eindruck anderer über uns selbst zu steuern (vgl. Leary & Kowalski, 1990).

Eindrucksmanagement bedarf nicht unbedingt der Selbstdarstellung. Zum Beispiel kann ich versuchen, durch gezieltes Verbreiten von Gerüchten über meine Person den Eindruck anderer von mir zu manipulieren, ohne dabei selbst direkt in Erscheinung zu treten (Schneider, 1981). Soziales Verhalten, das auf authentische Selbstenthüllung zielt, indem man versucht, sich ohne Rücksicht auf den Eindruck anderer möglichst »echt« zu verhalten (ein Ideal in manchen Therapiegruppen), dient nicht dem Eindrucksmanagement, und es ist umstritten, ob man es als Form der Selbstdarstellung (nämlich Darstellung vor sich selbst) betrachten sollte (Greenwald & Breckler, 1985; Leary & Kowalski, 1990). Im folgenden wird Selbstdarstellung immer im engeren Sinne der Selbstdarstellung vor anderen verstanden (Jones & Pittman, 1982).

Persönlichkeitspsychologisch sind vor allem zwei Eigenschaften bedeutsam für den Prozess der Selbstdarstellung: das Bedürfnis nach Selbstdarstellung und die Fähigkeit zur Selbstdarstellung. Die Fähigkeit zur Selbstdarstellung ist ein bestimmter Aspekt der sozialen Kompetenz (vgl. Abschn. 4.4.3). Das Bedürfnis nach Selbstdarstellung kann im Dienst der Selbstkonsistenzerhöhung stehen, vor allem aber im Dienst der Selbstwerterhöhung. Bei mangelnder Fähigkeit zur Selbstdarstellung kann sich im letzteren Fall ein Teufelskreis entwickeln: Der Versuch, ein niedriges Selbstwertgefühl durch positive Selbstdarstellung zu steigern, schlägt fehl, und dieser Misserfolg senkt das Selbstwertgefühl noch weiter.

Snyder (1974, 1987) führte das Konstrukt der Selbstüberwachung (»self-monitoring«) ein, worunter er im wesentlichen eine Disposition zum Eindrucksmanagement durch Selbstdarstellung verstand. Starke Selbstüberwacher achteten in sozialen Situationen stark auf den Eindruck anderer über das eigene Verhalten und richteten es stark nach diesem Eindruck aus, während schwache Selbstüberwacher sich wenig um den Eindruck anderer kümmerten. Zur Messung dieser Persönlichkeitseigenschaft entwickelte Snyder eine Skala mit entsprechenden Items.

Nachfolgende Untersuchungen von Nowack und Kammer (1987) und Moser et al. (1996) konnten jedoch zeigen, dass das so gemessene Konstrukt der Selbstüberwachung in zwei klar trennbare Faktoren zerfällt: Soziale Fertigkeit und Inkonsistenz (◘ Tabelle 4.42). Inkonsistenz wird durch Items erfasst, die das Bedürfnis nach Selbstdarstellung und die Abhängigkeit des eigenen Verhaltens von den Erwartungen anderer erfassen, also Inkonsistenzen zwischen Selbstkonzept und eigenem Verhalten thematisieren. Soziale Fertigkeit wird durch Items erfasst, die die Fähigkeit zur Selbstdarstellung beschreiben. Inkonsistenz korreliert positiv mit Neurotizismus und Gehemmtheit und negativ mit Extraversion und der Tendenz zu sozial erwünschten Antworten (Marlowe-Crowne-Skala; vgl. Abschn. 3.2.4). Der Fähigkeitsfaktor dagegen korreliert negativ mit Neurotizismus und Gehemmtheit, positiv mit Extraversion und nicht mit der Tendenz zu sozial erwünschten Antworten (Moser et al., 1996).

In einer weiteren Differenzierung bezogen Laux und Renner (2002) die beiden Faktoren der Selbstüberwachungsskala auf die Unterscheidung zwischen akquisitiver und protektiver Selbstdarstellung von Arkin (1981). Motivational betrachtet liegt der akquisitiven Selbstdarstellung das Motiv Hoffnung auf Erfolg zugrunde (vgl. Abschn. 4.5.1). Akquisitive Selbstdarsteller versuchen sich so zu verhalten, dass sie von den anderen möglichst positiv bewertet werden. Protektive Selbstdarsteller dagegen versuchen, negative soziale Bewertungen möglichst zu vermeiden, also möglichst wenig Angriffsflächen zu bieten; ihre Selbstdarstellung ist durch Furcht vor Misserfolg motiviert (vgl. Abschn. 4.5.1). Der Faktor soziale Fertigkeiten bezieht sich vor allem auf akquisitive, der Faktor Inkonsistenz vor allem auf protektive Selbstdarstellung.

Laux und Renner (2002) entwickelten auf der Basis der Revised Self-Monitoring Scale und der Concern-for-Appropriateness Scale von Lennox und Wolfe (1984) neue Selbstüberwachungsskalen. Die beiden Skalen zu akquisitiver und zu protektiver Selbstüberwachung bestehen jeweils aus zwei miteinander nur mäßig korrelierenden Subskalen mit je 6 Items:
- Akquisitive Selbstüberwachung
  - Selbstdarstellungskompetenz (z.B. »Sobald ich weiß, welches Verhalten eine bestimmte Situation erfordert, kann ich mich problemlos darauf einstellen«)
  - Wahrnehmungssensibilität (z.B. »Ich kann mich ziemlich gut auf meine Intuition verlassen, wenn es darum geht, die Gefühle und Motive anderer zu verstehen«)
- Protektive Selbstüberwachung
  - Protektive Variabilität (z.B. »Ich bin nicht immer die Person, die ich vorgebe zu sein«)
  - Protektiver sozialer Vergleich (z.B. »Ich versuche die Reaktionen anderer auf mein Verhalten zu registrieren, damit ich mich nicht ins Abseits stelle«)

Die Selbstdarstellungskompetenz und die Wahrnehmungssensibilität erfassen die seit Thorndike (1920) unterschiedenen zwei Hauptaspekte der sozialen Kom-

◘ Tabelle 4.42. Zwei Faktoren der Selbstüberwachungsskala. (Nach Nowack & Kammer, 1987)

Soziale Fertigkeit	Inkonsistenz
Ich wäre wahrscheinlich ein ganz guter Schauspieler	Ich bin häufig nicht die Person, die ich vorgebe zu sein
Bei Festen überlasse ich es anderen Leuten, für Stimmung zu sorgen (–)	Um beliebt zu sein und gut mit Leuten auszukommen, neige ich dazu, eher so zu sein, wie sie es von mir erwarten, als anders
Ich stehe selten im Mittelpunkt, wenn ich mit mehreren Leuten zusammen bin (–)	Je nach Situation und beteiligten Personen verhalte ich mich oft so, als ob ich ein völlig anderer Mensch wäre
Ich schaffe es nicht besonders gut, mich bei anderen Leuten beliebt zu machen (–)	Es kann sein, dass ich Leute, die ich wirklich nicht mag, täusche, indem ich freundlich zu ihnen bin
Ich habe mir schon einmal überlegt, Schauspieler zu werden	Selbst wenn ich mich nicht amüsiere, tue ich oft so, als ob es mir gefallen würde

petenz, nämlich soziale Handlungsfähigkeit und soziale Sensitivität (vgl. Abschn. 4.4.3), wenn auch eingeschränkt auf den Aspekt der Selbstdarstellung. Im Gegensatz zu Snyders Annahme, dass Selbstüberwachung negativ mit der Neigung zu Authentizität einhergehen soll, zeigten Laux und Renner (2002), dass beide Subskalen der Akquisitiven Selbstüberwachungsskala positiv mit dem Bedürfnis nach authentischer Selbstdarstellung korrelieren. Nur die beiden Subskalen der Protektiven Selbstüberwachungsskala waren negativ mit Authentizität assoziiert. Das Bedürfnis nach authentischer Selbstdarstellung wurde durch Items erfasst wie z. B. »Im Umgang mit anderen sage ich immer geradeheraus, was ich denke«.

Clusteranalysen auf der Basis der individuellen Selbstüberwachungs- und Authentizitätswerte ergaben vier Persönlichkeitstypen (vgl. zur Methode Abschn. 4.1.2):

- Schwache Selbstüberwacher (größte Gruppe): geringe akquisitive und geringe protektive Selbstüberwachung, hohe Authentizitätsneigung.
- Akquisitive Selbstüberwacher: starke akquisitive und geringe protektive Selbstüberwachung, hohe Authentizitätsneigung.
- Starke Selbstüberwacher: starke akquisitive und protektive Selbstüberwachung, geringe Authentizitätsneigung.
- Protektive Selbstüberwacher (kleinste Gruppe): starke protektive und geringe akquisitive Selbstüberwachung, geringe Authentizitätsneigung.

> **Merke**
> Selbstüberwachung ist kein einheitliches Persönlichkeitskonstrukt, sondern besteht aus zwei Faktoren: Soziale Fertigkeit und Inkonsistenz bzw. akquisitive und protektive Selbstüberwachung. Es können vier Typen von Selbstüberwachern unterschieden werden: schwache, starke, akquisitive und protektive.

Selbstaufmerksamkeit

Selbstwahrnehmung und Selbsterinnerung setzen voraus, dass die eigene Aufmerksamkeit überhaupt auf die eigene Person gerichtet wird (einschließlich des Selbstkonzepts). Unter Selbstaufmerksamkeit versteht man den kurzfristigen Zustand, in dem dies der Fall ist (Duval & Wicklund, 1972). Situativ kann man Selbstaufmerksamkeit induzieren, indem man selbstbezogene Rückmeldungen verstärkt, z. B. durch einen Spiegel, Videofeedback, akustisches Feedback, Biofeedback oder auch Fotos, Ton- oder Filmaufnahmen der eigenen Person in früheren Situationen.

Persönlichkeitspsychologisch stellt sich die Frage, ob es eine Disposition zu besonders starker oder schwacher Selbstaufmerksamkeit gibt (zur Vermeidung einer Verwechselung mit dem Zustand der Selbstaufmerksamkeit wird diese Disposition im folgenden Selbstbewusstheit genannt). Fenigstein et al. (1975) versuchten, Selbstbewusstheit durch Selbstbeurteilung zu erfassen, wobei sie drei relativ unabhängige Faktoren fanden, die sie private Selbstbewusstheit, öffentliche Selbstbewusstheit und soziale Ängstlichkeit nannten. Wie ◘ Tabelle 4.43 zeigt, erfasst private Selbstbewusstheit die Tendenz, oft über sich selbst nachzudenken, und öffentliche Selbstbewusstheit die Tendenz, über die eigene Wirkung auf andere besorgt zu sein; soziale Ängstlichkeit ist das schon in Abschn. 4.3 diskutierte Konstrukt.

Die rein empirisch gefundene Unterscheidung zwischen privater und öffentlicher Selbstbewusstheit könnte auf interindividuelle Unterschiede in der Tendenz zurückgeführt werden, sich eher mit privaten als mit öffentlichen Aspekten der eigenen Person zu beschäftigen (z. B. eher mit eigenen Träumen als mit dem eigenen Aussehen), die eigene Person eher aus privater als aus öffentlicher Perspektive zu betrachten (z. B. eher über eigene Träume nachdenken als darüber, was wohl

◘ Tabelle 4.43. Beispielitems für private und öffentliche Selbstbewusstheit. (Nach Filipp & Freudenberg, 1989)

Private Selbstbewusstheit	Öffentliche Selbstbewusstheit
Ich beobachte sorgfältig meine innersten Gefühle	Ich achte auf mein Aussehen
Ich denke über mich nach	Ich mache mir Gedanken darüber, wie ich auf andere Menschen wirke
Ich versuche, über mich selbst etwas herauszufinden	Ich denke im nachhinein darüber nach, welchen Eindruck ich auf andere gemacht habe
Ich merke, wie ich mich selbst beobachte	Ich denke darüber nach, welchen Gesichtsausdruck ich gerade habe
Ich erforsche gründlich meine Absichten	Ich mache mir Gedanken darüber, wie ich mich in Gegenwart anderer geben soll

andere von diesen Träumen halten würden) oder sich selbst eher in einem neutralen oder positiven emotionalen Kontext wahrzunehmen als in einem negativen (z. B. sich eher über eigene Träume freuen als sich vor ihnen zu ängstigen). Diese drei Aspekte der Selbstbewusstheit werden durch die Skalen von Fenigstein et al. (1975) nicht klar getrennt.

Deshalb konstruierten Holz-Ebeling und Metzger (1988) getrennte Skalen zur Erfassung jedes der $2 \times 2 \times 2 = 8$ Aspekte von Selbstbewusstheit. Alle vier Skalen, die negativ getönte Selbstbewusstheit erfassten, korrelierten hoch positiv miteinander, was darauf zurückzuführen sein dürfte, dass bei negativ getönter Selbstaufmerksamkeit Menschen ihre Aufmerksamkeit gleichermaßen aus privater und öffentlicher Perspektive sowohl auf private wie auch auf öffentliche Aspekte ihrer Person richten. Persönlichkeitsunterschiede bestehen hier nur in der Tendenz, sich überhaupt mit problematischen Aspekten der eigenen Person auseinanderzusetzen; diese Tendenz dürfte eine direkte Funktion des allgemeinen Selbstwertgefühls sein. Die vier Skalen, die positiv getönte Selbstbewusstheit erfassten, korrelierten zwar auch positiv miteinander, jedoch weit weniger hoch, so dass positiv getönte Selbstaufmerksamkeit kein einheitlicher Faktor zu sein scheint.

Aus persönlichkeitspsychologischer Sicht scheinen damit die Unterscheidungen zwischen privater und öffentlicher Perspektive und privaten und öffentlichen Aspekten des Selbst im Falle negativ getönter Selbstaufmerksamkeitsprozesse irrelevant. Das ist ein gutes Beispiel dafür, dass nicht jede allgemeinpsychologisch sinnvolle Unterscheidung auch differentiell betrachtet sinnvoll sein muss.

Die Befunde von Fenigstein et al. (1975) und Holz-Ebeling und Metzger (1988) beruhten nur auf Globaleinschätzungen eigener Aufmerksamkeitstendenzen in Fragebögen. Studien zur tatsächlichen Aufmerksamkeitssteuerung in realen Situationen unterstützen die Validität sowohl der Skala private Selbstbewusstheit als auch die Bedeutung negativ getönter Selbstbewusstheit. Zum Beispiel sind Personen mit hohen Werten in privater Selbstbewusstheit resistenter gegenüber Konformitätsdruck (Carver & Scheier, 1981). In mehreren Studien korrelierten bei Personen mit hohen Werten in privater Selbstbewusstheit selbsteingeschätzte Persönlichkeitseigenschaften stärker mit Fremdeinschätzungen oder beobachtetem Verhalten als bei Personen mit niedrigen Werten in privater Selbstbewusstheit (vgl. z. B. Amelang & Borkenau, 1984; Cheek, 1982); die Selbstbeschreibungen von Menschen, die sich mehr mit sich selbst beschäftigen, scheinen valider zu sein.

Asendorpf (1987, 1989 b) fand mit Hilfe des videounterstützten Erinnerns, dass schüchterne Studenten in Situationen, in denen sie erwarteten, von ihrem Interaktionspartner bewertet zu werden, genauso oft über ihren Eindruck auf den Partner nachdachten wie nichtschüchterne, dass die eindrucksbezogenen Gedanken der schüchternen Studenten aber negativer getönt waren als die der nichtschüchternen. Soziale Ängstlichkeit scheint nicht durch erhöhte öffentliche Selbstaufmerksamkeit im allgemeinen charakterisiert zu sein, sondern durch negativ getönte Selbstaufmerksamkeit.

> **Merke**
> Wieweit sich öffentliche und private Selbstbewusstheit unterscheiden lassen, scheint von der emotionalen Qualität der Situation abzuhängen. In negativ getönten Situationen korrelieren beide Eigenschaften hoch miteinander, nicht aber in positiv getönten Situationen.

4.7.4 Wohlbefinden

Psychische Gesundheit hat eine objektive und eine subjektive Seite. Zur objektiven Seite zählen Fähigkeiten zur Bewältigung innerer und äußerer Anforderungen und Belastungen (vgl. Abschn. 4.5.3). Die subjektive Seite wird als Wohlbefinden bezeichnet oder auch als subjektives Wohlbefinden, um die Subjektivität zu betonen (vgl. Abele & Becker, 1991; Diener, 1984). Denn wie in diesem Kapitel deutlich werden wird, hängt das Wohlbefinden nur in eingeschränktem Maße von der äußeren Lebenssituation und den objektiven Fähigkeiten ab. Es ist eine von diesen Fähigkeiten weitgehend unabhängige Persönlichkeitseigenschaft.

Diese Eigenschaft erweist sich bei genauerer Analyse als eine Hierarchie eng verwandter Dispositionen (vgl. ◻ Abb. 4.33). Zunächst lässt sich eine eher kognitive Komponente – die Lebenszufriedenheit – von einer affektiven Komponente – Glücklichsein – unterscheiden. Glücklichsein wiederum besteht aus 2 nur mäßig negativ korrelierenden Dispositionen: der Tendenz, positive Gefühle zu erleben und der Tendenz, negative Gefühle zu erleben (positive bzw. negative Affektivität). Die Korrelation ist nur mäßig, weil es Menschen gibt, die allgemein affektgedämpft sind, also selten positive und selten negative Gefühle erleben, und Menschen, die häufig und intensiv positive und negative Gefühle erleben (meist

4.7 · Selbstbezogene Dispositionen

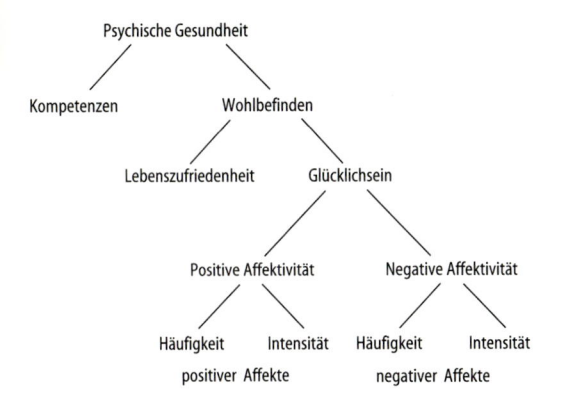

```
                Psychische Gesundheit
                /           \
        Kompetenzen      Wohlbefinden
                         /          \
              Lebenszufriedenheit  Glücklichsein
                                   /          \
                      Positive Affektivität   Negative Affektivität
                         /      \                /        \
                    Häufigkeit  Intensität  Häufigkeit  Intensität
                       positiver Affekte      negativer Affekte
```

Abb. 4.33. Eine Dispositionshierarchie für psychische Gesundheit

nacheinander, nicht gleichzeitig). Positive Affektivität korreliert stärker mit Extraversion, negative Affektivität stärker mit Neurotizismus (Costa & McCrae, 1980). Intensität und Häufigkeit schließlich sind unterschiedliche, wenn auch deutlich korrelierende Aspekte der positiven bzw. negativen Affektivität (vgl. Diener, 1984).

Wichtig ist hier, die stabilen Dispositionen der positiven und negativen Affektivität nicht mit situationsgebundenen, vorübergehenden positiven und negativen Gefühlen zu verwechseln. Hohe positive Affektivität ist nicht unvereinbar mit dem Fehlen positiver Gefühle in einzelnen Situationen; sie zeichnet sich aber durch die individualtypische Tendenz aus, positive Gefühle häufiger oder intensiver als andere Menschen zu erleben.

Die in Abb. 4.33 gezeigte Dispositionshierarchie ist nicht die einzig mögliche. Ryff und Keyes (1995) zeigten, dass sich 6 verwandte, aber nicht identische Unterfaktoren von Wohlbefinden voneinander unterscheiden lassen: Selbstakzeptanz, Kontrolle über die Umwelt, sinnerfülltes Leben, persönliches Wachstum, positive soziale Beziehungen und Autonomie. Die diskriminante Validität der 6 Faktoren wurde u.a. in unterschiedlichen Alterstrends und in unterschiedlich starken Korrelationen mit den fünf Hauptfaktoren der Persönlichkeit deutlich. Die ersten 3 Faktoren korrelierten besonders hoch mit Neurotizismus (negativ), Extraversion und Gewissenhaftigkeit; persönliches Wachstum korrelierte besonders hoch mit Offenheit gegenüber neuen Erfahrungen und Extraversion; positive Beziehungen zu anderen korrelierten besonders hoch mit Verträglichkeit und Extraversion; und Autonomie korrelierte besonders negativ mit Neurotizismus (Schmutte & Ryff, 1997). Obwohl die einzelnen Faktoren nur durch 3 Items gemessen wurden und deshalb nur eine mäßige Reliabilität aufwiesen,

zeigte jeder Faktor des Wohlbefindens eine Korrelation von mindestens .52 mit einem der fünf Hauptfaktoren der Persönlichkeit. Dies belegt die starke Persönlichkeitsabhängigkeit des Wohlbefindens auch auf der Ebene von Unterfaktoren.

Auf den ersten Blick mag es verwundern, dass Glücklichsein und Zufriedenheit mit dem eigenen Leben so stark persönlichkeitsabhängig sind. Sollten nicht die objektiven Lebensumständen und Einschränkungen der Leistungsfähigkeit eine viel größere Rolle spielen? Sind nicht arme Blinde doppelt benachteiligt – von der Lebenssituation und den Fähigkeiten her – und müssten deshalb unglücklicher und unzufriedener mit ihrem Leben sein als reiche Sehende? Hinter dieser Überlegung steht die Überzeugung, dass Behinderte unglücklicher sind als Nichtbehinderte, Arme unglücklicher als Reiche, und dass arme Behinderte durch mehr Geld oder Wegfall der Behinderung glücklicher würden.

So plausibel das auch sein mag – empirische Studien zeigen, dass die objektive Lebenssituation und objektive Einschränkungen der Gesundheit und Leistungsfähigkeit zwar einen Einfluss auf das Wohlbefinden haben, dass dieser Einfluss aber viel geringer ist, als allgemeinhin angenommen wird. Dies zeigt z. B. eine Studie von Diener und Diener (1996). Sie befragten unterschiedliche Gruppen von Personen, wieviel Prozent der Bevölkerung mit ihrem Leben eher zufrieden seien und wieviel Prozent chronisch hospitalisierter psychiatrischer Patienten eher glücklich als unglücklich seien. Die Antworten wurden mit dem Ergebnis entsprechender Repräsentativerhebungen bzw. einer Befragung psychiatrischer Patienten verglichen. Alle drei Gruppen unterschätzten das Wohlbefinden beider Gruppen massiv (vgl. Tabelle 4.44).

Dass psychiatrische Patienten überwiegend glücklich sind, ist kein Ausdruck geistiger Verwirrung, sondern entspricht durchaus der Erwartung, wenn andere benachteiligte Gruppen in den USA betrachtet werden. Befragungen ergaben, dass Blinde, Rollstuhlfahrer, arme Schwarze und unverheiratete Sozialhilfeempfänger überwiegend glücklich und mit ihrem Leben zufrieden sind. Umgekehrt ergaben Befragungen der 100 reichsten Amerikaner ein nur minimal höheres Wohlbefinden; 37% der Befragten gaben ein unter dem amerikanischen Durchschnitt (7,3 auf einer 10-Punkte-Skala) liegendes Wohlbefinden an (vgl. Myers & Diener, 1995).

Studien zur Veränderung des Wohlbefindens durch extreme Belastungen wie z.B. Querschnittslähmung ergaben, dass es unmittelbar nach Eintritt der Belastung stark sinkt, bereits nach 3 Wochen jedoch wieder positi-

Tabelle 4.44. Geschätzter und tatsächlicher Anteil überwiegend glücklicher US-Bürger

Anteil in bezug auf	Schätzung durch			Tatsächlich
	Arbeitnehmer	Psychologiestudenten	Doktoranden in Psychologie	
Bevölkerung insgesamt	56 %	61 %	48 %	83 %
Psychiatrische Patienten	33 %	34 %	24 %	57 %

ver Affekt überwiegt. Umgekehrt berichteten Lotteriegewinner nur kurzfristig über erhöhtes Glück (Brickman et al., 1978). Deshalb formulierten Headey und Wearing (1989) ein Regelkreismodell des Wohlbefindens. Wie bei vielen Bedürfnissen (vgl. Abschn. 4.5.1) gibt es danach auch für das Wohlbefinden einen stabilen individuellen Sollwert. Das tatsächlich empfundene Glück schwankt in Abhängigkeit von den tatsächlichen Lebensumständen um diesen Sollwert herum, tendiert aber immer zu einer Rückkehr zum Sollwert.

> **Merke**
> Nach dem Regelkreismodell von Headey und Wearing schwankt das subjektive Wohlbefinden um einen individuellen Sollwert herum; dieser Sollwert des Glücks ist eine stabile Persönlichkeitseigenschaft.

Suh, Diener und Fujita (1996) prüften dieses Modell in einer zweijährigen Längsschnittstudie mit Studierenden. Extraversion und Neurotizismus sagten zusammengenommen das Wohlbefinden 2 Jahre später bereits gut vorher (Korrelation von .61); Extraversion korrelierte positiv und Neurotizismus korrelierte negativ mit dem späteren Wohlbefinden. Nach Kontrolle dieses Zusammenhangs verbesserte die zusätzliche Berücksichtigung positiver und negativer Lebensereignisse nur dann die Vorhersage auf eine Korrelation von .75, wenn die Ereignisse in den letzten 3 Monaten eingetreten waren; länger zurückliegende Ereignisse hatten im Mittel über alle Studierenden keine Effekte. Die Vorhersage durch die Persönlichkeit war erheblich besser als die Vorhersage durch die Lebensereignisse, obwohl ein breites Spektrum von 88 möglichen Ereignissen berücksichtigt worden war.

Das subjektive Wohlbefinden wird in erster Linie durch die stabilen Temperamentsfaktoren positive und negative Affektivität stabilisiert, die durch die Big-Five-Faktoren Extraversion und Neurotizismus erfasst werden. Zusätzlich wird es durch relativ stabile Umweltbedingungen stabilisiert, z.B. die Qualität der Beziehung zum Partner, zur Herkunftsfamilie, die Qualität der beruflichen Umwelt und die finanzielle Lage (Vermögen und Einkommen). Schimmack et al. (2002) konnten zeigen, dass Studierende bei der Frage nach ihrem Wohlbefinden sich explizit Gedanken über solche eher stabilen Quellen des Wohlbefindens machen, und dass diese Quellen ihr Urteil über positive/negative Affektivität hinaus beeinflussen.

Welche Persönlichkeitseigenschaften sind mit dem Wohlbefinden korreliert? Zumindest in westlichen, individualistischen Kulturen zeigt es eine besonders enge Beziehung zum allgemeinen Selbstwertgefühl (eine Korrelation um .60). An zweiter Stelle korreliert das Wohlbefinden mit dem Gefühl persönlicher Kontrolle über das Leben und hiermit verwandten Handlungsdispositionen, z.B. Selbstwirksamkeitserwartungen (vgl. Abschn. 4.5.2). An dritter Stelle korreliert Wohlbefinden mit Extraversion und niedrigem Neurotizismus. Ein deutlicher Zusammenhang besteht auch mit Religiosität, zumindest in den USA und Europa. Je stärker der Glaube, das Zugehörigkeitsgefühl zu einer religiösen Gemeinschaft und je häufiger der Kirchenbesuch, desto höher ist das Wohlbefinden. Es gibt also deutliche Zusammenhänge mit dem Selbstwertgefühl, mit Handlungsdispositionen, mit dem Temperament und mit Werthaltungen (vgl. DeNeve & Cooper, 1998; und Myers & Diener, 1995, für eine Übersicht). Gering ist dagegen in den reichen Ländern der Ersten Welt der Zusammenhang mit dem realen Einkommen; in den USA und Europa beträgt die Korrelation nur etwa .10.

> **Merke**
> Das subjektive Wohlbefinden korreliert mit dem allgemeinen Selbstwertgefühl, dem Gefühl persönlicher Kontrolle über das Leben, Extraversion, geringem Neurotizismus und Religiosität, kaum aber mit dem Einkommen.

Die Korrelate des Wohlbefindens korrelieren wiederum untereinander teilweise stark, z.B. Kontrollgefühl und allgemeines Selbstwertgefühl, und die Kausalrichtung dürfte in diesem nomologischen Netzwerk des Wohlbefindens in alle Richtungen laufen. Zum Beispiel fühlen sich Extravertierte möglicherweise deshalb glücklicher, weil sie geselliger und weniger schüchtern sind und deshalb mehr Kontakt mit anderen Menschen haben, was ihre Lebenszufriedenheit hebt. Umgekehrt könnte es aber auch sein, dass Menschen, die mit ihrem Leben zufrieden sind, offener auf andere zugehen oder anziehender auf andere wirken und sich deshalb für extravertierter halten.

4.7.5 Diskussion

Die Analyse der Dynamik des Selbstkonzepts und Selbstwertgefühls hat gezeigt, dass es zahlreiche unterschiedliche Informationsverarbeitungsprozesse gibt, die Selbstkonzept und Selbstwertgefühl beeinflussen. Teilweise stehen sie in Konkurrenz zueinander, teilweise wirken sie unabhängig voneinander und teilweise verstärken oder löschen sie sich wechselseitig. Für jeden Prozess bestehen interindividuelle Unterschiede in der Stärke seines Einflusses auf Selbstkonzept und Selbstwertgefühl, und es ist die gemeinsame Resultante aller einzelnen Prozessstärken, die die Größe und Richtung ihrer Wirkung auf das Selbstkonzept und das Selbstwertgefühl bestimmt. ◘ Abbildung 4.34 fasst diese Prozesse in einem integrativen Modell der selbstbezogenen Informationsverarbeitung zusammen.

Angesichts der Komplexität der beteiligten Prozesse und der hieraus resultierenden prinzipiellen Möglichkeiten für Veränderungen des Selbstkonzepts und Selbstwertgefühls ist es eher erstaunlich, dass das Selbstkonzept – und mit einigen Einschränkungen auch das Selbstwertgefühl – überhaupt interindividuell betrachtet einigermaßen stabil sind und substantielle Korrelationen zu objektiven Fähigkeiten und Fremdeinschät-

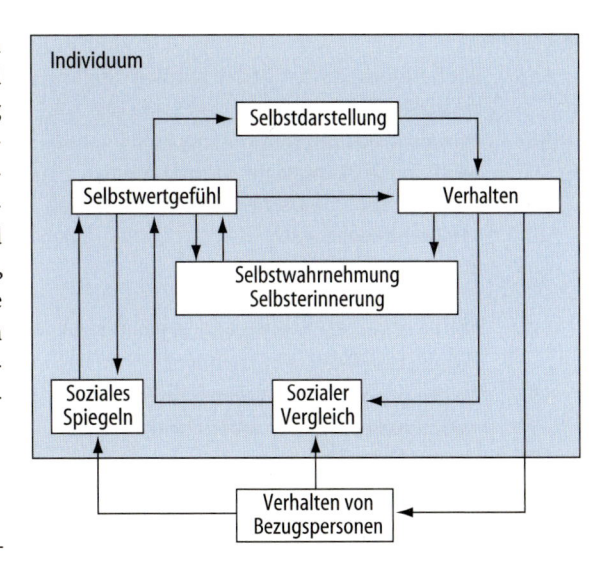

◘ Abb. 4.34. Ein Modell der selbstbezogenen Informationsverarbeitung

zungen zeigen. Ein so komplexes Schema wie das in ◘ Abb. 4.34 kann vieles erklären, aber praktisch nichts vorhersagen, weil die Wirkungsstärke der einzelnen selbstbezogenen Prozesse nicht angegeben ist.

Der erreichte Fortschritt in der Isolierung einzelner Komponenten der Selbstwertdynamik und der hierzu gehörigen Persönlichkeitseigenschaften bleibt solange irrelevant für praktische Anwendungen, wie es bei isolierten Komponenten bleibt. Was fehlt, sind integrative Ansätze, die die Funktion der einzelnen Komponenten im Gesamtzusammenhang des Selbstsystems untersuchen. Carver und Scheier (1981) formulierten zwar ein systemtheoretisch orientiertes Modell der Selbstregulation, das aber als Ganzes ungetestet blieb und auch zu unspezifisch ist, um wirklich empirisch testbar zu sein. Hier wird ein fundamentales Problem der gegenwärtigen Psychologie deutlich, das sich genauso im Bereich der Kognition oder der Handlungssteuerung findet: Die Synthese hinkt bei weitem der Analyse hinterher.

? Fragen

4.54   In welcher Hinsicht unterscheiden sich Ich, Mich, Selbstkonzept und Selbstwertgefühl?

4.55   Ist die Übereinstimmung des Selbstkonzepts mit dem Urteil von Bekannten höher für inter- oder für intraindividuelle Unterschiede?

ⓘ Hinweise zur Beantwortung

4.54   Perspektive, Stabilität, Bewertungsaspekt

4.55   Studie von Pelham erläutern

❓ Fragen

4.56	Wie bereichsspezifisch ist das Selbstwertgefühl organisiert?
4.57	An welche Grenzen stoßen symbolisch-interaktionistische Erklärungen des Selbstkonzepts?
4.58	Inwiefern ist das Selbstwertgefühl durch soziale Vergleiche beeinflusst?
4.59	Ist Selbstüberschätzung gesund?
4.60	Welche dispositionalen Aspekte der Selbstdarstellung lassen sich unterscheiden?
4.61	Welche dispositionalen Aspekte der Selbstaufmerksamkeit lassen sich unterscheiden?
4.62	Wer ist glücklich?

ℹ️ Hinweise zur Beantwortung

4.56	Faktoren und ihre Kontinuität
4.57	vermuteter Eindruck anderer ist durch Selbstkonzept beeinflusst
4.58	Bezugsgruppeneffekt am Beispiel Übergang zum Gymnasium erläutern
4.59	allgemeine vs. differentielle Frage, Korrelate des Narzissmus
4.60	Selbstüberwachung und ihre Faktoren und Typen
4.61	private und öffentliche Selbstbewusstheit, Abhängigkeit von Situationen
4.62	Komponenten des Wohlbefindens, Regelkreismodell, Korrelate des Wohlbefindens

Weiterführende Literatur

Schütz, A. (2000). *Psychologie des Selbstwertgefühls*. Stuttgart: Kohlhammer.

Diener, E., Suh, E. M., Lucas, R. E. & Smith, H L. (1999). Subjective well-being: Three decades of progress. *Psychological Bulletin, 125*, 276–302.

Umwelt und Beziehung

5.1 **Situationsexposition und persönliche Umwelt** – 270
5.1.1 Persönlichkeitsabhängigkeit der Umweltmessung – 270
5.1.2 Messverfahren für die Situationsexposition – 272
5.1.3 Die persönliche Umwelt – 275

5.2 **Umweltsysteme und Systemstatus** – 278

5.3 **Soziale Beziehungen und Beziehungsstatus** – 280
5.3.1 Soziale Beziehungen – 281
5.3.2 Individuelle soziale Netzwerke und Beziehungsstatus – 283
5.3.3 Das Modell sozialer Beziehungen von Kenny – 285

5.4 **Soziale Bindungen** – 287
5.4.1 Bindungsstile bei Kindern – 288
5.4.2 Bindungsstile bei Erwachsenen – 291

5.5 **Soziale Unterstützung** – 297

5.6 **Exemplarische Anwendung: Wer ist ein guter Partner?** – 299

Weiterführende Literatur – 304

> In der Psychologie wird unter der Umwelt eines Menschen die Gesamtheit aller externen Bedingungen verstanden, die sein Erleben und Verhalten beeinflussen. In der Persönlichkeitspsychologie wird dieser Umweltbegriff auf regelmäßig wiederkehrende Situationen eingegrenzt: So wie es mittelfristig stabile Persönlichkeitseigenschaften gibt, gibt es auch mittelfristig stabile Umwelteigenschaften, die Personen charakterisieren. In diesem Kapitel werden diese Umwelteigenschaften und Methoden zu ihrer Erfassung diskutiert. Der Einfluss von Umweltbedingungen auf die Persönlichkeit und der Einfluss der Persönlichkeit auf die Umwelt werden erst in ▶ Kap. 6 diskutiert.

5.1 Situationsexposition und persönliche Umwelt

Situationen sind Beschreibungen aktueller Umweltbedingungen von Personen: externe Bedingungen, die das eigene aktuelle Erleben und Verhalten beeinflussen. In diesem Kapitel geht es um die überdauernden Umweltbedingungen einer Person. So wie auf Personseite zwischen Verhalten und Verhaltensdisposition unterschieden wurde, kann auf Umweltseite zwischen Situation und Situationsexposition unterschieden werden. Die Situationsexposition ist die Häufigkeit oder Dauer, mit der eine Person Situationen eines bestimmten Typs ausgesetzt (»exponiert«) ist. Wieviel Zeit verbringt jemand typischerweise vor dem Fernseher, mit Gesprächen, mit dem Partner, wie oft kommt es zum Streit mit dem Partner? Die Situationen können sehr global definiert sein (Gespräche) oder auch sehr spezifisch (Streit mit dem Partner); in jedem Fall beschreibt die Situationsexposition eine Umwelteigenschaft der betrachteten Person.

Der Begriff der Situationsexposition, der keine Entsprechung in der Alltagspsychologie hat, scheint sich neuerdings in der Persönlichkeitspsychologie einzubürgern (vgl. z.B. Asendorpf & Meier, 1993; Bolger & Schilling, 1991). Dazu mag beitragen, dass der Begriff der Exposition sich auch in anderen Wissenschaften findet, z.B. radioaktive Exposition oder Exposition gegenüber Krankheitserregern. Teil der Situationsdefinition können auch subjektive Qualitäten sein, z.B. »Stresssituation«, »konfliktreiche Interaktion« oder »interessanter Film«.

Im Gegensatz zu Begriffen wie Situationskonfrontation oder Situationsselektion vermeidet der Begriff der Exposition Annahmen über die Verursachung der Exposition. Die Person mag die Situationen nicht vermeiden können, in sie immer wieder hineinschlittern, sich plötzlich in ihnen wiederfinden, sie aufsuchen oder sie herstellen: All dies ist im Begriff der Exposition mit enthalten. Die Neutralität gegenüber den Ursachen der Situationsexposition entspricht der dynamisch-interaktionistischen Auffassung, dass im Prinzip immer beides möglich ist: Das Verhalten ist eine Funktion der Situation, und die Situation ist eine Funktion des Verhaltens (vgl. Abschn. 2.6).

> **Merke**
> Die Situationsexposition einer Person ist die Häufigkeit oder Dauer, mit der eine Person Situationen eines bestimmten Typs ausgesetzt ist. Sie beschreibt eine Eigenschaft der Umwelt der Person.

5.1.1 Persönlichkeitsabhängigkeit der Umweltmessung

Manche Umwelteigenschaften einer Person können völlig unabhängig von ihrer Person operationalisiert werden. In diesem Fall geht es um die Exposition gegenüber Situationen, die durch äußere Beobachter ohne Kenntnis der Person beschreibbar sind; solche Situationen werden oft Settings genannt (vgl. Barker, 1968; Pawlik, 1988). »X begegnet Fritz« wäre eine Beschreibung eines Settings. Ob X Fritz kennt oder nicht, wäre nicht Teil der Settingbeschreibung.

Der Settingansatz hat den Vorteil, dass Person und Umwelt und damit auch Persönlichkeits- und Umwelteigenschaften streng getrennt operationalisiert werden. Ein Beispiel hierfür ist die Studie von Gosling et al. (2002), die untersuchten, wieweit Büros und Schlafzimmer Aufschluss über die von ihnen benutzten Personen geben. Studierende beurteilten die Persönlichkeit der Inhaber von Firmenbüros, indem sie die Büros ohne Kenntnis der Person aufsuchten und die vermutete Persönlichkeit aufgrund der Einrichtung und des Zustands der Büros (z.B. Ordnung) bezüglich der Big Five (vgl. Abschn. 4.1.1) einschätzten. Die Beurteilerübereinstimmung zwischen verschiedenen Studierenden war beträchtlich und in der Größenordnung, die sich bei Big-Five-Urteilen über Bekannte finden. Für Extraversion, Gewissenhaftigkeit und Kultur ergaben sich überzufällige Übereinstimmungen mit den Big-Five-Urteilen, die die Büroinhaber über sich selbst und die Bekannte über sie abgaben. Noch valider waren die

Urteile, wenn Studierenden-Schlafzimmer ohne Kenntnis der Person eingeschätzt und mit deren selbst- und fremdeingeschätzten Persönlichkeitseigenschaften korreliert wurden. In diesem Fall wurden für alle Big Five überzufällige Korrelationen gefunden, die von .20 (Verträglichkeit) bis zu .65 (Kultur) reichten. Wie schon Sherlock Holmes wusste, hinterlässt die Persönlichkeit in ihrer alltäglichen Umwelt tiefe Spuren, die sich deuten lassen.

Wieviel Zeit jemand mit guten Freunden oder dem Partner verbringt, beschreibt zwar eine Situationsexposition, nicht aber eine Settingexposition, weil „Freund" und »Partner« personabhängig definiert sind. Solche Personabhängigkeiten der Umweltdefinition führen – oft in subtiler Weise – auch zu Abhängigkeiten zwischen Persönlichkeit und Umweltdefinition. Wer als »Partner« gelten kann, scheint auf den ersten Blick klar zu sein, aber auf den zweiten Blick gibt es Grauzonen der Partnerdefinition in Phasen der Entstehung und der Beendigung von Partnerschaften. Hier muss letztlich die Person selbst entscheiden, ob sie jemand anderes als Partner betrachtet oder nicht. Erst recht gilt dies für den Begriff des »guten Freundes«. Weil Menschen sich darin unterscheiden, wie schnell sie jemanden als Partner oder guten Freund betrachten, ist die Umwelteigenschaft »Zeit verbracht mit Partner« bzw. »Zeit verbracht mit gutem Freund« persönlichkeitsabhängig definiert. Es wurde sozusagen ein Teil der Persönlichkeit in die Umweltdefinition hineinverlagert.

Auch die Zeit, die jemand mit dem Partner verbringt, ist psychologisch noch nicht allzu aufschlussreich: Ist es zur Charakterisierung einer Person nicht wichtiger zu wissen, wie die Zeit mit dem Partner verbracht wird? Vor dem Fernseher, im angeregten Gespräch oder im Streit? »Zeit verbracht im Streit mit dem Partner« ist aber erst recht persönlichkeitsabhängig definiert, denn ab wann eine Interaktion als Streit zu bezeichnen ist, ist eine persönlichkeitsabhängige, stark subjektive Wertung. Nicht selten eskaliert ein Streit zwischen Partnern gerade daran, dass der eine abstreitet zu streiten, während der andere ihm Streitsüchtigkeit vorwirft. Obwohl »Streit« im Prinzip ein symmetrisches Konzept ist, das auf beide Partner in gleicher Weise zutrifft, so dass sie eigentlich darin übereinstimmen müssten, wie oft es zum Streit kommt, schätzen die Partner ihre Streithäufigkeit oft deutlich unterschiedlich ein. Dies ist nicht nur ein Problem mangelhafter retrospektiver Schätzungen, sondern auch eine Folge einer persönlichkeitsabhängigen Situationsdefinition.

! Merke
Umwelteigenschaften sind oft persönlichkeitsabhängig definiert.

Die Konsequenz persönlichkeitsabhängiger Umweltdefinitionen ist, dass Korrelationen zwischen Persönlichkeits- und Umwelteigenschaften steigen, denn ein Teil der Persönlichkeit steckt ja bereits in der Umweltdefinition. So korrelierte z. B. in einer Studie von Sarason et al. (1987) Einsamkeit zu -.28 mit der Zahl der Beziehungen zu anderen, zu -.53 mit der Zahl der als unterstützend empfundenen Beziehungen zu anderen und zu -.63 mit der Zufriedenheit mit der Unterstützung durch andere.

Schon die Definition einer »Beziehung zu anderen« ist persönlichkeitsabhängig; deshalb besagt die negative Korrelation zwischen Einsamkeit und Zahl der Beziehungen nicht unbedingt, dass mangelnder Kontakt zu anderen einsam macht, sondern sie könnte zumindest teilweise auch darauf beruhen, dass Einsame die gleiche Kontaktintensität zu anderen weniger leicht als Beziehung interpretieren als wenig Einsame. Da die Definition einer »unterstützenden Beziehung« noch stärker subjektiv gefärbt ist als die Definition einer Beziehung, könnte die deutlich stärkere negative Korrelation zwischen Einsamkeit und Zahl der unterstützenden Beziehungen zumindest z. T. darauf zurückzuführen sein, dass Einsame gleiche Beziehungen zu anderen weniger leicht als unterstützend empfinden als wenig Einsame. Die Zufriedenheit mit der Unterstützung durch andere schließlich ist ganz offensichtlich eine subjektive Bewertung einer Umwelteigenschaft, also ein Persönlichkeitsmerkmal.

Hier wird ein tiefliegendes Problem der Umweltmessung deutlich. In dem Maße, in dem Umwelteigenschaften personabhängig definiert werden, entsteht eine Korrelation zwischen Persönlichkeits- und Umwelteigenschaften, die auf der persönlichkeitsabhängigen Bewertung von Settings beruht. Wie die Beispiele zeigen, kann diese Persönlichkeitsabhängigkeit leicht übersehen werden; das kann dann zu Fehlinterpretationen erhaltener Korrelationen zwischen Persönlichkeit und Umwelt führen.

Die radikale Lösung dieses Problems bestände darin, Umwelteigenschaften ausschließlich durch Settingexpositionen zu definieren. Damit würden aber gerade die psychologisch aufschlussreichsten Fragestellungen verbaut, die sich auf subjektiv bedeutsame und damit immer auch subjektiv bewertete Umwelteigenschaften beziehen. Adäquater scheint es mir zu sein, subjektiv bewertete Umwelteigenschaften zuzulassen, aber sich dabei immer genau zu vergegenwärtigen, welcher Persönlichkeitsanteil in die Umweltdefinition hineinverlagert wurde.

Zum Beispiel korreliert der selbstbeurteilte Neurotizismus von Mann und Frau meist mit ihrer Unzufriedenheit mit der ehelichen Beziehung (vgl. Abschn. 5.6). Das ist fast trivial, weil die Zufriedenheit mit der Ehebeziehung ein stark persönlichkeitsabhängiges Urteil ist, selbstbeurteilter Neurotizismus die Tendenz erfragt, mit sich und seinen Lebensumständen im allgemeinen unzufrieden zu sein, und die Ehebeziehung ein besonders wichtiger Teil der Lebensumstände ist. In einer Längsschnittstudie fand Kurdek (1993) aber auch einen signifikanten Zusammenhang zwischen dem Neurotizismus von Mann und Frau kurz nach der Eheschließung und der Wahrscheinlichkeit einer Trennung während der darauffolgenden fünf Jahre: Je neurotischer einer der beiden Partner war, desto höher war das Risiko einer Trennung. Diese Korrelation ist nicht trivial, weil das Kriterium der Trennung unabhängig von Wertungen der Partner ist.

> **Merke**
> Personabhängige Umweltdefinitionen führen zu Korrelationen zwischen Persönlichkeits- und Umwelteigenschaften. Das muss bei der Interpretation dieser Korrelationen berücksichtigt werden.

5.1.2 Messverfahren für die Situationsexposition

So wie die Persönlichkeit in einzelne Eigenschaften zerlegt werden kann, kann die charakteristische Umwelt einer Person in einzelne Situationsexpositionen zerlegt werden. Bestimmte Situationsklassen werden abgegrenzt, und ihre Häufigkeit oder Dauer wird gemessen. Methoden zur Erfassung der Situationsexposition sind
- retrospektive Einschätzung,
- Tagebuch oder Logbuch,
- Piepsertechnik,
- direkte Beobachtung.

Bei der retrospektiven Einschätzung wird die Versuchsperson gefragt, wie oft oder wie lange sie sich in der letzten Zeit typischerweise in bestimmten Situationen aufgehalten hat, z. B. in belastenden Situationen oder in Interaktionssituationen. Bei bestimmten Personengruppen, die sich unter ständiger Aufsicht befinden wie z. B. Kleinkinder oder hospitalisierte Patienten, kann diese Einschätzung auch durch Aufsichtspersonen vorgenommen werden, z. B. Eltern oder Pflegepersonal. Dabei können aber nur situative Qualitäten erfragt werden, die auch Beobachtern zugänglich sind (z. B. wäre es problematisch, die emotionale Unterstützung durch andere von Dritten und nicht von der unterstützten Person selbst einschätzen zu lassen).

Die Qualität retrospektiver Einschätzungen ist aber äußerst dürftig; bereits an die Situationen des gestrigen Tages kann man sich deutlich schlechter erinnern als an die des heutigen Tages, und retrospektive Einschätzungen über eine Woche sind sehr unzuverlässig (Bernard et al., 1984; Kashy & Kenny, 1990; Robinson, 1985).

> **Merke**
> Retrospektive Situationsschilderungen sind unzuverlässig, wenn der zeitliche Abstand mehr als einen Tag beträgt.

Eine bessere Datenqualität wird erreicht, wenn die Situationen über einen ausreichend langen Zeitraum (2–4 Wochen) täglich abends durch ein strukturiertes Tagebuch erfasst werden, in dem die Häufigkeit oder Beginn und Ende der interessierenden Situationen und deren Qualität eingetragen werden (vgl. Laireiter & Thiele, 1995, für soziale Situationen). Ein Beispiel für eine persönlichkeitsrelevante Tagebuchstudie ist die schon in Abschn. 4.3.1 erwähnte Studie von Bolger und Schilling (1991). Eine Stichprobe von 339 Personen führte jeweils sechs Wochen lang ein Tagebuch über das Vorkommen von neun möglichen Belastungen (z. B. Streit mit dem Partner, Überlastung am Arbeitsplatz) und beurteilte ihr tägliches Belastungserleben auf 18 Skalen (z. B. ärgerlich, nervös, depressiv). Diese ungewöhnlich langdauernde Studie war möglich, weil nur wenige Einträge pro Tag nötig waren. Neurotische Personen unterschieden sich von wenig neurotischen sowohl in einem häufigeren Vorkommen von Belastungen als auch in einem stärkeren Belastungserleben, wobei der letztere Unterschied etwa doppelt so stark war.

Entscheidend für die Qualität von Tagebuchdaten ist, dass die Einträge auch tatsächlich täglich vorgenommen werden und nicht erst Tage später nachgeholt werden, denn dann würden wieder starke Erinnerungseffekte auftreten. Dies lässt sich sichern, indem das Datenblatt eines Tages den Untersuchern am nächsten Tag per Post zugeschickt wird.

Asendorpf und Wilpers (1999) führten ein solches kontrolliertes Tagebuch mit 144 Erstsemestern 3 Wochen

Tabelle 5.1 Soziale Situationsexposition von Studierenden des 1. und 2. Semesters und ihre Reliabilität (R) und Stabilität (nach Asendorpf & Wilpers, 1999)

Expositionsvariable	1. Semester				2. Semester				Stabilität
	M	min	max	R	M	min	max	R	r
Anteil Interaktionen/24 h	33%	7%	73%	.94	34%	11%	64%	.94	.77
Interaktionslänge (min)	54	17	130	.91	52	14	165	.94	.65
Interaktionen pro Tag	9	3	22	.95	11	3	23	.96	.84
Anteil Peers (18–27 Jahre)	47%	2%	95%	.97	40%	0%	84%	.97	.74
Anteil Mutter	9%	0%	40%	.94	9%	0%	42%	.94	.78
Anteil romantische	2%	0%	9%	.77	2%	0%	11%	.93	.50
Anzahl Interaktionspartner	48	20	100	.88	52	18	128	.93	.71

lang durch. Die Teilnehmer wurden instruiert, alle Interaktionen eines Tages, die mindestens 10 Minuten dauerten oder emotional bedeutsam waren, vor dem Schlafengehen oder spätestens am nächsten Morgen zu notieren und das Datenblatt dann beim nächsten Verlassen der Wohnung per Post zuzusenden. Der mittlere Zeitabstand zwischen erfragtem Tag und Poststempel des abgeschickten Datenblattes betrug 1,99 Tage, d.h. die mittlere Verzögerung 1 Tag. Da diese Verzögerung auch durch verzögerte Stempelung an Wochenenden und verzögerten Einwurf des Briefes bei rechtzeitigem Ausfüllen des Datenblattes zustandekam, erscheint dieses Verfahren geeignet, eine ausreichende Datenqualität zu sichern.

In dieser Studie wurde die Reliabilität und die Stabilität der individuellen Exposition gegenüber diversen sozial interaktiven Situationen bestimmt. Zur Bestimmung der Reliabilität wurden die Expositionsvariablen getrennt für gerade und ungerade Tage bestimmt, korreliert und dann die Reliabilität der Exposition während der gesamten 21 Tage nach der Spearman-Brown-Formel geschätzt (vgl. Abschn. 3.2.2). Zur Bestimmung der Stabilität wurde ein weiteres dreiwöchiges Tagebuch von denselben Teilnehmern 6 Monate später durchgeführt.

Tabelle 5.1 zeigt, dass sich wichtige individuell variierende Expositionsaspekte wie der Anteil der Interaktionen am Tag, die Länge der Interaktionen oder die Zahl unterschiedlicher Interaktionspartner mit hoher Reliabilität erfassen lassen und eine beachtlich hohe Stabilität aufweisen. Mit Ausnahme des Anteils romantischer Interaktionen, der nicht sehr stabil war, charakterisieren also alle Variablen stabile Aspekte der Situationsexposition. Wie die Tabelle zeigt, variierte die Situationsexposition enorm zwischen den Teilnehmern; z.B. gab es Studierende, die im 1. Semester nur 7% der dreiwöchigen Tagebuchphase mit sozialen Interaktionen verbrachten, während andere 73% dieser Zeit mit anderen zusammen waren, also praktisch ständig, wenn sie wach waren (die Beobachtungszeit enthielt auch die Schlafenszeit).

Dass die Situationsexposition in dieser Stichprobe zahlreiche stabile Aspekte aufwies, ist nicht selbstverständlich, weil es sich um junge Erstsemester (Alter unter 23 Jahre) handelte, die sich mitten in einer sozialen Transition befanden. Unter einer sozialen Transition wird in der Entwicklungspsychologie eine Lebensphase verstanden, in der sich die soziale Umwelt stark ändert, z.B. Einschulung, Studienbeginn, Ortswechsel, Berentung.

> **Merke**
> Die Situationsexposition weist bei jungen Erwachsenen selbst in Transitionsphasen viele stabile Merkmale auf.

Interessieren nur relativ selten auftretende Situationen wie z.B. belastende Situationen, ist es möglich, Erinnerungseffekte noch weiter zu minimieren, indem die betreffende Versuchsperson ein Logbuch mit sich trägt, in dem sie jede Situation zum nächstmöglichen Zeitpunkt nach Beendigung der Situation protokolliert. Hier ist allerdings eine Kontrolle, dass die Einträge wirklich kurz nach der Situation erfolgen, kaum möglich. Auch besteht bei diesem Verfahren die Gefahr, dass Reaktivitätseffekte auftreten, d.h. dass die ständige Registrierung bestimmter Situationen die Auftretenswahrscheinlichkeit dieser Situationen verändert. Je spezifischer die erfragte Situationsklasse ist und je stärker sie von der befragten Person kontrollierbar ist, desto stärker muss mit solchen Reaktivitätseffekten gerechnet werden (Stern, 1986).

Ein Beispiel für ein aufwendigeres Logbuchverfahren ist das Computergestützte Erfassungs-System (COMES) von Perrez und Reicherts (1989) zur Erfassung von Belastungsbewältigungsstilen (vgl. Abschn. 4.5.3). Die Versuchsperson trägt einen Taschencomputer mit sich, in den sie möglichst bald nach definierten Belastungen zahlreiche Fragen zur Situation, ihrem Bewältigungsverhalten und dessen Erfolg beantwortet. Die Fragen können vom Computer in Abhängigkeit von den bereits gegebenen Antworten gestellt werden (»verzweigte Programmstruktur«), so dass komplexe Beschreibungssysteme für Verhalten, aber auch für Situationen, ökonomisch anwendbar sind. Dies ist der wesentliche Vorteil dieses Verfahrens, der jedoch durch einen hohen Geräte- und Programmierungsaufwand erkauft wird.

> **Merke**
> Durch computerunterstützte Logbuchverfahren können seltene Situationen und die eigene Reaktion hierauf sehr detailliert erfasst werden.

Bei allen bisher besprochenen Verfahren gibt es eine Tendenz, emotional bedeutsame Situationen eher zu protokollieren als weniger bedeutsame (Stone et al., 1991). Geht es darum, eine möglichst repräsentative Stichprobe von alltäglichen Situationen zu erhalten, kann die Piepsertechnik genutzt werden (Pawlik & Buse, 1982). Die Versuchsperson wird durch ein von den Untersuchern festgelegtes Signal zu bestimmten Zeitpunkten aufgefordert, ihre aktuelle Situation zu beschreiben (oder wenn das nicht möglich ist – z.B. bei einem laufenden Gespräch – direkt danach). Das Signal kann durch einen entsprechend programmierten Taschencomputer, eine programmierte Uhr oder durch Funk ausgelöst werden. Reaktivitätseffekte können minimiert werden, indem die Zeitpunkte so gewählt werden, dass sie von der Versuchsperson nicht vorhersagbar sind. Delespaul (1992) empfahl nach 10 Jahren Erfahrung mit dieser Methode, die Zahl der täglichen Signale bei einwöchigen Untersuchungen auf 10 und bei mehrwöchigen auf sechs zu begrenzen, um die Mitarbeit der Versuchspersonen zu sichern.

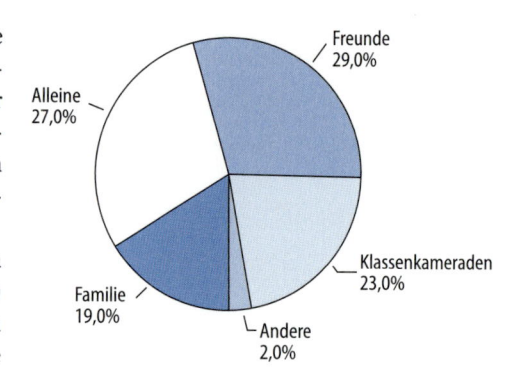

Abb. 5.1. Zeitanteile, die US-amerikanische Oberschüler im Durchschnitt in bestimmten Situationen verbrachten. (Nach Csikszentmihalyi & Larson, 1984)

- Freunde 29,0%
- Alleine 27,0%
- Klassenkameraden 23,0%
- Familie 19,0%
- Andere 2,0%

Abbildung 5.1 zeigt die mit der Piepsertechnik bestimmten Zeitanteile, die US-amerikanische Oberschüler im Durchschnitt in bestimmten Situationen verbrachten.

Die Piepsertechnik ist auch geeignet, die individuelle Situationsexposition reliabel zu erfassen, wenn lange genug beobachtet wird. Pawlik und Buse (1982) untersuchten die Situationen, in denen sich 132 Hamburger Oberschüler an 6 Untersuchungstagen aufhielten. Für 47 häufig genannte Situationen fanden sie eine mittlere Reliabilität der Situationsexposition von .57. Untersuchungen zur Erfassung individueller Besonderheiten in der Situationsexposition mit der Piepsertechnik müssen also mindestens 2 Wochen dauern, um sie ausreichend reliabel zu erfassen.

> **Merke**
> Durch die Piepsertechnik können repräsentative Stichproben von Alltagssituationen untersucht werden. Eine ausreichende Reliabilität wird erst ab ca. 2 Wochen Untersuchungszeit erreicht.

Bei der direkten Beobachtung werden die Situationen einer Person durch anwesende Beobachter protokolliert (z. B. Beobachtungen in Kindergartengruppen) oder aus Verhaltensmessungen erschlossen. Ersteres ist nur für bestimmte Ausschnitte des Alltags praktikabel und erlaubt daher keine Übersicht über die gesamte Situationsexposition der beobachteten Personen. Letzteres ist technisch sehr aufwendig und nur für sehr eingeschränkte Situationstypen möglich. So ließen z. B. Asendorpf und Meier (1993) das gesamte Sprechverhalten von Zweitklässlern an normalen Schultagen von 8–18 Uhr

Abb. 5.2. Variabilität der Interaktionsrate von Zweitklässlern an Nachmittagen nach der Schule. (Daten nach Meier, 1993)

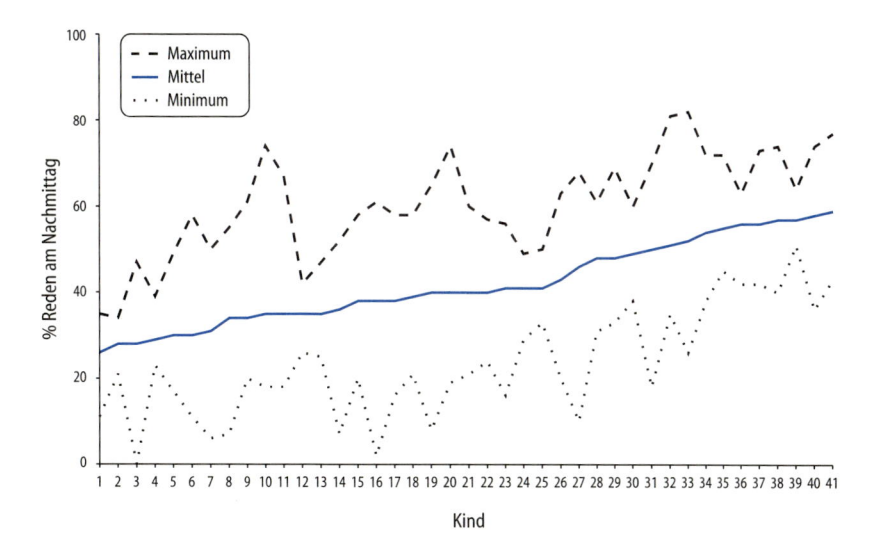

durch einen Taschencomputer aufzeichnen. Da soziale Interaktionen fast immer von Sprechen begleitet und umgekehrt Selbstgespräche selten sind, lassen sich durch dieses Verfahren soziale Interaktionen mit hoher Genauigkeit erfassen. Abbildung 5.2 zeigt die Variabilität der Interaktionsrate an den untersuchten Schulnachmittagen für die 41 Schüler; deutlich wird die große Variabilität innerhalb und zwischen den Schülern. Bei Mittelung über eine Woche wäre die Interaktionsrate eine stabile Umwelteigenschaft von Zweitklässlern.

Praktikabler als die sehr aufwendige Technik der direkten Verhaltensmessung ist die Protokollierung des Verhaltens durch nahe Bezugspersonen wie z. B. Eltern, Pflegepersonen oder Partner. So ließen z. B. Asendorpf und Meier (1993) zusätzlich zu den Verhaltensmessungen die sozialen Interaktionssituationen der Kinder durch die Eltern täglich protokollieren. Die Protokolle beruhten auf direkter Beobachtung des Kindes oder Rekonstruktion der Situation durch Nachfragen am selben Tag (z. B. mit wem das Kind bei den Nachbarn wann gespielt hatte). Diese Protokolle erwiesen sich als durchaus zuverlässig; z. B. konnten 98 % der durch die Sprechmessung ermittelten Gespräche einer Interaktion im elterlichen Protokoll zugeordnet werden.

! Merke
Situationen lassen sich durch Beobachter zuverlässig protokollieren, wenn sie ausreichend Gelegenheit zur Beobachtung oder Rekonstruktion der Situationen noch am selben Tag haben.

5.1.3 Die persönliche Umwelt

So wie sich die Persönlichkeit als die Gesamtheit aller Persönlichkeitseigenschaften definieren lässt, lässt sich die persönliche Umwelt einer Person als die Gesamtheit ihrer stabilen Situationsexpositionen auffassen. Das Konzept der persönlichen Umwelt ist kein etablierter psychologischer Begriff; es scheint mir aber sinnvoll, um Verwechslungen zwischen aktueller und überdauernder Umwelt zu vermeiden.

! Merke
Die persönliche Umwelt einer Person ist die Gesamtheit ihrer stabilen Situationsexpositionen.

Proximale und distale Umweltvariablen

Die persönliche Umwelt einer Person ist derjenige Ausschnitt ihrer Umwelt, der ihr am nächsten ist, denn er bezieht sich auf Situationen, denen die Person direkt exponiert ist. Variablen, die die persönliche Umwelt beschreiben, werden deshalb auch proximale Variablen genannt (von lateinisch proximus = der nächste). Vor allem in der Soziologie, teilweise aber auch in der Psychologie, werden zusätzlich Umweltvariablen betrachtet, denen Personen nicht direkt, sondern nur indirekt ausgesetzt sind, weil sie ihre persönliche Umwelt beeinflussen. Zum Beispiel beeinflussen die Arbeitsbedingungen der Eltern eines Kindes dessen persönliche Umwelt: Wohnsituation, Spielzeug, Ausflüge und Reisen sind einkommensabhängig, wieviel Zeit die Eltern für das

Kind haben, hängt auch von ihren Arbeitsbedingungen ab, und ihr Verhalten dem Kind gegenüber kann durch ihre Zufriedenheit am Arbeitsplatz beeinflusst werden. Umweltvariablen, die nicht Teil der persönlichen Umwelt einer Person sind, sondern auf die Person indirekt wirken, werden distale Variablen genannt (von lateinisch distare = entfernt sein).

Eine klassische soziologische Variable, die auch in der Psychologie verwendet wird, ist der sozioökonomische Status, früher auch soziale Schicht genannt. Auf Konstruktebene wird der sozioökonomische Status als distale Variable aufgefasst, die einen wesentlichen Einfluss auf die persönliche Umwelt hat. Die persönlichen Umwelten von Angehörigen der Unterschicht unterscheiden sich von denen der Mittelschicht und diese wiederum von denen der Oberschicht, weil die Möglichkeiten der Gestaltung der persönlichen Umwelt von sozioökonomischen Randbedingungen wie Einkommen, Wohnsituation und Zugang zum Bildungssystem abhängen.

Operationalisiert wird der sozioökonomische Status einer Person meist durch den Bildungsgrad und das Berufsprestige der berufstätigen Mitglieder des Haushalts, in der die Person lebt, z. T. ergänzt durch deren Einkommen. Der sozioökonomische Status eines Haushalts ist damit zeitlich recht stabil; bei Arbeitslosigkeit, Scheidung oder Tod berufstätiger Haushaltsmitglieder kann es allerdings zu deutlichen Änderungen kommen.

In einer traditionellen Kernfamilie, bestehend aus Vater, Mutter und ihren Kindern, in der beide Eltern berufstätig sind, wird der erreichte Bildungsgrad der Eltern (höchster erreichter Abschluss), ihr Berufsprestige und z. T. auch ihr Einkommen gemittelt und nach z-Transformation wiederum gemittelt. Die Beschränkung auf berufstätige Haushaltsmitglieder umgeht das Problem, wie Hausfrauen- oder Hausmanntätigkeit und Arbeitslosigkeit gewertet werden sollen. Für alleinerziehende Eltern jüngerer Kinder ist die Bedeutung des sozioökonomischen Status allerdings sehr problematisch, weil sie oft nur eingeschränkt berufstätig sind und daher ihr Berufsprestige und Einkommen niedriger ist, als aufgrund ihres Bildungsgrades zu erwarten wäre.

Diese Operationalisierung ist dann relativ problemlos, wenn die Einheit der Betrachtung wie in vielen soziologischen Untersuchungen der Haushalt ist. Ist die Einheit der Betrachtung jedoch wie in der Persönlichkeitspsychologie eine einzelne Person, so ist der sozioökonomische Status entgegen seiner üblichen Interpretation gar keine distale, sondern eine proximale Variable, teilweise sogar eine überhaupt nicht mehr sinnvoll zu interpretierende Mischung aus Persönlichkeitsmerkmal und Merkmal der proximalen Umwelt. Der sozioökonomische Status eines alleinverdienenden Ehemannes ist z. B. gar kein Merkmal seiner Umwelt, sondern ein Persönlichkeitsmerkmal. Bei Doppelverdienern ist er eine Mischung aus Persönlichkeitsmerkmal und proximaler Umweltvariable (der Ehepartner ist Teil der persönlichen Umwelt). Bei Kindern ist der sozioökonomische Status eine proximale Umweltvariable (die Persönlichkeit ihrer Eltern ist Teil ihrer persönlichen Umwelt).

Obwohl also der sozioökonomische Status von seiner Operationalisierung her gar keine distale Umweltvariable ist, wird er in der klassischen Sozialisationsforschung als solche behandelt, wobei ein Fluss der Kausalität von »außen« (den distalen Variablen) nach »innen« (den proximalen Variablen) angenommen wird. Das führt oft zu wenig sinnvollen Modellen des Umwelteinflusses auf Persönlichkeitsmerkmale. ◻ Abbildung 5.3 illustriert dies anhand einer Studie von Steinkamp und Stief (1979).

Erklärt werden sollten Unterschiede in der Einstellung »Selbstbestimmung vs. autoritärer Konventionalismus« bei Kindern im Alter von 13–15 Jahren. Dazu wurde zunächst der sozioökonomische Status der Familie durch die Bildung von Vater und Mutter erfasst, korreliert und mit Variablen der väterlichen Arbeitsbedingungen in Beziehung gesetzt. Diese Variablen wiederum wurden auf die erfragten Erziehungsziele der Eltern bezogen und diese wiederum auf die erfragten Erziehungspraktiken der Eltern und die kindliche Einstellung zu Selbstbestimmung. Wie ◻ Abb. 5.3 zeigt, wurden die erhaltenen Beziehungen jeweils kausal von links nach rechts laufend interpretiert, wobei die Zusammenhänge abgesehen von den direkt IQ-vermittelten Merkmalen »Bildung von Vater«, »Bildung von Mutter«, »intellektuell-organisatorischer Arbeitsaufwand des Vaters« und „Erziehungsziele der Eltern" generell nicht .30 überstiegen – ein typisches Ergebnis in derartigen Analysen. Die selbstbeurteilten Erziehungspraktiken korrelierten nicht substantiell mit der kindlichen Einstellung, und die selbstbeurteilten Erziehungsziele taten es nur minimal.

Diese Studie illustriert zwei typische Probleme der klassischen Sozialisationsforschung. Erstens konnte die Korrelation zwischen Erziehungszielen und kindlicher Einstellung nicht erklärt werden, denn die Ziele können ja nur über Erziehungspraktiken wirksam werden; anscheinend war die Messung der Erziehungspraktiken ungenügend. Zweitens macht die Anordnung der Variablen wenig Sinn: Primär wirkt ja die Bildung der Eltern

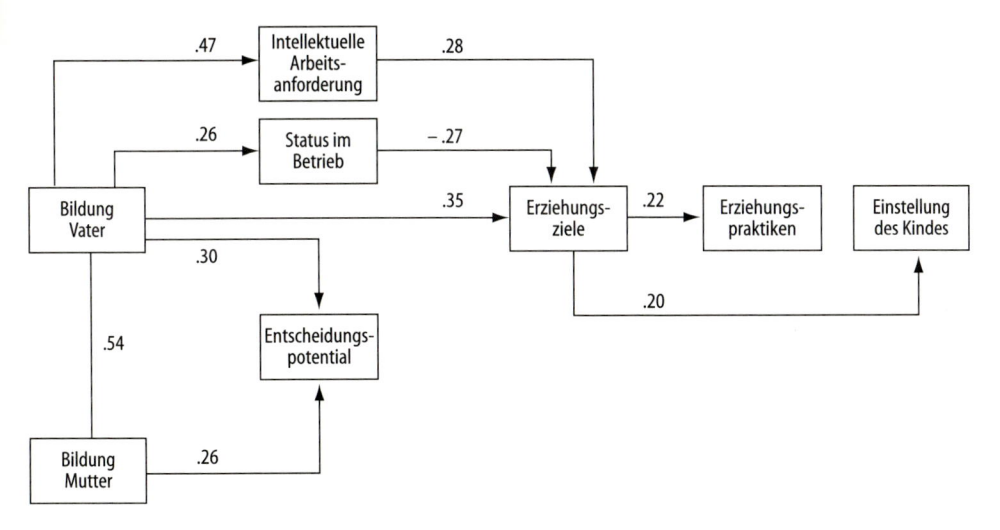

5.1 · Situationsexposition und persönliche Umwelt

Abb. 5.3. Klassisches sozialisationstheoretisches Modell zur Erklärung kindlicher Persönlichkeitsunterschiede. (Pfadanalyse nach Steinkamp & Stief, 1979)

Abb. 5.4. Dynamisch-interaktionistische Umformulierung des Modells in Abb. 5.3

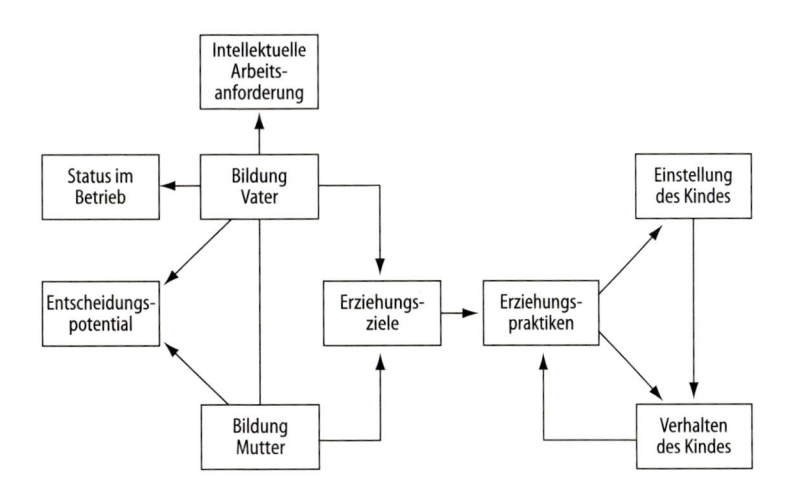

direkt auf ihre Erziehungsziele und -praktiken, und nur sekundär wirkt sie über Arbeitsbedingungen des Vaters. Hier wurde eine proximale Variable zu einer distalen gemacht und sollte primär über andere distale Variablen (die elterlichen Arbeitsbedingungen) wirken. Das schwächt die Vorhersagekraft der elterlichen Bildung in unnötiger Weise. Dass die Autoren zu diesem Modell kamen, liegt offenbar daran, dass sie sich von dem theoretischen Konzept der sozialen Schicht als distaler Variable leiten ließen.

Aus persönlichkeitspsychologischer Sicht sollte der Bildungsgrad der Eltern in den Bereich der persönlichen Umwelt des Kindes verlegt und angenommen werden, dass der Bildungsgrad beider Eltern einerseits die väterlichen Arbeitsbedingungen, andererseits die elterlichen Erziehungsziele bedingt. Außerdem sollten aus dynamisch-interaktionistischer Sicht Rückwirkungen des Verhaltens des Kindes auf Erziehungspraktiken seiner Eltern zugelassen werden. Abbildung 5.4 zeigt das resultierende persönlichkeitspsychologische Modell.

Im Rahmen dieses Modells erscheinen die Daten von Steinkamp und Stief (1979) teilweise in einem ganz anderen Licht. So könnte z.B. die Korrelation zwischen den Erziehungszielen des Vaters und seinen intellektuell-organisatorischen Arbeitsbedingungen indirekt vermittelt sein über die Korrelationen zwischen der Bildung des Vaters einerseits und seinen Arbeitsbedingungen und seinen Erziehungszielen andererseits: Bildung ist die vermittelnde Variable. Wenn das so ist, können die Arbeitsbedingungen aus dem Modell weggelassen werden; die Umwelt ist dann reduziert auf die persönliche Umwelt des Kindes. Nur wenn distale Variablen unabhängig von den untersuchten proximalen Variablen etwas zur Erklärung von Persönlichkeitsunterschieden beitragen, macht es Sinn, sie im Modell zu belassen.

Man kann aber mit gutem Grund noch einen Schritt weiter gehen und für persönlichkeitspsychologische Erklärungsmodelle fordern, dass sie nur proximale Variablen – also nur Variablen der persönlichen Umwelt – enthalten. Denn letztlich können ja distale Variablen nur über proximale Variablen auf die Persönlichkeit der interessierenden Personen wirken. Dass die proximalen Variablen wiederum durch distale Variablen bedingt sein können, ist persönlichkeitspsychologisch nur von sekundärem Interesse. Erklären distale Variablen Persönlichkeitsunterschiede, die durch proximale Variablen nicht erklärt sind, so sind die proximalen Variablen unvollständig oder schlecht operationalisiert; es muss dann ein besseres, rein proximales Modell geben, das die Persönlichkeitsunterschiede mindestens genauso gut aufklärt.

Proximale Umweltvariablen haben in psychologischen Untersuchungen gegenüber distalen vor allem den Vorteil, dass sie sich näher an den Prozessen der dynamischen Person-Umwelt-Interaktion befinden. Die Bildung eines Elternteils wirkt direkter auf die Bildung ihres Kindes als die Verhältnisse am Arbeitsplatz. Im folgenden wird deshalb nur noch die proximale, also die persönliche Umwelt betrachtet.

❗ Merke
In persönlichkeitspsychologischen Untersuchungen sollte die Umwelt durch proximale Variablen erfasst werden.

5.2 Umweltsysteme und Systemstatus

Die persönliche Umwelt kann aus zwei verschiedenen Perspektiven betrachtet werden: einer systemischen und einer individuumzentrierten. Aus individuumzentrierter Sicht ist die Umwelt durch einzelne Expositionen charakterisiert, die ganz auf das betrachtete Individuum hin definiert sind. Aus systemischer Sicht wird die persönliche Umwelt aus Systemen gebildet, d.h. sie hat eine eigene, vom betrachteten Individuum unabhängige Struktur. Wie weit ist es für persönlichkeitspsychologische Untersuchungen notwendig, diese Systemstruktur zu beachten? Diese Frage wird im folgenden am Beispiel sozialer Systeme diskutiert; die Schlussfolgerungen lassen sich auf beliebige Umweltsysteme verallgemeinern.

Soziale Systeme sind Gruppen von Personen, die miteinander in regelmäßiger Interaktion stehen. Die Personen sind die Elemente des Systems; die Systemstruktur besteht aus den sozialen Beziehungen der Personen (hier genügt zunächst einmal der alltagspsychologische Begriff der Beziehung; in Abschn. 5.3 wird er ausführlicher erläutert). Zur persönlichen Umwelt gehören meist die sozialen Systeme der Familie und der Schulklasse bzw. des Betriebs. Hinzu kommen oft Interessengruppen (z.B. ein Sportverein oder der lokale Ortsverband einer Partei). Aus persönlichkeitspsychologischer Sicht interessiert nicht die komplexe Struktur eines solchen Systems an sich, sondern nur die Struktur in Hinblick auf die Persönlichkeit eines Mitgliedes des Systems – also der individuell bedeutsame Systemanteil. Wie kann er identifiziert, operationalisiert und zur Persönlichkeit in Beziehung gebracht werden? Das soll hier am Beispiel der soziometrischen Struktur einer Gruppe verdeutlicht werden.

Seit Moreno (1934) ist es eine verbreitete Praxis, die soziale Struktur von Gruppen, z.B. Schulklassen, durch soziometrische Messungen zu erheben. Dazu werden alle Gruppenmitglieder einzeln befragt, wen sie in der Gruppe mögen, wen sie nicht mögen, mit wem sie gerne zusammenarbeiten würden usw. Die Antworten aller Gruppenmitglieder zu einer solchen Frage können als Soziogramm graphisch veranschaulicht werden (◘ Abb. 5.5).

Wählt ein Gruppenmitglied X den Partner Y, so wird im Soziogramm ein Pfeil von X nach Y eingezeichnet.

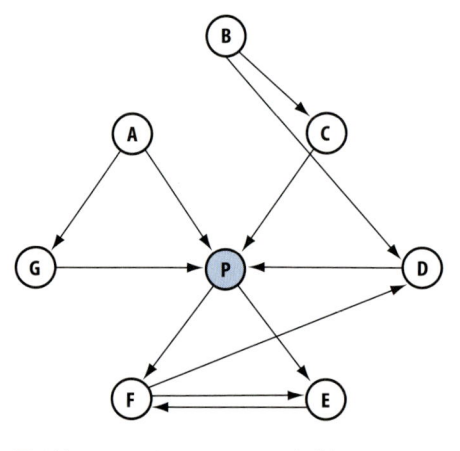

◘ Abb. 5.5. Soziogramm einer Schulklasse

Das Soziogramm veranschaulicht einen Aspekt der Systemstruktur; andere Fragen führen zu anderen Aspekten der Systemstruktur. Im hier gezeigten Beispiel sieht man auf einen Blick, dass Person P relativ zu anderen Gruppenmitgliedern sehr beliebt ist (wenn nach »mögen« gefragt wurde) oder sehr unbeliebt ist (wenn nach »nicht mögen« gefragt wurde). Die Zahl der »auf P treffenden Pfeile« ist eine sinnvolle Operationalisierung der (Un-)Beliebtheit von P in der Gruppe und wird meist als der soziometrische Status von P bezeichnet. Da der soziometrische Status meist relativ stabil über die Zeit ist (vgl. Newcomb & Bukowski, 1984), handelt es sich um eine Umwelteigenschaft von P (nicht aber um eine Persönlichkeitseigenschaft von P).

> **Merke**
> Die soziometrische Struktur einer sozialen Gruppe kann für einzelne Gruppenmitglieder auf deren soziometrischen Status reduziert werden.

Dieses Beispiel zeigt, wie sich ein bestimmter Aspekt eines an sich komplexen sozialen Systems auf eine einzige Umweltdimension reduzieren, quantifizieren und damit mit Persönlichkeitseigenschaften korrelieren lässt. Wird dieses Verfahren auf mehrere Systemaspekte gleichzeitig angewendet, resultieren mehrdimensionale Umweltklassifikationen. Fragt man z.B. Schüler einer Klasse, wen sie mögen, und anschließend, wen sie nicht mögen, erhält man für jeden Schüler einen Beliebtheits- und einen Unbeliebtheitswert. Diese Werte korrelieren zwar meist negativ, nicht aber stark negativ, weil es Schüler gibt, die weder beliebt noch unbeliebt sind, und Schüler, an denen sich die Geister scheiden: Sie sind bei einem Teil der Klasse beliebt und gleichzeitig bei einem anderen Teil der Klasse unbeliebt, so dass sie überdurchschnittlich hohe Werte in Beliebtheit und in Unbeliebtheit erhalten (◘ Abb. 5.6).

Auf diese Weise lassen sich viele individuell bedeutsame Aspekte auch hochkomplexer Systemstrukturen auf wenige Dimensionen der persönlichen Umwelt reduzieren. Dieses Reduktionsverfahren lässt sich nicht nur auf Schulklassen und nicht nur auf die Beliebtheit in sozialen Gruppen anwenden, sondern auf beliebige Aspekte beliebiger sozialer Systeme. So lässt sich in familienpsychologischen Untersuchungen (vgl. Schneewind, 1999) der Grad der liebevollen Zuwendung, die ein Kind seitens anderer Familienmitglieder erfährt, zunächst für jedes solche Familienmitglied aus Sicht des Kindes oder dieses Familienmitglieds einschätzen. Es entsteht

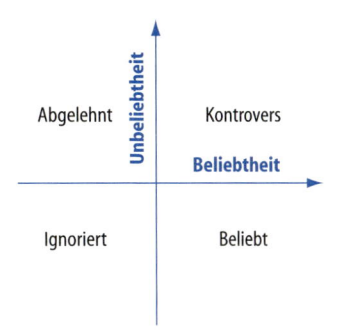

◘ Abb. 5.6. Zweidimensionales Modell des soziometrischen Status in Gruppen

ein Zuwendungsprofil, das einen wichtigen Aspekt der kindlichen familiären Umwelt (ein Teil der persönlichen sozialen Umwelt des Kindes) beschreibt. Dieses Zuwendungsprofil kann dann weiter reduziert werden, indem z.B. der Mittelwert, das Minimum, das Maximum oder die Standardabweichung (Variabilität) der Profilwerte des betreffenden Kindes bestimmt werden. Jedes dieser Zuwendungsmaße beschreibt einen unterschiedlichen Aspekt der kindlichen Exposition hinsichtlich familiärer Zuwendung. Entsprechende Analysen sind für die Exposition hinsichtlich Lob, Bestrafung, Aggression usw. möglich.

Diese Beispiele zeigen, dass komplexe Systemstrukturen durchaus mit einem persönlichkeitspsychologischen Ansatz kompatibel gemacht werden können. Diese Möglichkeit wird bisweilen in eher theoretischen Diskussionen eines »systemischen« vs. »individuumzentrierten« Ansatzes übersehen, in denen ein Gegensatz zwischen diesen beiden Ansätzen aufgebaut wird oder gar der systemische Ansatz als prinzipiell überlegen angesehen wird, da er umfassender sei. Das ist so nicht richtig; vielmehr hängt es von der Fragestellung ab, wie detailliert die Systemstruktur untersucht werden sollte. Interessiert man sich für die Funktion sozialer Systeme, ist der systemische Ansatz zweifellos der Königsweg zum Verständnis dieser Systeme.

Interessiert man sich jedoch für individuelle Besonderheiten einzelner Personen, so enthalten Systembeschreibungen möglicherweise viel überflüssige Information. Zum Beispiel dürften Geschwisterbeziehungen zwischen den Kindern in einer Familie dann wenig bedeutsam sein, wenn man sich für die Persönlichkeit ihres Vaters interessiert. Hier scheint mir der Königsweg darin zu bestehen, zunächst am ganzen System anzusetzen, dessen Struktur dann aber radikal zu reduzieren auf wenige Merkmale, die für das Erleben und Verhalten der interessierenden Person wirklich bedeutsam sind. Diese Merkmale beschreiben ein Konstrukt, das in Verallgemeinerung des Konzepts des soziometrischen Status als Systemstatus bezeichnet werden kann. Der Systemstatus ist eine spezielle Variante der Situationsexposition, nämlich die Exposition innerhalb eines sozialen Systems.

> **Merke**
> Die Reduktion der Systemstruktur auf den Systemstatus erlaubt es, Eigenschaften komplexer Systemstrukturen mit Eigenschaften einzelner Systemmitglieder kompatibel zu machen; das Reduktionsverfahren schlägt eine Brücke zwischen dem systemischen und dem individuumzentrierten Ansatz.

5.3 Soziale Beziehungen und Beziehungsstatus

Eine genauere Betrachtung des im vorigen Abschnitt dargestellten Reduktionsverfahrens zeigt, dass es sich um ein zweistufiges Verfahren handelt. In einem ersten Schritt wird die Systemstruktur in einzelne soziale Beziehungen der interessierenden Person zu den anderen Gruppenmitgliedern zerlegt; in einem zweiten Schritt wird dann die Qualität dieser Beziehungen zu einem einzigen individuellen Index verrechnet. So wurde z. B. das Soziogramm in Abb. 5.5 zunächst auf die einzelnen Pfeile reduziert, die auf die interessierende Person P zeigen; jeder Pfeil repräsentierte dabei eine Qualität einer Beziehung von P (z. B. »X mag mich«). Die anderen Pfeile im Soziogramm, also die anderen Beziehungen in der Klasse, wurden dabei ignoriert. Anschließend wurden die Qualitäten aller identifizierten Beziehungen zu einem Index verrechnet, der den Systemstatus angab.

Der Zwischenschritt, Systemstrukturen auf einzelne soziale Beziehungen zu reduzieren, mag bisher nur als technischer Trick erscheinen. Erweitert man jedoch den Blick auf die ganze persönliche soziale Umwelt, so wird schnell deutlich, dass viele Anteile dieser Umwelt nur schlecht systemisch zu fassen sind, dass sich aber die ganze persönliche soziale Umwelt auf der Ebene einzelner sozialer Beziehungen in einheitlicher Weise beschreiben lässt. Dies sei hier am Beispiel der Bezugspersonen von Schulkindern deutlich gemacht.

Tabelle 5.2 zeigt die Anzahl und das Alter der Bezugspersonen, die von 139 12jährigen Münchner Schülern genannt wurden, als sie gebeten wurden, alle Menschen aufzulisten, mit denen sie mindestens einmal im Monat regelmäßigen Kontakt hatten oder die ihnen gefühlsmäßig viel bedeuteten (im positiven oder negativen Sinn; vgl. van Aken & Asendorpf, 1997).

Tabelle 5.2. Soziale Bezugspersonen von Schulkindern ($n = 139$)

Bezugsperson	Anzahl			Alter (Jahre)		
	M	min	max	*M*	min	max
Mutter	1,00	1	1	40,5	30	52
Vater	0,96	0	1	43,6	31	60
Geschwister	1,05	0[b]	4	12,0	1	32
Klassenkameraden	3,86	0	9	11,5	11	14
Großeltern	1,14	0[a]	5	68,2	50	93
Andere Erwachsene	3,30	0	9	37,5	18	80
Sonstige Gleichaltrige	3,07	0	9	11,8	7	17
Jüngere Kinder	0,17	0	3	3,6	1	6
Alle Bezugspersonen	14,55	8	22			

[a] 61 Kinder gaben keine Großeltern an.
[b] 37 Kinder gaben kein Geschwister an.

Ein Kind lebte nicht zusammen mit der Mutter, 20 nicht zusammen mit dem Vater. Wie ◘ Tabelle 5.2 zeigt, waren nur etwa die Hälfte der Bezugspersonen Mitglied in einem sozialen System, dem auch das Kind angehörte (Familie, Klasse). Aus systemischer Sicht werden also nur etwa die Hälfte der sozialen Beziehungen der Kinder erfasst.

Hinzu kommt, dass in systemorientierten Untersuchungen typischerweise nur ein System im Mittelpunkt des Interesses steht; die anderen sozialen Beziehungen werden als sekundär angesehen. Familienpsychologen betrachten die Schulklasse, pädagogische Psychologen die Familie als sekundär. Aus persönlichkeitspsychologischer Sicht sind aber zunächst einmal alle sozialen Beziehungen einer Person relevant; es hängt dann von der jeweiligen speziellen Fragestellung und der empirisch festgestellten Bedeutsamkeit bestimmter Beziehungsarten für diese Fragestellung ab, welche Beziehungen und gegebenenfalls welche sozialen Systeme im Mittelpunkt des Interesses stehen sollten und welche nicht.

> **Merke**
> Die persönliche soziale Umwelt lässt sich nur zum Teil systemisch erfassen. Ein ausgewogeneres Bild entsteht, wenn alle sozialen Beziehungen der Person betrachtet werden.

5.3.1 Soziale Beziehungen

Eine soziale Beziehung ist weder ein Teil der Persönlichkeit noch ein Teil der persönlichen Umwelt einer Person, sondern eine Beziehung zwischen zwei Personen. Es handelt sich also bei einer sozialen Beziehung um ein relationales Merkmal, nicht um ein individuelles Merkmal. Persönlichkeits- und Umwelteigenschaften charakterisieren einzelne Personen, Beziehungen charakterisieren Dyaden (Personenpaare).

Behavioristisch lassen sich Beziehungen durch stabile Interaktionsmuster charakterisieren, also durch dyadentypische Regelmäßigkeiten ihrer Interaktion. Hierzu gehört nicht nur der charakteristische Ablauf bestimmter Interaktionstypen, z.B. wie die beiden in Beziehung zueinander stehenden Personen (Bezugspersonen) sich typischerweise streiten, sondern auch Rahmenbedingungen der Interaktion, z.B. wie oft sich die beiden sehen und wie oft sie streiten, wenn sie sich sehen. Wichtig ist der Stabilitätsaspekt; er trennt Beziehung von Interaktion und macht es überhaupt erst möglich, ein Interaktionsmuster als Eigenschaft einer Dyade zu betrachten und nicht lediglich als Ergebnis einer Situation. In Analogie zum Begriff der individuellen Verhaltensdisposition könnte man hier von Interaktionsdispositionen von Dyaden sprechen.

Dieser behavioristische Zugang zu Beziehungen über beobachtbare Verhaltensregelmäßigkeiten ist aber unvollständig, weil Beziehungen zusätzlich von beiden Bezugspersonen kognitiv repräsentiert sind, und zwar oft in durchaus unterschiedlicher Weise. Zum Beispiel kommt es nicht selten vor, dass beide der Auffassung sind, dass ein Streit typischerweise durch den anderen ausgelöst wird und vor allem durch das eigene Bemühen beendet wird. Mit Baldwin (1992) kann man von dem Beziehungsschema jeweils einer Bezugsperson reden. Es besteht aus einem Bild der eigenen Person in der Beziehung, einem Bild der Bezugsperson und einem Interaktionsskript, d.h. der eigenen Sicht des typischen Interaktionsmusters.

> **Merke**
> Soziale Beziehungen sind auf Verhaltensebene durch stabile Interaktionsmuster und auf kognitiver Ebene durch Beziehungsschemata der beiden Bezugspersonen charakterisiert. Ein solches Beziehungsschema besteht aus drei beziehungsspezifischen Bildern: Selbstbild, Bild der Bezugsperson und Interaktionsskript.

Die drei Komponenten eines Beziehungsschemas unterliegen einer affektiven Bewertung, so dass Beziehungen von Präferenzen (A mag B lieber als C), aber auch von Emotionen wie Liebe, Hass, Verlustangst, Scham oder Schuld begleitet sind. Es gibt aber auch Beziehungen, die bei beiden Beteiligten nur minimale Affekte auslösen, z.B. manche Arbeitsbeziehungen. Wie Einstellungen (vgl. Abschn. 4.6) haben Beziehungen also einen kognitiven, einen affektiven und einen Verhaltensaspekt. Tatsächlich erzeugt eine Beziehung bei beiden Bezugspersonen eine Einstellung zu sich, dem anderen und der Beziehung. Beziehungen können aber auf diese individuellen Beziehungseinstellungen nicht vollständig reduziert werden, weil sie letztlich Konstrukte auf dyadischer Ebene sind (vgl. Asendorpf & Banse, 2000, für eine ausführlichere Diskussion des Beziehungsbegriffs).

Dass die Qualität sozialer Beziehungen von der Persönlichkeit beider Bezugspersonen abhängt, ist offensichtlich, denn die Persönlichkeit des Einzelnen kann auf sein Beziehungsschema und auf das Interaktionsmuster der Dyade Einfluss nehmen. Eine Beziehung ist

Nr.	Typ	Z-P.	Vorname	Nach.	W=1 M=2	Alter	Bekannt	km weg	Kontakt	zufrieden	wichtig	EmoUnt	Nähe	Konflikt	ver- liebt	Sex
	1	2	3	4	5	6	7	8	9	10	11	12	13	14	15	16
1.																
2.																
3.																

Abb. 5.7. Beziehungsmatrix für Studenten. (Nach Asendorpf & Wilpers, 1998)

aber mehr als die Summe der Wirkungen zweier Persönlichkeiten. Denn ihre Wirkungen entfalten sich ja nicht unabhängig voneinander, sondern geraten in eine kontinuierliche dynamische Wechselwirkung. Neigt z. B. A dazu, Konflikte unter den Teppich zu kehren und auszusitzen, ist B aber der Überzeugung, dass sich Konflikte nur dadurch lösen lassen, dass sie ausdiskutiert werden, ist es kaum möglich, dass beide Partner ihre so unterschiedlichen Stile beibehalten. Einer der beiden wird sich mit seinem Konfliktstil durchsetzen oder beide werden einen Kompromiss zwischen den Stilen finden, z. B. indem Diskussionen erst am Tag nach einem Streit geführt werden. Welcher Stil letztendlich gefunden wird, hängt von anderen Persönlichkeitseigenschaften der beiden ab (z. B. Kompromissbereitschaft, Dominanz) und von ihren konkreten Erfahrungen in den Konflikten zwischen ihnen. Das lässt sich verallgemeinern:

> **! Merke**
> Die Beziehungsqualität ist eine Funktion der Persönlichkeit beider Bezugspersonen und ihrer Interaktionsgeschichte.

Die Interaktionsgeschichte ist ein wichtiger zusätzlicher Faktor in Beziehungen, der sich nicht auf die Persönlichkeit der beiden Bezugspersonen reduzieren lässt; insofern lässt sich die Psychologie der Beziehung nicht auf die Psychologie der Persönlichkeit reduzieren (vgl. Asendorpf & Banse, 2000). Ein Beispiel mag das verdeutlichen. Zwei Paare gleichen sich von ihrer Persönlichkeit und ihrer Beziehung her wie ein Ei dem anderen; beide wollen noch kein Kind. Das eine Paar bekommt aber durch ein Versehen bei der Verhütung ungewollt ein Kind, das andere bleibt kinderlos. Dadurch wird die Beziehungsentwicklung trotz gleicher Persönlichkeit der Beteiligten in unterschiedliche Bahnen gelenkt. Das kinderlose Paar trennt sich nach 2 Jahren wegen fehlender gemeinsamer Interessen. Das andere Paar hatte ursprünglich genauso wenig gemeinsame Interessen, entwickelte aber nun doch ein gemeinsames Interesse – das Kind – und blieb deshalb zusammen.

Für den Ansatz, alle Beziehungen einer Person simultan zu untersuchen, hat sich in den letzten Jahren in der Psychologie die etwas missverständliche Bezeichnung »Netzwerkansatz« eingebürgert (vgl. z. B. Baumann & Laireiter, 1996; Laireiter, 1993). Der Begriff des sozialen Netzwerkes stammt aus der Soziologie und bezeichnet dort in durchaus zutreffender Weise die Vernetzung einer Gruppe von Personen durch ihre sozialen Beziehungen (vgl. Ziegler, 1987). Einheit der Betrachtungsweise ist hier das gesamte vernetzte System, nicht eine einzelne Person. Später wurde der Netzwerkbegriff von empirischen Sozialforschern individualisiert zum Begriff des individuellen, personalen oder egozentrierten Netzwerkes (vgl. z. B. McCallister & Fischer, 1983). Darunter wird die Auflistung weniger besonders wichtiger Bezugspersonen und ihre Beurteilung hinsichtlich psychologisch wenig ergiebiger Daten wie Kontaktfrequenz oder räumliche Entfernung verstanden, wie sie in den Massenuntersuchungen der Umfrageforschung praktikabel ist.

In neuerer Zeit gibt es zahlreiche psychologische Untersuchungen zu »sozialen Netzwerken«, in denen alle persönlich bedeutsamen Bezugspersonen und die psychologisch relevanten Aspekte der Beziehung zu diesen Bezugspersonen erfasst werden (vgl. Baumann & Laireiter, 1996; Laireiter, 1993). Tatsächlich werden aber hier keine Netzwerke erhoben, sondern nur eine Beziehungsmatrix der Art, dass eine Person alle oder fast alle Beziehungen zu den von ihr genannten Bezugspersonen hinsichtlich derselben Beziehungsqualitäten einschätzt. Abbildung 5.7 zeigt ein Beispiel einer solchen Beziehungsmatrix, die zur Erfassung der sozialen Beziehungen von Studenten entwickelt wurde (Asendorpf & Wilpers, 1998).

Die Versuchspersonen tragen zeilenweise zunächst alle ihre Bezugspersonen ein, d. h. die Menschen, mit denen sie im letzten Monat mindestens einmal direkten, telefonischen oder schriftlichen Kontakt hatten, oder die ihnen trotz fehlenden Kontaktes immer noch emotional wichtig sind, und geben objektive Daten an wie Geschlecht, Alter, Bekanntschaftsdauer und räumliche Entfernung. Dann beurteilen sie spaltenweise die Qualität ihrer Beziehung zu diesen Bezugspersonen mit Hilfe mehrstufiger Skalen bezüglich Kontakthäufigkeit, Zufriedenheit mit der Kontakthäufigkeit, Wichtigkeit der Beziehung für sie selbst, emotionale Unterstützung durch die Beziehung, emotionale Nähe zur Bezugsperson, Konflikthäufigkeit, Verliebtheit und Geschlechtsverkehr.

5.3.2 Individuelle soziale Netzwerke und Beziehungsstatus

Aus diesen Beurteilungen können dann individualtypische Merkmale erzeugt werden, die mehrere Beziehungen umfassen. Hierzu gehört z. B. die Netzwerkgröße, also die Zahl der Beziehungen insgesamt; der Anteil gleichgeschlechtlicher Beziehungen; der mittlere Bekanntheitsgrad der Personen im Netzwerk; die Konflikthäufigkeit mit den Eltern; die Zahl als unterstützend empfundener Beziehungen usw. In Anlehnung an den Begriff des Systemstatus (vgl. Abschn. 5.2) kann die Gesamtheit dieser Merkmale als Beziehungsstatus bezeichnet werden.

In der Studie von Asendorpf und Wilpers (1998) wurden diverse Merkmale des Beziehungsstatus bei 132 Studierenden insgesamt siebenmal im Abstand von 3 Monaten erhoben, vom Beginn des ersten Semesters bis zum Beginn des vierten Semesters. Diese Längsschnittstudie ermöglichte also eine eingehende Analyse der Stabilität dieser Merkmale. Wie ◘ Tabelle 5.3 anhand einiger typischer Merkmale zeigt, war die kurzfristige Stabilität durchaus beachtlich, sank aber stark ab, wenn längere Zeiträume betrachtet wurden. Die mittlere Stabilität der 6 Merkmale betrug .73 über 3 Monate, aber nur .35 über 18 Monate. Im Vergleich dazu betrug die mittlere Stabilität der fünf Hauptfaktoren der Persönlichkeit (bestimmt durch Selbstbeurteilungen im NEO-FFI) in derselben Stichprobe .75 über 18 Monate.

Hier wird deutlich, dass die mittelfristige Stabilität des Beziehungsstatus deutlich geringer ist als die mittelfristige Stabilität der Persönlichkeit. Wie die vergleichsweise hohe kurzfristige Stabilität des Beziehungsstatus zeigt, handelt es sich hierbei nicht um ein Reliabilitätsproblem, sondern um einen substantiellen Unterschied zwischen Persönlichkeits- und Beziehungskonstrukten: die Beziehungsqualität ist mittelfristig weniger stabil. Wie in den folgenden Abschnitten noch deutlich werden wird, scheint das ganz allgemein der Fall zu sein.

> **Merke**
> Merkmale des Beziehungsstatus sind mittelfristig weniger stabil als Persönlichkeitseigenschaften.

Hierzu dürften zwei unterschiedliche Faktoren beitragen. Zum einen ist die Beziehungsqualität in den einzel-

◘ Tabelle 5.3. Stabilität des Beziehungsstatus und der Big Five bei Studierenden im Grundstudium. (Nach Asendorpf & Wilpers, 1998)

Merkmal	Stabilität über			
	3 Monate	6 Monate	12 Monate	18 Monate
Zahl aller Beziehungen	.86	.68	.41	.27
mit Peers (Alter 18–27 Jahre)	.86	.63	.44	.30
Verliebt (ja/nein)	.62	.37	.52	.42
Unterstützung durch Peers	.67	.46	.40	.35
Konflikt mit Peers	.55	.26	.30	.28
Kontakthäufigkeit mit Mutter	.81	.63	.58	.49
Big Five (Mittelwert)	–	.83	.78	.75

Tabelle 5.4. Korrelationen zwischen Persönlichkeit und Beziehungsstatus bei Studierenden im 2. Semester. (Daten aus der Studie von Asendorpf & Wilpers, 1998)

Merkmal	Extraversion	Neurotizismus	Verträglichkeit	Gewissenhaftigkeit	Offenheit
Zahl aller Beziehungen	**.38**	−.04	−.12	−.04	.15
mit Peers (Alter 18–27 Jahre)	**.41**	−.04	−.13	−.14	.11
Verliebt (ja/nein)	**.18**	−.02	−.08	−.04	.05
Unterstützung durch Peers	**.32**	−.04	−.07	−.11	**.21**
Konflikt mit Peers	.03	−.03	**−.18**	−.02	**.18**
Kontakthäufigkeit mit Mutter	.01	−.06	−.06	**.29**	.09

Überzufällige Korrelationen sind fett gedruckt.

nen Beziehungen nicht so stabil wie die Persönlichkeit der Bezugspersonen, weil sie stärker situativ beeinflusst ist. Zum zweiten beziehen sich die meisten der Beziehungsvariablen in ◘ Tabelle 5.3 auf Personen, die von Messzeitpunkt zu Messzeitpunkt wechseln: Die Mutter bleibt die Mutter, aber wer zu den Peers gehört, verändert sich im Verlauf der Zeit, wie schon die Instabilität der Peeranzahl zeigt. Dieselbe Beziehungsvariable bezieht sich also zu unterschiedlichen Zeitpunkten auf teilweise unterschiedliche Beziehungen.

Wenn der Beziehungsstatus instabiler ist als die Persönlichkeit, kann nicht erwartet werden, dass er mit Persönlichkeitseigenschaften hoch korreliert. ◘ Tabelle 5.4 zeigt die Korrelationen zwischen den Beziehungsvariablen von ◘ Tabelle 5.3 und den fünf Hauptfaktoren der Persönlichkeit zu Beginn des 2. Semesters (als anfängliche Einflüsse auf den Beziehungsstatus durch den Ortswechsel bei einem Teil der Studienanfänger keine wesentliche Rolle mehr spielten).

Die stärksten Beziehungen bestanden zwischen Extraversion und der Zahl und der erlebten Unterstützung von Peers. Gewissenhafte Studierende gaben mehr Kontakt mit der Mutter (aber auch mit Vater und Geschwistern, also mit Familienangehörigen im allgemeinen) an. Studierende, die höhere Werte in der Skala Offenheit gegenüber neuen Erfahrungen erzielten, berichteten über stärkere Unterstützung durch Peers und gleichzeitig auch über stärkere Konflikte mit ihnen, während verträglichere Studierende über weniger Konflikte berichteten. Die letzteren Korrelationen waren zwar überzufällig, aber gering. Einzig Neurotizismus zeigte keine Zusammenhänge mit dem Beziehungsstatus.

Aus diesen Korrelationen kann nicht auf einen Persönlichkeitseinfluss auf den Beziehungsstatus geschlossen werden, denn sie könnten ja auch darauf zurückzuführen sein, dass der erlebte Beziehungsstatus das Selbstbild der Persönlichkeit beeinflusste (z.B. dass Studierende mit vielen Peerbeziehungen sich deshalb für extravertierter hielten, weil sie viele Bekannte hatten) oder dass allgemeine Antworttendenzen künstliche Zusammenhänge erzeugten (z.B. weil die Nennung vieler Peers und die Selbstbeurteilung als extravertiert sozial erwünscht sind). Asendorpf und Wilpers (1998) konnten jedoch diese Alternativinterpretationen ausschließen, weil sie durch Pfadanalyse zeigten, dass es zwischen der Persönlichkeitsmessung zu Studienbeginn und allen 6 Beziehungsvariablen zu Beginn des 2. Semesters überzufällige direkte Pfade gab (vgl. Abschn. 2.6.4). Selbst nach statistischer Kontrolle des Zusammenhangs zwischen Persönlichkeit und Beziehungsstatus zu Studienbeginn konnten sie also einen Einfluss der Persönlichkeit auf den späteren Beziehungsstatus nachweisen.

Umgekehrt waren die Pfade vom Beziehungsstatus zur späteren Persönlichkeit durchweg Null, d.h. der Beziehungsstatus beeinflusste nicht das Selbstbild der Persönlichkeit. Es gab also Persönlichkeitseffekte auf Beziehungen, nicht aber umgekehrt. Tatsächlich scheint es ganz allgemein nur wenige nachweisbare Beziehungseffekte auf die Persönlichkeit ab dem Erwachsenenalter zu geben (eine Ausnahme scheint der neurotizismushemmende Effekt der ersten stabilen Partnerschaft zu sein [Neyer & Asendorpf, 2001; vgl. Abschn. 2.6.3]). Die Beziehungsentwicklung verläuft in diesem

> **Unter der Lupe**
>
> **Grundbegriffe des Person-Umwelt-Bezugs**
> Die Umwelt einer Person besteht aus psychologischer Sicht aus allen externen Bedingungen des Erlebens, Verhaltens und der Entwicklung dieser Person. Die Situationsexposition einer Person ist die Häufigkeit oder Dauer, mit der sie Situationen eines bestimmten Typs ausgesetzt ist.
> Die persönliche Umwelt einer Person ist ihre überdauernde Umwelt, charakterisiert durch ihre gesamte Situationsexposition. Eine soziale Beziehung ist ein Merkmal von Dyaden. Sie hat kognitive, emotionale und Verhaltensaspekte.
> Individuell sind Beziehungen kognitiv repräsentiert als Beziehungsschemata. Das soziale Netzwerk einer Person ist die Gesamtheit ihrer Beziehungen zu ihren wichtigen Bezugspersonen und deren Beziehungen untereinander. Meist werden die Beziehungen der Bezugspersonen untereinander ignoriert; dann kann das Netzwerk in Form einer Beziehungsmatrix dargestellt werden (Personen × Beziehungsqualitäten). Der Beziehungsstatus einer Person ist die Gesamtqualität ihrer Beziehungsmatrix.

Alter teilweise persönlichkeitsabhängig, scheint aber nur in wenigen Fällen Rückwirkungen auf die Persönlichkeit zu haben.

> **Merke**
>
> Im jungen Erwachsenenalter lassen sich Persönlichkeitseffekte auf den Beziehungsstatus nachweisen. Umgekehrte Effekte des Beziehungsstatus auf die Persönlichkeit sind selten.

»Unter der Lupe« fasst die bisher eingeführten Begriffe zur Beschreibung der Umwelt zusammen.

5.3.3 Das Modell sozialer Beziehungen von Kenny

Letztlich lässt sich eine strikte Trennung zwischen Persönlichkeit, Umwelt und Beziehung nur dann durchführen, wenn viele Personen in konkreter sozialer Interaktion untereinander durch Dritte über lange Zeiträume beobachtet werden, was z.B. in stabilen sozialen Gruppen der Fall sein kann. Hier lassen sich in einem statistisch-interaktionistischen Ansatz Persönlichkeitseigenschaften eindeutig von Situationsexpositionen und Beziehungsqualitäten trennen.

Kenny und LaVoie (1984) haben hierfür ein mathematisches Modell entwickelt, das Modell sozialer Beziehungen (»social relations model«). Das Verhalten eines »Akteurs« gegenüber einem »Partner« wird zerlegt in drei Komponenten: die stabile Tendenz des Akteurs, dieses Verhalten gegenüber beliebigen Interaktionspartnern zu zeigen (der Akteurparameter), die stabile Tendenz des Partners, dieses Verhalten bei beliebigen Interaktionspartnern hervorzurufen (der Partnerparameter), und der durch diese beiden Persönlichkeitseffekte nicht erklärbare, stabile Verhaltensanteil (der Beziehungsparameter):

> **Merke**
>
> Verhalten (Akteur) = f(Akteur, Partner, Beziehung des Akteurs zum Partner).

Der Akteurparameter beschreibt eine Verhaltensdisposition des Akteurs (also eine Persönlichkeitseigenschaft), der Partnerparameter eine mittlere Situationsexposition aller Akteure und der Beziehungsparameter eine Beziehungsqualität. »Unter der Lupe« illustriert dieses Modell anhand des sozialen Verhaltens von Kindergartenkindern.

Das Modell setzt voraus, dass alle drei Parameter, insbesondere die Beziehungsparameter, zeitlich stabil sind. Um das empirisch zu testen, muss die zeitliche Stabilität der drei Parameter nachgewiesen werden; dies erfordert Beobachtungen des interaktiven Verhaltens in vielen Situationen (würde das nicht getan, würden Merkmale der speziellen aktuellen Situation in den Beziehungsparametern mit erfasst und sie deshalb künstlich erhöhen). Die Stabilität der Beziehungsparameter wurde im obigen Beispiel geprüft, indem die Parameter getrennt für die ersten drei und die darauffolgenden vier Tage bestimmt und dann korreliert wurden. Die Stabilität betrug .71 – nach etwa vier Stunden Beobachtung ergaben sich also bereits annähernd stabile Beziehungseffekte.

Im Modell sozialer Beziehungen sind Beziehungsparameter realistischerweise asymmetrisch definiert, d.h. A kann mit B eine positive, B mit A aber eine negative Beziehung haben. Es ist also empirisch prüfbar, wie weit bestimmte Beziehungsaspekte auf Wechselseitigkeit beruhen (reziprok sind). Im Beispiel »Unter der Lupe«, S. 286, korrelierten die Beziehungsparameter zwischen den beiden Partnern zu .56, d.h. im Mittel über alle Kinder gab es eine deutliche, keineswegs aber perfekte Rezip-

> **Unter der Lupe**
>
> **Illustration des Modells sozialer Beziehungen**
> Nach Kenny und LaVoie (1984) lassen sich Beziehungsqualitäten und Persönlichkeitseigenschaften durch ein gemeinsames Modell schätzen, wenn alle Personen die gleiche Möglichkeit haben, miteinander in soziale Interaktion zu treten. Dies sei hier an einer Studie von Asendorpf und Schäfer (1993) illustriert. Eine Gruppe von acht Kindergartenkindern spielte an sieben Tagen jeweils eine Stunde zusammen. Ausgewertet wurde die soziale Orientierung der Kinder zueinander (ein bestimmtes Kind länger ansehen oder mit ihm sprechen oder spielen) (◘ Tabelle 5.5). In diesem Beispiel misst der Akteurparameter eines Kindes die Tendenz, sich anderen Kindern zuzuwenden, der Partnerparameter die Tendenz eines Kindes, die Zuwendung anderer hervorzurufen, und der Beziehungsparameter eines Kindes bezüglich eines Partners die Tendenz, sich diesem Partner mehr bzw. weniger zuzuwenden, als von dem Akteurparameter des Kindes und dem Partnerparameter des Partners her zu erwarten ist. Die Akteurparameter entsprechen ungefähr den Zeilenmitteln, die Partnerparameter ungefähr den Spaltenmitteln und der Beziehungseffekt eines Paares (Akteur, Partner) ungefähr der Differenz zwischen dem beobachteten Wert dieses Paares und dem Mittel aus Akteur- und Partnerparameter. Die genaue Schätzung der Parameter ist wegen der fehlenden Diagonalzellen nicht einfach; die Zeilen- bzw. Spaltenmittel repräsentieren nur annähernd die Akteur- bzw. Partnerparameter (vgl. Warner et al., 1979; Asendorpf & Schäfer, 1993).

◘ Tabelle 5.5. Häufigkeiten der Orientierung der Kinder einer Kindergartengruppe zueinander an sieben Tagen und die Zeilen- und Spaltenmittel. (Aus Asendorpf & Schäfer, 1993)

Akteur	Partner								
	1	2	3	4	5	6	7	8	Mittel
1	–	13	15	62	38	7	9	2	20,9
2	8	–	22	12	9	36	9	0	13,7
3	18	26	–	21	7	2	9	3	12,3
4	65	16	11	–	14	49	5	6	23,7
5	54	4	14	14	–	3	12	1	14,6
6	9	45	4	26	9	–	11	34	19,7
7	9	2	5	0	12	18	–	76	17,4
8	1	1	6	3	17	37	84	–	21,3
Mittel	23,4	15,3	11,0	19,7	15,1	21,7	19,9	17,4	17,9

rozität in der sozialen Orientierung. Zum Beispiel orientierte sich Kind 4 viel häufiger an Kind 6 als umgekehrt.

> **❗ Merke**
> Im Modell sozialer Beziehungen sind Beziehungsparameter asymmetrisch definiert; die Reziprozität der Parameter ist eine empirische Frage.

Beziehungseffekte sind im Modell sozialer Beziehungen immer beschränkt auf das betrachtete Verhalten. So hat z. B. Kind 7 mit Kind 8 im obigen Beispiel einen positiven Beziehungsparameter, weil 7 sich mehr an 8 orientiert, als vom Akteurparameter von 7 und vom Partnerparameter von 8 her zu erwarten wäre. Würde man nicht soziale Orientierung untersuchen, sondern aggressives Verhalten, hätte möglicherweise 7 »keine Beziehung« zu 8, falls 7 seine Aggressionen weder auf 8 konzentriert noch Aggressionen gegenüber 8 in besonderer Weise vermeidet.

> **Merke**
> Beziehungseffekte sind im Modell sozialer Beziehungen verhaltensspezifisch.

Die Definition von »Beziehung« erfolgt in diesem Modell relativ zur betrachteten Population, nämlich der Gruppe der jeweils interagierenden Personen. Zum Beispiel haben die Kinder 7 und 8 in ◘ Tabelle 5.5 wechselseitig einen hoch positiven Beziehungsparameter, d.h. sie sind viel mehr wechselseitig orientiert, als von ihrem generellen Orientierungsverhalten in der Gruppe her zu erwarten wäre. Das sagt aber nichts Sicheres darüber aus, wie sie sich in einer anderen Gruppe verhalten würden: Vielleicht würden sie sich dort aus dem Weg gehen. In diesem Fall wäre der Beziehungsparameter inkonsistent zwischen unterschiedlichen Gruppen.

> **Merke**
> Die Aussagen des Modells sozialer Beziehungen sind gruppenspezifisch.

Im Modell sozialer Beziehungen lässt sich der Beziehungsstatus einer Person charakterisieren durch die Verteilung ihrer Beziehungsparameter. Zum Beispiel hat Kind 7 im obigen Beispiel eine »stark positive« Beziehung zu 8, keine zu 5 und 6 (weil seine soziale Orientierung ihnen gegenüber durchschnittlich ist) und »negative Beziehungen« zu 1,2,3 und 4 (weil es sich nur sehr selten an sie wendet). »Positiv« und »negativ« ist hier rein statistisch zu verstehen, nämlich häufiger oder seltener in bezug auf das durchschnittliche Verhalten von Kind 7 in der Gruppe.

Empirisch wurde das Modell sozialer Beziehungen bisher vor allem in Studien zu Beziehungseffekten in der Person- und Beziehungswahrnehmung eingesetzt (Cook, 2000; Kenny, 1994). Beziehungseffekte im Verhalten wurden meist nur in künstlich zusammengestellten Kleingruppen untersucht (Kenny & Malloy, 1988). In einer naturalistischeren Studie beobachteten Ross und Lollis (1989) das Interaktionsverhalten von 2–3 Jahre alten Kindern im dyadischen Spiel mit jeweils zwei verschiedenen Partnern. Jedes Paar spielte 18mal jeweils 40 Minuten miteinander. Überzufällige Beziehungseffekte bildeten sich nach etwa 10 Sitzungen heraus. Schäfer und Asendorpf (unveröffentlichte Daten) ließen das Verhalten von 84 Neulingen in 13 Kindergartengruppen einmal pro Woche ein Jahr lang durch trainierte Beobachter für soziale Orientierung kodieren. Nach Mittelung der Beobachtungen über das erste halbe Jahr gab es in 12 der 13 Gruppen überzufällige Beziehungseffekte für die Kindergartenneulinge, und in 11 der 13 Gruppen nahmen diese Beziehungseffekte vom ersten zum zweiten Halbjahr überzufällig zu. Diese Ergebnisse zeigen, dass das Modell der sozialen Beziehungen sensitiv für die kurz- und langfristige Beziehungsentwicklung ist.

> **Merke**
> Das Modell sozialer Beziehungen bildet auch kurz- und längerfristige Beziehungsveränderungen ab und ist von daher geeignet zur Analyse der Beziehungsentwicklung in sozialen Gruppen.

5.4 Soziale Bindungen

Unter den sozialen Beziehungen einer Person gibt es einige wenige enge, emotional bedeutsame Beziehungen, die sich hierdurch von den anderen Beziehungen abheben (vgl. Berscheid, 1994, für eine Übersicht). Dazu gehören meist die Beziehungen zu den Eltern und Geschwistern, teilweise auch zu den Großeltern, später auch die Beziehungen zu besonders guten Freunden, zu Geliebten, zu (Ehe-)Partnern und zu eigenen Kindern. Ausgehend von psychoanalytischen Vorstellungen über frühe Objektbeziehungen wurden enge Beziehungen vor allem unter dem Aspekt der sozialen Bindung untersucht.

In Freuds Theorie der Charakterentwicklung (vgl. Abschn. 2.2) spielten die Beziehungen zu den Eltern eine zentrale Rolle, weil Mutter und Vater Objekte der realen und vor allem der phantasierten Triebbefriedigung seien oder die eigene Triebbefriedigung verhinderten. Zudem werde die Persönlichkeit des gleichgeschlechtlichen Elternteils im Verlauf der Lösung des Ödipuskonflikts durch Identifikation internalisiert. Später rückten Psychoanalytiker immer mehr von Freuds psychosexuellem Triebmodell der Persönlichkeitsentwicklung ab und stellten zunehmend die Internalisierung von Objektbeziehungen in den Mittelpunkt ihrer Persönlichkeitsauffassung. Objekte sind dabei zentrale Bezugspersonen wie Mutter, Vater, Partner, aber auch der Analytiker in der Therapie. Dabei wich das anfängliche Interesse an Objekten als Figuren der Phantasie (Klein, 1948) zunehmend der Auffassung, dass Objekte mentale Repräsentationen tatsächlicher Bezugspersonen seien.

Sandler und Rosenblatt (1962) formulierten das Konzept der repräsentationalen Welten, wonach sich aufgrund der Erfahrungen in frühen Objektbeziehungen mentale Repräsentationen des Selbst, anderer Personen und der Beziehungen zu ihnen herausbilden. Diese mentalen Repräsentationen wirkten sich auf die Gestaltung der späteren engen Beziehungen aus. Diese Auffassung dominiert neuere, nichtorthodoxe psychoanalytische Auffassungen der Persönlichkeits- und Beziehungsentwicklung (vgl. Mitchell, 1988; Stern, 1985).

> **Merke**
> Nach Auffassung neuerer psychoanalytischer Objektbeziehungstheorien beeinflussen früh gebildete mentale Repräsentationen realer Objektbeziehungen die spätere Beziehungsentwicklung.

5.4.1 Bindungsstile bei Kindern

Bowlby (1969) griff dieses Konzept auf und verknüpfte es mit evolutionsbiologischen und systemtheoretischen Konzepten. Nach Bowlby (1969) gibt es nicht nur beim Menschen, sondern auch bei höheren Säugetieren im allgemeinen ein evolutionär tief verankertes Bindungssystem, das bei Gefahr die Nähe zwischen dem Kind und der primären Bezugsperson gewährleiste (primär sowohl im Sinne der ersten als auch der wichtigsten Beziehung; meist die Mutter): Kind und Bezugsperson würden Nähe und Sicherheit suchen bzw. spenden. Die Erfahrungen in solchen Situationen prägten beim Kind ein inneres Arbeitsmodell von Beziehungen (Bowlby, 1973). Normalerweise würde die Beziehung als sicherheitsspendend erlebt; so komme es zum Arbeitsmodell einer sicheren Bindung, das spätere Erwartungen an andere enge Beziehungen präge. Bei Störungen der Beziehung zur primären Bezugsperson oder bei Fehlen einer solchen Beziehung (z. B. bei manchen Heimkindern) komme es zu einem Arbeitsmodell einer unsicheren Bindung, das sich störend auf spätere Beziehungen auswirke.

> **Merke**
> Nach Bowlby sind es besonders Bindungserfahrungen in als bedrohlich empfundenen Situationen, die das innere Arbeitsmodell von Beziehungen prägen.

Ainsworth et al. (1978) erweiterten Bowlbys klinisch orientierten Ansatz auf interindividuelle Unterschiede in der Bindung von Kindern im Alter von 12–18 Monaten an ihre Eltern im allgemeinen (s. »Die klassische Studie«). In dieser Altersgruppe lässt sich Bindungsverhalten besonders gut beobachten.

Main und Solomon (1986) erweiterten diese Typologie um einen vierten Bindungsstil D (desorganisiert-desorientiert). Diese Kinder zeigen im Fremde-Situation-Test einen Zusammenbruch der normalen Verhaltens- und Aufmerksamkeitsstrategien, von Main (1995) beschrieben als »the look of fear and nowhere to go«. Möglicherweise haben viele dieser Kinder Angst vor der Bezugsperson. So kommen sie in die paradoxe Situation, bei einer Person Schutz suchen zu müssen, vor der sie Angst haben. Da die D-Kategorie bei einem Zusammenbruch des normalen Verhaltens vergeben wird, wird sie zusätzlich zur A-B-C Klassifikation vergeben. In normalen Stichproben werden ca. 15 % der Kinder als D klassifiziert, in Risiko- und klinischen Stichproben steigt der Prozentsatz um das zwei- bis dreifache (van IJzendoorn et al., 1999).

> **Merke**
> Ainsworth entwickelte ein Beobachtungsparadigma, das es erlaubt, bei Kleinkindern drei verschiedene Bindungsstile gegenüber einer Bezugsperson zu unterscheiden: sicher, vermeidend, ängstlich-ambivalent. Main fügte dieser Typologie den Bindungsstil desorganisiert-desorientiert hinzu.

Empirische Studien zu Bindungsstilen im Strange Situation Test leiden oft unter dem Problem zu kleiner Stichproben, bedingt durch den großen Aufwand der Verhaltensbeobachtung und -kodierung. Inzwischen gibt es aber zahlreiche Untersuchungen dieser Art, so dass einige Verallgemeinerungen möglich sind:

- Die Quote sicher gebundener Kinder liegt in Stichproben, in denen die Kinder biologische oder soziale Risiken aufweisen (z. B. Frühgeburten, alleinerziehende Mütter der Unterschicht) unter 50 % und in Stichproben stabiler Mittelschichtsfamilien bei 65 %. In westlichen Kulturen gibt es mehr vermeidende als ängstlich-ambivalente Kinder (in stabilen Mittelschichtsfamilien liegen die Quoten bei 25 % bzw. 10 %).
- Die vorliegenden Befunde zur mittelfristigen Stabilität des Bindungsstils sind ausgesprochen uneinheitlich, selbst wenn das gleiche Altersintervall untersucht wird (typischerweise die Sechsmonatsstabilität zwischen 12 und 18 Monaten; vgl. Thompson, 1998). Zum einen muss die Stabilität der sozialen Umwelt einbezogen werden. In Risikostichproben (z. B. alleinerziehende Mütter, Unterschicht, Frühgeborene) sind die Stabilitäten durchweg geringer als bei stabiler sozialer Umwelt. Aber auch wenn stabi-

5.4 · Soziale Bindungen

Die klassische Studie

Ainsworth et al. (1978) entwickelten ein Beobachtungsparadigma, das es gestattet, Bindungsverhalten im Labor zu beobachten. Dazu wird das Kind zusammen mit seiner Mutter (manchmal auch seinem Vater) in eine Sequenz von Situationen gebracht, die Aufschluss über seine Bindung an den jeweiligen Elternteil geben soll (der »Fremde-Situation-Test«; ◘ Tabelle 5.6).

Ainsworth et al. (1978) nahmen an, dass »sicher gebundene« Kinder dieses Alters nach einer kurzen Trennung von der Mutter, die durch fehlende Verabschiedung durch die Mutter, Anwesenheit einer Fremden und kurzes Alleinsein in einem unvertrauten Raum verschärft wird, sich freuen, wenn die Mutter wiederkommt. »Unsicher gebundene Kinder« dagegen ignorierten die Mutter oder klammerten sich ängstlich an sie. Die diagnostisch entscheidende Situation ist die erste Wiedervereinigung mit der Mutter (z.T. wird auch die zweite Wiedervereinigung mit berücksichtigt). Das Verhalten des Kindes wurde entsprechend dieser Annahme klassifiziert nach drei Bindungsstilen: sicher, vermeidend und ängstlich-ambivalent. ◘ Tabelle 5.7 skizziert diese drei Bindungsstile für einjährige Kinder.

◘ Tabelle 5.7. Bindungsstile einjähriger Kinder

Bindungsstil	Verhalten bei 1. Wiedervereinigung
B: sicher	keine Vermeidung des Kontaktes und der Nähe zur Mutter
A: vermeidend	Ignorieren oder aktives Vermeiden der Mutter
C: ängstlich-ambivalent	Zeichen eines Annäherungs-Vermeidungs-Konflikts gegenüber der Mutter

◘ Tabelle 5.6. Der Fremde-Situation-Test von Ainsworth et al. (1978)

Nr.	Personen	Dauer	Situation
1	Mutter, Kind, Experimentator	30 sec	Experimentator zeigt Mutter und Kind den Versuchsraum, verlässt ihn
2	Mutter, Kind	3 min	Mutter bringt Kind zum Alleinspiel
3	Fremde, Mutter, Kind	3 min	1. Minute: Fremde schweigt 2. Minute: Fremde spricht mit Mutter 3. Minute: Fremde spricht Kind an Mutter verlässt Raum ohne Verabschiedung
4	Fremde, Kind	3 min[a]	Fremde reagiert auf Kind
5	Mutter, Kind	3 min oder mehr	1. Wiedervereinigung: Mutter begrüßt Kind, bringt es zum Alleinspiel, verabschiedet sich, verlässt Raum
6	Kind	3 min[a]	Kind allein im Raum
7	Fremde, Kind	3 min[a]	Fremde reagiert auf Kind
8	Mutter, Kind	3 min	2. Wiedervereinigung: Mutter begrüßt Kind, spielt mit ihm

[a] kürzer, wenn Kind schreit.

le Mittelschichtfamilien untersucht wurden, variieren die Stabilitätsbefunde enorm, von 46%–96%. Bei der Interpretation dieser Prozentangaben muss berücksichtigt werden, dass sie wenig aussagekräftig sind, weil die Zufallsrate wegen der ungleichen Häufigkeit der 3 Bindungsstile meist deutlich über 33%

liegt. Bezieht man dies ein, ist die Stabilität in vielen Studien nicht besser, als per Zufall zu erwarten ist (vgl. z. B. Belsky et al., 1996). Auf welche Faktoren die großen Stabilitätsunterschiede in Nichtrisikostichproben zurückgehen, ist derzeit unklar.

- An die Mutter sicher gebundene einjährige Kinder werden später im Kindergarten und in der Grundschule überzufällig als kompetenter eingeschätzt, vermeidende als aggressiver, und ängstlich-ambivalente als ängstlicher (Sroufe, 1983; Suess et al., 1992). Ein ähnliches Muster findet sich bei Kibbuzkindern für die Bindung an die Tagesmutter, nicht aber für die Bindung an die leibliche Mutter (Sagi et al., 1985).
- Der Bindungsstil des Kindes an die Eltern zeigt eine überzufällige Konsistenz zwischen Mutter und Vater. Hinsichtlich des Vergleichs sicher – unsicher (A + C) ist die Konsistenz gering, hinsichtlich des Vergleichs vermeidend – ängstlich-ambivalent ist die Konsistenz hoch (Fox et al., 1991).

> **Merke**
> Die Stabilität des Bindungsstils an die Eltern variiert stark; insbesondere ist die Stabilität bei instabiler sozialer Umwelt niedrig. Der Bindungsstil an die Eltern zeigt eine geringe (Bindungssicherheit) bis starke (Art der Unsicherheit) Konsistenz zwischen den Eltern und sagt einige Merkmale der späteren sozialen Kompetenz im Umgang mit Peers vorher.

Das Ergebnis von Fox et al. (1991), das auf einer Metaanalyse aller einschlägigen Studien beruhte, legt nahe, dass die Bindungssicherheit eher ein Merkmal der Beziehungsqualität und von daher von der Persönlichkeit von Mutter und Kind abhängig ist, während die Art der unsicheren Bindung eher ein Persönlichkeitsmerkmal des Kindes ist. Zwei weitere Befunde unterstützen diese Annahme.

Erstens wurden Beziehungen zwischen der Persönlichkeit der Eltern und der Bindungssicherheit des Kindes vor allem für die Unterscheidung sicher vs. unsicher gefunden. Der beste Prädiktor für die Sicherheit des Kindes ist die Einfühlsamkeit der Eltern in die Bedürfnisse des Kindes (meist für die Mutter bestimmt). De Wolff und van IJzendoorn (1997) fanden in einer Metaanalyse aller nichtklinischen Studien mit insgesamt über 1000 Elter-Kind-Paaren einen wahren, d. h. für die Unreliabilität der Bindungs- und Einfühlsamkeitsmessung korrigierten Zusammenhang von .24 zwischen Einfühlsamkeit und Bindungssicherheit.

Zweitens sind die Befunde zum Zusammenhang zwischen frühkindlichem Temperament und Bindungsqualität nicht eindeutig (Thompson, 1998). Bindungssicherheit scheint keinen Zusammenhang mit frühkindlichen Temperamentsfaktoren zu zeigen; am ehesten besteht noch ein Zusammenhang zwischen der Art der unsicheren Bindung und dem Temperament. So fanden z. B. Goldsmith und Alansky (1987) in einer Metaanalyse des Einflusses des kindlichen Temperaments auf die Bindungsqualität, dass Beurteilungen der emotionalen Labilität des Kindes (»distress proneness«) zu .16 mit Beurteilungen des Typ-C-Verhaltens im Strange Situation Test korrelierten. Dies entspricht nach Korrektur für die Unreliabilität der Messungen einem mittleren Zusammenhang von etwa .20 und ist von daher ähnlich stark wie der Zusammenhang zwischen Bindungssicherheit und Einfühlsamkeit.

In einer Interventionsstudie an Müttern emotional labiler Kinder versuchte van den Boom (1994), durch ein Training der Mütter deren Einfühlsamkeit zu verbessern, als ihre Kinder 6 und 9 Monate alt waren. Dieses Training erwies sich als erfolgreich: Im Alter von 12, 18, 24 und 40 Monaten waren die Kinder der trainierten Mütter sicherer gebunden oder kooperativer als die Kinder einer nicht trainierten Kontrollgruppe von Müttern (van den Boom, 1995). Zum Beispiel betrug der Anteil sicher gebundener Kinder im Alter von 18 Monaten in der Kontrollgruppe 26 %, in der trainierten Gruppe jedoch 72 %. Dies zeigt, dass kindliche Risikofaktoren für eine unsichere Bindung durch entsprechendes Training ihrer Mütter in Einfühlsamkeit beseitigt werden können.

Allgemeiner betrachtet scheint es vielversprechend zu sein, die Wechselwirkung zwischen Temperament des Kindes und Erziehungsstil der Eltern zu untersuchen; möglicherweise liegt es an solchen Wechselwirkungen, dass die direkten Effekte von Temperament bzw. elterlichem Verhalten eher gering sind. So fanden z. B. Nachmias et al. (1996), dass unsicher gebundene schüchterne Kinder stressanfälliger waren als sicher gebundene, während eine unsichere Bindung bei wenig schüchternen Kindern keinen Zusammenhang mit der Stressreaktivität zeigte.

> **Merke**
> Die Qualität der Bindung an die Eltern ist bei Kleinkindern sowohl von Merkmalen der Eltern (insbesondere Einfühlsamkeit als Prädiktor der Sicherheit) als auch von Temperamentsmerkmalen des Kindes (insbesondere emotionale Labilität als Prädiktor einer ängstlich-ambivalenten Bindung) abhängig. Dabei können Risiko-
▼

faktoren der Eltern und des Kindes in Wechselwirkung geraten, z. B. sich gegenseitig potenzieren.

Nach psychoanalytischer und traditionell-bindungstheoretischer Auffassung sollte das in der frühen Kindheit entwickelte innere Arbeitsmodell von Beziehungen alle späteren Beziehungen beeinflussen. Insofern sollte der im Fremde-Situation-Test gegenüber der primären Bezugsperson gezeigte Bindungsstil die Qualität späterer enger Beziehungen vorhersagen. Inzwischen gibt es mehrere Längsschnittstudien, die Stichproben von Kindern, deren Bindung an die Mutter im Alter von 12–18 Monaten beobachtet worden war, bis ins Jugend- bzw. Erwachsenenalter hinein verfolgt haben. In ihnen wurde der frühkindliche Bindungsstil in Zusammenhang gesetzt zum Bindungsstil an die Mutter im Jugendalter (Zimmermann, 1995) bzw. zur Repräsentation der Bindungserfahrungen mit den eigenen Eltern im Erwachsenenalter (erfasst durch das Adult Attachment Interview, das in Abschn. 5.4.2 genauer geschildert wird). Da schon die mittelfristige Stabilität des Bindungsstils in der Kindheit uneinheitlich ist (s. oben), sind über diese sehr langen Zeiträume erst recht keine starken Vorhersagen zu erwarten.

Zimmermann (1995) fand keinen überzufälligen Zusammenhang zwischen der Bindungsqualität an die Mutter im Alter von 12 Monaten und 16 Jahren, was allerdings auch an einer besonderen Instabilität der Bindungsqualität im Jugendalter liegen könnte. In den vier bisher vorliegenden Längsschnittstudien, in denen versucht wurde, aus der Bindungsqualität im Alter von 12–18 Monaten die spätere Repräsentation der Bindungserfahrungen im jungen Erwachsenenalter vorherzusagen, sind die Ergebnisse uneinheitlich. Während Hamilton (2000) und Waters et al. (2000) eine überzufällige, mäßige Stabilität des Bindungsstils zwischen 1 und 18 bzw. 21 Jahren fanden (κ war .49 bzw. .40), fanden Lewis et al. (2000) bei Mädchen zwischen 1 und 18 Jahren und Weinfield et al. (2000) bei Mitgliedern einer Risikostichprobe aus Unterschichtfamilien zwischen 1 und 19 Jahren keine überzufällige Stabilität. Übereinstimmung bestand aber insofern, als Kinder, die in stabilen Familienverhältnissen aufwuchsen, jeweils eine höhere Stabilität des Bindungsstils zeigten als solche, die eine Scheidung miterlebten oder unter sonstigen schwierigen sozialen Bedingungen aufwuchsen.

! **Merke**
Der Bindungsstil ist zwischen früher Kindheit und jungem Erwachsenenalter bestenfalls mäßig stabil und bei instabiler sozialer Umwelt oft gänzlich instabil.

5.4.2 Bindungsstile bei Erwachsenen

Objektbeziehungstheoretiker und Bindungstheoretiker wie Bowlby und Ainsworth teilten die Annahme, dass die Qualität der Beziehung zur wichtigsten Bezugsperson als »inneres Arbeitsmodell von Beziehungen« verinnerlicht werde und bis ins Erwachsenenalter hinein erhalten bleibe. Von daher sollte die kognitive Repräsentation der Bindungserfahrungen mit den Eltern im Erwachsenenalter vorhanden und diagnostizierbar sein. George et al. (1985) entwickelten ein Interviewverfahren zur Erfassung dieser Bindungsrepräsentationen, das Adult Attachment Interview (AAI; zur deutschen Version vgl. Gloger-Tippelt & Hofmann, 1997). Im Kern besteht das ein- bis zweistündige Interview darin, dass die Befragten ihre Beziehung zu Mutter und Vater in der Kindheit durch 5 Adjektive frei beschreiben und diese Charakterisierung dann anhand von Erinnerungen an konkrete Erlebnisse belegen sollen. Die Auswertung des Interviews, die einschließlich der Erstellung einer schriftlichen Fassung mindestens 8 Stunden dauert, beruht auf theoretischen Annahmen über Abwehrmechanismen bei den Befragten (vgl. Abschn. 2.2). Die berichteten Kindheitserfahrungen werden auf Idealisierung, Widersprüche in der Erzählung und mangelhafte Konkretisierung geprüft. Deshalb werden Befragte, die offen und frei über detaillierte Erinnerungen an widersprüchliche und unangenehme Gefühle gegenüber den Eltern berichten, als sicher klassifiziert, während Befragte, die ihre Beziehung zu den Eltern als durchweg positiv schildern, ohne dies durch konkrete Erlebnisse belegen zu können, als unsicher klassifiziert werden. Unterschieden werden vier Typen von Bindungsmodellen: autonom-sicher, unsicher-distanziert, unsicher-verwickelt und unverarbeitet.

Die Quoten dieser Bindungsmodelle liegen in nichtklinischen Stichproben bei 60 % (sicher), 15 % (distanziert), 15 % (unverarbeitet) und 10 % (verwickelt). In klinischen Stichproben liegt der Anteil sicherer Bindungsmodelle bei nur 10 %; entsprechend erhöht sind die Anteile unsicherer Modelle (van IJzendoorn & Bakermans-Kranenburg, 1996). Rechtfertigen lässt sich der Einsatz dieses extrem aufwendigen Verfahrens vor allem durch die gute Vorhersage der im Fremde-Situation-Test beobachteten Bindungsqualität des Kindes durch die AAI-Klassifikation seiner Mutter bzw. seines Vaters. Selbst dann, wenn das AAI vor der Geburt des Kindes erhoben wurde, so dass sein Ergebnis nicht durch die Bindungsqualität des Kindes beeinflusst werden konnte, sagt es diese

Bindungsqualität gut vorher. van IJzendoorn (1995) fand in einer Metaanalyse von 5 derartigen Studien mit insgesamt 392 Kindern eine Übereinstimmung von 69% zwischen der ABC-Klassifikation von Ainsworth et al. und der Klassifikation distanziert- sicher-verwickelt ihrer Eltern nach dem AAI. Wurde der AAI nach der Geburt durchgeführt, war die Übereinstimmung in 13 Studien mit 661 Kindern praktisch identisch (70%). Das AAI-Ergebnis wird also nicht durch die Erfahrungen mit dem eigenen Kind verändert. Bei Betrachtung nur der Unterscheidung sicher-unsicher betrug die Übereinstimmung 75%, was einer Korrelation von .47 entsprach.

Worauf beruht dieser überraschend starke Zusammenhang? Zwar ergab eine weitere Metaanalyse von van IJzendoorn (1995) einen Zusammenhang von .34 zwischen der AAI-Diagnose sicher/unsicher und der beobachteten Einfühlsamkeit, aber die Einfühlsamkeit korreliert nur zu .24 mit der Bindungssicherheit des Kindes (s. oben), so dass der Zusammenhang zwischen AAI und kindlicher Bindungssicherheit durch die Einfühlsamkeit alleine nicht ausreichend erklärt werden kann. van IJzendoorn (1995) sprach deshalb von der »Transmissionslücke« zwischen elterlichem Bindungsmodell und kindlicher Bindungsqualität. Familiäre Merkmale, die Vater und Mutter teilen, z. B. soziale Schicht, kommen zur Erklärung nicht in Betracht, weil die AAI-Ergebnisse ebensowenig konsistent zwischen Vater und Mutter sind wie der Bindungsstil des Kindes an Vater bzw. Mutter (van IJzendoorn, 1995). Es scheint weitere Persönlichkeitseigenschaften der Eltern zu geben, die durch das AAI erfasst werden und von ihrer Einfühlsamkeit unabhängig sind, wohl aber die Art der Bindung ihres Kindes an sie (nicht aber ihren Partner) beeinflussen. Genetische Merkmale, die von den Eltern und ihren Kindern geteilt werden, kommen hierfür kaum in Betracht, weil Dozier et al. (2001) in einer Studie von Adoptivfamilien fanden, dass das elterliche Bindungsmodell und die Bindungsqualität ihrer (genetisch nichtverwandten) Adoptivkinder ähnlich eng zusammenhingen wie in normalen Familien.

> **Merke**
> Die kognitive Repräsentation der Bindung an die eigenen Eltern kann im Erwachsenenalter durch das AAI erfasst werden. Die AAI-Diagnose sagt die Bindungsqualität eines eigenen Kindes selbst dann gut vorher, wenn sie vor Geburt des Kindes erhoben wird. Dies weist darauf hin, dass neben Einfühlsamkeit weitere elterliche Persönlichkeitsmerkmale die Bindungsqualität des Kindes beeinflussen. Welche das sind, ist derzeit unbekannt.

Objektbeziehungstheoretiker und Bindungstheoretiker teilten die Überzeugung, dass das innere Arbeitsmodell alle späteren engen Beziehungen beeinflusse, nicht nur die Beziehung zu den eigenen Kindern. Von daher wäre zu erwarten, dass das durch das AAI erfasste Bindungsmodell deutliche Ähnlichkeiten mit der kognitiven Repräsentation der Bindungserfahrungen in Liebesbeziehungen aufweist. Das ist aber nicht der Fall. Owens et al. (1995) führten das AAI in bezug auf die Erfahrungen mit den eigenen Eltern und ein analog konstruiertes Interview in bezug auf die Erfahrungen mit Liebespartnern durch und fanden nur einen geringen Zusammenhang zwischen den beiden Bindungsmodellen (56% Übereinstimmung für die 4 Stile bei einer Zufallsrate von 37%). Mangels Untersuchungen zu dieser Frage ist es auch ungeklärt, ob das Bindungsmodell für Liebesbeziehungen bindungsrelevantes Verhalten in einer aktuellen Partnerschaft vorhersagt (z.B. das Suchen oder Geben von Unterstützung in Belastungssituationen).

Bindungsstile in Partnerschaften wurden in zahlreichen Studien einer gänzlich anderen Forschungstradition untersucht, die von Hazan und Shaver (1987) begründet wurde (s. »Die klassische Studie«).

Mikulincer et al. (1993) untersuchten bei israelischen Studierenden während des Golfkriegs den Zusammenhang der drei Bindungsstile von Hazan und Shaver (1987) mit Berichten der Angst, Depression und des Bewältigungsstils. In Gebieten mit hohem Risiko für irakische Raketenangriffe berichteten sicher Gebundene über mehr Suche nach emotionaler Unterstützung durch andere und weniger Angst und Depression als unsicher Gebundene. Ängstlich-ambivalent Gebundene berichteten über mehr emotionsbezogene und vermeidend Gebundene über mehr defensive Bewältigungsversuche. Diese Unterschiede ließen sich nicht in Gebieten mit niedrigem Risiko für Raketenangriffe finden. Wie bindungstheoretisch zu erwarten ist, erwies sich der Bindungsstil also nur dann als vorhersagekräftig, wenn das Bindungssystem durch eine drohende Gefahr aktiviert wurde. Weitere Analysen zeigten, dass der Zusammenhang zwischen Bindungsstil und Angst bzw. Depression nicht durch unterschiedliche Bewältigungsstile erklärt werden konnte. Der Bindungsstil wirkte also direkt auf das Erleben von Angst und Depression, was die Autoren mit einer höheren Selbstwirksamkeitserwartung (vgl. Abschn. 4.5.2) sicher Gebundener zu erklären such-

5.4 · Soziale Bindungen

> **Die klassische Studie**
>
> Hazan und Shaver (1987) verließen sich auf Selbstbeurteilungen des Bindungsstils an Liebespartner. In einer ersten Studie forderten sie die Leser einer Lokalzeitung auf, sich an einem »Liebes-Quiz« zu beteiligen und 95 Fragen zu ihrer wichtigsten Liebesbeziehung zu beantworten. Darunter befanden sich auch Kurzbeschreibungen einer sicheren, einer ängstlich-ambivalenten und einer vermeidenden Partnerbeziehung. Letztere wurde z. B. wie folgt beschrieben:
>
> Ich empfinde es manchmal als ziemlich unangenehm, anderen nahe zu sein; ich finde es schwierig, ihnen vollständig zu vertrauen, schwierig, es mir zu erlauben, von ihnen abhängig zu sein. Ich werde nervös, wenn jemand mir zu nahe kommt, und oft wollen Liebespartner mir näher kommen, als mir angenehm ist.
>
> Die Leser sollten ankreuzen, welcher der drei Bindungsstile sie hinsichtlich ihrer wichtigsten Liebesbeziehung am besten charakterisiert. 56 % der 574 Antwortenden beschrieben sich als sicher, 25 % als vermeidend und 19 % als ängstlich-ambivalent. Andere Beurteilungen der Beziehung bestätigten die Bedeutung dieser Klassifikation; so erhielten sichere Beziehungen höhere Urteile in Vertrauen in den Partner, ängstlich-ambivalente höhere in Eifersucht und vermeidende höhere in Furcht vor Nähe. Dieses Muster konnte in einer Studentenstichprobe bestätigt werden.
>
> Nachfolgende Untersuchungen stützten die Interpretation der drei Bindungsstile für Partnerbeziehungen. Simpson et al. (1992) versuchten, Studentinnen im Labor Angst einzujagen und beobachteten das Verhalten in der anschließenden Paarinteraktion. Je ängstlicher sicher gebundene Studentinnen waren, desto eher suchten sie Unterstützung beim Partner, während sich bei den vermeidend gebundenen dieser Zusammenhang nicht fand. Sicher gebundene Männer offerierten ihrer Partnerin um so mehr Unterstützung, je stärker diese belastet war; wieder bestand dieser Zusammenhang nicht bei den vermeidend gebundenen Männern.

ten: Sie erwarteten eher als unsicher Gebundene, dass sie die Gefahr schon irgendwie meistern würden, was ihre Angst und Depression dämpfte.

> ❗ **Merke**
> Der Bindungsstil in Liebesbeziehungen kann auch direkt erfragt werden; er zeigt plausible Beziehungen zum Erleben und Verhalten in Belastungssituationen.

Bartholomew (1990) entwickelte diesen Ansatz für Erwachsene weiter, indem sie den vermeidenden Stil in einen abweisenden (»dismissing«) und einen ängstlichen (»fearful«) Stil differenzierte und den ängstlich-ambivalenten Stil als besitzergreifend (»preoccupied«) bezeichnete. Tatsächlich zeigt eine genauere Analyse des Konzepts des vermeidenden Bindungsstils von Hazan und Shaver (1987), dass er eine Mischung eines abweisenden und eines eher unsicher-ängstlichen Stils darstellt. Dabei verallgemeinerte Bartholomew gleichzeitig das Konzept des Bindungsstils in Partnerbeziehungen auf beliebige Beziehungen (◘ Tabelle 5.8).

Bartholomew (1990) nahm an, dass die Differenzierung in einen abweisenden und einen ängstlichen Bindungsstil verschiedene Lösungen eines emotionalen Konfliktes mit zentralen Bezugspersonen (z. B. der Mutter) darstellt. Abweisendes oder distanziertes Verhalten der Bezugsperson führe zur Ausbildung eines negativen Fremdbildes. Beim ängstlichen Bindungstyp führe das ständig frustrierte Bedürfnis nach Nähe zu der internen Attribution, wenig liebenswert zu sein, und damit zu einem negativen Selbstbild. Der abweisende Bindungstyp sei dagegen durch eine Unterdrückung des Bedürfnisses nach Nähe gekennzeichnet, welche die Aufrechterhaltung eines positiven Selbstbildes erlaube. Der besitzergreifende Bindungstyp sei bestrebt, ein negatives Selbstbild durch Gewinnung der Anerkennung anderer zu korrigieren, die in einem positiven Licht gesehen werden. Alle diese drei Bindungsstile charakterisierten eine unsichere Bindung, weil entweder Selbst- oder Fremdbild negativ seien. Der häufigste Fall, eine sichere Bindung, sei durch ein positives Selbst- und Fremdbild gekennzeichnet (◘ Abb. 5.8a).

Dieses zweidimensionale Modell lässt sich jedoch nur dann empirisch stützen, wenn der Bindungsstil wie bei Bartholomew und Horowitz (1991) durch ein Interviewverfahren erfasst wird. Wird er wie bei Hazan und Shaver (1987) durch direkte Selbstbeurteilung erfragt, bilden zwar sichere und ängstliche Bindung Gegensatzpole, nicht aber besitzergreifende und abweisende Bindung. Vielmehr sind diese beiden Stile unkorreliert und korrelieren mittelstark positiv mit ängstlicher Bindung (Asendorpf et al., 1997; vgl. ◘ Abb. 5.8b). Die 3 unsicheren Stile bilden also einen fächerartigen Gegenpol zu sicherer Bindung.

Tabelle 5.8. Vier Bindungsstile von Erwachsenen. (Nach Bartholomew, 1990)

Bindungsstil	Beschreibung[a]
Sicher	Ich finde, dass es ziemlich leicht für mich ist, anderen gefühlsmäßig nahe zu sein. Es geht mir gut, wenn ich mich auf andere verlassen kann und wenn andere sich auf mich verlassen. Ich mache mir keine Gedanken darüber, dass ich allein sein könnte oder dass andere mich nicht akzeptieren könnten.
Abweisend	Es geht mir auch ohne enge gefühlsmäßige Bindung gut. Es ist sehr wichtig für mich, mich unabhängig und selbständig zu fühlen, und ich ziehe es vor, wenn ich nicht von anderen und andere nicht von mir abhängig sind.
Ängstlich	Ich empfinde es manchmal als ziemlich unangenehm, anderen nahe zu sein. Ich möchte Beziehungen, in denen ich anderen nahe bin, aber ich finde es schwierig, ihnen vollständig zu vertrauen oder von ihnen abhängig zu sein. Ich fürchte manchmal, dass ich verletzt werde, wenn ich mir erlaube, anderen zu nahe zu kommen.
Besitzergreifend	Ich möchte anderen gefühlsmäßig sehr nahe sein, aber ich merke oft, dass andere Widerstände dagegen errichten, mir so nahe zu sein, wie ich ihnen nahe sein möchte. Es geht mir nicht gut, wenn ich ohne enge Beziehung bin, aber ich denke manchmal, dass andere mich nicht so sehr schätzen wie ich sie.

[a] Deutsche Übersetzung nach Doll et al. (1995).

Abb. 5.8. a Zweidimensionales Modell der Bindungsstile nach Bartholomew (1990) und b empirisch gefundene Lage der selbstbeurteilten Bindungsstile. (Nach Asendorpf et al., 1997)

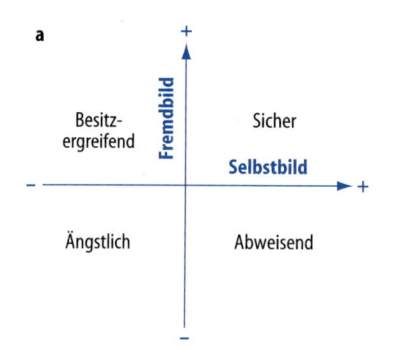

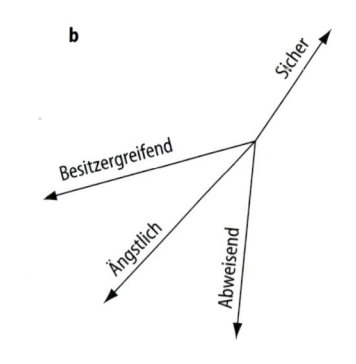

Ein Problem der meisten Untersuchungen zu selbstbeurteilten Bindungsstilen ist, dass sie durch ein einziges Urteil auf einer Antwortskala gemessen werden; diese Ein-Item-Messungen sind aber nicht ausreichend reliabel. Deshalb entwickelten Asendorpf et al. (1997) kurze Bindungsskalen zur Erfassung der Bindung nicht nur an Partner, sondern auch an die Eltern und Freunde des gleichen oder des anderen Geschlechts (vgl. Brennan et al., 1998, für ähnliche Bindungsskalen). Dies erlaubte es auch, die Konsistenz der Bindungsqualität zwischen verschiedenen engen Beziehungen zu prüfen: Gibt es einen einheitlichen Bindungsstil gegenüber anderen Erwachsenen im Sinne einer beziehungsübergreifenden Persönlichkeitseigenschaft oder ist der Bindungsstil – wie es die Untersuchungen an Kindern nahelegen – stark beziehungsspezifisch?

Wie **Tabelle 5.9** zeigt, war bei Studierenden die Konsistenz der Bindungsstile über enge Beziehungen unterschiedlichen Typs überzufällig, aber gering, während ihre Stabilität hoch war. Korrelationen mit den 5 Hauptfaktoren der Persönlichkeit ergaben, dass eine sichere Bindung gegenüber Freunden und dem Partner deutliche Beziehungen zu diesen Persönlichkeitsmerkmalen aufwies (multiple Korrelationen um .50), dass dies aber nicht für die Bindung an die Eltern galt (multiple Korrelationen um .25).

> **Merke**
> Bartholomews zweidimensionales Modell der Bindung im Erwachsenenalter gilt nicht für selbstbeurteilte Bindungsstile. Bei diesen korrelieren vielmehr alle unsi-

Tabelle 5.9. Stabilität selbstbeurteilter sicherer (vs. ängstlicher) Bindung und ihre Konsistenz über verschiedene Typen von Beziehungen bei 176 Drittsemestern. (Nach Asendorpf et al., 1997)

Beziehung	Stabilität über 6 Monate	Vater	Peers, Geschlecht	
			gleiches	anderes
Mutter	.84	.39	.23	.32
Vater	.86		.32	.23
Peers (18–27 Jahre) gleiches Geschlecht	.73			.37
anderes Geschlecht	.70			

cheren Stile negativ mit dem sicheren Stil. Selbstbeurteilte Bindungsstile weisen eine vergleichsweise hohe zeitliche Stabilität bei niedriger Konsistenz zwischen verschiedenen Beziehungstypen auf.

Cook (2000) untersuchte die Beziehungsspezifität des selbstbeurteilten Bindungsstils der Eltern und Kinder in Familien mit 2 Jugendlichen mit Hilfe des Modells sozialer Beziehungen (Abschn. 5.3.3). Alle Familienmitglieder beurteilten ihren Bindungsstil in bezug auf alle anderen drei Familienmitglieder, so dass sich Akteur-, Partner- und Beziehungseffekte bestimmen ließen. Insgesamt waren die Akteureffekte etwa doppelt so stark wie die Partnereffekte (d.h. die beurteilende Person bestimmte die Bindungsqualität stärker als ihre Bezugsperson), wobei die Beziehungseffekte sogar noch etwas stärker waren als die Akteureffekte. Dies zeigt besonders klar, dass in Selbstbeurteilungen der Bindungsqualität Merkmale der Beziehung, der urteilenden Person und – in geringerem Maße – der Bezugsperson eingehen, dass also die Bindungsqualität nicht ein Persönlichkeitsmerkmal, sondern ein Merkmal einer dyadischen Beziehung ist.

Die geringe Konsistenz des selbstbeurteilten Bindungsstils zwischen verschiedenen Beziehungstypen und der Befund von Owens et al. (1995), dass das Modell der Bindung an die Eltern nur geringe Ähnlichkeit mit dem Modell der Bindung an Liebespartner hat, stützt die Annahme, dass Bindung im Erwachsenenalter stark beziehungstypspezifisch organisiert ist. Welche Bindung mit einem Liebespartner eingegangen wird, scheint mit den Bindungserfahrungen mit den Eltern nur wenig zu tun zu haben. Wichtiger dürften frühere Erfahrungen mit anderen Liebespartnern sein, und möglicherweise wird der Bindungsstil in jeder neuen Beziehung neu »ausgehandelt«.

> **Merke**
> Unabhängig von der Methode ihrer Erfassung erwiesen sich Bindungsstile im Erwachsenenalter als stark beziehungsspezifisch.

Die Studie von Furman et al. (2002) wirft erstes Licht auf die Entstehung des Bindungsmodells für Liebespartner. Es wurden 68 Jugendliche im Alter von 16–19 Jahren mit dem AAI und analog konzipierten Interviews für die Bindung an enge Freunde und Liebespartner interviewt (alle Interviewten hatten mindestens eine längere Liebesbeziehung). Die Bindung an Freunde zeigte eine überzufällige Übereinstimmung mit der Bindung an die Eltern und an Liebespartner, während die Bindungsstile an die Eltern und an Liebespartner nicht übereinstimmten. Dieses Ergebnis ist mit einer Entwicklungssequenz vereinbar, bei der die Bindung an die Eltern und die Erfahrungen mit guten Freunden Einfluss auf die Bindung an Freunde haben und diese wiederum zusammen mit den ersten Erfahrungen in Liebesbeziehungen die Bindung an Liebespartner bestimmt.

> **Merke**
> Die Bindung an enge Freunde stellt möglicherweise eine Brücke zwischen der Bindung an die Eltern und an spätere Liebespartner dar.

Mikulincer und Shaver (2003) formulierten ein Informationsverarbeitungsmodell für Bindungsverhalten, das die bisherige Forschung zu Bindungsstilen integriert. Es besteht aus drei Modulen (vgl. Abb. 5.9). Das ers-

○ Abb. 5.9. Das Informationsverarbeitungsmodell für Bindungsverhalten von Mikulincer und Shaver (2003)

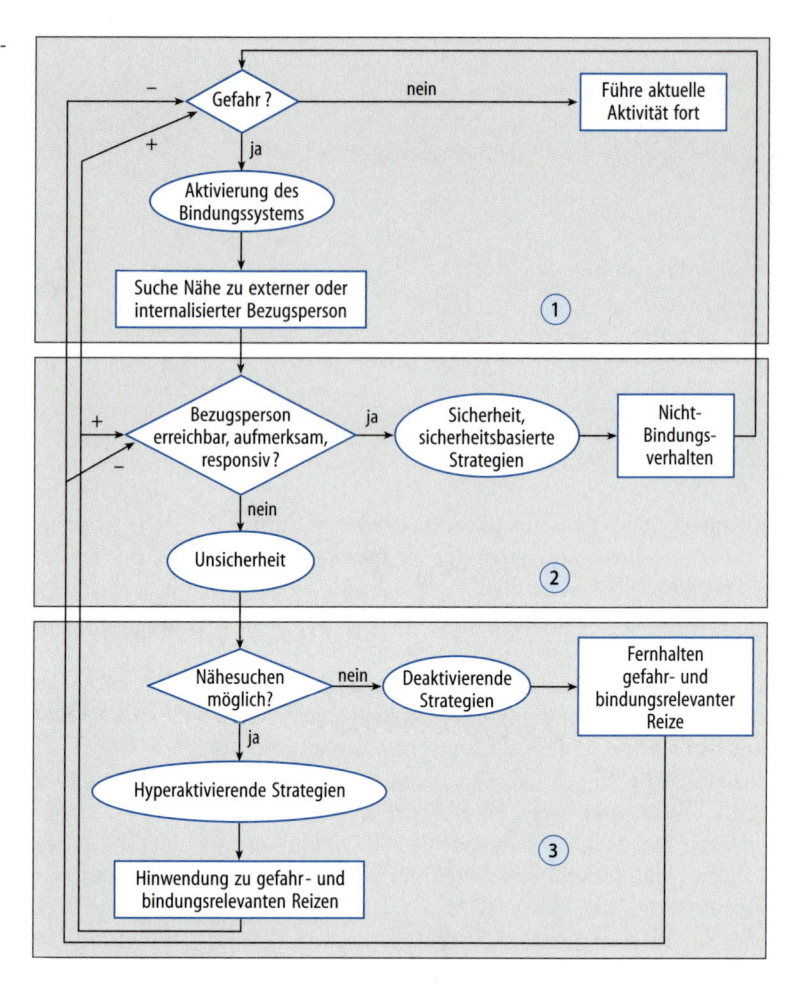

te Modul überwacht das aktuelle Nicht-Bindungsverhalten, z.B. Erkunden einer unbekannten Umgebung, indem ständig nach Hinweisreizen für drohende Gefahren gesucht wird. Werden solche entdeckt, z.B. Auftauchen einer unbekannten Person, so wird das Bindungssystem aktiviert und die Suche nach einer sicherheitsspendenden Bezugsperson eingeleitet. Die Autoren nehmen an, dass im Erwachsenenalter reale (»externe«) Bezugspersonen auch durch innere Arbeitsmodelle solcher Bezugspersonen, z.B. das kognitive Schema des Partners, ersetzt werden können, deren Aktivierung auf symbolische Weise Schutz und Sicherheit spenden kann. In diesem Fall werde die physische Nähe durch symbolische Nähe ersetzt, z.B. indem man an den Partner denkt.

Das zweite Modul in diesem Modell entscheidet, ob die aktuelle Situation sicher ist oder nicht, indem geprüft wird, ob eine reale oder symbolische Bezugsperson erreichbar und zugänglich ist, also (symbolisch oder real) aufmerksam und responsiv auf die eigenen Bedürfnisse eingeht. Wenn ja, werden sicherheitsbasierte Strategien eingeleitet, die vom Gefühl der Sicherheit begleitet sind. Mikulincer und Shaver (2003) beziehen sich hierbei auf das »Sichere-Basis-Skript« von Waters et al. (1998). Dieses kognitive Skript enthält sowohl emotionsorientiertes Bewältigungsverhalten (Anerkennung und Ausdruck von Stress, Suche nach Nähe und emotionaler Unterstützung) als auch situationsadäquates problemorientiertes Bewältigungsverhalten (vgl. Abschn. 4.5.3).

Ist eine Bezugsperson nicht erreichbar oder nicht zugänglich, entsteht nach dem Modell ein Gefühl der Unsicherheit, das das dritte Modul aktiviert; dieses entscheidet über die Art des bindungsunsicheren Verhaltens. Dazu wird geprüft, ob Nähesuchen möglich ist oder nicht. Wenn nicht, werden deaktivierende Strategien aktiviert. Hierunter werden die Verleugnung von Bindungsbedürfnissen und der Rückzug auf Bewältigung ausschließlich durch eigene Aktivitäten verstanden (Cassidy & Kobak, 1988). Dies schließt das Herunterspielen von Gefahren und die Blockierung des zweiten Moduls ein, da Gedanken an Gefahren oder potenzielle sicherheitsspendende Bezugspersonen das Bindungssystem wieder aktivieren würden.

Ist Nähesuchen möglich, werden hyperaktivierende Strategien aktiviert. Hierunter werden Versuche verstanden, eine erreichbare aber nicht aufmerksame oder nicht responsive Bezugsperson auf die Gefahr aufmerksam zu machen und sie dazu zu bewegen, Schutz und Sicherheit zu spenden (Cassidy & Kobak, 1988). Dies schließt die Übertreibung von Gefahren und die ängstliche Überwachung des Verhaltens der Bezugsperson ein. Bei den deaktivierenden bzw. hyperaktivierenden Strategien handelt es sich also um intrapsychische Bewältigungsprozesse (vgl. Abschn. 4.5.3) bzw. Abwehrmechanismen im psychoanalytischen Sinne (vgl. Abschn. 2.2.2). Im Modell wird angenommen, dass alle diese Prozesse vollkommen automatisch im impulsiven System der Informationsverarbeitung ablaufen und nur zum Teil dem reflektiven System der Informationsverarbeitung zugänglich sind (vgl. Abschn. 2.5.1).

Mikulincer und Shaver (2003) geben eine Übersicht über zahlreiche empirische Befunde, die konsistent mit ihrem Modell sind. So fanden z. B. Mikulincer et al. (2002), dass die unterschwellige (extrem kurze, nicht bewusst wahrnehmbare) Darbietung der Wörter »Fehler« oder »Trennung« automatisch kognitive Repräsentationen enger, von den Versuchspersonen als potenziell sicherheitsspendend klassifizierter Bezugspersonen aktivierte, nicht aber kognitive Repräsentationen anderer Bekannter. Per Selbstbeschreibung identifizierte bindungssichere Versuchspersonen taten dies nur in bedrohlichen Situationen (wenn »Fehler« oder »Trennung« unterschwellig wahrgenommen wurde), bindungsängstliche Personen aber auch in neutralen Situationen (wenn die Wörter »Hut« oder »Schirm« unterschwellig dargeboten wurden). Dies kann im Sinne des Modells als Ausdruck einer chronischen Anwendung hyperaktivierender Strategien interpretiert werden. Als vermeidend klassifizierte Versuchspersonen aktivierten dagegen bei Darbietung von »Trennung« Repräsentationen enger Bezugspersonen weniger stark als die als sicher klassifizierten Versuchspersonen. Dies ist interpretierbar als Anwendung deaktivierender Strategien.

Dieses Beispiel zeigt, dass das Modell von Mikulincer und Shaver (2003) nicht nur die Bindungsforschung in das Informationsverarbeitungsparadigma einzubetten gestattet und situative Bedingungen spezifiziert, unter denen das Bindungssystem aktiviert wird, sondern auch die Testung persönlichkeitspsychologischer Annahmen über eine unterschiedliche Informationsverarbeitung bei unterschiedlichem Bindungsstil erlaubt, indem ängstliche Bindung als Tendenz zu hyperaktivierenden Strategien und vermeidende Bindung als Tendenz zu deaktivierenden Strategien aufgefasst wird. Auch die fächerförmige Struktur selbstbeurteilter Bindungsstile, in der alle unsicheren Stile mit dem sicheren negativ korrelieren (vgl. Abb. 5.8b) ist mit dem Modell von Mikulincer und Shaver (2003) kompatibel, denn interindividuelle Unterschiede in Modul 2 erzeugen nach diesem Modell erst einmal Unterschiede auf einer Achse sicher – unsicher, wobei interindividuelle Unterschiede in Modul 3 dann die unsicheren Bindungsstile differenzieren.

> **Merke**
>
> Das Modell des Bindungsverhaltens von Mikulincer und Shaver (2003) bettet die Bindungsforschung in das Informationsverarbeitungsparadigma ein, beschreibt Bedingungen für die Aktivierung des Bindungssystems und interpretiert ängstliche bzw. vermeidende unsichere Bindung als Tendenz zu hyper- bzw. deaktivierenden Strategien. Bindungsstile variieren in diesem Modell primär auf einer Dimension sicher-unsicher, sekundär werden hyper- und deaktivierende unsichere Stile unterschieden.

5.5 Soziale Unterstützung

Eine weitere Qualität sozialer Beziehungen hat ebenfalls in besonderer Weise die Aufmerksamkeit vor allem klinischer Psychologen auf sich gezogen: die soziale Unterstützung durch Beziehungen. Unter sozialer Unterstützung wird das Ausmaß verstanden, in dem andere emotional (z. B. trösten), instrumentell (z. B. finanziell unterstützen) oder informationell (z. B. Ratschläge geben) tätig werden und so helfen, belastende Situationen zu bewältigen (vgl. Abschn. 4.5.3). Das Konzept der sozialen Unterstützung enthält das Konzept der Bindung als Spezialfall (ob Bezugspersonen bei Gefahr Sicherheit spenden oder nicht, ist eine Form der emotionalen Unterstützung).

Das Ausmaß der in Belastungssituationen subjektiv verfügbaren Unterstützung hat sich in vielen Untersuchungen als hilfreich für die Bewältigung der Situationen erwiesen (vgl. Cohen & Wills, 1985), jedenfalls wenn die Art der Unterstützung dem Problem angemessen ist (beim Tod eines Ehepartners ist z.B. emotionale Unterstützung meist wichtiger als finanzielle; Cutrona & Russell, 1990). Die Hauptfunktion wird dabei darin gesehen, dass Unterstützung (oder auch nur das Gefühl, Unterstützung zu bekommen, wenn es nötig ist) Stress »abpuffert« und so seine Bewältigung fördert (die »Stresspuffer-Hypothese«; vgl. Cohen & Wills, 1985).

> **! Merke**
> Nach der Stresspuffer-Hypothese fördert soziale Unterstützung (besonders emotionale) die Bewältigung von Belastungen.

Lange Zeit stiftete die mangelnde Unterscheidung zwischen Unterstützungsressourcen, erhaltener, erfahrener und potenzieller Unterstützung viel Verwirrung in der Literatur zu sozialer Unterstützung (◘ Tabelle 5.10), denn diese vier Formen der Unterstützung korrelieren nur mäßig miteinander und teilweise sogar in unterschiedlicher Richtung mit der erfolgreichen Bewältigung von Belastungen und psychischer Gesundheit (vgl. Sarason et al., 1990b; Veiel & Baumann, 1992). Warum das so ist, wird aus dem folgenden, an Sarason et al. (1990a) angelehnten Modell der Bewältigung von Belastungen deutlich (◘ Abb. 5.10).

Dieses Modell sei am Beispiel des Todes der Ehefrau erläutert. Andere erfahren von ihrem Tod teilweise auch ohne Zutun des Witwers, teilweise aber auch nur durch seine Mitteilung. Wieweit andere Kenntnis vom Trauerfall erhalten, kann deshalb bereits von der potentiellen Unterstützung abhängen: Wer glaubt, dass ihm nicht geholfen wird, wird andere gar nicht erst informieren (diese Wirkung potenzieller Unterstützung fehlt bei Sarason et al., 1990a). Die Zahl erhaltener Beileidsbriefe, Telefonate und Besuche ist deshalb nicht nur von der Zahl der Freunde abhängig, sondern auch von der potenziellen Unterstützung. Der Tod der Ehefrau, die potenzielle Unterstützung und die Zahl der Freunde wiederum können durch Persönlichkeitsmerkmale beeinflusst sein – potenzielle Unterstützung und Freundeszahl vor allem

◘ Tabelle 5.10. Beispiel für Formen sozialer Unterstützung (bezogen auf den Tod der Ehefrau)

Form	Definition	Operationalisierung
Unterstützungsressourcen	Anzahl positiver Beziehungen zu anderen	Anzahl von Freunden zum Zeitpunkt des Todes der Ehefrau
Erhaltene Unterstützung	Tatsächlich von anderen erhaltene Unterstützung	Zahl der Beileidsbriefe, Telefonanrufe und Besuche nach dem Tod der Ehefrau
Erfahrene Unterstützung	Subjektiv wahrgenommene Unterstützung	Gefühl der Unterstützung nach Erhalt dieser Briefe, Telefonanrufe und Besuche
Potenzielle Unterstützung	Subjektive Erwartung, Unterstützung bekommen zu können, wenn es zukünftig nötig wäre	Gefühl der Sicherheit, bei anderen Halt zu finden, falls die Ehefrau vor einem stirbt

◘ Abb. 5.10. Modell der Rolle sozialer Unterstützung bei der Bewältigung von Belastungen. (Mod. nach Sarason et al., 1990a)

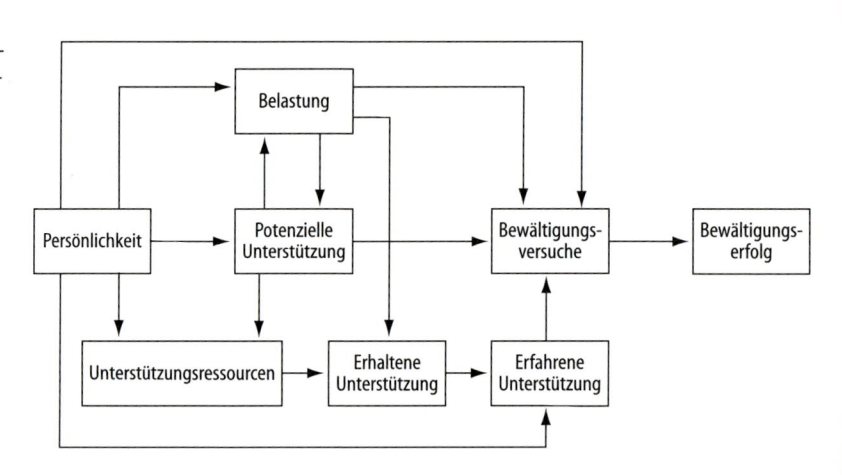

durch das soziale Selbstwertgefühl (vgl. Sarason et al., 1991). Potenzielle Unterstützung und die Wahrnehmung der tatsächlichen Unterstützung sowie andere Persönlichkeitsmerkmale wie z.B. Selbstwirksamkeitserwartungen (vgl. Abschn. 4.5.2) fördern effektive Bewältigungsversuche und damit eine erfolgreiche Verarbeitung des Verlustes.

Wegen dieses komplexen Wirkungsnetzes kann es zu Diskrepanzen zwischen den einzelnen Unterstützungsformen kommen. So mögen manche Menschen trotz großer Unterstützungsressourcen wenig Unterstützung erhalten, weil sie ihre Probleme aus falschem Stolz für sich behalten oder weil sie die Hilfsbereitschaft anderer unterschätzen. Wer glaubt, dass Hilfe vorhanden ist, wenn es unbedingt nötig ist, mag sich schon deshalb eher zutrauen, sich selbst zu helfen, deshalb Schwierigkeiten im Alleingang eher überwinden und von daher gerade wenig tatsächliche Unterstützung erhalten. Umgekehrt mögen Menschen mit geringem Vertrauen in andere schon deshalb eher in Schwierigkeiten kommen; verfügen sie über große Unterstützungsressourcen, wird ihnen dann oft mehr geholfen, als sie erwartet haben. Die beiden letzteren Fälle können zu Diskrepanzen zwischen erhaltener und potenzieller Unterstützung beitragen.

Wegen dieser möglichen Diskrepanzen ist es nicht erstaunlich, dass erhaltene und potenzielle Unterstützung in konträrer Weise mit psychischer Gesundheit korrelieren: Erhaltene Unterstützung zeigt bisweilen negative, potenzielle Unterstützung dagegen meist positive Korrelationen (vgl. Sarason et al. 1990b).

❗ **Merke**
Erhaltene, erfahrene und potenzielle Unterstützung sind unterschiedliche Unterstützungsaspekte, die nicht austauschbar sind.

Potenzielle Unterstützung ist eher ein Persönlichkeits- als ein Umweltmerkmal, während Unterstützungsressourcen und erhaltene Unterstützung eher Umweltmerkmale sind. Entsprechend kann potenzielle Unterstützung sowohl durch globale Einschätzungen erhoben werden als auch durch Aggregation über die Unterstützung, die durch bestimmte Beziehungen erwartet wird; Unterstützungsressourcen werden eher beziehungsspezifisch erfragt. Baumann und Laireiter (1996) geben eine Übersicht über vorhandene Instrumente zur Erfassung sozialer Unterstützung.

In den meisten Stressbewältigungsuntersuchungen werden mäßige Belastungen untersucht. Typischerweise fördert die Belastungshöhe die erhaltene Unterstützung, und die erhaltene Unterstützung fördert die Bewältigung der Belastung, jedenfalls dann, wenn sie auch als Unterstützung erfahren wird. Dieses Muster lässt sich jedoch nicht auf alle Stresssituationen verallgemeinern. Eine erste Ausnahme sind Extrembelastungen wie z.B. eine Brustamputation bei Brustkrebspatientinnen. Bolger et al. (1996) fanden in einer Längsschnittstudie von 102 brustamputierten Patientinnen, dass deren Angehörige sich zunehmend weniger unterstützend verhielten, je stärker die Patientinnen subjektiv litten und dass ihre Unterstützung weder ihr subjektives Leid noch den objektiven Schweregrad ihrer Erkrankung beeinflusste. Die Autoren führten die abnehmende Unterstützungstendenz und die Ineffizienz der Unterstützung u.a. darauf zurück, dass die Angehörigen vermutlich mit der Situation umso mehr überfordert waren, je stärker die Patientinnen litten, ihre Hilfe als uneffektiv wahrnahmen und entsprechend reduzierten.

In bestimmten Fällen kann sich tatsächliche Unterstützung durch Angehörige sogar negativ auswirken. Bei Patienten mit chronischen Rückenschmerzen wurde wiederholt festgestellt, dass Unterstützung durch den Partner während Schmerzperioden die Schmerzen nicht lindert, sondern im Gegenteil steigert und zu einer Chronifizierung beiträgt (Flor et al., 1987, 1995). Die gutgemeinte Unterstützung durch den Partner ist im Falle von Schmerzpatienten deshalb kontraproduktiv, weil sie nicht nur das subjektive Schmerzempfinden bei starken Schmerzreizen verstärkt, sondern auch die Schmerzschwelle schwachen Schmerzreizen gegenüber senkt. Das kann zu einem Teufelskreis zwischen Schmerzempfinden, Bemitleidung durch den Partner und gesteigerter Schmerzsensibilität führen.

❗ **Merke**
Bei Überforderung der Angehörigen durch Extrembelastungen des Patienten kann ihre Unterstützung uneffektiv sein. In ungünstigen Fällen kann Unterstützung durch Angehörige sogar die Belastung steigern und zu einer Chronifizierung beitragen (z.B. bei chronischen Rückenschmerzen).

5.6 Exemplarische Anwendung: Wer ist ein guter Partner?

Gibt es Persönlichkeitseigenschaften, die eine gute Partnerschaft fördern, und welche sind es? Natürlich hängt die Antwort auf diese Frage davon ab, was genau unter einer guten Partnerschaft verstanden wird. Die Psychologie hat vor allem 2 Kriterien genauer untersucht: Zufriedenheit mit der Partnerschaft und Stabilität der Partnerschaft. Die partnerschaftliche Zufriedenheit wird durch Skalen erfasst wie z.B. die Dyadic Adjustment Scale (DAS) von Spanier (1976) oder die Relationship Assessment Scale (RAS) von Hendrick (1988) (deutsche Version von Sander und Böcker, 1993). Items der RAS sind z.B. »Wie zufrieden sind Sie insgesamt mit Ihrer Beziehung?« (*sehr unzufrieden – sehr zufrieden*) und »Wie gut kommt Ihr Partner Ihren Bedürfnissen entgegen?« (*überhaupt nicht – vollkommen*).

Unter der partnerschaftlichen Stabilität wird verstanden, ob die Partnerschaft nach einem bestimmten Zeitraum noch besteht oder ob eine Trennung eingeleitet oder vollzogen ist. Die Partnerschaftszufriedenheit ist zwar ein guter Prädiktor für die partnerschaftliche Stabilität, kann aber mit ihr nicht gleichgesetzt werden, weil es nicht wenige stabil-unglückliche Partnerschaften gibt (Heaton & Albrecht, 1991). Auch ist die Zufriedenheit ein individuelles Merkmal, das zwischen den beiden Partnern variieren kann (die Korrelation zwischen den Partnern beträgt etwa .65), während die Stabilität ein dyadisches Merkmal ist, das die Beziehung charakterisiert. Welche Persönlichkeitseigenschaften eine gute Partnerschaft fördern, kann also getrennt für Zufriedenheit und für Stabilität beantwortet werden, wobei Merkmale, die stabil-glückliche Partnerschaften fördern, natürlich von besonderem Interesse sind.

Eine weitere wichtige Unterscheidung bezieht sich darauf, ob die Frage nach einer förderlichen Persönlichkeit des Partners unabhängig von der eigenen Persönlichkeit beantwortet werden soll (gibt es Persönlichkeitseigenschaften, die generell die partnerschaftliche Zufriedenheit oder Stabilität fördern?) oder ob die Frage sich auf die Passung der Persönlichkeit der beiden Partner bezieht (fördert ihre Ähnlichkeit oder ihre Unähnlichkeit in bestimmten Eigenschaften die partnerschaftliche Zufriedenheit oder Stabilität?). Im ersten Fall handelt es sich um eine individuelle Fragestellung (welche Persönlichkeit hat der Partner?), im zweiten Fall um eine dyadische (die Passung zweier Persönlichkeiten als Merkmal ihrer Beziehung).

> **Merke**
> Welche Persönlichkeitseigenschaften eine gute Partnerschaft fördern, kann in 4 verschiedene Fragen differenziert werden, je nachdem ob die partnerschaftliche Zufriedenheit oder Stabilität interessiert und ob die Persönlichkeit des Partners generell oder die Passung seiner Persönlichkeit zur eigenen Persönlichkeit interessiert.

Was die aktuelle partnerschaftliche Zufriedenheit angeht, ist ein Prädiktor für die eigene Unzufriedenheit der selbstbeurteilte Neurotizismus, denn Neurotizismus erfasst die hochgeneralisierte Tendenz, über alles mögliche besorgt und unzufrieden zu sein (Abschn. 4.3.1), eingeschlossen die Partnerschaft. Die Korrelation zwischen Neurotizismus und eigener partnerschaftlicher Zufriedenheit liegt bei Männern und Frauen bei .25, wenn beide Variablen zum selben Zeitpunkt erhoben werden (Eysenck & Wakefield, 1981), und sinkt nur minimal, wenn Neurotizismus die spätere partnerschaftliche Zufriedenheit vorhersagt (Karney & Bradbury, 1997). Kelly und Conley (1987) fanden in einer Längsschnittstudie mit 249 Paaren, die 1935 in ihrer Verlobungszeit untersucht wurden, dass der zu diesem Zeitpunkt erhobene Neurotizismus mit der partnerschaftlichen Zufriedenheit 20 Jahre später zu .27 bei den Männern und zu .26 bei den Frauen korrelierte. Nach 45 Jahren sank die Korrelation bei den Männern auf .11, stieg jedoch bei den Frauen auf .31. Diese Vorhersage der späteren Zufriedenheit durch den Neurotizismus in einer frühen Phase der Partnerschaft ist nicht nur deshalb bemerkenswert, weil Rückwirkungen einer schlechten Beziehung auf den eigenen Neurotizismus keine Rolle spielen können, sondern weil die über 20 oder gar 45 Jahre stabilen Partnerschaften bereits für niedrigen Neurotizismus ausgelesen waren (s. unten). Zudem wurde in dieser Studie der Neurotizismus nicht selbstbeurteilt, sondern durch Bekannte, so dass die Zusammenhänge nicht durch eine stabile differentielle Tendenz zu sozial erwünschten Antworten erklärt werden können.

Neurotizismus ist nicht nur der beste Persönlichkeitsprädiktor für spätere Unzufriedenheit, er ist auch der beste Persönlichkeitsprädiktor für eine spätere Trennung (Karney & Bradbury, 1995; Kurdek, 1993). In der Studie von Kelly und Conley (1987) sagte der Neurotizismus des Mannes und der Frau spätere Trennung sowohl in den ersten 20 Jahren als auch in den folgenden 25 Jahren überzufällig vorher, wobei der Effekt auf eine späte Trennung stärker für den Neurotizismus des Mannes war. Neurotizismus eines Partners in jungen Jahren ist also selbst noch in langfristigen Partnerschaften ein steter Risikofaktor.

> **Merke**
> Neurotizismus ist ein Risikofaktor bei Männern und Frauen für spätere partnerschaftliche Unzufriedenheit und Instabilität, selbst noch nach 20 Jahren Partnerschaft.

Andere Persönlichkeitsmerkmale sagen die aktuelle Zufriedenheit, die spätere Zufriedenheit und die Stabilität der Partnerschaft schlechter vorher als Neurotizismus. Die Befunde variieren stark sowohl zwischen Männern und Frauen als auch zwischen den betrachteten Partnerschaftskriterien. In der Studie von Kelly und Conley (1987) erwies sich z.B. mangelnde Impulskontrolle des Mannes als schwacher Risikofaktor für Trennung und Unzufriedenheit nach 45 Jahren Partnerschaft, nicht aber für frühe Trennung oder Unzufriedenheit in den ersten 20 Jahren der Partnerschaft, und mangelnde Impulskontrolle der Frau zeigte lediglich einen schwachen Effekt auf die Unzufriedenheit nach 45 Jahren Partnerschaft. In der Fünfjahreslängsschnittstudie von Kurdek (1993) förderte die selbstbeurteilte Gewissenhaftigkeit der Frau, nicht aber des Mannes, die partnerschaftliche Stabilität. Die Gewissenhaftigkeit hochintelligenter Kinder und Jugendlicher, die 1927–28 von den Eltern und Lehrern beurteilt worden war, erwies sich dagegen für beide Geschlechter als förderlich für die Partnerschaftsstabilität in den folgenden 60 Jahren (Tucker et al., 1998).

Kelly und Conley (1987) führten eine der wenigen Analysen durch, in denen stabil-unzufriedene Partnerschaften separat analysiert wurden. Sie unterschieden 3 Arten von Paaren: stabil-unzufriedene Paare, die 45 Jahre lang zusammen blieben, wobei aber Mann und Frau nach 20 und nach 45 Jahren unterdurchschnittliche Zufriedenheitswerte angaben; stabil-zufriedene Paare (die restlichen stabilen Paare) und Paare, die sich getrennt hatten. Die Ergebnisse für die stabil-unzufriedenen Paare sind allerdings mit Vorsicht zu interpretieren, weil sie auf nur 17 Paaren beruhen. Tabelle 5.11 zeigt die Mittelwerte der 3 Paartypen in 4 Persönlichkeitseigenschaften, die zu Beginn der Studie erhoben worden waren. Sie sind als z-Werte ausgedrückt (diese Werte haben also den Mittelwert 0 und die Standardabweichung 1 in der gesamten Stichprobe).

Männer in stabil-zufriedenen Partnerschaften hatten also z.B. zu Beginn der Partnerschaft Neurotizismuswerte, die eine halbe Standardabweichung unter denen der Männer in stabil-unzufriedenen oder getrennten Partnerschaften lagen. Stabil-unzufriedene Partnerschaften wurden durch Neurotizismus, Introversion und mangelnde Verträglichkeit des Mannes gefördert, während Merkmale der Frau praktisch keine Beziehung zu stabil-unzufriedenen Beziehungen aufwiesen.

Ein Problem so langandauernder Studien wie der von Kelly und Conley (1987) und Tucker et al. (1998) besteht darin, dass die Risikofaktoren für stabil-unzufriedene Beziehungen und Trennung sich inzwischen geändert haben könnten. Bei den verheirateten Paaren in der Studie von Kelly und Conley (1987) lag die Scheidungsquote nach 45 Jahren bei 20 %, während sie heute in den USA und Deutschland etwa doppelt so hoch ist. Dass Neurotizismus der kritischste Persönlichkeitsfaktor ist, gilt aber genauso für Studien an jungen Paaren, die in den letzten Jahren durchgeführt wurden (Karney & Bradbury, 1997; Kurdek, 1993).

Die Vorhersagekraft von Persönlichkeitsbeurteilungen für die Partnerschaftsqualität liegt bei bestenfalls .40, wenn mehrere Eigenschaften optimal kombi-

Tabelle 5.11. Geschlechtsweise Mittelwerte (z-Werte) in Persönlichkeitseigenschaften im Alter von 20–30 Jahren für 3 Arten von Paaren 45 Jahre später. (Nach Kelly & Conley, 1987)

Geschlecht/Bindung	Neurotizismus	Extraversion	Impulskontrolle	Verträglichkeit
Männer				
Stabil-zufrieden	−0,22	−0,05	0,25	0,08
Stabil-unzufrieden	0,30	−0,30	−0,08	−0,42
Getrennt	0,32	−0,03	−0,21	0,02
Frauen				
Stabil-zufrieden	−0,18	−0,04	0,02	0,09
Stabil-unzufrieden	−0,07	0,04	−0,02	0,17
Getrennt	0,32	−0,06	0,05	−0,14

niert werden (multiple Regression; Kelly & Conley, 1987). Der sozioökonomische Status sagt in manchen Studien in den USA, in denen er stark variiert, weil die Stichprobe z. B. schwarze Ghettobewohner enthält, Zufriedenheit und Stabilität ähnlich stark vorher (Zufriedenheit und Stabilität nehmen mit dem Status zu), ist aber auch in den USA im Mittel über viele Studien schwächer als der Persönlichkeitseffekt (eine Korrelation um .15; Karney & Bradbury, 1995). Kelly und Conley (1987) rekrutierten ihre Teilnehmer fast ausschließlich aus der weißen Mittelschicht (der mittlere IQ betrug 113); entsprechend gering war der Einfluss der Ausbildungsdauer von Mann und Frau auf die Partnerschaftsqualität.

> **Merke**
> In Mittelschichtsstichproben ist der Persönlichkeitseffekt auf die Partnerschaftsqualität deutlich größer als der Effekt des sozioökonomischen Status oder der Ausbildungsdauer.

Der zweite Fragenkomplex bezieht sich auf die Passung der Persönlichkeit: Ist es für die Partnerschaft förderlich, wenn Mann und Frau ähnlich oder unähnlich in bestimmten Persönlichkeitseigenschaften sind? Bevor diese Frage beantwortet werden kann, sind zwei methodische Vorbemerkungen nötig. Erstens lässt sich eine Antwort nicht aus Studien der Ähnlichkeit von Partnern alleine ableiten. Dies macht z. B. ein Befund aus der methodisch ungewöhnlich sorgfältigen Studie von Eysenck und Wakefield (1981) an 566 britischen Ehepaaren deutlich. Erfragt wurden u.a. politische Einstellungen. Wie auch in Deutschland (vgl. z. B. Marx & Laege, 1995) variieren diese Einstellungen auf zwei unabhängigen Hauptdimensionen: linke vs. rechte Haltung und radikal vs. gemäßigt. Beide Dimensionen korrelierten stark positiv zwischen den Partnern (.51 für links-rechts, .56 für Radikalismus). Die Partner waren sich also ähnlich in ihrer politischen Einstellung.

Die Ähnlichkeit der Partner in Radikalismus korrelierte schwach, aber überzufällig (.15) mit der Zufriedenheit des Paares. Wenn also beide Partner wenig radikale oder stark radikale Ansichten hatten, waren sie zufriedener mit ihrer Ehe, als wenn der eine viel radikaler war als der andere. Die Ähnlichkeit der Partner auf der Dimension links-rechts korrelierte aber mit der mittleren Zufriedenheit des Paares praktisch Null (.03). Aus einer hohen mittleren Ähnlichkeit von Paaren in einem Persönlichkeitsmerkmal kann also nicht geschlossen werden, dass eine besonders hohe Ähnlichkeit förderlich und eine relativ niedrige Ähnlichkeit hinderlich für die Partnerschaft ist.

Dieser Fehlschluss ist nicht nur in der Alltagspsychologie, sondern auch in der Psychologie verbreitet, wenn es um die Interpretation der Persönlichkeitsähnlichkeit von Paaren geht. Oft wird hier der Spruch »gleich und gleich gesellt sich gern« zitiert. Vorausgesetzt wird dabei, dass die Ähnlichkeit durch eine anziehende Wirkung ähnlicher Einstellungen des Partners bei der Partnerwahl oder durch eine abstoßende Wirkung unähnlicher Einstellungen des Partners zustande komme. Die Ähnlichkeit kann aber auch dadurch zustande kommen, dass Menschen sich in einem eng umschriebenen sozialen Umfeld bewegen, in dem sie dann auch ihren Partner finden. Korrelieren nun Einstellungen oder andere Persönlichkeitseigenschaften mit der sozialen Umwelt, kommt schon auf diesem indirekten Wege eine Partnerpassung zustande. Zum Beispiel haben Studierende eine deutlich linkere politische Einstellung als der Durchschnitt der Bevölkerung und gehen sehr viel häufiger Partnerschaften mit Studierenden oder Studierten ein als andere. Schon von daher sind sie sich in ihrer linken Einstellung ähnlich, aber auch in ihrer Intelligenz.

Eysenck und Wakefield (1981) fanden, dass neben der Ähnlichkeit im politischen Radikalismus auch die Ähnlichkeit im sexuellen Verlangen (Häufigkeit sexueller Phantasien und sexuellen Verhaltens) und die Ähnlichkeit in Neurotizismus positiv mit der ehelichen Zufriedenheit korrelierten (.22 bzw. .11), während die Ähnlichkeit in Extraversion keinen Zusammenhang mit der Zufriedenheit zeigte.

Gegen diese Befunde könnte eingewendet werden, dass die Ähnlichkeit der Paare in einem bestimmten Merkmal mit der Ausprägung dieses Merkmals variieren könnte, so dass der Ähnlichkeitseffekt lediglich eine Folge dieser Ausprägung sein könnte. Es ist z. B. nicht unplausibel anzunehmen, dass die Ähnlichkeit in Neurotizismus umso größer ist, je niedriger der mittlere Neurotizismus des Paares ist, weil zwei hochneurotische Partner nur schwer in der Lage sind, eine gemeinsame Ehe zustande zu bringen. Gibt es aber eine solche negative Korrelation zwischen Neurotizismus und Ähnlichkeit, könnte der Ähnlichkeitseffekt auf die Zufriedenheit auf den individuellen Neurotizismuseffekt auf die Zufriedenheit zurückgeführt werden.

Eysenck und Wakefield (1981) prüften dies, indem sie für alle untersuchten Persönlichkeitseigenschaften die Korrelation zwischen Ähnlichkeit und mittlerer Merkmalsausprägung bei den beiden Partnern bestimmten.

Sie war in keinem der genannten Fälle bedeutsam, und wenn der Effekt der mittleren Merkmalsausprägung auf den Ähnlichkeitseffekt statistisch kontrolliert wurde (Partialkorrelation), veränderte sich der Ähnlichkeitseffekt nicht. Es gibt also offenbar tatsächlich (schwache) positive Effekte der Persönlichkeitsähnlichkeit auf die partnerschaftliche Zufriedenheit. Meines Wissens gibt es keinen Befund in der entgegengesetzten Richtung, d.h. dass die Unähnlichkeit in einem Merkmal die Zufriedenheit fördert (vgl. auch Bierhoff & Grau, 1998, ▶ Kap. 6).

Kurdek (1993) untersuchte in einer Fünfjahreslängsschnittstudie den Effekt der Ähnlichkeit in den 5 Hauptfaktoren der Persönlichkeit auf die Partnerschaftsstabilität. Neurotizismus und Gewissenhaftigkeit zeigten einen Ähnlichkeitseffekt, und zwar einen positiven: Paare, die sich in ihrem Neurotizismus bzw. in ihrer Gewissenhaftigkeit ähnlicher waren, blieben eher zusammen als unähnlichere Paare. Kurdek (1993) prüfte allerdings nicht, ob diese Ähnlichkeitseffekte mit dem Neurotizismus bzw. der Gewissenhaftigkeit des Paares zusammenhingen. Die Ähnlichkeit in den anderen 3 Hauptfaktoren der Persönlichkeit zeigte keine Beziehung zur Partnerschaftsstabilität. Karney und Bradbury (1995) berichteten eine mittlere Korrelation von .28 zwischen Einstellungsähnlichkeit und Partnerschaftsstabilität in 3 Studien.

> **Merke**
>
> Die Ähnlichkeit in Neurotizismus, Gewissenhaftigkeit und manchen Einstellungen ist förderlich für die Partnerschaftszufriedenheit und die Partnerschaftsstabilität.

Insgesamt lässt sich damit die Ausgangsfrage, wer ein guter Partner ist, persönlichkeitspsychologisch wie folgt beantworten. Hinderlich ist hoher Neurotizismus, förderlich eine überdurchschnittliche Ähnlichkeit in Neurotizismus, Gewissenhaftigkeit und in manchen Einstellungen und Werthaltungen. Das trifft sowohl auf die Zufriedenheit in der Partnerschaft als auch auf ihre langfristige Stabilität zu. Natürlich gilt dies nur mit der Einschränkung, dass es sich hierbei um statistische Risikofaktoren handelt, nicht um Risiken im Einzelfall. Zwei hochneurotische Menschen können durchaus eine glückliche und stabile Ehe führen, wenn sie viele Einstellungen und Interessen teilen und andere Risiken der Partnerschaftsqualität nicht aufweisen, z.B. einen inadäquaten Konfliktverarbeitungsstil (Karney & Bradbury, 1995).

❓ Fragen

5.1 Wie kann die Situationsexposition einer Person sinnvoll erfasst werden?

5.2 Können Umwelten persönlichkeitsunabhängig definiert werden?

5.3 Ist der sozioökonomische Status einer Person eine distale Variable?

5.4 Wie können soziale Systeme auf Variablen der persönlichen Umwelt einer Person reduziert werden?

5.5 Wie kann man den Beziehungsstatus messen, und warum ist er weniger stabil als die Persönlichkeit?

5.6 Beeinflusst im Erwachsenenalter die Persönlichkeit die Beziehungen und umgekehrt?

5.7 Was versteht Kenny unter einem Beziehungseffekt im Modell sozialer Beziehungen?

5.8 In welcher Hinsicht unterscheiden sich die Bindungskonzepte von Bowlby und Ainsworth von objekttheoretischen Konzepten primärer Beziehungen?

5.9 Wie stabil ist die Bindungsqualität im 2. Lebensjahr und wie konsistent ist sie zwischen Vater und Mutter?

ℹ️ Hinweise zur Beantwortung

5.1 Tagebuch, Logbuch, Piepsertechnik, Verhaltensbeobachtung

5.2 Grenzen des Settingansatzes

5.3 theoretisch ja, Operationalisierung nein

5.4 Beispiel Soziometrie

5.5 über individuelle Netzwerke, Instabilität der Bezugspersonen versus Beziehungsqualität

5.6 Studie von Asendorpf und Wilpers

5.7 am Beispiel von Kindergartengruppen erläutern

5.8 evolutionsbiologische Sicht, Operationalisierung von Bindungsstilen

5.9 kontrovers, Risiken für Instabilität; Konsistenz für Sicherheit versus Art der Unsicherheit

? Fragen

- **5.10** Worauf beruht die Bindungsqualität eines Kindes an seine Mutter?
- **5.11** In welcher Hinsicht unterscheiden sich die Bindungskonzepte von George et al., Hazan & Shaver und Bartholomew?
- **5.12** Wie konsistent sind Bindungsstile im Erwachsenenalter zwischen unterschiedlichen Beziehungstypen?
- **5.13** Welche empirische Evidenz gibt es für das Modell des Bindungsverhaltens von Mikulincer und Shaver?
- **5.14** In welcher Hinsicht unterscheiden sich erhaltene, erfahrene und potenzielle soziale Unterstützung?
- **5.15** Ist soziale Unterstützung durch Angehörige immer hilfreich?
- **5.16** Wer ist ein guter Partner?

i Hinweise zur Beantwortung

- **5.10** Temperament des Kindes, Einfühlsamkeit und Bindungsmodell der Mutter, Transmissionslücke
- **5.11** Methodik, Differenzierung des vermeidenden Bindungsstils
- **5.12** Ergebnisse von Owens et al. und Asendorpf et al.; Gründe für Inkonsistenz
- **5.13** Studie von Mikulincer et al. (2002), fächerförmige Struktur der Bindungsstile
- **5.14** unterschiedlicher Bezug zur Belastungsverarbeitung an Beispiel darstellen
- **5.15** 2 Ausnahmen
- **5.16** Zufriedenheit versus Stabilität, Persönlichkeit versus Passung

Weiterführende Literatur

Asendorpf, J.B. & Banse, R. (2000). *Psychologie der Beziehung*. Bern: Huber.

Persönlichkeitsentwicklung

6.1 **Stabilität, Kontinuität und Vorhersagekraft** – 306
6.1.1 Individuelle, universelle und differentielle Entwicklung – 306
6.1.2 Langfristige Stabilität von Eigenschaften – 308
6.1.3 Stabilität der Persönlichkeit – 313
6.1.4 Kontinuität von Eigenschaften – 314
6.1.5 Langfristige Vorhersagekraft der Persönlichkeit – 318
6.1.6 Diskussion – 321
Weiterführende Literatur – 322

6.2 **Einflüsse auf die Persönlichkeitsentwicklung** – 323
6.2.1 Direkte und indirekte Einflussschätzung – 324
6.2.2 Relativer Einfluss von Genom und Umwelt – 327
6.2.3 Geteilte versus nicht geteilte Umwelten und Umwelteinflüsse – 335
6.2.4 Altersabhängigkeit der Einflüsse – 339
6.2.5 Interaktion und Kovarianz von Genom und Umwelt – 340
6.2.6 Diskussion – 342
Weiterführende Literatur – 343

6.3 **Wechselwirkungsprozesse zwischen Persönlichkeit und Umwelt** – 344
6.3.1 Vom Genom zur Persönlichkeit – 344
6.3.2 Intellektuelle Leistungen – 349
6.3.3 Antisoziale Persönlichkeit – 354
6.3.4 Schüchternheit – 362
6.3.5 Exemplarische Anwendung: Umgang mit schüchternen Kindern – 368
6.3.6 Diskussion – 369

6.4 **Zufall und Notwendigkeit in der Persönlichkeitsentwicklung** – 369
Weiterführende Literatur – 373

> In diesem Kapitel wird an das dynamisch-interaktionistische Paradigma angeknüpft, das von langfristigen Eigenschaftsänderungen trotz mittelfristiger Stabilität ausgeht (vgl. Abschn. 2.6). Ändern sich einzelne Eigenschaftswerte einer Person, ändert sich auch ihre Persönlichkeit im Sinne der Gesamtheit aller Persönlichkeitseigenschaften (vgl. Abschn. 2.4): Persönlichkeitsentwicklung hat stattgefunden. Über die Veränderung bestehender Eigenschaften hinaus wird von Persönlichkeitsentwicklung auch dann gesprochen, wenn instabile Tendenzen des Erlebens oder Verhaltens in stabile Persönlichkeitseigenschaften überführt werden, also eine Stabilisierung der Persönlichkeit zu beobachten ist. Das ist vor allem in der frühen Kindheit der Fall. Auch der umgekehrte Fall einer Destabilisierung der Persönlichkeit kommt vor; auch hier wird von Persönlichkeitsentwicklung gesprochen. Langfristige Persönlichkeitsentwicklung zwischen zwei Zeitpunkten setzt also eine mittelfristig stabile Persönlichkeit zu einem der beiden Zeitpunkte voraus.
>
> In diesem Kapitel wird zunächst die langfristige Stabilität, Kontinuität und Vorhersagekraft der Persönlichkeit diskutiert: Wie stabil sind Eigenschaften und die ganze Persönlichkeit, sind Eigenschaften zwischen unterschiedlichen Altersgruppen überhaupt vergleichbar, und welche langfristigen Vorhersagen lassen sich aus Eigenschaften oder Eigenschaftsprofilen ableiten? Anschließend wird die Frage nach der Erklärung der Persönlichkeit und ihrer Entwicklung gestellt: Wie wirken genetisches Erbe und individuelle Umwelt bei der Entstehung und Veränderung von Persönlichkeitseigenschaften zusammen?

6.1 Stabilität, Kontinuität und Vorhersagekraft

Die Frage nach der langfristigen Stabilität von Persönlichkeitsunterschieden wird zunächst für einzelne Eigenschaften und anschließend für ganze Eigenschaftsmuster (Intelligenzprofile, Q-Sort-Profile) gestellt; abschließend wird das Problem der Kontinuität von Eigenschaften behandelt.

6.1.1 Individuelle, universelle und differentielle Entwicklung

In der Alltagspsychologie wird die Entwicklung der Persönlichkeit vor allem aus individueller Perspektive betrachtet. Ist Fritz seit letztem Jahr intelligenter, aggressiver oder hilfsbereiter geworden? Um diese Frage zu beantworten, wird der heutige Fritz mit dem Fritz von vor einem Jahr verglichen. Hat sich sein Verhalten erkennbar verändert (d.h. übersteigt seine Veränderung deutlich kurzfristige Schwankungen in seiner Intelligenz, Aggressivität oder Hilfsbereitschaft von Woche zu Woche), so wird daraus geschlossen, dass sich auch seine Persönlichkeit geändert hat. Jede Nichtkonstanz von Verhaltenstendenzen wird als Persönlichkeitsveränderung interpretiert.

Aus dieser individuellen Sicht werden Personen nur mit sich selbst verglichen – so, als ob auf der ganzen Welt nur diese eine Person existieren würde. Dieser Ansatz ist nicht mit dem Ziel der Persönlichkeitspsychologie vereinbar, individuelle Besonderheiten im Erleben und Verhalten zu beschreiben und zu erklären. Ein Beispiel mag das deutlich machen. Letztes Jahr erzielte Fritz 18 Rohwertpunkte in einem Intelligenztest, was genau dem Mittelwert seiner Altersgruppe entsprechen möge, d.h. sein IQ betrug 100 (vgl. Abschn. 4.4.1). Dieses Jahr erzielte Fritz im selben Test 20 Rohwertpunkte. Aus individueller Sicht hat sich damit seine Persönlichkeit verändert, denn er kann nun dieselben Aufgaben besser lösen. Allerdings ist dabei nicht berücksichtigt, dass der Zuwachs von zwei Punkten altersgemäß sein könnte, so dass Fritz' Intelligenz nach wie vor durchschnittlich ist und somit sein IQ wieder 100 beträgt. Hat sich seine Persönlichkeit tatsächlich geändert?

Noch deutlicher wird das Problem, wenn wir annehmen, dass Fritz sich in seiner individuellen Testleistung nicht geändert hat, also auch in diesem Jahr 18 Punkte erzielte, obwohl der Mittelwert seiner Altersgruppe in diesem Jahr 20 Punkte beträgt. Sein IQ ist also gesunken, denn seine Intelligenzleistung ist nunmehr unterdurchschnittlich. Aus individueller Sicht hat sich aber seine Leistung nicht geändert.

Hier wird deutlich, dass Veränderungen aus individueller Sicht zwei unterschiedliche Komponenten enthalten: durchschnittliche Veränderungen, die alterstypisch sind und von daher keine individuellen Besonderheiten der Entwicklung widerspiegeln, und differentielle Veränderungen, die nicht alterstypisch sind und ausschließlich auf individuelle Besonderheiten der Entwicklung zurückgehen. Abbildung 6.1 macht deutlich, wie sich aus dem Kontrast zwischen individueller und durchschnittlicher Veränderung eine differentielle Veränderung ergibt.

Da sich die Persönlichkeitspsychologie mit individuellen Besonderheiten im Erleben und Verhalten beschäf-

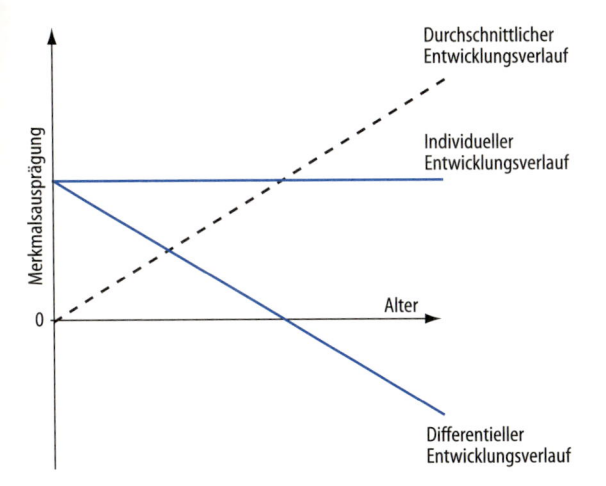

Abb. 6.1. Individueller, durchschnittlicher und differentieller Entwicklungsverlauf

tigt, ist es nur konsequent zu fordern, dass sie von alterstypischen Veränderungen absieht und sich ganz auf differentielle Veränderungen konzentriert. Tatsächlich werden entwicklungspsychologische Fragestellungen von Persönlichkeitspsychologen auch so verstanden; Ziel ist es dann, differentielle Veränderungen zu beschreiben und zu erklären. Die persönlichkeitspsychologische Analyse der beiden obigen Beispiele kommt damit zu einem umgekehrten Ergebnis wie die Alltagspsychologie. Wuchs die Intelligenzleistung von Fritz altersgemäß um zwei Punkte, so dass sein IQ konstant blieb, liegt keine Persönlichkeitsveränderung vor; blieb Fritz' Intelligenzleistung konstant bei 18 Punkten, obwohl von seinem Alter her ein Zuwachs von zwei Punkten zu erwarten wäre, so dass sein IQ sank, liegt eine Persönlichkeitsveränderung vor.

> **Merke**
> Persönlichkeitsentwicklung wird in der empirischen Persönlichkeitspsychologie meist verstanden als differentielle Veränderung.

Allerdings wird bisweilen auch von Persönlichkeitsentwicklung gesprochen, wenn es sich nur um Mittelwertsveränderungen handelt. Beispielsweise verglichen McCrae et al. (1999, 2000) die Mittelwerte der selbstberichteten Big Five (vgl. Abschn. 4.1.1) zwischen 4 Altersgruppen (18–21, 22–29, 30–49, 50 Jahre und älter) in 9 unterschiedlichen Kulturen, darunter Deutschland, Spanien, Türkei und Korea. Es ergaben sich ähnliche Altersunterschiede (z. B. geringerer Neurotizismus und Extraversion und höhere Gewissenhaftigkeit und Verträglichkeit in höherem Alter), die die Autoren angesichts des unterschiedlichen kulturellen Hintergrundes als »intrinsische Reifung der Persönlichkeit« interpretierten. Diese Interpretation ist aus zwei Gründen problematisch.

— Erstens handelt es sich um Querschnittstudien, in denen Menschen unterschiedlichen Geburtsjahrgangs (unterschiedlicher »Kohorten«) miteinander verglichen werden. Die Unterschiede zwischen den Kohorten können auf Altersveränderungen, aber auch auf historischen Veränderungen beruhen. Wenn beispielsweise im Jahr 2000 60-Jährige mit 20-Jährigen verglichen werden, können Unterschiede auf dem Altersunterschied von 40 Jahren, aber auch auf Unterschieden zwischen den 1940 und den 1980 Geborenen beruhen.

Altersveränderungen können von Kohorteneffekten nur in Längsschnittstudien unterschieden werden, in denen derselbe Geburtsjahrgang in unterschiedlichem Alter untersucht wird. Roberts et al. (2003) führten eine Metaanalyse aller vorliegenden Längsschnittstudien zu Mittelwertsveränderungen in den Big Five durch und konnten dadurch die Abnahme von Neurotizismus und die Zunahme von Verträglichkeit und Gewissenhaftigkeit im Verlauf des Erwachsenenalters bestätigen, nicht aber eine generelle Abnahme von Extraversion. Vielmehr ergaben sich für Unterfaktoren von Extraversion gegenläufige Effekte. Während Dominanz, Unabhängigkeit und Selbstsicherheit zunehmen, nehmen Geselligkeit, Aktivität und positive Affektivität ab. Diese Altersveränderungen spiegeln durchschnittliche Entwicklungsveränderungen wider, die für die Mehrheit der Untersuchten gelten, nicht aber Persönlichkeitsveränderungen im strengen Sinne.

> **Merke**
> Im Verlauf des Erwachsenenalters nimmt der Neurotizismus ab, während Gewissenhaftigkeit und Verträglichkeit zunehmen; bei Extraversion ergeben sich unterschiedliche Veränderungen je nach Unterfaktor. Hierbei handelt es sich um durchschnittliche Entwicklungsveränderungen, nicht um Persönlichkeitsentwicklung im strengen Sinne.

— Zweitens ist die Interpretation durchschnittlicher Entwicklungsveränderungen als »intrinsische Reifung« problematisch. McCrae et al. (1999, 2000) verstanden darunter Entwicklungsveränderungen, die umweltunabhängig ablaufen, letztlich also genetisch gesteuert sein müssten. Entwicklungs- und Kulturpsychologen berücksichtigen aber bei durchschnittlichen Entwicklungsveränderungen immer auch die alternative Erklärungsmöglichkeit einer durchschnittlichen Veränderung der Umwelt mit wachsendem Alter. Neyer und Asendorpf (2001) fanden z.B. eine Abnahme von Neurotizismus nur bei denjenigen jungen Erwachsenen, die eine stabile Partnerschaft eingegangen waren, bei den Dauersingles aber nicht (vgl. Abschn. 2.6.2). Da die meisten Menschen im Verlauf des Erwachsenenalters nicht auf ewig Single bleiben und der neurotizismussenkende Effekt einer stabilen Partnerschaft vermutlich auf dem Vorhandensein des Partners als Sicherheitsspender und Bewältigungsressource bei Problemen beruht (vgl. Abschn. 5.4, 5.5), also einem Merkmal der persönlichen Umwelt, kann zumindest ein Teil der durchschnittlichen Neurotizismusverminderung auf eine Veränderung der sozialen Umwelt zurückgeführt werden. »Intrinsische Reifung« als erklärendes Konzept ist ähnlich problematisch wie »endogene Psychose« in der klinischen Psychologie, weil eine Scheinerklärung gegeben wird (die intrinsischen Reifungsprozesse werden ja nicht weiter spezifiziert), die die Suche nach alternativen Kausalfaktoren in der Umwelt behindert.

❗ **Merke**
Durchschnittliche Entwicklungsveränderungen können durch intrinsische Reifungsprozesse, aber auch durch durchschnittliche Umweltveränderungen bedingt sein. Ein Beispiel für Letzteres ist der neurotizismussenkende Effekt der ersten Partnerschaft.

Das Beispiel des neurotizismussenkenden Effekts der ersten Partnerschaft ist auch insofern interessant, als es zeigt, dass die Interpretation durchschnittlicher Entwicklungsveränderungen als universelle Veränderungen, die für alle Mitglieder einer Kohorte gelten, problematisch ist. Im strengen Sinne müssten ja universelle Veränderungen bei allen Menschen derselben Kohorte gleichzeitig und in gleicher Weise ablaufen. Das ist natürlich nie der Fall. Eine Minderheit wird die Veränderungen möglicherweise nie zeigen (im Beispiel: sie bleiben ewig Singles), viele werden die Veränderungen stärker zeigen als andere (im Beispiel: Partnerschaften unterscheiden sich in der Sicherheit der Bindung und der wahrgenommenen Unterstützung, dies sollte Konsequenzen auf das Ausmaß der Neurotizismussenkung haben), und der Zeitpunkt des Beginns der Veränderung kann variieren (im Beispiel: die erste stabile Partnerschaft wird mit 17 oder erst mit 40 Jahren eingegangen).

Durchschnittliche Veränderungen sind also bei genauerer Analyse nie universelle Veränderungen, sondern haben immer auch differentiell interessante Aspekte. Dazu gehören auch Unterschiede im Ausmaß der Veränderung (im Beispiel: wie stark die Neurotizismussenkung durch die erste Partnerschaft ist). Sind diese Unterschiede nicht nur vorübergehender Natur, sondern mittelfristig stabil, hat Persönlichkeitsentwicklung auch im strengen Sinne stattgefunden (im Beispiel: X und Y unterschieden sich nicht in ihrem Neurotizismus vor der Partnerschaft und der Neurotizismus nahm bei beiden durch die Partnerschaft ab, aber die Abnahme war bei X stärker als bei Y, so dass X dann zumindest mehrere Jahre lang weniger neurotisch war als Y).

❗ **Merke**
Durchschnittliche Entwicklungsveränderungen basieren immer auf individuellen Entwicklungsverläufen, die sich darin unterscheiden, ob, wann und wie stark die Veränderung im Einzelfall eintritt. Unterschiede im Ausmaß der Veränderung können zu Persönlichkeitsveränderungen führen.

6.1.2 Langfristige Stabilität von Eigenschaften

Wenn Persönlichkeitsentwicklung in bezug auf eine bestimmte Persönlichkeitseigenschaft stattfindet, ändert sich langfristig die Rangfolge der Personen in der betreffenden Eigenschaft. Das senkt die langfristige Stabilität der Eigenschaft in der untersuchten Population. Umgekehrt signalisiert eine hohe langfristige Stabilität einer Eigenschaft, dass bei den meisten Mitgliedern der Population keine bedeutsamen Eigenschaftsveränderungen stattgefunden haben. Gemessen wird dabei die Stabilität einer Eigenschaft genauso wie ihre kurzzeitige Retestreliabilität (vgl. Abschn. 2.4.4) durch die Korrelation zwischen zwei Eigenschaftsmessungen, nur dass der Abstand zwischen den Messungen nunmehr Jahre und nicht Tage oder Wochen beträgt.

Im Gegensatz zum Konzept der Persönlichkeitsveränderung, bei dem die Richtung der Veränderung wesentlich ist (nimmt ein Eigenschaftswert zu oder ab), ist der

Unter der Lupe

Vier Prinzipien der Stabilität von Eigenschaften

Die Stabilität einer Persönlichkeitseigenschaft zwischen zwei Messzeitpunkten T_1 und T_2 lässt sich durch eine Längsschnittstudie bestimmen, in der dieselbe Eigenschaft zu diesen beiden Zeitpunkten in einer Stichprobe von Personen gemessen und dann die Korrelation zwischen den beiden Zeitpunkten bestimmt wird. Diese Korrelation beschreibt die mittlere Stabilität der Eigenschaftswerte in der betrachteten Stichprobe; sie ist eine Eigenschaft der Stichprobe, nicht einzelner Personen. Die Ergebnisse der vorliegenden Studien zur langfristigen Stabilität von Persönlichkeitseigenschaften lassen sich in vier Prinzipien zusammenfassen, die meistens (aber nicht in jedem Einzelfall) gelten:

1. Für Erstmessungen T_1 in vergleichbarem Alter sinkt die Stabilität kontinuierlich mit wachsendem Retestintervall $T_2 - T_1$; das Sinken der Stabilität folgt annähernd der Funktion $r_{21} = R \times r^n$, wobei r_{21} die beobachtete Stabilität zwischen T_1 und T_2, R die kurzfristige Retestreliabilität der Messung, r die wahre (für Unreliabilität korrigierte) Einjahresstabilität und n die Länge des Retestintervalls in Jahren ist (vgl. Abschn. 3.2.1 zum Begriff der wahren Korrelation).
2. Für unterschiedliche Persönlichkeitsbereiche sind die Stabilitäten unterschiedlich hoch. Am stabilsten ist der IQ, mittelhoch stabil sind selbst- und fremdbeurteilte Temperamentseigenschaften, und am wenigsten stabil sind allgemeines Selbstwertgefühl und allgemeine Lebenszufriedenheit.
3. Für viele Eigenschaften sinkt die Stabilität mit zunehmend instabiler Umwelt.
4. Bei Kindern und Jugendlichen ist die Stabilität über ein Retestintervall fester Länge meist um so geringer, je jünger die untersuchte Stichprobe zum Zeitpunkt T_1 ist. Im Erwachsenenalter sind die Ergebnisse unabhängig von T_1; im hohen Alter können die Stabilitäten wieder sinken.

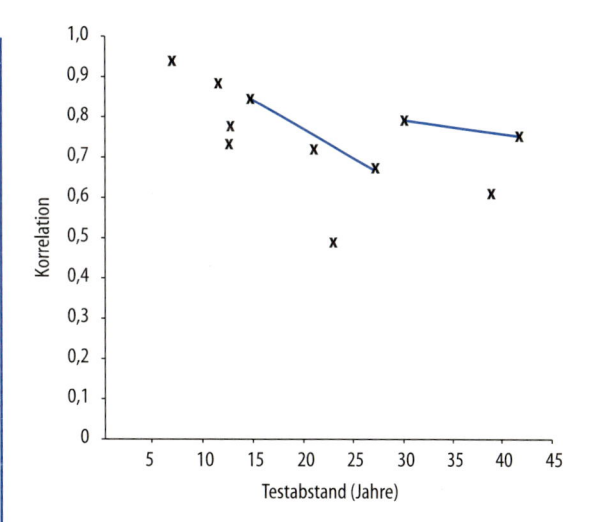

◘ Abb. 6.2. Langfristige Stabilität des IQ im Erwachsenenalter. (Aus Asendorpf, 1988a)

Begriff der Persönlichkeitsstabilität ungerichtet; untersucht wird nur, in welchem Maße sich Eigenschaftswerte zwischen zwei Messungen ändern oder gleich bleiben. Von daher sind Stabilitätsaussagen nicht so aussagekräftig wie Aussagen zur gerichteten Veränderung. Trotzdem wird die persönlichkeitspsychologische Literatur klar dominiert von Untersuchungen zur Stabilität – vermutlich weil Persönlichkeitspsychologen mit dem Konzept der Stabilität und seiner Messung durch eine Korrelation zwischen Messwiederholungen gut vertraut sind, während ihnen das entwicklungspsychologische Interesse an gerichteten Veränderungen eher fremd ist.

Inzwischen gibt es Dutzende von Längsschnittstudien zur langfristigen Stabilität einzelner Persönlichkeitseigenschaften, wobei die untersuchten Zeiträume bis zu 65 Jahren reichen (Friedman et al., 1995). Ihre Ergebnisse lassen sich in vier allgemeinen Prinzipien zusammenfassen (s. »Unter der Lupe«).

Das erste Prinzip besagt, dass die Stabilität mit wachsendem Retestintervall sinkt. Das sei hier anhand einer Metaanalyse von Conley (1984) von 11 Studien zur Stabilität von Intelligenz illustriert (erste Testung frühestens im Alter von 11 Jahren). In ◘ Abb. 6.2 sind die in den 11 Studien berichteten zeitlichen Stabilitäten des IQ in Abhängigkeit vom Testabstand zwischen erster und zweiter Testung angegeben. Jedes Kreuz markiert also das Ergebnis einer zweimaligen Testung einer ganzen Stichprobe von Personen. Durchgezogene Linien verbinden die Ergebnisse von Studien, in denen dieselben Personen dreimal getestet wurden, z.B. nach 31 und 42 Jahren. Die Stabilität über 42 Jahre betrug immer noch .77.

Wie in »Unter der Lupe« dargelegt, lassen sich diese Daten recht gut durch eine Wachstumsfunktion approximieren (vgl. Conley, 1984). Aus den in ◘ Abb. 6.2 gezeigten Stabilitätsdaten lässt sich bei einer Retestreliabilität des IQ von .95 die wahre (also für Messfehler korrigierte; vgl. Abschn. 3.2.1) Einjahresstabilität des IQ schätzen als .995 (vgl. Conley, 1984). Daraus ergibt sich eine Stabilität des IQ im Erwachsenenalter über 10 Jahre von $.95 \times .995^{10} = .90$ und eine Stabilität über 40 Jahre von .78; wie ❑ Abb. 6.2 zeigt, decken sich diese Schätzungen gut mit den tatsächlich gefundenen Werten. Das erste Prinzip der langfristigen Persönlichkeitsstabilität lässt sich also durch ein mathematisches Modell beschreiben, das nicht nur die Abnahme der Stabilität mit wachsendem Testabstand vorhersagt, sondern auch die Form dieser Abnahme quantitativ beschreibt.

Das Modell geht von der Annahme aus, dass die systematische, also auf echte Persönlichkeitsveränderung und nicht auf Messfehler zurückgehende Instabilität auf der kontinuierlichen Überlagerung kleiner Veränderungen beruht, die über den gesamten Zeitraum unabhängig voneinander mit konstanter Jahresrate erfolgen. Diese Annahme ist für einzelne Personen natürlich nicht haltbar, aber sie beschreibt gut den Prozess der Persönlichkeitsveränderung im Mittel über viele Personen und Einjahresintervalle. Das liegt daran, dass die Besonderheiten der Veränderung einer Person über ein Jahresintervall – mal schneller, mal langsamer als der Durchschnitt – sich im Mittel über Personen und Zeitintervalle gegenseitig weitgehend aufheben.

Mit Hilfe des Modells lassen sich die Stabilitäten unterschiedlicher Eigenschaften direkt miteinander vergleichen, und zwar unabhängig von der Reliabilität ihrer Messung und der Länge der Retestintervalle. Conley (1984) fand für 23 Studien zur Stabilität der selbstbeurteilten Extraversion und des selbstbeurteilten Neurotizismus (vgl. Abschn. 4.3.1) eine wahre Jahresstabilität von .98 und für 20 Studien zur Stabilität globaler Beurteilungen der Zufriedenheit mit sich und seinem Leben (allgemeines Selbstwertgefühl und allgemeine Lebenszufriedenheit, vgl. Abschn. 4.7, 4.8) eine wahre Jahresstabilität von .93.

Nach dem dritten Prinzip geht die Instabilität der Umwelt mit Instabilität in vielen Eigenschaften einher. Zum Beispiel untersuchte Asendorpf (1992) die Stabilität der Schüchternheit von Kindern gegenüber Gleichaltrigen (Elternurteil). Für drei aufeinanderfolgende Altersintervalle (4–5, 5–6 und 6–7 Jahre) wurden die Eltern befragt, ob sich die soziale Umwelt ihres Kindes durch drei kritische Ereignisse geändert hatte: Wechsel der Kindergartengruppe oder Einschulung, Umzug in eine neue Wohnung mindestens 5 km von der alten entfernt oder Wegzug eines engen Freundes des Kindes. Für alle drei Altersintervalle ergab sich eine positive Korrelation zwischen der Zahl dieser Ereignisse und der absoluten Differenz der z-Werte in Schüchternheit zwischen den zwei Zeitpunkten: Je instabiler die soziale Umwelt war, desto stärker änderte sich die Schüchternheit des Kindes (sie nahm zu oder ab).

Die bisherigen Überlegungen gelten nur für das Erwachsenenalter. Fällt der erste Messzeitpunkt in das Kindes- oder Jugendalter, so kommt das vierte Prinzip zum Tragen: Je früher die Messung beginnt, desto instabiler sind die Eigenschaften. Dies sei hier anhand einer Längsschnittstudie illustriert, in der die Intelligenz von Kindern zwischen dem ersten und dem neunten Lebensjahr regelmäßig getestet wurde (Wilson, 1983). ❑ Tabelle 6.1 zeigt das resultierende Korrelationsmuster zwischen allen Messungen.

Die Ein-Jahres-Korrelationen finden sich in der Diagonalen; sie nehmen zwischen dem ersten und sechsten Lebensjahr deutlich und dann nur noch geringfügig zu. Schon mit acht Jahren wird eine Stabilität erreicht, die fast so hoch ist wie die Einjahresstabilität im Erwachsenenalter. Die Zweijahresstabilitäten, die etwas weniger abhängig von kurzfristigen Schwankungen sind, zeigen ein noch systematischeres Bild: Sie nehmen streng monoton zu von .40 zwischen ein und drei Jahren bis zu .87 zwischen sieben und neun Jahren. Zeilen- oder spaltenweise betrachtet sinken die Korrelationen systematisch von links nach rechts bzw. unten nach oben; hier wirkt sich das schon diskutierte erste Prinzip der Persönlichkeitsstabilität aus.

Für alle bisher empirisch untersuchten Eigenschaften lässt sich eine zunehmende Stabilisierung im Verlauf der Kindheit feststellen. Die Stabilität ist sehr niedrig im frühen Kindesalter und nimmt dann zu, bis sie im Erwachsenenalter ein über viele Jahre konstantes Niveau erreicht. Erst im hohen Alter ist dann wieder eine Destabilisierung zu beobachten, bedingt durch den unterschiedlichen Beginn physiologischer Abbauprozesse.

In der Pubertät findet sich in manchen Eigenschaften jedoch eine vorübergehende Destabilisierung. Sie kann u.a. auf den schnellen körperlichen Veränderungen in der Pubertät beruhen. Kinder desselben Geburtsjahrgangs erreichen die Pubertät zu unterschiedlichen Zeitpunkten; das führt bei Eigenschaften, die von körperlichen pubertären Veränderungen stark beeinflusst sind und deshalb ebenfalls eine starke Veränderung durch die Pubertät zeigen, zu einer Destabilisierung. Denn zum durchschnittlichen Zeitpunkt des Erreichens der Puber-

6.1 · Stabilität, Kontinuität und Vorhersagekraft

Tabelle 6.1. Zunehmende Stabilität der Intelligenz. (Nach Wilson, 1983)

Alter bei 1. Testung	Alter bei 2. Testung (Jahre)							
	2	3	4	5	6	7	8	9
1 Jahr[a]	.48	.40	.31	.38	.36	.32	.32	.33
2 Jahre[a]		.74	.68	.63	.61	.54	.58	.56
3 Jahre[b]			.76	.72	.73	.68	.67	.65
4 Jahre[c]				.80	.79	.72	.72	.71
5 Jahre[c]					.87	.81	.79	.79
6 Jahre[c]						.86	.84	.84
7 Jahre[c]							.87	.87
8 Jahre[c]								.90

[a] Bayley-Skalen. [b] Stanford-Binet-Test. [c] Wechsler-Test für (Vorschul-)Kinder.

Abb. 6.3. Korrelation von Körpergröße und Gewicht im Alter von 18 Jahren mit den Werten aus vorangehenden Jahren. (Aus Asendorpf, 1988a)

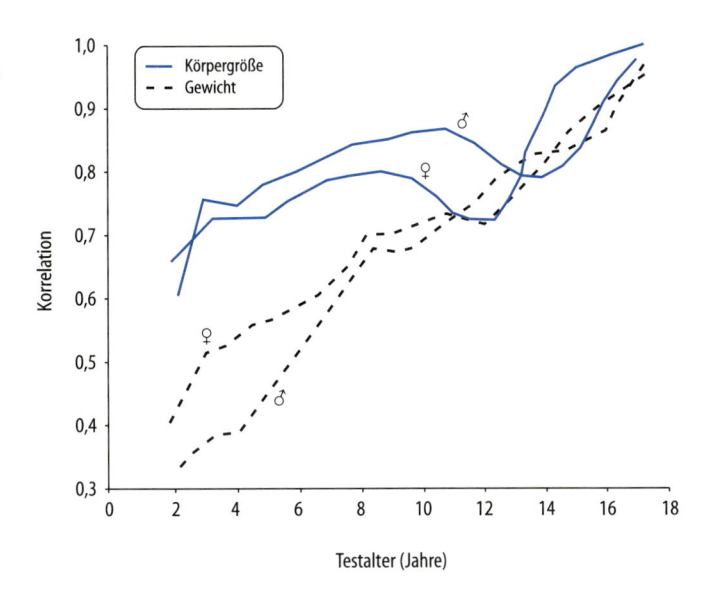

tät (ca. 13 Jahre) haben einige Jugendliche die Veränderung schon voll mitgemacht, andere stecken noch mitten in der Veränderung und wieder andere haben damit noch gar nicht angefangen. Hier kann es zu dem scheinbar paradoxen Ergebnis kommen, dass die Stabilität über kürzere Zeiträume niedriger ist als die über längere Zeiträume. Abbildung 6.3 zeigt dies am Beispiel der Stabilität der Körpergröße (Bloom, 1964).

Merke

Entgegen dem Trend zu einer zunehmenden Stabilisierung von Eigenschaften im Verlauf der Kindheit und Jugend kann es pubertätsbedingt zu einer vorübergehenden Destabilisierung kommen.

Die allgemein zunehmende Stabilisierung von Persönlichkeitseigenschaften während der Kindheit, teilweise auch der Jugend, hat mehrere Ursachen (vgl. auch Abschn. 6.1.4 für weitere Gründe):

- Zunehmende Reliabilität der Eigenschaftsmessungen: Persönlichkeitsmessungen sind im allgemeinen um so unreliabler, je jünger die Versuchspersonen sind. Das ist aber nur eine Teilerklärung der zunehmenden Stabilisierung, weil auch nach Korrektur für die Unreliabilität der Messungen eine wachsende Stabilisierung verbleibt. Zahlreiche weitere Ursachen werden gegenwärtig diskutiert, die jeweils durch Beispiele belegt werden können. Deren relativer Anteil an der zunehmenden Stabilisierung kann jedoch kaum allgemein abgeschätzt werden, weil dieser relative Einfluss von Eigenschaft zu Eigenschaft schwanken dürfte.
- Stabilisierung des Selbstkonzepts: Im Verlauf der Entwicklung in Kindheit und Jugend nimmt das Wissen über sich selbst und die Umwelt stark zu. Sofern diese Umwelt selbst einigermaßen stabil ist, verfestigt sich das Wissen hierüber und stabilisiert über zunchmend stabile Erwartungen individuelle Besonderheiten in Wahrnehmung und Verhalten. Dieser Prozess wurde am Beispiel der Selbstkonzeptdynamik in Abschn. 4.7.3 ausführlich besprochen: Selbstkonsistenzerhöhende Tendenzen in der Selbstwahrnehmung, Selbsterinnerung und Selbstdarstellung tragen zur Stabilisierung des Selbstkonzepts und damit auch des Verhaltens bei.
- Wachsender Einfluss der Persönlichkeit auf die Umwelt: Mit wachsendem Alter nimmt die Möglichkeit zu, die eigene Umwelt so zu verändern, dass sie besser zur eigenen Persönlichkeit passt. Prozesse der aktiven Einflussnahme auf die Umwelt wurden schon in Abschn. 2.6 aus dynamisch-interaktionistischer Sicht diskutiert. Hier kommt die entwicklungspsychologische Annahme hinzu, dass die Möglichkeiten für eine solche Einflussnahme auf die Umwelt mit wachsendem Alter steigen (vgl. Scarr & McCartney, 1983). Kinder sind danach »Gefangene« ihrer Familie und des Ausbildungssystems; mit zunehmendem Alter erhalten sie eine größere Chance, sich selbst eine passende Umwelt auszuwählen oder einzurichten. Die größere Person-Umwelt-Passung stabilisiert Persönlichkeitseigenschaften, so dass hier ein positiver Rückkopplungskreis zunehmender Passung und Stabilisierung zustandekommen kann. Caspi et al. (1989) nannten diesen Prozess der Stabilisierung kumulative Stabilität (sie sprachen von »cumulative continuity«, was hier mit »kumulative Stabilität« übersetzt wird, um Verwechslungen mit dem Konzept der Kontinuität zu vermeiden, das im nächsten Abschnitt dargestellt wird).

Ein Beispiel für die kumulative Stabilität ist das Ergebnis der klassischen Studie von Newcomb et al. (1967) über die Einstellungen und Werthaltungen von Studentinnen des Bennington College. Die Studentinnen behielten ihre während der Collegezeit erworbene liberale politische Haltung im Verlauf der folgenden 25 Jahre weitgehend bei, wobei wesentlich dazu beitrug, dass sie liberal gesinnte Freunde und Ehemänner hatten, die ihre politische Haltung unterstützten. Andere Beispiele sind die Tendenz aggressiver Jugendlicher, sich Cliquen oder Gangs überdurchschnittlich aggressiver Gleichaltriger anzuschließen, wodurch ihre Aggressivität noch verstärkt wird (vgl. Abschn. 6.3.3), die Tendenz schon straffällig gewordener Männer, sich nach der Entlassung weiterhin in kriminellen Kreisen zu bewegen, was die Rückfallrate erhöht (Farrington et al., 1986), oder die Tendenz, Freunde und später Ehepartner ähnlicher Intelligenz zu wählen, was das eigene intellektuelle Niveau stabilisiert (der IQ korreliert zwischen Ehepartnern um .40).

> **! Merke**
>
> **Abgesehen von Messproblemen in der Kindheit scheint die zunehmende Stabilität der Persönlichkeit u. a. auf einer Stabilisierung des Selbstkonzepts und auf einem zunehmenden Persönlichkeitseinfluss auf die eigene Umwelt zu beruhen.**

Roberts und DelVecchio (2000) fassten in einer Metaanalyse 152 Längsschnittstudien zusammen, in denen an mehr als 35.000 Personen über 3000 Stabilitätskoeffizienten für verschiedene Altersgruppen und sozial-emotionale Persönlichkeitsmerkmale bestimmt worden waren; der mittlere Abstand zwischen zwei Persönlichkeitsmessungen betrug 6,8 Jahre. ◻ Abbildung 6.4 zeigt die Ergebnisse getrennt nach Alter bei der jeweils ersten Messung. Da es für jede Altersgruppe sehr viele Stabilitäten gab, konnte jeweils nicht nur der Mittelwert der Stabilitäten, sondern auch sein Konfidenzintervall bestimmt werden (der Bereich, in den die »wahre« mittlere Stabilität mit 95 %iger Sicherheit fällt).

Die Abbildung macht deutlich, dass die Stabilität in der frühen Kindheit ausgesprochen niedrig ist (um .35), sich diskontinuierlich bis zum Alter von 50 Jahren erhöht und dort ein sehr hohes Niveau erreicht, das nur knapp

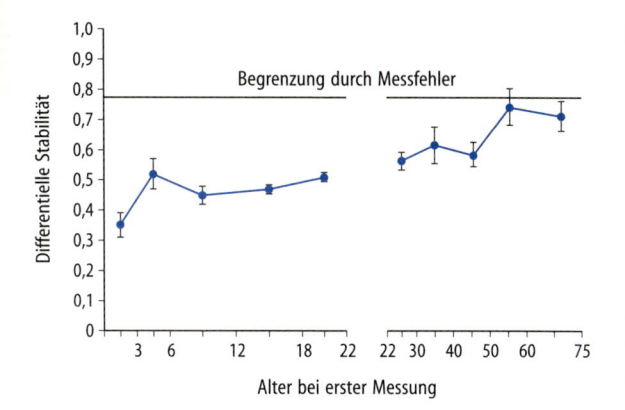

6.1 · Stabilität, Kontinuität und Vorhersagekraft

Abb. 6.4. Sieben-Jahres-Stabilität von Persönlichkeitsbeurteilungen im Verlauf des Lebens. Angegeben sind die für bestimmte Altersgruppen (z.B. 3–6 Jahre) getrennt gemittelten Stabilitäten jeweils vieler Längsschnittstudien und die Konfidenzintervalle dieser Mittelwerte. (Aus Asendorpf, 2002b)

unterhalb der auf Messfehler zurückgehenden kurzfristigen Stabilität der Messungen von .78 liegt. Ein erster Stabilitätszuwachs findet sich beim Übergang zum Kindergartenalter (ab 3 Jahre), ein zweiter beim Verlassen des Elternhauses (ab 18 Jahre) und ein dritter in dem Alter, in dem typischerweise die eigenen Kinder das Elternhaus verlassen haben (ab 50 Jahre). Diese zunehmende Stabilisierung zeigte sich in praktisch allen untersuchten sozial-emotionalen Persönlichkeitsmerkmalen. Dass die Stabilität zwischen 6 und 18 Jahren etwas niedriger war als vorher oder nachher lässt sich gut als Resultat der schnellen Entwicklungsveränderungen in der Pubertät interpretieren: Fällt die erste oder zweite Messung in die Pubertät, ist die Stabilität etwas geringer, als wenn die Pubertät übersprungen wird (vgl. die ähnlichen Ergebnisse für die Stabilität der Körpergröße, ◘ Abb. 6.3).

Diese Analyse zeigt erstmals überzeugend, dass eine wirklich hohe Stabilität sozial-emotionaler Persönlichkeitsmerkmale erst im höheren Erwachsenenalter erreicht wird. Nicht nur im Kindes- und Jugendalter, sondern auch noch im jüngeren Erwachsenenalter können also deutliche Persönlichkeitsveränderungen stattfinden. Dies ist nicht vereinbar mit früheren, psychoanalytisch inspirierten Auffassungen, dass die Persönlichkeit vor allem in der frühen Kindheit geformt werde. Dieser Formungsprozess dauert offenbar erheblich länger. Einschränkend muss hinzugefügt werden, dass dies nur für sozial-emotionale Merkmale der Persönlichkeit gilt; Intelligenzunterschiede stabilisieren sich erheblich früher (vgl. ◘ Tabelle 6.1).

> **Merke**
> Die Stabilität sozial-emotionaler Persönlichkeitseigenschaften wächst bis zum Alter von 50 Jahren diskontinuierlich an und erreicht dort ein sehr hohes Niveau. Dies ist unvereinbar mit der Auffassung, die Persönlichkeit werde bereits in der frühen Kindheit weitgehend geprägt.

6.1.3 Stabilität der Persönlichkeit

Bisher wurde die Stabilität nur für einzelne, isolierte Persönlichkeitseigenschaften diskutiert. Dabei wurde also die variablenzentrierte Sichtweise in der Persönlichkeitspsychologie eingenommen (vgl. Abschn. 2.4.2). Die Stabilität der Persönlichkeit im Sinne des kompletten Eigenschaftsmusters einer Person lässt sich zwar aus den Ergebnissen dieser variablenzentrierten Studien grob schätzen durch die mittlere Stabilität über viele einzelne Eigenschaften, aber befriedigend ist diese indirekte Methode nicht. Klarere Auskunft geben Studien, in denen aus personzentrierter Sicht die Stabilität kompletter Persönlichkeitsprofile untersucht wird (vgl. Abschn. 2.4.2).

Asendorpf und van Aken (1991) und van Aken und Asendorpf (1999) wählten diesen Ansatz, um die Stabilität von Q-Sort-Profilen (vgl. Abschn. 2.4.3) im Verlauf der Kindheit zu untersuchen. Kinder desselben Geburtsjahrgangs wurden im Alter von vier und sechs Jahren durch ihre Erzieherin im Kindergarten und im Alter von 10 Jahren noch einmal durch ihre Eltern mit demselben Q-Sort-Verfahren beurteilt (deutsche Version des California Child-Q-Set; Göttert & Asendorpf, 1989; vgl. auch Abschn. 2.4.3). Damit ließ sich für jedes Kind die Stabilität seines Q-Sort-Profils durch eine Korrelation bestimmen (es wurde also über Items, nicht über Personen korreliert!). ◘ Tabelle 6.2 zeigt die minimalen, mittleren und maximalen Stabilitäten zwischen vier und sechs sowie zwischen sechs und 10 Jahren.

Wie ◘ Tabelle 6.2 zeigt, variierte die Stabilität der Q-Sort-Profile enorm zwischen den 138 Kindern, die an der Studie bis zum Alter von 10 Jahren teilnahmen – von deutlich negativer Stabilität (charakteristische Items wurden zu uncharakteristischen und umgekehrt) bis zu sehr hoher Stabilität. Bemerkenswert ist, dass die mittlere Stabilität zwischen sechs und 10 Jahren fast so hoch war wie die zwischen vier und sechs Jahren, obwohl im ersten Fall der Beurteilungsabstand doppelt so groß war wie im letzten Fall und die Beurteiler wechselten (s.o.). Die Ergebnisse deuten also auf eine zunehmende Stabi-

Tabelle 6.2. Stabilitäten individueller Q-Sort-Profile im Kindergarten- und Grundschulalter und ihre Korrelation mit Resilienz

Altersintervall	Profilstabilität				Korrelation mit Resilienz[a]
	n	min	M	max	
4–6 Jahre	151	−.44	.43	.88	.64
6–10 Jahre	138	−.39	.38	.85	.49

[a] Korrelation zwischen Resilienz im Alter von vier bzw. 10 Jahren und der Profilstabilität im nachfolgenden Altersintervall.

lisierung der Persönlichkeit hin, die der zunehmenden Stabilisierung einzelner Eigenschaften entspricht.

> **Merke**
> Eine zunehmende Stabilisierung findet sich nicht nur für einzelne Eigenschaften, sondern auch für Eigenschaftsprofile.

Lassen sich stabile von instabilen Kindern anhand ihrer Persönlichkeit unterscheiden? Analysen, in denen die Profilstabilität mit verschiedensten Persönlichkeitseigenschaften korreliert wurde, ergaben für beide Altersintervalle eine besonders hohe Korrelation mit der Resilienz der Kinder. Je höher die Resilienz war, desto höher war die Stabilität im nachfolgenden Altersintervall (vgl. Tabelle 6.2).

Resilienz ist das Konstrukt, das dem ersten Faktor der Q-Faktorenanalyse des verwendeten Q-Sort-Verfahrens entspricht (vgl. Abschn. 4.1.2). Resiliente Kinder sind charakterisiert durch diverse sozial erwünschte Eigenschaften, vor allem emotionale Stabilität und kognitive und soziale Kompetenz (vgl. Abschn. 4.1.2, Tabelle 4.6). Asendorpf und van Aken (1991) diskutierten drei verschiedene Erklärungsmöglichkeiten für den Zusammenhang zwischen Resilienz und Persönlichkeitsstabilität:

— Resiliente Kinder können ihre Umwelt besser kontrollieren, weil sie flexibler mit Umweltänderungen umgehen können; dadurch haben sie stabilere Umwelten und damit auch eine stabilere Persönlichkeit.
— Umgekehrt sind Kinder, die in einer stabileren Umwelt aufwachsen, nicht nur stabiler in ihrer Persönlichkeit, sondern können auch leichter ein hohes Maß an Resilienz entwickeln.
— Persönlichkeitsstabilität bedeutet in der vorliegenden Studie auch Kohärenz des Bildes unterschiedlicher Beurteiler (Erzieher – Eltern, aber auch unterschiedliche Erzieher beim Vergleich vier und sechs Jahre). Tatsächlich fanden van Aken und van Lieshout (1991) in einer holländischen Stichprobe, dass die Q-Sorts von Eltern, Lehrern und den Kindern selbst um so höher korrelierten, je sozial kompetenter die Kinder Gleichaltrigen gegenüber waren. Je besser unterschiedliche Bezugspersonen in ihrem Urteil über das Kind übereinstimmen, desto besser vorhersagbar ist die Umwelt für das Kind, was wiederum sowohl die Stabilität seiner Persönlichkeit als auch seine Resilienz fördern dürfte.

Vermutlich erhöhen alle diese drei Faktoren den Zusammenhang zwischen Resilienz und Persönlichkeitsstabilität. Ein analoger Zusammenhang findet sich auch im klinischen Bereich: In Längsschnittstudien sind die pathologischen Gruppen durchweg instabiler als die Kontrollgruppen, d. h. es lässt sich langfristig besser vorhersagen, wer unauffällig bleibt, als wer auffällig bleibt (vgl. z. B. Rutter, 1984).

> **Merke**
> Es gibt im Kindesalter einen deutlichen Zusammenhang zwischen Resilienz und Persönlichkeitsstabilität, der auf einer besseren Umweltkontrolle resilienter Kinder oder auf interindividuellen Unterschieden in der Umweltstabilität (einschließlich Kohärenz des Eindrucks von Bezugspersonen) beruhen dürfte.

6.1.4 Kontinuität von Eigenschaften

In Abschn. 6.1.2 wurden drei mögliche Ursachen für die beobachtbare zunehmende Stabilisierung von Persönlichkeitseigenschaften genannt: zunehmende Reliabili-

tät der Messungen, zunehmende Stabilität des Selbstkonzepts und kumulative Stabilität durch zunehmende Anpassung der Umwelt an die Persönlichkeit. Zwei zusätzliche mögliche Gründe sind schwerer zu entdecken, weil sie sozusagen im Verborgenen operieren:
- zunehmende Konstruktvalidität von Eigenschaftsmessungen und
- zunehmende Kontinuität von Eigenschaftskonstrukten.

Das hier vorliegende Problem wird von Entwicklungspsychologen gerne am Beispiel der Entwicklung von Schmetterlingen erläutert. Im frühen Stadium sind Schmetterlinge bekanntlich Raupen, die nur kriechen können. Später verpuppen sie sich, entwickeln Flügel und beginnen zu fliegen. Interessieren wir uns für individuelle Besonderheiten des Flügelmusters von Schmetterlingen, so können wir die Stabilität des Flügelmusters im »Flügelstadium« leicht untersuchen. Wollen wir aber noch größere Altersintervalle überbrücken, geraten wir ins Raupenstadium und damit an das Problem, welche Eigenschaften der Raupe eigentlich ihrem späteren Flügelmuster entsprechen – gibt es überhaupt solche Eigenschaften?

Möglicherweise können Schmetterlingsspezialisten schon an irgendwelchen Eigentümlichkeiten von Raupen erkennen, welches Flügelmuster sie später entwickeln werden, möglicherweise aber auch nicht. Trivial ist das Problem auf keinen Fall. Bei einer so drastischen Gestaltänderung wie der von einer Raupe zu einem Schmetterling muss damit gerechnet werden, dass viele Eigenschaften von Raupen keine Kontinuität zu Eigenschaften von Schmetterlingen aufweisen und umgekehrt.

Dieses Problem ist nicht so exotisch, wie es jetzt vielleicht den Anschein haben mag, denn auch in der Persönlichkeitsentwicklung stellt es sich – nur weniger offensichtlich. Welche Eigenschaft von Krabbelkindern ist vergleichbar mit der Fähigkeit im Alter von drei Jahren, schnell und ohne zu stolpern eine Treppe hochzulaufen? Gibt es eine Kontinuität zwischen Intelligenzleistungen im Säuglingsalter und späterer verbaler Intelligenz? Gibt es überhaupt ein Intelligenzkonstrukt für Säuglinge, das eine Kontinuität zum Intelligenzkonzept bei Erwachsenen aufweist?

Die Schwierigkeit besteht hier darin, dass die Kontinuität sich auf die Konstruktebene bezieht (vgl. Abschn. 1.4; Abschn. 3.2.1), also immer nur indirekt aus Stabilitätsdaten erschlossen werden kann. Liegt hohe Stabilität vor, kann man auf hohe Kontinuität eines Konstrukts schließen, das den Messungen zugrunde liegt, aber bei niedriger Stabilität gibt es drei ganz unterschiedliche Interpretationen:
- Die Personen haben sich in derselben Eigenschaft tatsächlich differentiell entwickelt, also auch auf Konstruktebene.
- Das Eigenschaftskonstrukt weist zwar Kontinuität auf, aber eine oder beide Eigenschaftsmessungen sind nicht konstruktvalide (vgl. Abschn. 3.2.3), d.h. schlechte Messungen des Konstrukts.
- Das Eigenschaftskonstrukt weist keine Kontinuität zwischen den beiden Messzeitpunkten auf, d.h. die beiden auf Stabilität verglichenen Messungen beziehen sich auf zwei unterschiedliche Konstrukte.

> **Merke**
>
> Aus einer hohen beobachteten Stabilität folgt eine hohe Kontinuität und Stabilität des Eigenschaftskonstrukts und eine hohe Konstruktvalidität der Eigenschaftsmessungen zu beiden Zeitpunkten. Eine niedrige beobachtete Stabilität kann auf einer niedrigen Kontinuität oder Stabilität des Eigenschaftskonstrukts oder an einer niedrigen Konstruktvalidität einer oder beider Eigenschaftsmessungen liegen.

Ein gutes Beispiel für die Schwierigkeiten bei der Interpretation niedriger Stabilitäten ist die Intelligenz im Säuglingsalter. Lange Zeit verwendete man zu ihrer Messung Indikatoren der kognitiven und motorischen Entwicklung (auch der motorischen Entwicklung, weil in diesem frühen Alter motorische und kognitive Entwicklung viel stärker korrelieren als in späterem Alter). Tabelle 6.3 zeigt Aufgaben eines typischen Tests zur Erfassung früher Intelligenz (Bayley-Skalen; Bayley, 1969).

Die Korrelationen zwischen dem Bayley-IQ im Säuglingsalter (6–12 Monate) und dem IQ im Kindergartenalter (gemessen durch einen klassischen Intelligenztest, z.B. den Stanford-Binet-Test) sind jedoch sehr niedrig. Kopp und McCall (1982) berichteten eine mittlere Korrelation von nur .21 für solche Studien; auch nach Minderungskorrektur für die Unreliabilität der Tests (vgl. Abschn. 3.2.1) überschreiten die Korrelationen kaum den Wert .30. Angesichts der viel höheren Stabilität der Intelligenz ab dem Alter von drei Jahren (vgl. Tabelle 6.1) wurde dies entweder als Ausdruck einer zunehmenden Stabilisierung der Intelligenz auf Konstruktebene, als Hinweis auf eine Diskontinuität des Intelligenzkonstrukts zwischen Säuglings- und Kindergartenalter oder

Tabelle 6.3. Aufgaben aus den Bayley-Skalen für das erste Lebensjahr

Fähigkeiten

Kognitive	Motorische
Reagiert auf Stimme von hinten	Hält Kopf aufrecht
Folgt mit Augen sich bewegender Person	Hebt in Bauchlage Kopf und Rumpf durch Abstützen mit Armen
Folgt mit Augen vertikal bewegtem Licht	Hebt Kopf, wenn auf den Rücken gelegt und stützende Hand entzogen wird
Vokalisiert mindestens einmal	Dreht sich von Seiten- in Rückenlage
Folgt mit Augen kreisendem Licht	Sitzt mit Unterstützung

Abb. 6.5. Bilder, die in Intelligenztests für das Säuglingsalter verwendet werden. (Aus Fagan, 1984)

als Anzeichen einer schlechten Konstruktvalidität des Bayley-Tests interpretiert.

Inzwischen ist klar geworden, dass überwiegend die letzte Interpretation zutrifft, weil es neue Intelligenztestverfahren für das Säuglingsalter gibt, die viel höhere Stabilitäten zwischen Säuglings- und Kindergartenalter aufweisen. Den Säuglingen wird eine lange Sequenz von Dias gezeigt, auf denen abstrakte Figuren oder Gesichter zu sehen sind, die sich teilweise wiederholen (Abb. 6.5).

Beobachtet wird, wie lange die Säuglinge die einzelnen Dias ansehen. Aus diesen Daten kann die visuelle Habituation (Verkürzung der Betrachtungsdauer, wenn ein schon bekanntes Bild noch einmal gezeigt wird) und das visuelle Wiedererkennen bestimmt werden (Verlängerung der Betrachtungsdauer, wenn nach mehreren bekannten Bildern ein unbekanntes Bild gezeigt wird). Die Schnelligkeit der Habituation misst die Geschwindigkeit der Gedächtnisbildung über das Bild. Die Stärke des Wiedererkennungseffekts erfasst die Genauigkeit der Gedächtnisbildung während der Habituation und die Genauigkeit des Vergleichs des unbekannten Bildes mit dem visuellen Gedächtnis. Beide Variablen messen also Fähigkeiten der visuellen Informationsverarbeitung (vgl. Bornstein & Sigman, 1986, für eine genauere Diskussion).

Visuelle Habituation und visuelles Wiedererkennen zeigen im Säuglingsalter nur mäßige Reliabilitäten (interne Konsistenz) um .45, die auf die starken umweltunabhängigen Aufmerksamkeitsschwankungen in diesem Alter zurückgeführt werden können. Die kurzfristigen Stabilitäten der beiden Variablen und ihre Kohärenz (ihre Korrelation zum selben Zeitpunkt) erreichen jedoch fast die gleiche Höhe wie die Reliabilität; beide Variablen erfassen also dasselbe, kurzfristig stabile Konstrukt. Entscheidend ist nun, dass in Längsschnittstudien für beide Variablen auch die Korrelation mit der späteren Intelligenz im Kindergartenalter nur unwesentlich unter ihrer Reliabilität liegt. Bornstein und Sigman (1986) stellten alle bis dahin vorhandenen Studien zusammen und schätzten die wahre Stabilität zwischen der Intelligenz im Säuglingsalter und dem IQ im Kindergartenalter auf .70 (doppelte Minderungskorrektur; vgl. Abschn. 3.2.1). Nachfolgende Studien bestätigten dies (vgl. McCall & Carriger, 1993). Rose und Feldman (1995) konnten in einer elf Jahre dauernden Längsschnittstudie zeigen, dass visuelles Wiedererinnern im Säuglingsalter zu .41 mit dem IQ im Alter von 11 Jahren korrelierte.

> **Merke**
>
> Schon im Alter von wenigen Monaten kann Intelligenz valide gemessen werden; die so erfasste Intelligenz zeigt bis in die späte Kindheit hinein eine gewisse Stabilität (und damit auch Kontinuität). Die mit den Bayley-Skalen gefundenen viel geringeren Stabilitäten gehen offensichtlich darauf zurück, dass diese Skalen Intelligenz im Säuglingsalter nur schlecht erfassen.

Gleichzeitig illustriert dieses Beispiel, dass langfristige Stabilitäten auch dann gefunden werden können, wenn die Operationalisierung des Konstrukts in unterschiedlichem Alter anders ausfällt. Im Falle früher Intelligenz musste das so sein, weil man ja nicht einen sechs Monate alten Säugling mit einem klassischen Intelligenztest testen kann. Aber selbst dann, wenn dasselbe Testverfahren in unterschiedlichem Alter zur Anwendung kommen kann, muss das nicht die beste Operationalisierung sein. Vielleicht lassen sich noch höhere Stabilitäten erzielen, wenn man zu einem Messzeitpunkt ein anderes, aber altersangemesseneres Testverfahren wählt.

Entwicklungspsychologen sprechen dann, wenn dasselbe Messverfahren in unterschiedlichem Alter angewandt wird, von homotyper (gleichartiger) Stabilität, und dann, wenn das Messverfahren mit dem Alter variiert, aber dasselbe Konstrukt erfassen soll, von heterotyper (andersartiger) Stabilität (Kagan, 1980).

❗ Merke
Die Korrelation zwischen visuellem Wiedererkennen im Säuglingsalter und späterem IQ ist ein Beispiel für eine hohe heterotype Stabilität.

Ein Beispiel für heterotype Stabilität im Aggressionsbereich ist die Längsschnittstudie von Huesmann et al. (1984) an über 600 Personen. Das Gleichaltrigenurteil über Aggressivität im Alter von acht Jahren sagte für Männer und Frauen die Zahl der Verurteilungen wegen krimineller Vergehen vorher und für Männer (nicht aber für Frauen) die Zahl der registrierten Verstöße gegen Verkehrsregeln, insbesondere wegen Trunkenheit am Steuer (◘ Abb. 6.6 und 6.7).

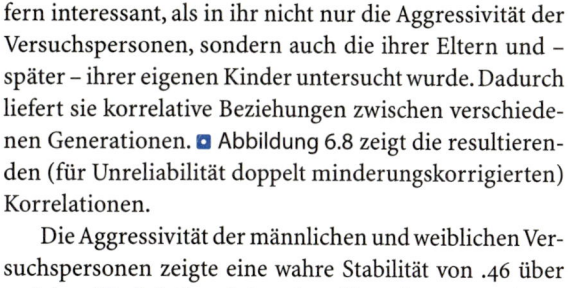

Die Studie von Huesmann et al. (1984) ist auch insofern interessant, als in ihr nicht nur die Aggressivität der Versuchspersonen, sondern auch die ihrer Eltern und – später – ihrer eigenen Kinder untersucht wurde. Dadurch liefert sie korrelative Beziehungen zwischen verschiedenen Generationen. ◘ Abbildung 6.8 zeigt die resultierenden (für Unreliabilität doppelt minderungskorrigierten) Korrelationen.

Die Aggressivität der männlichen und weiblichen Versuchspersonen zeigte eine wahre Stabilität von .46 über 22 Jahre. Noch höher fielen aber die wahren Korrelatio-

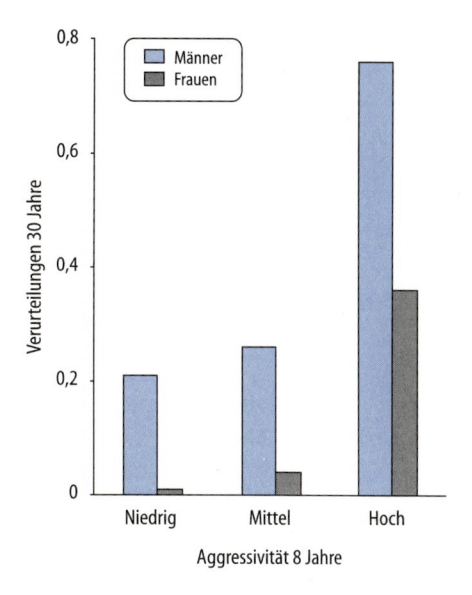

◘ Abb. 6.6. Zusammenhang zwischen der Aggressivität im Grundschulalter und der Häufigkeit von Verurteilungen bis zum Alter von 30 Jahren. (Nach Huesmann et al., 1984)

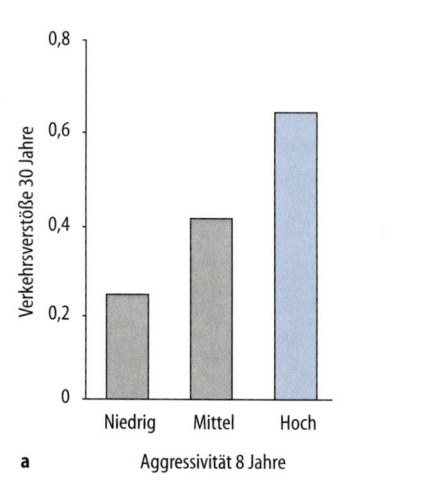

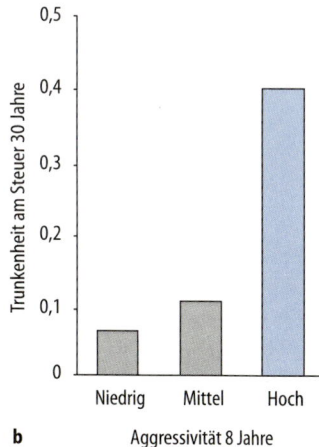

◘ Abb. 6.7. Zusammenhang zwischen der Aggressivität im Grundschulalter und der Häufigkeit von Verkehrsverstößen insgesamt (a) und Trunkenheit am Steuer (b) bis zum Alter von 30 Jahren bei Männern. (Nach Huesmann et al., 1984)

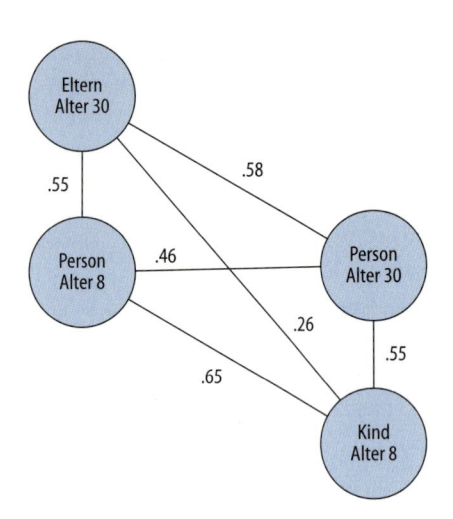

Abb. 6.8. Stabilität von Aggressivität innerhalb und zwischen Generationen. (Nach Huesmann et al., 1984)

nen zwischen Eltern und Kindern aus, wenn ihre Aggressivität in ähnlichem Alter verglichen wurde. Sie betrugen zwischen den Eltern der Versuchspersonen und ihren erwachsenen Kindern .58 und zwischen den Versuchspersonen im Alter von acht Jahren und ihren Kindern im selben Alter .65. Die Korrelationen zwischen Eltern und Kindern waren also höher als die Stabilitäten für ein und dieselbe Person, wobei der Testabstand in beiden Fällen 22 Jahre betrug. Dieses scheinbar paradoxe Ergebnis kann durch die Diskontinuität von Aggressivität zwischen dem Alter von acht und 30 Jahren erklärt werden: Das Konstrukt ändert sich in seiner Bedeutung zwischen Kindheit und Erwachsenenalter, was die Stabilität zwischen Kindheit und Erwachsenenalter beeinträchtigt, nicht aber die Korrelation zwischen gleichaltrigen Verwandten.

> **! Merke**
> Bei diskontinuierlichen Konstrukten unterschätzen homotype Stabilitäten die Zusammenhänge auf Konstruktebene. In diesem Fall können heterotype Stabilitäten höher ausfallen, wenn sie sich auf jeweils altersangemessene Operationalisierungen beziehen.

Letztlich ist es problematisch, die Kontinuität von Persönlichkeitseigenschaften nur über die (homo- oder heterotype) Stabilität der Eigenschaftsmessungen zu prüfen, denn wenn die Stabilität niedrig ist, könnte das an deutlichen Persönlichkeitsveränderungen bei gleichzeitig hoher Kontinuität des Konstrukts liegen. Eine Alternative besteht in der Prüfung, ob die gleiche Eigen-

schaft in unterschiedlichem Alter dieselben Außenbeziehungen zu konstruktnahen Kriterien hat. So sollten z.B. Intelligenztests Schulnoten und andere Kriterien der intellektuellen Leistungsfähigkeit in jedem Alter ähnlich gut vorhersagen. Tatsächlich ist im Falle allgemeiner Intelligenz, erfasst durch Intelligenztests, die Vorhersage solcher Leistungskriterien ähnlich gut für unterschiedliches Alter, von der Grundschulzeit bis ins höhere Erwachsenenalter (Stern & Guthke, 2001). Etwas abstrakter kann man das auch so ausdrücken, dass das nomologische Netzwerk des Konstrukts der allgemeinen Intelligenz eine hohe zeitliche Konstanz aufweist.

Auch für viele sozial-emotionale Persönlichkeitsmerkmale lässt sich eine hohe Konstanz des nomologischen Netzwerkes schon ab dem Kindergartenalter finden, wenn Beurteilungen von Eltern, Erziehern und Lehrern betrachtet werden (für selbstbeurteilte Persönlichkeitsmerkmale gilt dies nicht in gleichem Maße, weil das Selbstkonzept der Persönlichkeit sich erst im Verlauf der Kindheit entwickelt und konsolidiert). Asendorpf und van Aken (2003) fanden z.B., dass im gesamten Altersbereich zwischen 4 und 12 Jahren Neurotizismus und Introversion mit sozialer Gehemmtheit, niedrige Verträglichkeit und niedrige Gewissenhaftigkeit mit Aggressivität und Gewissenhaftigkeit und der fünfte Big-Five-Faktor Offenheit/Kultur mit Intelligenz und Schulleistung korrelierten. Die Konstanz dieser Außenbeziehungen der Big Five war deshalb besonders überzeugend, weil sie für dieselben Kinder in unterschiedlichem Alter gezeigt werden konnte (Längsschnittstudie) und die Big Five in unterschiedlichem Alter durch unterschiedliche Instrumente (Q-Sort und Fragebogen) und unterschiedliche Urteiler erfasst wurden (Erzieherinnen, Eltern und Freunde der Kinder).

> **! Merke**
> Die Kontinuität von Konstrukten lässt sich nicht nur über die beobachtbare homo- oder heterotype Stabilität der Konstruktindikatoren prüfen, sondern auch über die zeitliche Konstanz des nomologischen Netzwerkes, das das Konstrukt umgibt. Die Big Five zeigen eine solche Kontinuität ab dem Kindergartenalter selbst dann, wenn Erfassungsinstrument und Urteiler wechseln.

6.1.5 Langfristige Vorhersagekraft der Persönlichkeit

Die Metaanalyse von Roberts und DelVecchio (2000) hat gezeigt, dass die Stabilität von Persönlichkeitseigenschaften in der frühen Kindheit (vor Beginn der Kindergartenzeit) niedrig ist (vgl. ◘ Abb. 6.4 in Abschn. 6.1.2). Die Vorhersagekraft einzelner Eigenschaften für spätere individuelle Merkmale (z. B. andere Persönlichkeitseigenschaften, psychische Störungen, Merkmale der persönlichen Umwelt, Beziehungsstatus) dürfte entsprechend gering ausfallen, denn wenn das Merkmal selbst schon so instabil ist, dürften auch seine Konsequenzen auf andere Merkmale wenig systematisch sein. Lassen sich aus Persönlichkeitseigenschaften in der frühen Kindheit überhaupt überzufällige Prognosen auf die weitere Entwicklung machen? Eine große Längsschnittstudie in Neuseeland, die Dunedin Longitudinal Study, hat gezeigt, dass überzufällige Prognosen vom Alter von 3 Jahren bis ins Erwachsenenalter hinein möglich sind, wenn nicht isolierte Eigenschaften, sondern Persönlichkeitstypen zur Vorhersage verwendet werden.

Caspi und Silva (1995) ließen eine große repräsentative Stichprobe (91 % aller innerhalb eines Jahres in der neuseeländischen Stadt Dunedin geborenen 1139 Kinder) im Alter von 3 Jahren in mehreren Testsituationen beobachten und auf zahlreichen Persönlichkeitsdimensionen beurteilen. Faktorenanalysen ergaben drei Persönlichkeitsfaktoren. Die individuellen Profile der Kinder in diesen drei Faktoren wurden dann mittels replizierter Clusteranalyse in 5 Persönlichkeitstypen aufgeteilt (vgl. Abschn. 4.1.2), darunter Unterkontrollierte (charakterisiert durch motorische Unruhe und hohe Ablenkbarkeit) und Gehemmte (charakterisiert durch hohe Schüchternheit und Ängstlichkeit). Verglichen wurden sie mit einer großen Kontrollgruppe unauffälliger (»gut angepasster«) Kinder. Diese drei Gruppen beantworteten im Alter von 18 Jahren ein Persönlichkeitsinventar, dessen Skalen auf drei Faktoren variieren: Kontrolliertheit, negative Emotionalität und positive Emotionalität. Die unterkontrollierten Kleinkinder hatten 15 Jahre später überzufällig höhere Werte in negativer Emotionalität und niedrigere in Kontrolliertheit als die Kontrollgruppe; die gehemmten hatten höhere Werte in Kontrolliertheit als die Kontrollgruppe. Beobachterurteile über die Kleinkinder sagten also deren spätere selbstbeurteilte Persönlichkeit überzufällig vorher. Allerdings waren die Gruppenunterschiede bescheiden (z-Wert-Unterschiede zur Kontrollgruppe von 0,20–0,40).

Caspi et al. (1996) konnten aus dieser Persönlichkeitsklassifikation im Alter von 3 Jahren sogar psychiatrische und kriminelle Auffälligkeiten bis zum Alter von 21 Jahren überzufällig vorhersagen (vgl. ◘ Abb. 6.9). Im Vergleich zu den gut angepassten Kindern verübten die unterkon-

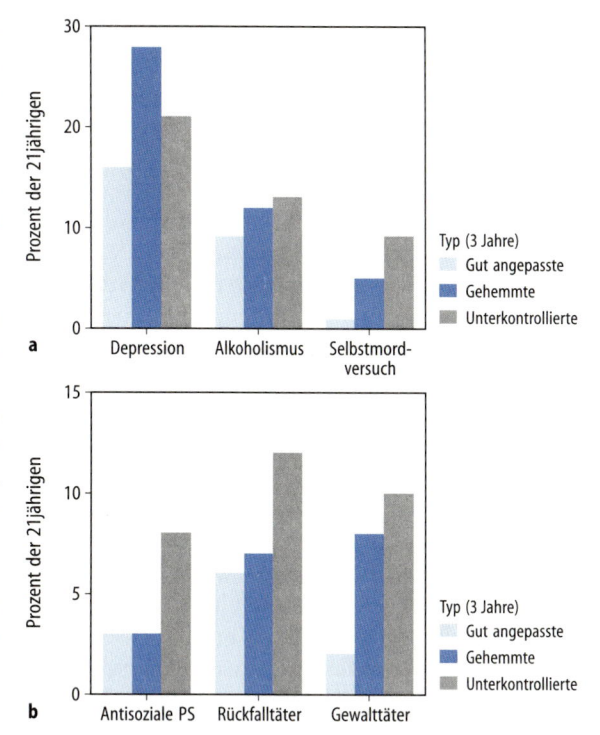

◘ Abb. 6.9a,b. Vorhersage psychiatrischer Diagnosen und Kriminalität bis zum Alter von 21 Jahren durch Expertenurteile über Unterkontrolle, Gehemmtheit und gute Angepasstheit im Alter von 3 Jahren. (Aus Asendorpf, 2003)

trollierten Kinder 18 Jahre später erheblich mehr Selbstmordversuche, tendierten etwas mehr zu Alkoholismus, wiesen öfter die Diagnose einer antisozialen Persönlichkeitsstörung auf, verübten öfter Gewalttaten und waren öfter rückfällig. Die gehemmten Kinder unterschieden sich von den gut angepassten vor allem in häufigeren Depressionen und der Verübung von Gewalttaten.

Diese Ergebnisse scheinen stärker zu sein als die Persönlichkeitsvorhersagen (z. B. war die Rate der Selbstmordversuche und die Rate der Gewalttaten bei den Unterkontrollierten um das über fünffache gegenüber der Kontrollgruppe erhöht). Andererseits handelt es sich um glücklicherweise seltene Auffälligkeiten; über 90 % der Unterkontrollierten begingen keinen Selbstmordversuch bzw. keine Gewalttat. Rechnet man die Gruppenunterschiede in Korrelationen um, die die Häufigkeit der vorhergesagten Auffälligkeiten ebenso berücksichtigen wie die Häufigkeit der »falschen Alarme« (z. B. fehlende Selbstmordversuche bei Unterkontrollierten), dann fallen diese Korrelationen mit Werten unter .20 doch wieder bescheiden aus.

> **❗ Merke**
>
> **Unterkontrolliertheit und Gehemmtheit im Alter von 3 Jahren sind Risikofaktoren für einige psychiatrische und kriminelle Auffälligkeiten. Die weitaus meisten unterkontrollierten oder gehemmten Kinder entwickeln sich jedoch normal.**

In der bisher längsten Längsschnittstudie zur Vorhersagekraft von Persönlichkeitseigenschaften nutzten Friedman et al. (1993, 1995) die von Terman 1921 begonnene Längsschnittstudie an weit über 1000 hochintelligenten Kindern, die um 1910 in Kalifornien geboren worden waren und die bis ins Rentenalter hinein immer wieder untersucht wurden. Friedman et al. (1993) untersuchten mit Hilfe von Survival-Analysen (statistische Methoden zur Vorhersage der Wahrscheinlichkeit, dass ein bestimmtes Ereignis, z. B. der Tod, bis zu einem bestimmten Zeitpunkt eintritt) den Zusammenhang zwischen Persönlichkeitsbeurteilungen der Kinder im Alter von 11 Jahren durch Eltern und Lehrer und der Überlebenswahrscheinlichkeit bis zum Alter von 70 Jahren. Niedrige Gewissenhaftigkeit und hohe (!) Fröhlichkeit in der Kindheit waren Risikofaktoren für einen frühen Tod.

Die Effekte waren jeweils nicht dramatisch. Bei Männern steigerte z. B. niedrige Gewissenhaftigkeit (unteres Viertel der Verteilung) gegenüber hoher Gewissenhaftigkeit (oberes Viertel der Verteilung) die Todeswahrscheinlichkeit bis zum Alter von 70 Jahren von 26 % auf 30 %, wobei die Rate für die gewissenhaften Männer aber immer noch deutlich über der der wenig gewissenhaften Frauen lag (22 %). Die Stärke dieser beiden Persönlichkeitsrisiken liegt in der Größenordnung medizinischer Risikofaktoren wie hoher Blutdruck oder Cholesterin. Bei der Interpretation muss berücksichtigt werden, dass es sich hierbei um eine Studie an hochintelligenten Kindern handelt. Da Intelligenz mit den meisten Gesundheitsfaktoren und mit Gewissenhaftigkeit positiv korreliert, dürfte die Studie die Risikofaktoren in der gesamten Population eher in ihrer Wirkung unterschätzen, weil ihre Varianz eingeschränkt ist.

Friedman et al. (1995) konnten zeigen, dass der Effekt niedriger Gewissenhaftigkeit teilweise, aber nicht vollständig, auf Alkoholkonsum, Rauchen und Unfälle zurückzuführen war. Niedrige Gewissenhaftigkeit scheint generell durch die damit verbundene Leichtsinnigkeit einen ungesunden Lebenswandel zu fördern. Unerwartet war der lebensverkürzende Effekt hoher Fröhlichkeit, da sich Optimismus und Humor in vielen Studien zur kurzfristigen Bewältigung von Belastungen als förderlich für die Bewältigung erwiesen haben. Lebenslang betrachtet scheinen fröhliche Kinder aber den Kürzeren zu ziehen, vielleicht weil sie ebenso wie die wenig Gewissenhaften Lebensverkürzendes zu sehr auf die leichte Schulter nehmen.

> **❗ Merke**
>
> **Niedrige Gewissenhaftigkeit und hohe Fröhlichkeit waren bei den hochintelligenten Kindern der Terman-Studie Risikofaktoren für einen früheren Tod. Dies liegt vermutlich an ihrer Leichtsinnigkeit, die u. a. einen ungesunden Lebenswandel und vermehrte Unfälle fördert. Würden weniger intelligente Kinder mit berücksichtigt, dürften diese Risiken noch stärker ausgeprägt sein.**

In einer weiteren Studie zu lebensverlängernden Persönlichkeitsfaktoren, der Nonnen-Studie von Danner et al. (2001), wurden 180 katholische Nonnen in den USA, die im jungen Erwachsenenalter (18–32 Jahre) auf Aufforderung ihres geistlichen Oberhaupts eine kurze Autobiographie schrieben, bis zum Jahr 2000 untersucht. Zu diesem Zeitpunkt waren die Überlebenden 75–96 Jahre alt; 42 % waren bereits gestorben. Nach Kontrolle diverser linguistischer Faktoren sagte die relative Häufigkeit emotional positiv getönter Sätze in der Autobiographie (z. B. »mein erstes Jahr im Kloster war ein glückliches Jahr«) eine erhöhte Lebenserwartung vorher. Es handelt sich hierbei um eine Variable, die im Wesentlichen eine positive Einstellung zum Leben misst. Die Effekte waren deutlich größer als in der Terman-Studie, was auch am höheren Alter der Stichprobe bei der Erhebung der Prädiktoren und der Altersschwelle für die Todeswahrscheinlichkeit liegen dürfte. So betrug die Todeswahrscheinlichkeit bis zum Alter von 90 Jahren bei den »positiven Nonnen« (oberes Viertel der Verteilung) nur 38 %, bei den »nicht-positiven Nonnen« (untere Hälfte der Verteilung) aber 70 %. Wieviel negativ-emotionale Sätze die Nonnen geschrieben hatten, war dagegen unabhängig von ihrer Todeswahrscheinlichkeit. Optimismus im jungen Erwachsenenalter fördert danach die Lebenserwartung von Nonnen.

Ein Widerspruch zu den Ergebnissen der Terman-Studie besteht nur scheinbar, denn die Nonnen verblieben lebenslang im Kloster, also in einer extrem risikoarmen Umgebung, in der die mit positiver Emotionalität verbundenen Effekte von Leichtsinnigkeit minimiert sind. Der Kontrast zwischen Terman- und Nonnen-Studie zeigt exemplarisch, wie schnell eine oberflächliche Interpretation empirischer Befunde (Optimismus ist tödlich – Optimismus verlängert das Leben) in die Irre führen kann.

> **! Merke**
>
> In der Nonnen-Studie erhöhte eine positive Einstellung zum Leben im jungen Erwachsenenalter deutlich die Lebenserwartung. Dies kann wegen der risikoarmen Umwelt im Kloster kaum auf Frauen insgesamt und erst recht nicht auf Männer generalisiert werden. Deshalb besteht kein Widerspruch zu den Ergebnissen der Terman-Studie.

Ein Vergleich der Dunedin-, Terman- und Nonnen-Studie ergibt, dass die Vorhersagekraft mit zunehmendem Alter stärker wurde. Das ist kein Zufall, sondern Konsequenz der zunehmenden Stabilisierung von Persönlichkeitseigenschaften (vgl. Abschn. 6.1.2): Je höher die Stabilität eines Persönlichkeitsmerkmals ist, desto größer ist die Chance, dass sich aus ihm langfristige Vorhersagen machen lassen.

> **! Merke**
>
> Die Vorhersagekraft von Persönlichkeitseigenschaften steigt mit zunehmendem Alter bei der Persönlichkeitserfassung; dies liegt an der zunehmenden Stabilität der Eigenschaften.

6.1.6 Diskussion

Insgesamt belegen diese Befunde der längsschnittlich orientierten Persönlichkeitsforschung, dass Persönlichkeitseigenschaften und die gesamte Persönlichkeit eine in der frühen Kindheit nur sehr begrenzte Stabilität aufweisen, die dann aber im Verlauf des Lebens weiter zunimmt; ab dem Alter von etwa 50 Jahren ist die Persönlichkeit zwar nicht völlig starr, aber doch weitgehend festgelegt. Ab dem Alter von 3 Jahren können aufgrund der Persönlichkeit überzufällig Prognosen auf spätere Persönlichkeitsmerkmale und gesellschaftlich relevante psychiatrische und kriminelle Auffälligkeiten gestellt werden, selbst auf die Lebenserwartung, aber es handelt sich dabei meist nur um bescheidene Erhöhungen von Risikofaktoren. Je später die Persönlichkeit zur Prognose genutzt wird, umso besser sind im Allgemeinen die Vorhersagen.

Die Frage nach der langfristigen Stabilität von Eigenschaften und der gesamten Persönlichkeit ist eine Fortsetzung der traditionellen persönlichkeitspsychologischen Frage nach der mittelfristigen Stabilität interindividueller Unterschiede. Beim Versuch ihrer Beantwortung entsteht das neue Problem der unterschiedlichen Konstruktvalidität von Messverfahren für unterschiedliche Altersgruppen und der Diskontinuität von Eigenschaftskonstrukten. Die Tradition in der Persönlichkeits- und Entwicklungspsychologie, nach einer hohen langfristigen Kontinuität und Stabilität von Eigenschaften zu suchen, ist aber nur von begrenztem Nutzen für ein tieferes Verständnis der Persönlichkeitsentwicklung.

Denn bei hoher Stabilität (und damit auch Kontinuität) liegt keine bedeutsame differentielle Entwicklung vor und damit auch keine interessante Frage für die Persönlichkeitsentwicklung. Persönlichkeitsentwicklung erfordert niedrige langfristige Stabilität. Wie bei der Diskussion der Stabilität und der Kontinuität deutlich wurde, kann man aber auch nicht ohne weiteres aus einer niedrigen Stabilität auf interessante Entwicklungsveränderungen im Persönlichkeitsbereich schließen; es kann sich auch nur um Messprobleme oder Diskontinuitäten der betrachteten Eigenschaftskonstrukte handeln.

Wichtiger als Beschreibungen der differentiellen Entwicklung sind deshalb Analysen der Einflüsse auf die Persönlichkeit und ihre Entwicklung: Warum ist Franz intelligenter als der gleichaltrige Fritz, und warum ist Fritz aggressiver als Franz? Wenn sich diese Unterschiede erst im Verlauf der Zeit entwickelt haben: Warum haben sie sich so und nicht anders entwickelt? Dies sind Fragen der Erklärung von Persönlichkeitsunterschieden und ihrer Entwicklung. Sie werden in den folgenden Abschnitten behandelt.

? Fragen

6.1 In welcher Hinsicht unterscheiden sich Aussagen über die individuelle Entwicklung von Aussagen über die Persönlichkeitsentwicklung?

6.2 Wie hoch ist die Stabilität von Persönlichkeitseigenschaften und von welchen Faktoren hängt sie ab?

▼

ℹ Hinweise zur Beantwortung

6.1 differentielle Veränderung an Beispiel erläutern, Interpretation durchschnittliche Veränderungen

6.2 Abb. 6.4, Testabstand, Alter bei erster Testung, Umweltstabilität, Art der Eigenschaft

▼

? **Fragen**

6.3 Welche Ausnahme gibt es von der Regel, dass die Stabilität von Persönlichkeitseigenschaften mit zunehmendem Testabstand sinkt?

6.4 Welche Faktoren tragen zu der zunehmenden Stabilisierung von Persönlichkeitseigenschaften während der Kindheit bei?

6.5 Warum sind manche Kinder stabiler in ihrer Persönlichkeit als andere?

6.6 Welche nicht offensichtlichen Gründe gibt es für eine niedrige langfristige Stabilität von Persönlichkeitseigenschaften?

6.7 Ist es immer sinnvoll, eine Persönlichkeitseigenschaft in unterschiedlichem Alter durch dasselbe Messverfahren zu operationalisieren?

6.8 Welche langfristigen Prognosen lassen sich aus Persönlichkeitseigenschaften ableiten?

ℹ **Hinweise zur Beantwortung**

6.3 Körpergröße während der Pubertät

6.4 Messprobleme in der frühen Kindheit, Selbstkonzept, kumulative Stabilität

6.5 Zusammenhang mit Resilienz und drei mögliche Erklärungen

6.6 mangelnde Konstruktvalidität, Diskontinuität des Konstrukts

6.7 heterotype Stabilität kann höher als homotype Stabilität sein

6.8 Dunedin-Studie, Terman-Studie, Nonnen-Studie

Weiterführende Literatur

Caspi, A. (1998). Personality development across the life course. In N. Eisenberg (Ed.) *Handbook of Child Psychology: Vol. 3. Social, emotional, and personality development* (5th ed., pp. 311–388). New York: Wiley.

6.2 Einflüsse auf die Persönlichkeitsentwicklung

In der Alltagspsychologie erklären wir individuelle Besonderheiten, indem wir eine Erklärungsregel auf den Einzelfall anwenden. Warum ist Fritz aggressiv? Weil er die Veranlagung dazu von seinem Vater geerbt hat – weil er nicht gestillt wurde – weil sein Vater ihn immer verprügelt – weil er das jüngste von 9 Geschwistern ist und deshalb keine elterliche Zuwendung bekommen hat – weil die Familie auf engstem Raum leben muss – weil seine Klassenkameraden ihn hänseln – weil er in seiner Clique gelernt hat, immer den starken Mann zu markieren usw. Wir greifen auf ein Repertoire folkloristischer Erklärungsprinzipien zurück, das uns die Alltagspsychologie anbietet, und suchen ein bis zwei Prinzipien davon aus, die sich auf den speziellen Fall von Fritz anwenden lassen. Das Repertoire ist so groß, dass wir selten leer ausgehen.

Dieses Repertoire an Erklärungsprinzipien besteht aus tradierten Überzeugungen über Ursache-Wirkungs-Beziehungen, hinter denen sich wiederum Annahmen über vermittelnde Prozesse zwischen Ursache und Wirkung verbergen. So steht z.B. hinter der Regel »vom Vater geerbt« die Annahme, dass ein Sohn Gene von seinem Vater bekommt und dass es Gene gibt, die aggressiv machen (wobei alltagspsychologisch nicht weiter erklärt werden kann, wie Gene aggressives Verhalten hervorrufen können); und hinter der Regel »vom Vater geprügelt« steht die Annahme, dass die Prügel des Vaters die Aggressionsneigung gegenüber dem Vater und durch Generalisierung oder Verschiebung auch die Aggressionsneigung überhaupt erhöhen (wobei alltagspsychologisch nicht weiter erklärt werden kann, warum und wie das genau geschieht).

Unabhängig von diesen eher diffusen Vermutungen über die vermittelnden Prozesse zwischen Ursache und Wirkung ist das Muster der Erklärung stets das gleiche: Aus einer Ursache folgt eine Wirkung. Dieses simple Wenn-dann-Schema ist so tief in unserem Denken verankert, dass es nicht leicht fällt, es zu überwinden, obwohl es offensichtlich falsch ist. Denn niemand würde ernsthaft behaupten wollen, dass jedes geprügelte Kind später aggressiv wird oder dass gehänselt werden immer aggressiv macht.

Psychologische Erklärungen für individuelle Besonderheiten sehen meist ähnlich aus, bestehen also auch aus Wenn-dann-Aussagen, unterscheiden sich aber in zweierlei Hinsicht fundamental von den folkloristischen Erklärungen der Alltagspsychologie. Erstens wird grundsätzlich von probabilistischen Wenn-dann-Beziehungen ausgegangen, d.h. dass aus dem Vorliegen einer »Ursache« nur mit einer bestimmten Wahrscheinlichkeit eine bestimmte Wirkung gefolgert werden kann. Die »Ursache« ist ein Risikofaktor für die Wirkung – mehr nicht. Deshalb wird in der Psychologie auch nicht von Ursachen gesprochen, sondern vorsichtiger von Bedingungen. Daraus folgt, dass eine Bedingung im allgemeinen mehrere Wirkungen hat. Die Prügel des Vaters mögen bei einem Kind Aggressivität, bei einem anderen aber Ängstlichkeit fördern. Welche Wirkung die Prügel haben, hängt von weiteren Faktoren ab, z.B. dem Erziehungsstil der Mutter oder dem Temperament des Kindes. Diese Faktoren moderieren die Wirkung der Bedingung, d.h. sie steuern sie in unterschiedliche Richtung; es sind Moderatorvariablen für die Beziehung zwischen Bedingung und Eigenschaft.

Da die moderierenden Faktoren für eine Bedingung einer Eigenschaft auch wieder als Bedingungen dieser Eigenschaft aufgefasst werden können, gehen Eigenschaften durchweg auf Konstellationen von Bedingungen zurück: Die Wirkungen mehrerer Bedingungen »fließen zusammen«. Die einzelne Bedingung ist nur *ein* Einfluss auf die betrachtete Eigenschaft; sie beeinflusst die Eigenschaft, ohne sie schon vollständig determinieren zu können. Ein Erklärungsmuster, das mit Einflussfaktoren arbeitet, wäre z.B. »Wenn der Vater das Kind oft prügelt und die Mutter den emotionalen Schaden nicht repariert und das Kind temperamentsmäßig unsensibel auf Strafe reagiert, wird es aggressiv«.

> **Merke**
>
> Monokausale Erklärungen der Form »eine Ursache – eine Wirkung« halten in der Persönlichkeitspsychologie empirischen Überprüfungen nicht stand. Dazu ist der Prozess der Persönlichkeitsentwicklung zu komplex.

Die wissenschaftliche Persönlichkeitserklärung unterscheidet sich in einer zweiten Hinsicht fundamental von alltagspsychologischen Erklärungen. Alltagspsychologische Erklärungen sind Anwendungen tradierter Erklärungsregeln auf den Einzelfall. Die Aufgabe bei der Erklärung besteht also darin, im vorgegebenen Repertoire von Erklärungsregeln nach einer Regel zu suchen, die sich auf den vorliegenden Fall anwenden lässt. Dagegen besteht die Aufgabe der wissenschaftlichen Persönlichkeitserklärung darin, ein Repertoire von Einflüssen und ihnen zugrunde liegenden Prozessen überhaupt erst einmal zu finden. Welche möglichen Einflüsse auf Aggressivität z. B. gibt es, und welches sind die vermittelnden Prozesse? Die Anwendung dieses Repertoires auf den Einzelfall ist eine nachgeordnete, angewandte Fragestellung, die den Praktiker, kaum aber den Wissenschaftler unter den Psychologen interessiert. In diesem Kapitel geht es ausschließlich um die Frage, durch welche Einflüsse individuelle Besonderheiten bestimmt sind und auf welchen Prozessen diese Einflüsse beruhen.

Dabei wird stets die differentielle Sichtweise eingenommen. Gesucht wird also nach Einflüssen, die Personen derselben Population unterschiedlich machen. Welche Variation in Einflussfaktoren führt zu der beobachtbaren Variation in einer bestimmten Eigenschaft oder einem bestimmten Eigenschaftsmuster? So wie Eigenschaften als Variablen in Populationen aufgefasst werden (vgl. Abschn. 2.4.2), werden Einflüsse als Variablen in Populationen aufgefasst. Erklärt werden nicht Eigenschaftswerte einer Person, sondern die Eigenschaftsunterschiede in einer bestimmten Population.

Die Erklärung besteht dabei aus zwei Teilen. Zum einen geht es darum, Einflüsse zeitlich vorgeordneter Variablen auf Eigenschaften oder Eigenschaftsmuster zu identifizieren, indem empirisch ein Zusammenhang zwischen den Einflüssen und den Eigenschaften oder Eigenschaftsmustern nachgewiesen wird. Zum Beispiel könnte man die eingangs genannten sieben Einflüsse auf Aggressivität empirisch messen und zunächst einzeln mit gemessener Aggressivität korrelieren. Diejenigen Variablen, die eine überzufällige Korrelation mit Aggressivität aufweisen, können als Einflüsse auf Aggressivität angesehen werden.

Anschließend kann man versuchen, die Vorhersage zu verbessern, indem man Einflusskonstellationen berücksichtigt, z. B. indem man alle Einflussfaktoren nach z-Transformation summiert oder anderweitig miteinander verrechnet und den resultierenden Prädiktor mit gemessener Aggressivität korreliert. Eine hohe Korrelation würde eine gute Vorhersage von Aggressivität bedeuten (wobei die in Abschn. 2.6.3 dargestellten Fallen bei der Kausalinterpretation von Korrelationen berücksichtigt werden müssen).

Selbst sehr gute Vorhersagen liefern aber noch keine Erklärung, wenn nicht klar ist, durch welche Prozesse die Einflüsse Wirkungen auf die Persönlichkeitsveränderung ausüben. Wie wirken sich z. B. Gene, der Erziehungsstil der Eltern, andere soziale Beziehungen und sonstige Umweltfaktoren auf die Entwicklung von Aggressivität aus? Wie im folgenden deutlich werden wird, gibt es inzwischen einige empirisch gesicherte Erkenntnisse darüber, welche Einflüsse auf Eigenschaften bestehen und wie groß ihr Einfluss relativ zueinander ist. Diese Einflussschätzungen liefern einen Anhaltspunkt dafür, welche Faktoren in Eigenschaftserklärungen eine wichtige Rolle spielen. Sie liefern also einen Rahmen für die Persönlichkeitserklärung. Im folgenden wird zunächst dieser Rahmen dargestellt; anschließend werden einige mögliche persönlichkeitserklärende Prozesse exemplarisch diskutiert.

6.2.1 Direkte und indirekte Einflussschätzung

Einen Einfluss auf ein Eigenschaftskriterium zu finden bedeutet, einen Prädiktor zu finden, mit dem das Kriterium möglichst hoch korreliert. Wie in Abschn. 2.6 am Beispiel der Korrelation zwischen Erziehungsstil der Mutter und Aggressivität des Kindes gezeigt wurde, kann eine kausale Interpretation von Korrelationen zwischen Prädiktor und Persönlichkeitseigenschaft irreführend sein, weil die Kausalität vollständig oder zumindest teilweise in umgekehrter Richtung fließt (die Aggressivität des Kindes beeinflusst den Erziehungsstil der Mutter) oder weil der beobachtete Zusammenhang vollständig oder zumindest teilweise auf einer nicht beobachteten Drittvariablen beruht. Eine solche Drittvariable könnte z. B. die Aggressivität des Vaters sein, die einerseits die Aggressivität der Mutter, andererseits die Aggressivität des Kindes beeinflusst (vgl. Abb. 6.10).

Da Persönlichkeitseigenschaften immer auf mehreren Bedingungen beruhen, reicht es nicht aus, eine Erklärung nur in einem Prädiktor zu suchen. Typischerweise wird deshalb bei der Persönlichkeitserklärung

a Aggressivität der Mutter ← Aggressivität des Kindes

b Aggressivität der Mutter → Aggressivität des Kindes

c Aggressivität der Mutter   Aggressivität des Kindes
      ↑   ↑
         Aggressivität
          des Vaters

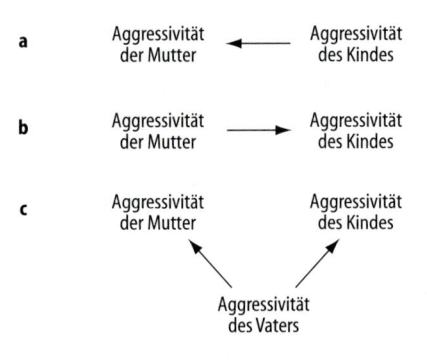

Abb. 6.10a–c. Drei mögliche Interpretationen für eine Korrelation zwischen der Aggressivität von Mutter und Kind

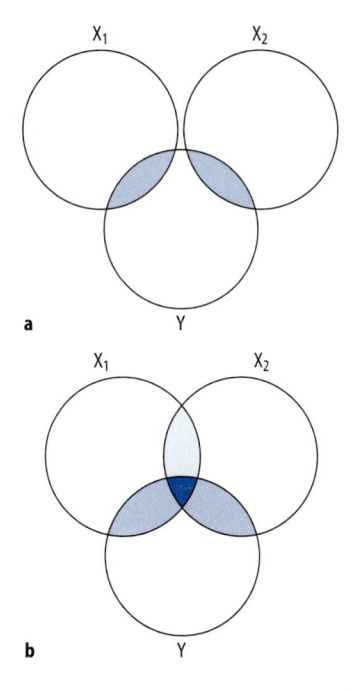

6.2 · Einflüsse auf die Persönlichkeitsentwicklung

Abb. 6.11. Vorhersage einer Eigenschaft Y durch zwei Prädiktoren X_1, X_2, die a statistisch unabhängig sind oder b miteinander korrelieren

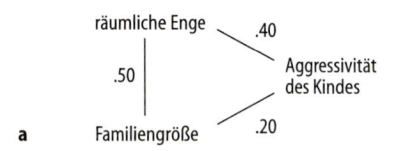

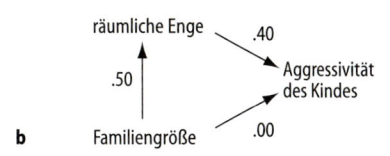

Abb. 6.12. Vorhersage kindlicher Aggressivität durch Familiengröße und räumliche Enge: a Korrelationen, b Pfadkoeffizienten

eine Eigenschaft mit mehreren unterschiedlichen Prädiktoren korreliert. Solange die Prädiktoren untereinander nicht korrelieren, ist das unproblematisch: Jeder Prädiktor liefert dann einen von den anderen Prädiktoren unabhängigen Beitrag zur Erklärung. Dieser Fall ist in ◘ Abb. 6.11a dargestellt. Die Kreise symbolisieren die Varianz der Prädiktoren X_1 und X_2 und der zu erklärenden Eigenschaft Y. Die blau markierten Kreisüberlappungen symbolisieren die Korrelation zwischen Prädiktor und Eigenschaft: Je größer der Überlappungsbereich ist, desto größer ist die Korrelation zwischen beiden. Y wäre dann vollständig erklärt, wenn es Prädiktoren X_1, X_2,…, X_n gäbe derart, dass Y von ihnen vollständig überlappt würde.

Dieser Fall unkorrelierter Prädiktoren kommt jedoch in der Praxis nur selten vor. Je größer die Anzahl der untersuchten Prädiktoren ist, desto größer ist die Wahrscheinlichkeit, dass sie untereinander korrelieren, d.h. dass ihre Kreise überlappen. ◘ Abbildung 6.11b illustriert dies für den Fall zweier Prädiktoren. Jeder Prädiktor liefert einen spezifischen, vom anderen Prädiktor unabhängigen Beitrag zur Erklärung der Eigenschaft. Zusätzlich gibt es einen Erklärungsanteil, der beiden Prädiktoren gemeinsam ist. ◘ Abbildung 6.12a konkretisiert dies an einem fiktiven Beispiel. In einer Untersuchung zu Bedingungen kindlicher Aggressivität werde gefunden, dass die Aggressivität der 100 untersuchten Kinder .40 mit der räumlichen Enge (gemessen in m² Wohnfläche pro Kind) und .20 mit der Familiengröße (Zahl der im Haushalt wohnenden Familienmitglieder) korreliere. Diese beiden Prädiktoren korrelierten außerdem .50 untereinander.

In diesem Beispiel tritt der typische Fall auf, dass es zwei korrelierende Prädiktoren gibt, von denen einer höher als der andere mit der zu erklärenden Eigenschaft korreliert. Wenn gesichert ist, dass beide Prädiktoren tatsächlich Bedingungen (und nicht Konsequenzen) der Eigenschaft sind, ist damit schon einmal klar, dass der höher korrelierende Prädiktor eine bessere Erklärung liefert als der niedriger korrelierende Prädiktor. Es verbleibt aber noch eine nicht unwichtige weitere Frage: Kann der schlechtere Prädiktor völlig vernachlässigt werden, weil seine Korrelation mit der Eigenschaft lediglich durch seinen Zusammenhang mit dem besseren Prädiktor und dessen Korrelation mit der Eigenschaft zustande kommt? Es handelt sich bei dieser Frage um eine Mediationsfragestellung: Inwiefern wird der Effekt des schlechteren Prädiktors durch den besseren mediiert (vermittelt)?

Zur Beantwortung dieser Frage kann wieder die Methode der Pfadanalyse (vgl. Abschn. 2.6) verwendet werden. Betrachtet werden die Pfadkoeffizienten zwischen den beiden Prädiktoren und der Eigenschaft (vgl. ◘ Abb. 6.12b). Sie geben Auskunft über den direkten Einfluss eines Prädiktors unabhängig von dem über den anderen Prädiktor indirekt vermittelten Einfluss.

Im vorliegenden Beispiel ist der Pfad zwischen Familiengröße und Aggressivität des Kindes Null. Der Einfluss der Familiengröße auf die Aggressivität des Kindes ließ sich also vollständig dadurch erklären, dass in größeren Familien eher enge Wohnverhältnisse herrschen und diese Beengtheit mit der kindlichen Aggressivität assoziiert ist. Über diesen Kausalpfad hinaus trug die Familiengröße nichts zur Erklärung der kindlichen Aggressivität bei. Oft werden derartige Analysen in der Literatur in Form multipler Regressionsergebnisse berichtet. Sie sind formal identisch mit Pfadanalysen: Die standardisierten Betagewichte der Prädiktoren in einer multiplen Regression sind identisch mit den Pfadkoeffizienten dieser Prädiktoren. Der Abschnitt »Methodik« fasst die Methode der direkten Einflussmessung und der Mediationsanalyse zusammen.

Die direkte Einflussmessung erfordert, dass die einzelnen möglichen Einflüsse bekannt und messbar sind. Es gibt aber Einfluss-Fragestellungen, bei denen das nicht der Fall ist. Zum Beispiel ist es eine alltagspsychologisch plausible Annahme, dass sich Ehepartner durch den Einfluss gemeinsamer Erfahrungen über die Jahre immer ähnlicher in ihrer Persönlichkeit werden. In diesem Fall ist eine Klasse von Einflüssen spezifiziert (nämlich gemeinsame Erfahrungen), ohne dass die einzelnen möglicherweise wirksamen Erfahrungen bekannt sind. Ein anderes Beispiel ist die Hypothese, dass Aggressivität genetisch vom Vater auf seine Kinder vererbt wird. Wieder ist hier eine Klasse von Einflüssen spezifiziert (nämlich die Gene der Eltern), ohne dass die einzelnen möglicherweise wirksamen Gene bekannt sind.

Für solche Fragestellungen gibt es eine zweite, gänzlich andere Methode der Einflussbestimmung: die indirekte Einflussschätzung durch den Vergleich von Personen, die bestimmte Einflüsse auf ihre Persönlichkeit teilen. Je ähnlicher sich die Personen sind, desto stärker ist der von ihnen geteilte Einfluss auf ihre Persönlichkeit. So lässt sich z.B. die Frage, ob sich Ehepartner im Verlauf der Zeit immer ähnlicher in einer Eigenschaft werden, dadurch prüfen, dass in einer Längsschnittstudie mit vielen Ehepaaren die Eigenschaft zwischen den Partnern der Paare korreliert wird. Je höher diese Korrelation ist, desto ähnlicher sind sich die Partner eines Paares im Mittel über alle Paare (oder anders ausgedrückt: desto besser lässt sich aus der Eigenschaft des Mannes die Eigenschaft der Frau vorhersagen und umgekehrt). Schon am Hochzeitstag kann die Korrelation größer Null sein, weil die Partnerwahl nicht zufällig ist. Wenn man nun zeigen kann, dass die Korrelation zwischen den Partnern mit wachsender Ehedauer zunimmt, kann dies als Effekt geteilter Erfahrungen interpretiert werden. Eine der wenigen Studien dieser Art legten Caspi et al. (1992) vor. Sie fanden bei 165 Paaren, dass die Ähnlichkeit in grundlegenden Werthaltungen und Einstellungen nur minimal von .36 während der Verlobungszeit auf .39 20 Jahre später stieg; für keine der 9 untersuchten Bewertungsdispositionen war die Zunahme der Ähnlichkeit überzufällig. Die Paare waren sich also von Anfang an in ihren Werthaltungen und Einstellungen ähnlich, aber das ging ausschließlich auf ihre Partnerwahl zurück (vgl. auch Abschn. 5.6); geteilte Erfahrungen machten sie nicht ähnlicher. Gruber-Baldini et al. (1995) fanden nur für eines von 11 untersuchten Merkmalen, die sich auf Intelligenz oder Rigidität bezogen, eine signifikante Zunahme der Ähnlichkeit über einen Zeitraum von 21 Jahren. Insgesamt scheint damit der Einfluss geteilter Erfahrungen von Paaren auf ihre Ähnlichkeit minimal zu sein.

Auch der genetische Einfluss des Vaters auf die Aggressivität seiner Kinder kann so geprüft werden, ohne dass die ursächlich verantwortlichen Gene bekannt sein müssen. Zum Beispiel kann man Adoptivkinder betrachten, die direkt nach der Geburt von der Mutter getrennt wurden und die der Vater nie zu Gesicht bekam. Die Paarbildung erfolgt in diesem Fall zwischen Adoptivvater und Kind. Wenn sich beim Vergleich vieler solcher Paare zeigt, dass die Aggressivität des Vaters mit der Aggressivität des wegadoptierten Kindes positiv korreliert, ist ein genetischer Einfluss weitgehend nachgewiesen, denn außer ihren Genen konnten diese Väter nichts an ihre Kinder weitergeben (es gibt hier allerdings einige subtile methodische Probleme, die in Abschn. 6.2.5 diskutiert werden). Der Abschn. »Methodik« erläutert das auf Fisher (1918) zurückgehende Prinzip der indirekten Einflussschätzung.

Werden Personen zufällig aus der interessierenden Population herausgegriffen und zu Paaren zusammengestellt, beträgt ihre Korrelation für jede Eigenschaft Null, denn sie haben ja keine individuellen Besonderheiten gemeinsam. Positive Korrelationen müssen auf geteilte Einflüsse zurückgehen. Theoretisch – was aber im Falle von Eigenschaften kaum vorkommt – können die Korrelationen zwischen den Partnern eines Paares für eine Eigenschaft auch negativ ausfallen. Ihre Ähnlichkeit wäre also geringer, als per Zufall zu erwarten wäre. Dies würde bedeuten, dass es polarisierende Effekte in der Persönlichkeitsentwicklung der beiden Partner gibt, z.B. dass einer um so dominanter ist, desto submissiver der andere ist. Diese Überlegung macht klar, dass

Methodik
Direkte Einflussmessung und Mediationsanalyse
Bei der direkten Einflussmessung wird versucht, eine Eigenschaft durch möglichst wenige hoch mit ihr korrelierende Prädiktoren zu erklären, von denen angenommen werden kann, dass sie Bedingungen und nicht Konsequenzen der Eigenschaft sind. Gibt es mehrere untereinander korrelierende Prädiktoren, kann der direkte Einfluss eines einzelnen Prädiktors durch Pfadanalyse bzw. multiple Regression bestimmt werden. Inwieweit bei zwei korrelierenden Prädiktoren der stärkere Prädiktor den Effekt des schwächeren Prädiktors auf die Eigenschaft erklärt, kann durch eine Mediationsanalyse geprüft werden: Je niedriger der Pfadkoeffizient des schwächeren Prädiktors ist relativ zu seiner Korrelation mit der Eigenschaft, desto stärker ist sein Effekt indirekt über den anderen Prädiktor vermittelt.

Methodik
Indirekte Einflussschätzung
Die Ähnlichkeit von Personen, die bestimmte Einflüsse auf ihre Persönlichkeit teilen, kann genutzt werden, um die Stärke der von den Personen geteilten Einflüsse auf ihre Eigenschaften relativ zur Stärke der von den Personen nicht geteilten Einflüsse abzuschätzen.

Um die Stärke der geteilten Einflüsse empirisch zu schätzen, werden Paare von Personen P,Q gebildet (z.B. Geschwister, Ehepaare). Die interessierende Eigenschaft wird für beide Partner vieler solcher Paare gemessen. Wenn die Varianzen V(P), V(Q) gleich sind, misst die Korrelation r(P,Q) zwischen den beiden Partnern eines jeden Paares denjenigen Varianzanteil $V(P_g) = V(Q_g)$ an ihrer Eigenschaftsvarianz, der auf die geteilten Einflüsse zurückgeht:

$$r(P,Q) = V(P_g)/V(P) = V(Q_g)/V(Q).$$

Die restlichen Varianzanteile $V(P_s) = V(P) - V(P_g)$ und $V(Q_s) = V(Q) - V(Q_g)$ geben die jeweils nicht aufgeklärte spezifische Varianz der Partner an. Sie zerfällt in einen auf Messfehler zurückgehenden Varianzanteil und in einen auf nicht geteilte Einflüsse zurückgehenden Varianzanteil. Dies lässt sich wie bei der direkten Einflussschätzung veranschaulichen (◘ Abb. 6.13).

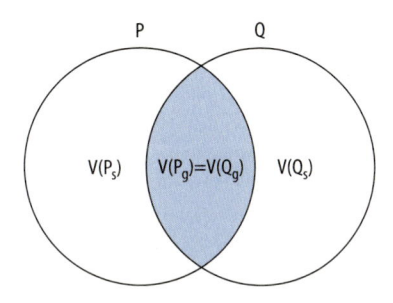

◘ **Abb. 6.13.** Gemeinsame und spezifische Varianz der Partner von Personenpaaren

die auf geteilte Einflüsse zurückgehende Ähnlichkeit von Personen die Resultante aller ähnlich und unähnlich machenden Wirkungen ist.

❗ Merke
Bei der indirekten Einflussschätzung wird die Persönlichkeitsähnlichkeit der Partner in bestimmten Personenpaaren interpretiert als Ausdruck gemeinsamer Einflüsse auf ihre Persönlichkeit. Die Ähnlichkeit ist die Resultante aller ähnlich und unähnlich machenden Wirkungen.

6.2.2 Relativer Einfluss von Genom und Umwelt

Zur Zeit lässt sich die genetische Identität von Menschen erst sehr bruchstückhaft direkt durch Genomanalyse messen. Deshalb ist es noch nicht möglich, den genetischen Einfluss auf Persönlichkeitseigenschaften durch direkte Einflussmessung zu bestimmen. Es ist aber möglich, den relativen Einfluss von Genom und Umwelt auf bestimmte Persönlichkeitseigenschaften durch indirekte Einflussschätzung abzuschätzen. »Unter der Lupe« erläutert einige Grundbegriffe der Genetik, die für ein Verständnis dieser indirekten Schätzung des genetischen Einflusses notwendig sind. Sie stammen aus der Populationsgenetik, demjenigen Teil der Genetik, der sich mit genetischen Besonderheiten innerhalb von Populationen beschäftigt (das Verhältnis der Populationsgenetik zur Genetik entspricht also in etwa dem Verhältnis der Persönlichkeitspsychologie zur Psychologie).

Die Einflüsse auf Persönlichkeitsunterschiede innerhalb von Populationen lassen sich einteilen in genetische Einflüsse und Umwelteinflüsse. Die genetischen Einflüsse beruhen auf Unterschieden im Genom. Umwelteinflüsse sind aus genetischer Sicht alle sonstigen Ein-

> **Unter der Lupe**
>
> **Grundbegriffe der Populationsgenetik**
> Die Populationsgenetik interessiert sich für genetische Unterschiede zwischen Mitgliedern derselben Population. Beim Menschen ist die genetische Information, das Genom (früher auch Genotyp genannt) in allen Zellen gespeichert und verändert sich nicht während des gesamten Lebens (abgesehen von pathologischen Veränderungen bestimmter Zellen). Das Genom beruht auf vielen lokalen Abschnitten, den Genen, die durch ihre Funktion im Stoffwechsel definiert sind. Dasselbe Gen kann bei unterschiedlichen Menschen in unterschiedlichen Varianten auftreten (den Allelen des Gens); dadurch kann es unterschiedliche Funktionen im Stoffwechsel ausüben (vgl. Abschn. 2.7.1).
> ◘ Tabelle 6.4 zeigt den genetischen Verwandtschaftsgrad r für Verwandte unterschiedlichen Grades (vgl. auch ◘ Tabelle 2.8 in Abschn. 2.7.1 und die dort gegebene Begründung).
>
> **◘ Tabelle 6.4.** Erwartete genetische Verwandtschaft bei verschiedenem Verwandtschaftsgrad
>
> | Verwandtschaftsgrad | Genetischer Verwandtschaftsgrad r |
> |---|---|
> | Eineiige Zwillinge | 100 % |
> | Zweieiige Zwillinge | 50 % |
> | Geschwister unterschiedlichen Alters | 50 % |
> | Eltern, Kind | 50 % |
> | Halbgeschwister (nur ein gemeinsames Elternteil) | 25 % |
> | Großeltern, Enkel | 25 % |
> | Tante, Onkel, Neffen, Nichten | 25 % |
> | Cousins, Cousinen | 12,5 % |
> | Partner | 0 % |
> | Adoptivgeschwister | 0 % |
> | Adoptiveltern, Adoptivkinder | 0 % |

flüsse. Dazu gehören z.B. Unterschiede in der Struktur der befruchteten Eizelle zum Zeitpunkt der Zeugung (abgesehen vom Genom), dazu gehören alle sonstigen prä- und perinatalen Einflüsse und dazu gehören alle Umwelteinflüsse nach der Geburt.

Damit enthält die beobachtete Varianz in einer Persönlichkeitseigenschaft, z.B. die Varianz des IQ, zwei Varianzanteile: den genetischen Anteil, der auf Unterschiede im Genom zurückgeht, und den Umweltanteil, der auf Unterschiede in der Umwelt zurückgeht. Die Größe der beiden Varianzanteile entspricht dem relativen Einfluss von Genomunterschieden und Umweltunterschieden auf die Persönlichkeitseigenschaft. Diese beiden Varianzanteile sind nicht unbedingt unabhängig: Sie können sich überlappen, weil Gene und Umwelten kovariieren. Es kann also eine Genom-Umwelt-Kovarianz geben.

Eine Genom-Umwelt-Kovarianz kann dadurch zustande kommen, dass bestimmte Genome sich gehäuft in bestimmten Umwelten aufhalten. Dies wird in Abschn. 6.2.5 genauer erläutert. Hier geht es nur um Aussagen über den Einfluss von Genom und Umwelt auf Eigenschaften relativ zueinander. Für diese Fragestellung ist der überlappende Varianzanteil »neutral«, weil er sich weder auf das Genom noch auf die Umwelt alleine beziehen lässt. Also kann er zur Hälfte dem genetischen und zur anderen Hälfte dem Umweltanteil an der Eigenschaftsvarianz zugeschlagen werden. Das hat den Vorteil, dass der überlappende Varianzanteil gar nicht erst geschätzt werden muss. Dagegen kann der auf Messfehler zurückgehende Varianzanteil als eigenständige Größe berücksichtigt werden, da er sich durch die Reliabilität der Eigenschaftsmessung direkt schätzen lässt. Damit lässt sich die Varianz einer Eigenschaft V(X) in drei voneinander unabhängige Varianzanteile zerlegen: ihren genetischen Anteil V(G), ihren Umweltanteil V(U) und ihren Fehleranteil V(F):

$$V(X) = V(G) + V(U) + V(F).$$

Das Verhältnis von V(G) zu V(U) gibt damit die Bedeutsamkeit der Unterschiede in den Genomen einer Population relativ zu den Unterschieden in den Umwelten für die Eigenschaft in dieser Population an. Werden die eigenschaftswirksamen Umwelten der Populationsmitglieder homogener, steigt der genetische Einfluss auf die Eigenschaft; werden die eigenschaftswirksamen genetischen Unterschiede geringer, steigt der Umwelteinfluss auf die Eigenschaft.

> **❗ Merke**
>
> **Genetische Einflussschätzungen sind von der vorhandenen Variabilität der Genome und Umwelten in der untersuchten Population abhängig.**

6.2 · Einflüsse auf die Persönlichkeitsentwicklung

Zwei Beispiele mögen das verdeutlichen. Würde die Variabilität des Schulunterrichts erhöht, indem jede Person unterrichten könnte unabhängig von ihrer Eignung, so würde der Umwelteinfluss auf die Schulleistung steigen, weil dadurch bestimmte Schüler durch sehr schlechten Unterricht benachteiligt würden. Würde umgekehrt die genetische Variabilität der Schüler durch eine Einwanderungswelle aus sehr unterschiedlichen Kulturen steigen, ohne dass das Schulsystem verändert würde, so würde der Umweltanteil an den dann vorhandenen Leistungsunterschieden vermindert, sofern die hinzugekommene genetische Varianz sich auf die Schulleistung auswirkt.

Diese Relativität der Einflussschätzungen ist eine notwendige Konsequenz des differentiellen Ansatzes, die Variabilität von Eigenschaften innerhalb von Populationen aufklären zu wollen. Aussagen über den genetischen Einfluss auf Eigenschaften sind also populationsabhängig: Änderungen der genetischen oder der Umweltvariabilität innerhalb der betrachteten Kultur führen zu veränderten Einflussschätzungen. »Absolute« Aussagen, wie sie in der Alltagspsychologie erwartet werden, sind nicht möglich.

> **Merke**
> Genetische Einflussschätzungen für eine bestimmte Eigenschaft können von Kultur zu Kultur und auch zwischen verschiedenen historischen Zeitpunkten der Entwicklung ein und derselben Kultur variieren.

Die Größe des genetischen Varianzanteils lässt sich indirekt durch die Ähnlichkeit von Personenpaaren mit verschiedenem genetischen Verwandtschaftsgrad schätzen (vgl. Tabelle 6.4). Dafür gibt es zwei voneinander unabhängige Methoden der Einflussschätzung: die Zwillingsmethode und die Adoptionsmethode (s. »Methodik«).

Das in »Methodik« am Beispiel typischer IQ-Daten älterer Geschwister erläuterte Verfahren kann auf beliebige Persönlichkeitseigenschaften angewendet werden. Tabelle 6.5 zeigt einschlägige Daten aus Zwillingsstudien mit insgesamt mehreren Tausend Zwillingspaaren. Abgesehen vom IQ beruhen die Daten fast ausschließlich auf Selbst- und Fremdeinschätzungen in Fragebögen. Sie wurden nach den Big-Five-Faktoren gruppiert (vgl. Abschn. 4.1.1). Die mit der Zwillingsmethode geschätzte mittlere genetische Varianz für die fünf Hauptfaktoren der Persönlichkeit beträgt 55%, wobei die Varianzschätzungen für die beiden Temperamentsfaktoren Extraversion und Neurotizismus etwas höher und für Verträglichkeit und Kultur etwas niedriger ausfallen.

Tabelle 6.6 zeigt die Daten der wenigen (jeweils ca. 4) mit Tabelle 6.5 vergleichbaren Adoptionsstudien. Für den IQ kommen Zwillings- und Adoptionsme-

Methodik

Zwillings- und Adoptionsmethode
Der genetische Einfluss auf eine Eigenschaft lässt sich durch zwei unabhängige Methoden indirekt schätzen: die Zwillingsmethode und die Adoptionsmethode. Die Zwillingsmethode geht von der Annahme aus, dass die Umweltvarianz von ein- und zweieiigen Zwillingen gleich groß ist. Die größere Ähnlichkeit eineiiger Zwillinge beruht dann nur noch auf ihrer größeren genetischen Ähnlichkeit. Da zweieiige Zwillinge durchschnittlich 50% ihrer Allele teilen, eineiige jedoch 100% (vgl. Tabelle 6.4), schätzt die Differenz der Korrelationen der Eigenschaft zwischen ein- und zweieiigen Zwillingspaaren 50% des genetischen Varianzanteils, also die doppelte Differenz den genetischen Varianzanteil. Zum Beispiel korreliert der IQ zwischen älteren eineiigen Zwillingen in westlichen Kulturen typischerweise um .85 und zwischen älteren zweieiigen Zwillingen um .60; hieraus ergibt sich ein genetischer Anteil an der IQ-Varianz von $2 \times 25\% = 50\%$.
Die Adoptionsmethode geht von der Annahme aus, dass die Umweltvarianz von Adoptivgeschwistern so groß ist wie die Umweltvarianz leiblicher Geschwister. Die größere Ähnlichkeit von leiblichen Geschwistern beruht dann nur noch auf ihrer größeren genetischen Ähnlichkeit. Da leibliche Geschwister durchschnittlich 50% ihrer Allele teilen, Adoptivgeschwister jedoch 0% (vgl. Tabelle 6.4), schätzt die doppelte Differenz zwischen den Korrelationen für leibliche und Adoptivgeschwister den genetischen Varianzanteil. Zum Beispiel korreliert der IQ zwischen leiblichen Geschwistern typischerweise um .50 und zwischen Adoptivgeschwistern um .25; hieraus ergibt sich ein genetischer Anteil an der IQ-Varianz von 50%. Im Falle des IQ kommen also Zwillings- und Adoptionsmethode zu demselben Ergebnis. Es gilt zunächst nur für die Population älterer Zwillinge bzw. Geschwister. Unter der zusätzlichen Annahme, dass deren Umweltvarianz so groß ist wie die Umweltvarianz in der Population insgesamt, lässt sich dies auf die gesamte Population verallgemeinern: Die genetische Varianz des IQ beträgt 50%. Bei einer Reliabilität von .90 beträgt der Fehleranteil an der IQ-Varianz 10%; damit verbleiben für die Umweltvarianz 40%.

Tabelle 6.5. Korrelation von Eigenschaften zwischen ein- und zweieiigen Zwillingen

Eigenschaft	Anzahl Studien	Eineiige Zwillinge	Zweieiige Zwillinge	Genetischer Varianzanteil
IQ	42	.81	.59	44%
Extraversion	33	.51	.19	64%
Neurotizismus	18	.54	.19	70%
Gewissenhaftigkeit	7	.42	.17	50%
Verträglichkeit	8	.49	.28	42%
Kultur	10	.47	.23	48%

Angegeben sind Mittelwerte der Korrelationen in den jeweiligen Studien; die Schätzung des genetischen Varianzanteils beruht auf diesen Mittelwerten. Die Daten für den Kulturfaktor stammen aus Loehlin (1992), die sonstigen Daten aus McCartney et al. (1990).

Tabelle 6.6. Korrelation von Eigenschaften zwischen leiblichen und Adoptivgeschwistern

Eigenschaft	Leibliche Geschwister	Adoptiv-geschwister	Genetischer Varianzanteil
IQ	.49	.25	48%
Extraversion	.20	–.03	46%
Neurotizismus	.14	.07	14%
Gewissenhaftigkeit	.19	.02	34%
Verträglichkeit	.20[a]	.06	28%[a]
Kultur	.24[a]	.09	30%[a]

Angegeben sind Mittelwerte von Korrelationen in unterschiedlichen Studien mit mindestens 75 Paaren; die Schätzung des genetischen Varianzanteils beruht auf diesen Mittelwerten. Die IQ-Daten stammen aus Plomin und DeFries (1980) und die Big-Five-Daten aus Loehlin (1992).

[a] Da nur eine Studie mit Geschwistern vorlag, wurden ersatzweise Korrelationen zwischen Eltern und ihren leiblichen Kindern analysiert; wegen des Altersunterschieds zwischen Eltern und Kind unterschätzt dies die Korrelation zwischen leiblichen Geschwistern und damit den genetischen Varianzanteil..

thode praktisch zu demselben Ergebnis. Für Persönlichkeitsbeurteilungen jedoch fallen die Schätzungen des genetischen Varianzanteils wesentlich geringer aus. Die Schätzungen sind wegen der geringeren Anzahl von Studien, auf denen die Daten beruhen, etwas fehleranfälliger als die in ◘ Tabelle 6.5, aber das alleine kann die Diskrepanz zwischen Zwillings- und Adoptionsmethode im Falle beurteilter Persönlichkeitseigenschaften nicht erklären. Immerhin ist die mittlere Korrelation zwischen leiblichen Geschwistern mit .19 nur unwesentlich geringer als die mittlere Korrelation von .21 zwischen zweieiigen Zwillingen in ◘ Tabelle 6.5, die auf wesentlich größeren Stichprobenzahlen beruht, und die mittlere Korrelation zwischen Adoptivgeschwistern ist mit .04 minimal. Die mit der Adoptionsmethode geschätzte mittlere genetische Varianz für die Big Five beträgt 30 %, wobei die Schätzung für Extraversion höher und für Neurotizismus niedriger ausfällt.

6.2 · Einflüsse auf die Persönlichkeitsentwicklung

> **! Merke**
> Während Zwillings- und Adoptionsmethode im Falle des IQ zum gleichen Ergebnis kommen, führt die Zwillingsmethode bei Persönlichkeitsurteilen regelmäßig zu höheren genetischen Einflussschätzungen als die Adoptionsmethode.

Dass die Zwillingsmethode oft zu höheren Varianzschätzungen führt als die Adoptionsmethode, ist seit längerem bekannt. Hierfür gibt es hauptsächlich drei Erklärungsansätze. Erstens sind menschliche Eigenschaften nicht nur durch die additiven Effekte einzelner Allele, sondern auch durch ihre nichtadditiven Effekte (Wechselwirkungen) bestimmt. Ein Beispiel für eine solche Wechselwirkung wäre der Fall, dass die Allele A_1, A_2 und A_3 unabhängig voneinander Neurotizismus fördern, wobei die förderliche Wirkung wesentlich größer ausfällt als die Summe der Einzelwirkungen, wenn jemand über alle drei Allele verfügt (hier würden sich die Wirkungen der drei Gene wechselseitig potenzieren). Eineiige Zwillinge teilen alle additiven und nichtadditiven Effekte. Zweieiige Zwillinge und verwandte Geschwister teilen im Durchschnitt 50 % der additiven Effekte, aber weit unter 50 % der nichtadditiven Effekte, denn die Chance, dass sie die gleichen Allelkonfigurationen haben (und damit die gleichen nichtadditiven Effekte), sinkt rapide mit zunehmender Zahl der beteiligten Allele (bei zwei Allelen beträgt sie 25 %, bei drei Allelen 12,5 %, bei 10 Allelen 0,01 %). Adoptivgeschwister schließlich teilen weder additive noch nichtadditive Effekte.

Damit überschätzt die Zwillingsmethode die gesamte genetische Varianz, und die Adoptionsmethode unterschätzt sie; die Wahrheit liegt irgendwo dazwischen. Würden z.B. zweieiige Zwillinge 12,5 % der nichtadditiven genetischen Varianz teilen, so schätzt die Zwillingsmethode 100 % der additiven, aber $2 \times 87{,}5\,\% = 175\,\%$ der nichtadditiven Varianz, während die Adoptionsmethode 100 % der additiven, aber nur $2 \times 12{,}5\,\% = 25\,\%$ der nichtadditiven Varianz schätzt. Die Fehler in den Varianzschätzungen können von Eigenschaft zu Eigenschaft je nach Anzahl der beteiligten Allele und Bedeutsamkeit der nichtadditiven relativ zu den additiven Effekten variieren. Aus dieser rein genetischen Sicht beruhen Intelligenzunterschiede hauptsächlich auf additiver genetischer Varianz, denn Zwillings- und Adoptionsmethode kommen hier zu praktisch demselben Ergebnis. Unterschiede in Big-Five-Persönlichkeitsurteilen dagegen würden zu einem bedeutsamen Anteil auf nichtadditiver Varianz beruhen – vielleicht weil in diese Urteile nicht nur genetische Effekte auf die beurteilten Persönlichkeitsmerkmale, sondern auch genetische Effekte auf die diversen Tendenzen der Urteilsverzerrung eingehen, deshalb die Zahl der beteiligten Allele größer ist als beim IQ und damit die Chance für nichtadditive Effekte steigt.

Eine zweite mögliche Erklärung beruht auf der Überlegung, dass die Umwelt von eineiigen Zwillingen ähnlicher sein könnte als die zweieiiger Zwillinge. Eineiige Zwillinge sind vielleicht mehr zusammen als zweieiige, und Interaktionspartner von eineiigen Zwillingen könnten wegen der größeren Gestaltähnlichkeit der eineiigen Zwillinge auf diese ähnlicher reagieren. Empirisch lässt sich diese Hypothese aber kaum bestätigen: Die Unterschiede in der Umweltähnlichkeit sind nur minimal (vgl. Loehlin, 1992). Zum Beispiel fanden Plomin et al. (1994d) für sechs verschiedene Aspekte des von eineiigen Zwillingen beurteilten elterlichen Erziehungsverhaltens eine mittlere Konsistenz von .43 zwischen den Zwillingen; für zweieiige Zwillinge war sie mit .40 nur minimal niedriger.

Der dritte Erklärungsversuch berücksichtigt das methodische Problem, dass es sich bei den Persönlichkeitsbeurteilungen von Geschwistern üblicherweise um Beurteilungen durch Personen handelt, die beide Geschwister kennen (Selbsturteile, Elternurteile). Damit könnten diese Urteile durch einen Kontrasteffekt verzerrt sein: Die Urteiler übertreiben Unterschiede zwischen den Geschwistern, weil sie diese primär untereinander und nur sekundär mit Kindern anderer Familien vergleichen. Dadurch fallen alle Korrelationen zwischen Geschwistern zu niedrig aus und können sogar ins Negative rutschen.

Saudino et al. (1995) konnten nicht nur einen solchen Kontrasteffekt nachweisen, sondern zusätzlich nahelegen, dass er um so einflussreicher ist, je unähnlicher sich Geschwister wirklich sind. Bei eineiigen Zwillingen ist er minimal, bei Geschwistern unterschiedlichen Alters massiv (die Urteiler haben Schwierigkeiten, Persönlichkeitsunterschiede ihrer Kinder von Altersunterschieden zu trennen). Daraus folgt, dass die Zwillingsmethode den genetischen Einfluss überschätzt, denn der größere Kontrasteffekt bei den zweieiigen Zwillingen verglichen mit den eineiigen wird als genetischer Einfluss fehlinterpretiert.

Auch die Adoptionsmethode überschätzt bei Kontrasteffekten den genetischen Einfluss, denn der größere Kontrasteffekt bei den Adoptivgeschwistern relativ zu normalen Geschwistern wird als genetischer Einfluss fehlinterpretiert. Schließlich sind so auch die im Vergleich zu der genetischen Schätzung zu niedrigen Korrelationen zwischen normalen Geschwistern und die zu geringen oder gar negativen Korrelationen zwischen Adoptivgeschwistern besser erklärlich.

> **! Merke**
> Bei Beurteilungen durch Eltern, Geschwister, Freunde oder die Geschwister selbst können Kontrasteffekte auftreten, die bei Zwillings- und Adoptionsmethode zu einer Überschätzung des genetischen Einflusses führen. Nichtadditive genetische Einflüsse haben dagegen gegenläufige Effekte (Überschätzung des genetischen Einflusses bei der Zwillingsmethode, Unterschätzung bei der Adoptionsmethode).

Zu den »zu geringen« Korrelationen zwischen Adoptivgeschwistern trägt zusätzlich die eingeschränkte Umweltvarianz der Adoptivfamilien bei. Adoptivfamilien sind ja stets durch Adoptionsagenturen so ausgewählt, dass die Adoptivkinder in einer möglichst förderlichen familiären Umwelt aufwachsen. Wie Stoolmiller (1999) gezeigt hat, führt dies zu einer massiven Einschränkung der Umweltunterschiede zwischen den Adoptivfamilien auf nur etwa die Hälfte der Umweltvarianz von normalen Familien. Dies wiederum führt zu einer Unterschätzung von Korrelationen zwischen den Adoptivgeschwistern in beliebigen Merkmalen und damit zu einer Überschätzung des genetischen Einflusses.

> **! Merke**
> Die eingeschränkte Umweltvarianz in Adoptivfamilien führt zu einer Überschätzung des genetischen Einflusses durch die Adoptionsmethode.

Es gibt noch weitere Probleme der beiden Schätzmethoden. So könnten Adoptivkinder ihren Adoptivgeschwistern oder Adoptiveltern überzufällig ähnlich sein, weil die Adoptionsagenturen sie in Elternhäuser ähnlicher sozialer Schicht vermitteln (selektive Plazierung). Dies würde zu einer Unterschätzung der genetischen Varianz führen. Der Effekt würde besonders den IQ betreffen. Die Größe dieses Effekts lässt sich durch die Korrelation zwischen IQ oder Ausbildungsniveau der leiblichen und der Adoptivmütter schätzen; sie ist positiv, aber gering (um .20; vgl. z. B. Loehlin et al., 1989); im Falle beurteilter Persönlichkeitseigenschaften ist sie praktisch Null (Loehlin, 1992).

Schließlich stellt die Ähnlichkeit der Eltern in Persönlichkeitseigenschaften (Homogamie) ein Problem

Tabelle 6.7. Methodische Probleme der Zwillings- und Adoptionsmethode und ihre Auswirkungen auf die Schätzung des genetischen Einflusses

Methode/Problem	Auswirkung auf Schätzung des genetischen Einflusses
Zwillingsmethode	
Kontrasteffekte	Überschätzung
Nichtadditive genetische Effekte	Überschätzung
Genetische Ähnlichkeit der Eltern (Homogamie)	Unterschätzung
Umwelt eineiiger Zwillinge ist ähnlicher	Überschätzung
Adoptionsmethode	
Kontrasteffekte	Überschätzung
Unterschiede zwischen Adoptivfamilien sind gering	Überschätzung
Nichtadditive genetische Effekte	Unterschätzung
Genetische Ähnlichkeit der Eltern (Homogamie)	Überschätzung
Selektive Plazierung	Unterschätzung

dar, das entgegengesetzte Konsequenzen für Zwillings- und Adoptionsmethode hat. Die Homogamie von Ehepartnern für den IQ ist beträchtlich (die IQs der Partner korrelieren um .40), während sie für selbstbeurteilte Persönlichkeitseigenschaften gering ist (.00–.25; vgl. Loehlin et al., 1989; Lykken & Tellegen, 1993; Mascie-Taylor & Vandenberg, 1988). Da sie die genetische Ähnlichkeit verwandter Geschwister auf einen Wert von über 50 % steigert, führt sie bei der Zwillingsmethode zu einer Unterschätzung des genetischen Varianzanteils und bei der Adoptionsmethode zu einer Überschätzung des genetischen Varianzanteils. Tabelle 6.7 fasst diese methodischen Probleme der Zwillings- und Adoptionsmethode zusammen.

Tabelle 6.7 macht deutlich, dass jede der beiden Methoden mehrere Probleme hat, die sich in ihren Wirkungen auf die Einflussschätzungen teilweise aber wieder aufheben. Die Probleme der beiden Methoden sind unterschiedliche, und selbst wenn die Probleme gleich sind, können sie unterschiedliche Effekte auf die Ein-

6.2 · Einflüsse auf die Persönlichkeitsentwicklung

Tabelle 6.8. Schätzung der Varianzanteile verschiedener Eigenschaften aus Kombinationsstudien von Zwillings- und Adoptionsdaten

Eigenschaft	Genetischer Varianzanteil		Umwelt-anteil	Fehler-anteil
	additiv	nicht additiv		
IQ	32%	19%	39%	10%
Extraversion	32%	17%	31%	20%
Neurotizismus	24%	11%	45%	20%
Verträglichkeit	22%	16%	42%	20%
Gewissenhaftigkeit	27%	14%	39%	20%
Kultur	43%	2%	35%	20%

Die genetischen Varianzschätzungen stammen aus Chipuer et al. (1990) und Loehlin (1992); die Fehleranteile sind geschätzt; die Umweltanteile ergeben sich als Differenz 100% – genetische Varianz – Fehlervarianz.

flussschätzungen haben. Anstatt darauf zu vertrauen, dass die Probleme jeder Methode sich wechselseitig kompensieren (was das Problem der unterschiedlichen Varianzschätzungen im Falle der Big Five nicht lösen könnte), wird in neueren, methodisch sehr anspruchsvollen Arbeiten versucht, die Probleme direkt zu kontrollieren, indem in Kombinationsstudien versucht wird, die beobachteten Ähnlichkeiten von Zwillingen, Eltern, leiblichen und Adoptivgeschwistern durch ein gemeinsames Modell auf Konstruktebene zu erklären, das Faktoren wie nichtadditive genetische Varianz, Homogamie, Kontrasteffekte oder Annahmen über spezielle Umweltvarianz für spezielle Personengruppen berücksichtigt.

Loehlin (1992) gibt eine gut verständliche Einführung in diese Methodik. ◘ Tabelle 6.8 zeigt Ergebnisse einer derartigen Schätzung für die additiven und nichtadditiven genetischen Varianzanteile für IQ und Big Five. Diese Schätzungen beruhen auf noch umfangreicheren Datensätzen als die ◘ Tabelle 6.6 und 6.7 und stellen die derzeit besten Schätzungen für den genetischen Einfluss auf Persönlichkeitseigenschaften dar.

Die meisten Studien zum genetischen Einfluss auf sozial-emotionale Persönlichkeitseigenschaften beziehen sich auf Selbst- oder Fremdbeurteilungen der Persönlichkeit. Borkenau et al. (2001) berichteten zum ersten Mal über genetische Schätzungen für Persönlichkeitsmerkmale, die von Beobachtern tatsächlichen, videografierten Verhaltens beurteilt wurden. In der German Observational Study of Adult Twins (GOSAT) wurden ein- und zweieiige deutsche erwachsene Zwillinge in 15 verschiedenen persönlichkeitsrelevanten Situationen videografiert. Beobachter beurteilten jeweils einen Zwilling jedes Paares in jeweils einer Situation auf 35 Adjektivskalen, die sich vor allem auf die Big Five bezogen. Die Schätzungen des genetischen Einflusses variierten zwischen 38 % und 62 % mit einem Mittel von 41 %, fielen also nicht wesentlich anders aus als bei Kombinationsstudien globaler Beurteilungen der Big Five.

> **Merke**
> Für die Big Five wurden bei Verhaltensbeobachtungen ähnliche genetische Einflüsse gefunden wie bei Beurteilungen in Fragebögen.

Aus diesen Varianzschätzungen lassen sich drei grundlegende Schlussfolgerungen für den relativen genetischen Einfluss auf Eigenschaften ziehen:

− Erstens gibt es einen substantiellen genetischen Einfluss auf getestete Fähigkeiten und beurteilte Eigenschaften. Er erklärt 35–51 % der beobachtbaren Varianz (Mittelwert 45 %) und damit ziemlich genauso viel Varianz wie systematische Umwelteffekte, die 31–45 % der Varianz erklären (Mittelwert 39 %). Angesichts der Ungenauigkeit der Schätzungen ist dies gut vereinbar mit der Annahme, dass genetische und Umwelteffekte in etwa gleich stark sind.
− Zweitens variiert die genetische Varianz nur mäßig zwischen verschiedenen Eigenschaften; sie ist am höchsten für Kultur/IQ und Extraversion und am geringsten für Neurotizismus und Verträglichkeit.

Angesichts der Ungenauigkeit der Schätzungen lassen sich keine Eigenschaftsbereiche identifizieren, die unzweifelhaft stärker als andere genetisch beeinflusst sind. Insbesondere sind Temperamentseigenschaften nicht stärker genetisch beeinflusst als Gewissenhaftigkeit oder Eigenschaften, die auf dem Kulturfaktor hoch laden.
- Drittens variiert der Anteil der nichtadditiven genetischen Varianz deutlich zwischen einem bescheidenen Anteil bei Kultur und einem substantiellen Anteil bei den anderen vier Persönlichkeitseigenschaften. Hier spielt der Kulturfaktor klar eine Sonderrolle.

Gegen die Schlussfolgerung, der IQ sei ebenso stark genetisch bedingt wie umweltbedingt, wird manchmal eingewendet, dass französische Adoptionsstudien fanden, dass Kinder, die aus ungünstigem sozialen Milieu von gutsituierten Familien adoptiert wurden, von der Adoption intelligenzmäßig stark profitierten. So beobachteten Schiff et al. (1982) bei 20 französischen Unterschichtskindern, die im Alter von etwa vier Monaten von Oberschichtsfamilien (aus den oberen 13 % des sozialen Status in Frankreich) adoptiert wurden, gegenüber ihren in der Unterschicht verbleibenden Geschwistern einen IQ-Anstieg von durchschnittlich 14 IQ-Punkten – fast eine ganze Standardabweichung. Von den adoptierten Kindern blieben 17 % bis zum Beginn der 6. Klasse sitzen oder wurden sonderbeschult; bei ihren sozial benachteiligten Geschwistern waren es 66 %.

Diese Ergebnisse widersprechen aber keineswegs den oben geschilderten Varianzschätzungen. Das wird deutlich, wenn man den Erwartungsbereich für rein genetisch geschätzte IQ-Werte betrachtet (vgl. Abschn. 3.2.1). Dies ist der statistisch zu erwartende Bereich, in den der IQ-Wert einer Person mit 95 % Sicherheit fällt, wenn ihr Genom bekannt wäre. Dieses Intervall (in der Populationsgenetik auch als Reaktionsnorm des Genoms bezeichnet) beträgt etwa ± 21 IQ-Punkte (vgl. Formel in Abschn. 3.2.1 und Asendorpf, 1994), ist also sehr groß; der von Schiff et al. (1982) beobachtete umweltbedingte Gewinn von 14 IQ-Punkten liegt durchaus im Bereich dessen, was man bei drastischen Umweltdifferenzen erwarten würde. Auch die Daten zum Schulversagen stellen keinen Widerspruch zu den Varianzschätzungen für den IQ dar, zumal Schulleistung und Schulversagen weniger stark genetisch beeinflusst sind als der IQ (Teasdale & Owen, 1984).

Umgekehrt lässt ein Umweltvarianzanteil von 50 % aber auch eine erhebliche genetisch bedingte Variation der Eigenschaftswerte zu. Wachsen z.B. zwei gleichaltrige Adoptivgeschwister von Geburt an zusammen auf und besuchen die gleiche Kindergartengruppe und die gleichen Schulklassen, so könnte ihre IQ-Differenz rein genetisch bedingt dennoch 40 IQ-Punkte betragen.

> **Merke**
> Ein genetischer Varianzanteil von 50 % wie z.B. im Falle des IQ lässt eine erhebliche umweltbedingte Variation der Eigenschaftswerte zu, ein Umweltvarianzanteil von 50 % eine erhebliche genetisch bedingte Variation dieser Eigenschaftswerte.

Varianzschätzungen für spezifische Intelligenzfaktoren, z.B. räumliche Fähigkeiten, verbale Fähigkeiten oder Schnelligkeit der Informationsverarbeitung, fanden etwas geringere genetische Varianzen als für den Gesamt-IQ, auch bei Berücksichtigung der größeren Unreliabilität dieser Tests. Dies liegt daran, dass der genetische Einfluss auf den IQ nicht auf einige besonders stark genetisch bedingte spezifische Faktoren zurückgeht, sondern auf den allen Faktoren gemeinsamen g-Faktor. Plomin et al. (1994c) fanden in einer Kombinationsstudie mit älteren Erwachsenen eine Korrelation von .77 zwischen der genetischen Varianz der untersuchten 11 spezifischen Intelligenzfaktoren und der Ladung dieser spezifischen Faktoren auf dem g-Faktor.

> **Merke**
> Je besser ein spezifischer Faktor allgemeine Intelligenz erfasst, desto größer ist sein genetischer Varianzanteil.

Genetische Varianzschätzungen sind nicht auf die angegebenen Eigenschaftsbereiche beschränkt. Für Gestaltmerkmale fallen sie z.T. wesentlich höher aus (im Erwachsenenalter beträgt die genetische Varianz für Körpergröße und Körpergewicht etwa 80 %; vgl. Plomin, 1986), z.T. aber auch wesentlich niedriger (von körperlicher Übung, z.B. sportlicher Betätigung, abhängige Merkmale haben eine genetische Varianz von teilweise deutlich unter 40 %; vgl. Malina & Bouchard, 1991). Für berufliche Interessen ist sie vergleichbar mit den Schätzungen für die Big-Five-Urteile (40–50 %). Für Einstellungen und Werthaltungen variieren die Schätzungen sehr stark je nach Inhalt von 0 % bis zu 60 % (Tesser, 1993). Diese Schätzungen beruhen auf großen Zwillingsstudien, aber mangels Adoptions- und Kombinationsstudien ist es bisher nicht möglich, verlässliche Aussagen über systematische Unterschiede im genetischen

Einfluss auf unterschiedliche Einstellungen oder Werthaltungen zu treffen.

Wie schon eingangs vermerkt wurde, sind Einflussschätzungen aufgrund von Varianzanteilen immer populationsabhängig, insbesondere also kulturrelativ. Die hier vorgestellten Schätzungen für den relativen genetischen Einfluss beruhen durchweg auf Untersuchungen in Nordamerika, Großbritannien und Skandinavien, also kulturell sehr ähnlichen westlichen Industrienationen. Einflussschätzungen in Afrika oder China könnten durchaus zu abweichenden Ergebnissen kommen. Zudem variieren die Schätzungen für westliche Industrienationen deutlich mit dem Lebensalter der untersuchten Personen (vgl. Abschn. 6.2.4).

❗ Merke
Schätzungen des relativen genetischen Einflusses auf Persönlichkeitsunterschiede sind abhängig von der untersuchten Kultur und Altersgruppe.

Ein großes Missverständnis bei der Interpretation genetischer Einflussschätzungen durch Laien, aber auch Psychologen, besteht darin, dass aus dem Vorliegen eines substanziellen genetischen Einflusses auf ein Merkmal geschlossen wird, dass es ein Gen oder zumindest wenige Gene gibt, die für die beobachteten Merkmalsunterschiede »direkt« verantwortlich sind. Das muss aber überhaupt nicht der Fall sein; die genetischen Einflüsse können höchst indirekt vermittelt sein. Ein Beispiel mag das verdeutlichen.

Genetische Schätzungen sozialer und politischer Einstellungsunterschiede in Australien und den USA mit Hilfe der Zwillingsmethode fanden übereinstimmend einen besonders starken genetischen Einfluss (über 50 % genetische Varianz) für die Einstellung zur Todesstrafe bei Mord und einen besonders schwachen, statistisch nichtsignifikanten genetischen Einfluss für die Einstellung zu geschlechtsspezifischen Rollen, z. B. zur Koedukation von Jungen und Mädchen in der Schule (Eaves et al., 1989; Olson et al., 2001). Bedeutet dies, dass es ein »Todesstrafen-Gen« gibt? Natürlich nicht. Wenn z. B. die Ablehnung der Todesstrafe für Mord positiv mit dem IQ korreliert (was der Fall ist) und der IQ zu 50 % genetisch beeinflusst ist, wird dieser genetische Einfluss über die IQ-Einstellungskorrelation notwendigerweise auch die Einstellung zur Todesstrafe betreffen. Genetische Einflussschätzungen beziehen alle, auch höchst indirekt vermittelte genetische Wirkungen auf ein Merkmal ein. Tatsächlich konnten Olson et al. (2001) für zahlreiche Einstellungen mit stark genetischem Anteil mittels Mediationsanalyse zeigen, dass dieser genetische Einfluss wesentlich auf dem genetischen Einfluss korrelierter Temperamentsmerkmale oder körpernaher Merkmale beruhte.

❗ Merke
Genetische Einflüsse auf ein Persönlichkeitsmerkmal können indirekt durch genetische Einflüsse auf hiermit korrelierte andere Persönlichkeitsmerkmale bedingt sein.

6.2.3 Geteilte versus nicht geteilte Umwelten und Umwelteinflüsse

Mit Hilfe der indirekten Schätzmethoden für genetische und Umwelteinflüsse lassen sich auch interessante und höchst kontrovers diskutierte Schlussfolgerungen über den Einfluss unterschiedlicher Arten von Umwelteinflüssen auf Persönlichkeitsmerkmale ziehen. Betrachten wir dies zunächst am Beispiel des IQ anhand der Daten in ◘ Tabelle 6.5 und 6.6 in Abschn. 6.2.2. Die Korrelation der Adoptivgeschwister schätzt direkt die von Geschwistern geteilten Umwelteinflüsse auf den IQ; sie betragen damit 25 % der IQ-Varianz. Nach der Zwillingsmethode schätzt die Differenz zwischen der Reliabilität der Eigenschaftsmessung und der Korrelation eineiiger Zwillinge die von ihnen nicht geteilten Umwelteinflüsse, denn genetische Einflüsse können sie ja nicht unähnlich machen. Unter der Annahme einer Reliabilität von .90 beruhen damit 90 – 81 % = 9 % der IQ-Varianz auf von Geschwistern nicht geteilten Umwelteinflüssen.

Anders sieht es bei Extraversionsurteilen aus. Hier scheint es keine von Geschwistern geteilten Umwelteinflüsse zu geben (–3 % geteilte Umweltvarianz), was aber eine Unterschätzung darstellt, wie die Diskussion der Kontrasteffekte und der eingeschränkten Umweltvarianz bei Persönlichkeitsbeurteilungen in Abschn. 6.2.2 gezeigt hat. Dafür ist der Einfluss der nicht geteilten Umwelteinflüsse recht groß. Unter der Annahme, dass 20 % der Varianz der Extraversionsurteile auf Messfehlern beruhen, ergeben sich für die nicht geteilten Umwelteinflüsse 80 – 51 % = 29 %.

Wegen der methodischen Probleme der Adoptions- und Zwillingsstudien ist es auch in diesem Fall eher angebracht, Kombinationsstudien zu vertrauen. Wie ◘ Tabelle 6.9 zeigt, kommen Kombinationsstudien zu sehr ähnlichen Einflussschätzungen wie Adoptions-

Tabelle 6.9. Varianzanteile geteilter und nicht geteilter Umwelteinflüsse

Eigenschaft	Adoptionsmethode geteilt	Zwillingsmethode nicht geteilt	Kombinationsmethode	
			geteilt	nicht geteilt
IQ	25%	9%	22%	17%
Extraversion	–3%	29%	2%	29%
Neurotizismus	7%	26%	11%	34%
Verträglichkeit	2%	38%	7%	35%
Gewissenhaftigkeit	6%	31%	7%	32%
Kultur	9%	33%	6%	29%

Die Ergebnisse der Adoptions- und Zwillingsmethode lassen sich gemäß »Methodik«, S. 330, direkt aus den Tabellen 6.5 und 6.6 herleiten. Die Daten der Kombinationsstudien stammen aus Chipuer et al. (1990) und Loehlin (1992).

und Zwillingsstudien. Unabhängig von den Methoden sind geteilte Umwelteinflüsse bei Big-Five-Beurteilungen deutlich geringer als nicht geteilte. Dasselbe gilt für Gestaltmerkmale wie Körpergröße und -gewicht (Grillo & Pogue-Geile, 1991) und auch für Einstellungen und Werthaltungen nach Abschluss der Pubertät (Abrahamson et al., 2002). Nur beim IQ und bestimmten Werthaltungen (Konservativismus, Religiosität) bis zum Verlassen des Elternhauses scheint es umgekehrt zu sein; hier scheinen geteilte Umwelteinflüsse (z.B. der Grad der intellektuellen Stimulierung) mindestens genauso bedeutsam zu sein.

Insgesamt lässt sich damit eine weitere wesentliche Schlussfolgerung aus den populationsgenetischen Einflussschätzungen ziehen:

> **! Merke**
> Mit Ausnahme des IQ und einiger Werthaltungen bis zum Verlassen des Elternhauses sind die von Geschwistern nicht geteilten Umwelteinflüsse weitaus bedeutsamer für ihre Persönlichkeitsentwicklung als die von ihnen geteilten Umwelteinflüsse.

Dieses Ergebnis scheint diametral der Annahme der klassischen Sozialisationsforschung zu widersprechen, dass die wesentlichen persönlichkeitsprägenden Umweltbedingungen familientypisch sind, z.B. die soziale Schicht der Familie oder ein Erziehungsstil der Eltern, der auf alle Kinder in gleicher oder doch zumindest ähnlicher Weise wirkt. Diese Annahme war in der klassischen Sozialisationsforschung nicht etwa ein Thema heißer Debatten, sondern galt als selbstverständlich – vermutlich weil sie der damals vorherrschenden Sicht entsprach, dass »der« Erziehungsstil der Eltern die entscheidende Umweltbedingung für die Persönlichkeitsentwicklung sei und unabhängig von der Persönlichkeit der Kinder wirke; sowohl psychoanalytische als auch traditionelle lerntheoretische Erklärungen der Persönlichkeitsentwicklung teilten diese Auffassung. Übersehen wurde dabei, dass dieselbe Mutter sich ja verschiedenen Kindern gegenüber durchaus unterschiedlich verhalten mag, dass es noch andere Umwelteinflüsse gibt, die die Persönlichkeitsentwicklung beeinflussen (z.B. Schule, Gleichaltrigengruppe) und dass die Wirkung einer Umweltbedingung auf die Persönlichkeit auch eine Funktion dieser Persönlichkeit ist, so dass dasselbe elterliche Verhalten zwei Geschwistern gegenüber eine unterschiedliche Wirkung auf deren Entwicklung ausüben kann.

Die Hinterfragung und Widerlegung dieser Annahme der klassischen Sozialisationsforschung dürfte aus entwicklungspsychologischer Sicht das interessanteste Ergebnis der gesamten Verhaltensgenetik sein. Es regte eine intensive Forschung an mit dem Ziel, diejenigen Umwelteinflüsse zu identifizieren, die von Geschwistern nicht geteilt werden. Diese Forschungsanstrengungen lassen sich grob in zwei Etappen gliedern.

Zunächst (1985–1999) wurden geteilte/nichtgeteilte Umwelteinflüsse mit objektiv geteilten/nichtgeteilten Umwelten gleichgesetzt und deshalb diejenigen Umweltbedingungen ins Visier genommen, in denen sich Geschwister unterscheiden. Hierzu gehören zum

6.2 · Einflüsse auf die Persönlichkeitsentwicklung

Tabelle 6.10. Geteilte und nicht geteilte Umwelten von Geschwistern

Eher geteilte Umwelten	Eher nicht geteilte Umwelten
Soziale Schicht	Schwangerschaftsverlauf[a]
Wohnumgebung	Geburtsumstände[a]
Verwandte und Bekannte der Familie	Geschwisterposition[a]
Qualität der Ehe der Eltern	Elterliche Bevorzugung eines Kindes
Arbeitsbedingungen der Eltern	Soziale Beziehungen des Kindes
Familienklima	Kindergartengruppe, Schulklasse[a]
Erziehungsziele der Eltern	Schulunterricht[a]
	Unfälle, Krankheiten

[a] Von Zwillingen eher geteilte Umwelten.

einen Unterschiede in der familiären Umwelt zwischen Geschwistern, z. B. unterschiedliche Behandlung durch dieselben Eltern und Geschwister und die Geschwisterposition (z. B. Erst- oder Zweitgeborenes). Versuche, solche innerfamiliären Umwelteffekte systematisch aufzuklären, haben bisher allerdings nicht allzu weit geführt (Ernst & Angst, 1983; Baker & Daniels, 1990; Dunn & Plomin, 1990). Wichtiger könnten für viele Persönlichkeitsmerkmale unterschiedliche Erfahrungen in Gleichaltrigengruppen (Kindergarten, Schule, Jugendlichen-Cliquen) sein (Harris, 1995), aber auch an ganz individuelle Erlebnisse und Beziehungen außerhalb solcher Gruppen ist hier zu denken. Tabelle 6.10 gibt eine Übersicht über eher geteilte bzw. nicht geteilte Umwelten von Geschwistern.

Effekte unterschiedlicher Umwelten derselben Geschwister auf Unterschiede in ihrer Persönlichkeit werden im Wesentlichen mit zwei unterschiedlichen Methoden untersucht. Bei der Differenzmethode (Rovine, 1994) werden an vielen Geschwisterpaaren Differenzen zwischen den Persönlichkeitsmerkmalen der beiden Geschwister bestimmt und mit Differenzen zwischen Umweltmerkmalen der beiden Geschwister korreliert. So werden z. B. Extraversionsunterschiede zwischen Geschwistern derselben Familie mit Unterschieden in der Zahl ihrer Freunde korreliert.

Die Differenzmethode stößt auf zwei Probleme (Turkheimer & Waldron, 2000). Erstens sind Geschwister nicht nur aus Umweltgründen, sondern auch aus genetischen Gründen unterschiedlich, was die Korrelation von Umweltdifferenzen mit Persönlichkeitsdifferenzen von vorneherein beeinträchtigt. Zweitens ist die Richtung der Kausalität in diesen Querschnittstudien unklar. Wenn z. B. Extraversionsdifferenzen zwischen Geschwistern mit Unterschieden in der Zahl ihrer Freunde korrelieren, kann dies bedeuten, dass das Geschwister, das mehr Freunde hat, dadurch extravertierter wird, dass das extravertiertere Geschwister aufgrund seiner Extraversion mehr Freundschaften geschlossen hat, oder dass beides gilt.

Alternativ wurden deshalb genetisch informative Längsschnittstudien durchgeführt, um den Einfluss nichtgeteilter Umweltbedingungen auf die Persönlichkeitsentwicklung zu untersuchen. Die größte Studie dieser Art ist das NEAD-Projekt (Reiss et al., 1994), in dem 720 Familien mit jeweils 2 Geschwistern unterschiedlichen Typs längsschnittlich untersucht wurden, wobei mindestens eines der beiden Geschwister bei der Erstmessung im Jugendalter war: eineiige und zweieiige Zwillinge, normale Geschwister von nichtgeschiedenen Eltern, Adoptivgeschwister sowie Geschwister von geschiedenen Eltern, die mit beiden aktuellen Elternteilen oder nur einem aktuellen Elternteil (»Halbgeschwister«) genetisch verwandt waren. Diese Variation im Verwandtschaftsgrad in Kombination mit Längsschnittdaten erlaubt es, Korrelationen zwischen beobachteten Umweltbedingungen und später gemessenen Persönlichkeitsmerkmalen in genetische, geteilte und nicht geteilte umweltbedingte Komponenten zu unterteilen und so den Effekt nicht geteilter Umweltbedingungen auf die künftige Persönlichkeitsentwicklung abzuschätzen (Pike et al., 1996).

Beide Ansätze fanden allerdings nur schwache Beziehungen zwischen nicht geteilten Umwelten und Persönlichkeitsunterschieden von Geschwistern. Turkheimer und Waldron (2000) fanden in einer Metaanalyse der vorliegenden Studien, dass mit der Differenzmethode im Mittel über alle Studien nur 2 % der beobachteten Persönlichkeitsunterschiede zwischen Geschwistern durch spezifische Umweltunterschiede zwischen ihnen aufgeklärt werden konnten und mit genetisch informativen Längsschnittstudien nur 6 %. Diese bescheidenen Ergebnisse variierten kaum zwischen verschiedenen Persönlichkeitsbereichen (Temperament, soziale Anpassung, Intelligenz). Dies steht in eklatantem Widerspruch zu

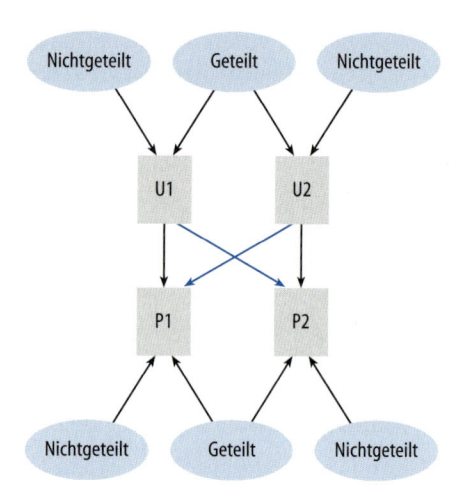

Abb. 6.14. Vermittlung zwischen (nicht)geteilten Umweltbedingungen U1, U2 und (nicht)geteilten Persönlichkeitsmerkmalen P1, P2 bei Geschwistern 1,2. (Vereinfacht nach Turkheimer & Waldron, 2000)

den Schätzungen von bis zu 40 % nichtgeteilter Umweltvarianz.

> **Merke**
> Nichtgeteilte Umwelteffekte sind viel größer als der Einfluss spezifischer, objektiv nicht geteilter Umwelten.

Erst um 2000 wurde klar, dass von Geschwistern nichtgeteilte »objektive« Umweltdifferenzen nicht mit nichtgeteilten Umwelteinflüssen gleichgesetzt werden dürfen (was bis dahin fast immer geschah). Dies ist in ▢ Abb. 6.14 veranschaulicht. Die beobachteten Umwelten U1, U2 von zwei Geschwistern sind mit den beobachteten Persönlichkeitsmerkmalen P1, P2 dieser beiden Geschwister in Beziehung gesetzt und jeweils in nichtgeteilte und geteilte Anteile zerlegt.

Kritisch ist, dass es die (blau gezeichneten) Kreuzpfade von U1 nach P2 bzw. U2 nach P1 geben kann. Dadurch kann die von Geschwister 2 nicht geteilte Umwelt von Geschwister 1 einen Effekt auf die Persönlichkeit von Geschwister 2 haben und umgekehrt. Zum Beispiel könnte ein Musiklehrer, den Geschwister 1, nicht aber Geschwister 2 hat, das Interesse von Geschwister 1 am Klavierspielen wecken, was sich dann auf Geschwister 2 durch Beobachtung und Kommunikation mit Geschwister 1 auf Geschwister 2 überträgt. Damit übt die objektiv betrachtet nicht geteilte Umweltbedingung »Musiklehrer« einen von beiden Geschwistern geteilten Effekt auf deren Klavierspiel aus. Umgekehrt kann auch eine objektiv geteilte Umweltbedingung nur auf eines der beiden Geschwister wirken, also einen nichtgeteilten Effekt darstellen. So könnten z.B. beide Geschwister zum selben Klavierlehrer gehen, aber der weckt nur bei Geschwister 1 Interesse am Klavierspiel, nicht aber bei Geschwister 2, weil Geschwister 1 eine höhere Bereitschaft zum häuslichen Üben hat. Dies zeigt, dass Effekte objektiv geteilter Umweltbedingungen und geteilte Umwelteffekte nicht gleichgesetzt werden dürfen.

Von daher ist es nicht mehr so überraschend, dass die großen nichtgeteilten Umwelteffekte, die sich aus den verhaltensgenetischen Schätzungen für die meisten Persönlichkeitsmerkmale ergeben, nicht durch die Differenzmethode oder durch genetisch informative Längsschnittstudien aufgeklärt werden konnten. Turkheimer und Waldron (2000) diskutierten drei mögliche Ursachen für die Tatsache, dass der Gesamteffekt der nichtgeteilten Umwelteffekte in der Regel viel größer ist als die Effekte objektiv nicht geteilter einzelner Umweltbedingungen. Erstens könnte es sein, dass sehr viele verschiedene objektiv nicht geteilte Umweltbedingungen für Persönlichkeitsunterschiede zwischen Geschwistern verantwortlich sind, so dass große Effekte für einzelne Umweltunterschiede, wie sie von Turkheimer und Waldron (2000) untersucht wurden, nicht zu erwarten sind.

Zweitens könnten wie im obigen Beispiel des gemeinsamen Musiklehrers objektiv geteilte Umweltbedingungen unterschiedliche Auswirkungen auf die Persönlichkeit von Geschwistern haben, weil diese Auswirkungen selbst bereits durch die Persönlichkeit der Geschwister mitbestimmt werden. In diesem Fall bestünde also eine Wechselwirkung zwischen Umweltbedingung und Persönlichkeit. Ganz generell gilt ja, dass die Wirkung von Umweltbedingungen auf die Persönlichkeit immer durch die bereits vorhandene Persönlichkeit gefiltert und modifiziert wird; hier handelt es sich lediglich um einen Spezialfall durch Anwendung des allgemeinen Prinzips auf nichtgeteilte Umweltbedingungen.

Drittens beruht die Individualentwicklung nur zum Teil auf der Wirkung systematischer Faktoren. Wie Computersimulationen u.a. von Boomsma und Molenaar nahelegen, können kleine Zufallsvariationen in Entwicklungsbedingungen sich langfristig zu erheblichen Entwicklungsveränderungen aufschaukeln. Solche zufallsbedingten Effekte auf genetische oder Umweltwirkungen sind in verhaltensgenetischen Schätzungen in der »Restkategorie« der nichtgeteilten Umwelteinflüsse enthalten (Molenaar et al., 1993). Diese Effekte sind zudem nicht interindividuell gleich wahrscheinlich; vieles spricht für systematische Unterschiede in der Anfälligkeit der Individualentwicklung gegenüber genetischen oder Umweltbedingungen, die den normalen Entwicklungsverlauf stören können (Markow, 1994). Unterschiede zwischen Geschwistern in der Fähigkeit, solche Umweltbedingungen abzupuffern, würden ebenfalls zu nichtgeteilten Umwelteffekten beitragen.

> **Merke**
> Der Einfluss einzelner nicht geteilter Umweltbedingungen auf Persönlichkeitsunterschiede ist vermutlich deshalb so gering, weil viele unterschiedliche Bedingungen wirken, weil deren Wirkung durch die Persönlichkeit modifiziert wird und weil der Zufall systematische Wirkungen verrauscht.

6.2.4 Altersabhängigkeit der Einflüsse

Die indirekten Einflussschätzungen der Populationsgenetik sind populationsabhängig, insbesondere also abhängig vom Alter der untersuchten Personen. Erst in den letzten Jahren wurde klar, dass die Varianzschätzungen mit dem Alter variieren. Dies wird z.B. in der schon in Abschn. 6.1.2 dargestellten Längsschnittstudie von Wilson (1983) deutlich, in der Zwillinge und Geschwister unterschiedlichen Alters untersucht wurden. ◻ Abbildung 6.15 zeigt die Altersabhängigkeit der Ähnlichkeit der drei Geschwistertypen im IQ zwischen drei Monaten und 16 Jahren.

Zunächst waren sich ein- und zweieiige Zwillinge gleich ähnlich; dies deutet darauf hin, dass der genetische Einfluss auf das Ergebnis von Intelligenztests im Alter von drei Monaten fast Null ist (es handelte sich hier allerdings um die wenig validen Bayley-Skalen; vgl. Abschn. 6.1.4). Dann wurden sich die eineiigen Zwillinge immer ähnlicher, während sich die zweieiigen Zwillinge ab dem Alter von etwa vier Jahren etwas unähnlicher wurden; im Alter von etwa 16 Jahren wurden die auch für Erwachsene typischen Korrelationen von etwa .85 zwischen eineiigen und .55 zwischen zweieiigen Zwillingen gefunden. Die sich öffnende Schere zwischen den Ähnlichkeiten ein- und zweieiiger Zwillinge ist nach der Zwillingsmethode Ausdruck eines zunehmenden genetischen Einflusses auf den IQ.

Geschwister unterschiedlichen Alters waren sich anfangs sehr unähnlich, bis sie im Alter von etwa fünf Jahren nahezu dieselbe Ähnlichkeit erreichten wie zweieiige Zwillinge. Die zunehmende Ähnlichkeit der eineiigen Zwillinge ist nach der Zwillingsmethode Ausdruck eines abnehmenden Einflusses nicht geteilter Umwelteinflüsse, während die zunehmende Ähnlichkeit zwischen zweieiigen Zwillingen und Geschwistern unterschiedlichen Alters Ausdruck eines abnehmenden Einflusses geteilter Umwelteinflüsse ist: Schwangerschaftsverlauf, Geburtsumstände und frühkindliche Umweltbedingungen. Interessanterweise hat die später noch vorhandene ähnlichere Umwelt von Zwillingen, insbesondere die Tatsache, dass sie meist dieselben Schulklassen besuchen, nur noch einen minimalen Effekt auf ihren IQ.

Der wachsende genetische Einfluss auf den IQ wurde in der Metaanalyse von Zwillingsstudien von McCartney et al. (1990) (vgl. ◻ Tabelle 6.5) bestätigt. Selbst nach Ausschluss der eher unreliablen Intelligenzdaten für das Alter von unter fünf Jahren ergab sich dort eine Korrelation von .52 zwischen dem mittleren Alter der jeweils untersuchten Stichprobe und dem genetischen Varianzanteil. Interessant sind auch ein beobachteter unterschiedlicher Trend in der Altersabhängigkeit des Einflusses der geteilten bzw. nicht geteilten Umwelt: Der Einfluss der geteilten Umwelt auf den IQ nahm mit wachsendem Alter stärker ab (−.50) als der Einfluss der nicht geteilten Umwelt (−.28). Das führt im Erwachsenenalter dazu, dass der Einfluss der nicht geteilten Umwelt auf den IQ relativ zur geteilten Umwelt etwas zunimmt.

Die wachsende genetische Ähnlichkeit und die abnehmende Bedeutung der von Geschwistern geteilten Umwelt auf den IQ wird auch in Adoptionsstudien deut-

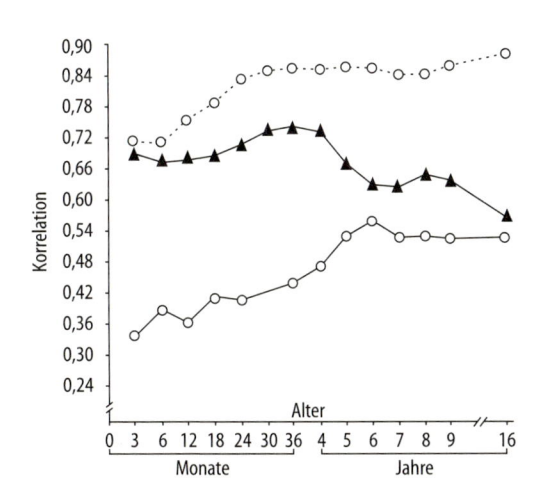

◻ **Abb. 6.15.** Korrelationen zwischen dem IQ von drei Geschwistertypen in Abhängigkeit vom Alter o····o eineiige Zwillinge, ▲—▲ zweieiige Zwillinge, o–o sonstige Geschwister. (Aus Asendorpf, 1999)

lich: Die Ähnlichkeit zwischen den leiblichen Müttern und ihren wegadoptierten Kindern steigt mit wachsendem Alter der Kinder leicht an, während die Ähnlichkeit der Adoptivgeschwister etwa ab dem Ende der Kindheit deutlich sinkt (Plomin, 1986). Zum Beispiel sank die IQ-Korrelation zwischen Adoptivgeschwistern in der Längsschnittstudie von Loehlin et al. (1989) vom ersten Messzeitpunkt (Alter 3–14 Jahre) zum zweiten Messzeitpunkt 10 Jahre später von .20 auf .05, während die Korrelation zwischen leiblicher Mutter und wegadoptiertem Kind im gleichen Zeitraum von .23 auf .26 praktisch gleich blieb. Da die Einflussschätzungen für den IQ in den Abschn. 6.2.2 und 6.2.3 auf Metaanalysen vieler Studien beruhen, die sich überwiegend auf Daten von Kindern beziehen (das mittlere Alter der Personen in der Metaanalyse von McCartney et al., 1990, betrug z. B. acht Jahre), unterschätzen sie den genetischen Einfluss und überschätzen den Einfluss der geteilten Umwelt auf den IQ im Erwachsenenalter. Plomin et al. (1994c) fanden in einer Kombinationsstudie aus 223 Paaren älterer schwedischer Erwachsener einen wahren (um Messfehler bereinigten) genetischen Varianzanteil von 82 % für den IQ im Alter von 64 Jahren und 80 % im Alter von 67 Jahren, wobei der Einfluss der geteilten Umwelt minimal war. Im Erwachsenenalter zeigt also auch der IQ den für Big-Five-Urteile gefundenen höheren Einfluss nicht geteilter Umweltbedingungen.

> **! Merke**
> Mit wachsendem Alter steigt der genetische Einfluss auf den IQ, während der Einfluss der von Geschwistern geteilten Umweltbedingungen sinkt.

Für Persönlichkeitsbeurteilungen der Big Five fanden McCartney et al. (1990) im Mittel über alle betrachteten Eigenschaften eine leichte Abnahme der Ähnlichkeiten von ein- und zweieiigen Zwillingen (jeweils um −.30). Dies weist auf einen konstanten genetischen Einfluss bei leicht wachsendem Einfluss nicht geteilter Umweltbedingungen auf Kosten geteilter Umweltbedingungen hin. Plomin und McClearn (1990) fanden in der schon oben genannten schwedischen Kombinationsstudie für 12 selbstbeurteilte Persönlichkeitsmerkmale für das Alter von 64 Jahren einen mittleren genetischen Varianzanteil von 30 % und einen mittleren Varianzanteil für die geteilte Umwelt von 8 %. Dies weist auf einen leicht sinkenden genetischen Varianzanteil im höheren Erwachsenenalter hin. Diese Analysen sind aber weit weniger zuverlässig als die für den IQ; Aussagen über Unterschiede in Alterstrends zwischen einzelnen Eigenschaften oder einzelnen Big-Five-Faktoren sind derzeit nicht verlässlich.

6.2.5 Interaktion und Kovarianz von Genom und Umwelt

Bisher wurden überlappende Varianzanteile von Genom und Umwelt ignoriert, indem diese Anteile je zur Hälfte der genetischen und der Umweltvarianz zugeschlagen wurden (vgl. Abschn. 6.2.2). Die Überlappung der Varianzanteile von Genom und Umwelt kann durch zwei ganz unterschiedliche Bedingungen zustande kommen: statistische Genom-Umwelt-Interaktion und Genom-Umwelt-Kovarianz.

Bei der statistischen Genom-Umwelt-Interaktion wirken Unterschiede im Genom in Abhängigkeit von Unterschieden in der Umwelt auf Persönlichkeitsunterschiede (vgl. auch Abschn. 2.6 zum Begriff der statistischen Interaktion). Es hängt also von den Allelen ab, welchen Einfluss bestimmte Umweltunterschiede auf Persönlichkeitsunterschiede haben, bzw. es hängt von den Umweltbedingungen ab, welchen Einfluss bestimmte Allele auf Persönlichkeitsunterschiede haben (dies sind nur zwei unterschiedliche Sichtweisen desselben Phänomens). Genom-Umwelt-Interaktionen lassen sich verlässlich nur in sehr großen Stichproben identifizieren. Am ehesten lassen sie sich noch im Extrembereich normaler Persönlichkeitsvarianten finden.

Ein Beispiel ist die Studie von Cadoret et al. (1983), die bei 367 adoptierten Jugendlichen antisoziales Verhalten in Beziehung setzten zum antisozialen Verhalten ihrer leiblichen Mutter und zu Problemen in der Adoptivfamilie. Das antisoziale Verhalten der leiblichen Mutter wurde als genetischer Risikofaktor interpretiert und die Probleme in der Adoptivfamilie als Risikofaktor der Umwelt. Ersteres ist nicht ganz richtig, weil der auf die leibliche Mutter zurückgehende Risikofaktor auch prä- und perinatale Risikofaktoren der Jugendlichen enthält. ◻ Abbildung 6.16 zeigt, dass es die Kombination genetischer/sehr früher Risikofaktoren und Risikofaktoren in der Umwelt nach der Adoption ist, die antisoziales Verhalten vorhersagt; einer der beiden Faktoren allein erhöht das Risiko für antisoziales Verhalten nicht.

Derartige Interaktionen werden in der klinischen Literatur häufig postuliert, z. B. für Schizophrenie oder Depression. Genetische Risiken wirken sich nach dieser Vorstellung nicht direkt aus, sondern erhöhen die Vulnerabilität (Verletzbarkeit) durch belastende Umweltbe-

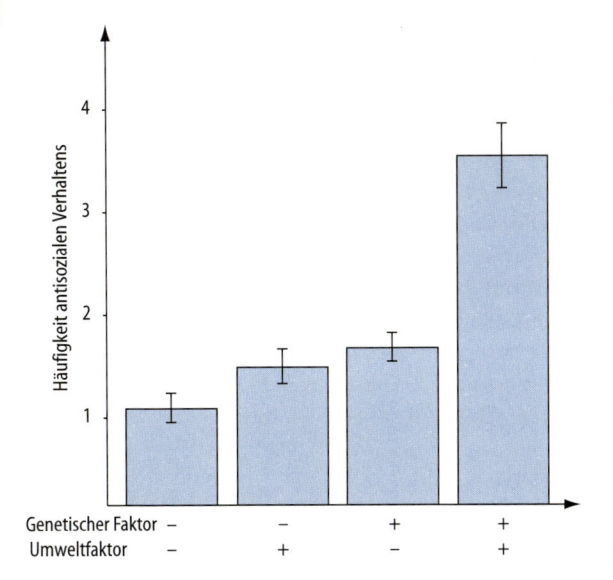

Abb. 6.16. Statistische Genom-Umwelt-Interaktion am Beispiel antisozialen Verhaltens. (Nach Cadoret et al., 1983)

risch zu verstehen, denn Genome können keine Umwelten aussuchen, verändern oder herstellen. Den Einfluss auf die Umwelt üben Personen aus, aber sofern sie dies aus genetischen Gründen tun, beeinflusst tatsächlich das Genom die Umwelt.

Das Konzept der reaktiven Genom-Umwelt-Kovarianz berücksichtigt genetische Effekte auf die Umwelt, die durch soziale Interaktionsprozesse vermittelt sind. Immer dann, wenn die soziale Umwelt auf Persönlichkeitseigenschaften reagiert, die genetisch beeinflusst sind, wird eine systematische Beziehung zwischen Genom und Umwelt aufgebaut. Dies ist am stärksten der Fall bei stark genetisch bedingten Eigenschaften, die das Verhalten von Interaktionspartnern stark beeinflussen, z. B. bei physischer Attraktivität und Intelligenz.

dingungen. Nur wenn genetisch bedingte Vulnerabilität und belastende Umweltbedingungen zusammenkommen, ist das Erkrankungsrisiko erhöht.

Eine erste Interaktion dieser Art fanden Caspi et al. (2002) im Falle genetischer Faktoren, die misshandelte Kinder davor schützen, antisoziale Probleme zu entwickeln (vgl. Abschn. 6.3.1).

> **❗ Merke**
>
> **Indirekte Schätzungen legen nahe, dass es bedeutsame statistische Genom-Umwelt-Interaktionen bei antisozialem Verhalten gibt: Genetische und Umweltrisiken scheinen sich wechselseitig zu verstärken.**

Bei der Genom-Umwelt-Kovarianz finden sich bestimmte Genome gehäuft in bestimmten Umwelten. Zum Beispiel mögen intelligenzförderliche Genome sich in anregenden Umwelten häufen, weil Eltern und Ausbildungssystem dies fördern und intelligente Menschen dazu tendieren, solche Umwelten aufzusuchen oder herzustellen. Plomin et al. (1977) unterschieden drei unterschiedliche Formen der Genom-Umwelt-Kovarianz (s. »Unter der Lupe«).

Das Konzept der aktiven Genom-Umwelt-Kovarianz entspringt der dynamisch-interaktionistischen Sichtweise, angewandt auf Genome: Genome schaffen sich ihre Umwelten z. T. selbst. Das ist natürlich metapho-

> **Unter der Lupe**
>
> **Drei Formen der Genom-Umwelt-Kovarianz**
> Nach Plomin et al. (1977) lassen sich drei Formen der Genom-Umwelt-Kovarianz unterscheiden. Eine aktive Genom-Umwelt-Kovarianz kommt dadurch zustande, dass Menschen genetisch beeinflusste Tendenzen haben, bestimmte Umwelten aufzusuchen, passend zu verändern oder überhaupt erst herzustellen. Zum Beispiel suchen sich Menschen intelligenzmäßig angemessene Freunde und Lektüre und stellen so eine Passung zwischen ihrer Intelligenz (damit ihrem Genom) und ihrer Umwelt her. Eine reaktive Genom-Umwelt-Kovarianz kommt dadurch zustande, dass die soziale Umwelt auf genetisch beeinflusste Persönlichkeitseigenschaften von Menschen reagiert. Zum Beispiel werden Kinder in Abhängigkeit von ihrer Intelligenz unterschiedlichen Schultypen oder Leistungskursen zugewiesen, wodurch auch ohne ihre direkte Einflussnahme eine Passung zwischen ihrer Intelligenz (damit ihrem Genom) und ihrer schulischen Umgebung zustandekommt. Eine passive Genom-Umwelt-Kovarianz kommt ohne Zutun der Genomträger oder ihrer sozialen Umwelt dadurch zustande, dass genetisch Verwandte ihnen durch ihr Verhalten bestimmte Umweltbedingungen bieten. Zum Beispiel wachsen intelligente Kinder schon deshalb in einer anregenderen Umwelt auf, weil ihre Eltern aufgrund ihrer eigenen Intelligenz, die teilweise auf den gleichen Allelen wie die ihrer Kinder beruht, eine anregendere häusliche Umgebung schaffen – ein rein genetisch vermittelter Effekt, der bei Adoptivkindern entfällt.

Dass Korrelationen zwischen Persönlichkeitseigenschaften von Kindern und ihrer persönlichen Umwelt (vgl. Abschn. 5.1) teilweise auf passiver Genom-Umwelt-Kovarianz beruhen können, wird oft übersehen. Zum Beispiel wird eine Korrelation zwischen der Intelligenz von Kindern und der Zahl der Kinderbücher im Haushalt typischerweise so interpretiert, dass das Vorhandensein von Kinderbüchern intelligenzförderlich sei. Dabei wird vorausgesetzt, dass viele vorhandene Bücher bedeutet, dass auch oft von den Eltern vorgelesen oder von den Kindern gelesen wird. Diese Korrelation könnte aber auch schlicht Ausdruck einer passiven Genom-Umwelt-Kovarianz sein: Weil intelligente Kinder eher intelligente Eltern haben, die selber mehr lesen, kaufen diese auch viele Kinderbücher. Diese Kovarianz könnte auch dann bestehen, wenn die vorhandenen Bücher überhaupt nicht zum (Vor-)Lesen genutzt werden.

> **Merke**
> Korrelationen zwischen Persönlichkeitseigenschaften und Umwelteigenschaften können zumindest teilweise genetisch bedingt sein.

Im Gegensatz zur aktiven und reaktiven Genom-Umwelt-Kovarianz ist das Ausmaß der passiven Genom-Umwelt-Kovarianz durch Adoptionsstudien empirisch schätzbar. Die überzeugendste Methode ist der Vergleich der Korrelationen von Eltern und Kindern zwischen normalen Familien und Adoptivfamilien; aus der Korrelationsdifferenz lässt sich in Verbindung mit Annahmen über den genetischen Einfluss die passive Genom-Umwelt-Kovarianz schätzen (vgl. genauer Loehlin & DeFries, 1987). Entsprechende Schätzungen für fünf Adoptionsstudien kamen zu einer mittleren passiven Genom-Umwelt-Korrelation von .15 für den IQ (Loehlin & DeFries, 1987); für beurteilte Eigenschaften lieferten die Schätzungen vernachlässigbar geringe Korrelationen (Loehlin, 1992).

Eine passive Genom-Umwelt-Kovarianz setzt voraus, dass genetisch Verwandte einen wesentlichen Teil der Umwelt bilden. Das ist in der frühen Kindheit dann der Fall, wenn Kinder bei ihren leiblichen Eltern aufwachsen. Je älter sie werden, desto mehr wächst aber der Anteil ihrer Beziehungen zu genetisch Nichtverwandten; im Erwachsenenalter ist der Einfluss Verwandter minimal. Die Bedeutsamkeit der passiven Genom-Umwelt-Kovarianz sollte also mit wachsendem Alter abnehmen. Parallel dazu sollte die Bedeutung der aktiven Genom-Umwelt-Kovarianz zunehmen, weil Jugendliche und erst recht Erwachsene freier in der Gestaltung ihrer Umwelt nach ihren »genetischen Interessen« sind als Kinder. Die reaktive Genom-Umwelt-Kovarianz schließlich sollte ähnlich stark in allen Altersgruppen ausfallen.

Scarr und McCartney (1983) nahmen an, dass die aktive Form der Genom-Umwelt-Kovarianz stärker zunimmt als die passive Form abnimmt, so dass der Einfluss des Genoms auf die Umwelt mit wachsendem Alter steigt. Dies scheint besonders im Falle des IQ plausibel – wer aus genetischen Gründen potentiell wesentlich intelligenter ist als seine Eltern, wird zunächst durch das wenig anregende Elternhaus gebremst, kann sich dann aber zunehmend eine anregende Umwelt selbst gestalten, die wiederum der eigenen Intelligenz förderlich ist.

> **Merke**
> Der wachsende genetische Einfluss auf den IQ mit wachsendem Alter könnte eine Konsequenz der zunehmenden Stärke der aktiven Genom-Umwelt-Kovarianz sein.

6.2.6 Diskussion

Insgesamt lassen sich die Hauptbefunde der populationsgenetischen Einflussschätzungen in drei Punkten zusammenfassen:

- Von Geschwistern geteilte Umwelteffekte auf ihre Persönlichkeit sind gering (Ausnahme: Effekte des Bildungsmilieus auf den IQ in Kindheit und Jugend). Von Geschwistern nicht geteilte Umwelteffekte auf ihre Persönlichkeit sind stark. Die Umwelt macht also Geschwister eher unterschiedlich als ähnlich. Dazu trägt wesentlich bei, dass ähnliche Umweltbedingungen von unterschiedlichen Geschwistern verschieden verarbeitet und so zu nicht geteilten Einflüssen werden.
- IQ, beurteilte Persönlichkeitseigenschaften (Big Five) und teilweise auch Einstellungen und Werthaltungen sind substantiell genetisch beeinflusst. Temperamentsfaktoren sind nicht stärker genetisch beeinflusst als viele andere Eigenschaften. Dieser Einfluss ist prinzipiell alters- und kulturabhängig.
- Genetische und Umwelteinflüsse können in Wechselwirkung treten (Genom-Umwelt-Interaktion) und aus drei verschiedenen Gründen kovariieren. Diese Erkenntnis überwindet die alltagspsychologische Auffassung, dass Erbe und Umwelt unabhängige Einflussfaktoren seien, wenn auch die Bedeutsamkeit dieser Wechselwirkungen derzeit noch nicht gut abgeschätzt werden kann.

Diese Ergebnisse sind, wie schon mehrfach betont wurde, kulturabhängig. Sie beziehen sich auf die gesamte Variation von Genen, Umwelten und Persönlichkeitseigenschaften innerhalb westlicher Industrienationen. Sie lassen sich nicht unbesehen auf andere Kulturen verallgemeinern. Erst recht nicht lassen sie sich übertragen auf den genetischen oder Umwelteinfluss auf Unterschiede zwischen Kulturen oder auf den genetischen oder Umwelteinfluss auf Extremvarianten innerhalb von Kulturen (z.B. Hochbegabung, Schwachsinn). Hier können die Einflussschätzungen ganz anders ausfallen (vgl. auch Abschn. 8.4.2).

❓ Fragen

6.9 Wie unterscheiden sich psychologische von alltagspsychologischen Persönlichkeitserklärungen?

6.10 Wie lassen sich Einflüsse auf Persönlichkeitseigenschaften direkt und indirekt bestimmen?

6.11 Wie lässt sich der genetische Einfluss auf Persönlichkeitseigenschaften durch die Zwillingsmethode schätzen, und welche methodischen Probleme bestehen dabei?

6.12 Wie lässt sich der genetische Einfluss auf Persönlichkeitseigenschaften durch die Adoptionsmethode schätzen, und welche methodischen Probleme bestehen dabei?

6.13 Wie groß ist der genetische Einfluss auf Persönlichkeitseigenschaften?

6.14 In welchen zwei Hauptpunkten unterscheiden sich die Befunde der Populationsgenetik von Annahmen der klassischen Sozialisationstheorie?

6.15 Führen objektiv geteilte Umwelten auch zu geteilten Umwelteffekten?

6.16 Wie verändert sich der genetische Einfluss auf den IQ mit wachsendem Alter und warum?

6.17 Was versteht man unter einer statistischen Genom-Umwelt-Interaktion?

6.18 Sind Korrelationen zwischen Umwelt- und Persönlichkeitseigenschaften umweltbedingt?

ℹ️ Hinweise zur Beantwortung

6.9 mehrere Ursachen -- mehrere Wirkungen, Erklärungsregeln werden gesucht

6.10 Korrelation Prädiktoren-Eigenschaft, Korrelation zwischen Paar-Partnern

6.11 doppelte Differenz, nichtadditive Effekte, Kontrasteffekte

6.12 doppelte Differenz, nichtadditive Effekte, selektive Plazierung, Kontrasteffekte

6.13 für Körpergröße, IQ, Big Five und Werthaltungen erläutern

6.14 genetischer Einfluss, geteilte Umwelteinflüsse

6.15 Unterschied zwischen Umwelten und Umwelteffekten

6.16 mögliche Erklärung durch wachsende aktive Genom-Umwelt-Kovarianz

6.17 Beispiel antisoziales Verhalten

6.18 Erzeugung durch passive, aktive oder reaktive Genom-Umwelt-Kovarianz

Weiterführende Literatur

Plomin, R., DeFries, J.C., McClearn, G.E. & Rutter, M. (1999). *Gene, Umwelt und Verhalten*. Bern: Huber.

Rowe, D.C. (1997). *Genetik und Sozialisation*. Weinheim: Psychologie Verlags Union.

6.3 Wechselwirkungsprozesse zwischen Persönlichkeit und Umwelt

Die populationsgenetischen Einflussschätzungen liefern einen Anhaltspunkt dafür, welche Faktoren in Eigenschaftserklärungen eine wichtige Rolle spielen: genetische Unterschiede und unter den Umweltunterschieden hauptsächlich solche, die Kinder derselben Familie unterschiedlich machen. Sie sagen aber nichts über den Einfluss spezifischer Allele und Umweltunterschiede auf die Persönlichkeitsentwicklung aus. Und vor allem bleibt völlig unklar, welche Prozesse sich hinter den empirisch geschätzten Einflüssen verbergen: Wie beeinflusst ein Gen oder eine spezifische Umweltbedingung die Persönlichkeit?

Diese Fragen stehen im Mittelpunkt dieses Abschnitts. Dabei wird von vorneherein die dynamisch-interaktionistische Perspektive eingenommen (vgl. Abschn. 2.6), d.h. es wird davon ausgegangen, dass nicht nur Gene und Umwelten Wirkungen auf die Persönlichkeit ausüben, sondern dass auch Personen kraft ihrer Persönlichkeit Wirkungen ihrer Gene und Umwelten verändern können. Da diese Wechselwirkungsprozesse zwischen Persönlichkeit und Umwelt extrem komplex sind, ist ihre psychologische Analyse nur in wenigen Fällen so weit fortgeschritten, dass sie dieser Komplexität annähernd gerecht wird. Eine systematische Übersicht über Wechselwirkungsprozesse würde deshalb im wesentlichen aus dem Aufzeigen von Wissenslücken bestehen.

Um dieses frustrierende Unterfangen zu vermeiden, werden im folgenden nur die Ansätze zu einem Verständnis genetischer Wirkungsprozesse systematisch diskutiert. Die weitere Darstellung beschränkt sich auf drei Beispiele komplexer Wechselwirkungen zwischen Persönlichkeit und Umwelt. Am Beispiel intellektueller Leistungen wird gezeigt, wie Fähigkeiten, Lernumwelten und Interessen in Wechselwirkung miteinander intellektuelle Kompetenzen erzeugen. Und am Beispiel antisozialen und schüchternen Verhaltens wird gezeigt, wie individuelle Dispositionen und soziale Umweltfaktoren in Wechselwirkung miteinander Verhaltenstendenzen stabilisieren.

6.3.1 Vom Genom zur Persönlichkeit

Wir alle tragen unser Genom in millionenfacher Kopie mit uns herum: Abgesehen von Ei- und Samenzellen enthält jede Körperzelle das vollständige Genom. Nach Auffassung der Molekulargenetik verändert sich das Genom zwischen Zeugung und Tod nicht (abgesehen von seltenen, zufälligen Mutationen einzelner Gene). Es handelt sich hierbei allerdings nur um eine Hypothese, die bisher nicht widerlegt werden konnte.

> **Merke**
> Das Genom ist zeitlebens konstant.

Aus der Konstanz des Genoms und der Annahme, dass Gene direkt auf die Persönlichkeit wirken, wird oft der Schluss gezogen, dass der genetische Einfluss auf die Persönlichkeit im Verlauf des Lebens ebenfalls konstant und – außer durch gentechnologische Maßnahmen – nicht veränderbar sei. Das ist ein Fehlschluss, der zu zahlreichen grundlegenden Missverständnissen über den genetischen Einfluss auf die Persönlichkeit führt.

Gene wirken nicht direkt auf die Persönlichkeit. Gene sind Moleküle, deren Aktivität direkt auf die Proteinsynthese der Zellen wirkt. Bestimmte Gene, die Strukturgene, enthalten Information für Proteine, die z.B. für den Aufbau des Nervensystems benötigt werden oder Botenstoffe für die Informationsübertragung zwischen Zellen darstellen (Hormone, Neurotransmitter). Wird ein Strukturgen aktiviert, wird seine Information abgelesen und zur Produktion des jeweils zugehörigen Proteins verwendet. Die Aktivierung der ca. 30 000 Strukturgene besorgen andere Gene, deren Aktivität wiederum untereinander auf höchst komplexe Weise vernetzt ist. Die Wechselwirkungen der Aktivität jeweils vieler Gene bilden die Basis der Stoffwechsel- und Entwicklungsprozesse eines Menschen. Die Genaktivität ist also zeitlich variabel.

> **Merke**
> Das Genom ist zeitlebens konstant, aber der Prozess der Genaktivität ist zeitlich variabel.

Nicht nur einzelne Gene stehen in Wechselwirkung miteinander, sondern auch Gene und ihre Produkte, z.B. Enzyme. Die genetische Aktivität beeinflusst die neuronale Aktivität, die Grundlage des Erlebens und Verhaltens ist; durch Verhalten kann die Umwelt verändert werden. Aber auch umgekehrt können Umweltbedingungen das Verhalten beeinflussen und dadurch die neuronale Aktivität und genetische Wirkungen, möglicherweise sogar die genetische Aktivität selbst. Die Molekulargenetik geht also von einem dynamisch-interaktionistischen Konzept genetischer Wirkungen aus. Es gibt keine Einbahnstraße vom Genom zur Persönlichkeit, sondern

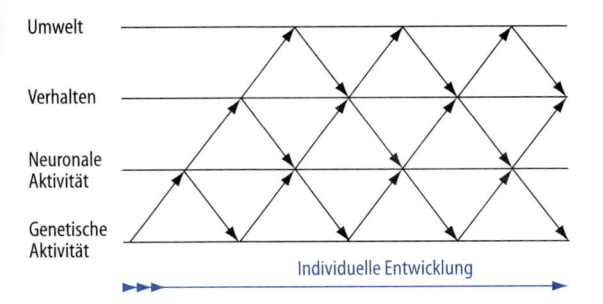

Abb. 6.17. Ein Modell der Genom-Umwelt-Wechselwirkung. (Nach Asendorpf, 1993a)

ein viele Aktivitätsebenen umspannendes Wirkungsnetz (Gottlieb, 1991; ■ Abb. 6.17).

Wegen dieser Wechselwirkung zwischen der Genaktivität und anderen Prozessebenen ist die Vorstellung falsch, Gene »bewirkten« Entwicklung oder Verhalten. Folgendes Beispiel führt das drastisch vor Augen: Ob jemand ein Mann oder eine Frau ist, ist abgesehen von extrem seltenen Ausnahmen rein genetisch bedingt (Abschn. 7.2.1). Stricken ist eine Tätigkeit, die in unserer Kultur fast nur von Frauen ausgeübt wird. Also ist Stricken stark genetisch beeinflusst. Das heißt aber natürlich nicht, dass Frauen ein »Strickgen« besitzen, das sie zum Stricken befähigt oder motiviert. Vom genetischen Geschlecht zu den Geschlechtsunterschieden im Verhalten führt ein langer Weg (▶ Kap. 7); das gilt für alle Gene.

Irreführend ist auch die Vorstellung, das Genom »sei« oder »enthalte« ein Programm, das die Entwicklung eines Organismus steuere (vgl. Johnston & Edwards, 2002; Oyama, 2000). Adäquater ist der Vergleich des Genoms mit einem Text, aus dem im Verlauf des Lebens immer wieder kleine Teile abgelesen werden. Der Text begrenzt das, was abgelesen werden kann, legt aber keineswegs fest, was überhaupt oder gar zu einem bestimmten Zeitpunkt abgelesen wird. Was zu einem bestimmten Zeitpunkt abgelesen wird, hängt davon ab, was vorher gelesen wurde und welche Wirkungen dies hatte, eingeschlossen Rückkopplungseffekte auf das Leseverhalten.

> **Merke**
>
> Die Persönlichkeit ist nicht im Genom vorprogrammiert, sondern Resultat einer kontinuierlichen Wechselwirkung zwischen der Genaktivität und anderen Prozessebenen.

Damit können Menschen genetische Wirkungen im Prinzip auf verschiedensten Ebenen beeinflussen: durch medikamentöse Eingriffe in die genetische Aktivität oder die neuronale Aktivität, durch ihr Verhalten oder durch die Gestaltung ihrer Umwelt. Genetische Wirkungen sind also auch ohne gentechnologische Veränderung des Genoms veränderbar. Ein klassisches Beispiel für die Veränderung genetischer Wirkungen durch eine Umweltveränderung ist die Stoffwechselstörung Phenylketonurie. Eine Variante davon beruht auf einem Allel des zwölften Chromosoms. Wird dieses Allel von Vater und Mutter vererbt, führt diese homozygote Form zu einem Phenylalanin-Überschuss, der die Entwicklung des Zentralnervensystems beeinträchtigt und eine massive Intelligenzminderung verursacht. Wird jedoch im Kindesalter eine Phenylalanin-arme Diät eingehalten (einschließlich Einnahme von Medikamenten, die den Phenylalanin-Haushalt regeln sollen), wird dieser intelligenzmindernde genetische Effekt fast vollständig unterdrückt.

> **Merke**
>
> Genetische Wirkungen können durch Umwelteinflüsse verändert werden.

Umgekehrt können Umweltwirkungen durch Eingriff in die Genaktivität, einschließlich gentechnologischer Veränderung des Genoms, verändert werden. Im Prinzip könnten Menschen gentechnologisch z. B. so verändert werden, dass sie unempfindlicher gegenüber bestimmten Umweltbedingungen werden – z. B. gegenüber Giften an Arbeitsplätzen der chemischen Industrie. Das ist im Moment noch reine Phantasie, aber diese Phantasie beruht auf realistischen Annahmen und wirft deshalb schon jetzt ethische Fragen auf: Dürfen Menschen die genetische Natur von Menschen verändern?

> **Merke**
>
> Umweltwirkungen können im Prinzip gentechnologisch verändert werden.

Wegen der Wechselwirkungen zwischen Genom und Umwelt besteht keine strenge Korrelation zwischen Einflussquelle und Ziel der Veränderung (■ Tabelle 6.11). Wir gehen intuitiv davon aus, dass genetische Wirkungen nur durch Änderung des Genoms, Umweltwirkungen nur durch Änderung der Umwelt verändert werden können (die +-Zellen in ■ Tabelle 6.11). Wir übersehen dabei die !-Zellen in ■ Tabelle 6.11.

Bei Phenylketonurie ist die Einhaltung einer Phenylalanin-armen Diät nicht das ganze Leben lang erfor-

● Tabelle 6.11. Veränderungen des Einflusses von Genom oder Umwelt auf die Persönlichkeit durch Veränderung des Genoms oder der Umwelt

Einfluss durch	Veränderung des Einflusses durch Änderung von	
	Genom	Umwelt
Genom	+	!
Umwelt	!	+

derlich, sondern nur während der Gehirnentwicklung in der Kindheit und Jugend. Ist dieser Prozess weitgehend abgeschlossen, spielt das kritische Allel keine wesentliche Rolle mehr. Genetische Wirkungen sind also im Prinzip altersabhängig. Sie können die frühe Persönlichkeitsentwicklung beeinflussen, können aber auch erst spät wirksam werden. Ein Beispiel für genetische Effekte, die erst im mittleren Erwachsenenalter wirksam werden, ist die Huntington-Chorea (Veitstanz), eine degenerative Hirnerkrankung, die auf einem Allel auf dem vierten Chromosom beruht und im Durchschnitt erst mit Mitte 40 beginnt; vorher führen die Allelträger ein völlig normales Leben.

❗ **Merke**
Genetische Wirkungen sind altersabhängig.

Die Wirkung des Genoms auf Persönlichkeitsunterschiede in einem bestimmten Alter beruht also auf der Gesamtheit der bis dahin stattgefundenen genetischen Aktivität. Genetische Einflüsse aus vorangegangenen Entwicklungsphasen können sich anatomisch oder physiologisch verfestigen und dadurch weiter wirken, ohne dass die hierfür verantwortlichen Allele überhaupt noch aktiv sind. Durch dieses kumulative Prinzip kann der genetische Einfluss trotz starker Schwankungen in der Genaktivität Persönlichkeitseigenschaften stabilisieren.

Andererseits können durch das »Anschalten« vorher nicht aktiver Allele vorhandene Persönlichkeitsunterschiede destabilisiert werden (vgl. Plomin, 1986). Zwillingsstudien konnten zeigen, dass Beschleunigungen oder Verzögerungen der Intelligenzentwicklung (also Veränderungen des IQ) bei eineiigen Zwillingen synchroner verlaufen als bei zweieiigen (Wilson, 1983); dies weist auf destabilisierende genetische Effekte hin. Entgegen dem alltagspsychologischen Vorurteil, dass das Genom stets stabilisierend auf die Persönlichkeit wirke, ist es eine empirische Frage, welche genetischen Effekte stabilisierend wirken und welche zu Persönlichkeitsveränderungen führen.

❗ **Merke**
Genetische Effekte können stabilisierend, aber auch destabilisierend auf die Persönlichkeitsentwicklung wirken.

Seltene Allele wie im Falle von Phenylketonurie oder Huntington-Chorea sind für das Verständnis von Persönlichkeitsunterschieden vermutlich wenig relevant, weil durch sie die Variabilität innerhalb menschlicher Populationen nur unwesentlich aufgeklärt werden kann (Plomin, 1990; vgl. für eine gegenteilige Auffassung Weiss, 1995). Obwohl z. B. inzwischen hunderte von Allelen bekannt sind, die den IQ massiv beeinträchtigen (J. Wahlsten, 1990), können sie letztlich nur einen winzigen Bruchteil der genetisch bedingten IQ-Variabilität erklären, weil sie jeweils extrem selten auftreten: Ihr Effekt ist im Einzelfall massiv, aber die Summe ihrer Effekte ist in bezug auf die Varianz in der ganzen Population minimal.

Alternativ wird vermutet, dass Normalvarianten der Persönlichkeit mit vielen häufigen Allelen statistisch assoziiert sind (sogenannte »quantitative trait loci«; QTL). Wenn jeder einzelne QTL z. B. 2 % der Eigenschaftsvarianz erklären würde, wären mindestens 25 QTL notwendig, um die Eigenschaft molekulargenetisch aufzuklären, sofern sie zu 50 % genetisch beeinflusst ist. Diese Logik liegt dem ersten molekulargenetischen Versuch zugrunde, Normalvarianten einer menschlichen Eigenschaft aufzuklären: Normalvarianten im IQ (das IQ-QTL-Projekt; Plomin et al., 1994a). Untersucht wurden zwei unabhängige Stichproben weißer US-amerikanischer Kinder, die nach hohem und niedrigem IQ vorausgelesen wurden. Sechzig Allelmarker für Genomregionen, die an neuronaler Aktivität beteiligt sind, wurden zunächst in der ersten Stichprobe auf überzufällige Häufigkeitsunterschiede zwischen Kindern mit niedrigem IQ (Mittelwert IQ = 82) und hohem IQ (Mittelwert IQ = 130) geprüft.

Acht Marker zeigten überzufällige Unterschiede. Mit ihnen wurde die zweite Stichprobe aus Kindern mit sehr niedrigem IQ (Mittelwert IQ = 59) und sehr hohem IQ (Mittelwert IQ = 142) getestet. Kein einziger Marker zeigte einen überzufälligen Unterschied, wobei zwei Marker das Ziel nur knapp verfehlten; bei etwas größeren Stichproben von Kindern wären die Unterschiede wohl überzufällig geworden. Die Wahl einer Gruppe von Kindern mit extrem niedrigem IQ in der zweiten Stichprobe erscheint allerdings problematisch, weil sich in dieser Gruppe seltene »pathologische« Allele häufen könnten, was eine Replikation der Ergebnisse der ersten Stichprobe erschwert haben mag (vgl. Weiss, 1995). Das IQ-QTL-Projekt markiert den Beginn einer neuen Ära: den Beginn der molekulargenetischen Persönlichkeitsforschung.

> **Merke**
> Die molekulargenetische Persönlichkeitsforschung begann 1994 mit dem IQ-QTL-Projekt.

Dass der molekulargenetische Weg zum Verständnis von Persönlichkeitsunterschieden lang und dornig sein kann, zeigen die ersten Jahre der Versuche, genetische Marker für den IQ zu finden. Ende 2002 lag trotz erheblicher Forschungsanstrengungen noch kein klar replizierter Effekt vor.

Der überzeugendste molekulargenetische Beleg für Persönlichkeitsunterschiede waren Ende 2002 die Befunde zu einem Gen für den Dopamin-Rezeptor D4, das DRD4-Gen auf dem 11. Chromosom. Wie bei vielen anderen Genen auch bestehen in diesem Fall die verschiedenen Allele aus unterschiedlich häufigen Wiederholungen einer bestimmten Basensequenz (2–8 Wiederholungen in diesem Fall). Die Zahl der Wiederholungen beeinflusst die Effizienz, mit der Dopamin aufgenommen wird, d.h. die Allele beeinflussen direkt den Dopaminstoffwechsel. Es wird angenommen, dass Personen mit vielen Wiederholungen dopamindefizient sind und deshalb nach Neuigkeit, Abwechslung und Aufregung streben, um ihren Dopaminspiegel zu erhöhen.

Plomin und Caspi (1999) berichteten über 11 Studien, in denen DRD4-Allele mit 6–8 Wiederholungen in Beziehung zu Fragebogenselbstbeurteilungen des Strebens nach Neuigkeit gesetzt wurde (diese Allele kamen bei ca. 15% der Untersuchten vor). In 5 Studien wurde die biochemisch-physiologisch recht gut fundierte Hypothese signifikant bestätigt, in 6 Studien jedoch nicht, wobei 4 davon nicht einmal einen Trend in die richtige Richtung zeigten. Plomin und Caspi (1999) wiesen darauf hin, dass einige der Studien eine viel zu kleine Stichprobe hatten, um die vermutlich schwachen Effekte zu replizieren.

Das DRD4-Gen wurde auch in seiner Beziehung zu verschiedenen pathologischen Störungen untersucht. In einer ersten Metaanalyse aller Studien zum Zusammenhang mit dem Aufmerksamkeitsdefizit-Hyperaktivitäts-Syndrom (ADHD) fanden Faraone et al. (2001) einen überzufälligen, wenn auch geringen Zusammenhang zwischen dem Allel mit 7 Wiederholungen und Hyperaktivität.

> **Merke**
> Erste Erfolge konnte die molekulargenetische Persönlichkeitsforschung bei der Untersuchung des Dopamin-D4-Rezeptorgens verzeichnen, das Beziehungen zum Temperamentsmerkmal Streben nach Neuigkeit und zu Aufmerksamkeitsstörungen in Verbindung mit Hyperaktivität aufzuweisen scheint.

Die Strategie, direkte Zusammenhänge zwischen bestimmten Allelen und Persönlichkeitsmerkmalen zu finden, ist nicht die einzig mögliche, um genetische Einflüsse direkt nachzuweisen. Wie in Abschn. 6.2.5 gezeigt wurde, kann es Genom-Umwelt-Wechselwirkungen geben, bei denen die genetischen Wirkungen von bestimmten Umweltbedingungen abhängen. Dies wurde bisher indirekt mittels Adoptionsmethode am überzeugendsten für antisoziales Verhalten gezeigt (vgl. ◘ Abb. 6.16). Es ist deshalb auch kein Zufall, dass der erste Hinweis auf eine spezifische Gen-Umwelt-Interaktion für antisoziales Verhalten gefunden wurde.

Caspi et al. (2002) untersuchten in der Dunedin-Längsschnittstudie (vgl. auch Abschn. 6.1.5) bei den knapp 500 männlichen Teilnehmern im Alter von 26 Jahren den Zusammenhang zwischen erfahrener Kindesmisshandlung im Alter zwischen 3 und 11 Jahren (keine, wahrscheinlich, schwere), dem MAOA-Gen auf dem X-Chromosom (Allele, die geringe versus starke Aktivität dieses Gens bedingen) und 4 verschiedenen Indikatoren für antisoziales Verhalten im Alter von 26 Jahren (antisoziale Persönlichkeitsstörung nach DSM-IV; vgl. Abschn. 4.1.2; Zahl der Verurteilungen wegen Gewalttätigkeit; Selbstbeurteilung antisozialer Tendenzen; Beurteilung antisozialer Symptome durch Bekannte). Für alle 4 Indikatoren ergab sich dieselbe statistische Gen-Umwelt-Interaktion, die in ◘ Abb. 6.18 für den aggregierten Index aller 4 z-transformierten Indikatoren illustriert ist.

Wie ◘ Abb. 6.18 zeigt, erhöhte erfahrene Kindesmisshandlung das Risiko für antisoziales Verhalten im Erwachsenenalter unabhängig vom MAOA-Gen, wobei jedoch die Erhöhung deutlich stärker bei denjenigen 163 männlichen Teilnehmern der Längsschnittstudie ausfiel, die das Allel für niedrige MAOA-Aktivität hatten. So wurden z.B. die 55 Männer, die beide Risikofaktoren aufwiesen (Misshandlung und Allel für niedrige

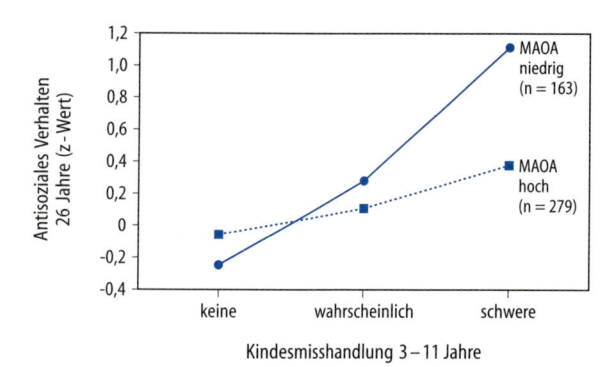

Abb. 6.18. Statistische Interaktion zwischen der Aktivität des MAOA-Gens und erfahrener Kindesmisshandlung im Alter von 3–11 Jahren in bezug auf antisoziales Verhalten im Alter von 26 Jahren bei Männern in der Dunedin-Studie. (Nach Caspi et al., 2002)

MAOA-Aktivität) bis zum Alter von 26 Jahren dreimal so häufig verurteilt wie die 99 Männer, die auch misshandelt worden waren, aber das Allel für hohe MAOA-Aktivität aufwiesen; für schwerere Delikte (Vergewaltigung, Raub und Überfälle) war die Rate sogar viermal so hoch. Genetisch bedingte unzureichende MAOA-Aktivität scheint demnach die Entwicklung antisozialer Tendenzen zwar nicht allgemein, wohl aber nach erfahrener Kindesmisshandlung zu fördern. Da sich kein Zusammenhang zwischen den beiden Allelen und Kindesmisshandlung ergab, nur eine Minderheit der misshandelten Kinder später antisoziale Tendenzen zeigte und die misshandelten Kinder mit hoher MAOA-Aktivität keine häufigeren Internalisierungsprobleme aufwiesen als die nicht misshandelten (Caspi, persönl. Mitteilung, 2002), scheint sogar die weitergehende Interpretation zuzutreffen, dass das »normale« Allel für hohe MAOA-Aktivität vor langfristig negativen Konsequenzen erfahrener Kindesmisshandlung schützt.

Obwohl statistische Interaktionen erfahrungsgemäß schlechter replizierbar sind als einfache Effekte, wurde die Gen-Umwelt-Interaktion in diesem Fall für vier sehr unterschiedliche Indikatoren antisozialer Tendenzen gefunden. Zudem ist das Ergebnis biochemisch plausibel. Das MAOA-Gen produziert das Enzym Monoaminoxidase A, das eine exzessive Produktion von Neurotransmittern wie Serotonin, Noradrenalin und Dopamin reduziert, zu der es bei starken Belastungen kommen kann. Tierexperimentelle Studien an Mäusen, deren MAOA-Gen stillgelegt wurde (»Knock-Out-Mäuse«) haben gezeigt, dass die fehlende MAOA-Genaktivität zu erhöhter Aggressivität führt. Im Gegensatz zur globalen, indirekt geschätzten Genom-Umwelt-Interaktion in Adoptionsstudien (Abschn. 6.2.5) ist die von Caspi et al. (2002) gefundene statistische Interaktion viel spezifischer, weil das verantwortliche Gen und die verantwortliche Umweltbedingung konkret spezifiziert sind.

> **Merke**
>
> Der erste Hinweis auf eine spezifische Gen-Umwelt-Interaktion in der Persönlichkeitsentwicklung wurde von Caspi et al. (2002) in der Dunedin-Studie gefunden. Danach scheint ein Allel für unzureichende MAOA-Aktivität bei Männern die Entwicklung antisozialer Tendenzen nach erfahrener Kindesmisshandlung zu fördern.

Diese ersten Ansätze der molekulargenetischen Persönlichkeitsforschung illustrieren die künftig zu erwartenden Möglichkeiten und Schwierigkeiten einer Aufklärung normaler Persönlichkeitsvarianten durch einzelne Gene und deren Interaktion mit spezifischen Umweltbedingungen. Die Wirkung einzelner Gene dürfte relativ schwach sein, so dass es großer Stichproben und sorgfältiger Replikationen der Ergebnisse bedarf, um nicht Zufallsbefunden aufzusitzen. Andererseits dürfte es aber auch möglich werden, durch gleichzeitige Betrachtung vieler Gene und Gen-Umwelt-Interaktionen einen substanziellen Teil der Varianz von Persönlichkeitseigenschaften aufzuklären (Benjamin et al., 2002).

Der Sinn der molekulargenetischen Persönlichkeitsforschung kann nicht darin bestehen, Psychologen überflüssig zu machen, indem Persönlichkeitseigenschaften durch Genomanalysen statt durch psychologische Tests erfasst werden. Dazu ist nämlich die »genetische Diagnose« viel zu ungenau. Im Falle des IQ beispielsweise beträgt der Erwartungsbereich für den genetisch geschätzten IQ (der Bereich, in den der IQ bei Kenntnis aller relevanten Allele mit 95 %iger Sicherheit fällt) etwa ± 21 IQ-Punkte (vgl. Abschn. 6.2.2) – eine extreme Ungenauigkeit, die jede praktische Anwendbarkeit verbietet. Demgegenüber ist der Erwartungsbereich für IQ-Tests, der nur durch deren Unreliabilität bedingt ist, mit etwa ± 9 IQ-Punkten (bei einer Reliabilität von .90) wesentlich geringer. Dass der genetische Erwartungsbereich so groß ist, ist natürlich nicht erstaunlich, weil er alle Umwelteinflüsse ignoriert.

> **Merke**
>
> Die Genomanalyse erfasst, ähnlich wie der sozioökonomische Status, das Persönlichkeitspotenzial, Psychodiagnostik hingegen die aktuell realisierte Persönlichkeit.

Der Sinn molekulargenetischer Persönlichkeitsforschung liegt vielmehr darin, die Prozesse besser verstehen zu lernen, die vom Genom zur Persönlichkeit führen, wobei die Hoffnung besteht, dass ein besseres Verständnis dieser Prozesse helfen wird, genetische Benachteiligungen vor allem durch Umweltmaßnahmen gezielt zu beseitigen. Wie alle wissenschaftlichen Fortschritte wird auch dieser seine Schattenseiten haben: der Versuch des Missbrauchs der Genomanalyse zur Diskriminierung oder Kontrolle von Teilen der Bevölkerung (vgl. Asendorpf, 1988a, 1990b, für entsprechende Szenarien). Wie sonst auch wird es hier entscheidend darauf ankommen, Ungleichheit nicht mit Ungleichwertigkeit gleichzusetzen, sondern genetische Ungleichheit durch soziale Gerechtigkeit zu kompensieren.

6.3.2 Intellektuelle Leistungen

Wechselwirkungsprozesse zwischen Persönlichkeit und Umwelt sollen nun am Beispiel intellektueller Leistungen in Kindheit und Jugend diskutiert werden. Nach der Diskussion der Intelligenz in Abschn. 4.4.1 und der Diskussion von genetischen und Umwelteinflüssen auf den IQ in diesem Kapitel liegt es nahe, als Rahmen für die Prozesse, die für intellektuelle Leistungen verantwortlich sind, das in ◘ Abb. 6.19 skizzierte Modell zu wählen.

Die zentrale Variable des Modells ist die Intelligenz, gemessen durch den IQ. Sie beruht auf genetischen Einflüssen, die bisher nicht weiter spezifiziert werden können, auf von Geschwistern nicht geteilten Umwelten und auf von Geschwistern geteilten Umwelten. Bei letzteren handelt es sich um intellektuell anregende Bedingungen der familiären Umwelt wie z.B. sprachliches Niveau der Kommunikation in der Familie, Vorhandensein von anregendem Spielzeug und von Kinderbüchern, Fernsehgewohnheiten oder gemeinsamer Besuch kultureller Veranstaltungen.

Die Bedeutsamkeit dieser familiären Faktoren für den IQ wird z.B. in einer Studie von Burks (1928) deutlich, in der Adoptivfamilien mit einer Kontrollgruppe normaler Familien verglichen wurden hinsichtlich der Korrelation zwischen kindlichem IQ und zwei Umweltmaßen, die bei Hausbesuchen erhoben wurden: »Haushaltsqualität« (ein Aggregat aus sozioökonomischem Status und Beurteilungen der Sauberkeit, Wohnungsgröße und der Ausübung elterlicher Rollen, z.B. Beaufsichtigung der Kinder) und »Bildungsorientierung« (ein Aggregat aus dem sprachlichen Niveau, dem Bildungsgrad, den intellektuellen Interessen und dem künstlerischen Geschmack der Eltern sowie der Zahl der Bücher im Haushalt). ◘ Tabelle 6.12 zeigt den Zusammenhang zwischen dem IQ und diesen beiden Umweltmaßen in Adoptiv- und Kontrollfamilien.

Die Korrelationen zwischen IQ und intelligenzanregender Umwelt waren in den Kontrollfamilien deutlich stärker; dies zeigt den Effekt der passiven Genom-Umwelt-Kovarianz (in den Kontrollfamilien waren die Kinder ihren Eltern genetisch ähnlich, die wiederum verantwortlich für die Umwelt der Kinder waren; vgl. Abschn. 6.2.5). In den Adoptivfamilien verblieb nur noch eine recht geringe Korrelation zwischen »Haushaltsqualität« bzw. »Bildungsorientierung« in der Familie und dem IQ des Kindes; sie stellt eine direkte Schätzung des Einflusses der von Geschwistern geteilten und von ihren Genomen unabhängigen Umwelt auf den IQ dar (vgl. für ähnliche Ergebnisse Leahy, 1935, und Plomin et al., 1985). Dieser Umwelteinfluss nimmt mit wachsendem Alter der Kinder ab und ist nach Verlassen des Elternhauses verschwindend gering (vgl. Abschn. 6.2.4).

Zunehmend wichtiger wird dagegen der Einfluss der von Geschwistern unterschiedlichen Alters nicht geteilten Umwelten auf die Intelligenz (vgl. Abschn. 6.2.4).

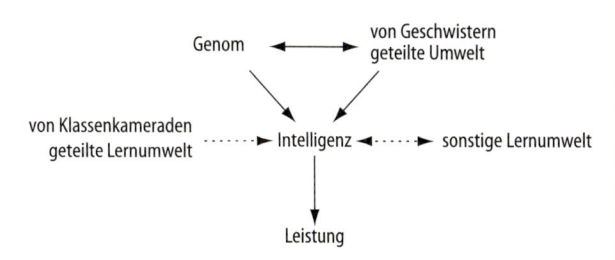

◘ Abb. 6.19. Ein Rahmenmodell für Einflüsse auf intellektuelle Leistungen

◘ Tabelle 6.12. Korrelationen zwischen kindlichem IQ und Merkmalen der häuslichen Umwelt bei Adoptiv- und Kontrollfamilien. (Nach Burks, 1928)

Umweltmerkmal	Adoptivfamilien n = 206	Kontrollfamilien n = 104
Haushaltsqualität[a]	.21	.42
Bildungsorientierung[a]	.25	.44

[a] Zur Messung vgl. Text.

Dazu gehört vor allem der Einfluss der schulischen Lernumwelt. Sie lässt sich in zwei Anteile zerlegen: Einfluss der von allen Schülern einer Klasse geteilten Lernumwelt und Einfluss derjenigen Lernumwelt, der die betrachteten Schüler, nicht aber alle ihre Klassenkameraden ausgesetzt sind. Letzterer kann aufgrund aktiver oder reaktiver Genom-Umwelt-Kovarianz abhängig vom Genom sein, etwa wenn ein Schüler aufgrund hoher genetisch bedingter Intelligenz von bestimmten Lehrern besonders gefördert wird.

Der Einfluss der von Klassenkameraden geteilten schulischen Umwelt auf den IQ wird in Untersuchungen deutlich, die in vielen Klassen die Unterrichtsqualität in einem Fach durch Beobachter einschätzen lassen und dann mit dem mittleren IQ der Klasse in Beziehung setzen. Die entsprechenden Korrelationen sind verschwindend gering – zumindest in Schulsystemen wie dem deutschen, in denen die Unterrichtsqualität an einer Schule kaum mit der sozialen Schicht der Schüler dieser Schule korreliert (vgl. z. B. Weinert et al., 1989b).

> **❗ Merke**
> **Die von Klassenkameraden geteilte Lernumwelt hat nur einen verschwindend geringen Einfluss auf den IQ.**

Dieses Ergebnis scheint einer Reihe von Untersuchungen zu widersprechen, die einen deutlicheren Effekt der schulischen Lernumwelt auf den IQ zeigen. So korreliert der IQ in Entwicklungsländern, in denen viele Kinder wegen fehlender Lehrer oder Schulen die Schule um Jahre zu spät oder gar nicht besuchen, deutlich mit der Beschulung, und in Längsschnittstudien, in denen der IQ im Kindesalter bekannt ist, korreliert der IQ im Alter von 18 Jahren auch nach statistischer Kontrolle des IQ in der Kindheit mit der Schuldauer (Ceci, 1991). Hier muss jedoch berücksichtigt werden, dass es sich um andere Varianzquellen handelt: Ob jemand überhaupt zur Schule geht bzw. überhaupt an einem weiterführenden Unterricht teilnimmt oder nicht, ist sicherlich bedeutsamer als die Tatsache, ob jemand den Mathematikunterricht der 6. Klasse nach den Richtlinien des bayerischen Kultusministeriums bei Lehrer A oder B genießt. Wenn auch ein Einfluss der Beschulung auf den IQ nachweisbar ist (vgl. Ceci, 1991, für weitere Belege), ist der Einfluss der unterschiedlichen Realisierung desselben Curriculums durch unterschiedliche Lehrer auf den IQ verschwindend gering.

Diese Feststellung darf nicht zu dem Fehlschluss verleiten, die Unterrichtsqualität habe auch auf die Schulleistung nur einen verschwindend geringen Einfluss. Dies wäre nur dann der Fall, wenn der Unterricht – wie in ◻ Abb. 6.19 angenommen – nur über die Intelligenz auf die Schulleistung wirken könnte. Das widerspräche aber in eklatantem Maße der alltagspsychologischen (bzw. alltagspädagogischen) Annahme, dass Unterricht primär Wissensinhalte vermittle und die Schulleistung wesentlich vom Wissensstand abhänge. Unterricht könnte und sollte nach dieser Annahme primär über den Wissenserwerb die Schulleistung beeinflussen, wobei dieser Wissenserwerb zwar ein bestimmtes Ausmaß an Intelligenz bei den Schülern voraussetze, ansonsten aber von anderen Faktoren wie dem didaktischen Geschick der Lehrer oder den Interessen der Schüler abhänge.

Merkwürdigerweise wurde die eigenständige Rolle, die inhaltsspezifisches Wissen für intellektuelle Leistungen spielt, erst spät Gegenstand empirischer Untersuchungen – davor wurde stets versucht, wie in ◻ Abb. 6.19 eine direkte Brücke zwischen Intelligenz und Leistung zu schlagen (Weinert, 1994). Unübersehbar wurde die Rolle des Wissens erst, als man begann, sich innerhalb des sogenannten Experten-Novizen-Paradigmas für Höchstleistungen und einseitige Begabungen zu interessieren (vgl. Ericsson & Charness, 1994).

Vergleicht man Experten auf einem bestimmten Wissensgebiet, z. B. Schachgroßmeister oder Bundesligaexperten, mit Novizen (Neulingen) gleicher Intelligenz beim Bearbeiten schwieriger Aufgaben des jeweiligen Gebiets, z. B. Erinnern von Schachstellungen oder Tabellenständen der Bundesliga, Lösen von Schachaufgaben oder Schlussfolgern aus Fußballspielverläufen, so zeigt sich, dass die Experten den Novizen meist deutlich überlegen sind. Diese Überlegenheit ist um so größer, je stärker die Leistung von dem jeweiligen Expertenwissen abhängt. Zum Beispiel können sich Schachgroßmeister außerordentlich gut an nur kurzzeitig gezeigte, komplexe Schachstellungen aus tatsächlichen Spielen erinnern, können aber sinnlose Zufallskonfigurationen von Schachfiguren oder schachfremdes Lernmaterial nicht besser erinnern als Novizen mit vergleichbarer Intelligenz (vgl. schon Chase & Simon, 1973).

> **❗ Merke**
> **Auf ihrem Spezialgebiet leisten Experten mehr als Novizen gleicher Intelligenz aufgrund ihres größeren und besser organisierten Wissens.**

Zusätzlichen Aufwind erhielten wissenspsychologische Ansätze durch die zunehmende Erkenntnis, dass

6.3 · Wechselwirkungsprozesse zwischen Persönlichkeit und Umwelt

Tabelle 6.13. Erinnerungsleistung von Fußballexperten und -novizen unterschiedlicher verbaler Intelligenz für Fußball- und Kontrollitems

Klasse und Items	Experten		Novizen	
	intelligent	wenig intelligent	intelligent	wenig intelligent
2. Klasse:				
Nicht fußballbezogen	46%	31%	44%	35%
Fußballbezogen	53%	41%	44%	31%
4. Klasse:				
Nicht fußballbezogen	66%	55%	62%	60%
Fußballbezogen	76%	63%	62%	51%

sich kognitive Kompetenzen bei Kindern bereichsspezifisch entwickeln (vgl. Carey, 1984; Weinert & Helmke, 1993). Diese Bereichsspezifität konnte jedenfalls teilweise auf Unterschiede in bereichsspezifischem Wissen zurückgeführt werden. Zum Beispiel ließen Schneider und Bjorklund (1992) Zweit- und Viertklässler fußballbezogene Items erinnern (z. B. Bild eines Strafstoßes mit der Unterschrift »Strafstoß«) und gleich viele nicht fußballbezogene Items (z. B. Bild eines Schraubenziehers mit der Unterschrift »Schraubenzieher«). Die Kinder wurden nach ihrem Wissen über Fußball in Experten und Novizen und nach ihrer verbalen Intelligenz in intelligent und wenig intelligent eingeteilt. Tabelle 6.13 zeigt die mittlere Erinnerungsleistung der resultierenden vier Gruppen von Zweit- bzw. Viertklässlern.

Höhere Klassenstufe, Intelligenz und Vorwissen über Fußball förderten die Erinnerungsleistung, wobei das Vorwissen sich nur auf die Erinnerung fußballbezogenen Wissens auswirkte. Hohes Vorwissen konnte zwar niedrige Intelligenz kompensieren (Fußballexperten mit niedriger Intelligenz zeigten eine genauso gute Erinnerungsleistung für Fußballgeschichten wie Fußballnovizen mit hoher Intelligenz), aber hohe Intelligenz zahlte sich auch bei Experten noch aus: Intelligente Experten erinnerten sich besser an Fußballgeschichten als wenig intelligente Experten.

Dem erworbenen, inhaltsspezifischen Wissen kommt auch im Bereich der Schulleistungen eine wichtige Funktion bei der Erklärung fach- oder inhaltsspezifischer Leistungsunterschiede zu. In Abwandlung von Abb. 6.19 wird hierbei Intelligenz als eine Fähigkeit

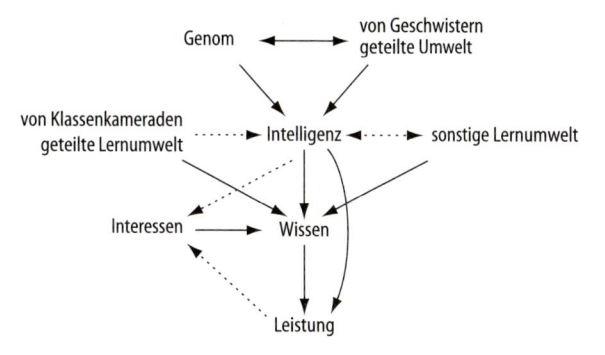

Abb. 6.20. Ein erweitertes Rahmenmodell für Einflüsse auf intellektuelle Leistungen

aufgefasst, die vor allem über den Wissenserwerb die Leistung beeinflusst, wobei das Wissen zwar auch von der Intelligenz, vor allem aber von spezifischen Lernbedingungen abhängt, die den Wissenserwerb fördern, insbesondere von der Qualität des schulischen Unterrichts. Dabei wird angenommen, dass diese Lernbedingungen Intelligenz nicht oder nur unwesentlich beeinflussen (s. oben), und dass auch der Einfluss von Intelligenz auf die Lernbedingungen schwach ist. Dies führt zu einer wesentlichen Erweiterung des in Abb. 6.19 gezeigten Modells (Abb. 6.20).

Dass die Unterrichtsqualität den Wissenserwerb unabhängig vom IQ beeinflusst, kann besonders gut in Längsschnittstudien untersucht werden, in denen der mittlere Wissenszuwachs verschiedener Klassen in einem bestimmten Fach mit der Unterrichtsqualität in diesem Fach korreliert wird, wobei Unterschiede in der

Tabelle 6.14. Zusammenhang zwischen Unterrichtsqualität und Leistungszuwachs

Beobachtete Unterrichtsqualität	Korrelation mit Leistungszuwachs[a]
Güte des Vortrags	.25
Direktiver Unterrichtsstil	.40
Effektivität der Fragen	.16
Testfragen stellen	.18

[a] Nach statistischer Kontrolle des mittleren IQ in den Klassen..

Tabelle 6.15. Zusammenhang zwischen Vorwissen, Intelligenz und Mathematikleistung (n = 631 Schüler aus 5. Klassen)

Prädiktor	Leistung nach einem Jahr	
	Rechnen	Textaufgaben
Vorwissen	.65	.71
Vorwissen nach Kontrolle verbaler Intelligenz	.58	.59
Verbale Intelligenz	.37	.53
Verbale Intelligenz nach Kontrolle des Vorwissens	.02	.32

mittleren Intelligenz der Klassen statistisch kontrolliert (herauspartialisiert) werden. Tabelle 6.14 zeigt typische Ergebnisse solcher Analysen (vgl. Weinert et al., 1989b).

Kulturvergleichende Studien dieser Art konnten z. B. belegen, dass ein stark direktiver, die Unterrichtszeit gut ausnutzender Unterrichtsstil den Leistungszuwachs in Mathematik kurzfristig deutlich fördert (Anderson et al. 1989). Wie der deutsche Beitrag zu dieser Studie zeigt, kann dies aber auf Kosten der langfristigen Schulmotivation gehen, was die Lernfreude behindert und damit langfristig die positiven Wirkungen auf den Leistungszuwachs schmälert (vgl. Weinert et al., 1989b).

> **❗ Merke**
> Die Unterrichtsqualität fördert den Wissenszuwachs und damit die Schulleistung auch unabhängig von der Intelligenz.

Wenn Lernbedingungen unabhängig vom IQ den Wissenserwerb beeinflussen, müsste die Leistung bei gleichem IQ um so stärker vom bereits erreichten Vorwissen abhängen, je besser es für die Aufgabenlösung nutzbar ist. Dass dies tatsächlich der Fall ist, zeigt z. B. eine Studie zur Vorhersage der Mathematikleistung bei Fünftklässlern der Hauptschule (Weinert et al., 1989a). Das Vorwissen (erhoben durch einen Mathematiktest zu Beginn der Studie) sagte die erreichte Leistung ein Jahr später deutlich besser vorher als der IQ (Tabelle 6.15).

Bei statistischer Kontrolle von verbaler Intelligenz waren die Korrelationen immer noch beeindruckend hoch. Wurde umgekehrt das Vorwissen kontrolliert, sagten die verbleibenden Intelligenzunterschiede die Leistung in hochautomatisierten einfachen Rechenaufgaben nicht mehr vorher, während für komplexere Textaufgaben noch eine Vorhersage der Leistung in geringem Umfang möglich war; letzteres liegt daran, dass die Lösung solcher Aufgaben nicht vollständig routinemäßig erfolgen kann, sondern in Teilen immer wieder neu gefunden werden muss.

> **❗ Merke**
> Das Wissen beeinflusst unabhängig von der Intelligenz Expertenleistungen und hochautomatisiertes Problemlösen.

Wenn also das Wissen unabhängig von Intelligenz eine bedeutsame Rolle bei Expertenleistungen und hochautomatisierten Problemlösungen spielt, stellt sich die Frage, wo es eigentlich herkommt. Bei schulischem Wissen scheint das klar; es hängt vom Unterricht ab, welches Wissen wie gut erworben wird. Wie kommt es aber zur Ausbildung von Wissen, das nicht Gegenstand schulischen Unterrichts ist?

Zum Beispiel testeten Stanovich und Cunningham (1993) das Wissen von 268 Erstsemestern in verschiedenen Bereichen durch diverse Wissenstests und korrelierten ihr Wissen mit ihrer Kenntnis von Schriftstellern, Zeitschriften und Zeitungen (ein Indikator für Lesen) und Fernsehprogrammen (ein Indikator für Fernsehen) sowie mit ihrer Schulabschlussnote, einem Leseverständnistest, einem Mathematiktest und dem nichtverbalen IQ.

Tabelle 6.16 zeigt, dass Lesen der mit Abstand beste Prädiktor für Wissen war; nach statistischer Kontrolle der restlichen fünf Variablen betrug die Korrelation zwischen Lesen und Wissen immer noch .61. Fernsehen war

6.3 · Wechselwirkungsprozesse zwischen Persönlichkeit und Umwelt

Tabelle 6.16. Korrelationen zwischen Wissen, Lesen, Fernsehen und Intelligenz. (Nach Stanovich & Cunningham, 1993)

		L	F	SN	LV	IQ	MA
Wissen	W	.85	−.05	.37	.53	.36	.51
Lesen	L		.03	.30	.47	.31	.38
Fernsehen	F			−.12	.00	−.05	−.16
Schulabschlussnote	SN				.34	.36	.51
Leseverständnis	LV					.34	.41
Nichtverbaler IQ	IQ						.46
Mathematiktest	MA						

unabhängig vom Wissen (aber in dieser Studentenpopulation auch nicht klar negativ mit Wissen korreliert).

> **Merke**
> Bei Studenten fördert Lesen, nicht aber Fernsehen, das Wissen auch unabhängig von Intelligenz.

Lesen und Fernsehen gehören in ◘ Abb. 6.20 zur »Sonstigen Lernumwelt«. Wie das Ergebnis dieser Studie zeigt, sind diese Lernbedingungen nicht auf Intelligenz rückführbar, aber auch nicht unabhängig hiervon (Lesen korrelierte .31 mit dem IQ). Hier sind Einflussprozesse in beiden Richtungen denkbar: Häufiges Lesen mag nicht nur die Schulleistung über höheres Wissen, sondern in eingeschränktem Maße auch die (verbale) Intelligenz fördern, und intelligente Menschen lesen mehr. In letzterem Fall könnte die Lernumwelt durch aktive Genom-Umwelt-Kovarianz (vgl. Abschn. 6.2.4) genetisch beeinflusst sein. Trotz dieser Wechselwirkungen zwischen Intelligenz und Lernumwelt sollte das zentrale Ergebnis nicht vergessen werden, dass Vorwissen und seine Bedingungen auch nach Kontrolle von Intelligenz Leistung zumindest mittelstark vorhersagen.

> **Merke**
> Leistung hängt wesentlich vom Wissenserwerb ab, und dieser wiederum von Intelligenz und Lernbedingungen.

Damit ist das Bild der Wissensentwicklung jedoch noch nicht vollständig, weil zusätzlich motivationale Faktoren berücksichtigt werden müssen. Neben dem Leistungsmotiv (vgl. Abschn. 4.5.1) ist vor allem das Interesse am jeweiligen Wissensgebiet zu berücksichtigen. Ein intelligenter Schüler wird das Wissensangebot des Unterrichts vor allem dann nutzen, wenn er sich für den jeweiligen Wissensbereich interessiert.

Etwas interessant finden bedeutet, seine Aufmerksamkeit dem Gegenstand des Interesses selektiv zuzuwenden. Während der Prozess der selektiven Aufmerksamkeitssteuerung allgemeinpsychologisch gut untersucht ist, sind individuelle Besonderheiten in der überwiegenden Richtung der Aufmerksamkeit bisher kaum verstanden. Zwar wird das Interesse an einem Wissensgebiet durch Lernerfolge auf diesem Gebiet gesteigert, aber diese lernpsychologische Erklärung ist nicht ausreichend, um die Interessenentwicklung zu erklären. Zumindest bei älteren Schülern scheint es nämlich so zu sein, dass eher die Interessen durch ihren Einfluss auf den Wissenserwerb Leistungen und Lernerfolge bestimmen als umgekehrt Lernerfolge die Interessen (Willson, 1983). Warum interessiert sich ein Schüler mehr für Mathematik als für Deutsch, obwohl er in beiden Fächern gleich gut sein könnte, wenn er es wollte? Welche genetischen und Umwelteinflüsse (z. B. ein Lehrer, der Interesse weckt) spielen hier eine Rolle? Auf diese Fragen hat die Psychologie bisher keine klare Antwort.

Besser verstanden sind die Konsequenzen vorhandenen Interesses. Unter gleichen Lernbedingungen korreliert das Interesse an einem Wissensgebiet mit einer tieferen kognitiven Verarbeitung des Lernstoffes, effektiveren Lernstrategien und mehr Spaß am Lernen (Schiefele, 1991). In einer Metaanalyse des Zusammenhangs zwischen dem Interesse an einem Schulfach und der Leistung in diesem Fach fanden Schiefele et al. (1993) in 127 Studien eine mittlere Korrelation von .30. Diese Korrelation kann nur z. T. über die Korrelation zwischen Interesse und Fähigkeit erklärt werden; auch nach Kontrolle von Fähigkeitsunterschieden bleibt noch eine Korrelation zwischen Interesse und Leistung bestehen. ◘ Abbildung 6.20 enthält deshalb Interessen als eigenständigen Bedingungsfaktor für Wissen, der nur schwach mit Intelligenz und Leistung verknüpft ist, umgekehrt aber über erworbenes Wissen die Leistung deutlich beeinflusst.

> **! Merke**
> **Interessen fördern über den Wissenserwerb die Leistung auch unabhängig von Intelligenz.**

Damit ist noch keine erschöpfende Übersicht über die Prozesse gegeben, die zur Erklärung individueller Besonderheiten in intellektuellen Leistungen herangezogen werden können. ◘ Abbildung 6.20 beschränkt sich auf die wichtigsten Pfade zwischen den diskutierten Bedingungsvariablen; hinzu dürften vielfältige Rückwirkungen kommen, z.B. vom erreichten Leistungsstand nicht nur auf Interessen, sondern auch auf den Wissenserwerb, und über Person-Umwelt-Effekte auf alle drei Umweltbedingungen (nicht aber auf das Genom). Gar nicht diskutiert wurden zudem Persönlichkeitsmerkmale wie Neugierigkeit und Ausdauer, die den Wissenserwerb beeinflussen. Das Leistungsmotiv wurde nur kurz erwähnt (vgl. aber Abschn. 4.5.1), und Wechselwirkungen zwischen Leistung und Selbstwirksamkeitserwartungen, Selbstvertrauen und Testängstlichkeit wurden überhaupt nicht diskutiert (vgl. hierzu Helmke, 1992). Dennoch dürfte dieser Abschnitt einen Eindruck von der Komplexität der beteiligten Prozesse vermittelt haben – einer Komplexität, die nicht nur durch die Vielzahl der beteiligten Variablen bedingt ist, sondern vor allem durch deren nichtlineare Vernetzung unter Einschluss von Rückkopplungseffekten.

6.3.3 Antisoziale Persönlichkeit

Nicht weniger komplex sind die Prozesse, die individuelle Besonderheiten in antisozialem Verhalten hervorrufen und aufrecht erhalten. Unter antisozialem Verhalten wird aggressives, kriminelles oder sonstiges Verhalten verstanden, das soziale Normen verletzt, bis hin zu Schuleschwänzen. Antisoziales Verhalten zeigt eine enorme Zunahme zwischen 12 und 16 Jahren und dann eine ebenso drastische Abnahme, besonders für Jungen. Das lässt sich nicht nur durch Mittelwerte beobachteten oder beurteilten aggressiven Verhaltens, sondern auch durch

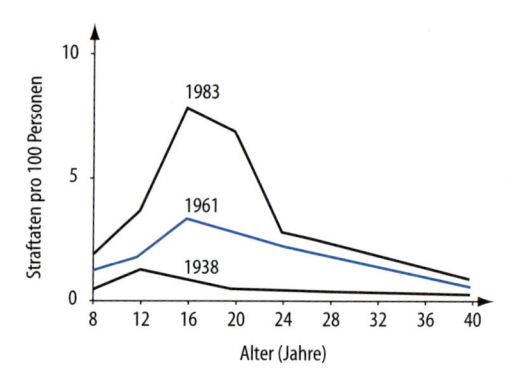

◘ **Abb.6.21.** Zusammenhang zwischen Alter und Kriminalitätsrate für drei Kohorten englischer Männer. (Nach Farrington, 1986)

offizielle Kriminalstatistiken belegen, wobei der Effekt in den letzten Jahrzehnten in westlichen Kulturen stark zugenommen hat (◘ Abb. 6.21).

Diese Zunahme antisozialen Verhaltens beruht nicht darauf, dass alle Jugendlichen während der Pubertät mehr antisoziales Verhalten zeigen als vorher und nachher, sondern darauf, dass sich zwei unterschiedliche Tendenzen überlagern: eine überdauernde (»life-course-persistent«) und eine pubertätsgebundene (»adolescence-limited«) antisoziale Tendenz (Moffitt, 1993).

> **! Merke**
> **Die Tendenz zu antisozialem Verhalten im Jugendalter beruht auf zwei unabhängigen Quellen: einer überdauernden und einer pubertätsgebundenen Form.**

Die überdauernde Form, die im folgenden als antisoziale Persönlichkeit bezeichnet wird, äußert sich in der Kindheit in starker Aggressivität, vor allem gegenüber Gleichaltrigen, und ab der Pubertät auch in kriminellem Verhalten (vgl. die in Abschn. 6.1.3 diskutierte heterotype Stabilität von Aggressivität in der Studie von Huesmann et al., 1984). Mehrere Längsschnittstudien in verschiedenen Ländern kamen zu dem übereinstimmenden Ergebnis, dass etwa 50 % aller aufgeklärten kriminellen Vergehen auf etwa 5 % der Bevölkerung beruhen, wobei diese 5 % meist bereits in der Kindheit durch aggressives Verhalten auffallen und auch im Erwachsenenalter meist wieder rückfällig werden, sofern sie dazu Gelegenheit haben (Farrington et al., 1986). Die anderen 50 % beruhen auf kriminellen Vergehen von Jugendlichen, die vor der Pubertät gar nicht und nach der Pubertät nur selten straffällig werden. Das lässt sich auf antisoziales Ver-

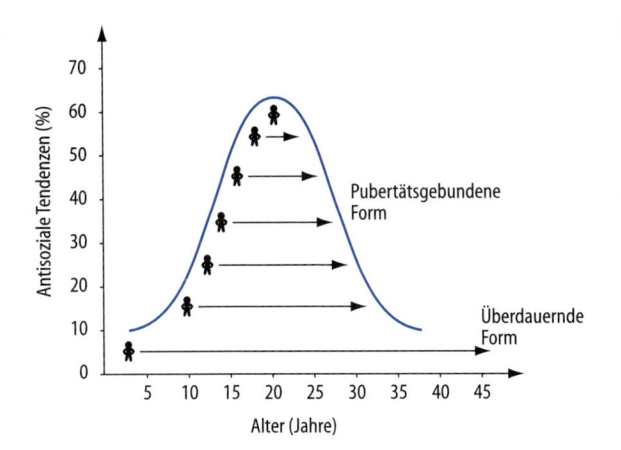

6.3 · Wechselwirkungsprozesse zwischen Persönlichkeit und Umwelt

Abb. 6.22. Zwei Formen antisozialer Tendenzen. (Nach Moffitt, 1993)

halten insgesamt verallgemeinern. Moffitt (1993) veranschaulichte die zwei Formen antisozialer Tendenzen durch ■ Abb. 6.22.

Entwicklung der antisozialen Persönlichkeit

Die in Abschn. 6.2.5 geschilderte Studie von Cadoret et al. (1983) legt nahe, dass es im Jugendalter eine deutliche statistische Interaktion zwischen genetischen oder sehr frühen Risikofaktoren und Risikofaktoren in der aktuellen Umwelt gibt; dies betrifft also vor allem die pubertätsgebundene antisoziale Tendenz. Zwei große skandinavische Adoptionsstudien, die Kriminalität vor allem im Erwachsenenalter untersuchten, fanden sowohl einen genetischen Einfluss als auch eine Genom-Umwelt-Interaktion des von Cadoret et al., (1983) berichteten Typs: Wegadoptierte Söhne krimineller Väter wurden selbst eher straffällig als solche nichtkrimineller Väter, und wenn der biologische und der erziehende Vater kriminell auffällig waren, war das Risiko überproportional groß (Bohman et al., 1982; Mednick et al., 1984). Die in Abschn. 6.3.1 geschilderte Interaktion zwischen dem MAOA-Gen und erfahrener Kindesmisshandlung in bezug auf antisoziales Verhalten im Erwachsenenalter wäre ein Beispiel für eine konkrete Gen-Umwelt-Interaktion dieses Typs. Insgesamt deuten diese Untersuchungen auf einen genetischen Einfluss auf die antisoziale Persönlichkeit hin, der durch eine ungünstige Umwelt wesentlich verstärkt wird; nichtgenetische familiäre Risiken alleine scheinen dagegen keine bedeutsamen Konsequenzen auf die Herausbildung einer antisozialen Persönlichkeit zu haben.

> **Merke**
> Die antisoziale Persönlichkeit beruht auf genetischen Risikofaktoren, die durch Umweltrisiken verstärkt sind.

Welche Umweltrisiken verstärken genetische Risiken für die antisoziale Persönlichkeit? Angesichts der sozialen Brisanz dieser Frage gibt es hierzu eine umfangreiche empirische Literatur, in der allerdings die genetischen Risiken meist ignoriert werden. Wie im vorigen Abschnitt sollen die einzelnen Risikofaktoren anhand eines vereinfachenden Modells diskutiert werden. Das Modell ist stärker als das Erklärungsmodell für intellektuelle Leistungen entwicklungspsychologisch ausgerichtet: Es handelt sich um eine Beschreibung von Entwicklungspfaden.

Charakteristisch für derartige Modelle ist, dass mehrere alternative Entwicklungspfade zu derselben Persönlichkeitseigenschaft führen (die als Eigenschaft einer Population, also als Variable, aufgefasst wird), dass die Pfade an bestimmten Punkten der Persönlichkeitsentwicklung Verzweigungen in alternative Richtungen aufweisen, dass diese Verzweigungen wiederum vom Einfluss moderierender Bedingungsfaktoren abhängen und dass an jedem Verzweigungspunkt der von einer bestimmten Person eingeschlagene Pfad bestenfalls mit einer geschätzten Wahrscheinlichkeit, niemals jedoch mit Sicherheit vorhergesagt wird.

■ Abbildung 6.23 zeigt das Modell, das viele Anleihen aus Moffitt (1993), Patterson und Bank (1989) und Rubin et al. (1990) enthält. Das Modell ist empirisch nur für das männliche Geschlecht gut belegt und darf daher nicht unbesehen auf weibliche antisoziale Tendenzen angewandt werden.

Das Modell beginnt mit genetischen und pränatalen (vorgeburtlichen) Umweltrisiken für die Gehirnentwicklung. Störungen der pränatalen Entwicklung äußern sich u.a. in minimalen körperlichen Anomalien (z.B. krummer kleiner Finger oder Lücke zwischen erstem und zweitem Zeh). Dass solche Anomalien gehäuft bei antisozialer Persönlichkeit auftreten, wird deshalb als Indikator für eine gestörte pränatale Entwicklung angesehen (Halverson & Victor, 1976; Paulhus & Martin, 1986). Perinatale Probleme (Probleme bei der Geburt), vor allem Sauerstoffmangel mit nachfolgender leichter Hirnschädigung, sind ebenfalls mit antisozialen Tendenzen in der Kindheit assoziiert. Nach der Geburt besteht ein robuster Zusammenhang zwischen Störungen vor allem der Aufmerksamkeitssteuerung und der antisozialen Persönlichkeit. Insbesondere weist das gleichzeitige Auftre-

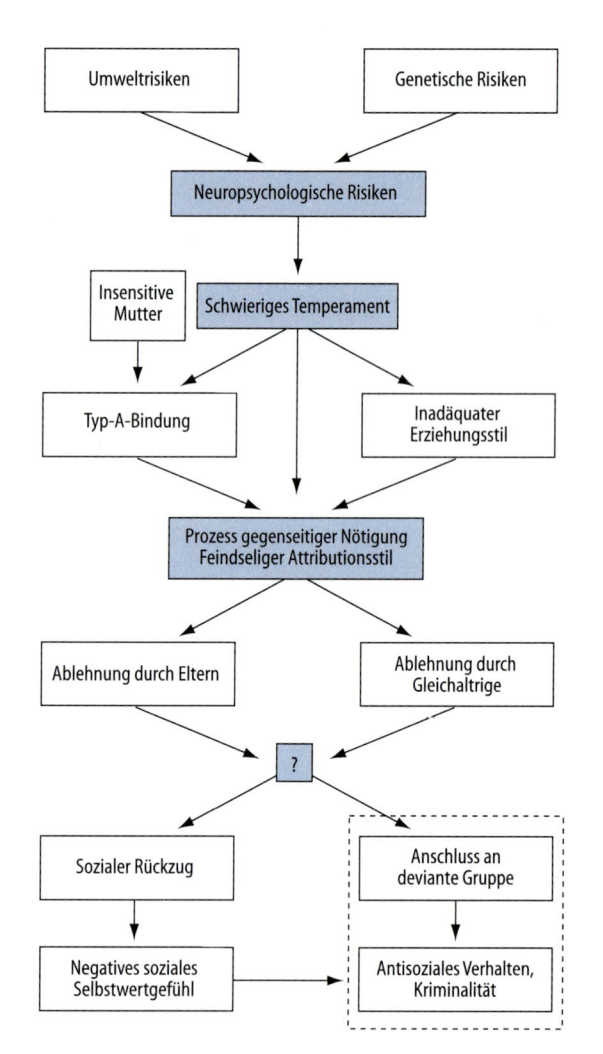

Abb. 6.23. Ein Rahmenmodell für die Entwicklung der antisozialen Persönlichkeit

Persönlichkeitsstruktur und in der Umwelt der Mutter mitbedingt ist (z. B. mangelnde Bildung, Partnerprobleme, Arbeitslosigkeit). Die Umweltfaktoren von Kind und Mutter wiederum können mit genetischen Risikofaktoren des Kindes kovariieren, bedingt durch aktive Genom-Umwelt-Kovarianz der Mutter und passive Genom-Umwelt-Kovarianz des Kindes (vgl. Abschn. 6.2.5).

> **Merke**
>
> Schon vor ihrer Geburt können Kinder einem Komplex aus genetischen und Umweltrisiken für eine spätere antisoziale Persönlichkeit ausgesetzt sein, der durch die kausale Vernetzung der Risiken besonders wirksam ist.

Kleinkinder, die diesen Risiken ausgesetzt waren, haben eher ein schwieriges Temperament (Thomas & Chess, 1977), d. h. sie sind eher motorisch unruhig, irritierbar, schwer zu beruhigen und haben keine stabilen Biorhythmen. So fand Hertzig (1983), dass neuropsychologische Probleme unabhängig von der sozialen Schicht und dem IQ der Kinder in der frühen Kindheit mit einem schwierigen Temperament korrelieren.

Ein schwieriges Temperament ist schon für psychisch stabile Eltern ein Problem, und es wird um so mehr zu einem Problem, je labiler die Eltern selbst sind. Auf insensitive Mütter, die wenig in der Lage sind, auf die Bedürfnisse des Kindes einzugehen, reagieren viele Kinder mit schwierigem Temperament in Stresssituationen mit einem unsicher-vermeidenden Verhalten der Mutter gegenüber (Bindung vom Typ A an die Mutter; vgl. Abschn. 5.3). Typ-A-Bindung im 2. Lebensjahr wiederum korreliert mit späterer Aggressivität in Kindergarten und Schule (Renken et al., 1989).

Bindungstheoretiker, die in der Tradition von Bowlby (1969) in der Mutter-Kind-Bindung den Prototyp späterer sozialer Beziehungen sehen (vgl. Abschn. 5.3), ziehen hier einen direkten Kausalschluss von der frühkindlichen Bindungsqualität zum Verhalten Gleichaltrigen gegenüber. Das hier präferierte Modell dagegen betrachtet eine unsicher-vermeidende Bindung an die Mutter nur als einen von vielen Indikatoren für ein schwieriges Temperament, der zudem nur bei mangelnder Einfühlsamkeit der Mutter zu beobachten ist. Diese Insensitivität ist nur eine von mehreren Variablen, die eine antisoziale Tendenz fördern; im Modell wird angenommen, dass unter ungünstigen Umständen auch eine sehr einfühlsame Mutter eine antisoziale Karriere ihres Kindes nicht verhindern kann.

ten einer Aufmerksamkeitsschwäche (mangelndes Konzentrationsvermögen, hohe Ablenkbarkeit) und häufigen antisozialen Verhaltens bei Kindern auf eine antisoziale Persönlichkeit hin – ein Zusammenhang, der unabhängig von sozialer Schicht und allgemeiner Schulleistung besteht (Moffitt & Henry, 1991).

Diese frühen Umweltrisiken können z. T. auf elterliche Risikofaktoren zurückgeführt werden. Die Umweltrisiken des Kindes vor und während der Geburt sind oft durch das Verhalten der Mutter während der Schwangerschaft bedingt (z. B. Rauchen, Alkoholkonsum, Drogen, mangelndes Gesundheitsbewusstsein), wobei dieses Verhalten wiederum durch Risiken in der mütterlichen

> **Merke**
> Insensitive Mütter fördern bei Kindern mit schwierigem Temperament eine unsicher-vermeidende Bindung, die wiederum späteres aggressives Verhalten fördert.

Zentraler als die Bindung zur Mutter (oder zum Vater) ist im Modell das schwierige Temperament. Es stellt die Geduld der Eltern auf eine harte Probe. Als Antwort darauf entwickeln die meisten Eltern (nicht nur die insensitiven) einen rigide-autoritären Erziehungsstil dem Kind gegenüber, um die Kontrolle zu behalten (Bell & Chapman, 1986); versagt auch das, kommt es häufig zu Kurzschlussreaktionen bis hin zur Kindesmisshandlung (Hunter et al., 1978). Hier nimmt also das Temperament des Kindes Einfluss auf das Erziehungsverhalten seiner Eltern.

Umgekehrt sagt aber auch ein rigide-autoritärer Erziehungsstil der Eltern unabhängig vom Temperament des Kindes späteres aggressives Verhalten der Kinder vorher (Weiss et al., 1992). Aber auch mangelnde Aufsicht über das Kind, mangelndes Engagement in der Erziehung (»laissez-faire«) und eine ablehnende Haltung gegenüber dem Kind korrelieren mit einer antisozialen Tendenz im Kindesalter (Loeber & Stouthamer-Loeber, 1986), wobei diese Umweltfaktoren sowohl Ursachen als auch Konsequenzen des kindlichen Problemverhaltens sein können. Alle diese kritischen Aspekte des elterlichen Verhaltens dem Kind gegenüber sind im Modell als »inadäquater Erziehungsstil« zusammengefasst.

> **Merke**
> Ein inadäquater Erziehungsstil der Eltern verstärkt frühe Risiken für antisoziales Verhalten.

Unabhängig von den ursprünglichen Risiken (auf seiten des Kindes, seiner Eltern oder auf beiden Seiten; genetisch oder umweltbedingt) etabliert sich in den betroffenen Familien ein Teufelskreis aus Aggression des Kindes – erfolglosem Kontrollversuch der Eltern oder Geschwister – erneuter Aggression des Kindes. Für Patterson (1982) ist dieser Prozess der gegenseitigen Nötigung (der »coercive process«) der kritische Faktor, der Aggressivität stabilisiert und aufrecht erhält.

Patterson (1982) begründete diese Hypothese durch ausgedehnte Verhaltensbeobachtungen in Familien mit aggressiven Jungen sowie Kontrollfamilien. Die beiden Familientypen unterschieden sich kaum im ersten Auftreten aggressiven Verhaltens bei den Jungen. Der Hauptunterschied bestand vielmehr in der Länge der Verhaltensketten, die aus Aggression (Junge) – Aggression (andere) – Aggression (Junge) – ... bestanden, wobei sowohl Eltern als auch Geschwister an diesen Aggressionsketten beteiligt waren. Während in den Kontrollfamilien die Gegenaggression der anderen Familienmitglieder meist erfolgreich war, so dass es bei Aggression (Junge) – Aggression (andere) blieb, reagierten aggressive Jungen auf Gegenaggression mit hoher Wahrscheinlichkeit wieder mit Aggression, so dass die Ketten sehr lang ausfielen.

> **Merke**
> Aggressive Jungen sind durch Gegenaggression kaum zu bremsen; dadurch kommt es zum Prozess der gegenseitigen Nötigung.

Verstärkt wird dieser Prozess nach Dodge (1980, 1986) durch einen feindseligen Attributionsstil des Kindes: Mehrdeutig (aggressiv oder nicht aggressiv) interpretierbares Verhalten von Interaktionspartnern wird als feindselig wahrgenommen und mit Aggression beantwortet (s. »Die klassische Studie«).

Aggressive Jungen neigen also dazu, das Verhalten anderer, das aggressiv gedeutet werden kann (aber nicht muss), eher als feindselig zu interpretieren als nichtaggressive Jungen. Das führt zu einer erhöhten Rate aggressiven Verhaltens und fördert ihren Ruf bei Gleichaltrigen, aggressiv zu sein. Wie Dodge (1980) in einem zweiten Experiment zeigen konnte, fördert dieser negative Ruf bei den Gleichaltrigen Misstrauen und die Erwartung aggressiven Verhaltens; sie gehen sozusagen gleich in Abwehrstellung. Das wiederum wird von aggressiven Jungen als aggressives Verhalten wahrgenommen. So entsteht ein Teufelskreis aus sich selbst verstärkender Aggression-Gegenaggression, der die ursprüngliche Aggressivität noch weiter fördert.

Ein weiteres Problem ist, dass die Aggressionen aggressiver Kinder für die Opfer der Aggression oft völlig überraschend kommen, nämlich dann, wenn sie auf einer feindseligen Fehlinterpretation mehrdeutigen Verhaltens der Opfer beruhen. Das führt bei den Opfern, aber auch bei Zuschauern, z. B. Lehrern, zu der Meinung, es mit einem unberechenbaren oder absichtlich grausamen Kind zu tun zu haben: Das Kind hat sich einen schlechten Ruf erworben.

> **Merke**
> Aggressive Jungen attribuieren mehrdeutiges Verhalten anderer als feindselig; das festigt ihren Ruf, aggressiv zu sein.

> **Die klassische Studie**
>
> **Feindseliger Attributionsstil aggressiver Jungen**
> Dodge (1980) konnte einen solchen Attributionsstil experimentell nachweisen. Jungen der 2. bis 6. Klasse konnten einen Preis gewinnen, wenn sie ein Puzzle schnell zusammensetzten. Nach einiger Zeit trug die Versuchsleiterin das Puzzle auf einem Tablett in den Nachbarraum, um es angeblich einem anderen Jungen zu zeigen. Über Lautsprecher wurde angeblich das Geschehen im Nachbarraum übertragen (tatsächlich wurde ein Tonband abgespielt). Entweder schien der Junge im Nachbarraum aggressiv zu reagieren (es war zu hören, wie er Teile fluchend herunterwarf), nicht aggressiv zu reagieren (es war zu hören, dass er versuchte, es weiter zusammenzusetzen, wobei ihm gegen seinen Willen Teile herunterfielen) oder seine Reaktion blieb mehrdeutig (zu hören war nur, dass Teile herunterfielen). Anschließend kam die Versuchsleiterin mit zwei Puzzles zurück: dem beschädigten der Versuchsperson und einem anderen Puzzle, das angeblich von dem Jungen im Nachbarraum stammte. Ausgewertet wurde das anschließende Verhalten der Versuchsperson. Aggressive und nichtaggressive Jungen reagierten aggressiver, wenn der Partner aggressiv zu reagieren schien, als wenn er nicht aggressiv zu reagieren schien. Aggressive Jungen unterschieden sich von nichtaggressiven nur in der mehrdeutigen Bedingung: Sie reagierten darauf mit mehr Aggression.

Dieser schlechte Ruf schlägt sich in sozialer Ablehnung durch Gleichaltrige nieder, wie zahlreiche soziometrische Studien (vgl. Abschn. 5.2) belegen: Vom Kindergartenalter an korreliert Aggressivität in der Gruppe mit einem bestenfalls kontroversen, meist jedoch durchweg negativen soziometrischen Status (Coie et al., 1990). Aber auch Erzieher und Lehrer bilden sich ein negatives Urteil. Diese negativen Beziehungen in Kindergarten und Schule wirken auf das negative Bild der Eltern von ihrem Kind zurück und verstärken es. Deshalb ist die Konsistenz des Aggressivitätsurteils zwischen Eltern, Lehrern und Gleichaltrigen höher als bei den meisten anderen Persönlichkeitsbeurteilungen (Ramsey et al., 1990).

> **Merke**
>
> Aggressive Kinder werden von Gleichaltrigen meist abgelehnt.

Wichtig für die weitere Entwicklung des Kindes sind die Konsequenzen aus der Ablehnung durch Gleichaltrige, Eltern und Lehrer. Die Ablehnung kann (muss aber nicht) zu einer sozialen Außenseiterposition des Kindes führen. In diesem Fall ist Aggressivität mit sozialer Isolation gepaart, und dieses aggressiv-zurückgezogene Verhaltensmuster geht mit einem negativen sozialen Selbstwertgefühl einher (Hymel et al., 1993). Im Gegensatz zu schüchtern-zurückgezogenen Kindern, deren soziales Selbstwertgefühl noch stärker beeinträchtigt ist (Hymel et al., 1993), fallen aggressiv-zurückgezogene Kinder weiterhin durch antisoziales Verhalten auf, eingeschlossen kriminelles Verhalten (Moskowitz & Schwartzman, 1989). Da es sich eher um Einzelgänger handelt, fallen aggressiv-zurückgezogene Jugendliche weniger stark auf als der zweite Typ aggressiver Jugendlicher, der gruppenweise auftritt.

Oft schließen sich nämlich aggressiv-abgelehnte Kinder mit Beginn des Jugendalters devianten Gruppen an (Cliquen ähnlich strukturierter Gleichaltriger, in denen bestimmte Formen antisozialen Verhaltens die Gruppennorm sind; vgl. Dishion et al., 1991). In solchen Cliquen können auch aggressiv-abgelehnte Kinder eine soziale Bestätigung finden, die ihr Selbstwertgefühl stabilisiert (es tendiert dann eher in Richtung Selbstüberschätzung; Hymel et al., 1993). Ihr antisoziales Verhalten wird aber durch die Gruppennormen noch weiter verstärkt: Um den anderen zu imponieren, schlagen diese Jugendlichen vollends über die Stränge. Fehlende elterliche Sorge, fehlende sozialverträgliche Lebensperspektiven und mangelnder Erwerb positiver Konfliktverarbeitungskompetenzen fördern diesen Prozess der antisozialen Gruppensozialisation. Ein Abgleiten in die Kriminalität ist dann nur noch schwer zu verhindern (Elliott et al., 1985).

> **Merke**
>
> Ablehnung durch Gleichaltrige kann zu einem selbstwertmindernden sozialen Rückzug führen, aber auch zu einem selbstwertfördernden Anschluss an eine deviante Gruppe.

Die zentrale Frage danach, unter welchen Bedingungen Kinder auf Ablehnung mit sozialem Rückzug und unter welchen sie mit Anschluss an eine deviante Gruppe reagieren, ist derzeit noch offen; hierfür kommen sowohl Persönlichkeitsmerkmale der Kinder als auch Merkmale ihrer sozialen Umwelt in Betracht. Auch ist wenig darüber bekannt, inwiefern sich aggressiv-zurückgezogene von aggressiv-gruppenorientierten Jugendlichen in der spezifischen Art ihres antisozialen Verhaltens unterscheiden.

Patterson und Bank (1989) untersuchten in einer Stichprobe von 102 Jungen den Prozess von antisozialen Tendenzen in der 4. Klasse über die Ablehnung durch Gleichaltrige, Anschluss an eine deviante Gruppe bis hin zu polizeilich registriertem antisozialen Verhalten in der 6. Klasse. Bestimmt wurden jeweils nicht nur die Wahrscheinlichkeiten dieser Verhaltensweisen (die Basisraten), sondern auch die Übergangswahrscheinlichkeiten von einer Phase des Prozesses zur nächsten und die Wahrscheinlichkeit, dass jemand das Verhalten einer Phase zeigte, ohne in der vorangehenden Phase auffällig gewesen zu sein. ◘ Abbildung 6.24 zeigt das Ergebnis dieser Analyse. Die Basisraten sind in den Kästchen angegeben, die Übergangswahrscheinlichkeiten an den Pfeilen von Kästchen zu Kästchen und die Fehlerwahrscheinlichkeiten (Wahrscheinlichkeit, dass ein Junge antisoziales Verhalten in einer Phase zeigte, ohne in der Phase davor auffällig gewesen zu sein) an den Pfeilen, die von außen auf die Kästchen zielen.

Die Übergangswahrscheinlichkeiten waren substantiell, nahmen aber im Verlauf des Gesamtprozesses ab. Während 60 % der Viertklässler, die antisoziales Verhalten zeigten, auch von ihren Klassenkameraden abgelehnt wurden, wurden nur 31 % der Jungen, die sich einer devianten Gruppe angeschlossen hatten, polizeilich auffällig. Diese Abnahme besagt nicht, dass die Modellvorhersagen schwächer wurden, denn diese Übergangswahrscheinlichkeiten müssen mit dem Anteil der durch das Modell nicht erfassten Jungen in den jeweiligen Phasen verglichen werden. Wie ◘ Abb. 6.24 zeigt, waren 80 % der abgelehnten Jungen schon vorher durch antisoziales Verhalten aufgefallen, und 80 % der polizeilich auffälligen waren Mitglieder einer devianten Gruppe.

Die Abnahme der Übergangswahrscheinlichkeiten geht vielmehr auf abnehmende Basisraten (also eine zunehmende Striktheit des Verhaltenskriteriums) zurück: Nur 11 % der Stichprobe wurden in der 6. Klasse polizeilich auffällig, aber 46 % zeigten antisoziales Verhalten in der 4. Klasse. Dies ist eher ein Methodenproblem als ein inhaltlicher Effekt, denn das Verhaltenskriterium für eine Phase ist relativ frei wählbar. Besser (aber sicherlich nur schwer zu erreichen) wäre es gewesen, für alle Phasen Verhaltenskriterien mit ähnlicher Basisrate zu wählen.

Diese Analyse verdeutlicht exemplarisch die Möglichkeiten längsschnittlicher Prozessanalysen der Persönlichkeitsentwicklung, die Schwierigkeiten bei der Interpretation von Übergangswahrscheinlichkeiten und Basisraten und die mit solchen Modellen erreichbaren Trefferquoten. Charakteristisch ist, dass von Phase zu Phase einzelne Personen nicht den erwarteten Phasenübergang mitmachen, sondern »aus dem Modell fallen«, und dass in jeder Phase einzelne Personen neu hinzukommen, die vorher nicht durch das Modell erfasst wurden.

❶ Merke

Modelle von Entwicklungspfaden können empirisch durch Prozessanalysen überprüft werden, in denen Basisraten und Übergangswahrscheinlichkeiten zwischen Entwicklungsphasen bestimmt werden.

Was die Frage der Kausalität angeht, ist das hier diskutierte Modell der Entwicklung der antisozialen Persönlichkeit stark interaktionistisch ausgerichtet. Es wird angenommen, dass neuropsychologische Risiken eine Funktion von Umweltrisiken und genetischen Risiken sind, dass eine unsicher-vermeidende Bindung an die Mutter auf der Insensitivität der Mutter und dem Temperament des Kindes beruht, dass der Prozess der gegenseitigen Nötigung von der Mutter-Kind-Beziehung, dem Temperament des Kindes und dem Erziehungsstil der Eltern abhängt und dass die Reaktion auf soziale Ablehnung durch die Ablehnung seitens der Eltern und der Gleichaltrigen bedingt ist. Die »und«-Verknüpfung ist dabei wie in vielen Risikofaktormodellen eher multiplikativ als additiv zu verstehen: Die einzelnen Risikofaktoren addieren sich nicht nur, sondern potenzieren sich darüber hinaus wechselseitig; mit konstant zunehmender Zahl von Risikofaktoren wächst das Gesamtrisiko nicht linear, sondern exponentiell.

Das liegt an positiven Rückkopplungseffekten zwischen den beteiligten Risikofaktoren. Dies soll hier am Beispiel des Prozesses der gegenseitigen Nötigung etwas

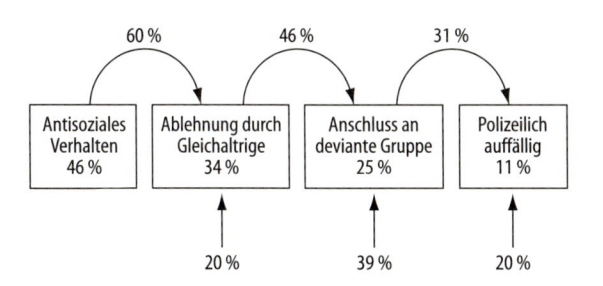

◘ **Abb. 6.24.** Basisraten (*in Kästchen*), Übergangswahrscheinlichkeiten (*Bögen*) und unerklärte Varianzanteile (*Pfeile*) in einem Prozessmodell für antisoziales Verhalten. (Nach Patterson & Bank, 1989)

genauer ausgeführt werden. Empirisch lässt sich im Verlauf der Kindheit eine deutliche positive Korrelation zwischen Problemen des Kindes (schwieriges Temperament, aggressives Verhalten) und seiner Eltern (inadäquater Erziehungsstil) feststellen. Traditionellerweise wurde dies einseitig kausal so interpretiert, dass die Probleme des Kindes durch die Probleme der Eltern verursacht seien. Seit Bell und Harper (1977) darauf aufmerksam machten, dass ja auch umgekehrt die Probleme der Eltern durch Probleme des Kindes verursacht sein könnten, und eine Vielzahl von Beobachtungen zusammentrugen, die diese Sichtweise stützten, hat sich mehr und mehr eine dynamisch-interaktionistische Sicht der Eltern-Kind-Beziehung durchgesetzt, nach der Probleme von Eltern und Kindern sich wechselseitig verstärken.

Lytton (1990) gab eine Übersicht über Argumente, die für einen Einfluss des Kindes auf die Eltern sprechen; sieben davon sind in der folgenden Übersicht zusammengestellt. Darunter finden sich experimentelle Laborstudien, deren Aussagekraft begrenzt ist, weil dort nur kurzfristige Effekte beobachtbar sind, aber auch einfache, alltagspsychologisch gut repräsentierte Befunde wie der massive Geschlechtsunterschied in aggressivem Verhalten, der zumindest durch geschlechtsunabhängige Effekte des elterlichen Verhaltens nicht erklärt werden kann.

- Medikamentöse Dämpfung hyperaktiver Kinder (z. B. durch Ritalin) wirkt sich auch auf das elterliche Erziehungsverhalten aus.
- Kinder, die in einer Laborstudie instruiert wurden, sich aggressiv zu gebärden, riefen bei Müttern rigide-autoritäres Verhalten ihnen gegenüber hervor.
- In einer Laborstudie riefen aggressive Jungen bei Müttern nichtaggressiver Jungen rigide-autoritäres Verhalten hervor, während Mütter aggressiver Jungen nichtaggressive Jungen nicht zu aggressivem Verhalten provozierten.
- Bestrafung vermehrt aggressives Verhalten bei aggressiven Kindern, vermindert es aber bei nichtaggressiven Kindern.
- Bei aggressiven Kindern finden sich gehäuft minimale körperliche Anomalien, die auf pränatale Störungen hinweisen.
- Jungen sind im Durchschnitt wesentlich aggressiver als ihre Schwestern.
- Adoptierte Jungen ähneln in ihrer Aggressivität ihrem leiblichen Vater stärker als ihrem erziehenden Vater.

> **Merke**
> Im Falle antisozialen Verhaltens ist die Korrelation zwischen kindlichem und elterlichem Problemverhalten zumindest teilweise durch das Kind verursacht.

Schon Bell (1977) versuchte, Eltern→Kind- und Kind→Eltern-Effekte in einem einheitlichen Modell der wechselseitigen Kontrolle zu integrieren. Patterson und Mitarbeiter legten die bisher umfassendsten detaillierten Beobachtungsdaten zur Eltern-Kind-Interaktion bei antisozialen Kindern und Jugendlichen vor. Ein wesentliches Ergebnis war, dass kindliches und elterliches Problemverhalten eng gekoppelt sind und eine hohe Stabilität über die Zeit aufweisen. In den wenigen Fällen, in denen das Problemverhalten bei einem Partner deutlich zu- oder abnahm, nahm es parallel auch beim anderen Partner der Eltern-Kind-Dyade zu oder ab (vgl. Patterson & Bank, 1989). Diese enge Koppelung beruht auf einem Teufelskreis der gegenseitigen Nötigung, und es ist nach Patterson diese Beziehungsqualität und nicht ein individuelles Merkmal des Kindes oder seiner Eltern, die die zentrale verursachende Variable für eine antisoziale Persönlichkeit ist. An entsprechend zentraler Stelle ist diese Variable in ◘ Abb. 6.23 plaziert.

Der Prozess der gegenseitigen Nötigung ist deshalb so zentral, weil er alle möglicherweise vorhandenen Risikofaktoren bündelt und durch positive Rückkopplungseffekte noch weiter verstärkt. Eine insensitive Mutter, ein schwieriges Temperament oder ein inadäquater Erziehungsstil alleine führen noch nicht unbedingt zu einer überdauernden antisozialen Tendenz, aber wenn erst einmal Kind und Eltern (aber auch Geschwister) im Teufelskreis der gegenseitigen Nötigung gefangen sind und diese pathologischen Beziehungsmuster früh beginnen und über viele Jahre lang erhalten bleiben, gibt es kaum noch ein Entrinnen. Denn so bekommt das Kind keine Chance, in der Familie positive soziale Fertigkeiten einzuüben, auf die es in späteren Beziehungen zu Gleichaltrigen, Partnern, Arbeitskollegen und eigenen Kindern zurückgreifen könnte. Deshalb ist der Anschluss an eine deviante Gruppe für diese Kinder weitaus fataler als für Kinder, die vorher positive soziale Kompetenzen erwerben konnten.

> **Merke**
> Der zentrale Prädiktor für die antisoziale Persönlichkeit ist der Prozess der gegenseitigen Nötigung im Kindesalter.

Pubertätsgebundene antisoziale Tendenz

Beachtet werden muss, dass die Mehrheit antisozialer Jugendlicher nicht die in ◘ Abb. 6.23 skizzierte Karriere hinter sich hat, die zu einer antisozialen Persönlichkeit führt. Während nur etwa 5 % der männlichen Jugendlichen überdauernde antisoziale Tendenzen zeigen, fallen bis zu zwei Drittel der Jugendlichen phasenhaft durch antisoziales Verhalten auf (vgl. ◘ Abb. 6.22). Sich während einer kurzen Phase der Pubertät antisozial zu verhalten, ist also für männliche Jugendliche normal. Es setzt weder den Prozess gegenseitiger Nötigung in der Familie noch Ablehnung durch Eltern oder Gleichaltrige voraus, und das antisoziale Verhalten zeigt eine geringe transsituative und zeitliche Stabilität. Wegen ihrer Häufigkeit und Instabilität sollte die pubertätsgebundene Form der antisozialen Tendenz nicht als Persönlichkeitseigenschaft betrachtet werden, sondern eher als Entwicklungsphänomen, das den Übergang zwischen Kindheit und Erwachsenheit markiert.

> **Merke**
> Im Jugendalter ist gelegentliches antisoziales Verhalten normal.

Erklärungen dieses Entwicklungsphänomens müssen also begründen, warum es so häufig auftritt, warum nicht alle Jugendlichen phasenhaft antisozial reagieren und warum die pubertätsgebundene antisoziale Tendenz keine Kontinuität ins Erwachsenenalter hinein zeigt. Moffitt (1993) begründete das Auftreten der pubertätsgebundenen Form antisozialen Verhaltens durch die Reifungslücke zwischen dem Einsetzen der Pubertät und der Möglichkeit der Übernahme einer Erwachsenenrolle (Erikson, 1960). Durch den säkularen Trend hin zu einer immer früheren Pubertät und einer immer längeren Ausbildungszeit entstehe eine wachsende Lücke zwischen »biologischem« und »sozialem Alter«. Ansprüche nach Sexualität und Sozialprestige könnten nicht in Übereinstimmung mit sozialen Normen erfüllt werden. Sie versuchte, diese Annahme durch kulturvergleichende Studien zu belegen, die zeigten, dass der Anstieg der Kriminalitätsrate mit Einsetzen der Pubertät stärker in modernen Industriegesellschaften ist als in traditionellen Gesellschaften (Greenberg, 1985) und dass dieser Anstieg in Industriegesellschaften im Verlauf dieses Jahrhunderts steiler geworden ist (vgl. ◘ Abb. 6.21).

Nach Moffitt (1993) übernehmen Gleichaltrige mit antisozialer Persönlichkeit eine Vorbildfunktion in devianten Gruppen: Sie machen vor, wie man durch Überschreiten sozialer Normen bekommen kann, was man haben möchte (sie machen z. B. ihre ersten sexuellen Erfahrungen oft sehr früh und verschaffen sich durch Diebstahl Prestigegüter). Tatsächlich weisen einige empirische Befunde darauf hin, dass überdauernd-antisoziale Jugendliche in dieser Phase weniger stark abgelehnt werden. Sie entwickeln zwar keine positiven Beziehungen, aber kurzfristig werden sie von Gleichaltrigen bewundert und nachgeahmt.

Dieser Erklärungsansatz geht davon aus, dass Jugendliche letztlich danach strebten, Erwachsenen möglichst schnell ähnlich zu werden. Das widerspricht aber der Tatsache, dass Jugendliche ganz im Gegenteil dazu tendieren, sich in ihrer äußeren Erscheinung (Kleidung, Frisur, Schmuck) und ihrem Verhalten (Benutzung des gerade aktuellen Repertoires von Steigerungs- und Schimpfformen) von Erwachsenen zu unterscheiden. Harris (1995, 2000) sah in diesem Verhalten deshalb eher einen Fall der In-Group-Out-Group-Kontrastierung (Abgrenzung von Mitgliedern anderer Gruppen) und versuchte, antisoziales Verhalten im Jugendalter als einen Aspekt dieses Kontrastierungsversuchs in einer Phase extremer In-Group-Orientierung zu begreifen (starke Identifizierung mit der eigenen Gruppe). Die vergleichsweise große Beliebtheit antisozialer Gruppenmitglieder würde dann lediglich darauf beruhen, dass ihr aktueller Wert als In-Group-Mitglied höher ist als vor oder nach dieser Phase extremer In-Group-Orientierung.

Nach Moffitt (1993) durchlaufen nicht alle Jugendlichen diese Phase, weil sie entweder die Reifungslücke nicht erleben (bedingt durch ein spätes Einsetzen der Pubertät oder eine frühe Übernahme der Erwachsenenrolle), weil sie wenig Gelegenheit zur Beobachtung antisozialen Verhaltens bei Gleichaltrigen haben (z. B. in ländlichen Gebieten), weil ihnen alternative soziale Rollen angeboten werden, die sie befriedigend für sich und andere auszufüllen in der Lage sind, oder weil sie zuviel Angst vor den mit antisozialem Verhalten verbundenen Gefahren haben: Sie würden gerne, trauen sich aber nicht.

Nach Moffitt (1993) zeigt die pubertätsgebundene antisoziale Tendenz deshalb keine Kontinuität, weil die Reifungslücke begrenzt ist, das antisoziale Verhalten auf Widerstand stößt und nicht zuletzt längerfristig bei den meisten die Einsicht überwiegt, dass es sich letztlich nicht auszahlt (wie schon Bertold Brecht bemerkte: Was ist schon das Ausrauben einer Bank gegen das Gründen einer Bank!).

> **Merke**
>
> **Antisoziale Tendenzen im Jugendalter sind ein gutes Beispiel dafür, dass dieselben Verhaltenstendenzen einerseits durch eine stabile Persönlichkeitseigenschaft und andererseits durch ein instabiles Entwicklungsphänomen bedingt sein können. In Querschnittstudien überlagern sich beide Formen untrennbar; erst in Längsschnittstudien wird sichtbar, dass es sich um zwei ganz unterschiedliche Quellen individueller Besonderheiten handelt.**

6.3.4 Schüchternheit

Schüchternheit lässt sich nach Grays Temperamentstheorie als soziale Gehemmtheit verstehen: Schüchterne Menschen reagieren in vielen sozialen Situationen gehemmt, weil ihr Verhaltenshemmungssystem stärker reagiert (Abschn. 4.3.2). Das kann daran liegen, dass die Schwelle für die Aktivierung der Verhaltenshemmung bei ihnen generell niedriger ist oder dass das System generell intensiver auf auslösende Bedingungen anspricht. In diesen Fällen handelt es sich um ein klassisches Temperamentsmerkmal, das in allen sozialen Situationen wirksam wird, auf die das Verhaltenshemmungssystem anspricht. Das sind nach Grays Theorie unbekannte Situationen und Situationen, die die Erwartung von Bestrafung oder frustrierender Nichtbelohnung erwarten lassen.

Angewandt auf soziale Interaktionssituationen heißt das, dass die Stärke des Verhaltenshemmungssystems im Kontakt mit Fremden oder großen Gruppen wirksam wird (weil die meisten Gruppenmitglieder wenig bekannt sein werden) und immer dann, wenn die Erwartung besteht, von anderen ignoriert oder abgelehnt zu werden. Von daher wäre eine deutliche transsituative Konsistenz zwischen Schüchternheit gegenüber Fremden und Schüchternheit in sozialen Bewertungssituationen zu erwarten (z. B. Vortrag vor großer Gruppe halten, mündliche Prüfung, Rendezvous mit jemandem, in den man frisch verliebt ist, sich aber unsicher ist, wie der andere reagieren wird). Selbstbeurteilungen von Schüchternheitssituationen durch Erwachsene und Verhaltensbeobachtungen von Erwachsenen in solchen Situationen konnten diese aus Grays Theorie abgeleiteten Annahmen stützen (Asendorpf, 1987, 1989a).

Interindividuelle Unterschiede im Verhaltenshemmungssystem führen also zu unterschiedlich starker Schüchternheit. Das heißt aber nicht, dass auch die Umkehrung gilt. Es könnte ja Schüchternheitsformen geben, die nicht auf der Stärke des Verhaltenshemmungssystems beruhen, sondern auf unterschiedlichen individuellen Erfahrungen mit sozialer Ablehnung. Wer oft von anderen abgelehnt wird, könnte die Erwartung ausbilden, auch künftig abgelehnt zu werden und entsprechend gehemmt reagieren, und zwar unabhängig von der Stärke des Verhaltenshemmungssystems. In diesem Fall handelt es sich nicht um ein Temperamentsmerkmal, sondern um das Resultat individueller sozialer Erfahrungen. Es gibt also zwei unterschiedliche Faktoren für Schüchternheit (Zweifaktorentheorie von Asendorpf, 1989a,b). Dies stellt reine Temperamentstheorien für Schüchternheit, wie sie z. B. von Kagan (1997) vertreten werden, vor Probleme.

> **Merke**
>
> **Nach der Zweifaktorentheorie der Schüchternheit von Asendorpf kann Schüchternheit sowohl auf einem Temperamentsmerkmal beruhen (Stärke des Verhaltenshemmungssystems) als auch auf häufiger sozialer Ablehnung.**

Wie das Beispiel aggressiver Kinder deutlich macht, führt soziale Ablehnung aber nicht unbedingt zu Schüchternheit, denn aggressive Kinder werden oft von ihren Peers abgelehnt, ohne dass dies ihre Schüchternheit erhöhen würde. Im Gegenteil wirken diese Kinder oft gerade besonders unschüchtern und unempfindlich gegenüber Bestrafung (Abschn. 6.3.3). Hier scheint wieder die Stärke des Verhaltenshemmungssystems eine Rolle zu spielen: Ein besonders schwaches Verhaltenshemmungssystem verhindert das Erlernen von Signalen für Bestrafung und frustrierende Nichtbelohnung und ein besonders starkes Verhaltenshemmungssystem fördert es (Kochanska, 1993).

> **Merke**
>
> **Die Stärke des Verhaltenshemmungssystems erhöht die Sensitivität gegenüber sozialer Ablehnung. Insofern potenzieren sich die Wirkungen von Temperament und Erfahrung auf Schüchternheit wechselseitig.**

Obwohl also Temperament und soziale Erfahrung voneinander abhängig sind, können sie in Grenzen unabhängig voneinander variieren. So ist z. B. zu erwarten, dass Kinder, die ein starkes Hemmungssystem haben, aber positive soziale Erfahrungen in Kindergarten oder Schulklasse machten, dort nicht durch Schüchternheit auffallen, obwohl sie Fremden gegenüber schüchtern reagieren, und dass Kinder, die ein durchschnittlich starkes Hemmungssystem haben, aber deutlich negative Erfahrungen in Kindergarten oder Schulklasse machten, dort durch starke Schüchternheit auffallen, obwohl sie Fremden gegenüber nicht schüchtern sind.

Genau das wurde in einer Längsschnittstudie an 99 Kindern gefunden, die ab ihrem Eintritt in den Kindergarten im Alter von 4 Jahren wiederholt hinsichtlich ihrer Schüchternheit gegenüber Fremden und ihrer Schüchternheit in der Kindergartengruppe bzw. Schulklasse untersucht wurden (Asendorpf, 1990a, 1998). Ihre Schüchternheit gegenüber Fremden wurde im Alter von 4, 6, 8 und 10 Jahren jeweils in einer Laborsituation beobachtet, in der sie auf eine unbekannte Erwachsene trafen, die sich passiv verhielt, also dem Kind die Initiative für eine Kontaktaufnahme überließ. Als entscheidender Verhaltensindikator für den Schüchternheitseindruck von Beobachtern der Videoaufnahmen erwies sich die Zeit, die das Kind bis zur ersten unaufgeforderten Äußerung an die Fremde brauchte. Parallel beurteilten die Eltern die Schüchternheit ihres Kindes gegenüber Fremden in einem Fragebogen und zusätzlich noch einmal, als das Kind 12 Jahre alt war. Zusätzlich wurden die Kinder im Alter von 5 und 7 Jahren im Spiel mit einem unbekannten Kind des gleichen Alters und Geschlechts beobachtet; wieder erwies sich die Zeit bis zur ersten an den Spielpartner gerichteten sozialen Initiative als entscheidender Verhaltensindikator.

Wie ◘ Tabelle 6.17 zeigt, erwies sich Schüchternheit gegenüber Fremden als recht stabile Eigenschaft (annähernd so stabil wie Aggressivität oder Intelligenz). Auch war die Konsistenz zwischen fremden Erwachsenen und unbekannten Kindern hoch, wobei berücksichtigt werden muss, dass die Situation für die Erwachsene besser standardisiert war, weil alle Kinder auf dieselbe Erwachsene trafen, während jedes Kind mit einem anderen Spielpartner gepaart wurde, dessen Persönlichkeit also zwischen den Kindern variierte und damit die Konsistenz mit anderen Situationen senkte.

Deutlich weniger stabil war die Schüchternheit der Kinder im Kindergarten und der Schulklasse, die durch Verhaltensbeobachtung im Kindergarten durch geschulte Beobachter und durch das Urteil der Kindergartenerzieher bzw. Grundschullehrer erfasst wurde (vgl. ◘ Abb. 6.25). Auch war die Schüchternheit gegenüber Fremden mit der Schüchternheit in der Gruppe deutlich stärker im 1. Kindergartenjahr und in der 1. Klasse korreliert, also dann, als die Gruppe den Kindern noch wenig vertraut war.

Dieses Muster einer hohen Stabilität und Konsistenz in bezug auf unvertraute Situationen und einer niedrigen Konsistenz zwischen unvertrauten und vertrauten Situationen lässt sich gut im Rahmen der Zweifaktorentheorie für Schüchternheit erklären. Die Konsistenz zwischen unvertrauten Situationen (Konfrontation mit Unbekannten im Labor oder unvertraute Gruppe) beruht auf der Stärke des Verhaltenshem-

◘ Tabelle 6.17. Stabilität von Schüchternheit gegenüber unbekannten Erwachsenen und Kindern über einen Zeitraum von 8 Jahren

| Alter (Jahre) | 5 | 6 | 7 | 8 | 10 | 12 |
Schüchternheit gegenüber	K	E	K	E	E	E
4 Jahre, E	.68	.75	.64	.64	.56	.39
5 Jahre, K	–	.63	.56	.62	.44	.42
6 Jahre, E	–	–	.67	.66	.39	.32
7 Jahre, K	–	–	–	.63	.51	.48
8 Jahre, E	–	–	–	–	.51	.47
10 Jahre, E	–	–	–	–	–	.65

Angegeben sind Korrelationen zwischen den Messungen für 99 Kinder. *E* Schüchternheit gegenüber Erwachsener, *K* Schüchternheit gegenüber Kind. Schüchternheit wurde bis zum Alter von 10 Jahren durch ein Aggregat aus Elternurteil und Verhaltensbeobachtung erfasst, im Alter von 12 Jahren nur durch das Elternurteil

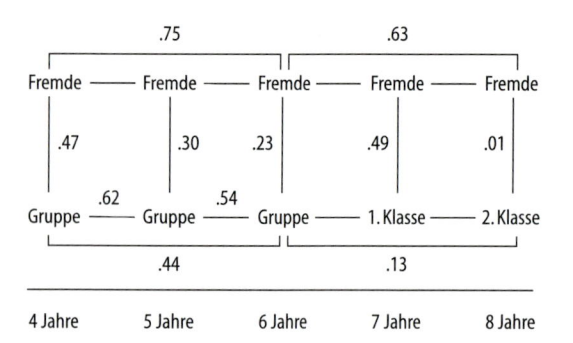

```
              .75                    .63
      ┌───────┴───────┐      ┌───────┴───────┐
Fremde ── Fremde ── Fremde ── Fremde ── Fremde
   .47       .30      .23      .49      .01
       .62       .54
Gruppe ── Gruppe ── Gruppe ── 1. Klasse ── 2. Klasse
      └───────┬───────┘      └───────┬───────┘
             .44                    .13

4 Jahre   5 Jahre   6 Jahre   7 Jahre   8 Jahre
```

◼ **Abb. 6.25.** Korrelationen zwischen verschiedenen Messungen der Schüchternheit gegenüber Fremden und der Schüchternheit in der Kindergartengruppe bzw. Schulklasse. (Nach Asendorpf, 1998)

mungssystems, also auf einem Temperamentsmerkmal. Zusätzlich machten die Kinder in der Kindergartengruppe unabhängig davon unterschiedliche Erfahrungen mit den Peers, was Ignoriertwerden und Ablehnung angeht. Dieser zweite Schüchternheitsfaktor wirkte sich konsistenzmindernd aus.

Diese Interpretation wird durch einen zweiten Befund von Asendorpf (1990a) gestützt. Die Beobachter im Kindergarten protokollierten nicht nur die Schüchternheit des Kindes, sondern auch, wie die Gruppenmitglieder reagierten, wenn das Kind versuchte, mit ihnen Kontakt aufzunehmen (z.B. in einer schon bestehenden Spielgruppe mitzuspielen). Die Häufigkeit von Nichtbeachtung oder direkter Ablehnung durch die Peers korrelierte in der vertrauten Kindergartengruppe (2. und 3. Jahr), nicht aber in der wenig vertrauten Gruppe (1. Jahr), mit der beobachteten Schüchternheit der Kinder in der Gruppe. Mit zunehmender Vertrautheit mit den Peers baute sich offenbar die zweite, auf Ablehnungserfahrungen beruhende Schüchternheitsform auf, und zwar relativ unabhängig von der Stärke des Verhaltenshemmungssystems.

Schüchternheit in vertrauten sozialen Gruppen scheint damit vor allem ein Resultat der Akzeptanz durch die Gruppenmitglieder zu sein: Wer häufig ignoriert oder gar abgelehnt wird, sollte starke Hemmungen Gruppenmitgliedern gegenüber entwickeln. Bei Kindern gibt es gegen Ende der Kindergartenzeit also zwei unterschiedliche Formen von Schüchternheit, die sich beide der »gemeinsamen Endstrecke« der Verhaltenshemmung bedienen und deshalb vom Verhalten her nicht unterscheidbar sind, jedoch unterschiedliche Ursachen haben.

Asendorpf und van Aken (1994) konnten in Fortführung dieser Längsschnittstudie zeigen, dass Kinder, die durch starke Schüchternheit in der vertrauten Kindergartengruppe aufgefallen waren, ein niedrigeres soziales Selbstwertgefühl bis zur 4. Klasse aufwiesen als solche, die in der Gruppe akzeptiert worden waren, während sich für starke Schüchternheit Fremden gegenüber kein selbstwertmindernder Effekt feststellen ließ. Nicht die Stärke des Verhaltenshemmungssystems, sondern Ablehnungserfahrungen erwiesen sich also als problematisch für die emotionale Entwicklung.

❗ **Merke**
Schüchternheit in der vertrauten Kindergartengruppe ist ein Risikofaktor für ein späteres negatives soziales Selbstwertgefühl, nicht aber Schüchternheit Fremden gegenüber.

Zwei weitere, anhand derselben Längsschnittstudie gewonnene Befunde stellen eine reine Temperamentsinterpretation von Schüchternheit vor weitere Probleme. Die Gehemmtheit der Kinder gegenüber unbekannten Gleichaltrigen änderte ihre Verhaltensform zwischen dem Alter von 4 und 8 Jahren. Stark gehemmte Vierjährige (Elternurteil) zeigten deutliche Zeichen einer Verhaltenshemmung gegenüber dem unbekannten Partner (Spielhemmung, distanziertes Beobachten des Partners), während ältere stark gehemmte Kinder sich schnell ins Alleinspiel zurückzogen (Asendorpf, 1991). Zudem fand Asendorpf (1994), dass Intelligenz langfristig die Gehemmtheit gegenüber Fremden und in der Gleichaltrigengruppe beeinflusste: Intelligentere Kinder zeigten in beiden Fällen eine stärkere Abnahme ihrer Hemmungen zwischen 4 und 10 Jahren als weniger intelligente.

Beide Befunde könnten auf alters- bzw. intelligenzabhängige Bewältigungsstile für hemmende Situationen hinweisen (Abschn. 4.5.3): Ältere gehemmte Kinder bewältigten die Konfrontation mit einem fremden Kind schneller als jüngere durch Rückzug ins Alleinspiel, intelligentere Kinder bewältigten hemmende Situationen besser als weniger intelligente. Wenn auch diese Interpretation noch weiterer empirischer Absicherung bedarf, berührt doch ihre prinzipielle Möglichkeit einen wunden Punkt des Versuchs, Persönlichkeitsunterschiede im sozialen Verhalten auf erfahrungsunabhängige Temperamentsunterschiede zurückführen zu wollen. Wenn ältere Kinder und erst recht Erwachsene lernen können, mit ihrem Temperament auf eine für sie selbst oder andere verträglichere Weise umzugehen, wird ihr Temperament stets durch Bewältigungsstile gefiltert. Reaktivitäts- und Regulationsparameter im offenen Verhalten würden dann nicht nur zugrundeliegende neurophysiologische Parameter widerspiegeln, sondern auch erworbene Bewältigungsstile – bis hin zu willentlicher Unterdrückung oder Verstärkung spontaner, dem »eigentlichen« Temperament entsprechender Verhaltenstendenzen.

> **! Merke**
> Temperamentsunterschiede alleine erklären Schüchternheit nicht ausreichend. Zusätzlich müssen Ablehnungserfahrungen und Bewältigungsstile für schüchternheitsauslösende Situationen berücksichtigt werden.

Während Schüchternheit im Kindesalter offenbar in 2 unterschiedlichen Formen auftritt, erkennbar an Schüchternheit gegenüber Fremden bzw. in vertrauten Gruppen, scheint es im Verlauf des Jugendalters zu einer Konvergenz der 2 Formen zu kommen, denn im Erwachsenenalter lassen sie sich nicht mehr klar trennen, zumindest was das Selbstkonzept in Schüchternheit angeht. Schüchternheit gegenüber Fremden korreliert hier hoch mit Schüchternheit in sozialen Bewertungssituationen, z. B. gegenüber Autoritätspersonen, in Prüfungssituationen oder in Rendezvoussituationen (Asendorpf, 1989a).

Dass in den Studien von Asendorpf und van Aken (1994) und Asendorpf (1994) temperamentsmäßig schüchterne Kinder keine Internalisierungsprobleme in der mittleren Kindheit zeigten und die intelligenteren unter ihnen ihre Hemmungen besser zu überwinden lernten, besagt nicht, dass temperamentsbedingte Schüchternheit keine längerfristigen Wirkungen auf die weitere Entwicklung hat. So fand Gest (1997) in einer Längsschnittstudie von der mittleren Kindheit (8–12 Jahre) bis zum frühen Erwachsenenalter (17–24 Jahre), dass Schüchternheit gegenüber Fremden in der Kindheit nicht mit negativen Beziehungen zu Gleichaltrigen korrelierte, wohl aber mit negativen Beziehungen im jungen Erwachsenenalter und zu einem späteren Auszug aus dem Elternhaus führte (s. auch »Die klassische Studie«).

Dass Schüchternheit zu einer Verzögerung der sozialen Entwicklung in Transitionsphasen führt, legt auch die Berliner Beziehungsstudie nahe, in der die Entwicklung der sozialen Beziehungen von jungen Studierenden der Humboldt-Universität in Berlin während der ersten 18 Monate des Studiums intensiv untersucht wurde

> **Die klassische Studie**
> **Die Berkeley Guidance Study**
> Verzögerungseffekte auf die Entwicklung konnten auch Caspi et al. (1988) nachweisen. Sie reanalysierten Daten der Berkeley Guidance Study, in der 182 Kinder, die 1928–29 in Berkeley, Kalifornien, geboren worden waren, bis zum Alter von 40 Jahren untersucht wurden. Caspi et al. identifizierten schüchterne Kinder durch hohe Werte im Alter von 8, 9 und 10 Jahren auf Skalen, die Gehemmtheit in unvertrauten Situationen und Gehemmtheit im emotionalen Ausdruck erfassten (28 % der Jungen und 32 % der Mädchen). Schüchterne Jungen heirateten im Durchschnitt 3 Jahre später als wenig schüchterne, bekamen ihr erstes Kind 4 Jahre später und begannen eine stabile Berufskarriere 3 Jahre später.
> Schüchterne Mädchen heirateten nicht später und bekamen ihr erstes Kind nicht später als nichtschüchterne (sie heirateten Ende der vierziger Jahre, als die traditionellen Geschlechtsrollen noch intakt waren). Im Gegenteil entsprachen sie eher dem traditionellen Rollenbild: Sie arbeiteten im Durchschnitt 3 Jahre weniger als nichtschüchterne, auch dadurch bedingt, dass ihr Mann dann, als sie etwa 40 Jahre alt waren, einen Beruf mit höherem Prestige ausübte. Schüchterne Frauen scheinen also zur Berufskarriere ihrer Männer bedeutsam beigetragen zu haben, oder stärker beruflich ambitionierte Männer heirateten in dieser Epoche eher schüchterne Frauen.
> Während schüchterne Jungen eine verzögerte, aber ansonsten normale Entwicklung aufwiesen (sie führten ebenso stabile Ehen wie nichtschüchterne, hatten ebensoviele Kinder und erreichten denselben Berufsstatus wie nichtschüchterne), waren schüchterne Frauen besser angepasst an die gesellschaftlichen Erwartungen ihrer Zeit (sie arbeiteten weniger und hatten beruflich erfolgreichere Männer). Schüchterne Mädchen waren also gemessen an den gesellschaftlichen Erwartungen »erfolgreicher« als schüchterne Jungen. Wegen des wachsenden gesellschaftlichen Drucks zu einer Berufskarriere bei Frauen in westlichen Kulturen dürften schüchterne Mädchen es aber heute schwerer haben, diesen Erwartungen zu entsprechen.

(Asendorpf & Wilpers, 1998). Alle 3 Monate wurden alle Beziehungen erfasst, die den Studierenden wichtig waren; Schüchternheit wurde u. a. zu Beginn der Studie

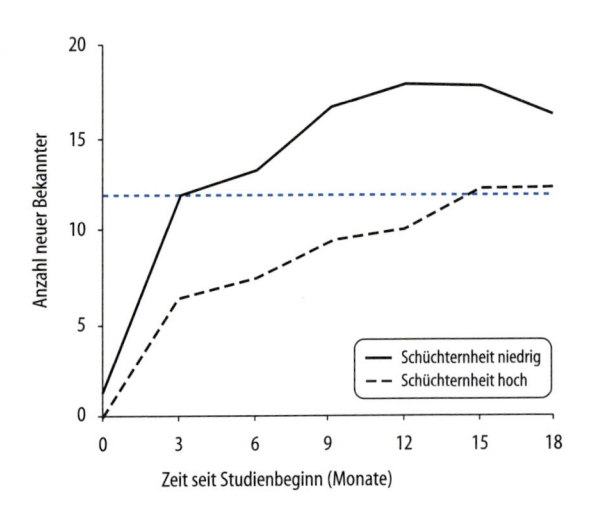

Abb. 6.26. Zahl neuer (ab Studienbeginn geknüpfter) Beziehungen von Studierenden in Abhängigkeit von ihrer Schüchternheit. (Nach Asendorpf & Wilpers, 1998)

erfragt. Abbildung 6.26 zeigt die Zahl der ab Studienbeginn neu geknüpften Beziehungen von Studierenden mit Schüchternheitswerten im oberen Viertel bzw. in der unteren Hälfte der Verteilung von Schüchternheit (hohe bzw. niedrige Schüchternheit).

Es wird deutlich, dass die Schüchternen sich schwerer taten, neue Beziehungen aufzubauen. Andererseits wuchs ihr Beziehungsnetz über die ganzen 18 Monate hinweg stetig weiter, während es bei den wenig Schüchternen ab 12 Monaten stagnierte. Leider konnte die Studie nicht weiter fortgeführt werden; es wäre interessant zu sehen, ob die Schüchternen langfristig genauso viele neue Beziehungen aufbauten wie die Nichtschüchternen.

> **Merke**
> Temperamentsbedingte Schüchterheit führt zu Verzögerungen im sozialen Lebenslauf, u.a. im Aufbau neuer Beziehungen.

Neben diesen Verzögerungseffekten im Lebenslauf belegt die Dunedin-Längsschnittstudie von Caspi et al. (vgl. Abschn. 6.1.5) auch Konsequenzen früher temperamentsbedingter Schüchternheit auf die spätere Persönlichkeit und Psychopathologie. Die als gehemmt klassifizierten Kinder im Alter von drei Jahren entwickelten im Vergleich zu den gut angepassten Kindern im Erwachsenenalter mehr Depressionen und verübten mehr Selbstmordversuche und Gewalttaten (vgl. Abb. 6.5 in Abschn. 6.1.5).

Dies erinnert an den Befund von Asendorpf und van Aken (1994), dass ablehnungsbedingte Schüchternheit im Kindergartenalter ein erniedrigtes soziales Selbstwertgefühl in der Grundschule vorhersagte. Soziale Minderwertigkeitsgefühle wiederum sind mit Einsamkeit bis hin zu depressiven Tendenzen schon im Kindesalter verbunden. Diese Probleme werden als Internalisierungsprobleme bezeichnet in Abgrenzung zu den Externalisierungsproblemen aggressiver Kinder (motorische Unruhe, starke Ablenkbarkeit, geringe Frustrationstoleranz, Störung des Schulunterrichts, antisoziales Verhalten). Externalisierungs- und Internalisierungsprobleme machen die Mehrheit der Verhaltensstörungen im Kindesalter aus (Achenbach & Edelbrock, 1981).

In Abschn. 6.3.3 wurde ein Modell für die Entwicklung antisozialen Verhaltens, also eines Externalisierungsproblems, skizziert (Abb. 6.23). Ganz analog konzipiert ist das folgendende Modell der Entwicklung von Internalisierungsproblemen (Abb. 6.27, modifiziert nach Rubin et al., 1990).

Über pränatale nichtgenetische Risiken für spätere Internalisierungsprobleme ist bisher wenig bekannt. Interessant ist der Befund von Gortmaker et al. (1997), dass das Risiko für sehr hohe Schüchternheit gegenüber Fremden in den USA und in Neuseeland erhöht ist, wenn die Schwangerschaftsmitte in die Zeit minimaler Tageslänge fiel. Da die Konzentration von Hormonen wie Melatonin und Serotonin, deren Beteiligung an temperamentsbedingter Schüchternheit diskutiert wird (Kagan, 1997), mit der Tageslänge variiert, könnte es sich hierbei um einen wichtigen Befund handeln.

Bei der Geburt ist eine niedrige Reizschwelle und eine geringe Anpassungsfähigkeit an neue Situationen ein Risikofaktor für spätere Schüchternheit in unbekannten Situationen (Snidman et al., 1995). In Wechselwirkung mit mangelnder Einfühlsamkeit der Mutter entwickelt das Kind Hemmungen unvertrauten Situationen gegenüber und eine ängstlich-ambivalente Bindung (Typ C) an die Mutter (Calkins & Fox, 1992; Vaughn et al., 1992). Die Mutter wiederum entwickelt möglicherweise als Reaktion hierauf einen ablehnenden oder überbehütenden Erziehungsstil dem Kind gegenüber, der die Schüchternheit des Kindes verstärkt. Korrelative Beziehungen zwischen diesen beiden Erziehungsstilarten und kindlicher Schüchternheit könnten allerdings auch auf gemeinsamen genetischen Faktoren für kindliche Schüchternheit und mütterliches Verhalten beruhen.

Die Schüchternheit eines solchen Kindes beim Eintritt in die neue soziale Welt der Kindergartengruppe

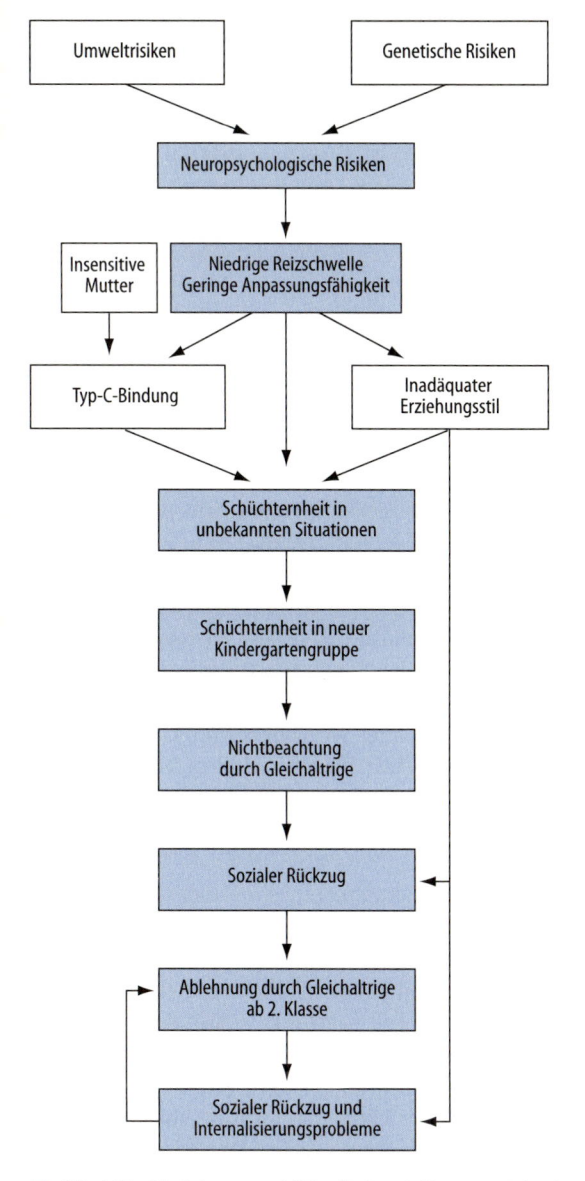

6.3 · Wechselwirkungsprozesse zwischen Persönlichkeit und Umwelt

Abb. 6.27. Ein Rahmenmodell für die Entwicklung von Schüchternheit

Bis dahin wird das Kind aber nicht in der Gruppe abgelehnt. Dies wird erst dann zu einem realen Risiko, wenn etwa ab Beginn der 2. Klasse die Klassenkameraden beginnen, sich und andere in ihrer Persönlichkeit zu vergleichen. Jetzt fällt ihnen das untypische, zurückgezogene Verhalten des Kindes auf, und das verstärkt ihre Nichtbeachtung und führt bei fehlenden positiven Eigenschaften zur Ablehnung (Younger et al., 1993). Da nun auch das betroffene Kind beginnt, sich mit Klassenkameraden zu vergleichen, wird ihm seine Außenseiterstellung bewusst, was sein soziales Selbstwertgefühl mindert. Ablehnung durch die Klassenkameraden und durch sich selbst verstärken sich wechselseitig, besonders bei fehlenden positiven sozialen Erfahrungen außerhalb der Gruppe. Langfristig resultieren in diesem Fall Internalisierungsprobleme: Einsamkeit, depressive Verstimmungen und Schwierigkeiten, Freundschaftsbeziehungen aufzubauen oder zu erhalten (Rubin, 1993).

In Extremfällen können diese Internalisierungsprobleme in Selbstmordversuchen, aber auch in plötzlichen Ausbrüchen von Gewalt resultieren (vgl. die Ergebnisse der Dunedin-Studie in Abschn. 6.1.5). Im Gegensatz zu Gewalttätern mit antisozialer Persönlichkeitsstörung sind schüchtern-gehemmte Gewalttäter oft bis zu diesen Ausbrüchen sozial unauffällig, weil sie Frustrationen nicht in Aggressionen umwandeln, sondern ganz im Gegenteil unfähig zu einem adäquaten Ausdruck von Ärger sind. Sie entsprechen dem Prototyp des netten Nachbarn, der für alle überraschend dann plötzlich Amok läuft, wenn seine Aggressionsabwehr zusammenbricht (vgl. auch die Diskussion der »sudden murders« von Zimbardo, 1977). Nicht häufige Gewalttätigkeiten sind indikativ für Internalisierungsprobleme, sondern plötzliche Gewaltausbrüche auf der Basis gehemmter Aggressivität.

> **❗ Merke**
>
> **Typisch für Internalisierungsprobleme ist plötzliche Gewalttätigkeit auf der Basis gehemmter Aggressivität, typisch für Externalisierungsprobleme ist chronische Gewalttätigkeit auf der Basis hoher Aggressivität.**

Wie schon bei der Diskussion des Modells für antisoziales Verhalten muss auch hier wieder betont werden, dass es sich bei den einzelnen Pfaden immer nur um Risikofaktoren handelt, die überzufällig, aber keineswegs deterministisch wirken. Deshalb wird ein Neugeborenes, das die kritischen Temperamentsmerkmale aufweist, keineswegs immer später Internalisierungsprobleme entwickeln. So wie der Prozess der gegenseitigen Nöti-

wird von den Gleichaltrigen mit häufiger Nichtbeachtung beantwortet und von den Erziehern als Ängstlichkeit und Unreife interpretiert. Diese negativen sozialen Erfahrungen verstärken die anfangs nur auf Angst vor dem Unbekannten beruhende Schüchternheit des Kindes. Ein Teufelskreis zwischen Hemmungen gegenüber Gleichaltrigen und Nichtbeachtung durch sie kann sich entwickeln, der zu Rückzugstendenzen des Kindes aus der Gleichaltrigeninteraktion führt (»social withdrawal«).

gung in der Kindheit zentral für antisoziales Verhalten ist (◘ Abb. 6.23), scheint der Teufelskreis aus erfahrener Ablehnung durch Gleichaltrige und Eltern und Selbstablehnung zentral für Internalisierungsprobleme zu sein. Wird er durchbrochen, können aber auch solche Kinder durchaus noch ein solides soziales Selbstwertgefühl entwickeln. Ihr Selbstwert in anderen Bereichen, z. B. der schulischen Leistungen, ist ohnehin kaum beeinträchtigt (Asendorpf & van Aken, 1994).

> **Merke**
> Internalisierungsprobleme ab der mittleren Kindheit werden durch bestimmte Temperamentsfaktoren, eine ängstlich-ambivalente Bindung an die Mutter, möglicherweise einen inadäquaten Erziehungsstil der Eltern und Ablehnungserlebnisse in Kindergarten und Schule gefördert. Zentral scheinen der Teufelskreis aus erlebter Ablehnung und Selbstablehnung in der Grundschulzeit zu sein.

6.3.5 Exemplarische Anwendung: Umgang mit schüchternen Kindern

Wenn Schüchternheit im Kindesalter auf zwei ganz unterschiedlichen Bedingungen beruhen kann, wie im vorangegangenen Abschnitt deutlich wurde, hat das Konsequenzen für die Beratung von Eltern und Lehrern hinsichtlich des Umgangs mit schüchternen Kindern (Asendorpf, 1993b, 1998). Was können Eltern tun, wenn ihr Kind schüchtern ist?

Zunächst sollten sie versuchen herauszufinden, ob es sich wirklich um Schüchternheit handelt oder lediglich um Ungeselligkeit (Abschn. 4.5.1). Nicht alle Kinder sind »von Natur aus« gesellig; schon im Kindergartenalter gibt es durchaus Kinder, die gerne viel alleine spielen, ohne Probleme zu haben. Schüchternheit äußert sich in konflikthaftem ambivalenten Verhalten, das signalisiert, dass das Kind eigentlich Kontakt haben möchte, aber sich nicht traut.

Ein solches echt schüchternes Verhalten können Eltern vor allem gut im Kontakt mit Fremden beobachten, z. B. gegenüber einer Tante, die seit Jahren zum ersten Mal wieder zu Besuch kommt, oder auf dem Spielplatz, wenn das Kind mit unbekannten Kindern zusammen ist. Diese Gehemmtheit gegenüber dem Unbekannten ist meist kein Grund zur Beunruhigung; sie hat auch positive Seiten, z. B. Schutz vor Unfällen, weil diese Kinder meist generell vorsichtig sind.

Nur wenn die Gehemmtheit gegenüber dem Unbekannten so stark ist, dass sie das Knüpfen von Freundschaften oder das Erkunden neuer Umgebungen verhindert (z. B. wenn sich das Kind weigert, die familiäre Umgebung zu verlassen), sollten Eltern behutsam und auf indirektem Wege versuchen, es dem Kind zu erleichtern, seine Angst zu überwinden. »Machtworte« oder gar Verspotten verstärken die Schüchternheit nur noch. Das Knüpfen von Freundschaften können Eltern z. B. dadurch erleichtern, dass sie einzelne Klassenkameraden oder Nachbarskinder zu sich nach Hause zum Spielen einladen und geduldig abwarten, ob sich etwas entwickelt. Gelegenheiten schaffen und Zeit geben sind das Wichtigste, was Eltern für schüchterne Kinder tun können.

Starke Kontaktschwierigkeiten mit Kindern können aber auch auf Ablehnungserlebnisse im Kindergarten oder der Schulklasse zurückgehen, vor allem dann, wenn das Kind sich fremden Erwachsenen gegenüber nicht besonders schüchtern verhält. Hier sollten sich die Eltern an die Erzieherin bzw. den Klassenlehrer wenden und versuchen, gemeinsam herauszufinden, ob das Kind in der Gruppe abgelehnt wird und entsprechende Gegenmaßnahmen ergreifen. Hilft das alles nichts, sollten die Eltern sich an eine Erziehungsberatungsstelle wenden, wo sie professionelle psychologische Hilfe erhalten können.

Was können Erzieher und Lehrer tun, um schüchterne Kinder zu unterstützen? Vor allem: Sie sollten mehr auf die stillen »Mauerblümchen« in der Gruppe achten; dahinter kann sich ein wirkliches Problem verbergen. Störer erzwingen ihre Beachtung selbst; bei Schüchternen müssen die Pädagogen aktiv werden. Stille Kinder mit wenig Kontakt zu anderen müssen nicht unbedingt schüchtern sein; es kann sich lediglich um ungesellige Kinder handeln, die sich weniger für andere interessieren (s. oben).

Schüchternheit in den ersten Monaten in einer neuen Gruppe ist meist Gehemmtheit gegenüber dem Unbekannten und erfordert keine Maßnahmen; sie gibt sich oft von selbst mit zunehmender Vertrautheit. Schüchternheit in der vertrauten Gruppe dagegen ist ein Warnsignal, das ernst genommen werden muss. Hier sollte zunächst versucht werden herauszufinden, ob das Kind von den anderen nicht genügend beachtet oder gar abgelehnt wird, und warum das der Fall ist. Hierfür gibt es zahllose, ganz unterschiedliche Gründe wie mangelnde Durchsetzungsfähigkeit, körperliche Behinderung, ungewöhnlicher Dialekt, Ausländerstatus. Die Gründe können sowohl beim Kind als auch bei den Gruppenmitgliedern liegen.

Im ersteren Fall sind die Möglichkeiten von Erziehern und Lehrern sehr begrenzt; hier sind vor allem die Eltern gefordert (s. oben). Im zweiten Fall könnte versucht werden, Einfluss auf die ablehnende Haltung der Gruppenmitglieder zu nehmen, aber auch dies stößt in der Praxis schnell an Grenzen. Alternativ sollte ein Gruppenwechsel (z. B. Versetzung in eine Parallelklasse) erwogen werden, der dem Kind einen frischen Start ermöglicht. Oft ist es eine unglückliche Gruppenkonstellation oder eine unglückliche Kette von Ereignissen, die zur Ablehnung führt und die sich nach einem Gruppenwechsel nicht wiederholen muss.

6.3.6 Diskussion

Bei allen drei hier exemplarisch geschilderten Phänomenen der Persönlichkeitsentwicklung – intellektuelle Leistungen, antisoziales Verhalten, schüchternes Verhalten – wurde deutlich, dass die heutigen empirisch begründeten Erklärungsansätze für Persönlichkeitsunterschiede die simplen monokausalen Erklärungsmuster der Alltagspsychologie weit hinter sich gelassen haben. Persönlichkeitserklärung besteht heute aus komplexen Modellen von Entwicklungspfaden, die eine Vorhersage individueller Eigenschaften nur probabilistisch ermöglichen. Dabei steigt die Genauigkeit der Vorhersage im Einzelfall mit der Zahl identifizierter Risikofaktoren im Modell.

Nur für wenige Persönlichkeitseigenschaften gibt es zur Zeit eine so breite empirische Datenbasis wie für die hier diskutierten Eigenschaften, aber es ist zu erwarten, dass mit dem Umfang der empirischen Analysen die Komplexität der Beschreibungsmodelle steigt. Die Entwicklungsmodelle in ◘ Abb. 6.23 und 6.27 scheinen nicht ungewöhnlich komplex zu sein, sondern dürften in ihrer Komplexität eher typisch für Persönlichkeitseigenschaften im allgemeinen sein. Bei anderen Eigenschaften sind die derzeit diskutierten Entwicklungsmodelle einfacher, aber das dürfte eher an einer unzureichenden einschlägigen Forschung liegen.

6.4 Zufall und Notwendigkeit in der Persönlichkeitsentwicklung

Die Erklärungsmodelle für antisoziales und schüchternes Verhalten könnten den Eindruck erweckt haben, als sei Persönlichkeitsentwicklung im großen und ganzen gut vorhersagbar: Es konnte eine kohärente Geschichte erzählt werden, die von der pränatalen Entwicklung bis zum Erwachsenenalter führte. Dieser Eindruck wäre aber trügerisch. Zum einen handelt es sich bei der antisozialen Persönlichkeit wie auch bei der temperamentsbedingten Schüchternheit um ungewöhnlich stabile Eigenschaften; andere Persönlichkeitseigenschaften sind weniger stabil (vgl. Abschn. 6.1.2). Zum anderen haben die Einflussschätzungen in Abschn. 6.2 gezeigt, dass jedenfalls im Erwachsenenalter der Einfluss systematischer, von Geschwistern geteilter Umweltbedingungen auf die Persönlichkeit minimal ist; was überwiegt, ist der Einfluss ganz individueller Umweltfaktoren.

Hierzu zählen insbesondere irreguläre, emotional stark negativ oder stark positiv erlebte Ereignisse, die nicht Teil der überdauernden persönlichen Umwelt sind, aber oft Einfluss auf die weitere Persönlichkeitsentwicklung haben: der Tod der besten Freundin durch einen Autounfall, der zu Depressionen führt und in Alkoholismus endet; die Arbeitslosigkeit durch Pleite des Betriebes, die durch die erzwungene schöpferische Pause zum Beginn einer großen Schriftstellerkarriere wird; der Lotteriegewinn, der zu Großspurigkeit, Misstrauen gegenüber den Freunden und dadurch zu sozialer Isolation führt; die Begegnung mit dem Mäzen, der im Geburtstagsständchen für die Freundin die musikalische Begabung erkennt und durch seine Förderung zur Blüte bringt. Die geringe Vorhersagbarkeit dieser Ereignisse bringt eine große Portion Zufall in die Persönlichkeitsentwicklung und erschwert dadurch die Persönlichkeitsvorhersage.

Solche kritischen Lebensereignisse treten zwar irregulär auf, lassen sich aber dennoch klassifizieren und nach ihrem Einfluss quantifizieren. Sie sind um so einflussreicher, je stärker sie die vorhandene Person-Umwelt-Passung stören und dadurch zu einer Änderung der Persönlichkeit oder der Umwelt zwingen. Holmes und Rahe (1967) stellten ein Inventar aus 43 kritischen Lebensereignissen zusammen und ließen Versuchspersonen die Bedeutsamkeit dieser Ereignisse beurteilen. ◘ Tabelle 6.18 zeigt eine Modifikation dieses Inventars für Studenten (angegeben sind die zehn bedeutsamsten und die fünf am wenigsten bedeutsamen Ereignisse dieses Inventars; die Bedeutsamkeitswerte wurden so normiert, dass das bedeutsamste Ereignis den Wert 100 erhielt).

Auf den ersten Blick scheinen sich kritische Lebensereignisse gegen systematische Erklärungen gänzlich zu

Tabelle 6.18. Bedeutsamkeit von Lebensereignissen für Studenten. (Nach Insel & Roth, 1985)

Nr	Ereignis	Stärke
1	Tod eines nahen Angehörigen	100
2	Tod eines engen Freundes	73
3	Scheidung der Eltern	65
4	Gefängnisaufenthalt	63
5	Schwere Krankheit oder Verletzung	63
6	Eheschließung	58
7	Verlust des Arbeitsplatzes	50
8	Durchfallen in einem wichtigen Prüfungsfach	47
9	Veränderungen des Gesundheitszustands eines Familienmitglieds	45
10	Schwangerschaft	45
27	Veränderung der Häufigkeit familiärer Zusammenkünfte	26
28	Zuviele verpasste Seminare	25
29	Wechsel der Ausbildungsstätte	24
30	Mehr als ein Seminar auslassen	23
31	Kleinere Übertretungen der Verkehrsregeln	20

Angegeben sind die Mittelwerte der Bedeutsamkeitsschätzung von vielen Versuchspersonen.

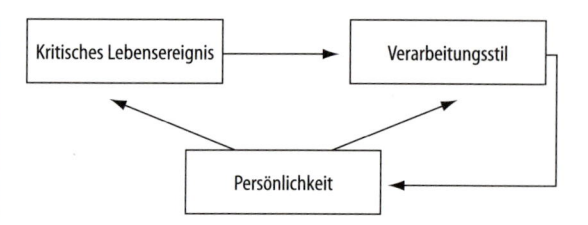

Abb. 6.28. Wechselwirkung zwischen kritischen Lebensereignissen und Persönlichkeit

per Definition nicht Teil der persönlichen Umwelt, also der überdauernden Situationsexposition (vgl. Abschn. 5.1), aber dennoch könnte die Wahrscheinlichkeit dieser singulären Ereignisse begrenzt persönlichkeitsabhängig sein. Welcher Lottospieler gewinnt, ist zwar rein zufällig, aber ob jemand überhaupt an Lotterien teilnimmt, könnte durchaus von bestimmten Persönlichkeitsmerkmalen abhängen. Insofern könnte die Wahrscheinlichkeit, im Lotto zu gewinnen, zumindest minimal persönlichkeitsabhängig sein. Entsprechendes gilt auch allgemein:

Merke

Das Auftreten kritischer Lebensereignisse kann persönlichkeitsabhängig sein.

Dass viele kritische Lebensereignisse tatsächlich persönlichkeitsabhängig sind, konnten z. B. Magnus et al. (1993) zeigen. Sie erhoben die fünf Hauptfaktoren der Persönlichkeit bei Studierenden zu Beginn des Studiums und die nachfolgenden kritischen Lebensereignisse durch eine Befragung 4 Jahre später. Dabei wurden nur weitgehend objektivierbare Ereignisse einbezogen (z. B. Heirat, Abtreibung), um Persönlichkeitseinflüsse auf die Registrierung der Ereignisse zu minimieren. Insgesamt wurden 20 positive und 23 negative Ereignisse analysiert. Extraversion sagte die Zahl positiver Ereignisse (Korrelation .24), nicht aber negativer Ereignisse vorher (Korrelation .07), während Neurotizismus die Zahl negativer Ereignisse (Korrelation .23) und (schwächer) die Abwesenheit positiver Ereignisse (Korrelation .15) vorhersagte. Interessanterweise korrelierten positive und negative Ereignisse zu .37, d. h. es gab eine Tendenz, entweder über ein abwechslungsreiches Leben mit vielen Höhen und Tiefen oder über ein eintöniges Leben mit wenig positiven und wenig negativen Ereignissen zu berichten. Gable et al. (2000) fanden in der in Abschn. 4.3.2 skizzierten Tagebuchstudie einen Zusammenhang zwischen Verhaltensaktiviertheit (BAS) und positiven Ereignissen, der

sperren: Die auslösenden Ereignisse scheinen vollständig unvorhersagbar und die Reaktionen auf die Ereignisse viel zu einzigartig, um systematisch behandelbar zu sein. Auf den zweiten Blick lassen sich aus dynamisch-interaktionistischer Perspektive zwei mögliche Einflüsse der Persönlichkeit auf kritische Lebensereignisse und ihre Wirkungen ausmachen: Ob jemand überhaupt ein bestimmtes Ereignis erlebt, könnte zumindest zu einem Teil persönlichkeitsabhängig sein, und wichtiger als das Ereignis selbst könnte dessen individuelle Verarbeitung sein, die wiederum von der Persönlichkeit abhängt. Abbildung 6.28 skizziert ein entsprechendes Einflussmodell.

Kritische Lebensereignisse sind Situationen und damit im Prinzip persönlichkeitsabhängig. Zwar sind sie dem Zusammenhang zwischen Extraversion und positiven Ereignissen entspricht.

Offensichtlicher ist, dass die Persönlichkeit Einfluss auf die Verarbeitung kritischer Lebensereignisse hat. Hierauf lassen sich die Modelle der Bewältigungsforschung (vgl. Abschn. 4.5.3) mühelos übertragen. Das kritische Lebensereignis führt zu einer aktuellen Störung der Person-Umwelt-Passung. Diese Störung löst vielfältige Bemühungen aus, die alte oder eine neue Person-Umwelt-Passung herzustellen; das kann durch Veränderung der Umwelt oder der Persönlichkeit geschehen. Insofern ist die Wirkung kritischer Lebensereignisse auf die Persönlichkeitsentwicklung wiederum selbst persönlichkeitsabhängig:

> **Merke**
> Die Persönlichkeit kanalisiert die Wirkung kritischer Lebensereignisse.

Auch die Wirkung kritischer Lebensereignisse entspricht damit der hier vertretenen allgemeinen Sicht, dass Persönlichkeitsentwicklung aus einem lebenslangen Prozess der dynamischen Person-Umwelt-Interaktion besteht, in dessen Verlauf die Persönlichkeit zwar durch genetische und Umweltbedingungen beeinflusst wird, aber auch umgekehrt diese Einflüsse im Zaum halten kann. Hieraus ergibt sich eine große Dynamik, eine fragile Stabilität und eine deutlich begrenzte Vorhersagbarkeit der Persönlichkeitsentwicklung.

Weder sind Personen Spielbälle ihrer Umwelt und damit ihr Verhalten lediglich eine Funktion von Umweltbedingungen, noch besitzen sie eine unveränderliche Persönlichkeitsstruktur, die ihr Verhalten unabhängig von allen Umweltbedingungen determiniert. Vielmehr entwickeln sie im Verlauf ihres Lebens eine zunehmend stabilere Persönlichkeitsstruktur, die Einfluss auf die Umwelt nimmt und deren Wirkungen teilweise unter ihre Kontrolle bringt, aber gänzlich immun gegen über Umweltwirkungen wird diese Persönlichkeitsstruktur nie.

> **Merke**
> Persönlichkeitsentwicklung ist ein ständiger Kompromiss zwischen Eigendynamik der Persönlichkeit und Fremdbestimmung durch die Umwelt.

Dieser Kompromiss ist deshalb so schwer zu fassen, weil die eigendynamischen und die fremdbestimmenden Wirkungen nicht konstant sind, sondern sich ständig ändern können. Nicht nur die Umwelt kann sich ändern, sondern auch die Eigendynamik: Gleiche Umweltbedingungen können zu unterschiedlichen Zeitpunkten der Persönlichkeitsentwicklung unterschiedliche Wirkungen haben, weil sich die Persönlichkeit inzwischen geändert hat. Hinzu kommt, dass es meist keine einfachen linearen Beziehungen zwischen Ursache und Wirkung gibt: Kleine Umweltänderungen können massive Auswirkungen auf die Persönlichkeit haben (wie der berühmte Tropfen, der das Fass zum Überlaufen bringt), und drastische Umweltänderungen können an der Persönlichkeit fast spurlos vorübergehen.

Der individuelle Verlauf der Persönlichkeitsentwicklung ist wegen dieses Wechselspiels von Eigendynamik und Fremdbestimmung weder völlig zufällig noch stark vorbestimmt, sondern mittelstark vorhersagbar:

> **Merke**
> Persönlichkeitsentwicklung ist das Produkt von Zufall und Notwendigkeit.

Die Zufälle einer Biographie beeindrucken uns Alltagspsychologen immer wieder, wenn wir unser Leben rückblickend betrachten: Auf wievielen Zufällen beruht es doch, dass wir so geworden sind, wie wir sind! Hätte ich damals nicht rein zufällig X getroffen, hätte ich nie seinen Freund Y kennengelernt und damit keine Chance gehabt, jemals Z zu heiraten... Aber vielleicht doch? Vielleicht hätte ich Z nicht durch Y kennengelernt, sondern auf einem ganz anderen Wege, wenn ich X nicht getroffen hätte? Wie zufällig sind Zufälle in der Persönlichkeitsentwicklung wirklich?

In einem lang andauernden Prozess wie der Persönlichkeitsentwicklung können sich Phasen zufälliger und notwendiger Zustandsbestimmtheit miteinander abwechseln. Lassen wir einen Würfel über einen Tisch rollen, so ist das Ergebnis rein zufällig. Seine Zufälligkeit beruht auf einem Wechselspiel von Zufall und Notwendigkeit. Fast immer ist das Rollen des Würfels gut bestimmbar aus der Resultante seines Bewegungsimpulses (Eigendynamik) und der Erdanziehung (Fremdbestimmung). Es gibt aber immer wieder Zeitpunkte, zu denen der Würfel auf einer Kante steht. Zu diesen Zeitpunkten ist er extrem labil: Sein Schicksal steht auf der Kippe. Zwischendurch ist seine Bewegung aber wieder gänzlich vorhersagbar. Ähnliches gilt für den Prozess der Persönlichkeitsentwicklung, nur dass es dort kaum Phasen der völligen Unberechenbarkeit gibt. ◘ Abbildung 6.29 kontrastiert die Rolle von Zufall und Notwen-

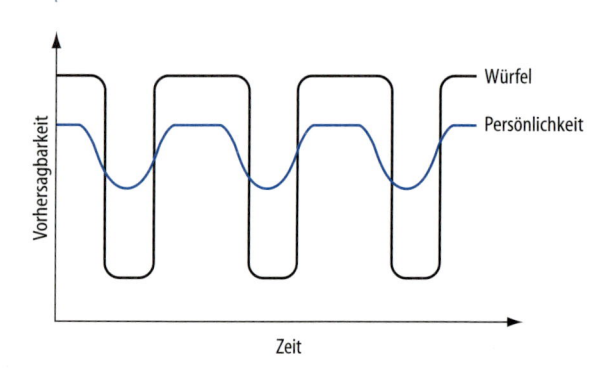

Abb. 6.29. Zufall und Notwendigkeit beim Würfeln und bei der Persönlichkeitsentwicklung

digkeit beim Würfeln und bei der Persönlichkeitsentwicklung.

Abbildung 6.29 beruht auf der Annahme, dass selbst die zufälligsten Phasen der Persönlichkeitsentwicklung immer noch weit vom vollständigen Zufall entfernt sind. Ganz so zufällig, wie uns viele Ereignisse scheinen, von denen wir glauben, dass sie entscheidende Weichen für unsere weitere Entwicklung gestellt haben, sind diese Ereignisse nämlich gar nicht. Das liegt vor allem daran, dass wir die Zufälligkeit von Ereignissen dann drastisch überschätzen, wenn die Ereignisse nicht ganz wahrscheinlich sind und einen Sinn für uns ergeben. Bei zehnmaligem Würfeln ist z. B. das Ergebnis »6666666666« genauso wahrscheinlich wie das Ergebnis »3152261435« oder eine beliebige andere Kette aus 10 Zahlen zwischen 1 und 6. »6666666666« erscheint uns aber viel unwahrscheinlicher, weil diese Kette einen Sinn ergibt. Der typische Roulettespieler geht davon aus, dass es nach fünfmal Rot unwahrscheinlicher ist, dass noch einmal Rot kommt, als dass Schwarz kommt, weil sechsmal Rot unwahrscheinlicher sei als fünfmal Rot plus einmal Schwarz (was aber nicht stimmt: Beide Sequenzen sind gleich wahrscheinlich, weil sie aus voneinander unabhängigen Ereignissen gleicher Wahrscheinlichkeit bestehen). Davon profitieren die Spielbanken, denn ohne diese falsche Überzeugung würden nicht so viele Spieler ihr Glück versuchen.

Entsprechend verblüfft sind wir, wenn wir unwahrscheinlichen Verkettungen von Umständen begegnen, die insofern einen Sinn ergeben, als sie uns eine mögliche Erklärung unserer Biographie an die Hand geben. Wir übersehen dabei, dass der Alltag aus ebenso unwahrscheinlichen Verkettungen von Umständen besteht – sie fallen uns nur nicht auf. Die Wahrscheinlichkeit, an einem bestimmten Tag dem zukünftigen Ehepartner zum ersten Mal zu begegnen, ist nicht unbedingt geringer, als an diesem Tag an der Kasse eines Supermarkts hinter einer bestimmten Person zu stehen. Die Unwahrscheinlichkeit des ersten Treffens mit dem künftigen Ehepartner beeindruckt uns aber mehr, weil uns dieses Ereignis wichtiger ist. Letztlich ist diese Unwahrscheinlichkeit aber trivial, weil der Alltag immer aus unwahrscheinlichen Verkettungen von Umständen besteht.

> **Merke**
> Wir überschätzen die Zufälligkeit der individuellen Persönlichkeitsentwicklung, weil wir die Unwahrscheinlichkeit bedeutsamer Ereignisse überschätzen.

Zudem beeindruckt uns die Wahrscheinlichkeit unwahrscheinlicher Ereignisse auch deshalb so stark, weil wir im konkreten Einzelfall nicht an die riesige Zahl nicht realisierter Alternativen denken. Selbst dann, wenn wir unseren Ehepartner dadurch kennenlernten, dass wir ihm zufällig im Gewühl auf dem Bahnsteig auf die Füße traten: Nicht jeden, dem wir zufällig auf die Füße treten, würden wir auch heiraten! Immerhin korrelieren Alter, Körpergröße, Intelligenz, Einstellungen, Interessen und Wohnort beim Kennenlernen zwischen Ehepartnern so hoch, dass die Wahl des Ehepartners längst nicht so zufällig ist, wie sie vielleicht scheint. Welche Person genau es sein wird, lässt sich zwar nicht vorhersagen (Lykken & Tellegen, 1993), aber welche Persönlichkeit diese Person haben wird, lässt sich schon besser eingrenzen, und dass sie sich so eingrenzen lässt, ist Ausdruck der Notwendigkeit in der Persönlichkeitsentwicklung.

> **Merke**
> Wir überschätzen die Unwahrscheinlichkeit der individuellen Persönlichkeitsentwicklung auch deshalb, weil wir die nicht realisierten Alternativen nicht einbeziehen.

Dass in der Persönlichkeitsentwicklung trotz aller Zufälligkeit mehr Notwendigkeit herrscht, als wir oft glauben, macht Max Frisch in seinem Theaterstück »Biographie: Ein Spiel« deutlich (Frisch, 1967). Herr Kürmann bekommt die Möglichkeit, zu wichtigen Verzweigungspunkten seiner Biographie zurückzukehren und sich anders zu verhalten, als er es einst tatsächlich tat. Es gelingt ihm aber nur begrenzt. Was sich bei seinen verschiedenen Versuchen ergibt, sind mögliche Abwandlungen einer Biographie, die in allen diesen Varianten unverkennbare Züge der gleichen Persönlichkeit trägt.

6.4 · Zufall und Notwendigkeit in der Persönlichkeitsentwicklung

❓ Fragen

6.19   Wie wirkt das Genom auf Verhalten? Sind genetische Wirkungen durch Umwelteingriffe veränderbar?

6.20   Was ergab die bisherige molekulargenetische Persönlichkeitsforschung?

6.21   Ist die Genomanalyse eine Alternative zur psychologischen Persönlichkeitsdiagnostik?

6.22   Welche Argumente sprechen dafür, den Wissenserwerb unabhängig vom IQ als eigenständige Bedingung intellektueller Leistungen zu betrachten?

6.23   Welche motivationalen Faktoren beeinflussen die Schulleistung?

6.24   Welche Faktoren beeinflussen die Entwicklung von antisozialem Verhalten bis zum Ende der Kindheit?

6.25   Welche Argumente sprechen dafür, dass die Aggressivität eines Kindes Einfluss auf den Erziehungsstil seiner Eltern hat?

6.26   Wodurch kommt die pubertätsgebundene antisoziale Tendenz zustande?

6.27   Welche Belege gibt es für die Zweifaktorentheorie der Schüchternheit?

6.28   Welche Konsequenzen hat die Zweifaktorentheorie der Schüchternheit für die Beratung von Eltern und Lehrern?

6.29   Werfen uns kritische Lebensereignisse immer aus der Bahn?

6.30   Wie zufällig ist die Persönlichkeitsentwicklung?

ℹ️ Hinweise zur Beantwortung

6.19   Mehrebenenerklärung, Unabhängigkeit Wirkungsquelle -- Eingriff

6.20   IQ-QTL-Projekt, DRD4-Gen, MAOA-Misshandlung

6.21   potentielle vs. realisierte Persönlichkeit, Erwartungsbereich zu groß

6.22   Expertenleistungen, hochautomatisiertes Problemlösen

6.23   Interessen, Leistungsmotiv, Selbstwirsamkeitserwartungen

6.24   vgl. Abb. 6.23

6.25   mindestens vier empirische Ansätze schildern

6.26   Hypothesen von Moffitt und Harris

6.27   unterschiedliche Stabilität und Konsistenz zwischen unvertrauten/vertrauten Situationen, Zusammenhang mit Ablehnung

6.28   praktische Trennung der beiden Formen, unterschiedliche Maßnahmen

6.29   persönlichkeitsabhängige Verarbeitung

6.30   zwei Gründe für Überschätzung des Zufalls

Weiterführende Literatur

Asendorpf, J.B. (1999). *Keiner wie der andere: Wie Persönlichkeits-Unterschiede entstehen* (2. Aufl.). Frankfurt/Main: Wötzel.

Heatherton, T.F. & Weinberger, J.L. (Eds.) (1994). *Can personality change?* Washington, DC: American Psychological Association.

Benjamin, J., Ebstein, R.P. & Belmaker, R.H. (2002). *Molecular genetics and the human personality.* Washington, DC: American Psychiatric Publishing.

Geschlechtsunterschiede

7.1 Geschlecht und Geschlechtsstereotyp – 376

7.2 Geschlechtsentwicklung – 377
7.2.1 Genetisches Geschlecht – 377
7.2.2 Hormonelles und neuronales Geschlecht – 377
7.2.3 Entwicklung des Geschlechtsverständnisses – 380
7.2.4 Entwicklung geschlechtsbezogener Einstellungen – 381
7.2.5 Entwicklung geschlechtstypischen Verhaltens – 382
7.2.6 Entwicklung der sexuellen Orientierung – 383

7.3 Die Größe psychologischer Geschlechtsunterschiede – 385
7.3.1 Kognitive Geschlechtsunterschiede – 387
7.3.2 Soziale Geschlechtsunterschiede – 391

7.4 Geschlechtsunterschiede im Kulturvergleich – 395
7.4.1 Geschlechtsstereotype im Kulturvergleich – 395
7.4.2 Kognitive Geschlechtsunterschiede im Kulturvergleich – 395
7.4.3 Soziale Geschlechtsunterschiede im Kulturvergleich – 398

7.5 Erklärungsansätze für psychologische Geschlechtsunterschiede – 399
7.5.1 Psychoanalytische Erklärungsansätze – 399
7.5.2 Lerntheoretische Erklärungsansätze – 400
7.5.3 Kognitive Erklärungsansätze – 403
7.5.4 Kulturpsychologische Erklärungsansätze – 404
7.5.5 Evolutionspsychologische Erklärungsansätze – 405
7.5.6 Ein integratives Modell für Geschlechtsunterschiede – 409

7.6 Koedukation oder Geschlechtertrennung? – 411

7.7 Diskussion – 413

Weiterführende Literatur – 414

7.1 Geschlecht und Geschlechtsstereotyp

> Das Thema dieses Kapitels, psychologische Geschlechtsunterschiede, ist immer noch stark emotional und ideologisch besetzt, auch wenn die Töne in der Diskussion gegenüber den 70er und 80er Jahren moderater und differenzierter geworden sind (Bilden, 1991). Hier geht es um eine nüchterne, wissenschaftliche Betrachtung dieser Geschlechtsunterschiede: Wie groß sind Geschlechtsunterschiede in welchen Persönlichkeitsmerkmalen in welchem Alter in welchen Kulturen, wie entwickeln sich diese Unterschiede und wie ist ihre Entwicklung zu erklären? Im Gegensatz zu den vorangegangenen Kapiteln wird also im folgenden die interkulturelle Perspektive mit einbezogen.

Das Geschlecht ist ein biologisches Faktum. Ob jemand ein Junge oder ein Mädchen, ein Mann oder eine Frau ist, lässt sich meist sehr genau aus den äußeren Geschlechtsorganen schließen (Scheide oder Penis), deren Beschaffenheit fast perfekt mit dem chromosomalen Geschlecht (XX oder XY) korreliert.

Das Geschlecht eines Menschen ist zumindest ab der Geburt aber auch ein kulturelles Faktum. Rubin et al. (1974) interviewten Eltern am Tag nach der Geburt ihres Kindes. Väter und Mütter schätzten ihr Kind wesentlich kleiner ein, wenn es ein Mädchen war, obwohl sich die Mädchen und Jungen weder in ihrer Größe noch in ihrem Gewicht unterschieden. Eltern verfügen über ein ausgeprägtes Geschlechtsstereotyp, ein kulturell geprägtes Meinungssystem über Eigenarten der beiden Geschlechter, das von früh an ihre Erwartungen prägt und dadurch ihre Wahrnehmung beeinflusst. Dieses Geschlechtsstereotyp ist primär ein Merkmal der Kultur, kann sekundär aber auch individuelle Züge aufweisen.

> **Merke**
> Das Geschlecht ist biologisch definiert und im Geschlechtsstereotyp einer Kultur bzw. eines Individuums sozial verankert.

Wie im folgenden deutlich werden wird, sind die im Geschlechtsstereotyp enthaltenen Meinungen über Geschlechtsunterschiede selten völlig falsch. Meist enthalten sie einen wahren Kern an tatsächlichen Geschlechtsunterschieden, die aber unzulässig verallgemeinert oder übertrieben wahrgenommen werden. Dass Eltern die Größe ihres neugeborenen Mädchens unterschätzen, ist z.B. eine unzulässige Verallgemeinerung der Tatsache, dass erwachsene Frauen im Durchschnitt kleiner sind als erwachsene Männer.

Wie Übertreibungen tatsächlicher Geschlechtsunterschiede im Geschlechtsstereotyp aussehen, ist in Abb. 7.1 schematisch dargestellt. Ein psychologisches Merkmal ist geschlechtstypisch verteilt, so dass die Mittelwerte der Verteilungen sich unterscheiden (in diesem Beispiel ist der Mittelwert für die Männer höher als für die Frauen). Typischerweise überlappen sich die beiden Verteilungen erheblich, d.h. ein breiter Merkmalsbereich ist durch Männer und Frauen besetzt. Nur wenn die Verteilungen sich nicht überlappen würden, also in diesem Beispiel alle Männer höhere Merkmalswerte hätten als alle Frauen, wäre das Merkmal wirklich geschlechtsspezifisch. Dann könnte aus Kenntnis des Merkmals eindeutig geschlossen werden, ob es sich um einen Mann oder eine Frau handelt. Dieser Fall ist bei psychologischen Merkmalen extrem selten.

> **Merke**
> Psychologische Merkmale sind oft geschlechtstypisch verteilt, aber die Verteilungen der beiden Geschlechter überlappen sich meist stark. Im Geschlechtsstereotyp werden tatsächlich vorhandene Unterschiede in den Verteilungen übertrieben.

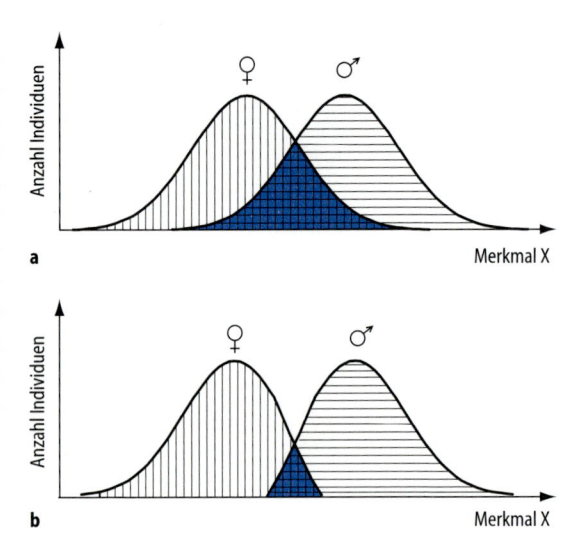

Abb. 7.1. Tatsächliche Verteilung von Geschlechtsunterschieden (a) und Geschlechtsstereotyp (b). (Nach Bischof, 1980)

7.2 Geschlechtsentwicklung

Geschlechtsunterschiede können auf verschiedenen Ebenen betrachtet werden: auf der genetischen, der hormonellen, der neuronalen und der Verhaltensebene. Geschlechtsstereotype wiederum sind Wissensbestände auf der Ebene kognitiver Repräsentationen. Beziehungen zwischen diesen Ebenen werden im Verlauf der individuellen Entwicklung Schritt für Schritt aufgebaut. Deshalb ist es sinnvoll, sich Geschlechtsunterschieden und Geschlechtsstereotypen von vorneherein aus entwicklungspsychologischer Perspektive zu nähern: Wie entwickeln sie sich auf den genannten Ebenen?

7.2.1 Genetisches Geschlecht

Das naive Konzept des biologischen Geschlechts geht vom möglichst einfach Beobachtbaren aus (äußere Geschlechtsmerkmale) und schließt daraus auf nicht direkt Wahrnehmbares (chromosomales Geschlecht). Das ist einfach und praktisch, hat aber, wie wir gleich sehen werden, seine Tücken. Die wissenschaftliche Betrachtungsweise dagegen geht von möglichst fundamentalen Ursachen von Geschlechtsunterschieden aus, auf denen sich alle anderen möglichen Geschlechtsdefinitionen aufbauen lassen (auf die sie aber natürlich nicht reduzierbar sind). Deshalb sollte das biologische Geschlecht auf genetischer Ebene gesucht werden und nicht, wie im Alltag, auf anatomischer Ebene.

Auf genetischer Ebene ist das Geschlecht des Menschen durch ein einziges Gen bestimmt: das SRY-Gen (sex determining region Y) auf dem Y-Chromosom (Goodfellow & Lovell-Badge, 1993). Dieses eine Gen bestimmt das genetische Geschlecht und damit weitgehend, aber nicht ausschließlich, die weiteren biologischen Geschlechtsmerkmale. Die anderen Gene auf dem Y-Chromosom sind nach unserem heutigen Wissen nicht wesentlich für die Geschlechtsfestlegung, wenn es auch durchaus möglich ist, dass weitere geschlechtstypische Gene mit dem SRY-Gen assoziiert sind. Primär ist damit das genetische Geschlecht (SRY-Gen vorhanden oder nicht).

Da das SRY-Gen ausschließlich auf dem Y-Chromosom vorkommt, ist das genetische Geschlecht auch definierbar durch das chromosomale Geschlecht (Y-Chromosom vorhanden oder nicht). Normalerweise ist ein väterliches Geschlechtschromosom (X oder Y) mit einem mütterlichen X-Chromosom gepaart. Ist das väterliche Geschlechtschromosom ein X-Chromosom, entsteht ein chromosomal weiblicher Typ XX; ist das väterliche Geschlechtschromosom ein Y-Chromosom, entsteht ein chromosomal männlicher Typ XY. In sehr seltenen Fällen hat jemand nur ein X-Chromosom (Turner-Syndrom) oder mehr als zwei Geschlechtschromosomen, z. B. XXY (Klinefelter-Syndrom); diese Fälle betreffen aber nur etwa 0,2 % der Bevölkerung. Die Geschlechtsentwicklung folgt dabei einer einfachen Regel:

> **Merke**
>
> Mindestens ein X-Chromosom ist notwendig für die fetale Entwicklung überhaupt; ist mindestens ein Y-Chromosom vorhanden, wird sie in die männliche Richtung gelenkt.

7.2.2 Hormonelles und neuronales Geschlecht

Die Aktivität des SRY-Gens und hiermit möglicherweise assoziierter Gene führt im Alter von etwa sieben Wochen nach der Zeugung zur Differenzierung der Geschlechtsdrüsenanlage in Hodenvorformen, die mit der Produktion der »männlichen Geschlechtshormone« (Androgene, insbesondere Testosteron) beginnen. Ansonsten entwickeln sich aus den frühen Geschlechtsdrüsen Eierstöcke. Nach etwa 12 Wochen Schwangerschaft sind die Eierstöcke des weiblichen Fetus soweit entwickelt, dass sie primär die »weiblichen Geschlechtshormone« Östrogen und Progesteron zu produzieren beginnen. Es wäre aber falsch anzunehmen, dass ab diesem Alter Östrogen/Progesteron nur von genetisch weiblichen und Androgene nur von genetisch männlichen Feten produziert würden. Vielmehr handelt es sich um ein quantitatives Verhältnis. Normalerweise produzieren genetisch weibliche Feten weitaus mehr Östrogen und Progesteron und weitaus weniger Androgene als genetisch männliche Feten. Dieser quantitative Unterschied in der Hormonproduktion definiert das hormonelle Geschlecht des Menschen.

> **Merke**
>
> Das hormonelle Geschlecht ist ein quantitatives, kein qualitatives Merkmal.

Das pränatale hormonelle Geschlecht beeinflusst die Entwicklung des späteren psychologischen Geschlechts. Das wird z. B. in Untersuchungen zu Wehenhemmern deutlich, die eine frühzeitige Geburt verhindern sollen und dies auf verschiedenen Wegen durch eine Verschiebung des Hormonspiegels der Mutter durch Östrogen- oder Progestin-Varianten bewirken bzw. bewirken sollten, denn erst nach jahrelanger Verwendung wurde festgestellt, dass manche dieser Wehenhemmer gar nicht wehenhemmend wirkten oder gar krebserregend waren (vgl. Edelman, 1986).

Nach einer Übersicht von Collaer und Hines (1995) wurden weibliche Feten, die synthetischem Östrogen ausgesetzt waren, später vermehrt homosexuell oder bisexuell (eine Rate von über 20 %), während männliche Feten später in der räumlichen Wahrnehmung schlechter abschnitten als unbehandelte männliche Feten. Derselbe Wirkstoff führte also bei weiblichen Feten zu einer »sexuellen Vermännlichung« und bei männlichen Feten zu einer »kognitiven Verweiblichung« (Männer sind in der räumlichen Wahrnehmung tendenziell besser als Frauen; vgl. Abschn. 7.3.1). Weibliche Feten, die androgenbasierten Wirkstoffen ausgesetzt waren, wurden vor allem als Kinder in ihrem Spielverhalten »vermännlicht«: größeres Interesse an männlichem Spielzeug, männlichen Spielpartnern und Herumtoben im Freien und mehr physische Aggression. Bei männlichen Feten waren die Wirkungen weniger klar.

Es gibt auch eine vererbbare genetische Störung, die zu einer Überproduktion männlicher Geschlechtshormone in frühen Stadien der Fetalentwicklung führt (»kongenitale adrenale Hyperplasie«). Bei Jungen scheint sie kaum Effekte auf die geschlechtstypische Entwicklung zu haben, aber bei Mädchen wurden zahlreiche »vermännlichende« Wirkungen gefunden: Mädchen mit dieser Störung spielen lieber mit Spielzeug, das von Jungen bevorzugt wird, neigen ab dem Jugendalter zu erhöhter selbsteingeschätzter Aggressivität (nicht jedoch zu höherer beobachtbarer Aggressivität), besserem räumlichen Vorstellungsvermögen und als Erwachsene zu mehr Homosexualität oder Bisexualität (vgl. Collaer & Hines, 1995; Berenbaum & Resnick, 1997).

Diese Störungen der hormonellen Entwicklung legen einen Einfluss des frühen hormonellen auf das spätere psychologische Geschlecht nahe. Einschränkend muss jedoch hinzugefügt werden, dass die Wirkungen nicht generalisiert sind, sondern sehr spezifisch: Auf die meisten geschlechtstypischen Merkmale wirken sie sich *nicht* aus. Die kongenitale adrenale Hyperplasie beispielsweise wirkt beim weiblichen Geschlecht nicht erhöhend auf physische Aggressivität oder mindernd auf verbale Fähigkeiten, wie man eigentlich erwarten sollte (vgl. Abschn. 4.3.1), und bei männlichen Feten wurde *nicht* besonders stark männliches Verhalten gefunden.

Die vorliegenden Befunde sprechen eher für komplexe, geschlechtstypische Zusammenhänge; einfache Prinzipien wie »je mehr Testosteron im Mutterleib, desto mehr Mann später« gelten nicht. Beispielsweise bestimmten Jacklin, Maccoby und Doering (1983) und Jacklin, Wilcox und Maccoby (1988) männliche Geschlechtshormone in der Nabelschnur von Mädchen und Jungen bei der Geburt und korrelierten den Androgenspiegel mit ihren späteren psychologischen Merkmalen. Bei Jungen (nicht aber bei Mädchen) fanden sie eine negative Korrelation mit ängstlichem Verhalten in unbekannten Situationen im Alter von 6–18 Monaten und bei Mädchen (nicht aber bei Jungen) eine negative Korrelation mit räumlichem Vorstellungsvermögen im Alter von 6 Jahren. Diese geschlechtstypischen Beziehungen widersprechen im Falle des räumlichen Vorstellungsvermögens nicht nur einem gut etablierten Geschlechtsunterschied (vgl. Abschn. 7.3.1), sondern auch den Befunden zu den Wehenhemmern – jedenfalls dann, wenn man von einer einfachen linearen Beziehung zwischen Hormonspiegel und psychologischem Geschlecht ausgeht.

> **Merke**
> Es gibt keine einfachen linearen Zusammenhänge zwischen frühem hormonellen Geschlecht und späterem geschlechtstypischen Verhalten.

Das liegt wohl vor allem daran, dass das hormonelle Geschlecht seine Wirkung auf Verhalten über komplexe Regulationssysteme des autonomen und zentralen Nervensystems ausübt, wobei es zu Gegenregulationsphänomenen kommen kann, wenn eine Hormonkonzentration zu stark in die eine oder andere Richtung vom Normalbereich abweicht: Die Abweichung löst Gegenmaßnahmen aus, die zu einer genau entgegengesetzten Abweichung führen können (»Überkompensation«). Dadurch können »paradoxe« Effekte auftreten, die hormonellen Wirkungen im Normalbereich widersprechen.

Zudem scheinen frühe hormonelle Wirkungen oft nur dann später verhaltenswirksam zu werden, wenn eine hormonelle Kontinuität besteht derart, dass frühe hormonelle Besonderheiten auch später noch bestehen. So ist aus Experimenten mit Ratten bekannt, dass weibliche Ratten, denen pränatal Testosterongaben verabreicht wurden, im Erwachsenenalter nur dann typisch männliches sexuelles Verhalten zeigten, wenn sie wieder Testosteron bekamen.

Im Verlauf der individuellen Entwicklung können hormonelle Unterschiede die Gehirnentwicklung beeinflussen; es entsteht das *neuronale Geschlecht*. Diese Wirkungen sind mit der Geburt keineswegs abgeschlossen; während Pubertät, Schwangerschaft und Menopause kommt es z.B. zu erheblichen geschlechtsspezifischen hormonellen Veränderungen, die im Prinzip neuronale Wirkungen haben können und dadurch auch neue psychologische Geschlechtsunterschiede erzeugen können.

Besonders umstritten ist der pränatale hormonelle Einfluss auf die geschlechtstypische Entwicklung des Gehirns. Im Tierexperiment lässt sich nachweisen, dass z.B. Testosterongaben in frühem Alter neuronale Strukturen bei Weibchen »vermännlichen« können, z.B. den Querschnitt des Balkens erhöhen, der die beiden Großhirnhälften verbindet (vgl. Breedlove, 1994). Während sich solche Experimente natürlich beim Menschen verbieten, ist auch dort zumindest eine geschlechtsspezifische Differenzierung bestimmter Gehirnstrukturen bekannt, z.B. im Hypothalamus; umstritten sind Unterschiede im Balken und der Lateralisierung des Großhirns (vgl. Pritzel & Markowitsch, 1997).

Die Unterschiede im Hypothalamus nehmen oft mit dem Alter zu, so dass sich verschärft die Frage nach Ursache und Wirkung stellt: Sind diese neuronalen Unterschiede eine Ursache psychologischer Geschlechtsunterschiede oder sind sie eine Konsequenz geschlechtstypischer Umwelten oder geschlechtstypischer Verhaltensweisen? So fand z.B. Breedlove (1997), dass experimentell variierter Geschlechtsverkehr von Ratten die Größe bestimmter beim Geschlechtsakt beteiligter Neurone erhöhte; Sex wirkte also auf das Gehirn.

Von daher sind neuronale Unterschiede zwischen den Geschlechtern nicht notwendigerweise auf das hormonelle Geschlecht zurückzuführen. Geschlechtstypische Differenzierungen des katecholaminergen Systems beispielsweise, die mit der erhöhten Depressionsrate von Frauen in Zusammenhang gebracht werden, sind unabhängig vom pränatalen hormonellen Geschlecht, und andere geschlechtstypische neuronale Unterschiede könnten schlicht Ergebnis geschlechtstypischen Verhaltens oder einer geschlechtstypischen Umwelt sein. Dies lässt sich beim Menschen noch am ehesten durch Längsschnittstudien zu verhaltensabhängigen neuronalen Veränderungen prüfen, die bisher aber noch fehlen.

> **Merke**
> Wirkungen des hormonellen Geschlechts auf das Gehirn wurden bisher nur im Tierexperiment klar nachgewiesen. Aus neuronalen Geschlechtsunterschieden kann nicht auf eine hormonelle Verursachung rückgeschlossen werden; sie können auch durch Geschlechtsunterschiede im Verhalten oder der Umwelt bedingt sein.

Das biologische Geschlecht, also das genetische, hormonelle und neuronale Geschlecht, reicht im wesentlichen aus, um die psychologische Geschlechtsentwicklung bis zur Geburt zu beschreiben und zu erklären (es gibt durchaus schon geschlechtstypische Verhaltensunterschiede vor der Geburt, z.B. im motorischen Aktivitätsniveau; vgl. Abschn. 7.3). Spätestens nach der Geburt wird das psychologische Geschlecht wesentlich vom Geschlechtsstereotyp der jeweiligen Kultur beeinflusst, das zunächst über die soziale Umwelt, später auch über die Kinder selbst wirkt. Dadurch können vorhandene Geschlechtsunterschiede verstärkt, vermindert oder überhaupt erst erzeugt werden.

Und da es Rückwirkungen des geschlechtstypischen Verhaltens auf das hormonelle und neuronale Geschlecht geben kann, muss damit gerechnet werden, dass das Geschlechtsstereotyp über das psychologische Geschlecht auf das biologische Geschlecht Einfluss nehmen kann. Biologisches Geschlecht, psychologisches Geschlecht und Geschlechtsstereotyp können also in Wechselwirkung miteinander treten. ◘ Abbildung 7.2

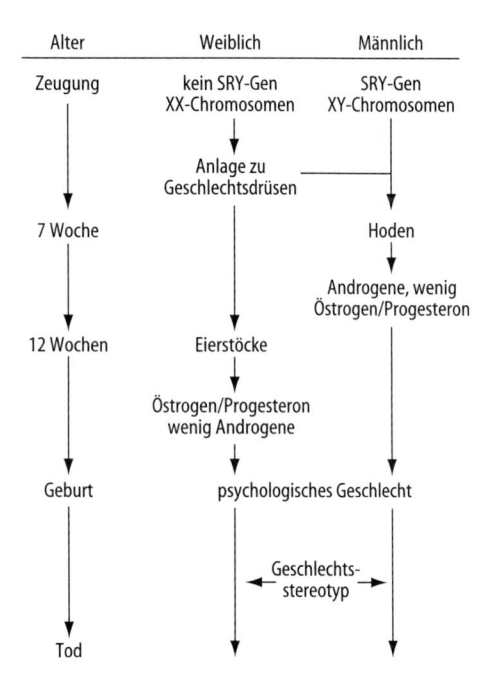

Alter	Weiblich	Männlich
Zeugung	kein SRY-Gen XX-Chromosomen	SRY-Gen XY-Chromosomen
	Anlage zu Geschlechtsdrüsen	
7 Woche		Hoden
		Androgene, wenig Östrogen/Progesteron
12 Wochen	Eierstöcke	
	Östrogen/Progesteron wenig Androgene	
Geburt	psychologisches Geschlecht	
	Geschlechtsstereotyp	
Tod		

◘ Abb. 7.2. Entwicklung vom genetischen zum psychologischen Geschlecht fasst die Entwicklung vom genetischen zum psychologischen Geschlecht zusammen.

7.2.3 Entwicklung des Geschlechtsverständnisses

Die Geschlechtsentwicklung nach der Geburt wird wesentlich durch das Geschlechtskonzept der jeweiligen Kultur geprägt. Um das Geschlechtskonzept ihrer Kultur zu übernehmen, müssen Kinder drei Leistungen erbringen:
— Sie müssen lernen, welche Merkmale als »männlich« und welche als »weiblich« angesehen werden (Erwerb des Geschlechtsstereotyps der Kultur).
— Sie müssen lernen, welche Geschlechtsrollen in der Kultur vorherrschen (Geschlechtsrollenerwerb).
— Sie müssen erkennen, dass das Geschlecht (außer bei medizinischer Geschlechtsumwandlung) ein unveränderliches Merkmal einer Person ist (Erwerb des Konzepts der Geschlechtskonstanz).

Das Geschlechtsstereotyp und die Geschlechtsrollen der Kultur beginnen Kinder im zweiten Lebensjahr zu erwerben; im dritten Lebensjahr, üblicherweise also vor Eintritt in den Kindergarten, ist das Verständnis hierfür schon recht detailliert ausgeprägt (vgl. Huston, 1983) und wird während der Vorschulzeit noch differenzierter (vgl. Trautner et al., 1988). Typische Ergebnisse finden sich z. B. in einer Studie von Edelbrock und Sugawara (1978). Nordamerikanische Kinder im Vorschulalter wurden nach ihrem Geschlechtsverständnis befragt, indem sie aufgefordert wurden, Bilder von geschlechtstypisch benutzten Objekten (z. B. Hammer – Bügeleisen) Jungen bzw. Mädchen richtig zuzuordnen. ◘ Tabelle 7.1 zeigt, dass bei beiden Geschlechtern das Geschlechtsschema schon im Alter von 3–4 Jahren gut ausgeprägt war und während der Vorschulzeit noch weiter zunahm. Dies lässt sich auch allgemein behaupten: Das Geschlechtsverständnis wächst rapide während der Vorschulzeit und ist am Ende der Grundschulzeit weitgehend ausgebildet.

Signorella et al. (1993) fanden in einer Analyse von 45 derartigen Studien für die Altersgruppe von 3–7 Jahren einen deutlichen Anstieg der Geschlechtsstereotypisierung sowohl bei Mädchen als auch bei Jungen. Alle diese Studien benutzten ein erzwungenes Antwortformat, d.h. die Kinder mussten geschlechtstypische Merkmale einem der beiden Geschlechter zuordnen. Diese Methode ist geeignet, den Erwerb eines rigiden Geschlechtsstereotyps über geschlechtsspezifisches Verhalten und geschlechtsspezifische Rollen abzutesten, nicht aber den Erwerb eines flexiblen Stereotyps über quantitativ variierendes geschlechtstypisches Verhalten und geschlechtstypische Rollen.

Die Flexibilität des Geschlechtsstereotyps wird meist durch ein Frageverfahren geprüft, bei dem die Kinder auch »beide« antworten können (Jungen *und* Mädchen, Männer *und* Frauen). Signorella et al. (1993) fanden in einer Metaanalyse von 54 solchen Studien für die Altersgruppe von 3–10 Jahren für die »beide«-Antworten eine U-förmige Beziehung derart, dass diese Antworten während der Vorschulzeit zunächst abnahmen (bedingt durch die Übernahme eines zunächst rigiden Geschlechtsstereotyps), dann aber während der Grundschulzeit wieder zunahmen. Dies weist auf eine Flexibilisierung eines anfänglich rigiden Geschlechtsverständnisses hin.

Trautner et al. (1988) konnten die zunehmende Flexibilität des Geschlechtsverständnisses während der

◘ Tabelle 7.1. Entwicklung des Geschlechtsverständnisses und der geschlechtstypischen Präferenz. (Nach Edelbrock & Sugawara, 1978).

	Jungen		Mädchen	
	3–4,5	4,5–5	3–4,5	4,5–5
Geschlechtsverständnis – für das eigene Geschlecht – für das andere Geschlecht	88,1 72,2	94,7 87,8	84,3 83,2	94,6 94,7
Geschlechtstypische Präferenz	58,4	62,1	54,3	57,9

Angegeben ist die Rate richtiger Zuordnungen von Objekten/Aktivitäten zum eigenen bzw. anderen Geschlecht bzw. die Präferenz für Objekte/Aktivitäten, die typisch für das eigene Geschlecht sind.

Grundschulzeit besonders überzeugend durch eine Längsschnittstudie nachweisen, in der die Kinder nicht nur drei, sondern fünf Antwortmöglichkeiten hatten und ihre Antworten nachträglich begründen sollten.

> **! Merke**
> Bis zum Ende der Vorschulzeit erwerben Kinder ein rigides Geschlechtsstereotyp, das im Verlauf der Grundschulzeit flexibler wird.

Die zunehmende Flexibilisierung des Geschlechtsstereotyps wurde von Kohlberg (1966) durch die Festigung der Geschlechtskonstanz erklärt: Wer genau weiß, dass das Geschlecht ein konstantes Merkmal von Personen ist unabhängig von ihrem speziellen Verhalten in bestimmten Situationen, kann ein differenzierteres Bild von den Handlungsmöglichkeiten der beiden Geschlechter gewinnen.

Dass jüngeren Kindern die Geschlechtskonstanz noch nicht bewusst ist, überrascht Erwachsene meist, weil eine Geschlechtskonstanz für sie absolut selbstverständlich ist. Kleinen Kindern bereitet es aber keine Schwierigkeiten anzunehmen, dass jemand sein Geschlecht wechselt wie seine Kleider (s. »Unter der Lupe«).

Im Falle der eigenen Person wird von Geschlechtsidentität statt von Geschlechtskonstanz gesprochen. Die Geschlechtsidentität der eigenen Person entwickelt sich etwas früher als die Geschlechtskonstanz für andere Personen, d.h. Kinder verneinen dann zwar, dass sie ihr eigenes Geschlecht ändern können, können sich aber gleichzeitig eine »Geschlechtsumwandlung« bei anderen noch vorstellen (Eaton & von Bargen, 1981).

7.2.4 Entwicklung geschlechtsbezogener Einstellungen

Geschlechtstypische Einstellungen, z.B. die Bevorzugung bestimmter Aktivitäten in Abhängigkeit vom eigenen Geschlecht, werden in der Literatur zu Geschlechtsunterschieden meist in einem Atemzug mit dem Geschlechtsverständnis genannt. Die oft gar nicht explizit ausgesprochene Annahme ist dabei, dass sich die eigene Einstellung zu bestimmten Dingen (»Ich würde das gerne tun«) nach dem Geschlechtsverständnis richtet (»Mädchen tun das«). Dies ist aber nicht notwendigerweise der Fall; zumindest ist es vorstellbar, dass sich geschlechtstypische Einstellungen relativ unabhängig vom Geschlechtsverständnis entwickeln.

Typische Ergebnisse zu geschlechtstypischen Einstellungen finden sich z.B. in einer Analyse aller 1978 an »den Nikolaus, Nordpol« adressierten Briefe des Postamts von Seattle (Richardson & Simpson, 1982; ◘ Tabelle 7.2). Die Autoren schätzten das mittlere Alter der Briefeschreiber auf sechs Jahre. Abgesehen von Gesellschaftsspielen, die von etwa 20% der Jungen und Mädchen genannt wurden, waren die meistgewünschten Geschenke bereits deutlich geschlechtstypisch ausgeprägt.

Während der Vorschulzeit findet sich ähnlich wie bei der Entwicklung des Geschlechtsverständnisses ein Trend zu einer stärkeren Geschlechtsstereotypisierung der Einstellungen. Als Beispiel kann hier wieder die Studie von Edelbrock und Sugawara (1978) dienen, in der die Kinder auch gefragt wurden, welche der beiden Objekte bzw. Aktivitäten (z.B. Hammer – Bügeleisen) sie selbst bevorzugen würden. Die Wahlen entsprachen in dieser Studie zunehmend dem Geschlechtsstereotyp, wobei das Ausmaß der Präferenz in Anbetracht des guten Wissens über das Geschlechtsstereotyp allerdings gering war (vgl. ◘ Tabelle 7.1).

Signorella et al. (1993) fanden in einer Analyse von 11 einschlägigen Studien keine bedeutsamen Zusammenhänge zwischen geschlechtstypischer Spielzeugpräferenz und rigidem oder flexiblem Wissen über das Geschlechtsstereotyp (erzwungenes Antwortformat bzw. »beide«-Antworten; s. oben). Die Parallelität zwischen zunehmendem Geschlechtsverständnis und zunehmend geschlechtstypischen Einstellungen täuscht einen

> **Unter der Lupe**
> **Entwicklung der Geschlechtskonstanz**
> Nach Kohlberg (1966) durchlaufen Kinder mehrere Stufen in der Entwicklung der Geschlechtskonstanz. Mit etwa drei Jahren können sie sich und andere zuverlässig dem richtigen Geschlecht zuordnen. Erst im Verlauf des Kindergartenalters erwerben sie das Konzept einer zeitlichen Konstanz des Geschlechts (Geschlechtsstabilität), und erst im Grundschulalter ist ihre Meinung gefestigt, dass das Geschlecht unveränderbar sei. Empirisch wird das Verständnis der Geschlechtskonstanz durch Interviews geprüft, in denen z.B. ein Foto eines typischen Jungen gezeigt und dann gefragt wird: »Wenn dieser Junge groß ist, wird er dann eine Mutter oder ein Vater?« (Geschlechtsstabilität) oder »Wenn dieser Junge sich ein Kleid anzieht und Zöpfe macht, ist er dann noch ein Junge?« (Unveränderbarkeit des Geschlechts).

Tabelle 7.2. Geschlechtsunterschiede in Wünschen an den Nikolaus. (Nach Richardson & Simpson, 1982)

Geschenke	% Jungen	% Mädchen
Typisch männlich		
Fahrzeuge	43,5	8,2
Sportausrüstung	25,1	15,1
Technik	24,5	15,6
Kriegsspielzeug	23,4	0,8
Rennwagen	23,4	5,1
Typisch weiblich		
Weibliche Puppe	0,6	27,4
Babypuppe	0,6	23,0
Haushaltssachen	1,7	21,7
Kunst/Gestalten	11,4	21,4
Kleidung	11,1	18,9

Angegeben sind die in 855 Briefen nordamerikanischer Kinder an den Nikolaus 1978 genannten fünf häufigsten Wünsche von Jungen und Mädchen, die einen signifikanten Geschlechtsunterschied aufwiesen.

engen Kausalzusammenhang vor, der nicht zu bestehen scheint.

> **Merke**
> Geschlechtstypische Präferenzen korrelieren nur gering mit dem Geschlechtsverständnis.

Es gibt große interindividuelle Unterschiede in dem Ausmaß, in dem sich geschlechtstypische Präferenzen herausbilden. Mit der zunehmenden Hinterfragung und Ablehnung traditioneller Geschlechtsrollen und geschlechtstypischer Präferenzen in den 70er und 80er Jahren kam das Androgyniekonzept auf: die Annahme, dass das psychologische Geschlecht nicht auf einer Dimension Maskulinität-Femininität verteilt sei, sondern dass Maskulinität und Femininität unabhängig voneinander variieren können. Danach gibt es androgyne Menschen, die in ausgewogener Weise sowohl stark maskuline als auch feminine Züge haben. Gemessen wird das Ausmaß an Maskulinität, Femininität und Androgynität meist durch entsprechende Fragebogeninventare zur Erfassung der Geschlechtsrollenorientierung (vgl. Bierhoff-Alfermann, 1989), so dass Androgynität eher als Einstellungs- denn als Verhaltenskonstrukt aufgefasst werden sollte.

Korrelative Untersuchungen, die die Androgynität von Jugendlichen und jungen Erwachsenen auf Sozialisationsbedingungen bezogen, fanden positive Zusammenhänge zwischen Androgynität und sozioökonomischem Status, wahrgenommener elterlicher Unterstützung, Androgynität der Eltern und größerer emotionaler Nähe zu gleichgeschlechtlichen Modellen. Die Zusammenhänge sind meist stärker für subjektive Einstellungen als für konkretes geschlechtsbezogenes Verhalten (vgl. Bierhoff-Alfermann, 1989).

Die in der Literatur zu Androgynität verbreiteten einseitigen Kausalinterpretationen der gefundenen Korrelate von Androgynie als Entwicklungsbedingungen für Androgynie sollten mit Vorsicht betrachtet werden. So könnte z. B. die Korrelation zwischen Androgynie und empfundener Nähe zu gleichgeschlechtlichen Modellen auf einer besonderen Zuwendung androgyner Menschen zum gleichen Geschlecht beruhen, die Korrelation zwischen eigener Androgynie und der wahrgenommenen Androgynie der Eltern könnte die Projektion eines eigenen Geschlechtsstereotyps widerspiegeln und die Korrelation mit wahrgenommener elterlicher Unterstützung könnte durch die Drittvariable »sozioökonomischer Status« bedingt sein. Der Zusammenhang zwischen Androgynie und sozioökonomischem Status schließlich könnte schlicht Ausdruck der Übernahme eines »modischen« schichttypischen Geschlechtsstereotyps sein.

7.2.5 Entwicklung geschlechtstypischen Verhaltens

Geschlechtstypisches Verhalten zeigt einen besonders geringen Zusammenhang mit dem Geschlechtsverständnis. Gegen einen solchen Zusammenhang sprechen schon die äußerst heterogenen Entwicklungsverläufe für Geschlechtsunterschiede im Verhalten. Eine Zunahme der Geschlechtsunterschiede mit wachsendem Alter findet sich z. B. bei der motorischen Aktivität oder dem mathematischen Verständnis (vgl. Abschn. 7.3). Geschlechtsunterschiede in der motorischen Aktivität bestehen aber schon vor der Geburt (vgl. Abschn. 7.3), so dass sie sich jedenfalls anfangs unabhängig vom Geschlechtsverständnis entwickeln. Ebenso gibt es Beispiele für eine klare Abnahme von Geschlechtsunterschieden mit wachsendem Alter, z. B. für offene Aggressivität (vgl. Hyde, 1984).

Ein Beispiel für einen deutlich nichtlinearen Verlauf der Entwicklung von Geschlechtsunterschieden ist die Entwicklung der Geschlechtsbevorzugung (auch Geschlechtssegregation genannt) in der sozialen Interaktion. Bei sehr jungen Kindern, etwa in Kinderkrippen, gibt es noch keine Bevorzugung des eigenen Geschlechts, aber schon zu Beginn der Kindergartenzeit lassen sich deutliche Präferenzen für das eigene Geschlecht feststellen, die sich während der Grundschulzeit bis hin zur Vorpubertät zu einer extremen Geschlechtertrennung steigern; mit Einsetzen der Pubertät nimmt dieser Geschlechtsunterschied dann wieder ab (vgl. Maccoby & Jacklin, 1987).

Das Ausmaß der Bevorzugung gleichgeschlechtlicher Gleichaltriger wird z.B. in der Längsschnittstudie LOGIK an Münchner Kindern deutlich (Weinert & Schneider, 1999). Die Kinder wurden jeweils an 10–12 Tagen im Alter von 4, 5 und 6 Jahren in der Kindergartengruppe während des Freispiels beobachtet; notiert wurden alle Kontaktaufnahmeversuche. Im Alter von 12 Jahren wurde ihr soziales Netzwerk erhoben. ◘ Abbildung 7.3 zeigt den Anteil der gleichgeschlechtlichen, gleichaltrigen Partner, mit denen die Kinder im Kindergarten Kontakt aufzunehmen versuchten bzw. die sie im Alter von 12 Jahren als Freunde benannten. Danach gibt es schon zu Beginn der Kindergartenzeit eine Bevorzugung des eigenen Geschlechts, die kurz vor der Pubertät extreme Ausmaße annimmt.

Mit dem Einsetzen der Pubertät nimmt die Geschlechtertrennung zwischen Gleichaltrigen ab, bleibt aber noch bis ins junge Erwachsenenalter hinein deutlich vorhanden. In der Berliner Beziehungsstudie (Asendorpf & Wilpers, 1998) wurde das soziale Netzwerk von 311 jungen Studienanfängern erhoben (Alter 20 Jahre; vgl. auch Abschn. 5.3.1). Von den Gleichaltrigen im Netzwerk (18–27 Jahre) hatten 59 % dasselbe Geschlecht wie die Befragten.

Insgesamt finden sich also höchst unterschiedliche Verläufe für Geschlechtsunterschiede in bestimmten Verhaltensmerkmalen; dies weist darauf hin, dass die Entwicklung des Geschlechtsverstehens, das eine kontinuierliche Zunahme mit wachsendem Alter zeigt, und die Entwicklung von Geschlechtsunterschieden im Verhalten relativ unabhängig voneinander verlaufen.

> **❗ Merke**
>
> **Die Größe psychologischer Geschlechtsunterschiede im Verhalten nimmt im Verlauf der individuellen Entwicklung je nach Verhaltensmerkmal zu, ab oder zeigt einen nichtlinearen Verlauf; ihr Verlauf ist relativ unabhängig von der Entwicklung des Geschlechtsverständnisses.**

Dass sich Geschlechtsstereotyp, geschlechtstypische Einstellungen und geschlechtstypisches Verhalten so unterschiedlich und weitgehend unabhängig voneinander entwickeln, ist eine Tatsache, die jede Erklärung von Geschlechtsunterschieden berücksichtigen muss. Geschlechtsunterschiede können z.B. nicht einfach durch die Übernahme des Geschlechtsstereotyps der Kultur erklärt werden.

7.2.6 Entwicklung der sexuellen Orientierung

Unter der sexuellen Orientierung wird in der Psychologie die Disposition verstanden, durch Menschen des anderen Geschlechts, des eigenen Geschlechts, oder beider Geschlechter sexuell erregt zu werden. Von daher können drei Persönlichkeitstypen unterschieden werden: Heterosexuelle, Homosexuelle und Bisexuelle. Die sexuelle Orientierung bezieht sich primär auf die sexuelle Motivation und nur sekundär auf sexuelles Verhalten; z.B. mag jemand bisexuell disponiert sein, aber nur heterosexuelle oder nur homosexuelle Geschlechtspartner haben. Die sexuelle Orientierung ist ausreichend stabil, um von einer Persönlichkeitsdisposition sprechen zu

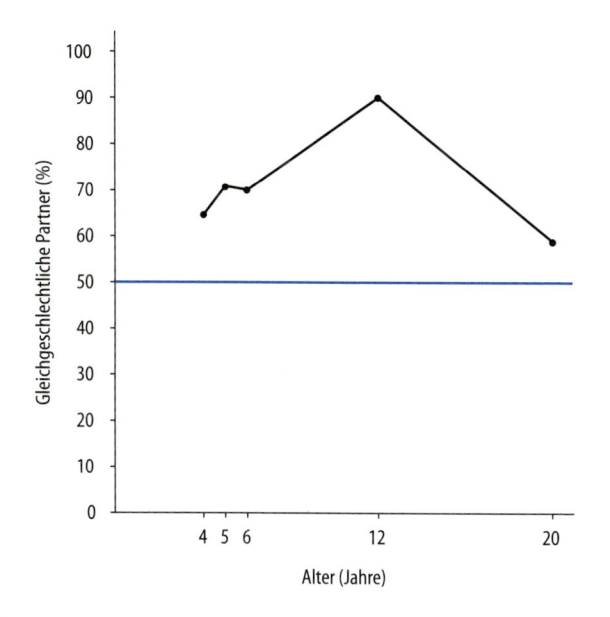

◘ Abb. 7.3. Geschlechtertrennung bis zum Erwachsenenalter (unveröff. Daten des Autors)

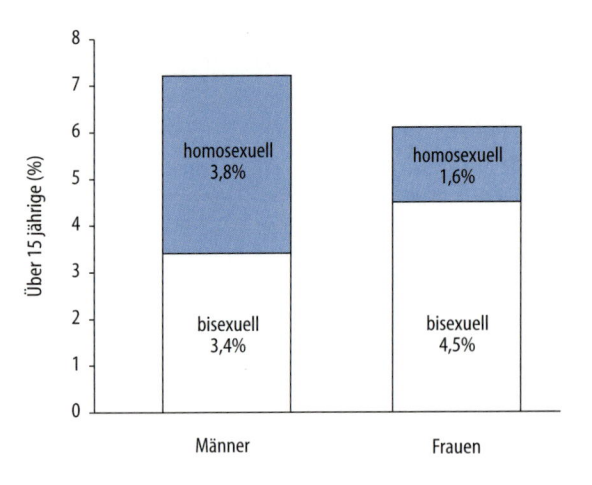

Abb. 7.4. Anteil Homosexueller und Bisexueller bei Deutschen im Alter über 15 Jahren

können, aber wie andere Persönlichkeitseigenschaften auch kann sie sich im Einzelfall durchaus im Verlauf des Erwachsenenalters ändern.

Kontrovers ist, ob ein Typenkonzept (vgl. Abschn. 4.1.2) oder eine graduell abgestufte Persönlichkeitsdimension die sexuelle Orientierung besser beschreiben (vgl. Haslam, 1997). Seit den klassischen Studien von Kinsey et al. (1948, 1953) ist jedenfalls sicher, dass zwei Typen (heterosexuell, homosexuell) nicht ausreichen, um sexuelle Orientierung ausreichend zu beschreiben. In westlichen Kulturen sind über 90% der Erwachsenen heterosexuell, aber unter den Nichtheterosexuellen gibt es einen großen Anteil bisexueller Menschen, der bei Frauen sogar deutlich reine Homosexualität überwiegt. So ergab z.B. eine schriftliche Repräsentativbefragung Westdeutscher im Alter von über 15 Jahren in den Jahren 1986/87, dass Homosexualität bei Männern etwa doppelt so häufig war wie bei Frauen, die dafür häufiger Bisexualität angaben (Runkel, 1990; vgl. Abb. 7.4).

> **Merke**
>
> In westlichen Kulturen sind über 90% der Erwachsenen heterosexuell. Bei Männern sind Homosexualität und Bisexualität etwa gleich stark verbreitet; bei Frauen überwiegt die Bisexualität deutlich die Homosexualität.

Wie bei vielen anderen Persönlichkeitseigenschaften auch sprechen Zwillingsstudien für einen substantiellen genetischen Einfluss auf Homosexualität, der aber keineswegs ausreichend ist, um Homosexuelle von Heterosexuellen zu unterscheiden. So fanden Bailey und Pillard (1991) bei 115 männlichen Homosexuellen mit geschlechtsreifen Zwillingsgeschwistern, dass 52% der eineiigen aber nur 22% der zweieiigen Zwillingspartner ebenfalls homosexuell waren. In einer vergleichbaren Studie mit 115 homosexuellen Frauen waren 48% der eineiigen, aber nur 16% der zweieiigen Zwillingspartner ebenfalls homosexuell (Bailey et al., 1993). Hamer und Copeland (1994) berichteten über ein häufigeres Allel auf dem X-Chromosom bei männlichen Homosexuellen, was aber bisher nicht repliziert werden konnte.

> **Merke**
>
> Homosexualität ist bei Männern und Frauen genetisch mitbedingt, keineswegs aber rein genetisch erklärbar.

In Abschn. 7.2.2 wurde bereits über eine höhere Rate von Homo- und Bisexualität bei Frauen mit kongenitaler adrenaler Hyperplasie berichtet sowie bei Frauen, deren Mutter während der Schwangerschaft durch synthetisches Östrogen behandelt worden war. Allerdings gilt dies nicht für andere Wehenhemmer, die auch vermännlichende Effekte auf weibliche Feten haben, und bei Männern konnte ein früher hormoneller Einfluss auf die sexuelle Orientierung bisher nicht nachgewiesen werden (Collaer & Hines, 1995).

LeVay (1991) fand, dass bestimmte hypothalamische Kerne, die an der Kontrolle sexueller Verhaltensweisen beteiligt sind, bei homosexuellen Männern etwa so groß waren wie bei heterosexuellen Frauen, während sie bei heterosexuellen Männern ungleich größer ausfielen. Dies könnte aber auch eine Konsequenz unterschiedlichen sexuellen Verhaltens sein (vgl. die in Abschn. 7.2.2 zitierte Studie von Breedlove, 1997).

> **Merke**
>
> Frühe hormonelle Wirkungen auf die sexuelle Orientierung konnten bei Männern nicht nachgewiesen werden und bei Frauen nur partiell. Korrelate von männlicher Homosexualität im Hypothalamus könnten ebenso Konsequenzen wie Ursachen der Homosexualität sein.

Retrospektive Studien fanden große Unterschiede im geschlechtstypischen Verhalten in der Kindheit zwischen Homo- und Heterosexuellen beiderlei Geschlechts. Homosexuelle erinnerten sich häufiger an Spielpartner des anderen Geschlechts und Aktivitäten, die typisch für das andere Geschlecht sind. Für Männer konnte dies durch Längsschnittstudien bestätigt werden (Bailey & Zucker, 1995), so dass es sich nicht um eine verzerrte Erinnerung aufgrund der späteren Homosexualität handelt. Für Frauen fehlen bisher entsprechende Längsschnittstudien.

> **! Merke**
>
> **Homosexuelle Männer waren als Kinder stärker an weiblichen Aktivitäten und Spielpartnerinnen interessiert als heterosexuelle Männer; dass entsprechendes auf lesbische Frauen zutrifft, ist bisher nur durch retrospektive Daten gesichert.**

Das Auftreten atypischer Interessen bei Homosexuellen lange vor der Pubertät spricht gegen alltagspsychologische Verführungstheorien, wonach Homosexualität durch Verführung durch Homosexuelle im Jugend- oder frühen Erwachsenenalter zustande kommt. Gegen Verführungstheorien spricht auch die Tatsache, dass Homo- und Bisexuelle den ersten Geschlechtsverkehr mit einem Partner desselben Geschlechts im Durchschnitt 3 Jahre nach Erwachen des sexuellen Interesses am eigenen Geschlecht angeben (Bell et al., 1981).

Auch Versuche, Homo- oder Bisexualität auf Persönlichkeitsmerkmale oder Erziehungsstile der Mütter oder Väter zurückzuführen, scheiterten (Bell et al., 1981). Inzwischen gibt es in den USA empirische Studien zur Entwicklung von Kindern, die aufgrund von Adoption oder Wiederheirat eines ihrer Elternteile mit männlichen oder weiblichen homosexuellen Eltern aufwuchsen. Die Ergebnisse zeigen keine atypische Geschlechtsentwicklung dieser Kinder im Verlauf der Kindheit (Patterson, 1997).

> **! Merke**
>
> **Homosexualität kann nicht auf Verführungserlebnisse oder spezifische Eltern-Kind-Beziehungen zurückgeführt werden. Ein nichtgenetischer Einfluss homosexueller Eltern auf die Entwicklung ihrer Kinder wurde nicht gefunden.**

Zusammenfassend sprechen die vorliegenden Befunde dafür, dass Homosexualität bei beiden Geschlechtern eine bedeutsame genetische Komponente hat und sich schon in der Kindheit in einem geschlechtsuntypischen Interesse an Aktivitäten des anderen Geschlechts zeigt. In Abschn. 7.5.5 wird ein soziobiologischer Erklärungsversuch für Homosexualität diskutiert, der den vorliegenden Daten zur Entwicklung von Homosexualität noch am ehesten entspricht.

7.3 Die Größe psychologischer Geschlechtsunterschiede

Da unsere Vorstellung über das Ausmaß von Geschlechtsunterschieden durch das Geschlechtsstereotyp unserer Kultur geprägt ist, ist es vor jeder Diskussion der Ursachen von Geschlechtsunterschieden zunächst einmal wichtig, einen Eindruck von der tatsächlichen Größe psychologischer Geschlechtsunterschiede zu bekommen.

Da sich die Verteilungen bei psychologischen Merkmalen fast immer überlappen (vgl. Abb. 7.1), ist es sinnvoll, die Größe des Geschlechtsunterschieds quantitativ zu erfassen. Hierfür ist die Effektgröße d geeignet (s. »Methodik« unten). Abbildung 7.1 macht deutlich, dass im Geschlechtsstereotyp die geschlechtstypischen Verteilungen nicht nur in ihrem Mittelwert weiter auseinanderliegen, sondern auch noch in ihrem Überlappungsbereich gestaucht werden, so dass der Überlappungsbereich besonders stark unterschätzt wird.

> **Methodik**
>
> **Messung der Größe von Geschlechtsunterschieden**
> Als quantitatives Maß für die Größe von Geschlechtsunterschieden ist die Effektgröße d geeignet (Cohen, 1977). Die Effektgröße ist die Mittelwertsdifferenz, geteilt durch die Standardabweichung (genauer handelt es sich um ein gewichtetes Mittel der Standardabweichungen innerhalb der beiden Geschlechter). Haben z.B. in einem IQ-Test Männer und Frauen die Mittelwerte 103 bzw. 98 bei gleicher Standardabweichung von 15, so beträgt die Größe des Geschlechtsunterschieds
>
> $d = (103 - 98)/15 = 0{,}33$
>
> Die Mittelwerte der Männer und Frauen unterscheiden sich also um eine drittel Standardabweichung. Noch einfacher ist die Interpretation der Effektgröße, wenn man z-transformierte Werte zugrunde legt (vgl. Abschn. 2.4.3): In diesem Fall ist sie einfach die Mittelwertsdifferenz. Da die Effektgröße auf z-Werten beruht, ist sie direkt zwischen verschiedenen Eigenschaften, Stichproben und Populationen vergleichbar. Abbildung 7.1 illustriert die zweifache Wirkung des Geschlechtsstereotyps auf die Effektgröße: Sie steigt sowohl durch Zunahme der Mittelwertsdifferenz als auch durch Abnahme der Standardabweichungen.

Wie unten dargelegt ist, lässt sich die Größe von Geschlechtsunterschieden unabhängig von der betrachteten Eigenschaft und Stichprobe durch die Effektgröße *d* messen. Damit ist es möglich, die Ergebnisse vieler Studien zu der gleichen Eigenschaft zusammenzufassen, indem die Effektgrößen für jede Studie einzeln berechnet und dann gemittelt werden. Dieses Verfahren wird als Metaanalyse bezeichnet (s. »Methodik«).

Inzwischen gibt es zehntausende von Studien zu psychologischen Geschlechtsunterschieden, so dass es möglich ist, die Größe der Geschlechtsunterschiede in bestimmten Persönlichkeitseigenschaften oder bestimmten Populationen jeweils durch Metaanalysen zu schätzen. Die folgende Darstellung stützt sich primär auf solche Metaanalysen. In diesem Abschnitt werden Studien zu Geschlechtsunterschieden in westlichen Industriegesellschaften behandelt, die den Großteil dieser Untersuchungen ausmachen. Auf die Verallgemeinerbarkeit ihrer Ergebnisse auf andere Kulturen wird in Abschn. 7.4 eingegangen.

Diese Metaanalyse widerlegt das Vorurteil, psychologische Geschlechtsunterschiede entstünden erst nach der Geburt durch entsprechende Sozialisation, also mehr oder weniger bewusste Anpassung des Verhaltens an kulturelle Normen. Jungen unterscheiden sich nach der Metaanalyse von Eaton und Enns (1986) bereits vor der Geburt von Mädchen durch eine durchschnittlich leicht höhere motorische Aktivität.

> **Merke**
>
> Es gibt Geschlechtsunterschiede im Verhalten schon vor der Geburt.

Im folgenden werden exemplarisch einige Metaanalysen zu Geschlechtsunterschieden für den kognitiven und den sozialen Bereich vorgestellt. Für jeweils einen vieldiskutierten Geschlechtsunterschied (kognitiver Bereich: mathematische Fähigkeiten; sozialer Bereich: Partnerwahl) wird die Darstellung weiter vertieft (vgl. Feingold, 1994, und Golombok & Fivush, 1994,

---

Methodik

Metaanalyse

In Metaanalysen werden viele Studien zusammengefasst, die sich auf ein ähnliches Merkmal oder eine ähnliche Population beziehen, indem für jede Studie die Effektgröße *d* bezüglich des betrachteten Kriteriums bestimmt wird (vgl. »Methodik«, S. 385) und die Effektgrößen dann gemittelt werden. Entweder erfolgt eine einfache Mittelung oder ein gewichtetes Mittel, in das die Ergebnisse von Studien mit größerer Stichprobe stärker eingehen als die Ergebnisse von Studien mit kleinerer Stichprobe. Beispielsweise analysierten Eaton und Enns (1986) 127 Studien mit insgesamt über 8 600 Versuchspersonen zu Geschlechtsunterschieden in der motorischen Aktivität, gemessen durch subjektive Beurteilung, direkte Beobachtung oder sogenannte Aktometer, die Bewegungen direkt messen. Die motorische Aktivität lässt sich sogar in den letzten zwei Monaten vor der Geburt durch einen elastischen Gürtel erfassen, der um den Bauch der Schwangeren gelegt wird und dessen Spannung von den Bewegungen des Kindes beeinflusst wird, so dass sich bei kontinuierlicher Messung der Gürtelspannung die kindliche motorische Aktivität objektiv messen lässt (vgl. Robertson et al., 1982). Geordnet nach dem Alter ergab sich folgendes Ergebnis (◘ Tabelle 7.3.).

Die Geschlechtsunterschiede waren also schon vor der Geburt vorhanden und nahmen mit wachsendem Alter zu (die Korrelation zwischen Alter und Effektgröße betrug .26).

◘ Tabelle 7.3. Die Ergebnisse einer Metaanalyse von 127 Studien zu Geschlechtsunterschieden in der motorischen Aktivität. (Nach Eaton & Enns, 1986)

Altersbereich	Pränatal	0–1 Jahre	1–6 Jahre	Iter	Total
Zahl von Studien	6	14	58	49	127
Mittlere Effektgröße	0,33	0,29	0,44	0,64	0,49

Positive Effektgrößen bezeichnen höhere Werte der Jungen.

7.3 · Die Größe psychologischer Geschlechtsunterschiede

für Geschlechtsunterschiede in weiteren Persönlichkeitsmerkmalen).

7.3.1 Kognitive Geschlechtsunterschiede

Eine scheinbar einfach zu beantwortende Frage ist die nach Geschlechtsunterschieden in der allgemeinen Intelligenz, gemessen durch IQ-Tests: Welches der beiden Geschlechter schneidet besser ab? Diese Frage kann auf der Basis von IQ-Werten nicht sinnvoll beantwortet werden, weil diese Tests so konstruiert wurden, dass möglichst geringe Geschlechtsunterschiede im IQ bestehen. Deshalb ist es nicht erstaunlich, dass Geschlechtsunterschiede im IQ minimal sind und von Test zu Test und von Stichprobe zu Stichprobe schwanken.

Bei spezifischeren intellektuellen Fähigkeiten gibt es z. T. Geschlechtsunterschiede, die aber nur in wenigen Fällen wirklich groß sind (d. h. eine Effektgröße von 0,5 überschreiten; vgl. »Methodik«, S. 385). Dank des Testeifers in den USA, wo jährlich Hunderttausende von Schülern und Studienplatzbewerbern standardisierte Fähigkeitstests mitmachen, gibt es eine extrem große Datenbasis zu solchen Geschlechtsunterschieden, und entsprechend groß ist die Zahl statistisch signifikanter, aber in ihrer Effektgröße geringer Unterschiede. Die praktische Relevanz ermisst sich aber nicht an der Signifikanz, sondern an der Effektgröße. Deshalb wird in der folgenden Darstellung Wert darauf gelegt, die Größe der gefundenen Effekte deutlich zu machen.

Räumliche Fähigkeiten

In westlichen Industriegesellschaften finden sich im kognitiven Bereich die größten Geschlechtsunterschiede in einer bestimmten Klasse nichtverbaler Fähigkeiten, den räumlichen Fähigkeiten. Diese sind wiederum nicht einheitlich, sondern zerfallen in mindestens drei spezielle Fähigkeiten: Kontextabhängigkeit der räumlichen Wahrnehmung, mentale Rotation und räumliche Visualisierung (vgl. Abschn. 4.4.1).

Wie eine Metaanalyse von Linn und Petersen (1985) zeigt, erreichen männliche Versuchspersonen in allen drei Fähigkeiten im Durchschnitt höhere Werte als weibliche. Während der Geschlechtsunterschied für räumliche Visualisierung minimal ist ($d = 0{,}13$ in 81 Studien), ist er für die räumliche Wahrnehmung substantiell ($d = 0{,}44$ in 62 Studien) und für die mentale Rotation, gemessen durch den Test von Vandenberg und Kuse (1978), groß ($d = 0{,}94$ in 18 Studien). Da mentale Rotation in vielen Berufen gefordert wird (z. B. Piloten, Architekten, Designer, Bildhauer), hat dieser große Geschlechtsunterschied durchaus eine praktische Bedeutung.

> **Merke**
> Männer haben im Durchschnitt etwas bessere räumliche Fähigkeiten als Frauen, wobei der Geschlechtsunterschied je nach Art der betrachteten Fähigkeit variiert; bei mentaler Rotation ist er am größten.

Die leichte männliche Überlegenheit in räumlichen Tests tritt ab dem Alter von 4,5 Jahren auf, wobei sich der besonders große Geschlechtsunterschied in mentaler Rotation erst später herausbildet (Levine et al., 1999). Dies weist darauf hin, dass bei der Erklärung dieses Geschlechtsunterschieds differentielle Entwicklungsprozesse in der Kindheit berücksichtigt werden müssen. Casey et al. (1999) untersuchten zwei Einflussfaktoren auf die Entwicklung der weiblichen Fähigkeit zum mentalen Rotieren: Spielerfahrung mit Brüdern und Händigkeit der Familie. Wenn das mentale Rotieren durch Spielerfahrung gefördert wird, sollten Mädchen, die viel mit Brüdern spielen, besser mental rotieren können als Mädchen ohne solche Spielerfahrungen. Das Vorkommen von Linkshändern in der Familie könnte nach einer Theorie von Annett (1985) das mentale Rotieren fördern, da mentales Rotieren vermutlich primär eine Leistung der rechten Hirnhälfte ist, von der Linkshänder wegen ihrer geringeren Dominanz der linken Hirnhälfte stärker profitieren sollten als Rechtshänder. Annett (1985) vermutete, dass Rechtshändigkeit auf einem rezessiven Allel beruht, d. h. sich nur dann ausprägt, wenn dieses Allel von Vater und Mutter geerbt wird. Mädchen mit ausschließlich rechtshändigen Familienangehörigen müssten deshalb ein Handicap beim mentalen Rotieren haben.

Casey et al. (1999) fanden eine statistische Interaktion der Art, dass Achtklässlerinnen mit mindestens einem Linkshändigen in der Familie und Spielerfahrung mit Brüdern besser beim mentalen Rotieren waren als solche ohne diese Erfahrungen, während die Mädchen aus rein rechtshändigen Familien von der Spielerfahrung mit Brüdern nicht profitierten. Sie interpretierten dies als Gen-Umwelt-Interaktion, auch wenn der genetische Teil ihrer Interpretation spekulativ ist, weil das verantwortliche Gen, wenn es denn existiert, noch nicht bekannt ist. Im Übrigen müssen statistische Interaktionen, die wie im vorliegenden Fall noch nicht in weiteren Studien repliziert wurden, mit Vorsicht interpretiert werden.

> **! Merke**
> **Spielerfahrung mit Brüdern scheint die Fähigkeit zum mentalen Rotieren bei Mädchen nur dann zu fördern, wenn es linkshändige Familienmitglieder gibt, was als Hinweis auf eine Gen-Umwelt-Interaktion interpretiert wird.**

Verbale Fähigkeiten

Während Männer in manchen räumlichen Fähigkeiten im Durchschnitt etwas besser abschneiden als Frauen, gilt nach weit verbreiteter Meinung das Gegenteil für verbale Fähigkeiten: Dort seien Frauen besser als Männer. Diese Meinung ist eher dem Streben nach ausgleichender Gerechtigkeit zu verdanken als den Tatsachen. Tabelle 7.4 zeigt die Ergebnisse einer Metaanalyse von 120 Studien zu verbalen Fähigkeiten.

Die gefundenen Unterschiede sind bestenfalls minimal und weisen bei weiterer Aufgliederung in spezifische Fähigkeiten nicht einmal in dieselbe Richtung. Eine Analyse der jährlichen Ergebnisse der verbalen Testwerte für Studienbewerber in den USA zwischen 1967 und 1990 zeigt einen nur minimalen Geschlechtsunterschied (Abb. 7.5). Dieser Unterschied ist wesentlich geringer als der historische Trend zu schlechteren Ergebnissen

Tabelle 7.4. Geschlechtsunterschiede in verbalen Fähigkeiten. (Nach Hyde & Linn, 1988)

Fähigkeit	d	n	Alter Jahre	d	n
Alle Tests	0,11	119	unter 6	0,13	24
Wortschatz	0,02	40	6–10	0,06	29
Analogien	–0,16	5	11–18	0,11	39
Leseverständnis	0,03	18	19–25	0,06	18
Sprachlicher Ausdruck	0,33	12	über 25	0,20	9
Textqualität	0,09	5			
Anagramme	0,22	5			
SAT, verbaler Wert	–0,03	4			

Angegeben sind die Zahl der Studien *n* und ihre mittlere Effektgröße *d*; positive Werte bezeichnen höhere Werte der Frauen. Ignoriert wurde eine unvergleichbar große SAT-Stichprobe mit über 950000 Probanden mit *d* = –0,11 (SAT = Scholastic Aptitude Test).

Abb. 7.5. Verbale Testwerte für weibliche und männliche Studienplatzbewerber in den USA 1967–1990. (Aus Halpern, 1992)

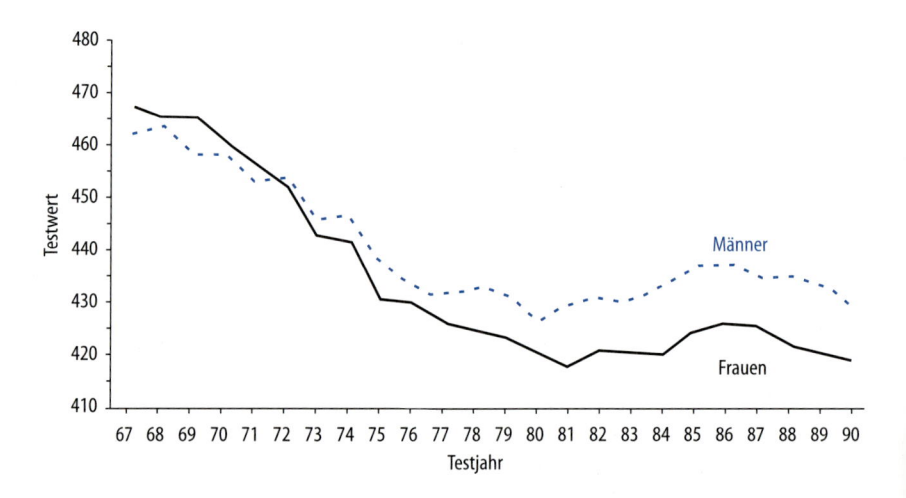

(der dem säkularen Trend für den IQ widerspricht; vgl. Abschn. 4.4.1) und er kehrt sich während dieser Testperiode um zugunsten der männlichen Bewerber – möglicherweise bedingt durch eine steigende Rate von männlichen Schulversagern, so dass die getesteten Männer bereits stärker ausgelesen sind als die getesteten Frauen.

Wirklich klare Unterschiede gibt es nur im unteren Extrembereich. Starke Leseschwierigkeiten und Legasthenie sind bei Jungen etwa fünfmal häufiger als bei Mädchen (Halpern, 1992). Dass viel mehr Jungen als Mädchen stottern, wird auch oft bei der Diskussion verbaler Fähigkeiten herangezogen, gehört aber eigentlich nicht hierher, weil Stottern kein Ausdruck mangelnder verbaler Fähigkeit ist, sondern ein Ausdruck mangelnder Sprechfähigkeit, bedingt durch eine emotionale und/oder motorische Störung.

> **Merke**
> Außer im unteren Extrembereich sind Frauen in verbalen Fähigkeiten kaum besser als Männer.

Mathematische Fähigkeiten

Ein populäres Thema der letzten Jahre sind Geschlechtsunterschiede in mathematischen Fähigkeiten. Liegt die extrem geringe Zahl von Mathematikprofessorinnen, Mathematikerinnen und Mathematikstudentinnen an einer durchschnittlich geringeren mathematischen Begabung von Frauen, an einem besonderen Vorteil des männlichen Geschlechts bei mathematischen Spitzenleistungen oder an dem Geschlechtsstereotyp, dass Mädchen mathematisch unbegabt seien, das mathematisch durchaus fähige Mädchen während der Schulzeit entmutigt?

In einer Metaanalyse von 259 Studien zu mathematischen Fähigkeiten von über drei Millionen Personen, bestimmt durch Mathematiktests, fanden Hyde et al. (1990) für unausgelesene Stichproben insgesamt keine männliche Überlegenheit, sondern praktisch identische Werte für beide Geschlechter. Eine Aufteilung nach spezifischen Fähigkeiten ergab nur minimale Unterschiede, während eine Aufteilung nach dem Alter der Getesteten einen klaren Trend zu zunehmender durchschnittlicher Überlegenheit des männlichen Geschlechts zeigte (Tabelle 7.5). Klar ausgeprägt ist der Geschlechtsunterschied vor allem bei Studienplatzbewerbern in den USA, wo die SAT-Werte in mathematischen Fähigkeiten seit 1967 eine konstante Überlegenheit der männlichen Schulabgänger signalisieren (Abb. 7.6, die direkt mit Abb. 7.5 verglichen werden kann).

Ausgeprägter als in diesen Untersuchungen der Normalvariation sind die Geschlechtsunterschiede in den Extrembereichen der mathematischen Begabung. Das männliche Geschlecht ist in beiden Extrembereichen überrepräsentiert, d.h. es gibt besonders viele männli-

Tabelle 7.5. Geschlechtsunterschiede in mathematischen Fähigkeiten. (Nach Hyde et al., 1990)

Stichprobe/Fähigkeit	d	n	Alter Jahren	d	n
Alle Stichproben	0,20	259	8–10	–0,06	67
Unausgelesene	–0,05	184	11–14	–0,07	93
Hochbegabte	0,54	18	15–18	0,29	53[a]
Frühbegabte	0,41	15	19–25	0,41	31
Niedrigbegabte	0,11	12	über 25	0,59	9
Rechnen	–0,14	45			
Konzepte	–0,03	41			
Problemlösen	0,08	48			

Angegeben sind die Zahl der Studien n und ihre mittlere Effektgröße d; positive Werte bezeichnen höhere Werte der Männer.
[a] Ohne SAT-Studien.

Abb. 7.6. Mathematiktestwerte für weibliche und männliche Studienplatzbewerber in den USA 1967–1990. (Aus Halpern, 1992)

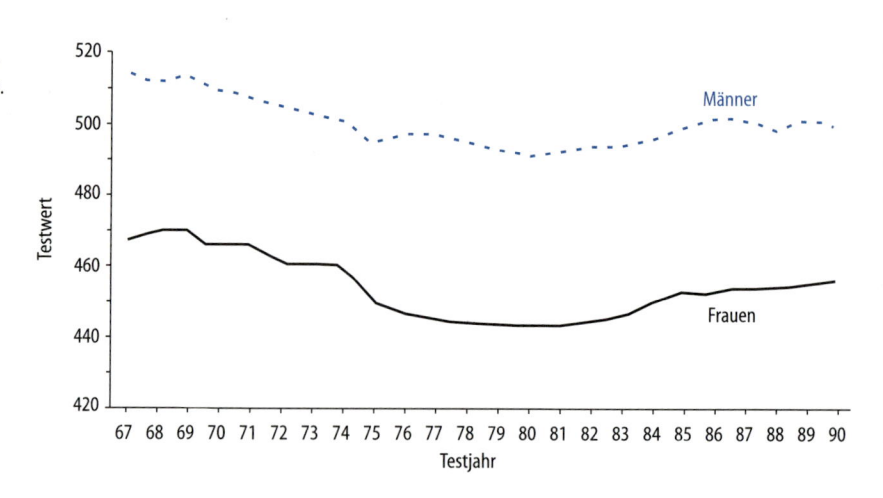

che mathematische Hochbegabte und Versager, wenn auch der Geschlechtsunterschied nur bei den Hochbegabten substantiell ist (vgl. Tabelle 7.5).

Eine extreme Dominanz des männlichen Geschlechts unter mathematisch Hochbegabten ist dank der systematischen Suche in den USA nach solchen Schülern (jährlich werden ca. 100000 Schüler nur zu diesem Zweck getestet) gut belegt. So gab es unter den 144 Gewinnern der mathematischen Olympiade in den USA zwischen 1972 und 1989 nur zwei Frauen (Stanley, 1990). Stanley und Benbow (1982) fanden für Schüler 7. und 8. Klassen folgendes Geschlechtsverhältnis von Jungen zu Mädchen für hohe Mathematikwerte im SAT: 2:1 für SAT-Werte über 500, 5:1 für Werte über 600 und 17:1 für Werte über 700.

Diese Proportionen für Extremwerte widersprechen nicht dem Befund, dass das männliche Geschlecht in den (überwiegend jungen) unausgelesenen Stichproben dem weiblichen insgesamt nicht überlegen ist. Ein wirklich realistisches Bild geben letztlich nur die tatsächlichen Verteilungen der Werte.

In den letzten Jahren wurden vor allem zwei Erklärungsansätze für die Geschlechtsunterschiede in Mathematiktests diskutiert. Zum einen wurden sie durch den starken Geschlechtsunterschied in räumlichen Fähigkeiten, insbesondere der mentalen Rotation, zu erklären versucht. Schwierigere Mathematikaufgaben beziehen sich entweder direkt auf geometrische Aufgaben, zu deren Lösung ein Manipulieren von Figuren in der Vorstellung hilfreich, wenn nicht notwendig ist, oder sie lassen sich geometrisch veranschaulichen und dadurch leichter lösen (z.B. Differential- und Integralrechnung). Tests zur mentalen Rotation korrelieren um .50 mit den SAT-Mathematiktestwerten, so dass sich die männliche Überlegenheit in der mentalen Rotation auf diesem Weg auf die Mathematikleistung übertragen könnte.

Alternativ wird eine gänzlich andere Erklärung vorgeschlagen: Die kumulative Demotivierung von Mädchen durch das Geschlechtsstereotyp, Frauen seien mathematisch unbegabt. Da Eltern, Gleichaltrige und Lehrer dieser Meinung sind, würden sich Mädchen zunehmend weniger zutrauen und geradezu Angst vor Mathematiktests entwickeln; auch könnten Lehrer sie durch Unterbewertung, mangelhafte Förderung oder tendenziöse Rückmeldungen über die Ursachen von Erfolg und Misserfolg demotivieren (»Toll, dass du das als Mädchen geschafft hast« – »Mädchen wie du müssen sich besonders anstrengen, um mithalten zu können«).

Das abnehmende Selbstvertrauen würde die Entwicklung mathematischer Fähigkeiten dann zunehmend behindern und abschreckend auf eine mathematisch-naturwissenschaftliche Studien- und Berufswahl wirken. Das Selbstvertrauen in bezug auf Mathematikaufgaben korreliert in der Tat sehr eng mit der Mathematikleistung (z.B. um .75 im Falle des SAT-Tests), wobei allerdings die Leistung natürlich auch wesentlich das Selbstvertrauen bestimmt. Auch kann das schlechtere Abschneiden von Schülerinnen nicht durch eine Unterbewertung ihrer Leistung durch die Lehrer erklärt werden, weil Mädchen zumindest in den USA bis in die Eingangsklassen der Universität leicht bessere Mathematiknoten haben als Jungen. Die Diskrepanz zwischen Noten und Testleistung wird durch eine größere Anstrengung bei geringerem Verständnis oder eine mildere Benotung des »mathematisch schwachen Geschlechts« erklärt (Kimball, 1989).

Casey et al. (1997) brachten Selbstvertrauen in bezug auf Mathematikaufgaben und mentale Rotationsleistung in direkte Konkurrenz miteinander, indem sie aus beiden Variablen die SAT-Mathematikwerte bei 13 Jahre alten Schülern beiderlei Geschlechts vorhersagten. Die Schüler waren nach überdurchschnittlichen SAT-Mathematikwerten ausgelesen, da die Geschlechtsunterschiede im oberen, nicht im unteren Kompetenzbereich erklärt werden sollten. Nach Kontrolle des Zusammenhangs zwischen mentaler Rotation und mathematischem Selbstvertrauen (eine Korrelation von .39) konnten die aufklärbaren Geschlechtsunterschiede in den SAT-Werten fast doppelt so stark durch die mentale Rotationsleistung vorhergesagt werden (64 %) wie durch das mathematische Selbstvertrauen (36 %).

> **❗ Merke**
>
> Im Schulalter sind Jungen insgesamt betrachtet nicht besser als Mädchen in mathematischen Fähigkeiten. Nur bei sehr hoher und sehr niedriger Fähigkeit sind Jungen überrepräsentiert. Die mit wachsender Aufgabenschwierigkeit steigende Überlegenheit des männlichen Geschlechts kann primär auf bessere räumliche Fähigkeiten und sekundär auf ein höheres mathematisches Selbstvertrauen zurückgeführt werden.

7.3.2 Soziale Geschlechtsunterschiede

Aggressivität

Bei Geschlechtsunterschieden im sozialen Verhalten fällt den meisten Menschen offene physische Aggression ein: Männer gelten als aggressiver im offenen Verhalten als Frauen. Knight et al. (1996) führten eine Metaanalyse von 110 Studien zur Aggressivität durch. Die mittlere Effektgröße betrug 0,54. Wie Tabelle 7.6 zeigt, hatten Männer nach allen Kriterien im Durchschnitt höhere Aggressivitätswerte, wobei die Effektgröße jedoch stark von der Untersuchungsmethode abhing.

Dass die Unterschiede in experimentellen Studien geringer sind als in nichtexperimentellen (meist Beurteilungen oder Beobachtungen im Feld), hängt sicherlich mit der Schwierigkeit zusammen, Aggression systematisch hervorzurufen (fast immer handelte es sich um Laborstudien). Von daher dürften die experimentellen Studien die Größe des tatsächlichen Geschlechtsunterschieds unterschätzen. Beurteilungen durch Eltern oder Lehrer dürften den Geschlechtsunterschied ebenfalls unterschätzen, da diese Urteiler weniger Gelegenheit haben, Aggressionen zu beobachten als die Mitschüler. Besonders gering ist der Geschlechtsunterschied im Falle von Selbstbeurteilungen, vermutlich weil diese besonders stark von differentiellen Tendenzen zu sozial erwünschten Antworten überlagert sind und deshalb weniger valide sind. Werden diese Methodenprobleme berücksichtigt, scheint eine Effektgröße von $d = 0{,}60$ eine realistische Schätzung des Geschlechtsunterschieds in Aggressivität zu sein.

Ein weiterer wichtiger Unterschied betrifft die Form der Aggression. Der Geschlechtsunterschied ist mit 0,74 deutlich höher bei physischer Aggression als bei verbaler Aggression mit 0,55. Sehr heterogen scheinen die Effektgrößen für projektive Aggressivitätstests zu sein; während Hyde (1984) und Asendorpf et al. (1994) eine Effektgröße nahe Null fanden, berichteten Knight et al. (1996) Effektgrößen zwischen 0,52 und 0,99.

Geschlechtsunterschiede in projektiven Tests wurden früher oft in Diskussionen der Frage thematisiert,

Tabelle 7.6. Geschlechtsunterschiede in aggressivem Verhalten. (Nach Knight et al., 1996)

Kriterium	d	n	Methode	d	n
Alle Stichproben	0,54	110	Beobachtung	0,60	69
Experimentell	0,41	53	Selbstbeurteilung	0,25	16
Nichtexperimentell	0,65	57	Beurteilung Eltern/Lehrer	0,45	14
Verbale Aggression	0,55	6	Beurteilung Gleichaltrige	0,59	6
Physische Aggression	0,74	38			

Angegeben sind die Zahl der Studien n und ihre mittlere Effektgröße d; positive Werte bezeichnen höhere Werte der Männer.

ob Männer tatsächlich eine stärkere aggressive motivationale Tendenz haben als Frauen, denn möglicherweise zeigen Männer diese Tendenz nur offener im Verhalten. Die Heterogenität der Geschlechtsunterschiede in projektiven Tests und die Schwierigkeit ihrer Interpretation (messen sie eine eigene motivationale Tendenz oder nur die Sensitivität einem Thema gegenüber; vgl. Abschn. 4.5.1) verhindern aber eine klare Antwort auf diese Frage.

Eine klarere Antwort ermöglichen erst neuere Untersuchungen zur Beziehungsaggression (Crick & Gropeter, 1995). Hierunter wird eine bei Mädchen relativ verbreitete indirekte Form der Aggression verstanden, die darin besteht, die persönlichen Beziehungen anderer zu schädigen, indem gezielt Gerüchte über sie ausgebreitet werden oder Dritten mit Aufkündigung der Freundschaft gedroht wird, wenn sie nicht ihre Beziehung zu ihnen beenden. In mehreren Studien wurde übereinstimmend gefunden, dass Mädchen mehr Beziehungsaggression zeigten als Jungen; werden sowohl offene Aggression als auch Beziehungsaggression berücksichtigt, gibt es unter hochaggressiven Kindern nahezu gleich viele Mädchen wie Jungen (vgl. Crick, 1997). Diese Ergebnisse zeigen, dass Mädchen ebenso aggressiv sein können wie Jungen und dass die Rate hochaggressiver Mädchen in der Vergangenheit klar unterschätzt wurde, weil nur offene (verbale oder physische) Aggression berücksichtigt wurde.

> **Merke**
> Männer neigen mehr als Frauen zu offener physischer und verbaler Aggression. Dagegen zeigen Mädchen mehr Beziehungsaggression als Jungen. Werden beide Aggressionsarten berücksichtigt, gibt es ähnlich viele hochaggressive Mädchen und Jungen.

Im Falle der Aggressivität in partnerschaftlichen Auseinandersetzungen deckte eine Metaanalyse von Archer (2000) an über 30 000 Paaren einen »paradoxen« Effekt auf: Frauen griffen ihren Partner minimal häufiger physisch an als Männer ($d=0{,}05$), auch wenn Männer ihren Partnerinnen öfter Verletzungen zufügten als umgekehrt ($d=0{,}15$); 62 % der Verletzten waren Frauen. Mit anderen Worten: bei Konflikten in der Partnerschaft schlagen Frauen mindestens so häufig zu wie Männer, aber weniger hart. Dass dies dem alltagspsychologischen Vorurteil widerspricht, dass Gewalt in der Ehe vom Mann ausgeht, dürfte wohl an zwei Faktoren liegen: an der Übergeneralisierung der verbreiteten männlichen Tendenz zu physischer Gewalt in anderen Situationen, aber auch daran, dass Männer außerhalb anonymer empirischer Befragungen Gewalterfahrungen in der Partnerschaft eher für sich behalten, weil sie dem traditionellen Stereotyp des »harten Mannes« widersprechen, der sich zumindest auf diesem Gebiet nichts von seiner Frau bieten lassen muss.

> **Merke**
> Bei Konflikten in der Partnerschaft greifen Frauen nicht weniger zu Gewalt als Männer, erleiden aber etwas häufiger Verletzungen.

Sexualität

Oliver und Hyde (1993) analysierten die vorliegenden Daten zu Geschlechtsunterschieden in der Einstellung gegenüber unterschiedlichen Formen der Sexualität und im selbstberichteten sexuellen Verhalten (Tabelle 7.7). Die Daten bestätigen das Geschlechtsstereotyp, dass Frauen das treuere, mehr auf emotionale Bindung eingestellte Geschlecht sind. Die Effektgrößen für Geschlechtsunterschiede in der Akzeptanz von »one night stands« und der berichteten Häufigkeit von Masturbation sind groß, jedenfalls relativ zu den bisher berichteten Geschlechtsunterschieden.

Dass Männer über häufigeren Geschlechtsverkehr und mehr Geschlechtspartner berichten als Frauen, ist auf den ersten Blick überraschend (gehören nicht immer Mann und Frau zu einem Geschlechtsakt, so dass kein Geschlechtsunterschied auftreten dürfte?). Auf den zweiten Blick bieten sich jedoch mehrere mögliche Erklärungen an: Überschätzung der Häufigkeiten durch die Männer relativ zu den Frauen; die ab der Geschlechtsreife mit wachsendem Alter zunehmend größere Zahl von Frauen relativ zu gleichaltrigen Männern; größere Verbreitung von Homosexualität bei Männern; und Unterrepräsentation weiblicher Prostitution in den analysierten Studien.

Diese Ergebnisse dürfen nicht unbesehen als allgemeingültige Aussagen über die Natur des Menschen verstanden werden. Die analysierten Studien beziehen sich nur auf angloamerikanische Erhebungen in den Jahren 1963 bis 1990. Für diesen Zeitraum zeigen sie fast durchweg negative, z. T. hoch negative Korrelationen zwischen Erhebungsjahr und Größe des Geschlechtsunterschieds, nicht nur in den Einstellungs-, sondern auch in den Verhaltensurteilen, also eine starke Abhängigkeit vom Zeitpunkt der kulturellen Entwicklung (die einzelnen Korrelationen sind – mit Ausnahme der Korrelation für die Häufigkeit des Geschlechtsverkehrs – nur mit Vorsicht interpretierbar, da sie auf kleinen bis sehr kleinen Stich-

7.3 · Die Größe psychologischer Geschlechtsunterschiede

Tabelle 7.7. Geschlechtsunterschiede in sexuellem Verhalten. (Nach Oliver & Hyde, 1993)

Kriterium	Effektgröße		Korrelation[a] mit	
	d	n	Erhebungsjahr	Alter
Akzeptanz vorehelicher GV	0,37	46	−.19	−.11
– ohne emotionale Bindung	0,81	10	−.05	−.77
– mit emotionaler Bindung	0,49	10	−.45	−.47
Akzeptanz außerehelicher GV	0,29	17	−.36	−.31
Akzeptanz Masturbation	0,09	12	−.12	.45
Akzeptanz Homosexualität	−0,01	28	−.47	.69
Alter bei erstem GV[b]	0,38	8	−.30	.01
Häufigkeit GV	0,33	135	−.26	−.33
Zahl Geschlechtspartner	0,25	12	−.45	−.17
Häufigkeit Masturbation	0,96	26	−.57	.54
Häufigkeit homosexueller GV	0,33	19	.08	.17

Angegeben sind die Zahl der Studien *n* und ihre mittlere Effektgröße *d*; positive Werte bezeichnen höhere Werte der Männer. GV = Geschlechtsverkehr.
[a] Partialkorrelationen zwischen Effektgröße und Erhebungsjahr bzw. Alter bei Kontrolle der jeweils anderen Variablen.
[b] Positive Effektgrößen besagen, daß Männer jünger waren.

proben von Studien beruhen, in denen ein einziger »Ausreißer« die ganze Korrelation bestimmen kann).

Unklar ist weiterhin, wieweit dieser historische Trend zu einer Verringerung von Geschlechtsunterschieden im sexuellen Bereich Veränderungen des tatsächlichen Sexualverhaltens widerspiegelt oder lediglich Veränderungen im Geschlechtsstereotyp – es handelt sich hier ja nur um Fragebogenantworten, die anfällig gegenüber Verfälschungen durch die Tendenz zu sozial erwünschten Antworten sind. Da sich sexuelles Verhalten in wissenschaftlichen Untersuchungen kaum direkt beobachten lässt, muss diese Frage letztlich unbeantwortet bleiben.

> **! Merke**
> Männer berichten über mehr Masturbation und Geschlechtsverkehr, insbesondere homosexueller Natur, und akzeptieren eher Sexualität ohne emotionale Bindung als Frauen. Die Größe einiger dieser Geschlechtsunterschiede scheint im Verlauf der letzten Jahrzehnte deutlich abzunehmen.

Partnerwahl

Welche Rolle die Erhebungsmethode für die Erfassung von Geschlechtsunterschieden spielt, wird aus einer Metaanalyse von Feingold (1990) deutlich. Er analysierte Geschlechtsunterschiede in der Bevorzugung physisch attraktiver gegengeschlechtlicher Partner, wobei er u.a. fünf verschiedene Arten von Studien unterschied: Fragebogeneinschätzung, wie wichtig es ist, dass ein »idealer Partner« gut aussieht; Erwähnung guten Aussehens bei der Beschreibung des gesuchten Partners in Heiratsannoncen; und Zusammenhang zwischen gutem Aussehen und Rendezvoushäufigkeit, Interaktionshäufigkeit insgesamt mit dem anderen Geschlecht und Sympathieurteil eines gegengeschlechtlichen Partners nach kurzem Kennenlernen im psychologischen Labor. Einbezogen wurden alle Studien nach 1960 an jungen Erwachsenen in Nordamerika.

Tabelle 7.8 zeigt, dass die Ergebnisse sehr stark mit der Untersuchungsmethode variierten. Nicht überraschend ist, dass Männer bei der Beschreibung ihrer idealen Partnerin in Fragebögen oder in Heiratsannon-

◘ Tabelle 7.8. Geschlechtsunterschiede in der Bedeutung der physischen Attraktivität des Partners. (Nach Feingold, 1990)

Erhebungsart	Effekt	n
Fragebogeneinschätzung	0,53	28
Nennung in Heiratsannoncen	0,45	6
Korrelation mit Rendezvoushäufigkeit[a]	0,20	10
Korrelation mit Interaktionshäufigkeit[b]	−0,33	5
Korrelation mit Sympathieurteil[c]	0,07	6

Angegeben sind die Zahl der Studien n und ihre mittlere Effektgröße d bzw. q für Korrelationsunterschiede (vgl. Cohen, 1977); positive Werte bezeichnen eine größere Bedeutung physischer Attraktivität bei Frauen aus Sicht von Männern.
[a] Korrelation zwischen eigenem Aussehen und selbsteingeschätzter Häufigkeit romantischer Treffen mit dem anderen Geschlecht.
[b] Korrelation zwischen eigenem Aussehen und selbsteingeschätzter Häufigkeit aller sozialer Interaktionen mit dem anderen Geschlecht.
[c] Korrelation zwischen eigenem Aussehen und dem Sympathieurteil eines gegengeschlechtlichen Partners nach einer kurzen Laborinteraktion.

cen mehr Wert auf gutes Aussehen legen als Frauen bei ihrem idealen Partner – das entspricht dem Geschlechtsstereotyp. Sonderlich verhaltenswirksam scheint dieser Unterschied in der Einstellung zum anderen Geschlecht aber nicht zu sein. Die Korrelation zwischen physischer Attraktivität und selbstberichteter Häufigkeit von Rendezvous betrug im Mittel über alle Studien bei Frauen .39 und bei Männern .21 – ein nur geringfügiger Unterschied, der einer Effektgröße von 0,20 entspricht (ähnlich wie für Mittelwertsunterschiede lässt sich auch für Korrelationsunterschiede eine Effektgröße bestimmen; vgl. Cohen, 1977).

Interessanterweise kehrt sich der Geschlechtsunterschied sogar um, wenn nicht Rendezvous, sondern alle sozialen Interaktionen mit dem anderen Geschlecht betrachtet wurden: Bei Männern korrelierte gutes Aussehen im Mittel über alle Studien zu .37 mit der Zahl weiblicher Kontaktpartner, während die entsprechende Korrelation bei Frauen mit .05 praktisch Null war. Das Aussehen einer Frau scheint nichts damit zu tun zu haben, mit wieviel Männern sie alltäglichen Kontakt hat, während gut aussehende Männer etwas mehr Kontakt mit Frauen haben als schlecht aussehende. Feingold (1990) führt als mögliche Erklärung hierfür an, dass für Frauen eine romantische Beziehung eine längere Bekanntschaftsdauer voraussetzt als für Männer (vgl. bestätigend hierzu Buss & Schmitt, 1993), so dass gut aussehende Männer länger von einzelnen Frauen und damit häufiger von Frauen insgesamt umschwärmt werden als vergleichbar attraktive Frauen von Männern.

Laborexperimente, in denen zwei einander unbekannte gegengeschlechtliche Partner kurz zusammengebracht werden, ergaben praktisch keinen Geschlechtsunterschied für den Einfluss der physischen Attraktivität des Partners auf die ihm oder ihr entgegengebrachte Sympathie: Die Korrelationen waren für weibliche (.28) und für männliche Partner (.21) nahezu gleich groß und ausgesprochen niedrig. Hierbei muss beachtet werden, dass in dieser Analyse die physische Attraktivität von Dritten (also nicht vom Partner) beurteilt wurde. Beurteilungen des Aussehens durch den Partner korrelierten wesentlich höher mit Sympathie (.71 bzw. .67), aber diese hohen Korrelationen dürften wesentlich auf einen Halo-Effekt zurückgehen (vgl. Abschn. 3.2.4).

Insgesamt sprechen diese Befunde dafür, dass es einen deutlichen Geschlechtsunterschied in der subjektiven Bedeutung physischer Attraktivität für die Partnerwahl gibt: Für Männer spielt sie eine größere Rolle als für Frauen. Wie eine Metaanalyse von Feingold (1992b) zeigt, legen Frauen dafür mehr Gewicht auf den sozialen Status des Partners (ein großer Effekt: $d=0{,}75$), Ambitioniertheit (d.h. Streben nach Leistung oder Kultur; $d=0{,}55$), guten Charakter ($d=0{,}29$), Intelligenz ($d=0{,}25$) und Humor ($d=0{,}22$).

Wie im Methodenvergleich für physische Attraktivität deutlich wurde, kann man aus diesen Einstellungseffekten kaum auf das tatsächliche Verhalten schließen, vor allem deshalb, weil Einstellungen für einzelne, isolierte Merkmale erfragt werden können, während das Verhalten einem Partner gegenüber immer eine Funktion aller seiner/ihrer Merkmale ist: Jemand kann ja bildschön und strohdumm, hochintelligent und extrem hässlich sein. Das schmälert notwendigerweise den Einfluss einzelner eigener Merkmale auf das Verhalten des Partners.

> **Merke**
>
> Männer legen bei der Partnerwahl mehr Wert auf physische Attraktivität, Frauen mehr Wert auf sozialen Status und Ambitioniertheit. Die Bevorzugung einzelner Partnermerkmale hat aber keine allzu großen Konsequenzen auf das Verhalten, weil die Partnerwahl durch viele wenig korrelierende Merkmale beeinflusst wird.

7.4 Geschlechtsunterschiede im Kulturvergleich

Im Kulturvergleich zeigt sich ein gemeinsamer Kern psychologischer Geschlechtsunterschiede, um den herum die Kulturen variieren. Die Variation ist dabei graduell: Wenn es Kulturen gibt, in denen ein starker Geschlechtsunterschied in einem bestimmten Merkmal besteht, ist dieser Geschlechtsunterschied in anderen Kulturen oft schwächer ausgeprägt, kehrt sich aber nicht um. So gibt es z. B. Kulturen, in denen Jungen nicht mehr Aggression im offenen Verhalten zeigen als Mädchen, aber es gibt keinen durch die Beobachtung vieler Kinder statistisch gesicherten Nachweis, dass es irgendeine Kultur gibt, in der Mädchen mehr offene Aggression zeigen als Jungen.

7.4.1 Geschlechtsstereotype im Kulturvergleich

Williams und Best (1982) führten die wohl umfangreichste Untersuchung über Geschlechtsstereotype durch. Dabei zeigte sich für viele Persönlichkeitsmerkmale eine hohe Übereinstimmung zwischen den Kulturen. Männer werden generell für stärker, dominanter, unternehmungslustiger und unabhängiger gehalten; Frauen für gefühlsbetonter, submissiver und abergläubischer (s. »Die klassische Studie«).

Der Einwand, es handele sich hier um eine Studie an Studenten, die eher durch eine »Medien-Weltkultur« als durch die Kultur ihres Landes geprägt seien, wird durch eine weitere Studie von Williams und Best (1982) an Kindern im Alter von 5–6 und 7–9 Jahren in 24 Ländern nur teilweise entkräftet. Auch dort zeigte sich eine ähnlich starke Übereinstimmung im Geschlechtsstereotyp, aber in diesem Alter ist das Geschlechtsstereotyp schon weitgehend ausgebildet (vgl. Abschn. 7.2), das in den meisten Kulturen wesentlich durch die »Medien-Weltkultur« direkt oder indirekt über die Eltern beeinflusst wird.

> **❗ Merke**
> Der interkulturelle Vergleich zeigt ein universelles Geschlechtsstereotyp der Art, dass Männer für aktiver und stärker gehalten werden. Die Geschlechtsstereotypen für Mann und Frau unterscheiden sich hinsichtlich ihrer sozialen Erwünschtheit von Kultur zu Kultur; im Mittel über alle Kulturen lässt sich jedoch keine Bevorzugung des männlichen Stereotyps nachweisen.

In einer weiteren Studie untersuchten Williams und Best (1990) die Einstellung von Studenten gegenüber den Geschlechtsrollen der eigenen Kultur. Es ergaben sich erhebliche Unterschiede in der »Geschlechtsrollenideologie«, die weitgehend unabhängig vom Geschlecht der Befragten waren. Sie reichten von mehr egalitärer zu mehr traditioneller Einstellung (s. »Die klassische Studie«), wobei die traditionelle Einstellung mit einer Höherbewertung männlicher Eigenschaften einherging. Auch hier wird wieder die relative Unabhängigkeit von Geschlechtsstereotyp und Einstellung deutlich: Viele Geschlechtsstereotype sind universell, aber wie weit sie für das eigene Handeln als verbindlich erachtet werden, variiert stark von Kultur zu Kultur.

Studenten in Ländern mit hohem Bruttosozialprodukt, einem hohen Anteil an Protestanten, einem hohen Anteil weiblicher Studenten und mit hoher Wertschätzung von Individualismus (vgl. ▶ Kap. 8) wiesen eine eher egalitäre Einstellung auf, d. h. fühlten sich dem Geschlechtsstereotyp ihrer Kultur nicht so stark verpflichtet. Wie zu erwarten, war in den vier »traditionellsten« Ländern (Nigeria, Pakistan, Indien und Japan) das männliche Stereotyp in der früheren Studie von Williams und Best (1982) positiver bewertet worden als das weibliche, während in den vier »egalitärsten« nord- und mitteleuropäischen Ländern das männliche und weibliche Stereotyp gleich positiv bewertet worden war.

> **❗ Merke**
> Die Einstellung von Studenten zu den Geschlechtsrollen der eigenen Kultur variiert deutlich zwischen Kulturen auf einer Dimension egalitär – traditionell.

7.4.2 Kognitive Geschlechtsunterschiede im Kulturvergleich

In Abschn. 7.3 wurden Geschlechtsunterschiede in räumlichen Fähigkeiten diskutiert. Besonders groß in nordamerikanischen Stichproben waren die Geschlechtsunterschiede in mentaler Rotation, gering in räumlicher Visualisierung (Gottschaldt-Figuren). Der Block Design Test von Kohs bezieht sich auf beide Fähigkeiten, so dass insgesamt höhere Testwerte für männliche Personen zu erwarten sind. Berry (1976) ließ diesen Test in 17 verschiedenen Kulturen durchführen. Die Geschlechtsunterschiede variierten sehr stark zwischen verschiedenen Kulturen, von höheren Werten bei Frauen bei den Cree-Indianern (die allerdings auf eine einzige Testerin

Die klassische Studie

Geschlechtsstereotype im Kulturvergleich

Williams und Best (1982) ließen in 30 Ländern insgesamt 2 800 Studenten beiderlei Geschlechts 300 Eigenschaftsworte daraufhin beurteilen, ob das jeweilige Wort in ihrer Kultur »häufiger mit Männern oder häufiger mit Frauen assoziiert wird« (die 300 Worte wurden dazu in die jeweiligen Sprachen übersetzt und die Übersetzung durch Rückübersetzung kontrolliert). Ein Wort wurde als Beschreibung eines Geschlechtsstereotyps betrachtet, wenn mindestens zwei Drittel der Befragten das Wort demselben Geschlecht zuordneten (◘ Tabelle 7.9).

Eine Faktorenanalyse aller Geschlechtsstereotype ergab drei Faktoren: soziale Bewertung, Aktivität und Stärke. Die interkulturelle Analyse der Faktorenwerte zeigte, dass die männlichen Stereotype in allen Kulturen höhere Aktivitäts- und Stärkewerte erhielten als die weiblichen (der seltene Fall nichtüberlappender Verteilungen). Im Mittel über alle Kulturen gab es keinen signifikanten Unterschied in der sozialen Bewertung zwischen männlichem und weiblichem Stereotyp. Dies widerspricht der verbreiteten Meinung, Frauen seien schon vom Geschlechtsstereotyp her generell benachteiligt. Darüber hinaus ergaben sich aber durchaus deutliche Unterschiede zwischen den Kulturen in der sozialen Bewertung des männlichen bzw. weiblichen Stereotyps. Das männliche Stereotyp war besonders erwünscht in Japan, Nigeria und Südafrika; das weibliche Stereotyp war besonders erwünscht in Italien und Peru.

◘ Tabelle 7.9. Aufstellung derjenigen Worte, die in mindestens 90% der Kulturen ein Geschlechtsstereotyp beschreiben. (Nach Williams & Best, 1982)

Typisch männlich		Typisch weiblich	
active	aktiv	affectionate	herzlich
adventurous	abenteuerlich	attractive	attraktiv
aggressive	aggressiv	dependent	abhängig
autocratic	selbstherrlich	dreamy	träumerisch
courageous	mutig	emotional	emotional
daring	wagemutig	fearful	furchtsam
dominant	dominant	sensitive	sensibel
enterprising	unternehmungslustig	sentimental	gefühlsbetont
forceful	kraftvoll	softhearted	weichherzig
independent	unabhängig	submissive	unterwürfig
progressive	progressiv	superstitious	abergläubisch
robust	robust	weak	schwach
severe	hart		
stern	streng		
strong	stark		
unemotional	unemotional		
wise	weise		

Die klassische Studie

Geschlechtsrollenideologie im Kulturvergleich

Williams und Best (1990) ließen in 14 Ländern insgesamt 1 563 Studenten beiderlei Geschlechts die Sex Role Ideology Scale von Kalin und Tilby (1978) ausfüllen. Diese Skala erhebt auf einer Zustimmungsskala (1–7) ein »traditionelles« Geschlechtsrollenverständnis (Beispiel: »Die erste Pflicht einer jungen Frau ist es, zu Hause bei den Kindern zu sein«) und ein »egalitäres« Geschlechtsrollenverständnis (Beispiel: »Heirat sollte die Berufskarriere der Frau genausowenig stören wie die des Mannes«); die Antworten zum traditionellen Verständnis wurden umgepolt, so dass hohe Werte immer ein egalitäres Verständnis bedeuten (Tabelle 7.10).

Tabelle 7.10. Mittelwerte von Frauen und Männern, geordnet nach den Mittelwerten der Länder. (Nach Williams & Best, 1990)

Land	Frauen	Männer	
Niederlande	5,72	5,47	»egalitärer«
Westdeutschland	5,62	5,35	
Finnland	5,69	5,30	
England	5,15	4,73	
Italien	4,90	4,54	
Venezuela	4,90	4,51	
USA	4,66	4,05	
Kanada	4,54	4,09	
Singapur	4,39	3,61	
Malaysia	4,01	4,05	
Japan	4,01	3,70	
Indien	3,88	3,81	
Pakistan	3,30	3,34	
Nigeria	3,39	3,11	»traditioneller«

zurückgingen) über gar keine Geschlechtsunterschiede in zwei Stichproben von Eskimos bis hin zu höheren Werten bei Männern in westlichen Industriegesellschaften.

Berry (1976) konnte diese hohe Variabilität z. T. aufklären durch einen »ökokulturellen Index«, der Kulturen charakterisiert. Höhere räumliche Fähigkeiten bei Männern fanden sich in Kulturen, die durch Sesshaftigkeit, Vorratswirtschaft und starke soziale Kontrolle gekennzeichnet waren, während bei nomadisierenden Jägern, Fischern und Sammlern mit wenig sozialer Kontrolle kein Geschlechtsunterschied bestand.

> **Merke**
>
> Ob Männer im Durchschnitt etwas bessere räumliche Fähigkeiten aufweisen als Frauen, ist deutlich kulturabhängig; z. B. bestand bei nomadisierenden Jägern und Fischern mit wenig sozialer Kontrolle kein Geschlechtsunterschied.

Vergleichbar umfangreiche interkulturelle Studien zu Geschlechtsunterschieden in mathematischen oder verbalen Fähigkeiten scheint es noch nicht zu geben. Die Ergebnisse von Berry (1976) jedenfalls sollten eine Warnung sein: Die Aussagen der Metaanalysen in Abschn. 7.3

bezogen sich ausschließlich oder primär auf nordamerikanische Stichproben, so dass das dort gezeichnete Bild von Geschlechtsunterschieden einseitig sein könnte; es charakterisiert Nordamerika oder bestenfalls westliche Industriegesellschaften, kann aber nicht unbesehen auf andere Kulturen verallgemeinert werden.

7.4.3 Soziale Geschlechtsunterschiede im Kulturvergleich

Dominantes/aggressives Verhalten ist vielleicht das beste Beispiel für einen universellen Geschlechtsunterschied im sozialen Bereich. Whiting und Whiting (1975) untersuchten die Häufigkeit dominanter und aggressiver Akte, die durch systematische Beobachtung im Freien bei 3- bis 6- und 7- bis 11jährigen Kindern in fünf nichtwestlichen Kulturen gefunden wurden. Jungen beider Altersstufen waren durchweg dominanter/aggressiver, wenn auch die Größe des Geschlechtsunterschieds zwischen den Kulturen stark schwankte, bis hin zu minimalen Unterschieden. Eine genauere Analyse derselben Daten durch Lambert und Tan (1979) zeigte, dass Jungen genausooft wie Mädchen von anderen attackiert wurden, aber eine höhere Gegenaggressionsrate hatten als die Mädchen (ein Drittel bei Jungen gegenüber einem Viertel bei Mädchen). Dies erinnert an die höhere Gegenaggressionsrate hochaggressiver Jungen (vgl. Abschn. 6.3.3).

Whiting und Edwards (1988) untersuchten in dieser und einer weiteren, methodisch ähnlichen Beobachtungsstudie die Geschlechtertrennung bei Kindern. Es ergab sich ein ähnliches Bild wie in westlichen Studien, wobei das Ausmaß der Geschlechtertrennung aber wesentlich davon abhing, wie stark Kinder über Spielpartner ähnlichen Alters verfügten. Je altershomogener die Spielgruppen waren, desto geschlechtshomogener waren sie auch. Besonders deutlich war die Geschlechtertrennung in allen Kulturen, wenn nicht nur die räumliche Nähe von Partnern, sondern an Gleichaltrige gerichtete soziale Initiativen analysiert wurden: Sie wurden etwa fünfmal so häufig an gleichgeschlechtliche Partner gerichtet wie an gegengeschlechtliche.

Eine interkulturelle Ähnlichkeit besteht auch in den Kriterien von Männern und Frauen bei der Partnerwahl. Feingold (1992b) kontrastierte zwei Metaanalysen für Geschlechtsunterschiede in der Beschreibung des idealen Partners: eine nur mit nordamerikanischen Studien und eine nur mit Studien aus 33 nichtnordamerikanischen Ländern, die von Buss (1989) berichtet wurde. Die Ergebnisse fielen sehr ähnlich aus: Männer legten mehr Wert auf gutes Aussehen als Frauen, während Frauen hohen sozialen Status und Streben nach Leistung und Kultur (Ambitioniertheit) stärker gewichteten (◘ Tabelle 7.11).

Eine genauere Analyse der Daten von Buss (1989) zeigt, dass hoher sozialer Status des Partners, in diesen Studien repräsentiert durch die Frage nach hohem Einkommen, in allen Kulturen von Frauen für wichtiger gehalten wurde als von Männern und gutes Aussehen in allen Kulturen von Männern für wichtiger gehalten wurde als von Frauen.

Dennoch bestand eine große Variabilität im Ausmaß dieser Geschlechtsunterschiede zwischen den Kulturen. In einem Kommentar zu Buss (1989) bezog Glenn Daten zur durchschnittlichen Lebenserwartung, die für 19 Länder erhältlich waren, auf die von Buss (1989) berichteten Geschlechtsunterschiede in diesen Kulturen und fand, dass die Größe der Geschlechtsunterschiede durch-

◘ Tabelle 7.11. Geschlechtsunterschiede in der Partnerwahl im Kulturvergleich. (Nach Feingold, 1992b)

Erwünschtes Partnermerkmal	Nordamerika		Sonstige	
	d	n	d	n
Gutes Aussehen	−0,53	28	−0,61	33
Hoher Sozialstatus	0,75	15	0,73	33
Hohe Ambitionen	0,55	10	0,40	33

Angegeben sind die Zahl der Studien *n* und ihre mittlere Effektgröße *d*; positive Werte bezeichnen eine stärkere Präferenz der Frauen für das betreffende Partnermerkmal.

weg negativ mit der durchschnittlichen Lebenserwartung korrelierte (für gutes Aussehen und sozialen Status jeweils –.59; für Ambitioniertheit –.81). Derartige Ergebnisse finden sich öfter in kulturvergleichenden Studien; sie signalisieren eine Verringerung »traditioneller« Geschlechtsunterschiede mit zunehmender sozioökonomischer Entwicklung.

> **Merke**
>
> In allen Kulturen zeigen Jungen mehr dominant/aggressives Verhalten als Mädchen. Jungen und Mädchen bevorzugen vor der Pubertät Spielpartner gleichen Geschlechts. Erwachsene bevorzugen in allen Kulturen die gleichen geschlechts- typischen Partnermerkmale, wobei die Größe dieser Unterschiede jedoch zwischen den Kulturen variiert. Viele Geschlechtsunterschiede im sozialen Bereich verringern sich mit zunehmender sozioökonomischer Entwicklung der Kultur.

7.5 Erklärungsansätze für psychologische Geschlechtsunterschiede

In den vorangegangenen Abschnitten wurde ein Bild der vorliegenden empirischen Ergebnisse zu Geschlechtsunterschieden skizziert, das selektiv sein musste und daher sicherlich keinen völlig ausgewogenen Überblick über die inzwischen immense Literatur zu diesem Thema bietet (dies würde eine Art Meta-Metaanalyse erfordern). Das Bild ist aber differenziert genug, um vor diesem Hintergrund die vorliegenden Erklärungsansätze zu psychologischen Geschlechtsunterschieden kritisch zu beleuchten: Wie weit sind sie mit diesem Wissen vereinbar?

7.5.1 Psychoanalytische Erklärungsansätze

Klassische Auffassung

Freud glaubte, dass sich Geschlechtsunterschiede während der phallischen Phase durch die Entdeckung der anatomischen Geschlechtsunterschiede und nachfolgende Identifizierung mit dem gleichgeschlechtlichen Elternteil als Folge der Verarbeitung des Ödipuskomplexes entwickeln (vgl. Abschn. 2.2.2).

Bei Jungen richteten sich die phallischen Triebimpulse auf die Mutter; der Vater werde als Rivale erlebt, der Angst vor Kastration auslöse. Diese Angst werde vom Jungen bewältigt, indem er sich mit dem Vater identifiziere und seine Triebimpulse gegenüber der Mutter in Zärtlichkeit verwandle. So werde schon während der Kindheit eine heterosexuelle Orientierung aufgebaut.

Bei Mädchen richteten sich die phallischen Triebimpulse auf den Vater; die Mutter werde als Rivalin erlebt. Während Kastrationsangst wegen des Fehlens des Penis nicht aufkommen könne, empfände das Mädchen Penisneid und würde ihn der Mutter anlasten; der Wunsch nach Übernahme des väterlichen Penis werde später durch den Wunsch ersetzt, von ihm ein Kind zu bekommen. Gefördert werde die Zuwendung zum Vater durch Identifikation mit der Mutter und Angst vor Liebesentzug und Bestrafung durch die Mutter. Der Penisneid sei der Grund für stärkere Minderwertigkeitsgefühle, masochistischere Tendenzen und stärkere Eifersucht bei Frauen.

Sofern diese Annahmen zur Entwicklung von Geschlechtsunterschieden überhaupt empirisch überprüfbar sind, können sie heute durchweg als widerlegt gelten (vgl. Trautner, 1991; »Unter der Lupe«). Deshalb spielen sie in der heutigen empirisch orientierten Entwicklungs- und Persönlichkeitspsychologie keine Rolle mehr.

Ein neoanalytischer Ansatz

In den 80er Jahre wurden vor allem in feministischen Zirkeln die Thesen von Chodorov (1978) populär. Sie entging den ersten beiden Kritikpunkten in »Unter der Lupe«, weil sie die psychologische Geschlechtsentwicklung früher ansetzte und nicht mehr einseitig auf anatomische Geschlechtsmerkmale bezog. Chodorov (1978) nutzte Vorstellungen der Objektbeziehungstheorien (vgl. Abschn. 2.2, Abschn. 5.3), um die unterschiedliche Entwicklung von Jungen und Mädchen aus der frühen Symbiose von Mutter und Kind heraus zu beschreiben, wobei sie eine abgeschwächte Variante des Ödipuskomplexes annahm.

Alle Kinder identifizierten sich zunächst mit der Mutter als der wesentlichen Bezugsperson. Die Übernahme der weiblichen Geschlechtsrolle sei deshalb bei Mädchen einfach eine Fortsetzung dieser frühen Identifikation mit der Mutter. Bei Jungen führe die ödipale Krise zu einem Bruch in der Identifikation mit der Mutter. Um sich männlich zu fühlen, müsse ein Junge sich also getrennt von der Mutter definieren; Männlichkeit sei deshalb zunächst negativ definiert als nichtmutterhaft. Dazu trage bei, dass der Vater kaum anwesend sei. Mädchen könnten sich unmittelbarer und emotionaler mit der weiblichen Rolle identifizieren durch Identifikation mit der Person der Mutter, während Jungen wegen

> **Unter der Lupe**
>
> **Argumente gegen Freuds Vorstellung über die Entwicklung von Geschlechtsunterschieden**
> - Freuds Annahme, Kinder seien bis zur phallischen Phase im Alter von etwa drei Jahren geschlechtsneutral, ist falsch (vgl. Abschn. 7.2).
> - Die Wahrnehmung von Penis bzw. Scheide spielt keine besonders hervorgehobene Rolle in der Entwicklung der Geschlechtsidentität. Diese orientiert sich zwar zunächst an äußerlichen Merkmalen, aber eher an Frisur, Kleidung oder Stimmlage als an den primären Geschlechtsorganen (Thompson & Bentler, 1971).
> - Die Entwicklung des psychologischen Geschlechts beruht nach Freud letztlich auf dem Ödipuskonflikt und seiner unterschiedlichen Bewältigung durch Jungen und Mädchen. Das Konzept des Ödipuskonflikts ist aber nicht haltbar (vgl. Abschn. 2.2).
> - Freud konzentrierte sich einseitig auf die Beziehung des Kindes zu seinen Eltern und ignorierte damit die Rolle Gleichaltriger in der Geschlechtsentwicklung (s. unten).
> - Freud überschätzte die Identifikation mit dem gleichgeschlechtlichen Elternteil. Eine Folgerung aus dieser Annahme ist, dass Söhne ihren Vätern in vielen Persönlichkeitsmerkmalen ähnlicher werden müssten als ihren Müttern, während Töchter ihren Müttern ähnlicher sein müssten als ihren Vätern. Das lässt sich nicht bestätigen (vgl. Abschn. 7.5.2).
> - Die kontinuierliche Entwicklung der Geschlechtertrennung bis zur Pubertät spricht gegen eine Entwicklung der heterosexuellen Orientierung schon während der Kindheit.

der viel schwächeren emotionalen Beziehung zum Vater sich mit einer Identifikation mit der Rolle des Vaters begnügen müssten.

Chodorovs Argumentation baute auf Beziehungsmustern in traditionellen westlichen Kleinfamilien auf und versagte daher bei der Erklärung der Geschlechtsentwicklung bei starker Beteiligung des Vaters an der Erziehung. Wie Freud führte Chodorov den Ödipuskomplex ein, um die männliche Geschlechtsentwicklung zu erklären, überschätzte die Rolle der Identifikation mit den Eltern und unterschätzte die Bedeutung Gleichaltriger für die Geschlechtsentwicklung.

Die weiteren vier Kritikpunkte oben gelten deshalb ebenso für Chodorov (1978). Sogar noch mehr als Freud konzentrierte sie sich auf die Beziehung zur Mutter. Wegen der kontinuierlicheren und intensiveren Identifikation der Töchter mit ihren Müttern müssten Töchter ihren Müttern in ihrer Persönlichkeit ähnlicher werden als Söhne ihren Vätern. Diese Folgerung aus Chodorovs Ansatz lässt sich ebenfalls empirisch nicht bestätigen (vgl. Abschn. 7.5.2).

> **Merke**
>
> Wenn auch Chodorovs Auffassung manchen Kritikpunkten an Freud entging, gelten die meisten Einwände gegen Freuds Auffassung auch für ihren Erklärungsversuch. Die Annahme, dass Töchter sich stärker mit ihrer Mutter identifizieren als Söhne mit ihrem Vater, lässt sich nicht empirisch stützen.

7.5.2 Lerntheoretische Erklärungsansätze

Diese Ansätze basieren auf der Annahme, geschlechtstypisches Verhalten werde erlernt, indem es entweder von Eltern und anderen Sozialisationsagenten bevorzugt bekräftigt werde oder indem Personen des gleichen Geschlechts bevorzugt imitiert würden.

Bekräftigungstheorie

Sie beruht auf der Annahme, Jungen und Mädchen würden für gleiches Verhalten in Abhängigkeit von ihrem Geschlecht unterschiedlich bekräftigt, indem geschlechtstypisches Verhalten belohnt und geschlechtsuntypisches Verhalten ignoriert oder bestraft werde, und diese Bekräftigung sei auch tatsächlich in der erwünschten Richtung wirksam. Genauer betrachtet lässt sich diese Annahme in drei Hypothesen zerlegen: differentielle Erwartungen, differentielle Bekräftigung und differentielle Bekräftigungeffekte (»Unter der Lupe«).

Wegen der in allen Kulturen bestehenden Geschlechtsstereotype scheint es offensichtlich zu sein, dass Eltern und Lehrer, aber auch ältere Gleichaltrige differentielle Erwartungen an das Verhalten von Mädchen und Jungen hegen. Allerdings wurde in Abschn. 7.2.3. deutlich, dass ein Geschlechtsstereotyp noch nicht automatisch eine positive Einstellung zu diesem Stereotyp nach sich zieht: Eltern könnten z.B. versuchen, ihre Kinder entgegen dem vorherrschenden Geschlechtsstereotyp zu erziehen. In diesem Fall würden ihre Erwartungen an die eigenen Kinder nicht mit dem vorherrschenden Geschlechts-

7.5 · Erklärungsansätze für psychologische Geschlechtsunterschiede

> **Unter der Lupe**
>
> **Hypothesen der Bekräftigungstheorie für Geschlechtsunterschiede**
>
> Nach Trautner (1979) beinhaltet die Annahme, Geschlechtsunterschiede würden durch Bekräftigungslernen erworben, drei aufeinander aufbauende Hypothesen:
> - Interaktionspartner erwarteten von Jungen und Mädchen unterschiedliches Verhalten (differentielle Erwartungen);
> - Interaktionspartner bekräftigten Jungen und Mädchen unterschiedlich entsprechend diesen Erwartungen (differentielle Bekräftigung);
> - die differentielle Bekräftigung beeinflusse tatsächlich das Verhalten der Kinder im Sinne der differentiellen Erwartungen (differentielle Bekräftigungseffekte).
>
> Da die drei Hypothesen aufeinander aufbauen, müssen alle drei zutreffen, wenn Geschlechtsunterschiede tatsächlich durch Bekräftigungslernen erworben werden.

stereotyp übereinstimmen. In relativ egalitär gesinnten Kulturen wie dem heutigen Deutschland (vgl. ◘ Tabelle 7.10) sind die Erwartungen zumindest an die eigenen Kinder weniger geschlechtsspezifisch ausgeprägt als noch in den 50er Jahren oder in traditioneller eingestellten heutigen Kulturen wie z. B. Japan.

Ob Eltern ihre Kinder differentiell im Sinne des kulturellen Geschlechtsstereotyps bekräftigen, kann zumindest für den nordamerikanischen Raum inzwischen verlässlich beurteilt werden. Lytton und Romney (1991) führten eine Metaanalyse von 20 einschlägigen Studien durch, in denen differentielle Bekräftigung durch direkte Beobachtung oder durch Beurteilungen von Eltern oder Kindern erfasst wurde. Die Ergebnisse zeigen einen mittelgroßen Effekt von $d = 0,43$, wobei in allen Studien die Effektgröße positiv war, d.h. eine differentielle Bekräftigung im Sinne des Geschlechtsstereotyps anzeigte.

Väter bekräftigten geschlechtstypische Verhaltensweisen etwas mehr ($d = 0,49$) als Mütter ($d = 0,34$), und der Effekt nahm signifikant mit dem Alter der bekräftigten Kinder ab. Die Methode (Beobachtung vs. Beurteilung) hatte keinen signifikanten Effekt auf die Ergebnisse. Für nicht-westliche Kulturen gibt es keine vergleichbar detaillierten Analysen, aber die in Barry et al. (1957) berichteten Beurteilungen von Sozialisationspraktiken in 110 Kulturen sprechen für eine differentielle Bekräftigung in ähnliche Richtung, wobei sich durchaus Unterschiede im Ausmaß differentieller Bekräftigung finden (z. B. war die differentielle Bekräftigung stärker in polygynen Ehen als in monogamen Ehen).

An dieser Stelle muss vor dem Missverständnis gewarnt werden, dass diese korrelativen Daten einen kausalen Einfluss des Bekräftigungsverhaltens auf das geschlechtstypische Verhalten belegen würden. Unbestreitbar ist nur, dass Eltern, besonders Väter, sich Jungen und Mädchen gegenüber unterschiedlich verhalten, und zwar in einer Weise, die dem Geschlechtsstereotyp entspricht. Dieser Zusammenhang zwischen Geschlecht und elterlichem Verhalten könnte aber theoretisch ausschließlich auf Aktivitätspräferenzen der Kinder beruhen, die durch diese Präferenzen das Erziehungsverhalten der Eltern steuern. Dass jedenfalls ein Teil des elterlichen differentiellen Bekräftigungsverhaltens auf das Konto der Kinder geht, wird z.B. durch eine Beobachtungsstudie von Snow et al. (1983) nahegelegt, die fanden, dass bereits einjährige Jungen weniger mit Puppen spielten als gleichaltrige Mädchen.

Für einen strengeren Nachweis eines kausalen Zusammenhangs zwischen elterlicher Bekräftigung und geschlechtstypischem Verhalten ihrer Kinder müssten Längsschnittuntersuchungen durchgeführt werden, die differentielle Bekräftigungseffekte dadurch nachzuweisen versuchen, dass die Zunahme geschlechtstypischen Verhaltens bei Kindern mit dem Ausmaß erfahrener differentieller Bekräftigung durch ihre Eltern korreliert. Solche Studien scheint es nicht zu geben (Trautner, 1991). Die Frage, wie weit die elterliche differentielle Bekräftigung geschlechtstypisches Verhalten ihrer Kinder fördert, kann also derzeit nicht schlüssig beantwortet werden. Sowohl Kind→Eltern-Effekte als auch Eltern→Kind-Effekte sind denkbar.

Hinzu kommt der bislang noch nicht diskutierte mögliche Einfluss der differentiellen Bekräftigung anderer Sozialisationsagenten auf das Kind: Auch Lehrer und Spielkameraden verhalten sich Jungen und Mädchen gegenüber unterschiedlich. Obwohl es hierfür noch keine Metaanalyse zu geben scheint, sind die Ergebnisse und die Probleme der Interpretation kaum anders als beim elterlichen Bekräftigungsverhalten (Fagot, 1985).

> **❗ Merke**
>
> Während die differentielle Bekräftigung geschlechtstypischen kindlichen Verhaltens besonders durch die
> ▼

Eltern gut belegt ist, ist derzeit unklar, wie stark die differentielle Bekräftigung durch Aktivitätspräferenzen der Kinder selbst bedingt ist. Ob Geschlechtsunterschiede im Verhalten durch differentielle Bekräftigung entstehen oder verstärkt werden, muss deshalb offen bleiben.

Imitationstheorie

Dieser zweite lerntheoretische Ansatz beruht auf der Annahme, Kinder würden geschlechtsspezifisches Verhalten durch Imitation erlernen. Dies kann im Prinzip auf drei verschiedene Weisen geschehen: durch differentielle Beobachtungsgelegenheiten, selektive Imitation oder Elternidentifikation (»Unter der Lupe«).

Zumindest in westlichen Industriegesellschaften haben Kinder von früh an ausreichend Gelegenheit, das Verhalten von Kindern und Erwachsenen beiderlei Geschlechts zu beobachten: im öffentlichen Leben, in der Schule, in Massenmedien und in der Familie (auch bei Vaterabwesenheit; oft kommen ja auch männliche Verwandte und Bekannte der Mutter zu Besuch). In Kulturen mit anderen Sozialstrukturen (z.B. bei strikter Geschlechtertrennung im öffentlichen und familiären Leben), bei geschlechtshomogenen Schulklassen oder bei Fehlen von Massenmedien mag es differentielle Beobachtungsgelegenheiten geben.

Dass Kinder bevorzugt Modelle des eigenen Geschlechts imitieren, lässt sich nur mit Einschränkungen bestätigen (Huston, 1983). Erstens lässt sich eine solche selektive Imitation erst ab dem Schulalter feststellen, wenn geschlechtstypische Einstellungen und geschlechtstypisches Verhalten bereits stark ausgebildet sind; zu deren Erklärung kann selektive Imitation also nichts beitragen. Zweitens dominiert die Tendenz, typisches *Verhalten* des eigenen Geschlechts zu imitieren, die Tendenz, das Verhalten einer gleichgeschlechtlichen *Person* zu imitieren. Werden nämlich beide Tendenzen in Konkurrenz gebracht, ist die Imitationstendenz stärker für Verhalten des eigenen Geschlechts, das untypischerweise von einem Modell des anderen Geschlechts gezeigt wird, als für Verhalten des anderen Geschlechts, das von einem Modell des eigenen Geschlechts gezeigt wird (Barkley et al., 1977). Jungen imitieren also z.B. eher kriegerisches Verhalten eines Mädchens als bemutterndes Verhalten eines Jungen. Diese Asymmetrie legt die Interpretation nahe, dass die bei älteren Kindern gefundene selektive Imitationstendenz durch Verhaltenspräferenzen der Kinder gesteuert wird, die ohnehin schon da sind.

> **Merke**
> Eine selektive Imitation geschlechtstypischen Verhaltens tritt erst bei älteren Kindern auf und dürfte nicht mehr bewirken als eine Festigung, bestenfalls eine Verstärkung geschlechtstypischen Verhaltens.

Die Hypothese von der Elternidentifikation (Kinder imitierten bevorzugt den gleichgeschlechtlichen Elternteil) ist ein Spezialfall der Hypothese zur selektiven Imitation. Für die Hypothese der Elternidentifikation gelten dieselben Einschränkungen, insbesondere dass derartige Tendenzen überhaupt erst relativ spät nachweisbar sind. Dies steht in krassem Gegensatz zu der von psychoanalytisch orientierten Autoren geteilten Meinung, geschlechtstypisches Verhalten werde primär durch Identifikation mit dem gleichgeschlechtlichen Elternteil erworben.

Im Gegensatz zu der allgemeineren Hypothese der selektiven Imitation lässt sich im speziellen Fall der Elternidentifikation eine relativ gut überprüfbare Vorhersage ableiten, dass nämlich Söhne mit wachsendem Alter ihren Vätern in ihrer Persönlichkeit ähnlicher werden müssten als ihren Müttern und Töchter ihren Müttern mehr ähneln müssten als ihren Vätern (wobei Geschlechtsunterschiede in Persönlichkeitsmerkmalen kontrolliert werden). Dies lässt sich durch Korrelationen einzelner Persönlichkeitsmerkmale zwischen Kindern und ihren Eltern testen. Familienstudien zeigen im allgemeinen keine stärkere Ähnlichkeit zwischen Kind und gleichgeschlechtlichem Elternteil als zwischen Kind und

---

Unter der Lupe

Hypothesen der Imitationstheorie für Geschlechtsunterschiede

Nach Trautner (1979) können Geschlechtsunterschiede auf dreierlei Weise durch Imitationslernen erworben werden:
— Kinder haben mehr Gelegenheit zur Beobachtung gleichgeschlechtlicher Modelle als zur Beobachtung gegengeschlechtlicher Modelle (differentielle Beobachtungsgelegenheiten);
— wenn gleich- und gegengeschlechtliche Modelle beobachtet werden können, werden eher gleichgeschlechtliche imitiert (selektive Imitation);
— der gleichgeschlechtliche Elternteil ist das am meisten imitierte Modell (Elternidentifikation).

Die Imitationstheorie hat Gültigkeit, wenn mindestens eine dieser drei Hypothesen zutrifft.

gegengeschlechtlichem Elternteil. Besonders gut lässt sich die Hypothese der Elternidentifikation durch Adoptionsstudien testen. Hier sind die Korrelationen zwischen beiden Adoptiveltern und ihren Kindern durchweg sehr ähnlich und niedrig (vgl. Loehlin, 1992).

Ebensowenig bestätigen derartige korrelative Analysen die Hypothese, dass Töchter ihren Müttern ähnlicher seien als Söhne ihren Vätern – eine Asymmetrie, die sich aus Chodorovs (1978) Annahme einer besonders kontinuierlichen und intensiven Tochter-Mutter-Identifikation ableiten lässt. Dies ist wenig erstaunlich, weil die zentrale Annahme der Identifikationstheorien, dass die Elternpersönlichkeit auf nichtgenetische Weise wesentlich die Kindpersönlichkeit beeinflusst, nicht haltbar ist (vgl. Abschn. 6.2).

> **Merke**
>
> Entgegen Chodorovs Auffassung sind Söhne ihren Vätern in ihrer Persönlichkeit nicht ähnlicher als ihren Müttern und Töchter ihren Müttern nicht ähnlicher als ihren Vätern; auch sind sich Töchter und Mütter nicht ähnlicher als Söhne und Väter, wenn allgemeine Geschlechtsunterschiede kontrolliert werden.

Insgesamt ist es damit um psychoanalytische und lerntheoretische Erklärungen von Geschlechtsunterschieden nicht allzu gut bestellt. Unbestreitbar ist, dass die spezielle kulturelle Form von Geschlechtsunterschieden durch Lernen erworben wird – in welchen Situationen und in welcher Weise z. B. aggressives Verhalten gezeigt werden darf. Dass überhaupt Geschlechtsunterschiede in bestimmten Typen von Einstellungen und Verhalten existieren, lässt sich jedoch lerntheoretisch nicht zwingend erklären. Es könnte gut sein, dass im Verlauf der geschlechtstypischen Entwicklung die Kinder selber differentielle Bekräftigungen bei anderen hervorrufen und spontan zur Imitation geschlechtstypischen Verhaltens neigen.

Kein Zweifel kann daran bestehen, dass der fördernde Einfluss von Eltern und Erziehern auf die geschlechtstypische Entwicklung von Kindern lange Zeit überschätzt wurde. Beispielsweise war unter westdeutschen Studenten der späten 60er und frühen 70er Jahre der Glaube verbreitet, geschlechtsspezifisches Verhalten sei nicht mehr als eine erlernte Rolle. In Verbindung mit dem Ziel, die Benachteiligung von Frauen durch Einebnung psychologischer Geschlechtsunterschiede abzubauen, führte dieser Glaube zu dem Bemühen, Jungen und Mädchen »geschlechtsneutral« zu erziehen, z. B. in Kinderläden.

Zur Frustration der Eltern und Kinderladenerzieher waren diese Bemühungen von keinem Erfolg gekrönt. Jungen, die zum spielerischen Kochen angehalten wurden, benutzten Kochlöffel als Revolver, und Mädchen wiegten träumerisch Rennwagen in ihren Armen, als seien es rosaweiche Babys. Nickel und Schmidt-Denter (1980) verglichen die Konfliktlösungen zwischen Kinderläden und traditionellen Kindergärten und fanden, dass in den Kinderläden die Jungen aggressiver waren und Mädchen stärker dominierten als in traditionellen Kindergärten – vermutlich weil die Erzieher in traditionellen Kindergärten aktiver gegen aggressives oder dominantes Verhalten einschritten. Im Falle aggressiven Verhaltens mindert Erziehungsverhalten eher Geschlechtsunterschiede.

> **Merke**
>
> Der Einfluss von Erwachsenen auf die Entwicklung des geschlechtstypischen Verhaltens wird meist überschätzt. Die spezifische kulturelle Form des geschlechtstypischen Verhaltens wird erlernt, aber die meisten Geschlechtsunterschiede können durch Lernprozesse allein nicht erklärt werden.

7.5.3 Kognitive Erklärungsansätze

Im Gegensatz zu den Lerntheorien betonen kognitive Erklärungsansätze wie z. B. Kohlberg (1966) die Entwicklung des Geschlechtsstereotyps und der Geschlechtsidentität, insbesondere der Geschlechtskonstanz, als treibende Kraft der Geschlechtsentwicklung. Das Erkennen des eigenen Geschlechts führe – aufgrund einer allgemeinen motivationalen Tendenz zur Erreichung kognitiver Konsistenz – zu dem Bestreben, das Selbstbild dem Geschlechtsstereotyp anzupassen und damit zu einer positiven Bewertung des eigenen Geschlechts, zu einer Bevorzugung von Situationen und Personen, die die eigene Geschlechtsidentität bestätigen, und schließlich zu einer Imitation und Identifikation mit gleichgeschlechtlichen Personen, insbesondere dem gleichgeschlechtlichen Elternteil. Geschlechtstypische Präferenzen und geschlechtstypisches Verhalten wären danach eine Konsequenz des Geschlechtsverständnisses.

Ein Vergleich mit den Ergebnissen zur geschlechtstypischen Entwicklung zeigt, dass Kohlbergs (1966) Ansatz nicht in der Lage ist, wesentliche Phänomene der geschlechtstypischen Entwicklung zu erklären. Geschlechtstypische Einstellungen, z. B. Spielzeugpräferenzen, gibt es schon im ersten Lebensjahr, lange vor den von Kohlberg (1966) diskutierten Prozessen, und geschlechtstypisches Verhalten schon vor der Geburt; wenn Geschlechtsverständnis und geschlechtstypische Einstellungen in Phasen der schnellen Entwicklung des Geschlechtsverständnisses korreliert werden, sind die Korrelationen nahe Null; Kinder imitieren eher Verhalten, das typisch für das eigene Geschlecht ist, als Personen des eigenen Geschlechts; eine spezielle Identifikation mit dem gleichgeschlechtlichen Elternteil lässt sich nicht nachweisen. Die von Kohlberg (1966) diskutierten Prozesse dürften tatsächlich einen gewissen Einfluss auf die geschlechtstypische Entwicklung ausüben, sind aber keineswegs in der Lage, die Entstehung von Geschlechtsunterschieden in Einstellungen und im Verhalten ausreichend zu erklären.

Neuere kognitive Ansätze kreisen um den Begriff des Geschlechtsschemas (Bem, 1981). Gemeint ist damit die erwartungsbildende und wahrnehmungsverzerrende Rolle des Geschlechtsstereotyps. Geschlechtsstereotype stellen ja nicht nur einfach Wissen dar, sondern funktionieren als Erwartungen, die die Wahrnehmung und andere Informationsverarbeitungsprozesse beeinflussen. Ist ein Geschlechtsschema ausgebildet, werden schemakongruente Informationen betont und schemainkongruente ausgeblendet oder jedenfalls weniger gewichtet. Dies führt zu einer Stabilisierung des Geschlechtsschemas.

Es handelt sich hier lediglich um eine Anwendung des allgemeinen Schemabegriffs der Kognitionspsychologie (vgl. auch den Begriff des Selbstschemas; Abschn. 4.7.1) auf den speziellen Fall des Geschlechtsstereotyps. Untersucht wird die Funktion des Geschlechtsschemas, insbesondere seine selbststabilisierende Funktion. Dieser Ansatz kann gut erklären, wie es zu Übertreibungen tatsächlich vorhandener Geschlechtsunterschiede im Geschlechtsstereotyp kommt (vgl. ◘ Abb. 7.1). Er kann aber nicht erklären, wie es zu tatsächlichen Geschlechtsunterschieden kommt, es sei denn, der Ansatz wird verknüpft mit lerntheoretischen Vorstellungen über den Erwerb von tatsächlichen Geschlechtsunterschieden.

> **! Merke**
> Ohne weitere Zusatzannahmen können kognitive Erklärungsansätze die Natur von Geschlechtsstereotypen erklären, nicht aber tatsächliche Geschlechtsunterschiede.

7.5.4 Kulturpsychologische Erklärungsansätze

Lerntheoretische Ansätze können nicht erklären, warum psychologische Geschlechtsunterschiede überhaupt bestehen, weil sie diese letztlich aus Geschlechtsstereotypen ableiten. Kognitive Ansätze können nicht erklären, warum Geschlechtsstereotype überhaupt bestehen, weil sie diese entweder voraussetzen oder durch verzerrte Wahrnehmung tatsächlicher Geschlechtsunterschiede erklären. Wo aber kommen Geschlechtsunterschiede und Geschlechtsstereotypen ursprünglich her? Klassische kulturpsychologische Ansätze versuchen, Gemeinsamkeiten und Unterschiede in Geschlechtsunterschieden und Geschlechtsstereotypen zwischen Kulturen durch Merkmale der Kulturen zu erklären (vgl. z. B. Segall et al., 1990, ▶ Kap. 11).

Interkulturelle Gemeinsamkeiten in geschlechtstypischen psychologischen Merkmalen werden auf nichtpsychologische, kulturell universelle Geschlechtsunterschiede zurückgeführt wie z. B. die größere Kraft und Schnelligkeit von Männern und die Einschränkung der Leistungsfähigkeit von Frauen während Schwangerschaft und Stillperiode. Diese letztlich körperlich bedingten Unterschiede führten zu kulturell universellen Formen der Arbeitsteilung (z. B. dass Frauen sich mehr als Männer an der Nahrungszubereitung und an der Kindererziehung beteiligten), die wiederum in Form von Geschlechtsstereotypen übertrieben, generalisiert und fixiert würden nach dem Motto »Frauen können besser Kinder erziehen, weil sie mehr mit ihnen zusammen sind; deshalb sollten sie dies auch tun«. Kinder würden dann entsprechend diesen Geschlechtsstereotypen durch andere Mitglieder der Kultur, speziell die Mütter, in Geschlechtsrollen hineinsozialisiert (der Begriff der Geschlechtsrolle impliziert nicht nur geschlechtstypisches Verhalten, sondern auch geschlechtsspezifische Sozialisation).

Interkulturelle Unterschiede in geschlechtstypischen psychologischen Merkmalen werden auf interkulturell variierende ökologische Bedingungen zurückgeführt, deren Folgen für die Arbeitsteilung die kulturell universellen Geschlechtsunterschiede überlagern. Damit werden interkulturelle Gemeinsamkeiten und Unterschiede durch einen gemeinsamen Ansatz zu erklären versucht (◘ Abb. 7.7).

> **! Merke**
> Nach kulturpsychologischer Auffassung beruhen psychologische Geschlechtsunterschiede auf der Ar-
> ▼

7.5 · Erklärungsansätze für psychologische Geschlechtsunterschiede

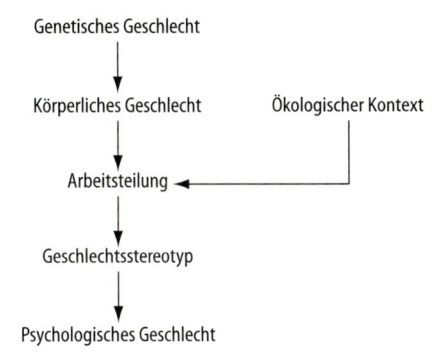

```
Genetisches Geschlecht
        ↓
Körperliches Geschlecht      Ökologischer Kontext
        ↓                            ↓
   Arbeitsteilung ←─────────────────┘
        ↓
 Geschlechtsstereotyp
        ↓
Psychologisches Geschlecht
```

Abb. 7.7. Klassische kulturpsychologische Erklärung für Geschlechtsunterschiede

beitsteilung zwischen Mann und Frau. Diese beruhe wiederum zum einen auf universellen körperlichen Geschlechtsunterschieden (wodurch universelle psychologische Geschlechtsunterschiede erklärt werden sollen), zum anderen auf ökologischen Bedingungen, die von Kultur zu Kultur variieren (wodurch interkulturelle Unterschiede in psychologischen Geschlechtsunterschieden erklärt werden sollen).

Besonders verbreitet ist in der Kulturpsychologie der Ansatz, interkulturelle Unterschiede im Ausmaß von Geschlechtsunterschieden durch eine ökologisch bedingte unterschiedlich starke Arbeitsteilung zwischen Frau und Mann zu erklären. Schlegel und Barry (1986) beispielsweise analysierten den Zusammenhang zwischen dem Beitrag von Frauen zur Ernährung des Haushalts und geschlechtsrelevanten Merkmalen in 186 nichtindustriellen Kulturen. Der Beitrag der Frauen zur Ernährung relativ zu dem der Männer betrug durchschnittlich 35,5 % und variierte zwischen 0 und 75 %. Am geringsten war der Beitrag in Kulturen, die hauptsächlich von der Jagd lebten, am höchsten in Kulturen, die sich hauptsächlich vom Sammeln von Pflanzen und Früchten ernährten. Kulturen mit überdurchschnittlichem Beitrag von Frauen zur Ernährung waren u. a. gekennzeichnet durch ein längeres Geschlechtsverkehrtabu nach der Geburt (führt zu einer geringeren Belastung der Frauen durch Schwangerschaft und Stillen), besondere Bekräftigung von jungen Mädchen für Fleiß, geringere Sanktionierung vorehelichen Geschlechtsverkehrs bei Frauen, eine geringere Vergewaltigungsrate und eine höhere kulturelle Bewertung des weiblichen Geschlechts.

Diese Befunde ergeben ein konsistentes Bild, das sich mit der Erklärung von Geschlechtsstereotypen und ihrer kulturellen Bewertung durch Arbeitsteilung gut deckt. Allerdings waren die entsprechenden Befunde nur wegen der sehr großen Zahl einbezogener Kulturen überzufällig; z. B. betrug die Korrelation zwischen Beitrag von Frauen zur Ernährung und kultureller Bewertung von Frauen nur .18. Außerdem belegen sie nur einen Zusammenhang zwischen Arbeitsteilung und Bewertung von Frauen, nicht zwischen Arbeitsteilung und der Größe von Geschlechtsunterschieden.

Einfache Erklärungen von Geschlechtsunterschieden durch Arbeitsteilung allein mögen für bestimmte Geschlechtsunterschiede möglich sein, nicht aber für alle. So korreliert Berrys (1976) »ökokultureller Index«, der deutlich mit Geschlechtsunterschieden in räumlichen Fähigkeiten zusammenhängt (vgl. Abschn. 7.4), nicht mit der Arbeitsteilung zwischen den Geschlechtern, und geringe Geschlechtsunterschiede in räumlichen Fähigkeiten wurden gerade bei Jäger-Fischer-Kulturen mit geringem weiblichem Beitrag zur Ernährung gefunden. Kulturen variieren auf sehr vielen unabhängigen Dimensionen, und die Größe von Geschlechtsunterschieden wird durch viele dieser Dimensionen mitbestimmt.

> **❗ Merke**
> Manche Geschlechtsunterschiede sind durch Arbeitsteilung erklärbar, aber die meisten Geschlechtsunterschiede können durch Arbeitsteilung alleine nicht erklärt werden.

7.5.5 Evolutionspsychologische Erklärungsansätze

Klassische kulturpsychologische Ansätze beschränken die Rolle genetischer Faktoren für Geschlechtsunterschiede auf körperliche Merkmale, aus denen dann psychologische Geschlechtsunterschiede durch Nutzung lerntheoretischer Erklärungen sekundär abgeleitet werden. Eine Alternative für die Erklärung kulturell universeller Geschlechtsunterschiede stellen evolutionspsychologische Erklärungsansätze dar, die von genetisch prädisponierten geschlechtstypischen Präferenzen und Verhaltensweisen ausgehen, die im Verlauf der Evolution des Menschen entstanden seien (vgl. Kap. 2.7). Lassen sich bestimmte psychologische Geschlechtsunterschiede als Resultat einer differentiellen natürlichen Selektion in der evolutionären Vergangenheit des Menschen verstehen, von Selektionskräften also, die auf Frauen und Männer unterschiedlich gewirkt haben?

Evolutionspsychologische Erklärungen für Geschlechtsunterschiede beginnen stets mit der Feststellung einer grundlegenden Asymmetrie zwischen den beiden Geschlechtern: Ein Mann kann theoretisch wesentlich mehr Kinder zeugen, als eine Frau gebären kann. Hieraus lassen sich zahlreiche Annahmen darüber ableiten, wie sich Männer und Frauen verhalten sollten, um ihre inklusive Fitness (die Zahl genetisch Verwandter, insbesondere eigener Kinder und deren Kinder) unter den ökologischen Bedingungen der evolutionären Vergangenheit zu maximieren (»Unter der Lupe«).

Die natürliche Selektion habe dann dafür gesorgt, dass sich langfristig tatsächlich das in »Unter der Lupe« geschilderte »optimale Verhalten« in Form genetisch fixierter geschlechtstypischer Verhaltenspräferenzen herausgebildet habe. Der Erfolg der männlichen »quantitativen Strategie« ist allerdings doppelt begrenzt: erstens durch Rivalität der Männer untereinander (einen Harem zu unterhalten können sich ja niemals alle Männer einer Kultur erlauben) und zweitens durch eine Minimalinvestition in die eigenen Kinder, um deren Fortpflanzungsfähigkeit zu sichern. Deshalb ist der relative Selektionsvorteil der quantitativen Strategie für Männer nicht so groß, wie er auf den ersten Blick scheint, und deshalb ist er wesentlich von den ökologischen Bedingungen abhängig: In reichen Umwelten, in denen Frauen Kinder praktisch ohne väterliche Beteiligung aufziehen können, zahlt sich die quantitative Strategie mehr aus als bei knappen Umweltressourcen, in denen eine väterliche Beteiligung notwendig für das Überleben der Kinder ist.

Evolutionspsychologen würden sofort zugestehen, dass die von ihnen postulierten geschlechtsspezifischen Verhaltenspräferenzen in Wechselwirkung mit anderen Verhaltenspräferenzen treten, die durch spezielle ökologische Bedingungen oder kulturelle Normen bedingt sind. Zumindest im Mittel über alle Menschen in allen Kulturen müssten sich aber die vorhergesagten Verhaltenspräferenzen statistisch nachweisen lassen. Damit lassen sich evolutionspsychologische Vorhersagen empirisch testen.

Die fünf Vorhersagen von »Unter der Lupe« sind empirisch weitgehend bestätigt. Die Hypothese einer geringeren emotionalen Bindung an den Geschlechtspartner bei Männern (vgl. ◘ Tabelle 7.7) lässt sich auch im interkulturellen Vergleich gut belegen. Ebenso gut belegt sind die unterschiedlichen Partnerpräferenzen von Mann und Frau (vgl. Tabelle 7.11). Daly und Wilson (1979) untersuchten die Familienformen in 849 Kulturen und fanden, dass 83% Polygynie erlaubten (ein Mann hat mehrere Ehefrauen), aber Polyandrie (eine Frau hat mehrere Ehemänner) in nur vier Kulturen erlaubt war (0,05%), und in diesen war gleichzeitig Polygynie erlaubt. Männer beteiligen sich in allen Kulturen typischerweise weniger als Frauen an der Kindererziehung während der ersten beiden Lebensjahre des Kindes. Zwischen zwei und fünf Jahren wird das Bild differenzierter: in 11% der 82 untersuchten Kulturen bestand zwischen Vater und Kind typischerweise ein enges Verhältnis, in 33% war die Mutter die Hauptbezugsperson, und in den meisten Kulturen waren beide Eltern an der Erziehung beteiligt (Katz & Konner, 1981). Die letztgenannte Hypo-

---

Unter der Lupe

Evolutionspsychologische Erklärung psychologischer Geschlechtsunterschiede

Ein Mann kann theoretisch wesentlich mehr und über einen längeren Zeitraum Kinder zeugen, als eine Frau gebären kann. Also sollte sich durch natürliche Selektion bei Männern eine andere Fortpflanzungsstrategie herausgebildet haben als bei Frauen. Männer könnten auf Quantität setzen (viele Kinder mit vielen Frauen zeugen, ohne sich viel um das einzelne Kind zu kümmern) oder auf Qualität (wenige Kinder zeugen und sich intensiv um sie kümmern, um deren Nachkommenzahl zu maximieren); Frauen könnten nur auf Qualität setzen. Aus dieser Überlegung lassen sich mehrere Schlussfolgerungen ziehen (vgl. Trivers, 1972; Buss & Schmitt, 1993):

— Männer sollten weniger wählerisch bei der Wahl einer Geschlechtspartnerin sein und schneller bereit sein, mit ihr ins Bett zu gehen, als Frauen bei einem Geschlechtspartner.
— Männer sollten bei Geschlechtspartnerinnen mehr Wert auf Jugend und gutes Aussehen als Indikator von Fruchtbarkeit und Gesundheit legen; Frauen sollten höher gewichten, ob der Partner Ressourcen für die Kinder bietet (z. B. guter Jäger/Fischer, viel Land, hoher sozialer Status).
— Polygynie (ein Mann hat mehrere Ehefrauen) sollte verbreiteter sein als Polyandrie (eine Frau hat mehrere Ehemänner).
— Männer sollten sich weniger als Frauen an der Kindererziehung beteiligen.
— Männer sollten eifersüchtiger als Frauen auf sexuelle Seitensprünge reagieren, während Frauen eifersüchtiger als Männer reagieren sollten, wenn der Partner eine enge emotionale, nichtsexuelle Beziehung zu anderen Frauen eingeht.

these zu relativ stärker ausgeprägter sexueller Eifersucht bei Männern und relativ stärker ausgeprägter emotionaler Eifersucht bei Frauen wird derzeit kontrovers diskutiert, weil die Ergebnisse methodenabhängig zu sein scheinen (DeSteno et al., 2002; Harris, 2002; Pietrzak et al., 2002).

> **Merke**
> Aus der Hypothese geschlechtsspezifischer optimaler Fortpflanzungsstrategien können zahlreiche Hypothesen über universelle Geschlechtsunterschiede abgeleitet werden, die weitgehend empirisch bestätigt werden konnten.

Evolutionpsychologische Erklärungen gibt es auch für die starke Geschlechtertrennung gegenüber Gleichaltrigen bis zum Erreichen der Pubertät und für Homosexualität. Überraschenderweise werden beide Phänomene durch verwandte Mechanismen erklärt. Die Erklärung beginnt mit der Feststellung, dass Inzest, also Geschlechtsverkehr mit nahen Verwandten, in den meisten Kulturen tabu ist. Dieses Inzesttabu sei deshalb so weit verbreitet, weil Inzest selektive Nachteile habe. Denn Inzest führt zu einer Homogamie der Eltern (sie sind sich genetisch ähnlich) und damit zu einer erhöhten genetischen Ähnlichkeit zwischen Eltern und Kind. Dies wiederum schränkt die genetische Variabilität des Immunsystems innerhalb der Familie ein und macht dadurch die Familienmitglieder anfälliger gegenüber denselben Parasiten. Gleichzeitig erhöht die Homogamie der Eltern das Risiko für das Kind, an einer rezessiven Erbkrankheit zu erkranken (also an einer genetisch bedingten Erkrankung, die nur dann ausbricht, wenn das Kind das kritische Allel von beiden Eltern bekommt).

Die Einhaltung des Inzesttabus erfolgt nach der Hypothese von Westermarck (1891) dadurch, dass es eine genetisch bedingte Tendenz gibt, sexuelles Interesse an Unvertrautheit in der frühen und mittleren Kindheit zu binden. Ab der Pubertät würden also Männer ebenso wie Frauen ihr sexuelles Interesse vor allem auf unvertraute Personen richten: Was exotisch ist, wird erotisch. So werde das sexuelle Interesse an Geschwistern und anderen nah verwandten potenziellen Geschlechtspartnern schon im Keim erstickt. Als Beleg für diese Annahme wird u. a. angeführt, dass israelische Kibbuzkinder, die in ihrer Kindheit nicht bei ihren Eltern schlafen, sondern in einem Schlafraum zusammen mit den anderen Kindern des Kibbuz, nie untereinander heiraten (vgl. Bischof, 1985, und Durham, 1991).

Diese Tendenz, nur Exotisches erotisch zu finden, habe allerdings in den kleinen sozialen Gruppen unserer Vorfahren zu dem Problem geführt, dass sie auch das sexuelle Interesse an genetisch nicht verwandten Gleichaltrigen des anderen Geschlechts dämpfen und damit die Heiratsmöglichkeiten einschränken würde, wenn ein intensiver Kontakt mit diesen Gleichaltrigen bestanden hätte. Die Geschlechtertrennung bis zur Pubertät löse dieses Problem, denn sie mache ja die Gleichaltrigen des anderen Geschlechts unvertraut. Sie seien von daher exotisch genug, um das sexuelle Interesse mit Einsetzen der Pubertät zu reizen (vgl. Maccoby & Jacklin, 1987).

> **Merke**
> Nach evolutionspsychologischer Auffassung ist die Geschlechtertrennung bis zur Pubertät notwendig, um das Inzesttabu in kleinen sozialen Gruppen sichern zu können. Die Tendenz zur Geschlechtertrennung sei deshalb genetisch prädisponiert.

Auf der Grundlage dieser Theorie der Geschlechtertrennung schlug Bem (1996) folgende Erklärung für Homosexualität vor. Zu Homosexualität komme es dann, wenn Kinder aus genetischen oder anderen Gründen, z. B. umweltbedingten pränatalen hormonellen Wirkungen, Interessen entwickeln, die typisch für das andere Geschlecht sind (also wenn z. B. Jungen feminine Interessen entwickeln). Dann nämlich würden sie bevorzugt mit dem anderen Geschlecht spielen, wodurch das eigene Geschlecht exotisch werde, und da Exotisches erotisch werde, würden ihre sexuellen Interessen auf das eigene Geschlecht gelenkt.

> **Merke**
> Nach Bem (1996) entsteht Homosexualität bei Männern und Frauen dadurch, dass aufgrund einer interessenbedingten frühen Orientierung am anderen Geschlecht das eigene Geschlecht exotisch und damit erotisch wird.

Diese Hypothese besticht durch ihre Eleganz, weil sie in sparsamer Weise Homosexualität auf eine einzige Entwicklungsbedingung (ausgeprägte Interessen des anderen Geschlechts) plus universelle Mechanismen der Sicherung des Inzesttabus zurückführt. Sie ist auch mit vielen Ergebnissen über die Entwicklung von Homosexualität konsistent (vgl. Abschn. 7.2.6).

Zum einen berücksichtigt sie genetische Einflüsse auf Homosexualität, ohne die wenig plausible Annahme zu machen, dass homosexuelle Tendenzen direkt genetisch beeinflusst sind. Denn Gene, die Homosexualität fördern und sonst nichts, würden sehr schnell durch natürliche Selektion verschwinden, weil sie ja nicht an Nachkommen weitergegeben werden können. Nach Bems Theorie dürften aber unterschiedliche Gene bei Männern und Frauen für Homosexualität verantwortlich sein; ihre selektiven Nachteile könnten deshalb durch Fortpflanzungsvorteile aufgehoben werden, die sie dann entfalten, wenn sie beim anderen Geschlecht vorkommen.

Zum zweiten berücksichtigt die Theorie nicht nur die von Homosexuellen beiderlei Geschlechts berichteten geschlechtsuntypischen Interessen in der Kindheit, sondern beruht zentral auf diesem Persönlichkeitsunterschied. Und zum dritten ist die Theorie auch kompatibel mit den Befunden zur Partnerwahl von männlichen und weiblichen Homosexuellen. Sie bevorzugen nämlich Partner, die sich selbst als besonders maskulin bzw. feminin aussehend beschreiben (Bailey et al., 1997). Dies sollte nach Bems Theorie auch so sein, weil für männliche Homosexuelle besonders maskuline Männer besonders exotisch und damit erotisch sein sollten bzw. für homosexuelle Frauen besonders weibliche Frauen.

Und zum vierten ist die Theorie kompatibel mit dem Befund einer erhöhten Homosexualität und Bisexualität bei Frauen mit kongenitaler adrenaler Hyperplasie, denn diese geht in der Kindheit mit ungewöhnlich maskulinen Interessen einher (vgl. Abschn. 7.2.1). Nicht erklären kann die Theorie jedoch die Wirkung von Wehenhemmern auf weibliche Feten. Wurden sie synthetischem Östrogen ausgesetzt, wurden sie später vermehrt homo- oder bisexuell, waren aber während der Kindheit unauffällig in ihrem Spielverhalten. Wurden sie androgenbasierten Wehenhemmern ausgesetzt, zeigten sie in der Kindheit ungewöhnlich maskuline Interessen, wurden später aber nicht vermehrt homo- oder bisexuell (vgl. Collaer & Hines, 1995).

Es wäre auch höchst erstaunlich, wenn der von Bem (1996) beschriebene Entwicklungspfad zu Homo- oder Bisexualität der einzig mögliche Entwicklungspfad wäre und wenn alle Mädchen mit ausgeprägt maskulinem Interesse oder alle Jungen mit ausgeprägt femininem Interessen später homo- oder bisexuell würden. Bailey (1996) schätzte auf der Basis einer Metaanalyse des Zusammenhangs zwischen kindlichen Interessen und sexueller Orientierung, dass nur 6 % der typisch maskulinen Mädchen später homosexuell werden, während dies immerhin bei 51 % der typisch femininen Jungen der Fall sei. Zwar ist die Homosexualitätsrate bei Männern höher als bei Frauen, aber dies erklärt nicht den sehr großen Unterschied in der Vorhersagbarkeit von Homosexualität.

In der Psychologie greifen Erklärungen durch nur eine Ursache regelmäßig zu kurz. Das schließt aber nicht aus, dass der von Bem (1996) beschriebene Entwicklungspfad häufig Homosexualität und Bisexualität erklärt – vielleicht häufiger bei Männern als bei Frauen. Wie weit die Theorie trägt, dürfte erst in einigen Jahren absehbar sein (vgl. für erste Kritik Peplau et al., 1998, und Bem, 1998).

> **Merke**
> Bems Theorie ist mit den vorliegenden Ergebnissen zur Entwicklung männlicher Homosexualität gut verträglich, nicht jedoch mit manchen Ergebnissen zur Entwicklung weiblicher Homosexualität, z. B. den hormonellen Effekten von Wehenhemmern.

Ein letzter evolutionspsychologischer Zugang zu Geschlechtsunterschieden gründet auf der Annahme, dass die dominante Lebensweise unserer Vorfahren seit dem Homo erectus zu Beginn des Pleistozäns vor 1,7 Millionen Jahren bis zur Erfindung des Ackerbaus am Ende des Pleistozäns vor 10 000 Jahren die Jäger-Sammler-Kultur mit starker geschlechtsspezifischer Arbeitsteilung gewesen sei (vgl. z. B. Bischof-Köhler, 1985; Lee & DeVore, 1968).

Hieraus leiteten Silverman und Eals (1992) ab, dass Männer besser in mentaler Rotation sein sollten als Frauen, weil diese Fähigkeit mehr beim Jagen als beim Sammeln nützlich sei. Diese Argumentation stößt allerdings auf zwei Probleme. Eindeutig nachweisbar ist die Jagd erst seit ca. 40 000 Jahren. Für die Zeit davor beruht die Jäger-Sammler-Hypothese auf indirekter Evidenz: Ausgrabungen von gemeinsamen Anhäufungen von Tierknochen und Steinwerkzeugen. Wie die Assoziation von Knochen und Werkzeugen interpretiert werden sollte, ist aber unter Anthropologen stark umstritten. Erklärt werden könnte sie z. B. auch durch die Nutzung des gleichen Ortes durch jagende Tiere und Vorfahren des heutigen Menschen in einem ähnlichen Zeitraum oder durch die Hypothese, dass diese Frühmenschen kleineren Jägern die Beute raubten oder sich gar von Aas ernährten (vgl. z. B. Binford, 1990). Falls die Jagd aber erst mit dem Auftreten von Homo sapiens sapiens vor ca. 100 000 Jahren oder später entstand, erscheint es fraglich, ob in diesem – evolutionär betrachtet – kurzen Zeitraum das Jagen der Männer einen Selektionsdruck zur Ausbildung von Geschlechtsunterschieden z. B. in mentaler Rotation ausgeübt hat.

Zweitens sind Männer zwar in westlichen Industriegesellschaften im Durchschnitt etwas besser als Frauen in mentaler Rotation (vgl. Abschn. 7.3), aber dies gilt nicht für alle Kulturen. Vor allem gilt es nicht für Jäger-Fischer-Kulturen wie Eskimos und Cree-Indianer mit starker Arbeitsteilung, die vermutlich eine besonders ungebrochene Tradition in der Jagd haben; gerade in diesen Kulturen scheint der Geschlechtsunterschied in mentaler Rotation minimal zu sein (vgl. Abschn. 7.4).

> **Merke**
>
> Der Ansatz, Geschlechtsunterschiede auf genetische Konsequenzen der Arbeitsteilung in den Jäger-Sammler-Kulturen unserer Vorfahren zurückzuführen, ist umstritten, da diese Kulturen möglicherweise nicht lange genug vorhanden waren, um genetische Konsequenzen hervorzubringen.

Evolutionspsychologische Erklärungsansätze für Geschlechtsunterschiede leiden unter mindestens drei Problemen (vgl. auch Kap. 2.7):

— Sie beruhen auf Optimalitätsüberlegungen zur Wirkung der natürlichen Selektion, deren Ergebnis von der Art der berücksichtigten Bedingungen abhängt. Werden möglicherweise wichtige Bedingungen nicht berücksichtigt, z. B. bestimmte Wechselwirkungen zwischen ökologischen Bedingungen der Vergangenheit und Fortpflanzungsstrategien, könnten die Überlegungen in die Irre führen.
— Selbst wenn alle wichtigen evolutionären Bedingungen berücksichtigt wurden, muss der evolutionäre Prozess nicht unbedingt dem vorhergesagten »optimalen Pfad« gefolgt sein. Wie alle historischen Prozesse ist auch der evolutionäre Prozess durch unsystematische Faktoren bestimmt (Waldrop, 1986; vgl. auch Abschn. 3.1.3). Bestimmte Geschlechtsunterschiede könnten auch auf singulären Ereignissen in der Evolution beruhen.
— Derzeit sind weder die Gene bekannt, die für die vermuteten geschlechtstypischen Verhaltensdispositionen verantwortlich sind, noch die vermittelnden Mechanismen zwischen der Aktivität dieser Gene und diesen Dispositionen (EPMs; vgl. Kap. 2.7).

Zudem gibt es durchaus Alternativerklärungen für evolutionspsychologische Vorhersagen. So kann z. B. die hohe Polygynierate auch dadurch erklärt werden, dass Männer aufgrund ihrer körperlichen Überlegenheit über mehr Ressourcen verfügen als Frauen und daher leichter mehrere Partner ernähren können. Der evolutionspsychologische Ansatz wird deshalb weniger durch die Erklärung bekannter Geschlechtsunterschiede bestätigt als durch die Generierung neuer Hypothesen über Geschlechtsunterschiede, die sich dann bestätigen lassen. So scheint die letzte Hypothese in »Unter der Lupe«, zuerst von Symons (1979) formuliert worden zu sein, der sie evolutionspsychologisch ableitete. Inzwischen gibt es erheblich differenziertere evolutionspsychologische Hypothesen zu Geschlechtsunterschieden, als hier darstellbar ist (vgl. z. B. die Diskussion kurz- vs. langfristiger geschlechtstypischer Fortpflanzungsstrategien in Buss & Schmitt, 1993).

> **Merke**
>
> Evolutionspsychologische Erklärungen für Geschlechtsunterschiede sind spekulativ, weil die vermittelnden Gene und ihre Wirkungen nicht bekannt sind; auch gibt es meist kulturpsychologische Alternativerklärungen. Die stärkste Bestätigung fand der evolutionspsychologische Ansatz durch die Vorhersage von bis dahin unbeachteten Geschlechtsunterschieden, die sich empirisch bestätigen ließen (z. B. geschlechtstypische Eifersuchtsformen).

7.5.6 Ein integratives Modell für Geschlechtsunterschiede

Während psychoanalytische Ansätze in zentralen Annahmen als widerlegt gelten können, sind lerntheoretische, kognitive, kulturpsychologische und evolutionspsychologische Erklärungsansätze möglicherweise zutreffende Erklärungen für bestimmte zentrale Aspekte der Entwicklung von Geschlechtsunterschieden. Diese Erklärungsansätze stehen nicht in Konkurrenz, sondern können kombiniert werden zu einem integrativen Erklärungsmodell (vgl. Abb. 7.8).

Evolutionspsychologische Erklärungen nutzen den Pfad $1 \rightarrow 2 \rightarrow 3 \rightarrow 4$, wobei sie empirisch Anfangspunkt (geschlechtstypische Umweltbedingungen in der evolutionären Vergangenheit des Menschen) und Endpunkt des Pfades (psychologische Geschlechtsunterschiede) miteinander korrelieren. Wichtig ist hierbei, dass unter dem genetischen Geschlecht nicht nur die An- oder Abwesenheit des SRY-Gens verstanden wird, sondern alle hiermit möglicherweise assoziierten genetischen Unterschiede zwischen den Geschlechtern (vgl. Abschn. 7.1).

Klassische kulturpsychologische Erklärungen ignorieren den direkten Pfad 4 vom neuronalen zum psy-

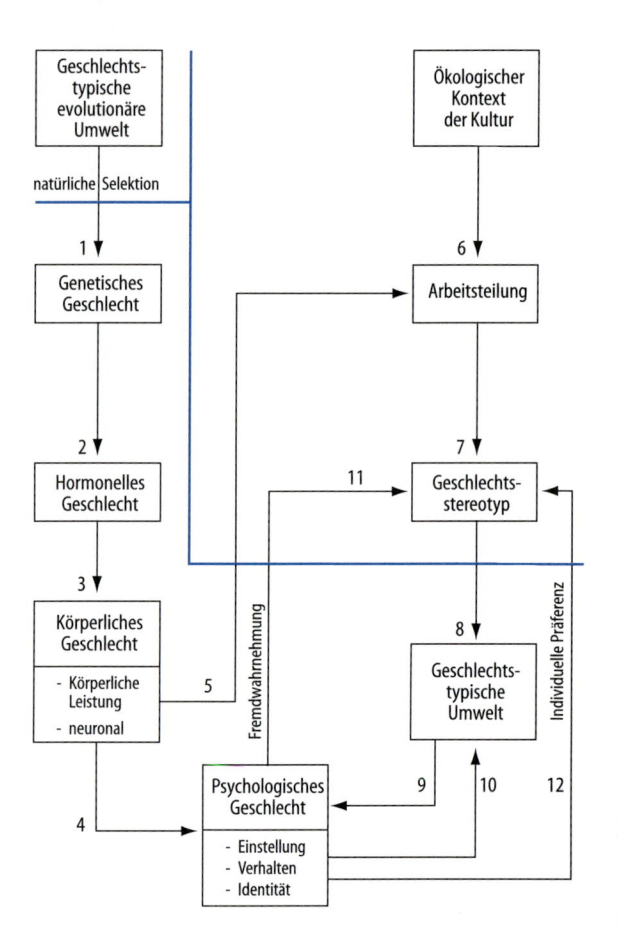

Abb. 7.8. Ein integratives Modell der Erklärung von Geschlechtsunterschieden

chologischen Geschlecht. Sie setzen beim »motorischen Geschlecht« an (Kraft und Geschwindigkeit vs. motorisches Geschick und Ausdauer) und kommen über den Pfad (5+6) → 7 → 8 → 9 zum psychologischen Geschlecht (vgl. auch ◨ Abb. 7.7). Dabei nutzen sie lerntheoretische Erklärungen für den Pfad 9 unter der Annahme, dass die soziale Umwelt, bestehend aus wichtigen Interaktionspartnern, geschlechtstypisches Verhalten bekräftige, und die soziale Umwelt, einschließlich der Medien, vielfältige Gelegenheiten für die Imitation geschlechtstypischen Verhaltens biete.

Dieses Modell macht deutlich, dass lerntheoretische Erklärungen Teil kulturpsychologischer Erklärungen sind, und dass klassisch-kulturpsychologische Erklärungen weitgehend komplementär zu evolutionspsychologischen Erklärungen sind (neuere kulturpsychologische Erklärungen versuchen, beide Erklärungstypen zu verbinden; vgl. z. B. Segall et al., 1990). Nichts spricht derzeit dagegen, dass sowohl der evolutionspsychologische als auch der klassisch-kulturpsychologische Pfad Kausalketten beschreiben, die auf zwei unterschiedlichen Wegen auf dieselben psychologischen Geschlechtsunterschiede wirken.

Das Modell enthält zusätzlich drei weitere Pfade. Pfad 10 betont die aktive Rolle des Individuums beim Lernen durch Präferenzen für bestimmte Lerninhalte und die Auswahl und Gestaltung der Umwelt. Die Tendenz, Verhalten anderer zu imitieren, das typisch für das eigene Geschlecht ist, gehört ebenso hierzu wie die Bevorzugung gleichgeschlechtlicher Interaktionspartner bis zur Pubertät.

Pfad 11 trägt der Tatsache Rechnung, dass das Geschlechtsstereotyp sich nicht nur auf Persönlichkeitsmerkmale bezieht, die sich auf körperliches Geschlecht und Arbeitsteilung zurückführen lassen, sondern auf alle sozial beachteten Merkmale. Dieser Pfad spielt in klassisch-kulturpsychologischen Erklärungen keine Rolle, weil Pfad 4 ignoriert wird und Pfad (5+6) → 7 → 8 → 9 der einzige ist, der zu psychologischen Geschlechtsunterschieden führt. Wird aber Pfad 4 erlaubt, besteht die Möglichkeit für genetisch evolvierte Einflüsse auf Geschlechtsstereotype unabhängig von der Arbeitsteilung (Pfad 1 → 2 → 3 → 4 → 11).

Pfad 12 schließlich beschreibt individuelle Präferenzen für bestimmte Merkmale von Geschlechtsunterschieden, also den Prozess der kulturellen Selektion von Geschlechtsstereotypen. Damit ist der Kreisprozess 12 → 8 → 9 die Grundlage für historische Veränderungen von Geschlechtsstereotypen. Dieser Kreisprozess ist aber kein reiner Selbstläufer, sondern ist durch Pfad 6 → 7 an den ökologischen Kontext von Kulturen und durch die Pfade 1 → 2 → 3 → 4 und 1 → 2 → 3 → 5 → 7 an die evolutionäre Umwelt angebunden. Geschlechtsstereotypen können also eine gewisse Eigendynamik besitzen, aber diese ist begrenzt durch aktuelle und vergangene Umweltbedingungen.

Ein Modell wie dieses gibt natürlich keine ausreichende Antwort auf die Frage, wie Geschlechtsunterschiede entstehen. Es skizziert nur einen Rahmen, in dem sich vorhandene Erklärungsversuche integrieren lassen und der acht Erklärungen beschreibt. Wie bedeutsam die einzelnen Pfade und Pfadkombinationen sind, ist eine empirische Frage und kann nur empirisch beantwortet werden. Biologie, Psychologie und Kulturwissenschaften sind heute noch weit davon entfernt, die Stärke der einzelnen Pfade quantitativ zu bestimmen. Als Arbeitshypothese jedenfalls lässt sich heute aus gutem

Grund behaupten, dass alle Pfade für die Entstehung von Geschlechtsunterschieden relevant sind:

> **Merke**
> Psychologische Geschlechtsunterschiede beruhen auf einer durch Geschlechtsstereotypisierung bedingten kulturellen Verstärkung genetisch und ökologisch bedingter Geschlechtsunterschiede auf hormoneller, neuronaler und Verhaltensebene.

7.6 Koedukation oder Geschlechtertrennung?

Seit Beginn der siebziger Jahre ist in der Bundesrepublik Deutschland die Koedukation, also die gemeinsame Unterrichtung von Jungen und Mädchen, in allen öffentlichen Schulen verbindlich vorgeschrieben; reine Mädchen- oder Jungenschulen werden allenfalls noch von privaten Trägern, z. B. der katholischen Kirche, unterhalten. Die Koedukation ist aber keine Selbstverständlichkeit; bis zum Ende der sechziger Jahre waren in der Bundesrepublik reine Mädchen- und Jungengymnasien weit verbreitet, und anderswo, z. B. in den USA, gibt es viele »Women's Colleges«, darunter zahlreiche mit sehr hoher Reputation.

In den letzten Jahren ist die Koedukation auch im deutschsprachigen Raum erneut zur Diskussion gestellt worden. Hauptkritikpunkt ist, dass die gemeinsame Unterrichtung von Jungen und Mädchen in den mathematisch-naturwissenschaftlichen Fächern Mädchen benachteilige. Diese Kritik stützt sich vor allem auf 3 Argumente (vgl. z. B. Faulstich-Wieland, 1991). Erstens knüpfen die Unterrichtsinhalte kaum an die Erfahrungswelt von Mädchen an, sondern an die Erfahrungswelt von Jungen; dies wurde vor allem durch Lehrbuchanalysen belegt. Zweitens fördern die sozialen Vergleiche zwischen Jungen und Mädchen Geschlechtsstereotype; z. B. verstärkt die Wahrnehmung der Tatsache, dass Mädchen Informatikkurse viel weniger belegen als Jungen und sehr viel weniger zu Hause an einem Computer arbeiten oder spielen das Stereotyp bei Jungen und Mädchen, dass Computer nichts für Mädchen seien. Drittens schenken Lehrerinnen und Lehrer in ihrem Unterricht mehr oder weniger bewusst Jungen mehr Aufmerksamkeit als Mädchen; belegt wurde dies vor allem durch Beobachtungsstudien, die ergaben, dass Jungen insgesamt mehr angesprochen werden und mehr positive und negative Rückmeldungen erhalten als Mädchen.

Hieraus wird typischerweise geschlossen, dass sich alle 3 Faktoren demotivierend und leistungsmindernd auf Mädchen auswirken und ursächlich verantwortlich sind für die großen Geschlechtsunterschiede bei der Wahl mathematisch-naturwissenschaftlicher Fächer und Berufe. Diese Probleme würden bei geschlechtsgetrenntem Unterricht nicht oder nicht so gravierend auftreten. Deshalb könnte die Frauenquote in allen 3 Bereichen durch Abschaffung der Koedukation zumindest für mathematisch-naturwissenschaftliche Kurse an Schule und Universität deutlich erhöht werden.

Während die drei Hauptkritikpunkte und die großen Geschlechtsunterschiede in der Fächerwahl empirisch gut belegt sind (vgl. Tabelle 7.12), gilt dies nicht unbedingt für die Schlussfolgerung, dass die Abschaffung der Koedukation dies wesentlich ändern könne. Denn es könnte ja sein, dass das geringere Interesse des weiblichen Geschlechts an diesen Fächern (außer Biologie) und auch die teilweise geringere Leistung von Frauen in diesen Fächern (z. B. was mathematische Spitzenleistungen angeht; vgl. Abschn. 7.3.1) Ausdruck tief verwurzelter, vielleicht auch genetisch bedingter Geschlechtsunterschiede ist, die von einer Abschaffung der Koedukation gar nicht tangiert werden. Oft wird an dieser Stelle auf den Zusammenhang zwischen räumlichem Vorstellungsvermögen und Mathematikleistung verwiesen (vgl. Abschn. 7.3.1). Um eine Abschaffung der Koedukation zu rechtfertigen, müsste also empirisch nachgewiesen werden, dass eine Geschlechtertrennung im Unterricht Mädchen besser fördert als ein koedukativer Unterricht und

Tabelle 7.12. Frauenanteil in mathematisch-naturwissenschaftlichen Fächern. (Nach Beermann et al., 1992)

Schüler/Studenten	Physik	Informatik	Chemie	Mathematik	Biologie
Leistungskurse im Abitur (Bayern 1990)	11 %	–	27 %	36 %	66 %
Studenten (BRD Sommersemester 1989)	10 %	15 %	29 %	34 %	53 %

die Frauenquote in mathematisch-naturwissenschaftlichen Berufen erhöht.

Hierzu liegt es nahe, die Leistung und die Interessen von Mädchen zwischen koedukativen und nichtkoedukativen Schulen zu vergleichen. Auf den ersten Blick zeigen die hierzu vorliegenden, teilweise sehr umfangreichen Untersuchungen, dass Koedukation tatsächlich Mädchen benachteiligt. So wurde im angloamerikanischen Raum, in dem nichtkoedukative Schulen und Colleges vergleichsweise häufig sind, durchweg eine leichte Überlegenheit der Absolventinnen reiner Mädchenschulen in mathematisch-naturwissenschaftlichen Leistungstests und eine höhere Quote in naturwissenschaftlich-technischen Berufen gefunden (vgl. Baumert, 1992). Dies konnte in Deutschland bestätigt werden, was das höhere Interesse an diesen Gebieten angeht, nicht jedoch, was die besseren Leistungen betrifft (vgl. Baumert, 1992; Holz-Ebeling & Hansel, 1993).

Diese Diskrepanz lässt sich aufklären, wenn berücksichtigt wird, dass es meist nicht zufällig ist, wer eine koedukative Schule besucht und wer nicht. In den USA haben viele nichtkoedukative Colleges einen sehr guten Ruf und sind oft auch sehr teuer. Deshalb sind in ihnen Mädchen aus der oberen Mittelschicht überrepräsentiert, die schon vor Eintritt in das College bessere Schulleistungen und auch eine höhere Intelligenz aufweisen. Kontrolliert man die Selektion für die soziale Schicht, bleibt eine (geringere) Leistungsüberlegenheit in den mathematisch-naturwissenschaftlichen Fächern gegenüber koedukativ unterrichteten Schülerinnen bestehen. Kontrolliert man jedoch die Selektion für Intelligenz, verschwindet die Überlegenheit der geschlechtergetrennt Unterrichteten vollständig; ähnliches wurde in Längsschnittstudien gefunden, in denen die Leistung vor Eintritt in die Schule kontrolliert wurde (vgl. Baumert, 1992). Die heute nicht nur in feministischen Kreisen verbreitete Meinung, Koedukation behindere die Leistungsentwicklung von Mädchen, lässt sich also mit angloamerikanischen Daten nicht belegen.

In Deutschland ist die Situation bisweilen sogar umgekehrt. So fanden Holz-Ebeling und Hansel (1993) bei einem Vergleich hessischer Gymnasiastinnen, die 2 koedukative bzw. 2 nichtkoedukative katholische Privatschulen besuchten, dass die koedukativ unterrichteten Schülerinnen aus gebildeteren Elternhäusern kamen. Anfang der neunziger Jahre dürfte ein geschlechtergetrennter Unterricht von vielen gebildeteren Eltern als antiquiert empfunden worden sein. Andererseits fand Baumert (1992) in einer Reanalyse von 1968/69 erhobenen Daten, dass Eltern, die damals zwischen einem Lyzeum und einer koedukativen Schule frei wählen konnten, ihre Töchter dann eher auf ein Lyzeum schickten, wenn diese bessere Noten hatten (eine Effektgröße von $d = 0{,}30$), und zwar unabhängig von ihrer sozialen Schicht. In beiden Fällen gab es also eine Selektion für niedrigere soziale Schicht bzw. höhere Schulleistung, die kontrolliert werden muss, wenn der Effekt der Koedukation abgeschätzt werden soll.

Baumert (1992) tat dies und fand keinen Effekt der Koedukation auf den Leistungszuwachs in Mathematik im Verlauf der 7. Klasse, wohl aber einen in Deutsch: Bei Geschlechtertrennung zeigten die Mädchen einen größeren Zuwachs und die Jungen einen geringeren im Vergleich zu den koedukativ unterrichteten. In Übereinstimmung mit den amerikanischen Daten und den Ergebnissen von Holz-Ebeling und Hansel (1993) fand jedoch auch Baumert (1992), dass sich durch die Geschlechtertrennung das Interesse der Mädchen an Mathematik erhöhte. Ob Mädchen koedukativ unterrichtet werden oder nicht, wirkt sich also nicht auf ihre Leistungen in mathematisch-naturwissenschaftlichen Fächern aus, wohl aber auf ihr Interesse an diesem Gebiet. Dies scheint auch für die Berufswahl zu gelten (Roloff et al., 1987), wobei jedoch in dieser vielzitierten Studie mögliche Selektionseffekte nicht kontrolliert wurden.

> **Merke**
> Geschlechtergetrennter Unterricht fördert bei Mädchen das Interesse an mathematisch-naturwissenschaftlichen Fächern und Berufen, nicht aber ihre diesbezüglichen Leistungen.

Da die Geschlechtsunterschiede in den Leistungen in mathematisch-naturwissenschaftlichen Fächern gering sind (vgl. Abschn. 7.3.1), lässt sich insgesamt die Erwartung ableiten, dass die Frauenquote in mathematisch-naturwissenschaftlichen Fächern und Berufen durch geschlechtshomogenen Unterricht erhöht werden kann. Das heißt aber nicht, dass dies zu einem gänzlichen Verschwinden der Geschlechtsunterschiede auf diesem Gebiet führen würde, denn auch die geschlechtergetrennt unterrichteten Mädchen wählen nicht so oft mathematisch-naturwissenschaftliche Fächer und Berufe wie die koedukativ unterrichteten Jungen (Baumert, 1992; Holz-Ebeling & Hansel, 1993). Hinzu kommt das Problem, dass eine generelle Geschlechtertrennung in der Schule ab Einsetzen der Pubertät nicht mehr den spontanen Präferenzen der Schülerinnen und Schüler entspricht (vgl. Abschn. 7.3.2) und die sozial-emotionale Erfahrungswelt in der Schule einschränken würde. So wäre z. B. in reinen Jungenschulen (die ja die notwendige, wenn auch oft gar nicht diskutierte Konsequenz der Abschaffung der Koedukation wären) ein Anstieg der Aggressivität mangels positiver weiblicher Modelle bei der Konfliktverarbeitung zu erwarten. Angemessener als die gänzliche Abschaffung der Koedukation scheint es deshalb zu sein, geschlechtergetrennten Unterricht nur in mathematisch-naturwissenschaftlichen Fächern einzuführen (außer in Biologie, an der das weibliche Interesse ohnehin groß ist; vgl. ◘ Tabelle 7.12).

! **Merke**
Durch geschlechtergetrennten Unterricht nur in mathematisch-naturwissenschaftlichen Fächern außer Biologie könnte das Interesse von Mädchen an diesen Fächern und dadurch vermutlich auch die Frauenquote in den entsprechenden Berufen erhöht werden, ohne die Vorteile der Koedukation auf sozial-emotionalem Gebiet ganz aufgeben zu müssen.

7.7 Diskussion

In diesem Kapitel klangen noch einmal zentrale Themen dieses Buches an: die Kodetermination von Persönlichkeitsunterschieden durch Gene und Umweltbedingungen; die dynamische Interaktion zwischen Persönlichkeit und Umwelt; Stereotypisierung durch kognitive Schemata; das weitgehende Versagen psychoanalytischer und die Begrenztheit lerntheoretischer Erklärungen für Persönlichkeitsunterschiede und die Fruchbarkeit evolutionspsychologischer Hypothesenbildung.

Darüber hinaus wurde ein neuer Erklärungsansatz für Persönlichkeitsunterschiede eingeführt. Der kulturpsychologische Ansatz untersucht kulturelle Gemeinsamkeiten und Unterschiede in Geschlechtsunterschieden und versucht, sie aus ökologischen Bedingungen von Mann und Frau in Gegenwart und evolutionärer Vergangenheit abzuleiten.

So sind Geschlechtsunterschiede der bisher am weitesten erforschte und am breitesten theoretisch bearbeitete Gegenstandsbereich der Persönlichkeitspsychologie – von ihren evolutionären Grundlagen bis hin zu ihrem kulturellen Überbau. Dass Geschlechtsunterschiede auch ein Revier für Laienprediger und obskure Theoretiker sind, hängt eher mit der emotionalen Besetzung des Themas zusammen als mit mangelndem Wissen – man muss es nur zur Kenntnis nehmen.

Bei der Interpretation dieses Wissens muss man sich vor zwei Trugschlüssen hüten. Zum einen kann aus kulturellen Universalien nicht geschlossen werden, dass sie ewig Gültigkeit haben: Unter neuartigen kulturellen Bedingungen können sie sich plötzlich als nicht mehr universell erweisen. Zum Beispiel findet sich in fast allen traditionellen menschlichen Kulturen eine positive Korrelation zwischen dem sozialen Status der Männer und der Zahl ihrer Kinder (Betzig, 1986). In heutigen westlichen Kulturen gilt dies jedoch nicht mehr; vielmehr findet sich hier keine oder eine negative Korrelation zwischen männlichem sozialem Status und Kinderzahl (Vining, 1986). Dies könnte eine Konsequenz der leichteren Geburtenkontrolle in Verbindung mit der Einführung einer staatlichen Altersversorgung sein, die eine Versorgung durch die eigenen Kinder überflüssig macht.

Zum zweiten muss man sich vor dem naturalistischen Trugschluss hüten, empirische Tatsachen durch ihr Bestehen zu rechtfertigen. Wenn z. B. in allen untersuchten Kulturen mehr Männer als Frauen zu physischer Aggression neigen, lässt sich daraus nicht schließen, dass physische Aggression von Männern eher entschuldbar ist als physische Aggression von Frauen. Oder wenn in allen untersuchten Kulturen Männer eher als Frauen zu sexuellen Seitensprüngen neigen und sich das evolutionspsychologisch gut begründen lässt, so kann diese Tatsache nicht als Entschuldigung herhalten, wenn ein Mann seine Frau auf diese Weise hintergeht. Die Psychologie kann Wissen bereitstellen, um ethische Normen zu beurteilen, aber sie kann ethische Normen nicht setzen. Das gilt für alle Erfahrungswissenschaften, nicht nur für die Psychologie.

! **Merke**
Kulturelle Universalien im Verhalten allein rechtfertigen nichts. Aus Sein folgt nicht Sollen. Deshalb kann aus der Existenz universeller Geschlechtsunterschiede nicht abgeleitet werden, dass diese erstrebenswert oder nicht erstrebenswert seien.

❓ Fragen

7.1 In welcher Hinsicht unterscheiden sich das biologische Geschlecht, das psychologische Geschlecht und das Geschlechtsstereotyp?

7.2 Ist das psychologische Geschlecht eine Funktion der Konzentration von Geschlechtshormonen?

7.3 Sind geschlechtstypische Präferenzen Konsequenzen des Geschlechtsverständnisses?

7.4 Warum misst man die Größe von Geschlechtsunterschieden nicht einfach durch Mittelwertsdifferenzen?

7.5 Sind Frauen besser in verbalen und Männer besser in räumlichen Fähigkeiten?

7.6 Sind Mädchen weniger mathematisch begabt als Jungen, und welche Erklärungen gibt es für die tatsächlich vorhandenen Unterschiede?

7.7 Welche Merkmale des Partners werden von Männern bzw. Frauen für besonders wichtig gehalten und warum?

7.8 Wie stark variieren Geschlechtsunterschiede, Geschlechtsstereotyp und Geschlechtsrollenideologie im Kulturvergleich?

7.9 Wie erklärten Freud und Chodorov die Entstehung von Geschlechtsunterschieden, und welche empirischen Argumente sprechen dagegen?

7.10 Wie entsteht Homosexualität?

7.11 Wie weit sind lerntheoretische und kognitive Erklärungsversuche für Geschlechtsunterschiede miteinander vereinbar?

7.12 Wie weit sind kulturpsychologische und evolutionspsychologische Erklärungsversuche für Geschlechtsunterschiede miteinander vereinbar?

7.13 Was sind die Vor- und Nachteile eines geschlechtergetrennten Unterrichts?

7.14 Worin besteht der naturalistische Fehlschluss im Falle von Geschlechtsunterschieden?

ℹ️ Hinweise zur Beantwortung

7.1 kultureller Einfluss, Übertreibung am Beispiel geschlechtstypischer Verteilung

7.2 beeinflusst ja (Beispiele), aber nicht linear (Beispiele)

7.3 unterschiedlicher Entwicklungsverlauf (Beispiele), keine Korrelation

7.4 Vergleichbarkeit, Rolle der Variabilität innerhalb der Geschlechter

7.5 verbal nur geringer Unterschied; abhängig von der Art der räumlichen Fähigkeit

7.6 nur bei sehr hoher Fähigkeit; genetische und kulturelle Erklärungsversuche

7.7 Schönheit; Status und Ambitioniertheit; soziobiologischer Erklärungsversuch

7.8 Beispiel räumliche Fähigkeiten und Partnermerkmal, Studien von Williams & Best

7.9 frühe Geschlechtsunterschiede, Geschlechtertrennung, Ähnlichkeit mit Eltern

7.10 Vererbung, Verführung, Bems Hypothese

7.11 Erklärungsversuche erläutern; Abb. 7.8

7.12 Erklärungsversuche erläutern; Abb. 7.8

7.13 Interesse versus Leistung, sozial-emotionale Aspekte

7.14 aus Sein folgt nicht Sollen

Weiterführende Literatur

Bischof-Köhler, D. (2002). *Von Natur aus anders: Die Psychologie der Geschlechtsunterschiede.* Stuttgart: Kohlhammer.

Persönlichkeit im Kulturvergleich

8.1 Persönlichkeitsunterschiede und Populationsunterschiede – 416

8.2 Ökologie, Genpool, Kultur und Persönlichkeit – 419

8.3 Ökologische Einflüsse – 422

8.4 Genetische Einflüsse – 425
8.4.1 Entstehung menschlicher Populationen – 425
8.4.2 Rassenunterschiede – 430

8.5 Kulturelle Einflüsse – 435

8.6 Exemplarische Anwendung: Interkulturelles Training – 446

8.7 Diskussion – 446

Weiterführende Literatur – 447

> Schon im vorangegangenen Kapitel wurde bei der Diskussion von Geschlechtsunterschieden die interkulturelle Perspektive mit einbezogen: Wie stark variieren psychologische Geschlechtsunterschiede zwischen unterschiedlichen Kulturen? In diesem letzten Kapitel wird das Verhältnis von Kultur und Persönlichkeit systematischer behandelt: Wie stark variieren Persönlichkeitsunterschiede und ihre Bedingungen und Konsequenzen zwischen unterschiedlichen Kulturen und warum?

8.1 Persönlichkeitsunterschiede und Populationsunterschiede

Persönlichkeitsunterschiede beziehen sich immer auf eine bestimmte Referenzpopulation; die Persönlichkeit eines Menschen ist seine individuelle Besonderheit in bezug auf altersähnliche Mitglieder seiner Population (vgl. Abschn. 1.5 und 3.1.2). Eine Population ist dabei eine geographisch und historisch eingegrenzte Gruppe von Menschen, z. B. alle Deutschen im Jahre 1998 oder alle Römer im Jahre 0.

In diesem Kapitel wird diese populationsspezifische Sichtweise der Persönlichkeit durch die Frage erweitert, ob und wie sich die Persönlichkeit zweier Menschen vergleichen lässt, die unterschiedlichen Populationen angehören. Lässt sich z. B. die Intelligenz eines Deutschen mit der Intelligenz eines Peruaners vergleichen, der nie eine Schule besucht hat?

Auf den ersten Blick lässt sich dieses Problem ähnlich behandeln wie der Vergleich der Persönlichkeit derselben Person in verschiedenem Alter (vgl. Abschn. 6.1.1). Persönlichkeitseigenschaften werden für beide Menschen jeweils innerhalb ihrer Population gemessen; z. B. wird die Intelligenz des Deutschen und des Peruaners als IQ-Wert in einem deutschen bzw. peruanischen Intelligenztest bestimmt. Die Intelligenz ist dann gleich groß, wenn die IQ-Werte identisch sind.

Auf den zweiten Blick ergibt sich hier jedoch das Problem, ob der peruanische Intelligenztest tatsächlich Intelligenz in gleicher Weise erfasst wie der deutsche. Möglicherweise ist der Intelligenztest nicht fair, weil der Peruaner nie Gelegenheit hatte, eine Schule zu besuchen. Träfe das auf alle Peruaner zu, wäre es weniger problematisch, weil der IQ ja nur in bezug auf Peruaner geeicht wird. Peruaner unterscheiden sich aber darin, ob sie überhaupt eine Schule besucht haben oder nicht (die Analphabetenquote ist in Peru immer noch beachtlich hoch, besonders bei Indios). Da der Besuch von Schulen sich intelligenzfördernd auswirkt (vgl. hierzu Abschn. 4.4.1), wäre ein Peruaner, der nie eine Schule besuchen konnte, benachteiligt, wenn man unter Intelligenz die Fähigkeit zur Bildung versteht, nicht die Bildung selbst. Dieses Problem entspricht dem Problem unterschiedlicher Konstruktvalidität von Persönlichkeitsmessungen im Falle von Altersvergleichen. Die Intelligenztests sind nicht wirklich vergleichbar zwischen Deutschland und Peru, so wie die Bayley-Skalen für das Säuglingsalter nicht wirklich vergleichbar sind mit Intelligenztests ab dem Vorschulalter (vgl. Abschn. 6.1.4).

Dass die Intelligenztests nicht vergleichbar sind, ergab sich in diesem Beispiel daraus, dass die Bedingungen für Intelligenz in den beiden Populationen ungleich sind. Alle Deutschen haben eine Schulausbildung, aber nicht alle Peruaner. Das lässt sich verallgemeinern. Persönlichkeitskonstrukte sind umso besser zwischen Populationen vergleichbar, je besser ihre Korrelate übereinstimmen. Mit Korrelaten sind beliebige Variablen gemeint, die mit dem Persönlichkeitskonstrukt korrelieren. Im Falle von Intelligenz wären das Bedingungen der Intelligenz (z. B. Schulbesuch, Bildungsmilieu des Elternhauses oder von den Eltern geteilte Gene), Konsequenzen der Intelligenz (z. B. Ausbildungsdauer oder Berufsprestige) oder andere mit Intelligenz korrelierende Persönlichkeitseigenschaften (z. B. Bücherkonsum oder mangelnde Autoritätshörigkeit).

Die Vergleichbarkeit von Persönlichkeitseigenschaften zwischen 2 Populationen hängt also wesentlich davon ab, ob sie in den miteinander verglichenen Populationen dieselben Korrelate aufweisen. Je stärker sich ihre Korrelate unterscheiden, desto zweifelhafter ist ihre Vergleichbarkeit. Deshalb ist die wichtigste Fragestellung der kulturvergleichenden Persönlichkeitspsychologie, ob und wie stark sich die Korrelate von Persönlichkeitseigenschaften zwischen Populationen unterscheiden.

Diese Fragestellung ist nicht nur wichtig, um die Vergleichbarkeit von Persönlichkeitskonstrukten zwischen Populationen zu sichern. Sie ist ebenso wichtig, um die Frage zu beantworten, wie weit sich Befunde der Persönlichkeitspsychologie, die in einer bestimmten Population gewonnen wurden, auf andere Populationen verallgemeinern lassen.

Wie die Psychologie insgesamt ist auch die Persönlichkeitspsychologie ein Kind westlicher Industrienationen und ihre Befunde beziehen sich ganz überwiegend auf diese Populationen. Es bedarf daher ausführlicher empirischer Untersuchungen, um die Frage zu beantworten, ob sich zentrale Ergebnisse der Persönlichkeitspsychologie wie z.B. die große Bedeutung der von Geschwistern nicht geteilten Umweltbedingungen für Persönlichkeitsunterschiede auch auf »nichtwestliche« Populationen verallgemeinern lassen.

> **Merke**
> Die wichtigste Fragestellung der kulturvergleichenden Persönlichkeitspsychologie betrifft die Korrelate von Persönlichkeitsunterschieden in verschiedenen Populationen. Sind sie ähnlich, sind die Persönlichkeitskonstrukte vergleichbar und Aussagen über ihre Bedingungen und Konsequenzen generalisierbar. Sind sie nicht ähnlich, gibt es populationsspezifische Besonderheiten, die weiter aufzuklären sind.

Sind Korrelate von Persönlichkeitseigenschaften nicht zwischen Populationen vergleichbar, so muss nach Gründen gesucht werden, woran das liegt. Diese Gründe müssen in populationsspezifischen Besonderheiten liegen. An dieser Stelle geraten Populationsunterschiede in den Mittelpunkt des persönlichkeitspsychologischen Interesses: Welche Unterschiede zwischen Populationen sind verantwortlich dafür, dass Korrelate von Persönlichkeitseigenschaften nicht zwischen Populationen vergleichbar sind?

Aus persönlichkeitspsychologischer Perspektive liegt es nahe, zunächst einmal nach Populationsunterschieden in der Verteilung der Persönlichkeitseigenschaften selbst zu suchen. Bestehen z.B. große Populationsunterschiede im Mittelwert oder der Variabilität dieser Eigenschaften? Gibt es z.B. Unterschiede im Mittelwert oder der Standardabweichung der Intelligenzrohwerte zwischen Deutschen und Peruanern in einem Test, der bis auf die sprachliche Formulierung der Aufgaben identisch ist?

In diesem Falle wäre zu erwarten, dass in bezug auf die Rohwerte des Intelligenztests der Mittelwert der Peruaner niedriger ist als der Mittelwert der Deutschen und die Standardabweichung in Peru höher ist als in Deutschland, da der Schulbesuch in Peru zusätzliche Variabilität erzeugt (der IQ-Mittelwert sollte dagegen in beiden Populationen 100 und seine Standardabweichung 15 betragen; vgl. Abschn. 4.4.1). Das wäre aber nur ein indirekter Hinweis auf Populationsunterschiede; die wirkliche Ursache wäre damit noch nicht identifiziert.

Sie wäre erst dann identifiziert, wenn der Schulbesuch, also eine Bedingung für Intelligenz, in Beziehung zur Intelligenz in Deutschland und Peru gesetzt würde. Dann würde sich zeigen, dass der niedrigere Mittelwert und die erhöhte Variabilität der Intelligenztestrohwerte in Peru zumindest teilweise auf den fehlenden Schulbesuch bei einem Teil der Peruaner zurückgeführt werden können.

> **Merke**
> Populationsunterschiede in der Verteilung einer Persönlichkeitseigenschaft können Hinweise darauf geben, warum Populationsunterschiede in den Korrelaten der Eigenschaft bestehen; erklären können sie diese aber meist nicht.

Soweit ist diese Analyse logisch schlüssig. In der kulturvergleichenden Psychologie findet sich jedoch oft eine andere, nur scheinbar ähnliche Argumentation. Deutsche und Peruaner unterscheiden sich in ihrem mittleren Intelligenzrohwert und in ihrer mittleren Ausbildungsdauer voneinander. Der niedrigere Intelligenzrohwert der Peruaner wird deshalb erklärt durch ihre kürzere Ausbildungsdauer. Hier werden also Populationsunterschiede in den Populationsmittelwerten verschiedener Variablen miteinander verglichen.

Dieser Schluss von der Ausbildungsdauer auf die Intelligenz scheint vor allem deshalb so plausibel, weil innerhalb von Populationen Ausbildungsdauer und Intelligenz stark korrelieren (vgl. Abschn. 4.4.1). Es besteht also eine gleichsinnige Korrelation zwischen Ausbildungsdauer und Intelligenz innerhalb und zwischen Populationen. Dieser Fall ist in ◘ Abb. 8.1a schematisch dargestellt.

Die Ellipsen symbolisieren die Verteilung von Intelligenzrohwert und Ausbildungsdauer innerhalb der Populationen, die durchgezogenen Geraden die Korrelation zwischen Intelligenzrohwert und Ausbildungsdauer innerhalb der Populationen, die Kreuze die Populationsmittelwerte in Intelligenzrohwert und Ausbildungsdauer und die gestrichelte Gerade die Korrelation zwischen den Populationsmittelwerten in Intelligenzrohwert und Ausbildungsdauer.

Hier besteht eine böse Falle, in die kulturvergleichende Psychologen häufig tappen. Die Korrelation zwischen den Populationsmittelwerten von zwei Variablen könnte nämlich durch gänzlich andere Faktoren bedingt sein als die Korrelation derselben beiden Variablen innerhalb der Populationen, selbst wenn die Korrelationen gleichsinnig sind. So könnte der Intelligenzunterschied zwischen Peruanern und Deutschen nicht nur auf Unterschiede in der Ausbildungsdauer, sondern auch auf Unterschiede in der Ausbildungsqualität bei gleicher

Abb. 8.1a–c. Korrelationen innerhalb und zwischen Populationen. a Gleichsinnige positive Korrelationen, b positive Korrelationen innerhalb, negative Korrelationen zwischen Populationen, c Nullkorrelationen innerhalb, positive Korrelationen zwischen Populationen

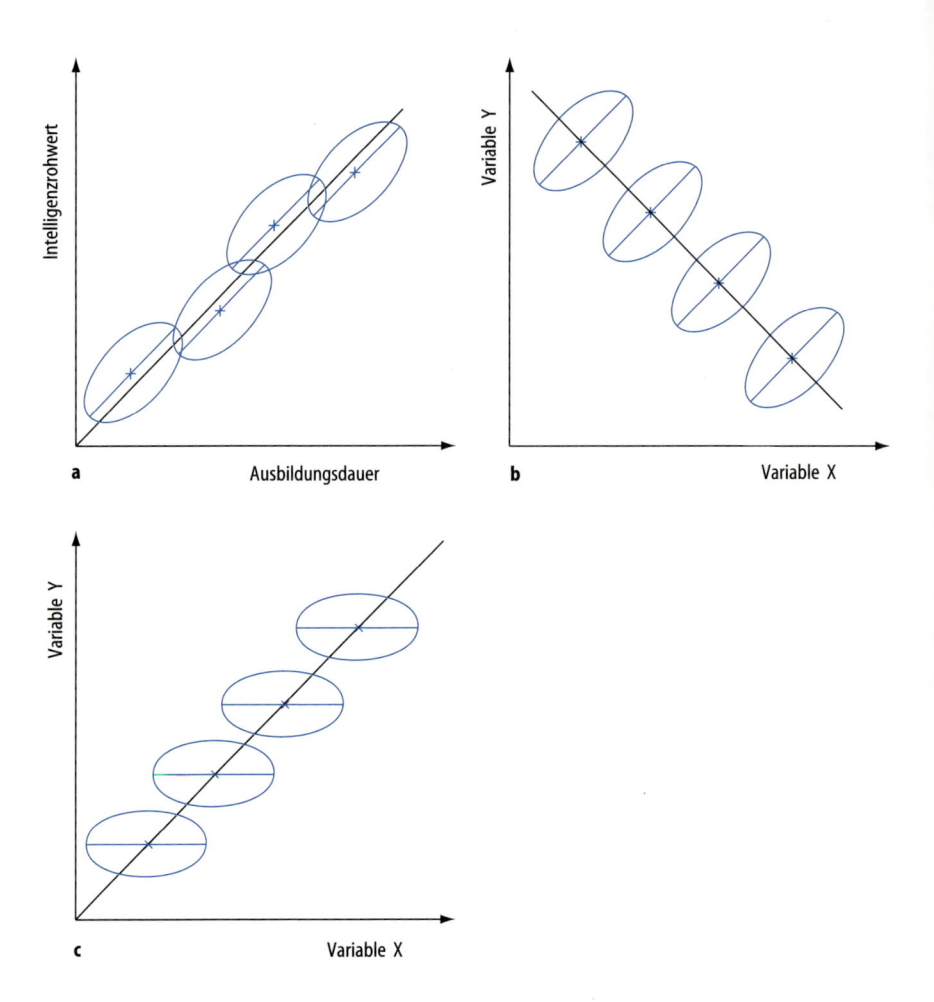

Dauer oder auf Intelligenzbedingungen in Peru zurückzuführen sein, die mit dem Bildungssystem nichts zu tun haben wie z. B. auf intelligenzmindernde Mangelernährung oder auf intelligenzmindernde schwere Erkrankungen im Kindesalter oder während der Schwangerschaft.

Korrelationen innerhalb und zwischen Populationen müssen keineswegs gleichsinnig sein; sie können sehr unterschiedlich ausfallen (vgl. Shweder, 1973). Abbildung 8.1b, zeigt, dass sich die Korrelationen im Prinzip sogar umkehren können. Innerhalb der Populationen ist in diesem Fall die Korrelation positiv, zwischen den Populationsmittelwerten jedoch negativ. Dieser extreme Fall tritt möglicherweise faktisch nicht auf. Seine prinzipielle Möglichkeit zeigt jedoch, dass aus Korrelationen zwischen Populationsmittelwerten nicht auf Korrelationen innerhalb der Populationen geschlossen werden kann und umgekehrt.

Realistischer ist der nicht weniger problematische Fall, dass innerhalb der Populationen keine Korrelation zwischen zwei Variablen besteht, dass sich aber deren Mittelwerte gleichsinnig zwischen den Populationen unterscheiden (vgl. Abb. 8.1c). Zum Beispiel korreliert die Tendenz, nachbarschaftliche Kontakte zu pflegen, in vielen Kulturen nur unwesentlich mit der Tendenz, eigene Entscheidungen von der Meinung anderer abhängig zu machen, aber in Kulturen mit hohen Unabhängigkeitswerten wie z. B. in den USA werden nachbarschaftliche Kontakte weniger gepflegt als in Kulturen wie z. B. China, in denen Entscheidungen stärker durch die Meinung anderer beeinflusst sind (vgl. Triandis et al., 1993).

> **! Merke**
> **Aus Korrelationen zwischen Populationen kann nicht auf Korrelationen innerhalb von Populationen geschlossen werden und umgekehrt.**

Eine Konsequenz dieses Prinzips ist, dass Persönlichkeitsdimensionen, in denen sich Personen innerhalb von Populationen unterscheiden, nicht unbedingt Dimensionen sind, in denen sich Populationen psychologisch unterscheiden und umgekehrt. Selbst wenn sich z. B. die Big Five (vgl. 4.1) in allen Populationen finden ließen, bedeutete dies nicht unbedingt, dass sie gut geeignet sind, um Populationen in den Mittelwerten von Extraversion, Neurotizismus usw. voneinander zu unterscheiden. Und eine psychologische Dimension, auf der Populationen stark variieren, z. B. Familienbezogenheit des sozialen Lebens, muss nicht unbedingt gut geeignet sein, um Mitglieder derselben Population voneinander zu unterscheiden (z. B. weil fast alle Personen stark familienbezogen leben oder fast alle Personen schwach familienbezogen leben).

> **Merke**
>
> Die Persönlichkeit variiert innerhalb von Populationen oft auf anderen Dimensionen als die Mittelwerte von Populationen im Populationsvergleich.

In der folgenden Diskussion der Beziehungen zwischen Kultur und Persönlichkeit wird deshalb streng darauf geachtet, Persönlichkeitsunterschiede innerhalb von Populationen nicht mit Populationsunterschieden zu verwechseln.

8.2 Ökologie, Genpool, Kultur und Persönlichkeit

In diesem Abschnitt wird der Begriff der Kultur, der bisher undefiniert geblieben ist, präzisiert und seine Beziehung zu Persönlichkeitsunterschieden diskutiert. Dabei erweist es sich als notwendig, zwei weitere Begriffe einzuführen: die Ökologie und den Genpool einer Population. Zur Beschreibung der Beziehungen zwischen Ökologie, Genpool, Kultur und Persönlichkeit wird dann ein Rahmenmodell für die kulturvergleichende Persönlichkeitsforschung skizziert. Die weiteren Abschnitte dieses Kapitels füllen dieses Rahmenmodell mit inhaltlichen Befunden zu ökologischen, genetischen und kulturellen Einflüssen auf Persönlichkeitsunterschiede.

Die wohl kürzestmögliche Definition von Kultur wurde von Herskovits (1948) vorgeschlagen und lautet: Kultur ist der menschgemachte Teil der Umwelt (»man-made environment«). Gemeint ist dabei die Umwelt nicht eines einzelnen Menschen, sondern die typische Umwelt einer Population von Menschen. Damit schließt der Kulturbegriff so Unterschiedliches ein wie Sprache, soziale Normen, typische Werthaltungen, das gesamte verfügbare Wissen, typische soziale Beziehungen, soziale Struktur, Wirtschaftsstruktur, politische Struktur, Waren, Architektur, Landschaftsgestaltung. Zur Kultur zählen also fast alle psychologisch relevanten Umweltmerkmale.

Die restlichen Umweltmerkmale beziehen sich auf Merkmale des Lebensraums der Population, die vom Menschen weitgehend unabhängig sind. Hierzu gehören z. B. geographische Lage, Klima, Bodenbeschaffenheit und die typischen Pflanzen- und Tierpopulationen. Dieser Teil der Umwelt wird in den Kulturwissenschaften meist als die Ökologie der Population bezeichnet. Die Abgrenzung zwischen Ökologie und Kultur ist letztlich graduell, weil menschliche Populationen ihre Ökologie zumindest zu einem Teil mitbestimmen – nicht nur durch aktive Eingriffe in einen gegebenen Lebensraum (z. B. durch Landwirtschaft oder Städtebau), sondern auch durch Veränderung des Lebensraums durch Wanderungsbewegungen (z. B. Besiedlung unerschlossener Gebiete oder Verdrängung anderer Populationen).

> **Merke**
>
> Die Umwelt einer menschlichen Population besteht aus der Ökologie ihres Lebensraums und ihrer Kultur. Ökologie und Kultur sind also Merkmale von Populationen, nicht von einzelnen Personen.

Populationen sind außer durch ihre Umwelt auch durch ihren Genpool charakterisiert. Unter dem Genpool wird die Gesamtheit aller Gene der Populationsmitglieder verstanden. Populationen können sich also in ihrer Umwelt (Ökologie und Kultur) und in ihrem Genpool unterscheiden, so wie sich Menschen in ihrer Umwelt und ihren Genen unterscheiden können.

> **Merke**
>
> Populationen können sich in ihrer Ökologie, ihrer Kultur und ihrem Genpool unterscheiden.

Ökologie, Kultur und Genpool einer Population sind nicht statisch, sondern in ständiger Veränderung begriffen. Menschen entwickeln sich mit zunehmendem Alter; Populationen verändern sich im Verlauf ihrer Geschichte. Heutige Populationen haben also alle eine ökologische, eine kulturelle und eine genetische Geschichte. Die Geschwindigkeit der ökologischen und der kultu-

Tabelle 8.1. Beispiele für Wechselwirkungen zwischen Ökologie, Kultur und Genpool

Veränderungen von	wirken auf		
	Ökologie	Kultur	Genpool
Ökologie	–	Kleine Eiszeiten	Weiße Hautfarbe
Kultur	Abholzen der Römer	–	Laktosetoleranz
Genpool	Laktosetoleranz	Laktosetoleranz	–

rellen Veränderungen ist dabei meist viel höher als die Geschwindigkeit der genetischen Veränderungen. Eine Ausnahme sind Seuchen wie z. B. die Pest im Mittelalter, die in kürzester Zeit die Häufigkeit von Allelen ansteigen ließ, die vor Pest schützen, denn die Menschen, die nicht über diese Allele verfügten, starben in kürzester Zeit.

Ökologische, kulturelle und genetische Veränderungen sind nicht unabhängig voneinander, sondern stehen in einer oft nur schwer durchschaubaren Wechselwirkung. ◘ Tabelle 8.1 enthält jeweils ein Beispiel für jede der 6 möglichen Wirkungen; diese Beispiele werden im folgenden kurz geschildert.

Veränderungen des Klimas haben vielfältige kulturelle Auswirkungen, nicht nur auf die Kleidung. Gut untersucht sind z. B. die Konsequenzen der ersten europäischen »Kleinen Eiszeit« im 14. Jahrhundert (Lamb, 1989). Vorangegangen war eine ungewöhnlich warme Periode in Nordeuropa, während der z. B. in England und Schottland reger Weinbau betrieben wurde. Ab 1313 wurde das Klima in weiten Gebieten Europas abrupt kälter und feuchter. Infolgedessen kam es zu katastrophalen Missernten in ganz Europa mit nachfolgenden Hungersnöten und Epidemien; in Westeuropa soll zu dieser Zeit Kannibalismus vorgekommen sein. Die Lebenserwartung sank in England in dieser Zeit von 48 auf 38 Jahre.

Diese ökologischen Veränderungen hatten massive Auswirkungen auf die Landwirtschaft. Der Weinbau in England und Schottland wurde aufgegeben, Getreide in nördlicheren Lagen nicht mehr angebaut. Allein in Deutschland wurden zu dieser Zeit mehrere tausend Dörfer und Weiler verlassen. Die Pest trat erst in Nachfolge dieser Veränderungen auf. Eine weitere »Kleine Eiszeit« mit ähnlichen Auswirkungen auf die Kultur gab es in Europa in der 2. Hälfte des 17. Jahrhunderts (Lamb, 1989).

Dass Veränderungen der Ökologie zu genetischen Veränderungen führen können, lässt sich am Beispiel der Entstehung der weißen Hautfarbe bei Nordeuropäern illustrieren. Die mittlere Hautfarbe einer Population ist weitgehend, wenn auch nicht ausschließlich, eine Funktion der mittleren Sonneneinstrahlung des Lebensraumes ihrer Vorfahren: Je höher die Sonneneinstrahlung, desto dunkler ist die Hautfarbe. Stark pigmentierte Haut schützt vor Sonnenbrand und Hautkrebs, verhindert aber andererseits die Produktion von Vitamin D in den unteren Hautschichten.

Die Bauern, die vor etwa 5000 Jahren vom Mittleren Osten kommend Nordeuropa besiedelten, ernährten sich Vitamin-D-arm. Deshalb wohl hat ein evolutionärer Selektionsprozess nur die hellhäutigeren unter ihnen überleben lassen; die anderen starben frühzeitig an Vitamin-D-Mangel. Auch ist es so erklärlich, warum die Ausnahme von der europäischen Regel, die nordfinnischen Lappen, eine ausgesprochen dunkle Hautfarbe haben: Ihre Ernährung war reich an Vitamin D (Rentiere und Fische) (vgl. Cavalli-Sforza et al., 1994). Das Beispiel der weißen Hautfarbe ist auch insofern interessant, als die ökologischen Veränderungen durch Wanderungsbewegungen der betroffenen Population hervorgerufen wurden; hier wurde also eine genetische Veränderung durch eine selbst hergestellte ökologische Veränderung bewirkt.

Dafür, dass kulturelle Veränderungen ökologische Konsequenzen haben können, gibt es viele Beispiele in der Menschheitsgeschichte, nicht nur das Ozonloch. Ein klassisches Beispiel ist das Abholzen der Wälder im Mittelmeerraum durch die Römer, in dessen Folge der Wald in weiten Bereichen des Mittelmeerraumes durch Erosion und Verkarstung verschwand; dadurch wurde auch das Klima trockener und wärmer.

Die 3 restlichen Wechselwirkungen zwischen Ökologie, Kultur und Genpool lassen sich mit einem einzigen Beispiel illustrieren: der Entstehung der Laktosetoleranz (die Darstellung ist stark vereinfacht; vgl. für eine genauere Diskussion Durham, 1991).

8.2 · Ökologie, Genpool, Kultur und Persönlichkeit

Deutsche Erwachsene haben nur selten Schwierigkeiten, frische Milch zu verdauen; frische Milch gilt geradezu als Symbol einer gut bekömmlichen, gesunden Ernährung. Das ist weltweit keineswegs der Fall. Es gibt viele Populationen, in denen nur eine kleine Minderheit (bis zu 15 %) der Erwachsenen frische Milch verdauen können; ihr Nährwert ist damit für sie Null (Laktosemalabsorption). Hinzu kommt, dass viele Mitglieder dieser Populationen sogar negative Reaktionen wie z.B. Bauchkrämpfe auf frische Milch zeigen (Laktoseintoleranz). Zu diesen Populationen gehören z.B. die Eskimos von Grönland, die ägyptischen Fellachen, die Bantu in Afrika und die Yoruba-Indianer in Südamerika. Diese Kulturen ernähren sich von Jagen und Sammeln oder Landwirtschaft ohne Milchproduktion. Selbst in einem Land wie Israel kann nur eine Minderheit der Bevölkerung frische Milch verdauen. Entsprechend gering ist der kulturelle Stellenwert von Frischmilch. Die Fähigkeit zur Laktose-Absorption im Erwachsenenalter ist genetisch bedingt und findet sich bei den wenigsten Säugetieren. Erklärungsbedürftig ist also die Laktosetoleranz, nicht die Laktoseintoleranz.

Werden Populationen weltweit nach dem Grad ihrer Laktosetoleranz und ihrer Wirtschaftsform verglichen, so zeigt sich eine recht enge Korrelation zwischen ihrer Laktosetoleranz und der Dauer der Milchwirtschaft in der Population (soweit sie sich geschichtlich rekonstruieren lässt). Worauf beruht diese Korrelation? Es könnte sein, dass die Dauer der Milchwirtschaft eine Konsequenz der genetischen Verbreitung der Laktosetoleranz in der Population ist, die rein zufällig zwischen Populationen variiert. Zufall alleine erklärt aber nichts, und es ist äußerst unwahrscheinlich, dass die sehr großen Unterschiede in Laktosetoleranz zwischen Populationen rein zufällig zustande gekommen sind.

Alternativ könnte die Laktosetoleranz eine kulturelle Folge sein, nämlich eine Folge der Erfindung der Milchwirtschaft. Laktosetoleranz findet sich zumindest bei einer kleinen Minderheit in jeder Population. Nach Erfindung der Milchwirtschaft hatten diese Menschen wegen des hohen Nährwertes von Milch eine bessere Chance sich fortzupflanzen; dadurch erhöhte sich ihr Anteil an der Population. Das ist zwar ein langsamer Prozess über Dutzende von Generationen, aber Kühe wurden bereits vor ca. 9000 Jahren domestiziert. Nach dieser plausibleren Erklärung der Korrelation zwischen Laktosetoleranz und Dauer der Milchwirtschaft beeinflusste also eine kulturelle Innovation die genetische Evolution. Die heute vorhandenen genetischen Unterschiede in Laktosetoleranz sind damit letztlich kulturell begründet.

Die Erfindung der Milchwirtschaft hatte diverse ökologische Konsequenzen. Dazu gehört nicht nur die Veränderung der Tier- und Pflanzenpopulation, sondern auch die Veränderung der Erdatmosphäre durch Gase wie Methan, die den Treibhauseffekt anheizen; weltweit beruhte der Treibhauseffekt in den achtziger Jahren zu etwa 15 % auf den Folgen der Landwirtschaft (Deutschland/Enquete-Kommission Schutz der Erdatmosphäre, 1994).

Die genetischen Konsequenzen der Erfindung der Milchwirtschaft wirkten zudem auf die Kultur zurück. Wenn 90 % der Erwachsenen einer Population von ihr profitieren können, hat sie einen anderen Stellenwert in der Kultur, als wenn nur 15 % davon profitieren können. Der kulturelle Stellenwert der Milchwirtschaft in einer Population lässt sich z.B. anhand ihrer Mythen untersuchen. Durham (1991) tat dies für 6 indogermanische Sprachgemeinschaften und konnte zeigen, dass alle einen Schöpfungsmythos hatten, in dem ein Rind oder ein milchgebendes Tier eine zentrale Rolle spielt.

In den beiden Kulturen mit extensiver Milchwirtschaft (altgermanisch, gälisch) handelte es sich um eine Kuh, deren Milch im Mythos von Erwachsenen getrunken wurde. In den beiden Kulturen, in denen Frischmilch nur von Kleinkindern getrunken wurde (römisch, griechisch), handelte es sich um eine Wölfin bzw. eine weibliche Ziege. In den beiden Kulturen, in denen überhaupt keine Frischmilch getrunken wurde (persisch, indisch) handelte es sich um einen Ochsen. Soweit der Grad der Laktosetoleranz dieser Kulturen aus den heutigen genetischen Daten rekonstruierbar ist, war sie am verbreitetsten in den germanischen und gälischen Sprachgemeinschaften, mittelstark verbreitet bei Römern und Griechen und gering bei Persern und Indern. Die Mythen waren also ein getreuer Spiegel der genetisch bedingten Laktosetoleranz. An diesem Beispiel wird deutlich, dass beim Vergleich verschiedener Populationen ökologische, kulturelle und genetische Faktoren miteinander korrelieren können.

> **Merke**
> Ökologische, kulturelle und genetische Veränderungen von Populationen stehen oft in enger Wechselwirkung miteinander. Ein Beispiel hierfür ist die Laktosetoleranz. Dies führt zu Korrelationen zwischen Ökologie, Kultur und Genpool beim Vergleich verschiedener Populationen.

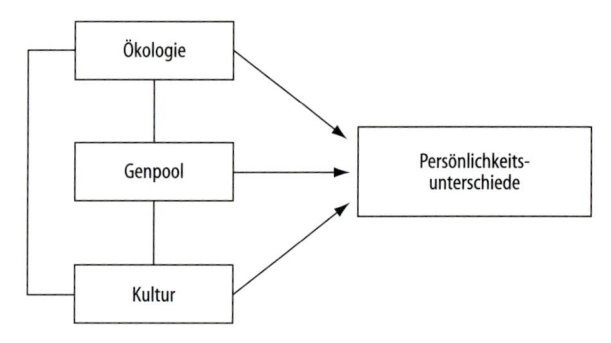

■ Abb. 8.2. Ein Rahmenmodell der kulturvergleichenden Persönlichkeitsforschung

Was hat das alles mit Persönlichkeitspsychologie zu tun? Es hat insofern etwas mit Persönlichkeitspsychologie zu tun, als Populationsunterschiede in Persönlichkeitseigenschaften oder in deren Bedingungen und Konsequenzen durch ökologische, kulturelle oder genetische Unterschiede der Populationen erklärt werden können (vgl. ■ Abb. 8.2). Und die Beispiele aus ■ Tabelle 8.1 haben gezeigt, dass diese drei Bedingungen für Populationsunterschiede in Persönlichkeitseigenschaften nicht unabhängig voneinander sind, sondern in enger Wechselwirkung stehen und dadurch korreliert sein können. Das Rahmenmodell der kulturvergleichenden Persönlichkeitsforschung in ■ Abb. 8.2 berücksichtigt dies.

Im folgenden werden ökologische, genetische und kulturelle Einflüsse auf Persönlichkeitsunterschiede innerhalb von Populationen exemplarisch geschildert. Wegen der Korrelationen zwischen diesen Einflüssen ist die Klassifikation eines konkreten Einflussfaktors als ökologisch, kulturell oder genetisch nicht immer eindeutig möglich.

8.3 Ökologische Einflüsse

Ökologische Einflüsse auf Persönlichkeitsunterschiede sind wohl am deutlichsten erkennbar im Falle von Fähigkeiten. Jedenfalls gibt es eine lange und durch zahlreiche kulturvergleichende Studien genährte Debatte, ob sich das westliche Konzept der Intelligenz auf andere Kulturen übertragen lässt. Nach Sternbergs triarchischer Intelligenzdefinition ist Intelligenz die Fähigkeit, umweltangepasst zu handeln – nicht im Sinne einer rein passiven Anpassung an Gegebenheiten, sondern unter Einbezug aktiver Einflussnahme auf die eigene Umwelt (Auswahl, Veränderung und Herstellung passender per- sönlicher Umwelten; vgl. Abschn. 4.4.1). Ob eine Handlung intelligent ist oder nicht, lässt sich danach nur dann entscheiden, wenn sie im Kontext der persönlichen Umwelt interpretiert wird.

Wird dieses Konzept der individuellen Umweltangepasstheit von Intelligenz auf die Ökologie von Populationen übertragen, bedeutet dies, dass dieselbe Handlung einer Person je nach der Ökologie ihrer Population mehr oder weniger intelligent sein kann. Ohne Kenntnis des ökologischen Kontextes ist es danach nicht möglich zu entscheiden, ob eine bestimmte Testaufgabe für Intelligenz konstruktvalide ist oder nicht.

Zum Beispiel waren die australischen Aborigines bekannt für ihre Fähigkeit, aus menschlichen Fußabdrücken Rückschlüsse auf die Person des Verursachers zu ziehen (Alter, Gewicht, Eigentümlichkeiten der Gangart; vgl. Klich, 1988). Diese Fähigkeit wird darauf zurückgeführt, dass die Aborigines in einer äußerst trockenen und staubigen Umwelt jagten, in der Fußspuren hohen Informationswert für das Aufspüren von Beute und das Finden von Wasser hatten. Spurenlesen könnte eine ökologisch valide Intelligenzaufgabe für Aborigines sein, sicher nicht jedoch für Europäer, die in ihr meist völlig versagen würden.

> **! Merke**
> Die Bedeutung einer Intelligenztestaufgabe kann von der Ökologie der Kultur abhängen. Deshalb können Intelligenzaufgaben, die in einer Kultur valide sind, in einer anderen ungeeignet sein, Intelligenz zu erfassen.

Zu diesem Problem werden in der kulturvergleichenden Psychologie sehr unterschiedliche Positionen vertreten, die sich auf einer Dimension des Ökologischen Relativismus anordnen lassen. Drei solche Positionen seien hier kurz skizziert (vgl. ■ Tabelle 8.2).

Radikale Relativisten wie Berry (1972) beziehen sich meist auf exotische Beispiele für ökologisch begründete Intelligenzleistungen wie z. B. die Fähigkeit der Aborigines zur räumlichen Orientierung (s. »Unter der Lupe«).

So beeindruckend diese Beispiele auch sind – sie zeigen nur, dass bestimmte Fähigkeiten nicht zu einer populationsübergreifenden Operationalisierung von Intelligenz geeignet sind, weil nur unter bestimmten ökologischen Bedingungen ausreichend große Persönlichkeitsunterschiede bestehen. Das schließt nicht aus, dass die zugrundeliegenden kognitiven Fähigkeiten (im Falle der räumlichen Orientierung der Aborigines: das visuelle Gedächtnis) in allen Populationen in ähnlicher

Tabelle 8.2. Drei Positionen zur ökologischen Relativität des Intelligenzkonstrukts

Position	Möglich sind	Autor z. B.
Radikaler Relativismus	nur kulturspezifische Tests	Berry (1972)
Kontextualismus	Vergleiche in kontextualisierten Faktoren	Irvine (1979)
Universalismus	Vergleiche in Tests der Informationsverarbeitungsgeschwindigkeit	Jensen (1988)

Unter der Lupe

Das räumliche Orientierungsvermögen australischer Aborigines

Die australischen Aborigines sind in der Lage, enorme Distanzen in der Wüste Zentralaustraliens zu überwinden, ohne sich zu verirren. Lewis (1976) untersuchte diese Fähigkeit. Danach nutzen die Aborigines vergleichsweise selten den Stand der Sonne am Tag oder der Sterne des nachts. Vor allem nutzen sie ihr extrem entwickeltes visuelles Gedächtnis für die Topographie des Gebietes, das sie durchwandern. Es ist kognitiv repräsentiert in Form von Landmarken, vor allem bestimmter weithin sichtbarer heiliger Berge, deren Form und Lokalisation ihnen von Kindheit an durch ihre Mythologie vertraut ist. Die Aborigines müssen diese Landmarken also selbst noch nie gesehen haben, um sie zur Orientierung zu nutzen. Lewis (1976) untersuchte diese Fähigkeit, indem er Aborigines nach der Richtung nicht sichtbarer Orte und Landmarken fragte. Die mittlere Abweichung bei 33 solchen Tests betrug 14°, wobei größere Fehler bei europäischen Siedlungen auftraten. Für 6 heilige Berge, die in jedem Fall mindestens 200 km entfernt waren, betrug die mittlere Abweichung nur 3° – eine für Europäer unvorstellbare Leistung.

Weise variieren. Sie sind nur unter bestimmten ökologischen Bedingungen besonders stark trainiert, so dass Aufgaben, die unter diesen Bedingungen gut zwischen hoher und niedriger Fähigkeit trennen, unter anderen ökologischen Bedingungen sinnlos sind, weil sie für alle Mitglieder der Population zu schwer sind.

Das Beispiel der räumlichen Orientierung schließt ja nicht aus, dass es möglich ist, Tests des visuellen Gedächtnisses zu entwickeln, die gleich gut für Aborigines und für Europäer geeignet sind. Kearins (1981) entwickelte einen visuellen Gedächtnistest für Kinder, der ähnlich wie Memory aufgebaut ist, wobei jedoch variiert wird, ob die Objekte denselben Namen haben oder nicht. Australische Aborigines waren weißen australischen Kindern in derjenigen Testversion überlegen, in der die Objekte denselben Namen hatten. Hieraus kann man schließen, dass die Aborigines ein besseres visuelles Gedächtnis haben als die Weißen.

Klich und Davidson (1983) replizierten dieses Ergebnis, konnten darüber hinaus jedoch zeigen, dass die weißen Kinder ihren Rückstand aufholten, wenn man allen Kindern vor einer zweiten Testdurchführung Tips gab, wie man sich die Position der Objekte merken kann. Dieses Ergebnis legt nahe, dass die Aborigines wegen ihrer häufigen individuellen Nutzung des visuellen Gedächtnisses in dem Test anfangs überlegen waren, nicht aus genetischen Gründen, wie von Kearins (1981) vermutet worden war.

Klich und Davidson (1983) repräsentieren den Kontextualismus, der eine mittlere Position auf der Dimension des ökologischen Relativismus einnimmt. Angenommen wird, dass sich bestimmte Tests durchaus zwischen Populationen mit unterschiedlicher Ökologie vergleichen lassen, wenn kulturspezifische Maßnahmen ergriffen werden, um die Tests vergleichbar zu machen, und die Testergebnisse im Kontext der jeweiligen Kultur interpretiert werden.

Klich und Davidson (1983) wählten als Kriterium der Testvergleichbarkeit die mittlere Testleistung. Das ist nicht unproblematisch, weil die Testleistung (Performanz) zwischen zwei Populationen gleich sein kann, obwohl ihre Fähigkeit (Kompetenz) nicht gleich ist (vgl. Abschn. 4.4 zur Unterscheidung zwischen Performanz und Kompetenz). Zum Beispiel könnten Aborigines generell weniger Übung in Testsituationen haben als weiße Kinder, so dass ihre gleich gute Performanz auf eine höhere Kompetenz im visuellen Gedächtnis hinweist. Untersuchungen an schwarzen südafrikanischen Minenarbeitern zeigten beispielsweise, dass die Leistung in Intelligenztests bei mehrfacher Testwiederholung bis zur 4. Testung stieg, während bei Europäern die Leistung üblicherweise schon ab der 2. Testung stagniert (Kendall et al., 1988).

> **Merke**
> Populationen mit geringer Testerfahrung profitieren stärker von einer wiederholten Intelligenztestung als Populationen mit großer Erfahrung in Tests und testähnlichen Situationen.

Es ist aber nicht nur die unterschiedliche Erfahrung mit Testsituationen, die Populationsunterschiede in der Performanz in Intelligenztests hervorruft, sondern allgemeiner die Intensität der Beschulung nach westlichem Vorbild. Je länger Kinder typischerweise in einer Kultur eine Schule westlichen Stils besuchen, desto höher ist die mittlere Testleistung der Population (vgl. Ceci, 1991; Irvine & Berry, 1988). Das ist natürlich nicht überraschend, denn Intelligenztests wurden ja so entwickelt, dass sie die Fähigkeit zu einem guten Abschneiden in Schulen westlichen Stils vorhersagen (vgl. Abschn. 4.4.1).

Wegen dieser Probleme beim Vergleich von Intelligenztestmittelwerten erscheint es überzeugender, die korrelative Struktur von Intelligenztests als Kriterium für ihre Vergleichbarkeit unter unterschiedlichen ökologischen Bedingungen zu wählen. Wenn die Subtests ähnlich miteinander korrelieren bzw. wenn Faktorenanalysen dieselben Faktoren in zwei Populationen mit unterschiedlicher Ökologie finden, misst der Test dieselben Fähigkeitsunterschiede innerhalb der Populationen.

Irvine (1979) führte eine Metaanalyse von 91 faktorenanalytischen Studien der Intelligenzstruktur in ökologisch heterogenen Populationen durch. Das erste Hauptergebnis war, dass in jeder dieser Studien die Subtests miteinander positiv korrelierten, so dass es einen übergeordneten g-Faktor gab, der allgemeine Intelligenz repräsentierte (vgl. »Unter der Lupe«, S. 189 für das Konzept des g-Faktors). Das zweite Hauptergebnis war, dass die Intelligenzfaktoren (typischerweise 3–4) sich auf nur 6 Intelligenzdimensionen verteilten (s. unten). Dieses Ergebnis rechtfertigt es, diese 6 Dimensionen als kulturell universelle Intelligenzdimensionen zu betrachten.

Universelle Intelligenzdimensionen sind:
- Dimension
- Allgemeine Intelligenz (g-Faktor)
- Logisches Denken
- Verbale Fähigkeiten
- Räumliche und Wahrnehmungsfähigkeiten
- Numerische Fähigkeiten
- Gedächtnisfähigkeiten
- Schnelligkeit

Die universelle korrelative Struktur von Intelligenztests zeigt, dass ein radikaler ökologischer Relativismus an der Realität vorbeigeht. Es gibt genügend Gemeinsamkeiten zwischen Populationen mit unterschiedlicher Ökologie, um eine universelle Struktur der Intelligenzunterschiede innerhalb der Populationen annehmen zu können. Deutliche Unterschiede bestehen in den Mittelwerten, nicht aber in der korrelativen Struktur der Intelligenzfaktoren.

Diese Ähnlichkeit der korrelativen Intelligenzstruktur besteht allerdings nur auf der Ebene von Intelligenzfaktoren oder Intelligenzsubtests, die aus vielen einzelnen Aufgaben (Items) bestehen. Auf der Ebene einzelner Items können erhebliche Abweichungen der korrelativen Struktur zwischen Populationen auftreten. Diese Abweichungen sind zum einen schlicht dadurch bedingt, dass die Messungen auf Itemebene unreliabler sind. Aber auch nach Kontrolle der Reliabilität verbleiben oft deutliche Populationsunterschiede. Es gibt eine umfangreiche Literatur zum »Item-Bias« (vgl. Poortinga & van der Flier, 1988), die sich damit beschäftigt, wie solche Items identifiziert und die Tests durch Ersetzung dieser Items durch populationsunabhängigere Items verbessert werden können.

> **Merke**
> Intelligenzfaktoren weisen unter allen ökologischen Bedingungen eine ähnliche korrelative Struktur auf, auch wenn sich Populationen oft deutlich in den Mittelwerten der Intelligenzfaktoren und den Korrelaten einzelner Intelligenzaufgaben unterscheiden.

Werden Korrelationen zwischen Intelligenz und Umweltfaktoren zwischen Populationen verglichen, so zeigen sich oft größere Unterschiede. Gut untersucht ist z. B. die Korrelation zwischen Intelligenz und dem sozioökonomischen Status der Familie, eingeschlossen Ausbildung und Einkommen der Eltern. Während in westlichen Kulturen eine Korrelation von .30 und höher zwischen sozioökonomischem Status und Intelligenz besteht (vgl. Abschn. 4.4.1), ist diese Korrelation in afrikanischen Untersuchungen geringer (zwischen .10 und

.20; vgl. Irvine & Berry, 1988). Möglicherweise ist dies darauf zurückzuführen, dass der sozioökonomische Status einer Familie dort weniger stark durch die intellektuelle Leistung der Eltern als durch Clanzugehörigkeit, soziale Kompetenz oder Zufall bedingt ist. Das begrenzt die kulturelle Bedeutung von Intelligenz.

> **Merke**
> Intelligenz korreliert in Afrika weniger stark mit dem sozioökonomischen Status als in westlichen Industrienationen. Das begrenzt ihre kulturelle Bedeutung in Afrika.

Das andere Extrem auf der Dimension des ökologischen Relativismus stellt die Auffassung dar, dass es Intelligenztests gibt, die völlig unabhängig vom ökologischen Kontext interpretiert werden können, weil ihre Aufgaben wissensunabhängige, universelle Parameter der Informationsverarbeitung erfassen. Ein Kandidat für solche Parameter ist die Geschwindigkeit der Informationsverarbeitung in elementaren kognitiven Leistungen (vgl. 4.4.1). Jensen (1988) diskutierte die vorliegenden Befunde, die sich allerdings überwiegend auf Vergleiche zwischen Schwarzen und Weißen in den USA bezogen. Die Ergebnisse ergaben kein klares Bild, sowohl was Mittelwertsunterschiede in der Testleistung als auch was die Korrelationen zwischen Geschwindigkeit und nichtverbalen Intelligenztests angeht. Das dürfte vor allem daran liegen, dass die meisten Studien zu kleine Stichproben untersuchten. Obwohl die Hypothese plausibel ist, dass die Leistung in elementaren kognitiven Aufgaben gut zwischen Populationen vergleichbar ist, ist die Befundlage hierzu noch unklar.

> **Merke**
> Populationsunterschiede in der Geschwindigkeit elementarer kognitiver Aufgaben sind bisher nicht ausreichend untersucht, um klare Schlussfolgerungen ziehen zu können.

Insgesamt zeigen diese Befunde zum ökologischen Einfluss auf die Intelligenz, dass sich oft deutliche ökologische Einflüsse auf spezifische Intelligenzleistungen nachweisen lassen. Intelligenz ist aber dennoch zwischen unterschiedlichen ökologischen Kontexten vergleichbar, wenn kontextspezifische Items eliminiert werden, der Vergleich auf der Ebene der allgemeinen Intelligenz oder von Subfaktoren oder Subtests stattfindet und das Kriterium für die Vergleichbarkeit gleiche korrelative Strukturen innerhalb der Populationen sind. Das dürfte sich auf ökologische Einflüsse auf Persönlichkeitsunterschiede insgesamt verallgemeinern lassen. Radikaler ökologischer Relativismus erscheint ebensowenig angebracht wie Universalismus ohne Prüfung der Bedeutung von Persönlichkeitseigenschaften im jeweiligen ökologischen Kontext.

> **Merke**
> Werden ökologische Einflüsse auf Persönlichkeitsunterschiede berücksichtigt, lassen sich Persönlichkeitseigenschaften zwischen Populationen mit unterschiedlicher Ökologie vergleichen.

8.4 Genetische Einflüsse

Auch zu der Frage, ob sich Populationen in der Verteilung persönlichkeitsrelevanter Gene (genauer: Allele) unterscheiden, gibt es sehr unterschiedliche Positionen in der kulturvergleichenden Psychologie. Sie reichen von der Meinung, genetische Unterschiede seien auf oberflächliche körperliche Merkmale wie die Hautfarbe beschränkt, bis zu Annahmen über starke genetisch bedingte psychologische Unterschiede zwischen klar voneinander abgrenzbaren Rassen (vgl. z.B. Rushton, 1988).

Inzwischen gibt es umfangreiche populationsvergleichende genetische Untersuchungen, die es nicht nur erlauben, die Größe genetischer Unterschiede zwischen Populationen abzuschätzen, sondern darüber hinaus empirisch fundierte Hypothesen über die Entwicklungsgeschichte menschlicher Populationen aufzustellen. Wer heutzutage den Begriff der Rasse benutzt oder sich mit Rassismus auseinandersetzt, muss diese Ergebnisse der kulturvergleichenden Forschung zur Kenntnis nehmen.

8.4.1 Entstehung menschlicher Populationen

Die Entwicklungsgeschichte menschlicher Populationen kann aus drei unabhängigen Datenquellen rekonstruiert werden (vgl. ◘ Tabelle 8.3).

Archäologische Funde können z.B. mittels der Radiokarbonmethode auf ihr Alter geprüft und nach Ähnlichkeit im Knochenbau und den vorhandenen Kulturspuren klassifiziert werden. In wenigen Fällen ist es inzwischen sogar möglich, die genetische Ähnlichkeit von Knochenresten zu bestimmen. Diese Analysen weisen insgesamt darauf hin, dass die heutige Art des Menschen, Homo sapiens sapiens, graduell aus einer Vorläuferart, Homo erectus, vor etwa 100 000 Jahren hervorgegangen ist. Homo sapiens sapiens unterscheidet sich von Homo erectus vor allem durch ein größeres Gehirn.

Die frühesten Funde von Homo sapiens sapiens befinden sich in Südostafrika (vor ca. 100 000 Jahren) und bald darauf im Nahen Osten (vor ca. 90 000 Jahren). In anderen Gebieten der Welt datieren die frühesten Funde jünger: vor ca. 60 000 Jahren in China und Indonesien, vor ca. 55 000 Jahren in Australien, vor ca. 35 000 Jahren in Europa und vor ca. 25 000 Jahren in Amerika. Hieraus lässt sich die Out-of-Africa-Hypothese ableiten: Der Ursprung der heutigen Menschheit liegt in Südostafrika. Von dort wanderten kleine Teilpopulationen bis zum Nahen Osten und von dort über Asien und Indonesien bis nach Australien einerseits und über die Bering-See nach Amerika andererseits (vgl. Abb. 8.3).

In der striktesten Version der Out-of-Africa-Hypothese wird angenommen, dass Homo sapiens sapiens im Zuge seiner Ausbreitung alle anderen regionalen Nachkommen von Homo erectus zum Aussterben brachte (die These von der vollständigen Ersetzung). In Europa beispielsweise fällt das erste Auftreten von Homo sapiens sapiens ziemlich genau mit den letzten Funden von Homo neanderthalensis zusammen, einem etwas größeren, auf Europa und den Nahen Osten beschränkten Typ von Homo sapiens. Es könnte sein, dass der moderne Mensch aufgrund höherer Intelligenz den Neanderthaler verdrängte.

Alternativ bevorzugen andere Archäologen die ebenso radikale Gegenthese von der multiregionalen Entwicklung. Danach hat sich in verschiedenen Regionen der Erde parallel und unabhängig voneinander Homo sapiens sapiens aus Homo erectus entwickelt und diesen verdrängt. Die Richtung dieser Entwicklung sei dieselbe, aber sie sei in unterschiedlichen Regionen unterschied-

Tabelle 8.3. Drei Datenquellen über die Enwicklungsgeschichte heutiger Populationen

Datenquelle	Daten
Archäologisch	Knochen und Kulturspuren
Genetisch	Genetische Ähnlichkeit alteingesessener Populationen
Linguistisch	Linguistische Ähnlichkeit von Sprachgemeinschaften

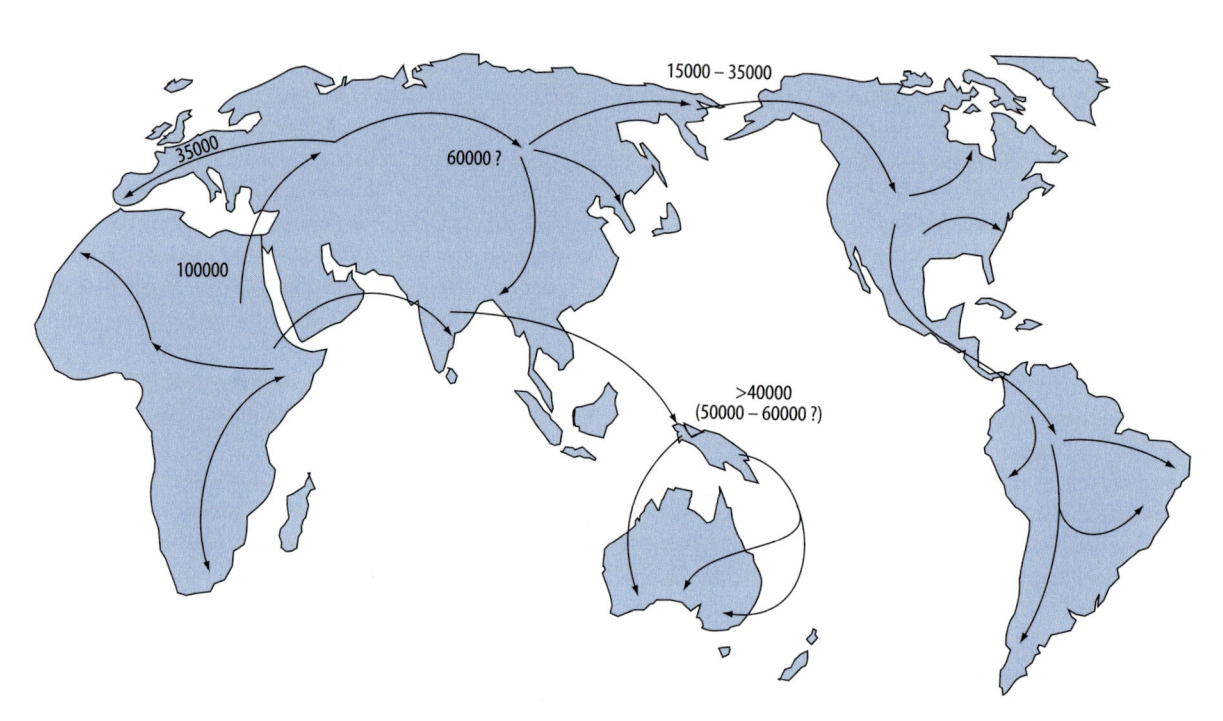

Abb. 8.3. Besiedlung der Erde durch Homo sapiens sapiens. (Mod. nach Cavalli-Sforza et al., 1994)

8.4 · Genetische Einflüsse

Abb. 8.4. Hypothese der **a** vollständigen Ersetzung und der **b** multiregionalen Entwicklung

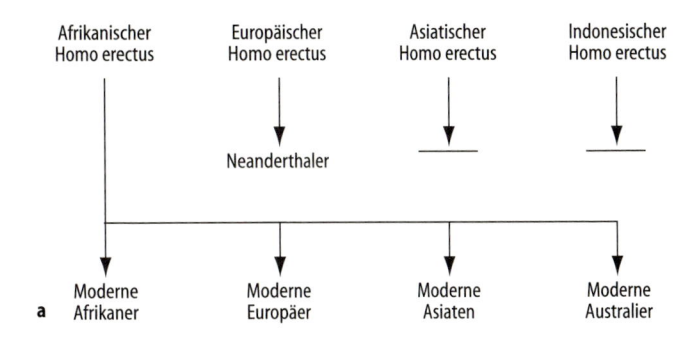

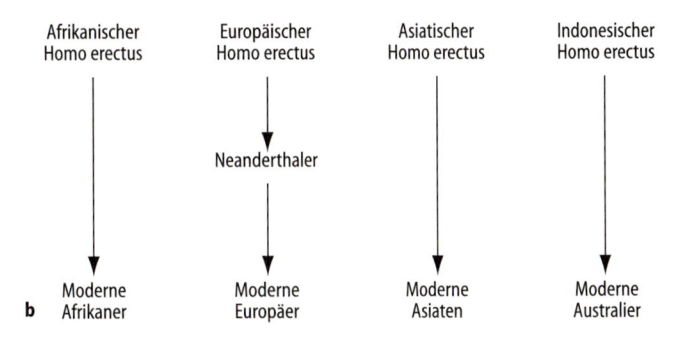

lich schnell erfolgt. Abbildung 8.4a,b kontrastiert diese beiden Alternativthesen.

Natürlich sind auch beliebige Mischformen beider Thesen denkbar, z.B. dass Einwanderer vom Typ Homo sapiens sapiens sich mit solchen regionalen Nachkommen von Homo erectus kreuzten, die ihnen genetisch am ähnlichsten waren. Gegen eine reine multiregionale Parallelentwicklung spricht die Statistik: Es ist äußerst unwahrscheinlich, dass sich dieselbe Entwicklung trotz unterschiedlicher Ökologie und der zufälligen Drift durch Mutationen gleich viermal unabhängig voneinander vollzogen hat.

Die Out-of-Africa-Hypothese erhielt besondere Aufmerksamkeit durch großangelegte Untersuchungen zur genetischen Ähnlichkeit alteingesessener Populationen, deren Ergebnisse sie recht gut bestätigten. In diesen Studien wurden Stichproben von solchen Populationen untersucht, von denen bekannt ist, dass sie schon lange am selben Ort leben und relativ wenig durch Einwanderungswellen durchmischt wurden (in Europa z.B. Teile von Sardinien und des Baskenlandes). Dann wurden aus Blutuntersuchungen der Probanden Marker für zahlreiche Gene bestimmt, die in unterschiedlichen Allelen auftreten (z.B. Blutgruppe A, B, 0). Die resultierende Häufigkeitsverteilung der Marker charakterisierte also eine Population. Schließlich wurden die Populationen untereinander nach Ähnlichkeit verglichen. Die Ergebnisse werden hier am Beispiel der Studie von Cavalli-Sforza et al. (1994) illustriert, die auf den Häufigkeiten von 120 Allelen in 42 Populationen beruht.

Abbildung 8.5 zeigt das Ergebnis einer hierarchischen Clusteranalyse (vgl. zur Methode Abschn. 4.1.2) der 42 Populationen aufgrund ihrer genetischen Ähnlichkeit. Es kann von links nach rechts interpretiert werden im Sinne einer immer weiteren Aufspaltung einer ursprünglichen Population. Die erste Aufspaltung betrifft Afrikaner versus Nichtafrikaner; die zweite Ureinwohner von Australien und Neu-Guinea versus sonstige Nichtafrikaner usw. Die Aufspaltungsreihenfolge ist kompatibel mit der Out-of-Africa-Hypothese, wenn man annimmt, dass die genetische Unähnlichkeit von zwei Populationen proportional z.Z. seit ihrer Trennung im Verlauf der Populationsentwicklung ist.

Diese Annahme wiederum lässt sich zurückführen auf das Prinzip einer gleichmäßig tickenden »genetischen Uhr«. Wenn zwei Populationen räumlich getrennt

Abb. 8.5. Genetische Ähnlichkeit von 42 Populationen. (Mod. nach Cavalli-Sforza et al., 1994)

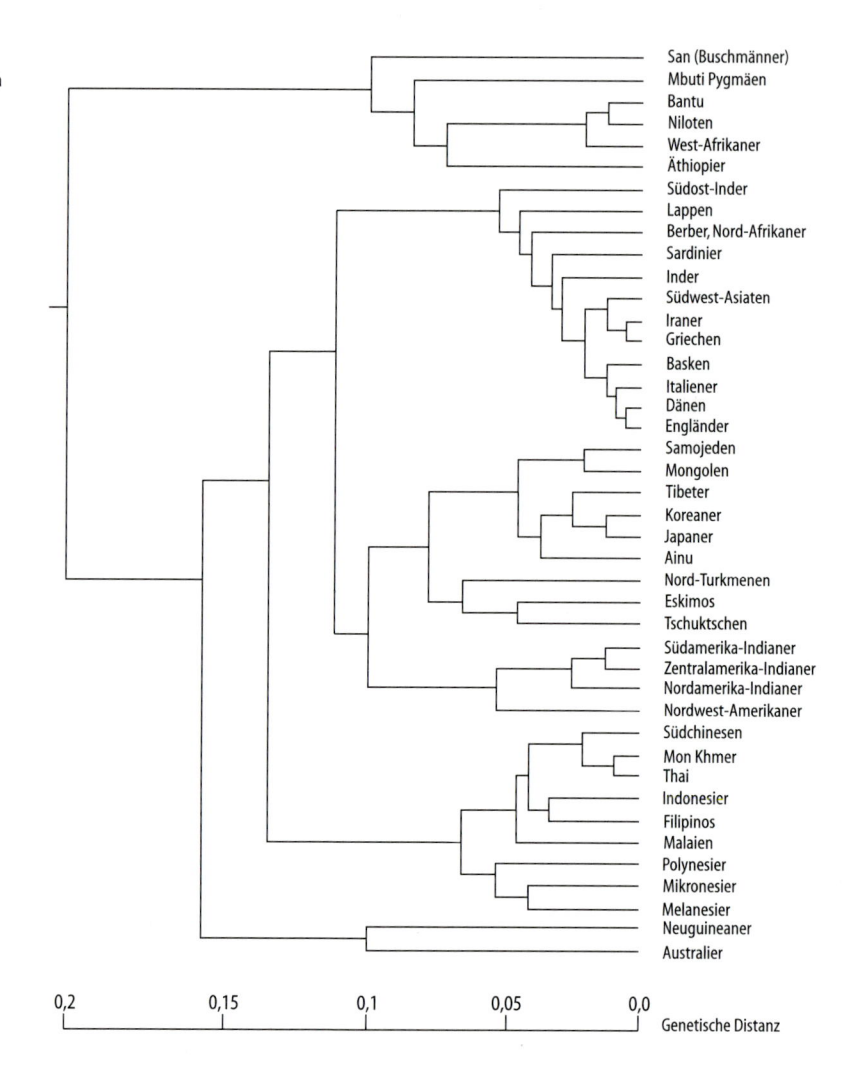

sind, werden sie sich nicht mehr genetisch vermischen. Durch zufällige Mutationen und sexuelle Rekombinationen (zufällige Durchmischung des Erbguts der beiden Eltern bei ihren Nachkommen) driften die beiden Populationen genetisch auseinander, und zwar in ziemlich konstantem Tempo, weil Mutationsrate und Durchmischungsrate bei der sexuellen Rekombination weitgehend konstant sind.

Abbildung 8.6 zeigt das Ergebnis einer Faktorenanalyse derselben Daten (zur Methodik vgl. Abschn. 4.1.1). Die Faktorenladungen der Populationen auf den ersten beiden Faktoren sind in 8 unterschiedlichen Schwärzungsstufen dargestellt und geographisch zugeordnet. Der erste Faktor gibt die genetische Distanz von afrikanischen und europäischen Populationen an; die australischen Aborigines sind genetisch von ihnen am weitesten entfernt. Der zweite, hiervon statistisch unabhängige Faktor lässt sich als genetische Distanz von den Indianerstämmen des Amazonasgebietes interpretieren. Beide Faktoren lassen sich im Rahmen der Out-of-Africa-Hypothese als zwei relativ unabhängige Wanderungsbewegungen deuten: von Afrika über Asien nach Australien (Faktor 1) und von Afrika über Asien und die Pazifikküste Nordamerikas nach Südamerika (Faktor 2) (vgl. auch Abb. 8.3).

Eine dritte Beobachtung an diesen Daten stützt ebenfalls die Out-of-Africa-Hypothese. Je früher eine Region besiedelt wurde, desto höher sollte ihre genetische Variabilität sein. Wie Abb. 8.5 zeigt, unterscheiden sich die afrikanischen Populationen stärker voneinander als die europäischen und diese wiederum stärker als die amerikanischen.

8.4 · Genetische Einflüsse

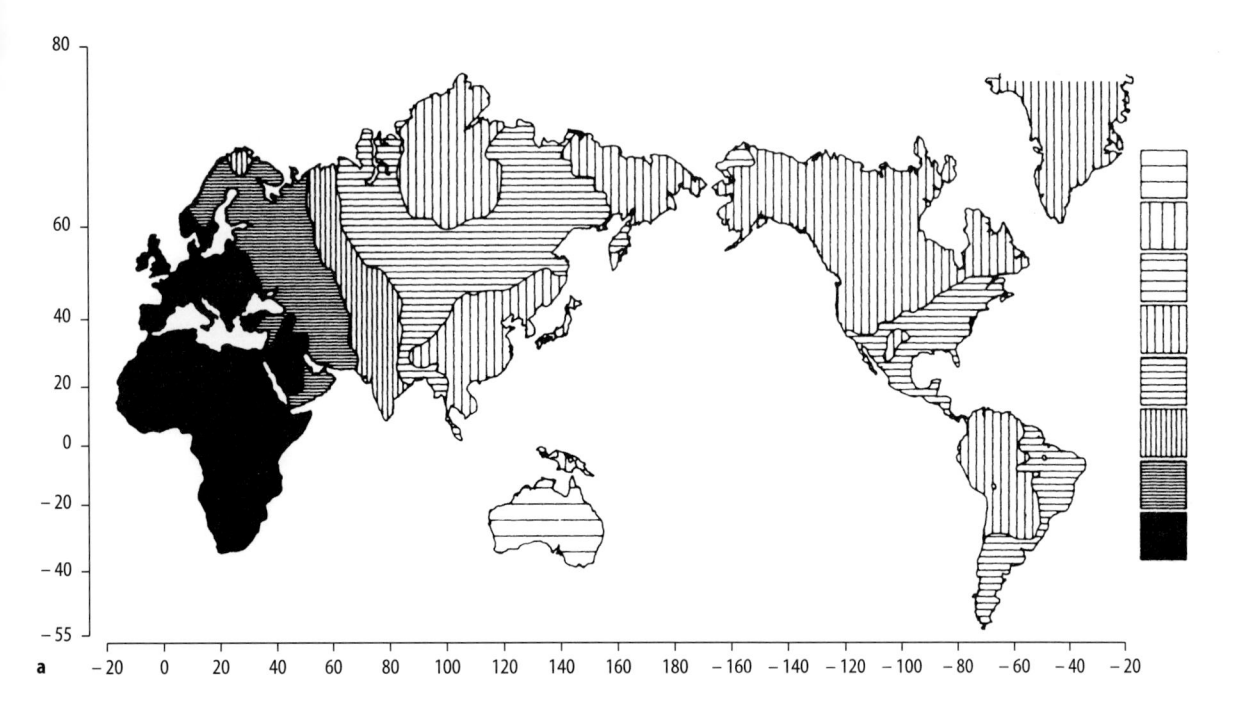

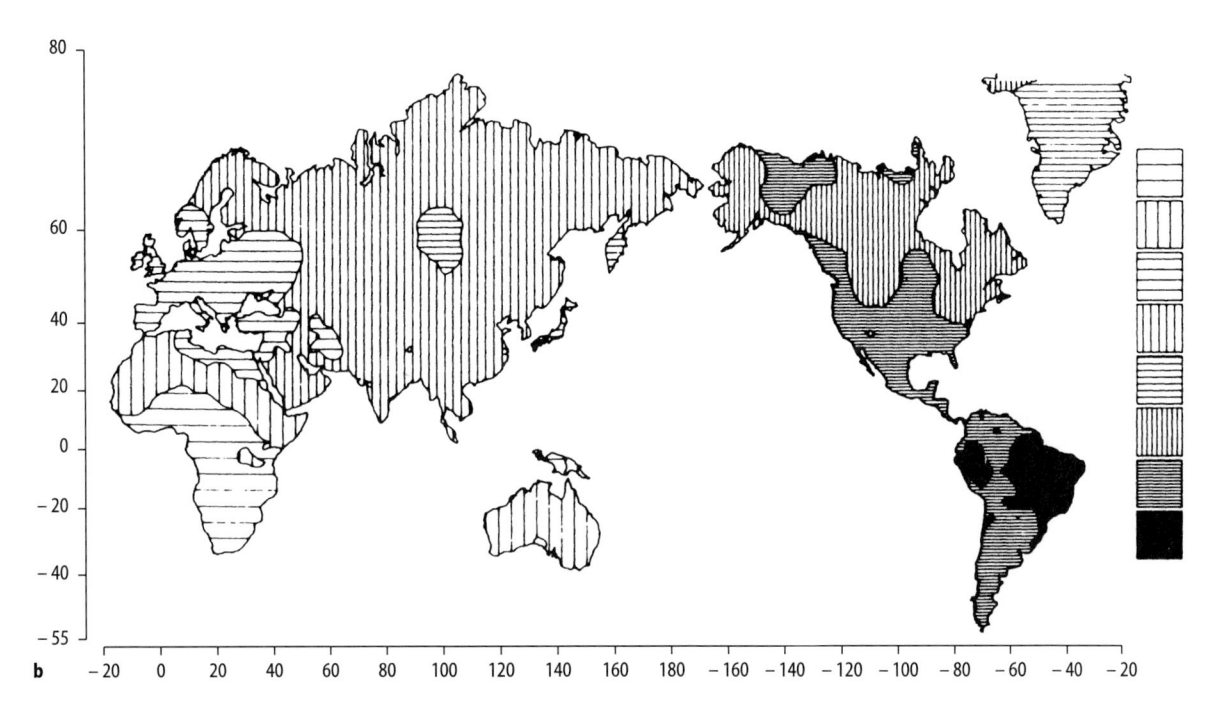

Abb. 8.6. Ladungen von Populationen auf **a** dem ersten Faktor und **b** dem zweiten Faktor in einer Faktorenanalyse der genetischen Distanzen von 42 Populationen. Je dunkler die Schraffur, desto höher die Faktorenladung. (Mod. nach Cavalli-Sforza et al., 1994)

Weitere Unterstützung erhielt die Out-of-Africa-Hypothese von ähnlichen Untersuchungen der mitochondrialen Gene. Dies sind Gene in den Mitochondrien der Zellen, also nicht im Zellkern; deshalb stammen sie immer nur von der Mutter. Die genetische Ähnlichkeit in diesem rein mütterlichen Erbgang entspricht recht gut der sonstigen genetischen Ähnlichkeit.

Dennoch sind die genetischen Daten nicht so eindeutig, wie es manchmal behauptet wird. Vor allem die Rekonstruktion der Entstehungsgeschichte von Populationen durch Clusteranalyse und ähnliche Verfahren ist methodisch schwierig, weil solche Verfahren oft suboptimale Lösungen produzieren (vgl. Templeton, 1993, für eine Kritik). Entsprechendes gilt für Untersuchungen der genetischen Ähnlichkeit in denjenigen Abschnitten des Y-Chromosoms, die nur vom Vater stammen (rein väterlicher Erbgang).

Eine dritte Datenquelle für die Entwicklungsgeschichte heutiger Populationen ist die Ähnlichkeit ihrer Sprache. Das Verfahren funktioniert im Prinzip genauso wie die Analyse der genetischen Ähnlichkeit, nur dass diese durch die linguistische Ähnlichkeit ersetzt wird. Die linguistische Ähnlichkeit bezieht sich vor allem auf die Art der Grammatik und ist weitaus schwerer zu bestimmen als die genetische Ähnlichkeit von Populationen. Trotz dieser Schwierigkeiten konnten Cavalli-Sforza et al. (1994) deutliche Parallelen zwischen genetischer und linguistischer Ähnlichkeit aufzeigen.

Diese Parallelen basieren zum Großteil auf der Tatsache, dass sich geographisch entferntere Populationen stärker genetisch und linguistisch unterscheiden als geographisch nähere. Aber auch darüber hinaus gibt es bemerkenswerte Parallelen, z.B. dass sich Inder und Dänen genetisch und linguistisch ähnlicher sind als Dänen und finnische Lappen (Inder und Dänen sprechen eine indogermanische Sprache, Lappen eine uralische Sprache; zur genetischen Ähnlichkeit vgl. ◘ Abb. 8.5).

Eine sehr hohe Konsistenz zwischen den genetischen und linguistischen Daten ist nicht zu erwarten, weil dem 2 Prozesse entgegenstehen: linguistische Ersetzung und genetische Ersetzung. Bei der linguistischen Ersetzung übernimmt eine Population die Sprache der Eroberer (z.B. Verbreitung des Spanischen in Südamerika); bei der genetischen Ersetzung kommt es zu einer asymmetrischen genetischen Durchmischung seitens der Eroberer (sie zeugen mehr Kinder mit den Eroberten als umgekehrt). Zum Beispiel haben Schwarze in den Nordstaaten der USA heute, also ca. 10 Generationen nach ihrer Versklavung, im Mittel bereits ca. 50 % »weiße« Allele (vgl. Vogel & Motulsky, 1986). Umso bemerkenswerter ist es, dass die genetischen und linguistischen Daten überhaupt näherungsweise übereinstimmen.

> **Merke**
>
> Archäologische, genetische und linguistische Analysen stützen trotz methodischer Probleme insgesamt die Out-of-Africa-Hypothese, wonach alle heutigen menschlichen Populationen sich aus einer gemeinsamen Ursprungspopulation in Südostafrika vor 100 000 Jahren entwickelt haben (Homo sapiens sapiens). Kontrovers ist, wie stark sich Teile dieser Ursprungspopulation im Zuge der Besiedlung der Erde mit andersartigen regionalen Varianten von Homo sapiens vermischt haben (z.B. Neanderthaler).

8.4.2 Rassenunterschiede

Unter einer Rasse wird in der Psychologie eine große Gruppe von Menschen verstanden, die sich aufgrund genetisch determinierter körperlicher Oberflächenmerkmale wie z.B. Hautfarbe und Augenform von anderen Gruppen von Menschen unterscheidet. Der Rassenbegriff hat eine lange Geschichte, die untrennbar mit der Geschichte der Ablehnung und Herabwürdigung andersartiger Populationen (Rassismus) verbunden ist. Besonders extrem war der Rassismus in Deutschland während der Nazizeit. Deshalb ist der Begriff der Rasse seit dem 2. Weltkrieg besonders in Deutschland diskreditiert. Wie die folgenden Überlegungen zeigen, ist der Rassenbegriff wissenschaftlich wenig sinnvoll zur Klassifizierung menschlicher Populationen und als Erklärungsbegriff hoch problematisch. Da es aber starke Vorurteile gegenüber anderen Rassen gibt, ist eine Auseinandersetzung mit dem Rassenbegriff für Psychologen wichtig.

Die meisten Klassifikationen der Rasse orientieren sich an zwei Merkmalen: Hautfarbe und Augenform. Hierdurch lassen sich drei Hauptrassen unterscheiden: Schwarze (dunkle Hautfarbe), Weiße (helle Hautfarbe) und Mongolide (charakterisiert durch die Mongolenfalte, eine Hautfalte über dem Augenlid, die eine Lidspalte (»Schlitzauge«) vortäuscht; vgl. ◘ Abb. 8.7).

Hautfarbe und Augenform weisen bedingt auf den Lebensraum der Vorfahren heutiger Populationen hin. Wird der Rassenbegriff so verstanden, ist er zur äußerst groben Charakterisierung der geographischen Herkunft geeignet. So wird er z.B. in nordamerikanischen psycho-

8.4 · Genetische Einflüsse

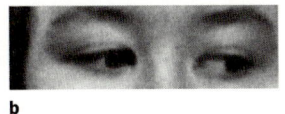

◘ Abb. 8.7. Auge **a** ohne Mongolenfalte und **b** mit Mongolenfalte. (Mit freundlicher Genehmigung von H. Berger)

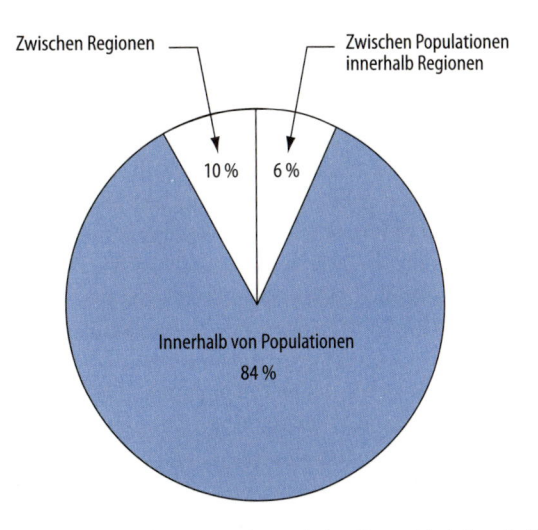

◘ Abb. 8.8. Relativer Anteil genetischer Unterschiede innerhalb und zwischen Populationen und geographischen Regionen

logischen Untersuchungen verstanden. Dort ist es üblich, nordamerikanische Stichproben unter dem Stichwort »race« durch den Prozentsatz der Weißen (»Caucasians«, ein Begriff, der auf den deutschen Arzt Blumenbach, 1775, zurückgeht), der Schwarzen (z. Z. politisch korrekt in den USA »African-Americans«), der Mittel- und Südamerikaner (»Hispanics«) und der Asiaten (»Asians«) zu charakterisieren. Faktisch bezeichnet Rasse hier die geographische Herkunft der Vorfahren in einer Population von Einwanderern.

Zur Charakterisierung der genetischen Ähnlichkeit ist aber ein auf Hautfarbe und Augenform beruhender Rassenbegriff nicht geeignet. Denn wie ◘ Abb. 8.6 zeigt, unterscheiden sich z. B. die Aborigines von Australien genetisch besonders stark von den Afrikanern, aber sie haben eine ähnlich dunkle Hautfarbe (weil beide Bevölkerungsgruppen besonders starker Sonneneinstrahlung ausgesetzt sind).

Das ist auch nicht erstaunlich, weil es sich bei Hautfarbe und Augenform um zwei sehr spezifische Merkmale von Hunderten von Merkmalen handelt, in denen sich Populationen genetisch unterscheiden. Die Popularität dieser Merkmale bei der Einteilung von Rassen beruht schlicht darauf, dass es sich um die am leichtesten erkennbaren genetischen Merkmale handelt, in denen sich Populationen unterscheiden. Sinnvoll für die genetische Klassifikation von Populationen sind sie damit aber noch nicht. Neuere Klassifikationen wie die in ◘ Abb. 8.5 gezeigte beruhen auf weitaus mehr genetischer Information und sind darüber hinaus konsistent mit archäologischen und linguistischen Befunden über die Ähnlichkeit und die Entstehung heutiger Populationen.

> **! Merke**
> Ein auf Hautfarbe und Augenform basierender Rassebegriff ist nicht geeignet, die genetische Ähnlichkeit von Populationen zu charakterisieren.

Hinzu kommt das Problem, dass der Rassenbegriff meist so verstanden wird, als seien Rassen genetisch sehr stark verschieden. Das ist aber nicht der Fall. Wie groß die vorhandenen genetischen Populationsunterschiede tatsächlich sind, wird z. B. dann deutlich, wenn man genetische Unterschiede zwischen Menschen aufteilt in Unterschiede innerhalb von Populationen, Unterschiede zwischen Populationen und geographische Unterschiede.

Latter (1980) tat dies, indem er die Variabilität von 18 genetischen Markern in 40 Populationen aus 6 geographischen Regionen der Erde untersuchte (Europa, Naher Osten, Afrika, Asien, Amerika und Australien). Wie ◘ Abb. 8.8 zeigt, gingen 84 % der genetischen Unterschiede auf interindividuelle Unterschiede innerhalb der Populationen zurück, 6 % auf Populationsdifferenzen innerhalb der geographischen Regionen und 10 % auf geographische Unterschiede. Diese Ergebnisse wurden später durch Analysen der genetischen Unterschiede im Zellkern und den Mitochondrien bestätigt (Cann et al., 1987; Wainscoat et al., 1986). Populationsunterschiede machen also nur ein Sechstel aller genetischen Unterschiede aus. Dies gilt nicht nur weltweit gesehen, sondern selbst dann, wenn benachbarte aber geographisch dennoch klar getrennte Populationen untersucht werden (z. B. Bewohner verschiedener Täler des Kaukasus; Bulayeva et al., 1993).

> **! Merke**
> Die genetischen Unterschiede innerhalb von Populationen sind erheblich größer als die genetischen Unterschiede zwischen Populationen; das Verhältnis beträgt etwa 6:1.

Die in vielen Kulturen verbreitete Vorstellung, dass sich Rassen genetisch stark voneinander unterscheiden, ist also falsch. Aufgrund ihrer gemeinsamen Abstammung sind sich menschliche Populationen vielmehr genetisch sehr ähnlich; die Unterschiede innerhalb der Populationen sind sehr viel größer als die zwischen Populationen. Mein Nachbar wird sich aller Wahrscheinlichkeit nach von mir erheblich stärker genetisch unterscheiden als der Durchschnittsdeutsche vom Durchschnittschinesen. Beim Rassenbegriff handelt es sich also ähnlich wie bei den Geschlechtsstereotypen um eine starke Übertreibung tatsächlich vorhandener Unterschiede (vgl. hierzu noch einmal ◘ Abb. 7.1). Diese Überbetonung kleiner Unterschiede hat aber fatale Konsequenzen, weil sie den Nährboden für Fremdenfeindlichkeit und eine Überbewertung der eigenen Kultur bildet und so Zündstoff für soziale Konflikte bietet.

❗ Merke

Rassenunterschiede sind vorhanden, aber sie werden alltagspsychologisch aufgrund von Stereotypisierung stark übertrieben.

Die Übertreibung von Rassenunterschieden ist besonders problematisch in gemischtrassigen Populationen, wo die Rasse oft sehr leichtfertig zur genetischen Erklärung beobachtbarer Persönlichkeitsunterschiede herangezogen wird. Zum Problem der Übertreibung durch Stereotypisierung kommt hier meist das weitere Problem hinzu, dass Rasse mit sozialem Status gekoppelt ist und von daher Persönlichkeitsunterschiede, die möglicherweise auf Unterschieden im sozialen Status beruhen, oft unbesehen als Rassenunterschiede interpretiert werden. Wie schwierig die Trennung dieser beiden Interpretationsmöglichkeiten ist, wird im folgenden am Beispiel der Intelligenz von Schwarzen und Weißen in den USA genauer dargestellt.

Werden repräsentative Stichproben weißer und schwarzer Kinder oder Erwachsener in den USA mit einem Intelligenztest getestet, so hat die weiße Stichprobe einen um ca. 15 IQ-Punkte höheren Mittelwert als die schwarze; die Effektgröße der Rasse (vgl. »Methodik«, S. 385 für den Begriff der Effektgröße) beträgt also etwa 1 Standardabweichung (vgl. Jensen, 1980). Bekanntlich unterscheiden sich Weiße und Schwarze in den USA aber auch in ihrem sozialen Status (vgl. zum Begriff des sozioökonomischen Status Abschn. 5.1.3), und der soziale Status korreliert mit dem IQ (vgl. Abschn. 4.4.1). Zusätzlich kompliziert wird die Beziehung zwischen Rasse, Status

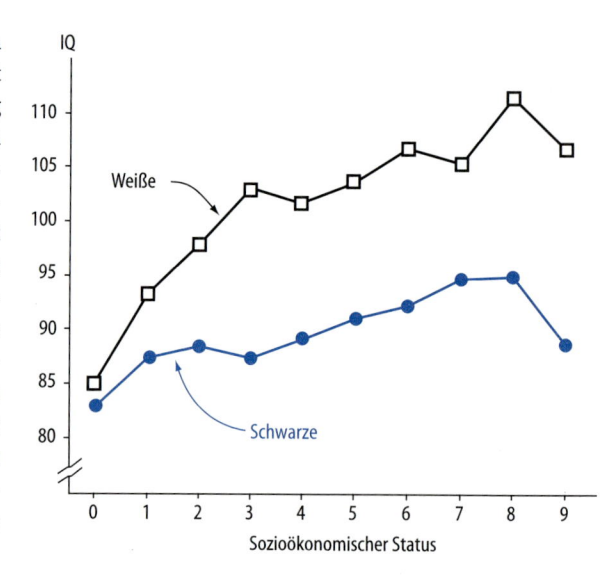

◘ **Abb. 8.9.** Wechselwirkung zwischen Hautfarbe und sozioökonomischem Status in bezug auf den IQ bei US-amerikanischen Schulkindern (Jensen & Figueroa, 1975)

und IQ durch eine Wechselwirkung zwischen Rasse und Status: Die Unterschiede zwischen Schwarzen und Weißen nehmen mit zunehmendem Status zu. Dies wird z.B. in einer Studie von Jensen und Figueroa (1975) an 622 weißen und 622 schwarzen kalifornischen Schulkindern deutlich (vgl. ◘ Abb. 8.9).

❗ Merke

Werden schwarze und weiße Kinder derselben sozialen Schicht in den USA in ihrer Intelligenz verglichen, so nimmt der IQ-Unterschied mit zunehmendem sozialen Status deutlich zu. Weiße Kinder in den USA profitieren also stärker von einem hohen sozialen Status der Familie als schwarze Kinder.

Die Beziehung zwischen Status, Rasse und IQ kann ähnlich wie bei den verhaltensgenetischen Schätzungen in Varianzanteilen ausgedrückt werden (vgl. ◘ Abb. 8.10). Rassenunterschiede unabhängig vom sozioökonomischen Status machten 14 % der IQ-Unterschiede aus, Statusunterschiede unabhängig von Rassenunterschieden 8 % und die Wechselwirkung zwischen Status und Rasse ebenfalls 8 %. Damit klärten Rasse und Status zusammen 30 % der IQ-Unterschiede auf. Die restlichen Unterschiede waren durch Unterschiede zwischen Personen mit gleicher Rasse und Status und den Messfehler bedingt. Da die Wechselwirkung zwischen Rasse und Status zur

8.4 · Genetische Einflüsse

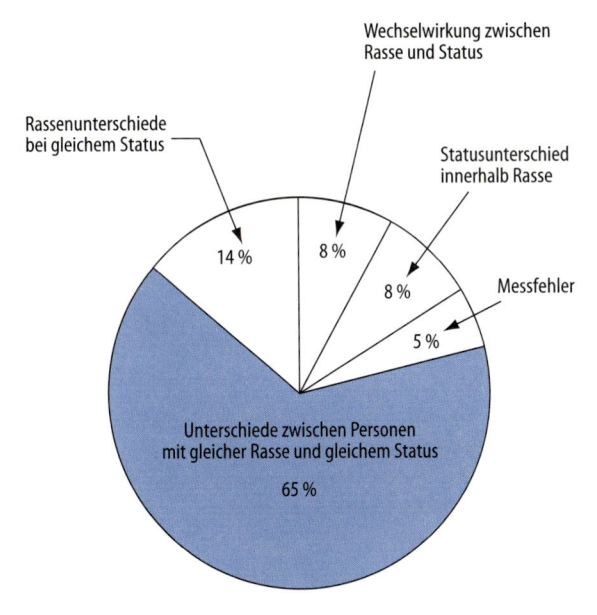

Abb. 8.10. Relativer Anteil verschiedener Bedingungen des IQ bei US-amerikanischen Schulkindern. (Daten nach Jensen & Figueroa, 1975)

- Rassenunterschiede bei gleichem Status: 14 %
- Wechselwirkung zwischen Rasse und Status: 8 %
- Statusunterschied innerhalb Rasse: 8 %
- Messfehler: 5 %
- Unterschiede zwischen Personen mit gleicher Rasse und gleichem Status: 65 %

Hälfte den Rassenunterschieden zugeschlagen werden kann, beträgt nach Kontrolle des sozioökonomischen Status das Verhältnis zwischen Rassenunterschied und Unterschied innerhalb der Rassen etwa 1:4.

> **Merke**
> Nach Kontrolle des sozialen Status sind IQ-Unterschiede innerhalb von Schwarzen und Weißen in den USA etwa viermal so groß wie die Unterschiede zwischen Schwarz und Weiß.

Erklärungsbedürftig ist dabei vor allem der mit zunehmendem Status wachsende Unterschied. Ist er auf eine Genom-Umwelt-Interaktion zurückzuführen derart, dass viele weiße Kinder intelligenzförderliche Gene haben, die bei schwarzen Kindern seltener sind und die sich vor allem in intellektuell stimulierenderen Umwelten auf den IQ auswirken (vgl. zum Begriff der Genom-Umwelt-Interaktion Abschn. 6.2.5)? Nehmen schwarze Kinder als Mitglieder einer Minderheit in den USA wahr, dass sie von der weißen Mehrheit diskriminiert werden, werden dadurch intellektuell demotiviert, durch ihre schon vorher demotivierten Eltern und (meist schwarzen) Lehrer darin noch bestärkt, und dadurch in ihrer Intelligenzentwicklung gehindert, selbst wenn sie formal gleiche Bildungschancen haben wie weiße Kinder

(Ogbu, 1991)? Oder gibt es eine spezifische Subkultur der Schwarzen in den USA, die aus ihren afrikanischen Herkunftskulturen importiert wurde und sich durch ihre Betonung von Spontaneität, Interaktivität und divergentem Denken hinderlich auf die Leistung in IQ-Tests auswirkt, die Selbstdisziplin, individualistisches Problemlösen und eher konvergentes Denken erfordert (Helms, 1992)? Korrelative Studien wie die von Jensen und Figueroa (1975) können zwischen diesen ganz unterschiedlichen Erklärungen nicht entscheiden.

Auch das oft vorgebrachte Argument, dass IQ-Unterschiede innerhalb westlicher Kulturen etwa zur Hälfte genetisch bedingt sind und deshalb die Unterschiede zwischen Schwarzen und Weißen auch etwa zur Hälfte auf genetische Unterschiede zwischen den Rassen zurückgehen müssen, ist keineswegs zwingend. Das Gegenargument hat Scarr-Salatapek (1972) etwas metaphorisch, aber dafür auch besonders anschaulich formuliert. Wähle zwei Zufallsstichproben von Samenkörnern aus derselben genetisch heterogenen Population. Säe die eine Stichprobe auf durchweg fruchtbarem Boden aus, die andere auf durchweg unfruchtbarem Boden. Die Pflanzen auf dem fruchtbaren Boden werden durchschnittlich höher wachsen als die auf dem unfruchtbaren Boden. Der Populationsunterschied ist in diesem Fall rein umweltbedingt, während die Unterschiede innerhalb der beiden Populationen rein genetisch bedingt sind. Auch eine Genom-Umwelt-Interaktion ist denkbar; z. B. könnten genetisch zu größerer Höhe prädisponierte Pflanzen überproportional von gutem Boden profitieren.

Möglicherweise unterscheiden sich Schwarze von den Weißen in den USA überhaupt nicht in der Verteilung intelligenzrelevanter Gene, aber umso mehr in intelligenzrelevanten Umweltbedingungen, z.B. den Zugangschancen zu intelligenzförderlichen Umwelten (der »fruchtbare Boden«).

> **Merke**
> Aus dem genetischen Einfluss auf Persönlichkeitsunterschiede innerhalb von Populationen lassen sich keine Schlüsse auf den genetischen Einfluss auf Persönlichkeitsunterschiede zwischen (Sub-)Populationen ziehen.

Es sind also eigenständige empirische Untersuchungen notwendig, um den genetischen Einfluss auf Rassenunterschiede innerhalb einer Population abzuschätzen (s. »Die klassische Studie« auf S. 434).

Die sparsamste Erklärung für diese Ergebnisse scheint die Annahme genetisch bedingter Intelligenzun-

> **Die klassische Studie**
>
> **Genetischer Einfluss auf Rassenunterschiede innerhalb einer Population**
> Scarr und Weinberg (1976) initiierten deshalb eine Studie an überwiegend nichtweißen Adoptivkindern, die von weißen Familien der oberen Mittelschicht in den USA adoptiert worden waren; die Familien hatten zudem auch meist eigene Kinder. Damit war es möglich, genetische Populationsunterschiede zumindest teilweise von Unterschieden in der sozialen Umwelt zu trennen. Um noch einmal die Metapher von Scarr-Salatapek aufzugreifen: Es wurden Fälle untersucht, in denen der Samen unterschiedlicher Pflanzenarten auf durchweg fruchtbarem Boden ausgesät wurde; Höhenunterschiede sollten also Auskunft über genetisch bedingte Populationsunterschiede geben. Die Adoptivkinder und die leiblichen Kinder ihrer Adoptiveltern wurden im Alter von 4–12 Jahren und meist noch einmal 10 Jahre später auf ihren IQ hin getestet (Weinberg et al., 1992). Für die biologischen Eltern der Adoptivkinder war nur die Ausbildungsdauer bekannt, für die Adoptiveltern zusätzlich der IQ. ◘ Tabelle 8.4 zeigt die Ergebnisse.
>
> Das zentrale Ergebnis dieser Studie ist, dass es eine äußerst stabile Rangfolge der Mittelwerte bei den Adoptivkindern gab (fett gedruckte Werte in ◘ Tabelle 8.4) und dass die Extreme in dieser Rangfolge (weiße Adoptivkinder und Adoptivkinder, deren biologische Eltern beide schwarz waren) sich zu beiden Zeitpunkten um mindestens eine ganze Standardabweichung im IQ unterschieden (15 bzw. 17 IQ-Punkte). Dies entspricht in etwa dem erwarteten IQ-Unterschied zwischen weißen und schwarzen US-Amerikanern der gehobenen Mittelschicht (vgl. ◘ Abb. 8.9). Dass die IQ-Mittelwerte aller Gruppen sanken, geht darauf zurück, dass die IQ-Werte zum zweiten Zeitpunkt auf aktuelleren Normwerten beruhen, so dass sie nicht so stark wie die Werte zum ersten Zeitpunkt Überschätzungen aufgrund des säkularen Trends zu höheren IQ-Werten darstellten (vgl. »Unter der Lupe«, S. 189).
>
> ◘ Tabelle 8.4. Intelligenzunterschiede in gemischtrassigen US-Adoptivfamilien
>
> | Person | IQ zum Zeitpunkt 1 | | | | IQ zum Zeitpunkt 2 | | | |
> |---|---|---|---|---|---|---|---|---|
> | | n | *M* | min | max | n | *M* | min | max |
> | Vater (weiß) | 99 | **121** | 93 | 140 | 74 | **117** | 92 | 145 |
> | Mutter (weiß) | 99 | **118** | 96 | 143 | 84 | **114** | 85 | 136 |
> | Eigene Kinder (weiß) | 143 | **117** | 81 | 150 | 104 | **109** | 78 | 146 |
> | Adoptivkinder | | | | | | | | |
> | Weiße | 25 | **112** | 62 | 143 | 16 | **106** | 79 | 140 |
> | Schwarz-weiße Mischlinge | 68 | **109** | 86 | 136 | 55 | **99** | 73 | 134 |
> | Asiatische/indianische | 21 | **100** | 66 | 129 | 12 | **96** | 73 | 122 |
> | Schwarze | 29 | **97** | 80 | 130 | 21 | **89** | 75 | 112 |

terschiede zwischen Schwarzen und Weißen in den USA zu sein, denn die über die weißen Elternhäuser hergestellte »weiße Umwelt« verringerte den IQ-Unterschied zwischen schwarzen und weißen Kindern nicht wesentlich. Diese mögliche Interpretation muss jedoch in dreifacher Hinsicht relativiert werden. Erstens unterschieden sich die rein schwarzen Kinder von den Mischlingskindern nicht nur in der Hautfarbe, sondern auch in der Qualität ihrer Umwelt. Sie waren zum Zeitpunkt der Adoption erheblich älter (im Mittel 32 versus 9 Monate) und hatten öfter einen Wechsel der Bezugspersonen vor der Adoption erlebt (1,2 versus 0,8). Da ihre biologischen Mütter schlechter ausgebildet waren (mittlere Bildungsdauer 10,9 versus 12,4 Jahre), ist zweitens zu vermuten, dass die rein schwarzen Kinder erhöhten Umweltrisiken während Schwangerschaft und Geburt ausgesetzt waren.

Und schließlich waren die rein schwarzen Kinder aufgrund ihrer Hautfarbe zumindest außerhalb ihrer Familie denselben Erwartungen ihrer sozialen Umwelt ausgesetzt wie andere schwarze Kinder, was in Form einer selbsterfüllenden Prophezeiung ihre Intelligenzentwicklung behindert haben mag.

Diese 3 Befunde sprechen andererseits nicht unbedingt für eine reine Umweltinterpretation, wenn bedacht wird, dass es passive und reaktive Genom-Umwelt-Kovarianzen gibt (vgl. Abschn. 6.2.5). Die vermuteten schlechteren Schwangerschafts- und Geburtsumstände der rein schwarzen Kinder könnten durch passive Genom-Umwelt-Kovarianz bedingt sein (die Kinder sind ihrer Mutter genetisch ähnlich, die wiederum aus genetischen Gründen ihrem Kind eine problematischere Umwelt bietet). Dass die rein schwarzen Kinder später und nach einer wechselvolleren Geschichte adoptiert wurden, könnte nicht rein zufällig so sein, sondern damit zusammenhängen, dass schwarze Kinder weniger leicht von weißen Eltern adoptiert werden als Mischlingskinder. Die soziale Umwelt reagierte also auf genetische Unterschiede (reaktive Genom-Umwelt-Kovarianz), ebenso wie im Falle der vermuteten hinderlichen Erwartungen der (außerfamiliären) Umwelt. Die Rassenunterschiede wären nach dieser Interpretation weder reine Umwelteffekte noch reine genetische Effekte, sondern Ausdruck der Kovarianz von Genom und Umwelt.

Ein strikter Nachweis, dass es sich bei den Rassenunterschieden im IQ in den USA um direkte genetische Wirkungen auf den IQ handelte, würde erfordern, dass schwarze Kinder in bezug auf Hautfarbe und Gestalt »weiß gemacht« würden (was nicht möglich ist) oder dass die verursachenden Gene identifiziert würden (was derzeit noch nicht möglich ist). Ob und in welchem Grad diese Rassenunterschiede durch direkte genetische Wirkungen auf den IQ bedingt sind, kann also derzeit nicht seriös beantwortet werden.

> **Merke**
>
> Die Ergebnisse der Adoptionsstudie von Scarr et al. sind weder klar genetisch noch klar nicht-genetisch interpretierbar; sie könnten auch auf Genom-Umwelt-Kovarianzen zurückzuführen sein. Ob Rassenunterschiede in den USA teilweise durch direkte genetische Wirkungen auf den IQ bedingt sind, kann derzeit nicht beantwortet werden.

Eine Annahme über Rassenunterschiede zumindest kann inzwischen stark in Zweifel gezogen werden, nämlich dass die einzelnen Merkmale überhaupt nicht zwischen den Rassen verglichen werden dürften, weil sie je nach dem jeweiligen kulturellen Kontext eine unterschiedliche Bedeutung besäßen. Wenn dies so wäre, müssten sich ihre Korrelate unterscheiden, d.h. die Korrelationen zwischen Persönlichkeitseigenschaften oder zwischen diesen Eigenschaften und ihren Entwicklungsbedingungen und Konsequenzen müssten sich zwischen unterschiedlichen Rassen unterscheiden. Im Falle des IQ sollten z.B. die Korrelationen zwischen IQ, Bildungsmilieu des Elternhauses, Schulnoten, Ausbildungsdauer und Berufsprestige bei Schwarzen und Weißen in den USA anders ausfallen.

Rowe et al. (1994) testeten diese Hypothese für so verschiedene Persönlichkeitsbereiche wie Intelligenz, antisoziales Verhalten und Selbstwertgefühl, indem sie die Korrelationen zwischen diesen Merkmalen und diversen Entwicklungsbedingungen und Konsequenzen zwischen weißen, schwarzen und spanischsprechenden Stichproben verglichen. In keinem Fall variierte das resultierende Korrelationsmuster stärker als per Zufall zu erwarten war, zwischen den Rassen. Die Autoren interpretierten dieses Ergebnis als Hinweis darauf, dass sich Rassen in den USA nicht in ihren Entwicklungsprozessen unterscheiden, sondern nur im Niveau ihrer Entwicklungsbedingungen, z.B. Bildungsmilieu des Elternhauses oder Verteilung intelligenzförderlicher Allele. Hier zeigt sich eine klare Parallele zu dem Befund, dass die Intelligenzstruktur zwischen Populationen nur wenig variiert (vgl. Abschn. 8.3).

> **Merke**
>
> Während Rassen in den USA Mittelwertsunterschiede in vielen Persönlichkeitsmerkmalen zeigen, scheinen sie sich nicht in deren Korrelaten zu unterscheiden. Rassenunterschiede wären danach begrenzt auf den genetischen und den Umwelt-»Input« von universellen Prozessen der Persönlichkeitsentwicklung.

8.5 Kulturelle Einflüsse

Ganz analog zur Dimension des ökologischen Relativismus kann man verschiedene Positionen zur kulturellen Relativität von Persönlichkeitsunterschieden unterscheiden, die von einem radikalen kulturellen Relativismus über Kontextualismus bis zu Universalismus reichen (vgl. Tabelle 8.1 in Abschn. 8.3). Die prinzipiellen Argumente sind ebenfalls vergleichbar, nur dass jetzt ökologische Einflüsse durch kulturelle Einflüsse ersetzt werden. Von daher ist es also möglich, Persönlichkeitseigenschaften zwischen verschiedenen Kulturen zu vergleichen, wenn bei der Erfassung dieser Merkmale kulturelle Besonderheiten berücksichtigt werden.

Ein Beispiel ist die Frage »Was ist der Koran?« im deutschen Wechsler-Intelligenztest (vgl. ◘ Tabelle 4.8). Diese Frage hat in islamischen Kulturen natürlich eine andere Bedeutung als in christlichen; von daher ist sie problematisch für kulturelle Vergleiche. Man könnte das Problem annähernd lösen, indem die Frage für islamische Kulturen ersetzt wird durch »Was ist die Bibel?« Zusätzlich müsste dann ein möglicher Item-Bias (vgl. Abschn. 8.3) geprüft werden, indem die Korrelationen zwischen diesem Item und dem Gesamt-IQ oder der Skala Allgemeines Wissen zwischen islamischen und christlichen Kulturen verglichen werden; fallen sie ähnlich aus, ist das Problem befriedigend gelöst.

Ein weiteres Beispiel ist die Anwendung standardisierter Beobachtungssituationen zur Erfassung von Persönlichkeits- oder Beziehungseigenschaften. Der Fremde-Situation-Test zur Erfassung der Bindungsqualität (vgl. ◘ Tabelle 5.6) wurde z. B. von Ainsworth aufgrund ihrer Beobachtung von Kindern in Uganda und den USA entwickelt, was bereits im Entwicklungsstadium eine allzu einseitige westliche Orientierung ausschließen sollte. Dennoch gibt es Probleme beim Vergleich der Testergebnisse zwischen unterschiedlichen Kulturen. Dies wird hier am Beispiel japanischer und israelischer Kinder gezeigt.

Japanische Kinder wachsen in großer physischer Nähe zur Mutter auf. So schläft die Mehrheit auch im Kindergartenalter noch mit der Mutter in einem Bett, gemeinsames Baden ist sehr verbreitet und japanische Mütter verlassen ihre Kinder in den beiden ersten Lebensjahren sehr selten und lassen sie fast nie in einem Raum alleine spielen. Von daher ist zu erwarten, dass die Trennung von der Mutter und das Alleingelassenwerden im Fremde-Situation-Test für sie einen weitaus größeren Stressor darstellt als für Kinder westlicher Kulturen. Ein Vergleich zwischen japanischen und US-amerikanischen Kindern belegte dies (Takahashi, 1990). 93 % der japanischen, aber nur 45 % der US-Kinder begannen sofort zu schreien, wenn sie in Episode 6 (vgl. ◘ Tabelle 5.6) allein gelassen wurden, so dass in Japan in keinem der 60 Fälle diese Situation wie geplant 3 min dauern konnte, während dies in den USA in 53 % der Fälle möglich war.

Von daher ist es nicht erstaunlich, dass in Japan kein einziges Kind als vermeidend (Typ A) klassifiziert wurde und die Rate der ängstlich-ambivalenten Kinder (Typ C) mit 32 % etwa doppelt so hoch war wie in den USA. Dass es sich hier nicht um eine unterschiedliche Reaktion auf die ungewohnte Testumgebung im allgemeinen handelte, wird daraus deutlich, dass die japanischen Kinder sich in ihrem Verhalten vor der ersten Trennung von der Mutter (Episode 4) nicht von US-Kindern unterschieden. Offenbar ist also der Strange Situation Test nicht geeignet, die Bindungsqualität japanischer Kinder ausreichend differenziert zu erfassen.

> **Merke**
> Standardisierte Tests können für manche Kulturen ungeeignet sein, weil sie aufgrund kultureller Besonderheiten nicht ausreichend zwischen Personen oder Beziehungen differenzieren.

Eine erhöhte Rate ängstlich-ambivalenter Kinder fand sich auch in einer Untersuchung israelischer Kibbuzkinder von Sagi et al. (1985). Da bei Kibbuzkindern die tägliche Betreuung nicht durch die leiblichen Eltern, sondern durch eine Erzieherin erfolgt, die typischerweise für 3 Kinder zuständig ist, wurde der Fremde-Situation-Test mit der Mutter, dem Vater und der Erzieherin durchgeführt und mit dem späteren sozialen und motivationalen Verhalten der Kinder in der Gleichaltrigengruppe in Beziehung gesetzt.

Im Gegensatz zu Studien in den USA und Deutschland sagte die Bindungsqualität zur Mutter oder zum Vater spätere soziale Kompetenz nicht vorher. Eine sichere Bindung zur Erzieherin im Alter von 11–14 Monaten korrelierte jedoch mit dominantem, selbständigem, leistungsmotiviertem und empathischem Verhalten im Kindergartenalter. Hier war der Test offenbar nur dann geeignet, wenn der Test kulturadäquat verändert wurde. Die frühe Bindungsqualität scheint prädiktiv für späteres Verhalten nur dann zu sein, wenn sie für enge, wichtige Beziehungen erhoben wird.

> **Merke**
> Standardisierte Tests müssen oft kulturspezifischen Bedingungen für das untersuchte Persönlichkeits- oder Beziehungsmerkmal angepasst werden, damit ihre Ergebnisse zwischen Kulturen vergleichbar sind.

Bisher wurde immer von bestimmten Persönlichkeits- oder Beziehungseigenschaften ausgegangen und gefragt, ob die Eigenschaften oder ihre Messung zwischen den Kulturen variieren. Umgekehrt kann man nach Dimen-

8.5 · Kulturelle Einflüsse

sionen suchen, auf denen sich Kulturen unterscheiden, und sich dann fragen, auf welche Persönlichkeitseigenschaften sie sich vermutlich auswirken. Für Persönlichkeitseigenschaften im sozialen Bereich dürften hierfür besonders kulturelle Unterschiede in grundlegenden Werthaltungen geeignet sein, weil sie soziale Einstellungen, soziale Motive und soziales Verhalten beeinflussen (vgl. Abschn. 4.6). Solche Studien sind sehr aufwendig, weil viele Personen in vielen möglichst unterschiedlichen Kulturen befragt werden müssen. Hofstede (1980) tat dies, wobei die Fragen auf den Arbeitsbereich zugeschnitten waren (vgl. »Die klassische Studie«, unten).

In nachfolgenden Untersuchungen erwies sich die kulturelle Dimension des Individualismus als besonders zentral auch bei nicht arbeitsbezogenen Fragen. Zum Beispiel entwickelte eine Gruppe chinesischer Sozialwissenschaftler ein Werteinventar für chinesische Werthaltungen, das in 22 weltweit verteilten Ländern von jeweils 100 Studenten beantwortet wurde (Chinese Culture Connection, 1987). Dabei fanden sich zwei kulturelle Dimensionen (Integration und moralische Disziplin), die in bezug auf die 20 auch von Hofstede (1980) untersuchten Kulturen deutlich negativ mit Individualismus korrelierten. Die Autoren interpretierten dies als Hinweis auf eine Dimension Individualismus-Kollektivismus, auf der sich beliebige Kulturen vergleichen lassen und die deshalb besonders zentral ist. Sie kontrastiert Kulturen, in denen individuelles Handeln primär der Realisierung eigener Ziele dient (individualistisch) bzw. primär der Realisierung von Zielen einer »In-Gruppe« dient (kollektivis-

---

Die klassische Studie

Kulturelle Dimensionen arbeitsbezogener Werthaltungen

Hofstede (1980) führte eine Befragung an 116 000 IBM-Mitarbeitern in 40 verschiedenen Ländern durch. Gestellt wurden 150 Fragen zu arbeitsbezogenen Einstellungen und Werthaltungen, die in 20 verschiedene Sprachen übersetzt wurden, z.B. zu Arbeitszufriedenheit, Arbeitsanforderungen, persönlichen Arbeitszielen, Konkurrenz, Konflikten. Eine Faktorenanalyse der Populationsmittelwerte ermittelte 4 Faktoren, auf denen die 40 Kulturen variierten: Machtdistanz (Akzeptanz großer Machtunterschiede vs. egalitäre Einstellung), Unsicherheitsmeidung (Ängstlichkeit angesichts unstrukturierter Situationen), Individualismus (Unabhängigkeit von sozialen Bezugsgruppen wie Familie oder Firma vs. Abhängigkeit von ihnen) und Maskulinität (Betonung einer traditionellen männlichen Geschlechtsrolle vs. egalitäre Einstellung). Für 10 Kulturen mit deutlich unterschiedlichen Individualismus-Werten ergaben sich dabei die in ◘ Tabelle 8.5 gezeigten Faktorenwerte.

Tabelle 8.5. Einstellungen im Ländervergleich

Kultur	Individualismus	Machtdistanz	Unsicherheitsmeidung	Maskulinität
USA	.91	.40	.46	.62
Niederlande	.80	.38	.53	.14
BRD	.67	.35	.65	.66
Österreich	.55	.11	.70	.79
Japan	.46	.54	.92	.95
Türkei	.37	.66	.85	.45
Mexiko	.30	.81	.82	.69
Hongkong	.25	.68	.29	.57
Thailand	.20	.64	.64	.34
Venezuela	.12	.81	.76	.73

◻ Tabelle 8.6. Unabhängiges und vernetztes Selbstkonzept

Aspekt	Unabhängiges Selbstkonzept	Vernetztes Selbstkonzept
Kultur	Individualistisch	Kollektivistisch
Struktur	Abgegrenzt, einheitlich, stabil	Dehnbar, variabel
Merkmale	Privat (Fähigkeiten, Gedanken, Gefühle)	Öffentlich (Status, Rolle, Beziehung)
Ziele	Sei einzigartig Sei echt Realisiere innere Eigenschaften Verfolge eigene Interessen Sage, was du denkst	Füge dich ein Nehme deinen Platz ein Verhalte dich normkonform Fördere die Interessen deiner Gruppe Versetze dich in die Lage anderer
Rolle anderer	Selbstbewertung durch sozialen Vergleich	Selbstdefinition durch Beziehung mit anderen

tisch). Eine In-Gruppe ist eine soziale Gruppe, der das Individuum angehört und mit der es sich identifiziert (z. B. die Familie, die Firma, der Clan, die Nation).

Markus und Kitayama (1991) diskutierten ausführlich das unterschiedliche Selbstkonzept in individualistischen und kollektivistischen Kulturen. Das Selbstkonzept in individualistischen Kulturen charakterisierten sie als unabhängig (»independent self«), das Selbstkonzept in kollektivistischen Kulturen als vernetzt (»interdependent self«). Während das unabhängige Selbstkonzept die Individualität des einzelnen unabhängig von seinen sozialen Beziehungen betont, betont das vernetzte Selbstkonzept die Einbettung in soziale Gruppen. Auf die Frage »Wer bist du?« würde z. B. in individualistischen Kulturen geantwortet »intelligent, sportlich«, in kollektivistischen Kulturen »Abteilungsleiter bei Sony, Mitglied des Ski-Clubs Sapporo«. ◻ Tabelle 8.6 zeigt einige Unterschiede zwischen individualistischen und kollektivistischen Kulturen, die durch die unterschiedliche Selbstdefinition in diesen Kulturen erklärbar sind.

Eine Konsequenz hiervon ist, dass Werte wie die Rücksichtnahme auf Mitglieder der In-Gruppe in kollektivistischen Kulturen wesentlich höher rangieren als in individualistischen. Im immer noch stark konfuzianisch geprägten China beispielsweise wird als höchste Tugend *jen* angesehen, die Fähigkeit, mit anderen in ehrlicher, höflicher und bescheidener Weise zu interagieren (Hsu, 1985). In Japan gilt es als entscheidend, das *wa* nicht zu stören, worunter harmonische, von gegenseitigem Respekt geprägte Interaktionen verstanden werden. In südamerikanischen Kulturen wird *simpatía* hoch geschätzt, die Fähigkeit, die Gefühle anderer zu erkennen und zu respektieren (Triandis et al., 1984).

Markus und Kitayama (1991) illustrierten den Unterschied zwischen individualistischen und kollektivistischen Kulturen am Beispiel der Einladung eines Freundes nach Hause zum Lunch. Typisch individualistisch wäre das folgende Gespräch: »Tom, was willst du auf deinem Sandwich haben? Es gibt Pute, Salami oder Käse. – Ich möchte Pute.« Ein Japaner würde auf dieselbe Frage des Gastgebers irritiert reagieren und antworten »Ich weiß nicht«, weil er erwartet, dass der Freund weiß, was ihm schmeckt. In Japan würde deshalb die Unterhaltung so ablaufen: »Tomio, ich mache dir ein Putensandwich, weil du letzte Woche gesagt hast, dass du Pute lieber als Rindfleisch magst.« – »Oh, vielen Dank, ich mag Pute wirklich gerne.«

Auch wenn *jen*, *wa* und *simpatía* hier so geschildert wurden, als bezögen sie sich auf Interaktionen mit beliebigen anderen, muss hier vor einer romantisierenden Vorstellung von den allzeit empathischen und hilfsbereiten Mitgliedern kollektivistischer Kulturen gewarnt werden. Wie auch Markus und Kitayama (1991) betonten, bezieht sich das kollektivistische Selbstkonzept keineswegs auf beliebige andere, sondern nur auf die eigene In-Gruppe, und es sind Interaktionen mit der eigenen In-Gruppe, auf die sich die kollektivistischen Normen primär beziehen.

Markus und Kitayama (1991) diskutierten zahlreiche empirische Befunde zu kognitiven, emotionalen und motivationalen Unterschieden zwischen kollektivistischen und individualistischen Kulturen, die sich

8.5 · Kulturelle Einflüsse

als Konsequenzen eines vernetzten Selbstkonzepts auffassen lassen. Vandello und Cohen (1999) wandten die Unterscheidung Individualismus – Kollektivismus auf Unterschiede zwischen den 50 Bundesstaaten der USA an. Hierfür konstruierten sie einen Index aus soziologischen Indikatoren von Kollektivismus versus Individualismus, z. B. Anteil der Drei-Generationen-Haushalte (Großeltern, Eltern, Kinder), Anteil der nicht selbständig Beschäftigten, Anteil der nicht allein lebenden Personen, Anteil des Carpoolings (zusammen mit anderen in einem PKW zur Arbeit fahren). Diese Skala aus insgesamt 8 Indikatoren wies eine interne Konsistenz von $\alpha = .71$ auf. Den höchsten Kollektivismuswert wies Hawai auf, gefolgt von Louisiana und South Carolina (Südstaaten). Die höchsten Individualismuswerte wiesen die »Cowboy-Staaten« Montana, Nebraska und Wyoming auf sowie Oregon. Mit diesen regionalen Unterschieden korrelierten diverse psychologische Indikatoren von Kollektivismus. Dies betraf Einstellungen und Werthaltungen (z. B. »In der Kindererziehung ist es wichtiger, den Kindern Gehorsam und Respekt vor Autoritäten zu vermitteln, als sie zur Bildung unabhängiger, eigener Meinungen zu ermutigen«; Korrelation mit Kollektivismus im Bundestaatenvergleich .42), aber auch diverse Indikatoren der Ungleichbehandlung von Frauen und Rassen.

Oyserman et al. (2002) fassten in der ersten Metaanalyse zu Populationsunterschieden in Individualismus und Kollektivismus die Ergebnisse aller Studien zusammen, in denen (a) weiße Nordamerikaner (US-Amerikaner und Kanadier europäischen Ursprungs) in ihren Einstellungen und Werten mit anderen Nationen verglichen wurden (insgesamt 50 Studien) und (b) weiße US-Amerikaner mit drei anderen Bevölkerungsgruppen der USA verglichen wurden (Schwarze, Latinos, Asiaten; insgesamt 35 Studien). Die Befragten (ganz überwiegend Studierende) füllten jeweils einen Fragebogen mit einer Individualismus- und einer Kollektivismusskala aus. Mittelwertunterschiede zwischen den jeweils befragten Bevölkerungsgruppen wurden als Effektgröße d bestimmt (vgl. »Methodik« in Abschn. 7.3), d.h. die Mittelwertsdifferenz wurde durch die Standardabweichung aller Skalenwerte in der betreffenden Studie dividiert. Dabei diente die Gruppe der weißen (US-)Amerikaner als Referenzgruppe. Positive Individualismus- bzw. Kollektivismuswerte besagen also, dass die betreffende Gruppe im Mittel stärkere individualistische bzw. kollektivistische Einstellungen und Werte angab als weiße Amerikaner. ◘ Abbildung 8.11 zeigt die Ergebnisse

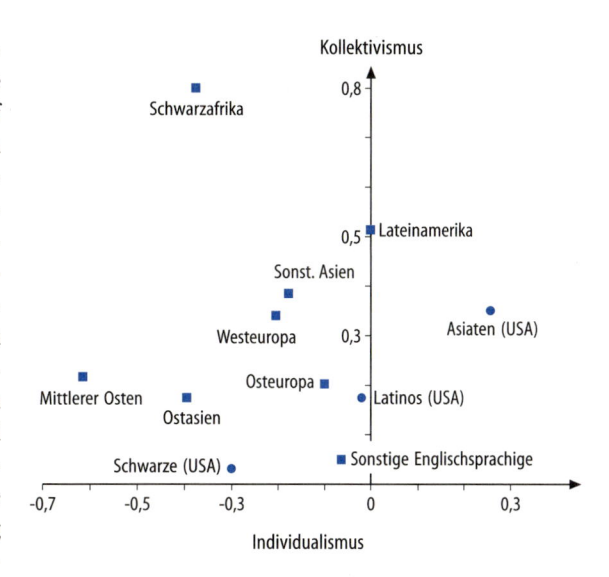

◘ Abb. 8.11. Individualismus und Kollektivismus in verschiedenen Bevölkerungsgruppen relativ zu weißen US-Amerikanern. (Mod. nach Oyserman et al., 2002)

beider Metaanalysen für verschiedene Bevölkerungsgruppen außerhalb und innerhalb der USA.

Alle Bevölkerungsgruppen außerhalb der USA wiesen niedrigere Individualismus- und höhere Kollektivismuswerte auf als die weißen Amerikaner. Dies bestätigt die Extremposition der USA in der klassischen Studie von Hofstede (1980); vgl. ◘ Tabelle 8.5. Am ähnlichsten waren der Referenzgruppe die drei untersuchten »sonstigen englischsprachigen Länder« (Australien, Neuseeland, weiße Südafrikaner). Die höchsten Kollektivismuswerte wiesen Afrikaner und Lateinamerikaner auf, die niedrigsten Individualismuswerte Länder des Mittleren Ostens (Ägypten, Bahrein, Türkei), Ostasiens (China, Taiwan, Hongkong, Singapur, Korea, Japan, Vietnam) und Schwarzafrikas. Allerdings war die Heterogenität innerhalb dieser Ländergruppen erheblich. Innerhalb der USA hatten Asiaten höhere Individualismus- und Kollektivismuswerte, Latinos etwas höhere Kollektivismuswerte und Schwarze niedrigere Individualismuswerte als Weiße.

Auffällig ist, dass Individualismus und Kollektivismus im Kulturvergleich keine Gegenpole einer einheitlichen Dimension sind, sondern zwei vollkommen unabhängige Dimensionen; tatsächlich korrelierten Individualismus und Kollektivismus im Kulturvergleich exakt Null. Auffällig ist auch, dass die Antworten der Osteuropäer den weißen Amerikanern ähnlicher waren als die der Westeuropäer. Hierbei muss berücksichtigt werden, dass die osteuropäischen Befragungen ganz überwiegend bei Studierenden nach der Wende durchgeführt worden waren.

> **! Merke**
> Die Metaanalyse von Oyserman et al. (2002) hat gezeigt, dass die Einstellungen und Werte von Studierenden zwischen verschiedenen Nationen auf zwei unabhängigen Dimensionen Individualismus und Kollektivismus variieren, wobei weiße US-Amerikaner die höchsten Individualismus- und die niedrigsten Kollektivismuswerte erzielten.

Das Hauptproblem dieser Metaanalyse ist, dass Fragebogenantworten ganz überwiegend von Studierenden untersucht wurden. Aufgrund des starken westlichen Einflusses auf die universitären Ausbildungsinhalte ist zu erwarten, dass dies die kulturellen Unterschiede nivelliert. Zusätzlich muss berücksichtigt werden, dass die Antworten in solchen Fragebögen einem Referenzgruppeneffekt unterliegen: vergleichen sich z. B. deutsche Studierende, die nach ihren Einstellungen und Werten befragt werden, wirklich mit chinesischen oder nigerianischen Studierenden? Doch wohl eher mit anderen Deutschen und vor allem mit anderen Studierenden! Solche Fragebögen sind unproblematisch zur Erfragung von Unterschieden in den Einstellungen und Werthaltungen innerhalb einer Population, die auch die Referenzgruppe darstellt, aber die Interpretation von Populationsmittelwerten ist problematisch.

Heine et al. (2002) diskutierten diesen Referenzgruppeneffekt ausführlich und konnten ihn u. a. an japanischen Austauschstudenten und weißen kanadischen Austauschlehrern zeigen, die längere Zeit in der jeweils anderen Kultur gelebt hatten und sie deshalb gut einschätzen konnten. Die Lehrer füllten einen Fragebogen zu ihrem unabhängigen und vernetzten Selbstkonzept unter drei Bedingungen aus: Vergleich mit Angehörigen der jeweils anderen Kultur, Vergleich mit Angehörigen der eigenen Kultur, keine spezifische Nennung einer Referenzgruppe. ◘ Tabelle 8.7 zeigt die Mittelwerte der beiden Gruppen im unabhängigen und vernetzten Selbstkonzept unter den drei Bedingungen.

Wenn sie sich mit der jeweils anderen Kultur vergleichen sollten, entsprachen die Werte der Kanadier und Japaner genau der Erwartung: Kanadier berichteten über ein unabhängigeres und weniger vernetztes Selbstkonzept als Japaner. Beim Vergleich mit ihrer eigenen Kultur zeigten die Austauschpersonen eine Verschiebung dieser Werte in Richtung der jeweils anderen Kultur, worin sich ihre persönliche Erfahrung mit der anderen Kultur widerspiegelt: Kanadier berichteten ein weniger unabhängiges und vernetzteres Selbstkonzept, Japaner ein unabhängigeres und weniger vernetztes Selbstkonzept als beim Vergleich mit der anderen Kultur. Wenn keine Referenzgruppe benannt wurde, lagen die Werte jeweils in der Mitte zwischen den Werten der beiden anderen Bedingungen. Diese letztere Bedingung entspricht dem Normalfall beim Ausfüllen der Fragebögen. Die Ergebnisse von Oyserman et al. (2002), in denen fast immer keine Referenzgruppe benannt wurde, spiegeln also eine solche Mischung des Vergleichs zweier Referenzgruppen wider, die zu einer Verminderung von Kulturunterschieden führt.

> **! Merke**
> Die Erfassung kultureller Unterschiede durch erfragte Einstellungen und Werte ist problematisch, weil die eigene Kultur eine wichtige Referenzgruppe für die
> ▼

◘ Tabelle 8.7. Unabhängiges und vernetztes Selbstkonzept bei kanadischen und japanischen Austauschpersonen in Abhängigkeit von der Referenzgruppe

Referenzgruppe	Selbstkonzept			
	Unabhängig		Vernetzt	
	Kanadier	Japaner	Kanadier	Japaner
Andere Kultur	3,81	2,81	2,50	3,24
Eigene Kultur	3,43	3,34	3,35	2,62
Nicht benannt	3,79	2,99	3,21	2,98

8.5 · Kulturelle Einflüsse

Beantwortung der Fragen darstellt. Kulturelle Unterschiede sollten primär soziologisch anhand objektiver Indikatoren beschrieben werden. Psychologische Korrelate der so bestimmten Kulturunterschiede sollten nach Möglichkeit ebenfalls anhand objektivierbarer Indikatoren untersucht werden.

Dieses Problem von Befragungen gilt nur für die Untersuchung von kulturellen Mittelwerten, nicht aber für Untersuchungen zur interkulturellen Variation der Korrelate von Persönlichkeitsunterschieden innerhalb der Kulturen, denn dort ist die adäquate Referenzgruppe für die Beurteilung ja gerade die eigene Kultur.

Exemplarisch für eine Studie zu unterschiedlichen Korrelaten von Persönlichkeitseigenschaften in individualistischen und kollektivistischen Kulturen sei hier die Studie von Chen et al. (1992) geschildert (vgl. »Die klassische Studie«, unten).

Das Merkmal »Empfindlichkeit« wurde also in China positiver bewertet als in Kanada, was vermutlich auf seine Nähe zu Empfindsamkeit und Einfühlsamkeit zurückgeht, also zu Merkmalen, die in kollektivistischen Kulturen höher geschätzt werden als in individualistischen. Es ist plausibel, dass bei so großen kulturellen Unterschieden in der Bewertung einer Persönlichkeitseigenschaft deren Konsequenzen und möglicherweise auch deren Bedingungen kulturell variieren. Zum Beispiel ist zu vermuten, dass empfindliche Kinder in kollektivistischen Kulturen ein positiveres soziales Selbstwertgefühl haben als in individualistischen und dass Eltern sich in kollektivistischen Kulturen mehr Mühe geben, Empfindsamkeit zu wecken, während Eltern in individualistischen Kulturen sich eher bemühen, Empfindlichkeiten abzubauen.

> **Merke**
> *Dieselbe Persönlichkeitseigenschaft kann in unterschiedlichen Kulturen deutlich anders bewertet werden, was weitreichende Konsequenzen auf das Selbstwertgefühl und die sozialen Beziehungen haben kann.*

Die klassische Studie

Kulturspezifische Bewertung von Persönlichkeitseigenschaften

Chen et al. (1992) ließen kanadische und chinesische Grundschüler Klassenkameraden benennen, die sie für besonders hilfsbereit, besonders aggressiv oder besonders empfindlich hielten; Empfindlichkeit war definiert durch Verletzbarkeit, Schüchternheit und häufiges Traurigsein. Anschließend sollten sie u.a. angeben, wen sie in der Klasse gerne als Spielkamerad hätten und wen sie nicht gerne als Spielkamerad hätten. Tabelle 8.8 zeigt die Korrelationen zwischen der von den Klassenkameraden eingeschätzten Beliebtheit und Persönlichkeit für die kanadische und die chinesische Stichprobe.

Alle Kinder bevorzugten hilfsbereite Kinder als Spielkameraden und vermieden aggressive, aber die chinesischen Kinder tendierten dazu, auch empfindliche Klassenkameraden als Spielkameraden zu wählen, während die kanadischen Kinder die empfindlichen eher nicht wählten. Die Autoren interpretierten diesen Unterschied durch die positive kulturelle Bewertung von Einfühlsamkeit und emotionaler Kontrolle in China.

Tabelle 8.8. Bewertung von Persönlichkeitseigenschaften

Gewählt als	Hilfsbereit	Aggressiv	Empfindlich
China (n = 480)			
Spielkamerad	.56	.01	.24
Nicht Spielkamerad	−.07	.72	.08
Kanada (n = 296)			
Spielkamerad	.73	−.27	−.17
Nicht Spielkamerad	−.37	.74	.01

Ein zweites Beispiel für unterschiedliche Korrelate von Persönlichkeitseigenschaften in individualistischen und kollektivistischen Kulturen betrifft die Lebenszufriedenheit innerhalb von Kulturen (vgl. Abschn. 4.8 zum Konzept der Lebenszufriedenheit). Theoretisch ist zu erwarten, dass die Lebenszufriedenheit des einzelnen in individualistischen Kulturen stark vom individuellen Wohlergehen abhängt, in kollektivistischen Kulturen dagegen auch vom Wohlergehen der In-Gruppe. Diener und Diener (1995) korrelierten innerhalb von 31 verschiedenen Kulturen bei ca. 200 Studierenden pro Kultur die Lebenszufriedenheit mit dem Selbstwertgefühl, Zufriedenheit mit dem Einkommen, Zufriedenheit mit Freundschaften und Zufriedenheit mit der Familie.

Die Korrelationen variierten stark zwischen den Kulturen; z. B. korrelierte die Lebenszufriedenheit in den USA zu .60 mit dem Selbstwertgefühl und .36 mit der finanziellen Zufriedenheit, in Bangladesch jedoch zu .27 mit dem Selbstwertgefühl und .52 mit der finanziellen Zufriedenheit. Je individualistischer die Kultur war, desto höher war die Korrelation zwischen Lebenszufriedenheit und Selbstwertgefühl sowie Zufriedenheit mit Freundschaften; je geringer das mittlere Einkommen in einer Kultur war, desto stärker korrelierte Lebenszufriedenheit mit der finanziellen Zufriedenheit. Entgegen der Erwartung waren die Korrelationen zwischen Lebenszufriedenheit und familiärer Zufriedenheit nicht höher in kollektivistischen Kulturen. Möglicherweise liegt dies daran, dass bei Studierenden auch in kollektivistischen Kulturen die Familie nicht mehr den Stellenwert hat, den sie in der Bevölkerung insgesamt einnimmt.

Schimmack et al. (2002) untersuchten den Zusammenhang zwischen Lebenszufriedenheit, seiner affektiven Komponente Glücklichsein (vgl. Abschn. 4.7.4) und den Temperamentsmerkmalen Extraversion und Neurotizismus bei Studierenden oder Lehrern in den individualistischen Kulturen USA und Deutschland und den kollektivistischen Kulturen Japan, Mexiko und Ghana. Glücklichsein erfassten sie unabhängig von der Lebenszufriedenheit durch die Affektbalance (Bradburn, 1969), d. h. die für die letzten Wochen berichtete Intensität positiver Emotionen, von der die berichtete Intensität negativer Emotionen abgezogen ist; hohe Werte in Affektbalance bedeuten also ein Überwiegen positiver Emotionen.

Wie die Pfadkoeffizienten in ◘ Abb. 8.12 zeigen, konnte die Affektbalance sehr gut durch Extraversion und Neurotizismus erklärt werden, und zwar in allen untersuchten Kulturen in gleicher Weise. Die Lebens-

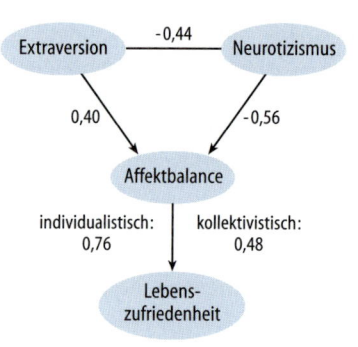

◘ Abb. 8.12. Zusammenhang zwischen Temperament, Affektbalance und Lebenszufriedenheit in individualistischen und kollektivistischen Kulturen. (Nach Schimmack et al., 2002)

zufriedenheit war in den individualistischen Kulturen weitgehend durch die Affektbalance determiniert, in den kollektivistischen Kulturen aber deutlich schwächer. Welche vom individuellen Glück unabhängigen Faktoren beeinflussen die Lebenszufriedenheit in kollektivistischen Kulturen?

Suh et al. (1998) konnten zeigen, dass die wahrgenommene normative Lebenszufriedenheit ein solcher Faktor ist. Sie wurde erfragt, indem Studierende die Lebenszufriedenheit einer Person beurteilen sollten, die in ihrer Kultur hoch angesehen ist und ein gutes Leben führt. In individualistischen Kulturen korrelierte die eigene Lebenszufriedenheit stark mit der Affektbalance aber nur geringfügig mit der wahrgenommenen normativen Lebenszufriedenheit; in kollektivistischen Kulturen korrelierte sie mittelhoch mit beiden Variablen.

In individualistischen Kulturen wird also die individuelle Lebenszufriedenheit wesentlich vom privaten Erleben (Affektbalance, Selbstwertgefühl, Zufriedenheit mit Freundschaften) bestimmt, während sie sich in kollektivistischen Kulturen auch daran orientiert, wie zufrieden man glaubt sein zu dürfen. Ist man z. B. der Meinung, dass hohe Lebenszufriedenheit keine Zierde ist, weil sie dem Ideal der Bescheidenheit widerspricht, würde man seine eigene Lebenszufriedenheit entsprechend geringer einschätzen.

> **Merke**
>
> **In individualistischen Kulturen ist die Zufriedenheit mit dem eigenen Leben vor allem Ausdruck des privaten Erlebens; in kollektivistischen Kulturen ist sie ebenso stark beeinflusst durch subjektive Normen über die Angemessenheit hoher Zufriedenheit.**

Die Normorientiertheit der individuellen Lebenszufriedenheit muss berücksichtigt werden, wenn der enge Zusammenhang zwischen Individualismus und Lebenszufriedenheit beim Vergleich von Kulturen angemessen interpretiert werden soll. Diener et al. (1995) korrelierten die mittlere Lebenszufriedenheit in 55 Kulturen, die jeweils auf Befragungen repräsentativer Stichproben beruhte, mit dem Individualismus der Kulturen, ihrem mittleren Einkommen, ihrer Einhaltung der Menschenrechte und einem Index, der die Ungleichheit in bezug auf Einkommen, Lebenserwartung und Geschlecht berücksichtigt. Die Lebenszufriedenheit korrelierte positiv mit Gleichheit und Wahrung der Menschenrechte (jeweils .48) und Einkommen (.59), mit Abstand am höchsten aber mit Individualismus (.77).

Der enge Zusammenhang zwischen Individualismus und Lebenszufriedenheit beim Vergleich von Kulturen könnte darauf zurückzuführen sein, dass Menschen in individualistischeren Kulturen freier in ihrer Lebensgestaltung sind. Es könnte aber auch sein, dass in kollektivistischeren Kulturen eine Norm zur Bescheidenheit und zur Berücksichtigung der Zufriedenheit anderer Mitglieder der In-Gruppe das individuelle Urteil über die Lebenszufriedenheit dämpft oder dass in individualistischen Kulturen geradezu ein Zwang zur individuellen Zufriedenheit besteht: Wenn jeder seines Glückes Schmied sein kann, wäre es ja ein Zeichen des Versagens, unzufrieden zu sein.

> **Merke**
> Beim Vergleich von Kulturen korreliert Individualismus stark mit Lebenszufriedenheit. Dies könnte an größerer individueller Freiheit in individualistischen Kulturen aber auch an unterschiedlichen Normen für Zufriedenheit in individualistischen vs. kollektivistischen Kulturen liegen.

Bisher wurde Individualismus-Kollektivismus nur als Dimension kultureller Unterschiede diskutiert. Persönlichkeitspsychologisch noch interessanter ist die Frage, ob Individualismus-Kollektivismus auch gut geeignet ist, um Persönlichkeitsunterschiede innerhalb von Kulturen zu beschreiben. Lassen sich in individualistischen und in kollektivistischen Kulturen jeweils Individualisten von Kollektivisten unterscheiden? Wie in Abschn. 8.1 schon gezeigt wurde, ist dies keineswegs selbstverständlich, weil aus Korrelationen zwischen Populationsmittelwerten nicht auf Korrelationen zwischen Personen innerhalb der Populationen geschlossen werden kann (vgl.

Tabelle 8.9. Vier Typen von Dimensionen in kulturvergleichenden Studien

Typ	Die Dimension charakterisiert
Stark etisch	Persönlichkeitsunterschiede in allen Kulturen und Kulturunterschiede
Schwach etisch	Persönlichkeitsunterschiede in allen Kulturen, nicht aber Kulturunterschiede
Emisch	Nur Persönlichkeitsunterschiede in bestimmten Kulturen
Kulturell	Nur Kulturunterschiede

besonders Abb. 8.1). Inzwischen lässt sich diese Frage recht gut und in differenzierter Weise mit Hilfe einer speziellen faktorenanalytischen Methode beantworten, die von Leung und Bond (1989) vorgeschlagen wurde.

Leung und Bond (1989) schlugen eine Klassifikation psychologischer Dimensionen in 4 Typen vor (vgl. Tabelle 8.9). Zur Bezeichnung dieser Typen benutzten sie die Begriffe »etisch« und »emisch«, die in den Kulturwissenschaften weit verbreitet sind und auf Pike (1954) zurückgehen. »Etisch« – nicht zu verwechseln mit »ethisch« – wird von »Phonetik« abgeleitet, »emisch« von »Phonemik«. »Phonetik« ist in der Linguistik das Studium der Laute unabhängig von ihrer Bedeutung in einer bestimmten Sprache, »Phonemik« das Studium der sprachspezifischen Bedeutung von Lauten. Entsprechend wird in den Kulturwissenschaften »etisch« benutzt, wenn es um kulturübergreifende Konstrukte geht, und »emisch«, wenn es um kulturspezifische Konstrukte geht, die für andere Kulturen keine wesentliche Bedeutung haben. Eine etische Dimension wäre danach also eine Persönlichkeitsdimension, die in allen Kulturen relevant ist (z. B. allgemeine Intelligenz oder Geselligkeit), während eine emische Dimension Persönlichkeitsunterschiede nur in spezifischen Kulturen charakterisiert (z. B. die Fähigkeit des Spurenlesens).

Stark etische Dimensionen sind nach Leung und Bond (1989) solche, die sowohl Persönlichkeitsunterschiede in allen Kulturen als auch Kulturunterschiede charakterisieren. Empirisch können sie z. B. dadurch identifiziert werden, dass viele Persönlichkeitseigenschaften von vielen Personen in vielen Kulturen erhoben werden und die resultierenden Daten auf zweierlei Weise mittels Faktorenanalyse (vgl. Abschn. 4.1) analysiert werden. Erstens werden die Eigenschaftsmessungen innerhalb der Kulturen standardisiert, z. B. durch z-Transformation (vgl. Abschn. 2.4.3), um Unterschiede im Mittelwert und der Variabilität zwischen den Kulturen zu beseitigen. Dann werden die Messungen aller Personen aus allen Kulturen korreliert und eine Faktorenanalyse auf diese Korrelationen angewandt. Die resultierenden Faktoren geben Auskunft über kulturübergreifende Dimensionen von Persönlichkeitsunterschieden.

> **Merke**
> Etische Persönlichkeitsdimensionen sind zentral für die Persönlichkeitspsychologie, weil sie sich in den meisten Kulturen finden lassen.

Diese etischen Faktoren werden dann mit denen einer »pankulturellen Analyse« verglichen, in denen die untransformierten Eigenschaftsmessungen korreliert und faktorenanalysiert werden. In der pankulturellen Analyse sind also Persönlichkeitsunterschiede und kulturelle Unterschiede miteinander vermengt. Faktoren, die dennoch in beiden Analysen identifiziert werden, sind stark etisch, weil sie sowohl Persönlichkeitsunterschiede in den Kulturen als auch kulturelle Unterschiede charakterisieren. Alternativ kann man auch die pankulturelle Analyse durch eine Faktorenanalyse der Korrelationen der kulturellen Mittelwerte ersetzen, aber die würde nur dann verlässliche Ergebnisse liefern, wenn Eigenschaftsmessungen aus sehr vielen Kulturen (z. B. 50 verschiedenen) vorhanden wären; solche Datensätze gibt es aber bisher kaum.

Etische Faktoren, die in der pankulturellen Analyse nicht gefunden werden, sind schwach etisch, weil sie nicht auch gleichzeitig kulturelle Unterschiede charakterisieren. Die Unterscheidung zwischen stark und schwach etischen Dimensionen ist für die Persönlichkeitspsychologie nur sekundär relevant, weil sie sich primär für Persönlichkeitsunterschiede innerhalb von Kulturen interessiert.

Emische Faktoren sind solche, die nur in bestimmten Kulturen gefunden werden; sie signalisieren Grenzen der Generalisierbarkeit persönlichkeitspsychologischer Befunde von einer Kultur auf andere. Kulturelle Dimensionen schließlich charakterisieren Kulturunterschiede, nicht aber Persönlichkeitsunterschiede. Kulturelle Dimensionen können persönlichkeitspsychologisch dann wichtig sein, wenn sie erklären, warum eine emische Dimension eine Kultur charakterisiert, nicht aber eine andere. Dass z. B. die Fähigkeit zum Spurenlesen emisch für Jägerkulturen ist, kann durch die kulturelle Dimension »Beitrag des Jagens zur Ernährung« erklärt werden; wenn dieser Beitrag so gering ist, dass Jagen ein bloßes Hobby ist, stellt Spurenlesen keine wichtige Persönlichkeitsdimension mehr dar.

> **Merke**
> Emische Persönlichkeitseigenschaften gelten nur für bestimmte Kulturen; kulturelle Unterschiede können erklären, warum das so ist.

Triandis et al. (1993) wandten diese »Leung-Bond-Methode« an, um zu prüfen, ob Individualismus-Kollektivismus bei genauerer Analyse in verschiedene relativ unabhängige Faktoren zerfällt und ob es sich dabei nicht nur um kulturelle Dimensionen handelt, sondern auch um etische Dimensionen, so dass sie auch als Persönlichkeitseigenschaften innerhalb von Populationen aufgefasst werden können. Dazu befragten Triandis et al. (1993) jeweils annähernd 200 Personen in 10 Kulturen zu 21 Einstellungen, die etwas mit Individualismus-Kollektivismus zu tun haben könnten. Es wurden 6 etische Dimensionen gefunden, von denen 3 durch eine pankulturelle Analyse replizierbar waren, also stark etisch sind. Die anderen 3 Dimensionen waren nur zur Charakterisierung von Persönlichkeitsunterschieden geeignet. Zusätzlich wurden zahlreiche emische Dimensionen gefunden, also kulturspezifische Persönlichkeitsunterschiede. ◘ Tabelle 8.10 enthält die 6 etischen Dimensionen und 2 Beispiele für emische Dimensionen.

Trennung von der In-Gruppe wird besonders stark von kollektivistischen Kulturen abgelehnt wie z. B. Hongkong und Indien und nur geringfügig von individualistischen Kulturen wie Frankreich oder USA. Unabhängigkeit der Entscheidung wird am stärksten in den USA betont, aber auch Japan und Hongkong erhielten mittelhohe Werte im Gegensatz zu China oder Venezuela. Dies ist möglicherweise ein Effekt der kapitalistischen Wirtschaftsform in Japan und Hongkong, die hier gekoppelt mit kollektivistischen Werten für das soziale Zusammenleben auftritt. Persönliche Kompetenz wurde dagegen am stärksten in Japan betont und am geringsten in Hongkong.

Werden die Werte der Kulturen auf den ersten beiden stark etischen Faktoren gemittelt, erreichte China den höchsten Wert in Kollektivismus, gefolgt von Indien und Hongkong; den höchsten Wert in Individualismus erreichten die USA, gefolgt von Polen und Japan. Da es sich jedoch bei den Dimensionen um statistisch unabhängige Faktoren handelt, sind solche Mittelun-

8.5 · Kulturelle Einflüsse

Tabelle 8.10. Mit Individualismus-Kollektivismus verwandte Dimensionen

Typ	Dimension	Beispiel für Item mit hohem Wert
Stark etisch	Trennung von der In-Gruppe	Selbst wenn das Kind den Nobelpreis bekäme, sollten die Eltern sich nicht geehrt fühlen
	Unabhängigkeit der Entscheidung	Ich würde ein persönliches Problem lieber selbst lösen, als es mit Freunden zu besprechen
	Persönliche Kompetenz	Der einzelne sollte nach seinen persönlichen Verdiensten bewertet werden, nicht nach den Kreisen, in denen er sich bewegt
Schwach etisch	Aufgabenbezogenheit	Wenn die Gruppe mir zu langsam ist, ist es besser, alleine zu arbeiten
	Abhängigkeit von anderen	Kinder sollten zu Hause bei ihren Eltern leben bevor sie heiraten
	Nachbarschaftlicher Kontakt	Ich treffe gerne jeden Tag mit Nachbarn zusammen und rede mit ihnen
Emisch	Sozialer Anschluss ohne Rivalität (Indonesien)	Ich lebe gerne eng mit guten Freunden zusammen (niedriger Wert: Es ist für mich wichtig, besser als andere Aufgaben zu lösen)
	Selbstständigkeit mit Rivalität (USA)	Ich würde ein persönliches Problem lieber selbst lösen, als es mit Freunden zu besprechen und Es ist für mich wichtig, besser als andere Aufgaben zu lösen

gen problematisch. Die Daten zeigen vielmehr, dass bei einer Feinanalyse Individualismus-Kollektivismus keine homogene Dimension ist, sondern in mehrere spezifischere Subdimensionen zerfällt, und zwar sowohl beim Vergleich von Kulturen als auch beim Vergleich von Personen innerhalb der Kulturen.

Interessant ist, dass es zu einer emischen Koppelung von Rivalität und Individualismus nur in einer stark individualistischen Kultur (USA) und in einer stark kollektivistischen Kultur (Indonesien) kam. Deshalb ist Rivalitätsverhalten nicht ein etischer Aspekt von Individualismus-Kollektivismus.

> **Merke**
> Individualismus-Kollektivismus ist nicht nur zur Beschreibung kultureller Unterschiede geeignet, sondern auch zur Beschreibung von Persönlichkeitsunterschieden innerhalb von Kulturen. Bei genauerer Analyse zeigt sich, dass Individualismus-Kollektivismus in mehrere Subdimensionen zerfällt, vor allem für Persönlichkeitsunterschiede. Zusätzlich gibt es kulturspezifische Koppelungen von solchen Subdimensionen.

Da Individualismus-Kollektivismus bzw. seine Subdimensionen also geeignet sind, Persönlichkeitsunterschiede innerhalb von Kulturen zu beschreiben, gibt es in letzter Zeit zunehmend Studien zu derartigen Persönlichkeitsmerkmalen (vgl. z.B. Triandis & Gelfand, 1998).

Cross und Madson (1997) wandten die Unterscheidung unabhängiges vs. vernetztes Selbstkonzept von Markus und Kitayama (1991) auf Geschlechtsunterschiede an. Danach haben Frauen ein vernetzteres Selbstkonzept als Männer. Beispielsweise beschreiben sie sich mehr durch ihre Beziehungen, denken mehr an andere, richten ihre Aufmerksamkeit stärker auf andere und ihre Beziehungen zu ihnen und erinnern sich besser an Eigenschaften enger Bezugspersonen (z.B. erinnern sie sich besser an deren Geburtstag), zumindest in den stark individualistischen westlichen Kulturen.

> **Merke**
> Individualismus-Kollektivismus und seine Subdimensionen werden in letzter Zeit verstärkt zur Beschreibung von Persönlichkeits- und Geschlechtsunterschieden verwendet. So beginnt die Kulturpsychologie, auf die Persönlichkeitspsychologie zurückzuwirken.

8.6 Exemplarische Anwendung: Interkulturelles Training

Die Befunde zu kulturellen Unterschieden in der Persönlichkeit sind praktisch nutzbar vor allem für Menschen, die sich längere Zeit in einer fremden Kultur aufhalten wollen, z. B. Auslandsmitarbeiter großer Firmen, Journalisten, Entwicklungshelfer oder Diplomaten. Sie können Fehleinschätzungen der Persönlichkeit von Verhandlungspartnern, Mitarbeitern oder Informanten der fremden Kultur vermeiden, wenn sie an interkulturellen Trainings teilnehmen, in denen ihnen kulturelle Besonderheiten dieser Kultur nahegebracht werden (vgl. Thomas, 1993).

So gaben z. B. Triandis et al. (1988) Mitgliedern individualistischer Kulturen folgende Ratschläge für den Umgang mit Mitgliedern kollektivistischer Kulturen (vgl. »Unter der Lupe«, unten).

Solche interkulturellen Trainings haben in Zeiten der zunehmenden Globalisierung der Wirtschaft und Politik eine wachsende Bedeutung und eröffnen neue Arbeitsfelder für diejenigen Psychologen, die Experten für den Kulturvergleich geworden sind, weil sie nicht nur die Ergebnisse der kulturvergleichenden Psychologie kennen, sondern durch einen längeren Aufenthalt in einer anderen Kultur Insiderwissen über diese Kultur erworben haben.

8.7 Diskussion

Die empirische kulturvergleichende Persönlichkeitspsychologie hat in den letzten Jahren vielfältige Belege für kulturelle Unterschiede in den Korrelaten von Persönlichkeitseigenschaften erbracht. Die Ergebnisse rechtfertigen weder einen radikalen kulturellen Relativismus, wonach Persönlichkeit unvergleichbar zwischen Kulturen sei, noch einen naiven Universalismus, wonach Persönlichkeitseigenschaften und ihre Messung unbesehen auf andere Kulturen übertragbar seien. Angemessen erscheint vielmehr der Standpunkt des Kontextualismus, wonach die Vergleichbarkeit von Persönlichkeitseigenschaften und ihrer Messung oft gesichert werden kann, wenn zuvor ihre kulturelle Bedeutung empirisch untersucht wird und sie auf dieser Grundlage kulturell vergleichbar gemacht werden.

Manchmal mag keine kulturspezifische Modifikation notwendig sein wie z. B. bei der Testung der Informationsverarbeitungsgeschwindigkeit in elementaren kognitiven Aufgaben, aber oft sind Veränderungen notwendig wie z. B. beim Fremde-Situation-Test im israelischen Kibbuz, und in wieder anderen Fällen gibt es emische Eigenschaften wie z. B. die Fähigkeit zum Spurenlesen bei den Aborigines, die keine direkte Entsprechung in vielen anderen Kulturen haben. Dies betrifft aber eher enge, situationsspezifische Eigenschaften. Breitere, abstraktere Merkmale wie z. B. Intelligenzfaktoren oder Aspekte von Individualismus-Kollektivismus sind oft etisch. Ob sie etisch sind, ist keine Frage der Theorie, sondern eine Frage empirischer Untersuchungen, in denen die Korrelate solcher Eigenschaften zwischen Kulturen verglichen werden.

Dass es also ein gutes Stück interkulturelle Gemeinsamkeit in der Vielfalt der Persönlichkeit gibt, lässt sich auf die starken ökologischen, genetischen und kulturellen Gemeinsamkeiten menschlicher Populationen zurückführen. Der weitaus größte Teil der Variabilität betrifft Unterschiede innerhalb von Populationen, nicht Unterschiede zwischen ihnen. Im Falle genetischer Merkmale lässt sich dies sogar quantifizieren (ein Verhältnis von etwa 6:1); für Merkmale wie den IQ sieht es ähnlich aus. Dies dürfte an der gemeinsamen Wur-

---

Unter der Lupe

Ratschläge für den Umgang mit einem Angehörigen kollektivistischer Kulturen
- Widme seiner Mitgliedschaft in sozialen Gruppen größte Aufmerksamkeit.
- Hole vor Inanspruchnahme von Leistungen die Zustimmung der Autoritäten seiner sozialen Gruppe(n) ein.
- Rechne mit »Persönlichkeitsveränderungen« beim Wechsel sozialer Gruppen.
- Vermeide Wettbewerbssituationen.
- Gestalte die Beziehung kooperativ und harmonisch.
- Bringe Kritik nur indirekt vor und nur nach ausführlicher Schilderung der positiven Aspekte.
- Lege die Beziehung so an, als sei sie langfristig, z. B. durch beziehungsstiftende Zeremonien und Rituale und Plaudereien über Nebensachen.
- Werte höfliches, aber förmliches und distanziertes Verhalten im Erstkontakt nicht als Ablehnung, sondern als kulturelle Norm.
- Sei darauf gefasst, dass bei Konflikten zwischen Arbeit und persönlichen Beziehungen letztere höher bewertet werden.

zel aller heutigen menschlichen Populationen liegen. Die Verzweigungen des Populationsbaums sind teilweise erst jungen Datums und selbst die Wurzel liegt wohl nicht mehr als 4000 Generationen von uns entfernt.

Dieses Wissen um die große Gemeinsamkeit aller Menschen schützt vor der Stereotypisierung der vorhandenen Unterschiede und ist ein empirisches Argument gegen Rassismus jeglicher Couleur. Das Wissen um die kulturellen Unterschiede ist andererseits ebenso wichtig für das Zusammenleben unterschiedlicher Kulturen im gleichen Lebensraum und für den Kontakt mit Menschen fremder Kulturen. Hier wird es unmittelbar praxisrelevant und hat in Zeiten der zunehmenden Globalisierung von Wirtschaft, Politik und Tourismus eine wachsende Bedeutung, auch als Arbeitsfeld für künftige Generationen von Psychologen.

❓ Fragen

8.1 Können Ökologie, Kultur und Genpool von Populationen korrelieren und warum?

8.2 Sind Intelligenztests zwischen Populationen mit unterschiedlicher Ökologie vergleichbar?

8.3 Wie groß sind genetische Unterschiede zwischen Populationen relativ zu genetischen Unterschieden innerhalb von Populationen und was bedeutet das für den Begriff der Rasse?

8.4 Sind Schwarze in den USA weniger intelligent als Weiße und warum?

8.5 Wie unterscheidet sich das Selbstkonzept in individualistischen Kulturen vom Selbstkonzept in kollektivistischen Kulturen und mit welchen Konsequenzen?

8.6 Warum ist die Erfassung des Individualismus und Kollektivismus einer Kultur durch Einstellungs- und Wertefragen problematisch?

8.7 Unterscheiden sich Persönlichkeitskorrelate zwischen individualistischen und kollektivistischen Kulturen?

8.8 Ist Individualismus-Kollektivismus eine etische Persönlichkeitsdimension und mit welcher Methode wurde dies überprüft?

8.9 Warum sind radikaler kultureller Relativismus und naiver kultureller Universalismus keine überzeugenden Positionen in der kulturvergleichenden Psychologie? Alternative?

ℹ Hinweise zur Beantwortung

8.1 Beispiel Laktosetoleranz

8.2 Beispiele Aborigines; Metaanalyse von Irvine

8.3 Studie von Latter; Rasse als Stereotyp

8.4 Wechselwirkung mit sozialem Status; Adoptionsstudie von Scarr et al.

8.5 Kriterien von Markus & Kitayama

8.6 Bezugsgruppen-Effekte

8.7 Beispiele Empfindlichkeit und Lebenszufriedenheit

8.8 Verschiedene Unterfaktoren; Unterscheidung stark/schwach etisch -- emisch; Leung-Bond-Methode

8.9 Beispiel Korrelate von Intelligenz zwischen Populationen und zwischen Rassen in den USA; Beispiel Test zur räumlichen Orientierung; Kontextualismus

Weiterführende Literatur

Durham, W.H. (1991). *Coevolution: Genes, culture, and human diversity.* Stanford, CA: Stanford University Press.

Thomas, A. (Ed.) (1993). *Kulturvergleichende Psychologie.* Göttingen: Hogrefe.

Triandis, H.C. (1995). *Individualism and collectivism.* Boulder, CA: Westview Press.

Nachwort: Unterschiede sind menschlich

Wenn es einen roten Faden gibt, der sich durch alle Kapitel dieses Buches zieht, dann ist es die enorme Variabilität der menschlichen Persönlichkeit. Deshalb lautet eine naheliegende, doch nur äußerst selten gestellte Frage der Persönlichkeitspsychologie: Warum sind nicht alle Menschen gleich? Warum gibt es überhaupt so große Persönlichkeitsunterschiede in jeder Kultur?

Ohne dass diese Frage hier systematisch diskutiert werden soll (vgl. dazu Asendorpf, 1996), hoffe ich doch, deutlich gemacht zu haben, dass ihre Beantwortung sowohl unser genetisches als auch unser kulturelles Erbe einbeziehen muss. Sie erfordert also biologische und kulturwissenschaftliche Überlegungen. Hierfür bietet sich das Konzept der genetisch-kulturellen Koevolution an, wie es z.B. von Durham (1991) entwickelt wurde. Danach hat sich im Verlauf der genetischen Evolution des Menschen eine Fähigkeit zur Weitergabe kulturellen Wissens vor allem durch sprachliche Kommunikation entwickelt, dessen Erwerb genetisch nicht prädisponiert ist (also nicht den in Abschn. 2.3 diskutierten genetischen Prädispositionen zum Erlernen spezifischer Lerninhalte unterliegt). Diese Weitergabe kann wie die Weitergabe von Genen »vertikal« von Eltern auf ihre Kinder erfolgen, aber auch »horizontal« zwischen Gleichaltrigen oder »diagonal« zwischen nichtverwandten Mitgliedern unterschiedlicher Generationen. Die Transmission kulturellen Wissens von Mensch zu Mensch durch Kommunikation konstituiert einen Prozess der kulturellen Evolution.

Biologische und kulturelle Evolution beruhen auf dem erstmals von Darwin (1859) erkannten Zusammenspiel von Variation und Selektion. Die Mutation einzelner Gene und die Durchmischung der Gene von Vater und Mutter bei der Weitergabe an ihre Kinder erzeugen ständig neue genetische Varianten, die durch die natürliche Selektion der Umwelt angepasst werden (die ihrer Umwelt besser angepassten Gene vermehren sich relativ stärker im Genpool der Art als die schlechter angepassten). Entsprechend wird nach Durham (1991) neues kulturelles Wissen durch Innovation und Synthese vorhandener Wissensbestände erzeugt und durch die Mitglieder der Kultur mehr oder weniger stark in ihr Wissensrepertoire übernommen (kulturelle Selektion).

Genetische und kulturelle Evolution basieren beide auf einer hohen Variabilität der ausgelesenen Einheiten (Genome bzw. Kulturträger). Diese hohe Variabilität stellt so etwas wie ein Sicherheitsreservoir für das Überleben dar. Denn Gene bzw. kulturelle Inhalte sind nur den Umweltbedingungen ihrer evolutionären Vergangenheit gut angepasst; ändert sich die Umwelt, ändern sich die Anpassungsbedingungen. Je variabler Genome bzw. kulturelle Inhalte sind, desto höher ist die Chance, dass jedenfalls einige diese Umweltveränderungen überleben werden.

Aus dieser Sicht ist die hohe genetische Variabilität und die hohe Variabilität in den Meinungen, Überzeugungen und Werten innerhalb von Kulturen nicht etwa nur ein Ausdruck von Unvollkommenheit (Betriebsunfällen bei der Genreplikation oder Missverständnissen in der Kommunikation), sondern ein förderlicher Faktor für das langfristige Überleben. Leben beruht auf hoher genetischer Variabilität, menschliches Leben auf hoher genetischer und kultureller Variabilität. Das scheint mir der tiefere Grund für die hohe Variabilität der Persönlichkeit zu sein.

Nicht nur in westlichen Kulturen besteht aber eine starke Tendenz, nicht die vorhandene Vielfalt der Persönlichkeit, sondern ein einseitiges Persönlichkeitsideal als erstrebenswert anzusehen. Ob »gottesfürchtig«, »nordisch«, »allseits entwickelte sozialistische Persönlichkeit« oder »dynamischer Unternehmer« – die gerade vorherrschende Ideologie einer Kultur beinhaltet mit großer Regelmäßigkeit auch ein bestimmtes Persönlichkeitsideal.

Aus der Einsicht in die Vielfalt der Persönlichkeit und ihrer Notwendigkeit für das genetische und kulturelle Überleben erwächst dagegen die Forderung, gerade nicht einen bestimmten Persönlichkeitstyp anzustreben, sondern die Vielfalt der Persönlichkeit zu achten und zu bewahren. Nicht nur biologische Arten gilt es zu bewahren, sondern auch die Vielfalt der Persönlichkeitsvarianten innerhalb der Art Homo sapiens sapiens. Je stärker unser Wissen über die genetischen und Umweltbedingungen von Persönlichkeitseigenschaften und deren Wechselwirkungen zunimmt und damit auch die Eingriffsmöglichkeit in die Persönlichkeitsentwicklung, um so wichtiger wird es, diese Forderung zu einem ethischen Prinzip zu erheben:

> **❗ Merke**
> Es gilt, die genetische und kulturelle Vielfalt der Menschheit zu bewahren.

Glossar (englische Fachbegriffe kursiv)

abhängige Persönlichkeitsstörung	*dependent personality disorder*	Unselbständigkeit, anklammerndes Verhalten, Angst vor Alleinsein
Abwehrmechanismus	*defense mechanism*	Form des Ich-Umgangs mit bedrohlichen inneren und äußeren Reizen
ACT*-Modell	*ACT* model*	Modell der Informationsverarbeitung, das sich auf propositionale Netzwerke bezieht
Adoptionsmethode	*adoption method*	indirekte Einflussschätzung durch den Vergleich von Adoptivgeschwistern und normalen Geschwistern
affektiv	*affective*	gefühlsmäßig
Affektivität	*affectivity*	Neigung zu häufigen oder intensiven Gefühlen positiver oder negativer Art
Aggregation	*aggregation*	Mittelung mehrerer Messungen
Aggregationsprinzip	*principle of aggregation*	Erhöhung der Reliabilität durch Aggregation
aggregierte Messung	*aggregate*	Ergebnis einer Aggregation
akquisitive Selbstdarstellung/Selbstüberwachung	*acquisitive self-presentation/self-monitoring*	Selbstdarstellung/Selbstüberwachung mit dem Ziel, durch andere positiv bewertet zu werden
Akteureffekt	*actor effect*	Parameter im Modell von Kenny, der eine Verhaltensdisposition einer Person beschreibt
aktive Genom-Umwelt-Kovarianz	*active genome-environment covariance*	Ähnlichkeit zwischen Genom und Umwelt, die durch die Person selbst aktiv herbeigeführt wird
Aktivierung	*activation*	physiologische Erregungsintensität
Allel	*allele*	spezifische Variante eines Gens
Alltagspsychologie	*lay psychology*	System tradierter Überzeugungen über menschliches Erleben und Verhalten
anale Phase	*anal phase*	psychoanalytisch: Entwicklungsphase mit Anus als primärer erogener Zone
Androgene	*androgenes*	primär männliche Geschlechtshormone
Angriff/Fluchtsystem	*fight/flight system*	System nach Gray, das die Reaktion auf unkonditionierte Gefahrenreize organisiert
ängstliche Persönlichkeitsstörung	*anxious personality disorder*	Besorgtheit, Überempfindlichkeit, Minderwertigkeitsgefühle
Anreiz einer Situation	*incentive*	subjektiver Wert der Folgen einer Situation, gewichtet mit ihren subjektiven Wahrscheinlichkeiten
Anschlussbedürfnis	*need for affiliation*	Bedürfnis nach sozialem Kontakt

antisoziales Verhalten	*antisocial behavior*	Verhalten, das kulturelle Normen verletzt
Antwortskala	*response scale*	Format für die Beantwortung eines Items, z. B. ja/nein (bei Frage), richtig/falsch gelöst (bei Aufgabe)
Arbeitsgedächtnis	*working memory*	Modellvorstellung nach der die Fähigkeit zum simultanen Durchführen einfacher Aufgaben durch die Kapazität des Kurzzeitgedächtnisses gefordert wird
Arbeitsmodell von Beziehungen	*working model*	auf Bindungserfahrungen fußendes Beziehungsschema für enge Beziehungen
Arbeitsteilung	*division of labor*	Geschlechtsunterschied in arbeitsbezogenen Tätigkeiten
Art	*species*	Biologie: Klasse von Lebewesen, die sich untereinander fortpflanzen können
Assessment Center	*assessment center*	Situationssequenz zur Diagnose arbeitsbezogener Fähigkeiten
Assoziationsstärke	*association strength*	Stärke, mit der zwei Begriffe untereinander assoziiert werden
Attribution	*attribution*	subjektive Ursachenzuschreibung für Handlungsergebnisse
Bedürfnis	*need*	1. aktueller Zustand: Abweichung zwischen Istwert und Sollwert in einem Regelkreismodell der Motivation 2. Eigenschaft: Sollwert in einem Regelkreismodell der Motivation
Behaviorismus	*behaviorism*	Paradigma der Psychologie, das sich auf beobachtbares Verhalten beschränken wollte
Beliebtheit	*popularity*	soziometrisch: Zahl erhaltener positiver Wahlen
Beobachtungslernen	*imitation*	Lernen durch Imitation des Verhaltens anderer
bereichsspezifische Eigenschaft	*domain-specific trait*	Eigenschaft mit niedriger Konsistenz zwischen verschiedenen Situationsklassen
Berufsprestige	*occupational status*	kulturelle Bewertung des ausgeübten Berufs
Bewältigungsstil	*coping style*	Art des Umgangs mit Belastungen
Bewertungsdisposition	–	Werthaltung oder Einstellung
Beziehung	*relationship*	soziale Beziehung
Beziehungsaggression	*relational aggression*	Versuch, soziale Beziehungen anderer zu schädigen
Beziehungseffekt	*relationship effect*	Parameter im Modell von Kenny, der eine Beziehung unabhängig von Akteur- und Partnereffekt charakterisiert
Beziehungsmatrix	*relationship matrix*	Schema zur einheitlichen Beschreibung mehrerer Beziehungen derselben Person

Beziehungsschema	*relationship schema*	kognitive Repräsentation einer Beziehung bei einer der beiden Bezugspersonen
Beziehungsstatus	*relationship status*	Qualität der Beziehungsmatrix einer Person
Bezugsgruppe	*reference group*	Gruppe von Menschen, mit denen man sich vergleicht
Big Five	*Big Five*	die fünf Hauptfaktoren von Persönlichkeitsunterschieden
Bildungsniveau	*educational level*	höchster bisher erreichter Bildungsabschluss
Bindung	*attachment*	enge Beziehung, wobei eine der beiden Bezugspersonen der anderen Schutz bei Gefahr bietet oder bieten sollte
Bindungsqualität	*attachment quality*	Qualität einer Bindung
Bindungsstil	*attachment style*	individuelle Bindungsqualität (sicher, ängstlich, vermeidend, desorganisiert-desorientiert)
Bisexualität	*bisexuality*	Disposition, durch Menschen beiderlei Geschlechts sexuell erregt zu werden
Black Box	*black box*	behavioristisches Konzept, wonach Prozesse, die zwischen Reiz und Reaktion vermitteln, nicht untersuchbar sind
Bogus-Pipeline-Technik	*bogus pipeline technique*	Technik zur Reduzierung bewusster Verfälschungstendenzen in der Einstellungsmessung
Charakter	*character*	psychoanalytisch: Persönlichkeit
chromosomales Geschlecht	*chromosomal sex*	durch die Geschlechtschromosomen definiertes Geschlecht
Clusteranalyse	*cluster analysis*	statistisch: Verfahren, Profile nach Ähnlichkeit zu gruppieren
deaktivierende Strategie	*deactivating strategy*	Bindungstheorie: Verleugnung von Bindungsbedürfnissen und Verzicht auf soziale Unterstützung beim vermeidenden Bindungsstil
deklaratives Wissen	*declarative knowledge*	Wissen über Objekteigenschaften
deviante Gruppe	*deviant group*	Gruppe von Menschen, die Normen für antisoziales Verhalten teilt
differentielle Fragestellung	*differential question*	Frage nach interindividuellen Unterschieden
differentielle Psychologie	*differential psychology*	Psychologie der interindividuellen Unterschiede
direkte Einflussschätzung	*direct influence estimation*	Schätzung des Einflusses eines Prädiktors auf eine Eigenschaft durch die Korrelation zwischen Prädiktor und Eigenschaft
diskriminante Validität	*discriminant validity*	Ausmaß, in dem eine Messung niedriger mit Kriterien niedriger Validität korreliert als mit Kriterien hoher Validität

Disposition	*disposition*	überdauernde Verhaltenstendenz einer Person
dissoziale Persönlichkeitsstörung	*dissocial personality disorder*	Missachtung und Verletzung der Rechte anderer, keine dauerhaften Beziehungen
distale Variable	*distal variable*	indirekt über proximale Variablen wirkender Einfluss
divergentes Denken	*divergent thinking*	Erzeugung vielfältiger Lösungen für unklar definierte Probleme
doppelte Minderungskorrektur	*double correction for attenuation*	Korrektur einer Korrelation für die Unreliabilität beider korrelierten Variablen
DRD4-Gen	*DRD4 gene*	Gen auf dem 11. Chromosom mit 3–8 Wiederholungen der Basensequenzen, das mit dem Streben nach Neuigkeit und Hyperaktivität in Zusammenhang gebracht wird
DSM-IV	*DSM-IV*	diagnostisches Verfahren für psychiatrische Störungen
dynamische Interaktion	*dynamic interaction*	Wechselwirkung zweier Variablen über die Zeit
dynamischer Interaktionismus	*dynamic interactionism*	Paradigma der Persönlichkeitsentwicklung, nach der Persönlichkeit und Umwelt in dynamischer Interaktion stehen
Effektgröße	*effect size*	statistisch: Mittelwertsdifferenz ausgedrückt als Vielfaches der Standardabweichung
egozentriertes Netzwerk	*ego-centered network*	individuelles Netzwerk
Eigenschaft	*trait*	überdauerndes Merkmal einer Person
eineiige Zwillinge	*monozygotic twins*	Zwillinge, die derselben Eizelle entstammen
Einfühlsamkeit	*sensitivity*	soziale Fähigkeit von Eltern, die eine sichere Bindung ihrer Kinder fördert
Einstellung	*attitude*	Art der Bewertung konkreter Objekte der Wahrnehmung
emisch	*emic*	Eigenschaft eines psychologischen Konstrukts, kulturspezifisch zu sein
emotionale Intelligenz	*emotional intelligence*	soziale Kompetenz plus Fähigkeit der emotionalen Selbstregulation
emotionale Kompetenz	*emotional competence*	wie bei: emotionale Intelligenz
emotionale Selbstregulation	*emotional self-regulation*	adäquates Erleben und Ausdrücken von Emotionen
emotionale Stabilität	*emotional stability*	Gegenteil von Neurotizismus
emotional-instabile Persönlichkeitsstörung	*emotional-unstable personality disorder*	Instabilität in Gefühlen und Verhalten
enge Beziehung	*close relationship*	soziale Beziehung, die durch besondere psychologische Nähe charakterisiert ist

erfahrene Unterstützung	*perceived support*	subjektive Wahrnehmung der Unterstützung
Erfolgsmotiv	*success motive*	Motiv, Erfolg zu erreichen
erhaltene Unterstützung	*received support*	tatsächlich erhaltene Unterstützung
erogene Zone	*erogeneous zone*	psychoanalytisch: lustvoll besetzter Körperbereich
Erregung	*arousal*	physiologische Erregungsintensität
Erwartung	*expectancy*	subjektive Wahrscheinlichkeit eines Ereignisses
Erwartungsbereich	*expectancy interval*	Bereich der wahrscheinlichen Abweichung des gemessenen Wertes vom wahren Wert
Erwartungs-mal-Wert-Modell	*expectancy-by-value model*	Modell der Motivation, nach dem die Motivationsstärke das Produkt von Erwartung und Wert der Handlungsfolgen ist
Es	*id*	psychoanalytisch: Quelle der Libido
etisch	*etic*	Eigenschaft eines psychologischen Konstrukts, in allen Kulturen vorzukommen
Evolution	*evolution*	Entwicklungsprozess der Entstehung und Veränderung von Arten
Evolutionspsychologie	*evolutionary psychology*	Paradigma der Psychologie, das nach evolutionären Wurzeln des Erlebens und Verhaltens und den vermittelnden psychologischen Mechanismen sucht
evolvierter psychologischer Mechanismus	*evolved psychological mechanism*	evolvierter, genetisch fixierter, bereichs- und kontextspezifischer psychologischer Mechanismus
externale Attribution	*external attribution*	Attribution auf äußere Umstände
Externalisierungsprobleme	*externalizing problems*	Syndrom aus Aggressivität, antisozialem Verhalten und Drogenkonsum
externe Personalauswahl	*external personnel selection*	Auswahl für einen Arbeitsplatz
Extraversion	*extraversion*	Lebhaftigkeit oder Geselligkeit
Extremitätstendenz	*extremity bias*	Disposition zu mehr oder weniger extremen Antworten in Fragebögen
Fähigkeit	*ability*	Eigenschaft, die Leistung ermöglicht
Faktor	*factor*	statistisch: Ergebnis einer Faktorenanalyse
Faktorenanalyse	*factor analysis*	statistisch: Verfahren der Reduktion korrelierender Variablen auf wenige Dimensionen (Faktoren)
Faktorladung	*factor loading*	statistisch: Korrelation einer Variable mit einem Faktor
Faktorwert	*factor score*	statistisch: Wert einer Person auf einem Faktor
feindseliger Attributionsstil	*hostile attribution bias*	Tendenz, das Verhalten anderer als feindselig wahrzunehmen

Feldstudie	*field study*	Studie unter Alltagsbedingungen
Fitness	*fitness*	Biologie: Reproduktionsrate eines Gens oder Genoms
Fixierung	*fixation*	psychoanalytisch: Verhaftung in Entwicklungsstufe aufgrund ungelöster Konflikte
Fragebogen	*questionnaire*	Persönlichkeitsskala oder -inventar
Fremde-Situation-Test	*Strange Situation Test*	Beobachtungsparadigma zur Messung der Bindungsqualität in der frühen Kindheit
Frequenzabhängige Selektion	*frequency-dependent selection*	Mechanismus der natürlichen Selektion, bei dem die Fitness eines Gens von seiner Häufigkeit in der Population abhängt
F-Skala	*F scale*	Faschismusskala, misst Autoritätshörigkeit
Fünffaktorenmodell	*five-factor model*	Annahme, dass die Big Five die 5 wichtigsten Dimensionen von Persönlichkeitsunterschieden sind
funktionale Äquivalenz	*functional equivalence*	eigenschaftsbedingte individuelle Ähnlichkeit von Situationen oder Reaktionen
Gehemmtheit	*inhibition*	Disposition zu gehemmtem Verhalten
Gen	*gene*	funktionale Einheit des Genoms
genetische Distanz	*genetic distance*	Unähnlichkeit von Populationen in bezug auf viele genetische Marker
genetische Varianz	*genetic variance*	genetischer Effekt
genetischer Effekt	*genetic effect*	Einfluss des Genoms relativ zur Umwelt auf eine Eigenschaft
genetischer Marker	*genetic marker*	Stoffwechselprodukt, das auf das Vorhandensein eines bestimmten Allels hinweist
genetischer Verwandtschaftsgrad	*genetic relatedness*	Grad der genetischen Ähnlichkeit mit Verwandten
genetisches Geschlecht	*sex*	genetisch definiertes Geschlecht
Genom	*genome*	Gesamtheit der genetischen Information im Zellkern
Genom-Umwelt-Interaktion	*genome-environment interaction*	statistische Wechselwirkung zwischen Genom und Umwelt
Genom-Umwelt-Kovarianz	*genome-environment covariance*	Häufung bestimmter Genome in bestimmten Umwelten
Gen-Umwelt-Interaktion	*gene-environment interaction*	statistische Wechselwirkung zwischen einem bestimmten Gen und bestimmten Umweltbedingungen
Geschlecht	*sex, gender*	Geschlecht im biologischen Sinn (*sex*) oder im psychologischen Sinn (*gender*)
Geschlechtertrennung	*gender segregation*	Tendenz zu gleichgeschlechtlichen Interaktionen

Deutsch	Englisch	Definition
Geschlechtskonstanz	gender constancy	Wissen über die Stabilität und Unveränderbarkeit des Geschlechts
Geschlechtsrolle	gender role	Geschlechtsstereotyp über angemessenes Verhalten eines der beiden Geschlechter
geschlechtsspezifische Eigenschaft	sex-specific trait	Eigenschaft nur eines der beiden Geschlechter
Geschlechtsstereotyp	gender stereotype	kulturelle Meinung über die beiden Geschlechter
geschlechtstypische Eigenschaft	sex-typical trait	Eigenschaft, die innerhalb der beiden Geschlechter unterschiedlich verteilt ist
Geschwindigkeit der Informationsverarbeitung	mental speed	Geschwindigkeit des Zugriffs zum Kurz- oder Langzeitspeicher
Geselligkeit	sociability	Eigenschaft, sozialen Kontakt zu suchen und zu mögen
Gestalt	physique	Gesamtheit aller Gestalteigenschaften einer Person
Gestalteigenschaft	physical trait	körperliches Merkmal, in dem sich Menschen unterscheiden
geteilte Umwelt	shared environment	von Personenpaaren (z. B. Geschwistern) geteilte Umweltbedingungen
geteilte Umwelteffekte	shared environmental effects	Umwelteffekte, die Personenpaare (z. B. Geschwister) ähnlich machen
Gewissenhaftigkeit	conscientiousness	Eigenschaft, genau und zuverlässig zu arbeiten
g-Faktor	g factor	Faktor von Intelligenztests, der die allgemeine Intelligenz repräsentiert
Glück(lichsein)	happiness	affektive Komponente des Wohlbefindens
Halbgeschwister	half-sib(ling)	Geschwister mit nur einem gemeinsamen Elternteil
Halo-Effekt	halo effect	Einfluss einer auffälligen Eigenschaft auf die Beurteilung anderer Eigenschaften derselben Person
Handlung	action	planmäßiges Verhalten
Handlungskontrolle	action control	Prozess der Initiierung und Ausführung von Handlungen
Handlungsorientierung	action orientation	Disposition, Handlungen ohne zu zögern und ausdauernd auszuführen
Handlungsüberzeugung	action belief	bewusst repräsentierte Stile der Erwartungsbildung, Handlungskontrolle und Ergebnisattribution
Heterosexualität	heterosexuality	Disposition, durch Menschen des anderen Geschlechts sexuell erregt zu werden
heterotype Stabilität	heterotypic stability	Stabilität einer Eigenschaft bei unterschiedlichem Messverfahren in unterschiedlichem Alter

histrionische Persönlichkeitsstörung	*histrionic personality disorder*	Heischen nach Aufmerksamkeit und übertriebener Emotionsausdruck
Homo erectus	*homo erectus*	*homo erectus*
Homo sapiens sapiens	*homo sapiens sapiens*	heutige Menschen (biologische Art); die Neanderthaler gehören nicht hierzu, sondern zur übergeordneten Klasse homo sapiens
Homogamie	*homogamy*	Ähnlichkeit der Eltern in einer bestimmten Eigenschaft
Homologie	*homology*	Biologie: Ähnlichkeit von Arten aufgrund eines gemeinsamen evolutionären Vorfahrens
Homosexualität	*homosexuality*	Disposition, durch Menschen des eigenen Geschlechts sexuell erregt zu werden
homotype Stabilität	*homotypic stability*	Stabilität einer Eigenschaft bei konstantem Messverfahren
hormonelles Geschlecht	*hormonal sex*	hormonell definiertes Geschlecht
hyperaktivierende Strategie	*hyperactivating strategy*	Bindungstheorie: Übertreibung von Gefahren und ängstliche Überwachung von Bezugspersonen beim ängstlichen Bindungsstil
ICD-10	*ICD-10*	diagnostisches Verfahren zur Klassifikation von Krankheiten
Ich	*ego*	psychoanalytisch: Mittler zwischen Es, Außenwelt und Über-Ich
idiographisch	*ideographic*	einzelfallbezogen
implizite Einstellung	*implicit attitude*	weitgehend nicht bewusst repräsentierte, automatische Bewertung von Objekten der Wahrnehmung
Impliziter Assoziationstest	*Implicit Association Test*	Test zur Erfassung individueller impliziter Einstellungen und Selbstkonzepte
implizites Selbstkonzept	*implicit self-concept*	weitgehend nicht bewusst repräsentierte assoziative Struktur des Selbstkonzepts
indirekte Einflussschätzung	*indirect influence estimation*	Schätzung bestimmter Arten von Einflüssen auf eine Eigenschaft durch die Korrelation zwischen Personen, die diese Einflussart teilen (z. B. Zwillinge)
Individualismus	*individualism*	Werthaltung, die die Unabhängigkeit von anderen betont
individuelle Konsistenz	*individual consistency*	statistisch: Ähnlichkeit der z-Werte einer Person in zwei Variablen
individuelles Netzwerk	*individual network*	die sozialen Beziehungen einer Person
In-Gruppe	*in-group*	Bezugsgruppe, der man angehört und mit deren Zielen man sich identifiziert

Inhaltsvalidität	content validity	Ausmaß, in dem ein Messverfahren eine repräsentative Stichprobe der zu erfassenden Inhalte tatsächlich erfasst
inklusive Fitness	inclusive fitness	Fitness eines Gens unter Berücksichtigung seiner Reproduktion in genetisch Verwandten
Integrität	integrity	Vertrauenswürdigkeit
Intellekt	intellect	Disposition, intellektuell-künstlerisch aufgeschlossen zu sein
Intelligenz	intelligence	Fähigkeit zu hoher Bildung
Intelligenzalter	mental age	Intelligenz ausgedrückt als durchschnittliche Intelligenz einer bestimmten Altersstufe
Interaktion	interaction	1. soziale Interaktion 2. statistische Interaktion 3. dynamische Interaktion
Interaktionismus	interactionism	Paradigma der Persönlichkeitspsychologie, das statistische und dynamische Interaktionen zwischen Persönlichkeit und Umwelt betont
Interesse	interest	Bewertung einer Handlung als anziehend
interindividueller Unterschied	interindividual difference	Unterschied zwischen Personen
Interkorrelationen	intercorrelations	alle Korrelationen zwischen mehr als 2 Variablen
internale Attribution	internal attribution	Attribution auf Merkmale der Person
Internalisierungsprobleme	internalizing problems	Syndrom aus negativem Selbstwertgefühl, Einsamkeit und Depression
interne Konsistenz	internal consistency	Reliabilität einer Skala auf der Basis der Interkorrelationen ihrer Items
interne Personalauswahl	internal personnel selection	Auswahl für eine Fortbildungsmaßnahme oder für eine Versetzung
Internettestung	internet testing	Testung durch Tests im Internet
intraindividueller Unterschied	intraindividual difference	Unterschied innerhalb einer Person
intrapsychische Bewältigung	intrapsychic coping	Veränderung der Situationsbewertung oder der hierdurch ausgelösten Gefühle bei Belastung
Introversion	introversion	Gegenteil von Extraversion
Inzest-Tabu	incest taboo	kulturelle Norm zur Vermeidung des Geschlechtsverkehrs mit nahen Verwandten
IQ	IQ	Maß der allgemeinen Intelligenz
Item	item	Frage oder Aufgabe zur Erfassung einer Eigenschaft

Item-Bias	*item bias*	Eigenschaft eines Testitems, in unterschiedlichen Populationen unterschiedliche Korrelate aufzuweisen
Katapultmodell	*catapult model*	Modell der Entwicklung, nach dem ein Einfluss in einer sensitiven Periode eine spätere Eigenschaft festlegt
Kaukasier	*Caucasian*	Hellhäutiger (Europäer, Araber, Inder)
klassisches Konditionieren	*classical conditioning*	Lernen bedingter Reize
Kodetermination	*codetermination*	Bedingung einer Variable durch zwei Einflüsse
Koedukation	*coeducation*	gemeinsamer Unterricht beider Geschlechter
kognitive Modellierung	*cognitive modeling*	Wissensdiagnose durch ein Wissensmodell
Kohärenz	*coherence*	Korrelation zweier Messungen derselben Eigenschaft in derselben Situation
Kollektivismus	*collectivism*	Werthaltung, die die Eingebettetheit in eine In-Gruppe betont
Kombinationsmethode	*combination method*	indirekte Einflussschätzung durch den Vergleich von mehr als zwei Typen von Personenpaaren (z. B. Zwillinge und Adoptivgeschwister)
Komorbidität	*comorbidity*	gleichzeitiges Auftreten zweier Krankheiten
Komparationsforschung	*comparison research*	nach William Stern: Vergleich zweier Personen in vielen Eigenschaften
konditionale Entwicklungsstrategie	*conditional developmental strategy*	genetisch fixierte, umweltabhängige Lenkung der Individualentwicklung in eine bestimmte Richtung
Konfidenzintervall	*confidence interval*	Bereich der wahrscheinlichen Abweichung des wahren Wertes vom gemessenen Wert
kongenitale adrenale Hyperplasie	*congenital adrenal hyperplasia*	genetisch bedingte frühe hormonelle Vermännlichung
konkurrente Validität	*concurrent validity*	Ausmaß, in dem eine Messung ein zeitgleich erhobenes Kriterium vorhersagt
konnektionistisches Modell	*connectionistic model*	Modell der Informationsverarbeitung, das sich auf Parallelverarbeitung und eine verteilte Speicherung bezieht
Konsistenz	*consistency*	meist: transsituative Konsistenz
Konsistenzdebatte	*consistency debate*	durch Mischel ausgelöste Debatte, ob eine niedrige transsituative Konsistenz gegen das Konzept der Persönlichkeitseigenschaft spricht
Konstrukt	*construct*	nicht beobachtbares, empirisch verankertes theoretisches Konzept
Konstruktvalidität	*construct validity*	Ausmaß, in dem eine Messung tatsächlich das Konstrukt erfasst, das erfasst werden soll

Glossar

Kontextualismus	*contextualism*	Annahme, dass psychologische Konstrukte vergleichbar zwischen Populationen sind, wenn ihre Operationalisierung und Interpretation kulturell angepasst wird
Kontinuität einer Eigenschaft	*trait continuity*	zeitliche Konstanz einer Eigenschaft (als Konstrukt)
Kontrasteffekt	*contrast effect*	Verhaltensgenetik: Überschätzung der Unähnlichkeit von Geschwistern durch ihre Bezugspersonen
konvergente Validität	*convergent validity*	Ausmaß, in dem eine Messung hoch mit Kriterien hoher Validität korreliert
konvergentes Denken	*convergent thinking*	schrittweises Lösen vorgegebener Probleme
Korrelation	*correlation*	statistisch: Maß des linearen Zusammenhangs zwischen zwei Variablen
Korrelationsforschung	*correlation research*	nach William Stern: Beschreibung des Zusammenhangs zweier Eigenschaften in einer Population
Krankheitsverhalten	*illness behavior*	Einnehmen einer Krankenrolle (unabhängig von objektivierbaren Krankheitssymptomen)
Kreativität	*creativity*	Fähigkeit zum divergenten Denken
Kreuzkorrelation	*cross-correlation*	Korrelation zwischen zwei unterschiedlichen Variablen zu unterschiedlichen Zeitpunkten
Kriterium	*criterion*	Variable, auf die sich die Kriteriumsvalidität bezieht
Kriteriumsvalidität	*external validity*	Ausmaß, in dem eine Messung mit einem Kriterium des zu erfassenden Konstrukts korreliert
kritisches Lebensereignis	*critical life event*	irreguläres, emotional bedeutsames Ereignis
Kultur	*culture*	1. menschgemachte Umwelt einer Population 2. Intellekt/Offenheit als Eigenschaft
kulturelle Dimension	*cultural dimension*	Dimension, auf der Kulturen sich in dem Mittelwert ihrer Mitglieder unterscheiden
Kurzzeitgedächtnis	*short-term memory*	Modellvorstellung, nach der Informationen kurzfristig dort gespeichert werden
Laborstudie	*lab(oratory) study*	Studie unter künstlich hergestellten Bedingungen
Lageorientierung	*state orientation*	individuelle Tendenz, Handlungen zögerlich und unbeständig auszuführen
Längsschnittstudie	*longitudinal study*	mehrfache Erhebungen in größerem Zeitabstand
Langzeitgedächtnis	*long-term memory*	Modellvorstellung, nach der Informationen langfristig dort gespeichert werden
latentes Motiv	*implicit motive*	weitgehend unbewusstes Motiv
Lebenszufriedenheit	*life-satisfaction*	kognitive Komponente des Wohlbefindes

Leistung	*achievement*	Ergebnis von Handlungen, die nach einem Gütemaßstab bewertet werden (gut/schlecht)
Leistungsmotiv	*achievement motive*	Motiv, Leistung zu erbringen
Leung-Bond-Methode	*Leung-Bond method*	faktorenanalytische Technik in kulturvergleichenden Studien, die den Effekt einer Standardisierung innerhalb von Populationen auf die faktorielle Struktur individueller Merkmale prüft
lexikalischer Ansatz	*lexical approach*	Reduktion der Eigenschaftsworte einer Sprache auf wenige Faktoren
Libido	*libido*	psychoanalytisch: psychische Energie
Logbuch	*daily log*	Protokoll bestimmter Ereignisse, die sofort nach ihrem Auftreten aufgezeichnet werden
Machtmotiv	*power motive*	Motiv, eigene Interessen auch gegen die Interessen anderer durchzusetzen
Mangelbedürfnis	*deficiency need*	Istwert weicht nur sporadisch von Sollwert ab in Regelkreismodell der Motivation
manifestes Motiv	*explicit motive*	verbalisiertes Motiv
MAOA-Gen	*MAOA gene*	Gen auf dem X-Chromosom, das in der Normalvariante durch das Enzym Monoaminoxidase A Überschüsse an Neurotransmittern reduziert
Median-Split	*median split*	statistisch: Teilung einer Stichprobe nach der unteren/oberen Hälfte einer Verteilung
Mediationsanalyse	*mediation analysis*	Prüfung, ob die Korrelation zwischen zwei Variablen durch eine dritte Variable (Mediator) vermittelt wird
Mediatorvariable	*mediator variable*	statistisch: Variable, die den Zusammenhang zweier anderer Variablen (teilweise) erklärt
Meiose	*meiosis*	Teilung der befruchteten Eizelle, bei der die genetischen Informationen in Ei- und Samenzelle kombiniert werden
mentale Rotation	*mental rotation*	Aufgabe, bei der Bilder dreidimensionaler Gegenstände auf Identität bis auf räumliche Veränderung geprüft werden
Metaanalyse	*meta-analysis*	statistisch: Verfahren, die Ergebnisse verschiedener Studien zum selben Thema zusammenzufassen
Mich	*Me*	eigene Person als Objekt der eigenen Wahrnehmung
Mikrosystem	*microsystem*	unmittelbare Umwelt einer Person
Minderungskorrektur	*correction for attenuation*	Korrektur einer Korrelation für die Unreliabilität einer der beiden korrelierten Variablen

minimale Anomalie	*minimal anomaly*	unauffällige körperliche Störung, die auf Schwangerschaftsprobleme hinweist
Misserfolgsmotiv	*failure motive*	Motiv, Misserfolg zu vermeiden
mitochondriale DNS	*mitochondrial DNA*	genetische Information in den Mitochondrien, die von der mütterlichen Eizelle abstammen
Moderatorvariable	*moderator variable*	statistisch: Variable, die auf die Korrelation zweier anderer Variablen Einfluss nimmt
molekulargenetische Persönlichkeitsforschung	*molecular genetic personality research*	direkte Einflussschätzung der Wirkung bestimmter Allele auf die Persönlichkeit
Mongolenfalte	*Mongolian eyelid fold*	Falte über dem Augenlid bei mongoliden Populationen
Motiv	*motive*	Bewertungsdisposition für Handlungsfolgen (Persönlichkeitseigenschaft)
Motivation	*motivation*	aktuelle motivationale Lage oder Prozess der aktuellen Motivierung
multiple Korrelation	*multiple correlation*	statistisch: Maß des linearen Zusammenhangs zwischen einer Variable und mehreren optimal gewichteten Prädiktoren
multiple Regression	*multiple regression*	statistisch: Vorhersage einer Variable durch mehrere Prädiktoren
Multitrait-Multimethod-Matrix	*multitrait-multimethod matrix*	Interkorrelationen mehrerer Eigenschaften, die jeweils mit mehreren Methoden gemessen wurden
Mutation	*mutation*	zufällige Veränderungen des Genoms
Nachahmungslernen	*imitation*	Lernen durch Imitation des Verhaltens anderer
Narzissmus	*narcissism*	Disposition zu Selbstüberschätzung und Überempfindlichkeit gegenüber Kritik
narzisstische Persönlichkeitsstörung	*narcissistic personality disorder*	Selbstüberschätzung, mangelnde Empathie
natürliche Selektion	*natural selection*	umweltabhängige Senkung der Reproduktionsrate eines Gens oder Genoms
natürliches Experiment	*natural experiment*	experimentähnliche korrelative Studie, in der die Werte der unabhängigen Variablen vorgefunden und als Konsequenz eines Kausalfaktors interpretiert werden
neuronale Plastizität	*neuronal plasticity*	Fähigkeit des Gehirns, sich umweltabhängig zu entwickeln
Neurotizismus	*neuroticism*	Disposition zu übermäßiger Besorgtheit
nicht geteilte Umwelt	*nonshared environment*	individuelle Umweltfaktoren, die innerhalb von Personenpaaren (z. B. Geschwistern) variieren

nicht geteilte Umwelteffekte	*nonshared environmental effects*	Umwelteffekte, die Personenpaare (z. B. Geschwister) unähnlich machen
nichtadditiver genetischer Effekt	*nonadditive genetic effect*	statistische Wechselwirkung zwischen mehreren Genen
nichtverbale Intelligenz	*nonverbal intelligence*	Leistung in nichtsprachlichen Intelligenzaufgaben
nomologisches Netzwerk	*nomological network*	Interkorrelationen zwischen unterschiedlichen Operationalisierungen desselben Konstrukts
nomothetisch	*nomothetic*	bezogen auf allgemeine Gesetzmäßigkeiten
Novize	*novice*	Neuling auf einem bestimmten Wissensgebiet
Objektbeziehung	*object relation*	psychoanalytisch: enge Beziehung, vor allem Eltern-Kind- und Partnerbeziehung
Objektbeziehungstheorien	*object relations theories*	psychoanalytische Ansätze, die Objektbeziehungen betonen
Ödipuskomplex	*Oedipus complex*	psychoanalytisch: ungelöster Konflikt des Jungen zwischen Begehren der Mutter und Angst vor Vater
Ödipuskonflikt	*Oedipus conflict*	psychoanalytisch: Konflikt des Jungen zwischen Begehren der Mutter und Angst vor Vater
Offenheit	*openness*	Eigenschaft, intellektuell-künstlerisch aufgeschlossen zu sein
Ökologie	*ecology*	nicht-kulturelle Umwelt einer Population
Ontogenese	*ontogenesis*	Individualentwicklung von der Zeugung bis zum Tod
operantes Konditionieren	*operant conditioning*	Lernen durch Verstärkung
Operationalisierung	*operationalization*	Angabe eines Messverfahrens für ein Konstrukt
orale Phase	*oral phase*	psychoanalytisch: Entwicklungsphase mit Mund als primärer erogener Zone
orthogonale Faktoren	*orthogonal factors*	statistisch: unkorrelierte Faktoren
Östrogene	*estrogenes*	primär weibliche Geschlechtshormone
Out-of-Africa-Hypothese	*out of Africa hypothesis*	Hypothese, dass alle heutigen Menschen von einer in Südostafrika lebenden Population von Homo sapiens sapiens abstammen
Paradigma	*paradigm*	theoretischer Ansatz und seine Methodik
Paralleltestreliabilität	*parallel test reliability*	Korrelation einer Skala mit einem Paralleltest
Paralleltests	*parallel test*	Tests, deren Korrelation so hoch ist wie ihre mittlere Reliabilität
paranoide Persönlichkeitsstörung	*paranoid personality disorder*	Misstrauen und Argwohn gegenüber anderen

Partnereffekt	*partner effect*	Parameter im Modell von Kenny, der beschreibt, welches Verhalten eine Person bei anderen hervorruft
Partnerschaftsstabilität	*marital stability*	Dauer einer Partnerschaft (Ehe) bis zur Trennung
Partnerschaftszufriedenheit	*marital satisfaction*	Zufriedenheit mit einer Partnerschaft (Ehe)
passive Genom-Umwelt-Kovarianz	*passive genome-environment covariance*	Ähnlichkeit zwischen Genom und Umwelt, die durch genetisch Verwandte der Person hervorgerufen wird
Personalauswahl	*personnel selection*	arbeitsbezogene Auswahl von Personen
Personalentwicklung	*personnel development*	Fortbildung durch Betrieb oder Organisation
persönliche Umwelt	*personal environment*	die gesamte Situationsexposition einer Person
persönliches Ziel	*personal goal*	bewusst repräsentiertes, individuell für wichtig gehaltenes längerfristiges Ziel
Persönlichkeit	*personality*	Gesamtheit aller Persönlichkeitseigenschaften einer Person
Persönlichkeitsdisposition	*personality disposition*	Disposition, in der sich Menschen unterscheiden
Persönlichkeitseigenschaft	*personality trait*	überdauerndes Merkmal, in dem sich Menschen unterscheiden
Persönlichkeitsentwicklung	*personality development*	langfristige Veränderung der Persönlichkeit
Persönlichkeitsfaktor	*personality factor*	durch Faktorenanalyse bestimmter Faktor von Eigenschaftsmessungen
Persönlichkeitsinventar	*personality inventory*	diagnostisches Instrument, das aus mehreren Persönlichkeitsskalen besteht
Persönlichkeits-Prototyp	*personality prototype*	Persönlichkeitstyp, repräsentiert durch eine typische fiktive Person
Persönlichkeitspsychologie	*personality psychology*	empirische Wissenschaft der Persönlichkeit
Persönlichkeitsskala	*personality scale*	mehrere Items, die dieselbe Eigenschaft messen sollen
Persönlichkeitsstörung	*personality disorder*	tiefgreifendes, stabiles, pathologisches Persönlichkeitsmuster
Persönlichkeitstyp	*personality type*	Gruppe ähnlicher Personen
Pfadanalyse	*path analysis*	statistisch: Verfahren der Kausalanalyse auf der Grundlage von Korrelationen
Pfadkoeffizient	*path coefficient*	statistisch: Maß der Einflussstärke eines Prädiktors auf eine Variable bei Kontrolle aller anderen berücksichtigten Prädiktoren
phallische Phase	*phallic phase*	psychoanalytisch: Entwicklungsphase mit Phallus als primärer erogener Zone
Phallometrie	*phallometry*	physiologische Messung des Penisumfangs als Maß der sexuellen Erregung des Mannes

Phenylketonurie	*phenylketonuria*	genetisch bedingte Stoffwechselstörung, die unbehandelt die Intelligenz beeinträchtigt
Phylogenese	*phylogenesis*	Evolution der Arten
physische Attraktivität	*physical attractiveness*	Schönheit
Piepsertechnik	*beeper technology*	Protokoll bestimmter Ereignisse zu vorbestimmten Zeitpunkten, die durch einen Piepston signalisiert werden
Polyandrie	*polyandry*	Familienform, bei der eine Frau mehrere Ehemänner hat
Polygynie	*polygyny*	Familienform, bei der ein Mann mehrere Ehefrauen hat
Population	*population*	geographisch-historisch eingegrenzte Gruppe von Menschen
Populationsgenetik	*population genetics*	Genetik der interindividuellen Unterschiede in einer Population auf der Basis indirekter Einflussschätzungen
potentielle Unterstützung	*available support*	subjektive Überzeugung, Unterstützung zu finden, wenn es nötig ist
prädiktive Validität	*predictive validity*	Ausmaß, in dem eine Messung ein späteres Kriterium vorhersagt
Prävalenz	*prevalence*	relative Häufigkeit einer Diagnose
Priming	*priming*	Technik zur Messung impliziter Einstellungen
problemorientierte Bewältigung	*problem-oriented coping*	Veränderung belastender Situationen durch eigenes Handeln
Progesteron	*progesterone*	primär weibliches Geschlechtshormon
projektiver Test	*projective test*	Motivdiagnostik durch freie Beschreibung mehrdeutiger Bilder
propositionales Netzwerk	*propositional network*	Modellvorstellung, nach der Begriffe durch Knoten und Beziehungen zwischen ihnen durch Kanten eines Netzwerks repräsentiert sind
protektive Selbstdarstellung/Selbstüberwachung	*protective self-presentation/self-monitoring*	Selbstdarstellung/Selbstüberwachung mit dem Ziel, negative Bewertung durch andere zu vermeiden
proximale Variable	*proximal variable*	unmittelbar wirkender Einfluss
proximate Erklärung	*proximate explanation*	Erklärung durch einen individuellen biologischen oder psychologischen Mechanismus
prozedurales Wissen	*procedural knowledge*	Wissen über Regeln
Prozess der gegenseitigen Nötigung	*coercive process*	Eskalation aggressiven Verhaltens durch Aggression-Gegenaggression

Psychoanalyse	*psychoanalysis*	Paradigma der Psychologie, das von einer unbewusste Verarbeitung psychischer Energie ausgeht
Psychographie	*psychography*	nach William Stern: Beschreibung vieler Eigenschaften bei einer Person
psychologisches Geschlecht	*gender*	psychologisch definiertes Geschlecht
Q-Faktorenanalyse	*Q factor analysis*	statistisch: Faktorenanalyse von Profilen
Q-Sort	*Q sort*	Beurteilung, wie gut vorgegebene Eigenschaften eine Person charakterisieren
QTL	*quantitative trait locus*	genetischer Marker für eine Eigenschaft
Quartil	*quartile*	statistisch: Viertel einer Verteilung
Querschnittstudie	*cross-sectional study*	Studie an mehreren Variablen zum gleichen Zeitpunkt
radikaler Relativismus	*radical relativism*	Annahme, dass psychologische Konstrukte nicht zwischen Populationen vergleichbar sind
Rasse	*race*	durch genetisch bedingte körperliche Oberflächenmerkmale wie Hautfarbe und Gestalt definierte Population
Rassismus	*racism*	Herabwürdigung anderer Rassen, beruhend auf Stereotypisierung ihrer Verschiedenheit von der eigenen Rasse
räumliche Visualisierung	*spatial visualization*	Fähigkeit, Bilder zu erkennen, die in anderen Bildern enthalten sind
räumliche Wahrnehmung	*spatial perception*	Fähigkeit zur räumlichen Wahrnehmung unabhängig von der eigenen Position im Raum
Reaktionshierarchie	*response hierarchy*	individuelle Rangordnung von Reaktionen in einer bestimmten Situation
reaktive Genom-Umwelt-Kovarianz	*reactive genome-environment covariance*	Ähnlichkeit zwischen Genom und Umwelt, die durch Interaktionspartner der Person hervorgerufen wird
Regression	*regression*	1. psychoanalytisch: Rückfall auf frühere Stufe der Triebdynamik 2. statistisch: Vorhersage einer Variable durch einen Prädiktor
Reliabilität	*reliability*	Zuverlässigkeit einer Messung
Represser	*repressor*	Person mit Neigung zur Angstverdrängung
Rep-Test	*REP test*	Diagnostik der persönlichen Konstrukte nach Kelly
resilienter Persönlichkeitstyp	*resilient personality type*	Persönlichkeitstyp, der durch hohe Resilienz charakterisiert ist
Resilienz	*resilience*	Disposition zur flexiblen, situationsangemessenen Kontrolle eigener Gefühle und Handlungsimpulse
Retestreliabilität	*retest reliability*	kurzfristige Stabilität einer Messung

säkularer Trend	*secular trend*	historischer Wandel im Mittelwert oder in der Varianz von Eigenschaften
schiefwinklige Faktoren	*oblique factors*	statistisch: korrelierte Faktoren
schizoide Persönlichkeitsstörung	*schizoid personality disorder*	Distanziertheit in sozialen Beziehungen und eingeschränkter emotionaler Ausdruck
Schüchternheit	*shyness*	Gehemmtheit in sozialen Situationen
schwache Einstellung	*weak attitude*	Einstellung mit langer Reaktionszeit in Einstellungsmessung
Sedimentationshypothese	*sedimentation hypothesis*	Annahme, dass alle wichtigen Persönlichkeitseigenschaften umgangssprachlich durch Eigenschaftsworte repräsentiert sind
Selbst	*self*	eigene Person
Selbstaufmerksamkeit	*self-awareness*	Aufmerksamkeitszuwendung zur eigenen Person oder zum Eindruck anderer über einen selbst
Selbstbewusstheit	*self-consciousness*	Disposition zur Selbstaufmerksamkeit
Selbstdarstellung	*self-presentation*	Versuch, den Eindruck anderer über einen selbst durch eigenes Verhalten zu beeinflussen
Selbstkonzept	*self-concept*	Bild von der eigenen Person
Selbstüberschätzung	*self-enhancement*	Überschätzung sozial erwünschter und Unterschätzung sozial unerwünschter eigener Eigenschaften
Selbstüberwachung	*self-monitoring*	Tendenz, die eigene Selbstdarstellung bewusst zu kontrollieren
Selbstwert(gefühl)	*self-esteem*	Bewertung der eigenen Person
selbstwertdienliche Verzerrung	*self-serving bias*	Tendenz, sich selbst oder die Umwelt so wahrzunehmen, dass dies den Selbstwert stärkt
Selbstwirksamkeit	*self-efficacy*	subjektive Kompetenzerwartung
selektive Plazierung	*selective placement*	nicht zufällige Zuordnung von Adoptivkindern zu ihren Adoptiveltern, kann zu einer Ähnlichkeit von biologischen und Adoptiveltern führen
sensitive Periode	*sensitive period*	Zeitfenster, das bestimmte Einflüsse auf die Entwicklung begrenzt
Setting	*setting*	personunabhängige Situationsdefinition
sexuelle Orientierung	*sexual orientation*	Disposition, durch Menschen eines bestimmten Geschlechts sexuell erregt zu werden
sexuelle Rekombination	*sexual recombination*	zufällige Kombination der Allele von Mutter und Vater während der Meiose
Situationsexposition	*situational exposure*	Häufigkeit/Dauer, mit der eine Person bestimmten Situationen ausgesetzt ist

Glossar

Situationshierarchie	*situational hierarchy*	individuelle Rangordnung von Situationen für ein bestimmtes Verhalten
Skala	*scale*	1. Persönlichkeitsskala 2. Antwortskala
soziale Beziehung	*social relationship*	Merkmal einer Dyade, bestehend aus Interaktionsmuster und Beziehungsschemata der beiden Bezugspersonen
soziale Handlungskompetenz	*social skills*	Geschick im Umgang mit anderen
soziale Intelligenz	*social intelligence*	soziale Kompetenz
soziale Interaktion	*social interaction*	Wechselwirkung zwischen den Reaktionen zweier Personen in derselben Situation
soziale Kompetenz	*social competence*	Durchsetzungs- und Beziehungsfähigkeit
soziale Sensitivität	*social sensitivity*	Einfühlungsvermögen in andere
soziale Unterstützung	*social support*	erhaltene, erfahrene oder potentielle Unterstützung
sozialer Vergleich	*social comparison*	Vergleich der eigenen Person mit einer Bezugsgruppe
soziales Netzwerk	*social network*	die wechselseitigen Beziehungen vieler Personen
Soziobiologie	*sociobiology*	Paradigma der Biologie, das nach evolutionären Wurzeln sozialen Verhaltens sucht
Soziometrie	*sociometry*	Erhebung der sozialen Beziehungen in einer Gruppe durch positive oder negative Wahlen
sozioökonomischer Status	*socioeconomic status*	Eigenschaft der Familie, bestimmt durch Ausbildungsniveau, Berufsprestige und Einkommen der Eltern
Soziosexualität	*socio-sexual orientation, sociosexuality*	Tendenz zu Geschlechtsverkehr mit wechselnden Partnern
Spearman-Brown-Formel	*Spearman-Brown formula*	Formel, die die Reliabilität einer aggregierten Messung vorhersagt
spezielle Fragestellung	–	Frage nach psychologischen Gesetzmäßigkeiten für bestimmte Personengruppen
S-R-Inventar	*S-R inventory*	Fragebogen aus Items, in denen Situationen und Reaktionen für dieselbe Eigenschaft systematisch variieren
SRY-Gen	*SRY gene*	geschlechtsdeterminierendes Gen
Stabilität einer Eigenschaft	*trait stability*	zeitliche Konstanz der z-Werte der Eigenschaftsmessung, erfasst durch Korrelation
Stabilität eines Eigenschaftsprofils	*profile stability*	zeitliche Konstanz der Form eines Eigenschaftsprofils, erfasst durch Korrelation
Standardabweichung	*standard deviation*	statistisch: Maß der Variabilität von Messungen (Wurzel aus Varianz)

starke Einstellung	*strong attitude*	Einstellung mit kurzer Reaktionszeit in Einstellungsmessung
statistische Interaktion	*statistical interaction*	nichtadditive Wirkung zweier Variablen auf eine dritte
strategische Spezialisierung	*strategic specialization*	Lösung desselben Reproduktionsproblems durch eine von mehreren alternativen Strategien
Stroop-Test	*Stroop test*	Test zur Messung der Interferenzanfälligkeit in der Informationsverarbeitung
symbolischer Interaktionismus	*symbolic interactionism*	Annahme, dass das Selbstkonzept durch die Meinung wichtiger Bezugspersonen über einen selbst geprägt wird
TAT	*TAT*	Thematischer Apperzeptionstest, ein spezieller projektiver Test
Temperament	*temperament*	Persönlichkeitsbereich, der sich auf das »Wie« des Verhaltens bezieht
Tendenz zu sozial erwünschten Antworten	*social desirability bias*	interindividuell variierende Tendenz zu sozial erwünschten Antworten in Fragebögen
Terzil	*tercile*	statistisch: Drittel einer Verteilung
transsituative Konsistenz	*cross-situational consistency*	Korrelation einer Eigenschaftsmessung zwischen Situationen
Trennschärfe	*corrected item-total correlation*	Korrelation zwischem einem Item und dem Rest der Skala
Typ-A-Bindung	*type A attachment*	vermeidender Bindungsstil
Typ-B-Bindung	*type B attachment*	sicherer Bindungsstil
Typ-C-Bindung	*type C attachment*	ängstlich-ambivalenter Bindungsstil
Typ-D-Bindung	*type D attachment*	desorganisiert-desorientierter Bindungsstil
Über-Ich	*super-ego*	psychoanalytisch: internalisierte kulturelle Normen
überkontrollierter Persönlichkeitstyp	*overcontrolled personality type*	Persönlichkeitstyp, der durch übermäßige Emotions- und Motivationskontrolle charakterisiert ist
ultimate Erklärung	*ultimate explanation*	Erklärung durch Reproduktionsvorteile in der evolutionären Vergangenheit
Umwelt	*environment*	Gesamtheit aller externen Einflüsse auf eine Person bzw. ihr Genom
Umweltdetermination	*environmentalism*	Annahme, dass Menschen Opfer ihrer Umwelt sind
unabhängiges Selbstkonzept	*independent self*	Selbstkonzept bei Individualismus
Ungeselligkeit	*unsociability*	Gegenteil von Geselligkeit

Glossar

Universalismus	*universalism*	Annahme, dass psychologische Konstrukte vergleichbar zwischen Populationen sind und ihre Operationalisierung und Interpretation kulturunabhängig erfolgen kann
universelle Fragestellung	*universal question*	Frage nach allgemeingültigen psychologischen Gesetzmäßigkeiten
unterkontrollierter Persönlichkeitstyp	*undercontrolled personality type*	Persönlichkeitstyp, der durch mangelnde Emotions- und Motivationskontrolle charakterisiert ist
Validität	*validity*	Gültigkeit einer Messung
Varianz	*variance*	statistisch: Maß der Variabilität von Messungen (Quadrat der Standardabweichung)
Variationsforschung	*variation research*	nach William Stern: Beschreibung der Verteilung einer Eigenschaft in einer Population
verbale Intelligenz	*verbal intelligence*	Leistung in sprachlichen Intelligenzaufgaben
Verhaltensaktivierungssystem	*behavioral approach system*	System nach Gray, das die Reaktion auf konditionierte Belohnungsreize organisiert
Verhaltensgenetik	*behavior genetics*	Populationsgenetik des Verhaltens
Verhaltenshemmungssystem	*behavioral inhibition system*	System nach Gray, das die Reaktion auf Neuigkeit und konditionierte Bestrafungsreize organisiert
vernetztes Selbstkonzept	*interdependent self*	Selbstkonzept bei Kollektivismus
Verteilung	*distribution*	statistisch: Häufigkeiten der Werte einer Variable
Verträglichkeit	*agreeableness*	Disposition, freundlich zu sein
videounterstütztes Erinnern	*video reconstruction*	Erfragen interner Zustände in einer Situation bei Zeigen eines Videos der Situation
vorbewusst	*preconscious*	psychoanalytisch: psychischer Inhalt, der bewusst gemacht werden kann
Wachstumsbedürfnis	*growth need*	Sollwert chronisch höher als Istwerte in Regelkreismodell der Motivation
wahrer Wert	*true score*	Wert auf Konstruktebene
Werthaltung	*value*	Art der Bewertung übergeordneter Ziele oder Handlungen zur Erreichung von Zielen
Wohlbefinden	*subjective well-being*	subjektiver Aspekt der psychischen Gesundheit
Zirkumplexmodell	*circumplex model*	zweidimensionales Kreismodell für Persönlichkeitsdimensionen, deren Korrelation durch einen Winkel zueinander repräsentiert ist
z-Transformation	*z transformation*	statistisch: Verfahren, das Messwerte in z-Werte umwandelt (standardisiert)

zwanghafte Persönlichkeitsstörung	*compulsive personality disorder*	Ständige Beschäftigung mit Ordnung, Perfektion und Kontrolle
zweieiige Zwillinge	*dizygotic twins*	Zwillinge, die unterschiedlichen Eizellen entstammen
z-Wert	*z score*	statistisch: standardisierte Werte (Mittelwert 0, Standardabweichung 1)
Zwillingsmethode	*twin method*	indirekte Einflussschätzung durch den Vergleich von ein- und zweieiigen Zwillingen

Englisch-deutsches Wortverzeichnis

ability	Fähigkeit	dating couple	kurzfristige Partnerschaft im Jugend- oder jungen Erwachsenenalter
achievement	Leistung		
acquaintances	Bekannte		
acquisition	Erwerb	defense mechanism	Abwehrmechanismus
action	Handlung	deficiency need	Mangelbedürfnis
adolescent	Jugendlicher (ca. 13–17 Jahre)	denial	Verleugnung
adult	Erwachsener (ab ca. 18 Jahre)	desirability	Erwünschtheit
affiliation	sozialer Anschluss	development	Entwicklung
agreeableness	Verträglichkeit	diary	Tagebuch
appraisal	Bewertung	disorder	Störung
approach	Annäherung	displacement	Verschiebung
arousal	Aktivierung (physiologische)	distractability	Ablenkbarkeit
assertiveness	Durchsetzungsfähigkeit	distribution	Verteilung
assessment	Erhebung, Messung	division of labor	Arbeitsteilung
attachment	Bindung (soziale)	dizygotic twin	zweieiiger Zwilling
attention	Aufmerksamkeit	domain-specific	bereichsspezifisch
attenuation (correction for)	Minderung (skorrektur)	drive	Trieb
		ecology	Ökologie
attitude	Einstellung	educational level	Bildungsniveau
attrition	Schrumpfung (Stichprobe)	ego	Ich
authoritarian	autoritätshörig	ego-control	Ich-Kontrolle
available support	potentielle Unterstützung	ego-resiliency	Ich-Flexibilität
avoidance	Vermeidung	encoding	Einspeicherung
awareness	Bewusstsein (Aufmerksamkeit)	endorsement (item)	Mittelwert (eines Items)
		environment	Umwelt
beeper technology	Piepsertechnik	estrogene	Östrogen
behavior	Verhalten	evaluation	Bewertung
belief	Überzeugung	expectancy	Erwartung
between-subject analysis	interindividuelle Analyse	expectation	Erwartung
		experience	Erleben, Erfahrung
child	Kind (2–ca.12 Jahre)	explicit motive	manifestes Motiv
close relationship	enge Beziehung	failure	Misserfolg
coercive process	Prozess gegenseitiger Nötigung	fight/flight system	Angriff/Fluchtsystem
		fit	Passung
compulsive	zwanghaft	gender	Geschlecht (sozial definiertes)
conscientiousness	Gewissenhaftigkeit		
consciousness	Bewusstsein	goal	Ziel
consequence	Folge (einer Handlung)	growth	Wachstum
coping style	Bewältigungsstil	height	Körpergröße
correlation plot	Korrelationsdiagramm	I	Ich
cross-sectional study	Querschnittstudie	id	Es
cross-situational consistency	transsituative Konsistenz	imitation	Beobachtungslernen, Nachahmungslernen
dating	Rendezvous	implicit motive	latentes Motiv

incentive	Anreiz	popularity	Beliebtheit
individual	individuell, Individuum	power motive	Machtmotiv
infant	Säugling (bis 1 Jahr)	preconscious	vorbewusst
inhibition	Hemmung, Gehemmtheit	prejudice	Vorurteil
instruction	Instruktion, Unterricht	questionnaire	Fragebogen
interdependent self	vernetztes Selbstkonzept	race	Rasse
judgment	Beurteilung	random	zufällig
jealousy	Eifersucht	rating	Beurteilung
knowledge	Wissen	reassessment	Neubewertung
lay psychology	Alltagspsychologie	relational aggression	Beziehungsaggression
loneliness	Einsamkeit	recognition	Erinnerung, Wiedererkennung
longitudinal study	Längsschnittstudie		
marital relationship	eheliche Beziehung	reference group	Bezugsgruppe
maturation	Reifung	reinforcement	Bekräftigung
Me	Selbstkonzept	rejected	zurückgewiesen (Soziometrie)
mental age	Intelligenzalter		
mental speed	Geschwindigkeit der Informationsverarbeitung	rejection	soziale Ablehnung
		relation	logische Beziehung
memory	Gedächtnis	relationship	soziale Beziehung
monozygotic twin	eineiiger Zwilling	repression	Verdrängung
naive psychology	Alltagspsychologie	resistance	Widerstand
narcissism	Narzissmus	response	Reaktion
need	Bedürfnis	response scale	Antwortskala
need for achievement	Leistungsbedürfnis	sample	Stichprobe
need for affiliation	Anschlussbedürfnis	science	Wissenschaft
need for power	Machtbedürfnis	score	Wert (Zahl)
neglected	ignoriert (Soziometrie)	self	Selbst
nonshared environment	nicht geteilte Umwelt	self-actualization	Selbstverwirklichung
		self-awareness	Selbstaufmerksamkeit
oblique factors	schiefwinklige Faktoren	self-consciousness	Selbstbewusstheit
observability	Beobachtbarkeit (Eigenschaft)	self-deception	Selbsttäuschung
		self-description	Selbstbeschreibung
observation	Beobachtung	self-efficacy	Selbstwirksamkeit
occupational status	Berufsstatus	self-esteem	Selbstwertgefühl
orthogonal factors	unabhängige Faktoren	self-monitoring	Selbstüberwachung
other-deception	Fremdtäuschung	self-presentation	Selbstdarstellung
other-description	Beschreibung durch andere	self-rating	Selbstbeurteilung
other-rating	Beurteilung durch andere	self-serving bias	selbstwertdienliche Verzerrung
outcome	Ergebnis (einer Handlung)		
parallel processing	Parallelverarbeitung	sex	Geschlecht (biologisch definiertes)
parent	Elternteil		
parenting style	Erziehungsstil	shared environment	geteilte Umwelt
participant	Versuchsperson	shyness	Schüchternheit
peer	Gleichaltriger	sib(ling)	Geschwister
perceived support	erfahrene Unterstützung	significant other	Bezugsperson
percentile	Prozentrang	single case	Einzelfall
perception	Wahrnehmung	skewed distribution	schiefe Verteilung
physique	Gestalt	skill	Fertigkeit
popular	beliebt (Soziometrie)	sociability	Geselligkeit

Englisch-deutsches Wortverzeichnis

sociable	gesellig	threshold	Schwelle
social class	soziale Schicht	trait	Eigenschaft
social desirability	soziale Erwünschtheit	transference	Übertragung (Psycho-
sociosexuality	Soziosexualität		analyse)
spatial	räumlich	transitional	Übergangs-
species	Art (Biologie)	probability	wahrscheinlichkeit
state	Zustand	twin	Zwilling
state orientation	Lageorientierung	unconscious	unbewusst
stimulus	Reiz	unsociability	Ungeselligkeit
subconscious	unbewusst	value	Wert, Werthaltung
subject	Versuchsperson, Person	volition	Wille
subjective well-being	subjektives Wohlbefinden	vulnerability	Verletzbarkeit
success motive	Erfolgsmotiv	weak attitude	schwache Einstellung
super-ego	Über-Ich	weight	Körpergewicht
support (social)	Unterstützung (soziale)	withdrawn	sozial zurückgezogen
surgency	Extraversion	within-subject analysis	intraindividuelle Analyse
task	Aufgabe	working model	Arbeitsmodell
threat	Bedrohung		(von Beziehungen)

Literaturverzeichnis

Abele, A. & Becker, P. (Eds.) (1991). *Wohlbefinden: Theorie, Empirie, Diagnostik*. Weinheim: Juventa.

Abrahamson, A.C., Baker, L.A. & Caspi, A. (2002). Rebellious teens? Genetic and environmental influences on the social attitudes of adolescents. *Journal of Personality and Social Psychology, 83*, 1392–1408.

Achenbach, T.M. & Edelbrock, C.S. (1981). Behavioral problems and competencies reported by parents of normal and disturbed children aged four through sixteen. *Monographs of the Society for Research in Child Development, 46* (1).

Achenbach, T.M., McConaughy, S.H. & Howell, C.T. (1987). Child/adolescent behavioral and emotional problems: Implications of cross-informant correlations for situational specificity. *Psychological Bulletin, 101*, 213–232.

Adelson, B. (1984). When novices surpass experts: The difficulty of a task may increase with expertise. *Journal of Experimental Psychology: Learning, Memory, and Cognition, 10*, 483–495.

Adorno, T.W., Frenkel-Brunswik, E., Levinson, D.J. & Sanford, R.N. (1950). *The authoritarian personality*. New York: Harper & Row.

Agras, S., Sylvester, D. & Oliveau, D. (1969). The epidemiology of common fears and phobia. *Comprehensive Psychiatry, 10*, 151–156.

Ainsworth, M.D.S., Blehar, M.C., Waters, E. & Wall, S. (1978). *Patterns of attachment*. Hillsdale, NJ: Erlbaum.

Ajzen, I. & Madden, J.T. (1986). Prediction of goal-directed behavior: Attitudes, intentions, and perceived behavioral control. *Journal of Experimental Social Psychology, 22*, 453–474.

Allport, G.W. (1937). *Personality: A psychological interpretation*. New York: Holt.

Allport, G.W. & Odbert, H.S. (1936). Trait names: A psycholexical study. *Psychological Monographs, 47*, 1 (Whole No. 211).

Allport, G.W. & Vernon, P.E. (1933). *Studies in expressive movement*. New York: Macmillan.

Almagor, M., Tellegen, A. & Waller, N.G. (1995). The Big Seven model: A cross-cultural replication and further exploration of the basic dimensions of natural language trait descriptors. *Journal of Personality and Social Psychology, 69*, 300–307.

Altemeyer, B. (1988). *Enemies of freedom: Understanding right-wing authoritarianism*. San Francisco, CA: Jossey-Bass.

Amelang, M. (1987). *An investigation of the factorial structure and external validity of tests of social intelligence* (Tech.Rep. No. 59). Heidelberg: Psychologisches Institut, Universität Heidelberg.

Amelang, M. & Bartussek, D. (1990). *Differentielle Psychologie und Persönlichkeitsforschung* (3. Aufl.). Stuttgart: Kohlhammer.

Amelang, M. & Borkenau, P. (1982). Über die faktorielle Struktur und externe Validität einiger Fragebogen-Skalen zur Erfassung von Dimensionen der Extraversion und emotionalen Labilität. *Zeitschrift für Differentielle und Diagnostische Psychologie, 3*, 119–146.

Amelang, M. & Borkenau, P. (1984). Versuche einer Differenzierung des Eigenschaftskonzepts: Aspekte intraindividueller Variabilität und differentieller Vorhersagbarkeit. In M. Amelang & H.-J. Ahrens (Hrsg.), *Brennpunkte der Persönlichkeitsforschung* (Bd. 1, S. 89–107). Göttingen: Hogrefe.

Amelang, M. & Ullwer, U. (1990). Untersuchungen zur experimentellen Bewährung von Eysencks Extraversionstheorie. *Zeitschrift für Differentielle und Diagnostische Psychologie, 11*, 127–148.

Amelang, M., Schwarz, G. & Wegemund, A. (1989). Soziale Intelligenz als Trait-Konstrukt und Test-Konzept bei der Analyse von Verhaltenshäufigkeiten. *Zeitschrift für Differentielle und Diagnostische Psychologie, 10*, 37–57.

Amthauer, R., Brocke, B., Liepmann, D. & Beauducel, A. (2000). *Intelligenz-Struktur-Test 2000 (I-S-T 2000)*. Göttingen: Testzentrale.

Anastasi, A. (1971). *Differential psychology: Individual and group differences in behavior* (3rd ed.). New York: Macmillan.

Andersen, S.M., Glassman, N.S., Chen, S. & Cole, S.W. (1995). Transference in social perception: The role of chronic accessibility in significant-other representations. *Journal of Personality and Social Psychology, 69*, 41–57.

Anderson, C.A., Jennings, D.L. & Arnoult. L.H. (1988). The validity and utility of the attributional style construct at a moderate level of specificity. *Journal of Personality and Social Psychology, 55*, 979–990.

Anderson, J.R. (1983). *The architecture of cognition*. Cambridge, MA: Harvard University Press.

Anderson, J.R. (1993). *Rules of the mind*. Hillsdale, NJ: Erlbaum.

Anderson, L.W., Ryan, D.W. & Shapiro, B.J. (Eds.) (1989). *The IEA classroom environment study*. Oxford, U.K.: Pergamon Press.

Anderson, M. (1992). *Intelligence and development*. Oxford, U.K.: Blackwell.

Andrews, B. & Brown, G.W. (1993). Self-esteem and vulnerability to depression: The concurrent validity of interview and questionnaire measures. *Journal of Abnormal Psychology, 102*, 565–572.

Angleitner, A., Ostendorf, F. & John, O.P. (1990). Towards a taxonomy of personality descriptors in German: A psycho-lexical study. *European Journal of Personality, 4*, 89–118.

Angleitner, A. & Riemann, R. (1996). Selbstberichtdaten: Fragebogen, Erlebnisanalyse. In K. Pawlik (Hrsg.), *Enzyklopädie der Psychologie*. Vol C/VIII/1: Grundlagen und Methoden der Differentiellen Psychologie (S. 427–462). Göttingen: Hogrefe.

Annett, M. (1985). *Left, right, hand, and brain: The right shift theory*. Hillsdale, NJ: Erlbaum.

Archer, J. (2000). Sex differences in aggression between heterosexual partners: A meta-analytic review. *Psychological Bulletin, 126*, 651–680.

Arkin, R.M. (1981). Self-presentation styles. In J.T. Tedeschi (Ed.), *Impression management theory and social psychological research* (pp. 311–333). New York: Academic Press.

Asendorpf, J.B. (1987). Videotape reconstruction of emotions and cognitions related to shyness. *Journal of Personality and Social Psychology, 53*, 542–549.

Asendorpf, J.B. (1988). Individual response profiles in the behavioral assessment of personality. *European Journal of Personality, 2*, 155–167.

Asendorpf, J.B. (1989a). *Soziale Gehemmtheit und ihre Entwicklung*. Berlin: Springer.

Asendorpf, J.B. (1989b). Shyness as a final common pathway for two different kinds of inhibition. *Journal of Personality and Social Psychology, 57,* 481–492.

Asendorpf, J.B. (1990a). Development of inhibition during childhood: Evidence for situational specificity and a two-factor model. *Developmental Psychology, 26,* 721–730.

Asendorpf, J.B. (1990b). Differentielle Verhaltensgenetik: Vergangenheit, Gegenwart und Zukunft. In M. Knopf & W. Schneider (Hrsg.), *Entwicklung. Festschrift zum 60. Geburtstag von Franz Emanuel Weinert* (S. 201–223). Göttingen: Hogrefe.

Asendorpf, J.B. (1991). *Die differentielle Sichtweise in der Psychologie.* Göttingen: Hogrefe.

Asendorpf, J.B. (1992). Beyond stability: Predicting inter-individual differences in intra-individual change. *European Journal of Personality, 6,* 103–117.

Asendorpf, J.B. (1993a). Entwicklungsgenetik der Persönlichkeit im Kindesalter. In M. Markefka & B. Nauck (Hrsg.), *Handbuch der Kindheitsforschung* (S. 17–30). Neuwied: Luchterhand.

Asendorpf, J.B. (1993b). Abnormal shyness in children. *Journal of Child Psychology and Psychiatry, 34,* 1069–1081.

Asendorpf, J.B. (1994a). The malleability of behavioral inhibition: A study of individual developmental functions. *Developmental Psychology, 30,* 912–919.

Asendorpf, J.B. (1994b). Entwicklungsgenetik der Persönlichkeit. In K. Schneewind (Hrsg.), *Enzyklopädie der Psychologie. Pädagogische Psychologie* (Band 1, S.107–134). Göttingen: Hogrefe.

Asendorpf, J.B. (1995). Persönlichkeitspsychologie: Das empirische Studium der individuellen Besonderheit aus spezieller und differentieller Perspektive. *Psychologische Rundschau, 46,* 235–247.

Asendorpf, J.B. (1996). Die Natur der Persönlichkeit: Eine koevolutionäre Perspektive. *Zeitschrift für Psychologie, 204,* 97–115.

Asendorpf, J.B. (1998). Die Entwicklung sozialer Kompetenzen, Motive und Verhaltensweisen. In F.E. Weinert (Hrsg.), *Entwicklung im Kindesalter* (pp. 153–176). Weinheim: Psychologie Verlags Union.

Asendorpf, J.B. (2002a). Emotionale Intelligenz nein, emotionale Kompetenzen ja. *Zeitschrift für Personalpsychologie, 1,* 180–181.

Asendorpf, J.B. (2002b). Die Persönlichkeit als Lawine: Wann und warum sich Persönlichkeitsunterschiede stabilisieren. In G. Jüttemann & H. Thomae (Eds.), *Persönlichkeit und Entwicklung* (pp. 46–72). Weinheim: Beltz.

Asendorpf, J.B. (2003). Temperament. In H. Keller (Ed.), *Handbuch der Kleinkindforschung* (3. Aufl., pp. 775–814). Bern: Huber.

Asendorpf, J.B. & Banse, R. (2000). *Psychologie der Beziehung.* Bern: Huber.

Asendorpf, J.B., Banse, R. & Mücke, D. (2002a). Double dissociation between implicit and explicit personality self-concept: The case of shy behavior. *Journal of Personality and Social Psychology, 83,* 380–393.

Asendorpf, J.B., Banse, R., Wilpers, S. & Neyer, F.J. (1997). Beziehungsspezifische Bindungsskalen für Erwachsene und ihre Validierung durch Netzwerk- und Tagebuchverfahren. *Diagnostica, 43,* 289–313.

Asendorpf, J.B., Borkenau, P., Ostendorf, F. & van Aken, M.A.G. (2001). Carving personality description at its joints: Confirmation of three replicable personality prototypes for both children and adults. *European Journal of Personality, 15,* 169–198.

Asendorpf, J.B., Caspi, A. & Hofstee, W.B.K. (2002b). The puzzle of personality types. *European Journal of Personality, 16 (Special Issue S1).*

Asendorpf, J.B. & Meier, G.H. (1993). Personality effects on children's speech in everyday life: Sociability-mediated exposure and shyness-mediated reactivity to social situations. *Journal of Personality and Social Psychology, 64,* 1072–1083.

Asendorpf, J.B. & Ostendorf, F. (1998). Is self-enhancement healthy? Conceptual, psychometric, and empirical analysis. *Journal of Personality and Social Psychology, 74,* 955–966.

Asendorpf, J.B. & Schäfer, M. (1993). *Soziale Beziehungen in Gruppen aus persönlichkeitspsychologischer Perspektive* (Paper 13/1993). München: Max-Planck-Institut für psychologische Forschung.

Asendorpf, J.B. & Scherer, K.R. (1983). The discrepant repressor: Differentiation between low anxiety, high anxiety, and repression of anxiety by autonomic-facial-verbal patterns of behavior. *Journal of Personality and Social Psychology, 45,* 1334–1346.

Asendorpf, J.B. & van Aken, M.A.G. (1991). Correlates of the temporal consistency of personality patterns in childhood. *Journal of Personality, 59,* 689–703.

Asendorpf, J.B. & van Aken, M.A.G. (1993). Deutsche Versionen der Selbstkonzeptskalen von Harter. *Zeitschrift für Entwicklungspsychologie und Pädagogische Psychologie, 25,* 64–86.

Asendorpf, J.B. & van Aken, M.A.G. (1994). Traits and relationship status. *Child Development, 65,* 1786–1798.

Asendorpf, J.B. & van Aken, M.A.G. (1999). Resilient, overcontrolled and undercontrolled personality prototypes in childhood: Replicability, predictive power, and the trait/type issue. *Journal of Personality and Social Psychology.*

Asendorpf, J.B. & van Aken, M.A.G. (2003). Validity of Big Five personality judgments in childhood: A 9-year longitudinal study. *European Journal of Personality, 17,* 1–17.

Asendorpf, J.B. & van Aken, M.A.G. (in Druck). Personality – relationship transaction in adolescence: Core versus surface personality characteristics. *Journal of Personality.*

Asendorpf, J.B., Wallbott, H.G. & Scherer, K.R. (1985). Die Paralleluntersuchung: Multi-modale Reaktionsunterschiede in emotionalen Situationen. In K.R. Scherer, H.G. Wallbott, F.J. Tolkmitt & G. Bergmann (Hrsg.), *Die Streßreaktion: Physiologie und Verhalten* (S. 163–181). Göttingen: Hogrefe.

Asendorpf, J.B., Weber, A. & Burkhardt, K. (1994). Zur Mehrdeutigkeit projektiver Testergebnisse: Motiv-Projektion oder Thema-Sensitivität? *Zeitschrift für Differentielle und Diagnostische Psychologie, 15,* 155–165.

Asendorpf, J.B. & Wilpers, S. (1998). Personality effects on social relationships. *Journal of Personality and Social Psychology, 74,* 1531–1544.

Asendorpf, J.B. & Wilpers, S. (1999). KIT: Kontrolliertes Interaktions-Tagebuch zur Erfassung sozialer Interaktionen, Beziehungen und Persönlichkeitseigenschaften. *Diagnostica, 45,* 82–94.

Atkinson, J.W. (1957). Motivational determinants of risk-taking behavior. *Psychological Review, 64,* 359–372.

Atkinson, J.W., Heyns, R.W. & Veroff, J. (1954). The effect of experimental arousal of the affiliation motive on thematic apperception. *Journal of Abnormal and Social Psychology, 49,* 405–410.

Auhagen, A.E. (1991). *Freundschaft im Alltag: Eine Untersuchung mit dem Doppeltagebuch.* Bern: Huber.

Austin, J.T. & Hanisch, K.A. (1990). Occupational attainment as a function of abilities and interests: A longitudinal analysis using Project TALENT data. *Journal of Applied Psychology, 75,* 77–86.

Backhaus, K., Erichson, B., Plinke, W. & Weiber, R. (2000). *Multivariate Analysemethoden* (9. Aufl.). Berlin: Springer.

Bailey, J.M. (1996). Gender identity. In R.C. Savin-Williams & K.M. Cohen (Eds.), *The lives of lesbians, gays, and bisexuals* (pp. 71–93). Forth Worth, TX: Harcourt Brace College.

Bailey, J.M. & Zucker, K.J. (1995). Childhood sex-typed behavior and sexual orientation: A conceptual analysis and quantitative review. *Developmental Psychology, 31*, 43–55.

Bailey, J.M., Kim, P.Y., Hills, A. & Linsenmeier, J.A.W. (1997). Butch, femme, or straight acting? Partner preferences of gay men and lesbians. *Journal of Personality and Social Psychology, 73*, 960–973

Bailey, J.M. & Pillard, R.C. (1991). A genetic study of male sexual orientation. *Archives of General Psychiatry, 48*, 1089–1096.

Bailey, J.M., Pillard, R.C., Neale, M.C. & Agyei, Y. (1993). Heritable factors influence sexual orientation in women. *Archives of General Psychiatry, 50*, 217–223.

Baker, L.A. & Daniels, D. (1990). Nonshared environmental influences and personality differences in adult twins. *Journal of Personality and Social Psychology, 58*, 103–110.

Baker, R. (1996). *Sperm wars: The science of sex.* New York: Basic Books (dt.: *Krieg der Spermien* (1999). Bergisch-Gladbach: Lübbe).

Baldwin, M.W. (1992). Relational schemas and the processing of social information. *Psychological Bulletin, 112*, 461–484.

Ball-Rokeach, S.J., Rokeach, M. & Grube, J.W. (1984). *The Great American Values Test: Influencing behavior and belief through television.* New York: Free Press.

Bandura, A. (1965). Influence of models' reinforcement contingencies on the acquisition of imitative responses. *Journal of Personality and Social Psychology, 1*, 589–595.

Bandura, A. (1986). *Social foundations of thought and action.* Englewood Cliffs, NJ: Prentice-Hall.

Bargh, J.A., Chaiken, S., Govender, R. & Pratto, F. (1992). The generality of the automatic activation effect. *Journal of Personality and Social Psychology, 62*, 893–912.

Barker, R.G. (1968). *Ecological psychology: Concepts and methods for studying the environment of human behavior.* Stanford, CA: Stanford University Press.

Barkley, R.A., Ullman, D.G., Otto, L. & Brecht, J.M. (1977). The effects of sex typing and sex appropriateness of modeled behavior on children's imitation. *Child Development, 48*, 721–725.

Barrick, M.R., & Mount, M.K. (1991). The Big-Five personality dimensions in job performance: A meta-analysis. *Personnel Psychology, 44*, 1–26.

Barry, H. III., Bacon, M.K. & Child, I.L. (1957). A cross-cultural survey of some sex differences in socialization. *Journal of Abnormal and Social Psychology, 55*, 327–332.

Bartholomew, K. (1990). Avoidance of intimacy: An attachment perspective. *Journal of Social and Personal Relationships, 7*, 147–178.

Bartholomew, K., & Horowitz, L.M. (1991). Attachment styles among young adults: A test of a four-category model. *Journal of Personality and Social Psychology, 61*, 226–244.

Bartling, H.G. & Hood, A.B. (1981). An 11-year follow-up of measured interest and vocational choice. *Journal of Vocational Behavior, 34*, 318–334.

Batinic, B., Reips, U.D. & Bosnjak, M. (Eds.) (2002). *Online social sciences.* Göttingen: Hogrefe.

Baumann, U. & Laireiter, A. (1996). Individualdiagnostik interpersoneller Beziehungen. In K. Pawlik (Hrsg.), *Enzyklopädie der Psychologie. Band C/VIII/1: Differentielle Psychologie und Persönlichkeitsforschung* (S. 609-643). Göttingen: Hogrefe.

Baumeister, R.F., Tice, D.M. & Hutton, D.G. (1986). Self-presentational motivations and personality differences in self-esteem. *Journal of Personality, 57*, 547–579.

Baumert, J. (1992). Koedukation oder Geschlechtertrennung. *Zeitschrift für Pädagogik, 38*, 83–110.

Baumrind, D. (1971). Current patterns of parental authority. *Developmental Psychology Monographs, 1*, 1-103.

Bayley, N. (1969). *Bayley Scales of Infant Development.* New York: Psychological Corporation.

Becker, P. (1982). *Interaktions-Angst-Fragebogen (IAF).* Weinheim: Beltz.

Beckwith, L. & Parmelee, A. (1986). EEG patterns of preterm infants, home environment and later IQ. *Child Development, 57*, 777–789.

Beer, J.M. & Horn, J.M. (2000). The influence of rearing order on personality development within two adoption cohorts. *Journal of Personality, 68*, 789–819.

Beermann, L., Heller, K.A. & Menacher, P. (1992). *Mathe: nichts für Mädchen?* Bern: Huber.

Bell, A.P., Weinberg, M.S. & Hammersmith, S.K. (1981). *Sexual preference: Its development in men and women.* New York: Simon & Schuster.

Bell, R.Q. (1977). Socialization findings re-examined. In R.Q. Bell & R.V. Harper (Eds.), *Child effects on adults* (pp. 53–84). Hillsdale, NJ: Erlbaum.

Bell, R.Q. & Chapman, M. (1986). Child effects in studies using experimental or brief longitudinal approaches to socialization. *Developmental Psychology, 22*, 595–603.

Bell, R.Q. & Harper, L.V. (1977). *Child effects on adults.* Hillsdale, NJ: Erlbaum.

Belsky, J., Campbell, S.B., Cohn, J.F. & Moore, G. (1996). Instability of infant-parent attachment security. *Developmental Psychology, 32*, 921–924.

Bem, D.J. (1998). Is EBE theory supported by the evidence? Is it androcentric? A reply to Peplau et al. (1998). *Psychological Review, 105*, 395–398.

Bem, D.J. (1996). Exotic becomes erotic: A developmental theory of sexual orientation. *Psychological Review, 103*, 320–335.

Bem, S.L. (1981). Gender schema theory: A cognitive account of sex typing. *Psychological Review, 88*, 354–364.

Benbow, C.P. (1988). Sex differences in mathematical reasoning ability in intellectually talented preadolescents: Their nature, effects, and possible causes. *Behavioral and Brain Sciences, 11*, 169–232.

Benet, V. & Waller, N.G. (1995). The Big Seven factor model of personality description: Evidence for its cross-cultural generality in a Spanish sample. *Journal of Personality and Social Psychology, 69*, 701–718.

Benjamin, J., Ebstein, R.P. & Belmaker, R.H. (2002). *Molecular genetics and the human personality.* Washington, DC: American Psychiatric Publishing.

Berenbaum, S.A. & Resnick, S.M. (1997). Early androgen effects on aggression in children and adults with congenital adrenal hyperplasia. *Psychoneuroendocrinology, 22*, 505–517

Bernard, H.R., Killworth, P., Kronenfeld, D., & Sailer, L. (1984). The problem of informant accuracy: The validity of retrospective data. *Annual Review of Anthropology, 13*, 495–517.

Berry, J.W. (1972). Radical cultural relativism and the concept of intelligence. In L.J. Cronbach & P.J.D. Drenth (Eds.), *Mental tests and cultural adaptation* (pp. 77–88). Den Haag, NL: Mouton.

Berry, J.W. (1976). *Human ecology and cognitive style: Comparative studies in cultural and psychological adaptation.* New York: Sage.

Berscheid, E. (1994). Interpersonal relationships. *Annual Reviews of Psychology, 45*, 79–129.

Berscheid, E. & Walster, E. (1974). Physical attractiveness. In L. Berkowitz (Ed.), *Advances in Experimental Social Psychology* (Vol. 7, pp. 157–215). New York: Academic Press.

Betzig, L. (1986). *Depotism and differential reproduction: A Darwinian view of history.* Hawthorne, NY: Aldine de Gruyter.

Bierhoff, H.W. & Grau, I. (1998). *Romantische Beziehungen.* Bern: Huber.

Bierhoff-Alfermann, D. (1989). *Androgynie: Möglichkeiten und Grenzen der Geschlechterrollen.* Opladen: Westdeutscher Verlag.

Bilden, H. (1991). Geschlechtsspezifische Sozialisation. In K. Hurrelmann & D. Ulich (Hrsg.), *Neues Handbuch der Sozialisationsforschung* (S. 279–301). Weinheim: Beltz.

Bilsky, W. & Schwartz, S.H. (1994). Values and personality. *European Journal of Personality, 8,* 163–181.

Binet, A. & Henri, V. (1895). La psychologie individuelle. *Année Psychologique, 2,* 411–463.

Binet, A. & Simon, T. (1905). Méthodes nouvelles pour le diagnostique du niveau intellectuel des anormaux. *Année Psychologique, 11,* 191–244.

Binford, L.R. (1990). The hunting hypothesis, archaeological methods, and the past. In L.R. Binford (Ed.), *Debating archaeology* (pp. 282–290). New York: Academic Press.

Birbaumer, N. & Schmidt, R.F. (2003). *Biologische Psychologie* (5. Aufl.). Berlin: Springer-Verlag

Bischof, N. (1980). Biologie als Schicksal? Zur Naturgeschichte der Geschlechterrollendifferenzierung. In N. Bischof & H. Preuschoft (Hrsg.), *Geschlechtsunterschiede: Entstehung und Entwicklung* (S. 25–42). München: Beck.

Bischof, N. (1985). *Das Rätsel Ödipus.* München: Piper.

Bischof, N. (1993). Untersuchungen zur Systemanalyse der sozialen Motivation. I: Die Regulation der sozialen Distanz – Von der Feldtheorie zur Systemtheorie. *Zeitschrift für Psychologie, 201,* 5–43.

Bischof-Köhler, D. (1985). Zur Phylogenese menschlicher Motivation. In L.H. Eckensberger & E.-D. Lantermann (Hrsg.), *Emotion und Reflexivität* (S. 3–47). München: Urban & Schwarzenberg.

Bjorklund, D.F. (Ed.) (2000). *False-memory creation in children and adults.* Mahwah, NJ: Erlbaum.

Bjorklund, D.F. & Pellegrini, A.D. (2002). *The origins of human nature: Evolutionary developmental psychology.* Washington, DC: American Psychological Association.

Blair, I.V. & Banaji, M.R. (1996). Automatic and controlled processes in stereotype priming. *Journal of Personality and Social Psychology, 70,* 1142–1163.

Blanchard, R. & Klassen, P. (1997). H-Y antigen and homosexuality in men. *Journal of Theoretical Biology, 185,* 373–378.

Blanchard, R. & Zucker, K.J. (1994). Reanalysis of Bell, Weinberg, and Hammersmith's data on birth order, sibling sex ratio, and parental age in homosexual men. *American Journal of Psychiatry, 151,* 1375–1376.

Block, J. (1961). *The Q-sort method in personality assessment and psychiatric research.* Springfield, IL: Charles C. Thomas.

Block, J. (1995). A contrarian view of the five-factor approach to personality description. *Psychological Bulletin, 117,* 187–215.

Block, J.H. & Block, J. (1980). The role of ego-control and ego-resiliency in the organization of behavior. In W.A. Collins (Ed.), *Minnesota Symposium on Child Psychology* (Vol. 13, pp. 39–101). Hillsdale, NJ: Erlbaum.

Bloom, B.S. (1964). *Stability and change in human characteristics.* New York: Wiley.

Blumenbach, J.F. (1775). *De generis humani varietate nativa.* Medizinische Doktorarbeit, Universität Göttingen.

Boehm, B., Asendorpf, J.B. & Avia, M.D. (2002). Replicable types and subtypes of personality: Spanish NEO-PI samples. *European Journal of Personality, 16(Special Issue S1),* S25–S41.

Bohman, M., Cloninger, C.R., Sigvardsson, S. & Knorring, A.L. von (1982). Predisposition to petty criminality in Swedish adoptees. I. Genetic and environmental heterogeneity. *Archives of General Psychiatry, 39,* 1233–1241.

Bolger, N., Foster, M., Vinokur, A.D. & Ng, R. (1996). Close relationships and adjustment to a life crisis: The case of breast cancer. *Journal of Personality and Social Psychology, 70,* 283–294.

Bolger, N. & Schilling, E.A. (1991). Personality and the problems of everyday life: The role of neuroticism in exposure and reactivity to daily stressors. *Journal of Personality, 59,* 355–386.

Borkenau, P. & Liebler, A. (1992). Trait inferences: Sources of validity at zero acquaintance. *Journal of Personality and Social Psychology, 62,* 645–657.

Borkenau, P. & Liebler, A. (1993). Convergence of stranger ratings of personality and intelligence with self-ratings, partner ratings, and measured intelligence. *Journal of Personality and Social Psychology, 65,* 546–553.

Borkenau, P. & Liebler, A. (1995). Observable attributes as manifestations and cues of personality and intelligence. *Journal of Personality, 63,* 1–25.

Borkenau, P. & Ostendorf, F. (1993). *NEO-Fünf-Faktoren Inventar (NEO-FFI).* Göttingen: Hogrefe.

Borkenau, P., Riemann, R., Angleitner, A. & Spinath, F.M. (2001). Genetic and environmental influences on observed personality: Evidence from the German Observational Study of Adult Twins. *Journal of Personality and Social Psychology, 80,* 655–668.

Bornstein, M.H. (1989). Sensitive periods in development: Structural characteristics and causal interpretations. *Psychological Bulletin, 105,* 179–197.

Bornstein, M.H. & Sigman, M.D. (1986). Continuity in mental development from infancy. *Child Development, 57,* 251–274.

Bowlby, J. (1969). *Attachment and loss. Vol. 1. Attachment.* New York: Basic Books.

Bowlby, J. (1973). *Attachment and loss. Vol. 2. Separation: Anxiety, and anger.* New York: Basic Books.

Boyatzis, R.E. (1973). Affiliation motivation. In D.C. McClelland & R.S. Steele (Eds.), *Human motivation: A book of readings* (pp. 253–276). Morristown, NJ: General Learning Press.

Brackwede, D. (1980). Das Bogus-Pipeline-Paradigma: Eine Übersicht über bisherige experimentelle Ergebnisse. *Zeitschrift für Sozialpsychologie, 11,* 50–59.

Bradburn, N.M. (1969). *The structure of psychological well-being.* Chicago: Aldine.

Braithwaite, V. & Law, H. (1985). Structure of human values: Testing the adequacy of the Rokeach Value Survey. *Journal of Personality and Social Psychology, 49,* 250–263.

Brecht, B. (1967). *Gesammelte Werke* (Band 3). Frankfurt/Main: Suhrkamp.

Breedlove, S.M. (1994). Sexual differentiation of the human nervous system. *Annual Review of Psychology, 45,* 389–418.

Breedlove, S.M. (1997). Sex on the brain. *Nature, 389,* 801.

Breitmayer, B. & Ramey, C. (1986). Biological nonoptimality and quality of postnatal environment as codeterminants of intellectual development. *Child Development, 57,* 1151–1165.

Brennan, K.A., Clark, C.L. & Shaver, P.R. (1998). Self-report measurement of adult attachment: An integrative overview. In J.A. Simpson &

Literaturverzeichnis

W.H. Rholes (Eds.), *Attachment theory and close relationships* (pp. 46–76). New York: Guilford Press.

Brenner, C. (1982). *The mind in conflict*. New York: International Universities Press.

Breuer, F. (1991). *Wissenschaftstheorie für Psychologen* (5. Aufl.). Münster: Aschendorff.

Brickman, P., Coates, D. & Janoff-Bulman, R. (1978). Lottery-winners and accident victims: Is happiness relative? *Journal of Personality and Social Psychology, 36*, 917–927.

Bridgman, P.W. (1927). *The logic of modern physics*. New York: Macmillan.

Brieger, P., Sommer, S., Blöink, R. & Marneros, A. (2000). The relationship between Five-Factor personality measurements and ICD-10 personality disorder dimensions: Results from a sample of 229 subjects. *Journal of Personality Disorders, 14*, 282–290.

Briggs, S.R. (1988). Shyness: Introversion or neuroticism. *Journal of Research in Personality, 22*, 290–307.

Brigham, J.C., Maass, A., Snyder, L.D. & Spaulding, K. (1982). Accuracy of eyewitness identifications in a field setting. *Journal of Personality and Social Psychology, 42*, 673–681.

Brocke, B. & Battmann, W. (1985). Die Aktivierungstheorie der Persönlichkeit: Eine systematische Darstellung und partielle Rekonstruktion. *Zeitschrift für Differentielle und Diagnostische Psychologie, 6*, 189–213.

Brody, N. (1988). *Personality in search of individuality*. San Diego: Academic Press.

Bronfenbrenner, U. (1979). *The ecology of human development: Experiments by nature and design*. Cambridge, MA: Harvard University Press.

Brown, G.W., Andrews, B., Harris, T.O., Adler, Z. & Bridge, L. (1986). Social support, self-esteem, and depression. *Psychosomatic Medicine, 16*, 813–831.

Brunstein, J. & Maier, G.W. (1996). Persönliche Ziele: Ein Überblick zum Stand der Forschung. *Psychologische Rundschau, 47*, 146–160.

Brunstein, J.C., Lautenschläger, U., Nawroth, B., Pöhlmann, K. & Schultheiss, O. (1995). Persönliche Anliegen, soziale Motive und emotionales Wohlbefinden. *Zeitschrift für Differentielle und Diagnostische Psychologie, 16*, 1–10.

Brunstein, J.C., Schultheiss, O.C. & Grässmann, R. (1998). Personal goals and emotional well-being: The moderating role of motive dispositions. *Journal of Personality and Social Psychology, 75*, 494–508.

Buck, R. (1980). Nonverbal behavior and the theory of emotion: The facial feedback hypothesis. *Journal of Personality and Social Psychology, 38*, 811–824.

Buhrmester, D., Furman, W., Wittenberg, M.T. & Reiss, H.T. (1988). Five domains of interpersonal competence in peer-relationships. *Journal of Personality and Social Psychology, 55*, 991–1008.

Bulayeva, K.B. & Pavlova, T. A. (1993). Behavior genetic differences within and between defined human populations. *Behavior Genetics, 23*, 433–442.

Burgemeister, B., Blum, L. & Lorge, J. (1972). *Columbia Mental Maturity Scale*. New York: Harcourt Brace Jovanovich.

Burisch, M. (1984). Approaches to personality inventory construction. *American Psychologist, 39*, 214–227.

Burks, B.S. (1928). The relative influence of nature and nurture upon mental development: A comparative study of foster parent – foster child resemblance and true parent – true child resemblance. *Yearbook of the National Society for the Study of Education, 27*, 219–236.

Buse, L. (1998). Differentielle Psychologie der Interessen. In M. Amelang (Hrsg.), *Enzyklopädie der Psychologie*, Band C/VIII/3: *Temperaments- und Persönlichkeitsunterschiede*. (S. 441–475).

Buse, L. & Pawlik, K. (1984). Inter-Setting-Korrelationen und Setting-Persönlichkeit-Wechselwirkungen: Ergebnisse einer Felduntersuchung zur Konsistenz von Verhalten und Erleben. *Zeitschrift für Sozialpsychologie, 15*, 44–59.

Buse, L. & Pawlik, K. (1991). Zur State-Trait-Charakteristik verschiedener Meßvariablen der psychophysiologischen Aktivierung, der kognitiven Leistung und der Stimmung in Alltagssituationen. *Zeitschrift für experimentelle und angewandte Psychologie, 38*, 521–538.

Buse, L. & Pawlik, K. (1994). Differenzierung zwischen Tages-, Setting- und Situationskonsistenz ausgewählter Verhaltensmerkmale, Maßen der Aktivierung, des Befindens und der Stimmung in Alltagssituationen. *Diagnostica, 40*, 2–26.

Bushman, B.J. & Baumeister, R.F. (1998). Threatened egotism, narcissism, self-esteem, and direct and displaced aggression: Does self-love or self-hate lead to violence? *Journal of Personality and Social Psychology, 75*, 219–229.

Buss, A.H. (1991). The EAS theory of temperament. In J. Strelau & A. Angleitner (Eds.), *Explorations in temperament* (pp. 43-60). New York: Plenum.

Buss, A.H. & Plomin, R. (1984). *Temperament: Early developing personality traits*. Hillsdale, NJ: Erlbaum.

Buss, D.M. (1987). Selection, evocation, and manipulation. *Journal of Personality and Social Psychology, 53*, 1214–1221.

Buss, D.M. (1989). Sex differences in human mate preferences: Evolutionary hypotheses tested in 37 cultures. *Behavioral and Brain Sciences, 12*, 1–49.

Buss. D.M. (1991). Evolutionary personality psychology. *Annual Review of Psychology, 42*, 459–491.

Buss, D.M. (1995). Evolutionary psychology: A new paradigm for psychological science. *Psychological Inquiry, 6*, 1–30.

Buss, D.M. (1999a). *Evolutionary psychology*. Boston: Allyn & Bacon.

Buss, D.M. (1999b). Human nature and individual differences: The evolution of human personality. In L.A. Pervin & O.P. John (Eds.), *Handbook of personality* (2nd ed., pp. 31–56). New York: Guilford Press.

Buss, D.M. & Schmitt, D.P. (1993). Sexual strategies theory: An evolutionary perspective on human mating. *Psychological Review, 100*, 204–232.

Cacioppo, J.T. Uchino, B.N., Crites, S.L., Snydersmith, M.A., Smith, G., Berntson, G.G. & Lang, P.J. (1992). Relationship between facial expressiveness and sympathetic activation in emotion. *Journal of Personality and Social Psychology, 62*, 110–128.

Cadoret, R.J., Cain, C.A. & Crowe, R.R. (1983). Evidence for gene-environment interaction in the development of adolescent antisocial behavior. *Behavior Genetics, 13*, 301–310.

Calkins, S.D. & Fox, N.A. (1992). The relations among infant temperament, security of attachment, and behavioral inhibition at twenty-four months. *Child Development, 63*, 1456–1472.

Campbell, D. (1971). *Handbook for the Strong Vocational Interest Blank*. Standford, CA: Stanford University Press.

Campbell, D.T. & Fiske, D.W. (1959). Convergent and discriminant validation by the multitrait-multimethod matrix. *Psychological Bulletin, 56*, 81–105.

Cann, R.L., Stoneking, M. & Wilson, A.C. (1987). Mitochondrial DNA and human evolution. *Nature, 325*, 31–36.

Cantor, N. & Kihlstrom, J.F. (1987). *Personality and social intelligence.* Englewood Cliffs, NJ: Prentice-Hall.

Caprara, G.V. & Perugini, M. (1994). Personality described by adjectives: The generalizability of the Big Five to the Italian lexical context. *European Journal of Personality, 8,* 357–369.

Carey, S. (1984). Cognitive development: The descriptive problem. In M.S. Gazzaniga (Ed.), *Handbook of cognitive neuroscience* (pp. 37–66). New York: Freeman.

Carr, H.A. & Kingsbury, F.A. (1938). The concept of trait. *Psychological Review, 45,* 497–524.

Carver, C.S. & Scheier, M.F. (1981). *Attention and self-regulation: A control theory approach to human behavior.* New York: Springer.

Carver, C.S. & White, T.L. (1994). Behavioral inhibition, behavioral activation, and affective responses to impending reward and punishment: The BIS/BAS scales. *Journal of Personality and Social Psychology, 67,* 319–333.

Casey, M.B., Nuttall, R.L., & Pezaris, E. (1997). Mediators of gender differences in mathematics college entrance test scores: A comparison of spatial skills with internalized beliefs and anxieties. *Developmental Psychology, 33,* 669–680.

Casey, M.B., Nuttall, R.L. & Pezaris, E. (1999). Evidence in support of a model that predicts how biological and environmental factors interact to influence spatial skills. *Developmental Psychology, 35,* 1237–1247.

Caspi, A., Bem, D.J. & Elder, G.H.Jr. (1989). Continuities and consequences of interactional styles across the life course. *Journal of Personality, 57,* 375–406.

Caspi, A., Elder, G.H.,Jr. & Bem, D.J. (1988). Moving away from the world: Life-course patterns of shy children. *Developmental Psychology, 24,* 824–831.

Caspi, A., Herbener, E.S. & Ozer, D.J. (1992). Shared experiences and the similarity of personalities: A longitudinal study of married couples. *Journal of Personality and Social Psychology, 62,* 281–291.

Caspi, A., McClay, J., Moffitt, T.E. et al. (2002). Role of genotype in the cycle of violence in maltreated children. *Science, 297,* 851–854.

Caspi, A., Moffitt, T.E., Newman, D.L. & Silva, P.A. (1996). Behavioral observations at age 3 years predict adult psychiatric disorders. *Archives of General Psychiatry, 53,* 1033–1039.

Caspi, A. & Silva, P.A. (1995). Temperamental qualities at age three predict personality traits in young adulthood: Longitudinal evidence from a birth cohort. *Child Development, 66,* 486–498.

Cassidy, J. & Kobak, R.R. (1988). Avoidance and its relationship with other defensive processes. In J. Belsky & T. Nezworski (Eds.), *Clinical implications of attachment* (pp. 300–323). Hillsdale, NJ: Erlbaum.

Cattell, J.M. & Farrand, L. (1896). Physical and mental measurements of the students of Columbia University. *Psychological Review, 3,* 618–684.

Cattell, R.B. (1946). *The description and measurement of personality.* Yonkers, NY: World Book.

Cattell, R.B. (1950). *Personality: A systematic theoretical and factual study.* New York: McGraw-Hill.

Cattell, R.B. (1960). *Culture Fair Intelligence Test (CFT).* Champaign, IL: Institute for Personality and Ability Testing.

Cattell, R.B. (1963). Theory of fluid and crystallized intelligence: A critical experiment. *Journal of Educational Psychology, 54,* 1–22.

Cavalli-Sforza, L.L., Menozzi, P. & Piazza, A. (1994). *The history and geography of human genes.* Princeton, NJ: Princeton University Press.

Ceci, S.J. (1991). How much does schooling influence general intelligence and its cognitive components? A reassessment of the evidence. *Developmental Psychology, 27,* 703–722.

Chase, W.G. & Simon, H.A. (1973). The mind's eye in chess. In W.G. Chase (Ed.), *Visual information processing* (pp. 215-281). New York: Academic Press.

Cheek, J.M. (1982). Aggregation, moderator variables, and the validity of personality tests: A peer rating study. *Journal of Personality and Social Psychology, 43,* 1254–1269.

Cheek, J.M. & Buss, A.H. (1981). Shyness and sociability. *Journal of Personality and Social Psychology, 41,* 330–339.

Chen, X., Rubin, K.H. & Sun, Y. (1992). Social reputation and peer relationships in Chinese and Canadian children: A cross-cultural study. *Child Development, 63,* 1336–1343.

Chinese Culture Connection (1987). Chinese values and the search for culture-free dimensions of culture. *Journal of Cross-Cultural Psychology, 18,* 143–164.

Chipuer, H.M., Rovine, M. & Plomin, R. (1990). LISREL modelling: Genetic and environmental influences on IQ revisited. *Intelligence, 14,* 11–29.

Chodorov, N. (1978). *The reproduction of mothering.* Berkeley: University of California Press (deutsch: *Das Erbe der Mütter.* München: Frauenoffensive, 1985).

Clark, J.V. & Arkowitz, H. (1975). Social anxiety and self-evaluation of interpersonal performance. *Psychological Reports, 36,* 211–221.

Clarke, A.M. & Clarke, A.D.B. (Eds.) (1977). *Early experience: Myth and evidence.* New York: Free Press.

Cohen, J. (1977). *Statistical power analysis for the behavioral sciences* (rev. ed.). New York: Academic Press.

Cohen, S. & Wills, T.A. (1985). Stress, social support, and the buffering hypothesis. *Psychological Bulletin, 98,* 310–357.

Coie, J.D., Dodge, K.H. & Kupersmidt, J.B. (1990). Peer group behavior and social status. In S.R. Asher & J.D. Coie (Eds.), *Peer rejection in childhood* (pp. 17–59). Cambridge, U.K.: Cambridge University Press.

Collaer, M.L. & Hines, M. (1995). Human behavioral sex differences: A role for gonadal hormones during early development? *Psychological Bulletin, 118,* 55–107

Colvin, C.R., Block, J. & Funder, D.C. (1995). Overly positive self-evaluations and personality: Negative implications for mental health. *Journal of Personality and Social Psychology, 68,* 1152–1162

Compas, B.E., Forsythe, C.J. & Wagner, B.M. (1988). Consistency and variability in causal attributions and coping with stress. *Cognitive Therapy and Research, 12,* 305–320.

Conley, J.J. (1984). The hierarchy of consistency: A review and model of longitudinal findings on adult individual differences in intelligence, personality and self-opinion. *Personality and Individual Differences, 5,* 11–25.

Cook, M. & Mineka, S. (1989). Observational conditioning of fear to fear-relevant versus fear-irrelevant stimuli in Rhesus monkeys. *Journal of Abnormal Psychology, 98,* 448–459.

Cook, W.L. (2000). Understanding attachment security in family context. *Journal of Personality and Social Psychology, 78,* 285–294.

Cooley, C.H. (1902). *Human nature and the social order.* New York: Charles Scribner's Sons.

Coopersmith, S.A. (1967). *The antecedents of self-esteem.* San Francisco, CA: Freeman.

Cosmides, L., Tooby, J. & Barkow. J. (1992). Introduction: Evolutionary psychology and conceptual integration. In J. Barkow, L. Cosmides & J. Tooby (Eds.), *The adapted mind* (pp. 19-136). New York: Oxford University Press.

Costa, P.T. & McCrae, R.R. (1980). Influence of extraversion and neuroticism on subjective well-being: Happy and unhappy people. *Journal of Personality and Social Psychology, 38*, 668-678.

Costa, P.T.Jr. & McCrae, R.R. (1989). *The NEO PI/FFI manual supplement*. Odessa, FL: Psychological Assessment Resources.

Costa, P.T., Jr. & McCrae, R.R. (1992). *Revised NEO Personality Inventory and NEO Five Factor Inventory professional manual*. Odessa, FL: Psychological Assessment Resources.

Costa, P.T., Jr. & Widiger, T.A. (Eds.) (1994). *Personality disorders and the five-factor model of personality*. Washington, DC: American Psychological Association.

Crick, N.R. (1997). Engagement in gender normative versus nonnormative forms of aggression: Links to social-psychological adjustment. *Developmental Psychology, 33*, 610-617.

Crick, N.R., Casas, J.F. & Mosher, M. (1997). Relational and overt aggression in preschool. *Developmantal Psychology, 33*, 579-588.

Crick, N.R. & Gropeter, J.K. (1995). Relational aggression, gender, and social-psychological adjustment. *Child Development, 66*, 710-722.

Cronbach, L.J. & Snow, R.E. (1981). *Aptitudes and instructional methods*. New York: Irvington.

Cross, S.E. & Madson, L. (1997). Models of the self: Self-construals and gender. *Psychological Bulletin, 122*, 5-37

Crowne, D.P. & Marlowe, D. (1960). A new scale of social desirability independent of psychopathology. *Journal of Consulting Psychology, 66*, 547-555.

Crowne, D.P. & Marlowe, D. (1964). *The approval motive: Studies in evaluative dependence*. New York: Wiley.

Csikszentmihalyi, M. & Larson, R. (1984). *Being adolescent. Conflict and growth in the teenage years*. New York: Basic Books.

Cutrona, C.E. & Russell, D. (1990). Type of social support and specific stress: Toward a theory of optimal matching. In I.G. Sarason, B.R. Sarason & G.R. Pierce (Eds.), *Social support: An interactional view* (pp. 319-366). New York: Wiley.

Cutrona, C.E., Russell, D. & Jones, R.D. (1984). Cross-situational consistency in causal attributions: Does attributional style exist? *Journal of Personality and Social Psychology, 47*, 1043-1058.

Daly, M. & Wilson, M. (1979). *Sex, evolution, and behavior*. North Scituate, MA: Duxbury.

Danner, D.D., Snowdon, D.A. & Friesen, W.V. (2001). Positive emotions in early life and longevity: Findings from the Nun Study. *Journal of Personality and Social Psychology, 80*, 804-813.

Darwin, C. (1859). *On the origin of species by means of natural selection, or the preservation of favored races in the struggle for life*. London: John Murray.

Darwin, C. (1871). *The descent of man and selection in relation to sex*. London: Murray.

Davies, M., Stankov, L. & Roberts, R. D. (1998). Emotional intelligence: In search of an elusive construct. *Journal of Personality and Social Psychology, 75*, 989-1015.

Davis, P.J. (1987). Repression and the inaccessibility of affective memories. *Journal of Personality and Social Psychology, 53*, 585-593.

Davis, P.J. & Schwartz, G.E. (1987). Repression and the inaccessibility of affective memories. *Journal of Personality and Social Psychology, 52*, 155-162.

Dawkins, R. & Krebs, J.R. (1979). Arms races within and between species. *Proceedings of the Royal Society of London -Series B Biological Sciences, 205*, 489-511.

De Raad, B. (1994). An expedition in search of a fifth universal factor: Key issues in the lexical approach. *European Journal of Personality, 8*, 229-250.

De Wolff, M.S. & van IJzendoorn, M.H. (1997). Sensitivity and attachment: A meta-analysis on parental antecedents of infant attachment. *Child Development, 68*, 571-591.

Delespaul, P.A.E.G. (1992). Technical note: Devices and time-sampling procedures. In M.W. de Vries (Ed.), *The experience of psychopathology: Investigating mental disorders in their natural settings* (pp. 363-373). Cambridge: Cambridge University Press.

DeNeve, K.M. & Cooper, H. (1998). The happy personality: A meta-analysis of 137 personality traits and subjective well-being. *Psychological Bulletin, 124*, 197-223.

Depue, R. A. & Collins, P. F. (1999). Neurobiology of the structure of personality: Dopamine, facilitation of incentive motivation, and extraversion. *Behavioral and Brain Sciences, 22*, 491-569.

DeSteno, D.A., Bartlett, M., Braverman, J. & Salovey, P. (2002). Sex differences in jealousy: Evolutionary mechanism or artifact of measurement? *Journal of Personality and Social Psychology, 83*, 1103-1116.

Deutsch, F.M., Kroll, J.F., Weible , A.L., Letourneau, L.A. & Goss, R.L. (1988). Spontaneous trait generation: A new method for identifying self-schemas. *Journal of Personality, 56*, 327-354.

Deutschland/Enquete-Kommission Schutz der Erdatmosphäre (1994). *Schutz der grünen Erde: Klimaschutz durch umweltgerechte Landwirtschaft und Erhalt der Wälder*. Bonn: Economica-Verlag.

Devine, P.G. (1989). Stereotypes and prejudice: Their automatic and controlled components. *Journal of Personality and Social Psychology, 56*, 680-690.

Diener, C.I. & Dweck, C.S. (1978). An analysis of learnt helplessness: Continuous changes in performance, strategy, and achievement cognitions following failure. *Journal of Personality and Social Psychology, 36*, 451-462.

Diener, E. (1984). Subjective well-being. *Psychological Bulletin, 95*, 542-575

Diener, E. & Diener, M. (1995). Cross-cultural correlates of life statisfaction and self-esteem. *Journal of Personality and Social Psychology, 68*, 653-663.

Diener, E. & Diener, C. (1996). Most people are happy. *Psychological Science, 7*, 181-185.

Diener, E., Diener, M. & Diener, C. (1995). Factors predicting the subjective well-being of nations. *Journal of Personality and Social Psychology, 69*, 851-864.

Diener, E., Larsen, R.J. & Emmons, R.A. (1984). Person x situation interactions: Choice of situations and congruence response models. *Journal of Personality and Social Psychology, 47*, 580-592.

Digman, J.M. (1989). Five robust trait dimensions: Development, stability and utility. *Journal of Personality, 57*, 195-214.

Dilling, H., Mombour, W. & Schmidt, M.H. (1993). *Internationale Klassifikation psychischer Störungen: ICD-10, Kapitel V (F): Klinisch-diagnostische Leitlinien* (2.Aufl.) Bern: Huber.

Dilling, H., Mombour, W., Schmidt, M.H. & Schulte-Markwort, E. (1994). *Internationale Klassifikation psychischer Störungen: ICD-10, Kapitel V (F): Forschungskriterien*. Bern: Huber.

Dishion, T.J., Patterson, G.R., Stoolmiller, M. & Skinner, M.L. (1991). Family, school, and behavioral antecedents to early adolescent involvement with antisocial peers. *Developmental Psychology, 27,* 172–180.

Dodge, K.A. (1980). Social cognition and children's aggressive behavior. *Child Development, 51,* 162–170.

Dodge, K.A. (1986). A social information processing model of social competence in children. In M. Perlmutter (Ed.), *Minnesota Symposia on Child Psychology* (Vol. 18, pp. 77–125). Hillsdale, NJ: Erlbaum.

Doherty, W.J. & Jacobson, N.S. (1982). Marriage and the family. In B.B. Wolman (Ed.), *Handbook of developmental psychology* (pp. 667–679). Englewood Cliffs, NJ: Prentice-Hall.

Doll, J., Mentz, M. & Witte, E.H. (1995). Zur Theorie der vier Bindungsstile: Meßprobleme und Korrelate dreier integrierter Verhaltenssysteme. *Zeitschrift für Sozialpsychologie, 26,* 148–159.

Dörner, D., Kreuzig, H.W., Reither, F. & Stäudel, T. (Hrsg.) (1983). *Lohhausen. Vom Umgang mit Unbestimmtheit und Komplexität.* Bern: Huber.

Dörner, D., Stäudel, T. & Strohschneider, S. (1986). *Moro: Programmdokumentation.* Bamberg: Lehrstuhl Psychologie II, Universität Bamberg, Memorandum Nr. 23.

Dovidio, J.F., Kawakami, K. & Gaertner, S.L. (2002). Implicit and explicit prejudice and interracial interaction. *Journal of Personality and Social Psychology, 82,* 62–68.

Dozier, M., Stovall, K.C., Albus, K.E. & Bates, B. (2001). Attachment for infants in foster care: The role of caregiver state of mind. *Child Development, 72,* 1467–1477.

Draper, P. & Harpending, H. (1982). Father absence and reproductive strategy: An evolutionary perspective. *Journal of Anthropological Research, 38,* 255–273.

Dudek, F. (1979). The continuing misinterpretation of the standard error of measurement. *Psychological Bulletin, 86,* 335–337.

Dunn, J. & Plomin, R. (1990). *Separate lives: Why siblings are so different.* New York: Basic Books.

Durham, W.H. (1991). *Coevolution: Genes, culture, and human diversity.* Stanford: Stanford University Press.

Duval, S. & Wicklund, R.A. (1972). *A theory of objective self-awareness.* New York: Academic Press.

Eagly, A.H. & Chaiken, S. (1993). *The psychology of attitudes.* Orlando, FL: Harcourt Brace Jovanovich.

Eagly, A.H. & Steffen, V.J. (1986). Gender and aggressive behavior: A meta-analytic review of the social psychological literature. *Psychological Bulletin, 100,* 309–330.

Eaton, W.O. & Bargen, D. von (1981). Asynchronous development of gender understanding in preschool children. *Child Development, 52,* 1020–1027.

Eaton, W.O. & Enns, L.R. (1986). Sex differences in human motor activity level. *Psychological Bulletin, 100,* 19–28.

Eaves, L. & Eysenck, H. (1975). The nature of extraversion: A genetical analysis. *Journal of Personality and Social Psychology, 32,* 102–112.

Eaves, L.J., Eysenck, H.J. & Martin, N.G. (1989). *Genes, culture, and personality: An empirical approach.* New York: Academic Press.

Edelbrock, C. & Sugawara, A.I. (1978). Acquisition of sex-typed preferences in preschool-aged children. *Developmental Psychology, 14,* 614–623.

Edelman, D.A. (1986). *DES/diethylstilbestrol – New perspectives.* Boston, MA: MIT Press.

Egg, R. (1999). Zur Rückfälligkeit von Sexualstraftätern. *Kriminalistik, 53,* 367–373.

Eggert, D. (1974). *Eysenck-Persönlichkeits-Inventar E-P-I.* Göttingen: Hogrefe.

Eggert, D. (Hrsg.) (1978). *Hannover Wechsler Intelligenztest für das Vorschulalter (HAWIVA).* Bern: Huber.

Elliott, D.S., Huizinga, D. & Ageton, S.S. (1985). *Explaining delinquency and drug use.* Beverly Hills, CA: Sage.

Ellis, B.J. & Garber, J. (2000). Psychosocial antecedents of variation in girls' pubertal timing: Maternal depression, stepfather presence, and marital and family stress. *Child Development, 71,* 485–501.

Ellis, B.J., McFadyen-Ketchum, S., Dodge, K.A., Pettit, G.S. & Bates, J.E. (1999). Quality of early family relationships and individual differences in the timing of pubertal maturation in girls: A longitudinal test of an evolutionary model. *Journal of Personality and Social Psychology, 77,* 387–401.

Emmons, R.A. (1986). Personal strivings: An approach to personality and subjective well-being. *Journal of Personality and Social Psychology, 51,* 1058–1068.

Emmons, R.A. (1987). Narcissism: Theory and measurement. *Journal of Personality and Social Psychology, 52,* 11–17.

Endler, N.S. & Magnusson, D. (1976). Toward an interactional psychology of personality. *Psychological Bulletin, 83,* 956–974.

Endler, N.S., Hunt, J.M. & Rosenstein, A.J. (1962). An S-R inventory of anxiousness. *Psychological Monographs, 76,* (17, 536).

Engfer, A. (1986). *Kindesmißhandlung.* Stuttgart: Enke.

Epstein, S. (1983). A research paradigm for the study of personality and emotions. In M.M. Page (Ed.), *Personality: Current theory and research: 1982 Nebraska Symposium on Motivation* (pp. 91–154). Lincoln, NE: University of Nebraska Press.

Ericsson, K.A. & Charness, N. (1994). Expert performance: Its structure and acquisition. *American Psychologist, 49,* 725–747.

Erikson, E.H. (1950). *Childhood and society.* New York: Norton (deutsch: (1979). *Kindheit und Gesellschaft.* Stuttgart: Klett).

Erikson, E.H. (1960). Youth and the life cycle. *Children Today, 7,* 187–194.

Ernst, C. & Angst, J. (1983). *Birth order.* Berlin: Springer-Verlag.

Eschenröder, C.T. (1984). *Hier irrte Freud.* München: Urban & Schwarzenberg.

Euler, H.A. & Weitzel, B. (1996). Discriminative grandparental solicitude as reproductive strategy. *Human Nature, 7,* 39–59.

Eysenck, H.J. (1947). *Dimensions of personality.* London: Routledge & Kegan Paul.

Eysenck, H.J. (1953). *The structure of human personality.* London, U.K.: Methuen.

Eysenck, H.J. (1965). Persönlichkeitstheorie und psychodiagnostische Tests. *Diagnostica, 11,* 3–27.

Eysenck, H.J. (1967). *The biological basis of personality.* Springfield, IL: Thomas.

Eysenck, H.J. (1990). Biological dimensions of personality. In L.A. Pervin (Ed.), *Handbook of personality theory and research* (pp. 244–276). New York: Guilford.

Eysenck, H.J. (1991). Dimensions of personality: The biosocial approach to personality. In J. Strelau & A. Angleitner (Eds.), *Explorations in temperament* (pp. 87–103). New York: Plenum.

Eysenck, H.J. & Eysenck, M.W. (1985). *Personality and individual differences.* New York: Plenum.

Eysenck, H.J. & Eysenck, S.B.G. (1969). *Personality structure and measurement.* London: Routledge & Kegan Paul.

Eysenck, H.J. & Wakefield, J.A., Jr. (1981). Psychological factors as predictors of marital satisfaction. *Advances in Behavior Research and Therapy, 3,* 151–192.

Eysenck, H.J. & Wilson, G.D. (Eds.) (1973). *The experimental study of Freudian theories.* London, U.K.: Methuen. (deutsch:

Experimentelle Studien zur Psychoanalyse Sigmund Freuds. Wien: Europa, 1979).
Fagan, J.F. (1984). Recognition memory and intelligence. *Intelligence, 8,* 31–36.
Fagot, B.I. (1985). Beyond the reinforcement principle: Another step toward understanding sex role development. *Developmental Psychology, 21,* 1097–1104.
Fahrenberg, J. (1975). Die Freiburger Beschwerdenliste FBL. *Zeitschrift für Klinische Psychologie, 4,* 79–100.
Fahrenberg, J. (1986). Psychophysiological individuality: A pattern analytic approach to personality research and psychosomatic medicine. *Advances in Behaviour Research and Therapy, 8,* 43–100.
Fahrenberg, J. (1992). Psychophysiology of neuroticism and anxiety. In A. Gale & M. W. Eysenck (Eds.), *Handbook of individual differences: Biological perspectives* (pp. 179–226). Chichester, U.K.: Wiley.
Fahrenberg, J. (2002). *Psychologische Interpretation.* Göttingen: Hogrefe.
Fahrenberg, J. & Selg., H. (1970). *Das Freiburger Persönlichkeitsinventar FPI.* Göttingen: Hogrefe.
Fahrenberg, J., Hampel, R. & Selg, H. (1985). Die revidierte Form des Freiburger Persönlichkeitsinventars FPI-R. *Diagnostica, 31,* 1–21.
Fahrenberg, J., Foerster, F., Schneider, H.-J., Müller, W. & Myrtek, M. (1986). Predictability of individual differences in activation processes in a field setting based on laboratory measures. *Psychophysiology, 23,* 323–333.
Fahrenberg, J., Leonhart, R. & Foerster, F. (2002). *Alltagsnahe Psychologie.* Bern: Huber.
Faraone, S.V., Doyle, A.E., Mick, E. & Biederman, J. (2001). Meta-analysis of the association between the 7-repeat allele of the dopamine D-sub-4 receptor gene and attention deficit hyperactivity disorder. *American Journal of Psychiatry, 158,* 1052–1057.
Farrington, D.P. (1986). Age and crime. In M. Tonry & N. Morris (Eds.), *Crime and Justice: An Annual Review of Research* (Vol. 7, pp. 189–250). Chicago, IL: University of Chicago Press.
Farrington, D.P., Ohlin, L. & Wilson, J.Q. (1986). *Understanding and controlling crime.* New York: Springer.
Farwell, L. & Wohlwend-Lloyd, R. (1998). Narcissistic processes: Optimistic expectations, favourable self-evaluations, and self-enhancing attributions. *Journal of Personality, 66,* 65–83.
Faulstich-Wieland, H. (1991). *Koedukation – Enttäuschte Hoffnungen?* Darmstadt: Wissenschaftliche Buchgesellschaft.
Fazio, R.H., Jackson, J.R., Dunton, B.C. & Williams, C.J. (1995). Variability in automatic activation as an unobtrusive measure of racial attitudes: A bona fide pipeline? *Journal of Personality and Social Psychology, 69,* 1013–1027.
Fazio, R.H., Sanbonmatsu, D.M., Powell, M.C. & Kardes, F.R. (1986). On the automatic activation of attitudes. *Journal of Personality and Social Psychology, 50,* 229–238.
Fazio, R.H. & Williams, C.J. (1986). Attitude accessibility as a moderator of the attitude-perception and attitude-behavior relations: An investigation of the 1984 presidential election. *Journal of Personality and Social Psychology, 51,* 505–514.
Feather, N.T. (1965). The relationship of expectations of success to need achievement and test anxiety. *Journal of Personality and Social Psychology, 1,* 118–126.
Feather, N.T. (1966). Effects of prior success and failure and expectations of success and subsequent performance. *Journal of Personality and Social Psychology, 3,* 287–298.
Feingold, A. (1990). Gender differences in effects of physical attractiveness on romantic attraction: A comparison across five research paradigms. *Journal of Personality and Social Psychology, 59,* 981–993.
Feingold, A. (1992 a). Good-looking people are not what we think. *Psychological Bulletin, 111,* 304–341.
Feingold, A. (1992 b). Gender differences in mate selection preferences: A test of the parental investment model. *Psychological Bulletin, 112,* 128–139.
Feingold, A. (1994). Gender differences in personality: A meta-analysis. *Psychological Bulletin, 116,* 429–456.
Fenigstein, A., Scheier, M.F. & Buss, A.H. (1975). Public and private self-consciousness: Assessment and theory. *Journal of Consulting and Clinical Psychology, 43,* 522–527.
Ferring, D. & Filipp, S.-H. (1996). Messung des Selbstwertgefühls: Befunde zu Reliabilität, Validität und Stabilität der Rosenberg-Skala. *Diagnostica, 42,* 284–292.
Fiedler, P. (1994). *Persönlichkeitsstörungen.* Weinheim: Psychologie Verlags Union.
Filipp, S.-H. & Freudenberg, E. (1989). *Der Fragebogen zur Erfassung dispositionaler Selbstaufmerksamkeit (SAM).* Göttingen: Hogrefe.
Filipp, S.-H. & Klauer, T. (1988). Ein dreidimensionales Modell zur Klassifikation von Formen der Krankheitsbewältigung. In H. Kächele & W. Steffens (Hrsg.), *Bewältigung und Abwehr* (S. 51–68). Berlin: Springer.
Filipp, S.-H., Klauer, T., Freudenberg, E. & Ferring, D. (1990). The regulation of well-being in cancer patients: An analysis of coping effectiveness. *Psychology and Health, 4,* 305–317.
Fishbein, M. & Ajzen, I. (1974). Attitudes toward objects as predictors of single and multiple behavioral criteria. *Psychological Review, 81,* 59–74.
Fishbein, M. & Ajzen, I. (1975). *Belief, attitude, intention, and behavior: An introduction to theory and research.* Reading, MA: Addison-Wesley.
Fisher, R.A. (1918). The correlation between relatives on the supposition of Mendelian inheritance. *Transactions of the Royal Society of Edinburgh, 52,* 399–433.
Fisher, R.A. (1958). *The genetic theory of natural selection* (2nd ed.). New York: Dover.
Fisher, S. & Greenberg, R.P. (1977). *The scientific credibility of Freud's theory and therapy.* New York: Basic Books.
Fisseni, H.J. & Fennekels, G.P. (1995). *Das Assessment Center.* Göttingen: Verlag für Angewandte Psychologie.
Flor, H., Breitenstein, C., Birbaumer, N. & Fürst, M. (1995). A psychophysiological analysis of spouse solicitousness towards pain behaviors, spouse interaction, and pain perception. *Behavior Therapy, 26,* 255–272.
Flor, H., Kernst, R.D. & Turk, D.C. (1987). The role of spouse reinforcement, perceived pain, and activity levels of chronic pain patients. *Journal of Psychosomatic Research, 31,* 251–259.
Flynn, J.R. (1987). Massive IQ gains in 14 nations: What IQ tests really measure. *Psychological Bulletin, 101,* 171–191.
Foerster, F., Schneider, H.J. & Walschburger, P. (1983). The differentiation of individual-specific, stimulus-specific, and motivation-specific response patterns in activation processes: An inquiry investigating their stability and possible importance in psychophysiology. *Biological Psychology, 17,* 1–26.
Folkman, S. & Lazarus, R. (1980). An analysis of coping in a middle-aged community sample. *Journal of Health and Social Behavior, 21,* 219–239.
Fölsing, A. (1993). *Albert Einstein: Eine Biographie.* Frankfurt/Main: Suhrkamp.

Forer, B.R. (1949). The fallacy of personal validation: A classroom demonstration of gullibility. *Journal of Abnormal and Social Psychology, 44*, 118–123.

Fowles, D.C. (1980). The three-arousal model: Implications of Gray's two-factor learning theory for heart rate, electrodermal activity, and psychopathy. *Psychophysiology, 17*, 87–104.

Fox, N.A., Kimmerly. N.L. & Schafer, W.D. (1991). Attachment to mother/attachment to father: A meta-analysis. *Child Development, 62*, 210–225.

Freud, S. (1901). *Zur Psychopathologie des Alltagslebens*. Aktuelle Taschenbuchausgabe: Frankfurt/Main: Fischer.

Freud, S. (1914). Zur Einführung des Narzißmus. *Jahrbuch der Psychoanalyse, 6*, 1–24.

Freud, S. (1982). *Studienausgabe*. Frankfurt/Main: Fischer Taschenbuch.

Friedman, H.S., Tucker, J.S., Schwartz, J.E. et al. (1995). Childhood conscientiousness and longevity: Health behaviors and cause of death. *Journal of Personality and Social Psychology, 68*, 696–703.

Friedman, H.S., Tucker, J.S., Tomlinson-Keasey, C. et al. (1993). Does childhood personality predict longevity? *Journal of Personality and Social Psychology, 65*, 176–185.

Frisch, M. (1967). *Biographie: Ein Spiel*. Frankfurt/Main: Suhrkamp.

Fritz, A., Preuss, U., Ricken, G. & Schuck, K.-D. (2001). *Hannover-Wechsler-Intelligenztest für das Vorschulalter – Revision 2001 (HAWIVA-R)*. Göttingen: Testzentrale.

Funder, D.C. (1991). Global traits: A neo-Allportian approach to personality. *Psychological Science, 2*, 31–39.

Funder, D.C. & Colvin, C.R. (1988). Friends and strangers: Acquaintanceship, agreement, and the accuracy of personality judgments. *Journal of Personality and Social Psychology, 55*, 149–158.

Funke, U. (1995). Szenarien in der Eignungsdiagnostik und im Personaltraining. In B. Strauß & M. Kleinmann (Eds.), *Computersimulierte Szenarien in der Personalarbeit* (pp. 145–193). Göttingen: Verlag für Angewandte Psychologie.

Funkenstein, D.H., King, S.H. & Drolette, M. (1954). The direction of anger during a laboratory stress-inducing situation. *Psychosomatic Medicine, 16*, 404–413.

Furman, W., Simon, V.A., Shaffer, L. & Bouchey, H.A. (2002). Adolescents' working models and styles for relationships with parents, friends, and romantic partners. *Child Development, 73*, 241–255.

Gable, S.L., Reis, H.T. & Elliot, A.J. (2000). Behavioral activation and inhibition in everyday life. *Journal of Personality and Social Psychology, 78*, 1135–1149.

Gabriel, M.T., Critelli, J.W. & Ee, J.S. (1994). Narcissistic illusions in self-evaluations of intelligence and attractiveness. *Journal of Personality, 62*, 143–155.

Galton, F. (1884). Measurement of character. *Fortnightly Review, 42*.

Galton, F. (1888). Co-relations and their measurement, chiefly from anthropometric data. *Proceedings of the Royal Society of London, 45*, 135–145.

Gangestad, S.W. & Simpson, J.A. (1990). Toward an evolutionary history of female sociosexual variation. *Journal of Personality, 58*, 69–96.

Gangestad, S.W. & Simpson, J.A. (2000). The evolution of human mating: Trade-offs and strategic pluralism. *Behavioral and Brain Sciences, 23*, 573–644.

Gardner, H. (1983). *Frames of mind: The theory of multiple intelligences*. New York: Basic Books.

Gardner, H. (1993). *Frames of mind: The theory of multiple intelligences* (2nd ed.). New York: Basic Books.

Garlick, D. (2002). Understanding the nature of the general factor of intelligence: The role of individual differences in neural plasticity as an explanatory mechanism. *Psychological Review, 109*, 116–136.

Garmezy, N. (1983). Stressors of childhood. In N. Garmezy & M. Rutter (Eds.), *Stress, coping and development in children* (pp. 43–84). New York: McGraw-Hill.

Gaulin, S.J.C., McBurney, D.H. & Brakeman-Wartell, S.L. (1997). Matrilateral biases in the investment of aunts and uncles. *Human Nature, 8*, 139–151.

Geary, D.C. (2000). Evolution and proximate expression of human paternal investment. *Psychological Bulletin, 126*, 55–77.

Gell-Mann, M. (1994). *Das Quark und der Jaguar*. München: Piper.

Gendreau, P., Little, T. & Goggin, C. (1996). A meta-analysis of the predictors of adult offender recidivism: What works! *Criminology, 34*, 575–607.

George, C., Kaplan, N. & Main, M. (1985). *The Adult Attachment Interview*. Unpublished manuscript, University of California, Berkeley.

Gest, S.D. (1997). Behavioral inhibition: Stability and associations with adaptation from childhood to early adulthood. *Journal of Personality and Social Psychology, 72*, 467–475.

Ghiselli, E.E. (1966). *The validity of occupational aptitude tests*. New York: Wiley.

Giesen, H. et al. (1981). *Vom Schüler zum Studenten*. München: Reinhard.

Ginsburg, G.P. & Whittemore, R.G. (1968). Creativity and verbal ability: A direct examination of their relationship. *British Journal of Educational Psychology, 38*, 133–139.

Gloger-Tippelt, G. & Hofmann, V. (1997). Das Adult Attachment Interview: Konzeption, Methode und Erfahrungen im deutschen Sprachraum. *Kindheit und Entwicklung, 6*, 161–172.

Goffman, E. (1956). *The presentation of self in everyday life*. Edinburgh: University of Edinburgh Press (deutsch: *Wir alle spielen Theater: Die Selbstdarstellung im Alltag*. München: Piper, 1969).

Goldberg, L.R. (1981). Language and individual differences: The search for universals in personality lexikons. In L. Wheeler (Ed.), *Review of Personality and Social Psychology* (Vol. 2, pp. 141–165). Beverly Hills, CA: Sage.

Goldberg, L.R. (1990). An alternative »Description of personality«: The Big-Five factor structure. *Journal of Personality and Social Psychology, 59*, 1216–1229.

Goldsmith, H.H. & Alansky, J.A. (1987). Maternal and infant temperamental predictors of attachment: A meta-analytic review. *Journal of Consulting and Clinical Psychology, 55*, 805–816.

Goldstein, A.P. & Segall, M.H. (Eds.) (1983), *Aggression in global perspective*. Elmsford, NY: Pergamon.

Goleman, D. (1995). *Emotional intelligence: Why it can matter more than IQ*. New York: Bantam Books (deutsch: (1996). *Emotionale Intelligenz*. München: Hanser).

Golombok, S. & Fivush, R. (1994). *Gender development*. Cambridge, U.K.: Cambridge University Press.

Goodfellow, P.N. & Lovell-Badge, R. (1993). SRY and sex determination in mammals. *Annual Review of Genetics, 27*, 71–92.

Gortmaker, S.L., Kagan, J., Caspi, A. & Silva, P.A. (1997). Daylength during pregnancy and shyness in children: Results from Northern and Southern hemispheres. *Developmental Psychobiology, 31*, 107–114.

Gosling, S.D. (2001). From mice to men: What can we learn about personality from animal research? *Psychological Bulletin, 127*, 45–86.

Literaturverzeichnis

Gosling, S.D., Ko, S.J., Mannarelli, T. & Morris, M.E. (2002). A room with a cue: Personality judgments based on offices and bedrooms. *Journal of Personality and Social Psychology, 82*, 379–398.

Göttert, R. & Asendorpf, J. (1989). Eine deutsche Version des California-Child-Q-Sort, Kurzform. *Zeitschrift für Entwicklungspsychologie und Pädagogische Psychologie, 21*, 70–82.

Gottlieb, G. (1991). Experiential canalization of behavioral development: Theory. *Developmental Psychology, 27*, 4–13.

Gottschaldt, K. (1926). Über den Einfluß der Erfahrung auf die Wahrnehmung von Figuren. I. Über den Einfluß gehäufter Einprägung von Figuren auf ihre Sichtbarkeit in umfassenden Konfigurationen. *Psychologische Forschung, 8*, 261–317.

Gough, H.G. (1987). *Manual for the California Personality Inventory*. Palo Alto, CA: Consulting Psychologists Press.

Gough, H.G. (1992). Assessment of creative potential in psychology and the development of a creative temperament scale for the CPI. In J.C. Rosen & P. McReynolds (Eds.), *Advances in psychological assessment* (Vol. 8, pp. 225–257). New York: Plenum Press.

Graumann, C.F. & Willig, R. (1983). Wert, Wertung, Werthaltung. In H. Thomae (Hrsg.), *Enzyklopädie der Psychologie. Band C/IV/1: Theorien und Formen der Motivation* (S. 312–396). Göttingen: Hogrefe.

Grawe, K., Donati, R. & Bernauer, F. (1993). *Psychotherapie im Wandel: Von der Konfession zur Profession*. Göttingen: Hogrefe.

Gray, J.A. (1982). *The neuropsychology of anxiety: An enquiry into the functions of the septo-hippocampal system*. Oxford: Oxford University Press.

Gray, J.A. (1987). Perspectives on anxiety and impulsivity. A commentary. *Journal of Research in Personality, 21*, 493–509.

Gray, J.A. (1991). The neuropsychology of temperament. In J. Strelau & A. Angleitner (Eds.), *Explorations in temperament* (pp. 105–128). New York: Plenum.

Greenberg, D.F. (1985). Age, crime, and social explanation. *American Journal of Sociology, 91*, 1–21.

Greenwald, A.G. (1992). New look 3: Unconscious cognition reclaimed. *American Psychologist, 47*, 766–779.

Greenwald, A.G. & Banaji, M.R. (1995). Implicit social cognition: Attitudes, self-esteem, and stereotypes. *Psychological Review, 102*, 4–27.

Greenwald, A.G. & Breckler, S.J. (1985). To whom is the self presented? In B.R. Schlenker (Ed.), *The self and social life* (pp. 126–145). New York: McGraw-Hill.

Greenwald, A.G., McGhee, D.E. & Schwartz, J.L.K. (1998). Measuring individual differences in implicit cognition: The Implicit Association Test. *Journal of Personality and Social Psychology, 74*, 1464–1480.

Griffin, D. & Bartholomew, K. (1994). Models of the self and other: Fundamental dimensions underlying measures of adult attachment. *Journal of Personlity and Social Psychology, 67*, 430–445.

Grillo, C.M. & Pogue-Geile, M.F. (1991). The nature of environmental influences on weight and obesity: A behavior genetic analysis. *Psychological Bulletin, 110*, 520–537.

Grob, A. (1995). Subjective well-being and significant life-events across the life span. *Swiss Journal of Psychology, 54*, 3–18.

Groeben, N. & Westmeyer, H. (1975). *Kriterien psychologischer Forschung*. München: Juventa.

Grote, J. et al. (1969). Untersuchungen zur Kreativität. *Zeitschrift für Pädagogik, 15*, 135–171.

Gruber-Baldini, A.L., Schaie, K.W. & Willis, S.L. (1995). Similarity in married couples: A longitudinal study of mental abilities and rigidity-flexibility. *Journal of Personality and Social Psychology, 69*, 191–203.

Grünbaum, A. (1988). *Die Grundlagen der Psychoanalyse: Eine philosophische Kritik*. Stuttgart: Reclam.

Gubler, H. & Bischof, N. (1993). Untersuchungen zur Systemanalyse der sozialen Motivation II: Computerspiele als Werkzeug der motivationspsychologischen Grundlagenforschung. *Zeitschrift für Psychologie, 201*, 287–315.

Gubler, H., Paffrath, M. & Bischof, N. (1994). Untersuchungen zur Systemanalyse der sozialen Motivation III: Eine Ästimationsstudie zur Sicherheits- und Erregungsregulation während der Adoleszenz. *Zeitschrift für Psychologie, 202*, 95–132.

Guilford, J.P. (1950). Creativity. *American Psychologist, 5*, 444–454.

Guilford, J.P. (1956). The structure of intellect. *Psychological Bulletin, 53*, 267–293.

Guilford, J.P. (1964). *Persönlichkeit*. Weinheim: Beltz.

Guilford, J.P. (1967). *The nature of human intelligence*. New York: McGraw-Hill.

Günther, H. (1975). Ein Versuch der Anwendung der »Rokeach Value Scale« in der Bestimmung von Werthaltungen deutscher Austauschschüler. *Psychologische Beiträge, 17*, 304–320.

Haan, N. (1977). *Coping and defending*. New York: Academic Press.

Hall, G.C.N. (1995). Sexual offender recidivism revisited: A meta-analysis of recent treatment studies. *Journal of Consulting and Clinical Psychology, 63*, 802–809.

Halpern, D.F. (1992). *Sex differences in cognitive abilities* (2nd ed.). Hillsdale, NJ: Erlbaum.

Halverson, C. & Victor, J. (1976). Minor physical anomalies and problem behavior in elementary school children. *Child Development, 47*, 281–285.

Hamer, D.H. & Copeland, P. (1994). *The science of desire: The search for the gay gene and the biology of behavior*. New York: Simon & Schuster (deutsche Ausgabe: (1998). *Das unausweichliche Erbe: Wie unser Verhalten von unseren Genen bestimmt ist*. Bern: Scherz-Verlag).

Hamer, D.H., Hu, S., Magnuson, V.L., Hu, N. & Pattatucci, A.M.L. (1993). A linkage between DA markers on the X chromosome and male sexual orientation. *Science, 261*, 321–327.

Hamilton, C.E. (2000). Continuity and discontinuity of attachment from infancy through adolescence. *Child Development, 71*, 690–694.

Hamilton, W.D. (1964). The genetical evolution of social behavior. I and II. *Journal of Theoretical Biology, 7*, 1–52.

Hampson, S.E., Goldberg, L.R. & John, O.P. (1987). Category-breadth and social-desirability values for 573 personality terms. *European Journal of Personality, 1*, 241–258.

Hanke, B., Lohmöller, J.-B. & Mandl, H. (1980). *Schülerbeurteilung in der Grundschule: Ergebnisse der Augsburger Längsschnittuntersuchung*. München: Oldenbourg.

Hanson, R.K. (1997). How to know what works with sex offenders. *Sexual Abuse: A Journal of Research and Treatment, 9*, 129–145.

Hanson, R.K. & Bussière, M.T. (1998). Predicting relapse: A meta-analysis of sexual offender recidivism studies. *Journal of Consulting and Clinical Psychology, 66*, 348–362.

Harrell, T.W. & Harrell, M.S. (1945). Army General Classification Test scores for civilian occupations. *Educational and Psychological Measurement, 5*, 229–239.

Harris, C.R. (2002). Sexual and romantic jealousy in heterosexual and homosexual adults. *Psychological Science, 13*, 7–12.

Harris, J.R. (1995). Where is the child's environment? A group socialization theory of development. *Psychological Review, 102*, 458–489.

Harris, J.R. (2000). *Ist Erziehung sinnlos?* Reinbek: Rowohlt.

Harris, G.T., Rice, M.E., Quinsey, V.L., Chaplin, T.C., & Earls, C. (1992). Maximizing the discriminant validity of phallometric assessment data. *Psychological Assessment, 4,* 502–511.

Harter, S. (1982). The Perceived Competence Scale for Children. *Child Development, 53,* 87–97.

Harter, S. (1990). Causes, correlates, and the functional role of general self-worth: A life-span perspective. In R.J. Sternberg & J. Kolligian, Jr. (Eds.), *Competence considered* (pp. 67–97). New Haven, CT: Yale University Press.

Harter, S. & Pike, R. (1984). The Pictorial Scale of Perceived Competence and Social Acceptance for Young Children. *Child Development, 55,* 1969–1982.

Hartmann, H. (1958). *Ego psychology and the problem of adaptation.* New York: International Universities Press (l. Auflage 1939).

Hartmann, H., Mößner, U., & Härle, F. (1972). Zur Frage der Intelligenz und sozialen Entwicklung von Kindern mit Lippen-, Kiefer-, Gaumenspalten. *Praxis der Kinderpsychologie und Kinderpsychiatrie, 21,* 1–9.

Hartshorne, H. & May, M.A. (1928). *Studies in the nature of character. Vol. 1: Studies in deceit.* New York: MacMillan.

Haslam, N. (1997). Evidence that male sexual orientation is a matter of degree. *Journal of Personality and Social Psychology, 73,* 862–870.

Hassebrauck, M. & Niketta, R. (Hrsg.) (1993). *Physische Attraktivität.* Göttingen: Hogrefe.

Hathaway, S.R. & McKinley, J.C. (1972). *MMPI Saarbrücken* (5. Aufl.). Bern: Huber.

Hazan, C. & Shaver, P. (1987). Conceptualizing romantic love as an attachment process. *Journal of Personality and Social Psychology, 52,* 511–524.

Headey, W.B. & Wearing, A.J. (1989). Personality, life-events, and subjective well-being: Toward a dynamic equilibrium model. *Journal of Personality and Social Psychology, 57,* 731–739.

Heath, R.L. & Fogel, D.S. (1978). Terminal and instrumental? An inquiry into Rokeach's value survey. *Psychological Reports, 42,* 1147–1154.

Heaton, T.B., & Albrecht, S.L. (1991). Stable unhappy marriages. *Journal of Marriage and the Family, 53,* 747–758.

Hebb, D.O. (1949). *The organization of behavior.* New York: Wiley.

Heckhausen, H. (1963). *Hoffnung und Furcht in der Leistungsmotivation.* Meisenheim am Glan: Anton Hain.

Heckhausen, H. (1980). *Motivation und Handeln.* Berlin: Springer.

Heckhausen, H. (1982). Task-irrelevant cognitions during an exam: Incidence and effects. In H.W. Krohne & L. Laux (Eds.), *Achievement, stress, and anxiety* (pp. 247–274). Washington, DC: Hemisphere.

Heckhausen, H. (1989). *Motivation und Handeln.* Berlin: Springer.

Heim, E., Augustiny, K., Blaser, A. & Schaffner, L. (1991). *Berner Bewältigungsformen (BEFO).* Bern: Huber.

Heine, S.J., Lehman, D.R., Peng, K. & Greenholtz, J. (2002). What's wrong with cross-cultural comparison of subjective Likert scales?: The reference-group effect. *Journal of Personality and Social Psychology, 82,* 903–918.

Heinemann, W. (1979). The assessment of private and public self-consciousness: A German replication. *European Journal of Psychology, 9,* 331–337.

Helmke, A. (1992). *Selbstvertrauen und schulische Leistungen.* Göttingen: Hogrefe.

Helms, J.E. (1992). Why is there no study of cultural equivalence in standardized cognitive ability testing? *American Psychologist, 47,* 1083–1101.

Helson, R., Roberts, B., & Agronick, G. (1995). Enduringness and change in creative personality and the prediction of occupational creativity. *Journal of Personality and Social Psychology, 69,* 1173–1183

Hendrick, S.S. (1988). A generic measure of relationship satisfaction. *Journal of Marriage and the Family, 50,* 93–98.

Herskovits, M.J. (1948). *Man and his works.* New York: Knopf.

Hertzig, M. (1983). Temperament and neurological status. In M. Rutter (Ed.), *Developmental neuropsychiatry* (pp. 164–180). New York: Guilford.

Hessing, D.J., Elffers, H. & Weigel, R.H. (1988). Exploring the limits of self-reports and reasoned action: An investigation of the psychology of tax evasion behavior. *Journal of Personality and Social Psychology, 54,* 405–413.

Heyns, R.W., Veroff, J. & Atkinson, J.W. (1958). A scoring manual for the affiliation motive. In J.W. Atkinson (Ed.), *Motives in fantasy, action, and society* (pp. 205–218). Princeton, NJ: Van Nostrand.

Hofstede, G. (1979). Value systems in forty countries: Interpretation, validation and consequences for theory. In L. Eckensberger, W. Lonner & Y.H. Poortinga (Eds.), *Cross-cultural contributions to psychology* (pp. 389–407). Lisse, NL: Swets & Zeitlinger.

Hofstede, G. (1980). *Culture's consequences: International differences in work-related values.* Beverly Hills, CA: Sage.

Hofstee, W.K.B., Brokken, F.B. & Land, H. (1981). Constructie van een Standaard-Persoonlijkheids-Eigenschappenlijst (S.P.E.L.). *Nederlands Tijdschrift voor de Psychologie, 36,* 443–452.

Holland, J.L. (1973). *Making vocational choices.* Englewood Cliffs, NJ: Prentice-Hall.

Holland, J.L. (1975). *Manual for the Vocational Preference Inventory.* Palo Alto, CA: Consulting Psychologists Press.

Holland, J.L. (1979). *Manual for the Self-Directed Search.* Palo Alto, CA: Consulting Psychologists Press.

Hollander, E.P. & Julian, J.W. (1970). Studies in leader legitimacy, influence, and innovation. In L.L. Berkowitz (Ed.), *Advances in experimental social psychology* (Vol. 5, pp. 33–69). New York: Academic Press.

Holmes, T.H. & Rahe, R.H. (1967). The social readjustment rating scale. *Journal of Psychosomatic Research, 11,* 213–218.

Holt, R.R. (1976). Drive or wish? In M.M. Gill & P.S. Holzman (Eds.), *Psychology versus metapsychology: Psychoanalytic essays in memory of George S. Klein. Psychological Issues, 9,* (4, Monograph No. 36).

Holz-Ebeling, F. & Hansel, S. (1993). Gibt es Unterschiede zwischen Schülerinnen in Mädchenschulen und koedukativen Schulen? *Psychologie in Erziehung und Unterricht, 40,* 21–33.

Holz-Ebeling, F. & Metzger, A. (1988). Analyse von Komponenten der Selbstaufmerksamkeit. *Zeitschrift für Differentielle und Diagnostische Psychologie, 9,* 279–294.

Horn, W. (1983). *Leistungsprüfsystem.* Göttingen: Hogrefe.

Hossiep, R. (1994). Das Assessment-Center. *Diagnostica, 40,* 89–104.

Hossiep, R., & Paschen, M. (1999). *Bochumer Inventar zur berufsbezogenen Persönlichkeitsbeschreibung (BIP).* Göttingen: Hogrefe.

Hsu, F.L.K. (1985). The self in cross-cultural perspective. In A.J. Marsella, G. De Vos & F.L.K. Hsu (Eds.), *Culture and self* (pp. 24–55). London: Tavistock.

Huesmann, L.R., Eron, L.D., Lefkowitz, M.M. & Walder, L.O. (1984). Stability of aggression over time and generations. *Developmental Psychology, 20,* 1120–1134.

Hunt, E. (1978). The mechanics of verbal intelligence. *Psychological Review, 85,* 109–130.

Hunter, R.S., Kilstrom, N., Kraybill, E.N. & Loda, F. (1978). Antecedents of child abuse and neglect in premature infants: A prospective study in a newborn intensive care unit. *Pediatrics, 61,* 629–635.

Huston, A.C. (1983). Sex-typing. In P.H. Mussen & E.M. Hetherington (Eds.), *Handbook of child psychology* (4th ed.; Vol. 4, pp. 387–467). New York: Wiley.

Huttenlocher, P.R. (1990). Morphometric study of human cerebral cortex development. *Neuropsychologia, 28,* 517–527.

Hyde, J.S. (1984). How large are gender differences in aggression? A developmental meta-analysis. *Developmental Psychology, 20,* 722–736.

Hyde, J.S. & Linn, M.C. (1988). Gender differences in verbal ability: A meta-analysis. *Psychological Bulletin, 104,* 53–69.

Hyde, J.S., Fennema, E. & Lamon, S.J. (1990). Gender differences in mathematics performance: A meta-analysis. *Psychological Bulletin, 107,* 139–155.

Hymel, S., Bowker, A. & Woody, E. (1993). Aggressive versus withdrawn unpopular children: Variations in peer and self-perceptions in multiple domains. *Child Development, 64,* 879–896.

Insel, P.L. & Roth, W.T. (1985). *Core concepts in health.* Palo Alto, CA: Mayfield.

Irle, M. & Allehoff, W. (1988). *Berufs-Interessen-Test II (B-I-T II)* (2. Aufl.). Göttingen: Hogrefe.

Irvine, S.H. (1979). The place of factor analysis in cross-cultural methodology and its contribution to cognitive theory. In L.H. Eckensberger, W.H. Lonner & Y.H. Poortinga (Eds.), *Cross-cultural contributions to psychology* (pp. 300–341): Lisse, NL: Swets & Zeitlinger.

Irvine, S.H. & Berry, J.W. (1988). The abilities of mankind: A revaluation. In S.H. Irvine & J.W. Berry (Eds.), *Human abilities in cultural context* (pp. 3–59). Cambridge, UK: Cambridge University Press.

Jacklin, C.N., Maccoby, E.E. & Doering, C.H. (1983). Neonatal sex-steroid hormones and timidity in 6–16-month-old boys and girls. *Developmental Psychobiology, 16,* 163–168.

Jacklin, C.N., Wilcox, K.T. & Maccoby, E.E. (1988). Neonatal sex-steroid hormones and intellectual abilities of six-year-old boys and girls. *Developmental Psychobiology, 21,* 567–574.

Jackson, D.N. (1974). *Manual for the Personality Research Form.* (2nd ed.). Goshen: Research Psychologists.

Jäger, A.O. (1984). Intelligenzstrukturforschung: Konkurrierende Modelle, neue Entwicklungen, Perspektiven. *Psychologische Rundschau, 35,* 21–35.

Jäger, A.O., Süß, H.-M. & Beauducel, A. (1997). *Berliner Intelligenzstruktur-Test (BIS, Form 4).* Göttingen: Hogrefe.

Jäger, R.S. (1996). Biografische Verfahren. In K. Pawlik (Hrg.), *Enzyklopädie der Psychologie.* Vol. C/VIII/1: Grundlagen und Methoden der Differentiellen Psychologie (S. 325–357). Göttingen: Hogrefe

James, W. (1890). *The principles of psychology* (Vol. 1). New York: Holt.

Jencks, C., Smith, M., Acland, H., et al. (1972). *Inequality: A reassessment of the effects of family and schooling in America.* New York: Basic Books.

Jensen, A.R. (1980). *Bias in mental testing.* New York: Free Press.

Jensen, A.R. (1988). Speed of information processing and population differences. In S.H. Irvine & J.W. Berry (Eds.), *Human abilities in cultural context* (pp. 105–145). Cambridge, UK: Cambridge University Press.

Jensen, A.R. & Figueroa, R.A. (1975). Forward and backward digit-span interaction with race and IQ: Predictions from Jensen's theory. *Journal of Educational Psychology, 67,* 882–893.

Jeserich, W. (1981). *Mitarbeiter auswählen und fördern.* München: Hanser.

John, O.P., Angleitner, A. & Ostendorf, F. (1988). The lexical approach to personality: A historical review of trait taxonomic research. *European Journal of Personality, 2,* 171–203.

John, O.P., Caspi, A., Robins, R.W., Moffitt, T.E. & Stouthamer-Loeber, M. (1994). The »Little Five«: Exploring the nomological network of the Five-Factor Model of personality in adolescent boys. *Child Development, 65,* 160–178.

Johnston, T.D. & Edwards, L. (2002). Genes, interactions, and the development of behavior. *Psychological Review, 109,* 26–34.

Jones, E.E. & Pittman, T.S. (1982). Toward a general theory of strategic self-presentation. In J. Suls (Ed.), *Psychological perspectives on the self* (Vol. 1, pp. 231–262). Hillsdale, N.J.: Erlbaum.

Jones, E.E. & Sigall, H. (1971). The bogus-pipeline: A new paradigm for measuring affect and attitude. *Psychological Bulletin, 76,* 349–364.

Jones, S.S. (1985). On the motivational bases for attachment behavior. *Developmental Psychology, 21,* 848–857.

Jones, W.H., Briggs, S.R. & Smith, T.G. (1986). Shyness: Conceptualization and measurement. *Journal of Personality and Social Psychology, 51,* 629–639.

Jung, C.G. (1921). *Psychologische Typen.* Zürich: Rascher.

Kagan, J. (1980). Perspectives on continuity. In O.G. Brim, Jr. & J. Kagan (Eds.), *Constancy and change in human development* (pp. 26–74). Cambridge, MA: Harvard University Press.

Kagan, J. (1997). Temperament and the reactions to unfamiliarity. *Child Development, 68,* 139–143.

Kalin, R. & Tilby, P. (1978). Development and validation of a sex-role ideology scale. *Psychological Reports, 42,* 731–738.

Karney, B.R. & Bradbury, T.N. (1995). The longitudinal course of marital quality and stability: A review of theory, method, and research. *Psychological Bulletin, 118,* 3–34.

Karney, B.R. & Bradbury, T.N. (1997). Neuroticism, marital interaction, and the trajectory of marital satisfaction. *Journal of Personality and Social Psychology, 72,* 1075–1092.

Kashy, D.A. & Kenny, D.A. (1990). Do you know whom you were with a week ago Friday? *Social Psychological Quarterly, 53,* 55–61.

Katz, M.M. & Konner, M.J. (1981). The role of the father: An anthropological perspective. In M.E. Lamb (Ed.), *The role of the father in child development* (2nd ed., pp.158–186). New York: Wiley.

Kearins, J.M. (1981). Visual spatial memory in Australian Aboriginal children of desert regions. *Cognitive Psychology, 13,* 434–460.

Keating, D.P. (1978). A search of social intelligence. *Journal of Educational Psychology, 70,* 218–223.

Keating, D.P., List, J.A. & Merriman, W.E. (1985). Cognitive processing and cognitive ability: A multivariate validity investigation. *Intelligence, 9,* 149–170.

Kelly, E.L. & Conley, J.J. (1987). Personality and compatibility: A prospective analysis of marital stability and marital satisfaction. *Journal of Personality and Social Psychology, 52,* 27–40.

Kelly, G.A. (1955). *The psychology of personal constructs* (Vol. 1). New York: Norton.

Kendall, I.M., Verster, M.A. & Von Mollendorf, J.W. (1988). Test performance of blacks in Southern Africa. In S.H. Irvine & J.W.

Berry (Eds.), *Human abilities in cultural context* (pp. 299–339). Cambridge, UK: Cambridge University Press.

Kendler, K.S., Karkowski, L.M. & Prescott, C.A. (1999). Fears and phobias: Reliability and heritability. *Psychological Medicine, 29*, 539–53.

Kendler, K.S., Myers, J., Prescott, C.A. & Neale, J.M. (2001). The genetic epidemiology of irrational fears and phobias in men. *Archives of General Psychiatry, 58*, 257–265.

Kenny, D.A. (1994). *Interpersonal perception: A social relations analysis.* New York: Guilford. *Psychological Bulletin, 116*, 245–258.

Kenny, D.A. & DePaulo, B.M. (1993). Do people know how others view them? An empirical and theoretical account. *Psychological Bulletin, 114*, 145–161.

Kenny, D.A. & LaVoie, L. (1984). The social relations model. In L. Berkowitz (Ed.), *Advances in Experimental Social Psychology* (Vol. 18, pp. 141–182). Orlando, FL: Academic Press.

Kenny, D.A. & Malloy, T.E. (1988). Partner effects in social interaction. *Journal of Nonverbal Behavior, 12*, 34–57.

Kenny, D.A. & Zaccaro, S.J. (1983). An estimate of variance due to traits in leadership. *Journal of Applied Psychology, 68*, 678–685.

Kenny, D.A., Albright, L., Malloy, T.E. & Kashy, D.A. (1994). Consensus in interpersonal perception: Acquaintance and the Big Five. *Psychological Bulletin, 116*, 245–248.

Kernberg, O.F. (1989). *Narcissistic personality disorders.* Philadelphia, PA: Harcourt Brace Janovich (dt: 1996, *Narzißtische Persönlichkeitsstörungen.* Stuttgart: Schattauer).

Kersting, M. (1998). Differentielle Aspekte der sozialen Akzeptanz von Intelligenztests und Problemlöseszenarien als Personalauswahlverfahren. *Zeitschrift für Arbeits- und Organisationspsychologie, 42*, 61–75.

Kersting, M. (2001). Zur Konstrukt- und Kriteriumsvalidität von Problemlöseszenarien anhand der Vorhersage von Vorgesetztenurteilen über die berufliche Bewährung. *Diagnostica, 47*, 67–76.

Kiener, F. (1978). Empirische Kontrolle psychoanalytischer Thesen. In L.J. Pongratz (Hrsg.), *Handbuch der Psychologie: Bd. 8. Klinische Psychologie* (S. 1200–1241). Göttingen: Hogrefe.

Kihlstrom, J.F. (1987). The cognitive unconscious. *Science, 237*, 1445–1452.

Kihlstrom, J.F. (1990). The psychological unconscious. In L.A. Pervin (Ed.), *Handbook of personality: Theory and research* (pp. 445–464). New York: Guilford.

Kimball, M.M. (1989). A new perspective on women's math achievement. *Psychological Bulletin, 105*, 196–214.

Kindermann, T.A. & Skinner, E.A. (1992). Modeling environmental development: Individual and contextual trajectories. In J.B. Asendorpf & J. Valsiner (Eds.), *Stability and change in development* (pp. 155–190). Newbury Park, CA: Sage.

Kinsey, A.C., Pomeroy, W.B. & Martin, C.E. (1948). *Sexual behavior in the human male.* Philadelphia: Saunders.

Kinsey, A.C., Pomeroy, W.B., Martin, C.E. & Gebhard, P.H. (1953). *Sexual behavior in the human female.* Philadelphia: Saunders.

Klauer, K.J. (1984). Kontentvalidität. *Diagnostica, 30*, 1–23.

Klauer, T. & Filipp, S.-H. (1994). *Trierer Skalen zur Krankheitsbewältigung (TSK).* Göttingen: Hogrefe.

Klein, M. (1948). *Contributions to psycho-analysis, 1921–1945.* London: Hogarth.

Klein, M. (1971). *Das Seelenleben des Kindes* (2. Aufl.). München: Kindler (l. Auflage 1932).

Klein, R.G. (1989). *The human career: Human biological and cultural origins.* Chicago: University of Chicago Press.

Klich, L.Z. (1988). Aboriginal cognition and psychological nescience. In S.H. Irvine & J.W. Berry (Eds.), *Human abilities in cultural context* (pp. 427–452). Cambridge, UK: Cambridge University Press.

Klich, L.Z. & Davidson, G.R. (1983). A cultural difference in visual memory: On le voit, on ne le voit plus. *International Journal of Psychology, 18*, 189–201.

Kline, P. (1981). *Fact and fantasy in Freudian theory* (2nd ed.). London, U.K: Methuen.

Klinger, E. (1971). *Structure and functions of fantasy.* New York: Wiley.

Kluckhohn, C., Murray, H.A. & Schneider, D.M. (1953). *Personality in nature, society, and culture.* New York: Knopf.

Kluwe, R.H. (1992). Gedächtnis und Wissen. In H. Spada (Hrsg.), *Lehrbuch Allgemeine Psychologie* (S. 115–187). Bern: Huber.

Kluwe, R.H., Schilde, A., Fischer, C. & Oellerer, N. (1991). Problemlöseleistungen beim Umgang mit komplexen Systemen und Intelligenz. *Diagnostica, 37*, 291–313.

Knight, G.P., Fabes, R.A. & Higgins, D.A. (1996). Concerns about drawing causal inferences from meta-analyses: An example in the study of gender differences in aggression. *Psychological Bulletin, 119*, 410–421.

Kochanska, G. (1993). Toward a synthesis of parental socialization and child temperament in early development of conscience. *Child Development, 64*, 325–347.

Kohlberg, L.A. (1966). A cognitive-developmental analysis of children's sex-role concepts and attitudes. In E.E. Maccoby (Ed.), *The development of sex differences* (pp. 82–173). Stanford, CA: Stanford University Press.

Kohlmann, C.-W. (1990). *Streßbewältigung und Persönlichkeit.* Bern: Huber.

Kohnstamm, G.A., Mervielde, I., Besevegis, E. & Halverson, C.F., Jr. (1995). Tracing the Big Five in parents' free descriptions of their children. *European Journal of Personality, 9*, 283–304.

Kohut, H. (1971). *The analysis of the self.* New York: International Universities Press. [dt: 1992, *Narzißmus: Eine Theorie der Behandlung narzißtischer Persönlichkeitsstörungen*, 8. Aufl. Frankfurt/Main: Suhrkamp].

Kolb, B. & Whishaw, I.Q. (1998). Brain plasticity and behavior. *Annual Review of Psychology, 49*, 43–64.

Kopp, C.B. & McCall, R.B. (1982). Predicting later mental performance for normal, at-risk, and handicapped infants. In P.B. Baltes & O.G. Brim (Eds.), *Life-span development and behavior* (Vol. 4, pp. 33–61). New York: Academic Press.

Kornadt, H.-J. (1982). *Aggressionsmotiv und Aggressionshemmung* (Bd. 1–2). Bern: Huber.

Krampen, G. (1987). *Handlungstheoretische Persönlichkeitspsychologie.* Göttingen: Hogrefe.

Kranzler, J.H. & Jensen, A.R. (1989). Inspection time and intelligence: A meta-analysis. *Intelligence, 13*, 329–347.

Kretschmer, E. (1921). *Körperbau und Charakter.* Berlin: Springer.

Kretschmer, E. (1961). *Körperbau und Charakter* (23. Aufl.). Berlin: Springer.

Krohne, H.W. (Ed.) (1993). *Attention and avoidance.* Seattle, WA: Hogrefe & Huber.

Krohne, H.W. (1996). *Angst und Angstbewältigung.* Stuttgart: Kohlhammer.

Krohne, H.W., Schumacher, A. & Egloff, B. (1992). *Das Angstbewältigungs-Inventar (ABI).* Mainz: Psychologisches Institut der Universität.

Kuhl, J. (1983). *Motivation, Konflikt und Handlungskontrolle*. Berlin: Springer.
Kuhl, J. (1990). *Kurzanweisung zum Fragebogen HAKEMP 90*. Osnabrück: Universität Osnabrück, Fachbereich Psychologie.
Kuhl, J. & Beckmann, J. (Eds.) (1994). *Volition and personality*. Seattle, WA: Hogrefe & Huber.
Kuhn, T.S. (1967). *Die Struktur wissenschaftlicher Revolutionen*. Frankfurt/Main: Suhrkamp.
Kurdek, L.A. (1993). Predicting marital dissolution: A 5-year longitudinal study of newlywed couples. *Journal of Personality and Social Psychology, 64*, 221–241.
Kyllonen, P.C. & Christal, R.E. (1990). Reasoning ability is (little more than) working memory capacity?! *Intelligence, 14*, 389–433.
Lacey, J.I. (1950). Individual differences in somatic response patterns. *Journal of Comparative and Physiological Psychology, 43*, 338–350.
Laireiter, A. (Hrsg.) (1993). *Soziales Netzwerk und soziale Unterstützung*. Bern: Huber.
Laireiter, A. & Thiele, C. (1995). Psychologische Soziodiagnostik: Tagebuchverfahren zur Erfassung sozialer Beziehungen, sozialer Interaktionen und sozialer Unterstützung. *Zeitschrift für Differentielle und Diagnostische Psychologie, 16*, 125–151.
Lamb, H.H. (1989). *Klima und Kulturgeschichte*. Reinbek: Rowohlt Taschenbuch Verlag.
Lambert, W.W. & Tan, A.L. (1979). Expressive styles and strategies in the aggressive actions of children of six cultures. *Ethos, 7*, 19–36.
Lamiell, J.T. (1982). The case for an idiothetic psychology of personality: A conceptual and empirical foundation. In B.A. Maher & W.B. Maher (Eds.), *Progress in experimental personality research* (Vol. 11, pp. 1–64.). New York: Academic Press.
Lang, P.J. (1971). The application of psychophysiological methods to the study of psychotherapy and behavior modification. In A.E. Bergin & S.L. Garfield (Eds.), *Handbook of psychotherapy and behavior change* (pp. 75–125). New York: Wiley.
Lang, P.J. (1995). The emotion probe. *American Psychologist, 50*, 372–385.
LaPiere, R.T. (1934). Attitudes versus action. *Social Forces, 13*, 230–237.
Lasky, J.J., Hover, G.L., Smith, P.A., Duffendack, S.C. & Nord, C.L. (1956). Post-hospital adjustment as predicted by psychiatric patients and their staff. *Journal of Consulting Psychology, 23*, 213–218.
Latter, B.D.H. (1980). Genetic differences within and between populations of the major human subgroups. *The American Naturalist, 116*, 220–237.
Lau, R.R. & Russell, D. (1980). Attributions in the sports pages. *Journal of Personality and Social Psychology, 39*, 29–38.
Laucken, U. (1974). *Naive Verhaltenstheorie*. Stuttgart: Klett-Cotta.
Laux, L. & Renner, K.-H. (2002). Self-Monitoring und Authentizität: Die verkannten Selbstdarsteller. *Zeitschrift für Differentielle und Diagnostische Psychologie, 23*, 129–148.
Laux, L. & Weber, H. (1990). Bewältigung von Emotionen. In K.R. Scherer (Hrsg.), *Enzyklopädie der Psychologie. Psychologie der Emotion* (S. 560–629). Göttingen: Hogrefe.
Laux, L. & Weber, H. (1993). *Emotionsbewältigung und Selbstdarstellung*. Stuttgart: Kohlhammer.
Laux, L., Glanzmann, P., Schaffner, P. & Spielberger, C.D. (1981). *Fragebogen zur Erfassung von State- und Trait-Angst (STAI-G)*. Weinheim: Beltz.
Lazarus, R.S. (1966). *Psychological stress and the coping process*. New York: McGraw-Hill.
Lazarus, R.S. (1983). The costs and benefits of denial. In S. Breznitz (Ed.), *The denial of stress* (pp. 1–30). New York: International Universities Press.
Lazarus, R.S. & Folkman, S. (1984). *Stress, appraisal, and coping*. New York: Springer.
Lazarus, R.S. & Launier, R. (1978). Stress-related transactions between person and environment. In L.A. Pervin & M. Lewis (Eds.), *Perspectives in interactional psychology* (pp. 287–327). New York: Plenum.
Lazarus-Mainka, G. & Siebeneick, S. (2000). *Angst und Ängstlichkeit*. Göttingen: Hogrefe.
Leahy, A.M. (1935). Nature-nurture, and intelligence. *Genetic Psychology Monographs, 17*, 236–308.
Leary, M.R. & Atherton, S.C. (1986). Self-efficacy, social anxiety, and inhibition in interpersonal encounters. *Journal of Social and Clinical Psychology, 4*, 256–267.
Leary, M.R. & Kowalski, R.M. (1990). Impression management. A literature review and two-component model. *Psychological Bulletin, 107*, 34–47.
Leary, T. (1957). *Interpersonal diagnosis of personality*. New York: Ronald Press.
Lederer, G. (1993). Authoritarianism in German adolescents: Trends and cross-cultural comparisons. In W.F. Stone, G. Lederer & R. Christie (Eds.), *Strength and weakness: The authoritarian personality today* (pp. 182–198). New York: Springer.
LeDoux, J. (1998). *Das Netz der Gefühle*. München: Carl Hanser.
Lee, R.B. & DeVore, I. (Eds.) (1968). *Man the hunter*. Chicago, IL: Aldine.
Lennox, R. (1988). The problem with self-monitoring: A two-sided scale and a one-sided theory. *Journal of Personality Assessment, 52*, 58–73.
Lennox, R.D. & Wolfe, R.N. (1984). Revision of the Self-Monitoring Scale. *Journal of Personality and Social Psychology, 46*, 1349–1364.
Leung, K. & Bond, M.H. (1989). On the empirical identification of dimensions for cross-cultural comparisons. *Journal of Cross-Cultural Psychology, 20*, 133–151.
LeVay, S. (1991). A difference in hypothalamic structure between heterosexual and homosexual men. *Science, 253*, 1034–1037.
Levine, S.C., Huttenlocher, J., Taylor, A. & Langrock, A. (1999). Early sex differences in spatial skill. *Developmental Psychology, 35*, 940–949.
Lewis, D. (1976). Observations on route-finding and spacial orientation among the Aboriginal peoples of the Western desert region of Central Australia. *Oceania, 46*, 249–282.
Lewis, M., Feiring, C. & Rosenthal, S. (2000). Attachment over time. *Child Development, 71*, 707–720.
Lieberman, M.D. (2000). Intuition: A social cognitive neuroscience approach. *Psychological Bulletin, 126*, 109–137.
Lienert, G.A. & Raatz, U. (1994). *Testaufbau und Testanalyse* (5. Aufl.). München: Psychologie Verlags Union.
Linn, M.C. & Petersen, A.C. (1985). Emergence and characterization of sex differences in spatial ability: A meta-analysis. *Child Development, 56*, 1479–1498.
List, J.A., Keating, D.P. & Merriman, W.E. (1985). Differences in memory retrieval: A construct validity investigation. *Child Development, 56*, 138–151.
Livesley, W.J., Schroeder, M.L., Jackson, D.N. & Jang, K.L. (1994). Categorical distinctions in the study of personality disorder: Implications for classification. *Journal of Abnormal Psychology, 103*, 6–17
Loeber, R. & Stouthamer-Loeber, M. (1986). Family factors as correlates and predictors of juvenile conduct problems and delinquency. In M. Tonry & N. Morris (Eds.), *Crime and justice: An annual review of research* (Vol. 7, pp. 29–149). Chicago, IL: University of Chicago Press.

Loehlin, J.C. (1992). *Genes and environment in personality development*. Newbury Park, CA: Sage.

Loehlin, J.C. & DeFries, J.C. (1987). Genotype-environment correlation and IQ. *Behavior Genetics, 17*, 263–277.

Loehlin, J.C., Horn, J.M. & Willerman, L. (1989). Modeling IQ change: Evidence from the Texas Adoption Project. *Child Development, 60*, 993–1004.

Loevinger, J. (1976). *Ego development*. San Francisco: Jossey-Bass.

Lohaus, A., Kessler, T., Thomas, H. & Gediga, G. (1994). Individuelle Unterschiede bei räumlichen Fähigkeiten im Kindesalter. *Zeitschrift für Entwicklungspsychologie und Pädagogische Psychologie, 26*, 373–390.

Lovejoy, A.O. (1950). Terminal and adjectival values. *Journal of Philosophy, 47*, 593–608.

Loranger, A.W. (1996). *International Personality Disorder Examination IPDE*. Bern: Huber.

Loranger, A.W. et al. (1994). The International Personality Disorder Examination. *Archives of General Psychiatry, 51*, 215–224.

Lord, R.G., De Vader, C.L. & Alliger, G.M. (1986). A meta-analysis of the relation between personality traits and leadership perceptions: An application of validity generalization procedures. *Journal of Applied Psychology, 71*, 402–410.

Lück, H.E. & Timaeus, E. (1969). Skalen zur Messung Manifester Angst (MAS) und Sozialer Wünschbarkeit (SDS-E und SDS-CM). *Diagnostica, 15*, 134–141.

Lykken, D.T. & Tellegen, A. (1993). Is human mating adventitious or the result of lawful choice? A twin study of mate selection. *Journal of Personality and Social Psychology, 65*, 56–68.

Lytton, H. (1990). Child and parent effects in boys' conduct disorder: A reinterpretation. *Developmental Psychology, 26*, 683–697.

Lytton, H. & Romney, D.M. (1991). Parents' differential socialization of boys and girls: A meta-analysis. *Psychological Bulletin, 109*, 267–296.

Maccoby, E.E. & Jacklin, C.N. (1987). Gender segregation in childhood. In H.W. Reese (Ed.), *Advances in Child Development and Behavior* (Vol. 20, pp. 239–287). Orlando, FL: Academic Press.

MacLean, P.D. (1954). The limbic system and its hippocampus formation: Studies in animals and their possible application to man. *Journal of Neurosurgery, 11*, 29–44.

MacLeod, C., Mathews, A. & Tata, P. (1986). Attentional bias in emotional disorders. *Journal of Abnormal Psychology, 95*, 15–20.

Magnus, K., Diener, E., Fujita, F. & Pavot, W. (1993). Extraversion and neuroticism as predictors of objective life events: A longitudinal study. *Journal of Personality and Social Psychology, 65*, 1046–1053.

Magnusson, D. (1990). Personality development from an interactional perspective. In L.A. Pervin (Ed.), *Handbook of personality: Theory and measurement* (pp. 193–222). New York: Guilford.

Magnusson, D. & Bergman, L.R. (Eds.) (1990). *Data quality in longitudinal research*. New York: Cambridge University Press.

Mahler, M., Pine, F. & Bergman, A. (1975). *The psychological birth of the human infant: Symbiosis and individuation*. New York: Basic Books.

Main, M. (1995). Desorganisation im Bindungsverhalten. In G. Spangler & P. Zimmermann (Eds.), *Die Bindungstheorie. Grundlagen, Forschung und Anwendung* (pp. 120–140). Stuttgart: Klett-Cotta.

Main, M. & Solomon, J. (1986). Discovery of an insecure disorganized/disoriented attachment pattern. In T.B. Brazelton & M. Yogman (Eds.), *Affective development in infancy* (pp. 95–124). Norwood, NJ: Ablex.

Malina, R.M. & Bouchard, C. (1991). *Growth, maturity, and physical activity*. Champaign, IL: Human Kinetics.

Mandl, H. & Spada, H. (Hrsg.) (1988). *Wissenspsychologie*. München: Psychologie Verlags Union.

Mandl, H., Friedrich, H.F. & Hron, A. (1988). Theoretische Ansätze zum Wissenserwerb. In H. Mandl & H. Spada (Hrsg.), *Wissenspsychologie* (S. 123–160). München: Psychologie Verlags Union.

Marcus, B., Funke, U. & Schuler, H. (1997). Integrity Tests als spezielle Gruppe eignungsdiagnostischer Verfahren: Literaturüberblick und metaanalytische Befunde zur Konstruktvalidität. *Zeitschrift für Arbeits- und Organisationspsychologie, 41*, 2–17.

Markow, T.A. (1994). *Developmental instability: Its origins and evolutionary implications*. Dordrecht, NL: Kluwer.

Markus, H. (1977). Self-schemata and processing information about the self. *Journal of Personality and Social Psychology, 35*, 63–78.

Markus, H.R. & Kitayama, S. (1991). Culture and self: Implications for cognition, emotion, and motivation. *Psychological Review, 98*, 224–253.

Marsh, H.W. (1993). Relations between global and specific domains of self: The importance of individual importance, certainty, and ideals. *Journal of Personality and Social Psychology, 65*, 975–992.

Marsh, H.W. & O'Neill, R. (1984). Self Description Questionnaire III: The construct validity of multidimensional self-concept ratings by late adolescents. *Journal of Educational Measurement, 21*, 153–174.

Marsh, H.W., Smith, I.D. & Barnes, J. (1983). Multitrait-multimethod analyses of the Self-Description Questionnaire: Student-teacher agreement on multidimensional ratings of student self-concept. *American Educational Research Journal, 20*, 333–357.

Marsh, H.W., Craven, R.G. & Debus, R. (1991). Self-concepts of young children 5 to 8 years of age: Measurement and multidimensional structure. *Journal of Educational Psychology, 83*, 377–392.

Martin, W. & Rovira, M. (1982). Response bias in eye-gaze perception. *Journal of Psychology, 110*, 203–209.

Martinson, F.M. (1980). Childhood sexuality. In B. Wolman & J. Money (Eds.), *Handbook of human sexuality* (pp. 30–59). Englewood Cliffs, NJ: Prentice-Hall.

Marx, W. & Laege, D. (1995). *Der ideologische Ring*. Göttingen: Hogrefe.

Mascie-Taylor, C.G.N. & Vandenberg, S.G. (1988). Assortative mating for IQ and personality due to propinquity and personal preference. *Behavior Genetics, 18*, 339–345.

Masling, J. (Ed.) (1983). *Empirical studies of psychoanalytical theories* (Vol. 1). Hillsdale, NJ: Erlbaum.

Maslow, A.H. (1954). *Motivation and personality*. New York: Harper & Row.

Maslow, A.H. (1955). Deficiency motivation and growth motivation. In M.R. Jones (Ed.), *Nebraska Symposium on Motivation* (Vol. 3, pp. 1–30). Lincoln, NE: University of Nebraska Press.

Maslow, A.H. (1968). *Toward a psychology of being*. Princeton, NJ: Van Nostrand.

Matarazzo, J.D. (1972). *Wechsler's measurement and appraisal of adult intelligence* (5th ed.). Baltimore, MD: Williams & Wilkins.

Mathews, A. & MacLeod, C. (1985). Selective processing of threat cues in anxiety states. *Behaviour Research and Therapy, 23*, 563–569.

Matthews, G. & Gilliland, K. (1999). The personality theories of H.J. Eysenck and J.A. Gray: A comparative review. *Personality and Individual Differences, 26*, 583–626.

Mayer, J.D., Caruso, D. & Salovey, P. (2000). Emotional intelligence meets traditional standards for an intelligence. *Intelligence, 27*, 267–298.

McAdams, D.P. (1980). A thematic coding system for the intimacy motive. *Journal of Research in Personality, 14*, 413–432.

McCall, R. (1991). So many interactions, so little evidence. Why? In T.D. Wachs & R. Plomin (Eds.), *Conceptualization and measurement of organism environment interaction*. Washington, DC: American Psychological Association.

McCall, R.B. & Carriger, M.S. (1993). A meta-analysis of infant habituation and recognition memory performance as predictors of later IQ. *Child Development, 64*, 57–79.

McCallister, L. & Fischer, C.S. (1983). A procedure for surveying personal networks. In R.S. Burt & M.J. Minor (Eds.), *Applied network analysis* (pp. 75–88). Beverly Hills, CA: Sage.

McCartney, K., Harris, M.J. & Bernieri, F. (1990). Growing up and growing apart: A developmental meta-analysis of twin studies. *Psychological Bulletin, 107*, 226–237.

McClelland, D.C. (1985). How motives, skills, and values determine what people do. *American Psychologist, 40*, 812–825.

McClelland, D.C., Koestner, R. & Weinberger, J. (1989). How do self-attributed and implicit motives differ? *Psychological Review, 96*, 690–702.

McConnell, A.R. & Leibold, J.M. (2001). Relations among the Implicit Association Test, discriminatory behavior, and explicit measures of racial attitudes. *Journal of Experimental Social Psychology, 37*, 435–442.

McCrae, R.R. & Costa, P.T., Jr. (1987). Validation of the five-factor model of personality across instruments and observers. *Journal of Personality and Social Psychology, 52*, 81–90.

McCrae, R.R. & Costa, P.T., Jr. (1989). The structure of interpersonal traits: Wiggins's circumplex and the five-factor model. *Journal of Personality and Social Psychology, 56*, 586–595.

McCrae, R.R. & Costa, P.T., Jr., Lima, M.P., Simoes, A. et al. (1999). Age differences in personality across the adult life span: Parallels in five cultures. *Developmental Psychology, 35*, 466–477.

McCrae, R.R., Costa, P.T., Jr., Ostendorf, F., Angleitner, A. et al. (2000). Nature over nurture: Temperament, personality, and life-span development. *Journal of Personality and Social Psychology, 78*, 173–186.

McFarland, S., Ageyev, V. & Abalakina, M. (1993). The authoritarian personality in the United States and the former Soviet Union: Comparative studies. In W.F. Stone, G. Lederer & R. Christie (Eds.), *Strength and weakness: The authoritarian personality today* (pp. 199–225). New York: Springer.

McHenry, J.J., Hough, L.M., Toquam, J.L., Hanson, M.A. & Ashworth, S. (1990). Project A validity results: The relationship between predictor and criterion domains. *Personnel Psychology, 43*, 335–354.

Mead, G.H. (1934). *Mind, self, and society*. Chicago: University of Chicago Press.

Mednick, M.P. & Andrews, S.M. (1967). Creative thinking and level of intelligence. *Journal of Creative Behavior, 1*, 428–431.

Mednick, S.A., Gabrielli, W.F., Jr. & Hutchings, B. (1984). Genetic influences in criminal convictions: Evidence from an adoption cohort. *Science, 224*, 891–894.

Mehrabian, A. (1970). The development and validation of measures of affiliative tendency and sensitivity to rejection. *Educational and Psychological Measurement, 30*, 417–428.

Mehrabian, A. (1991). Outline of a general emotion-based theory of temperament. In J. Strelau & A. Angleitner (Eds.), *Explorations in temperament* (pp. 75–86). New York: Plenum.

Meier, G. (1993). *Persönlichkeit und soziales Verhalten von Kindern im Alltag*. Hamburg: Kovac.

Meloen, J.D. (1993). The F Scale as a predictor of facism: An overview of 40 years of authoritarianism research. In W.F. Stone, G. Lederer & R. Christie (Eds.), *Strength and weakness: The authoritarian personality today* (pp. 47–69). New York: Springer.

Metalsky, G.L., Halberstadt, L.J. & Abramson, L.Y. (1987). Vulnerability to depressive mood reactions. *Journal of Personality and Social Psychology, 52*, 386–393.

Meyer, W.-V. (1973). *Leistungsmotiv und Ursachenerklärung von Erfolg und Mißerfolg*. Stuttgart: Klett.

Miesen, J., Schuhfried, G. & Wottawa, H. (1999). ELIGO: Eine vorläufige Antwort auf Grundprobleme der testgestützten Eignungsdiagnostik. *Wirtschaftspsychologie, 6 (1)*, 16–24.

Mikulincer, M., Florian, V. & Weller, A. (1993). Attachment styles, coping strategies, and posttraumatic psychological distress: The impact of the gulf war in Israel. *Journal of Personality and Social Psychology, 64*, 817–826.

Mikulincer, M., Gillath, O. & Shaver, P.R. (2002). Activation of the attachment system in adulthood: Threat-related primes increase the accessibility of mental representations of attachment figures. *Journal of Personality and Social Psychology, 83*, 881–895.

Mikulincer, M. & Shaver, P.R. (2003). The attachment behavioral system in adulthood: Activation, psychodynamics, and interpersonal processes. In M.P. Zanna (Ed.), *Advances in Experimental Social Psychology* (Vol. 35). New York: Academic press.

Miller, S.M. (1990). To see or not to see: Cognitive informational styles in the coping process. In M. Rosenbaum (Ed.), *Learnt resourcefulness* (pp. 95–126). New York: Springer.

Millham, J. & Jacobson, L.I. (1978). Social desirability and need for approval. In H. London & J. Exner (Eds.), *Dimensions of personality*. New York: Wiley.

Mineka, S., Davidson, M., Cook, M. & Keir, R. (1984). Observational conditioning of snake fear in Rhesus monkeys. *Journal of Abnormal Psychology, 93*, 355–372.

Mischel, W. (1968). *Personality and assessment*. New York: Wiley.

Mischel, W. & Peake, P.K. (1982). Beyond déjà vu in the search for cross-situational consistency. *Psychological Review, 89*, 730–755.

Mischel, W. & Shoda, Y. (1995). A cognitive-affective system theory of personality: Reconceptualizing situations, dispositions, dynamics, and invariance in personality structure. *Psychological Review, 102*, 246–268.

Mitchell, S.A. (1988). *Relational concepts in psychoanalysis: An integration*. Cambridge, MA: Harvard University Press.

Moffitt, T.E. (1993). Adolescence-limited and life-course-persistent antisocial behavior: A developmental taxonomy. *Psychological Review, 100*, 674–701.

Moffitt, T.E. & Henry, B. (1991). Neuropsychological studies of juvenile delinquency and violence: A review. In J. Milner (Ed.), *The neuropsychology of aggression* (pp. 67–91). Norwell, MA: Kluwer Academic.

Molenaar, P.C.M., Boomsma, D.L. & Dolan, C.V. (1993). A third source of developmental differences. *Behavior Genetics, 23*, 519–524.

Montemayor, R. (1982). The relationship between parent-adolescent conflict and the amount of time adolescents spend alone and with parents and peers. *Child Development, 53*, 1512–1519.

Moreno, J.L. (1934). *Who shall survive? A new approach to the problem of human interrelations*. Washington, DC: Nervous and Mental Disease Publishing Co.

Morey, L.C., Waugh, M.H. & Blashfield, R.K. (1985). MMPI scales for DSM-III personality disorders. Their derivation and correlates. *Journal of Personality Assessment, 49*, 245–251.

Moruzzi, G. & Magoun, H.W. (1949). Brain stem reticular formation and activation of the EEG. *Electroencephalogical Clinical Neurophysiology, 1*, 455–473.

Moser, K., Diemand, A. & Schuler, H. (1996). Inkonsistenz und Soziale Fertigkeiten als zwei Komponenten von Self-Monitoring. *Diagnostica, 42*, 268–283.

Moskowitz, D.S. & Schwartzman, A.E. (1989). Painting group portraits: Studying life outcomes for aggressive and withdrawn children. *Journal of Personality, 57*, 723–746.

Moskowitz, D.S. & Schwarz, J.C. (1982). Validity comparison of behavior counts and ratings by knowledgeable informants. *Journal of Personality and Social Psychology, 42*, 518–528.

Mumford, M.D. & Gustafson, S.B. (1988). Creativity syndrome: Integration, application, and innovation. *Psychological Bulletin, 103*, 27–43.

Mummendey, H.D. (1995a). *Die Fragebogen-Methode* (2. Aufl.). Göttingen: Hogrefe.

Mummendey, H.D. (1995b). *Psychologie der Selbstdarstellung* (2. Aufl.). Göttingen: Hogrefe.

Murray, H.A. (1938). *Explorations in personality*. New York: Oxford University Press.

Murray, H.A. (1943). *Thematic Apperception Test manual*. Cambridge, MA: Harvard University Press.

Musch, J., Brockhaus, R. & Bröder, A. (2002). Ein Inventar zur Erfassung von zwei Faktoren sozialer Erwünschtheit. *Diagnostica, 48*, 121–129.

Müsseler, J. & Prinz, W. (Hrg.) (2002). *Allgemeine Psychologie*. Heidelberg: Spektrum Verlag.

Myers, D.G. & Diener, E. (1995). Who is happy? *Psychological Science, 6*, 10–19.

Myrtek, M. (1980). *Psychophysiologische Konstitutionsforschung*. Göttingen: Hogrefe.

Myrtek, M. (1998a). Metaanalyse zur Psychophysiologischen Persönlichkeitsforschung. In F. Rösler (Ed.), Ergebnisse und Anwendungen der Psychophysiologie. *Enzyklopädie der Psychologie*, Band C/I/5 (pp. 285–344). Göttingen: Hogrefe.

Myrtek, M. (1998b). *Gesunde Kranke – kranke Gesunde*. Bern: Huber.

Myrtek, M., Stiels, W., Herrmann, J.M., Brügner, G., Müller, W., Höppner, V. & Fichtler, A. (1995). Emotional arousal, pain, and ECG changes during ambulatory monitoring in patients with cardiac neurosis and controls. In D. Vaitl & R. Schandry (Eds.), *The psychophysiology of circulation-brain interaction*. Frankfurt/Main: Lang.

Nachmias, M., Gunnar, M., Mangelsdorf, S., Parritz, R.H. & Buss, K. (1996). Behavioral inhibition and stress reactivity: The moderating role of attachment security. *Child Development, 67*, 508–522.

Neisser, U. (1967). *Cognitive Psychology*. New York: Appleton.

Neisser, U. (Ed.) (1998). *The rising curve: Long-term gains in IQ and related measures*. Washington, DC: American Psychological Association.

Neubauer, A.C. (1993). Intelligenz und Geschwindigkeit der Informationsverarbeitung: Stand der Forschung und Perspektiven. *Psychologische Rundschau, 44*, 90–105.

Neubauer, A.C. (2001). Elementar-kognitive und physiologische Korrelate der Intelligenz. In E. Stern & J. Guthke (Eds.) (2001). *Perspektiven der Intelligenzforschung* (pp. 43–67). Lengerich: Pabst Science Publishers.

Newcomb, A.F. & Bukowski, W.M. (1984). A longitudinal study of the utility of social preference and social impact sociometric classification schemas. *Child Development, 55*, 1434–1447.

Newcomb, T.M., Koenig, K.E., Flacks, R. & Warwick, D.P. (1967). *Persistence and change: Bennington College and its students after twenty-five years*. New York: Wiley.

Newton, T.L. & Contrada, R.J. (1992). Repressive coping and verbal-automatic response dissociation: The influence of social context. *Journal of Personality and Social Psychology, 62*, 159–167.

Neyer, F.J. & Asendorpf, J.B. (2001). Personality-relationship transaction in young adulthood. *Journal of Personality and Social Psychology, 81*, 1190–1204.

Neyer, F.J. & Lang, F.R. (2003). Blood is thicker than water: Kinship orientation across adulthood. *Journal of Personality and Social Psychology, 84*, 310–321.

Nickel, H. & Schmidt-Denter, U. (1980). *Sozialverhalten von Vorschulkindern*. München: Reinhardt.

Nisbett, R.E. & Wilson, T.D. (1977). Telling more than we know: Verbal reports on mental processes. *Psychological Review, 84*, 231–259.

Norman, T. (1967). *2,800 personality trait descriptors: Normative operating characteristics for a university population* (Tech. Rep.). Ann Arbor, MI: Department of Psychological Sciences, University of Michigan.

Nowack, W. & Kammer, D. (1987). Self-presentation: Social skill and inconsistency as independent facets of self-monitoring. *European Journal of Personality, 1*, 61–77.

Oesterreich, D. (1998). Ein neues Maß zur Messung autoritärer Charaktermerkmale. *Zeitschrift für Sozialpsychologie, 29*, 56–64.

Ogbu, J.U. (1991). Immigrant and involuntary minorities in comparative perspective. In M. A. Gibson & J.U. Ogbu (Eds.), *Minority status and schooling: A comparative study of immigrant and involuntary minorities* (pp. 3–33). New York: Garland Publishing.

Öhman, A. (1986). Face the beast and fear the face: Animal and social fears as prototypes for evolutionary analyses of emotion. *Psychophysiology, 23*, 123–145.

Öhman, A. (1993). Stimulus prepotency and fear learning: Data and theory. In N. Birbaumer & A. Öhman (Eds.), *The structure of emotion* (pp. 218–239). Seattle, WA: Hogrefe & Huber.

Öhman, A. & Mineka, S. (2001). Fears, phobias, and preparedness: Towards an evolved module of fear and fear learning. *Psychological Review, 108*, 483–522.

Öhmann, A. (1997). As fast as the blink of an eye: Evolutionary preparedness for preattentive processing of threat. In P.J. Lang, R.F. Simons, & M.T. Balaban (Eds.), *Attention and orienting: Sensory and motivational processes* (pp. 165–184). Mahwah, NJ: Erlbaum.

Oliver, M.B. & Hyde, J.S. (1993). Gender differences in sexuality: A meta-analysis. *Psychological Bulletin, 114*, 29–51.

Olson, J.M., Vernon, P.A., Harris, J.A. & Jang, K.L. (2001). The heritability of attitudes: A study of twins. *Journal of Personality and Social Psychology, 80*, 845–860.

Ones, D.S., Viswesvaran, C. & Schmidt, F.L. (1993). Comprehensive meta-analysis of integrity test validities: Findings and implications for personnel selection and theories of job performance. *Journal of Applied Psychology, 78*, 679–703.

Opaschowski, H.W. (1997). *Einführung in die Freizeitwissenschaft* (3. Aufl.). Opladen: Leske & Budrich.

Opwis, K., Spada, H., Bellert, J. & Schweizer, P. (1994). Kognitive Modellierung als Individualdiagnostik: Qualitatives und quantitatives physikalisches Wissen. *Zeitschrift für Differentielle und Diagnostische Psychologie, 15*, 93–111.

Orlik, P. (1978). Soziale Intelligenz. In K.J. Klauer (Hrsg.), *Handbuch der Pädagogischen Diagnostik* (S. 341–354). Düsseldorf: Schwann.

Literaturverzeichnis

Ostendorf, F. (1990). *Sprache und Persönlichkeitsstruktur: Zur Validität des Fünf-Faktoren-Modells der Persönlichkeit.* Regensburg: Roderer.

Ostendorf, F. (2001). Measuring interpersonal behavior with the German Interpersonal Adjective Scales. In Riemann, R., Spinath, F.M. & Ostendorf, F. (2001). *Personality and Temperament: Genetics, evolution, and structure* (pp. 232–255). Lengerich: Pabst Science Publishers.

Ostendorf, F. & Angleitner, A. (2003). *NEO-Persönlichkeitsinventar (revidierte Form, NEO-PI-R) nach Costa und McCrae.* Göttingen: Hogrefe.

Ostendorf, F., Angleitner, A. & Ruch, W. (1986). *Die Multitrait-Multimethod Analyse.* Göttingen: Hogrefe.

O'Sullivan, M., Guilford, J.P. & deMille, R. (1965). *The measurement of social intelligence* (Tech. Rep. No. 34). Los Angeles, CA: University of Southern California.

Otto, J.H. & Schmitz, B. (1986). Befindlichkeitserfassung mit verschiedenen Selbstberichtstechniken. *Zeitschrift für experimentelle und angewandte Psychologie, 33,* 458–474.

Owens, G., Crowell, J.A., Pan, H., Treboux, D., O'Connor, E. & Waters, E. (1995). Caregiving, cultural, and cognitive perspectives on secure-base behavior and working models. In E. Waters, B.E. Vaughn, G. Posada & K. Kondo-Ikemura (Eds.), *Monographs of the Society for Research in Child Development, 60,* (Serial No. 244), 216–233.

Oyama, S. (2000). *The ontogeny of information: Developmental systems and evolution* (2nd ed.). Durham, NC: Duke University Press.

Oyserman, D., Coon, H.M. & Kemmelmeier, M. (2002). Rethinking individualism and collectivism: Evaluation of theoretical assumptions and meta-analyses. *Psychological Bulletin, 128,* 3–72.

Ozer, D.J. (1985). Correlation and the coefficient of determination. *Psychological Bulletin, 97,* 307–315.

Ozer, D.J. (1986). *Consistency in personality: A methodological framework.* Berlin: Springer.

Parker, S.T. & McKinney, M.L. (1999). *Origins of intelligence: The evolution of cognitive development in monkeys, apes, and humans.* Baltimore: John Hopkins University Press.

Parsons, T. (1951). *The social system.* New York: Free Press.

Patrick, C.J., Curtin, J.J. & Tellegen, A. (2002). Development and validation of a brief form of the Multidimensional Personality Questionnaire. *Psychological Assessment, 14,* 150–163.

Patterson, C.J. (1997). Children of lesbian and gay parents. *Advances in Clinical Child Psychology, 19,* 235–282.

Patterson, G.R. (1982). *Coercive family process.* Eugene, OR: Castalia.

Patterson, G.R. & Bank, L. (1989). Some amplifying mechanisms for pathologic processes in families. In M.R. Gunnar & E. Thelen (Eds.), *The Minnesota Symposia on Child Psychology. Vol. 22: Systems and development* (pp. 167–209). Hillsdale, NJ: Erlbaum.

Paulhus, D.L. (1984). Two-component models of socially desirable responding. *Journal of Personality and Social Psychology, 46,* 598–609.

Paulhus, D.L. & Martin, C.L. (1986). Predicting adult temperament from minor physical anomalies. *Journal of Personality and Social Psychology, 50,* 1235–1239.

Paulhus, D.L. & Martin, C.L. (1988). Functional flexibility: A new conception of interpersonal flexibility. *Journal of Personality and Social Psychology, 55,* 88–101.

Paunonen, S.V. (1989). Consensus in personality judgments: Moderating effects of target-rater acquaintanceship and behavior observability. *Journal of Personality and Social Psychology, 56,* 823–833.

Paunonen, S.V. & Jackson, D.N. (1985). The validity of formal and informal personality assessments. *Journal of Research in Personality, 19,* 331–342.

Pawlik, K. (1988). »Naturalistische« Daten für Psychodiagnostik: Zur Methodik psychodiagnostischer Felderhebungen. *Zeitschrift für Differentielle und Diagnostische Psychologie, 9,* 169–181.

Pawlik, K. & Buse, L. (1982). Rechnergestützte Verhaltensregistrierung im Feld: Beschreibung und erste psychometrische Überprüfung einer neuen Erhebungsmethode. *Zeitschrift für Differentielle und Diagnostische Psychologie, 3,* 101–118.

Pelham, B.W. (1993). The idiographic nature of human personality: Examples of the idiographic self-concept. *Journal of Personality and Social Psychology, 64,* 665–677.

Pennebaker, J.W. (1982). *The psychology of physical symptoms.* New York: Springer.

Pennebaker, J.W. (1989). Confession, inhibition, and disease. In L. Berkowitz (Ed.), *Advances in Experimental Social Psychology* (Vol. 22, pp. 211–244). New York: Academic Press.

Pennebaker, J.W., Gonder-Frederick, L., Cox, D.J. & Hoover, C.W. (1985). The perception of general vs. specific visceral activity and the regulation of health-related behavior. In E.S. Katkin & S.B. Manuck (Eds.), *Advances in Behavioral Medicine* (Vol. 1, pp. 165–198). San Francisco, CA: JAI Press.

Peplau, L.A., Garnets, L.D., Spalding, L.R., Conley, T.D. & Veniegas, R.C. (1998). A critique of Bem's »Exotic Becomes Erotic« theory of sexual orientation. *Psychological Review, 105,* 387–394.

Perrez, M. & Reicherts, M. (1989). Belastungsverarbeitung: Computerunterstützte Selbstbeobachtung im Feld. *Zeitschrift für Differentielle und Diagnostische Psychologie, 10,* 129–139.

Pervin, L.A. (1968). Performance and satisfaction as a function of individual environment fit. *Psychological Bulletin, 69,* 56–68.

Pervin, L.A. (2000). *Persönlichkeitstheorien.* Stuttgart: Universitäts-Taschenbuch.

Peterson, C., Semmel, A., Baeyer, C. von, Abramson, L.Y, Metalsky, G.L. & Seligman, M.E.P. (1982). The Attributional Style Questionnaire. *Cognitive Therapy and Research, 6,* 287–299.

Peterson, C., Seligman, M.E.P. & Vaillant, G. (1988). Pessimistic explanatory style is a risk factor for physical illness. A thirty-five year longitudinal study. *Journal of Personality and Social Psychology, 55,* 23–27.

Pettit, F. (2002). A comparison of world-wide web and paper-and-pencil personality questionnaires. *Behavior Research Methods, Instruments & Computers, 34,* 50–54.

Pfingstmann, G., & Baumann, U. (1987). Untersuchungsverfahren zum Sozialen Netzwerk und zur Sozialen Unterstützung: Ein Überblick. *Zeitschrift für Differentielle und Diagnostische Psychologie, 8,* 75–98.

Pfister, H.-R. & Jäger, A.O. (1992). Topografische Analysen zum Berliner Intelligenzstrukturmodell BIS. *Diagnostica, 38,* 91–115.

Piaget, J. & Inhelder, B. (1971). *Die Entwicklung des räumlichen Denkens beim Kinde.* Stuttgart: Klett.

Pietrzak, R.H., Laird, J.D., Stevens, D.A. & Thompson, N.S. (2002). Sex differences in human jealousy: A coordinated study of forced-choice, continuous rating-scale, and physiological responses on the same subjects. *Evolution and Human Behavior, 23,* 83–94.

Pike, A., McGuire, S., Hetherington, E.M. & Plomin, R. (1996). Family environment and adolescent depressive symptoms and antisocial behavior: A multivariate genetic analysis. *Developmental Psychology, 32,* 590–603.

Pike, K.L. (1954). Emic and etic standpoints for the description of behavior. In K.L. Pike (Ed.), *Language in relation to a unified theory of the structure of human behavior* (Pt.1, preliminary ed., pp. 8–28). Glendale, CA: Summer Institute of Linguistics.
Plomin, R. (1986). *Development, genetics, and psychology*. Hillsdale, NJ: Erlbaum.
Plomin, R. (1990). The role of inheritance in behavior. *Science, 248*, 183–188.
Plomin, R. (1994). The Emanuel Miller Memorial Lecture 1993: Genetic research and identification of environmental influences. *Journal of Child Psychology and Psychiatry, 35*, 817–834.
Plomin, R. & Caspi, A. (1999). Behavioral genetics and personality. In L.A. Pervin & O. John (Eds.), Handbook of personality: Theory and research (2nd ed., pp. 251–276). New York: Guilford Press.
Plomin, R. & DeFries, J.C. (1980). Genetics and intelligence: Recent data. *Intelligence, 4*, 15–24.
Plomin, R. & McClearn, G.E. (1990). Human behavioral genetics of aging. In J.E. Birren & K.W. Schaie (Eds.), *Handbook of the psychology of aging* (3rd ed., pp. 67–78). San Diego: Academic Press.
Plomin, R., DeFries, J.C. & Loehlin, J.C. (1977). Genotype-environment interaction and correlation in the analysis of human behavior. *Psychological Bulletin, 84*, 309–322.
Plomin, R., Loehlin, J.C. & DeFries, J.C. (1985). Genetic and environmental components of `environmental' influences. *Developmental Psychology, 21*, 391–402.
Plomin, R., Chipuer, H.M. & Neiderhiser, J.M. (1994 a). Behavioral genetic evidence for the importance of nonshared environment. In E.M. Hetherington, D. Reiss & R. Plomin (Eds.), *Separate social worlds of siblings* (pp. 1–31). Hillsdale, NJ: Erlbaum.
Plomin, R., McClearn, G.E., Smith, D.L., Vignetti, S., Chorney, M.J. et al. (1994 b). DNA markers associated with high versus low IQ: The IQ Quantitative Trait Loci (QTL) Project. *Behavior Genetics, 24*, 107–118.
Plomin, R., Pedersen, N.L., Lichtenstein, P. & McClearn, G.E. (1994 c). Variability and stability in cognitive abilities are largely genetic later in life. *Behavior Genetics, 24*, 207–215.
Plomin, R., Reiss, D., Hetherington, E.M. & Howe, G.W. (1994 d). Nature and nurture: Genetic contributions to measures of the family environment. *Developmental Psychology, 30*, 32–43.
Plomin, R., McClearn, G.E., DeFries, J.C. & Rutter, M. (1999). *Gene, Umwelt und Verhalten*. Bern: Huber.
Pöhlmann, K. & Brunstein, J.C. (1997). GOALS: Ein Fragebogen zur Messung von Lebenszielen. *Diagnostica, 43*, 63–79.
Poortinga, Y.H. & van der Flier, H. (1988). The meaning of item bias in ability tests. In In S.H. Irvine & J.W. Berry (Eds.), *Human abilities in cultural context* (pp. 166–183). Cambridge, UK: Cambridge University Press.
Posner, M.I. & Mitchell, R.F. (1967). Chronometric analysis of classification. *Psychological Review, 74*, 392–409.
Potts, R. (1998). Variability selection in hominid evolution. *Evolutionary Anthropology, 7*, 81–96.
Prediger, D.L. (1982). Dimensions underlying Holland's hexagon: Missing link between interests and occupations? *Journal of Vocational Behavior, 21*, 259–287.
Pritzel, M. & Markowitsch, H.J. (1997). Sexueller Dimorphismus: Inwieweit bedingen Unterschiede im Aufbau des Gehirns zwischen Mann und Frau auch Unterschiede im Verhalten? *Psychologische Rundschau, 48*, 16–31.

Probst, P. (1975). Eine empirische Untersuchung zum Konstrukt der Sozialen Intelligenz. *Diagnostica, 21*, 24–47.
Ramsey, E., Patterson, G.R. & Walker, H.M. (1990). Generalization of the antisocial trait from home to school settings. *Journal of Applied Developmental Psychology, 11*, 209–223.
Rapaport, D. (1959). *Die Struktur der psychoanalytischen Theorie*. Stuttgart: Klett.
Raskin, R. & Terry, H. (1988). A principal-components analysis of the Narcissistic Personality Inventory and further evidence of its construct validity. *Journal of Personality and Social Psychology, 54*, 890–902.
Raven, J.C. (1938). *Progressive matrices*. London: Lewis.
Reicherts, M. & Perrez, M. (1993). *Fragebogen zum Umgang mit Belastungen im Verlauf*. Göttingen: Hogrefe.
Reinisch, J. (1981). Prenatal exposure to synthetic progestins increases potential for aggression in humans. *Science, 211*, 1171–1173.
Reis, H.T., & Wheeler, L. (1991). Studying social interaction with the Rochester Interaction Record. In M.P. Zanna (Ed.), *Advances in Experimental Social Psychology* (Vol. 24, pp. 269–318). San Diego, CA: Academic Press.
Reiss, D., Plomin, R., Hetherington, E.M., Howe, G., Rovine, M., Tryon, A. & Stanley, M. (1994). The separate worlds of teenage siblings: An introduction to the study of the nonshared environment and adolescent development. In E.M. Hetherington, D. Reiss & R. Plomin (Eds.), *Separate worlds of siblings* (pp. 63–109). Hillsdale, NJ: Erlbaum.
Renken, B., Egeland, B., Marvinney, D., Mangelsdorf, S. & Sroufe, L.A. (1989). Early childhood antecedents of aggression and passive-withdrawal in early elementary school. *Journal of Personality, 57*, 257–281.
Renner, W. (2002). *Konstruktion eines Fragebogens zur Erfassung von Werthaltungen auf lexikalischer Basis*. Unveröffentlichtes Manuskript, Universität Klagenfurt.
Resnick, L.B. & Omanson, S.F. (1987). Learning to understand arithmetic. In R. Glaser (Ed.), *Advances in Instructional Psychology* (Vol. 3, pp. 41–95). Hillsdale, NJ: Erlbaum.
Reuman, D.A. (1982). Ipsative behavioral variability and the quality of thematic apperceptive measurement of the achievement motive. *Journal of Personality and Social Psychology, 43*, 1098–1110.
Revers, W.J. & Allesch, C.G. (1985). *Thematischer Gestaltungstest (Salzburg)*. Weinheim: Beltz.
Rhodewalt, F. & Morf, C.C. (1998). On self-aggrandizement and anger: A temporal analysis of narcissism and affective reactions to success and failure. *Journal of Personality and Social Psychology, 74*, 672–685.
Rhodewalt, F., Madrian, J.C. & Cheney, S. (1998). Narcissism, affective reactivity, and self-esteem instability: The effect of self-knowledge organization and daily experiences on daily mood. *Personality and Social Psychology Bulletin, 24*, 75–87.
Richardson, J.G. & Simpson, C.H. (1982). Children, gender, and social structure: An analysis of the contents of letters to Santa Claus. *Child Development, 53*, 429–436.
Riemann, R. (1991). *Repertory Grid Technik*. Göttingen: Hogrefe.
Riemann, R., & Allgöwer, A. (1993). Eine deutschsprachige Fassung des »Interpersonal Compentence Questionnaire« (ICQ). *Zeitschrift für Differentielle und Diagnostische Psychologie, 14*, 153–163
Rinn, W.E. (1984). The neuropsychology of facial expression: A review of the neurological and psychological mechanisms for producing facial expressions. *Psychological Bulletin, 95*, 52–77.

Roberts, B.W. & DelVecchio, W.F. (2000). The rank-order consistency of personality traits from childhood to old age: A quantitative review of longitudinal studies. *Psychological Bulletin, 126,* 3–25.

Roberts, B.W. & Walton, K.E. (2003). Patterns of mean-level change in personality traits across the life-course: A meta-analysis of longitudinal studies. *Manuskript,* University of Illinois.

Roberts, R.D., Zeidner, M. & Matthews, G. (2001). Does emotional intelligence meet traditional standards for an intelligence? Some new data and conclusions. *Emotion, 1,* 196–231.

Robertson, S.S., Dierker, L.J., Sorokin, Y. & Rosen, M.G. (1982). Human fetal movement: Spontaneous oscillations near one cycle per minute. *Science, 218,* 1327–1330.

Robins, R.W., John, O.P., Caspi, A., Moffitt, T.E. & Stouthamer-Loeber, M. (1996). Resilient, overcontrolled, and undercontrolled boys: Three replicable personality types. *Journal of Personality and Social Psychology, 70,* 157–171.

Robinson, J.P. (1985). The validity and reliability of diaries versus alternative time use measures. In F.T. Juster & F.P. Stafford (Eds.), *Time, goods, and well-being* (pp. 33–62). Ann Arbor, MI: University of Michigan, Institute for Social Research.

Rogers, C.R. (1961). *On becoming a person.* Boston, MA: Houghton Mifflin (deutsch: (1973). *Entwicklung der Persönlichkeit.* Stuttgart: Klett).

Rogosa, D. (1980). A critique of cross-lagged correlation. *Psychological Bulletin, 88,* 245–258.

Rokeach, M. (1973). *The nature of human values.* New York: Free Press.

Rokeach, M. (1979). *Understanding human values.* New York: Free Press.

Rokeach, M. (1985). Inducing change and stability in belief systems and personality structures. *Journal of Social Issues, 41,* 153–171.

Roloff, C., Metz-Göckel, S., Koch, C. & Holzrichter, E. (1987). *Nicht nur ein gutes Examen: Forschungsergebnisse aus dem Projekt »Studienverlauf und Berufseinstieg von Frauen in Naturwissenschaft und Technologie«.* Dortmund: Hochschuldidaktisches Zentrum.

Roos, J. & Greve, W. (1996). Eine empirische Überprüfung des Ödipuskomplexes. *Zeitschrift für Entwicklungspsychologie und Pädagogische Psychologie, 28,* 295–315.

Rosch, E.H. (1973). Natural categories. *Cognitive Psychology, 4,* 328–350.

Rose, S.A. & Feldman, J.F. (1995). Prediction of IQ and specific cognitive abilities at 11 years from infancy measures. *Developmental Psychology, 31,* 685–696.

Rosenberg, M. (1965). *Society and the adolescent self-image.* Princeton, NJ: Princeton University Press.

Rosenthal, R., Hall, J.A., Archer, D., DiMatteo, M.R. & Rogers, P.L. (1979). *Sensitivity to nonverbal communication: The PONS test.* Baltimore, MD: John Hopkins University Press.

Rösler, F. & Heil, M. (1998). Kognitive Psychophysiologie. In F. Rösler (Ed.), *Enzyklopädie der Psychologie. Biologische Psychologie (Band 5): Ergebnisse und Anwendungen der Psychophysiologie* (pp. 165–224). Göttingen: Hogrefe.

Ross, H.S. & Lollis, S.P. (1989). A social relations analysis of toddler peer relationships. *Child Development, 60,* 1082–1091.

Rothbart, M.K. & Bates, J.E. (1998). Temperament. In N. Eisenberg (Ed.), *Handbook of child psychology* (Band 3, 5.Aufl., pp. 105–176). New York: Wiley.

Rotter, J.B. (1954). *Social learning and clinical psychology.* Englewood Cliffs, NJ: Prentice-Hall.

Rovine, M.J. (1994). Estimating nonshared environment using sibling discrepancy scores. In E.M. Hetherington, D. Reiss & R. Plomin (Eds.), *Separate social worlds of siblings: The impact of nonshared environment on development* (pp. 33–61). Hillsdale, NJ: Erlbaum.

Rowe, D.C., Vazsonyi, A.T. & Flannery, D.J. (1994). No more than skin deep: Ethnic and racial similarity in developmental process. *Psychological Review, 101,* 396–413.

Rozin, P. & Kalat, J.W. (1971). Specific hungers and poison avoidance as adaptive specializations of learning. *Psychological Review, 78,* 459–486.

Rubin, K.H. (1993). The Waterloo Longitudinal Project: Correlates and consequences of social withdrawal from childhood to adolescence. In K.H. Rubin & J.B. Asendorpf (Eds.), *Social withdrawal, inhibition, and shyness in childhood* (pp.291–314). Hillsdale, NJ: Erlbaum.

Rubin, J.Z., Provenzano, F.J. & Luria, Z. (1974). The eye of the beholder: Parents' views on sex of newborns. *American Journal of Orthopsychiatry, 44,* 512–519.

Rubin, K.H., LeMare, L.J. & Lollis, S. (1990). Social withdrawal in childhood: Developmental pathways to peer rejection. In S.R. Asher & J.D. Coie (Eds.), *Peer rejection in childhood* (pp. 217–249). Cambridge, U.K.: Cambridge University Press.

Ruble, D.N. & Martin, C.L. (1998). Gender development. In N. Eisenberg (Ed.), Handbook of Child Psychology: Vol. 3. *Social, emotional, and personality development.* (5th ed., pp. 933–1016). New York: Wiley.

Rumelhart, D.E. (1980). Schemata: The building blocks of cognition. In R.J. Spiro, B.C. Bruce & W.F. Brewer (Eds.), *Theoretical issues in reading comprehension* (pp. 33–58). Hillsdale, NJ: Erlbaum.

Rumelhart, D.E. & McClelland, J.L. (Eds.) (1986). *Parallel distributed processing: Explorations in the microstructure of cognition.* Cambridge, MA: MIT Press.

Runkel, G. (1990). Sexualverhalten und Meinungen zu AIDS in der Bundesrepublik Deutschland. *AIDS-Forschung, 5,* 359–375.

Runyan, W.M. (1982). *Life histories and psychobiography: Explorations in theory and method.* Oxford, U.K.: Oxford University Press.

Rushton, J.P. (1988). Race differences in behaviour: A review and evolutionary analysis. *Personality and Individual Differences, 9,* 1009–1024.

Russ, S.W. (1993). *Affect and creativity.* Hillsdale, NJ: Erlbaum.

Russell, D., Cutrona, C.E., Jones, W.H. (1986). A trait-situational analysis of shyness. In W.H. Jones, J.M. Cheek & S.R. Briggs (Eds.), *Shyness: Perspectives on research and treatment* (pp. 239–249). New York: Plenum.

Rutter, M. (1984). Continuities and discontinuities in socioemotional development. In R.N. Emde & R.J. Harmon (Eds.), *Continuities and discontinuities in development* (pp. 41– 68). New York: Plenum.

Ryff, C.D. & Keyes, C.L.M. (1995). The structure of psychological well-being revisited. *Journal of Personality and Social Psychology, 69,* 719–727.

Sackeim, H.A. & Gur, R. (1978). Self-deception, self-confrontation, and consciousness. In G.E. Schwartz & D. Shapiro (Eds.), *Consciousness and self-regulation: Advances in research* (Vol. 2, pp. 139–197). New York: Plenum.

Sackett, P.R. & Dreher, G.F. (1982). Constructs and assessment center dimensions: Some troubling empirical findings. *Journal of Applied Psychology, 67,* 401–410.

Sagi, A., Lamb, M.E., Lewkowicz, K.S., Shoham, R., Dvir, R. & Estes, D. (1985). Security of infant-mother, -father, and -metapelet attachments among kibbutz-reared Israeli children. In I. Bretherton & E. Waters (Eds.), Growing points of attachment theory and research (pp. 257–275). *Monographs of the Society for Research in Child Development, 50* (1–2, Serial No. 209).

Salovey, P. & Mayer, J.D. (1990). Emotional intelligence. *Imagination, Cognition and Personality, 9*, 185–211.

Saltz, E. & Epstein, S. (1963). Thematic hostility and guilt responses as related to self-reported hostility guilt and conflict. *Journal of Abnormal and Social Psychology, 67*, 469–479.

Sameroff, A.J. (1983). Developmental systems: Contexts and evolution. In W. Kessen (Ed.), *Handbook of child psychology. History, theory, and methods* (4th ed.; Vol. 1, pp. 237–294). New York: Wiley.

Sameroff, A.J., Seifer, R., Baldwin, A. & Baldwin, C. (1993). Stability of intelligence from preschool to adolescence: The influence of social and family risk factors. *Child Development, 64*, 80–97.

Sander, J. & Böcker, S. (1993). Die Deutsche Form der Relationship Assesment Scale (RAS): Eine kurze Skala zur Messung der Zufriedenheit in einer Partnerschaft. *Diagnostica, 39*, 55–62.

Sandler, J. (1987). *From safety to superego: Selected papers of Joseph Sandler*. New York: Guilford Press.

Sandler, J. & Rosenblatt, B. (1962). The concept of the representational world. *Psychoanalytic Study of the Child, 17*, 128–145 [deutsch (1984). Der Begriff der Vorstellungswelt. *Psyche, 38*, 235–253].

Sandler, J. (1987). *From safety to superego: Selected papers of Joseph Sandler*. New York: Guilford Press.

Sarason, B.R., Shearin, E.N., Pierce, G.R. & Sarason, I.G. (1987). Interrelations of social support measures: Theoretical and practical implications. *Journal of Personality and Social Psychology, 52*, 813–832.

Sarason, B.R., Pierce, G.R. & Sarason, I.G. (1990 a). Social support: The sense of acceptance and the role of relationships. In B.R. Sarason, I.G. Sarason & G.R. Pierce (Eds.), *Social support: An interactional view* (pp. 97–128). New York: Wiley.

Sarason, B.R., Sarason, I.G. & Pierce, G.R. (Eds.) (1990 b). *Social support: An interactional view*. New York: Wiley.

Sarason, B.R., Pierce, G.R., Shearin, E.N., Sarason, I.G., Waltz, J.A. & Poppe, L. (1991). Perceived social support and working models of self and actual others. *Journal of Personality and Social Psychology, 60*, 273–287.

Saß, H., Wittchen, H.-U. & Zaudig, M. (1998). *Diagnostisches und Statistisches Manual Psychischer Störungen DSM-IV* (2.Aufl.). Göttingen: Hogrefe.

Saucier, G. (1994). Trapnell versus the lexical factor: More ado about nothing? *European Journal of Personality, 8*, 191–198.

Saucier, G. & Goldberg, L.R. (2001). Lexical studies of indigenous personality factors: Premises, products, and prospects. *Journal of Personality, 69*, 847–879.

Saucier, G. & Ostendorf, F. (1999). Hierarchical subcomponents of the Big Five personality factors: A cross-language replication. *Journal of Personality and Social Psychology, 76*, 613–627.

Saudino, K.J., McGuire, S., Reiss, D., Hetherington, E.M. & Plomin, R. (1995). Parent ratings of EAS temperaments in twins, full siblings, half siblings, and step siblings. *Journal of Personality and Social Psychology, 68*, 712–733.

Scarr, S. & McCartney, K. (1983). How people make their own environments: A theory of genotype → environment effects. *Child Development, 54*. 424–435.

Scarr, S. & Weinberg, R.A. (1976). IQ tests performance of black children adopted by white families. *American Psychologist, 31*, 726–739.

Scarr-Salatapek, S. (1972). Unknowns in the I.Q. equation. *Science, 174*, 1283–1285.

Schachter, F.F., Gilutz, G., Shore, E. & Adler, M. (1978). Sibling deidentification judged by mothers: Cross-validation and developmental studies. *Child Development, 49*, 543–546.

Scheer, J.W. & Catina, A. (Hrsg.) (1993). *Einführung in die Repertory Grid Technik* (Band 1 & 2). Göttingen: Hogrefe.

Scheier, M.F. & Carver, C.S. (1987). Dispositional optimism on psychological and physical well-being. *Cognitive Therapy and Research, 16*, 201–228.

Schiefele, U. (1991). Interest, learning, and motivation. *Educational Psychologist, 26*, 299–323.

Schiefele, U., Krapp, A. & Schreyer, I. (1993). Metaanalyse des Zusammenhangs von Interesse und schulischer Leistung. *Zeitschrift für Entwicklungspsychologie und Pädagogische Psychologie, 25*, 120–148.

Schiff, M., Duyme, M., Dumaret, A. & Tomkiewicz, S. (1982). How much could we boost scholastic achievement and IQ scores? A direct answer from a French adoption study. *Cognition, 12*, 165–196.

Schimmack, U., Radhakrishnan, P., Oishi, S., Dzokoto, V. & Ahadi, S. (2002). Culture, personality, and subjective well-being: Integrating process models of life satisfaction. *Journal of Personality and Social Psychology, 82*, 582–593.

Schlegel, A. & Barry, H., III. (1986). The cultural consequences of female contribution to subsistance. *American Anthropologist, 88*, 142–150.

Schmidt, F.L. & Hunter, J.E. (1998). The validity and utility of selection methods in personnel psychology: Practical and theoretical implications of 85 years of research findings. *Psychological Bulletin, 124*, 262–274.

Schmuck, P. (1992). Zum Zusammenhang zwischen der Effizienz exekutiver Kontrolle und dem mehrfachen Lösen eines komplexen Problems. *Sprache und Kognition, 11*, 193–207.

Schmuck, P. & Strohschneider, S. (1995). Exekutive Kontrolle und Verhaltensstabilität beim Bearbeiten eines komplexen Problems. Eine Replikation. *Diagnostica, 41*, 150–171.

Schmutte, P.S. & Ryff, C.D. (1997). Personality and well-being: Reexamining methods and meanings. *Journal of Personality and Social Psychology, 73*, 549–559.

Schnabel, K., Asendorpf, J.B. & Ostendorf, F. (2002). Replicable types and subtypes of personality: German NEO-PI-R versus NEO-FFI. *European Journal of Personality, 16 (Special Issue S1)*, S7–S24.

Schneewind, K.A. (1999). *Familienpsychologie*. (2. Aufl.). Stuttgart: Kohlhammer.

Schneewind, K.A. & Graf, A. (1998). *Der 16-Persönlichkeits-Faktoren-Test. Revidierte Fassung 16PF-R*. Bern: Huber.

Schneider, D.J. (1981). Tactical self-presentations: Toward a broader perspective. In J.T. Tedeschi (Ed.), *Impression management: Theory and social psychological research* (pp. 23–40). New York: Academic Press.

Schneider, W. & Bjorklund, D.F. (1992). Expertise, aptitude, and strategic remembering. *Child Development, 63*, 461–473.

Scholz, G. & Schuler, H. (1993). Das nomologische Netzwerk des Assessment Centers: Eine Metaanalyse. *Zeitschrift für Arbeits- und Organisationspsychologie, 37*, 73–85.

Schröder, K.E.E. (1993). *Probleme der Begriffsbildung in der Handlungskontrolltheorie von J. Kuhl*. Egelbach: Hänsel-Hohenhausen, Reihe DHS.

Schuler, H. (1996). *Psychologische Personalauswahl*. Göttingen: Verlag für Angewandte Psychologie.

Schuler, H. (2002). Emotionale Intelligenz – ein irreführender und unnötiger Begriff. *Zeitschrift für Personalpsychologie, 1*, 138–140.

Schuler, H. & Berger, W. (1979). Physische Attraktivität als Determinante von Beurteilung und Einstellungsempfehlung. *Psychologie und Praxis, 2*, 59–70.

Literaturverzeichnis

Schuler, H., Diemand, A. & Moser, K. (1993). Filmszenen: Entwicklung und Konstruktvalidierung eines neuen eignungsdiagnostischen Verfahrens. *Zeitschrift für Arbeits- und Organisationspsychologie, 37*, 3–9.

Schuler, H., Funke, U., Moser, K. & Donat, M. (1995). *Personalauswahl in Forschung und Entwicklung*. Göttingen: Verlag für Psychologie.

Schütz, A. (2000). *Psychologie des Selbstwertgefühls*. Stuttgart: Kohlhammer.

Schwartz, S.H. (1992). Universals in the content and structure of values: Theoretical advances and empirical tests in 20 countries. In M.P. Zanna (Ed.), *Advances in Experimental Social Psychology* (Vol. 25, pp. 1–65). Orlando, FL: Academic Press.

Schwartz, S.H. & Bilsky, W. (1987). Toward a psychological structure of human values. *Journal of Personality and Social Psychology, 53*, 550–562.

Schwartz, S.H. & Bilsky, W. (1990). Toward a theory of the universal content and structure of values: Extensions and cross-cultural replications. *Journal of Personality and Social Psychology, 58*, 878–891.

Schwarz, N. & Strack, F. (1991). Evaluating one's life: A judgment model of well-being. In F. Strack, M. Argyle & N. Schwarz (Eds.), *Subjective well-being* (pp. 27–47). Oxford, U.K.: Pergamon.

Schwarzer, R. (Ed.) (1992). *Self-efficacy: Thought control of action*. Washington, DC: Hemisphere.

Schwarzer, R. & Jerusalem, M. (1989). Erfassung leistungsbezogener und allgemeiner Kontroll- und Kompetenzerwartungen. In G. Krampen (Hrsg.), *Diagnostik von Attributionen und Kontrollüberzeugungen* (pp. 127–133). Göttingen: Hogrefe.

Schwarzer, R., Lange, B. & Jerusalem, M. (1982). Selbstkonzeptentwicklung nach einem Bezugsgruppenwechsel. *Zeitschrift für Entwicklungspsychologie und Pädagogische Psychologie, 14*, 125–140.

Schweizer, K. (1993). Verbal ability and speed of information-processing. *Personality and Individual Differences, 15*, 645–652.

Schwenkmezger, P. (1990). Ärger, Ärgerausdruck und Gesundheit. In R. Schwarzer (Hrsg.), *Gesundheitspsychologie* (S. 295–310). Göttingen: Hogrefe.

Schwenkmezger, P., Hodapp, V. & Spielberger, C. D. (1992). *Das State-Trait-Ärgerausdrucks-Inventar (STAXI)*. Bern: Huber.

Segall, M.H., Dasen, P.R., Berry, J.W. & Poortinga, Y.H. (1990). *Human behavior in global perspective: An introduction to cross-cultural psychology*. New York: Pergamon.

Seligman, M.E.P. (1970). On the generality of the laws of learning. *Psychological Review, 77*, 406–418.

Selye, H. (1950). *The physiology and pathology of exposure to stress*. Montreal, Canada: Acta medica.

Shavelson, R.J., Hubner, J.J. & Stanton, G.C. (1976). Validation of construct interpretations. *Review of Educational Research, 45*, 407–441.

Sheldon, W.H., Stevens, S.S. & Tucker, W.B. (1940). *The varieties of human physique*. New York: Harper.

Sheppard, B.H., Hartwick, J. & Warshaw, P.R. (1988). A theory of reasoned action: A meta-analysis of past research with recommendations for modifications and future research. *Journal of Consumer Research, 15*, 325–343.

Shoda, Y., Mischel, W. & Wright, J.C. (1994). Intraindividual stability in the organization and patterning of behavior: Incorporating psychological situations into the idiographic analysis of personality. *Journal of Personality and Social Psychology, 67*, 674–687.

Shrauger, J.S. & Schoeneman, T.J. (1979). Symbolic interactionist view of self-concept: Through the looking glass darkly. *Psychological Bulletin, 86*, 549–573.

Shweder, R.A. (1973). The between and within of cross-cultural research. *Ethos, 1*, 531–545.

Signorella, M.L., Bigler, R.S. & Liben, L.S. (1993). Developmental differences in children's gender schemata about others: A meta-analytic review. *Developmental Review, 13*, 147–183.

Silverman, I. & Eals, M. (1992). Sex differences in spatial abilities: Evolutionary theory and data. In J.H. Barkow, L. Cosmides & J. Tooby (Eds.), *The adapted mind: Evolutionary psychology and the generation of culture* (pp. 533–549). Oxford, U.K.: Oxford University Press.

Simonton, D.K. (1984). Leaders as eponyms: Individual and situational determinants of monarchal eminence. *Journal of Personality, 52*, 1–21.

Simonton, D.K. (1985). Intelligence and personal influence in groups: Four nonlinear models. *Psychological Review, 92*, 532–547.

Simonton, D.K. (1987). *Why presidents succeed: A political psychology of leadership*. New Haven, CT: Yale University Press.

Simonton, D.K. (1990). *Psychology, science, and history: An introduction to historiometry*. New Haven, CT: Yale University Press.

Simonton, D.K. (1998). Mad King George: The impact of personal and political stress on mental and physical health. *Journal of Personality, 66*, 443–466.

Simpson, J.A. & Gangestad, S.W. (1991). Individual differences in sociosexuality: Evidence for convergent and discriminant validity. *Journal of Personality and Social Psychology, 60*, 870–883.

Simpson, J.A., Roles, W.S. & Nelligan, J.S. (1992). Support seeking and support giving within couples in an anxiety-provoking situation: The role of attachment styles. *Journal of Personality and Social Psychology, 62*, 434–446.

Skinner, B.F. (1938). *The behavior of organisms: An experimental analysis*. New York: Appleton-Century-Crofts.

Skinner, B.F. (1956). A case history in scientific method. *American Psychologist, 11*, 221–233.

Smith, B.D. (1983). Extraversion and electrodermal activity: Arousability and the inverted U. *Personality and Individual Differences, 4*, 411–419.

Smith, C.A. & Lazarus, R.S. (1990). Emotion and adaptation. In L.A. Pervin (Ed.), *Handbook of personality* (pp. 609–637). New York: Guilford.

Snidman, N., Kagan, J., Riordan, L. & Shannon, D.C. (1995). Cardiac function and behavioral reactivity during infancy. *Psychophysiology, 32*, 199–207.

Snow, M.E., Jacklin, C.N. & Maccoby, E.E. (1983). Sex-of-child differences in father-child interaction at one year of age. *Child Development, 54*, 227–232.

Snyder, C.R. & Shenkel, R.J. (1975). The P.T. Barnum effect. *Psychology Today, 8*, 53–54.

Snyder, M. (1974). Self-monitoring of expressive behavior. *Journal of Personality and Social Psychology, 30*, 526–537.

Snyder, M. (1987). *Public appearance/ Private realities. The psychology of self-monitoring*. New York: Freeman.

Spada, H. (Hrsg.) (1992). *Lehrbuch Allgemeine Psychologie*. Bern: Huber.

Spada, H. & Reimann, P. (1988). Wissensdiagnostik auf kognitionswissenschaftlicher Basis. *Zeitschrift für Differentielle und Diagnostische Psychologie, 9*, 183–192.

Spangler, W.D. (1992). Validity of questionnaire and TAT measures of need for achievement: Two meta-analyses. *Psychological Bulletin, 112*, 140–154.

Spanier, G.B. (1976). Measuring dyadic adjustment: New scales for assessing the quality of marriage and similar dyads. *Journal of Marriage and the Family, 38,* 15–28.

Spearman, C. (1904). »General intelligence«, objectively determined and measured. *American Journal of Psychology, 15,* 201–293.

Spence, D.P. (1982). *Narrative truth and history truth: Meaning and interpretation in psychoanalysis.* New York: Norton.

Sroufe, L.A. (1983). Infant-caregiver attachment and patterns of adaptation in preschool. In M. Perlmutter (Ed.), *Minnesota Symposium on Child Psychology* (Vol. 16, pp. 41–83). Hillsdale, NJ: Erlbaum.

Stangl, W. (1991). Der Freizeit-Interessen-Test (FIT). *Zeitschrift für Differentielle und Diagnostische Psychologie, 12,* 231–244.

Stanley, J. (1990). We need to know why women falter in math. *The Chronicle of Higher Education,* January 10.

Stanley, J. & Benbow, C.P. (1982). Huge sex ratios at upper end. *American Psychologist, 37,* 972.

Stanovich, K.E. & Cunningham, A.E. (1993). Where does knowledge come from? Specific associations between print exposure and information acquisition. *Journal of Educational Psychology, 85,* 211–229.

Staudinger, U. & Baltes, P.B. (1996). Weisheit als Gegenstand psychologischer Forschung. *Psychologische Rundschau, 47,* 57–77.

Steffens, M. & Buchner, A. (2003). Implicit Association Test: Separating transsituationally stable and variable components of attitudes toward gay men. *Experimental Psychology, 50,* 33–48.

Steiner, J.W. & Fahrenberg, J. (1970). Die Ausprägung autoritärer Einstellung bei ehemaligen Angehörigen der SS und der Wehrmacht. *Kölner Zeitschrift für Soziologie und Sozialpsychologie, 22,* 551–566.

Steinkamp, G. & Stief, W. (1979). Familiale Lebensbedingungen und Sozialisation. *Soziale Welt, 30,* 172–204.

Stelmack, R.M. (1990). Biological bases of extraversion: Psychophysiological evidence. *Journal of Personality, 58,* 293–311.

Stemmler, G. (1992). *Differential psychophysiology: Persons in situations.* Berlin: Springer.

Stemmler, G. & Fahrenberg, J. (1989). Psychophysiological assessment: Conceptual, psychometric, and statistical issues. In G. Turpin (Ed.), *Handbook of clinical psychophysiology* (pp. 71–104). New York: Wiley.

Stemmler, G. & Meinhardt, E. (1990). Personality, situation and physiological arousability. *Personality and Individual Differences, 11,* 293–308.

Stemmler, G., Schäfer, H. & Marwitz, M. (1992). Zum Konzept und zu den Operationalisierungen von Stilen der Ärgerverarbeitung. In V. Hodapp & P. Schwenkmezger (Hrsg.), *Ärger und Ärgerausdruck* (S. 71–111). Bern: Huber.

Stephenson, W. (1953). *The study of behavior.* Chicago: University of Chicago Press.

Stern, D.N. (1985). *The interpersonal world of the infant: A view from psychoanalysis and developmental psychology.* New York: Basic Books.

Stern, E. (1986). *Reaktivitätseffekte in Untersuchungen zur Selbstprotokollierung des Verhaltens im Feld.* Frankfurt/Main: Lang.

Stern, E. & Guthke, J. (Eds.) (2001). *Perspektiven der Intelligenzforschung.* Lengerich: Pabst Science Publishers.

Stern, W. (1911). *Die differentielle Psychologie in ihren methodischen Grundlagen.* Leipzig: Barth (Reprint 1994, Bern: Huber).

Stern, W. (1912). Die psychologischen Methoden der Intelligenzprüfung. In F. Schumann (Hrsg.), *Bericht über den 5. Kongreß für Experimentelle Psychologie in Berlin* (S. 1–109). Leipzig: Barth.

Sternberg, R.J. (1985). *Beyond IQ: A triarchic theory of human intelligence.* Cambridge, U.K.: Cambridge University Press.

Sternberg, R.J. & Ruzgis, P. (Eds.) (1994). *Personality and intelligence.* Cambridge, U.K.: Cambridge University Press.

Sternberg, S. (1966). High-speed scanning in human memory. *Science, 153,* 652–654.

Steyer, R. & Eid, M. (1993). *Messen und Testen.* Berlin: Springer.

Stiensmeier, J., Kammer, D., Pelster, A. & Niketta, R. (1985). Attributionsstil und Bewertung als Risikofaktoren der depressiven Reaktion. *Diagnostica, 31,* 300–311.

Stiksrud, H.A. (1976). *Diagnose und Bedeutung individueller Werthierarchien.* Frankfurt/Main: Lang.

Stöber, J. (1999). Die Soziale-Erwünschtheits-Skala-17 (SES-17): Entwicklung und erste Befunde zu Reliabilität und Validität. *Diagnostica, 45,* 173–177.

Stogdill, R.M. (1948). Personal factors associated with leadership: A survey of the literature. *Journal of Psychology, 25,* 37–71.

Stone, A.A. & Neale, J.M. (1984). New measure of daily coping.: Development and preliminary results. *Journal of Personality and Social Psychology, 46,* 892–906.

Stone, A.A., Kessler, R.C., & Haythornthwaite, J.A. (1991). Measuring daily events and experiences: Decisions for the researcher. *Journal of Personality, 59,* 575–607.

Stone, W.F., Lederer, G. & Christie, R. (1993«a»). Introduction: Strength and weakness. In W.F. Stone, G. Lederer & R. Christie (Eds.), *Strength and weakness: The authoritarian personality today* (pp. 3–21). New York: Springer.

Stone, W.F., Lederer, G. & Christie, R. (Eds.) (1993«b»). *Strength and weakness: The authoritarian personality today.* New York: Springer.

Stoolmiller, M. (1999). Implications of the restricted range of family environments for estimates of heritability and nonshared environment in behavior-genetic adoption studies. *Psychological Bulletin, 125,* 392–409.

Strack, F. & Deutsch, R. (2003). Reflective and impulsive determinants of social behavior. *Manuskript,* Universtät Würzburg.

Straus, M.A., Gelles, R.J. & Steinmetz, S.K. (1980). *Behind closed doors: Violence in the American family.* Garden City, NY: Anchor Books.

Strelau, J. (1987). The concept of temperament in personality research. *European Journal of Personality, 1,* 107–117.

Strelau, J., Angleitner, A., Bantelmann, J. & Ruch. W. (1990). The Strelau Temperament Inventory-Revised (STI-R): Theoretical considerations and scale development. *European Journal of Personality, 4,* 209–235.

Streufert, S., Pogash, R. & Piasecki, M. (1988). Simulation-based assessment of managerial competence: Reliability and validity. *Personnel Psychology, 41,* 537–557.

Strobel, A., Beauducel, A., Debener, S. & Brocke, B. (2001). Eine deutschsprachige Version des BIS/BAS-Fragebogens von Carver und White. *Zeitschrift für Differentielle und Diagnostische Psychologie, 22,* 216–227.

Strohschneider, S. (1986). Zur Stabilität und Validität von Handeln in komplexen Realitätsbereichen. *Sprache und Kognition, 5,* 42–48.

Strube, G. (1990). Neokonnektionismus: Eine neue Basis für die Theorie und Modellierung menschlicher Kognition? *Psychologische Rundschau, 41,* 129–143.

Stumpf, H., Angleitner, A., Wieck, T., Jackson, D.N. & Beloch-Till, H. (1985). *Deutsche Personality Research Form (PRF)*. Göttingen: Hogrefe.

Suess, G., Grossmann, K.E. & Sroufe, L.A. (1992). Effects of infant attachment to mother and father on quality of adaptation in preschool. *International Journal of Behavioral Development, 15*, 43–65.

Suh, E., Diener, E. & Fujita, F. (1996). Events and subjective well-being: Only recent events matter. *Journal of Personality and Social Psychology, 70*, 1091–1102.

Suh, E., Diener, E., Oishi, S. & Triandis, H.C. (1998). The shifting basis of life satisfaction judgments across cultures: Emotions versus norms. *Journal of Personality and Social Psychology, 74*, 482–493.

Sullivan, H.S. (1953). *The interpersonal theory of psychiatry*. New York: Norton.

Sulloway, F.J. (1997). *Der Rebell der Familie: Geschwisterrivalität, kreatives Denken und Geschichte*. Berlin: Siedler.

Süß, H.-M., Kersting, M. & Oberauer, K. (1991). Intelligenz und Wissen als Prädiktoren für Leistungen bei computersimulierten komplexen Problemen. *Diagnostica, 37*, 334–352.

Swann, W.B., Jr. (1983). Self-verification: Bringing social reality into harmony with the self. In J. Suls & A.G. Greenwald (Eds.), *Psychological perspectives on the self* (Vol. 2., pp. 33–66). Hillsdale, NJ: Erlbaum.

Swann, W.B., Jr., Wenzlaff, R.M., Krull, D.S. & Pelham, B.W. (1992). Allure of negative feedback: Self-verification strivings among depressed persons. *Journal of Personality and Social Psychology, 101*, 293–306.

Symons, D. (1979). *The evolution of human sexuality*. Oxford, U.K.: Oxford University Press.

Szirmák, Z. & De Raad, B. (1994). Taxonomy and structure of Hungarian personality traits. *European Journal of Personality, 8*, 95–117.

Takahashi, K. (1990). Are the key assumptions of the »Strange Situation« procedure universal? A view from Japanese research. *Human Development, 33*, 23–30.

Tanner, J.M. (1978). *Fetus into man: Physical growth from conception to maturity*. Cambridge, MA: Harvard University Press.

Taylor, J.A. (1953). A personality scale of manifest anxiety. *Journal of Abnormal and Social Psychology, 48*, 285–290.

Taylor, S.E. & Brown, J.D. (1988). Illusion and well-being: A social-psychological perspective on mental health. *Psychological Bulletin, 103*, 193–210.

Teasdale, T.W. & Owen, D.R. (1984). Heredity and familial environment in intelligence and educational level: A sibling study. *Nature, 309*, 620–622.

Teglasi, H. & Hoffmann, M.A. (1982). Causal attributions of shy subjects. *Journal of Research in Personality, 16*, 376–385.

Templeton, A.R. (1993). The »Eve« hypotheses: A genetic critique and reanalysis. *American Anthropologist, 95*, 51–72.

Terman, L.M. (1904). A preliminary study of the psychology of the pedagogy of leadership. *Pedagogical Seminary, 11*, 413–451.

Tesser, A. (1993). The importance of heritability in psychological research: The case of attitudes. *Psychological Review, 100*, 129–142.

Tewes, U. (1983). *Hawik-R: Hamburg-Wechsler Intelligenztest für Kinder (Revision 1983)*. Bern: Huber.

Tewes, U. (1991). Hamburg-Wechsler Intelligenztest für Erwachsene, Revision 1991 (HAWIE-R). Bern: Huber.

Tewes, U., Schallberger, U. & Rossmann, K. (2000). *Hamburg-Wechsler-Intelligenztest für Kinder III (HAWIK-III)*. Göttingen: Testzentrale.

Thomae, H. (1988). *Das Individuum und seine Welt* (2. Aufl.). Göttingen: Hogrefe.

Thomas, A. (1993). Psychologie interkulturellen Lernens und Handelns. In A. Thomas (Hrg.), *Kulturvergleichende Psychologie* (S. 377–424). Göttingen: Hogrefe.

Thomas, A. & Chess, S. (1977). *Temperament and development*. New York: Brunner & Mazel. (Deutsch: *Temperament und Entwicklung*. Stuttgart: Enke, 1980).

Thompson, R.A. (1998). Early sociopersonality development. In W. Damon (Ed.), Handbook of child psychology, 5th ed. N. Eisenberg (Vol. Ed.), *Social, emotional, and personality development* (Vol. 3, pp. 25–104). New York: Wiley.

Thompson, S.K. & Bentler, P.M. (1971). The priority of cues in sex discrimination by children and adults. *Developmental Psychology, 5*, 181–185.

Thorndike, E.L. (1920). Intelligence and its uses. *Harper's Magazine, 140*, 227–235.

Thornton, G.C.III., Gaugler, B.B., Rosenthal, D.B., & Bentson, C. (1987). Die prädiktive Validität des Assessment Centers – eine Metaanalyse. In H. Schuler & W. Stehle (Hrsg.), *Assessment Center als Methode der Personalentwicklung* (pp. 36–60). Göttingen: Verlag für Angewandte Psychologie.

Thurstone, L.L. (1938). *Primary mental abilities*. Chicago: University of Chicago Press.

Thurstone, L.L. & Thurstone, T.G. (1941). *Factorial studies of intelligence*. Chicago, IL: University of Chicago Press.

Toch, H.H. & Schulte, R. (1961). Readiness to perceive violence as a result of police training. *British Journal of Psychology, 52*, 389–393.

Tooby, J. & Cosmides, L. (1990). On the universality of human nature and the uniqueness of the individual: The role of genetics and adaptation. *Journal of Personality, 58*, 17–67.

Trapnell, P.D. (1994). Openness versus intellect: A lexical left turn. *European Journal of Personality, 8*, 273–290.

Trautner, H.M. (1979). Psychologische Theorien der Geschlechtsrollenentwicklung. In A. Degenhardt & H.M. Trautner (Hrsg.), *Geschlechtstypisches Verhalten* (S. 50–84). München: Beck.

Trautner, H.M. (1991). *Lehrbuch der Entwicklungspsychologie* (Bd. 2). Göttingen: Hogrefe.

Trautner, H.M., Helbing, N., Sahm, W.B. & Lohaus, A. (1988). Unkenntnis – Rigidität – Flexibilität: Ein Entwicklungsmodell der Geschlechtsrollen-Stereotypisierung. *Zeitschrift für Entwicklungspsychologie und Pädagogische Psychologie, 20*, 105–120.

Triandis, H.C. (1995). *Individualism and collectivism*. Boulder, CO: Westview Press.

Triandis, H.C., Brislin, R. & Hui, C.H. (1988). Cross-cultural training across the individualism-collectivism divide. *International Journal of Intercultural Relations, 12*, 269–289.

Triandis, H.C., Marin, G., Lisansky, J. & Betancourt, H. (1984). Simpatía as a cultural script of Hispanics. *Journal of Personality and Social Psychology, 47*, 1363–1375.

Triandis, H.C., McCusker, C., Betancourt, H., Iwao, S., Leung, K. et al. (1993). An etic-emic analysis of individualism and collectivism. *Journal of Cross-Cultural Psychology, 24*, 366–383.

Trierweiler, L.I., Eid, M. & Lischetzke, T. (2002). The structure of emotional expressivity: Each emotion counts. *Journal of Personality and Social Psychology, 82*, 1023–1040.

Trivers, R. (1972). Parental investment and sexual selection. In B. Campbell (Ed.), *Sexual selection and the descent of man* (pp. 136–179). Chicago, IL: Aldine-Atherton.

Tucker, J.S., Kressin, N.R., Spiro III, A. & Ruscio, J. (1998). Intrapersonal characteristics and the timing of divorce: A prospective

investigation. *Journal of Social and Personal Relationships, 15,* 211–225.
Turkheimer, E. & Waldron, M. (2000). Nonshared environment: A theoretical, methodological, and quantitative review. *Psychological Bulletin, 126,* 78–108.
Ullrich de Muynck, R. & Ullrich, R. (1987). *Das Assertiveness-Training-Programm ATP (Teil I).* München: Pfeiffer.
Vaitl, D. (1995). Interozeption: ein neues interdisziplinäres Forschungsfeld. *Psychologische Rundschau, 46,* 171–185.
Valsiner, J. (1986). Between groups and individuals: Psychologists' and laypersons' interpretations of correlational findings. In J. Valsiner (Ed.), *The individual subject and scientific psychology* (pp. 113–151). New York: Plenum.
van Aken, M.A.G. & Asendorpf, J.B. (1997). Support by parents, classmates, friends, and siblings in preadolescence: Covariation and compensation across relationships. *Journal of Social and Personal Relationships, 14,* 79–93.
van Aken, M.A.G. & Asendorpf, J.B. (1999). A person-centered approach to development: The temporal consistency of personality and self-concept. In F.E. Weinert & W. Schneider (Eds.) *Individual development from 3 to 12: Findings from the Munich Longitudinal Study.* (pp. 301–319). Cambridge, U.K.: Cambridge University Press.
van Aken, M.A.G. & van Lieshout, C.F.M. (1991). Children's competence and the agreement and stability of self- and child descriptions. *International Journal of Behavioural Development, 14,* 83–99.
van den Boom, D.C. (1994). The influence of temperament and mothering on attachment and exploration: An experimental manipulation of sensitive responsiveness among lower-class mothers with irritable infants. *Child Development, 65,* 1457–1477.
van den Boom, D.C. (1995). Do first-year intervention effects endure? Follow-up during toddlerhood of a sample of Dutch irritable infants. *Child Development, 66,* 1798–1816.
van der Zee, K., Thijs, M. & Schakel, L. (2002). The relationship of emotional intelligence with academic intelligence and the Big Five. *European Journal of Personality, 16,* 103–125.
van IJzendoorn, M.H. (1995). Adult attachment representations, parental responsiveness, and infant attachment: A meta-analysis on the predictive validity of the Adult Attachment Interview. *Psychological Bulletin, 117,* 387–403.
van IJzendoorn, M.H. & Bakermans-Kranenburg, M.J. (1996). Attachment representations in mothers, fathers, adolescents, and clinical groups. A meta-analytic search for normative data. *Journal of Consulting and Clinical Psychology, 64,* 8–21.
van IJzendoorn, M.H., Schuengel, C. & Bakermans-Kranenburg, M.J. (1999). Disorganized attachment in early childhood: Meta-analysis of precursors, concomitants, and sequelae. *Development and Psychopathology, 11,* 225–249.
van Lieshout, C.F.M., van Aken, M.A.G. & van Seyen, E.T.J. (1990). Perspectives on peer relations from mothers, teachers, friends, and self. *Human Development, 33,* 225–237.
Vandello, J.A. & Cohen, D. (1999). Patterns of individualism and collectivism across the United States. *Journal of Personality and Social Psychology, 77,* 279–292.
Vandenberg, S.G. & Kuse, A.R. (1978). Mental rotations: A group test of three-dimensional spacial visualization. *Perceptual and Motor Skills, 47,* 599–604.
Vaughn, B., Stevenson-Hinde, J., Waters, E., Kotsaftis, A. Lefever, G. et al. (1992). Attachment security and temperament in infancy and early childhood: Some conceptual clarifications. *Developmental Psychology, 28,* 463–473.
Veiel, H.O.F. & Baumann, U. (Eds.) (1992). *The meaning and measurement of social support.* New York: Hemisphere.
Vernon, P.A. (1992). Intelligence, reaction times, and peripheral nerve conduction velocity. *Intelligence, 16,* 273–288.
Vining, D.R. (1986). Social versus reproductive success: The central theoretical problem of human sociobiology. *Behavioral and Brain Sciences, 9,* 167–187.
Vogel, F. & Motulsky, A.G. (1986). *Human genetics: Problems and approaches* (2nd ed.). Berlin: Springer.
Wachs, T.D. (1992). *The nature of nurture.* Newbury Park, CA: Sage.
Wahlsten, D. (1990). Insensitivity of the analysis of variance to heredity-environment interaction. *Behavioral and Brain Sciences, 13,* 109–161.
Wahlsten, J. (1990). Gene map of mental retardation. *Journal of Mental Deficiency Research, 34,* 11–27.
Wainscoat, J.S. et al. (1986). Evolutionary relationship of human populations from an analysis of nuclear DNA polymorphisms. *Nature, 319,* 491–493.
Waldmann, M. & Weinert, F.E. (1990). *Intelligenz und Denken: Perspektiven der Hochbegabtenforschung.* Göttingen: Hogrefe.
Waldrop, M.M. (1986). How unusual are unusual events? *Science, 233,* 1385–1388.
Wallach, M.A. (1976). Tests tell us little about talent. *American Scientist, 64,* 57–63.
Warner, R., Kenny, D.A. & Stoto, M. (1979). A new round robin analysis of variance for social interaction data. *Journal of Personality and Social Psychology, 37,* 1742–1757.
Waters, E., Merrick, S., Treboux, D., Crowell, J. & Albersheim, L. (2000). Attachment security in infancy and early adulthood: A twenty-year longitudinal study. *Child Development, 71,* 684–689.
Waters, H.S., Rodrigues, L.M. & Ridgeway, D. (1998). Cognitive underpinnings of narrative attachment assessment. *Journal of Experimental Child Psychology, 71,* 211–234.
Watson, J.B. (1913). Psychology as the behaviorist sees it. *Psychological Review, 20,* 158–177.
Watson, J.B. (1930). *Behaviorism* (2nd ed.). New York: Norton.
Weber, H. & Laux, L.C. (1988). Idiographische und biographische Ansätze in der Persönlichkeitspsychologie. In H. Häcker, H.-D. Schmalt & P. Schwenkmezger (Hrsg.), *Handbuch der Persönlichkeitspsychologie.* Weinheim: Beltz.
Wechsler, D. (1939). *The measurement of adult intelligence.* Baltimore, MD: Williams & Wilkins.
Weidle, R. & Wagner, A.C. (1982). Die Methode des lauten Denkens. In G.L. Huber & H. Mandl (Hrsg.), *Verbale Daten* (S. 81–103). Weinheim: Beltz.
Weigel, R.H. & Newman, I.S. (1976). Increasing attitude-behavior correspondance by broadening the scope of the behavioral measure. *Journal of Personality and Social Psychology, 33,* 793–802.
Weinberg, R.A., Scarr, S., & Waldman, I.D. (1992). The Minnesota Transracial Adoption Study: A follow-up of IQ test performance at adolescence. *Intelligence, 16,* 117–135.
Weinberger, D.A., Schwartz, G.E. & Davidson, R.J. (1979). Low-anxious, high-anxious, and repressive coping styles: Psychometric patterns and behavioral and physiological responses to stress. *Journal of Abnormal Psychology, 88,* 369–380.
Weiner, B. (1980). *Human motivation.* New York: Holt, Rinehart & Winston.

Literaturverzeichnis

Weinert, A.B., Streufert, S.C. & Hall, B.W. (Eds.) (1982). *California Psychological Inventory – Deutsche Fassung*. Bern: Huber.

Weinert, F.E. (1994). Entwicklung und Sozialisation der Intelligenz, der Kreativität und des Wissens. In K. Schneewind (Hrsg.), *Enzyklopädie der Psychologie. Pädagogische Psychologie* (Bd. 1, S. 259–284). Göttingen: Hogrefe.

Weinert, F.E. & Hany, E.A. (2000). The role of intelligence as a major determinant of a successful occupational life. In C.F.M. Van Lieshout & P.G. Heymans (Eds.) (2000). *Developing talent across the life span*. Hove, UK: Psychology Press.

Weinert, F.E. & Helmke, A. (1993). Wie bereichsspezifisch verläuft die kognitive Entwicklung? In R. Duit & W. Gräber (Hrsg.), *Kognitive Entwicklung und Lernen der Naturwissenschaften* (S. 27–45). Kiel: Institut für die Pädagogik der Naturwissenschaften.

Weinert, F.E. & Schneider, W. (Eds.) (1999). *Individual development from 3 to 12: Findings from a longitudinal study*. Cambridge, UK: Cambridge University Press.

Weinert, F.E., Helmke, A. & Schneider, W. (1989a). Individual differences in learning performance and in school achievement: Plausible parallels and unexplained discrepancies. In H. Mandl, E. de Corte, N. Bennett & H.F. Friedrich (Eds.), *Learning and instruction* (pp. 461–479). Oxford, U.K.: Pergamon.

Weinert, F.E., Schrader, F.-W. & Helmke, A. (1989b). Quality of instruction and achievement outcomes. *International Journal of Educational Research, 13*, 895–914.

Weinfield, N.S., Sroufe, L.A. & Egeland, B. (2000). Attachment from infancy to early adulthood in a high-risk sample. *Child Development, 71*, 695–702.

Weingart, P., Kroll, J. & Bayertz, K. (1988). *Rasse, Blut und Gene: Geschichte der Eugenik und Rassenhygiene in Deutschland*. Frankfurt/Main: Suhrkamp.

Weiß, R. & Osterland, J. (1979). *Grundintelligenztest CFT (Culture Fair Intelligence Test)*. Braunschweig: Westermann.

Weiß, R.H. (1997). *Grundintelligenztest Skala 2 (CFT 20)* (4. Aufl.). Göttingen: Hogrefe.

Weiss, B., Dodge, K.A., Bates, J.E. & Pettit, G.S. (1992). Some consequences of early harsh discipline: Child aggression and a maladaptive social information processing style. *Child Development, 63*, 1321–1335.

Weiss, V. (1995). The advent of a molecular genetics of general intelligence. *Intelligence, 20*, 115–124.

Weizsäcker, C.F. von (1985). *Aufbau der Physik*. München: Hanser.

Wender, K.F. (1992). Ausgewählte Methoden. In H. Spada (Hrsg.), *Lehrbuch Allgemeine Psychologie* (S. 561–595). Bern: Huber.

Werner, E. & Smith, R. (1982). *Vulnerable but invincible*. New York: McGraw-Hill.

Westen, D. & Gabbard, G.O. (1999). Psychoanalytic approaches to personality. In L.A. Pervin & O. John (Eds.), *Handbook of personality: Theory and research* (2. Aufl., pp. 57–101). New Yok: Guilford.

Westermarck, E. (1891). *The history of human marriage*. London: Macmillan.

Westphal, K. (1931). Körperbau und Charakter der Epileptiker. *Nervenarzt, 4*, 96–99.

Whiting, B.B. & Edwards, C.P. (1988). *Children of different worlds: The formation of social behavior*. Cambridge, MA: Harvard University Press.

Whiting, B.B. & Whiting, J.W.M. (1975). *Children of six cultures: A psycho-cultural analysis*. Cambridge, MA: Harvard University Press.

Wicker, A.W. (1969). Attitude versus action: The relationship of verbal and overt behavioral responses to attitude objects. *Journal of Social Issues, 25*, 41–78.

Widiger, T.A. et al. (1991). Toward an empirical classification of the DSM-IV. *Journal of Abnormal Psychology, 100*, 280–288.

Wiggins, J.S. & Pincus, A.L. (1994). Personality structure and the structure of personality disorders. In P.T. Costa, Jr. & T.H. Widiger (Eds.), *Personality disorders and the Five-Factor-Model of personality* (pp. 73–93). Washington, DC: American Psychological Association.

Wiggins, J.S., Trapnell, P. & Phillips, N. (1988). Psychometric and geometric characteristics of the Revised Interpersonal Adjective Scales (IAS-R). *Multivariate Behavioral Research, 23*, 517–530.

Wilhelm, O. (2002). Ability and achievement testing on the world wide web. In B. Batinic, U.D. Reips & M. Bosnjak (Eds.), *Online social sciences*. Göttingen: Hogrefe.

Williams, G.C. (1966). *Adaptation and natural selection*. Priceton, NJ: Princeton University Press.

Williams, J.E. & Best, D.L. (1982). *Measuring sex stereotypes: A thirty nation study*. London: Sage.

Williams, J.E. & Best, D.L. (1990). *Sex and psyche: Gender and self viewed cross-culturally*. Newbury Park, CA: Sage.

Willson, V.I. (1983). A meta-analysis of the relationship between science achievement and science attitude: Kindergarten through college. *Journal of Research in Science Teaching, 20*, 839–850.

Wilson, E.O. (1975). *Sociobiology: The new synthesis*. Cambridge, MA: Harvard University Press.

Wilson, R.S. (1983). The Louisville twin study: Developmental synchronies in behavior. *Child Development, 54*, 298–316.

Wilson, T., Lindsey, S. & Schooler, T.Y. (2000). A model of dual attitudes. *Psychological Review, 107*, 101–126.

Windelband, W. (1894). *Geschichte und Naturwissenschaft*. Straßburg: Heitz.

Winter, D.G. (1973). *The power motive*. New York: The Free Press.

Winter, D.G. (1987). Leader appeal, leader performance, and the motive profiles of leaders and followers: A study of American Presidents and elections. *Journal of Personality and Social Psychology, 52*, 196–202.

Winter, D.G. & Stewart, A.J. (1977). Power motive reliability as a function of retest instructions. *Journal of Consulting and Clinical Psychology, 43*, 436–440.

Winter, D.G., John, O.P., Stewart, A.J., Klohnen, E.C. & Duncan, L.E. (1998). Traits and motives: Toward an integration of two traditions in personality research. *Psychological Review, 105*, 230–250.

Wissler, C. (1901). The correlation of mental and physical traits. Psychological Monographs, 3 (Whole No.16).

Witkin, H.A. (1950). Individual differences in ease of perception of embedded figures. Journal of Personality, 19, 1–15.

Wittmann, W.W. (1987). Grundlagen erfolgreicher Forschung in der Psychologie: Multimodale Diagnostik, Multiplismus, multivariate Reliabilitäts- und Validitätstheorie. Diagnostica, 33, 209–227.

Wolpe, J. & Lang, P.J. (1964). A Fear Survey Schedule for use in behavior therapy. Behavior Research and Therapy, 2, 27–30.

Woods, F.A. (1911). Historiometry as an exact science. Science, 33, 568–574.

Wottawa, H. & Woike, J.K. (2002). Internet-Recruiting und -Assessment: Eine Chance, die Wirtschaftspsychologen nutzen sollten! *Wirtschaftspsychologie, 9(1)*, 33–38.

Wright, S. (1934). The method of path coefficients. *Annals of Mathematical Statistics, 5,* 161–215.

Wundt, W. (1903). *Grundzüge der physiologischen Psychologie* (5. Aufl.; Bd. 3). Leipzig: Barth.

Wurf, E., & Markus, H. (1991). Possible selves and the psychology of personal growth. In D. Ozer, J.M. Healy & A.J. Stewart (Eds.), *Perspectives in personality* (pp. 39–62). London: Kingsley.

Wylie, R. (1989). *Measures of self-concept.* Lincoln, NB: Nebraska University Press.

Younger, A., Gentile, C. & Burgess, K. (1993). Children's perceptions of social withdrawal: Changes across age. In K.H. Rubin & J.B. Asendorpf (Eds.), *Social withdrawal, inhibition, and shyness in childhood* (pp. 215–235). Hillsdale, NJ: Erlbaum.

Zaccaro, S.J., Foti, R.J. & Kenny, D.A. (1991). Self-monitoring and trait-based variance in leadership: An investigation of leader flexibility across multiple group situations. *Journal of Applied Psychology, 76,* 308–315.

Ziegler, R. (1987). Netzwerkanalyse: Metapher, Methode oder strukturales Forschungsprogramm für die Sozialwissenschaften? *Zeitschrift für Klinische Psychologie, 16,* 339–352.

Ziegler, T.E. & Bercovitch, F.B. (1990). *Socioendocrinology of primate reproduction* (pp. 159–186). New York: Wiley.

Zimbardo, P. (1977). *Shyness.* Reading, MA: Addison-Wesley.

Zimbardo, P.G. & Gerrig, R.J. (1999). *Psychologie* (7. Aufl.). Berlin: Springer.

Zimmermann, P. (1995). Bindungsentwicklung in der frühen Kindheit bis zum Jugendalter und ihre Bedeutung für den Umgang mit Freundschaftsbeziehungen. In G. Spangler & P. Zimmermann (Eds.), *Die Bindungstheorie* (pp. 203–231). Stuttgart: Klett-Cotta.

Zoch, H.-D. (1974). Untersuchungen über Gütekriterien von Tests zur Messung der sozialen Intelligenz. *Diagnostica,* 20, 95–106.

Zuckerman, M. (1979). *Sensation seeking: Beyond the optimal level of arousal.* Hillsdale, NJ: Erlbaum.

Zuckerman, M. (1991). *The psychobiology of personality.* Cambridge, U.K.: Cambridge University Press.

Fachzeitschriften

Folgende Fachzeitschriften informieren speziell über die empirische Persönlichkeitsforschung:
- Journal of Personality and Social Psychology (insbesondere im Teil »Personality processes and individual differences«),
- Journal of Personality,
- Psychological Assessment,
- European Journal of Personality,
- Journal of Research in Personality,
- Journal of Individual Differences (früher: Zeitschrift für Differentielle und Diagnostische Psychologie),
- Personality and Individual Differences,
- Diagnostica.

Wenige, dafür aber umso bedeutendere Arbeiten finden sich im Psychological Review (Artikel mit theoretischen Schwerpunkten) und im Psychological Bulletin (Übersichtsartikel, insbesondere Metaanalysen). Arbeiten zur Persönlichkeitsentwicklung finden sich überwiegend in entwicklungspsychologischen Zeitschriften, z.B. Child Development, Developmental Psychology, Psychology and Aging, Zeitschrift für Entwicklungspsychologie und Pädagogische Psychologie.

WWW Adressen

Im Gegensatz zu den Artikeln in Fachzeitschriften, die einem Begutachtungsprozess unterliegen, variiert die Qualität von Informationen im World Wide Web enorm. Hier einige seriöse Adressen für die Persönlichkeitspsychologie:
- www.personality-project.org Gute Einstiegseite
- www.personalityresearch.org Interessante Seiten mit praktischen Tipps
- www.dgps.de/fachgruppen/diff_psy Homepage der einschlägigen Fachgruppe in der Deutschen Gesellschaft für Psychologie
- www.spsp.org Homepage der einschlägigen Fachgruppe in der American Psychological Association

Namenverzeichnis

A

Abele A 264
Achenbach TM 131, 366
Adelson B 75
Adler A 16
Adorno TW 243
Agras S 103
Ainsworth MDS 288f, 292, 436
Ajzen I 245f
Alansky JA 290
Albrecht SL 300
Allehof W 223
Allesch CG 214
Allgöver A 201
Allport GW 36, 60, 120, 146f, 169
Almagor M 148
Altemeyer B 244
Amelang M 166, 171, 173f, 200f, 264
Amthauer R 190
Anastasi A 119, 166f
Andersen SM 27
Anderson CA 229
Anderson JR 66f
Anderson LW 352
Anderson M 197
Andrews B 256
Andrews SM 199
Angleitner A 46, 147f
Angst J 337
Annett M 387
Archer J 392
Arkin RM 262
Arkovitz H 259
Asendorpf JB 26, 32, 37, 45, 50, 52, 54, 58, 62f, 73f, 77, 81, 91, 96, 108, 116, 118f, 127ff, 137, 148, 151, 153ff, 171, 173, 176f, 205, 215, 219f, 228, 232, 255f, 259f, 264, 270, 272ff, 280ff, 286, 293ff, 308ff, 313f, 318f, 334, 339, 345, 349, 362ff, 368, 383, 391, 449
Atherton SC 228
Atkinson JW 213, 218, 224
Austin JT 224

B

Backhaus K 93
Bailey JM 315, 384, 408
Baker LA 103, 337
Bakermans-Kranenburg MJ 291
Baldwin MW 281
Ball-Rokeach SJ 248
Baltes PB 209
Banaji MR 74
Bandura A 29, 226f
Bank L 355, 359f
Banse R 108, 281f
Bargh JA 247
Barker RG 270
Barkley RA 402
Barrick MR 161f
Barry H 401, 405
Bartholomew K 293f
Bartling HG 224
Bartussek D 166
Bates JE 169
Batinic B 135
Battmann W 173
Baumann U 282, 298f
Baumeister RF 259, 261
Baumert J 412
Baumrind D 89
Becker P 178, 264
Beckmann J 229
Beckwith L 97
Beer JM 108
Beermann L 411
Bell AP 32, 357, 360, 385
Belsky J 290
Bem DJ 404, 407f
Benbow CP 390
Benet V 148
Benjamin J 348
Bentler PM 400
Bercovitch FB 110
Berenbaum SA 378
Berger W 168
Bergman A 16
Bergman LR 95
Bernard HR 272
Berry JW 395, 397, 405, 422f, 425
Berscheid E 168, 287
Best DL 395ff
Betzig L 413
Bierhoff HW 303
Bierhoff-Alfermann D 382
Bilden H 376
Bilsky W 241, 243
Binet A 185f, 209
Binford LR 408
Birbaumer N 67f, 70, 173, 182
Bischof N 135, 211, 220ff, 407
Bischof-Köhler D 408
Bjorklund DF 23, 31, 111, 351
Blanchard R 108
Block J 151, 153
Block JH 153
Bloom BS 311
Böhm B 156
Bohman B 355
Bolger N 171, 270, 272, 299
Bond MH 443
Borkenau P 47, 130, 134, 148, 161, 167, 171, 264, 333
Bornstein MH 97, 316
Bouchard C 334
Bowlby J 288, 356
Boyatzis RE 218
Brackwede D 146
Bradburn NM 442
Bradbury TN 300ff
Braithwaite V 241
Brecht B 27, 28
Breckler SJ 261
Breedlove SM 379, 384
Breitmayer B 97
Brenner C 16
Breuer F 7
Brickman P 266
Brieger P 160f
Briggs SR 173, 176
Bringham JC 136
Brocke B 173
Bronfenbrenner U 84, 94
Brown GW 256, 259
Brown JD 260
Brunstein J 224
Buchner A 81
Buck R 117
Buhrmester D 201
Bukowski WM 279
Bulayeva KB 431
Burgemeister B 192, 194
Burisch M 131
Burks BS 349
Buse L 123, 136, 224, 274
Bushman BJ 261
Buss AH 169
Buss DM 71, 86, 102, 104, 109, 111, 219, 394, 398, 406, 409
Bussiere MT 248ff

C

Cacioppo JT 117
Cadoret RJ 341f, 355
Calkins SD 366
Campbell D 223
Campbell DT 128
Cann RL 431
Cantor N 120, 205
Caprara GV 147
Carey S 351
Carr HA 36
Carriger MS 316
Carver CS 176, 225, 264, 267
Casey MB 387, 391
Caspi A 156, 319, 326, 341, 347f, 365f
Cassidy J 296f
Catina A 45
Cattell JM 185
Cattell RB 141, 146, 192
Cavalli-Sforza LL 420, 426ff
Ceci SJ 350, 423
Chaiken S 245, 248
Chapman M 357
Charness N 350
Chase WG 350
Cheek JM 219, 264
Chen X 441
Chess S 32, 356
Chipuer HM 333, 336
Chodorov N 399f, 403
Christal RE 198
Clark JV 259
Clarke ADB 97
Clarke AM 97
Cohen D 439
Cohen J 385, 394
Cohen S 297f
Coie JD 358
Collaer ML 378, 384, 408
Collins PF 174
Colvin CR 131, 260
Compas BE 232
Conley JJ 300f, 309f
Contrada RJ 26
Cook M 33, 103
Cook WL 287, 295
Cooley CH 257
Cooper H 266
Coopersmith SA 255
Copeland P 384
Cosmides L 71, 102, 104
Costa PT 147f, 150, 161, 171, 265
Crick NR 392
Cronbach LJ 55, 57, 97
Cross SE 445
Crowne DP 25, 133, 201
Csikzentmihaly M 274

Namenverzeichnis

Cunningham AE 352f
Cutrona CE 229, 297

D

Daly M 406
Daniels D 337
Darwin L 99f, 185, 198, 449
Davidson GR 423
Davies M 204
Davis PJ 26
Dawkins R 109
De Muynck U 201
De Raad B 147, 184
De Wolff MS 290
DeFries JC 330, 342
Delespaul PAEG 274
DelVecchio WF 312
DeNeve KM 266
DePaulo BM 258
Depue RA 174
Deutsch FM 253
Deutsch R 70
Devine PG 247
DeVore I 408
Diener C 265
Diener CI 237
Diener E 171, 264ff, 442f
Diener M 442
Digman JM 148
Dilling H 157ff
Dishion TJ 358
Dodge KA 73, 357
Doering CH 378
Dörner D 78, 80, 123, 134, 193
Dovidio JF 247
Dozier M 292
Draper P 106, 107
Dreher GF 204
Dudek F 123
Dunn J 337
Durham WH 39, 407, 420f, 449
Duval S 263
Dweck CS 237

E

Eagly AH 245, 248
Eaton WO 351, 386
Eaves L 173, 335
Edelbrock CS 366, 380f
Edwards CP 345, 398
Egg R 249
Eggert D 141, 170f, 194

Eid M 44, 122
Elliott DS 358
Ellis BJ 106, 107
Emmons RA 224, 261
Endler NS 49, 86, 177
Enns LR 387
Epstein S 118
Ericsson KA 350
Erikson EH 16, 361
Ernst C 337
Eschenröder CT 28
Euler HA 103
Eysenck HJ 24, 50, 141, 146, 170ff, 183, 300, 302
Eysenck MW 170, 172
Eysenck SBG 141, 146, 170

F

Fagan JF 316
Fagot BI 401
Fahrenberg J 39, 58, 135f, 171, 173f, 179, 243f
Faraone SV 347
Farrand L 185
Farrington DP 312, 354
Faulstich-Wieland H 411
Fazio RH 76, 247
Feather NT 226
Feingold A 132, 167, 386, 393f, 398
Feldman JF 316
Fenekels GP 205f
Fenigstein A 263f
Ferring D 255
Fiedler P 159
Figueroa RA 432f
Filipp S-H 231f, 255, 263
Fischer CS 282
Fishbein M 245f
Fisher RA 104, 326
Fisher S 24
Fiske DW 128
Fisseni HJ 205f
Fivush R 386
Flor H 299
Flynn JR 188
Foerster F 62
Fogel DS 240
Folkman S 232
Fölsing A 116
Forer BR 252
Fowles DC 175
Fox NA 290, 366
Freud S 16ff, 24f, 27f, 70, 260, 400
Freudenberg E 263

Friedmann HS 309, 320
Frisch M 372
Fritz A 190
Fromm E 16
Fujita F 266
Funder DC 36, 131
Funke U 194
Funkenstein DH 232
Furman W 295

G

Gabbard GO 16
Gable SL 176, 370
Gabriel MF 261
Galileo Galilei 28
Galton F 146, 185
Gangestad SW 105
Garber J 106
Gardner H 196, 209
Garlick D 72
Garmezy N 97
Gaulin SJ 103
Geary DC 106
Gell-Mann M 121
Gendreau P 249
George C 291
Gerrig RJ 21, 171
Gest SD 365
Ghiselli EE 191
Giesen H 191
Gilliliand K 173, 177
Ginsburg GP 199
Gloger-Tippelt G 291
Goffman E 261
Goldberg LR 142, 146ff, 151
Goldsmith JJ 290
Goleman D 204
Golombok S 386
Goodfellow PN 377
Gortmaker SL 366
Gosling SD 110, 270
Göttert R 45, 313
Gottlieb G 345
Gottschaldt K 194f, 395
Gough HG 199
Graf A 141
Grau I 303
Graumann CF 241
Grawe K 27
Gray JA 170, 174ff, 182f
Greenberg DF 24, 361
Greenwald AG 24, 74, 77f, 261
Greve W 24
Grillo CM 336
Grob A 255

Groeben N 7
Gropeter JK 392
Grote J 199
Gruber-Baldini AL 326
Grünbaum A 22f, 28
Gubler H 220ff
Guilford JP 146, 198f
Günther H 240
Gur R 133
Gustafson SB 199
Guthke J 318

H

Haan N 232
Hall CGN 250
Halpern DF 195, 388ff
Halverson C 355
Hamer DH 384
Hamilton CE 291
Hamilton WD 100
Hampson SE 132
Hanisch KA 224
Hanke B 191
Hansel S 412
Hanson RK 248ff
Harpending H 106f
Harper LV 32, 360
Harrell MS 192
Harrell TW 192
Harris GT 250
Harris JR 108, 337, 361
Harter S 255
Hartmann H 16, 24
Hartshorne H 57, 124f
Haslam N 384
Hassebrauck M 167
Hathaway SR 160
Hazan C 292f
Heady WB 266
Heath RL 240
Heaton TB 300
Hebb DU 49
Heckhausen H 74, 212ff, 218, 225, 227f, 237, 239
Heil M 135
Heim E 231
Heine SJ 440
Helmke A 259, 351, 354
Helms JE 433
Helson R 199, 200
Hendrick SS 300
Henri V 185
Henry B 356
Herskovitz MJ 419
Hertzig M 356

Namenverzeichnis

Hessing DJ 246
Heyns RW 218
Hines M 378, 384, 408
Hippokrates 170
Hoffmann MA 28
Hofmann V 291
Hofstede G 437, 439
Hofstee WKB 147
Holland JL 199, 223
Hollander EP 236
Holmes TH 369
Holt RR 17
Holz-Ebeling F 264, 412
Hood AB 224
Horn JM 108
Horn W 198
Horney K 16
Horovitz LM 293
Hossiep R 162, 206
Hsu FLK 438
Huesmann LR 317f
Hunt E 72
Hunter JE 192, 208
Huston AC 280, 402
Huttenlocher PR 72
Hyde JS 382, 389, 391ff
Hymel S 358

I

Inhelder B 194
Insel PL 370
Irle M 223
Irvine SH 424f

J

Jacklin CN 378, 383, 407
Jackson DN 129, 131, 216
Jacobson LI 25
Jäger AO 196
Jäger RS 44
James W 252
Jencks C 191
Jensen AR 188, 191, 197, 425, 432f
Jerusalem M 227
Jeserich W 206
John OP 146, 148, 246, 261
Johnston TD 345
Jones EE 177, 220, 261
Julian JW 236
Jung CG 16, 66, 170

K

Kagan J 317, 362, 366
Kalat JW 111
Kalin R 397
Kammer D 262
Karney BR 300ff
Kashy DA 272
Katz MM 406
Kearins JM 423
Keating DP 81, 201
Kelly EL 300ff
Kelly GA 16, 45
Kendall IM 423
Kendler KS 34
Kenny DA 130, 235, 258, 272, 285ff
Kernberg OF 260
Kersting M 194
Keyes CLM 265
Kiener F 24, 27
Kihlstrom JF 69, 120, 205
Kimball MM 390
Kindermann TA 97
Kingsbury FA 36
Kinsey AC 384
Kitayama S 438, 445
Klassen P 108
Klauer T 231
Klein M 16, 287
Klich LZ 422, 423
Kline P 24
Klinger E 216
Kluckhohn C 5
Kluwe RH 67, 80
Knigth GP 391
Kobak RR 296f
Kochanska G 362
Kohlberg LA 381, 403f
Kohlmann CW 232
Kohnstamm GA 148
Kohut H 16, 260
Kolb B 72
Konner MJ 406
Kopp CB 315
Kornadt H-J 214
Kowalski RM 261
Krampen G 229
Kranzler JH 197
Krebs JR 109
Kretschmer E 166f
Krohne HW 179, 230f
Kuhl J 74f, 225, 227, 229
Kuhn TS 15
Kurdek LA 272, 300f, 303
Kuse PC 387
Kyllonen PC 198

L

Lacey JT 61
Laege D 302
Laireiter A 272, 292, 299
Lamb HH 420
Lambert WW 398
Lamiell JT 120
Lang FR 101ff, 179
Lang PJ 49
LaPiere RT 245
Larson R 274
Lasky JC 126
Latter BDH 431
Lau RR 237
Laucken U 3f, 12, 211
Launier R 86
Laux L 177, 230f, 233, 262f
LaVoie L 285f
Law H 241
Lazarus RS 86, 230, 232f
Lazarus-Mainka G 179
Leahy AM 349
Leary MR 228, 261
Leary T 149
Lederer G 244
LeDoux J 172
Lee RB 408
Leibold JM 247
Lennox RD 262
Leung K 443
LeVay S 384
Levine SC 387
Lewis D 424
Lewis M 291
Lieberman MD 70
Liebler A 130, 134, 167
Lienert GA 192
Linn MC 195, 387
List JA 73
Livesley WJ 160
Locke J 29
Loeber R 357
Loehlin JC 330ff, 336, 340, 342, 403
Loevinger J 212
Lohaus A 195
Lollis SP 287
Loranger AW 158ff
Lord RG 235
Lovejoy AO 240
Lovell-Badge R 377
Lück HE 133, 177
Lykken DT 332, 372
Lytton H 360, 401

M

Maccoby EE 378, 383, 407
MacLean PD 172
MacLeod C 179, 182
Madden JT 246
Madson L 445
Magnus K 370
Magnusson D 86, 95
Magoun HW 172
Mahler M 16
Maier GW 224
Main M 288
Malina RM 334
Malloy TE 287
Mandl H 90
Marcus B 163, 224
Markow TA 339
Markowitsch HJ 379
Markus HR 252f
Markus R 438, 445
Marlowe D 25, 133, 201
Marsh HW 255f
Martin CL 202, 355
Martin W 134
Martinson FM 24
Marx W 302
Mascie-Tayler CGN 332
Masling J 24
Maslow AH 16, 211f, 243
Matarazzo JD 191f
Matthews G 173, 177, 179
May MA 57, 124, 245
Mayer JD 204
McAdams DP 214f, 236
McCall R 97
McCall RB 315f
McCallister L 282
McCartney K 312, 330, 339f, 342
McClearn GE 340
McClelland DC 217, 239
McClelland JL 68
McConnell AR 247
McCrae RR 147f, 150, 171, 265, 307
McFarland S 244
McHenry JJ 162
McKinley JC 160
McKinney ML 112
Mead GH 258
Mednick MP 199, 355
Mehrabian A 169, 219
Meier G 58, 219, 270, 274f
Meinhardt E 173
Meloen JD 244
Metalsky GL 229
Metzger A 264

Meyer W-V 227
Miesen J 164
Mikulincer M 292, 295ff
Miller SM 233
Millham J 25
Mineka S 30, 32f, 103
Mischel W 57ff, 124, 235, 245f
Mitchell RF 72
Mitchell SA 72
Moffitt TE 354ff, 361
Molenaar PCM 338
Moreno JL 278
Morey LC 160
Morf CC 261
Moruzzi G 172
Moser K 262
Moskowitz DS 124ff, 358
Motulsky AG 430
Mount MK 161f
Mumford MD 199
Murray NA 213f, 216ff
Müsseler J 35, 66
Musch J 133
Myers DG 265f
Myrtek M 173f, 180ff

N

Nachmias M 290
Neale JM 232
Neisser U 66, 188
Neubauer AC 197
Newcomb AF 279, 312
Newman IS 245
Newton TL 26
Neyer FJ 91, 101f, 284, 308
Nickel H 403
Niketta R 167
Norman T 146ff
Nowack W 262

O

O'Sullivan M 201
O'Neil R 255
Odbert HS 146f
Oesterreich D 244
Ogbu JU 433
Öhman A 33
Oliver MB 392f
Olson JM 335
Omanson SF 90
Ones DS 163
Opaschowski HW 223

Opwis K 79
Orlik P 201
Ostendorf F 9, 47, 128ff, 147f, 150, 161, 260
Osterland J 194
Otto JH 77
Owen DR 334
Owens G 292, 295
Oyama S 345
Oyserman DJ 439f

P

Parker ST 112
Parmelee A 97
Parsons T 180
Paschen M 162
Patrick CJ 147
Patterson GR 355, 357, 359f, 385
Paulhus DL 133, 201, 355
Paunonen SV 131
Pawlik K 123, 136, 270, 274
Pawlow I 29
Peake PK 57, 60
Pearson K 185
Pelham BW 253f
Pellegrini AD 111
Pennebaker JW 182, 233
Peplau LA 408
Perugini M 147
Perrez M 231, 274
Pervin LA 16, 45, 86
Petersen AC 387
Peterson C 195, 229
Pettit F 135
Pfister H-R 196
Piaget J 194
Pike A 337
Pike KL 443
Pike R 255
Pillard RC 384
Pine F 16
Pittman TS 261
Plomin R 330f, 334, 336f, 340f, 346f, 349
Pogue-Geile MF 336
Pöhlmann K 224
Poortinga YH 424
Posner MI 72
Potts R 112
Prediger DL 223
Prinz W 35, 66
Pritzel M 379
Probst P 201

R

Raatz U 192
Rahe RH 369
Ramey E 97
Ramsey E 358
Raskin R 260
Raven JL 192, 198
Reicherts M 231, 274
Reimann P 79
Reiss D 337
Renken B 356
Renner W 242, 262f
Resnick LB 90
Resnick SM 378
Reumann DA 216
Revers WJ 214
Rhodewalt F 261
Richardson JW 381f
Riemann R 46, 201
Rinn WE 71
Roberts BW 312
Roberts RD 204, 307
Robertson SS 386
Robins RW 154, 261
Robinson JP 272
Rogers CR 16
Rogosa D 93
Rokeach M 240f, 248
Roloff C 412
Romney DM 401
Roos J 24
Rosch EH 152
Rose SA 316
Rosenberg M 255
Rosenblatt B 27, 287
Rosenthal R 201
Rösler F 135
Ross HS 287
Roth WT 370
Rothbart MH 169
Rotter JB 227
Rovine MJ 337
Rovira M 134
Rowe DC 435
Rozin P 111
Rubin JZ 376
Rubin KH 355, 366f
Rumelhart DE 68, 252
Runkel G 384
Runyan WM 120
Rushton JP 425
Russ SW 199
Russel D 177, 237, 297
Rutter M 314
Ruzgis P 120
Ryff CD 265

S

Sackeim HA 133
Sackett PAR 204
Sagi A 436
Salovey P 204
Sameroff AJ 86, 95f
Sander J 300
Sandler J 16, 27, 287
Sarason BR 271, 298f
Saß H 157
Saucier G 147, 148, 184f
Saudino KJ 331
Scarr S 312, 342, 434
Scarr-Salatapek S 433
Schachter FF 108
Schäfer M 286
Scheer JW 45
Scheier MF 225, 264, 267
Scherer KR 26, 52, 62, 232
Schiefele U 333
Schiff M 334
Schilling EA 171, 270, 272
Schimmack U 266, 442
Schlegel A 405
Schmid FL 192, 208
Schmidt RF 67f, 90, 173, 182
Schmidt-Denter U 403
Schmitt DP 394, 406ff
Schmitz B 77
Schmuck P 80
Schmutte PS 265
Schnabel L 156
Schneewind KA 141, 279
Schneider DJ 261
Schneider W 192, 351, 383
Scholz G 207
Schönemann TJ 258
Schooler TY 70
Schröder KEE 227f
Schuler H 161f, 167, 201, 205, 207f
Schulte R 216
Schwartz GE 26
Schwartz SH 241ff
Schwartzman AE 358
Schwarz JC 124ff
Schwarz N 256
Schwarzer R 226f, 229, 234, 259
Schweizer K 198
Schwenkmezger P 234
Segall MH 404, 410
Selg H 171, 173
Seligman MEP 33
Selye H 230
Shavelson RJ 255
Shaver PR 292, 295ff

Namenverzeichnis

Sheldon WH 167
Shenkel RJ 252
Sheppard BH 246
Shoda Y 60f
Shrauger JS 258
Shweder RA 418
Siebeneick S 179
Sigall H 246
Sigman MD 316
Signorella ML 380f
Silva PA 319
Simon HA 350
Simon T 185f, 209
Simonton DK 38, 55, 235f
Simpson CH 381f
Simpson JA 105, 293
Skinner BF 29, 31
Skinner EA 97
Smith BD 173
Smith CA 230
Smith R 97
Snidman N 366
Snow ME 401
Snow RE 97
Snyder CR 252
Snyder M 262
Solomon J 288
Spada H 29, 79
Spangler WD 217
Spanier GB 300
Spearman C 189, 209
Sroufe LA 290
Stangl W 223
Stanley J 390
Stanovich KE 352f
Staudinger U 209
Steffens U 81
Steiner JW 243f
Steinkamp G 276f
Stelmack RM 173
Stemmler G 62, 136, 173f, 234
Stephenson W 45
Stern DN 288
Stern E 274, 318
Stern W 36, 40f, 43, 119ff, 152, 186f
Sternberg RJ 72, 120, 196ff, 422
Stewart AJ 215f
Steyer R 44, 122
Stief W 276f
Stiensmeier J 229
Stiksrud HA 242
Stöber J 133
Stogdill RM 235
Stone AA 232, 274
Stone WF 243
Stoolmiller M 332
Stouthamer-Loeber M 357
Strack F 70, 256
Strelau J 169f, 182

Streufert S 80
Strobel A 176
Strohschneider S 80
Strube G 69
Stumpf H 129, 216f
Suess G 290
Sugawara AI 380f
Suh E 266, 442
Sullivan HS 16, 149
Sulloway FJ 107f
Süß H-M 80
Swann WB 257f
Symons D 409
Szirmák Z 147

T

Takahashi K 436
Tan AL 398
Tanner JM 85
Taylor JA 25
Taylor SE 259f
Teasdale TW 334
Teglasi H 228
Tellegen A 147, 332, 372
Templeton AR 430
Terman LM 235, 320
Terry H 260
Tesser A 248, 334
Tewes U 41, 189f, 194
Thiele C 272
Thomae H 44
Thomas A 32, 356, 446
Thompson RA 288, 290
Thompson SK 400
Thorndike EL 201, 262
Thornton GC 207
Thurstone LL 190, 209
Tilby P 397
Timaeus E 133, 177
Toch HH 216
Tooby J 71, 104
Trapnell PD 184
Trautner HM 380, 399, 401f
Triandis HC 418, 438, 444ff
Trierweiler LI 57, 205
Trivers R 406
Tucker JS 301
Turkheimer E 337f

U

Ullrich R 201
Ullwer U 171, 173f

V

Vaitl D 181f
Valsiner J 117
Van Aken MAG 128f, 148, 153f, 255f, 259f, 313f, 318, 364f, 368
Van den Boom DC 290
Van Der Flier H 424
Van Der Zee K 204f
Van Ijzendoorn MH 288, 290, 292
Van Lieshout CFM 314
Vandello JA 339
Vandenberg SG 332, 387
Vaughn B 366
Veiel HOF 298
Victor J 355
Vining DR 413
Vogel F 430
Von Bargen D 381

W

Wachs TD 96
Wagner AC 78
Wahlsten D 97, 346
Wainscoat JS 431
Wakefield JA 300, 302
Waldmann M 75, 81, 195
Waldron M 337f
Waldrop MM 121, 409
Wallach MA 200
Waller NG 148
Walster E 168
Warner R 286
Waters E 291, 296
Watson JB 29, 31, 35
Wearing AJ 266
Weber H 230f, 233
Wechsler H 41, 187, 189
Weidle R 78
Weigel RH 245
Weinberg RA 434
Weinberger DA 25f, 152
Weiner B 227
Weinert AB 199
Weinert FE 75, 81, 195, 350ff, 383
Weinfield NS 291
Weingart P 167
Weiss B 357
Weiss R 194
Weiss V 346f
Weiß RH 192f
Weitzel B 103
Wender KF 68
Werner E 97

Westen D 16
Westermarck E 407
Westmeyer H 7
Westphal K 166
Whishaw IQ 72
White TL 176
Whiting BB 398
Whiting JWM 398
Whittemore RG 199
Wicker AW 245
Wicklund RA 263
Widiger TA 159ff
Wiggins JS 150
Wilcox KT 378
Wilhelm O 135
Williams CJ 247
Williams GC 110
Williams JE 395ff
Willig R 241
Wills TA 297f
Willson VJ 70, 353
Wilpers S 37, 39, 96, 171ff, 282ff, 365f, 383
Wilson EO 101
Wilson T 24, 310f, 339, 406
Windelband W 120f
Winter DG 214ff, 218, 236
Wissler C 185
Witkin HA 194
Wittmann WW 128
Wohlwend-Loyd R 261
Woike JK 164
Wolfe RN 262
Wolpe J 49
Woods FA 235
Wottawa H 164
Wright S 93
Wundt W 169f
Wurf E 224
Wylie R 255

Y

Younger A 367

Z

Zaccaro SJ 235
Ziegler R 110, 282
Zimbardo PG 21, 171, 367
Zimmermann P 291
Zucker KJ 108, 384
Zuckerman M 170, 174

Sachverzeichnis

A

AAI 291
Ablehnung durch Gleichaltrige 358, 364
Aborigines 422
Abwehrmechanismus 20
ACT-Modell 66
Adoptionsmethode 329
Adoptivgeschwister 329
Adult Attachment Interview (AAI) 291
Affektivität
– negative 264
– positive 264
Aggregation von Messungen 124
Aggregationsprinzip 124
Aggressivität 317, 391
Akteurparameter 285
Aktiviertheit 176
Aktivierung, retikuläre 172
Aktivierungspotential einer Situation 172
Aktivität, motorische 386
Alkoholismus 319
Allele 99, 328
Alltagsnähe einer Eigenschaft 131
Alltagspsychologie 2
Altersabhängigkeit von Einflüssen 339
Anforderungsprofil 164
Angriff 175
Angst
– moralische 20
– Verarbeitung 20
– vor Schlangen 103
Ängstlichkeit 178
Anomalie, minimale körperliche 355
Ansatz
– idiographischer 120
– individuumzentrierter 37
– lexikalischer 146
– nomothetischer 120
– differentieller 40
– personorientierter 40
– variabler 40
Anschlussbedürfnis 218
Anstrengung 184
Anthropomorphisierung 110
Antwortskala 47
Anwendbarkeit einer Theorie 7
Äquivalenz, funktionale 36
ARAS 172
Architektur der Informationsverarbeitung 71
Assessment Center 205
Assoziationsstärke 78
Assoziationstest, impliziter (IAT) 78
Attraktivität, physische 167, 394
Attributionsstil 225
– externaler 227
– feindseliger 358
– internaler 227
– stabiler 227
– variabler 227
Aufmerksamkeitsschwäche 356
Aufmerksamkeitssteuerung bei Ängstlichkeit 179
Ausdruck, sprachlicher 388
Ausdruckskontrollstil 231

B

BAS 175
Bayley-Skala 315
Bedürfnis 211
Begabung 184
Behaviorismus 29
Bekräftigungstheorie für Geschlechtsunterschiede 400
Beliebtheit 279
Beobachtbarkeit einer Eigenschaft 131
Berliner Intelligenzstruktur
– Modell 196
– Test 196
Beruf
– Erfolg 162, 191
– Interesse 223
– Interessentest 223
– Status 191
Besiedlung der Erde 426
Bewältigungsstil 292
– intrapsychischer 230
– problemorientierter 231
Bewertungsdisposition 239
Bewusstsein 69
Beziehung, soziale 281
Beziehungsaggression 392
Beziehungsparameter 285
Beziehungsqualität 282
Beziehungsstatus 283
Big Five 147
Big Seven 148
Big Three 147
Bildungsorientierung 349
Bindungsqualität 290
Bindungsstil 292
– abweisender 293
– ängstlicher 288
– besitzergreifender 293
– desorientierter 288
– in Liebesbeziehungen 293
– sicherer 288
– vermeidender 288, 356
Bindungssystem 288
Bindungsverhalten 295
Biographieforschung 235
BIP 162
BIS 175
Bisexualität 383
Black Box 34
Bogus-Pipeline-Technik 246

C, D

CCQ 45
Charakter 19
Choleriker 170
Clusteranalyse 156
CPI 199
Cronbach-Alpha 55
Deidentifikation 108
Denken
– divergentes 198
– Flexibilität 199
– Flüssigkeit 199
– konvergentes 198
– lautes 78
Dimension, psychologische
– emische 443
– etische 443
Disposition 4
– selbstbezogene 252
– universelle 5
Dispositionstheorie, naive 3
Dominanz 150
DRD4-Gen 347
DSM-IV 157
Dunedin Longitudinal Study 319, 347
Dyade 281
Dystonie, vegetative 180

E

Effekt, nichtadditiver genetischer 332
Effektgröße d 385
Eifersucht 406
Eigenschaft 36
– Beobachtbarkeit 131
– breite 131
– enge 131
– Kontinuität 315
– Paradigma 36
Einfluss
– des Kindes auf die Eltern 360
– genetischer 327
– Umwelt 327
Einflussschätzung
– direkte 324
– indirekte 326
Einfühlsamkeit 290
Einstellung 73, 239, 245
– starke 247
ELIGO 164
Entfaltung 85
Entwicklung
– differentielle 306
– individuelle 306
– universelle 306
Entwicklungsstrategie, konditionale 106
EPI 141, 170
EPM 102
Erfolgsmotiv 213
Erinnerung, videounterstützte 77
Erinnerungsfehler 23
Erklärung
– evolutionspsychologische von Geschlechtsunterschieden 406
– proximate 101
– ultimate 101
– von Geschlechtsunterschieden 404
Erstgeborenes 107
Erwartungsstil 225
Erziehungsstil, rigide-autoritärer 357
Es 17

Evolution 99
Evolutionspsychologie 99
Exosystem 84
Experiment, natürliches 91
Experte 350
Explizitheit einer Theorie 7
Extraversion 147, 170, 307
Extremitätstendenz, differentielle 132

F

Fähigkeit 184
- mathematische 389
- räumliche 194, 387
Faktorenanalyse 144
Faktorenladung 144
Faktorwert 144
Fear Survey Schedule (FSS) 48
Fehlervarianz 121
Feldexperiment 136
Feldstudie 136
Fernsehen 353
Fertigkeit, soziale 203
Fitness 99
- inklusive 100
Fixierung 19
Fluchtsystem 175
FPI 173
- R 243
Fragestellung
- differentielle 56, 116
- spezielle 116
- universelle 116
Fremde-Situation-Test 289, 436
Fröhlichkeit 320
F-Skala 243
FSS 48
Führungspersönlichkeit 235
Führungsqualität 235
Fürsorge, väterliche 106

G, H

Geburtsposition 108
Gehemmtheit 176
- soziale 177
Gen 99, 328
Genom 99, 328, 344
Genom-Umwelt
- Interaktion 340
- Kovarianz
-- aktive 341
-- passive 341
-- reaktive 341
Genpool 419
Gentechnologie 345
Gen-Umwelt-Interaktion 347
Geschlecht
- biologisches 376
- genetisches 377
- hormonelles 377
- neuronales 379
Geschlechterverhältnis 105
Geschlechtskonstanz 381
Geschlechtsrolle 380
Geschlechtsrollenideologie 397
Geschlechtssegregation 383
Geschlechtsstereotyp 376, 380, 395
Geschlechtsverständnis 380
Geschwister, leibliche 329
Geschwisterposition 107
Geselligkeit 219
Gestalt 5
Gestalteigenschaft 6
Gewalttäter 319
- mit antisozialer Persönlichkeitsstörung 367
- schüchtern-gehemmter 367
Gewissenhaftigkeit 147, 162, 307, 320
g-Faktor 189, 334
Gottschaldt-Figur 195
Grenze, magische 59
Gruppe, deviante 358
Gütemaßstab 184
Habituation, visuelle 316
Halbgeschwister 328
Halo-Effekt 132
Handlungskompetenz, soziale 201
Handlungskontrollstil 74, 225
Handlungsoptimismus 226
Handlungsorientierung 74
Hautfarbe 420, 430
HAWIE-R 190
HAWIK
- III 190
- R 189
HAWIVA-R 190
Hemmung, transmarginale 172
Heterosexualität 383
Heterotrait-Heteromethod-Korrelation 130
Heterotrait-Monomethod-Korrelation 129
Historiometrie 235
Hochängstlichkeit 25
Homo
- erectus 427
- sapiens sapiens 426
Homogamie 332
Homologie 110
Homosexualität 383, 407
Hyperplasie, kongenitale adrenale 378

I

IAS-R 150
IAT 78
ICD-10 157
Ich 17, 252
ICQ 202
Ideal-Selbst 253
Imitationstheorie für Geschlechtsunterschiede 402
Individualismus 437, 439
Informationsverarbeitung 66
- Geschwindigkeit 72, 197
- impulsive 69
- Modell 295
- Paradigma 66
- reflektive 69
Inhaltsvalidität 127
Integritätstest 163
Intellekt 147
Intelligenz 184, 349, 424
- emotionale 204
- fluide 192
- im Säuglingsalter 316
- kristalline 192
Intelligenzalter 186
Intelligenzprofil 42
Intelligenzquotient (IQ) 186
Intelligenzstruktur 189
Intelligenztest 186
- nichtverbaler 192
Intentionsbildung 70
Interaktion
- dynamische 87
- soziale 87
- statistische 87
Interaktionsskript 281
Interesse 222
Internet, Datenerhebung durch 135
Intimitätsmotiv 236
Introversion 170
Investition, elterliche 106
Inzesttabu 407
IPDE 158
IQ 186, 187
- QTL-Projekt 346
Item 47

K

Kastrationsangst 19
Katapultmodell 97
Kategorisierung, propositionale 70
Kind
- gehemmtes 319
- unterkontrolliertes 319
Kindesmisshandlung 347
Kodetermination 85
- Modell 96
Koedukation 411
Koevolution 449
Kohärenz von Reaktionen 61
Kollektivismus 439
Kombinationsstudie 333
Komorbidität von Persönlichkeitsstörungen 159
Komparationsforschung 41
Kompetenz 184
- soziale 200
Kompetenz-Performanz-Problem 184
Konditionieren
- klassisches 29
- operantes 29
Konfidenzintervall 123
Konsistenz
- individuelle 54
- interne 55, 122
- transsituative 58
- vieler Messungen 54
Konstitutionstyp 166
Konstrukt 7, 36
- breites 57
- Validität 127
Kontextualismus 423
Kontinuität von Eigenschaften 315
Kontrasteffekt 332
Körperbau 166
Korrelation 54
- kausale Interpretation 92
- wahre 124
- zwischen Profilen 54
Korrelationsforschung 41
Kovariation
- interindividuelle 118
- intraindividuelle 118
- von zwei Variablen 53
Krankenrolle 180
Krankheitsbewältigung 231
Krankheitsverhalten 180
Kreativität 198
- des Berufs 200
Kreuzkorrelation 93

Sachverzeichnis

Kriminalität 359
Kriteriumsvalidität 127
Kultur 419
Kurzzeitspeicher 66

L

Labilität, psychovegetative 180
Laborstudie 136
Lageorientierung 74
Laktosetoleranz 420
Längsschnittstudie 95
Langzeitspeicher 66
Lebensereignis, kritisches 370
Lebenszufriedenheit 264, 442
Legasthenie 189
Leistung 184, 349
– intellektuelle 349
Leistungsmotiv 213
Lernbereitschaft 34
Lernumwelt 349
Lesen 353
Leseverständnis 388
Libido 17
Liebe 150
Linguistische Ähnlichkeit von Sprachgemeinschaften 426
Logbuchverfahren 274
Lösung, orthogonale (in Faktorenanalyse) 144
Lügenskala 141

M

Machtdistanz 437
Machtmotiv 236
Makrosystem 84
Mangelbedürfnis 212
MAOA-Gen 347
MAS 25, 177
Maskulinität (MMPI) 249
Matrizentest, progressiver 192
Mechanismus
– evolvierter psychologischer (EPM) 102
– proximater 101
Meiose 99
MEIS 204
Melancholiker 170
Menschenaffe 110
Mesosystem 84
Messung, physiologische 135
Metaanalyse 386
Mich 252

Mikrosystem 84
Minderungskorrektur, doppelte 124
Misserfolgsmotiv 213
MMPI 249
Modell
– der Informationsverarbeitung 66
– konnektionistisches 66
– sozialer Beziehungen 285
Modellierung, kognitive 79
Monoaminoxidase A 348
Monotrait-Heteromethod-Korrelation 129
Monotrait-Monomethod-Korrelation 129
Motivationsdynamik 220
Multitrait-Multimethode
– Analyse 130
– Matrix 129
Mutation 99
Mutter-Tochter-Beziehung 106
Myelinisierungshypothese 72

N

Nachahmungslernen 30
Nähe, emotionale 101
Narzissmus 260
Neanderthaler 427
NEO
– FFI 47
– PI-R 148
Netzwerk
– nomologisches 127
– propositionales 67
– soziales 282
Neun-Punkte-Problem 199
Neurotizismus 170, 180, 301, 307
Niedrigängstlichkeit 25
NI-PI-Aufgabe 72
Nonnen-Studie 321
Normalität, statistische 153
Normalverteilung 50
Normprofil 164
Novelty seeking 174
Novize 350
NPI 260

O

Objektbeziehung 21, 288
– Theorie 399

Ödipuskonflikt 19
Offenheit 108
– für Erfahrung 147
Ökologie 419
Operationalisierung 7
Originalität des Denkens 199
Orientierung
– räumliche 424
– sexuelle 383
Östrogen 378
Out-of-Africa-Hypothese 426

P

Paarungsaufwand 106
Paradigma
– behavioristisches 29
– dynamisch-interaktionistisches 84
– evolutionspsychologisches 99
– psychoanalytisches 16
Paradigmenwechsel 15
Paralleltestreliabilität 122
Partnerparameter 285
Partnerschaft, stabil-unglückliche 300
Partnerschaftsstabilität 300
Partnerschaftszufriedenheit 300
Partnerwahl 393, 398
Performanz 184
Periode, sensitive 97
Personalauswahl
– externe 161
– interne 161
– Vorauswahl im Internet 164
Persönlichkeit 5
– antisoziale 354
– autoritätshörige 243
– Stabilität 313
Persönlichkeitsdisposition 5
Persönlichkeitseigenschaft 6
Persönlichkeitsentwicklung 88
Persönlichkeitserklärung 323
Persönlichkeitsfaktor 141
Persönlichkeitsinventar 46
Persönlichkeitsprofil 42
Persönlichkeitspsychologie 11
Persönlichkeitsskala 47
Persönlichkeitsstörung 157
– antisoziale 249, 319, 347
Persönlichkeitstheorie, naive 6
Persönlichkeitstyp 42
– resilienter 154
– überkontrollierter 154
– unterkontrollierter 154

Persönlichkeitswahrnehmung, adaptive 109
Person-Umwelt-Kovarianz 97
Perzentil 187
16PF 141
Pfadanalyse 93
Pfadkoeffizient 93
Phallometrie 249
Phase
– anale 19
– orale 19
– phallische 19
Phenylketonurie 345
Phlegmatiker 170
Piepsertechnik 274
Plastizität, neuronale 72
Plazierung, selektive 332
Politikvorhersage 236
Polyandrie 406
Polygynie 406
Population
– genetische Ähnlichkeit 426
– genetische Unterschiede 431
Populationsabhängigkeit 39
Populationsgenetik 328
Postkorbaufgabe 207
Prädisposition zum Lernen 33
Präferenz, geschlechtstypische 380
Prävalenz von Persönlichkeitsstörungen 159
PRF 216
Primat 110
Priming 76, 247
Problem, adaptives 102
Problemlösegüte 80
Problemlösestil 73
Produktionsregel 67
Produktivität einer Theorie 7
Projektion 20
Prozentrangwert 187
Prozess
– affektiver 70
– der gegenseitigen Nötigung 357
– emotionaler 70
– expliziter 70
– impliziter 70
– kognitiver 70
– rationaler 70
– bewusster 18
– unbewusster 18
– vorbewusster 18
Prozesstheorie, naive 3
Prüfbarkeit einer Theorie 7
Psychoanalyse 16, 399
Psychographie 41
Psychologie, differentielle 119

Psychotechnik 161
Pubertät 106, 311

Q

Q-Faktorenanalyse 153
Q-Sort
– Profil 46
– Verfahren 45
QTL 346
Qualität retrospektiver Einschätzung 272

R

Rasse 430
Rassenunterschied im IQ 432
Rassenvorurteil 76
Rassismus 430
Rationalisierung 20
Reaktionsbildung 20
Reaktionsprofil 61
Rechnen 352
Referenzgruppeneffekt 440
Referenzpopulation 40
Regelblutung 106
Regelkreismodell 211
– von Headey und Wearing 266
Regression 20
– zur Mitte 123
Reifung 307
Rekombination, sexuelle 99
Reliabilität 121
Religion 231
Religiosität 266
Represser 25
Resilienz 314
Retestreliabilität 55, 122
Risikowahlmodell der Leistungsmotivation 213
Ritalin 360
Rollen-Konstrukt-Repertoire-Test 45
Rosenberg Self-Esteem-Scale 254
Rotation, mentale 195, 387
Rückfallrisiko 248
Rückfalltäter 319
Rumination 231
RVS 240

S

Sanguiniker 170
SAT
– mathematischer Wert 389
– verbaler Wert 388
Schicht, soziale 276
Schönheit 167
Schrumpfung, selektive 95
Schüchternheit 176, 219, 441
– Zweifaktorentheorie 362
Schulerfolg 191
SD 52
Sedimentationshypothese 142
Selbstachtung 212
Selbstaufmerksamkeit 263
Selbstbewusstheit
– öffentliche 263
– private 263
Selbstdarstellung 261
– adaptive 109
Selbsterinnerung 257
Selbstkonzept 252, 312
– unabhängiges 438
– vernetztes 438
Selbstmordversuch 319
Selbstüberschätzung 259
Selbstüberwachung
– akquisitive 262
– protektive 262
Selbstüberwachungsskala 262
Selbstverwirklichung 212
Selbstwahrnehmung 257
Selbstwertgefühl 254, 358
Selbstwirksamkeitserwartung 226
Selektion
– frequenzabhängige 104
– intersexuelle 100
– intrasexuelle 100
– natürliche 99
Sensation seeking 174
Sensitivität
– gegenüber Problemen 199
– soziale 201
Setting 270
Sexualität 392
Sexy son 105
Single 91
Situationsexposition 270
Sollwert 211, 266
Soziobiologie 101
Soziosexualität 105
Sparsamkeit einer Theorie 7
Spearman-Brown-Formel 126
Speicher, assoziativer 70
Speicherung, verteilte 68

Spezialisierung, strategische 107
Spiegeln, soziales 257
Spontanremission 23
Sprachgemeinschaft, linguistische Ähnlichkeit 426
SRY-Gen 377
SS-Angehöriger 244
Stabilität
– des IQ 309
– eines Profils 43
– heterotype 317
– kumulative 312
– sozial-emotionale Persönlichkeitsmerkmale 312
– von Eigenschaften 42, 58
– von Gewicht 311
– von Körpergröße 311
– von Schüchternheit 363
– von Situationsprofilen 60
STAI 177
Standardabweichung (SD) 52
Status, sozioökonomischer 276
STAXI 234
Sternberg-Paradigma 72
Strategie
– deaktivierende 296
– hyperaktivierende 297
Stress 230
Stresspuffer-Hypothese 298
Streuung einer Verteilung 52
Stroop-Test 179
Strukturgleichungsmodell 94
Sublimierung 20
SVI 241
System
– limbisches 172
– soziales 278

T

Tagebuch 272
TAT 214
Temperament 169, 290
– schwieriges 356
Temperamenttyp 170
Tendenz
– antisoziale
– – pubertätsgebundene Form 355, 361
– – überdauernde Form 355
– differentielle zu sozial erwünschten Urteilen 132
Terman-Studie 320
Test, projektiver 214
Testerfahrung 423

Testosteron 377
Textaufgabe 352
Theorie 7
– der Intelligenz, triarchische 196
– multipler Intelligenz 196
– Produktivität 7
– Sparsamkeit 7
– Explizitheit 7
– empirische Verankerung 7
Training, interkulturelles 446
Transformation, lineare 51
Trend, säkularer 188
Trennschärfe 55
TSK 231

U

Über-Ich 17
Umwelt 84
– geteilte 336
– nicht geteilte 336
Umweltdetermination 85
Umwelteinfluss
– geteilter 336
– nicht geteilter 336
Unbeliebtheit 279
Ungesellligkeit 219
Universalismus 423
Unterfaktor der Big Five 148
Unterricht, geschlechtergetrennter 412
Unterrichtsstil 352
Unterstützung
– durch Verwandte 103
– soziale
– – emotionale 297
– – erfahrene 298
– – erhaltene 298
– – informationelle 297
– – instrumentelle 297
– – potenzielle 298
Unterstützungsressource 298

V

Validität 56
– diskriminante 128
– konkurrente 128
– konvergente 128
– prädiktive 128
– von Fragebogenskalen 57
Variable
– distale 276

Sachverzeichnis

– proximale 275
– verborgene 92
Varianz
– einer Verteilung 52
– wahre 121
Varianzanteil 327
Variationsforschung 41
Vaterschaftsunsicherheit 103
Vater-Tochter-Beziehung 106
Verarbeitung
– parallele 68
– sequentielle 68
Verdrängung 20
Vergleich, sozialer 258
Verhalten
– automatisches 71
– spontanes 71
– willkürliches 71
Verhaltensaktivierungssystem (BAS) 175
Verhaltensdisposition 36
Verhaltenshemmungssystem (BIS) 175, 362
Verhaltensmessung, direkte 135, 275

Verhaltensschema 70
Verleugnung 20
Vermeidung, soziale 219
Vernetzung, neuronale 72
Verschiebung 20
Verteilung, schiefe 50
Verträglichkeit 147, 307
Verwandtschaftsgrad, genetischer 100
Vollständigkeit einer Theorie 7
Vorurteil 76
– explizites 247
– implizites 247
Vorwissen 352

W

Wachstumsbedürfnis 212
Wasserspiegeltest 195
Werthaltung 239
– lexikalischer Ansatz 242
Widerspruchsfreiheit einer Theorie 7

Wissen 73, 351
– deklaratives 67
– prozedurales 67
Wissenschaft, empirische 7
Wissenschaftsparadigma 15
Wissensdiagnostik 79
Wohlbefinden 264
Wortschatz 388

X, Y

X-Chromosom 377
Y-Chromosom 377
Yerkes-Dodson-Gesetz 172

Z

Ziel, persönliches 224
Zirkumplex
– interpersoneller 150
– Modell 150

Zone, erogene 19
Zufall 371
Zürcher Modell der sozialen Motivation 220
Zwei-Faktoren-Theorie der Intelligenz 189
Zweitgeborenes 107
z-Transformation 52
z-Wert 52
Zwillinge
– eineiige 329
– zweieiige 329
Zwillingsmethode 329